ADMINISTRAÇÃO

Liderança e Colaboração no Mundo Competitivo

ADMINISTRAÇÃO

Liderança e Colaboração no Mundo Competitivo

Thomas S. Bateman
McIntire School of Commerce,
University of Virginia

Scott A. Snell
Cornell Univerisity

Tradução da 7ª edição norte-americana

Tradução
Cláudia Freire
Ivan Pedro Ferreira Santos
Lucas M. F. Yassumura
Mary Elleen da Costa Mickle Griesi
Suely Sonoe Murai Cuccio

Revisão Técnica
Carlos Tasso Eira DeAquino
Diretor Acadêmico da Business School São Paulo
José Antônio Ulhôa Cintra Ferreira
Docente de Pós-graduação da Universidade Presbiteriana Mackenzie

McGraw Hill

Bangcoc Beijing Bogotá Caracas Cidade do México
Cingapura Londres Madri Milão Montreal Nova Delhi Nova York
Santiago São Paulo Seul Sydney Taipé Toronto

The McGraw·Hill Companies

1ª Edição
ISBN 978-85-86804-60-1

Av. Engenheiro Luís Carlos Berrini, 1.253 – 10º andar
04571-010 – São Paulo – SP – Brasil

Tradução do original em inglês *Management: Leading & Collaborating in a Competitive World*
Publicado por McGraw-Hill/Irwin. Copyright © 2007 por **The McGraw-Hill Companies, Inc.**
ISBN da obra original: 0-07-325462-2

Diretor-geral: *Adilson Pereira*
Editora de Desenvolvimento: *Ada Santos Seles*
Preparação de Texto: *Marcos Soel*
Editoração Eletrônica: *Crontec Ltda.*

Dados Internacionais de Catalogação na Publicação (CIP)
(Câmara Brasileira do Livro, SP, Brasil)

Bateman, Thomas S.
Administração : liderança e colaboração no mundo competitivo / Thomas S. Bateman, Scott A. Snell ; revisão técnica Carlos Tasso Eira DeAquino, José Antônio Ulhôa Cintra Ferreira. -- São Paulo : McGraw-Hill, 2007.

Título original: Management : leading & collaborating in a competitive world
Vários tradutores.
7. ed. americana
Bibliografia.
ISBN 978-85-86804-60-1

1. Administração I. Snell, Scott A. II. Título.

06-9493 CDD-658

Índice para catálogo sistemático:

1. Administração 658

Se você tem dúvidas, críticas ou sugestões, entre em contato pelo endereço eletrônico *mh_brasil@mcgraw-hill.com*. Em Portugal, use o endereço *serviço_clientes@mcgraw-hill.com*.

Impreso en México
Impreso por Programas Educativos S.A. de C.V.

Printed in Mexico
Printed by Programas Educativos S.A. de C.V.

Para meus pais, Tom e Jeanine Bateman,
e Mary Jo, Lauren, T. J. e James

e

Meus pais, John e Clara Snell,
e Marybeth, Sara, Jack e Emily

Sobre os Autores

Thomas S. Bateman

Thomas S. Bateman é professor no Bank of America e coordenador da área de gestão na McIntire School of Commerce da University of Virginia. Antes de trabalhar na University of Virginia, ministrou cursos de comportamento organizacional na Kenan-Flager Business School da University of North Carolina para estudantes de pós-graduação, MBA e doutorado, e para profissionais da área de gestão. Recentemente, depois de dois anos na Europa, ele retornou também como professor-visitante do Institute for Management Development (IMD), um dos líderes mundiais em serviços de formação e educação para executivos. O professor Bateman completou seu programa de doutorado em Administração de Empresas em 1980 na Indiana University. Antes do doutorado, bacharelou-se pela Miami University. Além das universidades de Virgínia, UNC-Chapel Hill e IMD, o Dr. Bateman lecionou nas universidades de Texas A&M, Tulane e Indiana.

O professor Bateman é um ativo pesquisador, escritor e consultor em gestão. Ele tem atuado nos quadros editoriais de grandes publicações acadêmicas e apresentado inúmeros trabalhos em encontros de profissionais, abordando tópicos como tomada de decisão gerencial, estresse no trabalho, negociação, motivação e comprometimento do funcionário, tomada de decisão em grupo e satisfação profissional. Seus artigos são publicados em revistas especializadas como *Academy of Management Journal*, *Academy of Management Review*, *Journal of Applied Psychology*, *Organizational Behavior and Human Decision Processes*, *Journal of Management*, *Business Horizons*, *Journal of Organizational Behavior* e *Decision Sciences*.

Os trabalhos atuais de pesquisa e consultoria do Dr. Bateman estão focados na sabedoria prática dos executivos empresariais, na credibilidade dos executivos de alto escalão e na descrença dos funcionários, e na busca bem-sucedida de metas de trabalho de longo prazo. Ele trabalha com organizações como Nokia, Singapore Airlines, USPS, Brookings Institution, Virginia Bankers Association e Câmara do Comércio dos Estados Unidos.

Scott A. Snell

Scott A. Snell é professor de Estudos de Recursos Humanos na School of Industrial and Labor Relations da Cornell University. Formado em Psicologia na Miami University, completou, na Michigan State University, o programa de MBA e doutorado em Administração de Empresas. O Dr. Snell ministra cursos de administração estratégica e de recursos humanos para alunos de graduação e pós-graduação. Ele está ativamente envolvido na educação de executivos e tem conduzido programas internacionais na Europa, Ásia, Austrália e Nova Zelândia.

O professor Snell trabalhou com empresas como GE, AT&T, IBM, Merck e Shell, cuidando do alinhamento entre os sistemas de recursos humanos e as iniciativas estratégicas direcionadas para, por exemplo, globalização, mudança tecnológica e gestão do conhecimento. Seus interesses em pesquisa e educação estão centrados em como as grandes companhias conduzem seu pessoal visando adquirir vantagem competitiva. Esse trabalho está focado no desenvolvimento e aproveitamento do capital intelectual como fundamento das competências essenciais de uma organização.

As pesquisas do Dr. Snell são divulgadas em inúmeras publicações profissionais, incluindo *Academy of Management Journal*, *Academy of Management Review*, *Human Resource Management*, *Human Resource Management Review*, *Industrial Relations*, *Journal of Business Research*, *Journal of Management*, *Journal of Managerial Issues*, *Journal of Management Studies*, *Organizational Dynamics*, *Organization Studies*, *Personnel Psychology* e *Strategic Management Journal*. Ele também é co-autor da obra *Managing human resources*. Além disso, o Dr. Snell atua nos quadros editoriais de publicações como *Journal of Managerial Issues*, *Digest of Management Research*, *Human Resource Management*, *Human Resource Management Review*, *Human Resource Planning* e *Academy of Management Journal*.

Prefácio

Quando Ed Breen tornou-se diretor-presidente da Tyco International, imediatamente demitiu toda a diretoria. Será que esse é um exemplo estereotipado de executivo corporativo rude e sedento de poder? Não, não é — Ed Breen é um profissional ético, corajoso, que foi contratado quando o ex-diretor presidente da Tyco deixou a empresa por má gestão, irregularidades financeiras e processos legais. O caso da Tyco é apenas um de uma seqüência contínua de escândalos empresariais amplamente divulgados que atingiram o universo empresarial, prejudicaram a imagem pública das empresas e motivaram importantes reformas na legislação norte-americana. As atitudes de Ed Breen foram as de um bom gestor tomando as providências corretas para reconduzir a antes respeitada organização, mas sofrida com as dificuldades, ao seu lugar entre as grandes empresas.

As situações mudam no mundo e nos negócios, algumas práticas de gestão antiéticas e ineficazes ainda continuarão a existir — mas também pessoas boas continuarão a existir, gerindo bem e melhorando as condições, assim como sempre o fizeram. Este livro apresenta muitas histórias de gestores, alguns realizando feitos brilhantes, outros cometendo equívocos (alguns aprendendo um pouco com os erros, outros, não). Entre as pessoas incluídas estão não apenas presidentes e diretores-executivos de companhias como Ed Breen da Tyco e Jeff Immelt da GE — Immelt viu-se em posição interessante como sucessor de Jack Welch, "Gestor do Século" de acordo com a revista *Fortune* (assim como comentou um observador, "Quem gostaria de substituir de Babe Ruth?"). Este livro também inclui histórias de estudantes como Jason Olim, que fundou a CDNow quando ainda estava na faculdade, de empreendedores sociais como Stella Ogiale, que usam suas companhias para ajudar os necessitados, e de gestores do médio escalão como Ken Kutaragi da Sony, que criam e buscam novas visões dentro das grandes organizações.

A gestão envolve pessoas, mas também envolve organizações. O livro contém histórias de companhias que vão da Pixar à Land's End, eBay à Avon, Electronic Arts à Proctor and Gamble, MTV à National Hockey League, e da Google à Nissan. E isso é apenas uma pequena amostra do Capítulo 1.

Algumas organizações renascem das cinzas, ou surgem aparentemente do nada, para se tornarem o próximo grande investimento. Algumas organizações estão em alta em um dia e, no seguinte, em baixa. Algumas se tornam grandes e sofrem quedas ocasionais, mas permanecem grandes. Essas mudanças de desempenho ocorrem, em sua maioria, por causa do modo como as organizações são geridas e, em parte, por causa das mudanças das circunstâncias. O cenário empresarial, assim como um pêndulo, balança de um extremo a outro. No momento em que o leitor estiver lendo este livro, alguns fatos já terão mudado novamente. Essas mudanças contribuem para a queda de algumas companhias e alguns gestores atualmente bem-sucedidos e para a subida de outras(os) que, no momento, lutam ou agora estão apenas sonhando com alguns negócios inovadores.

Para o leitor, com uma vida como empresário, a incerteza será um estado constante. Ou seja, ninguém sabe com certeza o que irá acontecer, ou o que fazer para chegar ao sucesso futuro. Sorte e momento certo ajudam as companhias (e as pessoas) a terem êxito no curto prazo. Mas, no longo prazo, uma boa gestão é fundamental.

Felizmente, todos têm acesso a informações atuais sobre gestão. As pessoas aprendem com os profissionais e as companhias que obtiveram êxito ou fracassaram. A contínua experiência adquirida com a vasta gama de práticas de gestão existentes no universo empresarial, combinada com pesquisas sólidas que ajudam a distinguir entre o que funcionou ou não, ajuda a aprender com os erros e a identificar as lições mais importantes e as práticas mais úteis que o gestor pode aproveitar. Esperamos que o leitor não apenas aprenda o máximo possível sobre essa atividade vital, mas também se comprometa a aplicá-la — lendo e aprendendo, e adotando-a da melhor maneira.

Este livro e o curso que o leitor está realizando o ajudarão a enfrentar os desafios em termos de gestão em um mundo que passa por constantes mudanças. Nesse sentido, ajudarão o estudante a identificar o que é ou não importante, a tomar boas decisões, e a adotar providências efetivas em benefício próprio, dos colegas e da organização para a qual trabalha.

Nossas Metas

Nossa missão, com este texto, não mudou em relação às edições anteriores: informar, instruir e inspirar. Esperamos *informar*, descrevendo conceitos e práticas importantes da gestão moderna. Esperamos *instruir*, descrevendo como implementar as ações com as idéias discutidas. Esperamos *inspirar* não apenas escrevendo de forma positiva, interessante e otimista, mas também fornecendo o sentido real das infinitas oportunidades disponíveis ao leitor. Seja a meta do leitor criar sua própria empresa, liderar uma equipe para se tornar grande, criar uma organização sólida, compartilhar boas experiências com os clientes, ou forjar, em geral, um futuro positivo, desejamos inspirá-lo a adotar ações positivas.

Esperamos inspirar o leitor a ser tanto um pensador como um executor. Esperamos que ele reflita sobre os problemas, sobre o impacto das próprias ações, que pense antes de agir. Mas ser um bom pensador não basta, é necessário também ser um executor. Gestão envolve um mundo de ações. Envolve um universo que exige ações oportunas e adequadas. Envolve um universo em que não cabem profissionais passivos, mas aqueles comprometidos com realizações positivas.

Continuar aplicando as noções aprendidas neste curso, ler a respeito de gestão em fontes além deste curso e, certamente, continuar a aprender sobre gestão depois de terminar o curso e prosseguir na carreira. Não se equivocar com o que está sendo afirmado aqui, aprender sobre gestão é uma viagem pessoal que dura anos, uma carreira inteira, a vida inteira.

Vantagem Competitiva

O mundo de hoje é competitivo. Nunca antes o universo profissional esteve tão desafiador. Nunca antes foi tão imperativo, para a carreira de qualquer profissional, aprender capacidades de gestão. Nunca antes as pessoas tiveram tantas oportunidades com tanto potencial recompensador.

O profissional compete com outros profissionais para obter cargos, recursos e promoções. A organização em que ele trabalha compete com outras empresas para obter contratos, clientes e compradores. Para sobreviver a essa competição, e para se empenhar ao máximo, o profissional precisa atuar de forma a adquirir uma vantagem sobre os concorrentes, que faça que o outro deseje contratá-lo, compre dele e volte e fazer negócios com ele. O profissional desejará ser ele o escolhido, e não o concorrente.

Hoje em dia, o gestor precisa refletir e atuar de forma estratégica para sobreviver e empenhar-se ao máximo. Hoje, os clientes são bem-informados, cientes das suas alternativas, e exigentes quanto à excelência. Por essa razão, agora o gestor precisa pensar permanentemente em como criar uma força de trabalho capaz e como gerir de forma a produzir as mercadorias e os serviços que ofereçam o máximo valor possível ao cliente.

O gestor e as organizações devem atuar tendo em vista esse padrão. Os quatro tipos essenciais de desempenho, com os quais a organização supera, iguala ou perde a competição, são *custos*, *qualidade*, *velocidade* e *inovação*. Esses quatro elementos do desempenho, quando bem executados, oferecem valor ao cliente e vantagem competitiva ao profissional e à organização em que ele atua. O texto do livro aborda mais detalhadamente esses assuntos.

A idéia é manter o leitor focado em um tipo de "resultado final", para assegurar que ele tenha sempre em mente a "oferta de produtos" que transforme tanto o gestor (o leitor) como a organização em sucesso competitivo. A abordagem dirigida aos resultados é peculiar entre os livros didáticos de gestão.

Liderança e Colaboração

Sim, efetivamente, o mundo dos negócios é competitivo. Contudo, não é tão simples assim. Na realidade, é ingenuidade demais pensar estritamente em termos de competição; essa visão pode prejudicar o próprio desempenho do profissional. Os outros elementos fundamentais da equação do sucesso são colaboração e liderança. É fundamental, para adquirir vantagem competitiva, que as pessoas trabalhem umas com as outras, e não umas contra as outras. Ou seja, o profissional não consegue trabalhar sozinho — o universo é excessivamente complexo, e os negócios são excessivamente desafiadores.

O profissional precisa trabalhar junto com os colegas. Líderes e seguidores precisam atuar como colaboradores, não como adversários. Os grupos de trabalho dentro das organizações precisam cooperar uns com os outros. Empresários e governo, muitas vezes vistos como antagônicos, conseguem trabalhar juntos de forma produtiva. E, hoje mais do que nunca, companhias antes tradicionais concorrentes firmam acordos conjuntos e encontram outras alternativas para colaborar em alguns aspectos, mesmo competindo em outros. Para que essa colaboração ocorra, é necessário haver liderança.

Como uma organização cria vantagem competitiva por meio de colaboração? Tudo isso envolve pessoas, e decorre de uma boa liderança. Existem três estereótipos de liderança: que ela surge no topo da companhia, que tem origem no de nível superior (ou de alto escalão) chefe imediato de algum funcionário, e que significa comandos impositivos e decisivos. Há pequenos indícios de verdade nesses estereótipos, mas a realidade é muito mais complexa. Primeiro, o executivo de nível superior (ou de alto escalão) pode ou não exercer liderança efetiva — de fato, muitos observadores acreditam ser a boa liderança uma característica extremamente rara. Segundo, as organizações precisam de líderes em todos os níveis, em toda unidade de trabalho e equipe. Isso envolve o leitor, começando cedo na carreira, e essa é a razão por que liderança é um tema importante neste livro. Terceiro, o líder deve ser capaz de decidir e comandar, mas depender excessivamente dessa abordagem tradicional não é suficiente. A grande liderança deve ser muito mais inspiradora, e deve ajudar as pessoas a não só pensarem de forma diferente, como também a trabalharem de forma diferente — inclusive trabalhar em conjunto, focadas nos resultados.

Liderança — vindo do superior imediato ou do funcionário direto — gera colaboração, que, por sua vez, cria resultados positivos tanto para a companhia como para as pessoas envolvidas.

Novidades e Melhorias

Atualidade dos Tópicos

Nem seria preciso mencionar que este livro, na sua 7ª edição, permanece extremamente atualizado na cobertura de tópicos, por meio tanto de exemplos atuais de empresas como de pesquisas recentes em gestão. Os capítulos foram totalmente atualizados, e os estudantes têm a chance de discutir uma grande variedade de importantes tópicos atuais.

Fizemos o melhor para oferecer uma variedade de assuntos, fontes e experiências pessoais.

Esta é uma amostra das mudanças feitas nesta edição:

Capítulo 1

- Novo caso divulgado: Ed Catmull e Pixar.
- Os principais temas permanecem os mesmos, mas todos sustentados por vários novos exemplos.
- A seção Internet agora passou a se chamar Mudança Tecnológica.
- Material histórico adicional sobre Qualidade Total.
- Exemplos de Melhor e Pior gestor de acordo com a revista *BusinessWeek*.
- Nova discussão sobre o papel do gestor.
- Inteligência emocional.
- Capital social (na seção sobre carreiras).
- As palavras de Peter Drucker a respeito do que torna um executivo eficaz.

Capítulo 2

- Mudança no título: Ambiente Externo e Cultura Organizacional.
- O material sobre cultura organizacional, anteriormente apresentado no Capítulo 16, foi ampliado (principalmente a respeito de gestão da cultura como forma de adaptação e reação ao ambiente externo), atualizado e transferido para este capítulo.
- O efeito do mercado de ações e das expectativas de Wall Street no comportamento do gestor.
- Acréscimo de discussão bastante atualizada e completa sobre gestão da cadeia de suprimentos.
- A discussão a respeito de seleção de domínio, diversificação, fusão ou aquisição e desinvestimento foi expandida e abordada com mais clareza.
- Miscelânea: o capítulo começa com a imagem da organização como um sistema aberto. Na seção Normas e Legislação, observa-se que muitos na comunidade corporativa vêem o governo como adversário, mas que o governo também pode ser fonte de vantagem competitiva. Na discussão sobre Questões Sociais, é possível conhecer algumas das novas dificuldades que o Wal-Mart está enfrentando, envolvendo relações públicas e outros aspectos.
- Inserção de novos exercícios.

Capítulo 3

- Novo caso divulgado: Merck & Vioxx.
- Novo material abordando os riscos na gestão.
- Novo material tratando das razões do fracasso nas decisões.
- A "armadilha da pressa" (os perigos da pressão para tomar decisões rápidas, e as soluções).
- Tecnologia da informação como causador de crises.
- Inúmeros novos exemplos.

Capítulo 4

- Os primeiros materiais sobre planejamento foram contextualizados.
- Novo material sobre mapa estratégico apresentado de forma clara.
- Mais informações sobre ciclo de planejamento.
- Exemplos e esclarecimentos sobre missões, visões e metas.
- Discussão sobre análise SWOT ampliada (incluindo um parágrafo em que o estudante usa a técnica para procurar emprego).

Capítulo 5

- Novo caso divulgado: Ética no Citigroup.
- Muitos exemplos atuais.
- Será que você é (anti)ético?
- Material adicional sobre normas em diferentes culturas (relativismo).
- Lei Sarbanes-Oxley.
- Indivíduo moral *versus* gestor moral (ser moral *versus* influenciar os outros a serem morais).
- Consciência moral, julgamento moral e caráter moral.
- O "véu da ignorância" como metáfora para orientar uma tomada de decisão ética.
- Modelo para resolver dilemas éticos.
- Os custos do comportamento antiético.
- Coragem.
- Educação transcendente: equilíbrio entre interesse próprio e responsabilidade para com os outros.
- Crescimento sustentável e análise de ciclo de vida agora inseridos no capítulo e não apenas no apêndice.

Capítulo 6

- Discussão ampliada a respeito da China.
- Nova seção a respeito de transferência de trabalho para o exterior.
- Etnocentrismo.
- Expatriado estrangeiro.

Capítulo 7

- Mudança no título: Empreendedorismo.
- Novo caso divulgado: Jeff Bezos e a Amazon.com
- Vários novos exemplos.
- Novo material a respeito de estrangeiros empreendedores.
- *Franchising*.

- Cinco modelos de empresas bem-sucedidas na Internet.
- Reorganizados os temas abordando as causas do sucesso e do fracasso, os desafios comuns em gestão e o aumento das chances de sucesso.
- Ofertas públicas iniciais.
- Apêndice atualizado a respeito das fontes para obter informações.

Capítulo 8

- Transferido o material sobre Organizações em Rede do Capítulo 9 para este capítulo.
- Mais informações sobre a importância da delegação.
- Alerta em destaque da discussão sobre organização informal apresentada nos capítulos posteriores.
- A organização matricial da Time Inc.

Capítulo 9

- Mudança no título: Agilidade Organizacional.
- Cadeia de valores, antes discutida no Capítulo 8, agora apresentada neste capítulo.
- A seção sobre estratégia agora no início do capítulo.
- Conexão com a estrutura organizacional muito mais clara.
- Visão complementar sobre redução de pessoal.
- Novo material sobre cadeia de valores e o método Seis Sigma.
- Apresentação melhorada do prêmio Baldrige e texto complementar atualizado sobre os critérios de premiação.

Capítulo 10

- A crescente escassez de trabalhadores altamente qualificados e com boa formação educacional.
- Mais informações sobre técnicas de entrevista.
- Texto sobre discussão legal totalmente reescrito.
- Programas de treinamento em gestão.
- Material adicional sobre técnicas de avaliação.
- Discussão ampliada sobre gestão por objetivos e avaliação de 360 graus.
- Remuneração de executivos e opções de ações.
- Mudanças feitas pelas companhias nos benefícios.

Capítulo 11

- Mais histórias sobre diversidade.
- Mais discussões sobre problemas de diferenças de gênero.
- Estudo de ambiente de trabalho hostil.
- Discussão ampliada sobre diferenças entre ação antidiscriminatória e diversidade.
- Mais discussões a respeito dos desafios envolvendo diversidade.
- Acréscimo de uma lista de diretores-executivos de origem afro-americana.

Capítulo 12

- Novo caso divulgado: Andrea Jung e a Reformulação Radical da Avon.
- Comportamentos exemplares de liderança de Kouzes e Posner.
- Liderança Nível 5.
- Liderança autêntica.
- Líder-servidor.
- Líder de conexão.
- Liderança lateral.
- Liderança compartilhada.
- Material adicional sobre experiências de desenvolvimento.

Capítulo 13

- Novo caso divulgado: Operação de Limpeza na Usina Nuclear de Rocky Flats.
- Mais discussões sobre como as metas afetam o comportamento (anti)ético.
- Metas autodefinidas.
- Gestão dos erros.
- Mais discussões sobre como fornecer *feedback*.
- Aplicação da teoria de Maslow, pós-11 de setembro.
- Contratos gerais de emprego.

Capítulo 14

- Mudança no título: Trabalho em Equipe.
- Novo caso divulgado: John Mackey e a Whole Foods.
- Desenvolvimento coletivo em equipes virtuais.
- Como ser um bom mediador.
- Conflito nas equipes virtuais.
- Conflito no comércio entre empresas.

Capítulo 15

- Novo caso divulgado: David Neeleman e a JetBlue.
- Perguntas e respostas em uma entrevista coletiva presidencial.
- IMing.
- Criação de *blog*.
- Material adicional sobre "encontros municipais" como forma de comunicação.
- Novo quadro: 10 Dicas para Melhorar sua Apresentação.

Capítulo 16

- Abordagem mais completa sobre o método Seis Sigma na seção sobre controle do *feedback*.
- Custos fixos e variáveis.
- Orçamento descendente *versus* ascendente.
- A importância da manutenção de comunicações francas com os subordinados como parte da elaboração de sistemas eficazes de controle.
- Disciplina progressiva.
- Discussão revisada sobre o controle do mercado de diretores-presidentes, refletindo tanto os escândalos como o tratamento mais detalhado da questão das opções de ações mencionada no Capítulo 10.
- A importância da criação de uma cultura de integridade.

Capítulo 17

- Mais informações a respeito das implicações dos conceitos discutidos (por exemplo, o fato de o gestor de marketing investir pesado na promoção entre os primeiros adeptos e os inovadores para criar um forte clima de novidade) na gestão.
- Reforçada a importância de o gestor entender a função da tecnologia.
- Reforçada a importância de uma análise criteriosa de custo-benefício do investimento em novas tecnologias.
- A importância de levar em conta o impacto da tecnologia sobre os funcionários, apresentado nesse contexto no Capítulo 18.
- Furto de propriedade intelectual.
- Figura 17.2 mais detalhada.
- Benefícios adicionais importantes da função de diretor-executivo de tecnologia da informação.
- A concorrência entre o telefone celular e o iPod.
- A próxima geração de comércio eletrônico (com um parágrafo introdutório a respeito de serviços de encontros) e as motos movidas a hidrogênio.

Capítulo 18

- Novo caso divulgado: GE e Jeffrey Immelt.
- Exemplos atuais.
- Recurso acrescentado: caixas de texto apresentando "agentes de mudanças", pessoas que exercem efeito positivo dentro ou em toda a empresa.
- Ambidestreza organizacional.
- Novo material sobre desenvolvimento organizacional.
- Novo material sobre como as companhias se tornam grandes.
- Como as comunidade evoluem por meio de cooperação entre iniciativa privada e governo.
- Exemplos fantasiosos, mas ilustrativos, de companhias do futuro.
- *Blog* e as mudanças no cenário competitivo (caixa de texto).

Esforço em Equipe

Este livro é produto de uma fantástica equipe da McGraw-Hill/Irwin. Além disso, nós o escrevemos acreditando em formarmos uma equipe com o professor do curso e com os estudantes. Toda a equipe é responsável pelo processo de aprendizagem.

Nosso objetivo, e também o objetivo do professor, é criar um clima de aprendizagem positivo em que o aluno possa destacar-se. Mas, no fim, a matéria-prima deste curso são apenas palavras. Depende exclusivamente do estudante usá-las como base para mais reflexões, para uma aprendizagem mais profunda e para ações construtivas.

O que o estudante faz, com o conhecimento adquirido neste curso e com as oportunidades surgidas no futuro, *conta* muito. Ao atuar como gestor, o aluno fará muita diferença tanto para si como para as pessoas que o rodeiam. As atitudes do gestor são *extremamente* importantes.

Didática Destacada

Administração: Liderança e Colaboração no Mundo Competitivo é uma obra didaticamente estimulante e destinada a maximizar a aprendizagem do aluno. Com isso em mente, foi usada uma imensa variedade de recursos pedagógicos — alguns, testados e comprovados, outros, novos e inovadores:

- O destaque Objetivos de Aprendizagem, no início de cada capítulo, identifica o assunto que o aluno irá aprender, lendo e estudando o capítulo.
- Citações apresentadas no início do capítulo oferecem uma visão antecipada para provocar uma reflexão sobre o material abordado no capítulo. As citações são de pessoas como Peter Drucker (sobre gestão), Jack Welch (sobre estratégia), Henry David Thoreau (sobre ética), Júlio César (sobre liderança) e Charles Kettering (sobre mudanças e o futuro).
- **Novo! Caso "Divulgado"**: cada capítulo começa com um ***Prólogo***, descrevendo um líder, uma companhia ou uma situação real. O tema do caso é, então, desenvolvido ao longo do capítulo nas caixas de texto intituladas ***Conexões***, mostrando a relação entre o conteúdo do capítulo e o líder da companhia ou a situação destacados no Prólogo. No final do capítulo, o ***Epílogo*** estabelece as ligações entre todo o conteúdo do capítulo, fechando o raciocínio do texto.
- **Novo! Caixas de Texto Intituladas Vantagens do Trabalho Conjunto**: o gestor deve produzir resultados. Uma qualidade essencial para isso é a capacidade para trabalhar efetivamente com outras pessoas visando à meta. Esses textos são dirigidos diretamente ao estudante, e destacam as vantagens do trabalho em conjunto.
- **Novo! Pequenos Informes Aleatórios**: em todo o capítulo, esses pequenos informes apresentados na margem da página destacam factóides, estatísticas e citações interessantes relacionados com o conteúdo do texto.

- **Atualizados! Ícones de Práticas Direcionadas ao Resultado Final**: os ícones representando os quatro temas correntes — Inovação, Custo, Velocidade e Qualidade — têm sido marca registrada do livro; esta edição inclui mais textos com o ícone, aprofundando o conhecimento do aluno e reforçando esses importantes temas direcionados aos resultados.
- Novas inserções de textos curtos descrevendo exemplos atuais e questões controversas podem ser encontradas ao longo de todo o livro.
- "Texto Extraído da Revista *BusinessWeek*" destaca artigos publicados recentemente na revista *BusinessWeek*.

Elementos ao Final do Capítulo

- Os termos principais remetem às páginas em que são mencionados no texto do livro e fazem parte da ênfase na construção de vocabulário. As definições desses termos também constam do glossário apresentado ao final do livro.
- O Resumo dos Objetivos de Aprendizagem oferece respostas claras e concisas aos objetivos de aprendizagem, servindo como rápida referência para a revisão de conceitos importantes apresentados no capítulo.
- As Questões para Discussão, apresentadas depois do Resumo dos Objetivos de Aprendizagem, destinam-se a provocar reflexões sobre os conceitos abordados no capítulo e a obter opiniões a respeito de questões polêmicas.
- **Novos Casos Conclusivos!** Cada capítulo encerra-se com um caso baseado em companhias e pessoas reais, mas não claramente reveladas, que reforça os principais elementos e temas do capítulo.
- **Novos Exercícios Práticos!** Muitos exercícios foram acrescentados aos reais e testados, e preferidos, da edição anterior. Alguns exercícios são de avaliação da personalidade, alguns são para atividades em grupo na sala de aula, e alguns envolvem pesquisas em fontes externas.

Elementos da Parte Final

- **Atualizados! Casos Complementares:** no final de cada parte, foi inserido um novo caso para os professores que desejarem que o aluno se aprofunde no tópico abordado nessa parte.

Agradecimentos

A elaboração e a publicação deste livro não seriam possíveis sem a valiosa contribuição de muitas pessoas.

Em primeiro lugar, Sheldon Czapnik, que foi extraordinariamente valioso de várias formas. Sheldon possui uma ampla gama de conhecimento, qualidades e habilidades que contribuíram muito para a criação de um produto assim tão sólido. Muitíssimo obrigado!

Os revisores das últimas seis edições contribuíram com tempo, conhecimento e idéias fantásticas que aprimoraram substancialmente a qualidade do texto. Os revisores da sétima edição foram:

Mark Brown
Bradley University

Nancy Bryant
Metropolitan State University

J. Charlene Davis
Trinity University

Jack Dustman
Northern Arizona University
Northern Arizona University

Vincent Enslein
Clinton Community College

Jonathon R. B. Halbesleben
University of Oklahoma

Dorothy Hetmer-Hinds
Trinity Valley Community College

Thomas Jay
Flathead Valley Community College

Scott A. Johnson
Southeast Missouri State University

Subodh P. Kulkarni
Howard University

Linda Keup
Concordia College

Dick Larkin
Central Washington University

Larry Maher
State University of New York — Oswego

Ken Murdock
University of Texas — Arlington

Tim O'Leary
University of Notre Dame

Monica Quattlebaum
Phillips Community College

Gary Roberts
Kennesaw State University

Marian Schultz
University of West Florida

Amy Sevier
University of Southern Mississippi

Linda Shonesy
Athens State University

James Swenson
Minnesota State University — Moorhead

Patricia Tadlock
Horry Georgetown Tech College

Barry L. Van Hook
Arizona State University

George Wagman
Texas A&M — Kingsville

John Wong
Neumann College

Agradecemos também aos seguintes revisores das edições anteriores:

Rathin Basu
Ferrum College

Anthony S. Marshall
Columbia College

James C. McElroy
Iowa State University

John W. Rogers
American International College

Christina Stamper
Western Michigan University

Ray Aldag
University of Wisconsin — Madison

Shawn Carraher
Indiana University — NW Campus

Al Crispo
Purdue University

Marya Leatherwood
University of Illinois — Springfield

MarySue Love
Maryville University

Granger Macy
Texas A&M — Corpus Christi

Michael Vijuk
William Rainey Harper College

Ben Weeks
St. Xavier University

Debra A. Arvanites
Villanova University

Robert J. Ash
Rancho Santiago College

Charles A. Beasley
State University of New York — Buffalo

Hrach Bedrosian
New York University

Charles Blalack
Kilgore College

Mary A. Bouchard
Bristol Community College

Eugene L. Britt
Grossmont College

Barbara Boyington
Brookdale Community College

Lyvonne Burleson
Rollins College — Brevard

Diane Caggiano
Fitchburg State College

Elizabeth A. Cooper
University of Rhode Island

Anne C. Cowden
California State University — Sacramento

Ron Dibattista
Bryant College

Dale Dickson
Mesa State College

Michael W. Drafke
College of DuPage

J. F. Fairbank
Pennsylvania State University

Janice Felbauer
Austin Community College

David Foote
Middle Tennessee State University

Alan J. Fredian
Loyola University — Chicago

Steve Garlick
DeVry Institute — Kansas City

John Hall
University of Florida

Donald E. Harris
Oakton Community College

Carolyn Hatton
Cincinnati State Tech Community College

Frederic J. Hebert
East Carolina University

Durward Hofler
Northeastern Illinois University

Thomas O. James
Benedictine College

William Jedlicka
William Rainey Harper College

Elias Kalman
Baruch College

Gus. L. Kotoulas
Morton College

Augustine Lado
Cleveland State University

Catherine C. McElroy
Bucks County Community College

Jim McElroy
Iowa State University

David L. McLain
Virginia State University

Dot Moore
The Citadel

Joseph B. Mosca
Monmouth College

Randy Nichols
Oakland City University

Bert Nyman
Rockford College

James J. Ravelle
Moravian College

Joseph C. Santora
Essex County College

Marc Siegall
California State University — Chico

Fred Slack
Indiana University of Pennsylvania

Carl Sonntag
Pikes Peak Community College

Christina Stamper
University of North Carolina — Wilmington

Jim Wachspress
New Jersey Institute of Technology

Muitas pessoas contribuíram diretamente para nosso crescimento pessoal como autores de livros didáticos. Dennis Organ proporcionou a um dos autores a oportunidade e a orientação inicial na elaboração de um livro didático. John Weimeister foi amigo e conselheiro desde o início. A equipe inteira da McGraw-Hill/Irwin demonstrou apoio constante e generoso na elaboração deste livro. John Biernat foi um grande incentivador do projeto, além de ser editor talentoso e amigo querido. Kurt Strand também. Christine Scheid é a extremamente talentosa editora de desenvolvimento, preparando tudo com grande habilidade e profissionalismo. E Meg Beamer/Lisa Nicks, Gestores de Marketing, que *estilo*! Que equipe!

Finalmente, agradecemos a nossas famílias. Nossos pais, Jeanine e Tom Bateman, e Clara e John Snell, que nos proporcionaram a base de sustentação para a construção das nossas carreiras. Eles continuam sendo fonte de grande apoio. Nossas esposas, Mary Jo e Marybeth, que demonstraram grande incentivo, sensibilidade e compreensão ao longo de todo o processo. Nossos filhos, Lauren (que também nos ajudou nas tarefas gerais), T. J. e James Bateman, e Sara, Jack, e Emily Snell, que nos inspiraram de todas as formas.

Thomas S. Bateman
Charlottesville, VA

Scott A. Snell
Ithaca, NY

Sumário

Parte I
Fundamentos da Administração 3

Capítulo 1
Administração 4

Prólogo: ED CATMULL E A PIXAR 5

Administração no Novo Panorama Competitivo 6
- Globalização 6
- Mudanças Tecnológicas 7
- Gestão do Conhecimento 8
- Colaboração Sem "Fronteiras" 9

Administração para Vantagem Competitiva 11
- Inovação 12
- Qualidade 12
- Velocidade 13
- Competitividade em Custos 14
- Cumprindo as Quatro Funções 14

As Funções da Administração 16
- Planejamento: Produzindo Valor Estratégico 16
- Organização: Construindo uma Organização Dinâmica 17
- Liderança: Mobilizando Pessoas 17
- Controle: Liderando e Mudando 17
- Cumprindo as Quatro Funções 18

Níveis e Habilidades da Administração 18
- Gerentes de Nível Superior 18
- Gerentes de Nível Médio 19
- Gerentes da Linha de Frente 19
- Líderes Operacionais com Amplas Responsabilidades 20
- Habilidades Gerenciais 21

Você e a sua Carreira 22
- Seja Especialista e Generalista 23
- Tenha Autonomia (Autoconfiança) 23
- Esteja Conectado 23
- Gerencie Ativamente seu Relacionamento com a sua Organização 24
- Sobreviva e Vença 25

Epílogo 27

Palavras-chave 27

Resumo dos Objetivos de Aprendizagem 27

Questões para Discussão 28

Caso de Conclusão: O Novato — Você! 28

Exercícios Práticos 29

Apêndice A 35
- A Evolução da Administração 35

Capítulo 2
Ambiente Externo e Cultura Organizacional 44

Prólogo: Executivos das Telecomunicações Disputam Fatia de Mercado 45
- Um Olhar Voltado para o Futuro 46

O Macroambiente 46
- Normas e Legislação 47
- A Economia 48
- Tecnologia 49
- Demografia 50
- Questões Sociais e Meio Ambiente 51

O Ambiente Competitivo 52
- Concorrentes 52
- Ameaça dos Novos Concorrentes 53
- Ameaça dos Substitutos 54
- Fornecedores 55
- Clientes 58

Análise Ambiental 59
- Mapeamento Ambiental 59
- Desenvolvimento de Cenários 60
- Previsão 60
- *Benchmarking* 61

Resposta ao Ambiente 61
- Adaptando-se ao Ambiente: Mudando a Própria Empresa 61
- Influenciando o Próprio Ambiente 63

Mudando o Próprio Ambiente 64
Escolhendo uma Abordagem de Resposta 65
Cultura e Ambiente Interno Organizacional 66
Diagnóstico da Cultura Organizacional 67
Gestão da Cultura Organizacional 68
Epílogo 70
Palavras-chave 70
Resumo dos Objetivos de Aprendizagem 70
Questões para Discussão 71
Caso de Conclusão: Butch's Box Shop: Um Negócio em Extinção 72
Exercícios Práticos 73

Capítulo 3
Tomada de Decisão Administrativa 76

Prólogo: A Merck e o Vioxx 77
Características das Decisões Administrativas 78
Falta de Estrutura 78
Incerteza e Risco 79
Conflitos 81
Os Estágios da Tomada de Decisão 81
Identificação e Diagnóstico do Problema 81
Geração de Soluções Alternativas 82
Avaliação de Alternativas 83
Fazer a Escolha 84
Implementação da Decisão 84
Avaliação da Decisão 85
A Melhor Decisão 86
Barreiras à Tomada de Decisão Eficaz 87
Predisposições Psicológicas 88
Pressões de Tempo 89
Realidades Sociais 89
Tomada de Decisão em Grupo 90
Vantagens Potenciais de se Usar um Grupo 90
Problemas Potenciais de se Usar um Grupo 91
Gerenciando a Tomada de Decisão em Grupo 91
Estilo de Liderança 91
Conflito Construtivo 92
Encorajando a Criatividade 93
Brainstorming 94
Tomada de Decisão Organizacional 95
Restrições Enfrentadas pelos Tomadores de Decisão 95
Modelos de Processos de Decisão Organizacional 95
Tomada de Decisão em uma Crise 96
Epílogo 99
Palavras-chave 99
Resumo dos Objetivos de Aprendizagem 99
Questões para Discussão 100
Caso Final: Wallingford Bowling Center 101
Exercícios Práticos 101

Parte 1
Estudo de Caso de Apoio: SSS Software — O Uso da "Caixa de Entrada" 103
Incidentes Críticos 113

Parte 2
Planejamento: Produzindo Valor Estratégico 115

Capítulo 4
Planejamento e Administração Estratégica 116

Prólogo: Delta Air Lines Arrisca Tudo 117
Visão Geral dos Fundamentos Básicos de Planejamento 118
Processo Básico de Planejamento 118
Níveis de Planejamento 122
Planejamento Estratégico 122
Planejamento Tático e Operacional 123
Alinhamento entre Planejamento Estratégico, Tático e Operacional 123
Planejamento Estratégico 125
Etapa 1: Definição da Missão, da Visão e das Metas 126
Etapa 2: Análise das Oportunidades e Ameaças Externas 129
Etapa 3: Análise das Forças e Fraquezas Internas 131
Etapa 4: Análise SWOT e Formulação Estratégica 134
Etapa 5: Implementação da Estratégia 140
Etapa 6: Controle Estratégico 141
Epílogo 142
Palavras-chave 142
Resumo dos Objetivos de Aprendizagem 142
Questões para Discussão 143

Caso de Conclusão: O Guru da Computação: O Faz-Tudo ou O Imperador? 143

Exercícios Práticos 144

Capítulo 5
Ética e Responsabilidade Corporativa 148

Prólogo: Ética no Citigroup 149
- Uma Séria Questão 150
- Uma Questão Pessoal 151

Ética 151
- Sistemas Éticos 152
- Ética nos Negócios 154
- Ambiente Ético 155
- Tomada de Decisão Ética 159
- Coragem 161

Responsabilidade Social Corporativa 162
- Visões Contrastantes 163
- Reconciliação 165

Meio Ambiente 166
- Sociedade de Risco 167
- Gestão Ecocêntrica 167
- Agendas Ambientais para o Futuro 168

Epílogo 169

Termos-chave 169

Resumo dos Objetivos de Aprendizagem 170

Questões para Discussão 170

Caso de Conclusão: J & G Garden Center: Divisão de Serviços de Jardinagem 171

Exercícios Práticos 172

APÊNDICE B
Princípios de Ética da Mesa-Redonda de Caux 175

APÊNDICE C
Gestão do Meio Ambiente 177

Capítulo 6
Gestão Internacional 186

Prólogo: A Starbucks Prepara a sua Expansão no Mercado Externo 187

O Ambiente Global 188
- A Unificação Européia 188
- A China e o Extremo Oriente 190
- A América do Norte 192
- O Restante do Mundo 192

Conseqüências de uma Economia Global 194
- O Papel da Terceirização 197

Estratégia Global 200
- Pressões para a Integração Global 200
- Pressões por uma Capacidade de Resposta Local 201
- Escolhendo uma Estratégia Global 202

Estratégias de Entrada (ou de Internacionalização) 206
- Exportação 206
- Licenciamento 207
- *Franchising* 207
- *Joint Ventures* 208
- Subsidiárias Próprias 208

Administrando além das Fronteiras 209
- Habilidades de um Administrador Global 210
- Entendendo as Questões Culturais 212
- Questões Éticas na Administração Internacional 215

Epílogo 217

Palavras-chave 217

Resumo dos Objetivos de Aprendizagem 217

Questões para Discussão 218

Caso de Conclusão: Gordy se Torna Global 218

Exercícios Práticos 219

Capítulo 7
Empreendedorismo 222

Prólogo: Jeff Bezos e a Amazon.com 223

Empreendedorismo 226
- Por que se Tornar um Empreendedor? 227
- O que é Necessário para Ter Sucesso? 228
- Que Negócio Se Deve Criar? 229
- O que é Necessário, em Termos de Características Pessoais? 232
- Sucesso e Fracasso 235
- Aumentando suas Chances de Sucesso 240

Intra-empreendedorismo 244
- Obtendo Suporte para a sua Idéia 244
- Desenvolvendo o Intra-empreendedorismo 245
- Desafios de Gestão 246
- Orientação Empreendedora 246

Epílogo 247

Termos-chave 248

Resumo dos Objetivos de Aprendizagem 248

Questões para Discussão 249

Caso de Conclusão: Professores Transformando-se em Empreendedores 249

Exercícios Práticos 250

Parte 2
Caso Complementar: Mudanças Globais na Exxon-Mobel 252

APÊNDICE D 254
Informações para Empreendedores

Parte 3
Organização: Construindo uma Organização Dinâmica 257

Capítulo 8
Estrutura Organizacional 258

Prólogo: Sony se organiza para convergência 259
Conceitos Básicos sobre Organização 260
Diferenciação 261
Integração 262
A Estrutura Vertical 262
Autoridade na Organização 264
Níveis Hierárquicos 265
Abrangência de Controle 266
Delegação 266
Descentralização 269
A Estrutura Horizontal 271
A Organização Funcional 271
A Organização Divisional 272
A Organização Matricial 275
A Organização em Rede 278
Integração Organizacional 280
Coordenação por Padronização 280
Coordenação por Planejamento 280
Coordenação por Ajuste Mútuo 281
Coordenação e Comunicação 281
Olhando para o Futuro 283
Epílogo 284
Termos-chave 284
Resumo dos Objetivos de Aprendizagem 284
Questões para Discussão 285
Caso de Conclusão: Down East Spud Busters 285
Exercícios Práticos 286

Capítulo 9
Agilidade Organizacional 289

Prólogo: Será que as Montadoras Norte-Americanas Conseguirão Alcançar a Toyota? 290
A Organização Responsiva 291
Estratégia e Agilidade Organizacional 292
Organização em torno das Competências Essenciais 292
Alianças Estratégicas 294
Organização de Aprendizagem 296
Organização com Alto Grau de Envolvimento 297
Agilidade e Tamanho da Organização 297
Empresa de Grande Porte 297
Empresa de Pequeno Porte 298
Empresa ao Mesmo Tempo de Grande e Pequeno Portes 298
Clientes e Organização Responsiva 300
Gestão do Relacionamento com Clientes 300
Gestão da Qualidade Total 302
ISO 9000 305
Reengenharia 305
Tecnologia e Agilidade Organizacional 306
Tipos de Configurações Tecnológicas 306
Organização de Produção Flexível 307
Organização Veloz: Competição Baseada no Tempo 311
Considerações Finais sobre Agilidade Organizacional 313
Epílogo 314
Termos-chave 314
Resumo dos Objetivos de Aprendizagem 314
Questões para Discussão 315
Caso de Conclusão: United Trainers, Inc. 315
Exercícios Práticos 316

Capítulo 10
Gestão de Recursos Humanos 318

Prólogo: Recursos Humanos e Estratégia na GE 319
Gestão Estratégica de Recursos Humanos 320
O Processo de Planejamento de RH 322
O Preenchimento dos Quadros de uma Organização 324
Recrutamento 324
Seleção 326
Reduções da Força de Trabalho 330
Desenvolvimento da Força de Trabalho 333
Treinamento e Desenvolvimento 335
Avaliação de Desempenho 338
O que Deverá ser Avaliado? 338
Quem Deverá Proceder à Avaliação? 340
Como Fornecer o *Feedback* das Avaliações aos Empregados? 341
Elaborando Sistemas de Remuneração 342
Decisões sobre Remunerações 342
Sistemas de Incentivo e Remuneração Variável 343
Remuneração de Executivos e Opções de Ações 344
Benefícios para Empregados 345
Questões Legais sobre Remuneração e Benefícios 345
Saúde e Segurança 346

Relações Trabalhistas 347
Legislação Trabalhista 347
Sindicalização 347
Negociação Coletiva 348
O que o Futuro Reserva? 349
Epílogo 350
Termos-chave 350
Resumo dos Objetivos de Aprendizagem 350
Questões para Discussão 351
Caso de Conclusão: A Universidade da Discórdia 352
Exercícios Práticos 353

Capítulo 11
Gestão da Força de Trabalho Diversificada 355

Prólogo: Todo Mundo Sabe que as Mulheres não Podem Tocar um Instrumento Tão Bem Quanto os Homens 356
Diversidade: Breve Histórico 358
Diversidade Hoje 359
O Tamanho da Força de Trabalho 360
Os Trabalhadores do Futuro 361
A Idade da Força de Trabalho 369
Distinção entre Gestão da Diversidade e Ação Afirmativa 371
Vantagem Competitiva Proporcionada pela Diversidade 372
Desafios de uma Força de Trabalho Diversificada 374
Organizações Multiculturais 375
Como as Organizações Podem Cultivar uma Força de Trabalho Diversificada 377
Liderança e Compromisso da Alta Administração 377
Avaliação Organizacional 378
Atraindo Funcionários 378
Treinando os Funcionários 381
Retendo os Funcionários na Empresa 383
Epílogo 384
Termos-chave 384
Resumo dos Objetivos de Aprendizagem 385
Questões para Discussão 385
Caso de Conclusão: Novos Proprietários Tomam Posse 385
Exercícios Práticos 386

PARTE 3
Caso Complementar: Pension Benefits Guaranty Corporation (PBGC) Atuando como Salvadora da Pátria: Será que não Está na Hora de uma Reforma Previdenciária? 389

Parte 4
Liderança: Mobilizando Pessoas 391

Capítulo 12
Liderança 392

Prólogo: Andrea Jung e a Reformulação Radical da Avon 393
O que Esperamos de Nossos Líderes? 394
Visão 394
Liderança e Gestão 395
Líder e Seguidores 396
Poder e Liderança 397
Fontes de Poder 397
Abordagens Tradicionais para Entender a Liderança 399
Traços do Líder 399
Comportamentos do Líder 401
Abordagem Situacional da Liderança 404
Visões Contemporâneas da Liderança 410
Liderança Carismática 410
Liderança Transformacional 411
Autenticidade 412
Oportunidades para Líderes 412
Uma Observação sobre a Coragem 413
Desenvolvimento das Habilidades de Liderança 414
Como Começar? 415
Quais São os Requisitos Básicos? 415
Epílogo 416
Termos-chave 416
Resumo dos Objetivos de Aprendizagem 416
Questões Para Discussão 417
Caso de Conclusão: Escritório de Advocacia de Jeter, Jackson, Guidry e Boyer 417
Exercícios Práticos 419

Apêndice E 423
Modelos Contingenciais Clássicos de Liderança 423

Capítulo 13 425
Motivação para o Desempenho 425

Prólogo: Rocky Flats 426
Motivação para o Desempenho 427
Estabelecendo Metas 427
- Metas que Motivam 428
- Metas Maximizadas 428
- Limitações ao Estabelecimento de Metas 429
- Estabelecimento de Metas Próprias 430

Reforço ao Desempenho 430
- Administrar (ou Não) as Recompensas e Punições 432
- Administração de Erros 433
- Fornecendo *Feedback* 433

Crenças Relacionadas ao Desempenho 434
- Relação Esforço-Desempenho 434
- Relação Desempenho-Resultado 434
- Impacto sobre a Motivação 435
- Implicações Gerenciais da Teoria da Expectativa 435

Compreendendo as Necessidades das Pessoas 436
- Hierarquia das Necessidades de Maslow 436
- Teoria ERG de Alderfer 437
- Necessidades de McClelland 438
- Teorias das Necessidades: Perspectivas Internacionais 438

Concepção de Funções Motivadoras 439
- Rodízio, Expansão e Enriquecimento das Funções 439
- A Teoria dos Dois Fatores de Herzberg 440
- O Modelo de Concepção de Funções de Hackman e Oldham 441
- *Empowerment* 443

O Alcance da Eqüidade 444
- Avaliação da Eqüidade 445
- Restabelecendo a Eqüidade 446
- Justiça Procedimental 446

Satisfação no Trabalho 448
- Qualidade da Vida no Trabalho 449
- Contratos Psicológicos 449

Epílogo 451
Termos-chave 451
Resumo dos Objetivos de Aprendizagem 451
Questões para Discussão 452
Caso de Conclusão: Cadeiras Personalizadas do Big Ray 452
Exercícios Práticos 454

Capítulo 14
Trabalho em Equipe 458

Prólogo: John Mackey e a Whole Foods 459
Contribuição das Equipes 460
Novo Ambiente de Equipes 461
- Tipos de Equipe 462
- Equipes Autogerenciáveis 463

Como os Grupos se Tornam Verdadeiras Equipes 464
- Atividades em Grupo 464
- A Passagem do Tempo 465
- Uma Seqüência de Desenvolvimento: do Grupo à Equipe 465
- Por que os Grupos às vezes Fracassam 466

Construindo Equipes Eficazes 467
- Foco no Desempenho 467
- Motivação do Trabalho em Equipe 468
- Contribuição dos Membros da Equipe 469
- Normas 470
- Papéis 471
- Coesão 471
- Coesão e Elaboração de Normas de Alto Desempenho 473

Gestão dos Relacionamentos Laterais 475
- Gestão Voltada para Fora 475
- Relacionamentos entre Papéis Laterais 475
- Gestão de Conflitos 476
- Estilos de Conflitos 476
- Mediador 478

Epílogo 479
Palavras-chave 479
Resumo dos Objetivos de Aprendizagem 480
Questões para Discussão 480
Caso de Conclusão: Rocky Gagnon, Empreiteiro Geral 481
Exercícios Práticos 482

Capítulo 15
Comunicação 484

Prólogo: David Neeleman da JetBlue 485
Comunicação Interpessoal 486
- Comunicação de Mão Única *versus* Comunicação de Mão Dupla 486
- Armadilhas da Comunicação 487
- Sinais Ambíguos e Percepção Equivocada 489
- Canais Verbais e Escritos 491
- Mídia Eletrônica 491
- Riqueza da Mídia 494

Como Melhorar as Habilidades de Comunicação 495
- Melhorando suas Habilidades Como Emissor 495
- Habilidades Não-verbais 499
- Melhorando suas Habilidades como Receptor 500

Comunicação Organizacional 502
- Comunicação Descendente 502
- Comunicação Ascendente 506
- Comunicação Horizontal 507
- Comunicação Informal 508
- Inexistência de Barreiras 509

Epílogo 510
Termos-chave 510
Resumo dos Objetivos de Aprendizagem 510
Questões para Discussão 511
Caso de Conclusão: Grupo "Rock On" 511
Exercícios Práticos 512

Parte 4

Caso de Apoio 515

Parte 5
Controle: Aprendendo e Mudando 517

Capítulo 16
Controle Gerencial 518

Prólogo: "O Ambiente era Propício ao Abuso" 519
Sistema de Controle Burocrático 521
O Ciclo de Controle 522
Abordagens para o Controle Burocrático 525
Auditorias de Gestão 528
Controles Orçamentários 528
Controles Financeiros 531
Aspectos Negativos do Controle Burocrático 534
Elaborando Sistemas de Controle Eficazes 537
Os Outros Controles: Mercados e Clãs 539
Controle de Mercado 539
Controle de Clã: o Papel do *Empowerment* e da Cultura 542
Epílogo 543
Termos-chave 544
Resumo dos Objetivos de Aprendizagem 544
Questões para Discussão 545
Caso de Conclusão: Parker Mountain Products, Inc. 545
Exercícios Práticos 546

Capítulo 17
Gestão da Tecnologia e Inovação 548

Prólogo: Mirando O iPOD 549
Tecnologia e Inovação 550
Ciclo de Vida Tecnológico 551
Disseminação das Inovações Tecnológicas 553
Inovação Tecnológica em um Ambiente Competitivo 555
Liderança Tecnológica 555
Seguidores Tecnológicos 557
Avaliação das Necessidades Tecnológicas 558
Avaliação das Tecnologias Atuais 559
Avaliação das Tendências Tecnológicas Externas 559
Fatores Fundamentais nas Decisões sobre Tecnologia 560
Previsão da Receptividade do Mercado 561
Viabilidade Tecnológica 562
Viabilidade Econômica 563
Desenvolvimento Antecipado de Competência 564
Adequação Organizacional 564
Busca e Aquisição de Novas Tecnologias 565
Desenvolvimento Interno 566
Compra 566
Desenvolvimento Contratado 566
Licenciamento 566
Intercâmbio Tecnológico 566
Parcerias em Pesquisa e *Joint Ventures* 567
Aquisição da Propriedade Tecnológica 567
Tecnologia e Funções Gerenciais 568
Organização Voltada à Inovação 569
Incentivo à Criatividade 569
Eliminação da Burocracia 570
Implementação de Projetos de Desenvolvimento 571
Tecnologia, Definição de Funções e Recursos Humanos 572
Epílogo 573
Termos-chave 573
Resumo dos Objetivos de Aprendizagem 573
Questões para Discussão 574
Caso de Conclusão: S & Z East Coast Importers 574
Exercícios Práticos 576

Apêndice F 577

Gestão das Operações na Nova Economia

Capítulo 18
Criação e Gestão de Mudanças 587

Prólogo: Jeffrey Immelt e a GE 588
Tornando-se uma Empresa de Classe Mundial 589
Futuro Grandioso e Sustentável 589
Tirania do "Ou" 591
Genialidade do "E" 591
Desenvolvimento Organizacional 591
Chegando ao Topo 592
Gerenciando a Mudança 593
Motivando as Pessoas a Mudar 593
Um Modelo Geral para Gerenciar a Resistência 596
Abordagens Específicas para Obter Colaboração 598
Harmonizando Mudanças Múltiplas 600
Liderando a Mudança 601
Modelando o Futuro 605
Pensando sobre o Futuro 605

Criando o Futuro 606
Modelando o seu Próprio Futuro 609
Aprendendo e Liderando 611
Epílogo 613
Termos-chave 613
Resumo dos Objetivos de Aprendizagem 613
Questões para Discussão 614
Caso de Conclusão: O Mundo das Janelas, dos Tecidos e Acessórios de Barbara (Barbara's World) — Divisão de Consultoria Doméstica 614
Exercícios Práticos 616

Parte 5
Caso de Apoio 619

Glossário 625
Notas 633
Crédito de Fotos 663
Índice Onomástico 665
Índice Remissivo 675

Administração

Liderança e Colaboração no Mundo Competitivo

PARTE 1

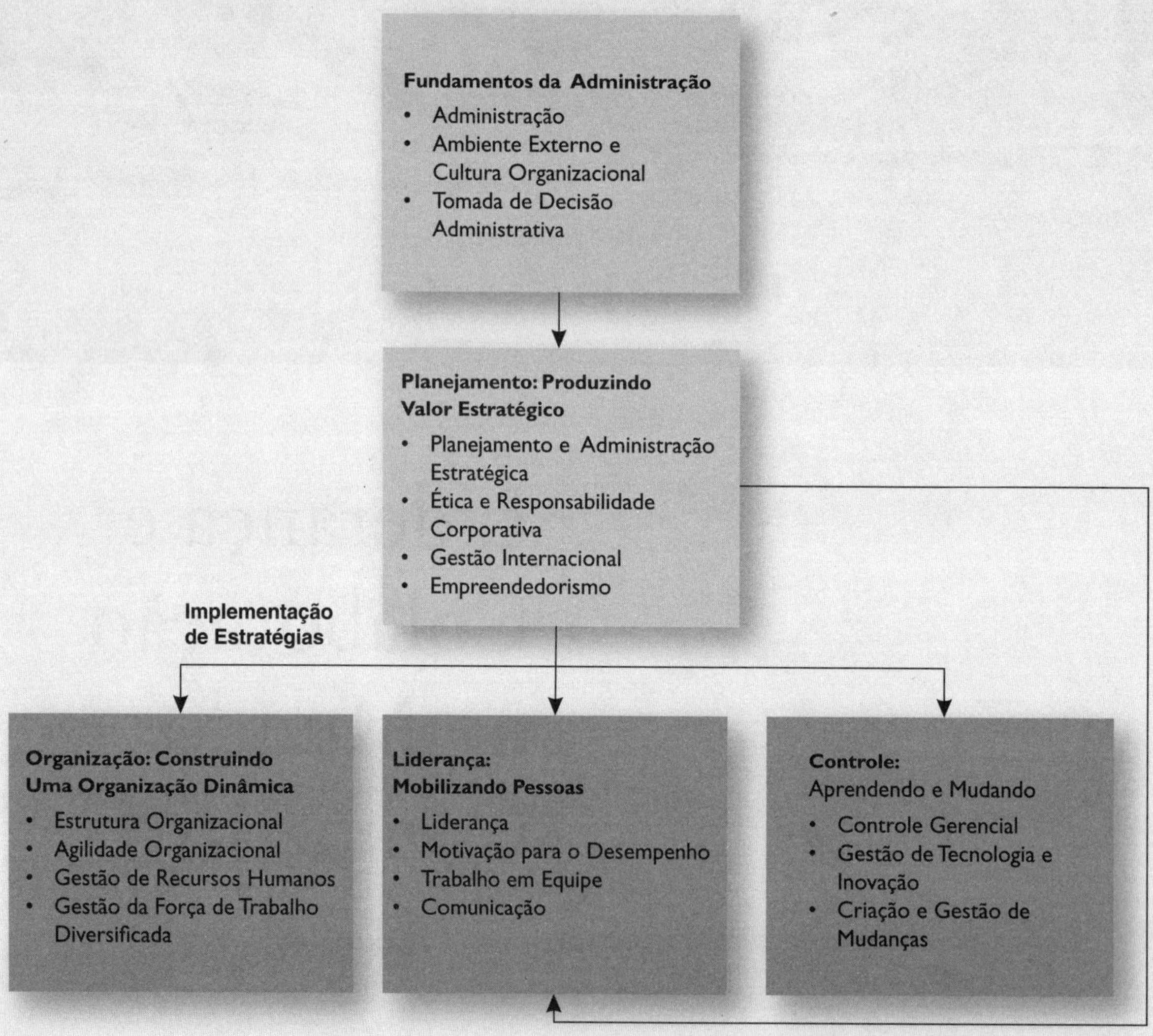
Fundamentos da Administração
• Administração
• Ambiente Externo e Cultura Organizacional
• Tomada de Decisão Administrativa
Planejamento: Produzindo Valor Estratégico
• Planejamento e Administração Estratégica
• Ética e Responsabilidade Corporativa
• Gestão Internacional
• Empreendedorismo
Implementação de Estratégias
Organização: Construindo Uma Organização Dinâmica
• Estrutura Organizacional
• Agilidade Organizacional
• Gestão de Recursos Humanos
• Gestão da Força de Trabalho Diversificada
Liderança: Mobilizando Pessoas
• Liderança
• Motivação para o Desempenho
• Trabalho em Equipe
• Comunicação
Controle: Aprendendo e Mudando
• Controle Gerencial
• Gestão de Tecnologia e Inovação
• Criação e Gestão de Mudanças

Fundamentos da Administração

Os três capítulos da Parte 1 descrevem os fundamentos da administração. O Capítulo 1 discute os princípios da administração no panorama de negócios de hoje e introduz as principais funções, habilidades e objetivos competitivos dos gerentes eficientes. Em outras palavras, discute o que você precisa fazer para tornar-se um gerente de alta *performance*. O Capítulo 2 descreve o ambiente externo em que os gerentes e suas organizações operam — o contexto que pode tanto limitar quanto oferecer oportunidades aos gerentes. Discute ainda o que poderia ser descrito como o ambiente interno da organização: a sua cultura. O Capítulo 3 aborda a atividade gerencial mais importante: a tomada de decisões. Como os gerentes tomam decisões constantemente, uma sólida capacidade de tomada de decisões é essencial para o bom desempenho.

Capítulo 1

Administração

"A administração, em última análise, significa a substituição do vigor e dos músculos pelo pensamento, dos costumes e tradições pelo conhecimento e da força pela cooperação."

— **Peter Drucker**

RESUMO DO CAPÍTULO

Administração no Novo Panorama Competitivo
- Globalização
- Mudanças Tecnológicas
- Gestão do Conhecimento
- Colaboração Atravessando "Fronteiras"

Administração para Vantagem Competitiva
- Inovação
- Qualidade
- Velocidade
- Competitividade em Custos
- Cumprindo as Quatro Funções

As Funções da Administração
- Planejamento: Produzindo Valor Estratégico
- Organização: Construindo uma Organização Dinâmica
- Liderança: Mobilizando Pessoas
- Controle: Aprendendo e Mudando
- Cumprindo as Quatro Funções

Níveis e Habilidades da Administração
- Gerentes de Nível Superior (ou de Alto Escalão)
- Gerentes de Nível Médio
- Gerentes de Linha de Frente
- Líderes Operacionais com Amplas Responsabilidades
- Habilidades Gerenciais

Você e a sua Carreira
- Seja Especialista e Generalista
- Tenha Autonomia (Autoconfiança)
- Esteja Conectado
- Gerencie Ativamente seu Relacionamento com a sua Organização
- Sobreviva e Vença

OBJETIVOS DE APRENDIZAGEM

Após estudar este Capítulo, você deverá saber:

1. Os principais desafios da administração no novo panorama competitivo.
2. Os impulsionadores da vantagem competitiva de sua empresa.
3. As funções da administração e como elas evoluem no atual ambiente de negócios.
4. A natureza da administração em diferentes níveis organizacionais.
5. As habilidades necessárias para ser um gerente eficiente.
6. Em que se empenhar na hora de gerenciar sua carreira.

ED CATMULL E A PIXAR

A Pixar entrou em campo batendo todos os recordes: todos os filmes que criou, desde *Toy Story* até *Os Incríveis*, foram sucesso de bilheteria. Todos os seus filmes alcançaram não apenas sucesso comercial, mas cada um foi extraordinário em termos de inovação e qualidade.

O fundador e presidente da Pixar é Ed Catmull, o pouco aclamado herói da empresa. Steve Jobs é o CEO, a famosa estrela da Pixar. Jobs, que na verdade dedica a maior parte de seu tempo à Apple, afirmou: "Eu confiaria minha vida ao Ed. Ele toca a empresa diariamente e não recebe crédito suficiente por isso".

Catmull começou a sonhar em fazer filmes animados por computadores por volta dos 20 anos. Desde essa época, ele criou uma nova tecnologia, transformou-a em uma nova forma de arte, demonstrou um empreendedorismo extraordinário e construiu uma das empresas de maior destaque do mundo. A revista *Fortune* descreve Catmull como um *nerd* com "um senso prático tão aguçado que você jamais imaginaria, só de conversar com ele, que ele pertence à categoria dos fundadores de empresas mais criativos do Vale do Silício".

A Pixar faz não só grandes filmes: ela inventa suas próprias tecnologias, desenvolve continuamente novos métodos de produção e inovações organizacionais e é muito mais disciplinada em sua execução que suas concorrentes na indústria filmográfica. John Lasseter, o precursor em animação que dirigiu os três primeiros filmes da Pixar, descreve Catmull como "o coração e a alma da Pixar".

FONTES: SCHLENDER, B. Incredible: The Man Who Built Pixar's Innovation Machine. *Fortune*, 15 nov. 2004, p. 206-212; BURROWS P., Pixar's Unsung Hero. *Business Week*, 30 jun. 2003, p. 68.

A Pixar tem uma história de grande sucesso, conforme vimos no Prólogo. Na contramão desse sucesso, considere o fundador da empresa multimídia Pseudo.com. Durante o auge da corrida do ouro na Internet, ele impetuosamente disse ao noticiário *60 Minutes* e à própria CBS: "Nosso negócio vai derrubar vocês. Estou na disputa para eliminar a CBS... É por isso que teremos lucros enormes".[1] Ele declarou isso antes de a CBS passar pelo constrangimento de não ter conseguido autenticar alguns documentos sobre os anos militares do presidente Bush e antes da demissão de Dan Rather. Mas a CBS, é claro, continua na ativa, ao passo que a Pseudo.com, assim como outras tantas empresas ponto-com, deixou de existir.

As empresas, como as pessoas, são bem-sucedidas ou fracassam por vários motivos. Alguns deles são circunstanciais. A maioria é de ordem pessoal e humana e envolve as decisões e ações tomadas pelos gerentes.

Nos negócios, nada substitui uma administração eficiente. As empresas podem alçar vôos altos durante certo período, mas não conseguem se manter no topo por muito tempo sem uma boa administração. O mesmo acontece com as pessoas: os Gerentes do Ano da *BusinessWeek* alcançaram o sucesso mantendo o foco nos fundamentos, sabendo o que é importante e fazendo uma boa administração. O objetivo deste livro é ajudá-lo a obter êxito nessa busca.

Administração no Novo Panorama Competitivo

No início desta década, a economia estava em alta. Os negócios pareciam fáceis — o que acabou se revelando justamente o contrário. Ainda que a "nova economia" da alta tecnologia tenha se aquecido durante um período, os lucros se demonstraram uma meta difícil de ser alcançada, e muitas empresas voando em grande altitude acabaram se estatelando.

Por que tantas empresas entram em ruína, e tão rápido? Em pouco mais de um ano, o mundo dos negócios mudou drasticamente. A bolha das ponto-com estourou, iniciou-se uma recessão, 11 de setembro de 2001 ficou marcado pelos ataques terroristas e as incertezas econômicas viraram uma bola de neve. Mas as mudanças das circunstâncias foram apenas parte da história. Durante períodos mais promissores, os gerentes tomaram diversas decisões ruins. Muitos se tornaram arrogantes, destrataram clientes, não se preocuparam com custos e abriram mão de serviços valiosos, pois o lucro, aparentemente, não era o mais importante. Aplicaram erroneamente os princípios gerenciais, em parte por não disporem de experiência e conhecimento gerencial.[2]

Segundo a *BusinessWeek*: "A luta darwiniana diária dos negócios será vencida pelas pessoas — e organizações — que se adaptarem com mais êxito ao novo mundo que se revela".[3] Como definir esse "novo mundo" e o panorama competitivo dos negócios? Nos próximos capítulos, você vai ler sobre muitas questões relevantes, mas começaremos aqui destacando quatro elementos-chave que tornam o panorama de negócios atual diferente daquele do passado: globalização, mudanças tecnológicas, a importância do conhecimento e das idéias e a colaboração além das "fronteiras" organizacionais.

Globalização

As empresas, muito mais do que no passado, são globais, com escritórios e fábricas espalhados em países do mundo todo. Empresas como GE, Bertelsmann, ASEA Brown Boveri e Nestlé "não têm pátria". Conduzem suas operações no mundo inteiro, ultrapassando as fronteiras nacionais.[4]

Fundada nos Estados Unidos, a MTV foi extremamente bem-sucedida em sua expansão para o exterior, alcançando 400 milhões de residências em 164 países em 18 idiomas. A CEO Judy McGrath anunciou recentemente o centésimo canal da MTV: o MTV Base, na África.[5] O setor cinematográfico também foi feliz na expansão para mercados estrangeiros.[6] Os filmes lançados em 2004, *Rei Arthur*, *Tróia* e *Terminal* tiveram resultados fracos nos Estados Unidos, mas obtiveram três vezes ou mais em negócios internacionais. *Tróia* rendeu mais de US$ 21 milhões na Coréia do Sul, onde alguns anos atrás praticamente não havia salas de exibição. Empresas russas estão investindo pesado na construção de cinemas e o terceiro filme *Harry Potter* estreou na Itália durante o verão — época em que era inconcebível ir ao cinema até que recentemente as salas de exibição instalaram sistemas de ar condicionado. Os filmes estrelados por Brad Pitt rendem bons resultados, particularmente no Japão, onde as mulheres representam o maior público dos cinemas. Elas vão às estréias com as amigas às quartas-feiras e, aos sábados, com os namorados.

Os CEOs mais respeitados sabem que a mudança de um mercado local para o global está ganhando força e é irreversível.[7] Alguns gerentes norte-americanos, porém, conservam uma visão centrada nos

Meg Whitman se arriscou com o eBay na Alemanha baseando-se em sua intuição de que o desejo de comprar e vender é da natureza humana.

Estados Unidos em relação ao mundo dos negócios. Algumas pessoas disseram à CEO Meg Whitman que o eBay era exclusivamente norte-americano — para que fosse bem-sucedido, diziam, compradores e vendedores precisariam de otimismo e confiança mútua.[8] Mas Whitman sentia que o ímpeto pelo comércio faz parte da natureza humana. Ela adentrou a Europa e a Austrália. A melhor franquia do eBay no mundo, ela afirma, é a Alemanha. E ela ingressou na China quando o país praticamente desconhecia o comércio eletrônico. A China atualmente é o mercado de crescimento mais rápido do eBay. Whitman agora fará uma aposta de longo prazo na Índia, onde apenas 2% da população acessa a Internet.

O ideal é que as empresas transnacionais possuam gerentes especializados não só em negócios e funções específicas, como também em países específicos.[9] Os gerentes de toda a empresa precisam ter conhecimento das realidades globais. No entanto, a questão não é simplesmente o fato de a globalização estar no cerne das grandes empresas transnacionais. Ela também afeta as pequenas empresas, dentre as quais muitas exportam seus produtos. Muitas empresas nacionais montam seus produtos em outros países. E as empresas sofrem pressão para aprimorar seus produtos diante da acirrada concorrência imposta por fabricantes estrangeiros. Por exemplo, a Transmatic Manufacturing of Holland, Michigan, perdeu seu contrato mais lucrativo para uma empresa chinesa.[10] As empresas hoje devem se perguntar: "Como podemos ser os melhores do mundo?".

> Em um recente período de três anos, companhias estrangeiras abriram cerca de 60 mil novas fábricas na China.

Para os estudantes, nunca é cedo demais para pensar sobre as alternativas pessoais. Como afirma o CEO Jim Goodnight da SAS, a maior empresa privada de software do mundo: "O melhor que as faculdades de administração podem fazer para preparar seus alunos é incentivá-los a enxergar o que há além do quintal. A globalização abriu o mundo para diversas oportunidades, e as faculdades devem estimular seus alunos a tirarem proveito delas" (p. 19).[11]

Mudanças Tecnológicas

Todos nós sabemos quanto a tecnologia é importante na vida. E é, obviamente, de importância vital para o mundo dos negócios também. A tecnologia tanto pode complicar as coisas como criar novas oportunidades. Os desafios se originam da alta velocidade com que comunicação, transporte, informação e outras tecnologias mudam.[12] Por exemplo, Robert Nardelli, da Home Depot, e Phil Knight, da Nike, ficaram entre os Melhores Gerentes do Ano da *BusinessWeek*.[13] Ambos foram nomeados por diversas razões, inclusive por bons resultados comerciais. Contudo, decisões-chave envolveram mudanças tecnológicas. Nardelli investiu em novas tecnologias que incluíam leitores de códigos de barra sem fio e caixas de auto-atendimento. Knight não só modificou algumas práticas trabalhistas condenáveis, mas também dedicou mais tempo ao desenvolvimento de excelentes sistemas de informação, logística e cadeia de suprimentos. No início de 2005, a Nike estava em sua melhor forma financeira de todos os tempos.

Os capítulos subseqüentes vão abordar a tecnologia mais detalhadamente, mas, por enquanto, ressaltaremos o avanço da Internet e seus efeitos. Por que a Internet é tão importante para os negócios?[14] É um mercado, um meio de produção de produtos e serviços, um canal de distribuição, um serviço de informações, entre outros. Ela reduz custos e acelera a globalização. Oferece acesso à informação, possibilita a tomada de decisões mais embasadas e aprimora a eficiência desse processo. Facilita o desenvolvimento de novos produtos, desde produtos farmacêuticos até serviços financeiros. Os gerentes conseguem observar e aprender o que outras empresas estão fazendo do outro lado do mundo. Embora essas vantagens criem oportunidades de negócios, elas também representam ameaças à medida que os concorrentes, às vezes, tiram mais proveito do que você.

Os *sites* de busca do Google se estendem pela Internet em mais de cem idiomas.

No início desta década, a tecnologia fascinava as pessoas com retornos que pareciam ilimitados. O *e-business* (negócios eletrônicos) se tornou muito popular. Mas, quando o mercado superaquecido ruiu, a "lucrativa empresa de Internet" se transformou em um oxímoro.[15] O termo *e-business* recebeu uma má reputação a ponto de a GM o abolir e passar a denominar seus trabalhos em *e-business* como "digitalização".

Em meados de 2002, 25% das empresas de Internet de capital aberto haviam, no entanto, se tornado lucrativas.[16] E-viagens e e-finanças (nítidos exemplos da época: Expedia, Priceline e Schwab) surgiram como grandes vencedoras. A empresa de serviços de saúde WebMD, um dia considerada um fracasso, começou a ganhar dinheiro. Mesmo empresas de Internet não-lucrativas, no mínimo, eram potenciais-alvo de aquisições por empresas estabelecidas, já que podiam fornecer os serviços de Internet de que essas empresas precisavam.

Quando a bolha das ponto-com explodiu, muitas empresas exclusivamente de Internet se extinguiram, sugerindo que a união de empresas virtuais com empresas tradicionais era a única maneira de obtenção de lucros on-line. Em 2002, as empresas virtuais mais lucrativas estavam, entretanto, vendendo produtos baseados em informações que não demandavam entregas e, portanto, não precisavam de locais físicos[17] (como se dizia na gíria *brick*, ou tijolos coexistindo com "cliques").

Simultaneamente, empresas nos moldes da antiga economia, supostamente fadadas à extinção durante o apogeu das ponto-com, sobreviveram e agora usam a Internet como uma ferramenta para solidificar seu futuro. A Barnes & Noble é bem-sucedida nas vendas pela Net, não exclusivamente, mas como complemento às vendas em lojas tradicionais — as pessoas ainda gostam de dar uma olhada nas prateleiras, folhear os livros e tomar um cafezinho.[18]

Will Wright da Electronic Arts ajudou a desenvolver o primeiro jogo Sims em 2000, e também o Sims 2.

Alguns estudiosos comparam o comércio eletrônico com o setor automobilístico na época do Modelo T, o modelo original da Ford, todo preto, do início da década de 1900. [19] A rede indubitavelmente é uma poderosa ferramenta para se realizar e aperfeiçoar os negócios. Talvez, agora, a indústria esteja estabilizada para um longo e constante crescimento nas próximas décadas.[20] A revolução da Internet definitivamente está aqui e a verdadeira criação de riquezas ainda está por vir.[21]

Gestão do Conhecimento

As empresas e os gerentes enfrentam uma necessidade crescente de idéias boas e novas. Como as empresas nas economias avançadas se tornaram extremamente eficientes na fabricação de produtos físicos, a maioria dos profissionais ficou livre para fornecer serviços ou "produtos abstratos" como software, entretenimento, dados e propaganda. Fábricas eficientes com menos operários conseguem produzir os cereais e telefones celulares demandados pelo mercado; enquanto isso, um número crescente de profissionais cria software e inventa novos produtos e serviços. Como o respeitado consultor Gary Hamel afirma: "Passamos de uma economia de mãos para uma economia de cérebros".[22]

A Electronic Arts (EA) é líder em negócios movidos pela moda atual, de rápidas mudanças e precisa se esforçar muito para manter-se no topo. A empresa não conseguiria tornar isso possível sem utilizar o conhecimento dos melhores desenvolvedores do mercado. Bons desenvolvedores são raros. Precisam ser capazes de criar histórias interessantes, ter o talento artístico para desenhar personagens, além de compreender cálculos complexos a fim de utilizar as mais avançadas técnicas de artes gráficas.[23] A Electronic Arts possui 12 estúdios no mundo todo, com o objetivo primordial de se beneficiar do conhecimento de pessoas localizadas em vários pontos do globo.

O diretor de conhecimento será um importante cargo nos próximos anos.[24] **A gestão do conhecimento** consiste no conjunto de práticas que visam à descoberta e ao aproveitamento dos recursos intelectuais de uma organização — utilizando plenamente a capacidade intelectual das pessoas que compõem a organização. A gestão do conhecimento implica descobrir, desvendar, compartilhar e aproveitar totalmente os recursos mais preciosos de uma organização: o conhecimento, as aptidões, a sabedoria e os relacionamentos das pessoas. Os gerentes do conhecimento identificam esses ativos humanos, ajudam as pessoas a colaborar e aprender, ajudam-nas ainda a gerar novas idéias e aproveitam essas idéias em inovações bem-sucedidas.

Gestão do conhecimento
Práticas que visam à descoberta e ao aproveitamento dos recursos intelectuais de uma organização.

A fabricação de produtos tangíveis permanece como uma parte essencial da economia e da administração eficaz, mas empresas como GE, Dell, Toyota e ABB devem seu sucesso em grande parte ao capital intelectual. Embora o conceito de "capital" costumasse ser puramente financeiro, hoje ele adquiriu um significado mais amplo. O capital intelectual é o conhecimento coletivo e o poder intelectual da organização.[25] Hoje em dia, os gerentes precisam criar um ambiente de trabalho que atraia boas pessoas, que as incentive a querer ficar e que inspire idéias criativas em todos. O objetivo é transformar o poder intelectual de seus funcionários em produtos lucrativos.

Vantagens da Colaboração

Nos negócios, você compete. Agora, mais do que nunca, você também deve colaborar para ter sucesso. Você pode colaborar com outras pessoas de seu departamento, outros departamentos de sua organização, com clientes e outras empresas, inclusive concorrentes. Pela importância da colaboração no atual mundo dos negócios, destacaremos alguns exemplos em todos os capítulos para que você não se esqueça de quanto ela é essencial.

Colaboração Sem "Fronteiras"

Um dos processos mais importantes da gestão do conhecimento é assegurar que as pessoas de diferentes setores da organização colaborem efetivamente entre si. Isso requer uma comunicação produtiva entre diferentes departamentos, divisões ou outros segmentos da organização. Por exemplo, a British Petroleum seguindo o "formato de T", tenta formar gerentes que rompam a hierarquia corporativa tradicional para compartilhar livremente o conhecimento em toda a organização (a parte horizontal do T), enquanto se mantêm intensamente comprometidos com o desempenho total de suas unidades de negócio individuais (a parte vertical). Essa ênfase em responsabilidades duplas para o compartilhamento do desempenho e conhecimento ocorre na GlaxoSmithKline (gigante farmacêutica), na Siemens (grande indústria alemã) e na Ispat International (fabricante de aço sediada em Londres).[26]

Por exemplo, um enorme sucesso recente da Procter & Gamble foi o Prilosec — que é um produto de outra empresa.[27] O Prilosec é a alternativa da AstraZeneca de remédio vendido sem prescrição ao seu remédio para azia vendido com prescrição, e a P&G o comercializa. Reflita também sobre a colaboração entre empresas, necessária para criar os enormes sucessos do *player* de música portátil iPod e da loja de músicas on-line iTunes.[28] Para desenvolver o iPod, a Apple trabalhou junto com a Toshiba para chegar a um novo disco rígido, a um novo projeto pouco conhecido para personalizar o software e a fornecedores para montar o produto em Taiwan. A Apple também convenceu todos os principais selos de gravadoras — conhecidas por suas rivalidades e desconfianças — a disponibilizarem suas músicas para *download*. A capacidade da Apple em associar-se a parceiros foi fundamental para contar com esses líderes de mercado.

A colaboração além das antigas "fronteiras" ocorre até entre empresas concorrentes. Por exemplo, empresas concorrentes entram em um acordo sobre sistemas eletrônicos para fazer compras em conjunto, embarcam mercadorias em plataformas compartilhadas e armazenam os produtos em depósitos alugados em parceria.[29] As empresas hoje também precisam motivar e aproveitar as idéias vindas de pessoas de fora das fronteiras tradicionais da empresa. Qual é a melhor maneira de uma empresa usar os serviços de seus consultores, agências de propaganda e fornecedores? Que tipos de parcerias ela pode estabelecer com outras empresas do mesmo setor? E quanto aos clientes? As empresas hoje ainda precisam se concentrar na entrega do produto e no cumprimento das metas de lucros, mas, acima de tudo, precisam perceber que a necessidade de atender o cliente é o que direciona todo o resto.

O melhor atendimento ao cliente pode começar por envolvê-lo mais nas decisões da empresa. Por exemplo, empresas como a P&G estão conseguindo fazer que seus clientes pensem criativamente e conversem entre si on-line, o que viabiliza o surgimento de idéias de novos produtos e serviços.[30] Jim Goodnight, da SAS, exige que todas as sugestões de clientes para melhoria de produtos sejam registradas.[31] As sugestões são incluídas em uma pesquisa anual para serem classificadas pelos clientes, e as 10 sugestões mais votadas são geralmente implementadas na próxima atualização do produto. Não se trata de receber um comentário eventual de um cliente, e sim de uma abordagem estratégica, sistemática e ativa que procura alcançar melhor serviço ao cliente por meio do gerenciamento de relacionamentos de uma forma em que os clientes contribuam com suas melhores idéias.

Globalização, mudanças tecnológicas, a imensa importância de novas idéias, a colaboração atravessando fronteiras que já se tornam invisíveis... quais são as repercussões das ondas dessa maré de novas forças? A revista *Fast Company* solicitou que 17 líderes de negócios considerassem essa questão. O Quadro 1.1 mostra alguns comentários.

O surgimento da Internet virou carreiras (e vidas) de cabeça para baixo. As pessoas começaram a abandonar a escola para engajar-se em empreendimentos de Internet em formação ou começar o seu próprio negócio. Gerentes de grandes corporações largaram seu emprego para o mesmo fim. Os investidores salivavam e investiam pesado. Os riscos eram muitas vezes ignorados ou menosprezados — em alguns casos tragicamente, pois muitas empresas se arruinaram.

QUADRO 1.1 Comentários Sobre o Panorama Competitivo do Século XXI

Tom Peters, escritor e consultor: "Um dia alguém me perguntou o que eu gostaria que fosse escrito em meu epitáfio. Disse que quero que escrevam 'Foi um jogador'. Não significaria que fiquei rico... Significaria que eu participei intensamente dessa época fascinante... seja lá o que essa tal de 'nova economia' seja realmente, o fato é que ela está reinventando o mundo dos negócios".

Jonathan Hoenig, fundador do capitalistpig asset management: "A *commodity* mais valiosa não é a soja, mas o serviço... O toque humano é o que vai impulsionar os modelos de negócios 'commodificados' no próximo século e nos que o sucederem. Sinto-me extremamente privilegiado por viver em uma época tão excitante da história".

Patricia Seybold, autora de customers.com: "Muita gente acha que a nova economia está totalmente ligada à Internet... Na verdade, está ligada aos clientes. Os clientes estão transformando setores inteiros... o cliente está no âmago do negócio".

Nathan Myhrvold, co-fundador e co-presidente da Intellectual Ventures: "A nova economia implica repensar e remodelar o que já aconteceu. Significa preparar um solo fértil para idéias radicalmente novas. Profissionais com boas idéias ou capacidade de gerar idéias vão garantir o seu lugar".

Krishna Subramanian, presidente do conselho e CEO da Kovair Inc.: "As empresas costumavam ser estruturadas em torno da contribuição individual. Agora o trabalho em equipe — apresentação de uma interface coesa ao cliente, em todos os pontos de contato e todas as funções de negócios — está se tornando mais importante".

Pehong Chen, presidente do conselho, presidente e CEO da Broadvision Inc.: "É isso que torna a nova economia tão espetacular. Você tem a capacidade de fazer algo com seu trabalho e saber que fez a diferença. Você. Não o sistema. Não as políticas de sua empresa. Você".

Thomas Stewart, revista Fortune: "Estamos no início de um novo século, no meio de uma revolução tecnológica e no final de uma grande bolha do mercado de ações — território virgem, campos de construção e ruínas, tudo de uma só vez. Vamos em frente".

FONTES: MARUCA, R. F. Voices. *Fast Company*, set. 2000, p. 105-114; STEWART, T. Intellectual Capital: Ten Years Later, How Far We've Com. *Fortune*, 28 maio 2001, p. 192-193.

Conexões: ED CATMULL E A PIXAR

Uma diferença entre filmes de animação e filmes com atores reais é que estes utilizam um modelo denominado por Hollywood como "cigano": grupos de atores, produtores e técnicos que se reúnem em função de um projeto e que, ao seu término, dispersam-se para novos e diferentes projetos com outras pessoas. Filmes de animação exigem muito mais colaboração, e a Pixar não se desintegra ao final de cada projeto — a organização permanece e as pessoas continuam trabalhando juntas. A maioria dos filmes com atores lista de 100 a 200 nomes nos créditos; os filmes de animação requerem tanta colaboração que *Os Incríveis*, por exemplo, lista cerca de 800 pessoas.

A Pixar conta com os melhores artistas e programadores do mundo. A organização é dividida em três grupos: desenvolvimento tecnológico (produção de ferramentas de computação gráfica), desenvolvimento criativo (criação de histórias, personagens e animação) e produção (coordenação de todo o processo de realização do filme). Nada disso funcionaria se não houvesse uma ótima colaboração. Catmull faz questão de que os três grupos se comuniquem entre si, continuamente. Todos podem conversar com todos, sem precisar obedecer a uma rígida hierarquia de chefes e subordinados. A Marinha norte-americana enviou algumas pessoas à Pixar para aprenderem como aprimorar sua organização e comunicação.

Ed Catmull possui diversas patentes em seu nome, mas seu maior orgulho é ter criado a Pixar University. A Pixar oferece 111 cursos diferentes e todos freqüentam pelo menos meia dúzia desses por ano. Todos os funcionários da Pixar recebem um treinamento adequado em cinema e belas-artes para que pensem como um diretor completo. Objetivos como os de Catmull são válidos para qualquer outro tipo de organização de negócios: inspirar as pessoas de todos os níveis e em diferentes setores para que trabalhem colaborativamente e desenvolver a profundidade e a amplitude de conhecimento para que pensem não só como especialistas, mas também como profissionais completos.

Administração para Vantagem Competitiva

O surgimento da Internet virou carreiras (e vidas) de cabeça para baixo. As pessoas começaram a abandonar a escola para engajar-se em empreendimentos de Internet em formação ou começar o seu próprio negócio. Gerentes de grandes corporações largaram seu emprego para o mesmo fim. Os investidores salivavam e investiam pesado. Os riscos eram muitas vezes ignorado ou menosprezados — em alguns casos tragicamente, pois muitas empresas se arruinaram.

Considere dois setores mais antigos de semelhante poder transformador: automóveis e aviação. Chegaram a existir pelo menos 2.000 montadoras, mas agora sobraram apenas três empresas automobilísticas nos Estados Unidos — e ainda assim, não representam grandes investimentos. Da mesma forma, centenas de fabricantes de aviões faliram, algumas recentemente. Em toda a história da aviação, até o ano 2000, o valor líquido do lucro obtido por todas as empresas de aviação norte-americanas foi zero.[32] Isso mesmo: todas aquelas empresas no total não obtiveram lucro nenhum. E isso foi antes de a American, a United, a Delta e a Northwest perderem mais de US$ 3,6 *bilhões* só em 2003.[33] Nos últimos anos, as maiores companhias aéreas demitiram mais de 10.000 pilotos, alguns dos quais recebiam salários com seis dígitos e tiveram de recomeçar em empresas regionais para receber US$ 20.000.[34]

Como é muito comum os gerentes estarem muito ocupados, distraírem-se e perderem de vista o que realmente impulsiona o desempenho, você verá este ícone várias vezes como um lembrete da necessidade de inovação, qualidade, velocidade e competitividade em custos.

Qual é a lição a ser aprendida com todos esses fracassos nesses importantes setores transformadores? A chave para compreender o sucesso de uma empresa — seja ela tradicional, seja ela baseada na Internet, seja uma combinação de ambas — não está em quanto o setor em que ela opera vai afetar a sociedade ou quanto vai crescer. A chave é a vantagem competitiva de determinada empresa e no quanto essa vantagem é sustentável ou renovável.[35] Os bons gerentes sabem que estão em uma batalha competitiva em que devem sobreviver e vencer.

Para sobreviver e vencer, é preciso garantir uma vantagem sobre seus concorrentes e obter um lucro. Ganha-se vantagem competitiva sendo melhor que os concorrentes em termos de produzir coisas valiosas aos clientes. Mas o que isso significa exatamente? Para ter sucesso, o que os gerentes precisam fazer? Os principais impulsionadores do sucesso são inovação, qualidade, velocidade e competitividade em custos.

Inovação

A Procter & Gamble, sob a nova chefia do CEO A. G. Lafley, tornou-se uma empresa de enorme crescimento por meio da inovação. De acordo com Lafley, o crescimento orgânico (a partir da expansão da principal atividade da empresa por meio da inovação em vez da aquisição de novas empresas) é o "tipo de crescimento mais precioso... O crescimento orgânico exercita seus músculos de inovação. É um músculo. Se você o trabalhar, ele ficará mais forte" (p. 168).[36]

Inovação

A introdução de novos produtos e serviços.

Inovação é a introdução de novos produtos e serviços. Sua empresa precisa se adaptar às mudanças nas demandas dos clientes e aos novos concorrentes. Quando a Internet possibilitou aos comerciantes desviar de canais de distribuição tradicionais e alcançar os compradores diretamente, as empresas tradicionais tiveram que aprender como inovar para se manter competitivas.[37] Além disso, os produtos não são consumidos eternamente; na verdade, são consumidos por muito menos tempo do que costumavam, pois um enorme número de concorrentes está lançando enorme número de produtos a todo momento. Sua empresa precisa inovar, ou vai morrer.

Sua empresa precisa inovar, ou vai morrerá. A marca Tide aproveitou seu detergente bem-aceito no mercado para lançar outros produtos como o Tide para lavagem em água fria e uma escovinha para eliminar manchas — todos com a marca Tide.

Ao contrário da Procter & Gamble, a Kraft não tem um grande lançamento de uma nova marca desde a pizza DiGiorno, em 1995, e recentemente registrou uma seqüência de perda nos lucros trimestrais. No passado, a Kraft foi um ícone de inovação comercial (ver Oreos; e Mac e Cheese). A Kraft apresentou ao mundo o Miracle Whip na Feira Mundial de 1933, o Minute Rice logo após a Segunda Guerra Mundial, e depois Cheez Whiz, Shake 'N Bake e Lunchables. O que explica o recente declínio? Sucessos e fracassos possuem diversas origens, mas, depois que a Kraft perdeu dois dos principais executivos que eram líderes no desenvolvimento de novos produtos, a empresa parou de assumir riscos e simplesmente se restringiu a tirar proveito de marcas mais antigas.[38]

Um dos melhores consultores do mercado, Gary Hamel, observa que a verdadeira competição sempre se deu entre recém-chegados ao mercado e a velha-guarda.[39] A infinita batalha é travada entre o pensamento não-convencional e a rotineira falta de reflexão. Nos últimos anos, novos competidores arruinaram líderes de mercado com novas estratégias de negócios não-convencionais. Apenas as líderes que permaneceram inovando, como Wal-Mart e IBM, continuaram a aumentar seus lucros.

Sem medir muito as palavras ao falar diretamente para executivos de sucesso, Hamel alerta: "A probabilidade é que, nos próximos anos, os recém-chegados captem a maior parte dos lucros em nossa indústria. A probabilidade é que sua empresa levará um chute no traseiro de um bando de rebeldes irreverentes, dispostos a romper tradições".[40]

A inovação é o cálice sagrado de hoje.[41] É o meio mais poderoso de prosperar.[42] Assim como as outras fontes de vantagem competitiva, a inovação advém de pessoas, deve ser um objetivo estratégico e deve ser administrada apropriadamente. Nos capítulos a seguir, você saberá como as grandes empresas inovam.

Qualidade

A KB Home, uma construtora sediada em Los Angeles, tinha anos atrás uma péssima reputação em termos de qualidade. Mas o presidente e CEO Bruce Karatz trabalhou em parceria com a Associação Nacional de Construtoras para criar programas de treinamento para construtoras e empreiteiras a fim de aprimorar a qualidade.[43] Ele também criou o programa "Diga Sim" para lidar com as reclamações de clientes com mais agilidade. Mas enquanto o *website* kbhomesucks.com (hbhomeépéssima.com) não for tirado do ar, a KB Home precisará continuar trabalhando para melhorar sua reputação em qualidade.[44]

Qualidade

A excelência de seu produto (bens ou serviços).

Qualidade é a excelência de seu produto. A importância da qualidade e os padrões de uma qualidade aceitável foram drasticamente elevados nos últimos anos. Os clientes hoje exigem produtos e serviços de alta qualidade e muitas vezes não aceitam nada inferior. Bruce McMillan, da Electronic Arts, afirma: "Dez anos atrás, era possível se safar criando um jogo medíocre. Agora, com a concorrência, não podemos nos dar esse luxo".[45]

Historicamente, a qualidade esteve relacionada primordialmente aos produtos físicos comprados pelos clientes e se referia à atratividade, ausência de defeitos, confiabilidade e confiança em longo prazo. A abordagem tradicional acerca da qualidade implicava verificar o trabalho depois que fosse concluído e então eliminar os defeitos usando dados de inspeção e estatísticos para checar se os produtos estavam de acordo com os padrões. Foi então que W. Edwards Deming, J. M. Juran e outros gurus em qualidade convenceram os gerentes a adotarem uma abordagem mais completa visando ao alcance da qualidade total (TQM — *Total Quality Management*). Isso engloba *evitar* defeitos antes de eles ocorrerem, *atingir zero defeitos* na fabricação e *desenvolver* produtos para a qualidade. O objetivo é solucionar e erradicar desde o início todos os problemas relacionados à qualidade e vivenciar a filosofia de *aperfeiçoamento contínuo* na forma como a empresa conduz suas operações. Deming e suas idéias foram, na verdade, recusados por gerentes norte-americanos; apenas a partir do momento que ele conquistou um público no Japão e este país começou a abocanhar enormes fatias de participação de mercado dos Estados Unidos em automóveis, *chips* de computador e aparelhos de TV, os gerentes norte-americanos começaram a praticar a filosofia da qualidade.[46]

Os consumidores estão dispostos a gastar mais com os eletrônicos da Sony em razão da consistência na entrega de um produto de qualidade.

Hoje, a qualidade nos serviços é igualmente fundamental. Por exemplo, facilitar a vida dos clientes é uma importante dimensão da qualidade nos serviços; FedEx, Alamo e Dell facilitam o uso que os clientes fazem de seus serviços. Em comparação com o Wal-Mart, a Targer, em alguns aspectos, oferece uma qualidade maior não só em seus produtos, mas também na seleção de produtos (mais produtos, produtos exclusivos) e na experiência de compra: aparência geral, corredores menos truncados, videogames que não ficam em armários trancados e não há oferta de TVs ou outros produtos em carretas nos estacionamentos (como o Wal-Mart faz às vezes).[47]

A qualidade pode ser ainda mais aprimorada quando as empresas personalizam os bens e serviços de acordo com as necessidades do cliente individual. A Lands' End permite que os clientes criem um "modelo pessoal" para testar o tamanho e o visual de roupas de banho. A Chipshot.com possibilita que os jogadores de golfe configurem seus tacos de acordo com suas especificações preferidas.[48] A Cannondale de Bethel, em Connecticut, permite que os clientes criem bicicletas personalizadas em um *site* da Web.[49] Cada cliente é conectado a uma revendedora local para realizar o pedido final e receber o produto.

Oferecer uma qualidade de líder mundial requer uma compreensão absoluta daquilo que qualidade realmente significa.[50] A qualidade pode ser medida em termos de desempenho do produto, serviço ao cliente, confiabilidade (falhas ou avarias), conformidade com os padrões, durabilidade e estética. Apenas transcendendo conceitos amplos e genéricos como "qualidade" para identificar exigências de qualidade específicas, você poderá identificar problemas, focar necessidades, estabelecer padrões de desempenho com mais precisão e fornecer um valor de líder mundial.

Velocidade

O Google constantemente aperfeiçoa seu produto de buscas com uma rápida freqüência.[51] O novo sistema informatizado de pedidos da Applebee contribuiu para que 98% dos pedidos de refeição fossem entregues nas mesas em menos de 16 minutos, reduzindo a duração média de uma visita ao restaurante em sete minutos.[52] Assim que imagens digitais de desfiles de moda de Paris, Milão e Nova York chegam à Internet, as empresas imitadoras reinterpretam os estilos para o mercado de massa e os levam às lojas em questão de semanas.[53] Para sua marca esportiva C9, a Target reduziu seu ciclo de desenvolvimento de produtos de mais de um ano para de 10 semanas a nove meses, dependendo de quanto o item está atrelado à moda.[54] Raymundo Hache, da Interamericana Products International da República Dominicana, que envia calças para marcas do mercado norte-americano como Liz Claiborne, Tommy Hilfiger, entre outras, afirma: "Se não formos rápidos o suficiente, a China vai nos esmagar".[55]

Velocidade
Execução, resposta e entrega de resultados rápidas e pontuais.

A **velocidade** muitas vezes separa os vencedores dos fracassados. Com que velocidade você consegue desenvolver um produto e fazer que ele chegue ao mercado? Com que rapidez consegue responder às solicitações dos clientes? Você se sairá muito melhor se for mais rápido que a concorrência — e se conseguir responder rapidamente às ações dos concorrentes.

Velocidade não é tudo — não se pode ser desastrado na tentativa de ser o primeiro. Mas, se considerarmos todos os outros fatores como equivalentes, empresas mais rápidas têm mais chances de ser vencedoras, e as lentas, perdedoras. Até mesmo antes da Internet, a velocidade já era uma exigência crucial na década de 1990. As empresas estavam levando os produtos ao mercado e às mãos dos clientes com uma rapidez jamais vista até então. Agora, a exigência por velocidade aumentou exponencialmente. Andy Grove, presidente da Intel Corporation, afirma que a Internet é uma ferramenta e o maior impacto dessa ferramenta é a velocidade.[56] Tudo parece estar em *fast-forward* (avanço rápido).

A velocidade deixou de ser um objetivo de algumas empresas; é um fator estratégicoobrigatório. Bruce Birnback, presidente da Rowe Furniture, em novembro de 2004 afirmou o seguinte sobre a questão da entrega rápida: "Hoje não é decisiva, mas daqui a 18 a 24 meses creio que vai determinar se você continuará ou não no mercado".

Competitividade em Custos

O Wal-Mart continua intensamente empenhado em encontrar novas maneiras de cortar bilhões de dólares de seus custos de distribuição já muito baixos. Mona Williams, VP de comunicações do Wal-Mart, afirma: "Somos a líder em preços baixos e não cederemos esse terreno a ninguém".[58] Enquanto os custos de combustível e mão-de-obra são altos no setor de companhias aéreas, as LCCs (transportadores de custos baixos como AirTran, Southwest e JetBlue) mantêm as despesas 30% a 40% mais baixas que as tradicionais, o que permite que ofereçam taxas mais baixas e causem o sofrimento de todas as principais companhias aéreas.[59] A JetBlue e a Southwest mantêm baixos os custos de reparos, pois voam apenas um tipo de jato. O custo da milha por passageiro da JetBlue é o mais baixo do setor e seu valor de mercado é maior que o de algumas das maiores empresas do setor.[60]

Competitividade em custos

Manter os custos baixos para obter lucros e conseguir oferecer preços atraentes aos clientes.

Competitividade em custos significa que seus custos são mantidos baixos o suficiente para que você obtenha lucros e estabeleça preços aos seus produtos (bens ou serviços) em níveis atraentes aos consumidores. O eBay determinou o padrão de empresas lucrativas de Internet tendo tão poucos custos fixos — não possui estoques, força de vendas ou depósitos.[61] A rede Marriott, abalada pela queda em turismo e viagens, cortou custos de toda maneira que pôde e passou a oferecer estadas muito mais baratas.[62] É desnecessário dizer que, se você consegue oferecer um produto desejável a um preço baixo, terá mais chances de vender.

Empresas pequenas normalmente tomam bastante cuidado com os custos no início, mas depois seus proprietários começam a prestar atenção a outras coisas.[63] O hábito da moderação é deixado de lado, os gastos sobem e os custos se elevam. Se algo de errado acontece (imprevistos acontecem), a empresa fica sem dinheiro. Quando surge uma crise financeira, é tarde demais, e a chefia passa a recorrer à demissão de funcionários. O desperdício de dinheiro pode ocorrer de diversas formas e as economias podem ser alcançadas a partir dos lugares mais inesperados. É preciso que todos na empresa procurem novas formas de manter os custos sob controle.

Gerenciar seus custos e mantê-los baixos requer eficiência: cumprir suas metas usando seus recursos com sabedoria e minimizando o desperdício. Pequenas medidas podem gerar grandes economias, mas as reduções de custos implicam *trade-offs*. A Lucent cortou o número de lâmpadas por baia de quatro para uma.[64] A BBC conseguiu economizar US$ 400 mil por ano cortando os biscoitinhos servidos em reuniões internas. A Marinha sueca, ao lidar com cortes orçamentários, aboliu as operações 24 horas sete dias por semana, adotando o horário de segunda a sexta das 9 às 17 horas.

Matérias-primas, equipamentos, capital, fabricação, marketing, entregas e mão-de-obra são apenas alguns dos custos que precisam ser cuidadosamente administrados. Um dos motivos que provocaram o fracasso das ponto-com foi que o excessivo custo com propaganda, em geral, não se traduziu em grandes vendas; seus custos de captação de clientes chegavam a ser quatro vezes maiores que os das concorrentes *off-line*.[65] E uma das razões pelas quais toda empresa deve se preocupar em relação a custos é que agora os clientes podem facilmente comparar os preços de milhares de concorrentes pela Internet. Se você não consegue cortar custos e oferecer preços atraentes, você não está pronto para competir.

Assim como as diversas dimensões de qualidade, compreender todos os custos específicos é muito importante. Um gráfico circulando por e-mails mostra que o custo dos ingredientes ativos usados em alguns dos mais populares remédios dos Estados Unidos geralmente não passa de US$ 1, enquanto o preço pago pelo consumidor é de centenas de dólares, o que indica uma enorme e discutível margem porcentual injusta nesses preços. Os defensores das empresas farmacêuticas lembram que os preços estão menos relacionados aos custos dos ingredientes e mais ao custo do financiamento de P&D e aos preços cobrados pelas farmácias. A boa notícia para os consumidores é que algumas farmácias competem por custo e preço: Costco, Sam's Club e outras lojas de descontos e grande volumes geralmente cobram um pouco mais que os seus custos pelos remédios genéricos. Embora o cliente precise ser sócio para fazer compras nessas lojas, os não-sócios podem comprar remédios com prescrição já que estas são reguladas em âmbito federal.

Cumprindo as Quatro Funções

Não pense que você pode se preparar para cumprir apenas uma das quatro vantagens competitivas: custo baixo ou qualidade, isoladamente, por exemplo. Os melhores gerentes e empresas cumprem todas.

A Rubbermaid foi a empresa mais admirada da revista *Fortune* no início da década de 1990, principalmente por ser uma grande inovadora. Mas, quando se recusou a cumprir as exigências do Wal-Mart por entregas mais rápidas e preços menores, ela saiu do mapa.[66] Uma ênfase forte em velocidade prejudica a qualidade na Nissan; o CEO Carlos Ghosn precisou se esforçar muito para reverter o problema de qualidade. Ele teve êxito e a marca se reergueu.[67] No caso da MTV, canais de vídeos musicais concorrentes pipocaram em todos os continentes e ela precisou reagir rapidamente. A empresa está inovando com serviços de vídeos sob encomenda, novos canais, maior expansão na Internet e em mercados móveis de entretenimento, e um serviço de *download* de músicas para concorrer com a Napster e o iTunes da Apple. Esses iniciativas custam caro e a qualidade deve ser alta para fazer que tais iniciativas sejam competitivas e valham a pena.[68]

> Não se esqueça: não se concentre apenas em um aspecto do desempenho, negligenciando os outros. Talvez você se saia melhor ou esteja mais interessado em um mais do que nos outros, mas o importante é cumprir as quatro funções.

Pode haver *trade-offs* entre as quatro funções, mas isso não significa que se trata de um jogo de soma zero em que uma deve perder em detrimento da outra. Desde muito cedo, o Wal-Mart percebeu que a constante inovação nos sistemas de controle de estoque acelerava a movimentação de mercadorias nas prateleiras. Essa maior velocidade resultaria em preços mais baixos.[69] A Electronic Arts estabelece prazos a serem cumpridos para equipes que buscam uma grande inovação.[70] Um importante componente é a biblioteca na Intranet, pela qual os desenvolvedores compartilham tecnologias e melhores práticas. Trabalham (muito!) mais rápido com mais informações. E custo baixo não é o único fator em que a Dell se destaca: seus padrões de qualidade costumam ser altos e ela monta e envia os PCs rapidamente após receber um pedido (todos os fornecedores da Dell sabem que precisam entregar peças à Dell em no máximo uma hora).[71]

Muitos dos piores gerentes da *BusinessWeek* foram eliminados do mercado em razão de escândalos de cunho ético.[72] Você lerá mais sobre a importância da ética nos outros capítulos. Mas os "melhores" e "piores" também são determinados por resultados, como indicam os exemplos a seguir.

Melhores e Piores

TEXTO EXTRAÍDO DA REVISTA BusinessWeek

Quando a *Business Week* anunciou em 2005 os Melhores e Piores Gerentes do Ano, os perfis descrevem os resultados de negócios dos gerentes e suas principais decisões e ações. Conforme você lê estes exemplos, considere a relevância de tudo que foi discutido até o momento neste capítulo. Entre os melhores gerentes:

- Jeff Immelt, por implementar tecnologia, promover inovação e fortalecer a cultura global da GE.
- Steve Jobs da Apple e Linus Torvalds da Open Source Development Labs, pelo inovador iPod e dispositivos e software Linux.
- Steven Reinemund da Pepsico, que vem acrescentando 200 variações de produtos por ano. A Pepsico sob o comando de Reinemund também se destacou pelo desenvolvimento de pessoas, especialmente talentos de liderança nas equipes locais, que são fundamentais para seu fortalecimento na Índia e China.
- John Henry do Boston Red Sox, por adicionar assentos ao mais antigo estádio de beisebol, esgotar as vendas de ingressos de todos os jogos e com grande freqüência liderar a audiência nas transmissões de TV em horário nobre após decidir transmitir jogos em alta definição. Suas estratégias de garimpar as estatísticas de beisebol para encontrar jogadores menos valorizados e evitar contratos de longo prazo com velhas estrelas, cujo desempenho pode começar a cair, mantiveram os custos baixos e, ao mesmo tempo, formaram um time de qualidade. Após 86 anos sem um título, o Red Sox ganhou tudo em 2004.

A seleção da *Business Week* dos "piores gerentes" do ano incluiu:

- Franklin Raines da Fannie Mae, que concedeu ao seu diretor financeiro um livre controle e tolerou controles financeiros "fracos ou inexistentes". Ele aplicou registros contábeis indevidos, declarou lucros falsamente e foi obrigado a se retirar.
- Gary Bettman, que liderou a Liga Nacional de Hóquei (NHL) durante anos de aumento salarial insustentável, culminou em uma greve e no cancelamento da temporada de 2004–2005. As finanças da NHL estavam arruinadas. Os salários correspondiam a 75% da receita em 2004, comparado com os 41% de 1991.

- Howard Pien da Chiron, apenas uma das duas maiores fornecedoras de vacina contra gripe. A Chiron foi impedida de liberar lotes produzidos na fábrica de Liverpool, na Inglaterra, por causa de problemas de contaminação. Pien tinha aumentado a velocidade da produção drasticamente: a Chiron elevou a fabricação de vacinas em 50%, comparada com o ano anterior, e planejava outro aumento de 37% em 2005. Mas a qualidade foi prejudicada. A Chiron e seus investidores sofreram um enorme desfalque financeiro, e grande parte da população ficou sem vacinas contra gripe.

FONTE: Special Report. The Best and Worst Managers of the Year. *BusinessWeek*, 10 jan. 2005, p. 55-86.

As Funções da Administração

Administração

O processo de trabalhar com pessoas e recursos a fim de cumprir metas organizacionais.

A **administração** é o processo de trabalhar com pessoas e recursos a fim de cumprir metas organizacionais. Os bons gerentes conseguem isso com eficiência e eficácia. Ser *eficaz* é alcançar os objetivos organizacionais. Ser *eficiente* é alcançar esses objetivos com o mínimo de desperdício de recursos, ou seja, fazer o melhor uso possível do dinheiro, do tempo, dos materiais e das pessoas. Alguns gerentes fracassam em ambos os critérios ou mantêm o foco em um em detrimento do outro. Os melhores gerentes mantêm o foco na eficácia *e* na eficiência.

Essas definições existem há muito tempo. Mas, como sabemos, os negócios estão mudando radicalmente. A verdadeira questão é o que *fazer*.[73]

O contexto dos negócios e as especificidades de fazer negócios estão mudando,[74] mas ainda existem inúmeros princípios atemporais que formam ótimos gerentes e ótimas empresas. Embora novas idéias e abordagens sejam necessárias hoje, mais do que nunca, muito daquilo que já se aprendeu sobre práticas de administração bem-sucedidas permanece relevante, útil e adaptável, com as novas idéias, ao ambiente de negócios do século XXI.

Fazendo uma analogia: as práticas de engenharia se desenvolvem continuamente, mas as leis da física são relativamente constantes.[75] No mundo corporativo de hoje, os ótimos executivos não só se adaptam às mudanças das condições, mas também aplicam — fanática, rigorosa, consistente e disciplinadamente — os princípios fundamentais da administração. Esses fundamentos incluem as quatro funções tradicionais da administração: *planejamento*, *organização*, *liderança* e *controle*. Permanecem tão relevantes quanto no passado e ainda proporcionam os fundamentos necessários para novos empreendimentos, bem como para empresas já estabelecidas. Mas sua forma evoluiu.

Planejamento

Função da administração referente à tomada sistemática de decisões sobre metas e atividades que um indivíduo, um grupo, uma unidade de trabalho ou a organização como um todo vão seguir.

Planejamento: Produzindo Valor Estratégico

Planejamento significa especificar as metas a serem alcançadas e decidir com antecedência as devidas ações necessárias para alcançá-las. As atividades de planejamento incluem a análise das situações atuais, antecipação do futuro, determinação de objetivos, decisão sobre em que tipos de atividades a empresa se envolverá, a escolha de estratégias corporativas e comerciais e a determinação dos recursos necessários para cumprir as metas da organização. Os planos preparam o caminho para a ação e para grandes conquistas.

Organização

Função da administração que significa conjugar e coordenar recursos humanos, financeiros, físicos, informacionais, entre outros, necessários para alcançar objetivos.

A função de planejamento para o novo ambiente de negócios, discutida na Parte 2 deste livro, é descrita mais dinamicamente como *oferta de valor estratégico*. Historicamente, o planejamento descrevia uma abordagem de cima para baixo em que os principais executivos estabeleciam planos de negócios e diziam aos outros para implementá-los. Agora e no futuro, a oferta do valor estratégico é um processo contínuo em que as pessoas em toda a organização usam seu cérebro e o cérebro de clientes, fornecedores e outros colaboradores para identificar oportunidades para criar, apreender, fortalecer e sustentar a vantagem competitiva. Esse processo dinâmico gira em torno do objetivo de gerar cada vez mais valor para o cliente. A criação eficaz do valor exige que se considere integralmente um novo e variável conjunto de colaboradores e questões, incluindo o governo, o ambiente natural, a globalização e a economia dinâmica em que as idéias são soberanas e os empreendedores são concorrentes fortíssimos e potenciais colaboradores. Você verá mais detalhes sobre esses e outros tópicos relacionados no Capítulo 4 ("Planejamento e Administração Estratégica"), Capítulo 5 ("Ética e Responsabilidade Corporativa"), Capítulo 6 ("Gestão Internacional") e Capítulo 7 ("Empreendedorismo").

Liderança

Função da administração que envolve os esforços do gerente para estimular o alto desempenho dos funcionários.

Organização: Construindo uma Organização Dinâmica

Organização significa conjugar e coordenar recursos humanos, financeiros, físicos, informacional, entre outros, necessários para alcançar os objetivos. A organização de atividades inclui atrair pessoas para a organização, especificar as responsabilidades profissionais, agrupar tarefas em unidades de trabalho, ordenar e alocar recursos e criar condições para que pessoas e coisas, juntas, alcancem o máximo do sucesso.

A Parte 3 deste livro descreve a função de organização como a *construção de uma organização dinâmica*. Historicamente, a organização envolvia a criação de um quadro organizacional identificando funções de negócios, estabelecendo relações de subordinação e contando com um departamento pessoal que administrava planos, programas e papelada. Daqui por diante, gerentes eficazes usarão novas formas de organização e visualização de seu pessoal como talvez seus recursos mais valiosos. Criarão organizações flexíveis e adaptativas, particularmente em resposta às ameaças da concorrência e às necessidades dos clientes. As práticas evoluídas de recursos humanos que atraem e retêm a nata de uma população extremamente diversificada serão aspectos essenciais da empresa bem-sucedida. Você vai saber mais detalhes sobre esses tópicos no Capítulo 8 ("Estrutura Organizacional"), Capítulo 9 ("Agilidade Organizacional"), Capítulo 10 ("Gestão de Recursos Humanos") e Capítulo 11 ("Gestão da Força de Trabalho Diversificada").

Liderança: Mobilizando Pessoas

Liderar é estimular as pessoas a serem grandes realizadoras. Isso inclui motivar e se comunicar com funcionários, individualmente e em grupos. Liderar envolve o contato próximo diário com as pessoas, ajudá-las a monitorar tarefas e inspirá-las para que alcancem as metas da equipe e da organização. A liderança ocorre em equipes, departamentos e divisões, bem como nos altos escalões de grandes organizações.

Em livros mais antigos, a função de liderança era descrita pelo modo como os gerentes devem motivar os funcionários a irem ao trabalho e a executarem os planos da gerência superior, fazendo o seu trabalho. Hoje e no futuro, os gerentes precisam conseguir *mobilizar as pessoas* para que contribuam com suas idéias, usem seu cérebro para tarefas jamais solicitadas ou sonhadas no passado. Conforme descrito na Parte 4, eles devem confiar em um tipo muito diferente de liderança (Capítulo 12) que capacite e motive pessoas (Capítulo 13). Muito mais do que no passado, é necessário que se faça um ótimo trabalho por meio de uma excelente integração profissional na equipe (Capítulo 14), nos grupos de trabalho e além das fronteiras que separam esses grupos. O ideal é que uma comunicação interpessoal e organizacional eficaz esteja presente implicitamente nesses processos (Capítulo 15).

Quando Gert Boyle inesperadamente se viu responsável por uma empresa afogada em dívidas, não sabia como gerenciá-la. A mudança era necessária. Trinta e dois anos depois, ela e seu filho Tim Boyle transformaram a Columbia Sportswear Company em uma bem-sucedida empresa de roupas esportivas. Suas primeiras decisões foram difíceis e incluíram a demissão de praticamente todos os cerca de 55 funcionários, mas Gert e Tim mantiveram o foco em escutar os clientes e inovar. Desde 1984, as vendas cresceram de US$ 3 milhões para aproximadamente US$ 1 bilhão. As mudanças podem, em alguns casos, levar a resultados muito positivos.

Controle: Liderando e Mudando

Planejamento, organização e liderança não garantem o sucesso. A quarta função, a de **controle**, monitora o desempenho e implementa mudanças necessárias.

O monitoramento é um aspecto essencial do controle. Caso você duvide da importância dessa função, considere

Controle

Função da administração relacionada ao monitoramento do desempenho e à realização das mudanças necessárias.

que, após os ataques terroristas de 11 de setembro de 2001, diversos laboratórios do Departamento de Agricultura não conseguiram justificar perigosos agentes biológicos que supostamente estariam em seus estoques, incluindo 3 bilhões de doses de um perigoso vírus. O Departamento de Energia não conseguiu justificar inteiramente cápsulas de combustível radioativo e outros materiais nucleares emprestados a outros países.[76] Em outra situação, um homem com um machado entrou em uma loja do Wal-Mart da cidade de Oklahoma. Enquanto entrava, o recepcionista da loja não só não avisou as autoridades, como colou uma etiqueta na arma para que não cobrassem o objeto no caixa quando o homem fosse deixar a loja. O homem, que assaltou a loja, alegou que estava devolvendo a arma.[77] Falhas em controle podem ocorrer de diversas formas!

Quando os gerentes implementam seus planos, muitas vezes descobrem que as coisas não estão saindo conforme o planejado. A função de controle assegura que as metas sejam cumpridas. Ela pergunta e responde a dúvida: "Nossos resultados reais são consistentes com nossas metas?". E faz os ajustes necessários.

Organizações bem-sucedidas, sejam grandes ou pequenas, prestam muita atenção à função de controle. Mas a Parte 5 do livro deixa muito claro que, hoje e no futuro, os desafios-chave da administração são muito mais dinâmicos do que no passado; envolvem *aprendizagem e mudanças* contínuas. Os controles ainda devem ser aplicados, como veremos no Capítulo 16. No entanto, novas tecnologias e outras inovações (Capítulo 17) possibilitam que se obtenham controles de formas mais eficazes e que se possa ajudar as pessoas em toda a empresa e além das fronteiras da empresa (incluindo clientes e fornecedores), para que usem seu cérebro, aprendam, façam uma variedade de novas contribuições e ajudem a organização a mudar de forma que construam um futuro bem-sucedido (Capítulo 18).

As quatro funções da administração também se aplicam pessoalmente a você. Você deve encontrar maneiras de gerar valor, organizar-se para promover sua própria eficácia pessoal, mobilizar seus próprios talentos e habilidades, assim como os daqueles que o cercam, monitorar seu desempenho e constantemente aprender, desenvolver-se e mudar preparando-se para o futuro. À medida que você avançar na leitura deste livro e progredir nesse percurso, incentivamos você a não se ater meramente ao "aprendizado do livro" como algo impessoal, mas que você reflita sobre essas questões a partir de um ponto de vista pessoal também, aproveitando as idéias para o seu próprio desenvolvimento pessoal.

Cumprindo as Quatro Funções

Como gerente, o seu dia normal de trabalho não será perfeitamente dividido nas quatro funções. Você faz diversas coisas mais ou menos simultaneamente.[78] Seus dias são ocupados e fracionados, e você lida com interrupções, reuniões e ainda precisa apagar alguns incêndios. Há muitas coisas que você gostaria de fazer, mas que parecem não ter fim. Essas atividades englobam as quatro funções da administração.

Alguns gerentes são particularmente interessados, dedicados ou capacitados em uma ou duas das quatro funções, não nas demais. Você, porém, deve dedicar a devida atenção e os devidos recursos às *quatro* funções. Talvez você seja um excelente planejador e controlador, entretanto, se organizar seus funcionários inadequadamente ou não conseguir inspirá-los para que tenham alta produção, você não estará concretizando seu potencial como gerente. Da mesma forma, não adianta ser aquele tipo de gerente que adora organizar e liderar, mas que não consegue efetivamente compreender os direcionamentos ou como determinar se está no caminho certo. Os bons gerentes não negligenciam nenhuma das quatro funções. Conhecendo-as, você pode periodicamente se perguntar se está dedicando a devida atenção a *todas*.

Níveis e Habilidades da Administração

As organizações (particularmente as grandes) possuem diversos níveis. Nesta seção, você conhecerá os tipos de gerentes em três níveis organizacionais diferentes: superior, médio e linha de frente.

Gerentes de Nível Superior

Os **gerentes de nível superior** (ou de alto escalão) são os executivos seniores de uma organização, responsáveis por sua administração geral. Esses gerentes, muitas vezes chamados *gerentes estratégicos*, devem se concentrar em questões de longo prazo e enfatizar a sobrevivência, o crescimento e a eficácia geral da organização.

Os gerentes de nível superior preocupam-se não só com a organização como um todo, mas também com a interação entre a organização e seu ambiente externo. Essa interação quase sempre requer que os gerentes trabalhem extensivamente com indivíduos e organizações externos.

Gerentes de nível superior
Executivos seniores responsáveis pela administração geral e eficácia da organização.

O CEO (*chief executive officer*) diretor executivo ou diretor-presidente é um tipo de gerente de nível superior encontrado em grandes organizações. Essa pessoa é o principal gerente estratégico da empresa e tem autoridade sobre todos os demais. Os demais incluem o *chief operating officer* (COO) ou diretor de operações, os presidentes de companhias, vice-presidentes e membros da equipe de gerência superior da empresa.

Tradicionalmente, a função dos gerentes de nível superior era de estabelecer o direcionamento geral formulando recursos estratégicos e de controle. Agora os gerentes de nível superior são mais comumente solicitados para serem não só os criadores de estratégias, mas também verdadeiros líderes organizacionais. Na qualidade de líderes, eles devem criar e articular um objetivo corporativo mais amplo com o qual as pessoas possam se identificar e com o qual as pessoas possam se comprometer com grande entusiasmo.

Entre os 1.000 executivos *top* das cem empresas da revista *Fortune*, 48% freqüentaram faculdades de graduação públicas, comparados com apenas 32% de duas décadas atrás. O número de executivos *top* que freqüentaram as faculdades da Ivy League (grupo de universidades antigas e respeitadas do leste dos Estados Unidos) caiu de 14% para 10% e faculdades particulares fora desse grupo de 54% para 42%.[79]

Gerentes de Nível Médio

Como o próprio nome indica, os **gerentes de nível médio** localizam-se na hierarquia da organização abaixo da gerência *top* e acima dos gerentes em linha de frente. Conhecidos também como *gerentes táticos*, são responsáveis por transformar as metas e planos gerais desenvolvidos pelos gerentes estratégicos em objetivos e atividades mais específicos.

Gerentes de nível médio
Gerentes localizados nas camadas intermediárias da hierarquia organizacional, reportando-se aos executivos de níveis superiores.

Antigamente, a função do gerente de nível médio era ser um controlador administrativo que estreitava a distância entre os níveis mais altos e mais baixos. Os gerentes de nível médio têm em mãos os objetivos corporativos e os desmembram em metas para as unidades de negócio; agrupam os planos das unidades de negócio, separados por unidade, em níveis inferiores a eles, para revisão no âmbito corporativo em níveis superiores a eles; e atuam como molas mestras da comunicação interna, interpretando e divulgando as prioridades da gerência superior para níveis inferiores na hierarquia e transmitindo e transferindo informações das linhas de frente para os níveis superiores na hierarquia.

Em uma visão estereotipada, o termo *gerente médio* conota mediocridade: pessoas pouco criativas comportando-se como burocratas e defendendo o *status quo*. Porém, os gerentes de nível médio estão mais próximos das operações cotidianas, clientes e gerentes e funcionários da linha de frente — então, eles estão cientes dos problemas. Eles também possuem muitas idéias criativas — muitas vezes melhores que as de seus chefes. Os bons gerentes de níveis médio oferecem as habilidades operacionais e a solução prática dos problemas que mantêm a empresa ativa.[80]

Gerentes da Linha de Frente

Os **gerentes da linha de frente** ou *gerentes operacionais* são gerentes de níveis mais baixos que supervisionam as operações da organização. Esses gerentes, em geral, possuem cargos como supervisor ou gerente de vendas. Estão diretamente envolvidos com funcionários que não integram a gerência, implementando planos específicos desenvolvidos junto aos gerentes de nível médio. Essa função é fundamental na organização, uma vez que os gerentes operacionais são o elo entre funcionários da gerência e de fora da gerência. Sua primeira posição de gerente provavelmente se encaixará nessa categoria.

Gerentes da linha de frente
Gerentes em posições inferiores na hierarquia que supervisionam as atividades operacionais da organização.

Os gerentes da linha de frente costumavam ser dirigidos e controlados de cima, a fim de assegurar que eles implementassem as operações apoiando a estratégia da empresa. No entanto, nas principais empresas do mercado, essa função se expandiu. Embora o aspecto de execução operacional da função permaneça essencial, os gerentes da linha de frente de grandes empresas são cada vez mais solicitados a adotarem uma postura mais inovadora e empreendedora, gerenciando com ênfase em crescimento e desenvolvimento de novos negócios.

QUADRO 1.2
Transformação de Funções Gerenciais e Funções de Atividades

	Gerentes da Linha de Frente	Gerente de Nível Médio	Gerentes de Nível Superior
MUDANÇAS NAS FUNÇÕES	• De implementadores operacionais para empreendedores agressivos	• De controladores administrativos para supervisores de apoio	• De alocadores de recursos para líderes institucionais
ATIVIDADES-CHAVE	• Criação e busca de novas oportunidades de crescimento para a empresa	• Promoção do desenvolvimento das pessoas e suporte a suas atividades	• Estabelecimento de padrões elevados de desempenho
	• Captação e desenvolvimento de recursos	• Conexão de conhecimentos dispersos e habilidades entre departamentos	• Institucionalização de um conjunto de normas e valores para fundamentar a cooperação e a confiança
	• Gerenciamento contínuo da melhoria no desempenho dentro do departamento	• Administração da ansiedade entre o desempenho em curto prazo e as metas de longo prazo	• Criação de um objetivo e um propósito corporativos que se estendam a todas as áreas

FONTE: Adaptado de BARLETT, C.; S., GOSHAL. The Myth of the Generic Manager: New Personal Competencies for New Management Roles. *California Management Review*, v. 40, n. 1, p. 92-166, outono 1997.

Os gerentes da linha de frente — o que normalmente significa gerentes mais novos e jovens — são cruciais para criar e sustentar qualidade, inovação e outros impulsionadores do desempenho financeiro.[81] Em organizações excepcionais, não só se *permite* que gerentes da linha de frente talentosos encabecem novas atividades, mas os gerentes de níveis médio e superior *esperam* que eles o façam. E eles recebem liberdade, incentivos e apoio para encontrar maneiras de concretizar isso.[82]

O Quadro 1.2 acima detalha mais os aspectos de mudanças de níveis diferentes de gerência. Você vai aprender sobre cada um desses aspectos da administração ao longo deste livro.

Líderes Operacionais com Amplas Responsabilidades

A tendência hoje é haver menos ênfase na hierarquia e mais no trabalho em equipe. Em empresas pequenas — a nas grandes que se adaptaram aos novos tempos — os gerentes possuem responsabilidades estratégicas, táticas *e* operacionais. São profissionais *completos*: possuem conhecimento de todas as funções de negócios, são responsáveis pelos resultados e se concentram em atender os clientes dentro e fora da empresa. Todos esses elementos requerem a capacidade de pensar estrategicamente, transformar estratégias em objetivos específicos, coordenar recursos e integrar suas tarefas com pessoas de níveis hierárquicos inferiores.

Em suma, os melhores gerentes de hoje sabem fazer tudo: são "líderes operacionais, que colocam a mão na massa".[83] Eles mantêm o foco nos relacionamentos com outras pessoas e na obtenção de resultados. Suas atividades não se resumem a tomar decisões, dar ordens, esperar que os outros façam e depois avaliar os resultados. Eles colocam a mão na massa, também fazem o trabalho duro, solucionam problemas e geram valor.

O que tudo isso significa na prática? Como os gerentes administram seu tempo — o que fazem na realidade? Um estudo clássico com executivos *top* revelou que eles dedicam seu tempo envolvidos em 10 atividades ou funções-chave, divididas em três categorias: interpessoal, informacional e de decisão.[84] O Quadro 1.3 resume essas funções. Ainda que o estudo tenha sido realizado há décadas, ele permanece extremamente relevante em termos de descrição das tarefas dos executivos. E ainda que o estudo tenha se focado em executivos *top*, os gerentes de todos os níveis se envolvem em todas essas atividades. À medida que você ler a tabela, talvez se pergunte "Dessas atividades, de qual eu gosto mais (ou menos)?", "Em quais eu me destaco (e não me destaco)?", "Em que eu gostaria de melhorar?". Quaisquer que sejam as suas respostas, você vai aprender mais sobre essas atividades no decorrer deste livro.

Funções Interpessoais	*Líder*: Formação de equipes, treinamento e motivação de pessoas. *Conector*: Manter uma rede de contatos externos que ofereça informações e facilidades. *Representante*: Realização de tarefas de representação (cerimônias e atendimento de outras demandas sociais e legais).
Funções Informacionais	*Monitor*: Busca e recebimento de informações para desenvolver uma compreensão absoluta da organização e seu ambiente; atua como "espinha dorsal" da comunicação. *Disseminador*: Transmissão de informações de fonte para fonte, por vezes interpretando e integrando perspectivas distintas. *Porta-voz*: Fala em nome da organização sobre planos, políticas, ações e resultados.
Funções de Decisão	*Empreendedor*: Busca de novas oportunidades de negócios e início de novos projetos para promover mudanças. *Gerenciador de conflitos*: Toma medidas corretivas durante crises ou outros conflitos. *Alocador de recursos*: Fornece capital e outros recursos para departamentos ou pessoas; inclui a tomada e aprovação de decisões organizacionais significativas. *Negociador*: Envolve-se nas negociações com pessoas de fora da organização, bem como de dentro (por exemplo, intercâmbio de recursos).

QUADRO 1.3
Funções Gerenciais: O Que os Gerentes Fazem

FONTE: Adaptado de MINTZBERG, H. *The Nature of Managerial Work*. Nova York: Harper & Row, 1973, p. 92-93.

Habilidades Gerenciais

A execução das funções e dos papéis da administração e o alcance da vantagem competitiva são as bases do trabalho de um gerente. Entretanto, compreender isso não é garantia de sucesso. Os gerentes necessitam de diversas habilidades para *realizar* essas coisas *bem*. As aptidões são habilidades específicas resultantes do conhecimento, da informação, prática e competência. Embora os gerentes precisem de muitas habilidades individuais, as quais você compreenderá ao ler este livro, considere três características gerais: habilidades técnicas, habilidades interpessoais e de comunicação e habilidades conceituais e de decisão.[85]

Os iniciantes subestimam muito os desafios das diversas competências técnicas, humanas e conceituais necessárias.[86] Mas, quando as funções-chave da administração são realizadas pelos gerentes que desenvolveram essas habilidades de administração fundamentais, o resultado se traduz em alto desempenho.

A **habilidade técnica** é a capacidade de realizar uma tarefa especializada que envolva determinado método ou processo. A maioria das pessoas desenvolve um conjunto de habilidades técnicas para realizar integralmente as atividades que fazem parte de sua vida profissional diária. As habilidades técnicas que você aprende na faculdade vão fornecer a você a oportunidade de chegar a um estágio inicial; vão ajudá-lo também como gerente. Por exemplo, seus cursos de contabilidade e finanças vão desenvolver as habilidades técnicas necessárias para que você compreenda e administre os recursos financeiros de uma organização.

Habilidade técnica
Capacidade de realizar uma tarefa especializada que envolva determinado método ou processo

Habilidades conceituais e de decisão
As habilidades que fazem parte da capacidade de identificar e solucionar problemas para beneficiar a empresa e seus integrantes.

As **habilidades conceituais e de decisão** envolvem a capacidade de identificar e solucionar problemas para beneficiar a empresa e todas as pessoas interessadas. Os gerentes utilizam essas habilidades quando refletem sobre os objetivos e as estratégias gerais da empresa, as interações entre diferentes partes da organização e o papel do negócio em seu ambiente externo. À medida que adquire mais responsabilidade, você deve exercitar suas habilidades conceituais e de decisão com cada vez mais freqüência. Você vai deparar com questões que envolvem todos os aspectos da organização e deverá considerar um conjunto maior e mais inter-relacionado de fatores decisórios.

Parte deste texto é dedicada a aprimorar suas habilidades conceituais e de decisão, mas lembre-se de que a experiência também exerce papel importante em seu desenvolvimento.

Habilidades interpessoais e de comunicação
Habilidades pessoais; a capacidade de liderar, motivar e se comunicar de maneira eficaz com outras pessoas.

As **habilidades interpessoais e de comunicação** influenciam a capacidade do gerente de trabalhar bem com pessoas. Essas habilidades são muitas vezes denominadas *habilidades pessoais*. Os gerentes passam a maior parte do tempo interagindo com pessoas[87] e precisam desenvolver suas habilidades para liderar, motivar e se comunicar de maneira eficaz com

Quando a Hewlett-Packard contratou Carly Fiorina, a empresa de computadores que atravessava dificuldades parecia se recuperar. Mas a deficiência nas habilidades de liderança e interpessoais, sem contar uma problemática fusão com a Compaq, selou seu destino no início de 2005.

aqueles que o cercam. Suas habilidades pessoais muitas vezes fazem a diferença em termos de conquistas profissionais.[88]

Um artigo da revista *Fortune* criticou a falta de comunicação e de outras habilidades "pessoais" entre os recém-formados em MBAs ao iniciarem suas carreiras gerenciais.[89] É fundamental se conscientizar da importância dessas habilidades para conseguir um emprego, mantê-lo e ter um bom desempenho em sua função. Como um especialista comentou: "Em inúmeras empresas, o motivo do fracasso de um gerente não é a falta de habilidades técnicas, mas sim a falta de habilidades pessoais".[90] Os recrutadores estão em busca de boas habilidades técnicas, é claro, contudo, as qualidades que colocam em primeiro lugar em sua avaliação são as habilidades interpessoais e de comunicação.

A importância dessas habilidades varia de acordo com o nível gerencial. As habilidades técnicas são mais importantes no início de sua carreira. As habilidades conceituais e de decisão se tornam mais importantes do que as técnicas à medida que você assume posições mais altas na empresa. Porém, as habilidades pessoais são importantes ao longo de sua carreira, em todos os níveis gerenciais. Muitos gerentes com alto potencial, com grandes chances de rápida ascensão tiveram a carreira arruinada por a problemas na área interpessoal.[91]

A CEO da Hewlett-Packard, Carly Fiorina, uma executiva extremamente talentosa, foi demitida no início de 2005. Problemas nessas três habilidades contribuíram de alguma forma para isso.[92] Ela é audaz, determinada e enérgica, faz excelentes apresentações e era muito admirada fora da empresa. No entanto, ela não possuía um histórico técnico e se tornou difícil no relacionamento interpessoal quando a fusão com a Compaq que ela idealizou (e outros duvidaram) não funcionou muito bem. Ela se tornou teimosa, deixava a desejar quando havia confrontos e usava um estilo de liderança que a maioria dos funcionários da HP não aprovava. Uma tarefa fundamental de seu sucessor é levantar o moral.

Você e a sua Carreira

No início de sua carreira, a sua contribuição para seu empregador depende de seu próprio desempenho; essa é toda a sua responsabilidade. Mas, ao se tornar um gerente, você passa a ser responsável por um grupo inteiro. Fazendo uma analogia com uma orquestra, em vez de tocar um instrumento, você se torna o regente, coordenando o trabalho de outros.[93] O desafio é muito maior do que a maioria dos gerentes de primeira viagem jamais imaginaria.

Inteligência emocional

Habilidades ligadas a compreender a si mesmo, administrar a si mesmo e lidar com eficácia com outras pessoas.

Ao longo de sua carreira, você precisará liderar equipes com eficácia, além de influenciar as pessoas sobre as quais você possui autoridade; assim, as habilidades humanas são particularmente importantes. Atualmente, é comum no mundo dos negócios falarmos em **inteligência emocional**[94] ou "IE" — as habilidades de compreender a si mesmo (inclusive pontos fortes e limitações), administrar a si mesmo (lidar com emoções, tomar boas decisões, buscar e aproveitar *feedbacks*, exercitar o autocontrole) e lidar com outros com eficácia (escutar, demonstrar empatia, motivar, liderar e assim por diante). Andrea Jung, presidente do conselho e CEO da Avon Products, afirma que a "Inteligência emocional está no DNA da Avon porque os relacionamentos são essenciais em todos os estágios do nosso negócio".[95]

Uma reclamação comum sobre os líderes, principalmente os recém-promovidos que apresentaram desempenho excepcional individualmente, é que lhes falta o que talvez seja a mais importante habilidade de IE: empatia. A questão não é falta de capacidade para mudar (você consegue), mas a falta de motivação para mudar (você deve decidir fazê-lo).[96] William George, ex-presidente do conselho e CEO da Medtronic, afirma que algumas pessoas conseguem avançar bastante em sua carreira com base em pura determinação e agressividade, porém o desenvolvimento pessoal incluindo a IE, em última análise, torna-se essencial.[97]

O que você deve fazer para impulsionar uma carreira bem-sucedida e gratificante? O conselho é que você seja tanto um especialista quanto um generalista, tenha autonomia e esteja conectado, a fim de administrar ativamente sua relação com a sua organização e esteja plenamente ciente do que é necessário não só para sobreviver, mas também para vencer no mundo de hoje.

Seja Especialista e Generalista

Se você acha que seguirá sua carreira como um especialista, comece a repensar. O fato é que você não vai querer ficar para sempre realizando tarefas estritamente técnicas sem responsabilidades gerenciais. Contadores são promovidos a chefes de departamento de contabilidade e líderes de equipes, representantes de vendas tornam-se gerentes de vendas, escritores tornam-se editores e enfermeiras tornam-se enfermeiras-chefe. À medida que suas responsabilidades aumentam, você precisará lidar com mais pessoas, compreender melhor outros aspectos da organização e tomar decisões mais sérias e complexas. Começar a aprender agora sobre esses desafios gerenciais pode gerar benefícios antes do que você imagina.

Ajudaria bastante você ser tanto um especialista quanto um generalista.[98] Procure se tornar um *especialista*: seja um *expert* em alguma coisa. Isso o munirá de habilidades específicas que o ajudarão a oferecer um valor concreto e identificável à sua empresa e a seus clientes. E, com o passar do tempo, aprenda a ser um *generalista*, conhecendo o suficiente sobre diversas disciplinas de negócios para que possa pensar estrategicamente e trabalhar com diferentes perspectivas.

Tenha Autonomia (Autoconfiança)

Ter autonomia (autoconfiança) significa ser totalmente responsável por si mesmo, por suas ações e sua carreira.[99] Não espere que seu chefe ou sua empresa tomem conta de você. Uma metáfora útil é pensar em você mesmo como uma empresa, com você como presidente e único funcionário. O Quadro 1.4 apresenta alguns conselhos específicos sobre o que isso significa na prática.

Reafirmando de outra maneira: para agregar valor, pense e aja como um empreendedor.

Descubra novas formas de melhorar seu desempenho geral. Assuma a responsabilidade pelas mudanças; seja inovador.[100] Não faça simplesmente o seu trabalho e espere a iniciativa de outros; busque oportunidades de contribuir de novas formas, desenvolver novos produtos e processos e gerar mudanças construtivas que fortaleçam a empresa e beneficiem clientes e colegas.

Esteja Conectado

Estar *conectado* significa ter diversos e bons contatos interpessoais e relações profissionais e fazer parte de uma equipe com fortes habilidades interpessoais.[101] Por exemplo, aqueles que desejam se tornar associados

QUADRO 1.4 Principais Pontos do Gerenciamento da Carreira

Vicky Farrow, da Sun Microsystems, ofereceu os seguintes conselhos para ajudar as pessoas a assumirem a responsabilidade por suas próprias carreiras:
1. Pense em si mesmo como uma empresa.
2. Defina seu produto: qual é sua área de especialidade?
3. Conheça seu mercado-alvo: para quem você venderá isso?
4. Seja consciente sobre por que seu cliente compra de você. Qual é sua "proposta de valor" — o que você está oferecendo que faz que o cliente prefira você?
5. Como em qualquer empresa, batalhe por qualidade e satisfação do cliente, mesmo que seu cliente seja apenas uma pessoa de sua organização — como seu chefe.
6. Conheça sua profissão ou área e saiba o que está acontecendo.
7. Invista em seu próprio crescimento e desenvolvimento, assim como as empresas investem em pesquisa e desenvolvimento. Quais novos produtos você será capaz de oferecer?
8. Esteja disposto a considerar uma mudança de carreira.

FONTE: KIECHEL III, W. A Manager's Career in the New Economy. *Fortune*, 4 abr. 1994, p. 68-72.

Jogar golfe é uma excelente maneira de fazer contatos e criar uma rede. A *Business Week* produziu este suplemento lembrando que "O golfe nos negócios é parte integrante do mundo moderno. Esteja você abrindo portas ou fechando negócios, proporcionando diversão aos seus clientes ou se divertindo, é quase certo que o golfe poderá exercer importante papel".

em organizações profissionais de serviços, como empresas de contabilidade, propaganda e consultoria, lutam constantemente para criar uma rede de contatos. Sua meta de "conectividade" é de não só trabalhar com muitos clientes, mas também com uma meia dúzia ou mais de parceiros seniores, incluindo vários de fora de seus escritórios centrais e alguns fora do país. Um estudo recente realizado com novos auditores[102] revelou que as relações sociais aprimoraram o conhecimento dos recém-chegados acerca da organização e de suas funções, sua integração social na empresa e seu comprometimento com a organização.

O **capital social** é um bem intangível originado de suas relações sociais e pode ser revertido para seu benefício. Ele auxilia o sucesso da carreira, remuneração, emprego, eficácia da equipe, empreendedorismo bem-sucedido e relacionamentos com fornecedores e outros colaboradores externos.[103] Basta perguntar a Jay Alix, consultor bem-sucedido que adquire empresas problemáticas. Acreditando que em seu negócio competitivo ser contratado não está apenas relacionado à competência isoladamente, mas também às pessoas que você conhece, Alix se orgulha de sua excelente capacidade em manter um *networking*. Ele mantém contato com centenas de pessoas e chama sua rede contatos de "*daisy chain*" (colar de margaridas).[104]

Analise isso de outra forma: toda empresa depende de relações humanas.[105] A conquista de vantagem competitiva depende não só de você mas de outras pessoas. A administração é pessoal. Negociações comerciais são pessoais. Decisões de compras, decisões de recompra e contratos, tudo isso depende de relacionamentos. Até os maiores acordos comerciais — incorporações — são intensamente pessoais e emocionais. Sem boas relações profissionais, você é um intruso, não um bom gerente e líder.

Gerencie Ativamente seu Relacionamento com a sua Organização

Capital social

Bem intangível originado de suas relações sociais.

Muitos dos comentários vistos anteriormente sugerem a importância de assumir a responsabilidade por suas próprias ações e sua própria carreira. A menos que você trabalhe por conta própria e seja seu próprio chefe, uma maneira de tornar isso possível é refletir sobre a natureza do relacionamento entre você e seu empregador. A Figura 1.1 mostra duas relações possíveis — e até certo ponto você pode decidir em qual relacionamento estará inserido.

O relacionamento número 1 é aquele em que você se vê como um funcionário e passivamente espera que seu chefe lhe diga o que fazer e lhe pague salário e benefícios. Seu empregador está no comando e você é um receptor passivo de suas ações. Suas contribuições tendem a ser pertinentes, porém são mínimas — você não fará as contribuições adicionais que fortalecem a sua organização, e, se todos os membros da organização assumirem essa perspectiva, a organização terá poucas chances de ser forte a longo prazo. No campo pessoal, talvez você perca o emprego ou o mantenha em uma organização em declínio ou receba poucos benefícios positivos por trabalhar lá e peça demissão ou se torne infeliz com seu trabalho fingindo que está tudo bem.

FIGURA 1.1 Dois Relacionamentos: Qual Você Escolhe?

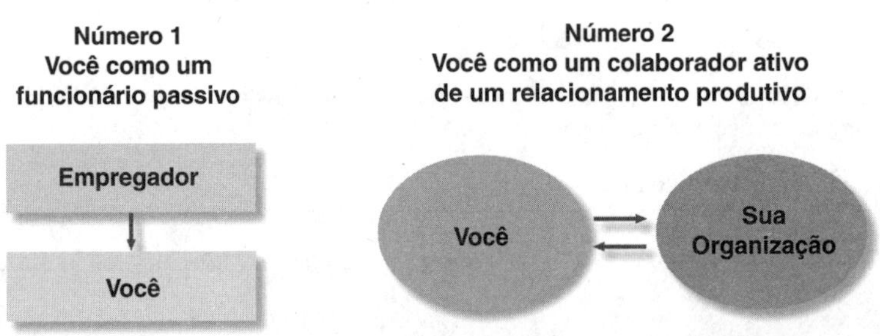

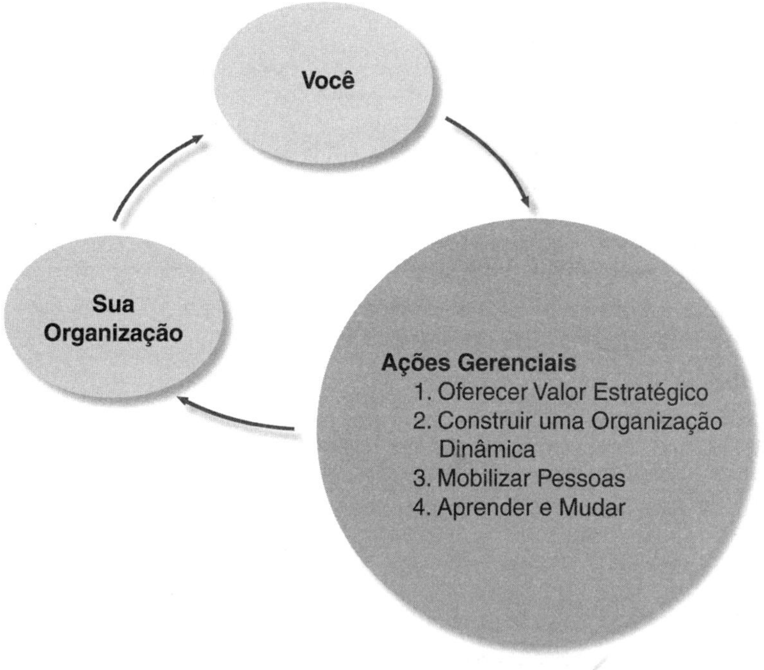

FIGURA 1.2
A ação gerencial é sua oportunidade de colaborar

Por sua vez, a relação número 2 é uma relação de reciprocidade em que você e sua organização se beneficiam entre si. O raciocínio é diferente: em vez de fazer o que mandam, você pensa em como pode contribuir — e age de acordo. Dependendo de quanto a sua organização valoriza suas contribuições, você possivelmente receberá um retorno com compensações integrais e justas, apoio para mais desenvolvimento pessoal e um ambiente de trabalho mais gratificante. Se você pensar em termos amplos sobre como pode ajudar a sua empresa, e se outros também pensarem assim, provavelmente haverá uma melhoria contínua na capacidade de a empresa inovar, reduzir custos e oferecer produtos de qualidade com agilidade para uma base de clientes em expansão. À medida que os resultados da empresa se fortalecem, os benefícios são revertidos aos acionistas, e também para você e outros funcionários.

Quais contribuições você pode fazer? Você pode realizar seu trabalho básico. Mas você pode, e deve, ir além. Você pode também descobrir novas maneiras de agregar valor — refletindo e implementando novas idéias que melhorem o processo e os resultados. É possível fazer isso usando seu conhecimento e suas habilidades técnicas, ao desenvolver melhor sistema de informação, técnica contábil ou técnica de vendas.

Você também pode contribuir com suas habilidades conceituais e humanas e suas ações gerenciais (ver Figura 1.2). Pode executar as funções essenciais da administração e promover a vantagem competitiva. Você pode fornecer valor estratégico (Parte 2 deste livro), tomar medidas que ajudem a construir uma organização mais dinâmica (Parte 3), mobilizar pessoas para contribuir com seu potencial máximo (Parte 4), e aprender e mudar — e ajudar seus colegas e empresa a aprender e mudar — para adaptar às realidades em constante mudança e colecionar sucessos no futuro (Parte 5).

Sobreviva e Vença

O Quadro 1.5 apresenta um currículo que pode ajudar uma pessoa não só a sobreviver, mas também a vencer, no século XXI.[106] Não se sinta desmotivado se o seu currículo não for parecido com o aqui idealizado — é difícil que seja parecido, principalmente no começo da carreira! Mas preste atenção em suas entrelinhas que indicam os tipos de habilidades de que as empresas precisam agora mais do que nunca — e, portanto, as habilidades que você deve tentar aprimorar e as experiências que deve procurar agregar.

QUADRO 1.5
Um Currículo do Século XXI

Experiência Profissional

- Multinational Corp — Trabalhei com mentores extremamente conceituados em uma empresa estabelecida na área de operações internacionais. Gerenciei uma equipe talentosa e instável e colaborei para a prospecção de novos mercados.
- Foreign Operation LLC — Trabalho temporário em subsidiária de uma empresa norte-americana ou em uma operação internacional em mercado local. Contato com diferentes culturas, condições e maneiras de fazer negócios.
- Startup Inc. — Ajudei a construir uma empresa desde sua formação, colaborando com todas as etapas desde desenvolvimento de produto até pesquisa de mercado. Aperfeiçoamento de habilidades empresariais.
- Major Competitor Ltd. — Participei do processo de integração com empresa concorrente após incorporação e tive contato com mais de uma cultura organizacional (ou corporativa).

Formação Acadêmica

- Liberal Arts University — Obtive graduação em economia, mas freqüentei cursos de psicologia (como motivar clientes e funcionários), idiomas estrangeiros (o mundo é muito maior que os 50 estados) e filosofia (buscando clareza e significado em seu trabalho).
- Pós-graduação — O tema praticamente não importa, desde que você desenvolva suas habilidades analíticas e de reflexão.

Atividades Extracurriculares

- Debate (ensina como vender idéias e manter os pés no chão).
- Esportes (ensina disciplina e trabalho em equipe).
- Trabalho voluntário (ensina a sair de seu mundo limitado para ajudar outras pessoas).
- Viagens (ensina sobre diferentes culturas).

FONTE: BRADY, D. Wanted: Eclectic Visionary with a Sense of Humor. *Business Week*, 28 ago. 2000, p. 144.

Hoje, mais do que em qualquer época, você é responsável por suas ações e resultados.[107] Antigamente, pessoas em diversas empresas apareciam, faziam um trabalho razoável, recebiam uma avaliação adequada e ganhavam um aumento equivalente ao custo de vida e às vezes maior. Agora, os gerentes precisam fazer mais, e melhor. O respeitado especialista em administração Peter Drucker, ao considerar o que torna os gerentes eficazes, observa que alguns são carismáticos enquanto outros não, alguns são idealistas enquanto outros orientam-se mais pelos números.[108] Mas os executivos de sucesso de fato compartilham algumas práticas em comum:

- Eles perguntam "O que precisa ser feito?," em vez de "O que quero fazer?".
- Eles traçam um plano de ação. Não ficam apenas pensando, eles fazem, baseados em um plano ético e sólido.
- Eles assumem a responsabilidade pelas decisões. Isso requer verificação, revisão e mudança, se necessário.
- Eles mantêm o foco nas oportunidades e não nos problemas. Os problemas precisam ser solucionados e a sua solução evita estragos maiores. Porém a exploração de oportunidades é o que gera os melhores resultados.

Um estudo sobre o sucesso na carreira profissional levou um autor a afirmar: "No atual ambiente econômico, as pessoas que temem a concorrência, desejam segurança e exigem estabilidade estão freqüentemente afundando como pedras na água".[109] O sucesso requer padrões elevados, autoconfiança em situações competitivas e uma disposição para continuar crescendo e aprendendo novas coisas.[110] Você precisará aprender a pensar estrategicamente, identificar e transmitir sua visão de negócios, tomar decisões e trabalhar em equipes. Terá de fornecer vantagem competitiva e ter sucesso nas mudanças. Esses e outros tópicos, fundamentais para uma carreira de sucesso, constituem-se no foco dos próximos capítulos.

EPÍLOGO

ED CATMULL E A PIXAR

Como a parte final do capítulo abordou carreiras, vamos retornar à organização Pixar e descrever a carreira de seu fundador. Quando Ed Catmull era criança, ele fazia alguns desenhos meio grosseiros e sonhava em trabalhar na Disney. Não era muito bom em artes, mas era ótimo em matemática e estudou física e ciências da computação na University Utah. A coincidência foi que o epicentro da nova disciplina computação gráfica estava em Utah. Depois de se formar, ele trabalhou na Boeing, voltou para Utah para fazer pós-graduação e conheceu colegas de sala, incluindo John Warnock (fundador da Adobe Systems), Jim Clark (fundador da Silicon Graphics e Netscape) e Alan Kay, que ajudou a inventar a interface gráfica para o usuário.

Um dos projetos de animação de Catmull foi usado por um filme como efeito especial — mas ele ficou decepcionado por não conseguir fazer outro. Ele e sua equipe de pesquisas em computação gráfica de fato fizeram um dos primeiros vídeos de *rock*. Em seguida, ele foi trabalhar na Lucasfilm. George Lucas diz que contratou Ed porque suas referências eram ótimas, ele era um cara legal, adorava filmes e tinha uma ambição: fazer um filme animado em computadores. Mais tarde, Lucas disse a Catmull que não poderia mais financiar sua equipe e propôs a ele que mantivesse a tecnologia de animação e seguisse adiante por si próprio. Alan Kay, seu amigo de Utah, agora trabalhava na Apple e contou a Steve Jobs sobre Catmull. Jobs ofereceu um cargo para Catmull. No entanto, Jobs estava interessado em usar a tecnologia de Catmull apenas para criar sua empresa de computadores, não para fazer filmes. As opções diante de Catmull eram salvar sua empresa (com o investimento de Jobs) ou abrir mão de seu sonho (fazer filmes animados em computadores). Catmull ficou grato, mas sua reposta foi negativa.

Felizmente, em um ano, Jobs mudou de idéia e concordou em financiar a produção de filmes de Catmull, que se uniu à Apple, onde usava animação para produzir comerciais e aprendeu sobre orçamentos, prazos e como lidar com clientes. A Disney, ao perceber o trabalho de Catmull, ofereceu-se para financiar um filme inteiro. Esse filme, *Toy Story*, teve índices de exibição incríveis.

Um analista recentemente afirmou sobre a Pixar: "Dê um exemplo de outra empresa de mídia que gere 80% de margens brutas e 40% de margens líquidas. Não existe outra". Um elogio extremamente entusiasmado e foi feito antes mesmo de *Os Incríveis* e seus sucessores.

PALAVRAS-CHAVE

Administração, 16
Capital social, 24
Competitividade em custos, 14
Controle, 17
Gerentes da linha de frente, 19
Gerentes de nível médio, 16
Gerentes de nível superior ou de alto escalão, 19
Gestão do conhecimento, 9
Habilidades conceituais e de decisão, 21
Habilidades interpessoais e de comunicação, 21
Habilidade técnica, 21
Inovação, 12
Inteligência emocional, 22
Liderança, 17
Organização, 16
Planejamento, 16
Qualidade, 12
Velocidade, 13

RESUMO DOS OBJETIVOS DE APRENDIZAGEM

Depois de completado o estudo deste Capítulo, você deverá ser capaz de identificar:

Os principais desafios de administrar no novo panorama competitivo.

Os gerentes hoje precisam lidar com forças dinâmicas que provocam mudanças maiores e mais freqüentes como jamais se viu antes. Entre diversas forças que estão criando uma necessidade para os gerentes repensarem suas estratégias, destacamos as quatro principais ondas de mudança: globalização, mudança tecnológica incluindo a Internet, gestão do conhecimento e colaboração além das fronteiras da organização.

Os impulsionadores da vantagem competitiva para sua empresa.

Como os negócios estão em uma arena de competições, é necessário oferecer valor aos clientes em condições que superem as de seus concorrentes. Os quatro pilares da vantagem competitiva são: inovação, qualidade, velocidade e custo.

As funções da administração e como elas estão evoluindo no atual ambiente de negócios.

Apesar das grandes modificações, a administração conserva determinados fundamentos que não vão desaparecer. As funções principais da administração são: planejamento, organização, liderança e controle. Planejar é analisar uma situação, determinar os objetivos que deverão ser alcançados e decidir com antecedência quais ações precisam ser tomadas para alcançar esses objetivos. Organizar é conjugar os recursos necessários para concluir o trabalho e coordenar funcionários e tarefas para que obtenham máximo sucesso. Liderar é motivar pessoas e estimular o alto desempenho. Controlar é monitorar o progresso da organização ou da unidade de trabalho em relação às metas e então implementar ações corretivas se for necessário. No atual ambiente de negócios, essas funções requerem mais amplamente a criação de valor estratégico, formação de uma organização dinâmica, mobilização de pessoas e aprendizagem e mudança.

A natureza da administração em diferentes níveis organizacionais.

Os gerentes estratégicos de níveis superiores são os executivos seniores que são responsáveis pela administração geral da empresa. Os gerentes táticos de nível médio traduzem as metas e os planos gerais em objetivos e atividades mais específicos. Os gerentes operacionais da linha de frente são os gerentes de nível inferior que supervisionam as operações. Hoje, os gerentes de todos os níveis devem realizar diversas funções interpessoais, informativas e de decisão. Mesmo no nível operacional, os melhores gerentes pensam estrategicamente e agem como profissionais completos.

As habilidades necessárias para ser um gerente eficaz.

Para executar as funções da administração com sucesso, os gerentes precisam ter habilidades técnicas, habilidades conceituais e de decisão, e habilidades interpessoais e de comunicação. A habilidade técnica é a capacidade de realizar uma tarefa especializada que envolva determinado método ou processo. As habilidades conceituais e de decisão ajudam o gerente a identificar questões dinâmicas e complexas, analisar os fatores que influenciam essas questões ou problemas e tomar decisões adequadas. As habilidades interpessoais e de comunicação permitem que o gerente interaja e trabalhe bem com as pessoas. À medida que você alcança níveis mais altos na organização, as habilidades técnicas tendem a se tornar menos importantes e as habilidades conceituais se tornam mais importantes, enquanto as habilidades humanas permanecem extremamente importantes em todos os níveis.

O que se deve buscar na hora de gerenciar sua carreira.

Para ajudá-lo a ter sucesso em sua carreira, tenha em mente algumas metas: seja especialista e generalista, tenha autoconfiança, mas esteja também conectado, gerencie ativamente seu relacionamento com a sua organização, e aprimore continuamente suas habilidades para poder desempenhar sua função de acordo com as formas exigidas num ambiente de trabalho em constante mudança.

QUESTÕES PARA DISCUSSÃO

1. Identifique e descreva um ótimo gerente. O que faz esse profissional se sobressair dentre tantos outros?
2. Você já teve contato ou trabalhou com um gerente ineficaz? Descreva as causas e as conseqüências dessa ineficácia.
3. Descreva no maior número de detalhes possível como a Internet e a globalização afetam seu cotidiano.
4. Cite alguns exemplos de como organizações diferentes colaboram "além das fronteiras".
5. Cite uma grande organização. Como você acha que a administração contribui para torná-la excelente?
6. Cite uma organização ineficaz. O que a administração pode fazer para aprimorá-la?
7. Dê alguns exemplos que você tenha observado de empresas que são extraordinárias e fracas em cada um dos quatro pilares da vantagem competitiva. Por que escolheu essas empresas?
8. Descreva o seu uso das quatro funções da administração no gerenciamento de sua vida cotidiana.
9. Discuta a importância das habilidades técnicas, conceituais e interpessoais na faculdade e em empregos que você já teve.
10. Quais são os pontos fracos e pontos fortes que você detecta em si mesmo quando analisa sua carreira? Como eles se correlacionam com as habilidades e comportamentos identificados neste capítulo?
11. Trace um plano para seu desenvolvimento pessoal e para que você se torne interessante para potenciais empregadores. Como faria para melhorar suas habilidades gerenciais?
12. Considere os gerentes e as empresas citados no texto. Eles têm sido notícia ultimamente? Se sim, qual foi a mais recente? Se sua imagem, seu desempenho ou suas fortunas melhoraram ou pioraram, o que mudou para influenciar em sua condição?
13. Quem são os mais recentes "melhores e piores gerentes" da revista *Business Week* e por que eles foram selecionados?

CASO DE CONCLUSÃO

O Novato — Você!

O século XXI apresenta muitos desafios a todos nós. Pare e pense a respeito de tudo que já aconteceu e mudou em sua vida. Internet, terrorismo, grandes questões de saúde, o desenvolvimento de países do Terceiro Mundo, o *hip-hop* e até a conquista do World Series pelo Red Sox são todos acontecimentos de um passado recente.

O Capítulo 1 apresentou a você muitos aspectos relacionados aos negócios no novo panorama competitivo. Você leu sobre tópicos variando de eBay e globalização até conhecimento e inovação e qualidade, velocidade e controle de custos. As funções e os níveis básicos da administração foram abordados, assim como os estilos e as estratégias do gerenciamento pessoal.

Agora chegou sua vez, o novato. Como e onde você se encaixa em tudo isso? Aonde vai morar? O que vai fazer? Como sua carreira profissional e pessoal irá se desenvolver à medida que o mundo continua a mudar em um ritmo tão alucinante?

É altamente recomendável que você considere e adote a seguinte perspectiva, estratégia e plano de ação.

Primeiro, e principalmente, relaxe. Raramente, se é que acontece alguma vez, um aluno de faculdade sabe exatamente o que o espera no futuro. O importante é sempre fazer algo positivo em todo momento. Você já está fazendo isso freqüentando a faculdade. Outras ações positivas incluem, mas não se limitam a, estágios, empregos em meio período ou durante as férias, viagens e trabalhos voluntários. Experimente aquilo que acha que vai gostar. Um equilíbrio estável desses itens tem grandes chances de render resultados positivos.

E o bom disso tudo é que você pode mudar de idéia e de atividades quase a qualquer momento. Nada é entalhado em pedra, principalmente no início de sua carreira. Pessoas positivas, proativas e motivadas podem facilmente mudar de curso e emprego; muitas pessoas na faculdade e no trabalho vão oferecer referências, recomendações e orientação.

Reserve alguns minutos para revisar o capítulo e seus principais tópicos mais uma vez enquanto pensa sobre si mesmo. Pense em sua personalidade, nas coisas de que gosta e não gosta, o que teme e com o que sonha e então prepare o seguinte.

QUESTÕES

1. Crie uma lista de produtos, serviços, setores e culturas pelos quais você se interessa. Crie uma segunda lista com atividades e interesses que você prefere. A partir dessas duas listas, cite e descreva três ou quatro empregos específicos que tenham uma boa correspondência com o que você listou.
2. Desenhe uma linha do tempo em uma página e destaque os próximos 1-3, 5-10 e 15-30 anos. Percorra essa linha e esboce/rascunhe uma série de estágios, empregos em meio período e empregos em período integral que você gostaria de ter. Certifique-se de incluir viagens, trabalhos comunitários e qualquer outra coisa que deseje fazer em sua vida.

Parabéns! Você acaba de criar um plano de ação para você, o qual está conectado ao mundo de oportunidades de uma carreira na administração de uma empresa.

Criar um plano não é complicado (falar é fácil). Concretizá-lo é possível também, mas é preciso arregaçar as mangas (fazer é que são elas). E não se esqueça, você pode mudar de idéia e de planos; simplesmente mantenha-se no caminho certo. Boa sorte!

EXERCÍCIOS PRÁTICOS

1.1 Personal Assessment of Management Skills — PAMS (Avaliação Pessoal das Habilidades de Administração)

Para ter um perfil geral de seu nível de aptidão nas habilidades, responda às seguintes afirmações usando a escala de avaliação apresentada a seguir. Classifique o seu comportamento como ele é, não como você gostaria que ele fosse. Caso não tenha tido experiência com alguma situação específica, responda de acordo com o modo como você acha que se comportaria tendo como base a sua experiência em atividades semelhantes. Seja realista; este exercício foi criado para ajudá-lo a adaptar o seu aprendizado às suas necessidades específicas.

ESCALA DE AVALIAÇÃO

1. Discordo totalmente
2. Discordo
3. Discordo em parte
4. Concordo em parte
5. Concordo
6. Concordo totalmente

Em relação ao meu nível de autoconhecimento:

_____ 1. Procuro obter informações de outras pessoas sobre meus pontos fortes e fracos como base para o meu aperfeiçoamento próprio.

_____ 2. Para melhorar, estou disposto a ser mais aberto com outros (ou seja, expor minhas opiniões e meus sentimentos).

_____ 3. Estou ciente do meu estilo preferido de reunir informações e tomar decisões.

_____ 4. Sei lidar com situações ambíguas e incertas.

_____ 5. Possuo um conjunto bem desenvolvido de padrões e princípios pessoais que orientam meu comportamento.

Quando deparo com situações estressantes ou com pressões de prazo:

_____ 6. Utilizo métodos eficazes de gerenciamento de tempo, como, monitorar meu tempo, fazer listas de tarefas e priorizá-las.

_____ 7. Reforço minhas prioridades para que coisas menos importantes não dispersem as mais importantes.

_____ 8. Sigo um programa de exercícios regulares para manter-me preparado.

_____ 9. Mantenho um relacionamento aberto e de confiança com alguém com quem eu possa compartilhar minhas frustrações.

_____ 10. Conheço e pratico diversas técnicas rápidas de relaxamento, como respirar fundo e alongar os músculos.

_____ 11. Mantenho um equilíbrio na minha vida procurando coisas interessantes para fazer fora do trabalho.

Quando enfrento um problema comum e rotineiro:

_____ 12. Explico clara e explicitamente qual é o problema. Tento evitar solucioná-lo antes de esmiuçá-lo.

_____ 13. Apresento mais de uma alternativa de solução para o problema, em vez de identificar apenas uma solução óbvia.

_____ 14. Defino etapas claras no processo de solução do problema, ou seja, esmiúço o problema antes de apresentar soluções alternativas e apresento alternativas antes de escolher uma solução absoluta.

Quando estou diante de um problema complexo ou difícil que não possui uma solução fácil:

_____ 15. Defino o problema de diversas formas. Não me limito a apenas uma definição do problema.

_____ 16. Flexibilizo meu raciocínio fazendo diversas perguntas sobre a natureza do problema antes de considerar maneiras de solucioná-lo.

_____ 17. Reflito sobre o problema usando tanto o lado esquerdo (lógico) quanto o direito (intuitivo) do meu cérebro.

_____ 18. Evito optar por uma solução antes de ter proposto várias alternativas possíveis.

_____ 19. Tenho técnicas específicas que uso para ajudar a desenvolver soluções criativas e inovadoras para os problemas.

Ao tentar estimular mais criatividade e inovação entre as pessoas com quem trabalho:

_____ 20. Certifico-me de que existam pontos de vista divergentes representados ou expressos em toda situação de solução de problemas complexos.

_____ 21. Tento obter informações de pessoas que não fazem parte do grupo de solução de problemas que serão afetadas pela decisão, principalmente para detectar suas preferências e expectativas.

_____ 22. Demonstro reconhecimento não apenas para aqueles que apresentam idéias criativas (os defensores da idéia), mas também para aqueles que apóiam as idéias de outros (simpatizantes) e que oferecem recursos para implementá-las (orquestradores).

_____ 23. Incentivo uma quebra de regras, desde que fundamentada, em busca de soluções criativas.

Em situações em que tenho que dar um *feedback* negativo ou oferecer aconselhamento corretivo:

_____ 24. Ajudo os outros a reconhecerem e definirem seus próprios problemas quando os aconselho.

_____ 25. Tenho clareza sobre quando treinar alguém e quando, em vez disso, devo oferecer aconselhamento.

_____ 26. Quando dou *feedback* às pessoas, evito mencionar características pessoais e prefiro manter o foco nos problemas ou nas soluções.

_____ 27. Quando tento corrigir o comportamento de alguém, nossa relação se fortalece.

_____ 28. Sou descritivo na hora de dar *feedback* negativo às pessoas. Ou seja, objetivamente descrevo acontecimentos, suas conseqüências e meus sentimentos em relação a eles.

_____ 29. Assumo a responsabilidade por minhas afirmações e pontos de vista, por exemplo, "Eu decidi", em vez de "Eles decidiram".

_____ 30. Identifico algum ponto de concordância em uma discussão com alguém que possui uma opinião diferente.

_____ 31. Não trato com superioridade aqueles que têm menos poder ou menos informações que eu.

_____ 32. Ao discutir o problema de alguém, dou uma resposta que indica compreensão em vez de aconselhamento.

Em uma situação em que é importante obter mais poder:

_____ 33. Esforço-me mais e tomo mais iniciativas do que se espera em meu trabalho.

_____ 34. Estou continuamente atualizando minhas habilidades e conhecimento.

_____ 35. Apóio eventos cerimoniais e atividades da organização.

_____ 36. Estabeleço ampla rede de relacionamentos com pessoas de toda a organização em todos os níveis.

_____ 37. Em meu trabalho, procuro gerar novas idéias, iniciar novas atividades e minimizar tarefas rotineiras.

_____ 38. Envio memorandos pessoais aos outros quando eles cumprem algo significativo ou quando transmito a eles informações importantes.

_____ 39. Recuso-me a negociar com indivíduos que se valem de táticas de negociação com alta pressão.

_____ 40. Evito usar ameaças ou exigências para impor minhas vontades aos outros.

Quando alguém precisa ser motivado:

_____ 41. Avalio se a pessoa possui os recursos e o apoio necessários para ter êxito em uma tarefa.

_____ 42. Utilizo diversos tipos de recompensas para reforçar desempenhos excepcionais.

_____ 43. Preparo as tarefas tornando-as interessantes e desafiadoras.

_____ 44. Certifico-me de que a pessoa receba um *feedback* adequado por aqueles que são afetados pelo seu desempenho na tarefa.

_____ 45. Ajudo a pessoa a estabelecer metas de desempenho que sejam desafiadoras, específicas e com delimitações de tempo.

_____ 46. Apenas como último recurso tento reatribuir ou afastar uma pessoa com desempenho inferior.

_____ 47. Chamo a atenção quando o empenho está abaixo das expectativas e capacidades.

_____ 48. Certifico-me de que as pessoas se sintam tratadas com justiça e igualdade.

_____ 49. Faço elogios imediatamente e expresso outras formas de reconhecimento pela realização de trabalhos significativos.

Quando vejo alguém fazendo algo que precisa ser corrigido:

_____ 50. Evito fazer acusações pessoais e atribuir motivos de interesse pessoal à outra pessoa.

_____ 51. Incentivo a interação bilateral solicitando que o respondente expresse sua opinião e faça perguntas.

_____ 52. Faço uma solicitação específica descrevendo detalhadamente uma opção mais aceitável.

Quando reclamam de algo que eu tenha feito:

_____ 53. Demonstro preocupação e interesse verdadeiros, mesmo quando discordo.

_____ 54. Busco obter informações adicionais fazendo perguntas que proporcionam informações específicas e descritivas.

_____ 55. Peço que a outra pessoa faça sugestões de comportamentos mais aceitáveis.

Quando duas pessoas estão em conflito e sou o mediador:

_____ 56. Não tomo partido de ninguém e permaneço neutro.

_____ 57. Ajudo as partes a gerarem diversas alternativas.
_____ 58. Ajudo as partes a descobrirem pontos em que concordam.

Em situações em que tenho a oportunidade de capacitar outros:

_____ 59. Ajudo as pessoas a se sentirem competentes em seu trabalho reconhecendo e comemorando seus pequenos êxitos.
_____ 60. Ofereço *feedback* constante e o suporte necessário.
_____ 61. Disponibilizo todas as informações de que as pessoas precisam para cumprir suas tarefas.
_____ 62. Ressalto o importante impacto que o trabalho de uma pessoa terá.

Ao delegar trabalho às pessoas:

_____ 63. Especifico claramente os resultados que desejo.
_____ 64. Especifico claramente o nível de iniciativa que desejo que os outros tenham (por exemplo, esperar instruções, fazer parte da tarefa e então reportar, ou fazer a tarefa inteira e depois reportar etc.).
_____ 65. Permito a participação daqueles que vão executar as tarefas no que se refere a quando e como o trabalho será feito.
_____ 66. Evito que as pessoas revertam a delegação, solicitando a elas que recomendem soluções, em vez de simplesmente pedir conselhos ou respostas quando ocorre um problema.
_____ 67. Acompanho e mantenho o controle sobre a responsabilidade final pelas tarefas delegadas.

Quando estou na posição de líder de uma equipe:

_____ 68. Sei como transmitir credibilidade e influenciar os membros da equipe.
_____ 69. Tenho clareza e consistência sobre o que desejo alcançar.
_____ 70. Construo uma base comum de concordância na equipe antes de avançar na execução da tarefa.
_____ 71. Articulo uma visão clara e motivacional do que a equipe é capaz de conseguir com metas específicas e de curto prazo.

Quando estou na posição de membro da equipe:

_____ 72. Conheço diversas maneiras de facilitar o cumprimento da tarefa na equipe.
_____ 73. Conheço diversas maneiras de ajudar a construir relacionamentos sólidos e coesão entre os membros da equipe.

Quando desejo que minha equipe tenha um bom desempenho, independentemente de eu ser líder ou membro da equipe:

_____ 74. Tenho conhecimento sobre as diferentes etapas do desenvolvimento de equipes experimentadas pela maioria das equipes.
_____ 75. Ajudo a equipe a evitar o senso comum, assegurando a diversidade de opiniões expressa no grupo.
_____ 76. Diagnostico e aproveito as principais competências de minha equipe ou pontos fortes exclusivos.
_____ 77. Incentivo padrões excepcionalmente elevados de desempenho e resultados que superam as expectativas.

Quando lidero mudanças:

_____ 78. Geralmente enfatizo um objetivo ou significado maior associado ao trabalho que realizo.
_____ 79. Acompanho as coisas que dão certo e não apenas as que dão errado.
_____ 80. Com freqüência dou *feedback* positivo a outras pessoas.
_____ 81. Esforço-me para estreitar a distância entre o bom e o excelente desempenho.
_____ 82. Expresso gratidão freqüente e explicitamente, mesmo por pequenas ações.
_____ 83. Sei como fazer que as pessoas se comprometam com minha visão de mudança positiva.
_____ 84. Sei como fazer a energia positiva das pessoas emergir.
_____ 85. Demonstro compaixão com as pessoas que enfrentam sofrimentos ou dificuldades.

FONTE: WHETTEN, David A.; CAMERON, Kim S. Developing Management Skills. 6. ed. Upper Saddle River, NJ: Pearson/Prentice-Hall, 2005, p. 23-27.

1.2 Sua Rede Pessoal

1. Observe a figura na próxima página. Trabalhando individualmente, escreva todos os seus contatos primários — indivíduos que você conhece pessoalmente que podem ajudá-lo a alcançar suas metas profissionais. Em seguida, comece a explorar seus contatos secundários. Tente imaginar possíveis conexões secundárias que podem ser feitas para você por meio do contato com os primários. Por exemplo, por meio de um de seus professores (primário), você poderá obter alguns nomes de potenciais empregadores (secundário) (10-15 minutos).
2. Em seguida, reúna-se com sua dupla ou grupo pequeno para trocar informações sobre suas redes primária e secundária e trocar conselhos e informações sobre como usar melhor essas conexões, além de como você pode ser útil para eles (cerca de 5 minutos por pessoa; 10-30 minutos no total, dependendo do tamanho do grupo).
3. Acrescente nomes ou tipos de nomes à sua lista com base nas idéias que você teve depois de conversar com os integrantes de seu grupo (2-5 minutos).
4. Discuta com um grupo maior ou com a classe, usando as perguntas apresentadas a seguir (10 minutos).

QUESTÕES

1. Quais são algumas das melhores fontes primárias identificadas por seu grupo?
2. Quais são algumas das melhores fontes de contatos secundários identificados por seu grupo?
3. Cite algumas sugestões para a aproximação com contatos primários.

Conexões Primárias e Secundárias

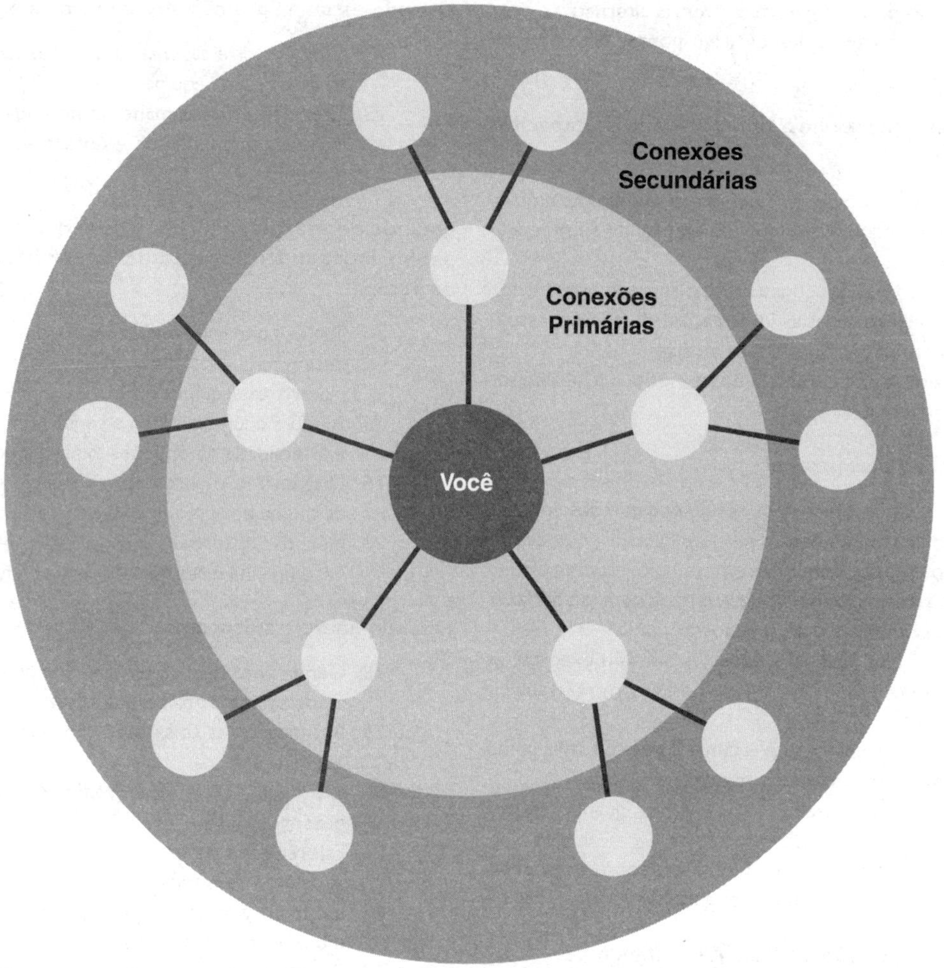

4. Cite algumas sugestões para a aproximação com contatos secundários e em que pontos o contato com fontes secundárias difere do contato com as primárias.
5. O que você aprendeu sobre você mesmo e sobre outros com esse exercício?

FONTE: JANASZ; Suzanne C. de et al. *Interpersonal Skills in Organizations*. Nova York: McGraw-Hill, 2002, p. 211.

1.3 Gerentes Eficazes

OBJETIVOS

1. Compreender melhor quais tipos de comportamentos contribuem para uma administração eficaz.
2. Preparar uma classificação de comportamentos principais que você pessoalmente acredita que reflitam sua importância para seu sucesso como gerente.

INSTRUÇÕES

1. A seguir, temos uma lista parcial de comportamentos que os gerentes podem aplicar. Classifique-os considerando sua importância para a administração eficaz como um gerente. Preencha com números de 1 a 10, sendo 1 o mais importante, 2 o segundo mais importante, até 10 como o menos importante.
2. Apresente suas respostas para a classe. Esteja preparado para justificar seus resultados e raciocínio. Se puder acrescentar algum comportamento à lista que considere que possa colaborar para o sucesso ou para uma administração mais eficaz, inclua-o.

Planilha dos Gerentes Eficazes

_____ Comunica e interpreta a política de modo que seja compreendida pelos membros da organização.

_____ Toma decisões imediatas e claras.

_____ Atribui aos subordinados as tarefas que mais combinam com eles.

_____ Incentiva os parceiros a enviarem idéias e planos.

_____ Incentiva os subordinados por meio da competição entre os funcionários.
_____ Busca meios de melhorar as capacidades e competências de administração.
_____ Apóia totalmente e segue à risca as políticas da empresa.
_____ Participa de atividades na comunidade quando surgem oportunidades.
_____ Tem boa aparência.
_____ É honesto em todas as questões referentes à propriedade ou a fundos da empresa.

FONTE: Extraído de JAUCH, Lawrence R. et al. *The Managerial Experience:* Cases, Exercises, and Readings 5. ed. © Copyright 1989. Reimpresso com permissão da South-Western, uma divisão da Thomson Learning, www.thomson-rights.com.

1.4 Planejamento da Carreira

OBJETIVOS

1. Explorar as reflexões sobre a carreira.
2. Visualizar seu trabalho ideal o mais concretamente possível.
3. Resumir a situação de seu planejamento de carreira e se conscientizar sobre as principais dúvidas que você tem a respeito dela nesse ponto.

INSTRUÇÕES

Leia as instruções de cada atividade, reflita sobre elas e depois escreva sua resposta. Suas respostas podem ser breves ou extensas, como você preferir.

Planilha de Planejamento de Carreira

1. Descreva a sua função ideal em termos de responsabilidades, habilidades e como você saberia se foi bem-sucedido.

2. Identifique 10 afirmações que você pode fazer hoje sobre seu atual planejamento de carreira. Identifique 10 dúvidas a que precisa responder para o planejamento da carreira.

10 afirmações	10 dúvidas
1.	1.
2.	2.
3.	3.
4.	4.
5.	5.
6.	6.

7. ______________________________

____

____

8. ______________________________

____

____

9. ______________________________

____

____

10. ______________________________

____

____

7. ______________________________

____

____

8. ______________________________

____

____

9. ______________________________

____

____

10. ______________________________

____

____

FONTE: GORDON, Judith R. *Diagnostic approach to organizational behavior.*

APÊNDICE A

A Evolução da Administração

Durante milhares de anos, os administradores lutaram com as mesmas questões e problemas enfrentados pelos executivos de hoje. Por volta de 1.100 a.C., os chineses praticavam as quatro funções da administração — planejamento, organização, liderança e controle — discutidas no Capítulo 1. Entre 400 a.C. e 350 a.C., os gregos reconheceram a administração como uma arte separada e defenderam uma abordagem científica do trabalho. Os romanos descentralizaram a administração de seu vasto império antes do nascimento de Cristo. Durante a Idade Média, os venezianos padronizaram a produção por meio de uma linha de montagem, construindo armazéns e usando um sistema de estoques para monitorar as mercadorias.[1]

Mas, ao longo da história, a maioria dos administradores realizou seu trabalho estritamente com base na tentativa e erro. Os desafios da revolução industrial mudaram isso. A administração surgiu como uma disciplina formal na virada do século. As primeiras instituições a oferecer cursos de administração e negócios, a Wharton School na University of Pennsylvania e a Amos Tuck School em Dartmouth, foram fundadas ao final do século XIX. Em 1914, já existiam 25 faculdades de administração.[2]

Dessa forma, a profissão de administrador como a conhecemos hoje é relativamente nova. Este apêndice explora as raízes da teoria da administração moderna. A compreensão das origens do pensamento da administração ajudará você a entender os contextos implícitos das idéias e conceitos apresentados nos capítulos a seguir.

Embora este apêndice seja intitulado "A Evolução da Administração", ele talvez devesse ser mais apropriadamente denominado "As Revoluções da Administração", pois relata as grandes oscilações nas abordagens da administração durante os últimos cem anos. A partir de uma enorme variedade de idéias sobre como aprimorar a administração, fragmentos de cada abordagem sobreviveram e foram incorporados em perspectivas modernas sobre a administração. Portanto, os legados de esforços, vitórias e fracassos do passado se tornaram nosso guia para a prática da administração no futuro.

OS PRIMEIROS CONCEITOS E INFLUÊNCIAS DA ADMINISTRAÇÃO

As limitações de comunicação e transporte impediram o crescimento de empreendimentos mais antigos. Portanto, as melhorias nas técnicas de administração não aperfeiçoaram significativamente o desempenho. Entretanto, a Revolução Industrial modificou isso. À medida que as empresas cresceram e se tornaram mais complexas, aprimoramentos menores nas táticas de administração produziram aumentos expressivos em termos de quantidade e qualidade da produção.[3]

O surgimento de **economias de escala** — reduções no custo médio de uma unidade de produção à medida que o volume total produzido aumenta — levou os administradores a buscarem um crescimento maior. As oportunidades de produção em massa geradas pela Revolução Industrial resultaram em uma reflexão intensa e sistemática sobre problemas e questões da administração — particularmente eficiência, produção, processos e economias em custos.[4]

A Figura A.1 apresenta uma linha do tempo destacando a evolução do pensamento administrativo ao longo de décadas. Essa perspectiva histórica é dividida em duas seções principais: abordagens clássicas e abordagens contemporâneas. Muitas dessas abordagens foram sobrepostas à medida que se desenvolveram e quase sempre exerceram impactos significativos entre si. Algumas abordagens foram uma reação direta às deficiências notadas em abordagens anteriores. Outras se desenvolveram à medida que as necessidades e questões enfrentadas pelos administradores eram alteradas com o passar dos anos. Todas as abordagens tinham como objetivo explicar as questões reais impostas aos administradores e muni-los de ferramentas para solucionar problemas futuros.

A Figura A.1 reforça sua compreensão sobre as principais relações entre as abordagens e posiciona cada perspectiva em seu contexto histórico.

> A empresa mais antiga a fazer parte da lista das 500 da *Fortune* é o Bank of New York, fundado em 1784 por Alexander Hamilton. A empresa industrial mais antiga é a DuPont, iniciada em 1802 depois que E. I. du Pont escapou da perseguição durante a Revolução Francesa.[5]

ABORDAGENS CLÁSSICAS

O período clássico se estendeu de meados do século XIX até o início da década de 1950. As principais abordagens que surgiram durante esse período foram administração sistemática, administração científica, o conceito de administração geral, relações humanas e burocracia.

Administração Sistemática Durante o século XIX, o crescimento comercial nos Estados Unidos ficou centralizado na manufatura.[6] Os primeiros teóricos como Adam Smith acreditavam que a administração dessas empresas era caótica e que suas idéias

FIGURA A.1
Evolução do pensamento da administração

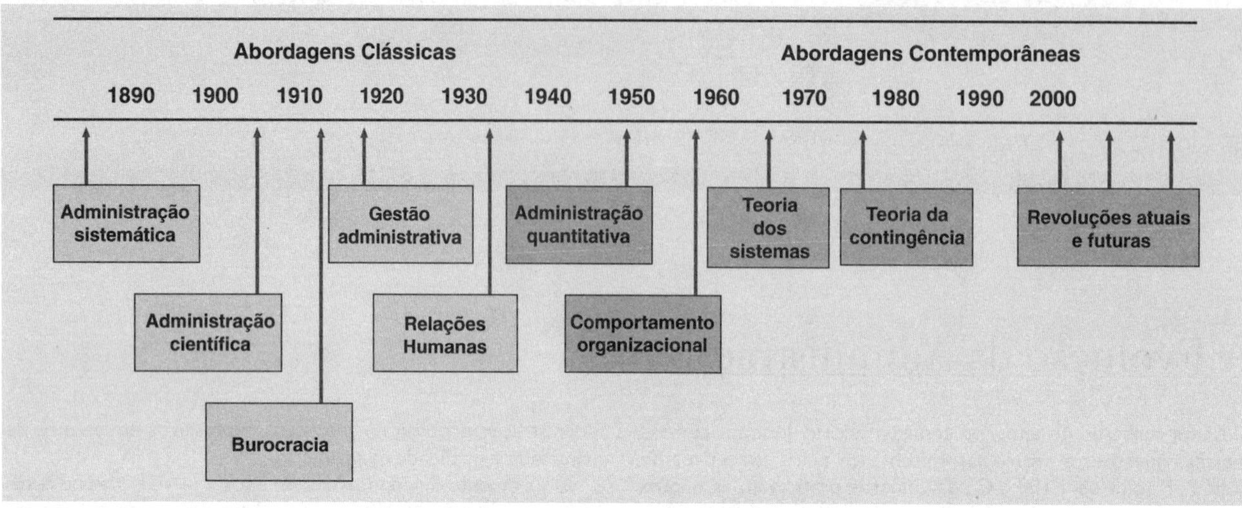

ajudariam a sistematizá-las. A maioria das tarefas organizacionais eram subdivididas e realizadas por mão-de-obra especializada. No entanto, uma coordenação precária causava problemas freqüentes e interrupções no processo de manufatura.

A abordagem da **administração sistemática** visava à criação de procedimentos e processos específicos nas operações a fim de assegurar a coordenação do trabalho. A administração sistemática enfatizava operações econômicas, formação de equipe adequada, manutenção de estoques para atender à demanda dos clientes e controle organizacional. Esses objetivos eram alcançados por meio de:

- Cuidadosa definição de obrigações e responsabilidades.
- Técnicas padronizadas para a execução dessas obrigações.
- Meios específicos de reunir, controlar, transmitir e analisar informações.
- Sistemas de controle de produção, salários e contabilidade de custos para facilitar a coordenação e a comunicação internas.

A administração sistemática dava ênfase às operações internas porque os administradores estavam preocupados principalmente em atender o explosivo crescimento na demanda resultante da Revolução Industrial. Além disso, os administradores estavam livres para se concentrar em questões internas de eficiência, em parte porque o governo não limitava significativamente as práticas comerciais. Finalmente, a mão-de-obra era lastimavelmente organizada. Conseqüentemente, muitos administradores estavam mais orientados para coisas do que pessoas.

A administração sistemática não abordava todas as questões enfrentadas pelos administradores do século XIX, mas tentava aumentar a conscientização dos administradores acerca de questões mais urgentes do trabalho.

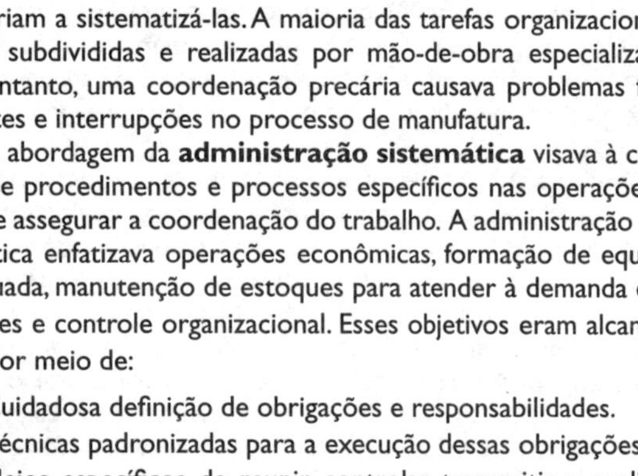

Os custos de produção caíram à medida que a manufatura em massa reduziu os custos unitários. Assim surgiram as economias de escala, um conceito que prevalece na moderna era da manufatura.

Um Antigo Contrato de Trabalho

As regras a seguir, obtidas nos arquivos da Cocheco Company, eram muito comuns nas disposições dos contratos de trabalho nos idos de 1850.

1. As horas de trabalho devem se estender do nascer do sol ao pôr-do-sol, de 21 de março a 20 de setembro inclusive; e do nascer do sol até as 20 horas, durante o restante do ano. Uma hora deve ser reservada para o jantar e meia hora para o café da manhã durante os primeiros seis meses supracitados; e uma hora para o jantar durante a outra metade do ano; aos sábados, o funcionamento do moinho deve ser paralisado uma hora antes do pôr-do-sol para que seja feita a limpeza do maquinário.
2. Todo operário que chegar ao trabalho 15 minutos após o moinho ter começado a funcionar terá descontado do salário o equivalente a um quarto do dia; e todo funcionário que faltar sem absoluta necessidade terá descontado o dobro da quantidade de salários que teria recebido durante o período de ausência. No máximo um operário pode deixar qualquer setor ao mesmo tempo — um quarto do dia será descontado para cada infração dessa regra.
3. Fumar ou ingerir bebidas alcoólicas na fábrica não é permitido sob nenhuma hipótese. É proibido também entrar na fábrica de posse de castanhas, frutas, etc, assim como livros ou papéis durante o expediente.

FONTE: SULLIVAN, W. The Industrial Revolution and the factory operative in Pennsylvania. *The Pennsylvania Magazine of History and Biography*, v. 78, p. 478-479, 1954.

Administração Científica A administração sistemática não conseguiu levar à disseminação da eficiência na produção. Essa falha se tornou evidente para um jovem engenheiro chamado Frederick Taylor, que havia sido contratado pela Midvale Steel Company em 1878. Taylor descobriu que produção e remuneração eram deficientes; ineficiência e desperdício predominavam e que a maioria das empresas possuíam enorme potencial inutilizado. Ele concluiu que as decisões de administração não eram sistemáticas e que não existia nenhuma pesquisa que detectasse os melhores meios de produção.

Em resposta a isso, Taylor introduziu uma segunda abordagem à administração, conhecida como **administração científica**.[7] Essa abordagem defendia a aplicação de métodos científicos para analisar o trabalho e avaliar como realizar integralmente tarefas de produção de maneira eficiente. Por exemplo, o contrato da U.S. Steel com a United Steel Workers of América especificava que os escavadores de areia deviam mover 12,5 pás cheias por minuto; as pás cheias deviam ter em média 7 quilos de areia das várzeas do rio composta por 5,5% de umidade.[8]

Taylor identificou quatro princípios da administração científica:

1. A administração deve desenvolver uma abordagem precisa e científica para cada elemento do trabalho de uma pessoa em substituição às diretrizes gerais.
2. A administração deve selecionar, treinar, ensinar e desenvolver cientificamente cada trabalhador para que a pessoa certa tenha o trabalho certo.
3. A administração deve colaborar com trabalhadores para assegurar que as tarefas correspondam aos planos e princípios.
4. A administração deve garantir uma divisão adequada do trabalho e das responsabilidades entre administradores e trabalhadores.

Para implementar essa teoria, Taylor usou técnicas como estudos de movimentos e tempos. Com essa técnica, uma tarefa era dividida em seus movimentos básicos e movimentos diferentes tinham o tempo medido a fim de determinar a maneira mais eficiente de concluir a tarefa.

Depois que "a melhor maneira" de realizar o trabalho fosse identificada, Taylor enfatizava a importância de contratar e treinar o trabalhador adequado para realizar determinada tarefa. Taylor defendia a padronização de ferramentas, o uso de fichas de instruções para ajudar os trabalhadores e intervalos para aliviar o cansaço.

Outro elemento chave da teoria de Taylor era o uso do sistema diferenciado de pagamento por peça produzida. Taylor partiu do pressuposto de que os trabalhadores eram motivados pelo dinheiro. Portanto, ele implementou um sistema de pagamento em que os trabalhadores recebiam salários adicionais quando ultrapassavam um nível padrão de produção para cada tarefa. Sua conclusão foi de que tanto os trabalhadores como a administração se beneficiaria com esse método.

Os princípios de administração científica foram muito bem-aceitos. Outros teóricos incluindo Henry Gantt e Frank e Lilian Gilbreth, introduziram diversos refinamentos e técnicas para a aplicação da administração científica nas fábricas. Um dos exemplos mais famosos da aplicação da administração científica é a fábrica que Henry Ford construiu para fabricar o modelo T.[9]

O legado da abordagem da administração científica de Taylor é amplo e difundido. O mais importante foi que produtividade e eficiência na manufatura aumentaram drasticamente. Os conceitos de métodos e pesquisas científicos foram introduzidos à manufatura. O sistema de pagamento por peça produzida foi muito bem assimilado, pois tornava mais próxima a relação entre trabalho e recompensa. Taylor também ressaltava a necessidade de cooperação entre administração e trabalhadores. E o conceito de especialista em administração ganhou notoriedade.

A Administração Científica e o Modelo T

Na virada do século, os automóveis eram um luxo que apenas os ricos podiam comprar. Eram montados por artesãos que juntavam todas as peças do carro em apenas um ponto no chão da fábrica. Esses operários não eram especializados e Henry Ford achava que eles desperdiçavam tempo e energia levando as peças necessárias até o carro. Ford adotou um sistema revolucionário na fabricação de automóveis usando os princípios da administração científica.

Depois de muito estudo, máquinas e operários na nova fábrica da Ford eram posicionados em seqüência para que um carro pudesse ser montado sem interrupções ao longo de uma linha de produção móvel. Força mecânica e uma esteira transportadora eram usadas para levar o trabalho até o trabalhador.

A manufatura das peças também foi revolucionada. Por exemplo, anteriormente um operário levava 20 minutos para montar um volante de partida. Ao dividir a tarefa em 29 operações diferentes, colocar o produto em uma esteira mecânica e mudar a altura da esteira, a Ford reduziu o tempo de produção para cinco minutos.

Em 1914, o tempo de montagem de chassis havia sido cortado de quase 13 horas para 1½ hora. Os novos métodos de produção exigiam uma padronização completa, novas máquinas e uma mão-de-obra adaptável. Os custos caíram significativamente, o modelo T se tornou o primeiro carro acessível à maioria dos norte-americanos e a Ford dominou o setor durante muitos anos.

FONTE: KROOS, H.; GILBERT, C. *The Principles of Scientific Management*. Nova York: Harper & Row, 1911.

Frederick Taylor (à esquerda) e Dra. Lilian Gilbreth (à direita) foram um dos primeiros especialistas em eficiência administrativa.

> A primeira executiva mulher a liderar uma empresa na lista da *Fortune* 500 foi Katharine Graham do *The Washington Post* (incluída na lista pela primeira vez em 1972).[10]

Apesar dessas vantagens, nem todo mundo estava convencido de que a administração científica era a melhor solução para todos os problemas nos negócios. Inicialmente, críticos alegaram que Taylor ignorou diversos fatores sociais e psicológicos relacionados ao trabalho destacando apenas o dinheiro como incentivo ao trabalhador. Em seguida, as tarefas de produção foram reduzidas a um conjunto de procedimentos rotineiros e mecânicos que resultavam em tédio, apatia e problemas de controle de qualidade. Depois, os sindicatos opuseram-se intensamente às técnicas de administração científica, pois acreditavam que a gerência poderia abusar de seu poder na hora de estabelecer os padrões e as taxas por produção, explorando os operários e minimizando sua importância. Finalmente, embora a administração científica tenha resultado em uma intensa avaliação da eficiência interna das organizações, ela não ajudou os administradores a lidarem com questões externas mais abrangentes como concorrentes e regulamentações do governo, principalmente no nível da administração sênior.

Gestão Administrativa A abordagem da **Gestão administrativa** enfatizava a perspectiva de administradores seniores dentro da organização e afirmava que a administração era uma profissão e podia ser ensinada.

Em 1916, surgiu um modelo explícito e abrangente da gestão administrativa, quando Henri Fayol, um executivo e engenheiro de minas francês, publicou um livro no qual resumia suas experiências em administração. Fayol identificou cinco funções e 14 princípios da administração. As cinco funções, as quais se assemelham bastante às quatro funções apresentadas no Capítulo 1, incluem planejamento, organização, comando, coordenação e controle. O Quadro A.1 descreve e define os 14 princípios. Embora alguns críticos aleguem que Fayol tenha considerado os princípios como verdades absolutas da administração, ele no fundo desejava que eles fossem aplicados com flexibilidade.[11]

Outros inúmeros executivos contribuíram com a literatura da gestão administrativa. Esses autores discutiam amplo espectro de tópicos de administração, incluindo as responsabilidades sociais da administração, a filosofia da administração, o esclarecimento de termos e conceitos da administração e os princípios organizacionais. As contribuições de Chester Barnard e Mary Parker Follet se tornaram estudos clássicos nessa área.[12]

Barnard, antigo presidente da New Jersey Bell Telephone Company, publicou seu marcante livro *The Functions of the Executive* (*As Funções do Executivo*) em 1938. Ele traçou a função do executivo sênior: determinar o objetivo da organização, contratar indivíduos-chave e manter a comunicação organizacional.[13] O livro de Mary Parker Follet, de 1942, intitulado *Dynamic Organization* (*Organização Dinâmica*), deu continuidade ao trabalho de Barnard ressaltando as situações em constante mudança enfrentadas pelos administradores.[14] Duas de suas contribuições fundamentais — a idéia de que os gerentes desejam flexibilidade e as diferenças entre motivar grupos e indivíduos — estabeleceram as bases da abordagem contingencial moderna discutida adiante neste capítulo.

QUADRO A.1

Os 14 Princípios da Administração de Fayol

1. *Divisão do trabalho* – dividir o trabalho em tarefas especializadas e atribuir responsabilidades a indivíduos específicos.
2. *Autoridade* – delegar autoridade juntamente com responsabilidade.
3. *Disciplina* – esclarecer quais são as expectativas e punir infrações.
4. *Unidade de comando* – cada funcionário deve ser atribuído a apenas um supervisor.
5. *Unidade de direção* – o trabalho dos funcionários deve se concentrar em alcançar os objetivos organizacionais.
6. *Subordinação dos interesses individuais aos da organização* – o interesse geral deve predominar.
7. *Remuneração* – recompensar sistematicamente os trabalhos que dão sustentação à direção da organização.
8. *Centralização* – determinar a importância relativa de funções superiores e subordinadas.
9. Cadeia escalar – manter as comunicações na cadeia de comando.
10. *Ordem* – organizar tarefas e materiais para que ajudem na direção da organização.
11. *Eqüidade* – a justa disciplina e a ordem aumentam o comprometimento do funcionário.
12. *Estabilidade do pessoal* – promover a lealdade e a longa permanência do funcionário.
13. *Iniciativa* – incentivar os funcionários a terem iniciativa para apoiar a direção da organização.
14. *Espírito de equipe* – promover a uniformidade de interesses entre funcionários e administração.

Todos os textos na área da gestão administrativa destacam a administração como uma profissão no mesmo plano de áreas como advocacia e medicina. Além disso, esses autores fizeram diversas recomendações com base em suas experiências pessoais, as quais muitas vezes incluíram a administração de grandes corporações. Embora essas perspectivas e recomendações fossem consideradas sólidas, os críticos observaram que elas talvez não se aplicassem a todos os cenários. Tipos diferentes de pessoal, condições do setor e tecnologias podem afetar a aplicabilidade desses princípios.

> **1955** O primeiro McDonald's de Ray Kroc é inaugurado. Nascem Bill Gates e Steve Jobs.[15]

Relações Humanas Uma quarta abordagem da administração, a escola das **relações humanas**, foi desenvolvida na década de 1930. Essa abordagem visava compreender como processos sociais e psicológicos interagem com a situação de trabalho na influência do desempenho. As relações humanas constituíram a primeira grande abordagem a enfatizar os relacionamentos informais de trabalho e a satisfação do trabalhador.

Essa teoria deve muito a outras importantes escolas de pensamento. Por exemplo, muitas das idéias dos Gilbreths (administração científica) e Barnard e Follet (gestão administrativa) influenciaram o desenvolvimento das relações humanas de 1930 a 1955. Na verdade, as relações humanas surgiram a partir de um projeto de pesquisa que teve início como um estudo de administração científica.

A Western Electric Company, fabricante de equipamentos para telefones, contratou uma equipe de pesquisadores de Harvard liderada por Elton Mayo e Fritz Roethlisberger. A missão era investigar a influência das condições físicas de trabalho na produtividade e eficiência dos trabalhadores em uma das fábricas da empresa fora de Chicago. Esse projeto de pesquisa conhecido como a *Experiência de Hawthorne*, produziu alguns dos mais interessantes e controversos resultados da história da administração.[16]

A Experiência de Hawthorne constituiu série de ensaios realizados entre 1924 e 1932. Durante a primeira etapa do projeto (os ensaios com iluminação), diversas condições de trabalho, especificamente a iluminação na fábrica, eram alteradas para avaliar os efeitos dessas oscilações na produtividade. Os pesquisadores não descobriram nenhuma relação sistemática entre a iluminação da fábrica e os níveis de produção. Em alguns casos, a produtividade continuava a aumentar mesmo quando a iluminação era reduzida ao nível da luz do luar. Os pesquisadores concluíram que os operários se comportavam e reagiam de formas diferentes, pois os pesquisadores estavam os observando. Essa reação é conhecida como o **Efeito Hawthorne**.

Essa conclusão levou os pesquisadores a acreditarem que a produtividade pode ser mais influenciada por fatores psicológicos e sociais do que por influências físicas e objetivas. Tendo isso em mente, eles iniciaram as outras quatro etapas do projeto. Durante essas fases, os pesquisadores realizaram diversos ensaios com a equipe de trabalho e fizeram longas entrevistas com funcionários. Mayo e sua equipe finalmente concluíram que a produtividade e o comportamento do funcionário eram influenciados pelas relações informais na equipe de trabalho.

Os defensores da tese das relações humanas argumentavam que os administradores devem enfatizar primordialmente o bem-estar, a motivação e a comunicação com os funcionários. Acreditavam que as necessidades sociais tinham prioridade sobre as necessidades econômicas. Portanto, a administração deve obter a cooperação do grupo e promover a satisfação no trabalho e padrões de comportamento do grupo consistentes com as metas da organização.

Outro notável colaborador na área das relações humanas foi Abraham Maslow.[17] Em 1943, Maslow sugeriu que os seres humanos possuem cinco níveis de necessidades. As necessidades mais básicas são as físicas por comida, água e abrigo; a necessidade mais avançada é pela auto-realização ou satisfação pessoal. Maslow argumentou que as pessoas tentam satisfazer suas necessidades em níveis inferiores e, em seguida, avançam para os níveis superiores. Os administradores podem facilitar esse processo e alcançar metas organizacionais removendo os obstáculos e incentivando comportamentos que satisfazem as necessidades das pessoas e as metas organizacionais simultaneamente.

Embora a abordagem das relações humanas tenha resultado em pesquisas sobre liderança, atitudes profissionais e dinâmicas de grupo, ela foi alvo de muitas críticas.[18] Os críticos achavam que um resultado das relações humanas — a crença de que um trabalhador feliz era um trabalhador produtivo — era simplista demais. Enquanto a administração científica enfatizava excessivamente os aspectos econômicos e formais do ambiente de trabalho, a escola das relações humanas ignorou o lado mais racional do trabalhador e as importantes características da organização formal. Porém a teoria das relações humanas foi um importante passo no desenvolvimento do pensamento administrativo, pois inspirou administradores e pesquisadores a considerar os fatores psicológicos e sociais que influenciam o desempenho.

Um Pioneiro nas Relações Humanas

Em 1837, William Procter, um varejista inglês falido e James Gamble, filho de um pastor metodista, formaram uma parceria em Cincinnati para fabricar sabonete e velas. Ambos eram conhecidos por sua integridade e logo seu negócio começou a prosperar.

Em 1883, a empresa havia crescido significativamente. Quando William Cooper Procter, neto do fundador, graduou-se na Princeton University e foi trabalhar na empresa, ele queria aprender sobre os negócios da base até o topo. Começou a trabalhar no chão de fábrica. "Ele realizou os trabalhos mais humildes desde carregar resina e sabão até colocar misturas graxas nos tonéis. Trazia o almoço em uma sacolinha de papel... e sentava-se no chão (com os outros operários) para comer com eles, aprendendo como se sentiam em relação ao trabalho".

Em 1884, Cooper Procter acreditou, com base em sua própria experiência, que aumentar o comprometimento psicológico dos operários com a empresa resultaria em maior produtividade. Seu entusiasmo para aumentar o comprometimento do funcionário com a empresa fez que ele propusesse um plano infame: dividir os lucros com os funcionários para aumentar seu senso de responsabilidade e satisfação no trabalho. A surpresa foi perceptível no primeiro "Dia do Dividendo", quando os operários tinham em mãos cheques equivalentes ao pagamento de sete semanas.

O plano, entretanto, não estava completo. Os operários entenderam a divisão dos lucros como um pagamento extra e não como um incentivo para melhorarem. Além disso, Cooper Procter reconheceu que uma questão fundamental para os trabalhadores, alguns dos quais continuaram sendo seus bons amigos, era a insegurança trazida com o avanço da idade. Uma corporação pública em 1890 deu à Procter uma nova idéia. Após experimentar várias versões, em 1903 ele descobriu uma forma de conquistar todos seus objetivos para o trabalho: um plano de compra de ações. Para cada dólar investido por um trabalhador em ações da P&G, a empresa contribuiria com o equivalente a quatro dólares em ações.

Finalmente, Cooper Procter solucionou algumas questões fundamentais referentes ao trabalho que foram compensadas por lealdade dos funcionários, maior produtividade e uma reputação corporativa cada vez mais sólida em termos de cuidado e integridade. Ele se tornou CEO da empresa e a P&G hoje permanece como uma das empresas mais admiradas nos Estados Unidos.

FONTES: SCHISGALL, O. *Eyes on Tomorrow* Chicago: J. G. Ferguson, 1981; WELSH T., Best and Worst Corporate Reputations. *Fortune*, 7. fev. 1994. p. 58-66.

Burocracia Max Weber, sociólogo, advogado e cientista social alemão, mostrou como a administração propriamente dita poderia ser mais eficiente e consistente em seu livro *The Theory of Social and Economic Organizations* (*Teoria das Organizações Sociais e Econômicas*).[19] O modelo ideal da administração, segundo Weber, é o da **burocracia**.

Weber acreditava que as estruturas burocráticas podem eliminar a variabilidade que resulta quando os administradores na mesma organização possuem habilidades, experiências e objetivos diferentes. Weber defendia que as tarefas fossem padronizadas para que mudanças no pessoal não desintegrassem a organização. Ele dava destaque especial à rede formal e estruturada de relações entre posições especializadas em uma organização. Regras e normas padronizam o comportamento e a autoridade diz respeito a cargos e não a indivíduos. Conseqüentemente, a organização não precisa contar com um indivíduo em particular, mas vai obter sucesso e eficiência seguindo as regras em uma conduta rotineira e objetiva.

1962 A primeira loja do Wal-Mart é inaugurada em Rogers, em Arkansas.
1964 A Blue Ribbon Sports embarca seus primeiros lotes de calçados. Hoje é conhecida como Nike.
1969 Don e Doris Fisher inauguram a primeira loja da Gap em São Francisco.

Segundo Weber, a burocracia é particularmente importante porque possibilita que grandes organizações realizem as diversas atividades cotidianas necessárias para a sua sobrevivência. Além disso, posturas burocráticas incentivam habilidades especializadas, eliminando diversos julgamentos subjetivos feitos pelos administradores. Se as regras e controles forem estabelecidos adequadamente, as burocracias devem ser objetivas no tratamento com as pessoas, sejam clientes ou funcionários.

Muitas organizações hoje são burocráticas. A burocracia pode ser eficiente e produtiva. Contudo, o modelo burocrático não se ajusta a todas as organizações. Organizações ou departamentos que demandam rápida tomada de decisões e flexibilidade podem sofrer diante de uma abordagem burocrática. Algumas pessoas podem não ter o melhor desempenho possível se expostas a regras e procedimentos excessivamente burocráticos.

Outras falhas se originam de uma aplicação errônea dos princípios burocráticos e não da postura burocrática propriamente dita. Muita autoridade pode ser concedida a um número muito pequeno de pessoas; os procedimentos podem se tornar o fim e não os meios; ou os administradores podem desconhecer as regras e normas apropriadas. Finalmente, uma vantagem da burocracia — sua estabilidade — também pode ser um problema. Depois de estabelecida, a burocracia dificilmente será desfeita.

ABORDAGENS CONTEMPORÂNEAS

As abordagens contemporâneas da administração abrangem a administração quantitativa, o comportamento organizacional, a teoria dos sistemas e a perspectiva contingencial. As abordagens contemporâneas se desenvolveram em vários períodos desde a Segunda Guerra Mundial e continuam a representar a pedra fundamental do moderno pensamento da administração.

Administração Quantitativa Embora Taylor tenha introduzido o uso da ciência como uma ferramenta de administração no início do século XX, a maioria das organizações não aderiu ao uso de técnicas quantitativas para lidar com os problemas da administração até as décadas de 1940 e de 1950.[20] Durante a Segunda Guerra Mundial, os estrategistas militares começaram a aplicar técnicas matemáticas em problemas relacionados à defesa e logística. Depois da guerra, corporações privadas começaram a formar equipes de especialistas quantitativos para combater muitos dos problemas enfrentados por grandes organizações. Essa abordagem, conhecida como **administração quantitativa**, enfatiza a aplicação de análises quantitativas aos problemas e decisões da administração.

A administração quantitativa ajuda o gerente a tomar decisões desenvolvendo modelos matemáticos formais do problema. Computadores facilitaram o desenvolvimento de métodos quantitativos específicos. Isso inclui técnicas como a teoria da decisão estatística, programação linear, teoria das filas, simulação, previsão, modelos de estoques, modelos de rede e análise do ponto de equilíbrio. As organizações aplicam essas técnicas em diversas áreas, incluindo produção, controle de qualidade, marketing, recursos humanos, finanças, distribuição, planejamento e pesquisa e desenvolvimento.

Apesar do que a administração quantitativa promete, os gerentes não confiam nesses métodos como principal abordagem à tomada de decisões. Em geral, eles utilizam essas técnicas como um complemento ou ferramenta no processo decisório. Muitos gerentes vão usar resultados que são consistentes com sua experiência, intuição e julgamento, mas costumam rejeitar resultados que contradizem suas crenças. Os gerentes podem ainda usar o processo para comparar alternativas e eliminar opções mais fracas.

Diversos motivos explicam o uso restrito da administração quantitativa. Muitos gerentes não foram treinados para usar essas técnicas. Além disso, muitos aspectos de uma decisão gerencial não podem ser expressos por meio de símbolos e fórmulas matemáticos. Finalmente, muitas das decisões a serem tomadas pelos gerentes são não rotineiras e imprevisíveis.

1971 A Intel lança o primeiro microprocessador e a IBM lança o disquete.
1976 Steve Jobs e Steve Wozniak dão início à Apple Computer na garagem de casa.

Comportamento Organizacional Durante a década de 1950, houve uma transição na abordagem sobre as relações humanas. Os estudiosos começaram a admitir que a produtividade do trabalhador e o êxito organizacional baseiam-se em mais do que satisfação de necessidades econômicas e sociais. A perspectiva revisada, conhecida como *comportamento organizacional*, estuda e identifica atividades da administração que promovem a eficácia do funcionário por meio da compreensão da complexa natureza de processos do indivíduo, do grupo e da organização. O comportamento organizacional é fundamentado em várias disciplinas, incluindo psicologia e sociologia, para explicar o comportamento das pessoas no trabalho.

Durante a década de 1960, os teóricos do comportamento organizacional influenciaram intensamente a área da administração. A Teoria X e a Teoria Y de Douglas McGregor marcaram a transição das relações humanas.[21] Segundo McGregor, os gerentes da Teoria X partem do pressuposto de que os funcionários são preguiçosos e irresponsáveis e exigem constante supervisão e motivação externa para alcançar as metas organizacionais. Os gerentes da Teoria Y presumem que os funcionários *querem* trabalhar e são capazes de monitorar e controlar a si mesmos. McGregor defendeu a perspectiva da Teoria Y, sugerindo que os gerentes que incentivam a participação e viabilizam oportunidades de desafio e incentivo individual alcançariam um desempenho superior.

Entre outros renomados estudiosos do comportamento organizacional, podemos citar Chris Argyris, que recomendou maior autonomia e melhores trabalhos aos funcionários,[22] e Rensis Likert, que destacou o valor de uma administração participativa.[23] Ao longo dos anos, o comportamento organizacional consistentemente enfatizou o desenvolvimento dos recursos humanos na organização visando ao alcance das metas individuais e organizacionais. Como outras abordagens, também foi criticada por sua perspectiva limitada, embora contribuições mais recentes apresentem um ponto de vista mais abrangente e situacional. Nos últimos anos, muitas das principais questões tratadas pelo comportamento organizacional foram retomadas com maior interesse em liderança, envolvimento de funcionários e autogerenciamento.

> **1980** A Microsoft licencia seu sistema operacional para a IBM.
> **1981** A MTV entra no sistema a cabo.
> **1995** O Netscape abre o capital e estréia o *boom* das ponto-com.

Teoria dos Sistemas As abordagens clássicas como um todo foram criticadas porque 1. ignoravam o relacionamento entre a organização e seu ambiente externo, e 2. geralmente davam ênfase a um aspecto da organização ou de seus funcionários em detrimento de outros. Em respostas a essas críticas, os estudiosos da administração durante a década de 1950 recuaram a partir dos detalhes da organização na tentativa de compreendê-la como um sistema completo. Esses esforços basearam-se em uma abordagem científica geral denominada **teoria dos sistemas**.[24] As organizações são sistemas abertos, dependentes de *inputs* do mundo externo como matérias-primas, recursos humanos e capital. Elas transformam esses *inputs* em *outputs* que (idealmente) atendem às necessidades do mercado por bens e serviços. O ambiente reage aos *outputs* por meio de uma curva de *feedback*; esse *feedback* fornece o *input* para o próximo ciclo do sistema. O processo se repete durante a vida do sistema e está ilustrado na Figura A. 2.

A teoria dos sistemas também enfatiza que uma organização é um sistema em uma série de subsistemas. Por exemplo, a Southwest Airlines é um subsistema do setor de aviação e as tripulações dos vôos são um subsistema da Southwest. A teoria dos sistemas ressalta que cada subsistema é um componente do todo e é interdependente com outros subsistemas.

Perspectiva Contingencial Aprofundando as idéias da teoria dos sistemas, a **perspectiva contingencial** contesta princípios universais da administração afirmando que diversos fatores, internos e externos à empresa, podem afetar o desempenho da organização.[25] Portanto, não existe "melhor forma" de administrar e organizar, pois as circunstâncias variam.

Características situacionais são denominadas **contingências**. A compreensão das contingências ajuda o gerente a saber quais conjuntos de circunstâncias ditam quais ações gerenciais. Você conhecerá recomendações para as principais contingências ao longo deste texto. As contingências incluem:

1. Circunstâncias no ambiente externo à organização.
2. Os pontos fortes e fracos internos da organização.
3. Os valores, os objetivos, as habilidades e as atitudes de gerentes e funcionários na organização.
4. Os tipos de tarefas, recursos e as tecnologias usados pela organização.

Observando essas contingências, o gerente pode classificar a situação e então escolher a estratégia competitiva adequada, a estrutura da organização ou o processo administrativo para as circunstâncias.

Os pesquisadores continuam a identificar variáveis contingenciais importantes e seus efeitos nas questões gerenciais. À medida que você ler os tópicos abordados em cada capítulo, vai notar semelhanças e diferenças entre as situações gerenciais e as respostas apropriadas. Essa perspectiva deve representar o alicerce de sua própria abordagem em relação à administração. Muitas das situações sobre as quais você vai ler neste livro se aplicam a perspectiva contigencial.

> **2000** A AOL se torna a primeira empresa puramente de Internet a ser incluída na lista das 500 da *Fortune* e efetiva a fusão com a Time Warner no mesmo ano.
> **2001** A Enron entra em falência.
> **2002** A United Airlines entra em falência.
> **2003** A AOL Time Warner registra um prejuízo recorde de US$ 98,7 bilhões.[26]

DE OLHO NO FUTURO

Todas essas perspectivas históricas deixaram legados que afetam o pensamento e a prática da administração contemporânea. Suas

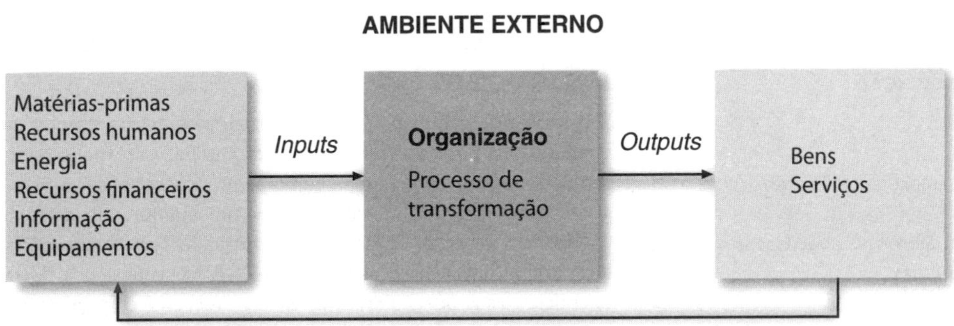

FIGURA A.2
Perspectiva de Sistema Aberto de uma Organização

tendências continuam a fluir, mesmo diante de mudanças em contexto e especificidades.

Os tempos mudam de fato, e as coisas também. Isso pode parecer óbvio, mas não é para aqueles gerentes que permanecem confortavelmente em suas salas enquanto suas empresas não conseguem se adaptar aos novos tempos. O negócio se tornou global. Novas tecnologias mudam a forma como trabalhamos, como se produzem bens e se fornecem serviços. As mudanças continuamente criam novas oportunidades e novas demandas para reduzir custos e alcançar mais inovação, qualidade e velocidade. O conhecimento e as práticas de administração evoluem conseqüentemente.

Os fatos essenciais sobre as mudanças são: primeiro, ocorrem mais rápida e drasticamente do que em qualquer outro período da história; segundo, se você não consegue prever a mudança e se adaptar a ela, você e sua empresa não vão prosperar em um mundo de negócios competitivo. O tema da mudança — o que está acontecendo agora, o que temos pela frente, como afeta a administração e como você pode lidar com isso — permeia todo o livro.

Quais são as implicações dessas mudanças para você e sua carreira? Qual é a melhor forma de estar pronto para acompanhar os desafios? Você deve fazer perguntas sobre o futuro, antever mudanças, conhecer suas responsabilidades e estar preparado para cumpri-las com os olhos no futuro. Esperamos que você estude os demais capítulos com esses objetivos em mente.

PALAVRAS-CHAVE

Administração científica Abordagem clássica da administração que aplicava métodos científicos para analisar e determinar "a melhor forma" de realizar integralmente tarefas de produção, p. 37.

Administração quantitativa Abordagem contemporânea da administração que enfatiza a aplicação da análise quantitativa às decisões e problemas gerenciais, p. 40.

Administração sistemática Abordagem clássica da administração que tentou desenvolver para as operações os procedimentos e processos específicos que iriam assegurar a coordenação de esforços para alcançar objetivos e planos estabelecidos, p. 36.

Burocracia Abordagem clássica da administração que enfatiza uma rede estruturada e formal de relacionamentos entre posições especializadas na organização, p. 40.

Comportamento organizacional Abordagem contemporânea da administração que estuda e identifica as atividades da administração que promovem a eficácia do funcionário examinando a natureza complexa e dinâmica de processos do indivíduo, grupo e organização, p. 40.

Contingências Fatores que determinam a adequação das ações gerenciais, p. 41.

Gestão Administrativa Abordagem clássica da administração que tentou identificar os principais princípios e funções que os gerentes poderiam usar para alcançar um desempenho organizacional superior, p. 38.

Economias de escala Reduções no custo médio de uma unidade de produção à medida que o volume total da produção aumenta, p. 35.

Efeito Hawthorne Reações das pessoas após serem observadas ou estudadas resultando em mudanças superficiais no comportamento, e não significativas, p. 39.

Perspectiva contingencial Abordagem ao estudo da administração que propõe que as estratégias, estruturas e processos gerenciais, que resultam em alto desempenho, dependem das características ou contingências importantes, ou situação em que são aplicados, p. 41.

Relações humanas Abordagem clássica da administração que tentou compreender e explicar como os processos psicológicos e sociais humanos interagem com os aspectos formais da situação do trabalho para influenciar o desempenho, p. 38.

Teoria dos sistemas Teoria que afirma que a organização é um sistema administrado que transforma *inputs* em *outputs*, p. 41.

QUESTÕES PARA DISCUSSÃO

1. Como o mundo dos negócios de hoje se compara àquele de 40 anos atrás? O que é diferente hoje e o que não é tão diferente?
2. O que é a administração científica? Como as organizações de hoje podem aplicá-la?
3. A Tabela A. 3 descreve os 14 princípios da administração propostos por Fayol, publicados inicialmente em 1916. Eles são tão úteis hoje como foram no passado? Identifique sua resposta. *Quando* são menos ou mais úteis?
4. Quais são as vantagens e desvantagens de uma organização burocrática?
5. Em que situações os conceitos e as ferramentas da administração quantitativa são aplicáveis?
6. Escolha qualquer organização e descreva seu sistema de *inputs* e *outputs*.
7. Por que a perspectiva contingencial se tornou uma abordagem tão importante à administração? Crie uma lista de contingências que podem afetar as decisões que você toma em sua vida ou em seu trabalho como gerente.
8. Para cada uma das abordagens da administração discutidas no capítulo, dê exemplos que você tenha visto. Até que ponto elas foram eficazes ou ineficazes?
9. As margens no Apêndice ressaltaram alguns acontecimentos marcantes na história recente dos negócios. Quais eventos marcantes adicionais durante essas décadas você incluiria?
10. O último evento marcante citado foi em 2003 — quais são os mais importantes desde então e por quê?

Exercícios Práticos

A.1 Abordagens à Administração

OBJETIVOS

1. Ajudar você compreender ampla gama de abordagens à administração.
2. Esclarecer a adequação de diferentes abordagens da administração em situações diferentes.

INSTRUÇÕES

Seu professor vai dividir a classe aleatoriamente em grupos de quatro a seis pessoas. Trabalhando em equipe, com todos apresentando idéias e uma pessoa como a responsável oficial por registrá-las, cada grupo deverá escrever um memorando de uma página para a classe. O tema do memorando será "Meu conselho para gerenciar as pessoas hoje é...". A parte divertida deste exercício (e sua porção criativa) envolve escrever o memorando do ponto de vista de uma pessoa designada ao seu grupo pelo professor.

Entre as personagens autoras do memorando que o seu professor pode designar, temos:

- Um senhor de escravos do Egito antigo (construindo a grande pirâmide)
- Henri Fayol
- Frederick Taylor
- Mary Parker Follett
- Douglas McGregor
- Um teórico da administração contingencial
- Um executivo de uma montadora japonesa
- Um CEO da IBM em 2030
- O comandante da nave Enterprise II em 3001
- Outros, conforme indicado pelo seu professor

Use sua imaginação, certifique-se de que todos participem e tente ser fiel a quaisquer fatos históricos com que se deparar. Tente ser o mais específico e realista possível. Lembre-se: a idéia é oferecer conselhos sobre gerenciar pessoas em outro ponto no tempo (ou a partir de determinado ponto de vista nos tempos de hoje).

Certifique-se de administrar seu tempo máximo de 20 minutos cuidadosamente. Uma recomendação é que sejam gastos 2 a 3 minutos para colocar o exercício na perspectiva correta. Em seguida, reservar 10 a 12 minutos de *brainstorming* para o memorando, com o responsável por anotar rascunhando as idéias e frases. Essa pessoa pode usar o tempo restante para escrever o memorando de uma página com a ajuda e comentários construtivos de outros. Escolha um porta-voz para ler o memorando do grupo para a classe.

FONTE: KRIETNER, R.; KINICKI, A. *Organization behavior*. 3. ed. Burr Ridge, IL: Richard D. Irwin, p. 30-31, 1994.

A.2 Análise do Sistema de Avaliação da Universidade

OBJETIVOS

1. Aprender a identificar os componentes de um sistema complexo.
2. Compreender melhor as organizações como sistemas.
3. Visualizar como uma mudança na política afeta o funcionamento do sistema de uma organização.

INSTRUÇÕES

1. Suponha que a sua universidade tenha decidido instituir um sistema de avaliação passar-reprovar no lugar do sistema de avaliação com letras que utiliza atualmente. Aplique a perspectiva de sistemas estudada neste capítulo para compreender essa decisão.
2. Responda às perguntas na Planilha de Análise do Sistema de Avaliação individualmente ou em pequenos grupos, conforme indicado pelo professor.

QUESTÕES PARA DISCUSSÃO

Compartilhe as suas respostas ou as do grupo com toda a classe. Em seguida, responda às seguintes perguntas.

1. Vocês fizeram um diagrama do sistema da mesma maneira?
2. Vocês identificaram os mesmos componentes do sistema?
3. Quais subsistemas serão afetados pela mudança?
4. Como você explica as diferenças em suas respostas?

Planilha de Análise do Sistema de Avaliação

DESCRIÇÃO

1. Quais subsistemas compõem o sistema (a universidade)? Faça um diagrama do sistema.

2. Identifique nesse sistema: *inputs*, *outputs* e transformações.

DIAGNÓSTICO

3. Quais subsistemas serão afetados pela mudança, ou seja, quais mudanças têm probabilidade de ocorrer em todo o sistema como resultado da mudança na política?

FONTE: GORDON, J. *A Diagnostic approach to organizational behavior*. Englewood Cliffs. NJ: Prentice-Hall, 1983, p. 38. Reimpresso com autorização da Prentice-Hall, Inc., Englewood Cliffs, NJ.

Capítulo 2

Ambiente Externo e Cultura Organizacional

"A essência de uma empresa está no seu ambiente externo."

— **Peter Drucker**

RESUMO DO CAPÍTULO

Um Olhar Voltado para o Futuro

O Macroambiente
- Normas e Legislação
- A Economia
- Tecnologia
- Demografia
- Questões Sociais e Meio Ambiente

O Ambiente Competitivo
- Concorrentes
- Ameaça dos Novos Concorrentes
- Ameaça dos Substitutos
- Fornecedores
- Clientes

Análise Ambiental
- Mapeamento Ambiental
- Desenvolvimento de Cenários
- Previsão
- *Benchmarking*

Resposta ao Ambiente
- Adaptando-se ao Ambiente: Mudando a Própria Empresa
- Influenciando o Próprio Ambiente
- Mudando o Próprio Ambiente
- Escolhendo uma Abordagem de Resposta

Cultura e Ambiente Interno Organizacional
- Diagnóstico da Cultura Organizacional
- Gestão da Cultura Organizacional

OBJETIVOS DE APRENDIZAGEM

Após estudar este Capítulo, você deverá saber:

1. Como as forças ambientais influenciam as organizações e como as organizações podem influenciar seu próprio ambiente.
2. Como distinguir o macroambiente do ambiente competitivo.
3. Por que gestores e organizações devem estar atentos ao desenvolvimento econômico e social.
4. Como analisar o ambiente competitivo.
5. Como a organização deve responder à incerteza ambiental.
6. Como a cultura de uma organização afeta sua resposta ao seu próprio ambiente.

EXECUTIVOS DAS TELECOMUNICAÇÕES DISPUTAM FATIA DE MERCADO

Até o início da década de 1980, qualquer cidadão norte-americano que desejasse fazer uma ligação telefônica recorria basicamente a uma única companhia — a AT&T — proprietária de operadoras tanto de chamadas locais quanto de longa distância. Os gestores da empresa trabalharam durante anos em um ambiente empresarial estritamente controlado, previsível e de baixa concorrência. As tarifas eram definidas mais pelos cálculos determinados pelo governo do que pelo mercado. No entanto, as ações judiciais contra a companhia e os esforços da FCC (Federal Communications Commission — Comissão Federal de Comunicações), para a desregulamentação do setor obrigaram a AT&T a *desinvestir*, ou vender, as empresas de telefonia local em 1984. Essa mudança promoveu a abertura do mercado para a entrada de novos concorrentes agressivos. Desde essa época, outras decisões aceleraram a tendência à desregulamentação.

Hoje, um gestor de uma das novas empresas de telecomunicações, por exemplo, Sprint, Nextel ou Verizon, ou de qualquer uma das Baby Bells (companhias telefônicas regionais alienadas pela AT&T) está atuando em um ambiente anos-luz distante do calmo ambiente do segmento de telefonia do início da década de 1980. Atualmente, diversos concorrentes — e várias tecnologias — disputam de forma agressiva uma fatia do mercado. Não há como saber quem sairá ganhando e quem sairá perdendo. Cada companhia oferece serviços de chamada local e de longa distância, algumas (como a BellSouth) fornecem sistemas de telefonia tradicional, enquanto outras (como a Cingular), de telefonia sem fio, e outras (como a Verizon), ambos os serviços. Além disso, executivos de empresas da Internet e de serviços a cabo (como a Time Warner Cable) também estão atuando no setor de forma bastante agressiva. A tecnologia do protocolo de voz pela Internet (VoIP) oferece ao usuário chamadas telefônicas por conexão de Internet de alta velocidade, por exemplo, por cabo ou linha de assinante digital (DSL). Os executivos das empresas de serviços a cabo já disponibilizaram essa tecnologia em diversas regiões dos Estados Unidos — em alguns casos, de forma gratuita aos assinantes de TV a cabo.

Todas essas atividades se traduzem em benefícios para o consumidor que conta com diversas opções para suas necessidades pessoais e profissionais, com preços e recursos que se mantêm acessíveis por causa da concorrência global. Novas opções e serviços surgem constantemente. Contudo, para os executivos das telecomunicações, o ambiente empresarial é cheio de riscos por causa da concorrência intensa de inúmeras companhias agressivas e de várias tecnologias distintas na disputa por uma fatia do mercado.

Até o momento, os executivos das telecomunicações resolveram concorrer em todos os tipos de serviços. Eles desejam oferecer transmissão de voz e de dados, aplicações para o consumidor e para as empresas, serviços de Internet e transmissão sem fio, e até mesmo de vídeo. E todos vêm sustentando os preços baixos para assegurar a participação no mercado. Entretanto, é impossível determinar, atualmente, se toda empresa de telecomunicações é dotada de porte e base financeira para manter essa estratégia por muito tempo. Muitos observadores da área acreditam na inevitabilidade das *fusões* (combinações entre companhias) e da consolidação da indústria em razão da dinâmica do setor.

Será que os empresários das telecomunicações devem continuar concorrendo em todo os tipos de serviço, arriscando manter pequenas fatias de mercado, oferecendo serviços diversificados demais? Será que as empresas devem se unir para fortalecerem as suas posições? Ou devem buscar uma fatia menor de mercado, reduzindo o risco e concentrando-se em serviços com alta lucratividade e alto crescimento? Na era da desregulamentação, os executivos das telecomunicações terão de encontrar o modelo empresarial mais adequado para o novo ambiente de intensa concorrência, incerteza e mudança tecnológica.

FONTES do Prólogo e das Conexões: BYRNES, Jonathan. Airline deregulation: Lessons for Telecom. *HBS Working Knowledge*, 7 jun. 2004; KAGAN, Jeff. Telecom's Future. *Intele-Card News*, 1º set. 2002; JUBAK, Jim. Only some will survive the Telecom shakeout. *thestreet.com*, 1º maio 2002.

FIGURA 2.1
Inputs e *Outputs* da Organização

sistemas abertos
Organizações que são influenciadas por seu próprio ambiente e que, por sua vez, exercem influência sobre ele.

inputs
Bens e serviços utilizados pelas organizações para criar produtos ou serviços.

outputs
Produtos ou serviços criados pelas organizações.

ambiente externo
Toda força relevante que seja externa aos limites de uma empresa, como, concorrentes, clientes, governo e cenário econômico.

ambiente competitivo
Ambiente que envolve, de forma bem próxima, a empresa; inclui fornecedores, clientes, concorrentes e assim por diante.

macroambiente
Ambiente mais geral; inclui governo, condições econômicas e outros fatores fundamentais que afetam, freqüentemente, todas as organizações.

As empresas de telecomunicações mencionadas no Prólogo sofrem forte influência de fatores externos às suas organizações, por exemplo, dos concorrentes e das mudanças tecnológicas. Neste capítulo, será abordado mais detalhadamente o contexto em que os gestores e as empresas devem operar, quadro este decorrente das pressões externas à organização.

Como foi sugerido no primeiro capítulo, organizações são **sistemas abertos** — ou seja, elas sofrem influência do ambiente externo e, por sua vez, também exercem influência sobre ele. Por exemplo, as empresas captam ***inputs*** — como bens ou serviços —, do ambiente e os usam para criar produtos ou serviços que devolvem ao ambiente como ***output*** (ver Figura 2.1). No entanto, neste texto, o termo **ambiente externo** refere-se não apenas aos clientes ou consumidores de uma organização, mas também a *todas* as forças relevantes externas aos limites da organização.

Muitos desses fatores são incontroláveis. Tanto as empresas de grande porte quanto as de pequeno porte são atingidas ou abaladas pela recessão, pela interferência do governo, por ações da concorrência e assim por diante. Todavia, a impossibilidade da empresa de controlar essas forças não implica que o gestor possa ignorá-las, usá-las como justificativa para o fraco desempenho e tentar simplesmente desprezá-las. O executivo deve acompanhar a evolução dos fatores externos e reagir da melhor forma. Além disso, como será discutido adiante neste capítulo, é possível influenciar alguns componentes do ambiente externo. Serão examinadas algumas formas utilizadas pelas organizações para influenciar o ambiente externo.

A Figura 2.2 apresenta, graficamente, o ambiente externo típico de uma empresa. A empresa posiciona-se em um **ambiente competitivo**, composto da própria companhia e de concorrentes, fornecedores, clientes, novos concorrentes e substitutos. Em um âmbito mais amplo, encontra-se o **macroambiente**, que abrange fatores legais, políticos, econômicos, tecnológicos, demográficos, sociais e naturais que afetam todas as organizações de forma geral.

Um Olhar Voltado para o Futuro

Neste capítulo, serão discutidas as características básicas do ambiente organizacional e a importância de tal ambiente para a gestão estratégica. Também serão discutidos o *ambiente interno*, ou *cultura*, da organização, e como essa cultura pode influenciar a resposta da companhia ao seu ambiente. Em capítulos subseqüentes, serão abordadas mais detalhadamente muitas das forças ambientais básicas introduzidas neste capítulo. Por exemplo, a tecnologia será discutida novamente no Capítulo 17. O ambiente global ganha um tratamento mais abrangente no Capítulo 6, que é inteiramente dedicado à gestão internacional. Outros capítulos concentram-se na ética, na responsabilidade social e no ambiente natural. O Capítulo 18 reforça um tema recorrente em todo este texto: as organizações devem mudar constantemente porque o ambiente muda de forma contínua.

O Macroambiente

Todas as organizações operam em um macroambiente, definido pelos elementos mais gerais do ambiente externo que podem influenciar, potencialmente, as decisões estratégicas. Embora a diretoria de uma empresa possa ter idéias e características internas positivas e peculiares em relação às metas corporativas, ela deve levar em conta os fatores externos antes de adotar alguma ação.

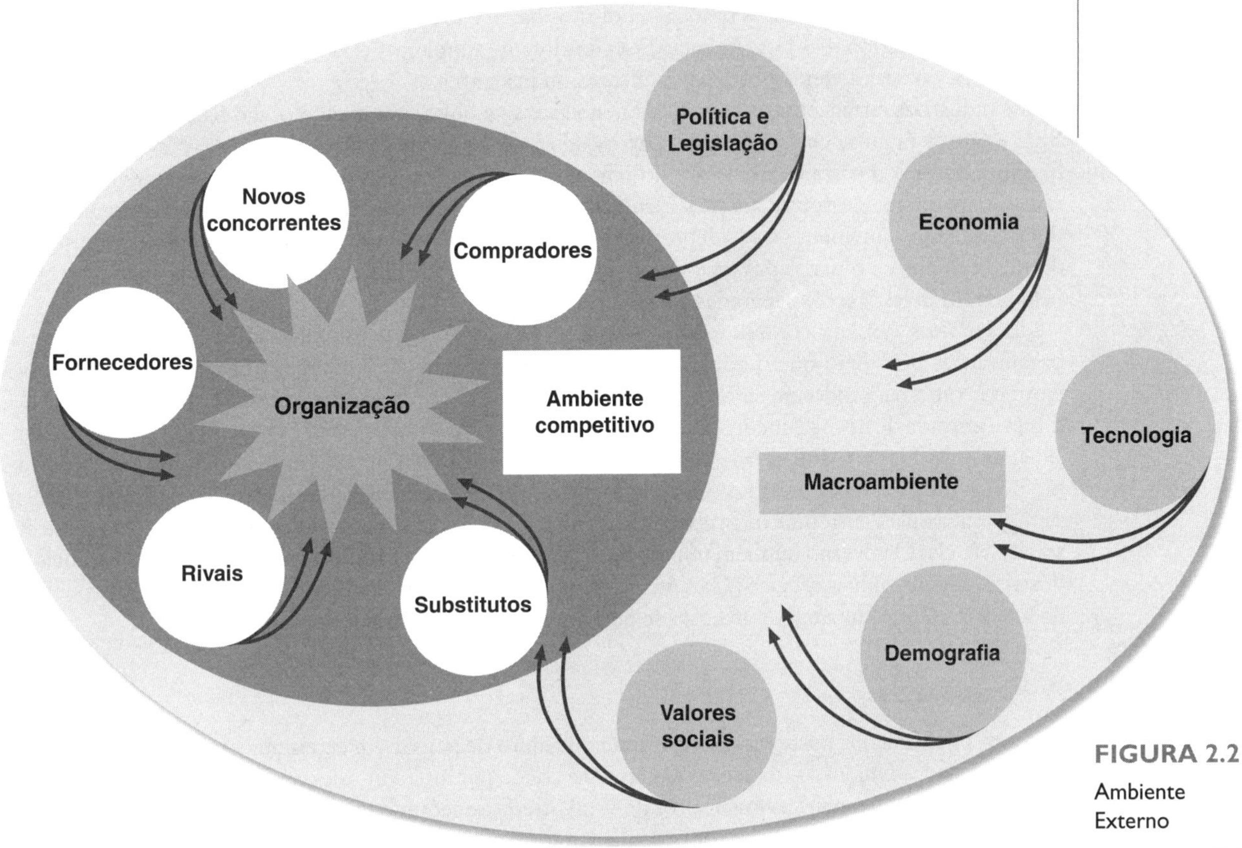

FIGURA 2.2
Ambiente Externo

Normas e Legislação

As políticas do governo dos Estados Unidos impõem restrições estratégicas, mas também oferecem oportunidades. No texto do Prólogo, mencionou-se, como exemplo a Federal Communications Commission — FCC (Comissão Federal de Comunicações) e o profundo impacto causado na indústria de telecomunicações quando foi exigido que a AT&T alienasse seu negócio de telefonia local. Na década de 1970 e no início da de 1980, a desregulamentação do setor aéreo teve efeito profundo semelhante. Surgiram novas companhias aéreas regionais oferecendo tarifas de baixo custo, por exemplo, a Southwest Airlines, ameaçando a fatia de mercado das grandes empresas aéreas. Algumas delas (como a Pan Am) acabaram falindo.

O governo pode influenciar nas oportunidades de negócios por meio da legislação tributária, da política econômica e das normas de comércio exterior. Os padrões governamentais (nos Estados Unidos) contra a prática de oferta de suborno é um exemplo de limitação das ações empresariais. Em alguns países, a oferta de propina e compensações é uma prática comum e um comportamento esperado nas negociações, mas para as empresas norte-americanas, esta é uma prática ilegal. Na realidade, algumas companhias norte-americanas têm sido penalizadas por adotarem essa prática em concorrências internacionais.

Os *órgãos reguladores* são organizações governamentais específicas do ambiente de tarefas mais imediato de uma empresa. Órgãos reguladores, por exemplo, a Occupational Safety and Health Administration — Osha (Agência de Saúde e Segurança Ocupacional), a Interstate Commerce Commission — ICC (Comissão de Comércio Interestadual), a Federal Aviation Administration — FAA (Agência Federal de Aviação), a Equal Employment Opportunity Commission — EEOC (Comissão de Oportunidades Iguais de Emprego), o National Labor Relations Board — NLRB (Comitê Nacional de Relações Trabalhistas), o Office of Federal Contract Compliance Programs — OFCCP (Departamento de Programas Federais de Cumprimento de Contratos), e a Environmental Protection Agency — EPA (Agência de Proteção Ambiental) têm poder para investigar as práticas adotadas pelas empresas e impor medidas legais que assegurem o cumprimento da legislação.

A Securities and Exchange Commission — SEC (Comissão de Valores Mobiliários) fiscaliza o mercado financeiro norte-americano; desde os escândalos financeiros ocorridos nos Estados Unidos, a comissão alterou drasticamente as práticas e políticas das agências de investimento. Além disso, a Food and Drug Administration — FDA (Agência Fiscalizadora de Alimentos e Medicamentos) pode impedir uma empresa de colocar à venda produtos ineficazes ou inseguros.

As indústrias farmacêuticas com ações negociadas na bolsa, por exemplo, são fiscalizadas pela FDA, SEC e outros órgãos governamentais. Um estudo financiado pela FDA constatou que alguns pacientes que ingeriram o medicamento Vioxx do laboratório Merck, analgésico altamente lucrativo, apresentavam risco maior de sofrer ataques cardíacos (um estudo do Instituto Nacional de Câncer também detectou efeito semelhante no Celebrex da Pfizer). A Merck teve de anunciar o recolhimento mundial do medicamento e o preço das ações caiu substancialmente. A SEC e o Ministério da Justiça também instauraram investigações separadas sobre o problema.

Em muitos casos, a comunidade empresarial vê o governo como adversário. Entretanto, muitas organizações percebem que o governo pode ser fonte de vantagem competitiva tanto para uma única empresa como para todo um setor de atividades. Por exemplo, quando uma política pública impede ou limita a entrada de novos concorrentes domésticos ou internacionais em um setor. O governo pode subsidiar companhias em dificuldades ou oferecer trégua fiscal para outras empresas. As patentes federais são usadas para proteger produtos ou tecnologias de processo produtivo inovadores. Legislações podem ser aprovadas para sustentar os preços de um setor de atividades, garantindo, assim, seus lucros ou sua sobrevivência. O governo também tem o poder de interferir para garantir a sobrevivência de algumas indústrias ou companhias cruciais. Garantias de empréstimo do governo salvaram a Chrysler Corporation da falência, dando-lhe uma oportunidade para tornar-se uma corporação viável e lucrativa.

A Economia

Embora a maioria dos norte-americanos tenha o hábito de pensar em economia exclusivamente em termos dos Estados Unidos, o ambiente econômico é criado por interconexões complexas entre economias de diferentes países. Os analistas financeiros de Wall Street começam o dia de trabalho avaliando não apenas o comportamento do índice Dow Jones do dia anterior, mas também o desempenho das bolsas de Tóquio e de Londres. Crescimento e recessão ocorrem tanto no âmbito mundial quanto no doméstico.

O ambiente econômico afeta substancialmente a capacidade do administrador de trabalhar com eficácia e influencia suas opções estratégicas. Os juros e os índices de inflação têm efeito sobre a disponibilidade e o custo de capital, a capacidade de expansão, os preços, os custos e a demanda por produtos. A taxa de desemprego afeta a disponibilidade de mão-de-obra e os salários pagos aos trabalhadores, além da demanda do produto. Custos crescentes de energia e de assistência médica e aumentos significativos nos gastos com segurança depois do atentado terrorista de 11 de setembro de 2001 têm exercido grande influência na capacidade de contratação das empresas e nos seus custos de realização de negócios. Mudanças no valor do dólar em relação ao câmbio mundial podem tornar os produtos norte-americanos mais baratos ou mais caros que os de seus concorrentes estrangeiros.

Com o aumento da concorrência, os executivos devem prestar particular atenção aos custos.

A bolsa de valores concentra grande influência econômica. Pessoas físicas e jurídicas em busca de um bom retorno investem em companhias promissoras, aplicando inclusive em novos empreendimentos (*start-ups*) e nas empresas de comercialização de produtos e serviços pela Internet (*dot-com*). Na década de 1990, quando as empresas de tecnologia proporcionavam retornos de mais de 20% aos investidores, mais pessoas entraram no mercado de capitais (Figura 2.3). Com a queda das ações de tecnologia e a

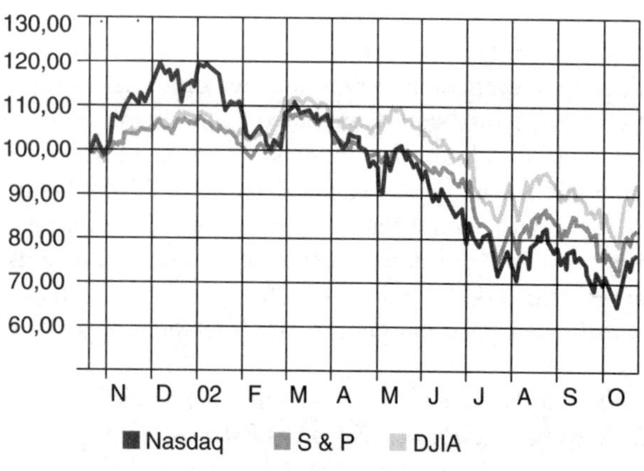

FIGURA 2.3

Comparação do Desempenho de 12 Meses da Bolsa de Valores

FONTE: *www.nasdaq.com*.

desconfiança na sistemática de contabilização das empresas, as taxas de retorno sobre o investimetno ficaram negativas no início da década de 2000, embora outros indicadores econômicos permaneessem sólidos.[1]

É necessário observar que a bolsa de valores também afeta profundamente o comportamento individual de executivos. Nas empresas de capital aberto, qualquer executivo da organização sente-se pressionado a atingir as expectativas de ganhos observadas em Wall Street. Também é muito provável que qualquer profissional, em algum momento da carreira, seja pressionado a melhorar o orçamento ou a previsão de ganhos, porque a companhia não quer decepcionar os acionistas. Essas pressões externas geralmente têm efeito bem positivo — muitas vezes, ajudam a tornar a empresa mais eficiente e mais lucrativa. Entretanto, o fracasso em atingir essas expectativas pode derrubar o preço das ações da empresa, dificultando a obtenção de capital adicional para investimentos. A remuneração dos executivos também pode ser afetada, principalmente se eles tiverem opções de ações (*stock options*). Algumas vezes, esse comportamento pode fazer que o foco do executivo se concentre nos resultados de curto prazo, em detrimento do sucesso de longo prazo da companhia. Pior ainda, assim como no caso do escândalo da Enron, alguns executivos podem sentir-se tentados a tomar atitudes antiéticas ou ilegais para ludibriar os investidores. No Capítulo 5, será discutida mais detalhadamente a gestão ética, e no Capítulo 10, serão abordadas as opções de ações ou *stock options*.[2]

O cenário econômico muda com o tempo e é de difícil previsão. As oscilações no mercado acionário são comuns. Períodos de grande crescimento econômico podem ser seguidos de uma recessão. Qualquer tendência, certamente, acaba — contudo, difícil é saber quando. Mesmo em períodos aparentemente calmos, déficits orçamentários e outras considerações criam preocupações em relação ao futuro.

Tecnologia

Hoje, nenhuma companhia consegue êxito sem incorporar na sua estratégia as surpreendentes tecnologias que se encontram disponíveis e em permanente evolução. Os avanços tecnológicos criam novos produtos, técnicas avançadas de produção e métodos mais eficazes de gestão e comunicação. Além disso, com a evolução da tecnologia, novas indústrias, novos mercados e nichos de concorrência se desenvolvem. Por exemplo, o advento do computador criou uma gigantesca indústria. As primeiras empresas do setor de biotecnologia tentam estabelecer posições de domínio, enquanto as mais recentes buscam avanços tecnológicos que lhes proporcionem algum nicho competitivo. Os avanços tecnológicos também permitem às empresas entrar em mercados outrora indisponíveis — a Internet permite que até mesmo as pequenas empresas tenham acesso a mercados muito mais amplos, tanto internos quanto externos. Além disso, como já foi mencionado no caso de abertura deste capítulo, as companhias de serviço a cabo podem aprimorar ou até expandir o uso da sua tecnologia para entrar no mercado de telefonia.

> Em 2004, pela primeira vez, as vendas de câmeras digitais foram superadas pelas vendas de celulares equipados com câmaras.
>
> FONTE: *The Wall Street Journal*, 4 jan. 2005, p. B11.

As novas tecnologias também oferecem novas técnicas de produção. No setor industrial, robôs sofisticados executam tarefas sem sofrer de fadiga, nem precisar de férias ou descanso semanal, muito menos exigir aumentos salariais. Até a indústria siderúrgica norte-americana começar a modernizar suas usinas, a produtividade ficava muito aquém das siderúrgicas japonesas, muito superiores tecnologicamente.

> Executivos com acesso imediato a informações ganham significativa margem competitiva.

As novas tecnologias também propiciam novas formas de gestão e comunicação. Sistemas informatizados de informações gerenciais (SIG) disponibilizam os dados sempre que necessários. Computadores monitoram a produtividade e detectam deficiências no desempenho. Os serviços de telecomunicações viabilizam conferências sem a necessidade de reunir as pessoas no mesmo local. A discussão mostrada no quadro a seguir deve ser analisada, levando-se em conta a quantidade de companhias que estão automatizando as relações com seus fornecedores. Como se pode observar, os avanços tecnológicos criam inovações nos negócios. As estratégias desenvolvidas em torno dos grandes avanços tecnológicos criam vantagem competitiva; as estratégias que ignoram as dos concorrentes ou que estão atrasadas na comparação com elas em termos de tecnologia, levam à obsolescência e à extinção. Essa questão é tão importante que o Capítulo 17 é inteiramente dedicado a ela.

TEXTO EXTRAÍDO DA REVISTA BusinessWeek

Novas Relações com Fornecedores

Na indústria da tecnologia, é lugar-comum as pessoas superestimarem a velocidade de adoção das novas tecnologias no curto prazo, mas subestimarem o seu impacto no longo prazo. Essa visão obsoleta poderia bem ser verdadeira em se tratando de comércio eletrônico entre empresas (B2B — *Business-to-Business*).

Nos bastidores, as novas tecnologias estão ganhando silenciosamente espaço na América corporativa (Estados Unidos). Em 1999, a General Motors, por exemplo, criou a Delphi Corp., fabricante de autopeças de US$ 27 bilhões. Essa empresa filiou-se ao Covisint, mercado eletrônico de fabricantes de automóveis, e está utilizando um software para melhorar o trabalho em conjunto com seus fornecedores. Hoje, poucos procedimentos de compras da Delphi são realizados pela Web, mas David Nelson, vice-presidente global de compras e executivo responsável pelas licitações nos últimos 26 anos, prevê que em cinco anos a maioria dos negócios será realizada on-line.

"Nos próximos cinco a dez anos, tanto a indústria norte-americana quanto a mundial migrarão e estarão altamente conectadas ao longo de toda a cadeia de suprimento, do cliente à mãe Terra. No entanto, esse processo será mais lento do que as pessoas imaginam", prevê Nelson.

Com a substituição das ligações telefônicas, transmissões de fax e remessas expressas por conexões pela Web, as empresas economizam tempo e dinheiro nas tarefas administrativas, conseguem reduzir os preços e coordenar suas operações com as dos fornecedores — eliminando níveis de estoques excedentes ao longo da cadeia.

Entretanto, muitas dificuldades ainda permanecem. Os fornecedores, preocupados com o controle rígido por parte dos consumidores, relutam em aderir ao mercado eletrônico controlado pelos consórcios industriais. As corporações enfrentam dificuldades para mudar os hábitos dos funcionários e e conseguir que eles façam compras on-line. Além disso, os custos de conexão da tecnologia algumas vezes são proibitivos para todos os envolvidos.

Hoje, muita coisa está mudando — de forma constante, porém gradualmente. Exemplo: o Wal-Mart. O gigante do varejo pediu a seus 30 mil fornecedores que começassem a usar os mesmos padrões de descrição dos produtos usados na Internet, criados para o setor varejista. Desse modo, os equipamentos conseguem identificar pedidos, estoques e previsões sem a intervenção humana. É o primeiro passo para que todo o ecossistema do Wal-Mart passe a realizar negócios on-line.

Os fornecedores — que historicamente têm relutado em usar a tecnologia B2B on-line, por causa do grande investimento extra exigido — estão finalmente aderindo, graças à demanda de organizações como o maior varejista do mundo. Outros varejistas, como Target, Kmart e Lowe's, seguem a tendência.

O envolvimento de pesos pesados como esses é muito significativo porque incentiva a adoção dos padrões de toda a indústria nos negócios eletrônicos entre empresas B2B, afirma Shawn Willett, um analista da empresa de consultoria em tecnologia Current Analysis, de Sterling, Virginia, Estados Unidos. Tais padrões regem a segurança e o formato das mensagens enviadas entre compradores e vendedores. Eles também fornecem descrições detalhadas dos produtos — de forma que os compradores saibam exatamente o que estão adquirindo. Essa padronização vem sendo adotada inicialmente nos setores altamente competitivos de varejo, assistência médica e finanças. Além disso, ela acabará possibilitando ao fornecedor utilizar uma única configuração B2B para negociar com todos os tipos de clientes.

FONTES: HAMM, Steve. B2B isn't dead. It's learning. *BusinessWeek*, 18 dez. 2002, on-line; KHARIF, Olga. B2B, Take 2. *BusinessWeek*, 25 nov. 2003, on-line.

demografia

Medições de várias características das pessoas que compõem os grupos ou outras unidades sociais.

Demografia

Demografia consiste na medição de várias características das pessoas que compõem os grupos ou outras unidades sociais. Grupos profissionais, organizações, países, mercados e sociedades podem ser descritos estatisticamente por idade, sexo, tamanho da família, receita, nível de escolaridade, ocupação e outras características dos seus componentes.

O gestor ou executivo deve levar em conta a demografia da força de trabalho para elaborar as suas estratégias de recursos humanos. O crescimento populacional influencia o tamanho e a composição da massa trabalhadora. Estima-se que a mão-de-obra civil nos Estados Unidos, com crescimento a uma taxa de 1,1% por ano, atinja aproximadamente 162 milhões em 2012. A quantidade de trabalhadores mais jovens diminuiu consideravelmente nas últimas décadas, e muitos empregadores sentiram a escassez de profissionais iniciantes. Contudo, o número de trabalhadores jovens deve voltar a crescer à medida que os filhos da geração da década de 1950 (*baby boomers*) começarem a entrar no mercado de trabalho. Ao mesmo tempo, essa geração está envelhecendo e, desse modo, a quantidade de trabalhadores mais velhos (de 55 anos ou mais) deve aumentar, chegando a 19% da mão-de-obra. Entretanto, a queda na participação de trabalhadores mais velhos acabará forçando os executivos a encontrarem substitutos à altura para esses profissionais experientes.

O nível de escolaridade e qualificação da força de trabalho é outro fator demográfico que os executivos devem levar em consideração. Por exemplo, muitas companhias acreditam na necessidade de investimento pesado no treinamento dos profissionais iniciantes, porque eles podem não estar bem preparados para executar algumas das tarefas mais complexas exigidas pelo ambiente de trabalho moderno (no Capítulo 10, será discutido em detalhes o tópico sobre treinamento). Além disso, conforme o nível da educação vai evoluindo no mundo todo, cada vez mais os executivos crêem poder enviar até mesmo tarefas técnicas a trabalhadores estrangeiros altamente treinados, porém, de baixa remuneração (esse tema será abordado mais detalhadamente no Capítulo 6).

A imigração também é fator que influencia significativamente a população e a mão-de-obra nos Estados Unidos. Na última década, os imigrantes representaram aproximadamente 40% do crescimento populacional no país, tendência que produz grande impacto na força de trabalho. Muitas vezes, os imigrantes estão em idade produtiva, porém com nível educacional e qualificação profissional diferentes do restante da massa trabalhadora. Em 2012, a força de trabalho será ainda mais diversificada do que é hoje. Os maiores aumentos percentuais de empregos serão da população ásio-americana, hispânica e latina, seguidos da afro-americana.

No último quarto de século, a quantidade de mulheres participantes da massa trabalhadora norte-americana bateu recordes. Em 1970, as mulheres representavam apenas cerca de um terço da força de trabalho. Hoje, elas representam um pouco mais da metade. Nos últimos anos, o treinamento profissional de mulheres também aumentou significativamente. Atualmente, elas representam cerca de 30% das inscrições em programas de MBA e cerca de 50% das matrículas em escolas de direito e medicina — números bem superiores aos de apenas algumas décadas passadas.[3]

Uma força de trabalho mais diversificada é muito vantajosa, mas é necessário que o gestor deixe bem claro que oferece igualdade de condições a mulheres e minorias em termos de emprego, oportunidades de crescimento profissional e remuneração. Devem-se preparar planos estratégicos de recrutamento, retenção de profissionais, treinamento, motivação e utilização efetiva de pessoal de origens demográficas diversificadas com as qualificações necessárias para cumprir a missão da companhia. A questão da gestão da força de trabalho diversificada será discutida mais detalhadamente no Capítulo 11.

Questões Sociais e Meio Ambiente

As tendências sociais, em termos de pensamento e comportamento das pessoas, exercem grande influência na gestão da força de trabalho, nas ações sociais corporativas e nas decisões estratégicas envolvendo produtos e mercados.

Nas décadas de 1980 e 1990, as mulheres trabalhadoras, muitas vezes, optavam por adiar a gravidez para concentrar-se na carreira, mas hoje mais profissionais estão se tornando mães para, depois, retornarem ao mercado de trabalho. Conseqüentemente, muitas empresas implementaram políticas mais liberais, incluindo licença para cuidar de familiares, horário flexível de trabalho e assistência a filhos pequenos (creches). Várias empresas também estendem esses benefícios a todos os funcionários ou permitem a cada funcionário elaborar seu próprio plano de benefícios, escolhendo entre diversas opções as mais convenientes para sua situação. Muitos programas de benefícios também dão cobertura a parceiros de funcionários, sejam de uma relação marital legal ou não. As empresas oferecem esse tipo de benefício como forma de aumentar uma fonte de vantagem competitiva: força de trabalho experiente.

Hoje, um assunto em pauta está relacionado com recursos naturais: a extração de petróleo em áreas antes protegidas nos Estados Unidos. As empresas da indústria petrolífera são alvo da opinião pública, tanto favorável à preservação do ambiente natural como contrária à dependência do país de outras

O Honda FCX, pioneiro no uso de célula de combustível extraída do hidrogênio, foi o primeiro automóvel no mundo certificado como Veículo de Emissão Zero.

nações produtoras de petróleo. A indústria automobilística também enfrenta problemas semelhantes relacionados com a qualidade do ar, à medida que as montadoras se esforçam para criar automóveis mais econômicos.[4] A proteção do ambiente natural é tão importante nas decisões gerenciais que o Apêndice C, no final do Capítulo 5, é dedicado exclusivamente a esse tópico.

O modo de reagir a essas e outras questões sociais pode afetar a reputação da empresa no mercado, que, por sua vez, pode ajudar ou prejudicar a competitividade das companhias. Por exemplo, o Wal-Mart tradicionalmente remunera mal os funcionários e oferece poucos benefícios a fim de manter os preços baixos para o consumidor. Essa estratégia para a manutenção dos preços baixos tem atendido bem aos clientes e ajudado a manter o Wal-Mart como o maior varejista do mundo. No entanto, ultimamente, a estratégia tem enfrentado resistência de muitas comunidades e organizações trabalhistas. Em diversas localidades, a iniciativa de abertura de novas lojas da rede tem sido adiada ou até mesmo interrompida. O Wal-Mart tem promovido grandes campanhas de publicidade e relações públicas para divulgar uma imagem de empregador bom e generoso.[5]

O Ambiente Competitivo

Todo gestor é influenciado pelos componentes gerais do macroambiente até aqui discutidos. Cada organização também trabalha em um ambiente competitivo mais próximo e mais imediato. Esse ambiente competitivo abrange organizações específicas com as quais a empresa interage. Conforme mostrado na Figura 2.4, o ambiente competitivo envolve rivalidade entre a concorrência, ameaça de novos concorrentes, ameaça dos substitutos, poder dos fornecedores e poder dos clientes. Esse modelo foi originalmente elaborado por Michael Porter, professor da Harvard University e notória autoridade em gestão estratégica. De acordo com Porter, gestores bem-sucedidos não apenas reagem ao ambiente, mas também atuam de forma a efetivamente moldar ou alterar o ambiente organizacional. Em uma tomada de decisão estratégica, o modelo de Porter é um excelente método de análise do ambiente competitivo para ajudar o executivo a influenciar a natureza da concorrência ou a ela se adaptar.

Concorrentes

Entre os vários componentes do ambiente competitivo, os concorrentes dentro do setor devem primeiramente lidar uns com os outros. Quando as organizações competem pelo mesmo cliente e tentam ganhar uma fatia do mercado, em detrimento dos demais concorrentes, todos devem reagir e antecipar as ações da concorrência.

FIGURA 2.4
Ambiente Competitivo

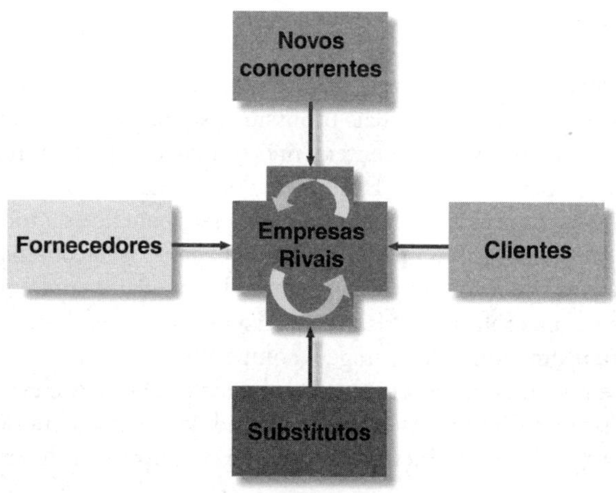

A primeira questão a ser considerada é: quem é o concorrente? Às vezes, a resposta é óbvia. Coca-Cola e PepsiCo são concorrentes, assim como as três principais montadoras norte-americanas: General Motors, Ford e DaimlerChrysler. Contudo, algumas vezes, as organizações concentram seu foco exclusivamente nos rivais tradicionais e não percebem os emergentes. Historicamente, a Sears & Roebuck dedicava-se à concorrência com a J. C. Penney. Mas, os verdadeiros concorrentes da Sears são: Wal-Mart, na classe popular; Target, na classe média; Nordstrom; na classe alta; e diversas empresas de vendas por catálogos, como L. L. Bean e Eddie Bauer. Na verdade, a Kmart recentemente adquiriu a Sears exatamente para obter capacidade competitiva nesses outros mercados, nos quais não conseguiria concorrer sozinha. Do mesmo modo, United Airlines, Delta, American e U.S. Airways têm concentrado a atenção em uma disputa longa e acirrada nas rotas internacionais. Nesse processo, todas elas simplesmente ignoraram as empresas menores como Southwest, Alaska Air e JetBlue, que cresceram e obtiveram êxito no mercado regional.[6]

> As companhias geralmente competem por meio de inovação, qualidade e custo. No Capítulo 4, as questões sobre concorrência e estratégia serão discutidas mais detalhadamente.

Então, como primeiro passo para compreender o seu ambiente competitivo, as organizações devem identificar seus concorrentes. Entre a concorrência, é preciso observar 1) as pequenas empresas domésticas, principalmente a participação delas nos pequenos mercados de alto padrão; 2) os fortes concorrentes regionais; 3) as novas empresas domésticas explorando os novos mercados; 4) as empresas estrangeiras, principalmente aquelas que ou tentam solidificar sua posição nos pequenos nichos (tática tradicional japonesa) ou contam com mão-de-obra barata em grande escala (como na China); e 5) os novos concorrentes, por exemplo, as empresas que oferecem produtos pela Internet. Nos últimos anos, o crescimento da concorrência oriunda de outros países tem sido significativo, em razão da redução, no mundo todo, das barreiras comerciais internacionais. Por exemplo, o Nafta (Acordo de Livre Comércio da América do Norte) reduziu drasticamente as tarifas comerciais entre Estados Unidos, Canadá e México. Hoje, os executivos enfrentam o desafio particular dos produtos estrangeiros de baixo custo (ver Capítulo 6).

Depois de identificados os concorrentes, a etapa seguinte consiste na análise do método de concorrência de cada um. Os concorrentes usam táticas como redução de preços, lançamento de novos produtos e campanhas publicitárias para obter vantagem sobre os rivais. É fundamental entender o que a concorrência está fazendo quando se está preparando a própria estratégia. A competição é mais intensa quando envolve muitos concorrentes diretos (incluindo os estrangeiros), quando o crescimento do setor é lento e quando não é possível diferenciar de algum modo o produto ou serviço oferecido.

Novas áreas, com alto potencial de crescimento, são as que oferecem enormes oportunidades de lucros. Quando um setor amadurece e o crescimento fica lento, os lucros caem. Nesse momento, a intensa concorrência provoca fortes mudanças no setor: as companhias mais fracas sucumbem e as fortes sobrevivem.[7] No Capítulo 4, as questões sobre concorrência e estratégia serão discutidas mais detalhadamente.

Vantagens do Trabalho Colaborativo

Pode parecer surpreendente, mas até mesmo grandes concorrentes algumas vezes trabalham em colaboração. Por exemplo, é comum a união entre empresas para financiar campanhas promocionais do setor ("Beba leite!"), estabelecer padrões comuns para os produtos (como no caso dos DVDs) ou realizar empreendimentos conjuntos. Em 2004, a General Motors e a DaimlerChrysler, duas grandes montadoras e, no geral, extremamente competitivas entre si, anunciaram a produção conjunta de nova tecnologia híbrida para seus automóveis. Elas sentiram que tinham de colaborar para vencer a liderança japonesa em veículos híbridos. Questões semelhantes, envolvendo alguma grande ameaça, acabam inevitavelmente levando qualquer profissional a também colaborar com os concorrentes em algumas áreas, ainda que continuem a competir em outras.

Ameaça dos Novos Concorrentes

Os novos concorrentes no setor competem com as empresas já estabelecidas. Se diversos fatores conseguirem evitar a entrada de novas companhias no segmento, a ameaça às empresas estabelecidas é menos grave. Se houver poucas **barreiras à entrada de novos concorrentes**, a ameaça é mais séria. Algumas grandes barreiras contra a entrada de novos concorrentes são políticas governamentais, necessidade de capital, identificação da marca, desvantagens em termos de custos, e canais de distribuição. O governo pode limitar ou

> **barreiras à entrada de novos concorrentes**
> Condições para evitar que novas companhias entrem no setor.

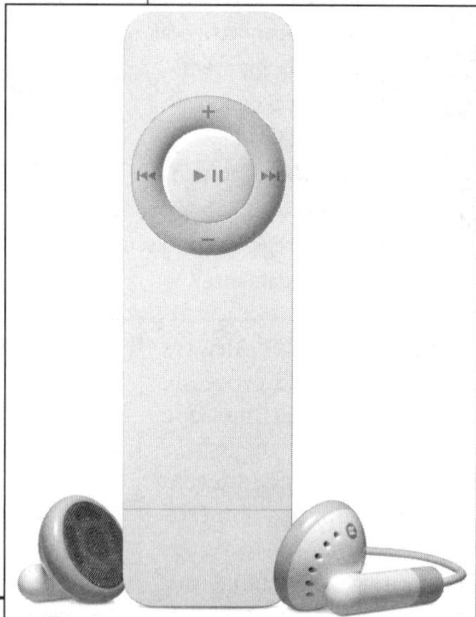

Será que o iPod Shuffle é uma *barreira à entrada* de novos concorrentes do iPod ou é um ataque preventivo contra os *substitutos*?

evitar a entrada desses concorrentes, como ocorre nos Estados Unidos quando a FDA (Food and Drug Administration) proíbe o lançamento de um novo medicamento. Alguns setores da economia, por exemplo, de varejo de bebidas alcoólicas, são regulamentados; o governo norte-americano controla de forma mais sutil áreas como mineração e a criação de áreas de esqui. As patentes também são barreiras à entrada de novos concorrentes. Quando a validade de uma patente vence, outras companhias podem entrar no mercado. Foi o que aconteceu quando a patente do medicamento antidepressivo Prozac da empresa farmacêutica Eli Lilly & Co. venceu: a empresa perdeu o monopólio sobre o medicamento e suas vendas despencaram. A Barr Laboratories Inc. ganhou o direito de venda exclusiva de uma versão genérica do Prozac por um semestre. Depois desse período outros similares inundaram o mercado, prejudicando as vendas da Barr.

Outras barreiras são menos formais, mas podem ter o mesmo efeito. A necessidade de capital pode ser tão grande que a companhia não arrisca nem tenta obter esse montante de dinheiro. A identificação da marca força os novos concorrentes a gastar muito para superar a fidelidade do cliente. Imagine os custos envolvidos para tentar lançar um novo refrigerante para concorrer com a Coca ou a Pepsi. As vantagens em termos de custos das companhias já estabelecidas — em virtude de seu grande porte, da localização favorável, dos ativos já existentes e assim por diante — também são importantes barreiras à entrada de novos concorrentes.

Por fim, os concorrentes já existentes podem contar com canais de distribuição tão bem estabelecidos, que a distribuição dos produtos e serviços do novo concorrente para os clientes fica dificultada. Por exemplo, produtos alimentícios estabelecidos já contam com espaço próprio nas prateleiras dos supermercados. Os novos concorrentes precisam tomar o lugar dos produtos existentes com promoções, redução de preços, venda intensiva e outras táticas.

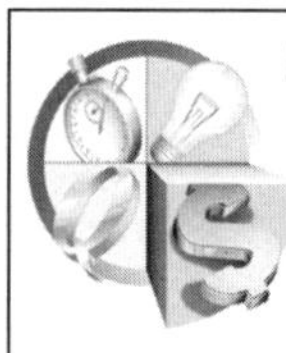

Muitas vezes, o custo é uma importante barreira à entrada de novos concorrentes.

Ameaça dos Substitutos

Avanços tecnológicos e eficiência econômica são alguns dos recursos utilizados pelas empresas para desenvolver substitutos para os produtos existentes. Por exemplo, apesar de a Southwest Airlines ter estabelecido uma forte rivalidade contra as demais companhias aéreas, ela também concorre — como um substituto — com empresas de ônibus como a Greyhound e com locadoras de veículos como a Avis. A Southwest reduziu a sua base de custos a tal ponto que hoje é mais barato viajar de avião de Los Angeles a Phoenix do que de ônibus ou de automóvel alugado. Esse exemplo específico mostra que produtos ou serviços substitutos são capazes de limitar outro potencial de receita de um setor de atividades. As companhias desses setores provavelmente terão problemas de crescimento e receita, a menos que melhorem a qualidade ou lancem campanhas agressivas de marketing.[8]

Conexões: EXECUTIVOS DAS TELECOMUNICAÇÕES DISPUTAM FATIA DE MERCADO

O texto apresentado no Prólogo abordou a concorrência permanente existente na indústria das telecomunicações. Partes diferentes do setor — as empresas de serviços a cabo, as Baby Bells e as companhias de telefonia celular — competem entre si para oferecer serviços de telefonia aos clientes. Cada parte preocupa-se com a ameaça dos substitutos. Por exemplo, o serviço de telefonia celular reduziu substancialmente a dependência do consumidor das linhas telefônicas tradicionais. O serviço de telefonia oferecido por empresas de TV a cabo e Internet pode ter o mesmo efeito. Do mesmo modo, em diversas regiões dos Estados Unidos as empresas de transmissão por satélite, como a DirecTV, oferecem aos clientes uma alternativa para o serviço a cabo. O esforço das companhias de TV a cabo para aumentar seu apelo oferecendo serviços de telefonia além da programação normal de TV é uma resposta a essa ameaça.

Se o Produto For...	O Substituto Pode Ser...
Algodão	Poliéster
Café	Refrigerante
Combustível fóssil	Fusão solar
Cinema	Vídeo/DVD doméstico
CD de música	Rádio/MP3
Automóvel	Trem, ônibus, bicicleta
Computador pessoal	Assistente Pessoal Digital (PDA)
Açúcar	Adoçante
Casa	Apartamento, condomínio, *trailer*
Tijolo	Parede de alumínio
Revistas de fofocas	Internet
Telefone local	Telefone celular, *pager*

QUADRO 2.1
Potenciais Substitutos de Alguns Produtos

Além dos substitutos já existentes, as empresas precisam pensar em substitutos potenciais que venham a ser viáveis no futuro próximo. Como alternativa para o combustível fóssil, os especialistas sugerem a utilização, algum dia, da fusão nuclear, da energia solar e da energia eólica. São várias as vantagens potenciais de cada uma dessas tecnologias: fonte inesgotável de combustível, eletricidade extremamente barata, emissão zero de poluição, aceitação pública geral e assim por diante. No entanto, se, de um lado, essas alternativas parecem boas no papel (e causam uma sensação estranha de bem-estar), do outro, muitas vezes elas não se mostram viáveis em termos financeiros e/ou técnicos. O Quadro 2.1 mostra uma lista de produtos e potenciais substitutos.[9]

Fornecedores

Lembrando os sistemas abertos, já mencionados neste capítulo, as organizações devem adquirir recursos (*inputs*) do ambiente e convertê-los em produtos ou serviços (*outputs*) para vender. Os fornecedores oferecem os recursos necessários para a produção, que podem ser na forma de pessoal (fornecido por universidades e escolas de negócios), matéria-prima (fornecida por produtores, atacadistas e distribuidores), informação (fornecida por pesquisadores e empresas de consultoria) e capital financeiro (fornecido por bancos e outras fontes). Entretanto, a importância dos fornecedores para uma organização não se limita aos recursos que eles oferecem. Os fornecedores podem aumentar os seus preços ou disponibilizar produtos e serviços de baixa qualidade. Os sindicatos trabalhistas podem promover greves ou exigir aumentos salariais. Os trabalhadores podem produzir itens defeituosos. Portanto, fornecedores poderosos são capazes de reduzir o lucro de uma organização, principalmente se a empresa não conseguir repassar os aumentos de preços aos consumidores.

Um grupo de fornecedores notadamente influente em alguns setores são os sindicatos trabalhistas internacionais. Embora a sindicalização nos Estados Unidos tenha caído para cerca de 10% da massa trabalhadora privada, os sindicatos trabalhistas ainda são muito fortes em indústrias como a siderúrgica, a automotiva e no setor de transportes. Até mesmo a Screen Actors Guild, sindicato dos trabalhadores da indústria de entretenimento, exerce forte pressão na defesa dos interesses dos sindicalizados. Por exemplo, Tiger Woods foi multado em US$ 100 mil por não ser afiliado a esse sindicato e gravar um comercial para a Buick durante uma greve da American Federation of Television and Radio Artists (Federação Americana de Artistas de TV e Rádio). Os sindicatos trabalhistas representam e protegem os interesses dos seus membros em termos de contratação, remuneração, condições de trabalho, segurança no trabalho e apelos em processos judiciais. Historicamente, o relacionamento entre a administração de uma empresa e os sindicatos trabalhistas tem sido conflitante; entretanto, ambas as partes parecem perceber que, para melhorar a produtividade e a competitividade, a direção da empresa e o sindicato devem trabalhar juntos em uma relação de cooperação. Relações trabalhistas conturbadas podem aumentar os custos e reduzir a produtividade, acabando por provocar demissões em massa.[10]

TEXTO EXTRAÍDO DA REVISTA

Asas da Cooperação

BusinessWeek

As principais companhias aéreas norte-americanas vêm tentando praticamente de tudo para enfrentar as dificuldades decorrentes dos ataques terroristas de 11 de setembro e a redução do ritmo da economia. As empresas têm eliminado rotas, demitido trabalhadores, reduzido tarifas e número de aeronaves em solo, renegociado dívidas e recorrido à ajuda do Congresso. Contudo, as más notícias não param de chegar, do aumento repentino nos preços do combustível à rápida disseminação das linhas aéreas de baixo custo. Nesse momento, um setor em desespero deve se questionar: será que há algo que possa ser feito para transformar os números negativos em positivos e recuperar a competitividade das maiores empresas aéreas do país?

Uma das respostas pode vir de uma experiência dramática em andamento nas relações trabalhistas na American Airlines da AMR Corporation. Depois de anos de relações trabalhistas tumultuadas e repletas de rancor, comuns em todas as companhias aéreas, CEO Gerard J. Arpey decidiu que funcionários motivados e envolvidos podem ser a principal vantagem competitiva. Assim, ele está envidando o máximo esforço para formar uma parceria com seus trabalhadores e respectivos sindicatos.

Evidentemente, esse não é um conceito novo. Além disso, é cedo demais para dizer se os esforços da American terão êxito. Mas fica claro que as grandes companhias devem encontrar maneiras para competir em termos de eficiência e serviços — e a união com os trabalhadores talvez seja uma das poucas opções existentes. Se a estratégia de Arpey funcionar, ela servirá de modelo fundamental para outras grandes companhias aéreas que estão tentando sobreviver com muita dificuldade.

O plano de Arpey parece muito simples: envolver os funcionários na tomada e implementação das decisões, sejam elas pequenas ou grandes. "Se você não envolver as pessoas antes de tomar as decisões, não está realizando um trabalho colaborativo — está apenas comunicando. Estamos efetivamente tentando dar um passo adiante", afirma Arpey, de 45 anos.

Para isso, uma "equipe de liderança conjunta" composta dos diretores mais experientes e representantes do sindicato reúne-se todo mês para discutir estratégias e finanças, enquanto outra equipe encarrega-se de comunicar as decisões aos funcionários pelos sites do sindicato e da companhia. Os líderes sindicais também se reúnem mensalmente com o diretor financeiro da American. Outras equipes semelhantes estão sendo criadas nos aeroportos e nas bases de manutenção. "Em toda a história da American, jamais tivemos esse tipo de fluxo de informação", afirma James C. Little, diretor da divisão de transportes aéreos do sindicato dos trabalhadores de transportes, que representa os mecânicos.

Evidentemente, em uma empresa com 92 mil pessoas envolvidas em décadas de conflitos trabalhistas, as mudanças não ocorrerão facilmente. Entretanto, há sinais de progresso. Um exemplo é o acordo de compartilhamento de vôos entre a American e a Alaska Air Group, a primeira parceria doméstica desse tipo fechada pela American. Antigamente, os pilotos da American resistiam à iniciativa de vender assentos de outras companhias aéreas norte-americanas e comercializá-los como da própria companhia. Dessa vez, os executivos negociaram a manutenção dos empregos com o sindicato, ao mesmo tempo em que negociavam com a Alaska. "Houve pouca resistência por parte dos funcionários porque todos estávamos envolvidos no processo desde o início", afirma John E. Darrah, presidente da Allied Pilots Association, cujo sindicato representa os 11 mil pilotos ativos da American.

A saúde financeira, no entanto, ainda está longe da estabilidade. Apesar dos enormes custos de US$ 4 bilhões, incluindo US$ 1,6 bilhão dos sindicatos, grande parte dos ganhos tem sido consumida pelos preços recordes do combustível e pela necessidade de reduzir substancialmente as tarifas para competir com as inúmeras companhias aéreas de baixo custo. A American também enfrenta enormes dívidas e obrigações dos fundos de pensões. Alguns especialistas do setor aéreo calculam que a empresa precisa cortar drasticamente mais um ou dois bilhões em custos para competir no longo prazo.

Esse esforço provavelmente não deve vir dos funcionários, que fizeram grandes concessões para evitar a falência. As ambições de Arpey não vencerão facilmente a resistência dos trabalhadores endurecidos pelos conflitos e já cansados desse tipo de promessa. No entanto, se Arpey chegar a algum lugar com seus esforços de paz, a American poderá ser a primeira entre as grandes companhias aéreas a decolar e fugir da zona de perigo financeiro.

FONTE: ZELLNER, Wendy. Collaborative wings for America. *BusinessWeek*, 28 maio 2004, on-line.

As organizações ficam em desvantagem se dependerem excessivamente de qualquer fornecedor poderoso. O fornecedor é poderoso se o comprador contar com poucas fontes alternativas de abastecimento ou se o fornecedor tiver muitos outros compradores. Por exemplo, se os fabricantes de computador puderem recorrer só à Microsoft para adquirir software ou somente à Intel para comprar microprocessadores, esses fornecedores podem exercer forte pressão. Do mesmo modo, alguns setores críticos, como o petrolífero ou siderúrgico, são compostos por alguns poucos fornecedores e, assim, estão em melhores condições para impor os seus preços. Em muitos casos, mesmo quando existirem alternativas disponíveis, o gestor deve levar em conta os custos envolvidos em uma eventual troca de fornecedor.

Os **custos da troca de fornecedor** são custos fixos com os quais o comprador arca quando efetua a troca de um fornecedor por outro. Por exemplo, quando o comprador aprende a operar o equipamento de determinado fornecedor, como algum software, e decide mudar de fornecedor, ele incorre em custos tanto financeiros quanto psicológicos com essa mudança.[11]

custos da troca de fornecedor

Custos fixos com os quais o comprador arca quando troca de fornecedor.

gestão da cadeia de suprimentos (*supply chain*)

Gestão da rede de recursos e pessoal que obtém materiais de outras organizações para transformá-los em produtos e distribuir aos consumidores.

Nos últimos anos, a gestão da cadeia de suprimentos (*supply-chain*) tem-se tornado um fator cada vez mais importante para a competitividade e lucratividade de uma empresa. A terminologia **gestão da cadeia de suprimentos** refere-se à gestão de toda a rede de recursos e de pessoal que obtém matéria-prima de outras organizações para transformá-la em produtos e distribuir aos clientes.[12] No passado, o gestor não precisava preocupar-se tanto com a gestão da cadeia de suprimento como hoje. Os produtos geralmente eram padronizados; a concorrência estrangeira, principalmente de produtos japoneses, ainda era vista como fato de um futuro distante, e o ritmo das mudanças era mais lento. Entretanto, a crescente concorrência tem exigido dos executivos mais atenção com os custos da empresa. Por exemplo, hoje, a empresa não pode mais manter estoques grandes e onerosos, aguardando pedidos de compra. Além disso, quando o estoque recebe o pedido, muitas vezes, o produto estocado nas prateleiras pode já estar ultrapassado ou fora da validade.

Com o surgimento da Internet, o consumidor busca produtos que atendam às suas preferências e necessidades específicas — e deseja uma entrega rápida, com o menor preço possível. Esse cenário exige uma cadeia de suprimento não apenas eficiente, mas também *flexível*, de modo que a produção da empresa consiga reagir rapidamente às mudanças de demanda.

Hoje, o objetivo de uma gestão eficaz da cadeia de suprimento é ter *o produto certo na quantidade adequada no local correto ao melhor preço.* A Dell Inc., fabricante de computadores, é um bom modelo de eficácia na gestão da cadeia de suprimento. A maioria das pessoas sabe que a Dell vende seus produtos on-line. Entretanto, a empresa também utiliza a rede para conectar todas as partes da sua cadeia de suprimento. Por exemplo, a Dell realiza on-line mais de 90% da compra dos componentes. Mais importante ainda, a empresa estabeleceu relações mais próximas de trabalho com seus fornecedores e comunica-se com eles diversas vezes ao dia. Essas relações lhe permitem não apenas obter bons preços, mas também desenvolver técnicas de produção, qualidade e entrega de nível mundial. Qualquer melhoria nos processos é compartilhada com todos os fornecedores. Os fabricantes da Dell, localizados nos Estados Unidos, oferecem preços tão competitivos quanto a fábricas estrangeiras e proporcionam à Dell a vantagem de uma remessa mais rápida para o mercado norte-americano. Além disso, com a automatização de grande parte da cadeia de suprimento e com o trabalho colaborativo com fornecedores, os gestores da Dell conseguem criar produtos sob encomenda. O computador é fabricado rapidamente somente *depois* de recebido o pedido. Em vez de manter um montante enorme em estoque, a Dell sempre mantém uma quantidade de produtos equivalente a menos de quatro dias de estoque.[13]

Vantagens do Trabalho Colaborativo

Muitos fabricantes norte-americanos estão preocupados com a vantagem em termos de custos que os fabricantes estrangeiros conseguem adotando uma estrutura de baixa remuneração. Eles podem inclusive decidir enviar alguns trabalhos ou até mesmo uma estrutura inteira para trabalhadores fora do país que recebem baixos salários. Como gestor ou funcionário, qualquer profissional provavelmente enfrentará esse tipo de preocupação. No entanto, o trabalho colaborativo também pode ajudar a manter o preço competitivo sem ser preciso realocar trabalho. A colaboração pode ser *externa*, com fornecedores trabalhando em conjunto com a empresa para melhorar a qualidade, automação e remessa e reduzir os custos. A colaboração também pode ser *interna*, com o trabalho conjunto de gestores e funcionários em todas as áreas para eliminar a ineficiência. Desse modo, a empresa mantém-se próxima ao cliente — além de manter os lucros.

A capacidade de fabricar com rapidez produtos personalizados tornou-se exigência competitiva.

Em suma, a escolha do fornecedor certo é uma decisão estratégica importante. O fornecedor pode influenciar o tempo de produção, a qualidade do produto e o nível de estoque. A relação entre fornecedores e organizações está mudando em muitas empresas. A relação próxima com o fornecedor tem-se tornado um novo modelo para muitas companhias que adotam o método de fabricação *just-in-time* (que será discutido nos Capítulos 16 e 17). Além disso, em algumas empresas, executivos inovadores estão formando parcerias estratégicas com seus principais fornecedores para desenvolver novos produtos ou novas técnicas de produção. Esse tipo de parceria estratégica será abordado mais detalhadamente no Capítulo 9.

consumidor final

Aquele que compra o produto acabado.

consumidor intermediário

Cliente que compra matéria-prima ou produtos de atacado antes de revendê-los ao consumidor final.

Clientes

Clientes são aqueles que compram os produtos ou serviços oferecidos pelas organizações. Sem eles nenhuma empresa sobrevive. **Consumidor final** é quem compra um hambúrguer no McDonald's ou uma calça *jeans* na loja de um *shopping*. **Consumidor intermediário** é aquele que compra matéria-prima ou produtos no atacado para revendê-los ao consumidor final. Na realidade, o cliente intermediário compra mais do que o consumidor final individual. São exemplos de cliente intermediário os revendedores, que compram roupas de atacadistas e de representantes dos fabricantes para revendê-las ao consumidor final, e compradores industriais, que adquirem matéria-prima (por exemplo, substâncias químicas) para convertê-las em produto final.

Assim como os fornecedores, os clientes são fundamentais para a organização, mas não apenas por pagar pelas mercadorias ou pelos serviços. Eles exigem preços mais baixos, mais qualidade, produtos com especificações exclusivas ou melhores serviços. E também colocam um concorrente contra o outro, como ocorre quando um cliente interessado em adquirir um automóvel (ou o comprador de uma empresa) coleta várias ofertas e negocia para obter o melhor preço. A Internet deu ainda mais *empowerment* para o consumidor, disponibilizando informações sobre os melhores preços e forçando as organizações a competir entre si on-line.

Conexões: EXECUTIVOS DAS TELECOMUNICAÇÕES DISPUTAM FATIA DE MERCADO

O texto apresentado no Prólogo abordou o ambiente competitivo e conturbado enfrentado pelos executivos das telecomunicações. Além disso, esses executivos também lidam com um ambiente de consumo bem modificado. Antes da desregulamentação do setor, o consumidor permanecia com a mesma companhia telefônica durante décadas — afinal, não havia alternativas. Hoje, há pouca fidelidade por parte do consumidor, tanto na telefonia convencional como na celular. A constante mudança do cliente é característica rotineira do setor, com o consumidor buscando continuamente preços mais baixos e recursos adicionais oferecidos nos serviços de telefonia. O consumidor de telefonia sem fio pode — e muitas vezes o faz — manter o mesmo número mudando de um provedor a outro depois de decorrido um período do contrato. No serviço de telefonia convencional, a mudança pode ser feita ainda com mais freqüência. Diferentemente dos "velhos" tempos, quando os preços eram controlados pelo governo, hoje o consumidor, muitas vezes, negocia com os provedores, insistindo para que eles cubram a melhor oferta feita pelo concorrente. Ou seja, o consumidor tem poder de barganha. Os executivos das telecomunicações precisam monitorar constantemente os preços da concorrência e as tendências do consumidor para não perder fatia de mercado (*market share*).

serviço de atendimento ao cliente

A agilidade e a confiabilidade com que a organização consegue atender às necessidades dos clientes.

O **serviço de atendimento ao cliente** tem como objetivo proporcionar prontamente ao cliente o produto ou serviço que ele deseja ou de que necessita, da forma como ele quer. Isso normalmente depende da agilidade e da confiabilidade com que a organização pode entregar seus produtos e serviços. Um excelente serviço de atendimento ao cliente deve incluir as seguintes ações e atitudes:

- Agilidade no preenchimento e na entrega dos pedidos normais.
- Disposição para atender às necessidades emergenciais.

- Boas condições de entrega das mercadorias.
- Prontidão no recebimento de mercadorias com defeito e imediata reposição do item.
- Disponibilidade de instalação e peças e serviços de reparo.
- Custos do serviço (ou seja, se o serviço é "gratuito" ou cobrado separadamente).[14]

> "É com seu cliente mais insatisfeito que você mais aprende."
> Bill Gates

Em qualquer empresa — tanto de serviços como de fabricação —, as estratégias que enfatizam um bom serviço de atendimento ao cliente proporcionam uma fundamental vantagem competitiva. A organização fica em desvantagem se depender demais de clientes poderosos. Cliente poderoso é aquele que compra em grandes quantidades ou que facilmente encontra fornecedores alternativos. Quando um cliente é o maior comprador de uma empresa e conta com outras opções de fornecedor, ele tem muito poder sobre a empresa e, provavelmente, consegue negociar com êxito. Os maiores clientes de uma empresa — principalmente aqueles que possuem outras fontes de fornecimento — têm o maior poder de negociação. A gestão do relacionamento com o cliente será discutida mais detalhadamente no Capítulo 9.

Análise Ambiental

Se o gestor não conseguir entender como o ambiente influencia a organização ou não for capaz de identificar as oportunidades e ameaças possivelmente importantes, ele ficará com a capacidade para tomar decisões e executar planos profundamente limitada. Por exemplo, se a empresa conhecer pouco a respeito do gosto do cliente, ela terá dificuldades para criar novos produtos, programar a produção, elaborar planos de marketing e assim por diante. Em suma, informações ambientais oportunas e precisas são fundamentais para a condução de uma empresa.

Contudo, as informações sobre o ambiente nem sempre estão prontamente disponíveis. Até mesmo os economistas encontram dificuldades para prever as prováveis tendências econômicas positivas ou negativas. Ademais, os executivos não conseguem prever facilmente o nível de vendas de seus produtos, sem mencionar a reação dos concorrentes. Em outras palavras, os gestores normalmente trabalham sob condições de incerteza ambiental. Em um clima de **incerteza ambiental**, o gestor não tem informações suficientes sobre o ambiente para entender ou prever o futuro. A incerteza decorre de dois fatores relacionados: 1) complexidade e 2) dinamismo. *Complexidade* ambiental refere-se à quantidade de questões às quais o gestor deve atentar e às relações existentes entre elas. Por exemplo, quanto mais concorrentes houver e quanto mais diversificados forem os métodos de competição das empresas de determinado setor, mais complexo — e incerto — será o ambiente em comparação com setores de pouca concorrência. Do mesmo modo, *dinamismo* ambiental refere-se ao nível de eventualidade das mudanças que ocorrem dentro de um setor: nas indústrias de alto crescimento, com produtos e tecnologias que mudam rapidamente, a incerteza tende a ser maior do que em setores estáveis, nos quais a mudança é menos drástica e mais previsível.[15]

> **incerteza ambiental**
> Falta de informação necessária para entender ou prever o futuro.

Conforme a incerteza ambiental aumenta, o executivo precisa desenvolver técnicas e métodos para coletar, classificar e interpretar as informações do ambiente. A seguir, serão discutidos alguns desses métodos (no próximo capítulo, também será discutido como o gestor toma as decisões em um cenário de incertezas). Mediante a análise das forças ambientais — seja do macroambiente, seja do ambiente competitivo — o gestor é capaz de identificar as oportunidades e ameaças que possam afetar a organização.

Mapeamento Ambiental

Talvez o primeiro passo para enfrentar a incerteza ambiental é identificar exatamente aquilo que pode ser importante. Muitas vezes, as organizações (bem como as pessoas) agem com ignorância e depois se arrependem. A IBM, por exemplo, teve oportunidade de adquirir a tecnologia da xerografia, mas a recusou. A Xerox vislumbrou o potencial, e o restante da história todos conhecem. Entretanto, mais tarde, os pesquisadores da Xerox desenvolveram a tecnologia do primeiro *mouse* para computador, mas a empresa, não enxergando seu potencial, acabou perdendo uma grande oportunidade de mercado.

Para entender e prever mudanças, oportunidades e ameaças, organizações como Monsanto, Weyerhaeuser e Union Carbide gastam bastante tempo e dinheiro para monitorar eventos que ocorrem no ambiente. O **mapeamento ambiental** envolve tanto a busca

> **mapeamento ambiental**
> Busca e classificação de informações sobre o ambiente.

de informações indisponíveis para a maioria das pessoas como a seleção desses dados para identificar o que é ou não importante. O executivo pode basear esse mapeamento em questionamentos como:

- Quem são os concorrentes atuais da empresa?
- No setor em que a empresa atua, existem poucas ou muitas barreiras para a entrada de novos concorrentes?
- Quais os substitutos existentes para os produtos ou serviços oferecidos pela empresa?
- A empresa é excessivamente dependente de fornecedores poderosos?
- A empresa é excessivamente dependente de clientes poderosos?[16]

inteligência competitiva

Informações que ajudam o gestor a determinar a melhor forma de competir.

As respostas a essas perguntas ajudam o gestor a desenvolver **inteligência competitiva**, ou seja, as informações necessárias para escolher o melhor método de gestão do ambiente competitivo identificado. A análise competitiva de Porter, discutida anteriormente, ajuda o gestor a orientar o mapeamento ambiental e a avaliar o potencial competitivo de diferentes ambientes. O Quadro 2.2 apresenta dois ambientes extremos: um ambiente atraente, que oferece à empresa vantagem competitiva, e um adverso, que a coloca em desvantagem competitiva.[17]

Desenvolvimento de Cenários

cenário

Descrição de um conjunto particular de situações futuras.

Na tentativa de determinar o efeito das forças ambientais sobre a organização, o gestor, muitas vezes, desenvolve **cenários** sobre o futuro. O cenário reúne diversas combinações de fatores alternativos em um panorama geral do ambiente e da empresa. Por exemplo, quando o Congresso e o presidente de um país têm que prever o tamanho do déficit orçamentário, eles desenvolvem diversos cenários sobre a provável situação econômica nos próximos dez anos ou mais. Em geral, as organizações elaboram o *melhor cenário* (isto é, se os fatos forem favoráveis à empresa), o *pior cenário* (isto é, se todos os fatos forem desfavoráveis) e algumas alternativas intermediárias. O desenvolvimento de cenários é importante para ajudar o gestor a criar planos contingenciais para diferentes situações.[18] Por exemplo, como gestor, qualquer profissional se verá provavelmente envolvido na elaboração do orçamento de sua área. Ele possivelmente será solicitado a preparar uma lista das iniciativas que eliminaria se a economia estivesse negativa, ou de novos investimentos que faria se o desempenho da companhia estivesse acima da expectativa.

Um executivo eficiente trata os cenários que ele desenvolve como documentos vivos, não apenas os elaborando para, depois, deixá-los de lado. Ao contrário, ele constantemente os atualiza para incorporar novos fatores relevantes que surgem, como mudanças significativas na economia ou ações dos concorrentes.

Previsão

previsão

Método para projeção de como as variáveis vão mudar o futuro.

Enquanto o mapeamento ambiental é usado para identificar fatores importantes e o desenvolvimento de cenários é utilizado para obter visões alternativas do futuro, a **previsão** é usada para predizer com exatidão como alguma variável ou diversas variáveis vão mudar no futuro. Por exemplo, em relação ao investimento de capital, as empresas tentam prever as mudanças futuras nas taxas de juros. Ao decidir expandir ou enxugar uma empresa, o executivo pode tentar prever a demanda de mercadorias e serviços ou prever a oferta e demanda de mão-de-obra provavelmente necessária. Algumas publicações, como a *Business Outlook* da *BusinessWeek*, oferecem previsões para empresas tanto de pequeno como de grande porte.

QUADRO2.2

Ambiente Atraente e Ambiente Adverso

Fator Ambiental	Adverso	Atraente
Concorrentes	Muitos; baixo crescimento da indústria; mesmo tamanho; ***commodity***	Poucos; alto crescimento da indústria; tamanho diferente; produto diferenciado
Ameaça de novos concorrentes	Forte ameaça; poucas barreiras para entrada de novos concorrentes	Fraca ameaça; muitas barreiras
Substitutos	Muitos	Poucos
Fornecedores	Poucos; alto poder de barganha	Muitos; baixo poder de barganha
Clientes	Poucos; alto poder de barganha	Muitos; baixo poder de barganha

Embora as previsões se destinem a ajudar o executivo a projetar o futuro, a precisão delas varia de uma aplicação a outra. Como as previsões extrapolam a situação passada projetando-a para o futuro, elas tendem a ser mais precisas quando o resultado futuro é bem semelhante ao passado. Evidentemente, nesses casos não há necessidade de previsões muito elaboradas. As previsões são mais úteis quando a projeção do futuro é totalmente diferente do passado. Infelizmente, nesse caso, as previsões tendem a não ser tão precisas. Quanto mais mudanças houver, menos confiáveis serão as previsões. Entre os melhores conselhos para usar previsões incluem-se os seguintes:

- Usar diversas previsões e, talvez, determinar uma estimativa média.
- Ter sempre em mente que, quanto mais distante o futuro que se tenta prever, mais imprecisa será a previsão.
- As previsões não são melhores que os dados utilizados para elaborá-las.
- Usar previsões simples (em vez de complicadas) sempre que possível.
- Eventos importantes muitas vezes são surpreendentes e representam um distanciamento das previsões.[19]

Benchmarking

Além de tentar prever as mudanças do ambiente, a empresa pode estudar profundamente as melhores práticas de várias companhias para entender a fonte de vantagem competitiva delas. O ***benchmarking*** serve para identificar a empresa com melhor desempenho em um aspecto dentro de determinado um setor —, digamos, em desenvolvimento de produto ou serviço de atendimento ao cliente — para, depois, o executivo comparar os processos da sua organização com os dessa empresa. Para conseguir isso, uma equipe coleta informações das operações da própria organização e da outra empresa para determinar as diferenças. Essa comparação serve como ponto de partida para determinar as causas principais das diferenças de desempenho. Depois, essa equipe pode elaborar um plano com o conjunto das melhores práticas que resultam no melhor desempenho. O *benchmarking* será abordado posteriormente no Capítulo 4.[20]

> ***benchmarking***
> Processo de comparar as práticas e tecnologias de uma organização com as de outras empresas.

Resposta ao Ambiente

Uma resposta efetiva ao ambiente é fundamental tanto para o executivo quanto para a organização. O varejista do setor de vestuário que não acompanha as tendências na preferência de estilo do consumidor ou o fabricante que negligencia sua fonte de fornecimento rapidamente acabam ficando fora do mercado. Para responder adequadamente ao ambiente, o executivo e a empresa contam com inúmeras opções. Essas opções podem ser divididas em três categorias: 1) adaptação ao ambiente, 2) influência sobre o ambiente e 3) escolha de um novo ambiente.

Adaptando-se ao Ambiente: Mudando a Própria Empresa

A fim de lidar com a incerteza ambiental, muitas vezes as organizações fazem ajustes em suas estruturas e nos processos operacionais. No caso da incerteza decorrente da complexidade ambiental, as organizações tendem a se adaptar *descentralizando* a tomada de decisão. Por exemplo, se uma empresa enfrenta o aumento da concorrência em diversos mercados, se diversos clientes desejam produtos diferenciados, se os diferentes produtos apresentam mudanças constantes de características e se houver várias fábricas sendo construídas em diversas regiões do globo, talvez seja impossível para o diretor presidente (ou para a diretoria) de uma empresa manter-se a par de todas as atividades e conhecer todos os detalhes operacionais da companhia. Nesses casos, a diretoria tende a delegar autoridade a gestores de nível hierárquico inferior para tomar decisões em benefício da empresa. Hoje, o termo ***empowerment*** é usado com freqüência para se fazer referência a esse tipo de autoridade descentralizada. Nos Capítulos 3 e 9, serão abordados mais detalhadamente o *empowerment* e a tomada de decisão.

> ***empowerment***
> Processo de compartilhamento de poder com funcionários, aumentando, assim, a autoconfiança deles na própria capacidade de desempenhar o trabalho e a crença de efetivamente serem contribuintes influentes na organização.

Em resposta à incerteza causada pela mudança (dinamismo) no ambiente, as organizações tendem a estabelecer estruturas mais flexíveis. No mundo dos negócios de hoje, o

QUADRO 2.3
Quatro Abordagens para a Gestão da Incerteza

	Estável	Dinâmica
Complexa	Descentralizada	Descentralizada
	Burocrática (habilidades padronizadas)	Orgânica (ajuste mútuo)
Simples	Centralizada	Centralizada
	Burocrática (processos funcionais padronizados)	Orgânica (supervisão direta)

reserva de recursos
Reserva de recursos adicionais para alguma necessidade não prevista.

regularização (*smoothing*)
Nivelamento das flutuações normais na interface com o ambiente.

processos flexíveis
Métodos de adaptação do núcleo técnico às mudanças do ambiente.

termo *burocracia* geralmente recebe uma conotação negativa. A maioria das pessoas reconhece que as organizações burocráticas tendem a ser formais e bem estáveis: freqüentemente, elas não conseguem adaptar-se às mudanças ou circunstâncias excepcionais que "não se enquadram nas regras". Embora essas organizações sejam eficientes e controladas enquanto o ambiente esteja estável, elas tendem a se tornar lentas e emperradas quando os produtos, as tecnologias, os clientes, os concorrentes e afins começam a mudar com o passar do tempo. Nesses casos, as estruturas mais *orgânicas* costumam ter a flexibilidade necessária para se ajustarem às mudanças requeridas. As estruturas orgânicas serão discutidas mais detalhadamente no Capítulo 9, mas é necessário ressaltar que elas são menos formais que as organizações burocráticas e, portanto, suas decisões são mais interativas e envolvem ajustes mútuos entre as pessoas, não sendo baseadas em normas predefinidas. O Quadro 2.3 acima mostra quatro abordagens diferentes de adaptação à incerteza ambiental.

Adaptação na Interface Do ponto de vista de um sistema aberto, as organizações criam reservas de recursos em sua interface com o ambiente, tanto no lado dos *inputs* como no dos *outputs*. **Reserva de recursos** é um método utilizado pela empresa para se adaptar à incerteza. Em termos de *inputs*, as organizações estabelecem relações com agências de emprego para contratar trabalhadores de meio período e temporários durante períodos de muito trabalho quando é difícil prever a demanda de mão-de-obra. O aumento de trabalhadores contingentes na força de trabalho nos Estados Unidos é um bom indicador da popularidade desse método de reserva para enfrentar a incerteza de *inputs*. Em termos de *outputs*, a maioria das organizações usa algum tipo de estoque final que permita manter mercadorias disponíveis no caso de demanda repentina de produtos. Um exemplo comum são as concessionárias de automóveis, mas outros setores usam esse sistema de estoque de reserva por exemplo, restaurantes *fast-food*, livrarias, lojas de roupas e até mesmo imobiliárias.[21]

Além da reserva de recursos, as organizações podem adotar a **regularização (*smoothing*)** ou seja, nivelar as flutuações normais na interface com o ambiente. Por exemplo, nos meses de inverno (no Hemisfério Norte), quando há uma queda nas vendas de automóveis, é comum as concessionárias reduzirem os preços dos veículos em estoque para aumentar a demanda. No final de cada estação, as lojas oferecem descontos a fim de liquidar o estoque para receber as novas mercadorias. Esses são exemplos de regularização de ciclo ambiental para a empresa se adaptar às flutuações na demanda.

As concessionárias de automóveis normalmente mantêm um estoque de reserva, mas reduzem o preço por ocasião do lançamento de novo modelo.

Adaptação no Núcleo Técnico Se, de um lado, as empresas mantêm reservas de recursos ou adotam a regularização para enfrentar a incerteza na interface da organização com o ambiente, elas também podem adotar os **processos flexíveis** que propiciam a adaptação no seu núcleo técnico. Por exemplo, cada vez mais empresas procuram personalizar produtos e serviços para atender às mudanças e variações nas demandas dos clientes. Até mesmo na produção, área de difícil mudança dos processos básicos, as companhias estão adotando técnicas de personalização em massa que possibilitam a flexibilização das fábricas. Em lugar da produção em massa de enormes quantidades de produtos padronizados, como de roupas de tamanho único, as organizações, com a personalização em massa, produzem itens individualmente personalizados com o mesmo baixo custo. Henry Ford costumava afirmar que o "cliente pode adquirir o Modelo T em qualquer cor desejada, desde que seja preto". Hoje, as empresas oferecem uma vasta gama de cores e linhas de acabamento, com diferentes opcionais e acessórios. O processo de personalização em massa envolve uma rede de unidades operacionais diferentes, em que cada uma executa um processo ou uma tarefa específica, por exemplo, a fabricação do painel de um automóvel. Quando a empresa recebe um pedido, os diferentes módulos juntam esforços para entregar o produto ou serviço de acordo com a especificação do cliente. A personalização em massa e a flexibilização das fábricas serão discutidas mais detalhadamente no Capítulo 9.[22]

A Internet permite que o consumidor encontre rapidamente produtos com o preço e as características desejados.

Influenciando o Próprio Ambiente

Além da adaptação ou reação ao ambiente, o gestor e as organizações podem gerar respostas proativas para mudar o ambiente. Ação independente e ação cooperativa são dois tipos gerais de resposta proativa.

Ação Independente Uma empresa adota **estratégias independentes** quando atua por conta própria para mudar algum aspecto do ambiente atual.[23] O Quadro 2.4 mostra as definições e os usos dessas estratégias. Por exemplo, quando a Southwest Airlines entra em um novo mercado, ela demonstra agressividade competitiva, reduzindo as tarifas de modo que as outras companhias aéreas menos eficientes também se vejam forçadas a reduzir seus preços. Em contrapartida, a Kellogg Company normalmente promove a indústria de cereais como um todo, demonstrando, assim, pacificação competitiva. A Weyerhaeuser Company divulga suas iniciativas de reflorestamento (relações públicas). O First Boston abre mão das festividades de Natal para doar milhares de dólares aos pobres (ação voluntária). A General Motors processa um fabricante chinês por violação dos direitos autorais de projeto (ação legal). A Disney pressiona o Congresso para estender a legislação de direitos autorais por mais alguns anos para que ela possa manter o direito de propriedade sobre seus personagens (ação política). Cada um desses exemplos mostra como a organização — por conta própria — é capaz de influenciar o ambiente.

estratégias independentes
Estratégias adotadas por uma organização, atuando por conta própria, para mudar algum aspecto do seu ambiente atual.

QUADRO 2.4 Ação Independente

Estratégia	Definição	Exemplos
Agressividade competitiva	Exploração de uma competência distinta ou melhoria da eficiência interna para obter vantagem competitiva.	Preços agressivos, publicidade comparativa (por exemplo, Wal-Mart)
Pacificação competitiva	Ação independente para melhorar as relações com os concorrentes.	Ajudar o concorrente a encontrar matéria-prima
Relações públicas	Estabelecimento e manutenção de imagem favorável na mente daqueles que compõem o ambiente.	Patrocínio de eventos esportivos
Ação voluntária	Compromisso voluntário com diversos grupos de interesse, causas e problemas sociais.	Doação de remédios e alimentos às vítimas do *tsunami* feita pela Johnson & Johnson
Ação legal	Envolvimento da empresa em disputa legal.	Processos impetrados pela Warner Music contra a pirataria
Ação política	Esforços para influenciar os representantes eleitos para criar um ambiente empresarial mais favorável ou limitar a concorrência.	Publicidade; pressão política (*lobby*) nos âmbitos estadual e federal

FONTE: Adaptado com base em *Journal of Marketing*, publicada pela American Marketing Association. ZEITHAML, C.; ZEITHAML, V. Environmental Management: Revising the Marketing Perspective, primavera de 1984.

estratégias cooperativas

Estratégias usadas por duas ou mais organizações trabalhando juntas para controlar o ambiente externo.

Ação Cooperativa Em algumas situações, duas ou mais organizações trabalham unidas adotando estratégias cooperativas para influenciar o ambiente.[24] O Quadro 2.5 mostra diversos exemplos de **estratégias cooperativas.** Um exemplo de contratação ocorre quando fornecedores e clientes, ou empresas e sindicatos, assinam compromissos formais estabelecendo termos e condições de relações futuras. Esses contratos são tentativas explícitas de tornar previsível a relação futura entre ambas as partes. Um exemplo de cooptação ocorre quando uma universidade convida ex-alunos ricos para integrar o seu conselho diretivo.

Por fim, um exemplo de formação de coalizão é quando um grupo de empresas locais decide limitar o aumento dos custos dos planos de saúde dos funcionários e quando as organizações de um mesmo setor formam associações e grupos de interesse especial. Você pode já ter visto estratégias publicitárias cooperativas, como por exemplo, as campanhas de produtores de leite e derivados, de carne, de laranjas e outras, financiadas em conjunto pelas organizações.

No plano mais organizacional, as empresas estabelecem alianças estratégicas, parcerias, *joint ventures* e fusões com concorrentes para enfrentar a incerteza ambiental. Estratégias cooperativas como estas surtem mais efeito quando 1) a ação conjunta consegue reduzir os custos e riscos das organizações e 2) a cooperação consegue aumentar o poder das empresas (ou seja, a capacidade de realizar com sucesso as mudanças desejadas).

manobra estratégica

Esforços conscientes de uma organização para mudar os limites do seu próprio ambiente de tarefas.

seleção de domínio

Entrada em um novo mercado ou novo setor de atividades com uma *expertise* já existente.

Mudando o Próprio Ambiente

Como já observado até aqui, as organizações podem enfrentar a incerteza ambiental realizando mudanças em si próprias (adaptação ambiental), mudando o ambiente em geral ou mudando o próprio ambiente. A **manobra estratégica** envolve mudanças no próprio ambiente. Ao adotar esforços conscientes para mudar os limites do seu próprio ambiente competitivo, a empresa consegue realizar manobras em torno das ameaças e capitalizar as oportunidades emergentes.[25] O executivo pode lançar mão de diversas manobras estratégicas, incluindo a seleção de domínio, diversificação, fusão, aquisição e o desinvestimento.[26]

Seleção de domínio consiste na entrada de uma empresa em outro mercado ou setor de atividades. Por exemplo, o mercado pode caracterizar-se por limitada concorrência ou regulamentação, ampla base de fornecedores e clientes, ou alto crescimento. O esforço realizado pelas empresas de serviço a cabo para usar a tecnologia e a base de dados que já possuem para entrar no mercado de telefonia ou a entrada da Miller no mercado de cervejas suaves são exemplos de seleção de domínio. As empresas empregam a *expertise* que já possuem para ampliar a oferta de produtos e serviços.

A **diversificação** ocorre quando uma empresa investe em diferentes tipos de negócios ou produtos ou quando ela se expande geograficamente para reduzir sua dependência de um único mercado ou tecnologia. O lançamento do iPod da Apple Computer é um bom exemplo de diversificação efetiva. Enquanto a Apple concorria acirradamente na indústria altamente competitiva de computadores, detinha apenas 3% do mercado; com o iPod, ela ganhou 88% do mercado de tocadores portáteis de música.

QUADRO 2.5
Ação Conjunta

Estratégia	Definição	Exemplo
Contratação	Negociação de um acordo entre a organização e outro grupo para troca de mercadorias, serviços, informações, patentes e assim por diante.	Sistemas de marketing contratual
Cooptação	Absorção de novos elementos na estrutura de liderança da organização para afastar ameaças à sua estabilidade ou existência.	Consumidores, sindicalistas e banqueiros em conselhos diretivos
Coalizão	União ou atuação conjunta de dois ou mais grupos para enfrentar alguns problemas, durante certo período.	Associações industriais; iniciativas políticas de mesas redondas empresariais e câmaras de comércio

FONTE: Reimpresso de *Journal of Marketing*, publicado pela American Marketing Association. ZEITHAML, C.; ZEITHAML, V. Environmental management: revising the marketing perspective, primavera de 1984.

A **fusão** ou **aquisição** ocorre quando duas ou mais empresas se combinam, ou uma adquire a outra, para formar uma única companhia. Há vários anos, o Yahoo adota como estratégia a aquisição de outras empresas virtuais, como, Hotjobs (adquirida em 2001) e Musicmatch (comprada em 2004), para ampliar tanto a receita quanto o serviço de atendimento ao cliente.

O **desinvestimento** se dá quando uma grande corporação vende uma ou mais de suas empresas. No caso de abertura do capítulo, foi mencionado um exemplo de desinvestimento, quando a AT&T vendeu sua empresa de telefonia local. Outro exemplo é a venda pela IBM, em 2004, de sua empresa de computador pessoal para a Lenovo, companhia chinesa de informática.

As organizações adotam manobras estratégicas quando elas entram em ambientes diferentes. Algumas companhias, denominadas **prospectoras**, tendem a adotar mais manobras estratégicas do que outras.[27] As companhias mais agressivas mudam constantemente os limites de seu ambiente competitivo, buscando novos produtos e mercados, diversificando e realizando fusões ou adquirindo novas empresas. Nessas e em outras circunstâncias, tais corporações colocam os concorrentes na defensiva e forçam uma resposta por parte deles. As empresas **defensoras**, no entanto, permanecem em um domínio de produtos mais limitado e estável.

diversificação
Investimento de uma empresa em produtos, negócios ou regiões geográficas diferentes.

fusão
Combinação de uma ou mais companhias.

aquisição
Compra de uma empresa por outra.

desinvestimento
A venda de uma ou mais empresas de uma grande corporação.

prospectoras
Companhias que mudam constantemente os limites do seu ambiente de tarefas, buscando novos produtos e mercados, diversificando e realizando fusões ou adquirindo novas empresas.

defensoras
Companhias que adotam como manobra estratégica a permanência dentro de um domínio estável de produto.

Escolhendo uma Abordagem de Resposta

Três considerações gerais ajudam a orientar a resposta da direção da empresa ao ambiente. Em primeiro lugar, as organizações devem tentar *mudar os elementos apropriados do ambiente*. As respostas ambientais são mais úteis quando voltadas aos elementos do ambiente que 1) causam problemas à companhia, 2) proporcionam oportunidades e 3) propiciam a mudança com sucesso da empresa. Desse modo, as empresas automobilísticas norte-americanas atingidas pela concorrência intensa das montadoras japonesas conseguiram (juntamente com os trabalhadores), mediante pressão política, proteção do mercado imposta pelo governo contra importações do Japão. Além disso, um produtor de carvão, na expectativa de oferecer ao consumidor mais oportunidades de usar seu produto, iniciou uma campanha para ampliar o horário de verão.

Em segundo lugar, as organizações devem *escolher respostas focadas em elementos pertinentes do ambiente*. Se uma empresa deseja controlar melhor o ambiente competitivo, pacificação e agressividade competitiva são opções viáveis. Ações políticas influenciam o ambiente legal, e os contratos ajudam a manter o controle sobre clientes e fornecedores.

A Nokia é um ótimo exemplo de companhia que se adaptou às mudanças ambientais. A empresa, que iniciou as atividades no setor de papel e celulose, entrou na indústria de fabricação de fios e cabos na década de 1920 e, depois, na eletrônica na década de 1960, fabricando TVs e monitores. Percebendo o mercado emergente de telecomunicação móvel, os executivos da Nokia investiram em mudanças nos anos 80. Hoje, a empresa é famosa por seus sofisticados aparelhos de telefonia celular.

Por fim, as companhias devem *escolher respostas que proporcionem mais benefícios por custos mais baixos*. Os cálculos de retorno sobre o investimento devem incorporar as análises financeiras, bem como o impacto de longo prazo. O executivo de estratégias que considera esses fatores com cuidado direcionará com mais eficácia a organização na obtenção de vantagem competitiva.

Cultura e Ambiente Interno Organizacional

cultura organizacional

Conjunto de pressupostos importantes, compartilhado pelos membros da empresa, sobre a organização e suas metas e práticas.

Um dos fatores mais influentes na reação da organização ao ambiente externo é sua cultura. **Cultura organizacional** é o conjunto de pressupostos importantes sobre a organização e suas metas e práticas compartilhado pelos componentes da empresa. Trata-se de um sistema de valores compartilhados a respeito do que é importante e das crenças sobre o funcionamento do mundo. Desse modo, a cultura de uma empresa proporciona uma estrutura que organiza e orienta o comportamento das pessoas no trabalho.[28] A cultura de uma organização pode ser de difícil definição para um observador, mas, assim como a personalidade de um indivíduo, às vezes ela é quase imediatamente sentida. Por exemplo, o modo de vestir e o comportamento das pessoas, a forma de eles interagirem umas com as outras e com os clientes e as qualidades valorizadas pelos superiores são, normalmente, diferentes em um banco e em uma gravadora de discos, como são também diferentes em um escritório de advocacia e em uma agência de publicidade.

A cultura pode ser forte ou fraca; uma cultura forte exerce grande influência na forma como as pessoas pensam e se comportam. Nesse tipo de cultura, todos compreendem as metas, os princípios e as práticas da empresa e acreditam neles. A cultura forte pode-se mostrar efetivamente vantajosa para a empresa se o comportamento que ela incentiva e promove for adequado. Por exemplo, a cultura da Walt Disney Company incentiva a dedicação profunda ao atendimento do cliente; a cultura da Apple Computer incentiva a inovação. Os funcionários dessas companhias não precisam de manuais de normas e procedimentos para orientá-los a como agir, porque esse tipo de comportamento é disseminado como "a maneira como atuamos na empresa"; ele é enraizado na cultura da companhia.

Entretanto, uma cultura forte que incentiva comportamentos inadequados pode atrapalhar profundamente a capacidade da organização de lidar com o ambiente externo — principalmente se esse ambiente estiver sofrendo mudanças, como ocorre na maioria das situações hoje em dia. Uma cultura antes adequada e até mesmo vantajosa em dado momento pode-se tornar contraproducente em um novo ambiente. A IBM é freqüentemente lembrada como uma organização com uma cultura extremamente forte, que foi benéfica durante décadas. No entanto, a uniformidade e a conformidade estabelecidas pela cultura da IBM não foram adequadas para criar a flexibilidade e o dinamismo necessários atualmente. Um das primeiras tarefas de Lou Gerstner depois de assumir como presidente-executivo da empresa foi transformar a cultura para focar a criatividade, a inovação e o pensamento radical. Um gesto simbólico desse ato foi a mudança do uniforme da empresa, composto de camisa branca e paletó com listras azuis. O código de vestimenta da empresa em si não era importante, mas ele representava a pesada e antiga IBM que Gerstner desejava mudar.

Diferentemente da cultura forte, uma cultura fraca tem as seguintes características: é composta de diferentes pessoas com valores distintos, as metas da corporação não são claras e há constantes mudanças nos princípios que orientam as decisões. Alguns executivos são demagógicos em relação a certos aspectos da cultura ("jamais enganamos o cliente"), pois, em relação a eles, comportam-se de forma bastante diferente ("não revele os defeitos"). Como é possível observar, esse tipo de cultura incentiva a confusão, o conflito e o baixo desempenho. A maioria dos executivos concorda quanto ao desejo de criar uma cultura forte, que incentive e sustente as metas e o comportamento adequado para aumentar a eficácia da empresa. Em outras palavras, eles desejam criar uma cultura alinhada adequadamente com o ambiente competitivo da organização.[29]

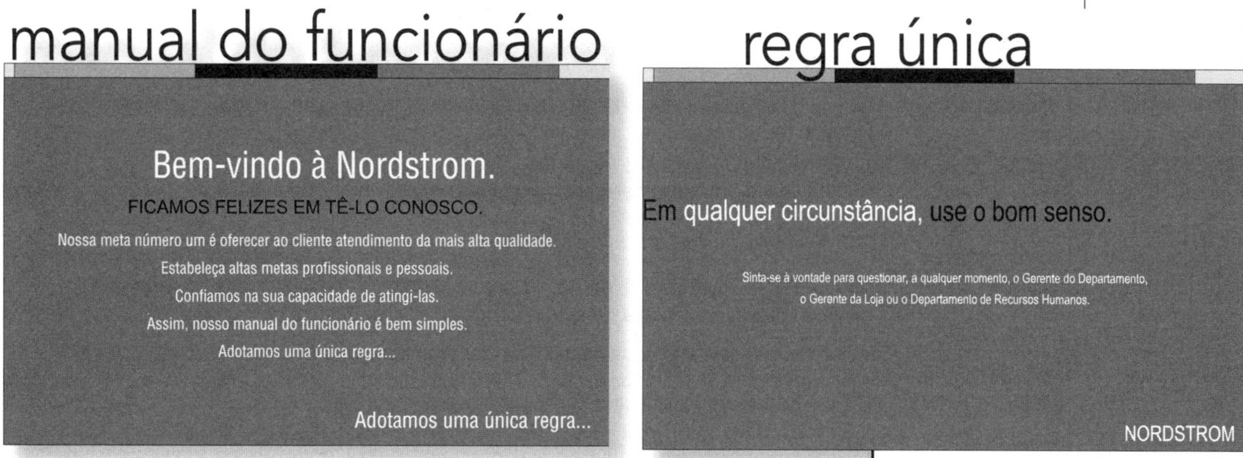

Na Nordstrom, varejista do setor de moda, os funcionários recebem apenas um cartão de mais ou menos 12,5 x 20 cm contendo uma única regra.

Diagnóstico da Cultura Organizacional

Suponhamos que um profissional queira conhecer a cultura de uma empresa. Talvez ele esteja pensando em trabalhar nessa empresa e almeje uma boa "adaptação", ou já esteja trabalhando e queira conhecer melhor a organização para saber se a cultura dela é adequada para os desafios enfrentados. Como diagnosticar a cultura de uma empresa? Diversos aspectos dão boas dicas sobre a cultura:

- *Declaração da missão corporativa e metas oficiais* são um bom ponto de partida, já que elas mostram a imagem pública que a empresa deseja transmitir. A maioria das empresas adota uma missão — até mesmo a CIA, como mostra a Figura 2.5. (As escolas e universidades também adotam missão, e é possível encontrá-las na Internet.) Ainda assim, o profissional precisa descobrir se as declarações públicas refletem efetivamente a forma como a empresa conduz seus negócios.
- *Observação das práticas de negócios*. A forma como a empresa reage aos problemas, toma decisões estratégicas e trata funcionários e clientes revela muito sobre os aspectos realmente valorizados pela alta administração.
- *Símbolos, ritos e cerimônias* dão dicas adicionais sobre a cultura da empresa. Por exemplo, símbolos de *status* mostram o nível de rigidez da hierarquia e a natureza das relações entre subordinados e superiores. Quem é contratado e quem é demitido — e por que —, além das atividades que são recompensadas, indicam os verdadeiros valores de uma empresa.
- *Os relatos das pessoas* oferecem muita informação sobre a cultura de uma companhia. Toda companhia tem mitos, lendas e histórias reais sobre decisões e ações importantes do passado que transmitem os seus principais valores. Tradicionalmente, a Frito-Lay apresenta relatos sobre serviços, a Johnson & Johnson divulga histórias sobre qualidade e a 3M, informações sobre inovações. Esses relatos, muitas vezes, retratam os heróis da empresa: algum ex-funcionário ou funcionário ainda ativo com qualidades e características especialmente valorizadas pela cultura da empresa e que serve de modelo de comportamento para os demais funcionários.

Em geral, as culturas podem ser classificadas de acordo com a ênfase dada ao nível de flexibilidade ou ao nível de controle e ao foco interno ou ao foco externo da organização. Sobrepondo essas duas dimensões, é possível descrever quatro tipos de cultura organizacional (ver Figura 2.6):

- *Cultura de grupo*. A cultura de grupo é flexível e orientada internamente. Ela tende a ser baseada nos valores e nas normas associados com a afiliação. A adequação de um membro às diretrizes organizacionais resulta da confiança, tradição e do compromisso de longo prazo. Esse tipo de cultura tende a enfatizar o progresso do membro do grupo e valoriza a participação na tomada de decisão. A orientação estratégica associada com esse tipo de cultura é de implementação mediante a construção de consenso. Os líderes tendem a atuar como mentores e facilitadores.
- *Cultura hierárquica*. A cultura hierárquica é orientada internamente, com mais foco no controle e na estabilidade. Ela valoriza as normas associadas com a burocracia. Preza a estabilidade e reconhece que o indivíduo obedece às diretrizes organizacionais quando as funções são definidas formalmente e impostas por regras e procedimentos.

Visão	Proporcionamos conhecimento e adotamos ações para garantir a segurança nacional dos Estados Unidos e a preservação da vida e dos ideais norte-americanos.
Missão	Somos os olhos e ouvidos da nação e, às vezes, suas mãos ocultas. Cumprimos nossa missão: • Coletando conhecimento relevante. • Oferecendo análises relevantes, oportunas e objetivas de todas as fontes. • Conduzindo ações ocultas sob direção do presidente para evitar ameaças ou cumprir os objetivos da política dos Estados Unidos.
Valores	Na busca dos interesses do país, colocamos a Nação à frente da Agência, a Agência à frente da unidade e todos à frente do próprio eu. Nosso trabalho é importante. • O êxito depende da nossa capacidade de atuar com total discrição e na habilidade de proteger fontes e métodos. • Oferecemos análises e informações objetivas e imparciais. • Nossa missão exige total integridade e coragem pessoal, física e intelectual. • Realizamos tarefas que outros não conseguem, muitas vezes, enfrentando grandes riscos. Quando os interesses são mais elevados e os perigos maiores, chegamos primeiro. • Trabalhamos juntos e contamos uns com os outros. Serviço, sacrifício, flexibilidade, trabalho em equipe e patriotismo silencioso são nossa marca registrada.

FIGURA 2.5
Visão, Missão e Valores da CIA.

FONTE: Disponível no site da CIA. Acesso em 10 mar. 2005, www.cia.gov/information/mission.html.

- *Cultura racional.* A cultura racional é orientada externamente e focada no controle. Os seus principais objetivos são a produtividade, o planejamento e a eficiência. Os membros da organização são motivados pela crença na recompensa pelo desempenho que conduz aos objetivos organizacionais.
- *Adocracia.* A cultura adocrática é flexível e orientada externamente. Esse tipo de cultura enfatiza a mudança dedicada ao crescimento, à aquisição de recursos e à inovação. Os membros desse tipo de organização são motivados pela importância ou pelo apelo ideológico da tarefa. Os líderes tendem a ser empreendedores e ousados. Outros membros também tendem a possuir essas características.[30]

Gestão da Cultura Organizacional

Conforme mencionado anteriormente neste capítulo, um dos métodos importantes de reação da organização ao ambiente é a *adaptação*, com a mudança da própria organização. Uma das ferramentas mais valorizadas para o executivo implementar tais transformações está na gestão da cultura organizacional. Uma cultura voltada aos aspectos internos da companhia e não ao consumidor, por exemplo, quando um novo ambiente competitivo exige excelência no atendimento ao cliente, pode atrasar ou até mesmo frustrar os esforços do gestor em efetuar as mudanças. A adoção apenas de diretrizes simples, muitas vezes, é ineficaz; os valores básicos da organização também devem ser alterados na direção desejada. Hoje, a maioria das companhias sabe que a orientação voltada ao cliente, à melhoria da qualidade e à implementação das transformações necessárias para manter-se competitivo é tão crucial que exige mudanças de aspectos culturais profundamente enraizados. Quando esse tipo de mudança ocorre, os integrantes da organização passam, então, a internalizar os novos valores e a comportar-se apropriadamente por conta própria.

Os executivos do alto escalão podem adotar diversas abordagens de gestão da cultura organizacional. Em primeiro lugar, eles podem expor ideais e visões grandiosos para a companhia buscando inspirar os seus integrantes (a visão será discutida mais detalhadamente no Capítulo 4, sobre estratégia, e no Capítulo 12, sobre liderança). Essa visão — seja relacionada com qualidade, integridade, inovação ou qualquer outro aspecto organizacional — deve ser articulada repetidamente até se tornar uma presença tangível em toda a organização.

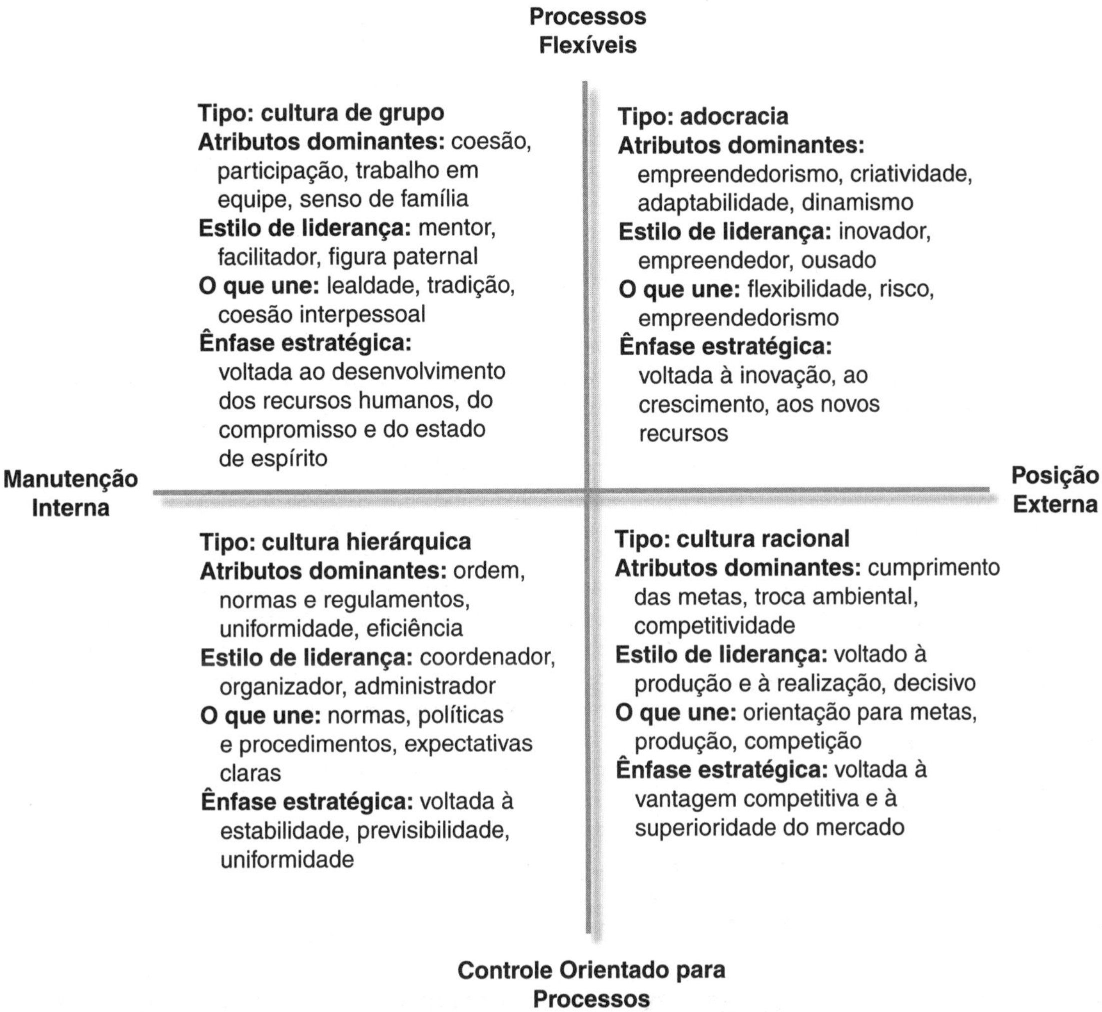

FONTE: CAMERON, Kim S.; QUINN, Robert E. *Diagnosing and changing organizational culture.* Englewood Cliffs, N: Addison-Wesley, 1988.

FIGURA 2.6
Comparando Valores de Modelos de Cultura Organizacional

Em segundo lugar, os executivos devem concentrar atenção permanente nos detalhes mínimos dos assuntos diários, por exemplo, comunicar-se com regularidade, estar sempre presente e ativo por toda a companhia e estabelecer exemplos. O CEO não deve apenas falar a respeito da visão, como também deve incorporá-la em seu dia-a-dia. Esse comportamento dá credibilidade aos pronunciamentos do CEO, cria exemplo pessoal que pode ser seguido pelos outros e estabelece a crença de que a evolução da organização em torno da visão continuará no longo prazo.

O mais importante nesse caso são os momentos de verdade quando se faz necessário tomar decisões difíceis. Por exemplo, a alta administração de uma empresa dissemina uma cultura que enfatiza a qualidade e, depois, descobre uma peça defeituosa em um lote de produtos. Substituir a peça e incorrer em gastos em prol da qualidade ou entregar o produto com defeito apenas para economizar tempo e dinheiro são decisões que têm repercussões no reforço ou na destruição de uma cultura voltada à qualidade.

> Uma cultura alinhada com o seu ambiente contribui para o êxito da organização.

Por fim, é fundamental que o CEO e outros executivos celebrem e recompensem aqueles que são exemplos vivos dos novos valores. Outro aspecto fundamental para a gestão da cultura organizacional diz respeito aos processos de contratação, socialização dos recém-contratados e promoção baseada nos novos valores corporativos. Dessa forma, a nova cultura começará a permear a organização. Embora esse processo de construção de uma nova cultura possa parecer longo, um bom executivo reconhece que a substituição de uma cultura antiga, de valores tradicionais, por uma constituída de valores competitivos necessários para o futuro pode levar anos. Contudo, a recompensa por esse esforço será uma organização muito mais eficaz e mais ágil na reação diante dos desafios e das oportunidades oferecidas pelo ambiente.

EPÍLOGO

EXECUTIVOS DAS TELECOMUNICAÇÕES DISPUTAM FATIA DE MERCADO

No início e no decorrer de todo este capítulo, foram analisados alguns desafios ambientais enfrentados pelos executivos do setor de telecomunicações. Esta discussão será encerrada mencionando-se que no final de 2004 a Sprint e a Nextel anunciaram uma fusão, transformando-se em uma nova companhia, batizada de Sprint Nextel, que é a terceira maior empresa de telefonia sem fio dos Estados Unidos.

Por que a direção dessas duas empresas optou pela fusão? A resposta básica está no difícil ambiente competitivo do setor. No início daquele ano, a Cingular adquiriu a AT&T Wireless, tornando-se a maior operadora de telefonia sem fio dos Estados Unidos, com 47 milhões de assinantes. A Verizon, com 42 milhões, era a segunda maior. Em comparação com esses dois gigantes do setor, os executivos, tanto da Sprint quanto da Nextel, temiam que, sozinhas, essas empresas seriam pequenas demais para competir. Além disso, o foco principal da Nextel estava no mercado empresarial. Seus principais executivos perceberam que a empresa ficaria vulnerável à medida que as companhias maiores passassem a oferecer uma variedade mais ampla de serviços e obtivessem mais receita e economia de escala. Com a combinação do mercado de consumidor da Sprint e do mercado empresarial da Nextel, a fusão fortaleceu ambas as companhias.

A fusão também foi influenciada pelo ambiente tecnológico enfrentado pelas empresas. Se atuasse por conta própria, a Nextel teria de atualizar toda sua rede para atender à demanda por transmissões de mais alta velocidade e por outros serviços. Hoje, ela consegue atualizar mais rapidamente e gastando menos, contando com a tecnologia mais avançada da Sprint. Por sua a vez, a Nextel ofereceu à Sprint acesso a partes mais atuais e mais rápidas do espectro de transmissão, acesso que ela havia negociado com órgãos reguladores do governo norte-americano. A Sprint também anunciou um acordo com a Time Warner Cable, que permite oferecer àquela empresa o serviço de telefonia celular da Sprint, de forma experimental.

A fusão representou uma resposta ao complexo ambiente regulador, competitivo e tecnológico enfrentado pelos executivos das telecomunicações. Contudo, ainda permanecem muitas incertezas e muitos desafios. As companhias de serviço a cabo já atendem praticamente a todos os domicílios dos Estados Unidos e sustentam uma posição muito sólida na oferta de serviços de comunicação e entretenimento domésticos. As Baby Bells possuem linhas tradicionais instaladas e também companhias de telefonia sem fio; elas também começaram a construir linhas de fibra óptica de alta velocidade para competir com a linha a cabo. Além disso, o avanço tecnológico pode acabar permitindo que empresas como a Sprint Nextel desenvolvam tecnologia própria para competir com os concorrentes de serviço de transmissão a cabo e com as Baby Bells. Controlando tudo isso estão os órgãos reguladores federais, com a função de proteger os consumidores e manter um nível adequado de concorrência e, ao mesmo tempo, incentivar a competição e a inovação. Os executivos das telecomunicações precisarão de muita habilidade para vencer o desafio do ambiente externo que enfrentam.

FONTES: ROSENBUSH, Steve. Nextel and Sprint: the Big Little Guy. *BusinessWeek online*, 15 dez. 2004; CROCKETT, Roger O.; YANG, Catherine. Why Sprint and Nextel got Hitched. *BusinessWeek online*, 27 dez. 2004.

PALAVRAS-CHAVE

Ambiente competitivo, p. 46
Ambiente externo, p. 46
Aquisição, p. 65
Barreiras á entrada de novos concorrentes, p. 53
Benchmarking, p. 61
Cenário, p. 60
Consumidor final, p. 58
Consumidor intermediário, p. 58
Cultura organizacional, p. 66
Custos da troca de fornecedor, p. 57
Defensores, p. 65
Demografia, p. 50
Desinvestimento, p. 65
Diversificação, p. 65
Empowerment, p. 61
Estratégias cooperativas, p. 64
Estratégias independentes, p. 63
Fusão, p. 65
Gestão da cadeia de suprimento, p. 57
Incerteza ambiental, p. 59
Inputs, p. 46
Inteligência competitiva, p. 60
Macroambiente, p. 46
Manobra estratégica, p. 64
Mapeamento ambiental, p. 59
Outputs, p. 46
Previsão, p. 60
Processos flexíveis, p. 62
Prospectoras, p. 65
Regularização (*Smoothing*), p. 62
Reserva de recursos, p. 62
Seleção de domínio, p. 64
Serviço de atendimento ao cliente, p. 58
Sistemas abertos, p. 46

RESUMO DOS OBJETIVOS DE APRENDIZAGEM

Depois de completado o estudo deste Capítulo, você deverá ser capaz de identificar:

Como as forças ambientais influenciam as organizações e como estas influenciam o ambiente.

As organizações são sistemas abertos afetados pelo ambiente externo e que, por sua vez, também o influenciam. As organizações recebem recursos financeiros, humanos, materiais e informacionais do ambiente; transformam esses recursos em serviços e produtos acabados e, depois, devolvem esse *output* ao ambiente.

Como fazer uma distinção entre macroambiente e ambiente competitivo.

O macroambiente é composto de forças internacionais, legais e políticas, econômicas, tecnológicas e sociais, que influenciam as decisões estratégicas. O ambiente competitivo é composto de forças mais próximas à organização, por exemplo, concorrentes atuais, ameaça á entrada de novos concorrentes, ameaça dos substitutos, fornecedores e clientes. Talvez a distinção mais simples entre macroambiente e ambiente competitivo seja o nível de controle exercido por uma empresa sobre os fatores externos. As forças macroambientais, por exemplo, as tendências econômicas e sociais, são bem menos controláveis do que os fatores do ambiente competitivo, como fornecedores e clientes.

Por que o executivo deve atentar para o desenvolvimento econômico e social que ocorre no ambiente.

Os fatos externos à organização têm efeito profundo na forma como o gestor e a sua companhia operam. Por exemplo, custos mais altos de energia ou aumento nos gastos com segurança dificultam a manutenção dos preços em patamares baixos. A crescente diversidade da força de trabalho oferece aos gestores o acesso a ampla gama de talentos, mas também requer tratamento igual para os diferentes tipos de funcionários. O crescimento mundial do livre-comércio abre o mercado externo, mas também propicia mais concorrência estrangeira no mercado doméstico. Um gestor eficaz mantém-se ciente de tendências como essas e reage efetivamente a elas.

Como analisar o ambiente competitivo.

Os ambientes variam de favoráveis a desfavoráveis. Para determinar quão favorável é um ambiente competitivo, o gestor deve avaliar a natureza dos concorrentes, os potenciais novos concorrentes, a ameaça dos substitutos, os fornecedores e clientes. A análise do nível de influência dessas cinco forças na organização fornece uma indicação das ameaças e oportunidades potenciais. Uma gestão efetiva da cadeia de suprimento da empresa é uma forma de obter vantagem competitiva. Os ambientes atraentes tendem a ser os que apresentam alto crescimento industrial, poucos concorrentes, produtos diferenciados, poucos novos concorrentes potenciais, muitas barreiras à entrada de novos concorrentes, poucos substitutos, muitos fornecedores (nenhum com muito poder) e muitos consumidores. Depois de identificar e analisar as forças competitivas, o gestor deve elaborar uma estratégia para minimizar o poder das forças externas sobre a organização (tópico discutido mais detalhadamente no Capítulo 5).

Como as organizações reagem diante da incerteza ambiental.

A resposta efetiva ao ambiente, muitas vezes, exige elaboração de estratégias proativas de mudança ambiental. A manobra estratégica, por exemplo, envolve mudança dos limites do ambiente competitivo mediante seleção de domínio, diversificação, fusão e assim por diante. As estratégias independentes, no entanto, não exigem a entrada em um novo ambiente, mas a mudança de algum aspecto do ambiente atual por meio de agressividade competitiva, relações públicas, ação legal e assim por diante. Por fim, as estratégias cooperativas, como contratação, cooptação e coalizão, envolvem o trabalho conjunto de duas ou mais organizações.

Como a cultura organizacional afeta a reação da companhia ao ambiente.

Os valores e as práticas compartilhados de uma organização — sua cultura — influenciam a reação da empresa ao seu ambiente. A cultura pode ser forte ou fraca e de um desses quatro tipos: cultura de grupo, hierárquica, racional ou adocrática. A gestão e a mudança de uma cultura para alinhá-la com o ambiente da organização exigem compromisso profundo de longo prazo do presidente-executivo e de outros executivos da empresa.

QUESTÕES PARA DISCUSSÃO

1. A citação de Peter Drucker no início deste capítulo dizia: "A essência de uma empresa está no seu ambiente externo". O que ele quis afirmar? Você concorda com ele?
2. Quais as forças macroambientais mais importantes enfrentadas pelos gestores hoje?
3. Releia o exemplo sobre os executivos das telecomunicações apresentado no Prólogo e ao longo do capítulo. Que outras organizações ou indústrias enfrentaram ou estão enfrentando circunstâncias semelhantes nos seus ambientes externos?
4. Quais as principais diferenças entre macroambiente e ambiente competitivo?
5. Que tipo de mudanças as empresas realizam em resposta à incerteza ambiental?
6. Foram apresentadas no capítulo diversas respostas proativas das organizações perante o ambiente. Recentemente, que outros exemplos de eficácia na reação de uma organização ao seu ambiente você tem observado? A eficácia da resposta dependeu de a organização estar diante de uma ameaça ou de uma oportunidade?
7. Cite diferenças culturais observadas nas organizações que você conhece. Você observou diferenças culturais nas faculdades que visitou antes de selecionar a que está freqüentando? Essas diferenças influenciaram na sua escolha?

CASO DE CONCLUSÃO

Butch's Box Shop: Um Negócio em Extinção

O PASSADO

Até as décadas de 1970 e 1980, a indústria de produtos florestais consistia no maior empregador de toda a região da Nova Inglaterra, nos Estados Unidos. Embora tenha sido superada pela indústria de alta tecnologia e por outras de serviços, ela continua a ser componente importante da economia da região. Entre as principais categorias do segmento estão as indústrias de papel e celulose, madeira e derivados, árvores de Natal, combustível, xarope (*syrup*) de *maple* e diversas outras, sem mencionar os setores de atividades de recreação, a vida selvagem, o solo e a água. A indústria madeireira é um segmento difícil com margens difíceis. Ela envolve trabalho árduo e perigoso e muitos dos produtos são considerados *commodities*, criando, assim, um desafio economicamente complicado.

Art e Butch Van Delay são irmãos e parceiros empresariais. O negócio dos irmãos começou com uma serraria de pinho que transformava toras de madeira em tábuas. Palha, serragem e pedaços de madeira são subprodutos do processo de manufatura. Por causa da natureza do pinho que cresce na Nova Inglaterra, cerca de um terço da madeira gerada é de ótima qualidade e relativamente fácil de vender por um bom preço. Os dois terços restantes são de qualidade inferior e é muito mais difícil vendê-los, porque a madeira é cheia de nós e por causa de outras características naturais, além do excesso de estoque gerado. A combinação de estoque excessivo e *commodity* derruba os preços, algumas vezes, a níveis inferiores ao custo da matéria-prima (toras) e da produção (serraria).

Do ponto de vista do lucro, o desafio de qualquer serraria de pinho, portanto, é vender. Essa indústria precisa encontrar e/ou criar mercados para produtos de madeira que possam ser vendidos a preços superiores ao de *commodities*. A principal estratégia, na verdade, é converter a *commodity* (toras de madeira) em produtos (centenas de exemplos e oportunidades).

Durante muitos anos, Art e Butch conseguiram manter uma operação bem lucrativa graças à instalação de uma fábrica de caixas de madeira. Grande parte da madeira de qualidade inferior era transformada em caixas e embalagens. Esse mercado incluía caixas para embalar maçãs, uvas, batatas, peixes, e diversos outros tipos de embalagens, até mesmo caixões. As embalagens de peixes acabaram se tornando a principal linha de produtos. Em alguns anos, a empresa passou a produzir e vender, em média, de 12 a 15 mil dessas caixas por semana.

Além de acrescentar valor significativo à madeira de baixa qualidade, a fábrica de caixas beneficiou muito a serraria, melhorando a qualidade e o valor da linha geral de produtos, graças à redução na quantidade de madeira inferior.

O PRESENTE

O universo estável e lucrativo de Art e Butch está diminuindo à medida que as caixas de papelão e as embalagens de plástico vêm surgindo como substitutos, em alguns casos chegando até a eliminar a demanda por caixas de madeira. As embalagens de papelão são mais baratas, e as de plásticos são reutilizáveis, embora custem mais. Por questões de saúde e saneamento, as embalagens de madeira para peixes podem ser usadas apenas uma vez.

Os problemas de Art e Butch estão se agravando com a queda na demanda de embalagens para peixes e as novas serrarias concorrentes, que oferecem a mesma linha de produtos, usando a mesma estratégia de comercialização adotada por eles.

Os irmãos Van Delays estudaram minuciosamente a situação e concluíram e prevêem que o negócio de embalagens para peixes estará basicamente extinto dentro de poucos anos. Eles também sabem que, nesse meio tempo, a demanda por caixas de madeira sofrerá contínua queda, chegando a colocar em risco a lucratividade da empresa. O volume do mercado de outros tipos de caixas e embalagens de madeira é baixo ou insignificante para manter a lucratividade e fazer diferença.

Art e Butch sabem que possuem uma fábrica de produtos de madeira muito boa. Eles também sabem que a linha de produção e a maquinaria existentes podem ser convertidas para outros usos. As instalações atuais permitem cortar e recortar a madeira em pedaços pequenos, facilitando a colagem e a junção das madeiras e os processos de empacotamento e carregamento do produto. O comprimento da madeira (matéria-prima) varia de 1,2 a 4,8 m, a largura, de 7 a 30 cm, e a espessura, de 2,5 a 15 cm. O equipamento existente tem capacidade para cortar e recortar pedaços de até 15 cm de comprimento, 2,5 cm de largura e 1,25 cm de espessura.

Hoje, os irmãos empregam cerca de 45 funcionários na fábrica. A maioria desses empregados é local e está na companhia há muitos anos. Art e Butch sabem que suas responsabilidades como empregadores vão além do pagamento em dia dos salários. Eles ficariam muito felizes em simplesmente transformar a fábrica de caixas de madeira em alguma outra categoria de produtos de madeira sem ter de demitir alguém. Eles também sabem que parte do sucesso da serraria e de seus funcionários pode ser atribuída à existência da fábrica.

O FUTURO

Assim como no caso de muitos outros produtos florestais e outras indústrias, os diretores-proprietários têm características básicas de produção e não de marketing. Suas metas, no entanto, consistem em sair do segmento de caixas de madeira e, ao mesmo tempo, transformar seu mercado e a linha de produtos em outros, com melhores perspectivas e com futuro mais lucrativo sem sofrer nenhuma perda, ou seja, com dedicação e serviço continuado aos fornecedores e funcionários.

QUESTÕES

1. O sucesso no segmento de *commodities* é normalmente obtido mediante o controle dos custos (operações internas). Quais os principais desafios enfrentados pelas indústrias que optam pelo marketing como sua opção de sucesso (ambiente externo)?
2. Levando em consideração a matéria-prima e a capacidade produtiva existentes na empresa, os irmãos devem estudar a possibilidade de quais linhas de produtos?
3. Com o passar do tempo, que providências devem ser tomadas pela direção de uma empresa para efetuar uma transição tranqüila das operações em relação ao ambiente competitivo discutido neste capítulo?

EXERCÍCIOS PRÁTICOS

2.1 Análise do Ambiente Externo

OBJETIVO

1. Proporcionar experiência na realização de uma análise do ambiente externo de uma empresa.

INSTRUÇÕES

1. Escolha uma companhia de sua preferência no segmento musical. Usando os recursos da Internet e/ou da biblioteca, incluindo sites da indústria musical e site e relatório anual da empresa escolhida, preencha a Folha de Trabalho "Análise do Ambiente Externo" com os dados da empresa.

Folha de Trabalho "Análise do Ambiente Externo"

Normas e legislação
Cite algumas normas e leis que controlam as atividades dessa empresa e do segmento musical.

____

____

____

Economia
De que forma a situação econômica influencia as vendas dos produtos dessa companhia?

____

____

Tecnologia
Que novas tecnologias exercem grande influência na empresa selecionada?

____

____

Demografia
Que mudanças na população poderiam afetar a carteira de clientes da empresa?

____

____

Questões sociais
Que mudanças na sociedade afetariam o mercado de produtos musicais da companhia escolhida?

____

____

Fornecedores
Como a relação da empresa com seus fornecedores pode afetar a sua lucratividade?

____

____

Concorrentes
Que outras companhias competem com a empresa escolhida? A concorrência é em termos de preço, qualidade ou outros fatores?

____

____

Novos concorrentes
Há possibilidade de entrada de novos concorrentes para competir com a empresa?

____

____

Substitutos

Há ameaça de substitutos para os produtos existentes na indústria musical?

Clientes

Que características da base de clientes da empresa influenciam sua competitividade?

Questões para Discussão

1. Que providências a companhia adotou para se adaptar ao ambiente?
2. De que forma a empresa tenta influenciar seu ambiente?

2.2 Escala de Preferência da Cultura Organizacional

OBJETIVO

Essa auto-avaliação ajuda a identificar a cultura organizacional mais compatível com os valores pessoais e pressupostos do profissional.

INSTRUÇÕES

Leia cada par de afirmações apresentado na Escala de Preferência de Cultura Organizacional e marque aquele que melhor descreve a organização na qual mais lhe agradaria trabalhar. Esse exercício é individual e o aluno deve realizar uma auto-avaliação sincera, sem temer comparações sociais. Contudo, as discussões em classe serão focadas na importância da combinação entre candidatos a emprego e valores dominantes na organização.

Escala de Preferência da Cultura Organizacional

Prefiro trabalhar em uma organização:

1a. Em que os funcionários trabalham bem em equipe.	**OU**	1b. Que produz mercadorias ou serviços muito respeitados.
2a. Em que a alta administração mantém um senso de ordem no ambiente de trabalho.	**OU**	2b. Que ouve os clientes e reage rapidamente para atender às suas necessidades.
3a. Que trata com justiça o funcionário.	**OU**	3b. Onde os funcionários buscam constantemente formas para aumentar a eficiência do trabalho.
4a. Em que os funcionários se adaptam rapidamente às novas exigências profissionais.	**OU**	4b. Em que os líderes corporativos se esforçam para deixar os funcionários satisfeitos.
5a. Em que os principais executivos recebem benefícios especiais não disponíveis aos demais funcionários.	**OU**	5b. Em que os funcionários sentem-se orgulhosos quando a organização atinge suas metas de desempenho.
6a. Em que os funcionários com melhor desempenho são os mais bem remunerados.	**OU**	6b. Em que os altos executivos são respeitados.
7a. Em que todos conseguem realizar o trabalho como um "relógio".	**OU**	7b. Que está no topo das inovações do setor.
8a. Em que os funcionários recebem assistência para superar qualquer problema pessoal.	**OU**	8b. Em que os funcionários cumprem fielmente as normas da companhia.
9a. Que está sempre experimentando novas idéias no mercado.	**OU**	9b. Que espera de todos 110% de empenho para atingir desempenho máximo.
10a. Que rapidamente tira proveito das oportunidades do mercado.	**OU**	10b. Em que os funcionários são sempre informados sobre os acontecimentos na organização.
11a. Que rapidamente reage às ameaças da concorrência.	**OU**	11b. Em que a maioria das decisões é tomada pela alta administração.
12a. Em que a direção mantém tudo sob controle.	**OU**	12b. Em que os funcionários se preocupam uns com os outros.

Fonte: McSHANE, Steven L.; VON GLINOW, Mary Ann. *Organizational behavior.* 3. ed. Nova York: McGraw-Hill/Irwin, 2005, p. 499.

Pontuação da Escala de Preferência Cultural Organizacional

Contagem de pontos: em cada espaço, atribua "1" caso você tenha escolhido a alternativa indicada entre parênteses e "0" caso não tenha. Em seguida, some os pontos de cada subescala.

Cultura Voltada ao Controle	____ (2a)	+	____ (5a)	+	____ (6b)	+	____ (8b)	+	____ (11b)	+	____ (12a)	=	___
Cultura Voltada ao Desempenho	____ (1b)	+	____ (3b)	+	____ (5b)	+	____ (6a)	+	____ (7a)	+	____ (9b)	=	___
Cultura Voltada ao Relacionamento	____ (1a)	+	____ (3a)	+	____ (4b)	+	____ (8a)	+	____ (10b)	+	____ (12b)	=	___
Cultura Voltada à Reação	____ (2b)	+	____ (4a)	+	____ (7b)	+	____ (9a)	+	____ (10a)	+	____ (11a)	=	___

Interpretação do resultado: Essas culturas organizacionais são encontradas em muitas organizações, mas elas representam apenas quatro das várias culturas organizacionais possíveis. Além disso, é preciso ter em mente que nenhuma dessas subescalas é totalmente boa ou ruim. Cada uma é eficaz em diferentes situações. As quatro culturas organizacionais estão definidas a seguir, juntamente com a faixa de pontuações para os níveis alto, médio e baixo de cada dimensão com base em uma amostragem de estudantes de MBA:

Definição e Dimensão da Cultura Organizacional	Interpretação da Pontuação
Cultura voltada ao controle: Essa cultura valoriza o papel dos altos executivos na condução da organização. Sua meta é manter todos alinhados e sob controle.	Alto: 3 a 6 Médio: 1 a 2 Baixo: 0
Cultura voltada ao desempenho: Essa cultura valoriza o desempenho individual e organizacional e busca a eficácia e a eficiência.	Alto: 5 a 6 Médio: 3 a 4 Baixo: 0 a 2
Cultura voltada ao relacionamento: Essa cultura valoriza o bem-estar e o crescimento. Ela considera a comunicação aberta, a justiça, o trabalho em equipe e o compartilhamento como partes fundamentais da vida organizacional.	Alto: 6 Médio: 4 a 5 Baixo: 0 a 3
Cultura voltada à reação: Essa cultura valoriza a capacidade de manter-se sintonizado com o ambiente externo, incluindo de ser competitivo e perceber as novas oportunidades.	Alto: 6 Médio: 4 a 5 Baixo: 0 a 3

Capítulo 3

Tomada de Decisão Administrativa

"O executivo de negócios é por profissão alguém que toma decisões.
A incerteza é sua oponente. Superá-la é sua missão."

— John McDonald

RESUMO DO CAPÍTULO

Características das Decisões Administrativas
- Falta de Estrutura
- Incerteza e Risco
- Conflitos

Os Estágios da Tomada de Decisão
- Identificação e Diagnóstico do Problema
- Geração de Soluções Alternativas
- Avaliação de Alternativas
- Fazer a Escolha
- Implementação da Decisão
- Avaliação da Decisão

A Melhor Decisão

Barreiras à Tomada de Decisão Eficaz
- Predisposições Psicológicas
- Pressões de Tempo
- Realidades Sociais

Tomada de Decisão em Grupo
- Vantagens Potenciais de se Usar um Grupo
- Problemas Potenciais de se Usar um Grupo

Gerenciando a Tomada de Decisão em Grupo
- Estilo de Liderança
- Conflito Construtivo
- Encorajando a Criatividade
- *Brainstorming*
- Tomada de Decisão Organizacional
- Restrições Enfrentadas pelos Tomadores de Decisão
- Modelos de Processos de Decisão Organizacional
- Tomada de Decisão em uma Crise

OBJETIVOS DE APRENDIZAGEM

Após estudar este Capítulo, você deverá saber:

1. Os tipos de decisões com os quais você vai se deparar como gerente.
2. Como tomar decisões "racionais".
3. As ciladas que você deve evitar ao tomar decisões.
4. Os prós e contras de se usar um grupo para tomar decisões.
5. Os procedimentos usados na liderança de um grupo de tomada de decisões.
6. Como encorajar decisões criativas.
7. Os processos pelos quais são tomadas decisões em organizações.
8. Como tomar decisões em uma crise.

A MERCK E O VIOXX

A Merck tem sido considerada uma empresa de destaque, líder na indústria farmacêutica, e vem desfrutando excelente reputação no decorrer dos anos no que diz respeito a seus investimentos e também como uma companhia que às vezes sacrifica o lucro a fim de fazer o que é eticamente correto a serviço da saúde pública.

Uma das maiores histórias de sucesso da Merck foi o analgésico Vioxx. Realmente, tratou-se de um campeão de vendas, arrecadando US$ 2,5 bilhões nas vendas anuais. Contudo, no final do ano de 2004, o CEO Raymond Gilmartin decidiu retirá-lo do mercado. A razão foi que, em setembro de 2004, um estudo de longo prazo, realizado pela Merck, indicou que o medicamento aumentava o risco de ataque do coração e derrame após 18 meses de uso contínuo. Alguns pesquisadores disseram que o risco ocorria muito mais cedo que isso.

Alguns médicos e outros críticos afirmaram que a Merck tinha informações suficientes em 2000 para concluir que o remédio oferecia risco. A Merck contra-argumentou que os estudos então disponíveis eram estatisticamente insignificantes e ambíguos. Um dos primeiros pesquisadores a suspeitar da existência de um problema, um cardiologista de destaque, disse que os sinais de alerta eram sutis e baseados em informações não muito consistentes. Também outros suspeitavam de um problema, mas o cardiologista declarou que em 2000 as suas suspeitas careciam de informações consistentes, eram meramente especulativas e que eles poderiam estar errados.

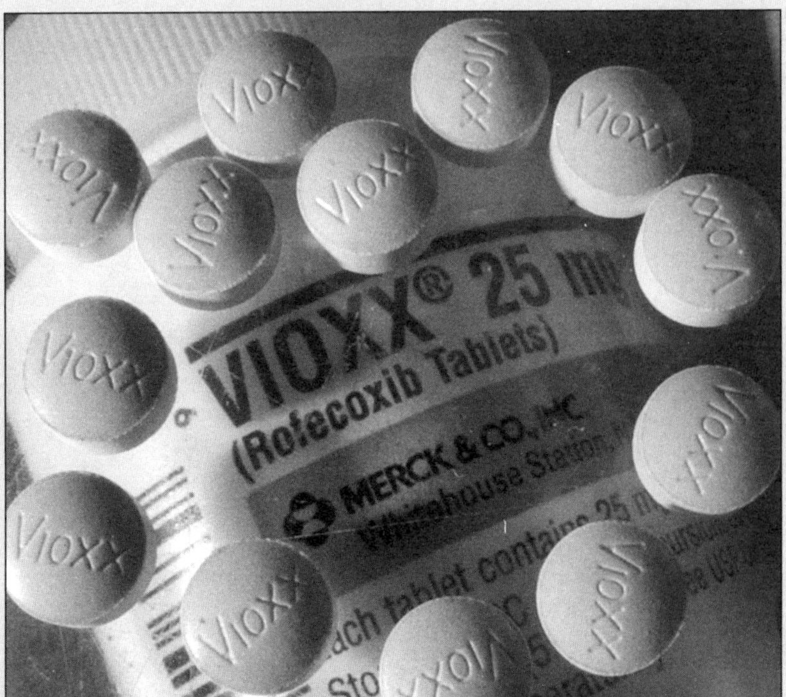

Novos medicamentos possuem efeitos colaterais desconhecidos e imprevisíveis. Acelerar a introdução de novos produtos potencialmente campeões de venda é arriscar incorrer em ações judiciais e processos administrativos. Entretanto, cautela em excesso dificulta a realização da meta estabelecida e impede os pacientes de se beneficiarem de medicamentos potencialmente benéficos. Os executivos da Merck depararam com decisões difíceis durante os processos de desenvolvimento e marketing que conduziram à crise do Vioxx e também adiante.

Arthur Caplan, presidente do conselho de ética médica na University of Pennsylvania Medical School, ao considerar a crise da Merck e um problema semelhante posteriormente enfrentado pela Pfizer por causa de seu medicamento Celebrex, afirmou: "Não importa a estratégia que estas empresas adotem, esse é um dos maiores desastres relacionados a companhias farmacêuticas de todos os tempos".

FONTES do Prólogo, das Interligações e do Epílogo: The Best & Worst Managers. *BusinessWeek*, 10 jan. 2005, p. 76-86; MANDEL, M. Candor Can Immunize Big Pharma. *BusinessWeek Online*, 24 dez. 2004; TSAO, A. Pfizer and Merck, Different Strokes. *BusinessWeek Online*, 21 dez. 2004; BARRETT, A. At Merck, There Are No Easy Answers. *BusinessWeek Online*, 15 dez. 2004; BARRETT, A. On the Firing Line at Embattled Merck. *BusinessWeek*, 13 dez. 2004 , p. 92-94; BARRETT, A. Minimizing the Mess at Merck. *BusinessWeek Online*, 15 nov. 2004; BARRETT, A. A New World of Pain for Merck. *BusinessWeek Online*, 1º out. 2004; Early Twinges over Vioxx., *BusinessWeek Online*, 1º out. 2004; KAUFMAN, M. New Study Criticizes Painkiller Marketing. *The Washington Post*, p. A6, 25 jan. 2005.

Os melhores gerentes tomam decisões constantemente e o fazem bem. Na CNN, o presidente adota decisões críticas a cada um ou dois minutos, ao longo do dia, enquanto depara face a face com repórteres, editores e outros profissionais. Produtores podem tomar cem decisões em um show ao vivo de uma hora de duração e essas decisões instantâneas têm impacto permanente. Essa não é uma tarefa para os indecisos ou suscetíveis. Como afirmou o vice-presidente da CNN, "Ninguém dirá a você o que fazer. É sua tarefa descobrir o que fazer e então fazê-lo. Sempre opte por condutas proativas. Peça conselhos, é claro, mas não fique de braços cruzados aguardando por uma ordem".[1]

Decisões. Se você não puder tomá-las, não será um gerente eficiente. Este capítulo discute os tipos de decisões com as quais os gerentes deparam, como elas são tomadas e como *deveriam* ser tomadas.

Características das Decisões Administrativas

Os gerentes constantemente enfrentam problemas. Determinados problemas que requerem uma decisão são relativamente simples; outros parecem opressivos. Alguns requerem ação imediata, enquanto outros levam meses ou até anos para serem resolvidos.

> "Um ego moderado demonstra sabedoria."
> Lao-tzu

De fato, os gerentes freqüentemente ignoram os problemas.[2] Eles evitam agir por várias razões.[3] Primeiro, não há como os gerentes terem certeza de quanto tempo, energia ou problemas estarão envolvidos ao começarem a trabalhar em um problema. Segundo, envolver-se é arriscado; abordar um problema, mas falhar em uma solução bem-sucedida pode prejudicar o histórico de um gerente. E terceiro, o fato de os problemas poderem ser tão desconcertantes torna mais fácil adiá-los ou se ocupar de atividades menos exigentes.

> Você tomará decisões constantemente. Pode parecer óbvio, mas vale a pena afirmar: se souber tomar decisões acertadas, você desencadeará bons resultados.

É importante entender por que uma tomada de decisão pode ser tão desafiadora. A Figura 3.1 ilustra várias características de decisões administrativas que contribuem para sua dificuldade e pressão. A maioria das decisões administrativas carece de estrutura e acarreta risco, incerteza e conflito.

Falta de Estrutura

A falta de estrutura é a situação comum com relação à tomada de decisão administrativa.[4] Embora algumas decisões sejam rotineiras e definidas, para a maioria delas não há um procedimento automático a seguir. Os problemas podem ser inusitados e desestruturados, deixando o tomador de decisão incerto quanto a como proceder.

Uma distinção importante que ilustra esse aspecto é entre decisões programadas e não-programadas. **Decisões programadas** são aquelas que foram encontradas e tomadas anteriormente.

FIGURA 3.1 Características das Decisões Administrativas

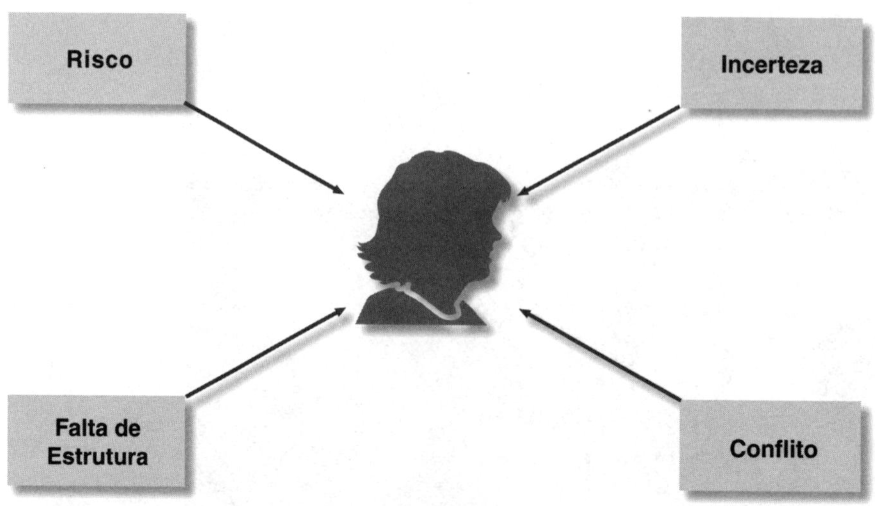

QUADRO 3.1
Comparação de Tipos de Decisões

	Decisões Programadas	Decisões Não-programadas
Tipo de Problema	Freqüente, repetitivo, rotineiro. Muita certeza no que concerne às relações de causa e efeito.	Inusitado, indefinido. Muita incerteza no que concerne às relações de causa e efeito.
Procedimento	Dependência de políticas, regras e procedimentos definidos.	Necessidade de criatividade, intuição, tolerância à ambigüidade, soluções criativas para problemas.
Exemplos		
Empresa	Pedidos periódicos para reabastecimento de estoque.	Diversificação em novos produtos e mercados.
Universidade	Nota média (GPA) necessária para boa qualificação acadêmica.	Construção de novas instalações para as salas de aulas.
Saúde	Procedimentos para admissão de pacientes.	Aquisição de equipamentos em fase experimental.
Governo	Sistema de mérito para promoção de funcionários de estatais.	Reorganização das agências governamentais.

FONTE: GIBSON, J. et al. *Organizations*: behavior, structure, processes. 10. ed. Copyright © 2000 por The McGraw-Hill Companies. Reproduzido com permissão da The McGraw-Hill Companies.

Elas têm respostas objetivamente corretas e podem ser adotadas utilizando-se regras, políticas e cálculos numéricos simples. Caso você depare com uma decisão programada, há um claro procedimento ou estrutura para atingir a decisão correta. Por exemplo, se você for dono de um pequeno negócio e tiver de decidir sobre os valores dos salários de seus empregados, poderá empregar uma fórmula e se as quantias estiverem erradas, os empregados terão como comprovar o erro. A Tabela 3.1 fornece outros exemplos.

Se as decisões mais importantes fossem programadas, a vida de um gerente seria muito mais fácil. Contudo, os gerentes normalmente deparam com **decisões não-programadas**: decisões novas, inusitadas, complexas, sem resultados certos. Elas têm uma variedade de soluções possíveis, todas com méritos e desvantagens. O tomador de decisão deve criar ou impor um método para tomar a decisão; não há uma estrutura predeterminada em que se possa confiar. Como o Quadro 3.1 sugere, as decisões importantes e difíceis tendem a ser não-programadas e exigem abordagens criativas.

decisões programadas
Decisões encontradas e tomadas anteriormente, contendo respostas objetivamente corretas e que podem ser solucionadas por meio de regras, políticas ou cálculos numéricos simples.

decisões não-programadas
Decisões novas, inusitadas, complexas e que não contêm respostas comprovadas.

Incerteza e Risco

Quando alguém possui todas as informações necessárias e pode prever precisamente as conseqüências de suas ações, se está operando sob uma condição de **certeza**.[5] Os gerentes expressam suas preferências pela certeza quando não ficam satisfeitos ao ouvir sobre o que *pode ter* acontecido ou *poderá* acontecer e insistem em ouvir o que *aconteceu* ou *acontecerá*.[6] Contudo, a certeza plena é rara. Para decisões administrativas importantes e não-programadas, a incerteza é a regra.

Incerteza significa que o gerente possui informações insuficientes para saber as conseqüências de ações diferentes. Os tomadores de decisão podem ter opiniões firmes — eles podem sentir-se confiantes —, mas ainda estarão operando sob condições de incerteza se carecerem de informações pertinentes e não puderem estimar exatamente a probabilidade dos diferentes resultados de suas ações.

Quando se pode estimar a probabilidade de várias conseqüências, mas ainda não se sabe com certeza o que acontecerá, depara-se com um **risco**. O risco existe quando a probabilidade de uma ação ser bem-sucedida é menor que 100% e podem ocorrer perdas. Se a decisão for errada, poderá haver perda de dinheiro, tempo, reputação ou outros ativos importantes.

certeza
A condição existente quando os tomadores de decisão têm informações exatas e abrangentes.

incerteza
A condição existente quando os tomadores de decisão têm informações insuficientes.

risco
A condição existente quando a probabilidade de sucesso é menor que 100% e podem ocorrer perdas.

O risco, como a incerteza, é um fato da vida na tomada de decisão administrativa, mas não é o mesmo que *correr* um risco. Embora às vezes pareça que aqueles que correm risco são admirados e que empresários e investidores prosperem ao correrem riscos, a realidade é que bons tomadores de decisão preferem administrar os riscos. Isso significa que, embora aceitem o fato de que decisões importantes envolvem riscos, eles fazem de tudo para prevê-los, minimizando-os e controlando-os.

Correndo Riscos Gerenciais

Quando e por que os gerentes tomam decisões arriscadas? Muitos fatores afetam o ato de correr riscos ou de evitá-los. Alguns são conscientes, advindos de análises racionais, e outros são mais sutis e subjetivos. Por exemplo, o desempenho afeta os riscos: os gerentes correm mais riscos quando suas empresas apresentam um fraco desempenho, particularmente à medida que se aproximam da falência. Gerentes que trabalham em empresas com melhor desempenho, especialmente aqueles que atingem suas aspirações, correm riscos menores.

Além do mais, o clima empresarial afeta o ato de correr riscos, às vezes de maneiras surpreendentes. Os lucros das grandes empresas subiram mais de 70% em dezembro de 2004 desde sua baixa em 2001. Normalmente, grandes lucros levam a se correr riscos maiores sob a forma de investimento em negócios; dinheiro disponível em caixa provê o meio de explorar oportunidades de investimento em novos produtos, tecnologia, fábricas, pessoal e mercados. Porém, o investimento em negócios durante esse período aumentou somente 18%. A explicação pode estar na volta à aversão ao risco (leia-se: "cautela"). Na década de 1990, parecia que as ações sempre subiriam; sem ter de se preocupar com nada, os gerentes geralmente sentiam que poderiam fazer qualquer coisa, apostar em qualquer oportunidade. No entanto, quando a "bolha" tecnológica estourou, quando chegaram a recessão e os ataques terroristas e os escândalos corporativos tornaram-se notícia, tudo mudou. Os gerentes, nesse novo clima de aversão a riscos, não fizeram os novos e arriscados investimentos que eles teriam feito em transações de negócios no período anterior.

O CEO da Amgen, Kevin Sharer, tem em seu escritório um retrato do general George Custer para lembrar-se de não subestimar seus oponentes ao tomar decisões importantes. A pessoa que serve de modelo para Sharer é Horatio Nelson, o herói naval inglês famoso por correr enormes riscos, freqüentemente contra ordens. Porém, ao contrário de Custer, Nelson não se lançou precipitadamente ao perigo. Sharer quer que a Amgen seja como Nelson: que aja destemida e rapidamente, mas com consenso correndo riscos, porém riscos calculados que tenham compensações potencialmente grandes.

FONTES: MILLER, K.; CHEN, W. Variable Organizational Risk Preferences: Tests of the March-Shapira Model. *Academy of Management Journal*, v. 47, p. 105-115, 2004; SAMUELSON, R. J. Cautious Capitalist. *The Washington Post*, 22 dez. 2004, p. A-27; BOYLE, M. Growing against the Grain. *Fortune*, 3 maio 2004, p. 148-156.

Os gerentes preferem a certeza à incerteza. Por exemplo, Jim Rogers, CEO da Cinergy, um fornecedor de eletricidade e gás, ficaria feliz se uma regulamentação única e substancial sobre emissões de gás carbônico recebesse sanção legal agora.[7] Isso seria melhor que várias regulamentações imprevisíveis ao longo dos próximos anos; ele prefere a certeza agora à incerteza criada pela "morte lenta causada pela grande quantidade de supressões e emendas feitas na lei", que torna impossível o planejamento no longo prazo.

Como outro exemplo, uma empresa chamada Surface Systems (SSI) lucra por meio da determinação de probabilidades, reduzindo com isso (mas de modo algum eliminando) a incerteza para os tomadores de decisão.[8] A SSI faz a previsão do tempo, já que isso é aplicável a problemas de certos tipos de negócios. Mais de US$ 1 trilhão da economia dos Estados Unidos incluindo plantações, construção, companhias aéreas, vestuário e vendas de sorvete são afetados pela temperatura, precipitação atmosférica, pelo vento e pela umidade. Quarenta e quatro departamentos de transporte estaduais pagam ao SSI para serem orientados sobre o momento em que devem jogar sal nas suas rodovias para derreter a neve, pois as estradas requerem só um décimo da quantidade de sal se este for aplicado imediatamente antes da nevada que depois dela. Os parques de diversão, se souberem as chances de chuva nas horas em que é provável que os clientes escolham ir ao cinema em vez de aos parques, podem poupar custos com mão-de-obra e alimentação. A redução da incerteza não é apenas psicologicamente reconfortante; ela tem valor real.

George Conrades, presidente do conselho de administração e CEO da Akamai Technologies, diz: "Nós operamos em um ambiente — a Internet no qual há um enorme nível de incerteza. Você não pode ter certeza do que acontecerá amanhã, e não pense no ano que vem. O perigo é que a incerteza pode conduzir à paralisia. Perde-se tanto tempo tentando descobrir e estabelecer conclusivamente todas as possibilidades e todos os riscos envolvidos que se acaba nunca agindo. Caso isso aconteça se você se tornar indeciso, você estará morto" (p. 120).[9]

Os efeitos das condições meteorológicas nos negócios podem ser extremamente incertos.

Conflitos

Decisões importantes são ainda mais difíceis por causa dos conflitos que os gerentes enfrentam. O **conflito**, que existe quando o gerente é obrigado a considerar pressões opostas vindas de fontes diferentes, ocorre em dois níveis.

conflito

Pressões opostas de diferentes fontes. Dois níveis de conflito são os conflitos psicológicos e os conflitos que surgem entre indivíduos ou grupos.

Primeiro: tomadores de decisão, sozinhos, passam por conflitos psicológicos quando várias opções são atrativas, ou quando nenhuma delas é atrativa. Por exemplo, um gerente poderá ter de decidir quem dispensar quando, na realidade, não quer dispensar ninguém. Ou poderá ter três candidatos promissores para uma vaga —, mas a escolha de um incorrerá na rejeição dos outros dois.

Segundo: conflitos que surgem entre pessoas. O diretor financeiro argumenta a favor de aumentar a dívida de longo prazo para financiar uma aquisição. O CEO, contudo, prefere reduzir tal dívida e encontrar os fundos necessários de outro modo. O departamento de marketing quer mais linhas de produto para vender e os engenheiros querem produtos de maior qualidade. No entanto, o pessoal da produção deseja diminuir os custos tendo séries de produção mais longas de menos produtos e sem mudanças. Poucas decisões acontecem sem conflito.

Os Estágios da Tomada de Decisão

Diante desses desafios, como se pode tomar boas decisões? O processo decisório ideal passa por seis estágios. Em empresas que institucionalizaram o processo, esses estágios têm a intenção de responder às seguintes perguntas:[10] O que queremos mudar? O que está nos impedindo de alcançar o "estado desejado"? Como *poderíamos* fazer a mudança? Qual é a *melhor* maneira de fazê-la? Estamos seguindo o plano? e Quão bem ele funcionou?

Mais formalmente, como ilustra a Figura 3.2, os tomadores de decisão deveriam: 1) identificar e diagnosticar o problema, 2) gerar soluções alternativas, 3) avaliar as alternativas, 4) fazer a escolha, 5) implementar a decisão e 6) avaliar a decisão.

Identificação e Diagnóstico do Problema

O primeiro estágio no processo da tomada de decisão é reconhecer que um problema existe e deve ser solucionado. Normalmente, um gerente percebe alguma discrepância entre o estado atual (o modo como as coisas se encontram) e um estado desejado (o modo como as coisas deveriam estar).

FIGURA 3.2
Os Estágios da Tomada de Decisão

Essas discrepâncias digamos, no desempenho organizacional ou de uma unidade podem ser detectadas ao se comparar o desempenho atual com 1) o desempenho *passado*, 2) o desempenho *atual* de outras organizações ou unidades. ou 3) o desempenho esperado no *futuro* conforme determinado por planos e previsões.[11]

Reconhecer que um problema existe é só o começo desse estágio. O tomador de decisão também deverá querer fazer algo a respeito do problema e precisa acreditar que os recursos e habilidades necessários à sua resolução existem.[12] Depois, o tomador de decisão deverá investigar mais a fundo e tentar *diagnosticar* a verdadeira causa dos sintomas do problema que vieram à tona.

Por exemplo, um gerente de vendas sabe que as vendas têm caído drasticamente. Se ele for deixar a empresa em breve ou se acreditar que o volume de vendas decrescente se deve à economia (a respeito do que não pode fazer nada), ele não agirá. Porém, se tentar solucionar o problema, ele não deve repreender sua equipe de vendas imediatamente, contratar pessoal novo ou aumentar a verba para publicidade. Ele deve analisar *por que* as vendas decresceram e depois desenvolver uma solução apropriada à sua análise. Perguntar por que, a você mesmo e aos outros, é essencial para entender o real problema.

Perguntas úteis a serem feitas e respondidas nesse estágio incluem:[13]

- Existe uma diferença entre o que realmente está acontecendo e o que deveria estar acontecendo?
- Como se pode descrever o desvio, o mais especificamente possível?
- Qual(is) é(são) a(s) causa(s) do desvio?
- Quais metas específicas deveriam ser alcançadas?
- Quais dessas metas são absolutamente críticas para o sucesso da decisão?

Geração de Soluções Alternativas

O segundo estágio une o diagnóstico do problema ao desenvolvimento de linhas de ação alternativas visando a solução do problema. Os gerentes criam pelo menos algumas soluções alternativas baseadas em experiências passadas.[14]

soluções prontas
Idéias vistas ou experimentadas anteriormente.

soluções sob encomenda
Soluções novas, criativas, destinadas especificamente para o problema.

As soluções variam das prontas àquelas feitas sob encomenda.[15] Tomadores de decisão que buscam **soluções prontas** usam idéias já tentadas anteriormente ou seguem os conselhos de outros que enfrentaram problemas semelhantes. **Soluções sob encomenda**, devem ser destinadas a problemas específicos. Essa técnica freqüentemente associa idéias a soluções novas e criativas. Por exemplo, o *Walkman* da Sony foi criado combinando-se dois produtos existentes: fones de ouvido e um toca-fitas.[16] Potencialmente, soluções sob encomenda podem ser planejadas para qualquer desafio. Adiante no capítulo, discutiremos como gerar idéias criativas.

Em essência, há potencialmente muito mais alternativas disponíveis do que os gerentes podem perceber. Por exemplo, o que você faria se um dos seus concorrentes reduzisse os preços? Uma escolha óbvia seria reduzir seus próprios preços. No entanto, quando a American Airlines, a Northwest Airlines e outras linhas aéreas se envolveram em guerras de preço de passagens no começo da década de 1990, o resultado foi um recorde em volume de viagens aéreas e perdas recordes para o setor.[17]

Felizmente, o corte de preços em resposta aos cortes de preço de um concorrente não é a única alternativa disponível, embora às vezes se presuma que seja. Se um de seus concorrentes corta os preços, não responda automaticamente com a resposta óbvia inicial. Elabore múltiplas opções e faça uma completa previsão das conseqüências dessas diferentes opções. Outras opções que não os cortes de preço incluem respostas não-relacionadas a preço, como enfatizar os riscos do consumidor ao adquirir produtos de baixo preço, construir um interesse nas características do seu produto e na sua qualidade como um todo, e comunicar a vantagem dos seus custos aos seus concorrentes para que eles percebam que não podem vencer uma guerra de preços. A Winn-Dixie usou essa última estratégia contra a Food Lion e as lojas pararam de competir quanto a preços. Caso você decida cortar seu preço como um último recurso, faça-o rapidamente — se você o fizer vagarosamente, seus concorrentes ganharão em vendas enquanto isso, o que poderá encorajá-los a utilizar novamente a mesma tática no futuro.[18]

Avaliação de Alternativas

O terceiro estágio envolve a determinação ou a adequação das alternativas que foram geradas. Qual solução será a melhor?

Freqüentemente, as alternativas são avaliadas utilizando-se pouca reflexão ou lógica. Depois que Walter P. Chrysler morreu, o advogado da Chrysler às vezes entrava em contato com o espírito dele para receber conselhos. O advogado pedia licença da reunião, entrava no escritório de Chrysler, fechava a porta e as cortinas, desligava as luzes e invocava o espírito do morto. Depois, retornava à reunião e revelava suas descobertas, que os executivos da Chrysler usavam para tomar a decisão final.[19]

Obviamente, as alternativas deveriam ser avaliadas mais cuidadosamente. Prever as conseqüências que poderão ocorrer se as várias opções forem efetivadas é fundamental para esse processo.

Os gerentes têm de considerar vários tipos de conseqüências. É claro que devem tentar prever os efeitos nas finanças ou em outros medidores de desempenho, mas há outras conseqüências menos definidas a levar em conta.[20] As decisões estabelecem um precedente; esse precedente será uma ajuda ou um impedimento no futuro? Além do mais, o sucesso ou o fracasso da decisão passarão a fazer parte do histórico daqueles envolvidos em tomá-la.

Volte às suas metas iniciais, definidas no primeiro estágio. Quais metas cada alternativa alcança ou deixa de alcançar? Quais alternativas são mais aceitáveis para você e para outros *stakeholders* importantes? Se várias alternativas podem resolver o problema, quais podem ser implementadas pelo menor custo? Se nenhuma alternativa alcançar todas as suas metas, talvez você possa associar duas ou mais entre as melhores.

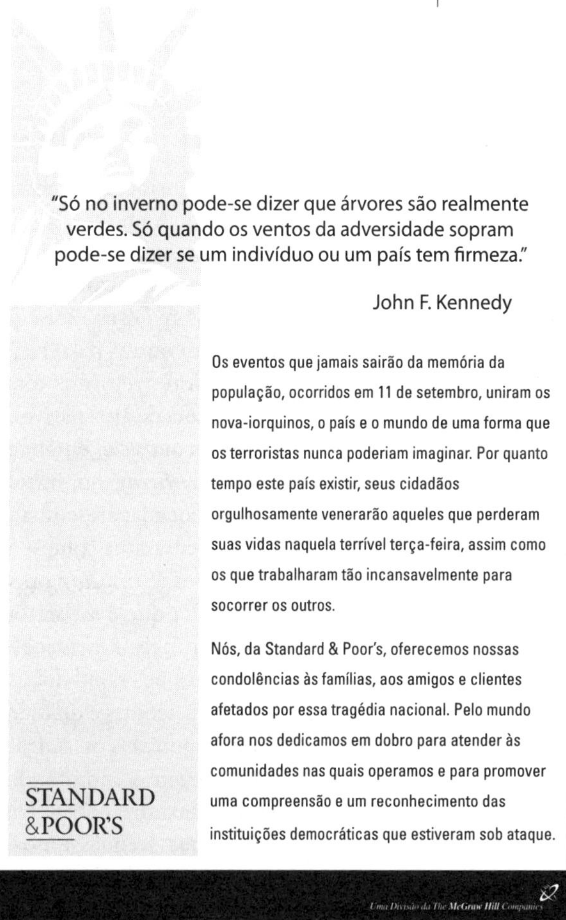

As empresas que alocavam suas operações dentro e ao redor do World Trade Center tiveram de confiar nos planos de contingência depois de 11 de setembro de 2001. Muitos eram *players* (protagonistas) dos mercados financeiros. Aqueles que puderam, tranqüilizaram os clientes e o mundo de que as operações continuariam. Muitos se basearam em anúncios patriotas e inspiradores como esse da Standard & Poor's.

As perguntas essenciais nesse ponto são:[21]

- Nossas informações sobre alternativas são completas e atuais? Em caso negativo, podemos conseguir mais e melhores informações?
- A alternativa atinge nossos objetivos principais?
- Que problemas poderemos ter se implementarmos a alternativa?

É claro que os resultados não podem ser previstos com perfeita exatidão, mas às vezes tomadores de decisão podem criar garantias contra um futuro incerto considerando as conseqüências potenciais de várias situações diversas. Depois eles elaboram **planos de contingência** — modos de ação alternativos que podem ser implementados dependendo de como o futuro se desenrolar.

planos de contingência
Modos de ação alternativos que podem ser implementados baseados em como o futuro se desenrola.

Por exemplo, analistas que estejam tomando decisões quanto ao futuro podem considerar quatro opiniões alternativas sobre as futuras condições da economia norte-americana:[22] 1) um crescimento econômico rápido com 5% a 6% de crescimento anual e os Estados Unidos muito mais fortes que seus concorrentes globais, 2) uma economia moderadamente forte com crescimento de 2% a 3%; 3) uma perspectiva pessimista, sem crescimento e com desemprego crescente e recessão; ou 4. um cenário pior, com depressão global, desemprego em massa e inquietação social disseminada.

Algumas situações parecerão mais prováveis e outras muito improváveis. No final das contas, uma das situações provará ser mais acertada que as outras. O processo de considerar situações múltiplas levanta importantes perguntas do tipo "e se?" para os tomadores de decisão e enfatiza a necessidade de planos de prontidão e contingência.

Enquanto você lê isso, que situação econômica está se desenrolando? Quais são os eventos e tendências atuais importantes? Que cenários poderiam desenvolver-se daqui a seis ou oito anos? Como *você* se preparará?

maximização

Uma decisão que gera o melhor resultado possível.

satisficing

A escolha de uma opção que é aceitável, embora não necessariamente a melhor ou perfeita.

otimização

Obtenção do melhor equilíbrio possível entre várias metas.

Fazer a Escolha

Após considerar as possíveis conseqüências de suas opiniões, é hora de você tomar uma decisão. Aqui, são importantes os conceitos maximização, *satisficing* (subotimização) e otimização.[23]

Maximização significa tomar a melhor decisão possível. A decisão de maximização gera as maiores conseqüências positivas e o menor número de conseqüências negativas. Em outras palavras, a maximização resulta no maior benefício ao menor custo, com os maiores retornos totais esperados. Ela requer uma busca integral por uma variedade completa de alternativas, a avaliação cuidadosa de cada alternativa, a comparação de umas com as outras e, então, escolha ou a criação da melhor.

Satisficing ou **subotimização** é escolher a primeira opção minimamente aceitável ou adequada; a escolha parece atingir uma meta ou critério considerados alvo. Quando se procura uma solução subótima, compara-se uma escolha com a meta, não com outras opiniões. *Satisficing* ou subotimização significa que uma busca por alternativas pára na primeira que é satisfatória. Comumente, as pessoas não gastam tempo ou energia para coletar mais informações. Em vez disso, elas fazem a escolha conveniente com base em informações rapidamente disponíveis. *Satisficing* ou subotimizar é, às vezes, resultado de preguiça, mas também acontece quando, não há opção diferente porque o tempo é curto, as informações não se encontram disponíveis ou outras restrições tornam a maximização impossível.

Suponha que estejamos comprando novos equipamentos e nossa meta seja evitar gastar muito dinheiro. Estaríamos maximizando se conferíssemos todas as opções e os preços e depois comprássemos aquele mais barato que atendesse nossas exigências de desempenho. Porém, estaríamos *satisficing* se comprássemos o primeiro equipamento encontrado que estivesse dentro do orçamento e deixássemos de procurar opções menos onerosas.

Otimização significa o alcance do melhor equilíbrio possível entre as várias metas. Ao comprarmos equipamentos, talvez estejamos interessados na qualidade e durabilidade assim como no preço. Então, em vez de comprar o equipamento mais barato que funciona, compramos o que tem a melhor combinação de atributos, embora possa haver opções que sejam melhores quanto ao critério de preço e outras que sejam melhores segundo critérios de qualidade e durabilidade.

É fácil se tornar tão focado em maximizar uma meta que se perde de vista outras metas importantes. Estaremos otimizando se tivermos certeza de que nenhum resultado importante é muito prejudicado, desnecessariamente.

A mesma idéia se aplica a alcançar metas de negócio. Uma estratégia de *marketing* poderia maximizar vendas, enquanto uma estratégia diferente poderá maximizar os lucros. Uma estratégia de otimização é a que alcança o melhor equilíbrio entre múltiplas metas.

Implementação da Decisão

O processo decisório não termina quando uma escolha é feita. A alternativa escolhida deve ser implementada.

Às vezes, as pessoas envolvidas na escolha devem fazer que ela seja efetivada. Outras vezes, tais pessoas delegam a responsabilidade dessa implementação, como quando uma equipe do alto escalão muda uma política ou procedimento operacional e faz que gerentes operacionais executem a mudança. E também acontece, infelizmente, de as pessoas tomarem decisões, mas não agirem.

A implementação de decisões pode deixar de ocorrer quando muito discurso é confundido com muita ação; se as pessoas simplesmente presumirem que uma decisão "acontecerá"; quando elas se esquecem de que simplesmente tomar uma decisão não muda nada; quando reuniões, planos e relatórios são vistos como "ações", mesmo que não tenham nenhum efeito no que as pessoas de fato fazem; e se os gerentes não verificam para se certificarem de que realmente foi implementado o que se disse.[24]

Aqueles que implementam a decisão devem *entender* a escolha e por que ela foi feita. Eles também devem se *comprometer* para que sua implementação seja bem-sucedida. Essas necessidades podem ser alcançadas envolvendo as pessoas desde os primeiros estágios do processo de decisão. Na Steelcase, o maior produtor mundial de mobiliário para escritório, novos conceitos de produtos são submetidos simultaneamente a cuidadoso exame das áreas de projeto, de engenharia e de marketing.[25] Isso contrasta com aquela abordagem em que os idealizadores fazem o projeto e o conceito é posteriormente transmitido a outros departamentos para implementação. Nesse último caso, uma compreensão completa e o comprometimento total de todos os departamentos são menos prováveis.

Os gerentes devem planejar a implementação cuidadosamente. O planejamento adequado requer várias etapas:[26]

1. Determine como as coisas ficarão quando a decisão estiver em plena operação.
2. Ordene cronologicamente, talvez com um fluxograma, as etapas necessárias para alcançar uma decisão plenamente operacional.
3. Faça uma lista das atividades e dos recursos necessários para implementar cada etapa.
4. Estime o tempo necessário para cada etapa.
5. Delegue responsabilidade de cada etapa para indivíduos específicos.

Os tomadores de decisão precisam admitir que as coisas *não* fluirão tranqüilamente durante a implementação. É muito útil despender um pouco mais de tempo para *identificar problemas potenciais* e *identificar oportunidades potenciais*. Então, será possível agir para prevenir problemas e também estar preparado para aproveitar oportunidades inesperadas. Perguntas úteis a serem feitas são:

- Que problemas essa ação poderá causar?
- O que podemos fazer para prevenir problemas?
- Quais benefícios ou oportunidades não-intencionais podem surgir?
- Como poderemos-nos certificar de que ocorrerão?
- Como poderemos estar prontos para agir quando as oportunidades surgirem?

Muitos dos capítulos deste livro dizem respeito a questões de implementação: como implementar a estratégia, alocar recursos, organizar-se para obter resultados, conduzir e motivar pessoas, gerenciar mudanças e assim por diante. Veja os capítulos com essa perspectiva e aprenda quanto puder sobre como implementar corretamente.

Avaliação da Decisão

O estágio final no processo decisório é a avaliação da decisão. Isso significa coletar informações quanto a quão bem a decisão está funcionando. Metas quantificáveis — um aumento de 20% nas vendas, uma redução de 95% nos acidentes, 100% de entregas dentro do horário estabelecido — podem ser fixadas antes de a solução para o problema ser implementada. Depois, dados objetivos podem ser coletados para determinar precisamente o sucesso (ou fracasso) da decisão.

A avaliação da decisão é útil tanto se a conclusão for positiva quanto negativa. *Feedback*, que significa que a decisão está funcionando, implica que a decisão deverá ser continuada e talvez aplicada em outro lugar na organização. *Feedback* negativo significa que 1) ou a implementação vai requerer mais tempo, recursos, esforço ou análise; 2) ou foi uma má decisão.

Se a decisão mostrar-se não-apropriada, a questão será voltar à prancheta. Depois, o processo retorna ciclicamente ao primeiro estágio: (re)definição do problema. O processo decisório começa mais uma vez, preferivelmente com mais informações, novas sugestões e uma abordagem que tenta eliminar os erros cometidos na primeira vez.

Conexões: INTERLIGAÇÕES: A MERCK E O VIOXX

Você já sabe que a Merck retirou o Vioxx do mercado no final de 2004. Eis mais alguns dados sobre o caso. Em 2000, quando a pesquisa sugeriu que o Vioxx poderia causar possíveis efeitos colaterais cardiovasculares, a Merck rapidamente emitiu um comunicado à imprensa para tornar pública a descoberta. Contudo, aproximadamente um mês depois, a empresa publicou outra matéria confirmando a segurança cardiovascular do medicamento e refutando "noticiários especulativos". Os cientistas da Merck argumentaram que o Vioxx não causava danos ao coração e que a outra medicação com a qual foi comparado no estudo ajudava esse órgão.

Alguns médicos declararam que a Merck ignorara suas recomendações sobre o Vioxx por anos a fio. A Merck tradicionalmente tem-se preocupado profundamente com a percepção da comunidade médica a respeito do medicamento. Isso pode ter influenciado a decisão de retirar o Vioxx do mercado depois que o estudo mais prejudicial de 2004 se tornou público. A decisão ocorreu à custa de prejuízo para muitos investidores, que teriam preferido que o medicamento não fosse retirado, e com perda significativa na reputação da Merck. Alguns dizem que a atitude foi um engano e que melhor seria se simplesmente tivesse sido feita publicidade mais ampla a respeito dos efeitos colaterais potenciais, apesar de alguma redução nas vendas.

Pouco tempo depois desse fato, o Celebrex da Pfizer foi alvo de ataque semelhante, mas a Pfizer, que tinha um histórico financeiro recente mais forte que o da Merck, manteve o remédio no mercado. A companhia farmacêutica concordou em parar de fazer propaganda para consumidores, porém, aumentou suas despesas em propaganda para a comunidade médica. A manutenção do Celebrex no mercado depositou a responsabilidade para a tomada de decisão nos médicos e pacientes. A administração da Pfizer considerou cuidadosamente essa atitude e decidiu que valia a pena correr o risco.

A Melhor Decisão

Como os gerentes podem saber se tomaram a melhor decisão? Uma abordagem é esperar até os resultados chegarem, mas e se a decisão tomada ainda não tiver sido implementada? E se levar anos até que o impacto da decisão seja totalmente compreendido?

Enquanto nada puder garantir "melhor" decisão, os gerentes devem pelo menos estar confiantes de que seguiram *procedimentos* apropriados para chegar à melhor decisão possível dadas as circunstâncias. Isso significa que os tomadores de decisão foram apropriadamente vigilantes (atentos) ao tomarem a decisão. A **vigilância** ocorre quando os tomadores de decisão cuidadosa e conscienciosamente executam todos os seis estágios da tomada de decisão, incluindo tomar providências para implementação e avaliação.[27]

> **vigilância**
> Um processo no qual um tomador de decisão executa cuidadosamente todos os estágios da tomada de decisão.

Mesmo que os gerentes reflitam sobre essas atividades decisórias e concluam que elas foram executadas conscienciosamente, ainda não saberão se a decisão funcionará — afinal, nada garante um bom resultado; mas eles *saberão* que fizeram o máximo possível para tomar a melhor decisão possível.

A maioria das causas das falências nos negócios descritas na seção a seguir é resultado de vigilância inadequada. Considerem-as armadilhas de decisão; se você se encontrar pensando consigo mesmo dessa maneira, quem sabe esteja tomando decisões insatisfatórias.

Fracasso na Tomada de Decisão

Por que empresas e gerentes fracassam? Eles fracassam por causa de decisões insatisfatórias, freqüentemente originadas de processos decisórios deficientes. Empreendedores e administradores de empresas podem se dedicar de corpo e alma a seus trabalhos, mas às vezes falham em usar sua inteligência. Os empreendedores freqüentemente tornam-se presas das seguintes crenças errôneas:

- *Eu mesmo(a) tenho de tomar a decisão.* Ao abrir seu próprio negócio, você é responsável por tudo. No entanto, com o tempo, você precisa acrescentar pessoal capacitado e soltar um pouco as rédeas. Fique atento ao que está acontecendo, entretanto, você tem de delegar mais, dar mais responsabilidade a outras pessoas e deixá-las fazer o que sabem fazer melhor.
- *O e-commerce (comércio eletrônico) é fácil e barato.* É fácil construir um site na Web capaz de lidar com transações. Porém, a maioria das tentativas de implementar *e-commerce* falhou e diversas empresas de grande porte tiverem de tentar por várias vezes antes de chegarem perto do correto. Questões estratégicas, tecnológicas e organizacionais não devem ser subestimadas.
- *Minhas previsões são conservadoras.* Você pode estar imaginando que é capaz de fazer que seu plano funcione por ter realizado previsões cautelosas. Mas é aconselhável ter planos de contingência caso suas previsões demonstrem estar incorretas. Uma regra prática é a de que negócios recentemente criados levam o dobro do tempo para dar certo ou precisam do triplo de investimento do que aqueles previstos por seus fundadores. As projeções de vendas quase sempre jamais são atingidas.
- *Com todo esse dinheiro para trabalhar, é impossível falhar.* É duro ter de batalhar por centavos. No entanto, excesso de dinheiro pode significar decisões arriscadas ou pouco elaboradas e você vai acabar perdendo o controle dos custos.

Entre executivos malsucedidos de grandes empresas, podemos citar alguns processos de decisão errôneos mais comuns:

- *Percepções equivocadas da realidade.* Roger Smith, da General Motors, desperdiçou bilhões em robótica pensando que a automação do trabalho fosse essencial quando a real necessidade era melhorar os processos.
- *Atitudes ilusórias.* Qualquer executivo pode se embrenhar porrotas destrutivas mesmo quando evidências indiquem que a coisa não está funcionando. Quando clientes jovens disseram que os seus produtos não estavam na moda, os executivos da Levi Strauss não deram atenção, recusando-se a mudar.
- *Colapsos na comunicação.* Informações importantes não chegam aos altos escalões ou são ignoradas. O melhor exemplo disso pode ser o dia 11 de setembro de 2001.
- *Falha na correção de erros.* O CEO da Rubbermaid nos anos 90, Wolfgang Schmidt, aparentemente pensou que ele "soubesse de tudo sobre tudo". Porém, ele estava completamente enganado. Antes de Schmidt, a Rubbermaid era a empresa número 1 na lista da *Fortune* das empresas mais admiradas. Ela não faz mais parte dessa lista e Schmidt se foi.

FONTES: POSNER, B. G. Why Companies Fail. *Inc.*, jun 1993, p. 102-106; BALU, R. (Ed.). Starting your Startup. *Fast Company*, jan./fev. 2000, p. 81-114; SEGARS, A. The Seven Myths of E-Commerce. *Financial Times Mastering Management Review*, jan. 2000, p. 28-35; FINKELSTEIN, S. *Why Smart Executives Fail.* Nova York: Porfolio, 2003, revisado por BEAM, H. In: *Academy of Management Executive*, maio 2004, p. 157-158.

Barreiras à Tomada de Decisão Eficaz

A vigilância e a plena execução dos seis estágios do processo decisório são a exceção, não a regra. Entretanto, pesquisas comprovam que, quando os gerentes usam tais processos racionais, o resultado são melhores decisões.[28] Gerentes que se convencem do comprometimento com esses processos são mais eficientes.

Por que as pessoas não aplicam automaticamente esses processos racionais? É fácil negligenciá-los ou executá-los de forma imprópria. E que o problema esteja mal definido ou os objetivos mal-identificados. Pode ser que não seja gerado um número suficiente de soluções ou elas sejam avaliadas de forma incompleta. Pode ser que se faça uma escolha *satisficing* (subótima) em vez de maximizadora. A implementação pode eventualmente ter sido malplanejada ou executada ou o acompanhamento ter sido inadequado ou inexistente. E decisões são influenciadas por predisposições psicológicas subjetivas, pressões de tempo e realidades sociais.

Predisposições Psicológicas

ilusão do controle

Crença das pessoas de que elas são capazes de influenciar acontecimentos, mesmo quando não tem nenhum controle sobre o que vai realmente acontecer.

Os tomadores de decisão estão longe da objetividade na maneira como coletam, avaliam e usam as informações para fazerem suas escolhas. As pessoas possuem predisposições que interferem na racionalidade objetiva. Os exemplos citados a seguir representam apenas uma pequena parte das diversas predisposições subjetivas comprovadas.[29]

A **ilusão do controle** é a crença de que se pode influenciar eventos mesmo quando não se tem nenhum controle sobre os acontecimentos. Apostar em jogos de azar é um bom exemplo. Alguns indivíduos acreditam que têm a habilidade de superar acontecimentos inesperados ainda que a maioria das pessoas, na maioria das vezes, não consiga fazê-lo. Em negócios, tal confiança em excesso pode conduzir à falência porque os tomadores de decisão ignoram riscos e deixam de avaliar objetivamente as chances de sucesso. De modo relacionado, podem ter uma visão positiva irreal deles mesmos ou de suas empresas,[30] acreditar que são incapazes de causar qualquer dano ou ter um otimismo geral a respeito do futuro que pode conduzi-los a acreditar que são imunes a riscos e fracassos.[31] Por exemplo, a confiança em excesso foi um contribuidor para a queda da Enron. O professor Jeffrey Pfeffer da Stanford descreveu a saga da Enron como caracterizada por uma "arrogância e orgulho absolutos. A minha impressão é que eles pensavam que sabiam tudo, o que sempre é a falha fatal" (p. A11).[32]

efeitos da estruturação

Uma predisposição psicológica influenciada pela maneira como um problema ou uma alternativa de decisão são expressados ou apresentados.

Efeitos de estruturação referem-se a como os problemas ou alternativas de decisão são expressos ou apresentados e como essas influências subjetivas podem sobrepujar fatos objetivos. Em um exemplo, os gerentes demonstraram um desejo de investir mais dinheiro na direção de um empreendimento que foi relatada como tendo chances de 70% de lucro em vez de outra com suposta probabilidade de 30% de perda.[33] As escolhas foram equivalentes em suas chances de sucesso; o modo como as opções foram estruturadas é que determinou as escolhas dos gerentes.

desconsiderando o futuro

Uma tendência de dar maior peso a custos e benefícios de curto prazo do que para custos e benefícios no longo prazo.

O CEO da Merrill Lynch utilizou-se de forma eficiente da estruturação para propor uma idéia em uma importante reunião.[34] Ele percorreu a sala obtendo comentários de cada executivo. Cada um identificou um ou mais problemas na proposta. Depois de todos terem falado, o CEO não descartou os problemas — eles eram obstáculos genuínos em potencial. Mas em vez de dizer "Há muitos problemas, vamos desistir da idéia", ele afirmou que a idéia era muito importante para ser suspensa, e a questão passou a ser: como resolveremos os problemas? Ele não estruturou a questão como uma escolha de prosseguir ou não; ele a estruturou em um desafio de como superar os obstáculos.

Freqüentemente os tomadores de decisão **desconsideram o futuro**. Isto é, em suas avaliações de alternativas, eles dão maior peso a custos e benefícios de curto prazo do que a custos e benefícios de longo prazo. Considere sua própria decisão quanto a fazer um minucioso exame dentário. A escolha de ir implica despesas de curto prazo, ansiedade e talvez dor física. A escolha por não ir impõe gastos ainda maiores e dor mais severa se os problemas dentários piorarem. Como escolher? Muitas pessoas decidem evitar os custos de curto prazo não fazendo exames minuciosos regulares, mas terminam enfrentando dor muito maior no longo prazo.

Estabelecimentos de jogos de azar profissionais contam com o desejo das pessoas de tentar derrotar as probabilidades. Suas ilusões de controle contribuem para os altos lucros obtidos por quase todos os cassinos.

A mesma tendência se aplica a estudantes que não estudam, vigilantes do peso que beliscam sobremesa ou falham na execução de exercícios rotineiros e trabalhadores que tiram a tarde para jogar golfe quando realmente deveriam trabalhar. Também pode afetar gerentes que hesitam em investir capital nos programas de pesquisa e desenvolvimento que podem não compensar a não ser em um prazo bem longo. Em todos esses casos, evitar despesas de curto prazo ou procurar recompensas no curto prazo resultam em conseqüências negativas no longo prazo.

No sentido contrário, o CEO George David da United Technologies gosta de agir antecipadamente financiando novas tecnologias — como células de combustível. Esses investimentos consomem milhões do resultado final anual, mas ele acredita que são as sementes do crescimento da empresa no longo prazo. Um colega explica: "George examina um período de 20 a 50 anos" (p. 77).[35]

Quando as empresas dos Estados Unidos abrem mão do valor presente para investir no futuro — tal como quando a Weyerhaeuser se expõe com enormes despesas em seus esforços de reflorestamento que não conduzirão a resultados antes de 60 anos —, parecem a exceção e não a regra. Desconsiderar o futuro explica parcialmente os déficits orçamentários governamentais, a destruição ambiental e a infraestrutura urbana decadente.[36]

Pressões de Tempo

No ambiente de trabalho em constante e rápida mutação como o de hoje, valorizam-se o agir rapidamente e manter esse ritmo. As decisões de negócio tomadas da forma mais conscienciosa podem tornar-se irrelevantes e até desastrosas se os gerentes levarem muito tempo para adotá-las.

Como os gerentes podem tomar decisões rapidamente? Algumas tendências naturais, pelo menos para os norte-americanos, poderiam ser restringir as análises (não ser tão vigilante), ocultar conflitos e tomar decisões por conta própria sem consultar outros gerentes.[37] Essas estratégias poderão acelerar a tomada de decisão, mas reduzem a *qualidade* da decisão.

De fato, a "armadilha da pressa" pode ser tão perigosa quanto se mover muito vagarosamente.[38] Em uma firma de Internet recém-aberta e que faliu, decisões rápidas inicialmente ajudaram a empresa a atingir seus objetivos de crescimento. No princípio, os fundadores fizeram todo o possível para criar um sentido de urgência: eles planejaram uma reunião para "instigar a empresa a tomar uma decisão", classificando-a como um "caso de emergência" com o propósito de criar "a idéia de pânico com um prazo emergente". Usaram a metáfora de estar subindo uma grande montanha, tendo subido só até determinada altura e prevendo percorrer muito ainda para atingir o objetivo no presente ritmo. Eles freqüentemente aceleravam o cronograma para as decisões. Iam de rápido a muito rápido e a velocidade se tornou mais importante que o conteúdo. Deixaram de levar em consideração múltiplas alternativas, utilizaram poucas informações, não tomaram conhecimento integral dos aspectos competitivos e não buscaram o parecer de consultores externos. E nunca consideraram o desaquecimento como uma opção. Essa síndrome da armadilha da velocidade é uma patologia potencial para as organizações sob pressão para tomar decisões rapidamente.

Os gerentes são capazes, quando sob pressão do tempo, de tomar decisões que contemplem, ao mesmo tempo, qualidade e prazo? Um estudo recente de processos decisórios em empresas de microcomputadores — uma fábrica de alta tecnologia, que mantinha um ritmo acelerado — mostrou algumas diferenças importantes entre empresas que agem rapidamente e as que agem de modo mais vagaroso.[39] As empresas que agem rápido obtiveram vantagens competitivas significativas sem sacrificar a qualidade de suas decisões.

Você se sentirá pressionado para tomar decisões rápidas, o que pode aumentar a ocorrência de erros

Felizmente, é possível estar vigilante ao se movimentar rapidamente e evitar a "armadilha da pressa".

Que táticas tais empresas utilizam? Em primeiro lugar, em vez de confiar em informações antigas, planejamento de longo prazo e previsões futurísticas, elas focaram nas *informações em tempo real:* informações atuais obtidas com pequenos atrasos ou nenhum. Por exemplo, elas monitoram indicadores diários, como trabalhos em andamento, em vez de verificar periodicamente indicadores contábeis tradicionais como lucratividade.

Em segundo, elas *envolvem pessoas mais efetiva e eficientemente* no processo de tomada de decisão. Elas contam firmemente com especialistas confiáveis e isso produz tanto bons conselhos como a convicção de agir rapidamente apesar da incerteza. Também *visualizam conflitos de forma realista*: elas valorizam opiniões divergentes, mas sabem que, se as discordâncias não forem resolvidas, a alta cúpula acabará por tomar a decisão final. Empresas que têm desempenho lento, en entanto, ficam bloqueadas por conflitos. Como as empresas mais ágeis, elas buscam consenso, porém, quando as discordâncias persistem, falham em chegar a uma conclusão.

Realidades Sociais

Como a descrição da tomada de decisão na indústria de microcomputadores sugere, muitas decisões são tomadas por um grupo em vez de por um único gerente. Em empresas com desempenho lento, fatores interpessoais diminuem a eficiência da tomada de decisão. Até o gerente agindo sozinho tem a responsabilidade de se reportar a seu superior e a outros e deve considerar as prioridades e reações de muitas pessoas.

Decisões administrativas importantes são marcadas pelo conflito entre os grupos interessados. Portanto, muitas decisões são resultado de interações sociais intensas, negociações e apoio político.

O restante deste capítulo se concentra no contexto social das decisões, incluindo a tomada de decisão em grupo e a realidade da tomada de decisão em organizações.

Tomada de Decisão em Grupo

Às vezes um gerente pode achar necessário reunir um grupo de pessoas a fim de tomar uma decisão importante. Alguns aconselham que, nos ambientes de negócio complexos de hoje, problemas importantes *sempre* devem ser tratados por grupos.[40] Os gerentes devem, portanto, entender como os grupos operam e como utilizá-los para aperfeiçoar as tomadas de decisão. Haverá muito mais aprendizado sobre como os grupos funcionam adiante no livro.

A filosofia básica por trás de se utilizar um grupo para tomar decisões é sintetizada pelo provérbio "duas cabeças pensam melhor que uma", mas será que essa afirmação é realmente válida? Potencialmente, é.

Se houver tempo disponível, os grupos geralmente tomam decisões de qualidade superior que a maioria dos indivíduos agindo sozinhos. Mas, os grupos são freqüentemente inferiores ao *melhor* indivíduo.[41] Quão satisfatório um grupo atua depende de como efetivamente aproveita as vantagens potenciais e minimiza os problemas potenciais de se usar um grupo. O Quadro 3.2 resume esses aspectos.

Vantagens Potenciais de se Usar um Grupo

Se outras pessoas têm alguma coisa a contribuir, a utilização de grupos para se tomar uma decisão oferece pelo menos cinco vantagens potenciais:[42]

1. Mais *informação* está disponível quando várias pessoas estão tomando a decisão. Se um membro não tiver conhecimento de todos os fatos ou da especialidade pertinente, outro membro poderá ter.
2. Um número maior de *perspectivas* quanto a questões ou abordagens diferentes para resolver o problema está disponível. O problema pode ser novo para um membro do grupo, mas familiar para outro, ou o grupo pode precisar considerar outros pontos de vista — financeiros, legais, de marketing, de recursos humanos e daí por diante — para alcançar uma solução ideal.
3. A discussão em grupo oferece uma oportunidade para *estimulação intelectual*. Ela pode fazer que as pessoas pensem e soltem sua criatividade, atingindo um alcance muito maior do que seria possível com a tomada individual de decisões.

Utilizar um grupo poderá dar a impressão de atrasar a tomada de decisão. Caso uma pessoa domine a discussão, poderá parecer que você está acelerando a tomada de decisão. Entretanto, uma pessoa dominante reduz a qualidade da decisão e a maioria dos participantes terá perdido seu tempo.

Essas três vantagens potenciais de se utilizar um grupo aumentam a chance de obter uma decisão mais embasada e de maior qualidade. Portanto, os gerentes deveriam envolver pessoas com diferentes *backgrounds*, perspectivas e acesso a informações. Eles não deveriam envolver somente seus amigos mais próximos que pensam da mesma maneira que eles.

4. As pessoas que participam de uma discussão em grupo têm maior probabilidade de *compreender* por que a decisão foi tomada. Elas terão ouvido os argumentos relevantes tanto para a alternativa escolhida quanto para aquelas rejeitadas.
5. A discussão em grupo geralmente conduz a um nível maior de *comprometimento* em relação à decisão. Aceitar a solução proposta significa alta motivação, garantindo que ela seja bem executada.

QUADRO 3.2
Prós e Contras de se Usar um Grupo para Tomar Decisões

Vantagens Potenciais	Desvantagens Potenciais
1. Maior conjunto de informações.	1. Uma pessoa domina.
2. Mais perspectivas e abordagens.	2. *Satisficing*.
3. Estímulo intelectual.	3. *Groupthink* (conformismo) com o pensamento do grupo.
4. As pessoas entendem a decisão.	4. Deslocamento de metas.
5. As pessoas se comprometem com decisão.	

As últimas duas vantagens aumentam as chances de que a decisão seja implementada com sucesso. Portanto, os gerentes devem envolver as pessoas que serão responsáveis por implementar a decisão na deliberação, tão cedo quanto possível.

Problemas Potenciais de se Usar um Grupo

As coisas *podem* dar errado quando grupos tomam decisões. A maioria dos problemas potenciais diz respeito ao processo pelo qual os membros do grupo interagem uns com os outros.[43]

1. Às vezes o membro de um grupo *domina* a discussão. Quando isso ocorre — como quando um líder forte torna claras suas preferências —, o resultado é o mesmo de quando o indivíduo dominante tomasse sua decisão sozinho. O domínio individual tem duas desvantagens. Em primeiro lugar, a pessoa dominante não necessariamente tem as opiniões mais exatas e pode até ter as idéias mais inaceitáveis. Em segundo, mesmo que a preferência daquela pessoa conduza a uma boa decisão, a reunião em grupo terá sido um desperdício de tempo para todos os outros participantes.
2. *Satisficing* tem maior probabilidade de ocorrer com grupos. A maioria das pessoas não gosta de reuniões e fará de tudo para encerrá-las. Isso poderá incluir criticar membros que queiram continuar explorando alternativas novas e melhores. O resultado é o *satisficing* em vez de uma decisão em que se procurou otimizar ou maximizar.
3. *A pressão para se evitar discordâncias* pode conduzir a um fenômeno chamado *groupthink*. O ***Groupthink*** ocorre quando as pessoas escolhem não discordar ou criar objeções porque não querem romper um espírito de equipe positivo. Alguns grupos querem pensar como um todo, não toleram divergências e esforçam-se para manter a cordialidade. Tais grupos são confiantes em excesso, complacentes e talvez muito desejosos de correr riscos. Pressão para concordar com a solução preferida do grupo abafa a criatividade e outros comportamentos característicos da tomada cuidadosa de decisão.
4. *Deslocamento de metas* freqüentemente ocorre em grupos. O objetivo dos membros do grupo deveria ser apresentar a melhor solução possível para o problema. Entretanto, quando ocorre o **deslocamento de metas**, novos objetivos emergem para substituir os originais. É comum dois ou mais membros do grupo terem opiniões diferentes e discordâncias. Tentativas de se persuadir racionalmente por meio do argumento se transformam em calorosas discussões que acabam levando à discordância. Vencer a discussão se torna o novo objetivo. Livrar-se do embaraço e derrotar a idéia alheia se torna mais importante que resolver o problema.

groupthink

Um fenômeno que ocorre na tomada de decisão quando os membros do grupo evitam discordâncias uma vez que se esforçam por um consenso.

deslocamento de metas

Uma condição que ocorre quando um grupo de tomada de decisão perde de vista seu objetivo original e um objetivo novo, menos importante, emerge.

Gerentes eficientes prestam muita atenção ao processo de grupo; eles o gerenciam cuidadosamente.

Você acabou de ler a respeito dos prós e contras de se utilizar um grupo para tomar decisões e está prestes a ler *como* gerenciar o processo da tomada de decisão em grupo. O Capítulo 12, sobre liderança, ajuda-o a decidir *quando* utilizar grupos para tomar decisões.

Gerenciando a Tomada de Decisão em Grupo

A Figura 3.3 ilustra os requisitos para gerenciar de modo eficaz a tomada de decisão em grupo: 1) um estilo de liderança apropriado, 2) o uso construtivo de discordância e conflito, e 3) o aumento da criatividade.

Estilo de Liderança

O líder de um grupo de tomada de decisão deve tentar minimizar problemas relacionados a processos. Ele deve evitar dominar a discussão ou que outro indivíduo a domine. Isso significa encorajar que membros mais falantes do grupo expressem menos suas opiniões, sugestões e indagações sobre pontos de vista discordantes.

Ao mesmo tempo, o líder não deve permitir que o grupo pressione as pessoas para que se conformem. Ele deve estar alerta aos perigos do *groupthink* e *satisficing*. Também, tem de estar atento a indícios

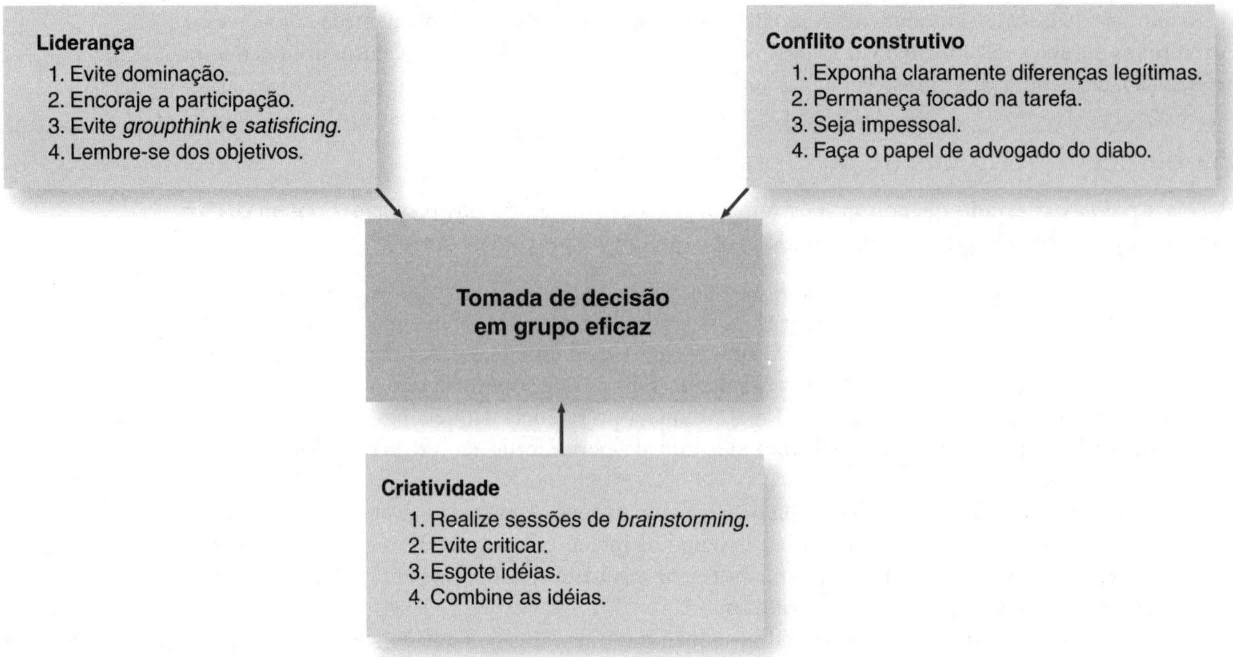

FIGURA 3.3
Gerenciando a Tomada de Decisão em Grupo

de que os membros do grupo estão perdendo de vista o objetivo principal: alcançar a melhor solução possível para o problema.

Isso implica duas coisas. Primeiro, não perca o problema de vista. Segundo, tome uma decisão! Tenha em mente a empresa de microcomputadores lenta que ficou paralisada quando os membros do grupo não conseguiram chegar a um acordo.

Conflito Construtivo

conflito cognitivo
Diferenças de perspectiva ou julgamento baseadas em questões.

conflito afetivo
Discordância emocional dirigida a outras pessoas.

advogado do diabo
Uma pessoa que tem o papel de criticar idéias para assegurar que seus aspectos adversos sejam plenamente explorados.

dialética
Um debate estruturado comparando dois modos de ação discordantes.

A concordância total e consistente entre os membros de um grupo pode ser destrutiva. Pode conduzir ao *groupthink*, a soluções não-criativas e a um desperdício de conhecimento e distintos pontos de vista trazidos para o grupo pelos indivíduos. Portanto, deveria existir certo nível de conflito *construtivo*.[44] Algumas empresas, incluindo a Sun Microsystems e a United Parcel Service, tomam algumas medidas para garantir que conflitos e debates sejam gerados dentro de suas equipes de gestão.[45]

O tipo mais construtivo de conflito é o **conflito cognitivo**, ou diferenças de perspectivas ou julgamentos a respeito de questões. Em contraste, o **conflito afetivo** é emocional e dirigido a outras pessoas. É provável que o conflito afetivo seja destrutivo para o grupo porque poderá provocar raiva, amargura, deslocamento de metas e decisões de qualidade inferior. O conflito cognitivo, ao contrário, permite que sejam expostas abertamente diferenças de opinião legítimas e que se desenvolvam melhores idéias e soluções de problemas. O conflito, então, deveria ser relacionado à tarefa em vez de ser pessoal,[46] mas até o conflito relacionado à tarefa pode prejudicar o desempenho;[47] a discordância é boa somente quando administrada apropriadamente.

Os gerentes podem aumentar a probabilidade de haver conflito construtivo reunindo grupos de diferentes tipos de pessoas, criando interações freqüentes e debates ativos e encorajando a geração de alternativas múltiplas com uma variedade de perspectivas.[48] O conflito também pode ser gerado formalmente com processos estruturados.[49] Duas técnicas que propositadamente geram o conflito cognitivo no processo de tomada de decisão são a do advogado do diabo e o método dialético.

Um **advogado do diabo** tem o papel de criticar idéias. O líder do grupo pode formalmente designar pessoas que desempenhem esse papel. Requisitar pessoas para que apontem problemas pode diminuir inibições quanto a discordar e também tornar o conflito menos pessoal e emocional.

Uma alternativa à técnica do advogado do diabo é a **dialética**, que vai um passo além ao exigir um debate estruturado entre dois modos de ação discordantes.[50] A filosofia da dialética deriva de Platão e Aristóteles, que advogavam a síntese das visões discordantes em uma tese e uma antítese. Debates estruturados entre determinados planos e seus opostos podem ser úteis antes de se tomar uma decisão estratégica. Por exemplo, uma equipe poderá sugerir a aquisição de uma empresa enquanto outra poderá ser contrária a essa aquisição.

A geração de conflito construtivo não precisa ser feita de modo tão formal e não é unicamente responsabilidade do líder. Qualquer membro da equipe pode introduzir o conflito cognitivo sendo honesto com as suas opiniões; não tendo medo de discordar dos outros; impelindo o grupo à ação se este estiver demorando muito, ou fazendo que o grupo diminua o ritmo se for necessário; e defendendo remunerações no longo prazo se o grupo estiver muito focado em resultados de curto prazo. A introdução do conflito construtivo é uma responsabilidade legítima e necessária de todos os membros da equipe interessados em melhorar a eficácia da tomada de decisão do grupo.

Encorajando a Criatividade

Você já tem conhecimento de que soluções prontas para um problema podem ser inadequadas ou estar indisponíveis. Nesses casos, soluções sob encomenda são necessárias, e isso significa que o grupo tem de ser criativo ao gerar idéias.

Algumas pessoas dizem que estamos no meio da próxima grande revolução de negócios: a "revolução criativa".[51] Considerada muito superior às revoluções agrícola, industrial e de informação, a unidade de valor mais fundamental na revolução da criatividade são as idéias. Criatividade é mais do que só uma opção; é essencial para a sobrevivência. Permitir que as pessoas sejam criativas pode ser uma das responsabilidades mais desafiadoras de um gerente.

> "Eu não inventei nada de novo, simplesmente reuni em um carro as descobertas de outros homens, atrás de quem se passaram séculos de trabalho."
>
> Henry Ford

Você poderá estar dizendo a si mesmo: "Eu não sou criativo". Mas, mesmo não sendo um artista ou um músico, você tem potencial para ser criativo de inúmeras outras formas. Você estará sendo criativo se 1) contribuir para a existência de algo novo (*criação*); 2) unir duas coisas previamente não relacionadas (*síntese*), ou 3) melhorar algo ou der a ele um uso novo (*modificação*). Você também não precisa ser um gênio na escola — Thomas Edison e Albert Einstein não foram alunos particularmente bons. Também não é preciso que algo mude o mundo para ser criativo; as "pequenas coisas" sempre podem ser feitas de novas e criativas formas que acrescentam valor ao produto e ao cliente.

> As idéias mais criativas não vêm do gênio solitário no laboratório do porão, mas de pessoas conversando e trabalhando juntas.

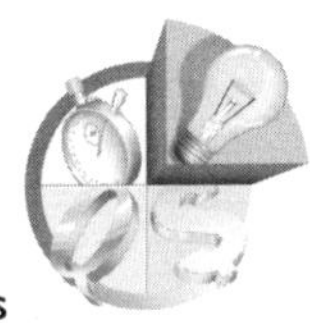

Como se "fica" criativo?[52] Reconheça as quase infinitas "pequenas" oportunidades de ser criativo. Aceite que você pode ser criativo se tentar. Fuja do trabalho de vez em quando. Leia bastante e tente novas experiências. Faça um curso ou encontre um livro bom sobre o processo do pensamento criativo; há muitos disponíveis. E fique atento ao fato de que a criatividade é social; sua criatividade será afetada pelos seus relacionamentos sociais no trabalho, inclusive suas conexões com outras pessoas fora de sua rede mais próxima.[53] Fale com as pessoas, repetidas vezes, sobre as questões e idéias com as quais está se debatendo.

Como se "obtém" criatividade das pessoas?[54] Dê aos esforços criativos o crédito que eles merecem e não puna falhas criativas. Evite pressões de tempo extremas, se possível.[55] Se datas-limite forem necessárias, ajude as pessoas a entenderem o porquê. Apóie algumas idéias inovadoras sem dar muita atenção aos resultados esperados. Estimule e desafie as pessoas intelectualmente e lhes dê alguma liberdade de criatividade. Assegure tempo suficiente para que explorem diferentes idéias. Reúna grupos de pessoas com diferentes modos de pensar e de se comportar. Faça que seu pessoal entre em contato com clientes e deixe que ele lance idéias em todas as direções. Proteja o seu pessoal de gerentes que exigem retornos imediatos, que não compreendem a importância de contribuições criativas ou que tentam se beneficiar à custa dos sucessos dos outros, e lute para que você mesmo seja criativo — você fornecerá um bom exemplo. As pessoas também estarão mais propensas a usar mais criatividade se confiarem em que são capazes, se souberem que seus colegas esperam isso delas e se acreditarem que seus empregadores valorizam a criatividade.[56]

Brainstorming é uma técnica usada para gerar tantas idéias quanto possível a fim de resolver um problema. Você provavelmente já deve ter participado de sessões de *brainstorming* em vários projetos em aula ou no trabalho.

Brainstorming

brainstorming

Trata-se de um processo em que membros de um grupo geram tantas idéias sobre um problema quanto puderem; a crítica é contida até que todas as idéias tenham sido propostas.

Uma técnica comumente usada é o *brainstorming*. No processo de ***brainstorming***, membros de um grupo geram tantas idéias a respeito de um problema quanto puderem. À medida que as idéias são submetidas, elas são divulgadas de modo que todos possam lê-las, e as pessoas têm a possibilidade de usá-las como blocos de construção. O grupo é encorajado a dizer qualquer coisa que venha à mente, com uma exceção: nenhuma crítica a outras pessoas ou a suas idéias é permitida. Essa regra foi violada na Walt Disney Company quando, durante uma sessão de *brainstorming* para o projeto da Euro Disneyland, dois arquitetos começaram a empurrar um ao outro e quase chegaram às vias de fato.[57]

No ambiente de *brainstorming* apropriado — livre de críticas — as pessoas ficam menos inibidas e mais aptas a expressar suas idéias incomuns, criativas ou até extraordinárias. Até todos esgotarem suas idéias, uma longa lista de alternativas terá sido gerada. Só então é que o grupo passa para o estágio da avaliação. Nessa altura, muitas idéias diferentes podem ser analisadas, modificadas ou combinadas para se tornarem uma solução criativa e específica para o problema.

O *brainstorming* não é necessariamente tão eficaz quanto alguns pensam. Às vezes, em uma sessão de *brainstorming*, as pessoas ficam inibidas e ansiosas, elas se sujeitam às idéias dos outros, estabelecem padrões inferiores e se engajam em comportamentos não-criativos, incluindo conversas de cunho social que são boas, mas não contribuem com a criatividade (elogios recíprocos, repetição de idéias, relatos). Felizmente, há técnicas que podem dar sua contribuição, entre as quais o *brainwriting* (destinando um tempo para silenciosamente todos anotarem idéias), usar facilitadores treinados, estabelecer objetivos de alto desempenho, realizar o *brainstorming* por via eletrônica a fim de que as pessoas não disputem o tempo para expor suas idéias e até mesmo construir um *playground* com elementos divertidos a fim de promover a criatividade.[58]

PLAY e IDEO

"Play" é o nome de uma agência de marketing pequena, mas em rápido crescimento que está ganhando a atenção por seu ambiente de trabalho descontraído e suas sessões de *brainstorming* produtivas para empresas como Calvin Klein, PricewaterhouseCooper, Oscar Mayer e Disney. Uma sessão típica recente gerou mais de 70 idéias para uma campanha de marketing do Weather Channel.

Os exemplos mais meticulosamente estudados de *brainstorming* vêm da IDEO, uma empresa que tem contribuído para o projeto de milhares de produtos em dezenas de setores.

Um *brainstormer* na IDEO é uma reunião agendada, com as pessoas face a face, convocada para gerar idéias. As regras de *brainstorming* são estampadas em uma parede para garantir que serão cumpridas. As regras incluem "Desenvolva tendo como base as idéias dos outros — nenhum "mas", somente "e" e "Invista na quantidade". Uma boa sessão produz aproximadamente cem idéias por hora.

Exemplos dos inúmeros designs de que a IDEO desenvolve.

São gerados vários benefícios a favor da IDEO a partir do *brainstorming*. Primeiro, a empresa cria mais soluções para o projeto de produtos. Segundo, o *brainstorming* acrescenta variedade e diversão ao trabalho. Terceiro, ajuda os projetistas a adquirirem bom senso, para serem ao mesmo tempo confiantes e humildes, quando aprendem o que já sabem e também aquilo que não sabem. Quarto, encoraja as pessoas a respeitarem os outros e a trabalharem para ser respeitados —, portanto, elas se desdobram para contribuir com o outro e promover a ajuda entre si. Em quinto, impressiona os clientes ("Nós realmente os empolgamos!"). Em sexto lugar, gera receitas. As sessões de *brainstorming* são cobradas. E enquanto clientes em todas as empresas reclamam a respeito de suas contas, as reclamações relacionadas a despesas com o *brainstorming* são raras porque os clientes constatam seu valor.

O CEO da Procter & Gamble, Arthur Lafley, chama a IDEO parceiro estratégico de primeira linha. A *BusinessWeek* diz que os clientes da IDEO não apenas gostam dela, eles a adoram. E quanto aos resultados de *design*? Exemplos a dar são o *mouse* original do computador Apple, os tubos *Neat Squeeze* da pasta de dentes Crest, capacetes de bicicleta, uma guitarra elétrica, óculos de sol da Nike, parte da guitarra de brinquedo Jaminator, um aparelho de angioplastia, equipamentos de pesca, óculos de proteção de esqui Smith e uma combinação de cadeira de praia e geladeira. Por anos a fio, a IDEO ganhou mais prêmios de excelência de projeto da *BusinessWeek* do que qualquer outra empresa de *design* de produto. A IDEO foi selecionada por Scott Adams, o criador do Dilbert, para reprojetar, em nome dos funcionários de escritório de toda a parte, a desgraça da vida de trabalho do Dilbert: o cubículo do escritório.

FONTES: SUTTON, R.; HARGADON, A. Brainstorming Groups in Context: Effectiveness in a Product Design Firm. *Administrative Science Quarterly*, v. 41, p. 685-718, 1996; NUSSBAUM, B. Winners: The Best Product Designs of the Year. *BusinessWeek*, 2 jun. 1997, p. 38-41; NUSSBAUM, B. The Power of Design. *BusinessWeek*, 17 maio 2004 , p. 86-xx.

Tomada de Decisão Organizacional

Indivíduos e grupos tomam decisões constantemente, em todos os níveis das organizações. Para compreender a tomada de decisão em organizações, um gerente deve considerar: 1. as restrições com as quais os tomadores de decisão deparam, 2. os processos de decisão organizacionais e 3. a tomada de decisão durante uma crise.

Restrições Enfrentadas pelos Tomadores de Decisão

Você poderá vir a ser um inovador se apresentar uma idéia criativa, mas não o será efetivamente até que a implemente.

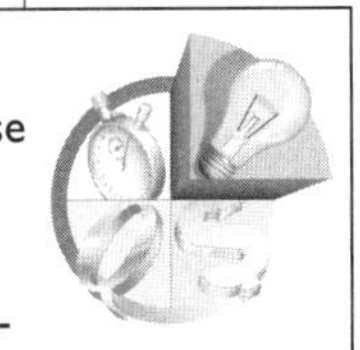

As organizações — ou, mais exatamente, as pessoas que tomam decisões importantes — não podem fazer o que bem desejarem. Elas têm várias restrições — financeiras, legais, de mercado, humanas e organizacionais — que impedem certas ações. Os mercados de produtos ou de capital podem inviabilizar um novo negócio que precisa de altos investimentos. Restrições legais às vezes limitam os tipos de atividades de negócio internacionais em que uma empresa pode participar. Sindicatos são capazes de barrar um contrato proposto pela direção da empresa, contratos podem frustrar certas ações organizacionais e gerentes e investidores podem impedir uma tentativa de absorção de uma outra empresa. Até idéias brilhantes devem levar em consideração as questões práticas da implementação.[59]

Suponha que você tenha uma idéia genial que fornecerá um serviço revolucionário para os clientes do seu banco. Você não conseguirá pôr sua idéia em prática imediatamente. Terá de vendê-la às pessoas capazes de impulsioná-la a ir avante e também àqueles de cuja ajuda você precisará para executar o projeto. Você poderá começar convencendo seu chefe do mérito de suas idéias. Em seguida, vocês dois poderão ter de fazer uma reavaliação detalhada com um vice-presidente. Depois, talvez o presidente tenha de ser persuadido. A cada estágio, você deverá ouvir as opiniões e sugestões desses indivíduos e freqüentemente incorporá-las a seu conceito original. Enfim, você precisará gerar uma proposta aceitável para os outros.

Além disso, considerações éticas e legais devem ser pensadas cuidadosamente. Você terá muitas oportunidades de pensar a respeito de questões éticas no Capítulo 5. Tomadores de decisão precisam considerar a ética e as preferências de muitos grupos diversos — as realidades da vida nas organizações.

Modelos de Processos de Decisão Organizacional

racionalidade limitada

Uma forma "menos que perfeita" de racionalidade na qual tomadores de decisão não podem ser perfeitamente racionais já que as decisões são complexas e informações completas não estão disponíveis.

Assim como ocorre com indivíduos e grupos, a tomada de decisão organizacional foi descrita historicamente por meio de modelos racionais como o descrito anteriormente na Figura 3.2. Porém, Herbert Simon, laureado com o Prêmio Nobel, desafiou o modelo racional e propôs uma alternativa importante chamada *racionalidade limitada*. De acordo com a **racionalidade limitada** de Simon, os tomadores de decisão não podem ser perfeitamente racionais, pois: 1) eles têm informações imperfeitas e incompletas sobre alternativas e conseqüências; 2) os problemas que eles enfrentam são muito complexos; 3) os seres humanos simplesmente não conseguem processar todas as informações às quais

modelo incremental
Modelo de tomada de decisão organizacional no qual as soluções mais importantes surgem de uma série de decisões triviais.

modelo de coalizão
Modelo de tomada de decisão organizacional em que grupos com preferências diferentes utilizam-se de poder e negociações para influenciar decisões.

modelo "lata de lixo"
Modelo de tomada de decisão organizacional representado por um processo caótico e decisões aparentemente aleatórias.

estão expostos; 4. não há tempo suficiente para processar todas as informações relevantes completamente; e 5. as pessoas, inclusive os gerentes dentro da mesma empresa, têm objetivos conflitantes.

Quando essas condições prevalecem — o que ocorre com a maioria das decisões administrativas importantes — a racionalidade perfeita dará lugar a processos de decisão mais tendenciosos, subjetivos e desorganizados. Por exemplo, o **modelo incremental** da tomada de decisão ocorre quando os tomadores de decisão tomam decisões triviais, dão pequenos passos, movem-se cautelosamente e de modo gradativo em direção a uma solução maior. O exemplo clássico é o processo de orçamento, que tradicionalmente começa com o orçamento do período prévio e segue com decisões incrementais a partir daquele ponto inicial.

O **modelo de coalizão** de tomada de decisão surge quando as pessoas discordam quanto aos objetivos ou competem umas com as outras para obter recursos. O processo de decisão torna-se político quando grupos de indivíduos se unem e coletivamente tentam influenciar na decisão. Duas ou mais coalizões se formam, cada uma representando uma preferência diferente, e cada uma tenta usar poder e negociações para fazer prevalecer sua decisão.

A política organizacional, na qual as pessoas tentam influenciar decisões organizacionais para que seus próprios interesses sejam atendidos, pode reduzir a eficácia da tomada de decisão.[60] Um dos melhores meios de reduzir tal política e certificar-se de que o conflito cognitivo construtivo não se degenere em conflito afetivo é *criar objetivos comuns* para membros da equipe, isto é, tornar o processo da tomada de decisão um exercício colaborativo em vez de competitivo, estabelecendo um objetivo comum em torno do qual o grupo poderá unir-se. Em um estudo, equipes do alto escalão com objetivos determinados, como "formar a maior reserva financeira possível" para uma futura batalha competitiva ou "criar *a* empresa de computadores da década" ou "fabricar a melhor máquina de todas do mercado", apresentaram menor probabilidade de ter conflitos organizacionais e interesses políticos entre seus membros.[61]

O **modelo "lata de lixo"** de tomada de decisão ocorre quando as pessoas não têm certeza de seus objetivos ou discordam a respeito dos objetivos e, de modo semelhante, estão incertas ou em discordância sobre o que fazer. Isso acontece porque alguns problemas são tão complexos a ponto de não serem bem compreendidos e também porque os tomadores de decisão movimentam-se para dentro e para fora do processo de decisão, pois, além disso, têm muitas outras coisas com que se preocupar. Esse modelo admite que algumas decisões são caóticas e quase aleatórias. Pode-se ver que essa é uma contradição dramática da racionalidade na tomada de decisão.

Vantagens da Colaboração

Caso se encontre em um conflito, você e seu adversário poderão estar focados nos objetivos errados. Trabalhe para encontrar pontos em comum sob a forma de um objetivo importante que ambos queiram atingir.

Tomada de Decisão em uma Crise

Em situações de crise, os gerentes devem tomar decisões sob grande pressão.[62] Provavelmente você está ciente de algumas das mais famosas crises recentes: o caso *Exxon Valdez* e outras manchas de óleo; a falência do Barings Bank; quebras e falências de companhias aéreas; o *recall* da Firestone Tire e, é claro, os ataques terroristas. Um vazamento de gás da Union Carbide em Bhopal, Índia, matou milhares de pessoas; várias pessoas morreram envenenadas por cianeto contido no medicamento Tylenol da Johnson & Johnson. Conforme sumarizado no Quadro 3.3, a Union Carbide e a J & J lidaram com suas crises de modos muito diferentes. Até hoje, a J & J é conhecida por seu efetivo controle da crise, como delineado no quadro.

A tecnologia da informação (TI) será uma nova fonte de crises.[63] A TI está sempre ativa; é onipresente; é instantânea; apresenta a informação de acordo com a preferência pessoal do usuário; e aumenta as fontes e os disseminadores de boatos. Um número cada vez maior de usuários on-line em todo o globo criará mais pontos de informação e os usuários têm menos tempo e disposição para verificar as fontes. A TI criará crises por meio de falha técnica, às vezes acidental, às vezes mal-intencionada.

Union Carbide	Johnson & Johnson
Falhou em identificar como crise a opinião pública de que a companhia era uma homicida insensível e negligente.	Identificou como crise a opinião pública de que o Tylenol era perigoso e a J & J não tinha o controle da situação.
Nenhum planejamento antes de reagir: O CEO foi imediatamente para a Índia para inspecionar os danos causados. Todos os executivos foram envolvidos.	Planejamento antes de reagir: O CEO escolheu um executivo para encabeçar a equipe envolvida com a crise. O restante da empresa foi envolvido apenas para tomar conhecimento quando necessário.
Não estabeleceu objetivos.	Estabeleceu objetivos para: Cessar as mortes. Descobrir as razões para as mortes. Proporcionar assistência às vítimas. Restaurar a credibilidade do Tylenol.
Ação: Controle dos danos/obstrução à informação. Manteve-se distante. Distorceu as condições de segurança. Não informou os porta-vozes. Adotou mentalidade defensiva.	Ação: Forneceu informações completas. Trabalhou com as autoridades. Tirou o Tylenol das prateleiras (custo do primeiro ano: US$ 150 milhões). Utilizou um programa de marketing intensivo. Relançou o Tylenol com embalagem à prova de adulteração.
Problemas crônicos continuaram: Confiança pública baixa. Litígio custoso. Nenhum plano formal para a crise foi criado.	Crise resolvida: Confiança pública alta. Vendas em alta novamente. Plano de administração da crise bem documentado.

QUADRO 3.3
Dois Desastres

A resposta à crise relacionada com a TI deve envolver executivos de nível sênior em comunicação on-line, tanto para se proteger a reputação da firma quanto para a comunicação com especialistas externos, novas fontes e *stakeholders*-chave, internos ou externos. Os gerentes podem utilizar a TI para monitorar problemas — incluindo escândalos, boicotes, boatos, ataques cibernéticos e outras crises — e lhes dar uma resposta imediata.[64]

Sua organização deveria preparar-se com antecedência para uma crise. Contudo, muitas empresas pertencentes à lista das 1.000 maiores da *Fortune* não têm nenhum plano de gestão de crises.[65] O Quadro 3.4 lista algumas crenças comuns e equivocadas e suposições a respeito de gestão de crises. Elas impedem os gerentes de preverem crises e de administrá-las de modo eficaz. Gerentes eficazes não permitem que estes subterfúgios os impeça de se prepararem cuidadosamente para crises.

Embora muitas empresas não se preocupem com a gestão de crises, é imperativo que isso esteja na ordem do dia da administração. Um plano eficaz para a gestão de crises (GC) deve incluir os seguintes elementos:[66]

1. *Ação estratégica*, como integrar a GC no planejamento estratégico e nas políticas internas oficiais.
2. *Ações técnicas e estruturais*, como criar uma equipe de GC e lhe dedicar um orçamento.
3. *Avaliação e ações diagnósticas*, como a condução de auditorias sobre ameaças e responsabilidades e o estabelecimento de sistemas de rastreamento para sinais de alerta antecipados.
4. *Ações de comunicação*, como proporcionar treinamento para lidar com a mídia e comunidades locais, além de autoridades da polícia e do governo.
5. *Ações culturais e psicológicas*, como mostrar um forte comprometimento do alto escalão com a GC e proporcionar treinamento e serviços de apoio psicológico com relação aos impactos humanos e emocionais das crises.

Não estamos em crise.
Não conseguimos lidar com uma crise.
A gestão de crises é um luxo com o qual não podemos arcar.
Se ocorrer uma crise importante, alguém nos socorrerá.
Acidentes são simplesmente um custo de qualquer negócio.
A maioria das crises se deve a falhas humanas; portanto, não há muito que possamos fazer para preveni-las.
Apenas os executivos precisam ter ciência de nossos planos para crises; por que amedrontar nossos funcionários ou membros da comunidade?
Somos fortes o suficiente para reagir a uma crise de modo objetivo e racional.
A coisa mais importante em gestão de crises é salvaguardar a boa imagem da organização por intermédio de relações públicas e campanhas publicitárias.

QUADRO 3.4 Crenças Comuns, mas Equivocadas: Como Não Lidar com Gestão de Crises

FONTE: De PEARSON, C. M.; MITROFF, I. I. From Crisis Prone to crisis prepared: a framework for crisis management. *The Executive, p. 48-59,* fev. 1993. Reimpresso com permissão da Academy of Management.

Enfim, a administração deveria ser capaz de responder às seguintes perguntas:[67]

- Que tipos de crises a empresa pode enfrentar?
- A empresa consegue detectar uma crise em seus estágios iniciais?
- Como administrar uma crise caso ela venha a ocorrer?
- Como a empresa poderia beneficiar-se de uma crise após ela ter passado?

> Meg Whitman, da eBay, acredita fundamentalmente no livre-mercado, mas ela traça um limite, ocasionalmente censurando alguns itens a serem negociados.[69] Ela baniu armas de fogo, álcool e tabaco. Uma decisão difícil surgiu quando o presidente da Starbucks e posteriormente diretor da eBay, Howard Schultz, retornou de uma visita a Auschwitz e exortou Whitman a retirar artigos nazistas do site. O que você faria? A decisão de Whitman encontra-se na página seguinte.

A última pergunta levanta uma questão importante: uma crise, administrada de modo eficaz, pode trazer *benefícios*. Por exemplo, quando o site da eBay saiu do ar por 22 horas, a CEO Meg Whitman chamou o evento de uma "experiência quase fatal".[68] A empresa poderia ter perdido todos os dados de seus clientes e transações. Essa pane expôs uma fraqueza flagrante da empresa: nenhum dos seus especialistas era capaz de consertar o site. Whitman contratou um grande especialista em novas tecnologias, Maynard Webb, por mais do dobro de seu próprio salário. Ele construiu um infra-estrutura que lida com mais transações por dia que a Nasdaq e o sistema não apresentou nenhuma interrupção de maiores proporções após quatro anos.

Apesar das negociações sobre o teto salarial, a NHL (Liga Nacional de Hóquei) decidiu cancelar a temporada de hóquei de 2004-2005, criando uma crise para os jogadores, donos de times e fornecedores. Será que cada uma das partes poderia ter feito alguma coisa diferente para evitar isso?

Portanto, com a gestão de crises eficaz, problemas antigos e novos podem ser resolvidos, e novas estratégias e vantagens competitivas podem surgir, além de mudanças positivas. E se alguém passar por uma crise e administrá-la bem, terá nascido um herói.

No papel de líder durante uma crise,[70] não finja que nada aconteceu (como fizeram os gerentes em uma firma depois que um visitante morreu no corredor apesar dos esforços dos funcionários para salvá-lo). Comunique e reforce os valores da organização. Tente achar meios para as pessoas apoiarem umas às outras e lembre-se de que elas tirarão conclusões a partir de seu comportamento. Você deverá ser otimista, porém, extremamente honesto. Mostre emoção, não temor. "Você tem de ser mais tranqüilo do que a tranqüilidade", diz Gene Krantz, responsável pelo controle da missão Apollo 13 e que ficou famoso por abortá-la.

Porém, não ignore ou minimize os problemas nem fique seguro de si em demasia; não crie esperanças falsas. Dê as más notícias às pessoas diretamente — você ganhará credibilidade e, quando as notícias boas chegarem, realmente terão algum significado.[71]

> Instaurou-se um intenso debate na eBay, com alguns defendendo ardorosamente a opção de deixar o mercado operar livremente. Whitman baniu todos os artigos nazistas, exceto moedas, documentos e livros históricos, inclusive o *Mein Kampf*. "É um clamor por justiça. Tem de haver uma pessoa para tomar a decisão e essa pessoa é o CEO."[72]

EPÍLOGO

A MERCK E O VIOXX

Os efeitos negativos do total desastre causado pelo Vioxx nas receitas e no valor das ações da companhia, o custo potencial dos processos judiciais e o impacto na reputação da Merck significam que a empresa pagará um amargo preço nos anos futuros. No começo de 2005, as estimativas das dívidas legais chegaram a acumular US$ 38 bilhões.

Também no início de 2005, um novo estudo indicou que os pacientes de artrite que utilizavam o Vioxx da Merck e o Celebrex da Pfizer teriam obtido o mesmo efeito com medicamentos mais antigos, mais baratos e recomendados nos balcões de farmácias. O marketing agressivo direto ao consumidor exerceu papel importante conduzindo médicos e pacientes a utilizarem em excesso os novos medicamentos. A publicidade de medicamentos dirigida diretamente ao consumidor é um negócio de US$ 3,5 bilhões, legal (desde 2005) somente nos Estados Unidos e na Nova Zelândia. Uma incerteza interessante para o futuro é: como os tribunais, lidando com as ações judiciais, considerarão os diferentes rumos para gerenciar suas crises em relação à Merck e à Pfizer.

O CEO da Merck, Gilmartin, preparava-se para se aposentar no segundo trimestre de 2006. Alguns acionistas exigiram que ele abdicasse precocemente de seu alto cargo. O próximo CEO entrará em meio a uma enorme crise e precisará: 1) lidar com o problema Vioxx e 2) desenvolver estratégias para ir adiante. Necessidades essenciais para ir em frente incluem corte nos custos para ajudar a lidar com receitas perdidas (a Merck despediu alguns funcionários; ela estava pensando em cortar dividendos e outras opções). A Merck também estava tentando negociar com outras empresas para fortalecer o trâmite de desenvolvimento de medicamentos. Especulações a respeito de se fazer uma fusão pairavam no ar e alguns observadores consideraram uma Merck enfraquecida e no momento oportuno para ser adquirida.

PALAVRAS-CHAVE

Advogado do diabo, p. 92
Brainstorming, p. 94
Certeza, p. 79
Conflito, p. 81
Conflito afetivo, p. 92
Conflito cognitivo, p. 92
Decisões não-programadas, p. 79
Decisões programadas, p. 79
Desconsiderando o futuro, p. 88
Deslocamento de metas, p. 91
Dialética, p. 92
Efeitos de estruturação, p. 88
Groupthink, p. 91
Ilusão de controle, p. 88
Incerteza, p. 79
Maximização, p. 84
Modelo de coalizão, p. 96
Modelo incremental, p. 96
Modelo "lata de lixo", p. 96
Otimização, p. 84
Planos de contingência, p. 83
Racionalidade limitada, p. 95
Risco, p. 79
Satisficing, p. 84
Soluções prontas, p. 82
Soluções sob encomenda, p. 82
Vigilância, p. 86

RESUMO DOS OBJETIVOS DE APRENDIZAGEM

Depois de completado o estudo deste Capítulo, você deverá ser capaz de identificar:

Os tipos de decisões com os quais você se deparará como gerente.

A maioria das decisões administrativas mais importantes é mal-estruturada e caracterizada por incerteza, risco e conflito. Ainda assim, espera-se que os gerentes tomem decisões racionais diante desses desafios.

Como tomar decisões "racionais".

O processo de tomada de decisão ideal envolve seis estágios. O primeiro, identificação e diagnóstico do problema, requer o reconhecimento da disparidade entre o estado atual e um estado desejado e depois investigar mais profundamente os sintomas para descobrir as causas subjacentes do problema. O segundo estágio, geração de soluções alternativas, requer a adoção de soluções já prontas ou esboçar soluções sob encomenda. O terceiro, avaliação de alternativas, visa prever as conseqüências de diferentes alternativas, às vezes com a criação de cenários futuros. Em quarto lugar, uma solução é escolhida; a solução poderá maximizar, *satisficing* ou otimizar. Em quinto lugar, a decisão é implementada; esse estágio requer planejamento mais cuidadoso do que normalmente recebe. Finalmente, os gerentes deveriam avaliar quão bem a decisão está funcionando. Isso significa coletar informações objetivas e válidas a respeito do impacto que a decisão está causando. Se a evidência sugerir que o problema não está sendo resolvido, haverá a necessidade de uma decisão mais apropriada ou de um plano de implementação melhor.

Os perigos imprevistos que se deve evitar ao tomar decisões.

Limitações humanas e circunstanciais conduzem a maioria dos tomadores de decisão ao *satisficing* em vez de maximizar. Predisposições psicológicas, pressões de tempo e as realidades sociais da vida organizacional podem impedir a execução racional dos seis estágios de tomada de decisão. Contudo, vigilância e uma compreensão de como gerenciar grupos de tomada de decisão e restrições organizacionais melhorarão o processo, o que resultará em melhores decisões.

Os prós e contras de se utilizar um grupo para tomar decisões.

As vantagens incluem mais informações, perspectivas e abordagens reunidas para manter o processo de solução do problema; estimulação intelectual; maior compreensão de todos quanto à decisão final; e maior comprometimento com a decisão, uma vez que seja tomada. Os perigos potenciais ou desvantagens de se utilizar grupos incluem dominação individual de discussões, *satisficing*, *groupthink* e deslocamento de metas.

Os procedimentos a serem utilizados ao se conduzir uma equipe de tomada de decisão.

Líderes eficazes em equipes de tomada de decisão evitam dominar a discussão; encorajam a contribuição que as pessoas fazem; evitam os fenômenos do *groupthink* e do *satisficing*; e permanecem focalizados nos objetivos do grupo. Encorajam o conflito construtivo por meio do advogado do diabo e da dialética, propondo lados opostos de uma questão ou soluções de um problema. Também encorajam a criatividade com uma variedade de técnicas.

Como encorajar decisões criativas.

Quando idéias criativas são necessárias, os líderes devem dar um bom exemplo sendo criativos eles mesmos. Devem reconhecer as quase infinitamente "pequenas" oportunidades para a criatividade e ter confiança em suas próprias habilidades criativas. Eles podem inspirar a criatividade nos outros esforçando-se por obter liberdade de criatividade, recompensando a criatividade e não punindo suas falhas. E encorajar interação com os clientes, estimular discussões e proteger as pessoas de gerentes que possam aniquilar o processo criativo. O *brainstorming* é uma das técnicas mais comuns para gerar idéias criativas.

O processo pelo qual as decisões são tomadas em organizações.

A tomada de decisão em organizações freqüentemente é um processo altamente complexo. Indivíduos e grupos são restringidos por uma variedade de fatores e clientelas. Na prática, os tomadores de decisão são limitadamente racionais em vez de serem estritamente racionais. Algumas decisões são tomadas com bases incrementais. Coalizões se formam para representar preferências diferentes. O processo freqüentemente é caótico, como descrito no modelo "lata de lixo". O interesse político é introduzido no processo, decisões são negociadas e as crises vêm e vão.

Como tomar decisões em uma crise.

Condições de crise tornam a tomada de decisões perfeitas e eficazes mais difícil. Contudo, é possível que as crises sejam bem gerenciadas. Uma estratégia para a gestão da crise pode ser desenvolvida previamente e os mecanismos postos em prontidão para que, se uma crise surgir, os tomadores de decisão estejam preparados.

QUESTÕES PARA DISCUSSÃO

1. Discuta sobre a Merck e a Pfizer em termos de risco, incerteza e como cada uma lidou com sua crise. Quais são as notícias atuais sobre essas empresas?
2. Identifique algumas decisões arriscadas que você já tomou. Por que você correu os riscos? Em que resultaram? Em retrospectiva, o que foi que você aprendeu?
3. Identifique uma decisão que você tomou que teve conseqüências inesperadas importantes. As conseqüências foram boas, ruins ou ambas? Você deveria ou poderia ter feito alguma coisa diferentemente ao tomar a decisão?
4. Que efeitos a pressão de tempo tem sobre a tomada de decisão? De que modos você lida bem e não tão bem com essa questão?
5. Lembre-se de uma decisão recente que você teve dificuldade em tomar. Descreva-a em termos das características de decisões gerenciais.
6. O que você acha ser algumas das vantagens e desvantagens de se usar a tecnologia dos computadores para tomar decisões?
7. Você acredita que, ao tomarem decisões, os gerentes seguem os estágios de tomada de decisão como apresentado neste capítulo? Quais estágios são passíveis de serem negligenciados ou receberem atenção inadequada? O que as pessoas podem fazer para se certificarem de que estão fazendo um trabalho mais completo?
8. Discuta as vantagens e desvantagens potenciais de se utilizar um grupo para tomar decisões. Dê exemplos de sua experiência.
9. Suponha que você seja o CEO de uma corporação importante e um dos tanques de óleo se rompeu, espalhando milhares de galões de óleo em um rio que desemboca no oceano. O que você precisará fazer para lidar com essa crise?
10. Veja as suposições equivocadas descritas na Tabela 3.4. Por que tais suposições surgem e o que pode ser feito para superar essas propensões?
11. Identifique alguns problemas que você queira resolver. Realize uma sessão de *brainstorming* com outras pessoas para obter uma variedade de soluções criativas.

CASO FINAL

Wallingford Bowling Center

Um grupo de 12 amigos de longa data angariaram US$ 1.200.000 de seus próprios fundos e construíram um boliche de 48 pistas no valor de US$ 6 milhões perto de Norfolk, Virgínia. Dois dos investidores tornaram-se funcionários da corporação. Ned Flanders trabalha em tempo integral como diretor-geral e James Ahmad, um contador certificado pela CPA (Certified Public Accountants), trabalha como *controller* por meio período.

A bela e moderna instalação dispõe de: espaçoso interior em vários níveis com três fileiras de 16 pistas em dois pisos distintos, bar completo, um pequeno restaurante, sala de jogos (bilhar, videogames, fliperama) e dois vestiários. A instalação está situada em um terreno espaçoso com grande área para estacionamento e espaço disponível para ser ampliada.

O boliche está localizado na pequena cidade operária de Wallingford. Não há concorrência direta na cidade. As comunidades vizinhas incluem uma extensa variedade de grupos étnicos, profissionais, residências de classe média a média alta e complexos de condomínios e apartamentos onde vivem desde solteiros e recém-casados a idosos aposentados. Aproximadamente, 200 mil pessoas vivem em um raio de 15 milhas a partir de Wallingford.

O boliche fica aberto 24 horas por dia e tem uma equipe de 27 funcionários ao todo, uns trabalhando em meio período e outros em período integral. Após quatro anos de operação, os sócios encontram-se frustrados com o fraco desempenho e os baixos lucros do negócio. Embora as vendas estejam cobrindo as despesas, eles não estão contentes com o valor obtido na divisão de lucros no final do ano. Segue a demonstração do resultado do exercício mais recente:

Vendas	US$ 1.844.000
CGS (custos diretos)	315.000
GM (rendimento bruto)	US$ 1.529.000
Despesas operacionais	US$ 1.466.000
Hipoteca	US$ 460.000
Depreciação	95.000
Luz/Água/Telefone	188.000
Manutenção	70.000
Folha de pagamento	490.000
Suprimentos	27.000
Seguro	136.000
Renda tributável	US$ 63.000
Impostos	19.000
Lucro líquido	US$ 44.000

O boliche opera com capacidade plena (100%) de domingo a quinta à noite, no horário das 18 horas à meia-noite. Duas séries da liga masculina o freqüentam assiduamente nessas noites, com a maioria das pistas sendo ocupada por equipes de cinco pessoas. Jogadores de boliche de cada liga invariavelmente gastam dinheiro tanto no bar quanto no restaurante. De fato, as ligas masculinas juntas são responsáveis por cerca de 60% do total das vendas atuais.

O boliche opera com capacidade aproximada de 50% às sextas e aos sábados à noite e aos sábados de manhã. As noites de sexta e sábado de "boliche livre" na maioria incluem adolescentes, jovens casais e membros de ligas que vêm para praticar em grupos de dois ou DE três. O grupo de sábado de manhã é uma liga infantil cujas idades variam de 10 a 14 anos.

Há quatro ligas femininas que jogam boliche às segundas e quartas-feiras à tarde.

O movimento é extremamente fraco nas manhãs de segunda a sexta e de domingo, bem como nas tardes de terça, quinta, sexta, sábado e domingo. Não é raro haver apenas três ou quatro pistas em operação nesses horários.

Os proprietários examinaram cuidadosamente a questão de custos deste negócio como saída para melhorar a rentabilidade. E concluíram que, embora a despesa operacional total de US$ 1.466.000 possa parecer muito alta, na verdade, havia pouca folga para cortar despesas.

Em recente reunião dos sócios, James Ahmad relatou os resultados de sua análise de um período de três meses quanto ao aspecto de custo operacional de outras pistas de boliche e constatou que o Wallingford Bowling Center estava dentro dos padrões de mercado. James prosseguiu relatando que as pistas de boliche eram consideradas "um negócio com despesas fixas altas" e que o segredo para o sucesso e a rentabilidade está em maximizar a capacidade e as vendas.

QUESTÕES

1. Aplique o processo de tomada de decisão descrito neste capítulo para esse caso. Qual o problema mais grave que a Wallingford enfrenta? Faça uma lista de cinco soluções alternativas específicas que poderiam ser implementadas para resolver esse problema principal.
2. Como diretor-geral dessa empresa, como você poderia utilizar e gerenciar o processo de tomada de decisão em grupo e as técnicas para melhorar o lucro da empresa? Quais funcionários você incluiria nesse grupo?

EXERCÍCIOS PRÁTICOS

3.1 Escalada Competitiva: O Leilão de Cédulas de US$ 1

OBJETIVO

Explorar os efeitos da concorrência na tomada de decisão.

INSTRUÇÕES

Estágio 1: 5 minuto. O instrutor desempenhará o papel de leiloeiro. Nesse leilão, o instrutor leiloará cédulas de US$ 1 (ele informará se esse dinheiro é real ou imaginário). Todos os membros da classe poderão participar no leilão ao mesmo tempo.

As regras para esse leilão são ligeiramente diferentes daquelas de um leilão normal. Nessa versão, *tanto a pessoa que der o maior lance quanto a segunda pessoa a fazer o maior lance pagarão seus últimos lances* embora o dólar seja dado somente ao arrematador que tiver feito o maior lance. Por exemplo, se o arrematador A fizer um lance de 15 centavos para o dólar e o arrematador B fizer um lance de 10 centavos e não houver mais lances, então A paga 15 centavos pelo dólar e recebe a cédula de um dólar enquanto B paga 10 centavos e não recebe nada. O leiloeiro perderia 75 centavos pelo dólar que acabou de ser vendido.

Os lances devem ser feitos em múltiplos de 5 centavos. A cédula de dólar será vendida quando não houver mais lances. Caso dois indivíduos dêem lances de mesmo valor e ao mesmo tempo, o desempate será a favor do arrematador que se encontrar fisicamente mais próximo ao leiloeiro. *Durante cada rodada, não haverá conversa alguma a não ser a necessária para se fazer os lances.*

Estágio 2: 15 minutos. O instrutor (leiloeiro) leiloará cinco cédulas de US$ 1 distintas para a classe. Qualquer aluno poderá fazer um lance em uma tentativa de ganhar o dólar. Um histórico dos lances e vencedores poderá ser registrado na planilha que segue.

QUESTÕES PARA DISCUSSÃO

1. Quem ganhou mais dinheiro nesse exercício — um dos arrematadores ou o leiloeiro? Por quê?
2. À medida que o leilão prosseguia, os arrematadores foram se tornando mais competitivos ou mais cooperativos? Por quê?
3. Dois dos arrematadores alguma vez pagaram mais pela cédula sendo leiloada que o valor da cédula em si? Explique como e por que isso aconteceu.
4. Você se envolveu nos lances? Por quê?
   a. Caso você tenha se envolvido, quais foram suas motivações? Você realizou seus objetivos?
   b. Caso contrário, por que você não se envolveu? Em sua opinião, quais eram as metas e os objetivos daqueles que se envolveram?
5. Os alunos disseram coisas uns para os outros durante os lances para influenciar suas ações? O que foi dito e como isso exerceu influência sobre a atividade?

Planilha do Leilão de Cédulas de US$ 1

	Quantia paga pelo arrematador vencedor	Quantia paga pelo segundo "arrematador"	Total pago por essa cédula de US$ 1
Primeira cédula de US$ 1			
Segunda cédula de US$ 1			
Terceira cédula de US$ 1			
Quarta cédula de US$ 1			
Quinta cédula de US$ 1			

FONTE: Extraído de LEWICKI, R. *Experiences in management and organizational behavior*. 3. ed. Copyright © 1991 John Wiley & Sons, Inc. Material utilizado com permissão de John Wiley and Sons, Inc.

3.2 Reunião para Resolução de Problemas em Grupo em uma Agência Comunitária

OBJETIVO

Compreender as interações na tomada de decisão de grupo por meio do desempenho de papéis em uma reunião entre um presidente e seus subordinados.

INSTRUÇÕES

1. Reúna folhas contendo os papéis a serem desempenhados por personagem e instruções para os observadores.
2. Coloque uma mesa na frente da sala com cinco cadeiras ao seu redor, dispostas de modo que os participantes possam conversar confortavelmente e ter seus rostos visíveis para os observadores.
3. Leia a introdução e o elenco de personagens.
4. Cinco alunos da classe são selecionados para desempenhar o papel dos cinco personagens. Todos os demais alunos atuam como observadores. Os participantes estudam os papéis. Todos devem desempenhar seus papéis sem se referir à descrição dos personagens.
5. Os observadores lêem as instruções destinadas a eles.
6. Quando todos estiverem prontos, John Cabot entra no seu escritório, junta-se aos outros na mesa e a encenação começa. Dê 20 minutos para que a reunião se complete. A reunião é conduzida até seu encerramento a menos que aconteça uma discussão e nenhuma solução se apresente após 10 ou 15 minutos de conflito.

QUESTÕES PARA DISCUSSÃO

1. Descreva o comportamento do grupo. O que cada membro disse e fez?
2. Avalie a eficácia da tomada de decisão do grupo.
3. Houve algum problema quanto a liderança, poder, motivação, comunicação ou percepção?
4. Como a eficácia do grupo poderia ser aumentada?

INTRODUÇÃO

A Agência Comunitária é um exercício de dramatização de uma reunião entre o presidente do conselho de uma entidade de serviço social e quatro de seus subordinados. O papel de cada personagem tem a função de recriar a realidade de uma reunião de negócios.

Cada personagem vem para a reunião com uma única perspectiva com relação a um problema importante com o qual a entidade depara e também com algumas impressões pessoais dos outros personagens, desenvolvidas no decorrer de vários anos em negócios e em entidades de assistência social.

O ELENCO DE PERSONAGENS

John Cabot, o presidente, foi a principal força por trás da formação da Agência Comunitária, uma entidade que oferece uma série de serviços.

A entidade emprega 50 pessoas e durante seus 19 anos de operação passou a desfrutar de melhor relacionamento com o cliente, melhores antecedentes e melhor reputação do que outras entidades locais por causa da alta qualidade de seus serviços a um custo moderado para uma entidade que capta recursos. Recentemente, contudo, os concorrentes começaram a superar a Agência Comunitária, o que resultou em declínio de contratos. John Cabot está empregando todo esforço possível para manter sua entidade confortavelmente no primeiro posto.

Ron Smith, diretor da entidade, reporta-se diretamente a Cabot. Está no cargo desde que ajudou Cabot a fundar a entidade, 19 anos atrás.

Joan Sweet, chefe de serviços a Clientes, reporta-se a Smith. Trabalha na entidade há 12 anos, tendo trabalhado anteriormente para a HEW como gestora de contratos.

Tom Lynch, chefe de Contatos com a Comunidade, reporta-se a Joan Sweet. Foi para a Agência Comunitária a pedido de Sweet, tendo trabalhado anteriormente com ela na HEW.

Jane Cox, chefe da Assistência Social, também trabalha para Joan Sweet. Cox foi promovida para esse cargo dois anos atrás. Antes disso, passou por um programa de treinamento de um ano após ter recebido o título de mestre em Assistência Social de uma grande universidade.

A REUNIÃO DE HOJE

John Cabot convocou uma reunião com esses quatro gerentes a fim de resolver alguns problemas que surgiram no cumprimento do cronograma de serviços e exigências contratuais. Cabot deverá pegar um avião para Washington em meia hora; ele tem um compromisso para negociar um contrato-chave de extrema importância para o futuro da Agência Comunitária. Ele tem apenas 20 minutos para se reunir com seus colaboradores e ainda pegar o avião. Cabot acredita que o fechamento desse contrato em Washington é absolutamente crucial para o futuro de sua entidade.

FONTE: GORDON, Judith R. *A Diagnostic approach to organizational behavior.* Copyright © 1983 Pearson Education, Inc. Reeditado com permissão da Pearson Education, Inc. Upper Saddle River, NJ.

PARTE I ESTUDO DE CASO DE APOIO

SSS Software — O Uso da "Caixa de Entrada"

Uma maneira de avaliar seus próprios pontos fortes e fracos em relação a habilidades gerenciais é se engajar em uma experiência real de administração. O exercício a seguir lhe dá uma idéia das tarefas enfrentadas pelos gerentes no dia-a-dia. Complete o exercício e depois compare suas próprias decisões e ações com as de seus colegas de classe.

A SSS Software projeta e desenvolve software personalizado para empresas. Ela também integra esse software com os sistemas existentes dos clientes e provê manutenção do sistema. A SSS Software tem clientes nos seguintes segmentos: companhias aéreas, automotivo, financeiro/bancário, de saúde/hospitalar, bens de consumo, eletrônico e governo. A empresa também começou a ter clientes internacionais importantes, entre os quais estão o consórcio European Airbus e um consórcio de bancos e financeiras instalado no Quênia.

A SSS software cresceu rapidamente desde seu princípio há apenas um pouco mais de uma década. Sua receita bruta, seu lucro líquido e os lucros por ação têm sido todos acima da média do mercado nos últimos anos. Entretanto, a concorrência nessa área tecnologicamente sofisticada cresceu de modo muito rápido. Recentemente, tornou-se mais difícil competir para fechar contratos mais importantes. Além do mais, embora a receita bruta e o lucro líquido continuem a crescer, o índice de crescimento declinou durante o último ano fiscal.

Os 250 funcionários da SSS Software estão distribuídos em várias divisões operacionais, em quatro níveis: não-gerencial, técnico/profissional, gerencial e executivo. Funcionários não-gerenciais se ocupam das funções de escritório e de apoio às instalações. A equipe técnica/profissional realiza a essência do trabalho técnico para a firma. Em sua maioria, os funcionários de nível gerencial são gerentes de grupos que supervisionam uma equipe de funcionários técnicos/profissionais que trabalham em um projeto para um cliente específico. As pessoas que trabalham em áreas especializadas como finanças, contabilidade, recursos humanos, enfermagem e jurídica também são consideradas funcionários de nível gerencial. O nível executivo inclui os 12 funcionários de alto escalão na SSS Software. Há um organograma na Figura A que ilustra a estrutura da empresa. Também há um Relatório de Classificação de Funcionário que relaciona o número de funcionários em cada nível da organização.

Neste exercício, você desempenhará o papel de Chris Perillo, vice-presidente de Operações de Serviços para os Setores de Saúde e Financeiro. Você ficou sabendo na última quarta-feira, dia 13 de outubro, que seu antecessor, Michael Grant, renunciou ao cargo e foi para a Universal Business Solutions, Inc. Foi-lhe oferecido o cargo que era dele e você aceitou. Anteriormente, você era o gerente de grupo para uma equipe de 15 desenvolvedores de software designados para trabalhar no projeto de consórcio do Airbus na Divisão de Serviços para Companhias Aéreas. Você passou toda a quinta e sexta-feira e quase todo o fim de semana finalizando partes do projeto, fazendo um breve relatório para seu sucessor e preparando-se para um relatório provisório que você entregará em Paris no dia 21 de outubro.

Agora são 7h da manhã de segunda-feira e você está em seu novo escritório, ao qual chegou cedo para poder passar as duas próximas horas revisando o material em sua caixa de entrada (incluindo alguns memorandos e mensagens para Michael Grant), bem como seu *voice mail* e e-mail. Sua agenda Indica que você não tem nenhum compromisso hoje ou amanhã, mas terá de pegar um avião para Paris quarta-feira bem cedo. Você tem uma agenda cheia para o restante da semana e para toda a semana seguinte.

FIGURA A

Organograma Parcial da Divisão de Serviços para os Setores Financeiro e de Saúde

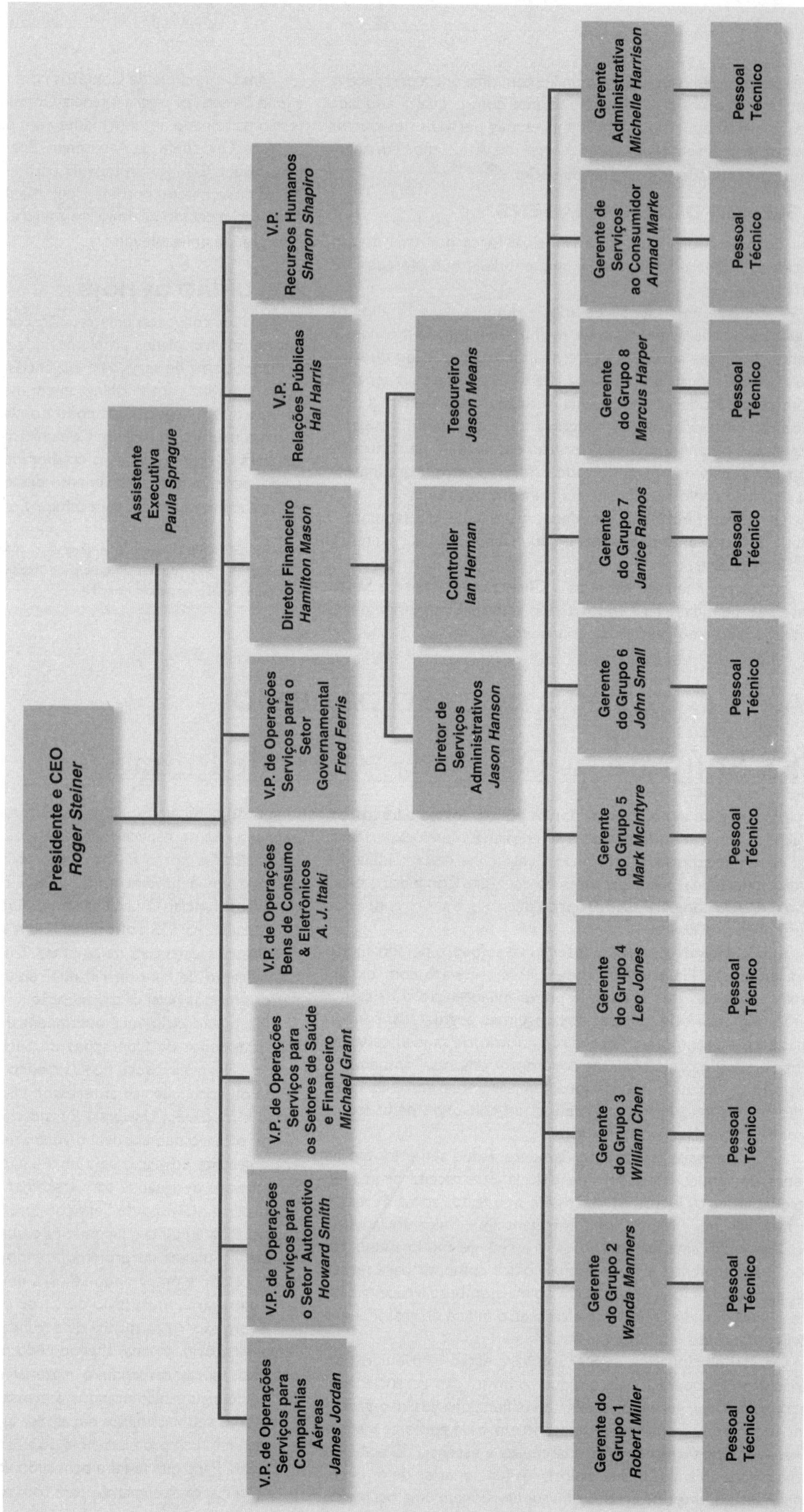

TAREFA

Durante as duas próximas horas, revise todo o material em sua caixa de entrada bem como seu *voice mail* e e-mail. Leve só duas horas. Utilizando o seguinte formulário de resposta como modelo, indique como você quer responder a cada item (ou seja, via carta/memorando, e-mail, telefone/*voice-mail* ou reunião pessoal). Se você decidir não responder a um item, assinale "nenhuma resposta" no formulário. Escreva sua resposta precisa e detalhadamente (não fazer meramente algumas anotações). Por exemplo, você poderá fazer um rascunho de um memorando ou redigir uma mensagem que enviará por telefone/*voice mail*. Você também poderá decidir encontrar uma pessoa (ou pessoas) durante o limitado tempo disponível em sua agenda no dia de hoje ou amanhã. Se for o caso, prepare uma agenda para uma reunião e faça uma lista de suas metas para essa reunião. Conforme for lendo os itens, você poderá ocasionalmente observar algumas informações que considera relevantes e quer lembrar (ou resolver no futuro) mas que decidiu não incluir em nenhuma de suas respostas aos funcionários. Escreva essas informações em uma folha de papel intitulada "notas pessoais".

FONTE: WHETTEN, D.; CAMERON, K. *Developing Management Skills*. 3. ed. Nova York: Harper Collins, 1995.

MODELO DE FORMULÁRIO DE RESPOSTA

Referente a:

Memorando nº______________ E-mail nº______________ Voice mail nº______________

Formulário de resposta:

______________ Carta/Memorando ______________ Reunião com (data, local)

______________ E-mail ______________ Nota pessoal

______________ Telefonema/Voice mail ______________ Nenhuma resposta

ITEM 1 MEMORANDO

PARA: Todos os Funcionários
DE: Roger Steiner, CEO
DATA: 15 de outubro

Fico satisfeito em anunciar que Chris Perillo foi nomeado vice-presidente de Operações de Serviços para os Setores de Saúde e Financeiro. Chris assumirá imediatamente a responsabilidade por todas as operações anteriormente gerenciadas por Michael Grant. Ele terá total responsabilidade pelo projeto, desenvolvimento, pela integração e manutenção de software personalizado para os setores de saúde e financeiro/bancário. Essa responsabilidade inclui todas as questões técnicas, financeiras e de pessoal. Chris também administrará nosso programa de suporte e integração de software para a recém-anunciada fusão de três grandes seguradoras de saúde (HMOs — Health Maintenance Organizations). E será responsável por nosso recém-anunciado projeto com um consórcio de bancos e financeiras operando no Quênia. Esse projeto representa uma enorme oportunidade para nossa empresa e a experiência e o perfil profissionais de Chris nos parecem perfeitos para o desempenho dessa tarefa.

Chris chega a esse cargo com formação em Ciências da Computação pelo California Institute of Technology e com um MBA da Virginia University. Chris começou como um membro de nossa equipe técnica/profissional seis anos atrás e mais recentemente atuava havia três anos como gerente de grupo apoiando projetos nacionais e internacionais para nosso grupo dedicado ao setor de companhias aéreas, incluindo nosso recente trabalho para o consórcio European Airbus.

Tenho certeza de que todos vocês se unirão a mim em dar os parabéns ao Chris por essa promoção.

ITEM 2 MEMORANDO

PARA: Todos os Gerentes
DE: Hal Harris, Vice-Presidente, Relações Públicas e Comunitárias
DATA: 15 de outubro

Para sua informação, o artigo a seguir apareceu na primeira página na seção de negócios do *Los Angeles Times* de quinta-feira.

Em uma mudança que poderá criar problemas para a SSS Software, Michael Grant e Janice Ramos saíram da SSS Software para se integrarem à Universal Business Solutions Inc. Analistas do setor vêem a mudança como outra vitória da Universal Business Solutions Inc. em sua batalha com a SSS Software para ganhar participação no crescente negócio de integração e desenvolvimento de software. Ambos, Grant e Ramos, trabalharam para a SSS Software por mais de sete anos. Mais recentemente, Grant foi vice-presidente de Operações para todo o trabalho da SSS Software em dois segmentos: saúde/hospitalar e financeiro/bancário. Ramos traz para a Universal Business Solutions Inc. toda sua experiência e especialização no crescente setor de integração e desenvolvimento de software internacional.

Hillary Collins, uma analista do setor da Merrill Lynch, disse que "a perda de pessoal-chave para um concorrente normalmente pode criar problemas sérios para uma firma como a SSS Software. Grant e Ramos têm o conhecimento interno das limitações técnicas e estratégicas da SSS Software. Será interessante ver se eles conseguem explorar esse conhecimento em proveito da Universal Business Solutions Inc".

ITEM 3 MEMORANDO

PARA: Chris Perillo
DE: Paula Sprague, Assistente Executiva de Roger Steiner
DATA: 15 de outubro

Chris, sei que em seu cargo anterior como gerente de grupo na Divisão de Serviços para Companhias Aéreas você provavelmente manteve contato com a maioria dos gerentes de grupo da Divisão de Serviços para os setores de Saúde e Financeiro, porém, acredito que você gostaria de colocar-se mais a par sobre cada um deles. As pessoas a seguir serão aquelas que se reportarão a você na equipe de gerentes de grupos.

Grupo 1: Bob Miller, 55 anos, branco, casado (Anne), com dois filhos e três netos. Ativo nas atividades políticas locais do Partido Republicano. Bem conceituado como gerente que não interfere, liderando uma equipe de alto desempenho. Joga golfe regularmente com Mark McIntyre, John Small e dois outros vice-presidentes de outras divisões.

Grupo 2: Wanda Manners, 38 anos, branca, solteira, com um filho em idade escolar. Fascinada por boa forma física, já participou de várias maratonas. Viveu na Alemanha e no Japão. Considerada uma gerente exigente com foco constante na tarefa mais próxima. Será a primeira pessoa a aparecer no trabalho toda manhã.

Grupo 3: William Chen, 31 anos, de descendência chinesa, casado (Harriet), dois filhos pequenos de seu primeiro casamento. Aprecia tênis e é relativamente um bom jogador. Uma estrela ascendente na empresa, ele é muito respeitado por seus companheiros como um "homem de ação" e como bom amigo.

Grupo 4: Leo Jones, 36 anos, branco, casado (Janet), com uma filha ainda bebê. Recentemente voltou de licença-paternidade. Tem viajado muito para participação em projetos, já que fala três línguas. Gosta de hóquei desde o tempo em que viveu em Montreal. É considerado um gerente de pulso firme que tira o máximo de seu pessoal.

Grupo 5: Mark McIntyre, 45 anos, branco, casado (Mary Theresa) com uma executiva do segmento bancário. Não tem filhos. Muita experiência na Alemanha e no Leste Europeu. Está escrevendo um romance policial. Tem sido sempre um bom "jogador de equipe", mas vários membros de seu pessoal técnico não são bem considerados e ele ainda não tratou do problema.

Grupo 6: John Small, 38 anos, branco, recém-divorciado. Três filhos morando com sua esposa. Um indivíduo sociável que gosta de esportes. Passou muito tempo no México e na América Central antes de fazer parte da SSS Software. Recentemente, tem feito trabalhos envolvendo contratos com o governo federal. Um gerente mediano, tem tido problemas em fazer que seu pessoal observe o horário.

Grupo 7: Este cargo está vago desde que Janice Ramos saiu. Roger acha que deveríamos preenchê-lo rapidamente. Entre em contato comigo se quiser informações sobre qualquer candidato interno para qualquer cargo.

Grupo 8: Marcus Harper, 42 anos, negro, casado (Tamara), com dois filhos adolescentes. Recentemente, ganhou um prêmio em um concurso de fotografia local. Considerado um gerente de pulso firme que se dá bem com seus colegas e que trabalha além do horário normal de expediente.

Serviços ao Consumidor: Armand Marke, 38 anos, originário da Armênia, divorciado. Fã de basquetebol. Foi gerente de grupo. Trabalhou arduamente para implantar o Suporte Técnico por Telefone, mas agora praticamente o abandonou.

Gerente Administrativa: Michelle Harrison, 41 anos, branca, solteira. Cresceu em um rancho e ainda monta a cavalo sempre que pode. Uma gerente austera.

Há um pessoal bom nesse grupo, mas que não atua bem como uma equipe gerencial. Acredito que Michael tinha seus favoritos, especialmente com relação a Janice e Leo. Há umas panelinhas no grupo e não tenho muita certeza quão efetivamente Michael lidou com elas. Espero que você considere isso um desafio para montar uma equipe coesa.

ITEM 4 MEMORANDO

PARA: Chris Perillo
DE: Wanda Manners, Gerente do Grupo 2
Data: 15 de outubro de 1998

CONFIDENCIAL E RESTRITA

Embora saiba que assumiu o cargo recentemente, acredito que seja importante você saber algumas informações que acabo de obter a respeito do trabalho de desenvolvimento que recentemente completamos para o First National Investment. Nosso projeto envolveu o desenvolvimento de software de gestão de ativos para administrar seus fundos internacionais. Esse foi um projeto muito complexo em razão das taxas de câmbio voláteis e das ferramentas de previsão que precisávamos desenvolver.

Como parte desse projeto, tivemos de integrar o software e os relatórios com todos os sistemas e mecanismos de geração de relatórios existentes. Para tanto, foi-nos dado acesso a todos os módulos de software existentes no cliente (grande parte desenvolvida pela Universal Business Solutions Inc.). Evidentemente, assinamos um acordo reconhecendo que o software ao qual nos foi dado acesso era de sua propriedade e que nosso acesso foi unicamente para o propósito de nosso trabalho de integração de sistemas associados ao projeto.

Infelizmente, tomei conhecimento de que algumas partes do software que desenvolvemos na verdade "pegam emprestado" de forma intensiva de programas aplicativos complexos desenvolvidos para o First National Investment pela Universal Business Solutions Inc. Parece óbvio para mim que um ou mais dos desenvolvedores de software do Grupo 5 (isto é, o grupo de Mark McIntyre) de modo não apropriado "tomaram emprestado" algoritmos desenvolvidos pela Universal Business Solutions Inc. Tenho certeza de que ao fazê-lo ganhamos tempo de desenvolvimento significativo com relação a alguns aspectos do projeto. Parece muito improvável que o First National Investment ou a Universal Business Solutions Inc. venham a tomar conhecimento desse problema.

Para finalizar, o First National Investment está usando o software que desenvolvemos com muito sucesso e está impressionado com o trabalho que fizemos. Desenvolvemos o projeto a tempo e dentro do orçamento estabelecido. Você provavelmente sabe que eles nos convidaram para oferecer propostas para vários outros projetos importantes.

Sinto muito em trazer esse delicado assunto à sua atenção, mas achei que você deveria estar a par disso.

ITEM 5A MEMORANDO

PARA: Chris Perillo
DE: Paula Sprague, Assistente Executiva para Roger Steiner
DATA: 15 de outubro
RE: Carta da C.A.R.E. Services (cópias anexas)

Roger me pediu para trabalhar nesse projeto C.A.R.E. e obviamente quer alguma ação rápida. Grande parte do pessoal já está totalmente comprometida para as próximas duas semanas. Sei que Elise Soto e Chu Hung Woo possuem a capacidade técnica para desenvolver esse sistema e, ao manter contato com eles, fiquei sabendo que se encontravam relativamente livres. Consegui o comprometimento deles para as duas próximas semanas e queria que você soubesse disso. Espero que isso vá tirar uma "batata quente" de suas mãos.

CÓPIA DE FAX ITEM 5B

C.A.R.E.
Serviços de Reabilitação de Adolescentes e Crianças
Agência Membro da United Way
200 Main Street
Los Angeles, Califórnia, 90230

DATA: 11 de outubro

Sr. Roger Steiner, CEO
SSS Software
13 Miller Way
Los Angeles, Califórnia 90224

Prezado Roger

Esta carta é um *follow-up* de nossa conversa após a reunião do conselho de ontem à noite. Apreciei seus comentários durante a reunião sobre a necessidade de sistemas de computação sofisticados em organizações sem fins lucrativos e agradeço especialmente sua generosa oferta de ajuda fazendo que a SSS Software proporcione auxílio para lidar com o problema imediato do nosso sistema de contabilidade. Já que o conselho votou a favor de despedir o consultor em computação, estou muito preocupada com a elaboração de nossos relatórios a tempo de atender ao ciclo de captação de recursos do Estado.

Obrigada novamente pela sua oferta de ajuda nesse momento decisivo.

Atenciosamente,

Janice Polocizwic

Janice Polocizwic
Diretora Executiva

ITEM 5C CÓPIA DE CARTA

SSS SOFTWARE
13 Miller Way
Los Angeles, CA 90224
213-635-2000

DATA: 12 de outubro

Janice Polocizwic
Diretora Executiva, C.A.R.E. Services
200 Main Street
Los Angeles, Califórnia 90230

Cara Janice

Recebi seu fax de 11 de outubro. Solicitei a Paula Sprague, minha assistente executiva, para disponibilizar pessoal para trabalhar no seu sistema de contabilidade assim que possível. Fique certa de que a Paula entrará em contato em breve.

Atenciosamente,

Roger Steiner

Roger Steiner

CC: Paula Sprague, Assistente Executiva

ITEM 6 MEMORANDO

PARA: Michael Grant
DE: Harry Withers, Equipe Técnica do Grupo 6
DATA 12 de outubro

PESSOAL E CONFIDENCIAL

Nossa equipe está enfrentando dificuldade em cumprir a data-limite de 5 de novembro para a entrega do projeto Halstrom. Kim, Fred, Peter, Kyoto, Susan, Mala e eu temos trabalhado no projeto há várias semanas, mas estamos enfrentando alguns problemas e poderemos precisar de tempo adicional. Fiquei hesitante em escrever esta carta, porém o principal problema é que o gerente de nosso grupo, John Small, está envolvido em um relacionamento com Mala, que obtém apoio do John para sua idéias e as traz para a equipe como componentes necessários ao projeto. Não é preciso dizer que isso tem causado alguns problemas para o grupo. A experiência de Mala é especialmente valiosa para esse projeto, mas Kim e Fred, que vêm trabalhando intensamente nele, não querem trabalhar com ela. Além disso, recentemente, um membro da equipe passou a não estar disponível devido a cuidados necessários com o filho. O comprometimento com o projeto e a moral da equipe caíram vertiginosamente. Contudo, faremos o melhor possível para conseguir que o projeto seja completado quanto antes. Mala estará de férias nas próximas duas semanas, portanto espero que alguns de nós possamos completá-lo na sua ausência.

ITEM 7 *VOICE MAIL*

Olá, Michael. Aqui é o Jim Bishop da United Hospitals. Queria falar a respeito do projeto de garantia de qualidade que você está desenvolvendo para nós. No princípio, fiquei impressionado com a cordialidade e a experiência de José Martinez, porém, recentemente, parece que ele não está conseguindo finalizar seu trabalho e tem parecido distante e impaciente nas conversas. Hoje, perguntei-lhe a respeito do cronograma e ele me pareceu muito na defensiva e não inteiramente no controle de suas emoções. Estou bastante preocupado a respeito de nosso projeto. Por favor, ligue-me no telefone 213-951-1234.

ITEM 8 *VOICE MAIL*

Oi, Michael. Aqui é o Armand. Gostaria de falar com você a respeito de algumas questões relacionadas ao Suporte Técnico por Telefone. Recentemente, recebi algumas cartas de reclamação de clientes do Suporte Técnico por Telefone que incluíram: grande tempo de espera para um técnico responder ao telefonema; técnicos que não têm conhecimento suficiente para resolver problemas e, por vezes, atendimento rude. Não é necessário dizer que estou bastante preocupado com essas reclamações.

Acredito que, em geral, a qualidade da equipe de suporte telefônico é muito boa, porém continuamos com falta de funcionários, apesar das últimas contratações. Os novos técnicos parecem bons, mas estão trabalhando no help desk antes de serem considerados plenamente preparados. Antolina, nossa melhor técnica, freqüentemente traz seu filho para o trabalho, o que está aumentando a loucura por aqui!

Acredito que você deveria ficar a par da grande pressão que estamos sofrendo. Falarei com você em breve.

ITEM 9 *VOICE MAIL*

Oi, Chris, é a Pat. Parabéns pela sua promoção. Certamente, escolheram a pessoa certa. É uma ótima notícia para mim, também. Você tem sido um ótimo mentor até agora, portanto, espero continuar aprendendo bastante com você em sua nova função. Que tal almoçarmos na semana que vem?

ITEM 10 *VOICE MAIL*

Chris, aqui é o Bob Miller. Achei que você gostaria de saber que a piada de John durante nossa reunião de planejamento incomodou algumas das integrantes de meu grupo. Francamente, acho que as coisas estão saindo dos eixos, especialmente quando todos sabemos que este é um bom lugar para ambos, homens e mulheres, trabalharem. Dê-me uma ligada se quiser conversar a esse respeito.

ITEM 11 *VOICE MAIL*

Olá. Aqui é a Lorraine Adams do Westside Hospital. Li no Los Angeles Times de hoje que você estará assumindo o lugar de Michael Grant. Não tivemos ainda a oportunidade de nos encontrarmos, porém sua divisão terminou recentemente dois grandes projetos, na casa dos milhões de dólares, para nosso hospital. Michael Grant e eu discutimos a respeito de uma pequena conversão de um trecho de software existente para tornar-se compatível com os novos sistemas. O fornecedor original havia dito que eles fariam o trabalho, mas estão protelando e tenho de agir rapidamente. Você poderia verificar se Harris Wilson, Chu Hung Woo e Elise Soto estão disponíveis para fazer esse trabalho assim que possível? Eles participaram do projeto original e trabalharam bem com nosso pessoal. Você pode me ligar no número 213-555-3456.

Hum... (pausa longa) Acho que deveria dizer-lhe que recebi uma ligação do Michael oferecendo-se para fazer este trabalho, porém, acredito que deveria manter-me fiel à SSS Software. Dê-me uma ligada.

ITEM 12 *VOICE MAIL*

Oi, Chris. Aqui é o Roosevelt Moore que está ligando. Sou membro de sua equipe técnica/profissional. Costumava me reportar a Janice Ramos, mas já que ela saiu da firma, achei que deveria trazer minhas preocupações diretamente para você. Gostaria de combinar um horário para conversarmos sobre minhas atividades desde que retornei da licença-paternidade de seis semanas. Algumas das minhas principais responsabilidades foram delegadas a outros. Parece que estou fora do círculo de pessoas influentes e receio que minha carreira esteja em jogo. Também, temo que não serei apoiado ou considerado seriamente para a vaga criada pela saída da Janice. Francamente, sinto que estou me dando mal por ter tirado a licença. Gostaria de conversar com você nesta semana.

ITEM 13 E-MAIL

Para: Michael Grant
De: José Martinez, Equipe Técnica do Grupo 1
Data: 12 de outubro

Gostaria de marcar uma reunião com você assim que possível. Presumo que você receberá uma ligação do Jim Bishop da United Hospitals e quero ter certeza de que você ouça o meu lado da história primeiro. Venho trabalhando em um projeto de sistema personalizado para garantia de qualidade para eles, utilizando uma variação do produto J-3 que desenvolvemos há vários anos. Eles tinham uma série de exigências especiais e algumas peculiaridades em seus sistemas de contabilidade, portanto, tive de dedicar muitas horas a mais especialmente para isso. Tenho trabalhado muito para atender às exigências do cliente, mas eles vivem mudando as diretrizes do projeto. Eu fico pensando, este é somente mais um J-3 no qual estou trabalhando, mas eles têm interferido em um projeto bem estruturado que eu desenvolvi. Parece que não estou chegando a lugar nenhum neste projeto. Então, o Sr. Bishop me perguntou se o sistema ainda estava funcionando. Estava esgotado em negociar com o *controller* e fiz um comentário sarcástico. Ele me deu uma olhada estranha e simplesmente saiu da sala.

Gostaria de conversar com você a respeito dessa situação quanto antes.

ITEM 14 E-MAIL

PARA: Chris Perillo
DE: John Small, Gerente do Grupo 6
DATA: 15 de outubro

Bem-vindo a bordo, Chris. Espero encontrá-lo em breve. Apenas gostaria de dar-lhe uma sugestão a respeito da pessoa para substituir Janice Ramos. Um dos integrantes da minha equipe técnica, Mala Abendano, tem a habilidade e o dinamismo necessários para se tornar uma excelente gerente de grupo. Eu a tenho encorajado a manifestar seu interesse pelo cargo. Teria muito gosto em falar-lhe mais a este respeito, assim que possível.

ITEM 15 E-MAIL

PARA: Chris Perillo
DE: Paula Sprague, Assistente Executiva de Roger Steiner
DATA: 15 de outubro

Roger me pediu para lhe informar sobre o grande contrato que fechamos no Quênia. Isso significa que uma equipe de quatro gerentes fará uma pequena viagem para determinar as necessidades atuais. Eles designarão às suas respectivas equipes técnicas a tarefa de desenvolver aqui um sistema e o software no decorrer dos próximos seis meses e depois os gerentes e possivelmente alguns membros da equipe passariam aproximadamente dez meses na instalação, no Quênia, para conduzir a implementação. Roger gostaria de receber um e-mail contendo suas sugestões com referência às questões a serem discutidas nessa reunião, considerações adicionais a respeito de enviar pessoas para o Quênia e sobre como você reunirá uma equipe eficaz para trabalhar nesse projeto. O memorando de 15 de outubro que lhe enviei fornecerá algumas informações que você precisará para começar a tomar essas decisões.

ITEM 16 E-MAIL

PARA: Chris Perillo
DE: Sharon Shapiro, Vice-Presidente de Recursos Humanos
DATA: 15 de outubro
RE: Próxima reunião

Quero deixá-lo a par do efeito crescente da piada sobre sexo que John Small fez na reunião de planejamento da semana passada. Várias mulheres estão muito indignadas e têm-se encontrado informalmente para conversar sobre isso. Elas decidiram marcar uma reunião com todas as pessoas preocupadas com esse tipo de comportamento em toda a empresa. Pretendo comparecer, portanto, manterei você informado.

ITEM 17 E-MAIL

PARA: Todos os Gerentes da SSS Software
DE: Sharon Shapiro, Vice-Presidente, Recursos Humanos
DATA: 14 de outubro
RE: Promoções e Contratações Externas

Promoções e contratações externas deste ano até a presente data (janeiro a setembro)

	Raça					Sexo		
Nível	Branco	Negro	Asiático	Hispânico	Norte-Americano Nativo	M	F	TOTAL
Contratações no Nível Executivo	0 (0%)	0 (0%)	0 (0%)	0 (0%)	0 (0%)	0 (0%)	0 (0%)	0
Promoções para Nível Executivo	0 (0%)	0 (0%)	0 (0%)	0 (0%)	0 (0%)	0 (0%)	0 (0%)	0
Contratações no Nível Gerencial	2 (67%)	1 (33%)	0 (0%)	0 (0%)	0 (0%)	2 (67%)	1 (33%)	3
Promoções para Nível Gerencial	7 (88%)	0 (0%)	1 (12%)	0 (0%)	0 (0%)	7 (88%)	1 (12%)	8
Contratações no Nível Técnico /Profissional	10 (36%)	6 (21%)	10 (36%)	2 (7%)	0 (0%)	14 (50%)	14 (50%)	28
Promoções para Nível Técnico/Profissional	0 (0%)	0 (0%)	0 (0%)	0 (0%)	0 (0%)	0 (0%)	0 (0%)	0
Contratações no Nível Não-Gerencial	4 (20%)	10 (50%)	2 (10%)	4 (20%)	0 (0%)	6 (30%)	14 (70%)	20
Promoções para Nível Não-Gerencial	N/D	N/D	N/D	N/D	N/D	N/D	N/D	N/D

Relatório de classificação dos funcionários da SSS Software (EEO) em 30 de junho

	Raça					Sexo		
Nível	Branco	Negro	Asiático	Hispânico	Norte-Americano Nativo	M	F	TOTAL
Nível Executivo	11 (92%)	0 (0%)	1 (8%)	0 (0%)	0 (0%)	11 (92%)	1 (8%)	12
Nível Gerencial	43 (90%)	2 (4%)	2 (4%)	1 (2%)	0 (0%)	38 (79%)	10 (21%)	48
Nível Técnico/ Profissional	58 (45%)	20 (15%)	37 (28%)	14 (11%)	1 (1%)	80 (62%)	50 (38%)	130
Nível Não-Gerencial	29 (48%)	22 (37%)	4 (7%)	4 (7%)	1 (2%)	12 (20%)	48 (80%)	60
Total	141 (56%)	44 (18%)	44 (18%)	19 (8%)	2 (1%)	141 (56%)	109 (44%)	250

INCIDENTES CRÍTICOS

Investida a Funcionários

A Litson Cotton Yarn Manufacturing Company (fabricante de fios de algodão), localizada em Murray, New Jersey, decidiu, como resultado dos crescentes custos trabalhistas, transferir sua fábrica para Fairlee, uma comunidade do sul dos Estados Unidos de 4.200 habitantes. A construção da fábrica foi iniciada e um escritório de recursos humanos foi aberto na centro de recrutamento estadual, em Fairlee.

Em razão da práticas de recursos humanos ineficazes nas outras três tecelagens localizadas em um raio de 50 milhas de Fairlee, a Litson estava recebendo solicitações de emprego de alguns dos mais habilidosos e bem treinados operadores de máquinas têxteis daquele Estado. Após receber solicitações de emprego de aproximadamente 500 pessoas, foram contratados 260 candidatos entre homens e mulheres. Estes funcionários seriam colocados imediatamente na folha de pagamento com instruções para aguardar a instalação final da maquinaria, que deveria ocorrer dentro das próximas seis semanas.

Os gerentes das três outras companhias têxteis, que depararam com demissões de seus funcionários mais eficientes e bem treinados, abordaram os gerentes da Litson com a queixa de que esta empresa estava promovendo uma "investida desleal" sobre seu contingente de trabalhadores. Eles protestaram veementemente para que essas práticas cessassem e exigiram um cancelamento imediato da contratação das 260 pessoas empregadas pela Litson.

Os gerentes da Litson discutiram as razões éticas e morais envolvidas na oferta de empregos para essas 260 pessoas. A Litson claramente encontrou uma oferta de mão-de-obra restrita em Fairlee e a administração pensou que, caso os 260 funcionários fossem demitidos, a empresa se defrontaria com o cancelamento de seus planos e grandes perdas relacionadas à construção da nova fábrica. A administração também se sentiu comprometida com os 260 funcionários que haviam saído de seus empregos anteriores para passarem a trabalhar na Litson.

O dilema ficou mais complexo quando o gerente de uma das fábricas da comunidade lembrou à Litson que a fábrica em que ele trabalhava fazia parte de uma cadeia nacional suprida com os fios de algodão da Litson. Ele sugeriu que as tentativas da Litson de continuar as operações em Fairlee poderiam resultar em cancelamento de pedidos e na possível perda de aproximadamente 18% de participação de mercado. E também deu a entender que as ações tomadas pela cadeia têxtil de alcance nacional poderiam resultar em cancelamentos de encomendas por parte de outras empresas têxteis. O presidente da Litson convocou uma reunião urgente com seus subordinados imediatos para 1) decidir o que fazer com relação à situação em Fairlee; 2) formular uma política por escrito indicando a posição da Litson com relação à "investida" sobre funcionários de outras empresas; e 3) desenvolver um plano para implementar essa política.

Como você se prepararia para a reunião e o que diria na reunião?

FONTE: CHAMPION, J.; JAMES, J. *Critical incidents in management:* Decision and policy issues. 6. ed. Burr Ridge, IL: Richard D. Irwin, 1989.

Administração Eficaz

Dr. Sam Perkins, formado pela Faculdade de Medicina da Harvard University, teve um consultório particular por 12 anos, no qual se dedicava à medicina interna. Há 14 meses, ele foi persuadido pelo governador de Massachusetts a abandonar o exercício da medicina em consultório particular para ser diretor da Divisão Estadual do Department of Health and Human Services.

Após um ano como diretor, Perkins reconheceu que havia feito pouco progresso em reduzir a considerável ineficiência da divisão. O moral dos funcionários e a sua eficácia pareciam ainda mais baixas do que quando assumira a posição. Ele percebeu que seus treinamento e experiências prévios foram de natureza clínica, com pouca exposição a técnicas de administração eficazes. Perkins decidiu pesquisar a literatura a respeito do tema administração disponível em uma universidade local.

Perkins logo percebeu que os estudiosos de administração se dividem quanto à questão sobre o que constitui uma administração eficaz. Alguns acreditam que as pessoas nascem com certos traços de personalidade que fazem delas gerentes eficazes. Outros, acreditam que um gerente pode aprender a ser eficaz tratando os subordinados de forma pessoal e atenciosa, dando especial atenção às suas necessidades de condições de trabalho favoráveis. Outros ainda, enfatizam a importância de desenvolver um estilo de administração caracterizado, seja por uma abordagem autoritária, ou democrática, ou *laissez-faire*. Perkins ficou ainda mais confuso quando soube que um número crescente de estudiosos defende que uma administração eficaz depende da situação.

Já que havia uma universidade estadual por perto, Perkins entrou em contato com o reitor de sua faculdade de administração de empresas. O reitor o encaminhou para o diretor do centro de administração da faculdade, professor Joel McCann. Discussões entre Perkins e McCann resultaram em um possível acordo pelo qual o centro de administração organizaria uma série de sessões de treinamento gerencial para aquela Divisão Estadual do Department of Health and Human Services. Antes de chegar a um acordo quanto ao preço para a conferência sobre administração, Perkins pediu a McCann que preparasse uma proposta que refletisse seus pensamentos a respeito das seguintes perguntas:

1. Como a pergunta sobre o que constitui administração eficaz será respondida durante a conferência?
2. Qual será o conteúdo específico da conferência?
3. Quem serão os instrutores?
4. Qual será a duração da conferência?
5. Como a eficácia da conferência poderá ser mensurada?
6. Que políticas a Divisão Estadual do Department of Health and Human Services deveria adotar em relação a quais teriam de ser os participantes da conferência e a como eles seriam selecionados? Como essas políticas podem ser mais bem aplicadas?

FONTE: CHAMPION, J.; JAMES, J. *Critical incidents in management:* Decision and policy issue. 6. ed. Burr Ridge, IL: Richard D. Irwin, 1989.

PARTE 2

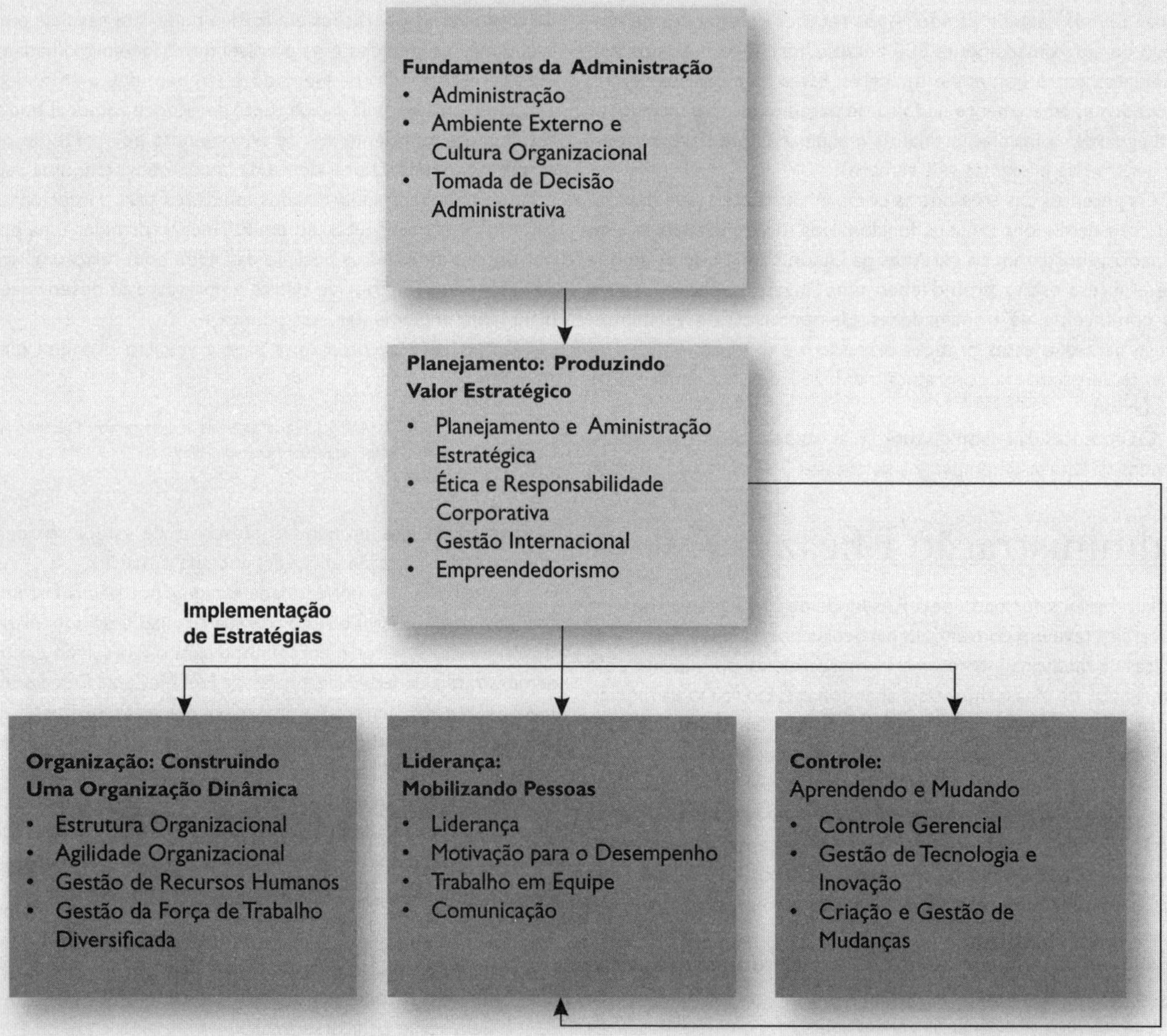

Fundamentos da Administração
• Administração
• Ambiente Externo e Cultura Organizacional
• Tomada de Decisão Administrativa
Planejamento: Produzindo Valor Estratégico
• Planejamento e Aministração Estratégica
• Ética e Responsabilidade Corporativa
• Gestão Internacional
• Empreendedorismo
Implementação de Estratégias
Organização: Construindo Uma Organização Dinâmica
• Estrutura Organizacional
• Agilidade Organizacional
• Gestão de Recursos Humanos
• Gestão da Força de Trabalho Diversificada
Liderança: Mobilizando Pessoas
• Liderança
• Motivação para o Desempenho
• Trabalho em Equipe
• Comunicação
Controle: Aprendendo e Mudando
• Controle Gerencial
• Gestão de Tecnologia e Inovação
• Criação e Gestão de Mudanças

Planejamento: Produzindo Valor Estratégico

A Parte 2 deste livro apresenta os conceitos fundamentais de planejamento e estratégia. Os tópicos ressaltam as decisões tomadas pela alta administração e suas conseqüências em toda a esfera organizacional. O Capítulo 4 apresenta resumidamente o processo de planejamento e uma visão geral da metodologia de administração estratégica adotada pelos altos executivos. Os três capítulos seguintes abordam assuntos que apareceram recentemente como questões vitais para os gerentes modernos. O Capítulo 5 estuda o impacto das questões éticas e dos fatores sociopolíticos nas grandes decisões. O Capítulo 6 trata da realidade urgente da gestão em um ambiente competitivo global. Por último, o Capítulo 7 descreve os empreendedores e os novos empreendimentos criados por eles. Esses capítulos proporcionarão ao leitor clara compreensão das orientações estratégicas perseguidas pelas organizações eficazes.

Capítulo 4

Planejamento e Administração Estratégica

"Assuma o controle do seu destino, ou outra pessoa o fará."

— **Jack Welch**,
Ex-diretor presidente da General Electric

RESUMO DO CAPÍTULO

Visão Geral dos Fundamentos Básicos de Planejamento
- Processo Básico de Planejamento

Níveis de Planejamento
- Planejamento Estratégico
- Planejamento Tático e Operacional
- Alinhamento entre Planejamento Estratégico, Tático e Operacional

Planejamento Estratégico
- Etapa 1: Definição da Missão, da Visão e das Metas
- Etapa 2: Análise das Oportunidades e Ameaças Externas
- Etapa 3: Análise das Forças e Fraquezas Internas
- Etapa 4: Análise SWOT e Formulação Estratégica
- Etapa 5: Implementação da Estratégia
- Etapa 6: Controle Estratégico

OBJETIVOS DE APRENDIZAGEM

Após estudar este Capítulo, você deverá saber:

1. Como proceder em todas as etapas básicas de qualquer processo de planejamento.
2. Como o planejamento estratégico se integra ao planejamento tático e operacional.
3. Por que é importante analisar tanto o ambiente externo como os recursos internos da empresa antes de formular a estratégia.
4. As alternativas disponíveis para a estratégia corporativa.
5. Como as companhias podem alcançar vantagem competitiva por meio da estratégia de negócios.
6. Como as competências essenciais proporcionam a base para a estratégia de negócios.
7. Os fatores principais para a efetiva implementação da estratégia.

DELTA AIR LINES ARRISCA TUDO

Em 1º de janeiro de 2004, Gerald Grinstein, de 71 anos, assumiu como CEO da Delta Air Lines, a terceira maior companhia aérea dos Estados Unidos. Grinstein havia sido CEO da Western Airlines e transformado essa empresa de resultados negativos em lucrativa antes de ser adquirida pela Delta em 1987. Desde essa época, era membro da diretoria da Delta cuja situação agora a diretoria esperava que ele também conseguisse reverter. A empresa necessitava com urgência de uma reviravolta. Nos últimos três anos, a Delta havia perdido no total US$ 3,2 bilhões. Havia uma previsão de perda adicional de US$ 2 bilhões ou mais em 2004. Nesse ritmo, a companhia aérea acabaria ficando totalmente sem caixa e indo à falência.

Seria possível salvar a companhia de cerca de 70 mil funcionários? A diretoria pediu a Grinstein para elaborar um plano estratégico abrangente, envolvendo cada uma das partes das operações de uma companhia aérea. O plano teria como meta estabelecer para a empresa um novo rumo que refreasse a espiral descendente e, finalmente a conseguisse reverter. Para atingir essa meta, o plano estratégico de Grinstein teria de atacar alguns desafios bem complicados:

- Os ataques terroristas de 11 de setembro de 2001 haviam provocado uma queda drástica no número de viagens aéreas.
- As companhias aéreas de baixo custo, como a Jet Blue, estavam reduzindo os preços e aumentando sua participação no mercado. Além disso, essas empresas concorriam com a Delta em mais de 70% das rotas.
- O preço do combustível vinha subindo e de fato havia aumentado 32% no ano anterior.
- Os pilotos da Delta eram os mais bem pagos do setor. Na verdade, apenas alguns meses antes da tragédia de 11 de setembro, o sindicato havia firmado com a empresa um acordo vantajoso para os pilotos. Outras companhias aéreas conseguiram obter concessões por parte dos pilotos desde a tragédia, mas a Delta não.
- Muitos dos vôos da Delta, principalmente para Dallas-Ft. Worth, não operavam com lucro. No entanto, muitas outras rotas, por exemplo, para Boston, operavam lucrativamente, mas com número insuficiente de vôos.
- A Internet transformou muitos dos compradores de passagens on-line em agressivos "caçadores" de ofertas. Nesse mercado, as tarifas da Delta eram caras demais. Além disso, a companhia perdeu muitos de seus clientes por causa da complicada estrutura tarifária e do deficiente serviço de atendimento ao cliente.
- A Delta também possuía muitas obrigações financeiras, incluindo dívidas elevadas e um custoso plano de pensão para os aposentados.

Evidentemente, Grinstein teria de cortar significativamente os custos da empresa, encontrar uma maneira de competir com as companhias de baixo custo, eliminar rotas não-lucrativas e aumentar a satisfação do cliente. A companhia não suportaria continuar perdendo passageiros e dinheiro. E dependeria em grande parte da capacidade de Grinstein de elaborar rapidamente um plano que funcionasse.

FONTES do Prólogo, das Conexões e do Epílogo: GROW, Brian. Delta: a wing, a prayer, a revamp. *BusinessWeek*, 23 ago. 2004, on-line; CREDEUR, Mary Jane. Delta CEO Maps Epic Overhaul. *Atlanta Business Chronicle*, 10 set. 2004; Delta Dodges Bankruptcy with Labor Deal. *cnnmoney.com*, 28 out. 2004; BAGGALEY Philip, Inside Delta's Low-Fare Strategy. *BusinessWeek*, 6 jan. 2005, on-line.

É praticamente impossível imaginar a Delta Air Lines, ou qualquer outra organização, enfrentando grandes desafios sem a elaboração de um plano específico. Planejamento é uma expressão formal da intenção gerencial. Ele descreve o que os gerentes decidiram fazer e como eles vão fazê-lo. O plano fornece a estrutura básica, o foco e a orientação dos principais esforços necessários. Sem planejamento, qualquer avanço em termos de inovação, velocidade, qualidade e custos ocorre ao acaso, isso se efetivamente vier a ocorrer. Neste capítulo, serão analisados os conceitos e processos mais importantes envolvidos no planejamento e na gestão estratégicos. O conhecimento desses conceitos e a análise das etapas envolvidas possibilitam a compreensão das abordagens usuais em termos de gestão estratégica das organizações atuais.

Visão Geral dos Fundamentos Básicos de Planejamento

A importância do planejamento formal nas organizações tem-se tornado cada vez maior. Até meados da década de 1990, a maioria dos planejamentos era desestruturada e fragmentada e o planejamento formal restringia-se a algumas poucas grandes corporações. Embora os pioneiros em gestão, por exemplo, Alfred Sloan da General Motors, houvessem instituído processos formais, a disseminação do planejamento como função gerencial ocorreu somente nas últimas décadas. No início, apenas as organizações de grande porte adotavam planejamento formal; hoje, no entanto, até as pequenas empresas dirigidas por empreendedores agressivos com senso de oportunidade adotam a sistemática.[1]

Planejamento é o processo sistemático e consciente de tomada de decisões a respeito das metas e atividades a serem cumpridas no futuro por um indivíduo, um grupo, uma unidade de trabalho ou uma organização. Planejamento não é uma resposta informal ou casual a uma crise; é um esforço proposital, dirigido e controlado pelos gerentes e, muitas vezes, baseado no conhecimento e na experiência de todos os funcionários da organização. O planejamento proporciona a indivíduos e unidades de trabalho diretrizes claras a serem seguidas nas atividades futuras; ao mesmo tempo, essas diretrizes podem incluir circunstâncias individuais e condições de mudanças.

Processo Básico de Planejamento

Planejamento é um processo de decisão — das ações a serem implementadas e do método de sua implementação —; assim, as principais etapas seguidas no processo formal de planejamento são semelhantes às de tomada de decisão discutidas no Capítulo 3. A Figura 4.1 mostra resumidamente as semelhanças entre os processos de planejamento e de tomada de decisão — inclusive o fato de o movimento de ambos não ser apenas unidirecional, mas *cíclico*. Os resultados das decisões e dos planos devem ser avaliados e, se necessário, revisados.

Nesta seção, descreve-se mais detalhadamente o processo básico de planejamento. E, adiante, será discutido como as decisões e os planos gerenciais atendem aos objetivos maiores da organização — a estratégia, a missão, a visão e as metas máximas da empresa.

análise situacional

Processo adotado pelos planejadores, dentro das restrições de tempo e recursos, para coletar, interpretar e resumir toda informação relevante para a questão de planejamento analisada.

Etapa 1: Análise Situacional Assim como defende a abordagem contingencial, o planejamento começa com uma **análise situacional**. Dentro das restrições de tempo e recursos, os planejadores devem coletar, interpretar e resumir toda informação relevante para a questão de planejamento analisada. Uma análise situacional completa estuda fatos passados, examina a situação atual e tenta prever as tendências futuras. Essa análise concentra-se na atuação das forças internas na organização ou na unidade de trabalho e, de acordo com a abordagem dos sistemas abertos, examina a influência do ambiente externo. Essa etapa resulta em identificação e diagnóstico de suposições, questões e problemas de planejamento.

Uma análise situacional completa indica as necessidades da organização em termos de decisões de planejamento. Por exemplo, o editor de uma revista que está examinando a possibilidade de lançar uma publicação esportiva voltada ao público adolescente deve analisar fatores como a quantidade de jovens assinantes de revistas, o apelo publicitário desse mercado, a capacidade da companhia de atender efetivamente esse mercado, a situação econômica atual, o interesse do jovem em esportes e qualquer outra revista esportiva existente que já atenda a esse mercado e seu nível de aceitação. Uma análise com essa gama de detalhes ajuda o editor a decidir se deve ou não levar adiante a iniciativa de lançar a revista.

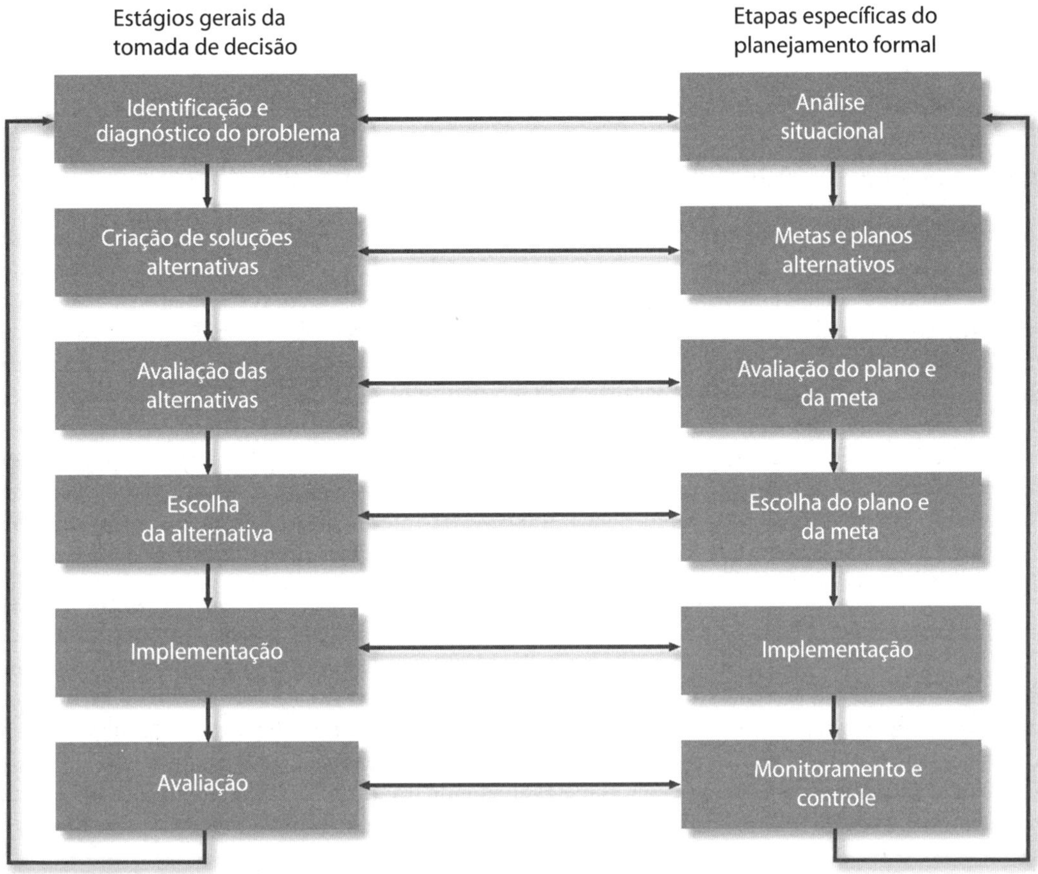

FIGURA 4.1 Estágios da Tomada de Decisão (Capítulo 3) e Etapas do Planejamento Formal (Capítulo 4)

Etapa 2: Metas e Planos Alternativos Com base na análise situacional, durante o processo de planejamento, devem ser criados metas alternativas a serem cumpridas no futuro e planos alternativos a serem usados para atingir essas metas. Essa etapa do processo deve enfatizar a criatividade e incentivar gerentes e funcionários a assumirem uma perspectiva ampla de suas funções. Depois de elaborado um conjunto de alternativas, são avaliados os méritos das metas e dos planos alternativos. Ainda com base no exemplo da editora, as alternativas a serem consideradas incluem se o público-alvo deve ser de jovens do sexo masculino, ou jovens do sexo feminino, ou ambos, e se a venda será feita mediante assinatura ou nas bancas de jornais e revistas.

meta
Alvo ou objetivo que a alta administração deseja atingir.

planos
Ações ou meios que os gerentes pretendem adotar para atingir as metas organizacionais.

Metas são alvos ou objetivos que o gerente deseja atingir. As metas devem ser específicas, desafiadoras e realistas. Por exemplo, a meta da General Electric em se tornar a primeira ou, no mínimo, a segunda empresa do setor é específica e desafiadora. Quando necessário, as metas também têm de ser quantificadas e vinculadas a um prazo. Essa quantificação e esse prazo devem ser aceitáveis para os gerentes e funcionários responsáveis pelo seu cumprimento e consistentes tanto dentro das unidades de trabalho como entre elas.

Planos são ações ou meios que o gerente pretende adotar para atingir as metas. Nessa etapa, é preciso, no mínimo, traçar as ações alternativas que viabilizem o cumprimento de cada meta, os recursos necessários para atingir a meta utilizando os meios escolhidos, e os obstáculos que podem surgir. O plano da Aramark de tornar-se o principal fornecedor de serviços corporativos esquematiza as atividades da companhia visando a expansão dos negócios na preparação de comidas e bebidas, nos serviços de alimentação e suprimento de uniformes, além de serviços de saúde e educação. Esse plano está focado nas metas da empresa de crescimento anual de 10% nas vendas e nos lucros.[2]

Neste capítulo, serão abordados vários tipos de planos. Alguns deles, denominados *planos de aplicação única*, destinam-se a atingir um conjunto de metas que provavelmente não se deve repetir no futuro. Por exemplo, os planejadores da administração municipal estabelecem um plano para a comemoração do sesquicentenário da fundação da cidade prevendo desfiles, festividades, discursos e assim por diante. Outros, denominados *planos permanentes*, concentram-se nas atividades permanentes destinadas a atingir um conjunto duradouro de metas. É o caso de muitas companhias que possuem planos permanentes de recrutamento de pessoas pertencentes a grupos de minoria ou mulheres. Freqüentemente, os planos permanentes se tornam políticas e regras duradouras na condução da organização. Por último, existem os *planos de contingência*, às vezes denominados planos "circunstanciais". Eles abrangem conjuntos de ações a serem implementados quando os planos iniciais de uma companhia não funcionam bem ou se fatos do ambiente externo exigirem mudança repentina. Por exemplo, embora as grandes financeiras sediadas no World Trade Center ou em suas proximidades tenham sido seriamente afetadas pelos ataques de 11 de setembro, em algumas horas muitas dessas empresas conseguiram reativar suas operações em localidades contingenciais especialmente preparadas para emergências. Essas localidades proporcionaram as mesmas informações básicas e os equipamentos existentes nos escritórios da sede. Embora alguns desses planos contingenciais houvessem sido elaborados em 1999 para enfrentar as dificuldades previstas na virada do milênio, foram efetivamente utilizados depois de 11 de setembro. Mesmo assim, a tragédia revelou várias deficiências neles, muitas das quais foram, a partir daí, diminuídas. Por exemplo, diversas operações vitais ficaram concentradas em uma única área geográfica. Hoje, a maioria das corporações possui planos contingenciais para reagir a uma grande catástrofe — como assegurar a manutenção de reservas de cópias de dados vitais e a recuperação destes em uma situação emergencial ou orientar os empregados sobre como agir em uma situação de crise.[3]

Etapa 3: Avaliação do Plano e da Meta Em seguida, os gerentes avaliam as vantagens, desvantagens e os efeitos potenciais de cada plano ou meta alternativa. Algumas metas são priorizadas, enquanto outras não são nem levadas em consideração. No exemplo da editora de revistas, a avaliação do editor-responsável pode determinar que a venda exclusivamente em bancas não seria suficientemente lucrativa para justificar, o lançamento da publicação. Ao mesmo tempo, os gerentes avaliam criteriosamente as implicações dos planos alternativos para atingir as metas altamente prioritárias. Por exemplo, eles vão prestar mais atenção o custo de qualquer iniciativa e ao provável retorno sobre o investimento resultante.

Vantagens da Colaboração

Em algumas companhias, a avaliação do plano ou da meta é realizada por equipes de gerentes com experiências diversificadas. Na Atlantic Richfield Company (Arco), durante os esforços de planejamento gerencial, os altos executivos se reúnem com grupos de planejamento das áreas de planejamento estratégico, operações, marketing, assuntos de governo e outras. As diferentes visões e opiniões geradas por esses grupos produzem análises mais equilibradas e abrangentes dos planos e das metas da companhia. Esse tipo de colaboração também propicia maior apoio ao plano elaborado, já que todos contribuem durante o processo de planejamento. Além disso, a divulgação do plano é facilitada, pois os principais envolvidos da organização conhecem alguns dos pressupostos básicos sobre os quais o plano foi desenvolvido.

Etapa 4: Escolha do Plano e da Meta Depois de avaliar as várias metas e os diversos planos, os gerentes selecionam aquele mais adequado e viável. O processo de avaliação identifica as prioridades e as contrapartidas entre metas e planos. Por exemplo, se um editor planeja lançar inúmeras novas publicações e estiver tentando escolher alguma delas, deve avaliar as diferentes necessidades de investimento inicial de cada uma, o tamanho de cada mercado, qual a mais adequada para a linha de produtos existente ou para a imagem da companhia e assim por diante. Uma visão de um profissional experiente sempre exerce papel importante nesse processo. Contudo, como será mostrado adiante neste capítulo, contar exclusivamente com a opinião das pessoas nem sempre é o melhor procedimento.

> "A maior parte das discussões de tomada de decisão assume que apenas executivos seniores tomam decisões ou que apenas as tomadas de decisões de executivos seniores importam. Este é um engano perigoso."
>
> Peter Drucker

Geralmente, o processo de planejamento formal produz uma série de metas e planos documentados, e que são apropriados e viáveis dentro de um conjunto previsto de circunstâncias. Em algumas organizações, as etapas de criação de alternativas, avaliação e seleção geram **cenários** de planejamento, conforme discutido no Capítulo 2. A cada cenário, é vinculado um plano contingencial diferente. O gerente busca cumprir as metas e implementa o plano associado com o cenário mais provável. Entretanto, ele está preparado para trocá-lo por outro conjunto de planos se a situação mudar e outro cenário tornar-se relevante. Essa abordagem ajuda a empresa a evitar crises e propicia mais flexibilidade e agilidade para reagir.

O Hard Rock Café implementa sua estratégia — a identificação com o *rock'n roll* — por meio dos painéis luminosos de seus hotéis.

Etapa 5: Implementação Depois de selecionar as metas e os planos, os gerentes devem implementar os planos elaborados para cumprir as metas. De nada valem os melhores planos se eles não forem implementados corretamente. Os gerentes e os funcionários precisam entender o plano, ter os recursos necessários para sua implementação e estar motivados para implementá-lo. Se tanto os gerentes como os funcionários participarem das etapas anteriores do processo de planejamento, a fase de implementação provavelmente será mais eficaz e eficiente. Como mencionado anteriormente, os funcionários normalmente estão mais bem informados, ficam mais comprometidos e mais motivados quando a meta ou o plano escolhido for aquele que eles ajudaram a elaborar.

cenário

Narrativa que descreve um conjunto específico de situações futuras.

Conexões: DELTA AIR LINES

Um dos requisitos essenciais do plano estratégico do diretor-presidente Grinstein era a necessidade de redução dos custos trabalhistas da Delta. Em outubro de 2004, a Delta e o sindicato dos pilotos anunciaram um acordo para reduzir em um terço a remuneração da tripulação. Essa mudança produziria para a Delta uma economia anual de US$ 1 bilhão. Os pilotos também aceitaram mudanças nas normas trabalhistas que resultariam em ainda mais economia para a companhia. Em contrapartida, receberam a opção de adquirir 15% de participação na empresa. Sua sinceridade com o sindicato sobre a situação financeira da empresa e a real ameaça de falência ajudou Grinstein a chegar ao acordo. Em uma série de reuniões da direção com os pilotos e outros funcionários, ele discutiu os detalhes do novo plano da companhia, suas metas e explicou a necessidade das mudanças. Também adiou as gratificações dos altos executivos, inclusive a sua própria, até a Delta voltar a obter lucros. Esse procedimento sinalizou à organização que os sacrifícios seriam compartilhados.

Por último, o sucesso da implementação exige a vinculação do plano aos demais sistemas da organização, principalmente aos sistemas de recompensa e orçamento. Se a previsão orçamentária não oferecer ao gerente os recursos financeiros suficientes para executar o plano, provavelmente este fracassará. Do mesmo modo, o cumprimento da meta deve ser vinculado ao sistema de recompensas da organização. Muitas empresas adotam programas para incentivar os funcionários a atingirem as metas e implementar os planos de forma adequada. Comissões, salários, promoções, gratificações e outras recompensas baseiam-se em um desempenho de sucesso.

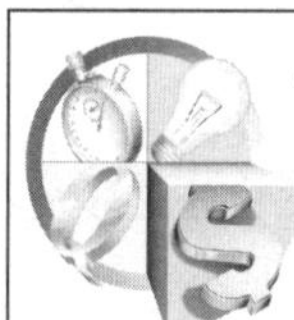

A vinculação do plano às finanças da empresa é elemento essencial para o seu sucesso.

Etapa 6: Monitoramento e Controle Embora algumas vezes ignorada, essa etapa do processo de planejamento formal é fundamental. Sem ela, não haveria meios de saber se o plano está tendo êxito.

Conforme mencionado anteriormente, o processo de planejamento é cíclico; ele é um processo permanente e repetitivo. Os gerentes devem monitorar continuamente o desempenho real das unidades de trabalho de acordo com as metas e os planos estabelecidos para cada uma delas. Também é necessário criar sistemas de controle para medir o desempenho e permitir a adoção de ações corretivas quando os planos forem implementados de forma inadequada ou quando a situação mudar. No exemplo da editora, relatórios de vendas por assinatura e em bancas de jornal são fundamentais para o editor saber exatamente como vai o lançamento da nova revista. Se as vendas por assinatura não estiverem dentro do previsto, será necessário rever o plano de marketing. Essa questão importante sobre sistemas de controle será discutida em detalhes adiante neste capítulo e no Capítulo 16.

Níveis de Planejamento

No Capítulo 1, foram destacados os três principais tipos de gerentes: de nível superior ou de alto escalão (gerentes *estratégicos*), de nível médio (gerentes *táticos*) e da linha de frente (gerentes *operacionais*). Como o planejamento é uma função importante da administração, é utilizado por gerentes dos três níveis. No entanto, o escopo e as atividades do processo de planejamento em cada nível organizacional freqüentemente diferem.

planejamento estratégico

Conjunto de procedimentos da organização para tomar decisões sobre metas e estratégias de longo prazo.

Planejamento Estratégico

O **planejamento estratégico** envolve decisões sobre metas e estratégias de longo prazo da organização. Os planos estratégicos recebem forte orientação externa e cobrem grande parte da companhia. Os altos executivos são responsáveis pela elaboração e execução do plano estratégico, embora normalmente eles não formulem nem implementem pessoalmente todo o plano.

Uma das fontes de notícia mais respeitada no mundo, *The New York Times* continua a ter êxito depois de um ano (2004) de escândalo jornalístico em um universo dinâmico que se move tão rapidamente quanto a velocidade da luz e (uma pausa) com fraca receita? Uma nova estratégia — que promete produzir jornalismo de alto nível de qualquer modo, formato ou forma — em qualquer parte do mundo. Será que vai funcionar?

Metas estratégicas são os principais alvos ou resultados finais relacionados com a sobrevivência, o valor e o crescimento de longo prazo da organização. Os gerentes estratégicos — gerentes de nível superior — geralmente estabelecem metas que refletem tanto a eficiência (obtenção de resultados apropriados) quanto à eficácia (alto índice de produção em relação aos insumos). As metas estratégicas comuns abrangem diversas medidas de crescimento, participação de mercado, lucratividade, retorno no investimento, quantidade e qualidade de saídas, produtividade, serviço de atendimento ao cliente e contribuição para a sociedade. As organizações em geral possuem inúmeras metas estratégicas concomitantes de reforço mútuo. Por exemplo, um fabricante de computadores pode ter como meta estratégica o lançamento de uma quantidade específica de novos produtos de qualidade superior, em um prazo determinado, tendo como alvo o aumento da participação no mercado.

Uma estratégia é um padrão de ações e alocação de recursos projetado para atingir as metas da organização. A estratégia implementada pela organização é uma tentativa de combinar as suas habilidades e os seus recursos com as oportunidades encontradas no ambiente externo; ou seja, toda companhia tem suas forças e fraquezas. As ações, ou estratégias, implementadas pela organização devem visar fortalecer as áreas que satisfazem os desejos e as necessidades dos consumidores e outros aspectos fundamentais do ambiente externo. Além disso, algumas empresas podem implementar estratégias que alteram e influenciam o ambiente externo, conforme discutido no Capítulo 2.

	Nível Gerencial	Nível de Detalhe	Prazo
Estratégico	Alto	Baixo	Longo
Tático	Médio	Médio	Médio
Operacional	Linha de frente	Alto	Curto

FIGURA 4.2
Hierarquia de Metas e Planos

metas estratégicas
Principais alvos ou resultados finais relacionados com a sobrevivência, o valor e o crescimento de longo prazo da organização.

estratégia
Padrão de ações e alocação de recursos projetado para atingir as metas da organização.

Planejamento Tático e Operacional

Depois de identificados os planos e as metas, estes se tornam a base do planejamento elaborado pelos gerentes de níveis médio e operacional. Como mostrado na Figura 4.2, os planos e as metas tornam-se mais específicos e envolvem prazos mais curtos à medida que vão passando do nível estratégico para o tático e, por fim, para o nível operacional. O plano estratégico normalmente tem prazo estabelecido de três a sete anos; no entanto, algumas vezes chega a durar décadas, como ocorreu com o plano bem-sucedido de aterrissagem de uma sonda em Titã, a lua de Saturno. O plano tático pode durar de um a dois anos, e o operacional pode abranger alguns meses. O **planejamento tátivo** converte as metas e os planos estratégicos mais abrangentes em metas e planos específicos relevantes para uma parte específica da organização, geralmente uma área funcional como marketing ou recursos humanos (isso será discutido no Capítulo 10). O plano tático concentra-se nas grandes ações a serem implementadas por uma unidade para o cumprimento da sua parte do plano estratégico. Por exemplo, se a estratégia demandar lançamento de uma nova linha de produtos, o plano tático da unidade de produção deve envolver elaboração de projeto, testes e instalação de equipamentos necessários para produzir a nova linha de produtos.

O **planejamento operacional** identifica os procedimentos e processos específicos necessários nos níveis inferiores da organização. Os administradores operacionais normalmente dedicam-se às tarefas rotineiras por exemplo, o andamento da produção, o cronograma de entrega e as necessidades de recursos humanos, o que será discutido nos Capítulos 16 e 17.

O modelo de planejamento descrito até aqui é baseado na hierarquia, com uma estratégia de fluxo descendente, partindo do nível mais alto, passando por todos os níveis da organização até chegar às metas e aos planos mais específicos e aos prazos mais restritos.Mas, hoje, nas organizações mais complexas, a seqüência de planejamento muitas vezes não é tão rígida quanto a da visão tradicional. Como será visto adiante neste capítulo, gerentes de toda a organização podem estar envolvidos na elaboração de um plano estratégico e contribuindo com elementos críticos para ele.

planejamento tático
Conjunto de procedimentos para converter as metas e os planos estratégicos mais abrangentes em metas e planos específicos relevantes para uma parte distinta da organização, por exemplo, alguma área funcional como a de marketing.

planejamento operacional
Processo de identificação dos procedimentos e processos específicos necessários nos níveis inferiores da organização.

Alinhamento entre Planejamento Estratégico, Tático e Operacional

Para a total eficácia das metas e dos planos estratégico, tático e operacional, é necessário haver um *alinhamento* — ou seja, eles devem ser coerentes, mutuamente sustentáveis e focados no alcance de um objetivo em um propósito comuns. A Whole Foods Market vincula o planejamento tático e operacional diretamente ao planejamento estratégico. Em seu site, a empresa se apresenta como companhia voltada à missão de estabelecer padrões de excelência entre os varejistas do setor de alimentação. Ela mede o sucesso no cumprimento da sua visão por meio de "satisfação do cliente, felicidade e excelência dos colaboradores da empresa, retorno sobre o investimento, melhoria no estado do ambiente e apoio comunitário local e mais amplo".

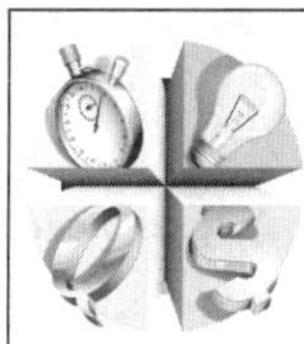

O plano estratégico ideal integra todas as práticas que contribuem para o resultado final da empresa.

A meta estratégica da Whole Foods é "vender produtos da mais alta qualidade que, ao mesmo tempo, ofereçam um custo-benefício atraente para o consumidor". As metas operacionais focam ingredientes, frescor, sabor, valor nutricional, segurança e aparência que satisfaçam ou superem as expectativas dos clientes, incluindo satisfação garantida com o produto. As metas táticas abrangem ambientes de armazenagem "convidativos, divertidos, inusitados, informais, confortáveis, atraentes, saudáveis e educativos", além de ambientes de trabalho seguros e agradáveis para os funcionários.

A Starbucks tem construído sua estratégia de crescimento e lucratividade em torno da noção de excelência no atendimento e na sensação de "bem-estar" em seus ambientes. A companhia continua a se expandir em ritmo frenético mas, mesmo assim, luta para oferecer um acolhedor oásis de tranqüilidade a seus clientes.

Além dos esforços para oferecer um delicioso café, a Starbucks acredita que o vivenciar do cliente é a base de tudo — os clientes absorvem imediatamente "o bom, o ruim e o feio" da companhia. Conseqüentemente, o gigante dos cafés concentra os esforços para proporcionar vivências de bem-estar em todas as frentes — tática, operacional e estratégica. Visando a esse fim, a Starbucks oferece tanto aos funcionários de período integral como aos de meio período (ou "parceiros", como ela gosta de chamá-los) benefício completo, e todos têm oportunidade de adquirir participação na empresa como parte do programa "Bean Stock". A companhia também melhorou a política de recursos humanos para proteger o emprego, o salário e o plano de saúde dos funcionários convocados para servir o exército. No que tange aos fornecedores, a

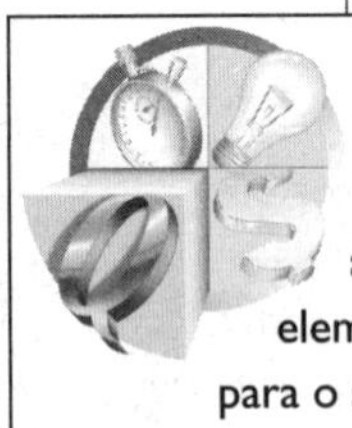

A ênfase da Starbucks no cliente e na qualidade do atendimento é o elemento-chave para o seu sucesso.

FIGURA 4.3 Mapa Estratégico: Alinhamento das Metas para o Sucesso da Empresa

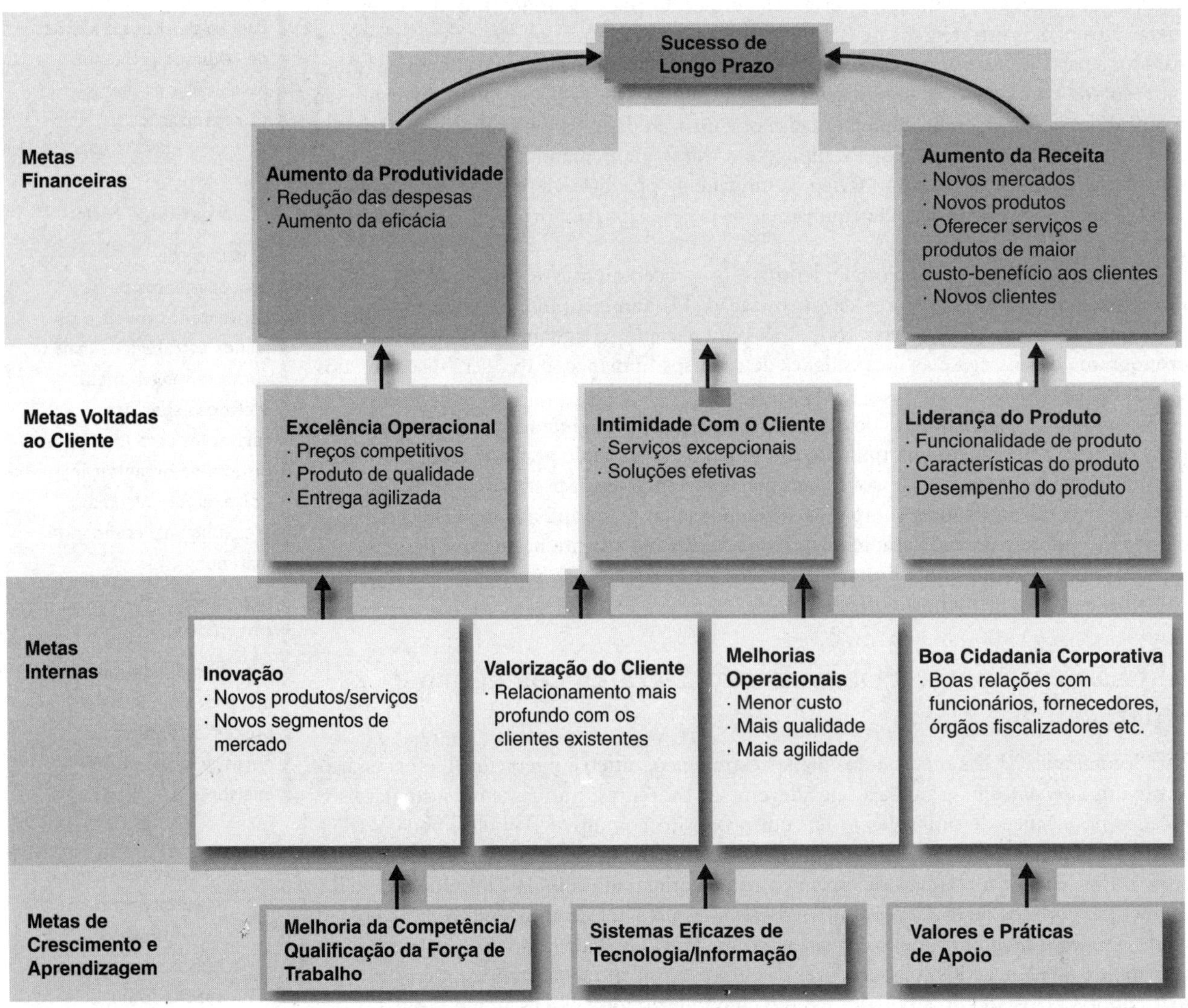

FONTE: Adaptado com base em KAPLAN, Robert; NORTON, David. Plotting success with strategy maps. *Optimize*, fev. 2004, on-line; KAPLAN, Robert; NORTON, David. Having trouble with your strategy? Then map It. *Harvard Business Review*, set./out. 2000.

Starbucks defende os interesses dos produtores de café, garantindo-lhes preços acima do valor praticado no mercado. Isso assegura que o seu café seja cultivado organicamente, e ela está no processo de converter os copos para bebidas quentes para copos com 10% de reciclados. A meta da Starbucks é jamais decepcionar as pessoas.[4]

Um dos métodos de alinhamento das metas operacional e estratégica da organização é o *mapa estratégico*. Esse mapa representa uma ferramenta que permite ao gerente comunicar as metas estratégicas e possibilita aos membros de cada nível organizacional compreender seu papel como colaborador para o cumprimento das metas. Ele mostra os quatro impulsionadores principais (ou *balanced scorecard*) do sucesso de longo prazo de uma empresa: a qualificação do pessoal e sua capacidade de crescer e aprender; a eficácia dos processos internos; a capacidade de oferecer produtos e serviços com custo-benefício atraente aos clientes; e, por fim, a capacidade de melhorar os ativos financeiros da empresa. O mapa ilustra como as metas e os planos específicos de cada área estão vinculados entre si e conseguem gerar reais melhorias no desempenho de uma organização.

O mapa estratégico mostra a relação entre as práticas de uma empresa e o sucesso de longo prazo.

A Figura 4.3 mostra como elaborar um mapa estratégico e como as várias metas da organização estão relacionadas entre si para a criação de valor no longo prazo para a empresa. Por exemplo, vamos supor como *meta financeira* principal de uma companhia "aumentar a receita, melhorando o valor oferecido aos atuais clientes pela prática dos menores preços do mercado" (a Target e Wal-Mart são bons exemplos de empresa com esse tipo de estratégia). A companhia terá, portanto, metas e planos apropriados em outras áreas do mapa para sustentar essa estratégia. As *metas de crescimento e aprendizagem* devem incluir a adoção das mais eficientes tecnologias de produção ou processos de trabalho, e o treinamento adequado do pessoal para trabalhar com esses instrumentos. Esse procedimento, por sua vez, leva às *metas internas* de agilização do ritmo da produção e redução dos custos, os quais, então conduzem à *meta voltada ao cliente* de definição de preços competitivos, tornando viável a meta financeira original. No entanto, a estratégia financeira de aumento da receita mediante o lançamento de novos produtos pode levar às metas de tecnologia e de pessoal que agilizam a criação do produto, aos processos internos que produzem inovação, e à meta voltada ao cliente que propicia a liderança percebida do produto. Qualquer que seja a estratégia adotada, o mapa estratégico pode ser utilizado para criar medidas e padrões apropriados para tal estratégia em cada área operacional e para mostrar como todas elas estão ligadas entre si.[5]

Planejamento Estratégico

Hoje, a tomada de decisão estratégica é um dos tópicos mais controversos e estimulantes em termos de gestão. Na realidade, atualmente, muitas organizações estão mudando a sistemática de elaboração e execução de planos estratégicos.

Tradicionalmente, o planejamento estratégico sempre foi baseado em uma abordagem descendente — os altos executivos e as unidades de planejamento especializadas estabeleciam as metas e os planos para a organização inteira. Os gerentes operacionais e táticos recebiam essas metas e planos, e suas próprias atividades de planejamento ficavam restritas a procedimentos e orçamentos especificamente estabelecidos para cada unidade.

Novas idéias vindas dos gerentes de toda a organização podem contribuir para a eficácia do plano.

Com o passar dos anos, gerentes e firmas de consultoria inovaram, criando diversas técnicas analíticas e abordagens de planejamento, muitas das quais são fundamentais para a análise de situações empresariais complexas e problemas de concorrência. Em vários casos, no entanto, os altos executivos gastavam tempo demais com seus especialistas em planejamento, deixando de lado os administradores operacionais do restante da organização. Conseqüentemente, muitas vezes, criava-se um hiato entre os gerentes estratégicos e os gerentes táticos e operacionais, e esses gerentes e os demais funcionários da empresa alienados e não comprometidos com o êxito da organização.[6]

Hoje, entretanto, os altos executivos vêm envolvendo cada vez os gerentes de toda a organização no processo de formação da estratégia.[7] Os problemas aqui descritos e a agilidade das mudanças observadas no ambiente nos últimos 25 anos têm pressionado os executivos a consultar todos os níveis da companhia, buscando idéias e inovações para tornar a empresa mais competitiva. Embora o CEO e outros executivos da alta administração continuem a definir a direção estratégica — ou a "visão" — da organização, os gerentes táticos e até mesmo os operacionais muitas vezes proporcionam informações valiosas para o

Na Gap, o planejamento tático, incluindo o marketing, foi importante para reforçar a estratégia de compromisso da empresa com a moda básica voltada ao seu principal grupo de clientes.

plano estratégico da organização. Em alguns casos, esses gerentes também são providos de ampla autonomia para formular ou alterar seus próprios planos. Desse modo, cria-se mais flexibilidade e agilidade, requisitos críticos para o sucesso de qualquer organização moderna.

administração estratégica

Processo envolvendo gerentes de todas as partes da organização na formulação e implementação das estratégias e metas estratégicas.

Por causa dessa tendência, surgiu um novo termo para denominar o processo de planejamento estratégico: *administração estratégica*. A **gestão estratégica** envolve gerentes de todas as partes da organização na formulação e implementação das estratégias e metas estratégicas. Ela integra a gestão e o planejamento estratégico em um único processo. O planejamento estratégico torna-se uma atividade permanente em que todos os gerentes são encorajados a refletir de forma estratégica e a focar tanto nas questões externas de longo prazo como nas operacionais e táticas de curto prazo.

A Figura 4.4 aponta os seis principais componentes do processo de gestão estratégica: 1) definição da missão, da visão e das metas; 2) análise das oportunidades e ameaças externas; 3) análise das forças e fraquezas internas; 4) análise SWOT (forças, fraquezas, oportunidades e ameaças) e formulação da estratégia; 5) implementação da estratégia, e 6) controle estratégico. Como esse processo envolve decisão e planejamento, ele é semelhante ao esquema de planejamento discutido anteriormente. Embora as organizações adotem termos diferentes ou ressaltem partes distintas do processo, é possível detectar em qualquer organização, seja explícita ou implicitamente, os componentes e conceitos descritos nesta seção. Como descreve o texto apresentado na página 128, até mesmo uma empresa de pequeno porte pode beneficiar-se do tipo de estrutura de planejamento que será aqui descrito.

Etapa 1: Definição da Missão, da Visão e das Metas

missão

Propósito básico e escopo das operações de uma organização.

A primeira etapa do planejamento estratégico é a definição de uma missão, uma visão e metas organizacionais. **Missão** consiste na expressão clara e concisa do propósito básico da organização. Ela descreve as atividades da organização, o mercado-alvo, os produtos e serviços básicos e os valores da empresa. Estes são alguns exemplos atuais e passados da missão de empresas conhecidas:

McDonald's: "Ser a maior e mais conhecida empresa de serviço rápido de alimentação do mundo. Ser o melhor significa oferecer qualidade, serviço, limpeza e valor superiores, fazendo sorrir cada cliente de cada restaurante."

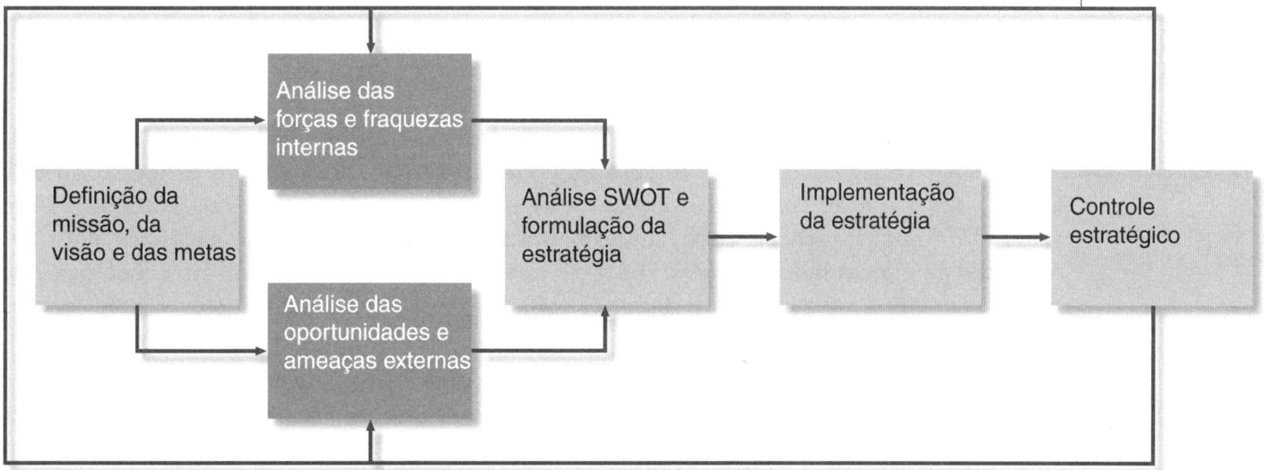

FIGURA 4.4 Processo de Gestão Estratégica

Levis Strauss: "Vender as roupas mais descoladas e usadas no mundo. Vamos vestir o mundo."
Wal-Mart: "Oferecer ao consumidor comum a chance de adquirir o mesmo produto consumido pelo mais abastado."
Microsoft: "Auxiliar as pessoas e empresas em todo o mundo a concretizarem todo o seu potencial."

As organizações de pequeno porte, evidentemente, podem ter missões não tão abrangentes assim. Por exemplo, bares locais próximos à maioria das faculdades têm esta missão implícita: "Oferecer aos universitários um ambiente alegre e agitado e vender muita cerveja barata".

A missão descreve a presente forma de atuação da organização. A **visão estratégica** aponta para o futuro — ela oferece uma perspectiva do rumo da organização e aonde ela pretende chegar. A visão ideal deve deixar claro o direcionamento de longo prazo da companhia e sua *intenção estratégica*. Estas são visões reais de algumas empresas:

visão estratégica
Direcionamento de longo prazo e intenção estratégica de uma companhia.

General Electric (sob a administração, na época, do CEO Jack Welch): "Tornar-se a empresa mais competitiva do mundo, sendo a primeira ou a segunda em participação no mercado de cada setor de atuação da companhia."
Kodak: "Crescer mais rápido do que os concorrentes, oferecendo ao cliente soluções de que ele precisa para captar, armazenar, processar, produzir e comunicar imagens — de qualquer lugar e a qualquer tempo."
John F. Kennedy: "Até o final da década, levar o homem à Lua e trazê-lo de volta são e salvo."

As expressões mais efetivas das visões inspiram os membros das organizações. Elas oferecem um alvo valioso, fazendo que toda a organização trabalhe em conjunto para atingi-lo. Muitas vezes, essas visões não são estritamente financeiras, já que objetivos exclusivamente financeiros nem sempre motivam todos os membros da empresa. Por exemplo, uma das primeiras visões da Pepsi era "superar a Coca-Cola". Há pouca ambigüidade em uma visão como esta. Ela oferece um alvo claro e motivador para os funcionários de qualquer nível organizacional.

As *metas estratégicas* evoluem baseadas na missão e na visão da organização. O CEO da organização, munido de informações e da aprovação da diretoria, estabelece a missão, a visão e as principais metas estratégicas. Os conceitos e as informações contidos nos textos da missão, da visão e das metas estratégicas podem não estar explícitos, mesmo assim, devem ser divulgados a todos com quem a organização mantém relações. As grandes empresas normalmente divulgam declarações públicas formais de sua missão, visão, metas e até mesmo os seus valores. A missão da Microsoft mencionada nesta página 127 serve como exemplo.

"Não existe mecanismo impulsionador mais poderoso para direcionar a organização rumo à excelência e ao sucesso de longo prazo do que uma visão atrativa, valiosa e viável do futuro."
Burt Nanus

FONTE: *Visionary leadership*. São Francisco: Jossey-Bass, 1992.

TEXTO EXTRAÍDO DA REVISTA

BusinessWeek

Orientação a um Empreendedor

P: Sou proprietário, operador, projetista e construtor de uma empresa de construção civil com sete anos de existência que está em processo de mudança para um novo mercado a cerca de 80 quilômetros da sede atual. Trata-se de um mercado de construção grande, movimentado e concorrido. Como proceder para me destacar da concorrência? Quero mostrar que somos bem habilitados na construção de residências personalizadas com detalhes sofisticados e fino acabamento, além de termos tradição e sermos bem experientes.

R: Mudar para um novo mercado é um passo muito importante, que requer pesquisa e planejamento estratégico minuciosos para o êxito nesse novo e mais competitivo ambiente. Não basta simplesmente mudar para essa área e espalhar anúncios divulgando que a empresa é a mais nova construtora da região. Para posicionar a empresa no nicho desejado, este é o momento de realizar a lição de casa com seriedade.

Comece refletindo sobre a própria companhia e identificando o que a torna única. Você menciona "detalhes sofisticados", por exemplo. Bem, esse é um possível apelo de venda. Analise os aspectos que funcionaram no mercado menor em que estava instalado e como tais fatores e qualidades colaboraram para o sucesso da empresa. A menos que existam razões para acreditar que essas estratégias não se aplicam ao novo mercado, deve-se tomá-las como base.

Em seguida, reúna e combine dados confiáveis pertinentes ao seu próximo novo território. Quais as diferenças entre esse mercado e a localidade anterior, e o que elas indicam em termos de ações distintas a serem implementadas? Por exemplo, os proprietários dos imóveis dão mais valor ao tamanho da residência do que ao acabamento interno da construção? Eles valorizam a originalidade do projeto ou ficam satisfeitos com a abordagem de produção em massa? Caso se identifique que, nesse mercado, o tamanho é mais importante, os esforços devem ser concentrados nesse aspecto.

Aparentemente, você está preocupado com o tamanho e a competitividade do que vai enfrentar. Serão esses fatores um obstáculo para o sucesso, ou uma oportunidade? Procure identificar as construtoras bem-sucedidas e descobrir as razões do êxito dessas empresas. Identificar os pontos fortes e fracos da sua empresa em comparação com as construtoras estabelecidas na cidade é o primeiro passo para determinar que mensagem será divulgada e como posicionar a empresa.

Com conhecimento profundo do mercado, dos concorrentes e de como a sua organização se encaixa no cenário mais amplo, você está pronto para elaborar e executar seu plano. Como empresa pequena, o segredo para marcar presença em um novo mercado é criar alianças estratégicas que possam render negócios.

Em seguida, busque identificar quem são os construtores mais influentes em termos de imóveis residenciais e procure se associar a eles. É necessário se estabelecer como construtor de qualidade e confiabilidade para essas pessoas, e também diretamente para os proprietários dos imóveis. Fotos de algumas das melhores residências, referências e cartas de recomendação de clientes satisfeitos são eficazes para estabelecer credibilidade.

E não se esqueça de usar bem a tecnologia para vender seus serviços. Certifique-se de divulgar com eficácia sua capacidade, usando literatura informativa e/ou um site na Web, como é a prática usual entre empresas desse porte nesse setor. Possivelmente, um CD produzido profissionalmente que possa ... destacar as qualidades e o conhecimento especializado da empresa pode ajudar. Esse é um método econômico e bem eficaz para comunicar as qualidades da companhia para essas fontes de referência.

Por fim, existem outros métodos consagrados para firmar o nome da empresa, por exemplo, filiar-se à câmara de comércio local. Cada alternativa ajuda a dar visibilidade e gerar boa reputação que lhe propiciarão realizar as suas metas.

FONTE: Adaptado com base em KLEIN, Karen E. The right foundation for a fresh start. *BusinessWeek*, 29 jan. 2004, on-line.

Estas são algumas metas relacionadas no site da Microsoft que sustentam sua missão:

- Estabelecer uma ligação com o cliente, compreendendo quais são suas necessidades e como ele utiliza a tecnologia, oferecendo valor por meio de informação e suporte para ajudá-lo a concretizar plenamente seu potencial.
- Pensar e atuar em termos globais, viabilizando uma força de trabalho diversificada que gere decisões inovadoras para amplo espectro de clientes e parceiros, inovando para reduzir custos da tecnologia e demonstrando liderança na assistência às comunidades em que vivemos.
- Excelência em tudo o que é feito.
- Aumentar a confiança do cliente, oferecendo produtos e serviços com qualidade.

A Kodak inclui em seu site estas metas e estes valores:

- Construímos nossa vantagem competitiva oferecendo soluções diferenciadas e de baixo custo — incluindo bens de consumo, *hardware*, software, sistemas e serviços — com rapidez e qualidade total.
- Cumprindo rigorosamente nossos compromissos (e até mesmo reconhecendo erros ocasionais), ganhamos a confiança das pessoas que nos cercam.[8]

Essas nobres declarações dos objetivos da empresa não têm sentido sem o apoio de uma forte liderança. Por exemplo, entre os valores citados pela Enron estavam incluídos respeito, integridade e comunicação. A falha da alta administração em atuar de acordo com esses princípios contribuiu com a destruição da companhia. Entretanto, em empresas que contam com forte apoio da liderança, declarações como estas de visões e metas permitem aos participantes externos importantes para a organização compreenderem bem os objetivos organizacionais. Elas também ajudam os funcionários a concentrarem talento, energia e compromisso na realização das metas organizacionais. Quando o profissional busca um emprego em uma firma, uma análise da missão, da visão e das metas organizacionais é um bom passo inicial para determinar se os propósitos e valores da empresa são compatíveis com os dele.

Etapa 2: Análise das Oportunidades e Ameaças Externas

A missão e a visão orientam o segundo componente do processo de gestão estratégica: análise do ambiente externo. O êxito da gestão estratégica depende de uma avaliação completa e precisa do ambiente. Os vários componentes do ambiente foram introduzidos no Capítulo 2.

O Quadro 4.1 relaciona algumas das principais atividades de qualquer análise ambiental. A análise começa com uma avaliação do setor de atividades. Em seguida, há uma avaliação dos *stakeholders* da organização. ***Stakeholders*** são grupos e indivíduos que afetam o — e são afetados pelo — cumprimento da missão, das metas e das estratégias da organização. Entre estes estão consumidores, fornecedores, concorrentes, órgãos fiscalizadores e governamentais, sindicatos e grupos de funcionários, comunidade financeira, proprietários e acionistas e associações comerciais. A análise ambiental proporciona um mapa desses grupos e indivíduos e da influência exercida por eles na organização.[9]

> ***stakeholders***
>
> Grupos e indivíduos que afetam o — ou são afetados pelo — cumprimento da missão, das metas e das estratégias da organização.

Vantagens da Colaboração

A colaboração entre a companhia e seus principais *stakeholders*, muitas vezes, é fator significativo para o sucesso na execução do plano estratégico organizacional. Por exemplo, trabalhar com potenciais consumidores na melhoria de produtos e serviços freqüentemente rende aos gerentes idéias valiosas e proveitosas que, de outro modo, jamais lhes ocorreriam. Gerentes que conseguem manter relações harmoniosas com os sindicatos encontram menos resistência quando precisam realizar mudanças no fluxo de trabalho para o lançamento de algum produto novo. A cooperação com as organizações comunitárias antes da instalação de uma nova fábrica agiliza o processo de aprovação e pode até mesmo produzir resultados positivos, outros, por exemplo, melhoria no sistema de transporte local. Além disso, como já foi discutido no Capítulo 2, o trabalho conjunto com fornecedores pode aumentar significativamente a eficácia da cadeia de suprimento da organização.

Análise Mercadológica e Setorial
• *Perfil do setor:* principais linhas de produtos e importantes segmentos de mercado do setor.
• *Crescimento do setor:* taxa de crescimento de todo o setor, taxa de crescimento dos principais segmentos de mercado, projeções de mudanças nos padrões do crescimento, e os determinantes do crescimento.
• *Forças do setor:* ameaça dos novos concorrentes entrando no setor, ameaça dos substitutos, do poder de compra do consumidor, do poder econômico do fornecedor e da rivalidade interna no setor (rever Capítulo 2).
Análise da Concorrência
• *Perfil da concorrência:* principais concorrentes e respectivas participações de mercado.
• *Análise da concorrência:* metas, estratégias, forças e fraquezas de cada importante concorrente.
• *Vantagens da concorrência:* nível de diferenciação dos produtos ou serviços ou da liderança em custos dos concorrentes do setor.
Análise Política e Reguladora
• *Atividades regulatórias e legislativas* e seus efeitos no setor.
• *Atividade política:* nível de atividade política exercida pelas organizações e associações dentro do setor (ver Capítulo 5).
Análise Social
• *Questões sociais:* problemas sociais atuais e potenciais e seus efeitos no setor.
• *Grupos de interesse social:* grupos ativistas de consumidores e ambientalistas que tentam influenciar o setor (ver Capítulos 5 e 6).
Análise de Recursos Humanos
• *Questões trabalhistas:* principais necessidades, carências, oportunidades e problemas trabalhistas do setor (ver Capítulos 10 e 11).
Análise Macroeconômica
• *Condições macroeconômicas:* fatores econômicos que afetam suprimento, demanda, crescimento, competição e lucratividade do setor.
Análise Tecnológica
• *Fatores tecnológicos:* métodos técnicos ou científicos que afetam o setor, principalmente as inovações potenciais e recentes (ver Capítulo 17).

QUADRO 4.1
Análise Ambiental

A análise ambiental também deve examinar outras forças no ambiente, por exemplo, condições macroeconômicas e fatores tecnológicos. Uma das tarefas vitais da análise ambiental é a projeção das tendências futuras. Como observado no Capítulo 2, as técnicas de previsão variam de uma simples opinião a modelos matemáticos complexos envolvendo relações sistemáticas entre diversas variáveis. Até mesmo as mais simples técnicas quantitativas superam as análises intuitivas de especialistas. Qualquer opinião é suscetível à parcialidade, e a capacidade dos gerentes de processar as informações é limitada. Eles devem adotar a análise subjetiva como insumo para os modelos quantitativos ou quando enfrentam situações novas.

Análise Financeira

Examina as forças e as fraquezas financeiras, analisando demonstrações financeiras, como balanço e demonstrativo de resultados, e compara as tendências com os dados históricos e setoriais (ver Capítulo 18).

Avaliação dos Recursos Humanos

Examina as forças e as fraquezas de todos os níveis gerenciais e funcionários e concentra-se nas principais atividades de pessoal, incluindo recrutamento, seleção, colocação, treinamento, relações trabalhistas (sindicais), compensação, promoção, avaliação, qualidade de vida profissional e planejamento de recursos humanos (ver Capítulos 10 e 11).

Auditoria de Marketing

Examina as forças e as fraquezas das principais atividades de marketing e identifica mercados, principais segmentos de mercado e posição competitiva (fatia de mercado) da organização dentro dos principais mercados.

Análise Operacional

Examina as forças e as fraquezas das atividades de fabricação, produção ou oferta de serviços da organização (ver Capítulos 9, 16 e 17).

Outras Análises dos Recursos Internos

Examina, quando necessário e apropriado, as forças e as fraquezas de outras atividades organizacionais, como, por exemplo, de pesquisa e desenvolvimento (produtos e processo), sistemas de informação gerencial, engenharia e compras.

QUADRO 4.2
Análise dos Recursos Internos

Muitas vezes, a diferença entre oportunidade e ameaça depende do posicionamento estratégico da empresa. Por exemplo, a base original de operações da Southwest Airlines em Love Field (fora de Dallas, no Texas) era vista como problemática para a companhia. Outros concorrentes tinham permissão para operar no maior e mais moderno aeroporto de Forth Worth, Dallas, mas a Southwest não. Entretanto, por causa dessa aparente ameaça, a Southwest montou sua estratégia baseada nos vôos ponto a ponto entre aeroportos menores para atender os viajantes de negócios. Outras companhias aéreas logo perceberam que não conseguiriam competir com a Southwest nesse nicho de mercado. Aquilo que era visto inicialmente como uma ameaça acabou transformando-se em oportunidade para a Southwest.[10]

Etapa 3: Análise das Forças e Fraquezas Internas

Quando os administradores realizam uma análise externa, eles também avaliam as forças e fraquezas das principais áreas funcionais dentro da organização. O Quadro 4.2 acima relaciona alguns dos principais componentes dessa análise dos recursos internos. Por exemplo, a situação financeira da empresa é suficientemente sólida para suportar investimentos extensos e custosos em novos projetos? O quadro funcional da empresa conta com funcionários qualificados para cumprir a parte que lhes cabe do plano ou serão necessários mais treinamento e contratação de pessoal? A imagem da empresa é compatível com a estratégia, ou ela terá de convencer os principais *stakeholders* sobre a necessidade das mudanças? Esse tipo de análise interna proporciona aos responsáveis pelas decisões estratégicas um levantamento geral de funções, qualificações e dos recursos existentes na organização, além do nível geral de desempenho. Diversos outros cursos de gestão preparam o gerente para realizar uma análise interna.

> "Queríamos que a Nike fosse a maior empresa de esportes e *fitness* do mundo. Com essa afirmação, você define um foco. Você não acaba apenas fazendo calçados ou patrocinando a próxima turnê mundial dos Rolling Stones."
>
> Philip Knight, fundador da Nike

recursos

Insumos para um sistema que podem melhorar o desempenho.

As principais vantagens para os clientes da Amazon são a velocidade e a excelência dos serviços.

Recursos e Competências Essenciais Sem dúvida, nos últimos anos, o planejamento estratégico tem sofrido forte influência do enfoque nos recursos internos. **Recursos** são insumos de produção (rever a teoria dos sistemas) que podem ser acumulados ao longo do tempo para melhorar o desempenho de uma empresa. Os recursos assumem diversas formas, mas normalmente são divididos em duas grandes categorias: 1. *ativos tangíveis*, imóveis, fábrica, matéria-prima e assim por diante, e 2. *ativos intangíveis;* a reputação da empresa, a cultura, o conhecimento técnico e as patentes, além da aprendizagem e da experiência acumuladas. A Walt Disney Company, por exemplo, tem desenvolvido seu plano estratégico combinando os ativos tangíveis (hotéis e parques temáticos) com os intangíveis (reconhecimento da marca, artistas talentosos, cultura focada no atendimento ao cliente).[11]

Uma análise interna efetiva propicia clara compreensão de como utilizar os recursos da companhia para enfrentar a concorrência. Os recursos constituem fonte de vantagem competitiva somente em algumas circunstâncias. Em primeiro lugar, se o recurso for instrumental para criar valor para o cliente — ou seja, se aumentar as benefícios oferecidos por um produto ou serviço em comparação com os custos incorridos pelo cliente —, ele pode levar a uma vantagem competitiva. Por exemplo, a poderosa tecnologia de busca da Amazon e a capacidade de identificar as preferências dos clientes e oferecer recomendações personalizadas sempre que o cliente acessa o site, além do ágil sistema de entrega dos produtos, evidentemente são recursos valiosos que aumentam a competitividade dessa empresa.

Em segundo lugar, os recursos consistem em fonte de vantagem se forem *raros* e não disponíveis igualmente entre todos os concorrentes. Até mesmo os recursos extremamente valiosos, se todos os concorrentes tiverem igual acesso a eles, não consistem em fonte de vantagem competitiva. Por exemplo, quando houve a desregulamentação dos serviços telefônicos de longa distância, a AT&T perdeu a exclusividade no uso dessa infra-estrutura de telecomunicações. No caso de companhias como Merck, DuPont, Dow Chemical e outras, as fórmulas patenteadas representam recursos importantes tanto raros como valiosos.

Em terceiro lugar, se os recursos forem *difíceis de serem imitados*, eles constituem fonte de vantagem competitiva. No setor de materiais de escritório, as grandes redes como Office Depot, Staples e Office Max enfrentam dificuldades para se destacarem entre a concorrência. Quando um concorrente implementa uma novidade — como garantir a disponibilidade imediata do cartucho de impressora —, os outros imediatamente adotam o mesmo procedimento. Por vários anos, a Xerox acreditava que ninguém seria capaz de imitar seus recursos, mas a Kodak e a Canon logo lhe mostraram que ela estava equivocada. Em compensação, o reconhecimento da marca McDonald's tem sido mais difícil de ser reproduzido pelos concorrentes Burger King, Wendy e outros.[12]

Por fim, os recursos aumentam a vantagem competitiva da empresa se estiverem bem *organizados*. A rede global e bem organizada de engarrafadores da Coca-Cola possibilita a rápida introdução de novos refrigerantes no mundo todo e distribuição mais eficiente do que qualquer outro concorrente. A IBM, hoje fora da indústria de computadores pessoais, organizou seu pessoal e seus sistemas para produzir de forma eficaz um produto com tecnologia consolidada para clientes corporativos — *hardware*, software e serviços em pacote único. Desse modo, a empresa desobriga seus clientes do custo de gerenciar a tecnologia por eles próprios.

competências essenciais

Qualificações e/ou conhecimento únicos de uma organização, que proporcionam uma margem de superioridade sobre os concorrentes.

A Figura 4.5 mostra que, quando os recursos são valiosos, raros, inimitáveis e organizados, podem ser vistos como competências essenciais de uma companhia. Em suma, **competência essencial** é algo que a companhia realmente faz muito bem em comparação com os concorrentes. A Honda, por exemplo, possui competência essencial em projeto e produção de motores compactos; a Sony possui competência essencial em miniaturização; a Federal Express possui competência essencial em logística e atendimento ao cliente. Normalmente, a competência essencial refere-se a um conjunto de qualificações ou de conhecimento especializado profundo em alguma atividade, e não a ativos físicos ou financeiros. Entre as montadoras de automóveis norte-americanas, a General Motors é vista tradicionalmente como dotada de competência essencial em marketing, enquanto a Ford tem estabelecido a qualidade como sua principal força. Recentemente, a Chrysler redefiniu sua competência essencial em torno de projeto e engenharia. No próximo artigo apresentado, será possível observar que a GE está tentando redefinir sua competência essencial para incluir parcerias estratégicas com clientes e alterou as práticas de remuneração dos funcionários para se alinhar a essa meta.

FIGURA 4.5
Recursos e Competência Essencial

Parcerias Estratégicas na GE

TEXTO EXTRAÍDO DA REVISTA BusinessWeek

Desde que o presidente e diretor-executivo Jeffrey R. Immelt ascendeu ao posto de comando da GE há dois anos, ele tem tentado transformar a gigante de US$ 132 bilhões em uma organização verdadeiramente voltada ao cliente, compartilhando, em parte, suas melhores práticas. No entanto, a revolução batizada de "Do Cliente, para o Cliente" não é apenas retórica. A iniciativa de Immelt está mudando a sistemática de funcionamento da GE, incluindo a forma de interação entre as diferentes unidades e a metodologia de avaliação das equipes de venda orientadas para lucro.

O raciocínio é simples: em uma era em que os produtos rapidamente transformam-se em *commodities*, e os contratos de prestação de serviço vão para os concorrentes que apresentam as propostas mais baixas, as companhias desesperadamente tentam-se distinguir umas das outras dando mais atenção ao serviço de atendimento ao cliente. Portanto, por que não se tornar indispensável, alocando seus melhores recursos, pessoal e capacitação para resolver os problemas dos clientes?

Immelt afirma que, hoje, a melhoria no atendimento ao cliente é parte crítica da avaliação de desempenho. Mas, até ele admite ter certa resistência em oferecer qualquer tipo de assistência que não renda lucros imediatos para a GE. "Levei alguns anos para assumir a seguinte postura: 'Essa é a sua tarefa do dia, e ela pode ajudá-lo a crescer mais rapidamente e a ganhar mais dinheiro.'"

Produzir lucros, afinal, é o mais importante. O aproveitamento da base de conhecimento da GE consiste em uma ferramenta de negociação ou vantagem dos negócios, e não em um fim propriamente dito. Atrair os clientes para os centros de pesquisa e desenvolvimento da GE ou para o renomado centro de treinamento de Crotonville, por exemplo, significa aumentar a produtividade e não um simples passeio turístico. "Temos de ter certeza de que o cliente reconheça a importância desses centros para ele", diz J. Jeffrey Schaper, diretor comercial da GE.

Apesar da posição de liderança ocupada na maioria dos negócios em que atua, a GE não conseguiu superar os dois dígitos no índice de crescimento dos lucros no ano passado, aumentando em 7%, passando para US$ 15,1 bilhões, enquanto a receita cresceu apenas 5%, passando para US$ 131,7 bilhões. Este ano foi bem pior. A resposta, diz Adrian Slywotzky, da Mercer Management Consulting Inc., está em abocanhar fatia extra nos mercados de crescimento lento, aumentando o valor percebido pelo cliente. "Não basta ser centrado no cliente", diz Slywotzky. "É necessário se sofisticar em relação às atividades e aos processos internos do cliente."

Poucos altos executivos compreendem isso tão bem quanto Immelt. Ele testou essa capacidade do cliente mais claramente na GE Medical Systems, primeiro, implantando a noção de aproveitamento dos recursos da corporação para oferecer ao cliente um custo-benefício maior. Durante seu mandato de 1997 a 2000, Immelt aumentou a participação dos serviços no setor de negócios médicos de 25% para 42% da receita e triplicou os lucros.

Não surpreende o fato de a GE Medical ser citada como referência de abordagem centrada no cliente. Por exemplo, o University Community Health System de Tampa há muito tempo adquiriu equipamentos médicos da GE. No ano passado, quando a organização decidiu construir um moderno hospital e centro de pesquisas do coração, a GE participou da concorrência oferecendo alguns atrativos extras. Os executivos da GE não apenas ofereceram os equipamentos e serviços usuais, como também ajudaram a criar um sistema baseado em uma tecnologia em desenvolvimento na GE que ainda não havia sequer sido lançada no mercado. Os administradores do hospital também receberam orientações em termos de desenvolvimento de liderança, projeto das instalações e coordenação com outras unidades da GE para ajudar a construir o edifício.

Qual foi o retorno para a GE? A empresa fornecerá toda a nova tecnologia de informação clínica para o hospital e mais de 80% de sua infra-estrutura de diagnósticos e imagem. Além disso, o contrato tem prazo de sete anos, ao contrário dos acordos comuns de normalmente cinco anos. Os demais concorrentes sequer chegaram perto de estabelecer uma parceria estratégica, afirma a diretora-executiva do hospital, Brigitte Shaw, acrescentando: "Não possuímos o capital intelectual e os recursos para realizar tudo isso por conta própria".

FONTE: Adaptado com base em BRADY, Diane. Will Jeff Immelt's new push pay off for GE? *BusinessWeek*, 13 out. 2003, on-line.

Benchmarking *Benchmarking* consiste em uma análise comparativa entre as funções e qualificações básicas de uma companhia e de algumas outras companhias ou de um conjunto de companhias. O objetivo dessa análise é conhecer bem as "melhores práticas" das outras empresas e implementar ações para atingir tanto um desempenho melhor como custos menores. A Xerox Corporation, pioneira no uso desse tipo de análise, implementou um programa para comparar 67 dos seus principais processos de trabalho com os das principais grandes empresas. Muitas dessas companhias não eram do setor de copiadoras. Por exemplo, para melhorar seu processo de preenchimento de pedidos, a Xerox estudou a L. L. Bean, empresa de venda de roupas por pedido postal. Os programas de *benchmarking* ajudaram a Xerox e diversas outras companhias, como a Ford, a Corning, a Hewlett-Packard e a Anheuser-Busch, fazem grandes avanços, eliminando a ineficácia e melhorando a competitividade. Talvez o único aspecto negativo desse tipo de análise comparativa é que ela ajuda a companhia a atingir o mesmo nível de desempenho dos concorrentes; e a gestão estratégica deve ajudá-la a companhia a superar a concorrência.[13] Algumas empresas tentam contornar esse problema, em parte, realizando um *benchmarking* interno — ou seja, comparando diferentes departamentos e operações internos para disseminar as melhores práticas da companhia por toda a organização, obtendo, assim, uma vantagem competitiva.

O alinhamento das práticas relacionadas aos resultados finais de uma empresa com as "melhores práticas" pode mantar sua competitividade.

Etapa 4: Análise SWOT e Formulação Estratégica

Depois de analisar o ambiente externo e os recursos internos da organização, os gerentes terão as informações necessárias para avaliar as forças, fraquezas, oportunidades e ameaças da empresa. Esse tipo de avaliação normalmente é denominado **análise SWOT** (*Strengths*, *Weakeness*, *Opportunities* e *Threats*). Por exemplo, *as forças* da organização incluem gerência qualificada, fluxo de caixa positivo e marca comercial renomada e respeitada. As *fraquezas* podem ser a falta de capacidade produtiva adicional e a carência de fornecedores confiáveis. As *oportunidades* incluem algum nicho de mercado atualmente não atendido. E, por fim, as *ameaças* incluem a possibilidade de os concorrentes entrarem em um nicho uma vez que ele se tenha mostrado lucrativo.

análise SWOT

Comparação entre forças, fraquezas, oportunidades e ameaças que ajudam o executivo a elaborar a estratégia.

A análise SWOT ajuda o gerente a sumarizar fatos importantes e relevantes das análises internas e externas. Os gerentes conseguem identificar os problemas estratégicos primários e secundários enfrentados pela organização. A estratégia formulada, então, pelos administradores será baseada na análise SWOT para aproveitar as oportunidades disponíveis, capitalizando as forças da organização, neutralizando suas fraquezas, e combatendo as ameaças potenciais. Seguindo ainda esse raciocínio, o plano de marketing de lançamento de um novo produto deve incluir uma referência aos produtos já existentes na empresa; o plano de produção pode ser destinado a um aumento da capacidade, e a estratégia de preços pode visar tornar o mercado menos atraente para os concorrentes. Em suma, a formulação da estratégia vai da análise à elaboração de um curso coerente de ação. A estratégia corporativa, de negócios e funcional da organização começa a tomar forma.

Conexões: DELTA AIR LINES

Além do corte nos salários, o plano estratégico implementado pelo CEO Grinstein envolveu todas as ameaças e os desafios enfrentados pela Delta. Mais de 50% das rotas da companhia foram alteradas, com redução das não-lucrativas e expansão das lucrativas. Por exemplo, os dispendiosos vôos Dallas-Ft. Worth passaram de 254 para 21. A Delta também convenceu os financiadores a aceitar uma extensão do prazo de pagamento para os empréstimos vencidos. Esse procedimento permitiu à companhia reduzir as despesas anuais. Ela também buscou financiamento externo adicional. Para atrair seus clientes mais freqüentes, a Delta instalou mais balcões de *check-in* no aeroporto e melhorou seu site, facilitando a aquisição de passagens. A empresa também simplificou seu programa de fidelidade para passageiros freqüentes, e, em certas localidades, começou a testar tarifas de preços reduzidos e melhorou o serviço de atendimento ao cliente para ver se o público como um todo perceberia. Os primeiros resultados foram positivos.

Antes de prosseguir com a discussão sobre estratégia, é interessante observar que muitos profissionais em busca de mudança de carreira ou cargo podem se beneficiar da "auto-análise SWOT". Quais são os pontos positivos do profissional? Quais são as fraquezas que ele precisa diminuir para melhorar suas chances profissionais? Que firmas oferecem a melhor oportunidade do mercado para total aproveitamento das qualificações do profissional? Há muita concorrência na busca do emprego? Do mesmo modo, como ocorre com as companhias, esse tipo de análise pode servir de ponto de partida para um plano de ação e melhorar a eficácia de um plano.

Estratégia Corporativa A **estratégia corporativa** identifica o conjunto de negócios, mercados ou setores de atuação da organização e a distribuição dos recursos entre esses negócios. A Figura 4.6 apresenta quatro alternativas básicas de estratégia corporativa, que variam da mais especializada à mais diversificada. A estratégia de **concentração** enfoca um único negócio concorrendo em um único setor. No setor varejista de alimentação, a Kroger, Safeway e a A&P buscam adotar estratégias de concentração. Muitas vezes, as companhias adotam essa opção para conseguir penetrar em um setor que apresenta boas perspectivas de crescimento, ou quando a empresa possui limitada gama de competências.

A estratégia de **integração vertical** envolve a expansão do domínio da organização penetrando nos canais de fornecimento e nos distribuidores. Houve uma época em que Henry Ford integrou totalmente a companhia, das minas de ferro necessárias para produzir o aço até as vitrines das concessionárias em que os veículos eram vendidos. A integração vertical geralmente é utilizada para eliminar incertezas e reduzir os custos associados com fornecedores e distribuidores. A estratégia de **diversificação concêntrica** envolve a mudança para um novo negócio que esteja relacionado com o negócio básico original da companhia. William Marriott expandiu os negócios originais com restaurantes fora de Washington, DC, passando a atuar no fornecimento de refeições para companhias aéreas, hotéis e cadeias de lanchonetes. Cada um desses negócios dentro do setor de comidas e bebidas está relacionado em termos de serviços oferecidos, qualificação necessária para o êxito e clientes atraídos. Freqüentemente, companhias como a Marriott adotam uma

estratégia corporativa
Conjunto de negócios, mercados ou setores de atuação da organização e a distribuição de recursos entre essas entidades.

concentração
Estratégia empregada por uma organização que opera um único negócio e concorre em um único setor de atividade.

integração vertical
Aquisição ou desenvolvimento de um novo negócio que produza partes ou componentes do produto da organização.

diversificação concêntrica
Estratégia utilizada para acrescentar novos negócios que produzam produtos relacionados ou que estejam envolvidos em atividades e mercados relacionados.

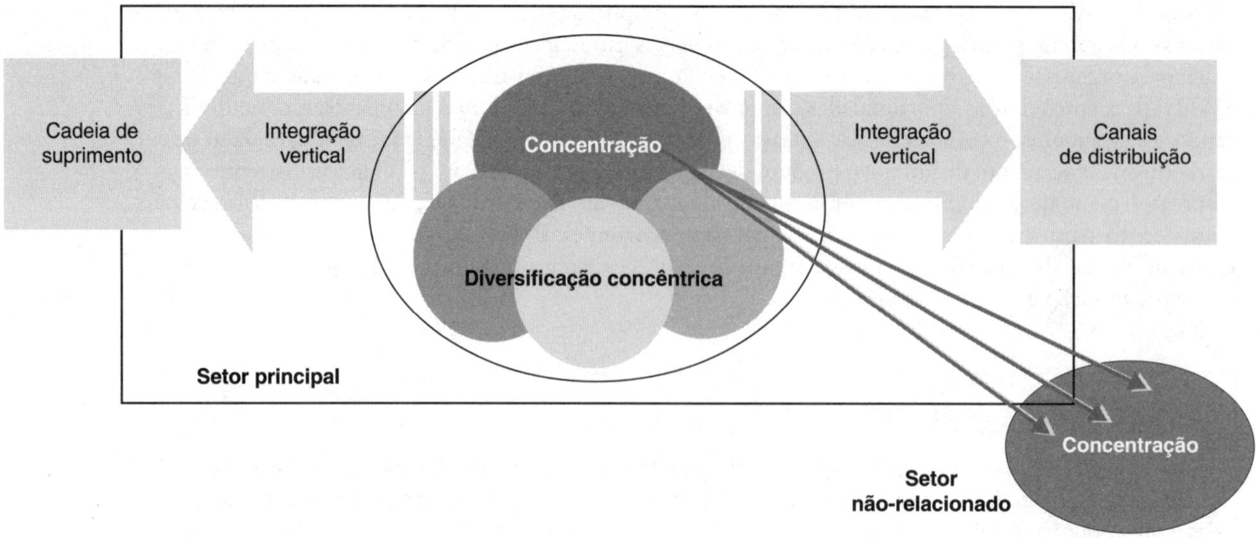

FIGURA 4.6 Resumo das Estratégias Corporativas

> As companhias que integram verticalmente em geral o fazem para reduzir custos.

estratégia de diversificação concêntrica para aproveitar os pontos fortes da empresa em um setor de atividades a fim de ganhar vantagem em outro. Como os negócios estão relacionados entre si, produtos, mercados, tecnologias ou recursos usados em uma atividade podem ser transferidos para outra.

Ao contrário da diversificação concêntrica, a **diversificação conglomerada** consiste em uma estratégia corporativa envolvendo a expansão em negócios não-relacionados. Por exemplo, a General Electric Corporation diversificou suas atividades, passando da sua base original do setor elétrico e de produtos eletrodomésticos para os mais variados setores como saúde, finanças, seguros, transportes rodoviário e aéreo, e até mesmo mídia, sendo proprietária da NBC. Normalmente, as companhias adotam a estratégia de diversificação conglomerada para minimizar os riscos das flutuações de mercado de um único setor.

diversificação conglomerada
Estratégia adotada para acrescentar novos negócios que produzam produtos não-relacionados ou que estejam envolvidos em atividades e mercados não-relacionados.

Os negócios diversificados de uma organização às vezes são denominados *portfólio* de negócios. Uma das técnicas mais conhecidas de análise da estratégia de uma corporação para gerir seu portfólio é a matriz BCG, criada pelo Boston Consulting Group. A Figura 4.7 mostra a matriz BCG. Cada negócio da corporação é representado graficamente na matriz,

FIGURA 4.7
Matriz BCG

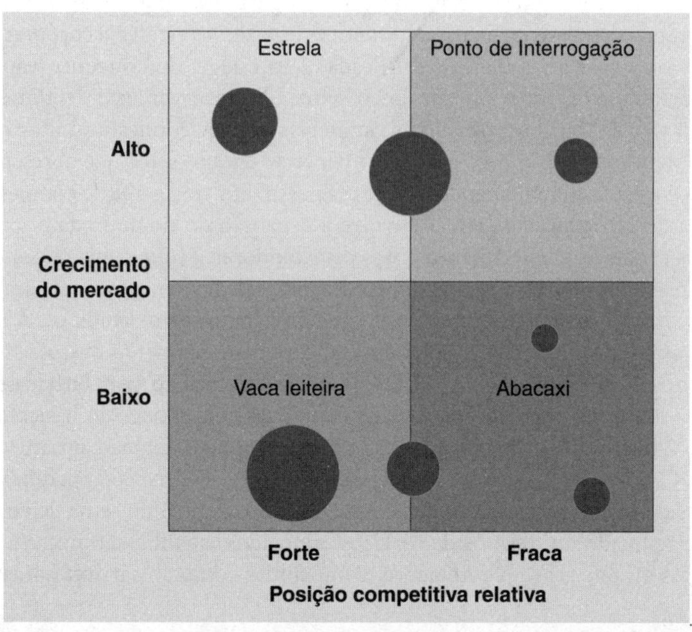

com base na taxa de crescimento do seu mercado e na potência relativa da sua posição competitiva neste (fatia de mercado). O negócio é representado por um círculo cujo tamanho depende da sua contribuição para a receita corporativa.

Os negócios com fraca posição competitiva e alto crescimento são chamados *pontos de interrogação*. Eles demandam substancial investimento para melhorar sua posição; do contrário, recomenda-se o desinvestimento no negócio.

Os negócios com forte posição competitiva e alto crescimento são denominados *estrelas*. Eles demandam investimento pesado, mas a solidez da sua posição permite-lhes gerar as receitas necessárias. Os negócios com forte posição competitiva e baixo crescimento são conhecidas como *vacas leiteiras*. A receita gerada por esses negócios supera os investimentos necessários e, portanto, eles financiam outros negócios. Por fim, os negócios com fraca posição competitiva e baixo crescimento são ditos *abacaxis*. O restante da sua receita é realizado e, então, eles são encerrados.

A matriz BCG não substitui a opinião, criatividade, percepção ou liderança do administrador. No entanto, é uma ferramenta que, aliada a outras técnicas, ajuda os administradores da empresa como um todo e dos negócios individuais a avaliarem alternativas estratégicas.[14]

Tendências da Estratégia Corporativa Nos últimos anos, a América corporativa tem sido varrida por uma onda de fusões e aquisições, por exemplo, entre AOL e Time Warner, Walt Disney e ABC, Procter & Gamble e Gillette e Kmart e Sears. Tais fusões e aquisições refletem a estratégia corporativa da organização, ou se concentrando em um setor ou diversificando seu portfólio.

O valor da implementação de uma estratégia corporativa diversificada depende de cada circunstância individual. Muitos críticos argumentam que a diversificação sem qualquer relação entre as atividades é mais prejudicial do que benéficas para a companhia. Recentemente, inúmeras companhias diversificadas venderam seus negócios periféricos para se concentrarem em um portfólio mais focado. A Merck & Company vendeu sua empresa de produtos de consumo para se concentrar na aplicação de biotecnologia na indústria farmacêutica. A Sears vendeu a Allstate Insurance para se concentrar mais no negócio básico de produtos de varejo. A Kodak vendeu a Eastman Chemical para aumentar a lucratividade e concentrar-se mais no negócio de imagens.[15]

Em compensação, a diversificação de uma organização que compete em um setor maduro, de lento crescimento ou ameaçado, muitas vezes, é aplaudida. Muitas fusões recentes do setor bancário, como aquela entre o J.P. Morgan Chase e o Bank One, visavam aumentar a eficácia e a participação no mercado bancário.

Embora os méritos da diversificação sejam objeto de continuado estudo, a maioria dos observadores concorda em que o desempenho das organizações melhora quando elas implementam estratégia de diversificação mais concêntrica em que as atividades estão, de alguma forma, relacionadas ou tenham semelhanças entre si. A Disney, por exemplo, gastou US$ 19 bilhões na fusão com a ABC/Cap Cities. Se, de um lado, as duas companhias possuem atividades distintas, do outro, elas são complementares. O sucesso da Disney na indústria do cinema e de vídeos se complementa com a rede de TV ABC e com os recursos de produção da Cap Cities. Embora a Disney possua um canal de TV a cabo (a Disney Channel), a capacidade de alcançar milhões de telespectadores aumentou com a presença da ABC entre as redes de televisão.[16]

As estratégias de preço baixo normalmente demandam custos baixos de produção.

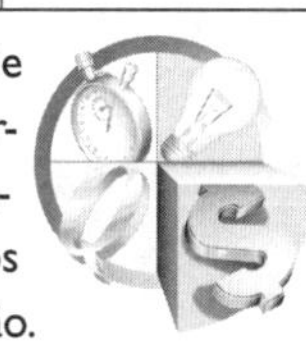

Estratégia de Negócios Depois que a diretoria e a alta administração tomam as decisões de estratégia corporativa, os executivos precisam definir como vão competir em cada área de negócios. A **estratégia de negócios** define as principais ações por meio das quais a organização adquire e solidifica sua posição competitiva no mercado. A vantagem competitiva normalmente é resultado de duas estratégias empresariais genéricas introduzidas neste capítulo e estudadas mais detalhadamente no Capítulo 7.[17]

estratégia de negócios
Principais ações por meio das quais uma empresa concorre em determinado setor de atividade ou mercado.

estratégia de baixo custo
Estratégia utilizada pela organização para criar vantagem competitiva, sendo eficiente e oferecendo produtos simples e padronizados.

Primeiro, organizações como Wal-Mart e Southwest Airlines (já mencionadas neste capítulo) buscam vantagem competitiva adotando **estratégias de baixo custo**. As empresas que adotam essa estratégia tentam ser eficientes e oferecer produtos simples e padronizados. Elas, muitas vezes, são de grande porte e tentam extrair vantagem da economia de escala na produção ou distribuição. Em vários casos, o tamanho da empresa permite vender produtos e serviços a um preço inferior, proporcionando maior participação de mercado, volume de vendas e, por fim, lucro. Para a empresa que adota essa estratégia ser bem-sucedida, ela deve ter o melhor custo do setor ou do segmento de mercado. Entretanto, até mesmo o líder em custos deve oferecer um produto comparativamente aceitável para o cliente em relação ao da concorrência. Assim, como afirma Gordon Bethune, CEO da Continental Airlines, "É possível oferecer uma pizza bem barata que, no entanto, nin-

A estratégia de alta qualidade geralmente é mais difícil de ser imitada pelos concorrentes.

estratégia de diferenciação
Estratégia adotada por uma organização para adquirir vantagem competitiva, sendo única em seu setor de atividade ou segmento de mercado em uma ou mais dimensões.

guém vai comer". No fim, as organizações precisam adotar uma estratégia de custos para aumentar o custo-benefício do cliente, não para eliminá-lo.[18] O texto apresentado a seguir a respeito da nova estratégia da Apple é um exemplo dessa abordagem.

Segundo, a organização pode buscar uma **estratégia de diferenciação**. Com essa estratégia, a companhia tenta ser única em seu setor de atividade ou segmento de mercado em alguns aspectos valorizados pelos clientes. Essa posição única ou diferenciada dentro do setor, muitas vezes, é baseada em produto de alta qualidade, marketing e distribuição excelente ou serviço superior. O compromisso da Nordstrom com a qualidade e o serviço de atendimento ao cliente no setor varejista de roupas é um exemplo excelente de estratégia de diferenciação. Se, em um aspecto, a marca não é tão sofisticada quanto a de concorrentes como Saks Fifth Avenue e Neiman Marcus, em outro aspecto, a Nordstrom concentra-se na oferta de ampla variedade de roupas e acessórios e na garantia de um atendimento personalizado. O programa do consumidor personalizado da companhia tornou-se destaque em todas as suas cerca de 90 lojas que oferecem a linha completa da marca. O cliente chega à loja e fica acomodado em uma sala privada consumindo refrigerantes e sucos enquanto espera o incansável atendente trazer as inúmeras opções de vestuário. Ele também pode acessar os atendentes pessoais por telefone ou no site da companhia. Os atendentes pessoais da Nordstrom reforçam a eficiência, a agilidade e o atendimento individualizado. Melhor ainda para o cliente, não há nenhum custo adicional por esse serviço. Comparada com os sites ou as lojas de departamento impessoais e lotadas de compradores, a Nordstrom diferencia-se voltando aos tempos em que o atendimento era mais gentil e individualizado.[19]

Qualquer que seja a estratégia adotada pelos gerentes, *a estratégia mais eficiente é a que os concorrentes não têm disposição ou capacidade de imitar*. Se o plano estratégico da companhia for facilmente adotado por outras organizações do mesmo setor, significa que não é suficientemente diferenciado ou, no longo prazo, não contribui significativamente para a sua competitividade.

TEXTO EXTRAÍDO DA REVISTA

Metas Elevadas com Baixo Custo

BusinessWeek

Todo ano em janeiro, na feira de negócios Macworld, o CEO da Apple Computer, Steven P. Jobs, revela alguns novos produtos para os fãs do Mac e, este ano, ele apareceu munido de mais surpresas do que de costume. A companhia, que se tornou sinônimo de computadores e tocadores de música do mais alto estilo, revelou não apenas um, mas dois novos produtos voltados à tendência atual do público em geral.

Concentrando-se claramente em seus dois principais mercados de produtos simples, ou seja, sem sofisticação, Jobs anunciou o Mac míni, um PC extremamente compacto pelo preço de US$ 499, o primeiro a entrar no mercado de produtos abaixo de US$ 700 que hoje representa quase 70% de todas as vendas de PCs domésticos. Depois, ele apresentou o iPod shuffle, menor que um pacote de gomas de mascar e com preço a partir de apenas US$ 99 — muito abaixo dos US$ 249 que a companhia sediada em Cupertino (Califórnia) hoje cobra pelo seu tocador de música mais barato, o iPod míni. "Acho que atrairemos muitos novos consumidores para a Apple", afirma Jobs em uma rápida entrevista.

Mesmo assim, a nova estratégia não está isenta de riscos. Entre os grandes temores: ao entrar em um setor bem concorrido, a Apple correria o risco de canibalizar seus produtos mais caros, prejudicando os altos lucros necessários para financiar a inovação.

Evidentemente, Jobs e seu pessoal acreditam que este é o momento certo para expandir: graças à fenomenal popularidade do iPod, a companhia está dando um grande salto. Em 12 de janeiro, a Apple anunciou haver quadruplicado o lucro líquido do primeiro trimestre fiscal, chegando a US$ 295 milhões, em relação ao do ano anterior, com base no crescimento de até 74% na receita, atingindo US$ 3,49 bilhões. A venda apenas do popularíssimo iPod atingiu 4,5 milhões de unidades, um aumento de 500%. Com a mania do iPod crescendo a todo vapor, Jobs calcula que há espaço para abocanhar uma fatia do mercado de PCs, atraindo usuários que desejam o famoso estilo fácil de usar da Apple.

Até hoje, os produtos da Apple eram muito caros para a maioria dos usuários de computador pessoal, no entanto, Jobs está apostando que o míni de US$ 499 pode tornar a Apple um concorrente bastante viável no centro do mercado. Para simplificar ainda mais, o equipamento da Apple permite que o usuário conecte na unidade o monitor, o teclado e o *mouse* que já possui. "Este é o Mac mais acessível já lançado", Jobs declarou ao público. "As pessoas que estão pensando em trocar o equipamento não terão mais desculpas".

O baixo custo não é o único atrativo. Jobs também está apostando que, depois que os usuários de PCs finalmente tiverem a chance de usar o respeitado sistema operacional e os softwares da Apple, não utilizarão nenhuma outra opção.

O que Jobs efetivamente fez foi "atropelar" a concorrência. O modelo básico do novo shuffle custa US$ 99 e comporta mais de 120 músicas. Todavia, para chegar a esse preço tão baixo, ele projetou um tocador bem básico, nem sempre atraente para qualquer consumidor. Diferentemente dos muitos tocadores com memória *flash*, o equipamento da Apple não possui tela —, ou seja, o usuário não tem como controlar ou saber o que está tocando.

A Apple está apostando que há muitos consumidores com orçamento curto que considerarão o equipamento suficiente para as suas necessidades. A empresa também espera que esse consumidor seja tentado a passar para um iPod mais caro, principalmente se ele for atraído para comprar músicas da iTunes Music Store, que, atualmente, podem ser executadas apenas em equipamentos da Apple.

Mas será que a oferta de produtos mais baratos não levaria alguns consumidores a evitar os mais caros? A Apple fez o possível para evitar que isso ocorra, segmentando sua linha de produtos. Com capacidade de armazenamento muito maior e controles bem melhores, o iPod original é bem diferente do modelo shuffle. Do mesmo modo, Jobs, que ignora o temor da canibalização, criou o novo modelo "míni", sem a potência e muitos dos recursos encontrados no iMac e nos computadores mais caros da companhia.

Mesmo assim, a Apple terá de caminhar com muito cuidado ao entrar no mercado de PCs simples a fim de evitar sucumbir à prosperidade não-lucrativa que atingiu tantas outras companhias. Para contrariar as probabilidades, a Apple manterá seus custos baixos de forma a preservar a margem de lucro e, assim, ter recursos para continuar inovando.

FONTE: Adaptado com base em BURROWS, Peter. Apple's bold swim downstream. *BusinessWeek*, 13 jan. 2005, on-line.

Estratégia Funcional A última etapa na formulação da estratégia é estabelecer as principais estratégias funcionais. As **estratégias funcionais** são implementadas por área funcional da organização para apoiar a sua estratégia de negócios. As típicas áreas funcionais de uma empresa abrangem produção, recursos humanos, marketing, pesquisa e desenvolvimento, finanças e distribuição. Por exemplo, o plano de expansão da American Express exige planos de marketing separados para emissão de cartões de clientes atuais e potenciais, de varejistas e de bancos. Ele também requer planos para expansão do banco de dados

estratégia funcional
Estratégia implementada por área funcional da organização para apoiar a estratégia de negócios da empresa.

A Nordstrom diferenciou-se das demais concorrentes oferecendo serviços de atendimento superior e ampla gama de produtos.

de clientes e da tecnologia para controlar a oferta de novos cartões que está planejando. Além disso, necessitará de planos para testar e lançar novas opções de cobrança e pagamento. Todos esses planos funcionais precisarão estar sintonizados com a estratégia geral de negócios da companhia.

As estratégias funcionais normalmente são elaboradas pelos executivos da área funcional com a aprovação e a informação dos executivos responsáveis pela estratégia de negócios. Os altos executivos responsáveis pelas decisões avaliam as estratégias funcionais para garantir que cada grande departamento opere de forma coerente com as estratégias de negócios da organização. Por exemplo, técnicas de produção automatizada — mesmo produzindo economia para a empresa — não seriam apropriadas para uma fabricante de pianos como a Steinway cujos produtos são estrategicamente posicionados (e com preços) como instrumentos feitos manualmente e de extrema qualidade.

Etapa 5: Implementação da Estratégia

Do mesmo modo como em qualquer plano, não basta apenas formular uma estratégia correta. Os gerentes estratégicos também devem se assegurar de que as novas estratégias sejam implementadas de forma efetiva e eficaz. Nos últimos anos, as corporações e os consultores em estratégia têm dado mais atenção à implementação. Eles observam que técnicas eficazes e um bom plano não garantem o sucesso. Essa avaliação mais profunda reflete-se em duas grandes tendências.

Em primeiro lugar, as organizações estão adotando uma visão mais abrangente da implementação. A estratégia deve ser apoiada por decisões considerando estrutura organizacional, tecnologia, recursos humanos, sistemas de recompensa, sistemas de informação, cultura organizacional e estilo de liderança apropriados. Assim como a estratégia da organização deve ser coerente com o ambiente externo, ela deve ajustar-se a diversos fatores responsáveis pela sua implementação. O restante desta seção discutirá esses fatores e como utilizá-los para implementar a estratégia.

Em segundo lugar, muitas organizações estão ampliando o processo de gestão estratégica com uma implementação mais participativa. Os gerentes de todos os níveis são envolvidos na formulação da estratégia e na identificação e execução dos métodos de implementação das novas estratégias. Os altos executivos ainda dirigem o processo de implementação geral, no entanto, eles transferem mais responsabilidade e autoridade aos demais gerentes da organização. Geralmente, a implementação da estratégia envolve quatro etapas relacionadas entre si:

- *Etapa 1: Definição de tarefas estratégicas.* Expressar em linguagem simples aquilo que deve ser feito em um negócio específico para criar ou manter a vantagem competitiva. Definir tarefas estratégicas para ajudar os funcionários a entender como eles contribuem para a organização. Esse procedimento também pode redefinir as relações entre as partes da companhia.
- *Etapa 2: Avaliação da capacidade da organização.* Avaliar a capacidade organizacional de implementação das tarefas estratégicas. Uma força-tarefa (geralmente) entrevista funcionários e administradores para identificar questões específicas que ajudam ou atrapalham o êxito da implementação. Os resultados são apresentados resumidamente para a alta administração. No curso da carreira de qualquer profissional, são boas as chances de participar de uma força-tarefa. A eficácia do trabalho em equipe será discutida no Capítulo 14.
- *Etapa 3: Elaboração de uma agenda de implementação.* A administração decide como mudar seu padrão de gestão, como controlar as interdependências críticas, quais qualificações e pessoal são necessários para as funções principais e quais estruturas, medidas, informações e recompensas deverão, por fim, sustentar um comportamento específico. Uma declaração sobre a filosofia da empresa, comunicada em termos de valor, é resultado natural desse processo.
- *Etapa 4: Criação de um plano de implementação.* A equipe da alta administração, a força-tarefa composta de funcionários e outros envolvidos elaboram o plano de implementação. A equipe da alta administração monitora o andamento do processo. A força-tarefa fica encarregada de fornecer informações sobre a reação dos demais envolvidos na organização em relação às mudanças.

Esse processo, embora direto, nem sempre segue sem dificuldades. A Figura 4.8 mostra seis barreiras diferentes para a implementação da estratégia e descreve alguns princípios fundamentais para superar esses "assassinos silenciosos". Concentrando mais atenção nos processos por meio dos quais as estratégias são implementadas, os executivos, gerentes e funcionários exercem papel fundamental para assegurar a implementação efetiva dos planos estratégicos.[20]

A mudança começa com o líder

Assassinos Silenciosos	Princípios para Envolver e Mudar os Assassinos Silenciosos
Estilo da alta administração *laissez-faire* ou de cima para baixo	Com equipe constituída dos principais executivos e de níveis inferiores, o CEO/diretor-geral cria uma parceria baseada no desenvolvimento de direção empresarial convincente, na criação de contexto organizacional producente, e na delegação de autoridade a pessoas e equipes claramente confiáveis.
Prioridades conflitantes e estratégia confusa	A equipe da alta administração, como grupo, elabora formalmente uma estratégia e, com base nela, são desenvolvidas prioridades que os membros se dispõem a apoiar.
Alta administração ineficaz	Envolvimento da equipe da alta administração, como grupo, em todas as etapas do processo de mudança de forma que sua eficácia seja testada e melhorada.
Comunicação vertical deficiente	Estabelecimento de diálogo sincero, baseado em fatos, com o pessoal de nível inferior informando sobre a nova estratégia e as barreiras enfrentadas na sua implementação.
Coordenação inadequada entre funções, negócios e limites	Definição de um conjunto de iniciativas abrangendo todos os negócios e novas funções e responsabilidades organizacionais que demandam "pessoas certas trabalhando juntas nas atividades corretas da maneira correta" para a implementação da estratégia.
Desenvolvimento e habilidade de liderança em linha inadequados	Os administradores de nível hierárquico inferior desenvolvem a habilidade por meio das recém-criadas oportunidades para liderar a mudança e conduzir as iniciativas importantes do negócio. Eles são apoiados mediante orientação em procedimento *just-in-time*, treinamento e recrutamento dirigido. Os que não estiverem capacitados devem ser substituídos.

FIGURA 4.8
Atacando as Seis Barreiras Contra a Implementação da Estratégia

FONTE: Reimpresso de BEER, M.; EISENSTAT, R. A. The Silent Killers of Strategy Implementation and Learning. *MIT Sloan Management Review*, v. 4, n. 4, p. 29-40, verão de 2000, com permissão da editora.

Etapa 6: Controle Estratégico

O último componente do processo de gestão estratégica é o controle estratégico. O **sistema de controle estratégico** visa apoiar os gerentes a avaliar o progresso da organização com a sua estratégia e, quando houver discrepâncias, providenciar as medidas corretivas. O sistema deve incentivar as operações eficientes que são compatíveis com o plano e, ao mesmo tempo, proporcionar a flexibilidade necessária para a empresa se adaptar às condições de mudança. Como em todo sistema de controle, a organização deve criar indicadores de desempenho, um sistema de informação e mecanismos específicos para monitorar a evolução da estratégia.

sistema de controle estratégico
Sistema destinado a auxiliar os gerentes a avaliar o progresso da organização relativamente à sua estratégia e, quando houver discrepâncias, a providenciar as medidas corretivas.

A maioria dos sistemas de controle estratégico engloba algum tipo de orçamento para monitorar e controlar os grandes gastos financeiros. De fato, o aspecto do plano estratégico de uma organização mais provavelmente enfrentado por qualquer gerente em seu primeiro emprego é o orçamento da sua unidade de trabalho. A alta administração da companhia estabelece pressupostos e metas para determinada área, refletindo o papel do gerente no plano geral, e solicita-lhe uma análise do seu orçamento depois de consolidados e avaliados todos os planos orçamentários da organização.

As duas atribuições de qualquer sistema de controle — eficiência e flexibilidade — muitas vezes, parecem contraditórias em relação ao orçamento. O orçamento normalmente estabelece limites de gastos, no entanto, mudanças nas condições ou inovações podem demandar diferentes compromissos financeiros durante o período orçamentário. Para resolver esse dilema, algumas companhias têm elaborado dois orçamentos separados: um estratégico e outro operacional. Por exemplo, os administradores da Texas Instruments Incorporated, baseados no sistema OST (objetivos-estratégias-táticas), controlam dois orçamentos. O orçamento estratégico serve para criar e manter a eficácia de longo prazo, e o operacional é rigidamente monitorado para obter eficiência de curto prazo. O tema do controle em geral e, mais especificamente, do orçamento, será discutido mais detalhadamente no Capítulo 16.

EPÍLOGO:

A DELTA AIR LINES DECRETA FALÊNCIA

Em 5 de janeiro de 2005, a Delta Air Lines anunciou uma mudança completa em toda sua estrutura tarifária. Nesse novo plano, denominado "Tarifa Simples", a tarifa em todos os Estados Unidos foi reduzida em 50%. O anúncio também informava que qualquer passagem de classe econômica ou apenas de ida ou apenas de volta nos 48 Estados contíguos custaria menos de US$ 499, e qualquer passagem de primeira classe, menos de US$ 599. A companhia também simplificou e reduziu o custo da troca de bilhete ou da alteração para uma classe melhor. Além disso, ela eliminou algumas restrições, por exemplo, a exigência de um pernoite no sábado no caso de aquisição com tarifa reduzida. A intenção, afirma o CEO Grinstein, era melhorar o relacionamento da companhia aérea com seus clientes e oferecer-lhes aquilo que eles desejam: tarifas mais simples e econômicas.

A companhia esperava que, com essas taxas, os viajantes a negócios passariam a viajar mais. E que todos os passageiros aceitariam bem o fato de obterem tarifas menores sem ter de adquirir a passagem com bastante tempo de antecedência. A estratégia da Delta agora estava clara. A sua intenção era mudar em direção às companhias aéreas de tarifa baixa que se transformaram na principal ameaça às empresas tradicionais. As primeiras indicações mostraram aumento nas vendas de passagens, já que alguns passageiros voltaram a viajar pela Delta por causa dos preços atraentes.

Os acordos feitos pela empresa com o sindicato e os credores externos, as mudanças de rota e a mais recente redução de preços foram necessários para a sobrevivência da Delta. No entanto, previa-se um período de turbulência, e não havia certeza em relação à eficácia da nova estratégia. Por exemplo, a Delta poderia não obter novos viajantes em número suficiente para compensar a receita perdida por causa da redução nos preços. Outras companhias poderiam acompanhar as reduções de preço da Delta — e, de fato, diversas empresas anunciaram que assim procederiam em alguns mercados. Havia outras preocupações também. Outro ataque terrorista causaria mais uma queda brusca no setor de viagens aéreas. Além disso, o preço do combustível poderia continuar a subir, porque a demanda mundial de petróleo continuava alta. Esses fatores representavam pressão adicional no lucro líquido da Delta. Na realidade, apesar da nova estratégia agressiva e ousada da companhia, a Delta foi forçada a declarar falência em setembro de 2005, em parte, por causa das oscilações constantes no preço do combustível em conseqüência do furacão Katrina. Mesmo assim, o CEO Grinstein talvez tenha criado uma base sólida para a sobrevivência da companhia até mesmo na situação crítica de falência.

PALAVRAS-CHAVE

Análise situacional, p. 118
Análise SWOT, p. 134
Cenário, p. 121
Competências essenciais, p. 132
Concentração, p. 135
Diversificação concêntrica, p. 135
Diversificação conglomerada, p. 136
Estratégia, p. 123
Estratégia corporativa, p. 135
Estratégia de baixo custo, p. 137
Estratégia de diferenciação, p. 138
Estratégia de negócios, p. 137
Estratégia funcional, p. 139
Gestão estratégica, p. 126
Integração vertical, p. 135
Meta, p. 119
Metas estratégicas, p. 123
Missão, p. 126
Planejamento estratégico, p. 122
Planejamento operacional, p. 123
Planejamento tático, p. 123
Planos, p. 119
Recursos, p. 132
Sistema de controle estratégico, p. 141
Stakeholder, p. 129
Visão estratégica, p. 127

RESUMO DOS OBJETIVOS DE APRENDIZAGEM

Depois de completado o estudo deste Capítulo, você deverá ser capaz de identificar:

Como proceder nas etapas básicas de qualquer processo de planejamento.

O processo de planejamento começa com uma análise situacional dos fatores externos e internos que afetam a organização. Essa análise ajuda a identificar e diagnosticar questões e problemas e pode revelar metas e planos alternativos para a empresa. Em seguida, realiza-se uma avaliação comparativa entre as vantagens e desvantagens dessas metas e desse planos. Depois de definidos um conjunto de metas e um plano, o processo de implementação envolve a comunicação do plano aos funcionários, a alocação dos recursos e a certificação de que os demais sistemas, por exemplo, de recompensa e orçamento, estão de acordo com o plano. Por fim, o planejamento requer sistemas de controle para monitorar o andamento do processo visando o cumprimento das metas.

Como o planejamento estratégico se integra no planejamento tático e operacional.

A diferença entre o planejamento estratégico e o operacional é que o primeiro envolve decisões de longo prazo relacionadas com a organização inteira. O planejamento tático transforma as metas e estratégias mais amplas em ações específicas a serem implementadas dentro de cada parte da organização. O planejamento operacional identifica os procedimentos e processos de curto prazo necessários nos níveis inferiores da companhia.

A importância da análise tanto do ambiente externo como dos recursos internos da empresa antes de formular a estratégia.

O planejamento estratégico visa melhorar o aproveitamento das forças da empresa e, ao mesmo tempo, minimizar os efeitos de suas fraquezas. É difícil ter noção da vantagem potencial que uma empresa pode ter sem uma boa análise externa. Por exemplo, uma empresa pode ter um departamento de marketing talentoso ou um sistema de produção eficiente. No entanto, não há como determinar se essas características internas são fontes de vantagem competitiva a menos que se faça uma boa comparação com esses mesmos aspectos da concorrência.

As opções disponíveis em termos de estratégia corporativa.

A estratégia corporativa identifica a abrangência do domínio competitivo de uma empresa. A estratégia corporativa pode ser restrita, como na estratégia de concentração, ou envolver fornecedores e consumidores por meio de integração vertical. A estratégia corporativa também pode ampliar o domínio de uma empresa mediante diversificação concêntrica (relacionada) ou diversificação conglomerada (não-relacionada).

Como as companhias podem obter vantagem competitiva por meio da estratégia de negócios.

As companhias obtêm vantagem competitiva de dois modos básicos. Elas podem tentar ser únicas de alguma forma, buscando uma estratégia de diferenciação, ou focar na eficiência e no preço, perseguindo uma estratégia de baixo custo.

Como as competências essenciais formam a base para a estratégia de negócios.

Competência essencial é algo que a companhia faz especialmente bem que a destaca dos demais concorrentes. Quando essa competência, por exemplo, do departamento de engenharia ou marketing, for de alguma área importante para o sucesso no mercado, ela se torna fundamental para o desenvolvimento de uma vantagem competitiva.

Os fundamentos básicos para a eficácia na implementação da estratégia.

Muitos bons planos estão fadados ao fracasso porque não são implementados corretamente. A estratégia necessita do apoio de estrutura, tecnologia, recursos humanos, recompensa, sistemas de informação, cultura, liderança e assim por diante. Definitivamente, o sucesso do plano depende da capacidade e disposição dos funcionários de nível hierárquico inferior de implementá-lo. Gestão participativa é uma das abordagens mais comuns adotada pelos executivos para obter a colaboração e o compromisso dos funcionários na implementação da estratégia.

QUESTÕES PARA DISCUSSÃO

1. Este capítulo foi iniciado com uma citação do ex-CEO da GE, Jack Welch: "Assuma o controle do seu destino, ou outra pessoa o fará". Em termos de gestão estratégica, o que essa afirmação significa? O que ele quis dizer com "outra pessoa o fará"?
2. Qual a diferença entre planejamento estratégico, operacional e tático? Em uma organização, como os três níveis se complementam entre si?
3. O que provoca a mudança de planejamento estratégico para gestão estratégica? Em que setores de atividade essa tendência seria mais observada?
4. Em sua opinião, quais as competências essenciais das companhias do setor automobilístico, como General Motors, Ford e Daimler Chrysler? Como essas competências ajudam essas empresas na concorrência com competidores estrangeiros, por exemplo, Honda, Toyota, Nissan, BMW e outros?
5. Quais os principais desafios enfrentados na implementação da estratégia? Que barreiras podem atrapalhar a sua implementação?

CASO DE CONCLUSÃO

O Guru da Computação: O Faz-Tudo ou O Imperador?

Juan De Jesus, de San Antonio, no Texas, foi o primeiro membro da família a formar-se na universidade: cursou ciências da computação na University of Texas em 1994. Depois de se formar, foi contratado como técnico de vendas e atendimento de uma das maiores corporações norte-americanas do setor de computadores. Nesse emprego, ele adquiriu muita experiência no setor de serviços e vendas a pequenas empresas. Depois de quatro anos, decidiu sair da empresa e seguir como consultor independente de informática.

Juan instalou em sua casa um escritório e um laboratório para testes em computadores e trabalhou muito para crescer. Ele tirou proveito de alguns relacionamentos e contatos estabelecidos durante a permanência no emprego anterior, conseguindo atrair imediatamente vários clientes. Sua esposa Conchita ajuda-o, meio período, nas rotinas administrativas do escritório.

Seu negócio cresceu rapidamente graças ao trabalho excelente e à reputação de Juan. Ele possui habilidade para instalar equipamentos e programas, incluindo softwares específicos para determinados setores de atividades, é eficaz em treinamento, consegue consertar praticamente qualquer computador e está sempre disponível por telefone para sanar dúvidas e resolver problemas que ocorrem depois de instalar os equipamentos ou de oferecer algum tipo de treinamento.

Após quatro anos atuando por conta própria, Juan cobra US$ 100 por hora e ganha cerca de US$ 150 mil por ano com prestação de serviços. Ele é bom naquilo que faz e as pessoas contam com ele — seu telefone não pára de tocar. Juan sente que é chegado o momento de reavaliar sua atual posição, as opções de negócios e suas metas pessoais.

Juan lembrou-se do programa de estágio oferecido na universidade em que se formara e procurou três estudantes de administração para preparar um estudo de viabilidade para ele. O projeto começou com uma entrevista no escritório da sua casa. Estes são os pontos principais e de destaque da entrevista.

Juan relatou que estava desfrutando de um bom nível de vida, faturando, atualmente, cerca de 1.500 horas por ano a US$ 100 por hora. Ele trabalha efetivamente cerca de 60 horas por semana, porém, além disso, gasta horas viajando, atendendo aos infindáveis telefonemas, pesquisando e requisitando peças, complementando o trabalho administrativo do escritório e freqüentando seminários e cursos para manter-se atualizado sobre as novas tecnologias. Conchita trabalha cerca de 20 horas por semana no escritório. Para ela, esse é o limite, já que possui outro emprego de meio período e está esperando o primeiro filho do casal para dali a alguns meses. Ela planeja deixar o outro emprego e continuar trabalhando com Juan em casa.

Juan está preocupado com o fato de sua empresa ser constituída apenas dele próprio. Ele recebe somente quando trabalha. Se ficar doente ou sair de férias, não ganha nada. Ele se questiona se não teria atingido seu potencial máximo e se preocupa com o fato de não ver oportunidades de crescimento na situação atual. Juam não está seguro se deve continuar como está ou fazer alguma mudança.

A conversa então partiu para o lado da "criação de um império", assim como define Juan. Ele deseja avaliar bem algumas outras opções de negócios, o que justificaria a contratação dos estagiários. Entre essas opções estariam:

- A contratação de mais um ou dois técnicos de informática e a ampliação da empresa atual.
- A abertura de uma loja de venda de computadores, complementando os serviços oferecidos atualmente (e, caso assim decida, determinar se deve alugar, arrendar ou adquirir o imóvel).
- A contratação de um ou dois vendedores externos para gerar novos negócios (ou como parte da loja de computadores ou como extensão da empresa atual).
- A criação de um site na Web (em vez de instalação de uma loja), complementando os serviços atualmente oferecidos.
- A avaliação das idéias novas e relacionadas geradas pelo grupo de estudantes.
- A manutenção da situação, simplesmente continuando a fazer o que faz atualmente.

Juan demonstrou aos estudantes gostar da idéia de construir um império, mas se sente pisando em terreno desconhecido. Por exemplo, se abrisse uma loja, conseguiria competir com a Circuit City e o Best Buy? Ele quer que sua história de sucesso continue, e deseja ganhar mais dinheiro com menos horas de trabalho. E também deseja continuar ganhando mesmo quando não está efetivamente trabalhando.

QUESTÕES

1. Em grupos pequenos, discuta e elabore um plano estratégico para Juan. Compare e contraste o plano de cada grupo e chegue a um consenso.
2. Usando o melhor plano, retorne ao grupo original e elabore um plano tático para Juan.
3. Depois de elaborado o plano tático, caso Juan optasse por implementá-lo, quais seriam os desafios que ele enfrentaria? Inclua uma análise SWOT como parte da avaliação.

EXERCÍCIOS PRÁTICOS

4.1 Planejamento Estratégico

OBJETIVO

Estudar o planejamento estratégico de uma corporação recentemente citada no noticiário.

INSTRUÇÕES

As revistas de negócios (*BusinessWeek, Exame e outras*) freqüentemente publicam artigos sobre a estratégia de diversas corporações. Procure um artigo recente sobre uma corporação de um setor de atividades do seu interesse. Leia o artigo e responda às perguntas a seguir.

Papel de Trabalho do Planejamento Estratégico

1. A empresa se mostra claramente definida sobre o negócio em que atua e a diferença entre ela e os demais concorrentes? Explique.

____

____

____

____

____

2. Quais são os pressupostos básicos relacionados ao futuro que serviram de base para a nova estratégia da empresa?

3. Quais são as principais forças e fraquezas da empresa que influenciaram na escolha da nova estratégia?

4. Quais são os objetivos específicos definidos pela empresa com a nova estratégia?

FONTE: McGRATH Jr., R. R. *Exercises in management fundamentals*, p. 15. Copyright © 1984. Reimpresso com permissão da Pearson Education Inc., Upper Saddle River, NJ.

4.2 Formulação da Estratégia de Negócios

OBJETIVOS

1. Ilustrar as inter-relações complexas fundamentais para a formulação da estratégia de negócios.
2. Demonstrar a utilização da análise SWOT (forças, fraquezas, oportunidades e ameaças) em um cenário empresarial.

INSTRUÇÕES

1. O professor dividirá a classe em pequenos grupos e atribuirá a cada grupo uma organização bem conhecida para análise.
2. Cada grupo vai
   a. Estudar a Introdução à Análise SWOT e a Planilha SWOT para entender o trabalho necessário para a realização da tarefa.
   b. Obter a informação necessária sobre a organização analisada com pesquisas na biblioteca, entrevistas e assim por diante.
   c. Preencher a Planilha SWOT.
   d. Preparar respostas em grupo para as questões para discussão.
3. Depois de reunida novamente a classe, os representantes de cada grupo apresentarão suas conclusões.

QUESTÕES PARA DISCUSSÃO

1. Por que a maioria das organizações não elabora estratégias combinando as oportunidades com suas forças?
2. Por que a maioria das organizações não elabora estratégias combinando as oportunidades com suas fraquezas?
3. Por que a maioria das organizações prefere lidar com suas forças?

INTRODUÇÃO À ANÁLISE SWOT

Uma das ferramentas de estratégia mais comumente utilizadas é a análise SWOT (forças, fraquezas, oportunidades e ameaças), realizada em quatro etapas:

Etapa 1: Análise do ambiente interno da organização, identificando as forças e fraquezas.

Etapa 2: Análise do ambiente externo à organização, identificando as oportunidades e ameaças.

Etapa 3: Combinação entre (a) forças e oportunidades, (b) fraquezas e ameaças, (c) forças e ameaças e (d) fraquezas e oportunidades.

Etapa 4: Desenvolvimento de estratégias com base nas combinações aparentemente mais importantes para a organização. A maioria das organizações prioriza mais as estratégias que envolvem a combinação entre forças e oportunidade e, depois, àquelas que envolvem fraquezas e ameaças. O segredo está em explorar as oportunidades nas áreas em que a organização apresenta forças e se defender contras as ameaças nas áreas em que apresenta fraquezas.

Planilha SWOT

Organização analisada: ____________________

Análise Interna	**Análise Externa**
Forças	Oportunidades

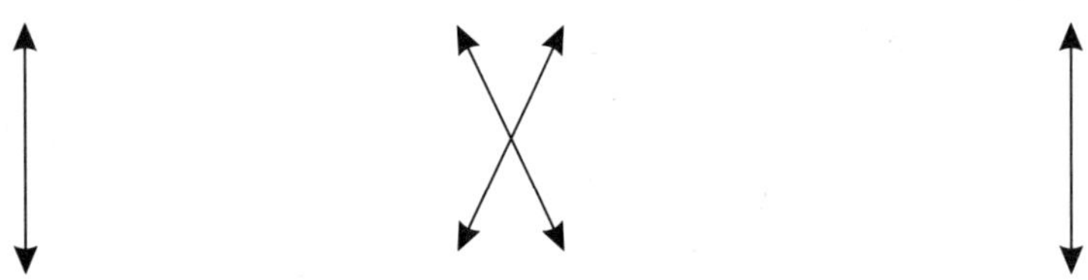

Fraquezas	Ameaças

Estratégias que Combinam Forças com Oportunidades

Estratégias que Combinam Fraquezas com Ameaças

Estratégias que Combinam Forças com Ameaças

Estratégias que Combinam Fraquezas com Oportunidades

Capítulo 5

Ética e Responsabilidade Corporativa

Todos sabem que uma corporação não é dotada de consciência; no entanto, qualquer corporação constituída de homens conscientes é uma corporação consciente.
— **Henry David Thoreau**

RESUMO DO CAPÍTULO

- Uma Séria Questão
- Uma Questão Pessoal

Ética
- Sistemas Éticos
- Ética nos Negócios
- Ambiente Ético
- Tomada de Decisão Ética
- Coragem

Responsabilidade Social Corporativa
- Visões Contrastantes
- Reconciliação

Meio Ambiente
- Sociedade de Risco
- Gestão Ecocêntrica
- Agendas Ambientais para o Futuro

OBJETIVOS DE APRENDIZAGEM

Após estudar este Capítulo, você deverá saber:

1. Como as diferentes perspectivas éticas orientam a tomada de decisões.
2. Como as companhias influenciam o ambiente ético.
3. Um processo de tomada de decisão ética.
4. As importantes questões em torno da responsabilidade social corporativa.
5. A importância do meio ambiente para os negócios.
6. As ações que os gerentes podem implementar para gerenciar tendo em mente o meio ambiente.

Prólogo

ÉTICA NO CITIGROUP

Em 2 de agosto de 2004, os negociadores de títulos do Citigroup de Londres comemoravam. Eles haviam acabado de lucrar mais de US$ 20 milhões despejando títulos do governo europeu a valores baixos no mercado e, logo em seguida, recomprando um terço a preços menores ainda. Essa operação não é ilegal, no entanto, viola um código de ética velado: não manipular o mercado ou tirar proveito das situações. Quando os negociadores rivais ligavam para saber o que estava acontecendo, os negociadores do Citi riam e desligavam o telefone.

Nos meses seguintes, o Citi foi manchete dos jornais por causa de outras transações que mancharam a sua reputação. O novo CEO, Chuck Prince, está tentando introduzir ética na cultura do Citi, e manter-se longe das manchetes. Alguns afirmam ser impossível. Um analista de Wall Street diz a respeito do Citi: "É uma das culturas corporativas mais agressivas do setor bancário... Essas pessoas crescem com garras e presas".

FONTES do Prólogo, de Conexões e do Epílogo: HOVANESIAN, Der et al. Can Chuck Prince Clean Up Citi? *BusinessWeek*, 4 out. 2004, p. 32-35, O'BRIEN, T. L.; THOMAS JR., L. It's Cleanup Time at Citi. *The New York Times*, sec. 3, p. 1, 7, 7 nov. 2004; PACELLE, M. Citigroup CEO makes "values" a key focus. *The Wall Street Journal*, p. C1, C5, 1º out. 2004.

Não é nada bom. Martha Stewart, ex-CEO da Martha Stewart Living Omnimedia, foi condenada a cinco meses de prisão por obstruir a Justiça em uma operação de venda de ações.

Daniel Yankelovich, pesquisador de opinião pública, declarou recentemente: "Hoje em dia, há uma crescente tendência em se acreditar facilmente nas informações negativas a respeito das corporações, o que faz deste um tempo perigoso para as companhias. Ao longo de uma geração, os executivos não tiveram de se preocupar com questões sociais, no entanto, agora existe uma luz amarela piscando, e é melhor eles começarem a prestar mais atenção".[1] Na verdade, a notícia é bem pior: Yankelovich fez essa afirmação em 2000 — *antes* de vir à tona uma série de escândalos do mais alto nível envolvendo o mundo dos negócios.

A Enron e a WorldCom transformaram-se rapidamente em sinônimo de escândalo empresarial. A Enron foi o maior e mais rápido caso de falência corporativa da história dos Estados Unidos, e inúmeros de seus funcionários do alto escalão foram indiciados. A Arthur Andersen, empresa de auditoria da Enron, teve a própria reputação destruída. Logo depois desse escândalo, vieram a público as operações ilegais da WorldCom. Tyco, Global Crossing, Imclone — essas e outras companhias fizeram parte do noticiário por causa das práticas empresariais ilegais ou antiéticas.

Quando Ed Breen assumiu a Tyco, empresa atolada em escândalo — na época em que Enron, Adelphia, WorldCom, Qwest e HealthSouth enchiam as manchetes dos jornais com suas transgressões —, ele demitiu toda a diretoria e 290 dos 300 principais executivos da empresa. Também se recusou a pagar gratificações aos gerentes até saber exatamente como cada um realizava negócios. A Tyco foi a única a apresentar uma história de sucesso nessa seqüência de embaraços corporativos, e Ed Breed foi muito elogiado por fazer a coisa certa.[2]

Uma Séria Questão

Os escândalos empresariais afundaram executivos, auditores independentes, políticos e fiscais, acionistas e funcionários das companhias. Outras sociedades anônimas também se rendem à pressão para inchar os preços das ações de todas as formas possíveis, minando a confiança do público na integridade do mercado financeiro. Muitas vezes, os escândalos são perpetrados por diversas pessoas trabalhando juntas, e muitos dos culpados já foram outrora considerados indivíduos íntegros.[3]

Que outros casos recentes de transgressões éticas ou legais (pelo menos, considerados antiéticos) vêm à mente? Martha Stewart? A Napster oferecendo *downloads* de arquivos gratuitos, mas hoje forçada a cobrar? Dan Rather, da CBS News, divulgando documentos, sem autenticidade comprovada desacreditando o serviço da Guarda Nacional do presidente George Bush? O radialista e comentarista e especialista em TV, Armstrong Williams, recebendo US$ 240 mil do Ministério da Educação para elogiar a lei "No Child Left Behind" (*Nenhuma criança fora da escola*)? Ações empresariais, prejudiciais ao meio ambiente... fraudes pela Internet... cidadãos de regiões subdesenvolvidas despojados dos seus recursos locais? A lista é infindável, e os casos continuam a repercutir. O público em geral acredita cada vez menos nas companhias e nos empresários comuns simplesmente por fazerem parte do mundo dos negócios.[4]

E quando o comportamento das corporações é inadequado, muitas vezes, não são os altos executivos os que mais sofrem, mas, os funcionários do baixo escalão. Na época em que a maior corretora de seguros do mundo, Marsh & McLennan, foi processada por favorecimento em concorrências, fixação de preços e recebimento de suborno de companhias seguradoras, o diretor-executivo Jeffrey W. Greenberg havia recebido mais de US$ 20 milhões como remuneração e gratificações durante cinco anos. Os 60 mil funcionários da companhia espalhados pelo mundo viram suas contas de aposentadoria desaparecer. Muitos haviam sido pressionados pela companhia a investir a maior parte do dinheiro da aposentadoria em ações da Marsh, que despencaram depois do processo judicial.[5]

Em uma recente pesquisa mundial avaliando os países dos mais honestos aos mais desonestos, os Estados Unidos ficaram em 17º lugar (as melhores classificações ficaram com economias como a da Finlândia e Nova Zelândia). Na escala de 10 pontos, 106 países receberam menos de 5 pontos e a média geral foi de 4,2 pontos.[7]

Observando o caso da Enron e muitos outros exemplos famosos de falta de ética corporativa, revela-se um problema: a grande facilidade. Nesses casos, fica muito claro o envolvimento de "pessoas sem caráter", e a falta de ética é óbvia. É muito fácil dizer "Eu jamais faria uma coisa dessas". No entanto, na realidade, muitas das decisões a serem enfrentadas apresentam dilemas éticos e nem sempre fica clara a coisa certa a ser feita.[6]

Uma Questão Pessoal

"Responda verdadeiro ou falso: 'Sou um administrador ético'. Se a resposta foi 'verdadeiro', segue uma revelação constrangedora: é provável que você não seja ético."[8] Essas são as frases iniciais de um artigo publicado recentemente na *Harvard Business Review* intitulado "How (un)ethical are you?" (*Será que você é (anti)ético?*) O problema é que a maioria das pessoas se considera boa tomadora de decisões, ética e imparcial. No entanto, o fato é que a maioria, sem perceber, é parcial, favorecendo a si própria e ao próprio grupo. Por exemplo, os gerentes muitas vezes contratam pessoas parecidas consigo mesmos, consideram-se imunes ao conflito de interesses, atribuem-se mais crédito do que aquele a que fazem jus e culpam os outros quando, muitas vezes, eles próprios são culpados. Reconhecer que possui essas tendências pode ajudar o indivíduo a tentar superá-las, no entanto, somente isso não basta.

Os problemas éticos não são fáceis nem exclusivos dos altos executivos corporativos, alvos das manchetes de jornais. Todo mundo enfrentará algum dia um problema ético; sem dúvida, qualquer pessoa já enfrentou. Cada um é capaz de citar seus próprios exemplos, entretanto, analisemos este:[9] um jovem está em seu primeiro emprego, trabalhando em uma lanchonete local. O chefe ensina-lhe como colocar o gelo no copo de refrigerante. O rapaz pega a concha e enche o copo até a borda. Negativo, diz o chefe, tente de novo. Dessa vez, ele enche três quartos do copo. Está melhorando, diz o chefe. "O copo deve conter o máximo possível de gelo sem parecer ter gelo demais." Explica: "O gelo é mais barato do que o xarope do refrigerante. Porém, as pessoas não podem perceber que estamos colocando mais gelo do que refrigerante. Quando está quente, as pessoas, de qualquer forma, preferem bebidas mais geladas, você não acha?" E ele pisca para o rapaz.

Qual é a sua opinião? O que você faria? Esse exemplo é simples demais para ser motivo de preocupação? Não seria o passo inicial de uma ladeira escorregadia para transgressões mais graves? Este capítulo abordará a tomada de decisões com ramificações éticas.

ética
Sistema de regras que rege a ordem dos valores.

Ética

A finalidade da ética é identificar tanto as regras que devem reger o comportamento das pessoas como o "comportamento ético" que vale a pena ser seguido. As decisões éticas são guiadas pelos valores básicos do indivíduo. Valores são princípios de conduta, por exemplo, atenção, honestidade, cumprimento das promessas, busca da excelência, lealdade, justiça, integridade, respeito pelos outros e cidadania responsável.[10]

A maioria das pessoas concordaria em que todos esses valores são orientações elogiáveis de comportamento. No entanto, a ética torna-se uma questão mais complicada quando a situação impõe que um valor se sobreponha aos outros. **Ética** é o sistema de regras que rege a ordem dos valores.

Questão ética é uma situação, problema ou oportunidade em que o indivíduo deve escolher entre diversas ações, que devem ser avaliadas como moralmente certas ou erradas.[11] As questões éticas surgem em todas as facetas da vida; este livro, especificamente, concentra-se na ética dos negócios. A **ética nos negócios** é composta por princípios e padrões morais que orientam o comportamento no mundo dos negócios.[12]

questão ética
Situação, problema ou oportunidade em que o indivíduo deve escolher entre diversas ações, que devem ser avaliadas como moralmente certas ou erradas.

ética nos negócios
Princípios e padrões morais que orientam o comportamento no mundo dos negócios.

filosofia moral

Princípios, regras e valores nos quais as pessoas se baseiam para decidir o que é certo e errado.

universalismo

Sistema ético que estabelece que todas as pessoas devem sustentar certos valores necessários para o funcionamento da sociedade.

princípios de Caux

Princípios éticos estabelecidos por executivos internacionais baseados em Caux, na Suíça, juntamente com líderes empresariais do Japão, da Europa e dos Estados Unidos.

Sistemas Éticos

A **filosofia moral** refere-se aos princípios, às regras e aos valores nos quais as pessoas se baseiam para decidir o que é certo e errado. Essa é uma definição simples e abstrata, no entanto, muitas vezes, extremamente complexa e difícil quando se está diante das escolhas reais. Como o indivíduo decide o que é certo ou errado? Como saber que critério deve ser aplicado e como aplicá-lo?

Os estudiosos da ética apontam como diretrizes diversos sistemas éticos importantes.[13] O primeiro sistema ético, o **universalismo**, estabelece que todas as pessoas devem sustentar certos valores, como, honestidade e outros, necessários para o funcionamento da sociedade. Valores universais são princípios tão fundamentais para a existência humana que são importantes em qualquer sociedade — por exemplo, regras de combate ao crime, à fraude, à tortura e à opressão.

Alguns esforços têm sido feitos para estabelecer princípios éticos globais e universais para os negócios. A Mesa Redonda de Caux, grupo constituído por executivos internacionais baseado em Caux, Suíça, trabalhou juntamente com líderes empresariais do Japão, da Europa e dos Estados Unidos para criar os **Princípios de Caux**. Dois ideais éticos básicos sustentam os Princípios de Caux: *kyosei* e dignidade humana. *Kyosei* significa viver e trabalhar em conjunto para o bem comum, possibilitando a coexistência da cooperação e da prosperidade mútua, com competição saudável e justa. Dignidade humana refere-se ao valor de cada pessoa como fim e não como meio para concretizar os objetivos dos outros. Os Princípios de Caux estão apresentados no Apêndice B, ao final deste capítulo.

Os princípios universais são poderosos e valiosos, porém, muitas vezes aquilo que as pessoas dizem, desejam ou acham que deveriam fazer é diferente do que elas *realmente* fazem diante das demandas conflitantes das situações reais. Antes de continuar descrevendo outros sistemas éticos, o texto a seguir serve para refletir como reagir perante uma questão ética.

Um Exemplo

Sam Colt, representante de vendas, está preparando uma apresentação em nome de sua empresa, Midwest Hardware, fabricante de porcas e parafusos. Colt espera conseguir uma grande venda para uma construtora que está construindo uma ponte sobre o rio Missouri nas proximidades de St. Louis. Os parafusos fabricados pela Midwest Hardware apresentam índice de defeito de 3%, que, embora aceitável no setor, torna-os inadequados para alguns tipos de projetos, como aqueles sujeitos a desgaste profundo e repentino. A nova ponte ficará perto da zona sísmica da falha de New Madrid, que originou um grande terremoto em 1811. O epicentro desse terremoto, que provocou extensos danos e alterou o fluxo do rio Missouri, fica a cerca de 300 quilômetros do local onde será construída a nova ponte.

A construção de pontes nessa área não é regulamentada pelas normas de prevenção contra terremotos. Se Colt conseguir a venda, ganhará uma comissão de US$ 25 mil além do salário normal. No entanto, se ele informar ao empreiteiro a respeito do índice de defeitos dos parafusos, a Midwest pode perder a venda para algum fornecedor concorrente com parafusos um pouco mais confiáveis. Assim, a questão ética de Colt está em informar ou não à construtora que, caso haja um terremoto, alguns parafusos da Midwest podem romper-se.

FONTE: FERREL, O. C.; FRAEDRICH, J. *Business ethics:* ethical decision making and cases. 3. ed. Copyright © 1997 Houghton Mifflin Company. Utilizado com permissão.

egoísmo

Sistema ético que considera aceitável o comportamento que maximiza os resultados para o indivíduo.

Nem todos se comportariam da mesma forma nesse cenário. Cada indivíduo aplicaria diferentes filosofias morais. Cada uma das seguintes filosofias morais e ações podem levar a uma solução diferente no exemplo da ponte.[14]

Egoísmo e Utilitarismo O **egoísmo** define como aceitável o comportamento que maximiza as vantagens individuais. "Fazer a coisa certa", o foco da filosofia moral, é definido pelo egoísmo como "implementar uma ação que promova o máximo benefício a si próprio". De acordo com seus proponentes, se todos seguissem esse sistema o bem-estar da sociedade como um todo aumentaria. Essa noção é semelhante ao conceito de Adam Smith da "mão invisível" na economia. Smith argumentava que, se cada organização seguisse seu próprio interesse econômico, a riqueza total da sociedade seria maximizada.

Ao contrário do egoísmo, o **utilitarismo** busca diretamente o bem maior para o maior número de pessoas possível. Por exemplo, Lance Morgan é um empresário determinado que literalmente mudou o destino de seu povo. Morgan é um nativo norte-americano oriundo da reserva indígena de Winnebago, no Estado de Nebraska.[15] A comunidade fora devastada pela pobreza e as pessoas precisavam de trabalho. Morgan transformou Ho-Chunk ("o povo", em tradução livre) em uma corporação de US$ 100 milhões, de propriedade da tribo, empregando centenas de pessoas em vários negócios. Ho-Chunk criou uma economia e vem construindo uma comunidade sólida.

utilitarismo
Sistema ético que determina como principal preocupação dos tomadores de decisões o bem maior para o maior número de pessoas possível.

relativismo
Comportamento ético baseado nas opiniões e nos comportamentos de outras pessoas importantes.

ética da virtude
Perspectiva de que a moral vem daquilo que é considerado certo por uma pessoa madura com "bom" caráter moral.

modelo de Kohlberg de desenvolvimento moral cognitivo
Classifica as pessoas com base no nível de julgamento moral delas.

Relativismo Muitas vezes, parece que o indivíduo faz as escolhas éticas por conta própria, baseado em perspectivas pessoais. No entanto, nem sempre isso ocorre assim. O **relativismo** define o comportamento ético como baseado na opinião e no comportamento de outras pessoas importantes. Essa perspectiva admite a existência de diferentes pontos de vista éticos. Por exemplo, *normas*, ou padrões de comportamento esperado e aceito, variam de uma cultura a outra. Um estudo comparativo entre gerentes norte-americanos e russos[16] demonstrou que todos obedeciam às normas de autorização expressa sobre os perigos dos produtos químicos em situações de trabalho e de pagamento pontual dos salários. Entretanto, os empresários russos tendiam mais do que os norte-americanos a defender os interesses de um conjunto maior de *stakeholders* (nesse estudo, mantendo as fábricas abertas em prol do emprego local), a manter contabilidade paralela para ocultar informações das autoridades fiscais e das organizações criminosas, e a oferecer pagamentos pessoais a funcionários públicos em troca de concessão de contratos. O relativismo define o comportamento ético com base no comportamento dos outros.

Ética da Virtude As filosofias morais descritas até aqui aplicam diferentes tipos de regras e raciocínios. A **ética da virtude** adota uma perspectiva que vai além das regras convencionais da sociedade, sugerindo como moral aquilo que também uma pessoa madura com bom "caráter moral" consideraria correto. As regras da sociedade oferecem uma moral mínima e, assim, indivíduos morais podem transcender as regras, aplicando suas virtudes pessoais, por exemplo, fé, honestidade e integridade.

Em 2001, na média, um CEO ganhou US$ 13,1 milhões, de acordo com os resultados da 51ª Pesquisa Anual de Remuneração dos Executivos da revista *BusinessWeek*, compilados com os dados do Serviço de Mercado Institucional da Standard & Poor's. Steve Jobs, da Apple Computer Inc., depois de três anos trabalhando sem remuneração, liderou a relação e exibiu o produto da compensação, aterrissando seu próprio jato, um Gulfstream V, avaliado em US$ 90 milhões. É uma afronta, alguns diriam; outros, isso é perfeitamente ético.

Os indivíduos são distintos nesse aspecto. O **modelo de Kohlberg de desenvolvimento moral cognitivo** classifica as pessoas em categorias com base no nível de julgamento moral delas.[17] As pessoas no estágio *pré-convencional* tomam decisões baseadas nas recompensas e punições concretas e no interesse próprio imediato. As pessoas no estágio *convencional* demonstram o comportamento ético esperado por grupos ou instituições como sociedade, família ou pares. As pessoas no estágio dos *princípios* adotam uma perspectiva mais ampla na qual enxergam além da autoridade, das leis e das normas, e seguem princípios éticos por opção própria.[18] Alguns permanecem eternamente no estágio pré-convencional, alguns passam para o estágio convencional, e outros evoluem ainda mais passando para o estágio dos princípios. Com o tempo e por meio da educação e da experiência, as pessoas podem mudar seus valores e seu comportamento ético.

Retomando o exemplo da ponte e dos parafusos, o *egoísmo* resultaria em manter-se calado sobre o índice de defeito dos parafusos. O *utilitarismo* ditaria uma análise de custo-benefício mais completa e, possivelmente, chegaria à conclusão de que a probabilidade de desabamento da ponte é mínima comparada com a importância da geração de empregos, do crescimento da economia e da empresa, fazendo que o índice de defeito nem valesse a pena ser mencionado. A perspectiva *relativista* direcionaria o representante de vendas a consultar a política da companhia e a prática geral do setor, e a buscar opiniões de colegas e, talvez, de publicações especializadas e códigos de ética. Desse modo, a ação seria direcionada por qualquer que fosse o consenso ou a prática normal percebidos. E, por último, a *ética da virtude*, aplicada pelas pessoas no estágio dos princípios do desenvolvimento moral, provavelmente resultaria na revelação total a respeito do produto e dos riscos, e talvez em sugestões alternativas para reduzir o risco.[19]

Esses principais sistemas éticos servem de base para as escolhas morais pessoais e decisões éticas nos negócios.

Ética nos Negócios

Negócios ilegais realizados com base em informações confidenciais, contribuições ilegais para campanhas eleitorais, subornos, processos famosos e outros escândalos produziram a imagem de que líderes empresariais usam meios ilícitos para obter vantagem competitiva, aumentar lucros ou melhorar sua posição pessoal. Até o escândalo da Enron, os acionistas costumavam ignorar os relatórios financeiros fraudulentos, desde que não prejudicassem os lucros e a participação de mercado.[20] Em uma recente pesquisa realizada com 200 profissionais, 35% admitiram mentir para os clientes e colegas. A propósito, a pesquisa revelou um dado interessante: os homens tendem a se comportar de forma mais antiética do que as mulheres.[21]

> Por exemplo, o gerente de uma revenda de automóveis usados trabalha duro para personificar práticas empresariais éticas voltadas aos clientes e funcionários e o faz em conjunto com eles.[24] Esse comportamento cria uma forte vantagem competitiva em comparação com a reputação do setor (ou pelo menos com o estereótipo comum) que é de práticas obscuras.

Nem os jovens gerentes [22] nem os consumidores[23] acreditam que os altos executivos estejam realizando um bom trabalho para estabelecer elevados padrões de ética. Alguns chegam a brincar, afirmando que a expressão *ética nos negócios* é composta por dois termos contraditórios.

Em sua maioria, os líderes empresariais acham que mantêm padrões éticos nas práticas de negócios.[25] Contudo, muitos gerentes e suas organizações precisam lidar freqüentemente com dilemas éticos, e os problemas estão ficando cada vez mais complexos. Por exemplo, muitas pessoas buscam renovação espiritual no ambiente de trabalho, em parte, refletindo amplo despertar religioso nos Estados Unidos, enquanto outras argumentam que essa tendência viola a liberdade religiosa e a separação entre igreja e sala da diretoria.[26] Os Quadros 5.1 e 5.2 mostram alguns outros exemplos importantes de dilemas éticos nos negócios.

QUADRO 5.1
Algumas Questões Éticas Atuais

CONTROLE ARTÍSTICO Músicos de *rock*, produtores de filmes independentes e outros artistas têm-se rebelado contra o controle da grande mídia e das principais distribuidoras.
MARCAS Campanhas agressivas de marketing têm insuflado, entre os estudantes, atitudes contra as grandes grifes.
REMUNERAÇÃO DOS CEOs Cerca de três quartos dos cidadãos norte-americanos consideram excessivos os pacotes de remuneração dos executivos.
EXPLORAÇÃO COMERCIAL DAS ESCOLAS Grupos de pais de alunos têm promovido campanhas em centenas de comunidades contra a propaganda em escolas públicas.
CONSUMISMO A raiva e a frustração vêm aumentando em relação aos altos preços dos medicamentos e da gasolina, à baixa qualidade dos serviços oferecidos pelas companhias aéreas, e à substituição do parecer dos médicos pelo das organizações de preservação da saúde.
ALIMENTOS GENETICAMENTE MODIFICADOS O ceticismo dos europeus em relação aos alimentos geneticamente modificados tem influenciado os Estados Unidos, tornando alvos companhias como a Monsanto.
GLOBALIZAÇÃO Ambientalistas, estudantes e sindicalistas acusam as entidades econômicas e as negociações globais de favorecimento das companhias multinacionais.
POLÍTICA Uma súbita reação pública contra o financiamento corporativo dos políticos vem incentivando os ativistas a movimentarem-se a favor de alterações na regulamentação do patrocínio das campanhas políticas.
EMPRESAS EXPLORADORAS Têm surgido nos campi universitários, grupos contrários a empresas que exploram os trabalhadores, oferecendo baixa remuneração e impondo jornadas abusivas de trabalho; freqüentemente esses ativistas organizam piquetes contra varejistas e fabricantes de roupas e brinquedos.
CRESCIMENTO URBANO DESORDENADO Grupos em mais de 100 cidades têm bloqueado a instalação de superlojas do Wal-Mart e de outras cadeias.
SALÁRIOS Cerca de 56% dos trabalhadores consideram-se mal remunerados, principalmente porque, desde 1992, os salários superaram a inflação em 7,6%, e a produtividade, em 17,9%.

FONTE: BERNSTEIN, A. Too much corporate power? *BusinessWeek*, 11 set. 2000, p. 146-47.

QUADRO 5.2
Tomada de Decisão Ética no Contexto Internacional

Pessoalmente, como você reagiria em cada uma destas situações reais, e por quê?

- Você é representante de vendas de uma construtora no Oriente Médio. A empresa deseja muito participar de determinado projeto. O primo do ministro que autorizará o contrato lhe diz que ele quer receber US$ 20 mil além da remuneração usual. Se você não pagar esse adicional, o concorrente certamente o fará — e ganhará o contrato.
- Você é vice-presidente internacional de uma corporação multinacional do setor químico. A companhia é o único produtor de um inseticida que efetivamente pode combater uma praga nas plantações da região oeste da África. O ministro da Agricultura de um pequeno país em desenvolvimento da África fez uma grande encomenda do produto. Esse inseticida é altamente tóxico e seu uso é proibido nos Estados Unidos. Você informa ao ministro sobre os riscos de uso do produto, mas ele insiste em empregá-lo alegando que será utilizado de forma "inteligente". O presidente da empresa acredita que você deve aceitar a encomenda, mas deixa a decisão final a seu critério.
- Você é gerente de marketing de um grande fabricante de pneus. A agência de publicidade da empresa acaba de apresentar o plano da campanha de lançamento de um novo pneu no mercado do sudeste asiático. A qualidade do pneu é realmente boa, mas a publicidade proposta é enganosa. Por exemplo, o "preço reduzido" apresentado na campanha foi baseado em um valor hipotético assim definido para possibilitar a efetiva "redução", e as afirmações de que o pneu foi testado nas condições "mais adversas" ignoram o fato de o produto não ter sido testado no calor e na umidade prolongados típicos do clima tropical. Seus superiores não estão preocupados se a propaganda é enganosa, e contam com a sua habilidade para o sucesso do produto no novo mercado. Você aprovaria essa campanha publicitária?

FONTE: ADLER, N. *International dimensions of organizational behavior*. 2. ed. Boston: Kent, 1997.

Ambiente Ético

Em resposta a uma série de escândalos corporativos (especialmente aqueles envolvendo a Enron e WorldCom), o Congresso norte-americano aprovou, em 2002, a **Lei Sarbanes-Oxley** para melhorar e manter a confiança do investidor. A lei exige que a diretoria das companhias seja mais independente (composta não apenas por pessoal interno), que a contabilidade siga à risca as normas contábeis e que os demonstrativos financeiros sejam pessoalmente assinados pelos gerentes seniores. A violação dessas exigências acarretaria multas pesadas e processo criminal. Um dos maiores impactos da nova lei está em exigir que as companhias e os auditores disponibilizem aos usuários dos demonstrativos financeiros informações acerca da eficácia dos controles internos no processo de elaboração dos relatórios financeiros.

Lei Sarbanes-Oxley
Lei aprovada pelo Congresso norte-americano em 2002, estabelecendo regras rígidas de contabilidade e para os relatórios financeiros a fim de atribuir a responsabilidade final aos gerentes seniores para melhorar e manter a confiança do investidor.

Alguns executivos afirmam que a nova lei os desvia da sua efetiva função e que os deixa menos dispostos a se expor a riscos. Alguns reclamam do tempo e do dinheiro necessários para satisfazerem os relatórios de controle interno (por exemplo, algumas grandes companhias estão gastando US$ 2 milhões por ano com aperfeiçoamento da tecnologia). Nesse sentido, a SEC (Securities and Exchange Commission nos Estados Unidos, semelhante à Comissão de Valores Mobiliários — CVM — no Brasil) está estudando a possibilidade de alterar as regras para as pequenas empresas, porque o custo para elas é proporcionalmente maior.[27]

O CEO da SAS, Jim Goodnight, sabe que onde alguns gerentes enxergam problemas outros vêem oportunidades: "As empresas modernas utilizarão a Lei Sarbanes-Oxley como oportunidade para aprender mais e melhorar seus processos de negócios. (...) A transparência corporativa exigida pela Sarbanes-Oxley proporcionará aos CEOs uma visão mais ampla da sua organização. Eles poderão, assim, utilizar tais informações para tomar decisões inteligentes, reduzir custos e melhorar a receita".[28] Qualquer que seja a atitude dos gerentes em relação à Lei Sarbanes-Oxley cria exigências legais visando melhorar o comportamento ético.

A ética não é formada apenas por leis e por virtude e crescimento individual. Ela também sofre influência do ambiente de trabalho da companhia. O termo **clima ético** organizacional refere-se aos processos de avaliação e tomada de decisão com base na noção de certo e errado.[29]

clima ético
Em uma companhia, refere-se ao processo de avaliação e tomada de decisão com base na noção de certo e errado.

Por exemplo, a Marsh & McLennan, corretora de seguros mencionada anteriormente como exemplo de práticas fraudulentas, era conhecida por ter uma cultura reservada. Os defensores do CEO Jeff Greenberg alegam que ele herdou os problemas quando

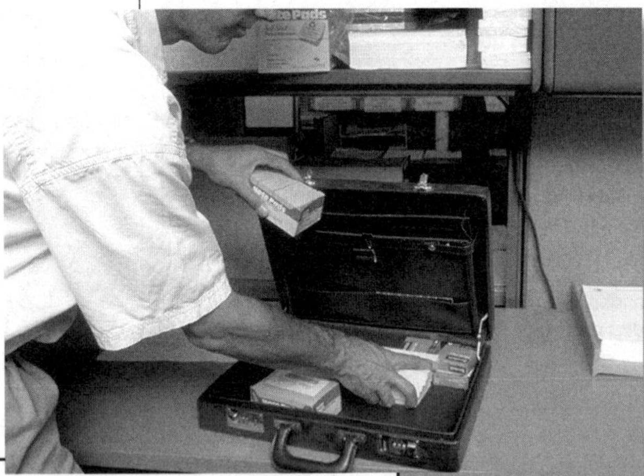

Algumas vezes, o funcionário sente que, "tomando emprestado" alguns materiais de escritório da companhia, está compensando alguma desigualdade percebida em termos de salário ou outros benefícios.

assumiu a direção da empresa. Contudo, ele não mudou a cultura arrogante que incentivava a busca agressiva de lucros e permitiu a infestação de problemas. Quando o funcionário "atingia as metas", seu estilo era neutro e imparcial. No entanto, quando as pessoas não atingiam os objetivos, cabeças rolavam.[30] Essas atitudes criam um ambiente de permissividade e até mesmo de incentivo ao comportamento antiético.

Quando as pessoas tomam decisões que são avaliadas com base em critérios éticos, sempre surgem esses questionamentos: Por que ela fez isso? Os motivos são justificáveis ou não? A responsabilidade é dela ou de outra pessoa? Quem recebe os créditos ou a culpa? Muito freqüentemente, a responsabilidade pelos atos antiéticos é atribuída justamente ao indivíduo que os comete. Todavia, o ambiente de trabalho também exerce uma profunda influência.

O caso da Sears Roebuck, no início da década de 1990, na execução ilegal de serviços automotivos desnecessários, serve como exemplo da questão da responsabilidade. Quando a companhia impôs incentivos e cotas irreais com grande pressão, o senso analítico das pessoas foi afetado. A administração não estabelecia clara distinção entre o serviço desnecessário e a autêntica manutenção preventiva. Muitas opções de reparos estavam em uma "área cinzenta" e foram superdimensionadas, avaliadas equivocadamente e distorcidas. A companhia pode não ter intencionalmente tentado enganar os clientes, contudo, como conseqüência desse ambiente de trabalho, ela foi acusada de fraude por muitos consumidores e por procuradores gerais de mais de 40 estados. O custo total dos acordos judiciais foi estimado em US$ 60 milhões.[31]

Como mostram os exemplos da Marsh & McLennan e da Sears, o comportamento corporativo antiético pode ser de responsabilidade de um indivíduo antiético; porém, muitas vezes, ele também revela uma cultura organizacional eticamente permissiva.[32]

Sinais de Perigo Nas organizações, manter um comportamento ético consistente entre todos os funcionários é um desafio constante. Quais seriam os sinais de perigo de que a organização talvez esteja permitindo ou até mesmo incentivando o comportamento antiético? Muitos fatores criam um clima favorável ao comportamento antiético, incluindo 1) ênfase excessiva na receita de curto prazo em detrimento das remunerações de longo prazo; 2) falta de um documento formal de código de ética; 3) busca de soluções simples e "rápidas" para os problemas éticos; 4) relutância em adotar uma postura ética porque ela pode impor custos financeiros; 5) visão da ética exclusivamente como uma questão legal ou uma ferramenta de relações públicas; 6) falta de procedimentos claros para enfrentar os problemas éticos, e 7) resposta às demandas dos acionistas em detrimento dos demais constituintes da empresa.[33]

Para entender o clima ético de uma organização, deve-se pensar do ponto de vista dos funcionários (na verdade, é melhor consultá-los pessoalmente e não apenas refletir sobre o assunto). O que as pessoas consideram necessário para se ter sucesso? Será que elas acreditam que os indivíduos éticos "são sempre os últimos" e que o "mal sempre vence"? Ou vice-versa, que a companhia recompensa o comportamento ético e não tolera o comportamento antiético?[34]

A Lockheed Martin concede anualmente o "Prêmio do Presidente" a quem demonstrou o comportamento ético mais exemplar durante o ano.[35] Todos os altos gerentes indicam uma pessoa da sua unidade de negócios. A cerimônia de premiação conta com a presença de todos os 250 principais executivos. Essa manifestação envia um sinal positivo sobre a importância dada à ética.

Padrões Éticos Corporativos Muitas vezes, as pessoas se rendem ao que consideram pressões ou preferências de indivíduos importantes. Afirma o professor Arthur Brief da Tulane University: "Se o chefe disser 'Atinja uma meta específica de vendas ou de lucros, e ponto final', acredito que as pessoas vão fazer o máximo para seguir essa orientação mesmo se isso significar sacrificar seus próprios valores. Podem não gostar, mas elas vão considerar isso parte do trabalho".[36]

Para criar uma cultura incentivadora do comportamento ético, não basta os gerentes serem éticos. Eles também devem guiar as pessoas a se comportarem eticamente.[37]

Dizem que a reputação é o bem mais precioso do indivíduo. Esta é a sugestão para se tornar um líder ético: definir como meta para si ser considerado pelos outros tanto uma "pessoa moral" como um "gerente moral", alguém que influencia as outras pessoas a se comportarem eticamente. Quando o indivíduo é moral tanto como pessoa quanto como gerente, ele é efetivamente um **líder ético**.[38] Alguém pode ter um caráter individual forte, mas, se prestar mais atenção a outros aspectos e "administrar" a ética com uma "negligência benigna", não terá reputação de líder ético.

líder ético

Indivíduo moral tanto como pessoa quanto como gerente, que influencia outras pessoas a se comportarem eticamente.

É fácil encontrar desculpas para um comportamento antiético, no entanto, elas normalmente são falsas.[39] "Fui obrigado a agir assim" significa obediência cega e falta de vontade própria. "Todos fazem isso", muitas vezes, significa que alguém realmente está agindo assim, mas, raramente, todos; além disso, o que é convencional não significa necessariamente o correto. "Poder é sinônimo de certo", é uma racionalização. "Não é problema meu", às vezes, é uma visão sábia, se for uma batalha que o indivíduo não pode vencer, porém, pode ser apenas uma desculpa. "Não imaginava que isso fosse acontecer, percebi só na hora" pode ser evitado com maior reflexão e análise prévia.

A IBM adota uma orientação para a conduta de negócios, pedindo aos funcionários para determinarem se sob a avaliação clara e explícita de seus companheiros, amigos e familiares, continuariam a se sentir tranqüilos com suas decisões. Uma sugestão é o funcionário imaginar qual seria o seu sentimento se visse a sua decisão e as respectivas conseqüências estampadas na primeira página dos jornais.[40] Esse esquema de ética explícita e aberta pode ser bem poderoso.[41]

Esse tipo de temor à exposição influencia as pessoas mais fortemente em algumas culturas do que em outras. Na Ásia, a ansiedade em relação à exposição pública, freqüentemente, faz que o executivo renuncie imediatamente se for pego em transgressões éticas, ou se a companhia ficar em situação embaraçosa perante revelações na imprensa. Por outro lado, nos Estados Unidos, o executivo exposto pode reagir com indignação, intransigência, apelo à Quinta Emenda, obstrução, alegação de que todos fazem o mesmo, ou recusa em reconhecer o comportamento inadequado, e sinalização de que a renúncia jamais passaria pela sua cabeça. Em parte, por causa da tradição jurídica, a atitude muitas vezes é: jamais explique, jamais peça desculpas, não admita o erro, não renuncie, mesmo que o mundo inteiro saiba exatamente o que aconteceu.[42]

Esta é uma sugestão simples, mas extremamente útil.[43] Mude o seu vocabulário: a palavra "ética" está muito gasta e é até mesmo banal. Substitua por "responsabilidade" ou "decência". E aja de acordo.

Código de Ética A Lei Sarbanes-Oxley, já descrita neste capítulo, exige que as sociedades anônimas informem periodicamente se adotaram ou não um código de ética para diretores financeiros — e, se não o fizeram, o motivo. Hoje, existem muito mais companhias do que em 2002 que adotaram códigos de ética.[44] Muitas vezes, o código é apenas um registro documental, no entanto, quando bem implementado, é capaz de mudar o clima ético da companhia para melhor e efetivamente incentivar o comportamento ético.

O código de ética deve ser redigido cuidadosamente e feito sob medida para a filosofia específica de cada companhia. A Aetna Life & Casualty acredita ser fundamental, para o cumprimento do papel da empresa na economia, atender às necessidades sociais mais amplas. A Johnson & Johnson possui um dos códigos de ética mais famosos do meio empresarial (ver Quadro 5.3). Repetidas vezes, a J&J é muito bem avaliada na pesquisa anual da revista *Fortune* sobre reputação corporativa pela sua responsabilidade social e comunitária.

A maioria dos códigos de ética dirige-se a temas como comportamento do funcionário, comunidade e meio ambiente, acionistas, clientes, fornecedores e empreiteiros, atividade política e tecnologia. Muitas vezes, os códigos são elaborados pelo departamento jurídico das organizações, o qual começa esse trabalho procurando conhecer os códigos de outras companhias. O Centro de Recursos em Ética em Washington oferece auxílio às companhias interessadas em elaborar um código de ética corporativa.[45]

Estas são algumas características para a elaboração de um código de ética efetivo:[46] 1) envolver no processo de elaboração do código as pessoas que conviverão com ele; 2) criar um texto corporativo, mas também permitir a elaboração de textos separados para cada unidade da organização; 3) redigir um texto curto e fácil de ser entendido e lembrado; 4) redigir um texto que não seja excessivamente sentimental,

QUADRO 5.3
Código de Ética da Johnson & Johnson

Cremos que nossa primeira responsabilidade é com médicos, enfermeiras e pacientes, com as mães e todas as demais pessoas que usam nossos produtos e serviços. No atendimento a suas necessidades, tudo o que fizermos deve ser de alta qualidade. Devemos constantemente nos esforçar para reduzir os custos a fim de manter os preços razoáveis. Os pedidos dos clientes devem ser pronta e precisamente atendidos. Os fornecedores e distribuidores devem ter oportunidade de obter lucros justos.
Somos responsáveis para com os funcionários: homens e mulheres que trabalham conosco em todo o mundo. Cada um deve ser considerado como indivíduos. Temos de respeitar sua dignidade e reconhecer seus méritos. Eles devem sentir-se seguros em seus empregos. A remuneração tem de ser justa e adequada, e o ambiente de trabalho, limpo, ordeiro e seguro. Os funcionários devem sentir-se livres para fazer sugestões e reclamações. É preciso haver oportunidade igual de emprego, desenvolvimento e progresso para aqueles que são qualificados. Devemos ter uma gestão competente, e suas ações devem ser justas e éticas.
Somos responsáveis para com a comunidade em que vivemos e trabalhamos e também com a comunidade mundial.
Devemos ser bons cidadãos — apoiar bons trabalhos sociais e as instituições beneficentes e arcar com nossa parcela justa de impostos. Devemos incentivar a melhoria do civismo, da saúde e da educação.
Devemos manter em bom estado as propriedades que temos o privilégio de usar, protegendo o meio ambiente e os recursos naturais.
Nossa responsabilidade final é com os acionistas. A empresa deve obter lucro justo. Devemos experimentar novas idéias. Pesquisas devem ser realizadas, programas inovadores, desenvolvidos e erros, sanados. Novos equipamentos devem ser adquiridos; novas instalações, construídas e novos produtos, lançados. Reservas devem ser criadas para enfrentar tempos de dificuldades.
Ao trabalharmos de acordo com esses princípios, os acionistas devem realizar um lucro justo.

FONTE: Reimpresso com permissão da Johnson & Johnson.

mas algo importante e em que as pessoas realmente acreditem, e 5) impor o tom da alta administração, fazendo que os executivos divulguem o código e procedam de acordo com ele. Quando a realidade difere do registro documental — como quando algum *slogan* diz que as pessoas são o ativo mais valioso da empresa ou que um produto é o melhor do mundo, mas, na realidade, as pessoas são maltratadas ou a qualidade do produto é ruim —, o código vira uma piada entre os funcionários e não um guia de orientação.[47]

Programas de Ética Os programas de ética corporativa normalmente incluem códigos de ética formais articulando as expectativas da companhia em relação à ética; comitês de ética para elaborar políticas, avaliar as ações e investigar as violações; sistemas de comunicação de ética oferecendo aos funcionários meios para informar problemas ou receber orientações; diretoria de ética ou *ombudsman* para investigar fatos e oferecer orientação; programas de treinamento em ética, e processos disciplinares para tratar do comportamento antiético.[48]

programa de ética baseada no *Compliance*
Mecanismos normalmente definidos pelo conselho corporativo da empresa para evitar, detectar e punir violações legais.

Os programas de ética variam de programa de ética baseada no *Compliance* ao de ética baseada na integridade.[49] O **programa de ética baseada no *Compliance*** é criado pelo conselho corporativo para evitar, detectar e punir violações legais. Esse tipo de programa intensifica a fiscalização e o controle das pessoas e impõe punições aos infratores. Entre os seus elementos estão a definição e a comunicação de padrões e procedimentos legais, a nomeação de gerentes de alto nível para supervisionar o cumprimento das normas, a auditoria e a monitoração da conformidade, o relato de qualquer conduta criminosa, punição dos infratores e implementação de ações para evitar transgressões futuras.

Esse tipo de programa normalmente reduz o comportamento ilegal e ajuda a companhia a permanecer longe dos tribunais. Contudo, não cria um compromisso moral com a conduta ética; ele apenas garante a mediocridade moral. Como declara Richard Breeden, ex-presidente da SEC, "Não é padrão ético adequado almejar passar um dia inteiro sem ser indiciado".[50]

O **programa de ética baseada na integridade** não se restringe a evitar a ilegalidade; ele é voltado à legislação, mas também a incutir nas pessoas a responsabilidade pessoal pelo comportamento ético. Com esse tipo de programa, as companhias e pessoas governam a si próprias baseadas nos princípios de orientação que adotam.

programa de ética baseada na integridade
Mecanismos utilizados pela companhia para incutir nas pessoas a responsabilidade pessoal pelo comportamento ético.

Por exemplo, a American With Desabilities (Lei de proteção aos Norte-americanos portadores de deficiências) exige que as companhias mudem o ambiente físico profissional para facilitar o trabalho dessas pessoas. A obediência pura e simples produziria apenas as mudanças necessárias para evitar problemas legais. Um programa baseado na integridade vai além, todos são treinados para compreender e, talvez, mudar as atitudes para com essas pessoas e demonstrar claramente que os portadores de necessidades especiais também possuem importantes habilidades. Essa atitude vai bem além de agir para manter-se longe dos problemas legais.

Quando a alta administração está mais comprometida pessoalmente com o comportamento ético responsável, há melhor integração entre o programa e as operações, o pensamento e o comportamento. Por exemplo, em uma reunião com aproximadamente 25 administradores do médio escalão de uma grande empresa financeira, todos informaram ao conselho geral jamais haverem visto o documento sobre a política de ética da companhia ou ouvido falar dele.[51] As políticas existiam, mas não faziam parte do pensamento rotineiro dos gerentes. Em compensação, uma empresa de produtos de saúde adota como base para um terço do aumento da remuneração anual dos gerentes o seu desempenho na realização dos ideais éticos da companhia. O comportamento ético dos gerentes é avaliado pelos superiores, pares e subordinados — fazendo da ética um aspecto completamente integrado com o modo como a companhia e os funcionários realizam os negócios.

Esse anúncio da Organização Nacional de Portadores de Necessidades Especiais é uma mensagem de utilidade pública. A intenção é acabar com os estereótipos que, muitas vezes, fazem as companhias negligenciarem ou não contratarem portadores de necessidades especiais.

Entre as companhias com sólidos programas de ética baseados na integridade estão a NovaCare (provedor de serviços de restauração para hospitais e asilos) e a Wetherill Associates (fornecedora de peças elétricas para o mercado automotivo). Essas companhias acreditam que seus programas contribuem para a competitividade, a moral elevada e as relações sustentáveis com os principais *stakeholders*.[52]

Conexões: CITI

Quando o Japão ordenou ao Citigroup o fechamento da sua unidade de *private banking* sediada no país, em parte por ludibriar a fiscalização e não se proteger contra a lavagem de dinheiro, o CEO, Charles Prince, demitiu os funcionários responsáveis — incluindo três importantes executivos do alto escalão, colegas próximos dele.

O Citigroup, sob a gestão do novo CEO Prince, aprimorou os códigos internos de conduta e os sistemas de controle para o *Compliance*. Por exemplo, o diretor de riscos do banco agora supervisiona o *Compliance* global, suplantando o departamento jurídico. Essa abordagem centralizada é apoiada pelos reguladores. Contudo, "É impossível pensar em [ética e valores] em termos de controle".

O diretor de riscos David Bushnell está redigindo um novo conjunto de padrões de *Compliance* para a empresa. O comitê de auditoria da diretoria receberá anualmente até sete relatórios sobre o *Compliance*; antes, não recebia nenhum. Novas regras separando o departamento de pesquisas do banco de investimento, para evitar conflito de interesse, serão impostas com rigidez. E todo funcionário do Citi receberá treinamento em ética.

Tomada de Decisão Ética

Tomar decisões éticas não é fácil, pois elas são bem complexas. Os mais jovens sofrem pressões às quais é difícil resistir. Além disso, nem sempre fica claro se o problema envolve dimensões éticas ou não; elas

O filósofo John Rawls sustenta que somente uma pessoa ignorante da sua própria identidade é capaz de tomar uma decisão verdadeiramente ética.

não se revelam explicitamente dizendo "Oi, sou uma questão ética, por isso me analise em termos morais!".[53] Tomar decisões éticas envolve *consciência moral* (percepção das implicações éticas da questão), *julgamento moral* (identificação das ações moralmente defensáveis) e *caráter moral* (força e persistência para atuar de acordo com a ética pessoal, independentemente dos desafios).[54]

A consciência moral começa por avaliar se a decisão pode produzir conseqüências prejudiciais aos funcionários, ao meio ambiente ou a outros *stakeholders*. Se produzir, o desafio é aplicar o julgamento moral.

O filósofo John Rawls criou uma experiência reflexiva baseada no "véu da ignorância".[55] Tomando como exemplo uma decisão a respeito de uma política que beneficiaria e/ou prejudicaria alguns grupos mais que outros, uma empresa poderia estabelecer um período extra de férias para todos os funcionários, eliminando, no entanto, o sistema de flexibilização do horário de trabalho, que permite a pais de filhos pequenos conciliar as suas responsabilidades profissionais e pessoais; ou o reitor de uma universidade avaliar a possibilidade de aumentar as mensalidades ou de suspender as bolsas de estudos para cursos no exterior.

Esta é a situação hipotética: pessoa que deve tomar uma dessas decisões pertence a um dos grupos, mas sem saber a qual — por exemplo, ao grupo dos que têm condições de custear os estudos no exterior ou dos que não possuem recursos financeiros para isso, ou ao grupo de pais jovens ou de solteiros sem filhos. Somente depois de tomar a decisão, ficaria sabendo a que grupo pertence. Como ela tomaria a decisão? Ela se disporia a arriscar pertencer ao grupo em desvantagem? Sua decisão seria diferente se estivesse no grupo ao qual não pertence? Rawls afirmava que somente alguém que desconhece a própria identidade seria capaz de tomar uma decisão verdadeiramente ética. O tomador da decisão pode aplicar taticamente o véu da ignorância para minimizar a tendência pessoal.

A Figura 5.1 mostra um processo de solução dos problemas éticos. Ela permite compreender os vários padrões morais (universalismo, relativismo etc.), conforme descritos nas páginas 154 e 155. Utilizando o modelo de solução de problemas mostrado no Capítulo 3, é possível reconhecer o impacto das alternativas escolhidas: quais pessoas serão beneficiadas ou prejudicadas, quais estão aptas a exercer seus direitos e quais direitos são negados? Esse é o escopo total do problema moral.

Além disso, a fim de assegurar um total *Compliance* e os resultados econômicos das alternativas escolhidas, incluindo custos e lucros potenciais, é preciso considerar as exigências legais. A Figura 5.2 mostra alguns dos custos associados com o comportamento antiético.[56] Alguns são explícitos: multas

FIGURA 5.1
Processo de Tomada de Decisão Ética

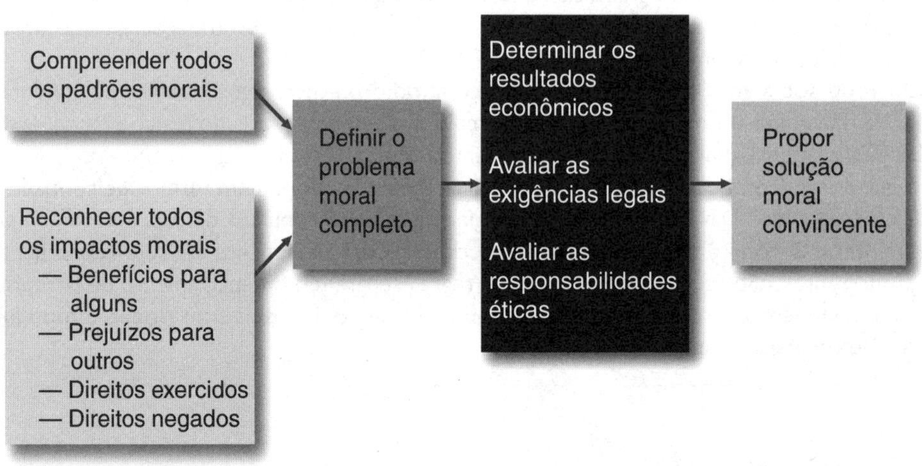

FONTE: HOSMER, L.T. *The ethics of management.* 4. ed. Nova York: McGraw-Hill/Irwin, 2003, p. 32.

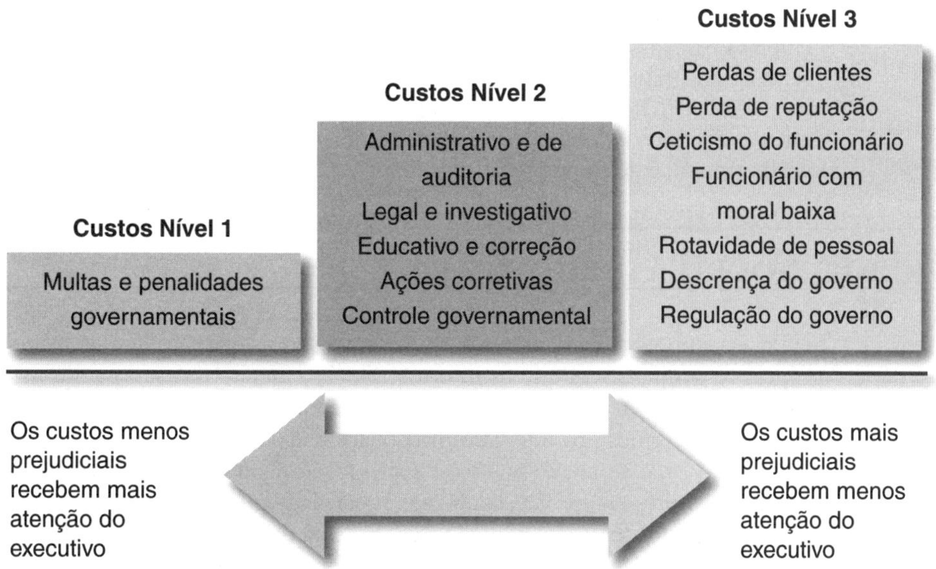

FONTE: THOMAS, T. et al. Strategic leadership of ethical behavior in business. *Academy of Management Executive*, maio 2004, p. 58.

FIGURA 5.2
Custos Empresariais das Falhas Éticas

e penalidades. Outros, como os custos de administração e de ações corretivas, são menos óbvios. No fim, os efeitos sobre os clientes, funcionários e nas reações governamentais podem ser devastadores. Ter total consciência dos custos potenciais ajuda as pessoas a se manterem distantes dos terrenos antiéticos.

A avaliação das responsabilidades éticas de uma pessoa exige identificação de ações 1) das quais ela se orgulharia de ver divulgadas nos jornais; 2) que criassem um senso de comunidade entre as pessoas envolvidas; 3) que gerassem o máximo bem social; 4) que ela gostaria de ver outros adotarem quando ela própria fosse a vítima; 5) que não prejudicassem nem "o mais humilde entre todos", e 6) que não interferissem no direito de qualquer indivíduo desenvolver ao máximo sua capacidade.[57] Como se pode observar, é um processo complexo, mas se todos esses fatores forem levados em conta, é possível chegar a soluções morais mais convincentes.

'Custos' não são necessariamente sinônimos de ética." No entanto, quando se consideram todos os custos e todas as partes, é possível tomar decisões extremamente éticas que podem ser "vendidas" de forma mais convincente às outras pessoas, que, de outro modo, hesitariam em atuar com ética.

Coragem

Agir com ética exige não apenas consciência e julgamento moral, mas também caráter moral, incluindo a coragem para tomar atitudes compatíveis com as decisões éticas. Faz-se necessária uma reflexão sobre quão difícil é tomar a atitude correta.[58] Na fase de crescimento, os adolescentes são muito pressionados pelos pares para se adaptarem ao comportamento dos outros, e não é nada fácil ser visto como um traidor. Na vida profissional, quão difícil seria recusar muito dinheiro a fim de "manter a ética"? Dizer ao colega ou ao chefe que eles infringiram a ética? Descumprir as ordens do chefe? Passar por cima do chefe e procurar um superior hierárquico para informar a respeito de práticas contábeis suspeitas? Ou divulgar fora da empresa informações a respeito de atos antiéticos testemunhados?

No início do capítulo, foi mencionada a atitude de Ed Breen, eliminando toda a diretoria da Tyco e 290 dos 300 principais executivos. Sua ação foi extremamente corajosa. Assim como é corajoso o *relato de práticas inadequadas* (*whistleblowing*) — informando a outras pessoas, dentro ou fora da organização, a respeito de atos indevidos observados na empresa. Por exemplo, Sherron Watkins alertou Kenneth Lay, na época presidente da Enron, a respeito das enormes irregularidades nas práticas contábeis da empresa meses antes do colapso da corporação.[59] "Estou muito nervosa e acho que implodiremos juntamente com uma onda de escândalos contábeis", ela escreveu diretamente a Lay depois de ter seu primeiro memorando anônimo ignorado. No fim, acabou tornando-se em uma espécie de heroína, mas o destino de pessoas que tomam esse tipo de atitude é bem duro.[60]

responsabilidade social corporativa
Obrigação assumida pela empresa para com a sociedade.

As pessoas decidem adotar essa postura de divulgar a prática inadequada de uma empresa baseadas na visão própria sobre o que consideram um ato errado, nos seus sentimentos (raiva, ressentimento, medo) e em uma análise (algumas vezes informal) de custo-benefício.[61] O papel da coragem na consciência moral é de identificação de um ato antiético, no julgamento moral é de avaliação total das repercussões e, no caráter moral, é de adoção da atitude ética.

Responsabilidade Social Corporativa

responsabilidades econômicas
Produzir mercadorias e serviços de que a sociedade precisa a preços que perpetuem o negócio e satisfaçam as obrigações com os investidores.

responsabilidades legais
Cumprir a legislação local, estadual, federal e internacional relevante.

responsabilidades éticas
Atender a outras expectativas sociais, não especificadas em leis.

responsabilidades filantrópicas
Atividades e comportamentos adicionais considerados desejáveis pela sociedade e apoiados pelos valores da empresa.

Será que a empresa é responsável por problemas sociais que vão além do bem-estar da própria economia? Será que os interesses sociais afetam o desempenho financeiro da corporação? Tem havido amplo debate sobre a abrangência da responsabilidade das empresas em termos dos interesses não relacionados com a economia. Nas décadas de 1960 e 1970, o ambiente político e social foi tornando-se mais importante para as corporações norte-americanas conforme a sociedade prestava mais atenção em questões como igualdade de oportunidade, controle da poluição, preservação dos recursos naturais e energéticos, e proteção do consumidor e do trabalhador.[62] Debates públicos tratavam dessas questões e de como as empresas deveriam reagir diante delas. As discussões giravam em torno do conceito de responsabilidade social corporativa.

Responsabilidade social corporativa é a obrigação assumida pela empresa em relação à sociedade. A empresa socialmente responsável maximiza seus efeitos positivos na sociedade e minimiza seus efeitos negativos.[63]

As responsabilidades sociais podem ser divididas em categorias mais específicas,[64] como mostra a Figura 5.3. A **responsabilidade econômica** da empresa é produzir mercadorias e serviços de que a sociedade precisa a preços que perpetuem o negócio e satisfaçam as obrigações com os investidores.

A **responsabilidade legal** consiste em cumprir a legislação local, estadual, federal e internacional relevante. A **responsabilidade ética** consiste em atender a outras expectativas sociais, não especificadas em leis. E, por fim, **responsabilidades filantrópicas** são atividades e comportamentos adicionais considerados desejáveis pela sociedade e apoiados pelos valores da empresa. Por exemplo, apoio a projetos comunitários e doações de caridade.

FIGURA 5.3
Pirâmide do Desempenho e da Responsabilidade Sociais Corporativos

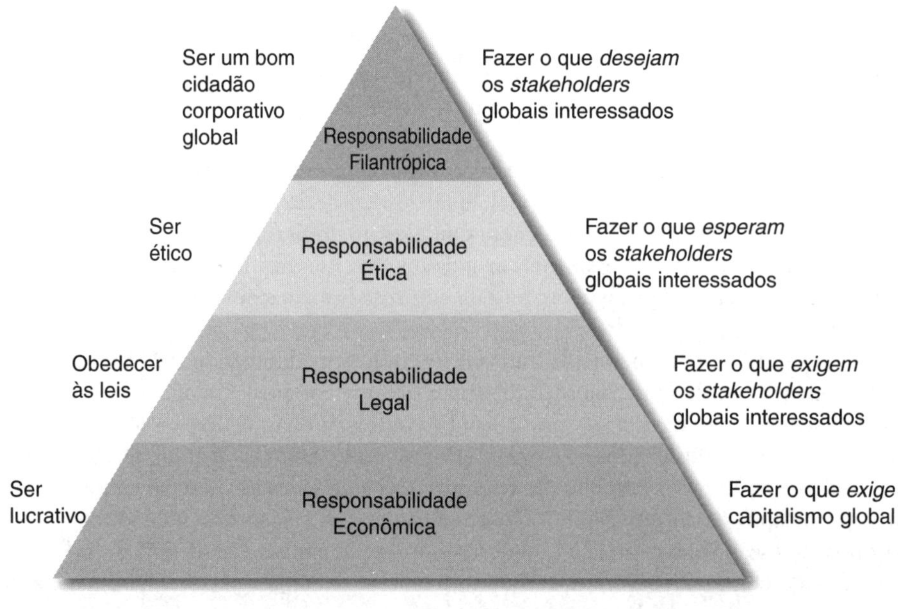

FONTE: CARROLL, A. Managing ethically with global stakeholders: a present and future challenge. *Academy of Management Executive*, maio 2004, p. 116, 114-12.

Robert Giacalone, professor de ética na Temple University, acredita que a educação do século XXI deve ajudar os alunos a pensarem não apenas na lucratividade e no interesse próprio.

educação transcendente

Educação com cinco metas superiores que buscam equilibrar interesse próprio e responsabilidade com os outros.

A verdadeira educação, como diz o professor, ensina o estudante a deixar um legado que não se atenha apenas ao resultado final — uma educação transcendente.[65] A **educação transcendente** possui cinco metas superiores que buscam equilibrar interesse próprio e responsabilidade com os outros: *empatia* (perceber as decisões do mesmo modo como as possíveis vítimas perceberiam, adquirindo, assim, sabedoria); *gerativismo* (aprender a dar aos outros e também a receber dos outros, no presente e para as gerações futuras); *reciprocidade* (enxergar o sucesso não apenas como ganho pessoal, mas como uma vitória comum); *aspiração civil* (pensar não apenas em termos de "não" — mentir, enganar, roubar, matar —, mas também em termos de contribuições positivas), e *intolerância com a ineficácia da humanidade* (falar abertamente contra as ações antiéticas).

Empresas Combatem a Aids

A Aids é, sem dúvida, um dos problemas mais graves e difíceis enfrentados pela humanidade. A Coalizão Empresarial Global de Combate o HIV/Aids considera essa doença um dos problemas mais graves enfrentados também pelas empresas. Nos países seriamente contagiados pela doença, os gastos das empresas com seguro-saúde, auxílio-doença e funeral, e recrutamento e treinamento de novos funcionários continuam aumentando.

As empresas exercem papel importante no combate à Aids. Richard Holbrooke, presidente da Coalizão, afirma: "Estamos divulgando a mensagem e dizendo para as companhias, 'Aids também é problema da empresa'". Hoje, a Coalizão conta com 150 membros que fazem negócios em mais de 138 países. Um dos focos concentra-se nas empresas de médio e pequeno portes da África. Holbrooke afirma: "Se a África sucumbir, o restante do mundo sofrerá as conseqüências".

Para a coalizão, a consciência e a educação são ferramentas poderosas na batalha contra a Aids. Oferecer recursos financeiros e fazer a informação chegar às regiões remotas são atitudes essenciais. Holbrooke diz que a maior contribuição que uma companhia pode dar é convencer os funcionários a se submeterem ao teste da Aids, já que a pessoa pode estar contaminada e transmitir a doença sem saber. Embora a empresa não possa obrigar o funcionário a realizar o teste, pode incentivá-lo e garantir que ele continuará no emprego e receberá tratamento caso seja soropositivo. Associar-se à Coalizão custa à companhia US$ 25 mil; a Coca-Cola, companhia líder da cruzada na África, oferece mais informações no *site* www.aidsprogramsinafrica.coca-cola.com.

FONTE: Turning the tide, seção especial de publicidade, *Fortune*, 26 jul. 2004, p. S1-S5.

Visões Contrastantes

Duas visões básicas e contrastantes descrevem os princípios que orientam a responsabilidade gerencial. A primeira sustenta que o gerente atua como agente para os acionistas e, como tal, sua obrigação é maximizar o valor presente da empresa. Esse princípio do capitalismo está amplamente associado com os primeiros trabalhos de Adam Smith em *A riqueza das nações* e, mais recentemente, com Milton Friedman, economista da University of Chicago e ganhador do Prêmio Nobel. Com sua célebre frase "A responsabilidade social da empresa é aumentar os lucros", Friedman afirmava que as organizações contribuem para a qualidade de vida desde que as suas ações sejam direcionadas ao aumento dos lucros.

Algumas pessoas consideravam Friedman "inimigo da ética empresarial", no entanto, sua posição era ética: ele considerava antiético os líderes empresariais não-eleitos decidirem o que era melhor para a sociedade, e também antiético gastarem os recursos financeiros dos acionistas em projetos não relacionados com os interesses principais da empresa.[66]

Na segunda visão, diversa da perspectiva de maximização dos lucros, os administradores devem ser motivados por reflexões baseadas em princípios morais. Os seguidores de Friedman e de *A riqueza das nações* podem zombar de uma afirmação tão ingênua. Contudo, o trabalho de Adam Smith foi baseado em um mundo diferente do atual, conduzido no século XVIII pelo interesse próprio das pequenas fazendas familiares e dos pequenos comércios artesanais, tentando gerar recursos para a própria sobrevivência e de suas famílias. Esse auto-interesse é completamente distinto dos interesses dos principais executivos das corporações modernas.[67] É interessante observar que Adam Smith também escreveu *A theory of moral sentiments* (Teoria dos sentimentos morais), argumentando que a "solidariedade", definida como interesse apropriado pelos outros, seria a base da sociedade civilizada.[68]

Os defensores da responsabilidade social corporativa argumentam que o leque de responsabilidade das organizações é mais amplo e não se limita à produção de mercadorias e serviços visando o lucro. Como membros da sociedade, as organizações devem participar de forma ativa e responsável na comunidade e no ambiente mais amplo.

Como essas visões se aplicam ao exemplo apresentado a seguir?

Cigarros Norte-americanos nos Mercados Interno e Externo

Algumas pessoas argumentam que as companhias de cigarro norte-americanas não deveriam promover o produto no exterior. Os chineses já produzem e consomem muito mais de um trilhão de cigarros por ano, e a indústria de cigarro norte-americana almeja abocanhar parte desse mercado. As companhias norte-americanas alegam que, apesar de os asiáticos reclamarem da ameaça dos conglomerados dos Estados Unidos, historicamente, eles têm se esforçado pouco em termos de exigir rótulos com alertas, proibir a venda para menores ou proibir definitivamente o fumo.

As companhias norte-americanas prometem não atrair o mercado asiático de fumantes adolescentes e mulheres. Mesmo assim, um representante de Taiwan alegou que os fabricantes norte-americanos distribuem cigarros a adolescentes de 12 anos em parques de diversão. Os críticos afirmam que o marketing de saturação, retratando o ato de fumar como glamoroso, vigoroso e bem ocidental, destina-se a atrair o enorme e inexplorado mercado asiático de mulheres e adolescentes.

Os ativistas antitabaco afirmam que essa busca incontrolável do lucro está alimentando uma revolta contra os norte-americanos e hostilidade voltada a outros produtos de exportação dos Estados Unidos. Entretanto, o mercado global é imenso: US$ 300 bilhões em vendas, aproximadamente metade em impostos. Os responsáveis pela saúde pública ficariam satisfeitos se o número de fumantes permanecesse estável em 1,25 bilhão. Entretanto, o Banco Mundial prevê que 10 milhões de pessoas por ano morrerão de doenças relacionadas com o fumo até 2030, mais do que qualquer outro fator de morte existente. Os defensores da indústria contra-atacam alegando que os impostos do cigarro vão diretamente para os cofres dos países pobres que necessitam desses recursos financeiros. Assim como vê a indústria, o futuro econômico está nos países em desenvolvimento.

Desde 1953, o Ministério da Justiça dos Estados Unidos tenta receber US$ 280 bilhões em uma ação civil contra a indústria do fumo por conspiração, sob a alegação de ocultação dos perigos do cigarro. Esse montante é praticamente todo o lucro das seis companhias acusadas por mais de cinco décadas. Enquanto isso, a FDA (Food and Drug Administration — agência de alimentos e medicamentos dos Estados Unidos) pode ser autorizada a fiscalizar a produção e o conteúdo do cigarro, poder este que a indústria até aqui tem conseguido evitar. No entanto, pelo menos uma companhia de cigarros, a Altria, apóia a fiscalização por parte da FDA, acreditando ser essa postura o passo inicial para uma era de melhoria nas relações públicas.

Em junho de 2005, o Ministério da Justiça reduziu a indenização para US$ 10 bilhões. Os críticos alegam ter motivação política essa redução e exigem uma investigação.

FONTES: MALLABY, S. Trade and trade-offs on tobacco. *The Washington Post*, 14 jan. 2002, p. A17; BROWN, E. The World Health Organization takes on big tobacco. *Fortune*, 17 set. 2001, p. 117-124; LEVIN M., U.S. tobacco firms push eagerly into the asian market. *Marketing News*, 14, 21 jan. 1991, p. 2; SCHMEISER, P. Pushing cigarettes overseas. *New York Times Magazine*, 10 jul. 1988, p. 16 ff; BERNSTEIN, A. Too much corporate power? *BusinessWeek*, 11 set. 2000, p. 145-158; BYRNES, N.; CAREY, J. Double danger for big tobacco. *BusinessWeek*, 13 set. 2004, p. 76-78; LEONNIG, C. D. Tobacco escapes huge penalty. *Washington Post*, 8 jun. 2005, p. A1, A8.

Reconciliação

As visões da maximização de lucros e da responsabilidade social corporativa eram consideradas antagônicas, produtoras de políticas divergentes. Hoje, no entanto, em um clima empresarial mais "ético", as duas visões podem convergir.[69] Por exemplo, Stella Ogiale, que já viveu na Nigéria e hoje mora em Seattle, fundou a organização Chesterfield Health Services para prestar assistência em casa a pessoas que, de outro modo, seriam internadas em instituições por incapacidade física ou mental.[70] Ela atende a cerca de mil pacientes e evitou que outras centenas fossem internadas. Esse tipo de trabalho normalmente é realizado por órgãos governamentais ou organizações sem fins lucrativos, mas, Ogiale afirma que, com a eficácia e capacidade empresarial da sua empresa de fins lucrativos, consegue ajudar mais pessoas. "Podemos ser humanos e, ao mesmo tempo, lucrativos", diz ela, denominando sua abordagem de "sociocapitalismo".

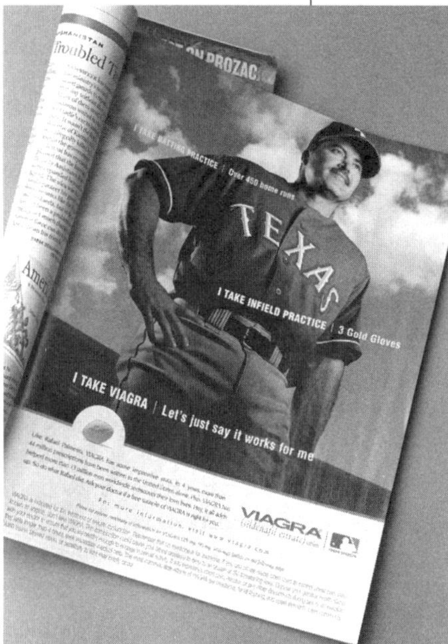

Será que as autoridades devem permitir que as indústrias farmacêuticas anunciem seus produtos diretamente ao consumidor se o medicamento só pode ser obtido com receita médica? Quando o paciente solicita um medicamento específico, o médico costuma prescrevê-lo — mesmo que o paciente não tenha descrito os sintomas correspondentes.

Antes, a atenção da responsabilidade social corporativa concentrava-se nos supostos atos ilícitos e em como controlar esse tipo de comportamento. Mais recentemente, a atenção também tem-se voltado à possível vantagem competitiva das ações socialmente responsáveis. O CEO da GE, Jeff Immelt, declarou à revista *Fortune* que ele e o pessoal da GE "desejam trabalhar para uma companhia que faça a diferença, uma companhia que esteja realizando grandes coisas no mundo. (...) Os bons líderes dão retorno. A era em que vivemos pertence às pessoas que não apenas acreditam em si, mas que também estão focadas nas necessidades dos outros. (...) O mundo está mudando. Hoje, as pessoas não admiram mais as empresas. (...) A diferença entre ricos e pobres nunca foi tão grande. É nossa responsabilidade usar nossa plataforma para nos tornarmos bons cidadãos. Não apenas por que é uma boa atitude, mas por ser um imperativo dos negócios".[71]

As ações socialmente responsáveis podem produzir vantagens de longo prazo. As companhias conseguem evitar controles caros e inúteis se forem socialmente responsáveis. Honestidade e justiça são capazes de render altos dividendos para a consciência, a reputação pessoal e a imagem pública da companhia, assim como em termos de resposta do mercado.[72] Além disso, os problemas sociais criam oportunidades de negócios, e os esforços sistemáticos e vigorosos para resolvê-los podem ser lucrativos. As empresas podem realizar uma análise de custo-benefício para identificar ações que maximizem os lucros enquanto satisfazem a demanda de responsabilidade social corporativa dos múltiplos *stakeholders*.[73] Em outras palavras, os gerentes devem tratar a responsabilidade social corporativa assim como tratariam todas as decisões sobre investimentos.

As companhias podem integrar a responsabilidade social com a estratégia corporativa.[74] A Pfizer fabrica o Zithromax, antibiótico para combater o tracoma, principal causa evitável de cegueira no mundo. A maioria dos 150 milhões de pessoas que precisa de tratamento vive em regiões remotas. A Pfizer uniu-se a organizações mundiais de saúde e gastou milhões de dólares na distribuição do medicamento. Também ofereceu alguns dos medicamentos gratuitamente. Ao "promover a filantropia", a Pfizer criou uma infra-estrutura de distribuição de baixo custo que hoje usa para promover e vender outros produtos. Em outro exemplo de situação ganha-ganha, a Cisco Systems abriu uma academia para ensinar tecnologia da informação no Afeganistão. Esse país possui uma das menos desenvolvidas infra-estruturas de telecomunicações do mundo, mas a Cisco vem ajudando os países em desenvolvimento, treinando a população local, aumentando, assim, a demanda futura de seus produtos e criando uma força de trabalho mundial de alta qualidade.

Vantagens do Trabalho Conjunto

As corporações globais, unindo-se às organizações não-governamentais — como no caso da Pfizer — conseguem criar uma combinação poderosa, produzindo resultados exclusivamente positivos e de alto impacto, e vencendo até mesmo os desafios mais intimidadores.

O Aquecimento Global é Problema das Empresas

A mudança climática global é uma questão controversa nas empresas. Alguns acreditam que as Olimpíadas de Inverno estão ameaçadas, porque o próprio inverno está em perigo. Outros acreditam que todo esse pessimismo e essa melancolia sobre o estado do planeta são falsos e exagerados.

O CEO da ExxonMobil, Lee Raymond, é cético a respeito do aquecimento global e atira contra os críticos da indústria petrolífera. No entanto, a quantidade de companhias com essa mesma visão vem diminuindo. A maioria (não todos) dos cientistas teme as sérias conseqüências do aquecimento global, e avalia: de acordo com os líderes empresariais do Fórum Mundial Econômico de Davos, na Suíça, o aquecimento global é o problema mais urgente a ser enfrentado hoje pelo mundo dos negócios.

Muitas indústrias e companhias já estão planejando-se para enfrentar as conseqüências das mudanças climáticas. Por exemplo, as companhias seguradoras precisam adaptar os modelos de projeção considerando os prejuízos financeiros. A indústria turística necessita prever que tipo de mudança ocorrerá na demanda por locais de alta temporada, inclusive a queda de procura por regiões tropicais e também por estações de esqui. As companhias agrícolas talvez precisem abandonar os investimentos nas regiões que se tornarem excessivamente quentes, e investir pesado em novas áreas mais viáveis para a agricultura. A indústria madeireira terá de investir mais na prevenção de incêndios florestais.

Essas mudanças ambientais também criam oportunidades de negócios. Produtores de sementes podem desenvolver culturas mais produtivas em clima seco. A ABB e a Honeywell estão investindo em termostatos de alta precisão e outros produtos cujo valor deve subir com o aumento nos custos da energia. A Ford e a GM atualmente investem em automóveis que não emitam dióxido de carbono (gás estufa) e, provavelmente, dominarão um novo mercado.

A BP Amoco vem liderando as iniciativas para reduzir o aquecimento global. Em 1997, o CEO da empresa, Sir John Browne, foi o primeiro executivo da indústria petrolífera a reconhecer a grave possibilidade de ocorrência do aquecimento global e entrou em confronto com o restante do setor. Quando Browne divergiu dos demais da indústria, um representante do setor acusou-o de ter "deixado a comunidade". Ele gostou de ter causado tal reação. Suas franqueza e honestidade forçaram outras companhias de petróleo a retificar publicamente a própria postura a respeito da mudança climática.

Raymond da ExxonMobil é o executivo do setor energético visto como principal responsável pelos problemas de relações públicas da indústria. Os produtos da ExxonMobil têm sido boicotados pelos europeus sob a alegação de emissões na atmosfera e vazamento de petróleo, enquanto os da BP não têm sido alvo de nenhum tipo de retaliação. Nos Estados Unidos, a destacada campanha da BP intitulada "Beyond Petroleum" (Além do Petróleo) retrata a empresa como uma companhia de energia ecológica. O diretor de pesquisa do Greenpeace, Kert Davis, não se convence, dizendo que "o esforço de marketing da empresa é surpreendente, no entanto, seria melhor se o investimento fosse do mesmo nível do discurso". Browne afirma com veemência que a campanha não é apenas perfumaria, e menciona resultados e projetos da BP, inclusive a instalação de painéis solares em alguns postos de gasolina.

FONTES: O'NEILL PACKARD, K.; REINHARDT, F.; What every executive needs to know about global warming. *Harvard Business Review*, jul./ago. 2000, p. 129-135; A big-oil man gets religion. *Fortune*, 6 mar. 2000, p. F87-F89; Defending science. *The Economist*, 2 fev. 2002, p. 15-16; ANDERSON R. C.; McKIBBEN, B. Winterless olympics? *The Washington Post*, 8 fev. 2002, p. A31; SCHWARTZ; N. D. Inside the head of BP. *Fortune*, 26 jul. 2004, p. 68-76.

Meio Ambiente

A maioria das grandes corporações prosperou em uma era de abundância de matéria-prima, de energia barata e de falta de restrição quanto ao destino dos resíduos.[75] Muitas das tecnologias desenvolvidas durante esse período estão ajudando a destruir os ecossistemas. Os sistemas da era industrial seguem um fluxo linear de extração, produção, venda, aproveitamento e descarte — que alguns chamam abordagem "extraia-produza-jogue fora".[76] Contudo, talvez nenhum outro momento na história foi tão propício quanto o atual para mudar o pensamento nos negócios.

As empresas costumavam enxergar as questões ambientais como situações sem vencedores: ou a firma ajuda o meio ambiente e prejudica os negócios, ou promove a atividade empresarial em detrimento do meio ambiente. Hoje, no entanto, observa-se uma mudança de paradigma na gestão corporativa ambiental: a incorporação deliberada de valores ambientais nas estratégias competitivas e na criação e produção das mercadorias.[77] Por quê? Além das razões filosóficas, as empresas adotam uma imagem "ecológica" para satisfazer a demanda do consumidor, reagir contra as ações ecológicas dos concorrentes, atender às exigências de clientes e fornecedores, obedecer a diretrizes e criar vantagem competitiva.

Jeff Immelt, CEO da GE, costumava considerar as normas ambientais um fardo e um custo. Hoje, ele enxerga na conservação do planeta uma oportunidade de crescimento, e quer que a GE seja conhecida como uma empresa capaz de enfrentar os problemas mais difíceis do mundo.[78] Recentemente, a GE adquiriu uma companhia de purificação de água, um fabricante de equipamento de energia solar e uma empresa de energia eólia. Também abraçando a filosofia ecológica, a BP gastou cerca de US$ 80 milhões em equipamentos para proteção ambiental em uma instalação na Escócia. John Browne, CEO da empresa, afirmou, que, "Diferentemente do que ocorre nos Estados Unidos, não houve nenhuma pressão oficial para que fizéssemos isso na Escócia, fizemos voluntariamente. É a maneira que encontramos de dizer para as pessoas: viemos aqui para ficar".[79]

Até mesmo a China, país amplamente conhecido como um desastre ambiental, vem adotando uma agenda "mais ecológica" em termos de aquecimento global.[80] Ela está implementando políticas duras para, entre outras coisas, melhorar a qualidade do combustível automobilístico, e deve promulgar uma lei que a tornaria um dos maiores consumidores mundiais de fontes de energia renovável. Historicamente, as normas ambientais chinesas não são rígidas, contudo, o país deseja muito atrair investimentos externos em projetos de energia alternativa.

Sociedade de Risco

Vivemos em uma sociedade de risco. Ou seja, a geração e a distribuição de riqueza criam produtos que podem causar danos, prejuízos ou perigos às pessoas e ao meio ambiente. Os maiores perigos da sociedade moderna estão na criação excessiva de riscos e no consumo ecologicamente insustentável dos recursos naturais.[81] O risco tem proliferado com a explosão demográfica, a poluição industrial e a degradação ambiental.[82]

Os riscos da poluição industrial incluem poluição atmosférica, poluentes, aquecimento global, diminuição da camada de ozônio, chuva ácida, depósitos de lixo tóxico, riscos nucleares, arsenais de armas obsoletas, acidentes industriais e produtos perigosos. Somente nos Estados Unidos, foram registrados mais de 30 mil depósitos de lixo tóxico clandestinos, e o número vem aumentando em aproximadamente 2.500 por ano. A situação é muito mais grave em outras partes do mundo. O padrão observado, em termos de lixo tóxico e muitos outros riscos, é de risco acumulado e medidas corretivas inadequadas.

As instituições geradoras de riscos tecnológico e ambiental (corporações e agências governamentais) também são responsáveis pelo controle e pela gestão dos riscos.[83] Por exemplo, em dezembro de 2001, a GE foi obrigada pela EPA (Agência de Proteção Ambiental dos Estados Unidos) a gastar US$ 460 milhões para dragar o ascarel (PCB) que havia despejado no rio Hudson no passado. Houve uma forte reação da empresa contra a decisão por causa dos altos custos e porque as ações haviam ocorrido décadas passadas, quando o procedimento era legal. Em 2002, a Monsanto enfrentou um problema semelhante em uma fábrica no Mississipi que havia despejado a mesma substância, de forma legal, entre as décadas de 1930 e 1970.[84]

Os problemas ambientais mais graves estão na China.[85] Pelo menos seis de cada 10 cidades mais poluídas do mundo estão na China, e a água dos cinco maiores rios do país estão contaminadas. Viver em algumas cidades chinesas provoca mais câncer de pulmão do que fumar dois maços de cigarros por dia. Ao mesmo tempo, a China é o principal mercado emergente para a maioria das montadoras de automóveis, e os padrões de emissão de poluentes, embora rígidos, não são impostos com firmeza. A quantidade de automóveis no país aumentará sete vezes até 2020. Pelo menos, o país reconhece o problema: se, de um lado, Pequim tem sido exigente com as igrejas evangélicas, o partido democrata chinês e os sindicatos trabalhistas não-oficiais por considerá-los grupos políticos, do outro, tem permitido a proliferação de organizações ecológicas que criticam o governo.

gestão ecocêntrica

Sua meta é promover o crescimento econômico sustentável e melhorar a qualidade de vida mundial para todos os *stakeholders* das organizações.

crescimento sustentável

Crescimento e desenvolvimento econômico que atendem às necessidades atuais sem prejudicar as necessidades das gerações futuras.

Gestão Ecocêntrica

O objetivo da **gestão ecocêntrica** é promover o crescimento econômico sustentável e melhorar a qualidade de vida mundial para todos os *stakeholders* das organizações.[86] **Crescimento sustentável** consiste no crescimento e desenvolvimento econômico que atendem

A Conoco Phillips Petroleum enaltece suas realizações ambientais, destacando o desenvolvimento de um novo processo para reduzir o enxofre na gasolina sem prejudicar o desempenho. Ao demonstrar a sua preocupação com o meio ambiente, a Conoco Phillips consegue criar uma vantagem competitiva em relação às demais companhias petrolíferas, principalmente na mente dos consumidores ambientalmente conscientes.

às necessidades atuais da organização sem prejudicar a capacidade das futuras gerações de atender às próprias necessidades.[87] O crescimento sustentável é totalmente compatível com os ecossistemas naturais que geram e preservam a vida.

Alguns acreditam no conceito de crescimento sustentável como 1) um esquema usado pelas organizações para comunicar-se com todos os *stakeholders*; 2) uma diretriz de planejamento e estratégia, e 3) uma ferramenta para avaliar e melhorar a capacidade competitiva.[88] A iniciativa pode partir do nível mais alto da organização e tornar-se explícita nas avaliações de desempenho e nos sistemas de recompensa.

As firmas estão prestando cada vez mais atenção ao impacto ambiental total observando o ciclo de vida de seus produtos.[89] **Análise de ciclo de vida** é um processo de avaliação de todos os insumos e produtos, ao longo da vida do produto, "desde o seu nascimento até a sua morte", para determinar o impacto ambiental total da sua produção e da sua utilização. Essa análise quantifica os recursos totais usados e as liberações de substâncias no ar, na água e na terra.

A análise de ciclo de vida examina a extração de matéria-prima, o processo de embalagem do produto, o transporte e o descarte do lixo produzido. Tomando como exemplo uma análise focada apenas na embalagem do produto: as mercadorias viajam do fabricante ao atacadista, depois ao varejista, chegando, em seguida, ao cliente; elas, então, são recicladas e retornam ao fabricante. Elas podem ser empacotadas e reempacotadas diversas vezes, indo dos volumosos contêineres aos grandes caixotes, às caixas de papelão e às embalagens individuais para o consumidor. O reempacotamento da mercadoria não apenas produz resíduos, mas também custa tempo. O desenho da embalagem inicial em tamanhos e formatos adaptáveis ao consumidor final pode minimizar a necessidade de reempacotamento, reduzir resíduos e produzir vantagens financeiras.

As práticas e filosofias ecocêntricas não necessariamente prejudicam a lucratividade, mas podem influenciá-la positivamente. Algumas pesquisas, não todas, têm demonstrado uma relação positiva entre a *performance* ambiental corporativa e a lucratividade.[90] Evidentemente, o fato de a relação ser positiva, negativa ou neutra depende das estratégicas escolhidas e da eficácia da sua implementação. Além disso, os gerentes de companhias lucrativas sentem-se mais à vontade para voltar a atenção ao meio ambiente do que os de empresas com dificuldades financeiras.

análise de ciclo de vida

Processo de análise de todos os insumos e produtos, do "nascimento até a morte" do produto, para determinar o impacto ambiental total.

Para os leitores interessados em conhecer melhor esse tema, o Apêndice C da página 177 mostra mais detalhadamente as razões para se gerenciar tendo em mente o meio ambiente, um pouco de história sobre o movimento ambientalista, questões econômicas e ampla gama de exemplos "ecológicos" relacionados com estratégia, assuntos públicos, questões legais, operações, marketing, contabilidade e finanças.

Agendas Ambientais para o Futuro

No passado, a maioria das companhias era displicente em relação ao impacto ambiental negativo causado por elas. Mais recentemente, muitas empresas começaram a implementar iniciativas para amenizar o impacto. Hoje, algumas lutam para provocar impacto positivo, ávidas por vender soluções para os problemas do mundo. Por exemplo, a próxima grande tendência pode ser o "lixo eletrônico", material inservível composto por computadores, aparelhos de TV e telefones celulares fora de uso.[91] A Hewlett-Packard, por exemplo, remete 1.500 toneladas métricas por ano para o Citiray Industries de Cingapura, o maior processador mundial de lixo eletrônico corporativo. Nos Estados Unidos, atualmente, apenas um entre nove computadores "aposentados" são reciclados, contudo, até 2006, a União Européia exigirá que todos os fabricantes deixem de usar substâncias químicas perigosas nos produtos eletrônicos.

De fato, embalagem não é o assunto mais glamoroso tratado em negócios, no entanto, ela apresenta um grande potencial de redução de custos e agilização da produção e, mesmo, de benefício ao meio ambiente. Para melhorar os resultados de uma empresa, sempre é possível descobrir oportunidades em alternativas inusitadas, e que outros jamais imaginaram.

A Procter & Gamble acredita na sua capacidade de contribuir mais para o desenvolvimento sustentável com seus produtos e serviços. A direção da P&G fala não somente de responsabilidade social corporativa, mas de oportunidade social corporativa.[92] A empresa não deseja ser apenas "menos má" que os concorrentes. Ela se concentra na sustentabilidade em três áreas: água, saúde e higiene. Uma das suas "metas para o milênio" é reduzir pela metade, até 2015, a proporção de pessoas no mundo sem acesso a água potável e saneamento básico. Isso significa fornecimento de água potável para mais 125 mil novas pessoas por dia — em parte, fornecendo tecnologia de purificação da água para órgãos de saúde e parceiras de organizações não-governamentais.

Na Suécia, uma organização denominada The Natural Step (*O Passo Natural*) trabalha com líderes empresariais para criar estratégias operacionais visando benefícios tanto econômicos como ambientais.[93] A organização trabalha com cientistas para estabelecer diretrizes para a sustentabilidade e conta com uma diretoria composta por nove líderes empresariais. O método adotado é de colaboração e não de antagonismo. Entre as companhias suecas que têm trabalhado com a organização estão Ikea International, Scandic Hotels e Electrolux International.

Hoje, pelo menos 20 organizações sediadas nos Estados Unidos estão trabalhando com a Natural Step. Ray Anderson, CEO da Interface, fabricante de carpetes sediado em Atlanta e avaliado em 1 US$ bilhão, trabalha com os princípios da The Natural Step e declara que a conscientização da importância da sustentabilidade atingiu-lhe "como uma flecha no peito, e decidi quase imediatamente mudar a companhia (...) essa mudança começou no coração (...) que é onde a próxima revolução industrial deve começar — no coração das pessoas — para fazer a coisa certa".[94]

As redes de companhias com visões ecológicas em comum podem combinar esforços para implementar ações de impacto e de muita influência.[95] Em Kalundborg, Dinamarca, existe esse tipo de aliança colaborativa entre uma usina de geração de energia elétrica, uma refinaria de petróleo, uma unidade de produção biotecnológica, uma fábrica de chapa de gesso ou papelão, produtores de cimento, fornecedores de serviços de aquecimento, um produtor de ácido sulfúrico, e agricultores e horticultores locais. As companhias trocam entre si as substâncias químicas, a energia (tanto para aquecimento como para resfriamento), água e materiais orgânicos. Desse modo, os recursos são conservados, os resíduos geram receita, e a poluição da água, do ar e do solo é reduzida.

As companhias não apenas têm *capacidade* para resolver os problemas ambientais; elas também estão começando a enxergar e adquirir *motivação*. Hoje, algumas empresas acreditam que a solução dos problemas ambientais é uma das maiores oportunidades na história dos negócios.[96]

EPÍLOGO

ÉTICA NO CITIGROUP

Será que as transgressões éticas do Citi renderam compensação imediata? Os banqueiros de Londres afirmam que os lucros auferidos no dia 2 de agosto de 2004, descritos no Prólogo, não pagam o prejuízo da reputação. Clientes corporativos e governamentais estão menos dispostos a negociar com o Citi. Os reguladores ao redor do mundo podem bloquear os esforços da empresa para realizar negócios em seus países. Não foi nada proveitoso, em uma época em que o CEO Prince queria aumentar significativamente a presença global da empresa.

O novo CEO, Chuck Prince, declara: "Devemos atuar com ética em locais onde pudermos novamente agir assim amanhã, na semana que vem, no mês que vem e no ano que vem. É necessário construir credibilidade de longo prazo. Não estamos nesse ramo para realizar alguma atividade especial neste trimestre ou neste ano". Ele também afirma, "Devemos nos guiar pelo compasso moral correto".

TERMOS-CHAVE

Análise de ciclo de vida, p. 168
Clima ético, p. 155
Crescimento sustentável, p. 167
Educação transcendente, p. 163
Egoísmo, p. 152
Ética da virtude, p. 153

Ética nos negócios, p. 151
Ética, p. 151
Filosofia moral, p. 152
Gestão ecocêntrica, p. 167
Lei Sarbanes-Oxley, p. 155
Líder ético, p. 157
Modelo de Kohlberg de desenvolvimento moral cognitivo, p. 153
Princípios de Caux, p. 152
Programa de ética baseada na integridade, p. 159
Programas de ética baseada no Compliance, p. 158
Questão ética, p. 151
Relativismo, p. 153
Responsabilidade social corporativa, p. 162
Responsabilidades econômicas, p. 162
Responsabilidades éticas, p. 162
Responsabilidades filantrópicas, p. 162
Responsabilidades legais, p. 162
Universalismo, p. 152
Utilitarismo, p. 153

RESUMO DOS OBJETIVOS DE APRENDIZAGEM

Depois de completado o estudo deste Capítulo, você deverá ser capaz de identificar:

Como as diferentes perspectivas éticas orientam as decisões.

A finalidade da ética é identificar regras que regem o comportamento humano e o "bem" que vale a pena buscar. As decisões éticas são orientadas por princípios ou valores individuais de conduta, por exemplo, honestidade, justiça, integridade, respeito pelos outros e cidadania responsável. Existem vários sistemas éticos: universalismo; egoísmo e utilitarismo; relativismo e ética da virtude. Esses sistemas filosóficos, praticados por diferentes indivíduos de acordo com o nível de desenvolvimento moral cognitivo de cada um e outros fatores, são bases fundamentais da postura ética das pessoas e das organizações.

A influência das companhias no ambiente ético.

Diferentes organizações aplicam diferentes perspectivas e padrões éticos. Os códigos de ética são úteis, mas precisam ser implementados adequadamente. Os programas de ética variam dos baseados no *Compliance* ou na integridade. Cada vez mais organizações estão adotando códigos de ética, que tratam da conduta do funcionário, da comunidade e do ambiente, dos acionistas, dos clientes, dos fornecedores e dos empreiteiros, da atividade política e da tecnologia.

O processo de tomada de decisão ética.

Tomar decisões éticas exige consciência moral, julgamento moral e caráter moral. Diante de dilemas éticos, o "véu da ignorância" é uma metáfora interessante. Mais precisamente, é possível conhecer vários padrões morais (universalismo, relativismo e assim por diante), usar o modelo de solução de problemas descrito no Capítulo 3, identificar os efeitos positivos e negativos das alternativas para as diferentes partes e, então, avaliar as responsabilidades éticas usando os critérios especificados nesse capítulo.

As questões importantes envolvendo a responsabilidade social corporativa.

Responsabilidade social corporativa é a extensão do papel corporativo além dos objetivos econômicos. Ela inclui não apenas responsabilidades econômicas, mas também legais, éticas e filantrópicas. Os defensores da responsabilidade social corporativa acreditam que as decisões empresariais devem levar em conta as necessidades do ser humano e da sociedade, porque as corporações fazem parte da sociedade e carregam ampla gama de responsabilidades. Os críticos da responsabilidade corporativa acreditam que a primeira responsabilidade dos gerentes é aumentar o lucro dos acionistas participantes da corporação. As duas perspectivas são potencialmente conciliáveis.

A importância do meio ambiente para os negócios.

No passado, a maioria das companhias via o meio ambiente como recurso a ser usado para obter matéria-prima e lucro. Contudo, vieram as pressões do consumidor, da fiscalização e de outras partes. Os executivos, muitas vezes, viam essas pressões como encargos, restrições e custos. Hoje, mais companhias vêem a interface entre empresa e meio ambiente como potencial oportunidade de ganha-ganha. Algumas empresas estão adotando agenda "mais ecológica" por razões filosóficas e compromisso pessoal com o crescimento sustentável. Muitas também estão reconhecendo as potenciais vantagens financeiras de administrar tendo em mente o meio ambiente, e estão integrando questões ambientais na estratégia corporativa e de negócios. Algumas companhias consideram como uma das maiores oportunidades comerciais da história a participação em negócios que ajudam e não prejudicam o meio ambiente.

Ações que os administradores devem implementar para administrar tendo em mente o meio ambiente.

As organizações contribuíram para aumentar o risco na sociedade e são responsáveis por reduzir a ameaça ao meio ambiente. Elas também têm capacidade para ajudar a resolver os problemas ambientais. A gestão ecocêntrica tenta minimizar o impacto ambiental negativo, gerar crescimento econômico sustentável e melhorar a qualidade de vida no mundo todo. Estão descritas no capítulo ações importantes, incluindo iniciativas estratégicas, análise de ciclo de vida e alianças entre organizações. Um apêndice do capítulo oferece diversos exemplos específicos de práticas de estratégia, operações, finanças, legais e assuntos públicos, marketing e contabilidade favoráveis ao meio ambiente.

QUESTÕES PARA DISCUSSÃO

1. Recentemente, o Citi foi alvo do noticiário em virtude de alguma transgressão ética ou legal? A organização vem evoluindo nesse aspecto? Que outras providências o Citi vem tomando?
2. Examine os vários sistemas de ética descritos neste capítulo. Identifique exemplos concretos de alguma decisão sua do

passado ou de decisões de outras pessoas que você tenha testemunhado ou sobre as quais tenha lido a respeito.

3. Escolha um ou mais tópicos da Tabela 5.1 e discuta as questões éticas em torno deles.
4. Qual seria a sua atitude em cada um dos cenários descritos na Tabela 5.2, "Tomada de Decisão Ética no Contexto Internacional"?
5. Com base nas manchetes atuais do noticiário, identifique e discuta as ações empresariais socialmente responsáveis, bem como as antiéticas e ilegais.
6. A escola que você freqüenta possui um código de ética? Caso afirmativo, o que consta dele? Ele é eficaz? Por quê?
7. Suponhamos que você tenha um emprego de que gosta e trabalha nele 40 a 45 horas semanais. Quanto tempo de trabalho voluntário fora do expediente normal você dedicaria? A que tipo de trabalho voluntário se dedicaria? Como reagiria se o seu chefe deixasse claro que deseja que você reduza o tempo dedicado ao voluntariado e aumente o tempo dedicado ao trabalho?
8. Quais são os argumentos a favor e contra o conceito de responsabilidade social corporativa? Você é a favor ou contra, e por quê? Dê suas opiniões, mais especificamente, com base nos exemplos do texto.
9. Qual é a sua opinião a respeito do conceito de educação transcendente descrito no capítulo? Como implementar esse tipo de visão de educação?
10. Qual o estado atual da Lei Sarbanes-Oxley? Têm havido mudanças na lei? Qual a visão atual dos executivos sobre a ela? Qual é o impacto dessa lei?
11. Uma companhia inglesa mata anualmente 70 mil filhotes de avestruz para consumo humano. Essa empresa declarou a uma revista para adolescentes que pararia de matar se fosse alvo de muitas reclamações. Analise essa política, prática e declaração pública usando os conceitos discutidos neste capítulo.
12. Um anúncio da Nike publicado na revista norte-americana *Seventeen* descreve o retrato de uma menina de aproximadamente 8 ou 9 anos. Este é texto do anúncio:
    Se você me deixar praticar...
    Terei mais auto-estima.
    Serei mais autoconfiante.
    Ficarei menos deprimida.
    Terei 60% menos chances de ter câncer de mama.
    Terei mais disposição para abandonar o homem que me agride.
    Terei menos chance de ficar grávida precocemente.
    Aprenderei a ser forte.
    Se você me deixar praticar esporte.
    Avalie esse anúncio com base nos conceitos apresentados no capítulo em torno de ética e responsabilidade social. Para analisar esse anúncio, que tipo de pergunta você formularia?
13. Será que companhias como GE e Monsanto devem ser responsabilizadas por ações de décadas passadas, na época legais, porém, desde essa época consideradas ilegais por causa do conhecimento dos seus efeitos prejudiciais? Por quê?
14. Discuta o conceito de coragem como requisito do comportamento ético. Cite alguns exemplos pessoais, seja como agente atuante ou como observador. Cite alguns exemplos observados no noticiário.

CASO DE CONCLUSÃO

J & G Garden Center: Divisão de Serviços de Jardinagem

Em 1986, John e Gloria Weed iniciaram um novo negócio na periferia de Columbus, Ohio: uma loja de plantas e serviços de jardinagem com uma estufa para exibição de flores frescas, vegetais, plantas ornamentais e sazonais. A instalação foi construída na fazenda da família de Gloria, de modo que alguns produtos oferecidos na loja são de cultivo próprio. Em 1982, os pais de Gloria ofereceram ao casal, como presente de casamento, alguns acres de terra em zona comercial. A loja e a estufa foram construídas por John, contando com alguma ajuda dos seus irmãos. Essa combinação entre aquisição de terra e ajuda dos irmãos na construção da instalação permitiu a redução do custo indireto, contribuindo, assim, para o sucesso da etapa inicial das atividades.

Com a construção totalmente completada em 1991, foram incluídas várias linhas novas de produtos, por exemplo, ferramentas de jardinagem, terra, adubo, sementes e outros complementos.

Antes de abrir o negócio, Gloria se formou como técnica em horticultura em uma faculdade comunitária local. Em 1997, ela conseguiu concretizar um sonho da sua vida de oferecer projetos paisagísticos e serviços de instalação, a mais recente linha de produtos da empresa. Gloria instalou um escritório e estúdio ao lado da sua casa e conseguiu mais alguns novos clientes. O momento foi bem oportuno, já que a região de Columbus estava crescendo, e várias casas surgiam naquela época. Novas casas e novos empreendimentos se espalhavam em todas as direções da cidade. O centro de jardinagem da empresa era capaz de fornecer material paisagístico suficiente para cada novo projeto. Logo depois, o casal expandiu a linha de produtos para incluir novas e maiores variedades de árvores, arbustos, cercas vivas, pátios, caminhos de passeio como forma de gerar mais vendas e complementar a nova linha de serviços de Gloria.

Os custos iniciais de instalação da empresa e de cada projeto de expansão (a ampliação da construção, novos produtos, projetos e serviços paisagísticos) foram mais que compensadores, no entanto, a margem de lucro produzida foi de fraca a moderada. O casal atribuiu esse fato, em grande parte, à presença dos concorrentes, que aparentemente vinha aumentando. Por isso, relutava em aumentar os preços, embora alguns custos houvessem subido.

Um ano depois, eles completaram a fase final do plano original de longo prazo da empresa, acrescentando mais um novo serviço — Big John, The Lawn & Garden Doctor (*médico de plantas e jardins*). Essa nova linha de produto foi criada em razão das altas projeções de lucro.

Essa nova divisão é especializada em tratamento e erradicação de pestes de jardins e gramados. Muitos insetos e muitas doenças afetam a vida das plantas, alguns sendo fatais. Apesar da boa qualidade das plantas oferecidas aos consumidores pelos Weeds e outros centros de jardinagem locais, com o passar do tempo, a natureza se torna implacável com os jardins, os gramados e as plantas.

A implementação dessa divisão demandou montante vultoso de tempo, esforço e despesa por causa das questões ambientais relacionadas com a segurança de alguns produtos, como inseticidas e fungicidas. O casal teve de oferecer treinamento e capacitação de técnico certificado para aplicação dos produtos a dois de seus funcionários. Foi necessária a construção de um depósito altamente seguro para armazenar todo o material tóxico. O depósito deve permanecer trancado, protegido com cerca de arame farpado, sistema de alarme e um compartimento à prova de vazamento de material tóxico. A empresa também adquiriu um apólice de seguro especial.

Como previsto, a nova divisão mostrou-se bem lucrativa. A demanda era grande e o trabalho dos técnicos, profissional e eficiente. Na realidade, no final de um ano de atividade, a lucratividade da divisão, Big John, o médico de plantas e jardins equiparava-se à de todas as demais divisões juntas. Na reunião mensal dos funcionários da companhia, todos foram surpreendidos quando John anunciou que estava seriamente estudando a possibilidade de fechar essa divisão.

John Weed é nativo da região. Seus valores familiares e comunitários são muito sólidos e ele sempre se sentiu responsável pelo bem-estar e pela felicidade dos amigos, vizinhos e, principalmente, dos clientes. Desde o início, sentia-se nervoso e preocupado com as conseqüências negativas das aplicações de fungicida e pesticida.

Foi aí, então, que aconteceu: o cachorro de um cliente adoeceu, possivelmente por haver comido grama de um jardim tratado recentemente. O técnico do Big John tomou todas as precauções. A área foi corretamente tratada, marcada e cercada, e o cliente foi informado a respeito dos cuidados a serem observados após o tratamento do gramado, incluindo o fornecimento de um folheto informativo e a assinatura de um termo de isenção de responsabilidade. Embora claramente a empresa não houvesse sido negligente, John ficou extremamente aborrecido.

Dois meses depois, foi aberto um processo contra a companhia, sob a alegação de que a água escorrida da propriedade de um de seus clientes havia contaminado o poço do vizinho. Os Weeds foram obrigados a contratar um advogado. Após uma investigação completa e custosa, eles foram absolvidos da acusação.

Na visão de Gloria, John está superestimando o problema. Ela ressalta que a empresa está cumprindo rigorosamente todas as normas vigentes, e que John abriu mão do seu objetivo para garantir a segurança de todos. Gloria também percebeu que nenhuma empresa é capaz de controlar o comportamento dos clientes nem pode ser responsabilizada pelo comportamento deles ou da população em geral; incidentes fora de controle naturalmente acontecerão e sempre acontecem. Além disso, a alta lucratividade da divisão permitiria à empresa investir em uma campanha publicitária agressiva, visando melhorar as vendas e os lucros das demais divisões.

John tem perdido o sono com todo esse problema e está em dúvida sobre a atitude que deve tomar. Ele se preocupa com a imagem e reputação da sua família e dos seus negócios. E percebe que o serviço oferecido pela divisão é muito útil, no entanto, sua consciência o está incomodando.

QUESTÕES

1. Apresente um argumento a favor da manutenção da nova divisão, analisando e incorporando os conflitos éticos que estão incomodando John.
2. Apresente um argumento a favor da eliminação ou mudança da nova divisão e recomendações para melhorar a lucratividade geral da companhia por meios aceitáveis para John.
3. Além da conformidade com a legislação, quais são as outras responsabilidades do proprietário de um negócio em relação a seus clientes, funcionários, fornecedores e comunidade em geral? Qual é a sua opinião sobre a frase "consumidor, cuidado!"?

EXERCÍCIOS PRÁTICOS

5.1 Auto-avaliação

Marque a resposta mais adequada para cada item a seguir.

	Concordo	Nem concordo nem discordo			Discordo
1. Consigo tomar decisões e cumpri-las.	1	2	3	4	5
2. Consigo tomar pequenas decisões rapidamente.	1	2	3	4	5
3. Consigo examinar uma grande quantidade de informações e selecioná-las para tomar decisões complexas.	1	2	3	4	5
4. Antes de tomar uma decisão, deixo claras as minhas finalidades.	1	2	3	4	5
5. Antes de tomar uma decisão, deixo claro o processo que utilizarei.	1	2	3	4	5
6. Quando a decisão é complexa, gasto o tempo que for necessário.	1	2	3	4	5
7. Antes de tomar uma decisão, avalio diversas opções.	1	2	3	4	5
8. Antes de tomar uma decisão, analiso várias perspectivas.	1	2	3	4	5
9. Antes de tomar uma decisão, colho toda informação necessária.	1	2	3	4	5

10. Antes de optar por um curso de ação, avalio as vantagens e desvantagens de cada opção.	1	2	3	4	5
11. Antes de tomar uma decisão, avalio as possíveis ramificações de cada escolha.	1	2	3	4	5
12. Relaciono e priorizo os fatores importantes para mim e utilizo esses fatores quando tomo uma decisão.	1	2	3	4	5
13. Antes de atuar sobre a decisão, reflito, usando a intuição.	1	2	3	4	5
14. Explico o raciocínio utilizado para tomar a minha decisão às pessoas influenciadas por ela.	1	2	3	4	5
15. Quando conto com orientação externa, envolvo participantes internos para tomar a decisão final.	1	2	3	4	5
16. Procuro buscar opiniões das pessoas envolvidas na decisão.	1	2	3	4	5
17. As pessoas que trabalham comigo sentem-se à vontade para expressar opiniões contrárias às minhas.	1	2	3	4	5
18. Não monopolizo as reuniões e dou chances para todas as pessoas falarem antes de tomar as decisões.	1	2	3	4	5
19. Defino itens de verificação e especifico quem são os responsáveis pelas decisões tomadas pelo meu grupo.	1	2	3	4	5
20. Tenho um conjunto de diretrizes próprias diante de um dilema ético.	1	2	3	4	5
21. Antes de tomar uma decisão, levo em consideração as necessidades de todos os *stakeholders*.	1	2	3	4	5
22. Tomo decisões que façam sentido e sejam coerentes com meu "melhor" autoconceito.	1	2	3	4	5
23. Assumo a responsabilidade pelas minhas ações.	1	2	3	4	5

Se o total de pontos for 69 ou mais, você deve estudar a possibilidade de criar um plano para melhorar sua capacidade de tomar decisões éticas e eficazes.

FONTE: JANASZ, Suzanne C. de et al. *Interpersonal skills in organizations*. Nova York: McGraw-Hill/Irwin, 2002, p. 388.

5.2 Avaliação do Comportamento Ético

OBJETIVOS

1. Explorar inúmeras situações eticamente desconcertantes.
2. Compreender suas próprias atitudes éticas.

INSTRUÇÕES

Tome as decisões necessárias nas situações descritas na Folha de Trabalho do Comportamento Ético. Nem todas as informações a respeito de cada situação serão fornecidas, portanto, cada estudante deverá supor qual seria o seu comportamento caso efetivamente confrontasse com as alternativas de decisão descritas a seguir. Selecione a decisão mais próxima da que representa a que pessoalmente você tomaria. Escolha uma das decisões apresentadas, mesmo que você pense em outras soluções criativas não incluídas no exercício.

Folha de Trabalho "Comportamento Ético"

Situação 1. Você está freqüentando um curso de química muito difícil e precisa ser aprovado para manter a bolsa de estudos e não prejudicar sua inscrição na pós-graduação. Química não é seu forte, e como o seu desempenho ao longo do curso ficou um pouco abaixo da média de aprovação, você precisa tirar 90 ou mais no exame final, que será dali a dois dias. Um funcionário da universidade, sabendo das suas dificuldades, conta-lhe haver encontrado no lixo e guardado os originais do exame final de química. Ele lhe oferece o exame por certa quantia, que é alta, mas que você tem condições de pagar. Nesse caso, o que você faria?

_____ (a) Agradeceria e recusaria.
_____ (b) Denunciaria o funcionário aos superiores.
_____ (c) Compraria o exame e manteria segredo.
_____ (d) Não compraria, mas contaria sobre a disponibilidade do original a alguns amigos, que também estão com dificuldades na matéria.

Situação 2. Há dois dias, você está trabalhando em algumas projeções financeiras, fazendo os cálculos manualmente. Parece que, cada vez que você está para terminar o trabalho, seu chefe aparece com novas suposições ou perguntas hipotéticas. Se você tivesse um programa de planilha eletrônica instalado no computador pessoal, poderia calcular as novas suposições e revisar os cálculos facilmente. Então, um colega se dispõe a deixar você fazer uma cópia de um *software* protegido por direitos autorais. Nesse caso, o que você faria?

_____ (a) Aceitaria a oferta generosa do seu amigo e copiaria o *software*.
_____ (b) Recusaria a oferta e calcularia manualmente os números.

_____ (c) Compraria uma cópia do *software* por US$ 300 e esperaria ser reembolsado pela companhia em um ou dois meses.
_____ (d) Pediria mais prazo em um projeto que já está atrasado.

Situação 3. Você é proprietário de uma pequena empresa manufatureira que enfrenta graves problemas financeiros. Há um grande pedido pronto para ser entregue a um importante cliente, mas você descobre que o produto está incorreto. O item não atende todas as especificações de desempenho, causará problemas para o cliente e exigirá que o trabalho em campo seja refeito; no entanto, você sabe que o cliente tomará conhecimento desses problemas somente depois de ter recebido a encomenda e pago por ela. Se você não enviar o pedido, e não receber o pagamento conforme previsto, será forçado a declarar falência. Se atrasar a remessa e informar o cliente a respeito desses problemas, poderá perder o pedido e também se ver forçado a declarar falência. Nesse caso, o que você faria?

_____ (a) Não remeteria o pedido e declararia falência voluntária.
_____ (b) Informaria o cliente e declararia falência voluntária.
_____ (c) Remeteria o pedido e informaria o cliente, depois de receber o pagamento.
_____ (d) Remeteria o pedido e não informaria o cliente.

Situação 4. Você é co-fundador e presidente de um novo empreendimento, que produz itens para o mercado de recreação. Cinco meses depois de iniciadas as atividades da empresa, um dos fornecedores informa que não poderá mais disponibilizar uma matéria-prima fundamental para a produção dos itens porque sua empresa não é um consumidor de grande porte. Sem essa matéria-prima, a empresa não poderá continuar as atividades. Nesse caso, o que você faria?

_____ (a) Aumentaria substancialmente os pedidos a outro fornecedor, fazendo-o pensar que é um cliente potencialmente muito maior, a fim de assegurar o recebimento da matéria-prima, mesmo isso significando que esse fornecedor não conseguirá atender outro pequeno fabricante não-concorrente que poderá, desse modo, ser forçado a encerrar as atividades.
_____ (b) Obteria, às escondidas, matéria-prima de outra empresa (não-concorrente) que você soubesse ter grande estoque desse material.
_____ (c) Recompensaria o fornecedor, pois tem razões para acreditar que ele pode ser "convencido" a atender as suas necessidades mediante uma compensação razoável "por baixo do pano" que sua companhia tem condições de pagar.
_____ (d) Declararia falência voluntária.

Situação 5. Você está em viagem de divulgação de um novo empreendimento e visitará o comprador de um grande cliente potencial. Sua empresa fabrica um sistema eletrônico que você espera vender ao comprador. Durante as conversas, você observa sobre a mesa abarrotada do comprador diversas cópias de uma proposta com os preços do sistema do seu concorrente direto. O comprador, por diversas vezes, pediu-lhe cópias adicionais da proposta da companhia, alegando extravio. O comprador sai por alguns instantes da sala para pegar um café, deixando-o sozinho com as propostas do concorrente disponíveis a menos de um palmo. Nesse caso, o que você faria?

_____ (a) Não faria nada e esperaria o comprador retornar.
_____ (b) Daria uma espiada, procurando saber os preços finais da proposta.
_____ (c) Colocaria a cópia da proposta na sua pasta.
_____ (d) Esperaria o comprador retornar e lhe pediria uma cópia da proposta.

FONTE: TIMMONS, Jeffry A. *New venture creation.* 3. ed., p. 285-286. Copyright © 1994 Jeffry A. Timmons. Reproduzido com permissão do autor.

5.3 Postura Ética

Em sua opinião, essas atitudes são éticas ou antiéticas? Por quê? Analise cada caso individualmente e discuta em grupos.

- Faltar ao trabalho alegando doença quando a pessoa realmente não está doente.
- Levar material de escritório para casa para uso pessoal.
- Colar na prova.
- Delatar alguém por estar colando na prova ou copiando algum trabalho.
- Cobrar a mais no seu relatório de despesas para a empresa.
- Tentar escapar de uma multa por excesso de velocidade.
- Desviar para si a TV a cabo do vizinho.
- Navegar na Internet durante o expediente.
- Burlar o Fisco.
- Mentir (exageradamente) sobre si para impressionar alguém em quem está interessado(a).
- Visitar *sites* pornográficos utilizando a rede da companhia.
- Mentir sobre a escolaridade no formulário para se candidatar a um emprego.
- Mentir sobre a experiência durante uma entrevista de emprego.
- Fazer cópia de um DVD alugado antes de devolver à locadora.

FONTE: JANASZ, Suzanne C. de et al. *Interpersonal skills in organizations.* Nova York: McGraw-Hill/Irwin, 2002, p. 391.

APÊNDICE B

Princípios de Ética da Mesa-Redonda de Caux (as descrições gerais estão na página 154).

PRINCÍPIO 1. AS RESPONSABILIDADES DAS EMPRESAS: ALÉM DOS ACIONISTAS, RUMO AOS *STAKEHOLDERS*

O valor da empresa para a sociedade está na riqueza e no emprego que ela cria e nos produtos e serviços que oferece aos consumidores a preço proporcionalmente compatível com a qualidade. Para criar esse valor, a empresa deve manter sua própria saúde e viabilidade econômica, contudo, a sobrevivência não deve ser sua única meta.

As empresas exercem importante papel na melhoria de vida de todos os seus clientes, funcionários e acionistas, compartilhando com eles a riqueza que criam. Fornecedores e concorrentes também esperam das empresas o cumprimento das suas obrigações com espírito de honestidade e justiça. Como cidadãos responsáveis das comunidades local, nacional, regional e global em que operam, as empresas compartilham uma parte importante na formação do futuro dessas comunidades.

PRINCÍPIO 2. IMPACTO ECONÔMICO E SOCIAL DA EMPRESA: RUMO À INOVAÇÃO, JUSTIÇA E COMUNIDADE MUNDIAL

As empresas instaladas em países estrangeiros para desenvolver, produzir ou vender também devem contribuir para o avanço social desses países, criando emprego produtivo e ajudando a aumentar o poder de compra dos cidadãos. E também devem contribuir para os direitos humanos, a educação, o bem-estar e a vitalização dos países em que atuam.

As empresas também devem contribuir para o desenvolvimento social e econômico não apenas dos países em que atuam, mas da comunidade mundial em geral, com uso eficaz e prudente dos recursos, concorrência livre e justa e ênfase na inovação em termos de tecnologia, produção, métodos, marketing e comunicações.

PRINCÍPIO 3. COMPORTAMENTO EMPRESARIAL: ALÉM DO TEXTO DAS LEIS, RUMO AO ESPÍRITO DE CONFIANÇA

Ao aceitar a legitimidade dos segredos comerciais, as empresas devem reconhecer que sinceridade, franqueza, verdade, cumprimento das promessas e transparência contribuem não apenas para a própria estabilidade e credibilidade da empresa como também para a harmonia e eficácia das transações comerciais, principalmente no âmbito internacional.

PRINCÍPIO 4. RESPEITO ÀS REGRAS

Para evitar atritos comerciais e promover o livre comércio, condições iguais entre concorrentes e tratamento justo e equânime para todos os participantes, as empresas devem respeitar as regras nacionais e internacionais. Além disso, elas devem admitir que alguns comportamentos, embora legais, podem provocar conseqüências adversas.

PRINCÍPIO 5. APOIO AO COMÉRCIO MULTILATERAL

As empresas devem apoiar os sistemas de comércio multilateral do Gatt/Organização Mundial do Comércio e de acordos internacionais semelhantes. Elas devem cooperar com os esforços para promover a liberalização progressiva e criteriosa do comércio e afrouxar as medidas domésticas injustificadamente prejudiciais ao comércio global, respeitando, ao mesmo tempo, os objetivos da política nacional.

PRINCÍPIO 6. RESPEITO AO MEIO AMBIENTE

As empresas devem proteger e, onde possível, melhorar o meio ambiente, promover crescimento sustentável e evitar o uso indevido dos recursos naturais.

PRINCÍPIO 7. CONDENAÇÃO DAS OPERAÇÕES ILÍCITAS

As empresas não devem participar de práticas de corrupção como suborno, lavagem de dinheiro ou qualquer outro ato ilícito nem ignorá-las; na realidade, as empresas devem buscar o trabalho conjunto para eliminá-las. Elas não devem comercializar armas ou outros materiais usados em atividades terroristas, tráfico de drogas ou outro crime organizado.

PRINCÍPIO 8. CLIENTES

Acreditamos no tratamento digno de todo cliente, seja aquele que compra nossos produtos e serviços diretamente de nós, seja aquele que os adquire no mercado. Portanto, nossa responsabilidade é:

- fornecer aos clientes produtos e serviços da mais alta qualidade e compatíveis com suas exigências;
- tratar os clientes com justiça em todos os aspectos das transações comerciais, incluindo atendimento de alto nível e solução para sua insatisfação;
- envidar todos os esforços para garantir que a saúde e segurança do cliente, bem como a qualidade do meio ambiente, serão sustentadas ou aprimoradas com nossos produtos e serviços;
- garantir o respeito pela dignidade humana nos produtos oferecidos, na comercialização e na publicidade; e respeitar a integridade da cultura de cada cliente.

PRINCÍPIO 9. FUNCIONÁRIOS

Acreditamos na dignidade de cada funcionário e em considerar seriamente os seus interesses. Portanto, nossa responsabilidade é:

- oferecer empregos e remuneração que melhorem a condição de vida dos trabalhadores;
- oferecer condições de trabalho que respeitem a saúde e a dignidade de cada funcionário;
- ser honesto na comunicação com os funcionários e divulgar informações com franqueza, exceto diante de restrições legais ou relativas à concorrência;
- ouvir e, sempre que possível, agir seguindo as sugestões, idéias, solicitações e reclamações do funcionário;
- realizar negociações de boa-fé sempre que surgirem conflitos;
- evitar práticas discriminatórias e garantir tratamento e oportunidade iguais em termos de sexo, idade, raça e religião;
- promover na própria empresa o emprego de pessoas com capacitação diferente em áreas de trabalho em que possam ser efetivamente úteis;
- proteger o funcionário de doenças e danos físicos evitáveis no ambiente de trabalho;
- incentivar e apoiar o funcionário a desenvolver a capacitação e o conhecimento relevantes e transferíveis; e
- sensibilizar-se com os graves problemas do desemprego freqüentemente associados com as decisões empresariais, e trabalhar em conjunto e mutuamente com governo, grupos de funcionários e outros órgãos para resolver essas desarticulações.

PRINCÍPIO 10. PROPRIETÁRIOS/INVESTIDORES

Acreditamos em honrar a confiança depositada pelos nossos investidores em nós. Portanto, nossa responsabilidade é:

- aplicar gestão cuidadosa e profissional para assegurar retorno justo e competitivo sobre o investimento dos proprietários da empresa;
- divulgar informações relevantes aos proprietários/investidores condicionadas às restrições das exigências legais e relacionadas com a concorrência;
- conservar, proteger e aumentar os ativos dos proprietários/investidores; e
- respeitar pedidos, sugestões, reclamações e resoluções formais dos proprietários/investidores.

PRINCÍPIO 11. FORNECEDORES

Nossas relações com fornecedores e subcontratados devem ser baseadas no respeito mútuo. Portanto, nossa responsabilidade é:

- promover atividades justas e responsáveis, envolvendo preços, licenciamento e direitos de venda;
- assegurar que as atividades comerciais sejam livres de coação e litígios desnecessários;
- promover a estabilidade de longo prazo na relação com fornecedores em troca de valor, qualidade, competitividade e responsabilidade;
- compartilhar informações com fornecedores e integrá-los no nosso processo de planejamento;
- pagar no prazo os fornecedores e de acordo com os termos acordados nas negociações; e
- buscar, incentivar e preferir fornecedores e subcontratados cujas práticas de emprego respeitem a dignidade humana.

PRINCÍPIO 12. CONCORRÊNCIA

Acreditamos na concorrência econômica justa como um dos requisitos básicos para aumentar a riqueza das nações e, conseqüentemente, possibilitar a distribuição justa de mercadorias e serviços. Portanto, nossa responsabilidade é:

- incentivar o mercado aberto de negociações e investimentos;
- promover o comportamento competitivo que seja social e ambientalmente benéfico e que demonstre respeito mútuo entre a concorrência;
- evitar buscar, ou participar de, pagamentos questionáveis de favores para assegurar vantagens competitivas;
- respeitar os direitos de propriedade tanto intelectual como dos bens tangíveis; e
- recusar-se a adquirir informação comercial por meio desonesto e antiético, por exemplo, por espionagem industrial.

PRINCÍPIO 13. COMUNIDADES

Acreditamos que, como cidadãos corporativos globais, podemos contribuir com as forças de reforma e direitos humanos que atuam nas comunidades em que operamos. Portanto, nossa responsabilidade nessas comunidades é:

- respeitar os direitos humanos e as instituições democráticas e promovê-los sempre que seja viável;
- reconhecer a obrigação legítima do governo para com a sociedade em geral e apoiar as práticas e políticas públicas que promovam o desenvolvimento humano por meio de relações harmoniosas entre empresa e outros segmentos;
- colaborar com essas forças comunitárias dedicadas à melhoria dos padrões de saúde, educação, segurança no trabalho e bem-estar econômico;
- promover e estimular o desenvolvimento sustentável e exercer papel de liderança na preservação e melhoria do ambiente físico e preservação dos recursos naturais;
- apoiar a paz, a segurança, a diversidade e a integração social;
- respeitar a integridade das culturas locais; e
- ser um bom cidadão corporativo oferecendo doações, contribuições educativas e culturais e participação do funcionário nas atividades comunitárias e cívicas.

FONTE: Informe publicitário especial da Mesa-Redonda de Caux, Suíça, "Principles for Business", oferecido como serviço público pela Canon, *Business Ethics*, maio/jun. 1995.

APÊNDICE C

Gestão do Meio Ambiente

EMPRESA E MEIO AMBIENTE: VISÕES CONFLITANTES

Algumas pessoas acreditam que todos saem ganhando quando a empresa procura resolver as questões ambientais.[1] Outras discordam.

A Mentalidade Ganha-Ganha As empresas costumavam enxergar as questões ambientais como uma situação em que ninguém ganha: ou a empresa cuidava do meio ambiente e prejudicava os próprios negócios, ou cuidava dos negócios em detrimento do meio ambiente. Felizmente, as coisas mudaram. "No início da década de 1970, quando os norte-americanos começaram a exigir a preservação do meio ambiente, as corporações reagiram muito negativamente. As diversas reações psicológicas variavam da negação à hostilidade, à confrontação, à obstinação e ao temor. Hoje, no entanto, quando o assunto é ecologia, muitas empresas norte-americanas abandonam a postura de rebeldes acomodados, passando a ativos solucionadores de problemas."[2] A Tabela C.1 apresenta alguns exemplos de ações implementadas por corporações norte-americanas para ajudar a resolver os problemas ambientais.

A Eco 92, Conferência Mundial para o Meio Ambiente e Desenvolvimento realizada em 1992 no Rio de Janeiro, ajudou a aumentar a conscientização para as questões ambientais. Esse encontro levou ao Protocolo de Kyoto, um esforço internacional de controle do aquecimento global, que inclui uma reunião fracassada em Haia, em novembro de 2000.[3] "Muitos grupos têm avançado — seja a indústria, os governos ou as organizações não-governamentais — na direção do reconhecimento da importância do papel de todos na busca de uma solução."[4]

A adoção de uma postura "ecológica" cria um potencial catalisador de inovação, de novas oportunidades de mercado e de geração de riqueza. Os defensores dessa postura consideram-na uma verdadeira situação ganha-ganha; ou seja, é possível implementar ações benéficas tanto para a empresa como para o meio ambiente. Por exemplo, a Procter & Gamble, em um período de cinco anos, reduziu o lixo descartável em cerca de 50% ao mesmo tempo que aumentou as vendas em 25%.[5] As companhias com mentalidade ganha-ganha sairão na frente das que vêem as questões ambientais como "nós *versus* eles", mentalidade de não temos recursos para preservação do meio ambiente.

Será que hoje tudo é difícil?[6] As companhias têm encontrado diversas soluções simples e vantajosas — ou seja, práticas excessivamente custosas transformadas em ações envolvendo conscientização ecológica e, ao mesmo tempo, financeiramente vantajosas. Muitas grandes companhias implementaram simples mudanças e colheram vários benefícios delas. Muitas pequenas empresas ainda podem adotar esse tipo de prática e também colher seus frutos,[7] e muito ainda poderá ser feito.

Visão Conflitante Os críticos ao ambientalismo empresarial são veementes. Alguns economistas, defensores da idéia de que tudo tem um preço, afirmam não existir uma única análise empírica capaz de sustentar a tese de que qualquer investimento em questões ambientais produz retorno total para a empresa.[8] O ceticismo deve continuar, afirmam eles; a crença de que todos saem ganhando é uma visão ingênua.

O que realmente incomoda muitos empresários é o custo financeiro para adequar-se às normas ambientais.[9] Considere alguns exemplos:

- a GM gastou US$ 1,3 bilhão para atender às exigências do Estado da Califórnia de que 10% dos automóveis vendidos no Estado sejam antipoluentes. As montadoras européias gastaram US$ 7 bilhões para instalar equipamentos de controle de poluentes em todos os carros novos em um período de cinco anos;
- na Bayer, 20% dos custos de produção são decorrentes das questões ambientais. Isso representa aproximadamente o mesmo montante gasto com mão-de-obra;
- a lei de combate à poluição do ar, se considerada sozinha, provocaria um custo previsto de US$ 37 bilhões às refinarias de petróleo norte-americanas, mais do que o valor nominal de todo o setor;
- as rígidas leis estaduais da Califórnia são as principais razões para as indústrias se mudarem para os estados de Arkansas ou Nevada.

A legislação ambiental era considerada uma ameaça para a própria sobrevivência das indústrias, por exemplo, das indústrias química e petrolífera.[10]

Equilíbrio Uma visão mais equilibrada propõe uma avaliação comparativa entre os benefícios ambientais de uma ação e a destruição de valor. A idéia é: não impeça o progresso, mas escolha com cuidado as iniciativas ambientais. Ações de adaptação e correção podem proteger, mas não aumentarão o valor da empresa para o acionista.[11] E esse deve ser o foco de uma análise objetiva de custo-benefício, o valor para o acionista e não a conformidade, a emissão de poluentes ou os custos. Essa abordagem é ecologicamente segura, mas também extremamente racional no sentido empresarial, além de efetivamente sustentável no longo prazo.

Johan Piet afirma: "Somente as empresas com a mentalidade de ganha-ganha sobreviverão, no entanto, isso não significa que todas as idéias baseadas nessa mentalidade efetivamente serão bem-sucedidas".[12] Em outras palavras, uma análise rigorosa é fundamental. Desse modo, algumas companhias mantêm melhorias contínuas no desempenho ambiental, mas investem somente em projetos que cumpram objetivos financeiros.

A maioria das pessoas entende que empresas com recursos e competência para promover mudanças construtivas criam com isso grandes oportunidades — quando bem administradas — tanto para elas próprias como para o meio ambiente.

QUADRO C.1

O Que as Companhias Estão Fazendo para Melhorar o Meio Ambiente

- A Toyota criou uma divisão de "ecotecnologia" destinada tanto à conformidade regulatória como ao direcionamento da corporação, incluindo o desenvolvimento de automóveis híbridos combustão-elétrico.
- Na nova fábrica de carpetes da Interface Corporation em Xangai, as substâncias líquidas são transportadas por um circuito de bombeamento-padrão semelhante ao da maioria das indústrias. No entanto, simplesmente utilizando tubos retos, mais estreitos e mais curtos em vez de longos e retorcidos, a empresa reduziu o consumo de energia em 92%.
- A Xerox utilizou uma engenharia batizada de "lixo zero para o aterro" e criou uma nova copiadora remanufaturável. A AT&T reduziu o gasto com papéis em 15%, definindo como padrão para copiadoras e impressoras o modo frente e verso.
- A Electrolux utiliza tintas à base de água e pó, ambientalmente menos prejudiciais, em lugar de tintas à base de solvente, e lançou os primeiros refrigeradores e freezeres sem CFC.
- Muitas companhias químicas e farmacêuticas, incluindo a Novo Nordisk e Empresas La Moderna, estão explorando a "química ecológica" e buscando substitutos biológicos para materiais sintéticos.
- A Anheuser-Busch economizou 21 milhões de libras em metal por ano, reduzindo a borda da lata de cerveja em aproximadamente 0,32 cm (sem reduzir o conteúdo da lata).
- A Nissan reuniu um grupo de ecologistas, especialistas em energia e cientistas para um *brainstorm* sobre como deve ser a atuação de uma indústria automobilística ecologicamente responsável. Entre as idéias estão a criação de automóveis que possam ser acoplados uns aos outros formando uma espécie de trem movido à energia elétrica para viagens longas e, depois, desacoplados para prosseguirem até o destino final.

FONTE: SENGE, P. M.; CARSTEDT G. Innovating our way to the next industrial revolution. *Sloan Management Review*, inverno de 2001, p. 24-38; POLONSKY, M. P.; ROSENBERGER III, P. J. Reevaluating green marketing: a strategic approach. *Business Horizons*; set./out. 2001, p. 21-30; GARFIELD, C. *Second to none: how our smartest companies put people first.* Burr Ridge, IL: Business One-Irwin, 1992; BRADBURY, H.; CLAIR, J. A. Promoting sustainable organizations with Sweden's natural step. *Academy of Management Executive*, nov. 1999, p. 63-74, LOVING, A. et al. Road map for natural capitalism. *Harvard Business Review*, maio/jun. 1999, p. 145-58; HAWKEN, P. et al. *Natural capitalism.* Boston: Little Brown, 1999; HART, S. L.; MILSTEIN, M. B., Global sustainability and the creative destruction of industries. *Sloan Management Review*, outono de 1999, p. 23-32.

POR QUE ADMINISTRAR TENDO EM MENTE O MEIO AMBIENTE?

As empresas estão voltando toda a atenção para as questões ambientais por diversas razões, incluindo a conformidade legal, a eficácia do custo, a vantagem competitiva, a opinião pública e a visão de longo prazo.

Conformidade Legal O Quadro C.2 mostra apenas algumas das leis ambientais norte-americanas mais importantes. As normas governamentais e a responsabilidade pelos danos são poderosos incentivos financeiros para o cumprimento das diretrizes ambientais. A maioria das indústrias já integrou no planejamento empresarial as responsabilidades e regulamentação de proteção ambiental.[13] O Ministério da Justiça dos Estados Unidos tem aplicado sentenças rígidas de prisão a executivos cujas companhias violam as exigências para o descarte de substâncias perigosas.

QUADRO C.2

Algumas Leis Ambientais Norte-americanas

Superfundo [Lei Abrangente de Responsabilidade, Compensação e Resposta Ambiental]: determina a responsabilidade potencial de qualquer pessoa ou organização responsável por danos causados à saúde ambiental. Os indivíduos podem ser processados, penalizados com multa ou condenados a pagar pela correção dos danos causados.

Lei de Limpeza da Água [Lei Federal de Controle da Poluição da Água]: regula qualquer material despejado nas águas superficiais e influencia na construção e no funcionamento dos sistemas de esgoto. A Lei de Proteção da Água Potável, similarmente, protege as águas subterrâneas.

Lei de Limpeza do Ar: controla a emissão no ar de qualquer substância que afete a qualidade do ar, incluindo óxido nitroso, dióxido de enxofre e dióxido de carbono.

Lei do Direito de Saber e de Resposta Comunitária: exige que qualquer instalação que produza, transporte, armazene, utilize ou libere substâncias perigosas forneça informações completas às autoridades estaduais e locais e mantenha planos de ação emergencial.

Lei Federal de Controle de Substâncias Perigosas: regula o risco à saúde e à segurança associado aos produtos de consumo. O Comitê de Segurança dos Produtos de Consumo tem direito de recolher produtos perigosos.

Lei de Transporte de Materiais Perigosos: controla o empacotamento, a comercialização e a rotulagem das remessas de materiais radioativos, tóxicos e inflamáveis.

Lei de Preservação e Recuperação dos Recursos: estende as leis de controle de geração, tratamento e descarte de lixos sólidos e perigosos aos geradores de pouca quantidade de lixo.

Lei de Controle e Recuperação da Superfície de Mineração: estabelece padrões ambientais para todas as operações de mineração na superfície.

Lei de Controle de Substâncias Tóxicas: trata da produção, do processamento, da distribuição, do uso e do descarte de substâncias e compostos químicos perigosos.

FONTE: KINLAW, Dennis C. *Competitive and green:* sustainable performance in the environmental age. Amsterdã: Pfeiffer & Co., 1993. Reimpresso com permissão do autor.

Alguns empresários consideram a regulamentação rígida demais, inflexível e injusta. Em resposta a essas reclamações, pode ocorrer uma reforma reguladora mais criativa. A série de encontros promovida pelo Aspen Institute sobre o Meio Ambiente no Século XXI vem tentando melhorar a eficácia financeira das medidas para o cumprimento das exigências ambientais, com padrões mais flexíveis e com incentivos baseados em mercado. Esses mecanismos, incluindo permissões negociáveis, sistemas de restituição de gastos com poluição e de depósito, proporcionam incentivos financeiros positivos para a boa *performance* ambiental.[14]

Eficácia do Custo As estratégias que levam em conta a consciência ecológica podem ser financeiramente efetivas.[15] No curto prazo, diversas companhias estão percebendo a economia em custos decorrentes do reaproveitamento da embalagem, da reciclagem e de outras abordagens. A Union Carbide gastou US$ 30 por tonelada no descarte de lixos sólidos e US$ 2 mil por tonelada de lixos tóxicos. Com a reciclagem, recuperação e venda do lixo, a empresa economizou US$ 8,5 milhões e gerou receita de US$ 3,5 milhões em um semestre. A Dow Chemical lançou um programa de 10 anos para melhorar o desempenho da empresa em termos de meio ambiente, saúde e segurança em todo o mundo. A Dow prevê economizar US$ 1,8 bilhão nesse período.[16]

As estratégias ambientalmente conscientes também proporcionam vantagens de longo prazo. As companhias que hoje trabalham à beira do limite legal podem incorrer em grandes gastos — sendo forçadas a pagar indenizações ou a atualizar as tecnologias e práticas — quando as leis forem mudando ao longo do tempo.

Algumas outras economias de custo decorrem da economia com multas, sindicâncias e litígios; custos mais baixos de matéria-prima; gastos menores com energia; economia no tratamento e descarte do lixo; taxas de seguro mais baratas, e possivelmente com a elevação das taxas de juros.

Vantagem Competitiva As corporações obtêm vantagem competitiva canalizando as questões ambientais em oportunidades empresariais e produzindo produtos de mais qualidade para atender à demanda do consumidor. Muitas oportunidades de negócios provêm dos processos e equipamentos de proteção contra a poluição, da eliminação dos resíduos, da redução do consumo de água com a utilização de sistemas hidráulicos mais eficientes, de novas tecnologias de iluminação elétrica e da comercialização de produtos ecologicamente seguros, por exemplo, o plástico biodegradável. Com a formação de novos grupos de capital de risco e a disponibilidade de financiamentos do governo e de fundos de investimento especializados, a tecnologia ambiental tornou-se um grande mercado da indústria de capital de risco.[17]

Além disso, as companhias que não inovam nessa área ficarão em *desvantagem* competitiva. A proteção ambiental não é apenas uma necessidade universal; ela consiste também em uma grande indústria de exportação. O mercado norte-americano perdeu, à medida que outros países — principalmente a Alemanha — passaram a liderar o patenteamento e a exportação de tecnologia de combate à poluição do ar e outras tecnologias ambientais. Se os Estados Unidos não produzirem novas tecnologias competitivas e inovadoras, terão de abrir mão de uma indústria em crescimento e gastarão grande parte dos investimentos domésticos em importações de produtos e serviços de proteção ambiental.[18]

Em suma, a vantagem competitiva pode ser obtida mantendo-se a participação de mercado com antigos clientes e criando-se novos produtos para aproveitar as novas oportunidades do mercado. E, se o gerente for um líder ambiental, poderá definir padrões para os futuros regulamentos — regulamentos dos quais sua empresa está preparada para atender, e os concorrentes não.

Opinião Pública A maioria da população norte-americana acredita que a empresa deve ser responsável pela limpeza do meio ambiente; poucas pessoas acham que as empresas estão cumprindo bem seu papel. Pesquisas realizadas pelo Instituto Gallup mostram que, durante as compras, mais de 80% dos consumidores norte-americanos levam em conta o fator ambiental. Uma pesquisa internacional feita em 22 países constatou que a maioria das empresas em 20 países priorizou a proteção ambiental mesmo correndo o risco de tornar mais lento o crescimento econômico. Os consumidores parecem ter chegado ao ponto de, rotineiramente, esperar que as companhias ofereçam alternativas mais ambientalmente "amigáveis" às práticas e aos produtos atualmente oferecidos.[19]

As companhias também são pressionadas pelas comunidades locais e pelos próprios funcionários. Algumas vezes a pressão é informal e pouco relevante, contudo, uma pressão mais forte é exercida por organizações ambientalistas, associações, sociedades e grupos de manifestantes, códigos internacionais de conduta e investidores com consciência ambiental.[20]

Outro motivo importante para prestar atenção ao impacto ambiental é o TRI, Inventário de Liberação Tóxica.[21] Desde 1986, a EPA (Agência de Proteção Ambiental) exige que todas as fábricas de aproximadamente 10 mil indústrias norte-americanas apresentem um relatório anual de emissão de 317 substâncias tóxicas no ar, no solo e na água. As substâncias são *freon*, ascarel (PCBs), amianto e compostos de chumbo. Há outras centenas que foram acrescentadas à lista. A emissão dessas substâncias não necessariamente é proibida, no entanto, esses relatórios oferecem à opinião pública uma análise ambiental anual. O inventário é um grande incentivo para a redução da emissão desses poluentes.

Por fim, é importante lembrar que a recuperação da imagem de uma empresa diante da opinião pública por causa de algum desastre ambiental é muito lenta. Uma opinião pública contrária afeta as vendas e a capacidade da empresa de atrair e manter profissionais talentosos. Desse modo, é possível perceber por que empresas como a P&G consideram a questão ambiental uma necessidade de consumo, tornando-a uma questão empresarial básica e crítica.

Mentalidade de Longo Prazo Uma mentalidade de longo prazo sobre os recursos ajuda os líderes empresariais a entenderem a natureza da sua responsabilidade em relação aos interesses ambientais. Por exemplo, neste capítulo, foi abordado o crescimento sustentável.[22] Os argumentos econômicos e o conflito entre os interesses individuais e o bem comum também ressaltam a necessidade de uma reflexão sobre o futuro.

Argumentos Econômicos No Capítulo 3, foi discutida a tomada de decisão de curto prazo em comparação com a de longo prazo. Nesse capítulo, observou-se que é comum os gerentes sucumbirem à pressão de curto prazo por lucros e evitarem gastos no momento presente quando o retorno virá somente muitos anos depois. Além disso, alguns economistas alegam ser responsabilidade do gerente maximizar o retorno para o acionista, sugerindo a predominância das metas para o lucro no curto prazo.

No entanto, outros economistas afirmam que uma estratégia desse tipo provê a maximização do lucro imediato para especuladores do mercado acionário e negligencia investidores sérios que ajudam a sustentar a companhia no longo prazo. A atenção com as questões ambientais melhora a viabilidade de longo prazo da organização porque a meta é gerar riqueza permanente para investidores sérios e pacientes[23] — sem mencionar o estado futuro do nosso planeta e das próximas gerações de habitantes.

A Tragédia dos *Commons* Em um clássico artigo publicado na revista *Science*, chamado *The tragedy of commons*, Garrett Hardin descrevia uma situação aplicável a todas as decisões de negócio e às preocupações sociais relacionadas com a escassez de recursos como água, ar e solo limpo.[24] Ao longo da história da humanidade, os *commons* eram grandes porções de terra, compartilhadas entre comunidades de pessoas, que serviam de pastagem para seus animais. Essas porções de terra possuem limitada **capacidade de sustentação**, ou seja, limitada capacidade de sustentar a população, por ser um recurso finito. Para os criadores individuais, o interesse de curto prazo está em ter o máximo possível de animais nessas áreas. Entretanto, os problemas vão surgindo à medida que esses criadores começam a trazer mais animais para pastar nessas áreas. Esse comportamento provoca uma tragédia: como cada criador age visando seu próprio interesse de curto prazo, o impacto de longo prazo é a destruição das áreas de pastagem. A solução está em fazer as escolhas com base nas conseqüências de longo prazo e não nas de curto prazo.

De várias formas, é possível testemunhar essa **tragédia dos *commons***. A capacidade sustentável está diminuindo à medida que os recursos preciosos, entre eles principalmente a água, estão cada vez mais escassos. Inevitavelmente, surgem conflitos — e são necessárias soluções urgentes.

O Movimento Ambientalista A década de 1990 ficou conhecida como "década da Terra" quando surgiu um "novo ambientalismo" com novas características.[25] Por exemplo, os proponentes do novo ambientalismo pediram para as companhias reduzirem os resíduos, usarem os recursos com cuidado, comercializarem produtos seguros e assumirem a responsabilidade pelos danos causados no passado. Esses pedidos foram formalizados nos princípios de CERES (ver Quadro C.3).

O novo ambientalismo combina variados pontos de vista, contudo, no início, não se combinou facilmente com os valores empresariais tradicionais. Alguns dos principais aspectos dessa filosofia podem ser observados na discussão a seguir baseada na história desse movimento.[26]

Preservação e Ambientalismo Um ponto de tensão e de divergência entre a filosofia ambiental e a gestão empresarial é a **preservação**. O movimento de preservação é antropocêntrico (centrado no ser humano), tecnologicamente otimista e preocupado basicamente com o aproveitamento eficiente dos recursos. O movimento procura evitar os resíduos, promover o aproveitamento racional e eficiente dos recursos naturais e maximizar os resultados de longo prazo, principalmente dos recursos renováveis.

Em contrapartida, o **movimento ambientalista** historicamente tem apresentado dilemas para a gestão empresarial. Seguindo a liderança dos primeiros pensadores como George Perkins Marsh (1801–1882), ele tem demonstrado que os efeitos negativos não-intencionais das atividades econômicas humanas sobre o meio ambiente muitas vezes são maiores do que os benefícios. Por exemplo, há relações entre desmatamento e erosão do solo e entre drenagem de lagos e pântanos e diminuição da vida animal.

Outros ambientalistas pioneiros, como John Muir (1838–1914) e Aldo Leopold (1886–1948), argumentavam que o homem não está acima da natureza, mas é parte dela. A natureza não deve ser subjugada pelo homem, mas é sagrada e deve ser preservada não apenas para uso econômico, mas para seu próprio benefício — e pelo que o homem pode aprender com ela.

Ciência e Meio Ambiente *The silent spring*, livro mais vendido em 1962, de autoria de Rachel Carson, ajudou a inflamar o movimento ambientalista moderno, alertando o público a respeito dos perigos do uso indiscriminado de pesticidas.[27] Carson reuniu um material de toxicologia, ecologia e epidemiologia e divulgou-o em linguagem acessível ao público em geral. Misturando argumentos científicos, morais e políticos, ela associou as políticas e os valores ambientais com o conhecimento científico.

A obra *Science and survival* (1963), de Barry Commoner, seguiu a mesma linha. Commoner ampliou o escopo da ecologia, incluindo todo aspecto relacionado com as áreas de física, química, biologia, sociologia, política, economia e filosofia.[28] Ele alegava que todos esses elementos estão relacionados entre si e devem ser vistos como um todo. De acordo com Commoner, os sintomas dos problemas ambientais estão no universo biológico, mas suas origens estão nas organizações políticas e econômicas.

Economia e Meio Ambiente Os economistas promovem o crescimento por diversas razões: para restabelecer o balanço de pagamentos, para tornar as nações mais competitivas, para criar empregos, para reduzir o déficit, para oferecer assistência aos idosos e doentes e para reduzir a pobreza. Os ambientalistas criticam a economia por causa da noção econômica de eficiência e da ênfase no crescimento econômico.[29] Por exemplo, os ambientalistas argumentam que os economistas não avaliam corretamente os efeitos colaterais não-intencionais da eficiência. E sustentam que os economistas precisam suplementar as estimativas dos custos financeiros e dos benefícios do crescimento com as estimativas de outros fatores que historicamente não eram medidos em termos econômicos.[30]

Os economistas e analistas da política pública argumentam com a necessidade do equilíbrio entre os benefícios e os custos da eliminação do risco ao meio ambiente e às pessoas. A redução do risco envolve determinação do nível de eficácia dos métodos propostos e de quanto vão custar. Há várias maneiras de avaliar os fatores de custos. Os analistas podem realizar uma análise de custo-eficiência, tentando descobrir como atingir determinada meta com recursos limitados, ou realizar análises mais formais de risco-benefício e custo-benefício, quantificando tanto os benefícios como os custos da redução do risco.[31]

QUADRO C.3

Os Princípios de CERES

- **Proteção da biosfera:** minimizar a emissão de poluentes danosos ao meio ambiente.
- **Uso sustentável dos recursos naturais:** conservar os recursos não-renováveis mediante uso racional e planejamento criterioso.
- **Redução e descarte do lixo:** minimizar a quantidade de lixo, principalmente de material perigoso, e descartar esse material de forma segura e responsável.
- **Uso racional de energia:** envidar esforços para utilizar recursos energéticos sustentáveis e ecologicamente seguros nas atividades operacionais.
- **Redução do risco:** diminuir os riscos ao meio ambiente, à saúde e à segurança dos funcionários.
- **Comercialização de produtos e serviços seguros:** vender produtos que minimizem o impacto ambiental negativo e que sejam seguros para os consumidores.
- **Compensação dos danos:** assumir a responsabilidade por qualquer dano ambiental provocado pela companhia; promover biocorreção, e compensar as partes afetadas.
- **Divulgação de incidentes ambientais:** divulgação pública de acidentes relacionados com operações prejudiciais ao meio ambiente ou arriscadas à saúde ou à segurança.
- **Diretores ambientais:** nomear, no mínimo, um membro da diretoria qualificado para representar os interesses ambientalistas da empresa; criar a função de vice-presidente de assuntos ambientais.
- **Avaliação e auditoria anual:** produzir e publicar anualmente uma auto-avaliação do avanço na implementação dos princípios ambientais e no cumprimento de todas as leis e normas aplicáveis mundialmente. Anualmente, realizar auditoria e elaborar e distribuir o relatório ao público em geral.

FONTE: *Chemical Week*, 20 set. 1989, reimpresso com permissão da *Chemical Week*. *CERES Coalition Handbook*.

Avaliação Qualitativa na Análise de Custo-Benefício Métodos formais qualitativos para equilibrar custos e benefícios não eliminam a necessidade de avaliações qualitativas. Por exemplo, como calcular o valor de uma vista magnífica perdida por causa da poluição do ar? Qual o prejuízo para a sociedade se uma variedade genética específica de planta ou alguma espécie animal for extinta? Como calcular os custos das oportunidades perdidas gastando grandes montantes para combater a poluição do ar em vez de investir em melhoria da produtividade e da competitividade global?

Em uma análise de custo-benefício, a eqüidade não pode ser ignorada.[32] Por exemplo, os custos com a redução da poluição do ar podem ser arcados desproporcionalmente pela população mais pobre na forma de preços mais altos da gasolina e dos automóveis. A eqüidade entre gerações também exerce um papel importante.[33] As futuras gerações não contam com representantes no mercado e nos processos políticos atuais. Até que ponto a geração presente deve conter seu próprio consumo em benefício da posteridade? Essa questão é especialmente tocante porque poucas pessoas no mundo atual são abastadas. Pedir à população pobre para reduzir suas chances de vida em benefício de uma geração ainda por vir é pedir um grande sacrifício.

Perspectivas Internacionais Os problemas ambientais apresentam diferentes faces nos diversos países e nas variadas regiões do mundo. Estados Unidos e Grã-Bretanha perdem para Alemanha e Japão em termos de padrões obrigatórios de emissão de poluentes.[34] Na Europa, os holandeses, alemães e dinamarqueses estão entre os mais ambientalmente conscientes. Itália, Irlanda, Espanha, Portugal e Grécia estão no estágio inicial do desenvolvimento de políticas ambientais. Polônia, Hungria, República Checa e ex-Alemanha Oriental são as mais poluídas das nações industrializadas do mundo.[35]

O movimento ambientalista é fenômeno mundial. Os "Verdes", retratados nessa foto promovendo uma manifestação em LePuy, na França, constituem um importante partido político europeu em franco crescimento.

As companhias norte-americanas precisam perceber que existe um grande mercado em crescimento no oeste europeu para produtos ambientalmente "amigáveis". Os gerentes norte-americanos também precisam estar atentos ao movimento ambientalista do oeste europeu. Os ambientalistas europeus têm tido êxito em interromper muitos projetos.[36] A China vem pagando um preço muito alto ecologicamente em razão do rápido crescimento econômico. Contudo, o governo dos Estados Unidos começou a reconhecer o problema e está criando algumas leis de combate à poluição.[37]

As indústrias que poluem ou produzem produtos poluentes terão de se ajustar à nova realidade, e as companhias que vendem produtos em certas partes do mundo devem levar em conta a crescente conscientização do consumidor em termos de proteção ambiental. Os fabricantes podem chegar a ser obrigados por lei a receber de volta dos consumidores produtos e embalagens usados, para reciclá-los ou descartá-los. Para cumprir essas exigências na Alemanha, e preparar-se para atender a demandas semelhantes em outros países, a Hewlett-Packard reprojetou a sistemática de empacotamento de seus equipamentos de escritório no mundo todo.

O QUE OS GERENTES PODEM FAZER

Para uma organização tornar-se verdadeiramente "ecológica" — ou seja, uma companhia de ponta em termos de interesses ambientais —, a conformidade legal não é suficiente. As companhias progressistas permanecem lado a lado e à frente das leis, não ficando apenas no cumprimento das leis, mas antecipando as necessidades e exigências futuras.[38] Ainda assim, elas podem ir mais além, experimentando continuamente inovações para proteger o meio ambiente. O McDonald's, por exemplo, realizou testes e projetos–piloto de compostagem de restos de alimento e canecas de café reaproveitáveis e talheres produzidos de matéria-prima derivada do amido (biodegradável).[39]

Reflexões sobre os Sistemas O primeiro passo para o gerente entender melhor as questões ambientais da companhia é refletir a respeito dos sistemas. Os estudos ambientalistas estão relacionados com insumos, processos e produção das organizações.[40] *Insumos* são matéria-prima e energia. As pressões ambientais estão aumentando os preços de algumas matérias-primas, por exemplo, dos metais. Isso aumenta consideravelmente os custos de produção. Os altos custos da energia estão obrigando as empresas a procurarem fontes de combustíveis mais eficientes.

As firmas estão estudando novos *processos* ou métodos de produção para reduzir a poluição do ar e da água, o ruído e a vibração, e o lixo. Elas estão incorporando tecnologias que colhem amostras e monitoram (controlam) os efeitos negativos causados pelos processos empresariais. Algumas fábricas químicas possuem sistema computadorizado que emite alertas quando o nível máximo permitido de poluição está prestes a ser atingido. Muitas companhias mantêm estoque mínimo necessário de materiais perigosos, reduzindo a probabilidade de ocorrência de acidentes graves.

A *produção* tem impacto ambiental, seja por meio dos produtos em si, seja por meio do resíduos ou dos efeitos negativos do processo industrial. Para reduzir esse impacto, a Herman Miller recicla ou reutiliza praticamente todo o resíduo resultante do processo de fabricação. Ela vende retalhos de tecido para a indústria automotiva, aparas de couro para fabricantes de malas e vinil para fabricantes de automóveis e de aparelhos de som. E recompra sua mobília antiga, reforma e revende. A meta corporativa de toda a empresa é não mandar nenhum resíduo para o aterro sanitário. O diretor de meio ambiente, Paul Murray, diz: "Nunca há nível aceitável de resíduos na Miller. Sempre há novas coisas a aprender".[41]

Integração Estratégica As reflexões sobre os sistemas revelam que as questões ambientais permeiam a empresa e, assim, devem ser tratadas de forma abrangente e integrada. Talvez a primeira etapa seja criar uma mentalidade mais adequada. Será que a empresa enxerga as preocupações ambientais meramente em termos de uma troca entre ela e o meio ambiente, ou como fonte potencial de vantagem competitiva e parte importante de uma estratégia de sobrevivência e eficácia de longo prazo? Essa última atitude, evidentemente, propicia mais uma definição do estágio para as seguintes ações estratégicas.

Essas idéias ajudam a integrar de forma estratégica as análises ambientais nas atividades permanentes da empresa:[42]

1. *Definir uma missão e estabelecer valores sólidos para sustentar a defesa do meio ambiente.* A Tabela C.4 mostra a política de qualidade ambiental da Procter & Gamble.
2. *Estabelecer um esquema para gerenciar as iniciativas ambientais.* Alguns setores de atividade criaram códigos voluntários de prática ambiental, por exemplo, a Iniciativa de Cuidado Responsável da indústria química. No entanto, nem todas as práticas-padrão são adotadas por todas as companhias.[43] Na J&J, o comitê de controle ambiental conta com equipes de auditoria externa ambiental.[44] O programa de responsabilidade ambiental comunitária inclui estratégia e planejamento, e desenvolvimento de produtos e processos com impacto ambiental neutro.
3. *Promover a criação de produtos e processos "ecológicos".* O fabricante de móveis alemão Wilkhahn adota uma abordagem estratégica integrada que minimiza o uso de recursos virgens e utiliza material reciclado em uma fábrica ambientalmente projetada.[45]
4. *Estabelecer relações focadas no meio ambiente com os* stakeholders. Muitas firmas trabalham em conjunto com a EPA e recebem orientação técnica para ajudar a converter as fábricas em instalações energeticamente mais eficientes. Além disso, para custear e desenvolver novas idéias, pequenas empresas como a WHYCO Chromium Company estabelecem parcerias de gestão ambiental com firmas como IBM e GM.[46]
5. *Oferecer educação interna e externa.* Envolver os funcionários nas ações ambientais. O programa WRAP da Dow reduziu centenas de toneladas em emissão de poluentes e lixo sólido e perigoso e produziu uma economia anual de mais de US$ 10 milhões, tudo com as sugestões apresentadas pelos funcionários.[47] Ao mesmo tempo, a empresa informa ao público sobre suas iniciativas ambientais. Por exemplo, rótulos ecológicos podem orientar os consumidores a reciclar e divulgar a mentalidade ecológica dos produtos da empresa. A BP/Amoco também reformulou o logotipo da empresa (o logo da BP sempre foi verde), criando um novo baseado no sol, reflexo da sua visão estratégica do futuro com base em energia de hidrogênio/solar.[48]

QUADRO C.4

Política de Qualidade Ambiental da Procter & Gamble

O compromisso da Procter & Gamble é fornecer produtos de valor e qualidade superiores que melhor atendam às necessidades dos consumidores do mundo todo. Como parte desse compromisso, a Procter & Gamble continuamente envida esforços para melhorar a qualidade ambiental de seus produtos, embalagens e operações no mundo todo. Para cumprir esse compromisso, a Procter & Gamble tem como política:

- Assegurar que os produtos, as embalagens e as operações da empresa sejam seguros para os funcionários, consumidores e o meio ambiente.
- Reduzir ou evitar o impacto ambiental dos produtos e embalagens nos estágios de projeto, produção, distribuição, utilização e descarte sempre que possível.
- Cumprir as — ou ir além das — exigências de todas as leis e todos os regulamentos ambientais.
- Continuamente avaliar a tecnologia e programas ambientais da empresa e monitorar o cumprimento das metas ambientais desses programas.
- Oferecer a consumidores, clientes, funcionários, comunidades, grupos de interesse e outros informações factuais relevantes e apropriadas sobre a qualidade ambiental dos produtos, das embalagens e das operações da P&G.
- Assegurar que cada funcionário entenda, e se responsabilize e comprometa a incorporar nas atividades empresariais do dia-a-dia a qualidade ambiental.
- Ter políticas, programas e recursos operacionais direcionados para a implementação da política de qualidade ambiental.

FONTE: DECHANT, K.; ALTMAN, B. Environmental leadership: from compliance to competitive advantage. *The Academy of Management Executive*, ago. 1994, p. 10. Reimpresso com permissão.

Implementação Como as companhias devem implementar estratégias "ecológicas"? Uma das táticas apresentadas no capítulo é a análise de ciclo de vida.[49] Essa abordagem e outras devem começar com o compromisso por parte da alta administração. Ações específicas devem incluir comissionamento e a auditoria ambiental em que uma empresa externa verifica os riscos ambientais, esboçando (ou revisando) a política ambiental da organização, divulgando-a de forma altamente visível em toda a organização, fazendo os profissionais ambientalistas internos reportarem-se diretamente ao presidente ou CEO, alocando recursos suficientes para sustentar as iniciativas ambientalistas, e criando relações entre a organização e outras companhias, governos, ambientalistas e comunidades locais.

Por fim, é fundamental fazer o funcionário assumir a responsabilidade por qualquer ação que provoque impacto ambiental.[50] Texaco, DuPont e outras companhias avaliam os gerentes com base nas idéias apresentadas para minimizar a poluição e criar novos produtos ecologicamente corretos. A Kodak atrela algumas gratificações dos gerentes à prevenção de vazamentos de substâncias químicas; a companhia atribuiu a essa política a redução dramática dos acidentes.[51]

As companhias devem envolver todas as áreas da organização para vencer os desafios ambientais e os problemas decorrentes da poluição. Muitas têm reagido com criatividade diante desses desafios[52] e servem de modelo para outras empresas. As seções seguintes descrevem ações mais específicas que as companhias podem implementar para tratar das questões ambientais.

Estratégia Ações na área da estratégia que podem ser adotadas pelas companhias incluem:

1. *Cancelar negócios arriscados para o meio ambiente.* A DuPont, maior produtor de CFCs, abandonou voluntariamente as atividades desse negócio de US$ 750 milhões.[53]

2. *Pesquisar e desenvolver atividades ambientalmente seguras.* A GM está investindo milhões de dólares no desenvolvimento de automóveis movidos a hidrogênio que não emitem dióxido de carbono. A GE está realizando pesquisas com motores de aeronaves e locomotivas que emitem menos poluentes e são movidos a hidrogênio, não prejudicial ao meio ambiente.[54]
3. *Criar e expandir serviços de limpeza ambiental.* Baseada na experiência adquirida com a limpeza de suas próprias fábricas, a DuPont formou uma divisão de recursos ambientais e segurança para ajudar os clientes industriais a limparem o lixo tóxico.[55] A Global Research Technologies LLC está tentando usar solventes para capturar o dióxido de carbono do ar, isolando a substância para descartá-la.[56]
4. *Compensação pelos projetos com risco ambiental.* A AES adota há muito tempo a política de plantar árvores para compensar pela emissão de carbono de suas usinas.[57]
5. *Tornar a companhia responsável pelos outros.* A Royal Dutch Shell e a Bristol-Myers Squibb são criadores de tendência em relatórios ecológicos.[58] A companhia dinamarquesa de enzimas e cuidados com a saúde Novo Nordisk, por iniciativa própria, pede opiniões de ambientalistas, reguladores e outras entidades interessadas de toda a Europa. Sua reputação tem melhorado, seu pessoal tem aprendido muito, e novas oportunidades de mercado vêm sendo identificadas.[59]
6. *Fazer cada produto novo ambientalmente melhor que o anterior.* A Intel está desenvolvendo microprocessadores ultraeficientes em termos de energia.[60] A IBM procura usar materiais recicláveis, reduzir materiais perigosos, diminuir a emissão de poluentes e usar recursos e energia naturais no processo de embalagem.[61]
7. *Investir em negócios ecológicos.* A American Electric Power Co. está investindo em energia renovável no Chile, e reformando as escolas búlgaras para torná-las mais racionais.[62]

Assuntos Públicos Na área dos assuntos públicos, as companhias podem implementar uma variedade de ações:

1. *Tentar ganhar legitimidade e credibilidade ambientais.* Entre os co-patrocinadores do Dia da Terra estão a Apple Computer, Hewlett-Packard e Associação das Indústrias Químicas. O McDonald's tem tentado se transformar em "educador" ambiental corporativo. A Ethel M. Chocolates, em visitações públicas à fábrica da companhia em Las Vegas, ressalta a eficácia no tratamento dos resíduos industriais da empresa.[63]
2. *Tentar evitar prejuízos causados por insensibilidade aos problemas ambientais.* Como conseqüência da aparente falta de preocupação da Exxon, depois do vazamento de petróleo do navio petroleiro Valdez, 41% dos norte-americanos pesquisados afirmaram que considerariam a possibilidade de boicotar a companhia.[64] A MacMillan Bloedel perdeu grande quantidade de vendas, praticamente da noite para o dia, quando foi apontada publicamente como notório usuário de cloro.[65]
3. *Colaborar com os ambientalistas.* Os executivos da Pacific Gas & Electric procuram debater e criar projetos conjuntos com qualquer grupo ambientalista disposto, e a ARCO conta com ambientalistas renomados no quadro da diretoria.

Área Legal Estas são algumas ações que as companhias podem adotar na área legal:

1. *Tentar evitar confrontos com os órgãos de controle estadual e federal da poluição.* A W. R. Grace enfrentou processos demorados e custosos por causa de despejos de lixo tóxico. Browning-Ferris, Waste Management Inc, e Louisiana-Pacific foram acusadas de violação do controle da poluição, e tiveram sua reputação manchada.
2. *Adaptar-se antecipadamente à conformidade com as leis.* Como os custos para a conformidade com a legislação somente aumentam com o passar do tempo, as primeiras companhias a tomarem as providências necessárias incorrerão em menos gastos. Essa atitude lhes permitirá aumentar a participação de mercado e os lucros e obter vantagem competitiva. A 3M tinha como meta cumprir as exigências do governo de substituir ou melhorar os tanques de armazenamento subterrâneo cinco anos antes da data fixada para tornar o procedimento obrigatório.
3. *Tirar proveito dos programas inovadores de conformidade.* A União Européia iniciou em 2005 um sistema de comercialização e redução do carbono.[66] Em vez da redução fonte por fonte, a política flexível da EPA permite às fábricas reduzir a poluição em diferentes fontes e em quantidades distintas, desde que o resultado seja equivalente. Desse modo, a 3M instalou equipamentos apenas em algumas linhas de produtos da sua fábrica de fitas da Pensilvânia, reduzindo, assim, os custos com a conformidade.[67] Hoje, mais instrumentos econômicos são utilizados, por exemplo, certificados de crédito para a emissão de poluentes, despesas e impostos negociáveis, para incentivar as melhorias.[68] A *implementação conjunta* envolve companhias de nações industrializadas trabalhando com empresas de países em desenvolvimento para ajudá-las a reduzir a emissão de gás-estufa. Desse modo, a companhia colaboradora recebe créditos no cumprimento de suas obrigações ambientais em seu próprio país. O país em desenvolvimento recebe investimento, tecnologia e empregos; a companhia colaboradora recebe créditos ambientais, e o mundo ganha um ar mais limpo.[69]
4. *Não negocie com subempreiteiros aventureiros para descartar o lixo.* Eles tendem a realizar um serviço malfeito, descumprir as leis e fazer um trabalho de má qualidade. Também, isso pode resultar em publicidade negativa e problemas legais para a empresa.[70]

Operações Na área operacional, as companhias podem implementar ações que incluem:

1. *Promover novas tecnologias de produção.* A Louisville Gas and Electric foi pioneira na instalação de depuradores na chaminé, a Consolidated Natural Gas foi a primeira a usar tecnologia de queima limpa, e a Nucor criou siderúrgicas com tecnologia de ponta.
2. *Adotar logística reversa.* As firmas transferem as embalagens e outros produtos usados pelo consumidor de volta ao canal de distribuição até chegar à empresa. Não os tratam apenas como custos, mas os transforma em fonte de receita — insumo para a produção. A Fuji Australia acredita que a remanufatura gerou retorno de dezenas de milhões de dólares.[71]
3. *Incentivar avanços tecnológicos que reduzam a poluição causada pelos processos de produção e pelos produtos.* A Cinergy e AEP estão trabalhando em tecnologias que capturam o carbono da queima do carvão e bombeiam o material em solo bem profundo para ficar armazenado por milênios.[72] O programa "Vale a Pena Prevenir Contra a Poluição" da 3M é baseado na premissa de que a adoção de tecnologia adicional é custosa demais para as empresas; em lugar dessa opção, as em-

presas devem tentar eliminar a poluição na origem.[73] Mais do que o controle da poluição, a prevenção está relacionada tanto com a melhor *performance* ambiental quanto com a melhor *performance* produtiva, incluindo custos e agilidade.[74]

4. *Criar novas formulações de produtos.* A Secretaria de Transportes de Chicago e a Union Pacific Corporation estão substituindo os tradicionais dormentes de madeira por dormentes de plástico nas ferrovias. Outras companhias estão testando dormentes criados com material reciclado de pneus velhos, embalagens de sacos de papel, jarras e copos de poliestireno.[75] A Weyerhaeuser, reconhecendo a queda no fornecimento de madeira e o crescimento da demanda, está trabalhando para produzir madeira de alta qualidade em menos acres de terra continuamente regenerada.[76] A Electrolux desenvolveu um cortador de grama movido a energia solar e uma serra elétrica movida a óleo vegetal.[77] Muitas companhias estão desenvolvendo pesticidas ecológicos.
5. *Eliminar o resíduo industrial.* A 3M substituiu os solventes voláteis por solventes à base de água, eliminando, assim, a necessidade de instalar equipamentos caros de controle da poluição atmosférica. A BPAmoco implementou um programa semelhante.
6. *Procurar usos alternativos para os resíduos.* Quando a DuPont interrompeu o despejo no mar de sais de ferro ácido, ela descobriu que os sais poderiam ser vendidos com lucro para usinas de tratamento de água. Uma usina de cana-de-açúcar de Queensland gera a energia da produção do bagaço da cana-de-açúcar.[78]
7. *Exigir dos fornecedores melhor performance ambiental.* A Chiquita Banana possuía um registro ambiental irregular, no entanto, hoje, suas plantações são certificadas pela Rainforest Alliance, e o Wal-Mart indicou a Chiquita como o fornecedor mais consciente ecologicamente.[79] A Scott Paper descobriu que muitos dos seus problemas ambientais eram "importados" por meio da cadeia de fornecimento. Inicialmente concentrando-se nos fornecedores de polpa, a companhia enviou questionários solicitando informações sobre emissões de substâncias no ar, na água e no solo, consumo de energia e fontes de energia. A Scott ficou surpresa com as variações. Por exemplo, as emissões de dióxido de carbono variavam em fator de 17 entre os diferentes fornecedores. A Scott reprovou os fornecedores com piores desempenhos e anunciou que os melhores seriam preferenciais nas futuras decisões de compras.[80]
8. *Montar produtos tendo em mente o meio ambiente.* Montar produtos fáceis de desmontar, separar e reciclar, e evitar colas e parafusos.

Marketing Na área de marketing, companhias também podem adotar ações:

1. *Criar produtos com base em uma visão ecologicamente correta.* A maioria dos norte-americanos acredita na influência da reputação ambiental da companhia na escolha do produto.[81] O Wal-Mart tem-se empenhado para fornecer aos clientes produtos reciclados ou recicláveis. Um empreendedor chinês está produzindo roupas íntimas utilizando matéria-prima derivada da soja.[82] A Spiegel planeja oferecer vestidos com tecido de fibra de soja na cor café ou rosa.[83] Outras fibras

Companhias como Toyota usam a publicidade para divulgar aos consumidores as iniciativas da empresa para tornar-se mais ecológica.

ecológicas são feitas de material extraído do bambu e cânhamo, que necessitam de pouco pesticida.
2. *Evitar ataques dos ambientalistas devido a reclamações infundadas ou inapropriadas.* Quando a Hefty comercializou sacos de lixo "biodegradáveis", esse conceito estava tecnicamente correto, no entanto, constatou-se que as condições do aterro sanitário não permitiam a decomposição do material.[84] A grande rejeição do público afetou não apenas os sacos de lixo da Hefty, mas também outros produtos da empresa. A Hefty não mentiu, mas exagerou. Suas táticas acabaram encobrindo as ações ecologicamente bem-intencionadas.
3. *Diferenciar o produto da empresa por meio de serviços ambientais.* A ICI recebe dos clientes e descarta resíduos e material usado nos produtos da empresa como prestação de serviço de atendimento ao cliente.
O descarte é oneroso, porém, o serviço funciona como um diferencial para os produtos da empresa. Ensinar ao consumidor como utilizar e descartar os produtos; por exemplo, os fazendeiros costumam abusar inadvertidamente dos pesticidas. Fazer da educação uma parte do serviço de pós-venda da empresa.
4. *Tirar proveito da Internet.* A EcoMall (www.ecomall.com/biz/) promove inúmeras firmas ambientalmente orientadas em 68 categorias de produtos. As empresas que usam a rede visam os consumidores ambientalistas de forma global, eficaz e eficiente.[85]

Contabilidade Ações que as companhias podem adotar na área contábil incluem:

1. *Colher dados úteis.* As informações ambientalistas mais positivas vêm de empresas como a Dow Europe, Danish Steel Works, BSO/Origin, 3M e Monsanto. A BSO/Origin começou a explorar um sistema de contabilidade ambiental corporativa.[86]
2. *Obrigar os poluidores a pagar.* A CIBA-GEIGY adota o "princípio de cobrança do poluidor" em toda a empresa, que motiva seus gerentes a combater a poluição nas fontes sob sua influência.[87]
3. *Demonstrar que os programas de combate à poluição são compensadores.* O programa da 3M, "Vale a Pena Prevenir Contra a Poluição", é baseado na premissa de que a motivação surge somente se o programa produzir retorno. Todo esforço da empresa na redução da poluição deve ser financeiramente viável.

4. *Usar um sistema avançado de contabilização dos resíduos.* Usar esse sistema além do tradicional de contabilidade-padrão, o que pode impedir o investimento em novas tecnologias. A contabilização dos resíduos identifica todos os custos e ajuda a tomar a melhor decisão.
5. *Adotar contabilidade de custo total.* Essa abordagem, exigida por Frank Popoff, presidente do conselho da Dow, garante que o preço de um produto reflita seu custo ambiental total.[88]
6. *Exibir o impacto geral do programa de redução da poluição.* As companhias têm obrigação de contabilizar os custos e os benefícios do seu programa de redução da poluição. A 3M economiza meio bilhão de dólares com os esforços de prevenção da poluição.[89]

Finanças Na área das finanças, as companhias podem:

1. *Ganhar o respeito da comunidade de investidores responsável socialmente.* Muitos fundos de investimento nos Estados Unidos e na Europa adotam critérios ambientalistas. Um estudo realizado pela ICF Kaiser concluiu que as melhorias ambientais podem reduzir significativamente o risco percebido de uma empresa, aumentando, possivelmente, em 5% o preço das ações.[90] Os fundos de investimento e os serviços de classificação de responsabilidade social tentam ajudar as pessoas a investirem com "consciência limpa".[91]
2. *Reconhecer a verdadeira responsabilidade.* As empresas de investimento, muitas vezes, utilizam analistas ambientais que procuram a verdadeira responsabilidade ambiental da companhia para avaliar a sua *performance* potencial. Os banqueiros olham os riscos e as oportunidades de mercado relacionados com o meio ambiente quando avaliam a classificação de crédito de uma companhia.[92] A Comissão de Valores Mobiliários em Nova York exige de algumas companhias informações sobre certos custos ambientais. A Swiss Bank Corp. possui unidades especializadas em classificação de *performance* ambiental para incluir critérios ambientais a fim de melhorar a qualidade da análise financeira.[93]
3. *Investir nas companhias com consciência ecológica e dar-lhes assistência.* Ann Winblad, da Hummer Winblad Venture Partners, foi uma das primeiras empreendedoras capitalistas a orientar empresários em ecologia para melhorar a capacitação empresarial e as chances de sucesso.[94]
4. *Reconhecer as oportunidades financeiras.* No mundo todo, uma dessas grandes oportunidades é a água. A água deve ser purificada e fornecida com segurança para toda a população mundial. Bilhões de pessoas não contam com serviços de esgoto e quase não têm acesso à água potável. As infra-estruturas das grandes cidades, incluindo as dos Estados Unidos, estão se deteriorando muito. O fornecimento de água potável para pessoas e empresas compõe uma indústria de US$ 400 bilhões de dólares anuais — um terço maior do que a indústria farmacêutica global. As companhias estão buscando agressivamente esse mercado. Elas estão apostando em que a água representará no século XXI o que o petróleo representou no século XX. Um analista da Bear Stearns considera a água o melhor setor industrial do século XXI.[95]

TERMOS-CHAVE

capacidade de sustentação Capacidade de um recurso finito de sustentar uma população. p. 179

movimento ambientalista Filosofia ambientalista que postula que os efeitos negativos não-intencionais das atividades econômicas humanas sobre o meio ambiente são, muitas vezes, maiores do que os benefícios, e que a natureza deve ser preservada. p. 180

preservação Filosofia ambientalista que procura evitar os resíduos, promover o uso eficiente e racional dos recursos naturais e maximizar a produção de longo prazo, principalmente dos recursos renováveis. p. 180

tragédia dos *commons* Destruição ambiental resultante do consumo dos recursos finitos (os *commons*) por indivíduos e empresas para atender a seus interesses de curto prazo sem levar em conta as conseqüências de longo prazo. p. 179

QUESTÕES PARA DISCUSSÃO

1. Até que ponto podemos e devemos contar com o governo para resolver os problemas ambientais? Quais são algumas das limitações do governo? Esclareça o papel e a utilidade das regulamentações governamentais nas atividades empresariais.
2. Até que ponto o administrador deve ser responsabilizado hoje pela correção dos prejuízos causados no passado contra o meio ambiente?
3. Caracterize, na sua visão, o movimento ambientalista do oeste europeu. Qual é a diferença entre esse movimento e o dos Estados Unidos? Que diferença isso representaria para uma empresa multinacional que deseja produzir e comercializar mercadorias em vários países?
4. Em sua opinião, quais as oportunidades de negócios podem atender aos desafios ambientais? Especifique.
5. Você foi nomeado diretor ambiental da companhia XYZ. Descreva algumas ações que implementará para tratar dos desafios ambientais. Discuta os obstáculos que provavelmente deve encontrar na companhia e como vai administrá-los.
6. Entreviste algum empresário a respeito das regulamentações ambientais e relate as suas descobertas para a classe. Caracterize as atitudes desse empresário. Elas são construtivas?
7. Entreviste algum empresário a respeito das ações que ele tenha implementado e que tenham beneficiado o meio ambiente. Relate para a classe o que descobriu e discuta.
8. Identifique e discuta alguns exemplos da tragédia dos *commons*. Como esse tipo de tragédia pode ser evitado?
9. Discuta a situação dos esforços de reciclagem da sua comunidade ou escola, sua visão como consumidor a respeito desse assunto, e as oportunidades de negócio existentes.
10. Na atualidade, quais companhias lhe vêm à mente como tendo a melhor e a pior reputação em termos de meio ambiente? Qual o motivo dessa reputação?
11. Escolha um produto e discuta o impacto ambiental desse item em todo o seu ciclo de vida.
12. O que você, sua faculdade ou universidade, e sua comunidade estão fazendo em termos de meio ambiente? O que você recomendaria que fosse feito?

Capítulo 6

Gestão Internacional

"Em outros tempos se dizia que o Sol nunca se punha no Império Britânico. Atualmente, o Sol de fato se põe no Império Britânico, mas não nos diversos impérios globais bem-sucedidos, como a IBM, a Unilever, a Volkswagen e a Hitachi."

— **Lester Brown**

RESUMO DO CAPÍTULO

O Ambiente Global
- A Unificação Européia
- A China e o Extremo Oriente
- A América do Norte
- O Restante do Mundo

Conseqüências de uma Economia Global
- O papel da terceirização

Estratégia Global
- Pressões para uma Integração Global
- Pressões por uma Capacidade de Resposta Local
- Escolhendo uma Estratégia Global

Estratégias de Entrada (ou de Internacionalização)
- Exportação
- Licenciamento
- *Franchising*
- *Joint Ventures*
- Subsidiárias Próprias

Gerenciando além das Fronteiras
- Habilidades de um Gestor Global
- Entendendo as Questões Culturais
- Questões Éticas na Gestão Internacional

OBJETIVOS DE APRENDIZAGEM

Após estudar este Capítulo, você deverá saber:

1. Por que a economia mundial se torna mais integrada do que nunca.
2. O que significa a integração da economia global para as empresas e para seus gestores.
3. As estratégias que as organizações usam para competir no mercado global.
4. As várias estratégias usadas pelas organizações para entrar nos mercados externos.
5. Como as empresas podem abordar a tarefa de montar equipes para operações no exterior.
6. As habilidades e os conhecimentos de que os gestores necessitam para administrar globalmente.
7. Por que as diferenças culturais entre os países influenciam a gestão.

A STARBUCKS PREPARA A SUA EXPANSÃO NO MERCADO EXTERNO

O mercado doméstico da Starbucks ainda não está saturado. Suas mais de 6 mil lojas próprias ou franqueadas em território norte-americano ainda rendem um crescimento anual de vendas de 8% a 10%, e muitas novas lojas são abertas em todos os Estados Unidos a cada ano. Mas um pouco do recente crescimento da Starbuck está baseado no aumento de preços, não somente no volume de vendas. E embora a empresa possua um planejamento de longo termo para pelo menos dobrar seu número de lojas nos Estados Unidos, alguns analistas acreditam que a empresa, já bem representada em centros urbanos, vai encontrar dificuldades para se expandir em mercados rurais, onde os potenciais consumidores podem ser bem mais resistentes aos seus preços.

Para manter seu forte crescimento em um futuro próximo, a Starbucks tem-se expandido de forma agressiva no exterior. Ela já opera ou licencia cerca de 2.600 lojas em 30 países, em toda a América Latina, na Europa, no Oriente Médio e no Extremo Oriente, e planeja que metade das 25 mil a 30 mil lojas que pretende ter esteja localizada fora dos Estados Unidos e do Canadá. No entanto, a Starbucks acha que esse ambicioso plano de expansão está encontrando dificuldades que a empresa não teve de enfrentar durante seu crescimento nos Estados Unidos.

No mercado doméstico, a Starbucks tem tido pouca concorrência — nenhuma rede nacional conseguiu chegar perto do seu tamanho. Porém, a concorrência internacional é dura e crescente. Por exemplo, na Inglaterra uma concorrente oferece bebidas comparáveis às da Starbucks, mas a preços menores. Na Alemanha, tem surgido uma onda de imitadores, que enfraqueceram a posição no mercado de produtos de qualidade. Também os custos de *startup* e de imóveis de qualidade são altos no exterior, e em alguns países, como a França, os custos trabalhistas são consideravelmente elevados. As operações internacionais da Starbucks se tornaram rentáveis pela primeira vez somente em 2004, mas apenas de forma marginal. Embora seus pontos-de-venda respondam por mais de 25% do faturamento de suas lojas em todo o mundo, eles contribuíram somente com cerca de 6% para o lucro total das operações da empresa.

A Starbucks também teve de passar pelas barreiras culturais durante a sua expansão internacional. Em muitas partes da Ásia, especialmente na China, a bebida preferida é o chá. A empresa, como um todo, é vista como uma representante da cultura norte-americana e houve inclusive protestos antiamericanos em alguns locais do Oriente Médio. Na Nova Zelândia, os manifestantes exigiam que a empresa aumentasse o pagamento que faz aos plantadores de café. E em muitos países europeus, a Starbucks ainda precisa superar a tendência de as pessoas freqüentarem os bares bem estabelecidos e os cafés dirigidos por famílias. Ainda assim, a expansão é essencial se a Starbucks desejar continuar seu robusto crescimento de longo prazo.

FONTES do Prólogo, das Conexões e do Epílogo: BURKE, Monte. Coffee to go, overseas, *Forbes.com*, 15 abr. 2002; WOLVERTON, Troy. Can Starbucks stay hot? *TheStreet.com*, 10 nov. 2003; JUNG, Herlen. Starbuck backlash. *The Associated Press*, 16 abr. 2003, on-line; HOLMES, Stanley. For Starbucks, there's no place like home. *BusinessWeek.com*, 9 jun. 2003; LEUNG, Shirley. It's a grand-latte world. *The Wall Street Journal*, 15 dez. 2003, on-line; WAHLGREN, Eric. Will Europe warm to Starbucks? *BusinessWeek.com*, 24 jan. 2005.

Como sugere a experiência da Starbucks, os gestores de hoje devem tomar decisões constantes sobre se e como perseguir as oportunidades globais. É claro que essas oportunidades devem ser avaliadas com cuidado, não somente do ponto de vista competitivo ou financeiro, mas também do cultural e gerencial. As oportunidades globais que parecem bonitas no papel nem sempre resultam sucesso se os gestores forem incapazes de trabalhar em um contexto internacionalmente diferente.

Este capítulo revisa as razões para a globalização da competitividade, examina o porquê de a gestão internacional diferir da gestão doméstica, considera como as empresas expandem seus negócios globalmente, e mostra como as empresas podem desenvolver indivíduos para gerenciar negócios além dos limites das fronteiras nacionais.

O Ambiente Global

A economia global está-se tornando mais integrada do que nunca. Por exemplo, em janeiro de 1995, a World Trade Organization (Organização Mundial do Comércio — OMC) foi formada e agora possui 148 países-membros, incluindo a China (o Fundo Monetário Internacional, criado pelas Nações Unidas em 1945, tem um objetivo semelhante e inclui 191 países). As regras da OMC se aplicam a mais de 90% do comércio internacional. Recentemente, a OMC criou controvérsias ao aumentar seu papel de redutora de tarifas para eliminadora das barreiras não-tarifárias. A controvérsia tem origem no fato de a OMC ser usada para desafiar legislações ambientais, de saúde e outras. Essas legislações servem freqüentemente para legitimar as metas sociais, mas podem ser tidas como impedimentos ao comércio internacional. Pode-se ver a importância (e a aderência) desse tema em www.wto.org. Três áreas — América do Norte, Europa e Ásia — são aquelas que têm maior domínio da economia global. Contudo, outros países e regiões em desenvolvimento também representam áreas importantes para o crescimento econômico. A Figura 6.1 indica os principais países e áreas de comércio internacional.

A Unificação Européia

A Europa está integrando-se economicamente para formar o maior mercado do mundo. Sob o Tratado de Maastricht, que estabeleceu formalmente a União Européia (UE), o euro foi adotado como a moeda comum em 2001. Moedas com tradição histórica, como o franco e o marco alemão, agora são relíquias do passado. A UE também trabalha em cima de uma constituição única, e permite que a maioria das mercadorias, dos serviços, dos capitais e dos recursos humanos fluam livremente por suas fronteiras nacionais. O objetivo da unificação é fortalecer a posição da Europa como uma superpotência econômica, particularmente com relação aos Estados Unidos. E a UE pode ter boas perspectivas de conseguir isso, com 25 membros e aumentando esse número, uma população de mais de 450 milhões e um PIB (produto interno bruto) equivalente ao dos Estados Unidos.[1]

O ritmo da unificação européia acelerou em 2004, com a adição de países do antigo bloco oriental, como Polônia e Hungria. Muitos desses novos membros oferecem um desafio especial à integração total, pois, como foram países comunistas, não têm uma larga experiência como uma moderna economia. Outras regiões ainda menos ricas, como a Turquia, têm mostrado interesse em se unir à UE.

Além das dificuldades de integrar economias muito distintas, algumas questões estruturais dentro da Europa precisam ser corrigidas para que a UE funcione perfeitamente. Em especial, os europeus orientais precisam trabalhar menos horas na média semanal, ganhar salários maiores, ter férias mais longas e ter uma vida social maior, como seus parceiros da América do Norte e da Ásia. Para serem competitivos em uma economia global, os europeus devem aumentar seu nível de produtividade. No passado, sindicatos poderosos defenderam furiosamente os benefícios sociais e os governos locais regulamentaram os mercados de trabalho. Essas duas ações motivaram empresas como a Siemens e a ABB Asea Brown Boveri Ltd. a transferir suas operações para outros países. Algumas empresas de alta tecnologia como a Novartis mudaram suas operações de P&D para os Estados Unidos, e os custos trabalhistas fizeram que a DaimlerChrysler procurasse realocar boa parte de sua linha de produção. Alguns mercados de trabalho estão sendo pouco a pouco liberados e mais incentivos são oferecidos para a criação de empregos. Mas outros problemas vão apresentar desafios ainda maiores, como o envelhecimento da população euro-

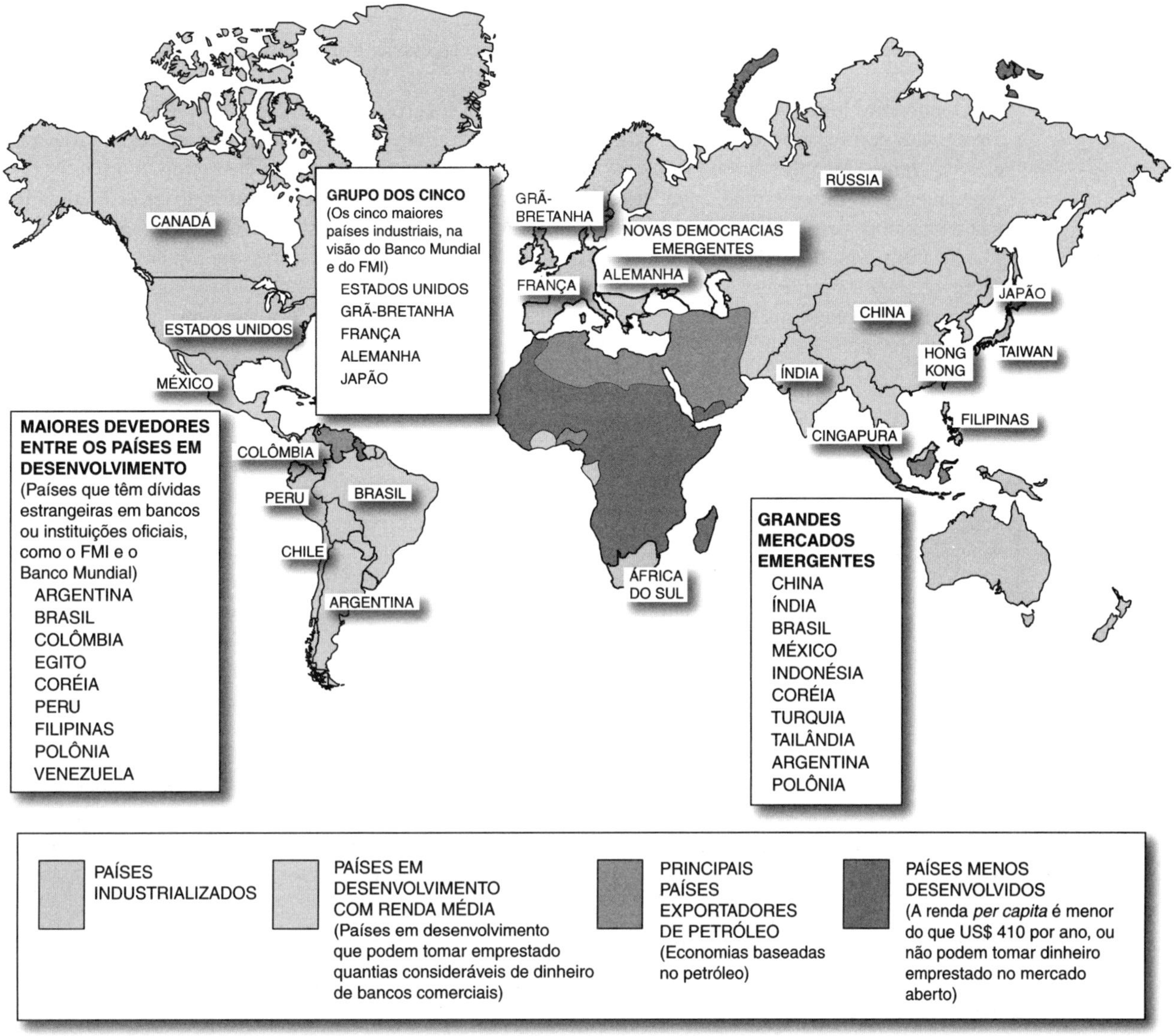

FONTE: CZINKOTA, Michael R.; RONKAINEN, Ilkka A. *International marketing*. 7. ed. Mason, OH: Thomson Learning/South-Western, p. 91, 2004. Adaptado e atualizado a partir de The global economy, *The Washington Post*, 19 jan. 1986, HI. Reimpresso com permissão.

FIGURA 6.1
A Economia Global

péia, baixas taxas de natalidade e baixa imigração, que ameaçam fazer que a população da Europa caia, enquanto nos Estados Unidos a população cresce.[2]

Mesmo assim, é muito provável que a unificação crie uma Europa mais competitiva, que os gestores norte-americanos levem cada vez mais em conta. A participação da UE nas cem maiores empresas industriais do mundo está crescendo, e o forte aumento do valor do euro em relação ao dólar sugere a demanda por produtos e moeda europeus. A comunidade segue uma política industrial ativa para aumentar sua competitividade na tecnologia da informação. Também está fazendo ganhos rápidos no campo dos semicondutores e na reestruturação da defesa e do espaço aéreo.

A globalização requer melhorias em todas as práticas fundamentais.

A UE também apresenta um desafio regulatório aos Estados Unidos. Por exemplo, vários anos atrás, a UE impediu a união da General Electric com a Honeywell, duas empresas norte-americanas cuja fusão já havia sido aprovada nos Estados Unidos. A UE, com pulso firme, tem excluído produtos alimentícios geneticamente alterados de empresas norte-americanas. E no final de 2004, a Microsoft foi forçada pelas autoridades antitrustes da UE a remover os programas para música e vídeo digitais de seu sistema operacional Windows. A UE queria que as fabricantes locais de programas similares também tivessem uma chance de comercializar seus produtos.[3]

O ambiente mais competitivo e regulador da UE com certeza apresentará novos desafios aos gestores e seus empregados. Os gestores das empresas norte-americanas que desejarem exportar para esse mercado terão de conhecer melhor o novo ambiente de negócios que a UE está criando. A administração e a mão-de-obra terão de trabalhar em cooperação mútua para atingir os altos níveis de qualidade que tornarão os produtos e serviços norte-americanos atrativos aos consumidores na Europa e em outros lugares no mundo. Os Estados Unidos não precisam somente de gestores que fiquem no topo dos desenvolvimentos mundiais e gerenciem organizações de alta qualidade e eficientes, mas de uma força de trabalho bem educada, bem-treinada e continuamente retreinada, para se manterem competitivos em relação a europeus, chineses e outros concorrentes formidáveis.[4]

A China e o Extremo Oriente

Entre os países do Extremo Oriente, e mesmo nos Estados Unidos, o Japão dominou a atenção mundial no final do último século. E esse país ainda é o terceiro maior mercado exportador dos Estados Unidos, depois do Canadá e do México. Mesmo assim, está claro que o poder econômico em crescimento que deve ser observado é a China, que está no caminho para se tornar o maior produtor e consumidor de muitos dos recursos mundiais. A sua demanda grande e crescente por petróleo ajuda a manter alto o preço dessa *commodity*, um novo fator de custo que os gestores em todos os lugares do mundo deverão levar em conta na hora de fazer seus planejamentos de longo prazo. O país também se tornou o maior consumidor mundial de recursos básicos como o aço e o cimento, e se transformou no maior mercado mundial de telefones celulares. Como pode ser visto na Figura 6.2, quando as importações são consideradas, a China ultrapassa o Japão como o terceiro maior parceiro comercial dos Estados Unidos, e muito em breve ultrapassará também o México.[5]

Como um país consumidor, a atração que a China cria nos gestores está na enorme população de 1,3 bilhão de pessoas e em seu crescimento econômico extremamente rápido. O crescimento *per capita* tem apresentado uma média de 8% por ano desde 1980, muito acima do que qualquer outro país grande nesse período e nos últimos anos suas importações cresceram mais de 30% anualmente. Mantidas as ta-

FIGURA 6.2

Os Maiores Parceiros Comerciais dos Estados Unidos, com Base no Total de Importações e Exportações em 2003, em Bilhões de Dólares

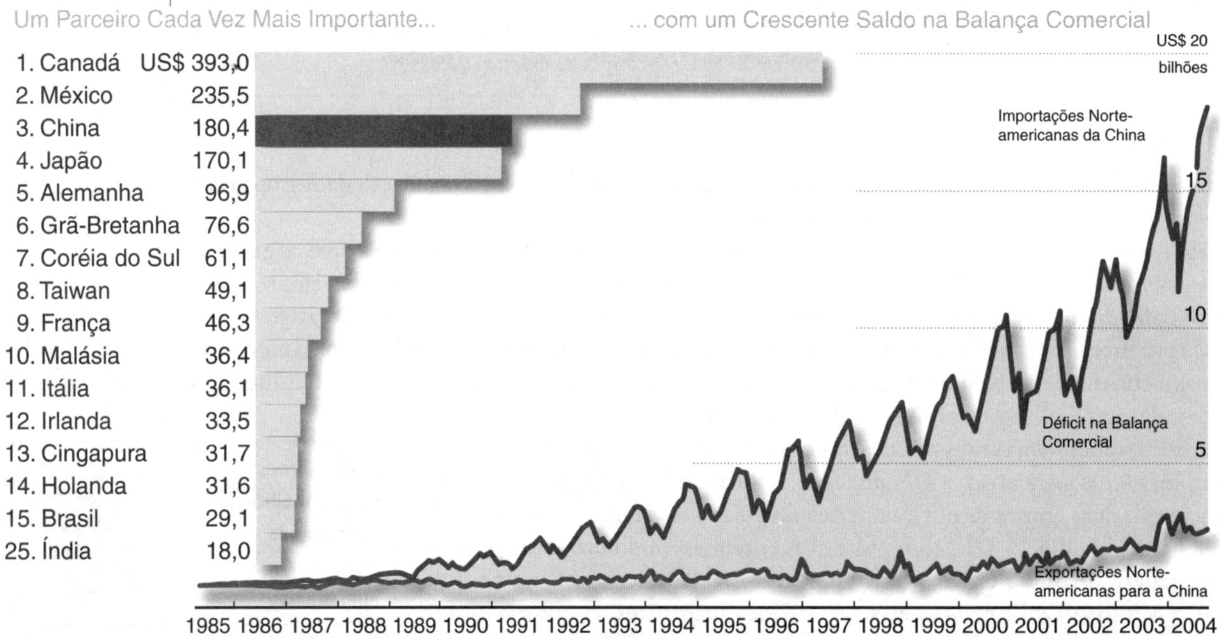

FONTE: *The New York Times*, 6 dez. 2004, p. 62.

xas atuais de expansão, a China, em apenas 10 anos, será a maior economia mundial, seguida dos Estados Unidos e da Índia.[6] Muitas empresas norte-americanas investiram pesadamente no mercado chinês com algum êxito. Por exemplo, as vendas de carros da General Motors na China ajudaram a GM a ganhar três vezes mais na região da Ásia do que em suas três outras regiões combinadas. A General Electric envia US$ 3,5 bilhões em motores e outros produtos para a China todos os anos. O Wal-Mart já tem 40 lojas e mais de 20 mil empregados na China, com um planejamento de abertura de muitas outras lojas.[7]

Uma das preocupações da China, especialmente se ela desejar mais investimentos estrangeiros em sua economia, é a pirataria disseminada. As indústrias domésticas, como a cinematográfica, a musical, a editorial e a de software, têm sido pesadamente afetadas. Dizem que o renomado diretor Zhang Yimou pediu que todas as bolsas, celulares e outros aparelhos eletrônicos fossem verificados para não deixar que os convidados gravassem secretamente o seu filme, *Herói*, na cerimônia de pré-estréia.

Mas é no papel de uma nação exportadora que a China tem impacto ainda maior. A enorme força de trabalho, combinada com seus custos extremamente baixos, dá a ela imensa vantagem competitiva na manufatura. Um estudo revelou que os custos trabalhistas são de cerca de 92 centavos de dólar por hora na China, comparados aos US$ 1,70 no México e mais de US$ 21 nos Estados Unidos. Esses valores baixos levaram muitos gestores a realocar operações na China, ou a importar um número e uma variedade maiores de produtos desse país, em vez de continuar negociando com empresas locais. Por exemplo, as exportações norte-americanas para a China (incluindo Hong Kong) somaram aproximadamente US$ 50 bilhões em 2004, porém as importações foram quatro vezes maiores. Em algumas indústrias, esse desequilíbrio comercial pode crescer ainda mais. Por exemplo, atualmente a China fornece cerca de 16% das importações de vestuário para os Estados Unidos, mas com a eliminação, em 2005, da maior parte das cotas de importação, a estimativa da participação chinesa nas importações de vestuário crescerá até 50% ou mais.[8]

Esse tipo de desequilíbrio na balança comercial pode muito bem ter contribuído para a perda dos empregos nas indústrias norte-americana e européia. No entanto, ele também levou à contínua disponibilidade de produtos com preços comparativamente baixos, o que ajuda os consumidores em qualquer lugar e acarreta crescimento, como um todo, na economia e na geração de empregos dentro do país. Apesar disso, existem poucas dúvidas de que os empregos em algumas indústrias, como a têxtil, poderão ser transferidos para outros países de baixo custo, como a China e a Índia, criando um sofrimento real para os trabalhadores e comunidades afetados, mesmo que a economia cresça como um todo. Adiante neste capítulo, discutiremos, em detalhes, os efeitos da *terceirização* ou *offshoring* (realocação da força de trabalho em outros países).

A China fornece mais de um terço das meias do mundo e mais da metade dos botões do planeta.

FONTE: *The New York Times*, 24 dez. 2004, p. c1.

As ameaças à dominação cada vez maior da China incluem a instabilidade política, conforme a prosperidade crescente de suas cidades e centros industriais deixam para trás milhões de residentes rurais pobres. Além disso, países que passaram pela perda de empregos podem ter de enfrentar a pressão cada vez mais forte para restringir as importações chinesas, especialmente na UE, com seus fortes sindicatos. Entretanto, para um futuro previsível, a presença crescente da China na economia mundial, como importadora e exportadora, poderá ser algo que você, como gestor, terá de levar muito em consideração.

Outros países da região que estão desenvolvendo-se rapidamente e têm fortes relações comerciais com os Estados Unidos incluem a Coréia do Sul, Taiwan e Cingapura. Esses países, juntamente com os Estados Unidos, China e outros países, como a Austrália e a Rússia, são parte do grupo econômico formado por 21 países chamado de Apec (Asia-Pacific Economic Cooperation). Nos últimos anos, os Estados Unidos e outros países da Apec têm trabalho no estabelecimento de políticas que incentivem o comércio internacional e reduzam as barreiras comerciais.[9]

A América do Norte

North American Free Trade Agreement — Acordo de Livre Comércio da América do Norte (Nafta)

Um pacto econômico que combina as economias dos Estados Unidos, Canadá e México, no maior bloco comercial do mundo.

O **North American Free Trade Agreement — Acordo de Livre Comércio da América do Norte (Nafta)** uniu as economias dos Estados Unidos, Canadá e México no maior bloco comercial do mundo com mais de 390 milhões de consumidores norte-americanos, canadenses e mexicanos e um *output* total de mais de US$ 10 trilhões. Até 2008, praticamente todas as exportações industriais norte-americanas para o México e Canadá estarão isentas de impostos. Embora os Estados Unidos tivessem um acordo antigo com o Canadá, o México se tornou rapidamente o seu segundo maior parceiro como resultado do Nafta. As indústrias norte-americanas que se beneficiaram no curto prazo incluem os fornecedores de bens de capitais, fabricantes de produtos duráveis para o consumo, produtores e distribuidores de cereais, fabricantes de equipamentos de construção, a indústria automobilística e a indústria financeira, que agora têm acesso privilegiado aos mercados protegidos de outrora. Também tem havido um aumento considerável de investimentos no próprio México. Por exemplo, com suas mais de 700 lojas instaladas ali, o Wal-Mart é, atualmente, o maior empregador do país.[10]

O crescimento econômico e o abrandamento das restrições na importação também levaram a um crescimento nos negócios em outros países sul-americanos, particularmente com os produtos agrícolas. Por exemplo, o Brasil se tornou o maior exportador de suco de laranja, café e tabaco e, até 2015, espera substituir os Estados Unidos como o maior produtor agrícola em geral. As crescentes exportações do Brasil, da Argentina e de outros países têm impacto cada vez maior na agricultura norte-americana: as fazendas que não conseguem tornar-se ou manter-se competitivas podem acabar fechando as porteiras. Por outro lado, esses países também propiciam um mercado em franco crescimento para as exportações norte-americanas de tratores, colheitadeiras e outros produtos similares.[11]

Atualmente, há tentativas de ir além do Nafta e de criar o Central American Free Trade Agreement — Acordo de Livre Comércio da América Central (Cafta), e a Free Trade Area of the Americas — Área de Livre Comércio das Américas (FTAA), indo do Canadá até o Chile. Por exemplo, os Estados Unidos e o Chile assinaram um acordo em 2003 que elimina as tarifas em quase todos os bens negociados entre os dois países e também garante a proteção de patentes na exportação dos softwares e medicamentos norte-americanos. Discussões semelhantes estão em andamento com outros países da região, com o objetivo de, no longo prazo, realizar um pacto de livre comércio em todo o hemisfério.[12]

O Restante do Mundo

Não é possível abordar integralmente todos os desenvolvimentos importantes, mercados e concorrentes que moldam o ambiente global. A Índia, por exemplo, tornou-se um importante fornecedor de suporte on-line de computadores e softwares, como pode ser lido no texto mostrado a seguir. Mas áreas enormes e promissoras do mundo — o Oriente Médio, a África e partes da América do Sul e da antiga União Soviética — não participaram da globalização. Essas regiões possuem uma boa parte dos recursos naturais do mundo e ainda não se tem consciência do potencial delas.

Vantagens da Colaboração

Alguns dos motivos pelos quais os gestores colaborarão com seus parceiros comerciais no exterior são óbvios. Outros países oferecem mercados expandidos para seus produtos. Em troca, eles podem necessitar de recursos naturais, produtos ou estruturas de custo essenciais, mas que não estão disponíveis em seus países de origem. No entanto, há outros benefícios, talvez menos óbvios, para colaborar com outros países nos negócios. Como os negócios permitem que cada país obtenha de modo mais eficiente o que ele não consegue produzir internamente, isso abaixa os preços gerais e permite que mais produtos fiquem disponíveis para mais pessoas. Isso, por sua vez, aumenta o padrão de vida, e pode ampliar o mercado para os produtos do gestor, tanto local quanto internacionalmente. O comércio também torna as novas tecnologias e novos métodos mais disponíveis, novamente aumentando o padrão de vida e melhorando a eficiência. Finalmente, a colaboração comercial com os outros cria vínculos entre as pessoas e as culturas, o que, especialmente no longo prazo, pode conduzir à cooperação em outras áreas.

O Crescimento da Índia

TEXTO EXTRAÍDO DA REVISTA BusinessWeek

Assim que se chega ao Centro de Tecnologia John F. Welch, da General Electric, um guarda uniformizado acena através de um portão de ferro. Exceto pelas engenheiras vestindo saris e pela música popular indiana que percorre suavemente o refeitório a céu aberto, isso até poderia ser a gigante instalação de pesquisa e desenvolvimento da GE da cidade de Niskayuna, no norte do estado de Nova York.

É bem mais parecido com Niskayuna do que se pode pensar. Os 1.800 engenheiros do centro estão envolvidos em pesquisas fundamentais para mais de 13 divisões da GE. Em um laboratório, eles ajustam os projetos aerodinâmicos das lâminas das turbinas. Em outro, esmiúçam a estrutura molecular dos materiais que serão usados na próxima geração de DVDs. Em outro ainda, técnicos montaram um modelo funcional de uma planta de plásticos da GE na Espanha e conceberam uma maneira de alavancar os resultados lá em até 20%.

Muitos norte-americanos conhecem os programadores de softwares com baixa remuneração da Índia e acreditam que o amável atendente que lhes reservou as passagens aéreas está em Deli. Mas estes são somente sinais superficiais das habilidades da Índia. Silenciosamente, porém com uma velocidade de tirar o fôlego, a Índia e seus milhões de formados em engenharia, administração e medicina, todos de nível mundial, estão emaranhando-se na Nova Economia da América em formas que a maioria de nós nem sequer imagina.

Essa decolagem tecnológica é maravilhosa para a Índia, mas terrível para muitos norte-americanos. Na verdade, a emergência da Índia está transformando-se rapidamente no atual teste de Rorschach sobre a globalização. Muitos vêem os trabalhadores digitais indianos como portadores da nova prosperidade para uma nação merecedora e como parceiros vitais da América Corporativa. Outros os vêem como tropas de choque no ataque final contra os trabalhos bem remunerados.

O guru da tecnologia Andrew S. Grove, CEO da Intel Corp., adverte que "é uma questão muito válida" perguntar se os Estados Unidos vão no final perder seu domínio impressionante em TI, como aconteceu com a indústria de eletrônicos. No entanto, há também uma visão muito mais positiva: tirar o máximo proveito da capacidade intelectual da Índia pode alavancar ainda mais a liderança norte-americana na tecnologia e nos serviços, por meio do preenchimento das grandes deficiências projetadas na mão-de-obra especializada, por causa da aposentadoria dos *baby boomers*.* Empresas como a GE Medical Systems, a Cummins, a Microsoft e a fabricante de softwares empresariais PeopleSoft, que estão contratando pessoas na Índia, dizem que não estão demitindo nenhum engenheiro norte-americano. Em vez disso, ao melhorar suas equipes de P&D norte-americanas com os 260 mil engenheiros que saem das escolas indianas todos os anos, eles podem colocar muitos mais cérebros em uma tarefa e acelerar o lançamento de novos produtos, desenvolver mais protótipos e melhorar a qualidade.

As empresas da velha economia também se beneficiam. A fabricante de motores Cummins planeja usar seu novo centro de P&D, em Pune, para desenvolver os modelos de computadores sofisticados necessários para o projeto eletrônico de atualizações e protótipos. O vice-presidente internacional, Steven M. Chapman, diz: "Seremos capazes de lançar cinco ou seis novos motores por ano, em vez de dois", com o mesmo orçamento de US$ 250 milhões para P&D, sem uma única demissão de funcionário norte-americano.

Para ter certeza disso, muitas corporações passaram por muitas dores de cabeça, variando das comunicações deficientes até à qualidade inconsistente. A Dell Inc. informou recentemente que está transferindo o suporte informático a clientes corporativos de volta aos Estados Unidos. Ainda assim, numerosos estudos afirmam que as empresas que transferem o trabalho para a Índia têm um corte nos custos de 40% a 60%. Nandam M. Nilekani, diretor-executivo da Infosys Technologies Ltd. em Bangalore, diz: "Assim como a China baixou os custos na produção e o Wal-Mart no varejo, a Índia vai baixá-los nos serviços". Entretanto, a deflação também significa muita dor de cabeça no médio prazo para as empresas e os trabalhadores norte-americanos que nunca imaginaram que algum dia teriam de encarar um rival. Veja a indústria de serviços em TI dos Estados Unidos. Os indianos ainda têm menos de 3% do mercado. Mas, ao oferecerem preços que são menores em um terço ou mais do que aqueles praticados por gigantes como a Accenture, a IBM e a Electronic Data Services, eles alteraram o preço da indústria. Em outros segmentos, a mudança da produção de baixo custo para o Leste Asiático foi seguida pela engenharia. Agora a Coréia do Sul e Taiwan são líderes globais em *notebooks*, telefones sem fio, chips de memória e mostradores digitais.

---

* NT: Pessoas nascidas no período pós-guerra até meados da década de 1960.

Conforme as empresas passam a confiar mais nos engenheiros de TI na Índia e em outras partes do mundo, o debate continua, e os Estados Unidos podem ceder o controle de outras tecnologias importantes.

Ao longo da história norte-americana, os trabalhadores têm sido retirados das fazendas, das indústrias têxteis e das siderúrgicas. No final, a força de trabalho conseguiu chegar a postos de trabalhos com melhores salários e maior qualidade. Isso poderia acontecer novamente. Ainda haverá uma necessidade gritante por engenheiros norte-americanos, por exemplo. Porém o que tem sido procurado são engenheiros que possam ficar perto dos clientes, que gerenciem equipes de pesquisa e melhorem criativamente os processos comerciais.

Adaptar-se ao efeito Índia será traumático, mas não há sinal de que a América Corporativa esteja voltando atrás. Ainda assim, o desafio da Índia também apresenta uma enorme oportunidade, e se os Estados Unidos conseguirem gerenciar bem a transição, o resultado final poderá ser um ganho intelectual que acelerará a produtividade e a inovação.

FONTE: Adaptado de KRIPALANI, Manjeet; ENGARDIO, Pete. The rise of Índia. *BusinessWeek*, 8 dez. 2003, on-line.

Conseqüências de uma Economia Global

A integração crescente da economia global tem muitas conseqüências. Primeiro, nas últimas décadas, a produção e o comércio mundiais cresceram a um ritmo impressionante. Mas o volume dos negócios mundiais cresceu a uma taxa mais veloz do que a da produção mundial.[14] Anos de ênfase no comércio internacional por parte dos maiores países industriais, comércio recentemente liberado em vista de ações da Nafta, UE e Apec, bem como as reformas de mercado na China, resultaram no abrandamento das barreiras ao fluxo livre de produtos, serviços e capital entre os Estados-nações. O impacto dessas tendências é enorme. O valor em dólar do comércio internacional (exportações de mercadorias e serviços comerciais) é de aproximadamente US$ 9,09 trilhões — tendo crescido de somente umas centenas de bilhões de dólares, 30 anos atrás. Por exemplo, a Figura 6.3 mostra como o comércio nos Estados Unidos (particularmente o de bens) cresceu em relação à produção do país ao longo da última década e meia. O valor em dólar do comércio de bens cresceu de 30% para mais de 50% do resultado total do país, mesmo com o crescimento da produção total norte-americana. A maioria dos especialistas espera que a concorrência aumente de acordo com a liberação do comércio, e como costuma acontecer, os participantes mais eficientes sobrevi-

FIGURA 6.3
Comércio e Produção de Bens e Serviços nos Estados Unidos, 1990—2003

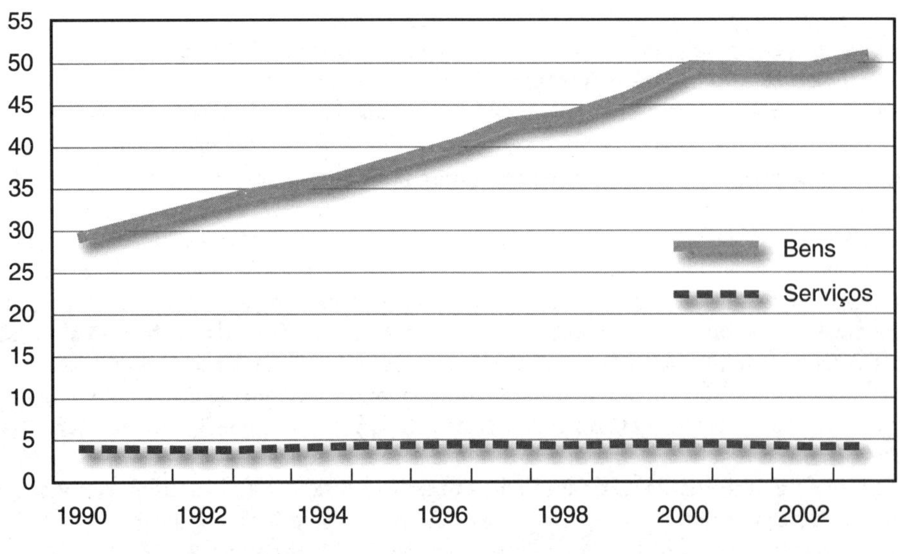

Nota: Proporção entre o comércio de bens e serviços e a produção de bens e de serviços da indústria nos Estados Unidos. O comércio (média de exportações e importações) e o resultado são medidos em termos de preços constantes (preços de 2000).

FONTE: Estados Unidos, Department of Commerce, Bureau of Economic Analysis.

verão. Para ter sucesso nesse ambiente industrial, os administradores precisam estudar as oportunidades nos mercados existentes, e trabalhar para melhorar a competitividade de suas empresas.

Uma segunda conseqüência da crescente integração global é que *os investimentos diretos estrangeiros* (IDE) estão desempenhando papel sempre crescente na economia global, à medida que as empresas de todos os tamanhos investem em operações internacionais. Em especial, o fluxo dos investimentos diretos estrangeiros para países menos desenvolvidos, através de empresas instaladas em países desenvolvidos, tem crescido substancialmente.[15]

Uma terceira conseqüência de uma economia global cada vez mais integrada é que as importações estão penetrando de forma sempre mais profunda nas maiores economias mundiais. Por exemplo, os bens manufaturados, e não mais as matérias-primas, agora respondem por mais da metade das importações japonesas.[16] Quase dois terços dos aparelhos de rádio e televisão, relógios e motocicletas comprados nos Estados Unidos são produzidos no exterior. Uma porcentagem alta de vestuário e produtos têxteis, papéis, diamantes de corte e aparelhos de videocassete consumidos nos Estados Unidos também é importada. A Figura 6.4 ilustra como o comércio mundial de bens manufaturados cresceu com relação a outros grupos de produtos. O crescimento das importações é um subproduto natural do crescimento do comércio mundial e da tendência à produção de componentes — ou até mesmo de produtos completos — no exterior antes de trazê-los de volta para a venda final.

Finalmente, o crescimento do comércio mundial, os IDEs e as importações fazem que as empresas por todo o mundo estejam com seus mercados domésticos sob ataque de concorrentes estrangeiros. Isso é verdade no Japão, onde a IBM se tornou a líder no mercado de servidores e softwares comerciais, reduzindo a participação no mercado de empresas locais, como a Fujitsu; nos Estados Unidos, onde os fabricantes automobilísticos japoneses ganharam participação de mercado da General Motors (GM), Ford e DaimlerChrysler; e na Europa Ocidental, onde a empresa holandesa que já dominou o mercado, a Philips N. V., perdeu *market share* no comércio de eletrônicos para consumo para as empresas japonesas JVC, Matsushita e Sony.

O que tudo isso significa para o gestor? Comparando-se com alguns anos atrás, *as oportunidades são maiores*, porque o movimento em direção ao livre mercado abriu muitos mercados nacionais anteriormente protegidos. O potencial para exportação e para investimentos diretos no exterior é maior hoje do que em qualquer outra época. *O ambiente está mais complexo*, pois os gestores atuais têm de lidar com os desafios de realizar negócios em países com culturas radicalmente diferentes e coordenar operações

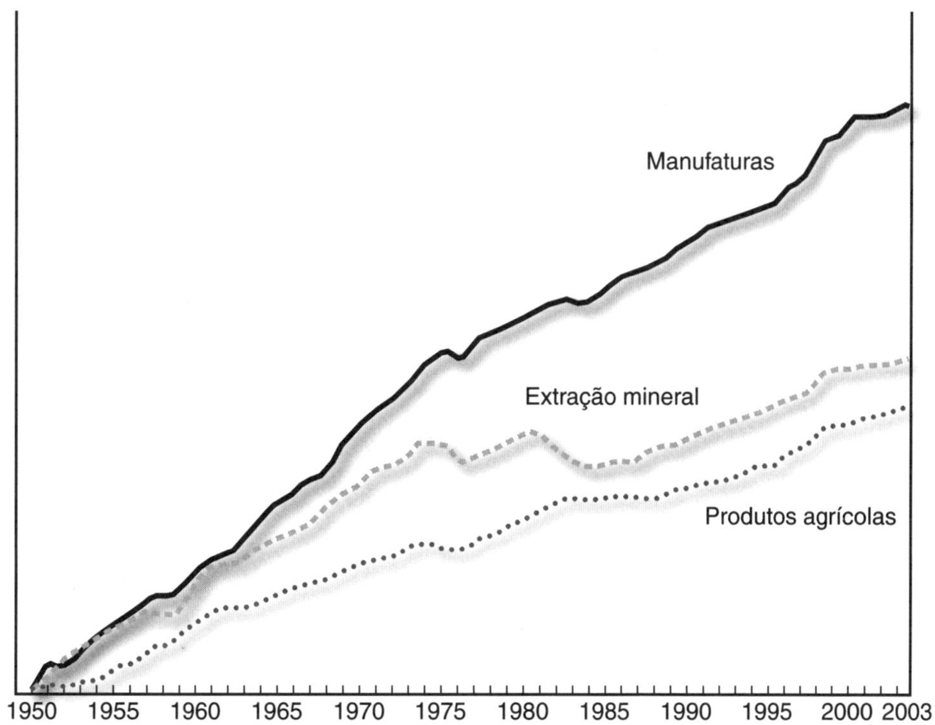

FONTE: World Trade Organization. *International Trade Statistics* (Selected Long-Term Trends), 2004, p. 2.

FIGURA 6.4
Crescimento Relativo no Comércio Mundial em Termos dos Maiores Grupos de Produtos. 1950–2003

espalhadas por todo o planeta. *O ambiente é mais competitivo* porque, além dos concorrentes domésticos, o gestor tem de lidar com concorrentes estrangeiros eficientes em custos.

Empresas grandes e pequenas agora vêem o mundo, e não mais um único país, como seu mercado de negócios. Como mostra o Quadro 6.1, os Estados Unidos não têm nenhum monopólio no comércio internacional. Das 25 maiores corporações mundiais, nove estão localizadas em outros países. Além disso, as empresas dispersaram suas instalações de manufaturas, marketing e pesquisas para países onde as condições de custo e de habilidades são mais favoráveis. Essa tendência está tão generalizada em indústrias como a automobilística, a aeroespacial e a eletrônica, que se torna irrelevante falar sobre "produtos norte-americanos", "produtos britânicos" ou "produtos japoneses".

QUADRO 6.1

The *Business Week* Global 1000

Ranking				Valor de Mercado, em US$ bilhões
2004	2003	Empresa	País	
1	1	General Electric	Estados Unidos	328,11
2	2	Microsoft	Estados Unidos	284,43
3	3	Exxon Mobil	Estados Unidos	283,61
4	4	Pfizer	Estados Unidos	269,66
5	5	Wal-Mart Stores	Estados Unidos	241,19
6	6	Citigroup	Estados Unidos	239,43
7	9	BP	Grã-Bretanha	193,05
8	10	American International Group	Estados Unidos	191,18
9	13	Intel	Estados Unidos	184,66
10	8	Royal Dutch/Shell Group	Holanda/ Grã-Bretanha	174,83
11	21	Bank of America	Estados Unidos	169,84
12	7	Johnson & Johnson	Estados Unidos	165,32
13	14	HSBC Holdings	Grã-Bretanha	163,09
14	12	Vodafone Group	Grã-Bretanha	159,15
15	18	Cisco System	Estados Unidos	152,23
16	11	International Business Machines	Estados Unidos	150,55
17	17	Procter & Gamble	Estados Unidos	139,35
18	22	Berkshire Hathaway	Estados Unidos	136,86
19	26	Toyota Motor	Japão	130,65
20	20	Coca-Cola	Estados Unidos	125,56
21	19	Novartis	Suíça	125,51
22	16	GlaxoSmith Kline	Grã-Bretanha	124,05
23	24	Total	França	122,94
24	15	Merck	Estados Unidos	105,21
25	31	Nestlé	Suíça	104,87

FONTE: The BusinessWeek 1000. *BusinessWeek*, jul. 2004, p. 75, 26.

Por exemplo, o PT Cruiser da Chrysler é montado no México, e a própria empresa pertence agora à DaimlerChrysler, uma montadora alemã. Outra montadora alemã, a BMW, fabrica o mais famoso carro britânico, o Rolls-Royce. Os Toyotas são montados no estado norte-americano de Kentucky, os Hondas em Ohio e os Nissans em Mississippi. E um Caravan Dodge pode muito bem ter um motor fabricado pela japonesa Mitsubishi. Cada vez mais, um carro pode ser projetado em um país e montado em outro, com partes compradas ou fabricadas em diversos outros países. À medida que as barreiras comerciais caem, não é mais a identidade nacional, mas as considerações econômicas, como o custo ou a proximidade dos mercados, que determinam onde os bens são produzidos.[17]

terceirização

Contrato de fornecedor externo para produzir um ou mais de seus produtos ou serviços.

offshoring

Terceirização para fornecedor de outro país.

Essa internacionalização não está limitada às maiores corporações. Um número crescente de pequenas e médias empresas também se engaja no comércio internacional. Algumas empresas limitaram esse envolvimento na exportação, enquanto outras montaram plantas de fabricação no exterior. Até as menores empresas podem fazer acordos com fornecedores estrangeiros e, com o auxílio da Internet, comunicarem-se com os clientes em todo o mundo. Por exemplo, uma pequena empresa como a SpringHill Greenhouses na cidade de Lodi, estado de Ohio, com somente seis empregados, realiza operações internacionais. A SpringHill trabalha com cultivadores atacadistas na Holanda (para tulipas e lírios) e na Colômbia (para rosas) com o objetivo de conseguir o melhor valor para as flores. Com isso, ao trabalhar por meio de associações globais como a FTD e a Teleflora, a SpringHill se conecta com outros floristas para enviar e receber pedidos praticamente em qualquer lugar do mundo.[18]

O Papel da Terceirização

Nos últimos anos, os temas da terceirização e do *offshoring* (exportação de tarefas) tornaram-se uma fonte de controvérsias. A **terceirização** ocorre quando uma empresa contrata um fornecedor externo para produzir um ou mais de seus produtos ou serviços. O ***offshoring*** acontece quando o fornecedor externo está localizado no exterior. Na verdade, é sobre *offshoring* que as pessoas estão falando quando expressam suas preocupações sobre "terceirização", por enxergarem esse movimento como o causador da perda dos posições de trabalho bem pagas em solo norte-americano para os outros países que têm custos menores. A preocupação é motivada pelos relatórios bastante divulgados sobre importantes corporações transferindo suas linhas de montagem, programação de computadores, centros de suporte e outras partes de suas operações para a Índia ou para a China. Um estudo prevê que, em 2015, mais de 3 milhões de postos de trabalho nos Estados Unidos serão transferidos para fora do país.[19]

Estes trabalhadores de colarinho-branco da Wipro Spectramind custam 60% menos que seus companheiros norte-americanos.

O declínio do emprego no setor manufatureiro nos Estados Unidos é evidente. Quase 3 milhões de empregos nesse setor foram extintos somente de 2000 a 2003. No entanto, evidências consideráveis sugerem que a causa desse declínio não é o *offshoring*, mas a inovação. Por causa da tecnologia e dos processos novos, os gestores acabam precisando de menos trabalhadores para produzir a mesma quantidade de bens. Por exemplo, desde 1970, a indústria de aço perdeu 70% de seus trabalhadores, mas a produção interna de aço não declinou.[20]

Além disso, as estatísticas sobre o *offshoring* deixam com freqüencia de perceber que essas transferências de trabalho representam uma pequena fração dos 135 milhões de empregos existentes nos Estados Unidos. A maioria deles requer que os trabalhadores estejam próximos de seus mercados — as pessoas ainda compram em supermercados e lojas de eletrodomésticos locais, vão aos consultórios de seus médicos e freqüentam as escolas de seus bairros. Talvez ainda mais importante seja o fato de que onde o *offshoring* aumenta a eficiência, ele libera os fundos para a expansão e empregos adicionais. Apesar de os empregos serem transferidos para o exterior, a empregabilidade e a produtividade norte-americanas, em geral, continuaram a crescer, e embora os trabalhadores individuais sejam profundamente afetados quando seus empregos são extintos, a reciclagem profissional e outros programas, como o Trade Adjustment Assistance (Assistência ao Ajuste Comercial), estão tornando-se cada vez mais disponíveis aos trabalhadores cujos empregos foram transferidos.[21]

A controvérsia sobre o *offshoring* também não vê até que ponto os empregos são contratados *internamente*, ou seja, trazidos aos Estados Unidos por empresas estrangeiras. Mencionamos anteriormente algumas empresas japonesas que construíram plantas nos Estados Unidos. Até a China, um local propício para *offshoring*, decidiu mudar a sede da Lenovo, sua empresa de computadores, para a sede da IBM em Armonk, no estado de Nova York, quando a empresa adquiriu o segmento de computadores pessoais da IBM.[22] Um estudo estimou que as empresas que contratam funcionários no mercado doméstico dos Estados Unidos empregam cerca de 5,4 milhões de trabalhadores norte-americanos.[23] Essas movimentações nos postos de trabalho são um resultado inevitável dos efeitos da globalização, pois as empresas em todos os lugares do mundo procuram tornar-se mais eficientes ou se mudar para mais perto de seus mercados e clientes.

Um efeito menos positivo do *offshoring* tem sido a estagnação salarial nas indústrias onde ele é comum, na medida em que os trabalhadores dessas áreas competem com seus colegas de outros países que ganham menos. Por outro lado, os salários em alguns desses países começam a crescer, reduzindo, assim, os efeitos do *offshoring*. Algumas empresas na Índia também começaram a transferir para o exterior — ou seja, começaram a praticar o *offshoring* — parte de *seus* trabalhos para, desse modo, permanecerem competitivas.[24]

Nos últimos anos, a automação reduziu o percentual dos custos de produto que podem ser atribuídos à mão-de-obra, tornando a alocação de tarefas para o exterior algo menos necessário. Por exemplo, uma manufatura do setor de vestuário localizada em Los Angeles paga a seus 1.500 trabalhadores um valor mensal muito acima do salário mínimo, mas se tornou tão eficiente que o tempo e as despesas gastas para trazer os produtos do exterior não compensariam qualquer economia salarial.[25] Os gestores que praticam o *offshoring* somente para conseguir economias salariais, geralmente, incorrem em custos adicionais inesperados com viagens, treinamento, controle de qualidade, barreiras lingüísticas e a resistência de alguns clientes que preferem negociar com o pessoal local.

Em resumo, ao decidirem pelo *offshoring*, os gestores não deveriam começar pela suposição de que isso sairá mais barato. Em vez disso, eis alguns dos fatores que devem ser levados em consideração.

Qual é a vantagem competitiva dos produtos oferecidos? Se algo como entrega rápida, confiabilidade e contato com o cliente forem motivos principais, então o *offshoring* é uma opção pouco atraente.** Mas se o produto estiver amplamente disponível e padronizado, como uma calculadora, e a única vantagem competitiva for o preço, o menor custo de produção possível passa a ser crítico e o *offshoring* se torna algo que os gestores devem considerar.

O negócio está nos estágios iniciais? Se estiver, o *offshoring* pode ser inadequado, uma vez que os gestores precisam estar perto do negócio e de seus clientes para resolver os problemas e assegurar que tudo corra conforme planejado. Quando os negócios estiverem mais amadurecidos, eles podem considerar a transferência de algumas de suas operações para outros países.

A distribuição de tulipas da Holanda pode ser administrada pela pequena Springhill Greenhouses em Lodi, Ohio.

Economias na produção podem ser obtidas localmente? A automação pode quase sempre permitir economias significativas na mão-de-obra e eliminar a vantagem de mudar a produção para o exterior. Onde economias decorrentes de automação não são possíveis, como no caso de *call centers*, então o *offshoring* se torna uma opção atraente

A cadeia de suprimento pode ser melhorada como um todo? Como abordamos no Capítulo 2, grandes economias na produtividade são possíveis quando os gestores desenvolvem uma cadeia de suprimento eficiente — dos fornecedores, passando pela manufatura e chegando aos consumidores. Essas melhorias permitem custos baixos e rapidez nas respostas dos clientes. Se a cadeia de suprimento não for uma preocupação relevante, ou se ela já estiver altamente eficiente ou rotineira, e mais economias forem necessárias, então o *offshoring* pode ser um caminho para os gestores conseguirem eficiências adicionais.[26]

**NRT: *Mesmo assim, a empresa deve tomar cuidado. Ver o caso da Dell, que transferiu seu* call center *para a Índia e enfrentou uma série de problemas relacionados à satisfação de seus clientes por causa disso.*

Dois Executivos Discutem o *Offshoring*

FICAR PERTO DE CASA: A ESCOLHA MEXICANA

Ed Trevis *é presidente e CEO da* **American Predator**, *uma fabricante de placas industriais de circuito integrado, em Morgan Hill, Califórnia.*

Nossos controladores são usados em equipamentos médicos como os de tomografia computadorizada e de ressonância magnética. Começamos a terceirizar cerca de 30% de nossos produtos para uma empresa no México seis meses atrás. Eles compram os componentes necessários de empresas norte-americanas e então montam nossas placas. A terceirização está começando lentamente com nossas linhas de maior volume, mas no final pretendo terceirizar metade de nossos produtos.

A terceirização nos permite competir com as empresas asiáticas e européias, atuando no exterior, e também com aquelas que exportam para os Estados Unidos. Seremos capazes de expandir nossos serviços, aumentar nossa receita e criar mais empregos nos Estados Unidos. Estou contratando mais pessoas agora e pretendo aumentar a mão-de-obra em 20% em 2005.

A lição que aprendi da terceirização é que os modelos comerciais em outros países continuam a evoluir, e as empresas norte-americanas podem tirar vantagem disso.

Se você tem um produto que pode ser fabricado rotineira e consistentemente, é possível produzi-lo com menos custos em qualquer outro lugar do mundo e usar o valor economizado para adquirir a última tecnologia existente por aqui. Poucos países conseguem competir conosco nessa área.

O México tem sua própria maneira de fazer negócios, como todos os países, e isso tem sido um desafio. Por exemplo, há restrições sobre quanto tempo os componentes podem permanecer no México antes que uma empresa sofra com impostos e taxas, e sobre a logística do manuseio dos produtos, que pode ser bastante complicada.

Eu recomendaria às outras empresas que elas olhassem para suas metas de desenvolvimento comercial de longo prazo e considerassem a terceirização para o México em vez de para a Ásia. O Acordo de Livre Comércio da América do Norte (Nafta) e outros acordos têm sido bons para o meu negócio e abrirão ainda mais mercados no hemisfério ocidental. Eu também diria a elas que os lucros crescentes não são a única razão para se terceirizar. A terceirização também cria condições para se ganhar *market share* e para expandir os negócios.

— *Como relatado a Patricia R. Olsen*

A ENTREVISTA DE EMPREGO POR VIDEOCONFERÊNCIA

Chetan Shah *é vice-presidente executivo de tecnologia da* **Synygy Inc.**, *em Conshohocken, Pensilvânia.*

Colocamos em funcionamento um modelo de *offshoring* cerca de dois anos atrás e isso tem sido um desafio. A Synygy fornece soluções para ajudar as organizações a oferecerem softwares e serviços de compensação e procuramos uma maneira de sermos capazes de desenvolver mais produtos com mais velocidade e menor preço. Nossos clientes demandavam mais produtos, mas não queriam pagar o maior preço.

Então abrimos escritórios na Índia e na Romênia para cuidar do desenvolvimento de software e dos procedimentos comerciais. Temos cerca de 500 empregados e 35% deles estão sediados no exterior.

A parte mais difícil desse processo foi encontrar os candidatos corretos. A contratação começou nos Estados Unidos. Todos os candidatos tiveram de se cadastrar por meio de um website e as fichas de emprego preenchidas chegaram aos nossos gerentes de contratação aqui nos Estados Unidos. Eles precisaram receber treinamento para aprender como ler um currículo estrangeiro. Por exemplo, as áreas de graduação variam de país a país; assim, esses gerentes tiveram de aprender a decifrar as credenciais de cada candidato.

Uma vez que um currículo seja aprovado, os candidatos recebem um e-mail para responderem a alguns testes. Então vem a parte mais difícil. Há duas rodadas de entrevistas: a primeira acontece com os empregados da Synygy no país onde o candidato mora; a segunda é feita por meio de videoconferência na qual participam nossos gerentes norte-americanos. Todos falam inglês nas entrevistas, mas os sotaques podem dificultar o entendimento. Na Índia, por exemplo, todos os candidatos são educados em inglês, porém seus sotaques variam muito, dependendo de que parte do país eles vêm. Sempre temos um profissional local de recursos humanos na sala para esclarecer quaisquer problemas de comunicação.

(continua)

Fomos capazes de lidar com problemas desse tipo colocando em nossos escritórios no exterior pessoal experiente da Synygy que possa levar os processos e procedimentos comprovados da empresa às operações fora do país. Sabíamos que seguir esse caminho seria a chave para fazer as coisas da forma certa.

— *Conforme relatado a Melinda Ligos*

FONTE: *The New York Times*, 6 dez. 2004, p. CR.

Estratégia Global

Uma das tarefas críticas que o gestor internacional enfrenta é identificar a melhor estratégia para competir no mercado global. Para abordar essa questão, é útil visualizar a posição de uma empresa em um quadro que combina integração e capacidade de resposta (ver Figura 6.5). O eixo vertical mede as pressões para a *integração global* e o eixo horizontal mede as pressões para uma *capacidade de resposta local.*

Pressões para a Integração Global

Os gestores podem ter muitas razões para querer, ou precisar de, uma estratégia comum e global, em vez de uma customizada para mercados individuais. Elas incluem a existência de necessidades universais, pressões para reduzir os custos, ou a presença de concorrentes com uma estratégia global.

As *necessidades universais* criam fortes pressões para uma estratégia global. Elas existem quando os gostos e as preferências dos consumidores em diferentes países, com relação a um produto, são semelhantes. Os produtos que atendem a necessidades universais requerem pequenas adaptações nos mercados nacionais; com isso, a integração global é facilitada. Este é o caso de muitos mercados industriais. Por exemplo, produtos eletrônicos, como *chips* semicondutores, atendem a necessidades universais. Alguns gêneros alimentícios básicos (como bebidas gasosas) e utensílios (como abridores de latas) também se tornam cada vez mais disponíveis e são tidos, em muitos aspectos, como produtos globais.

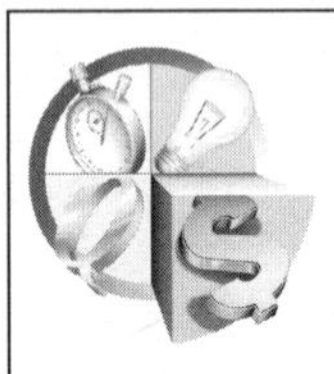

A necessidade de reduzir os custos é um alavancador importante da globalização.

As *pressões competitivas para a redução de custos* podem forçar os gestores a integrarem globalmente a manufatura. Isso pode ser particularmente importante em setores nos quais o preço é a principal arma competitiva e a concorrência é intensa (como acontece com as calculadoras portáteis). Também é importante se os principais concorrentes internacionais estiverem sediados em países onde a mão-de-obra e outros custos operacionais forem baixos. Nesses casos, os produtos tendem mais à padronização e, talvez, a serem fabricados em poucos locais para capturar economias de escala.

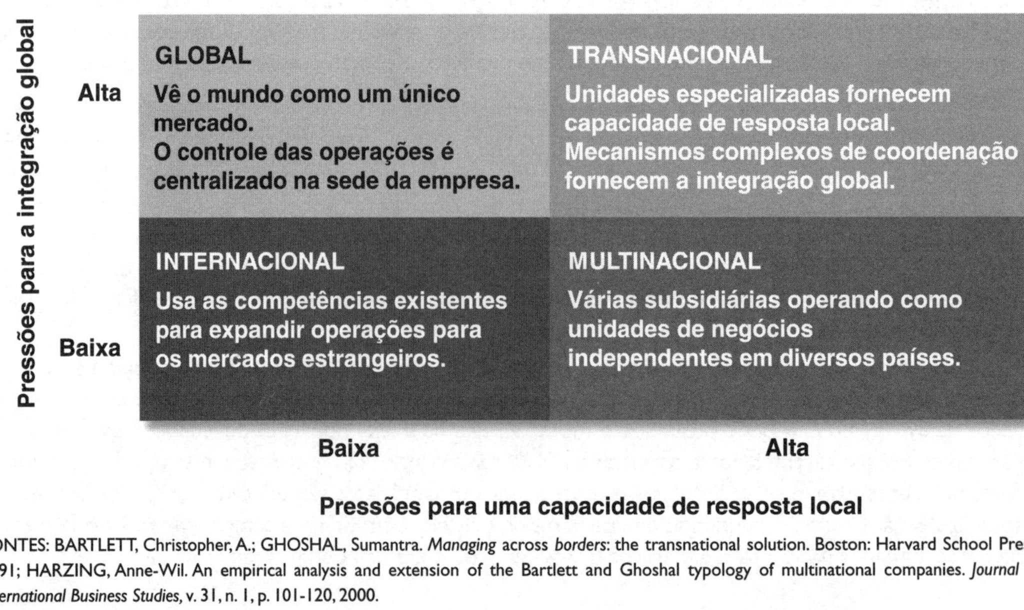

FIGURA 6.5
Modelos Organizacionais

FONTES: BARTLETT, Christopher, A.; GHOSHAL, Sumantra. *Managing across borders*: the transnational solution. Boston: Harvard School Press, 1991; HARZING, Anne-Wil. An empirical analysis and extension of the Bartlett and Ghoshal typology of multinational companies. *Journal of International Business Studies*, v. 31, n. 1, p. 101-120, 2000.

A presença de concorrentes engajados em uma *coordenação estratégica global* é outro fator que cria pressões para a integração global. Por exemplo, um concorrente que centraliza a coordenação da compra de matérias-primas em todo o mundo consegue reduções significativas de preço em comparação com as empresas que permitem que suas subsidiárias negociem localmente as suas compras. A competição global pode freqüentemente criar pressões para centralizar nas sedes das empresas algumas decisões tomadas por diferentes subsidiárias nacionais. E uma vez que uma empresa multinacional adote uma coordenação estratégica global, seus concorrentes são forçados a fazer o mesmo.

Pressões por uma Capacidade de Resposta Local

Em algumas circunstâncias, os gestores precisam ter certeza de que suas empresas são capazes de se adaptar às diferentes necessidades em diferentes locais. As fortes pressões para uma capacidade de resposta local surgem quando *os gostos e as preferências dos consumidores diferem significativamente* entre os países. Nesses casos, os produtos e/ou as mensagens de marketing devem ser adaptados.

> "Quando você viajar, lembre-se que um país estrangeiro não foi projetado para deixá-lo confortável. Ele foi projetado para deixar sua própria gente confortável."
>
> Clifton Fadiman

Na indústria automobilística, por exemplo, é grande a demanda dos consumidores norte-americanos por veículos do tipo *pickup*. Isso é particularmente verdadeiro no sul e no oeste dos Estados Unidos, onde muitas famílias têm uma *pickup* como segundo ou terceiro veículo. Por outro lado, na Europa, as *pickups* são vistas como veículos utilitários e são adquiridas mais por empresas que por pessoas. Como resultado, os fabricantes automotivos devem direcionar suas mensagens seguindo as diferenças entre os consumidores.

Conexões: A STARBUCKS PREPARA A EXPANSÃO

Os cafés da Starbucks são os mesmos em todo o mundo e a empresa chega a levar os gerentes estrangeiros ao seu centro de treinamento em Seattle. Equipes de inspetores visitam todas as unidades para manter a uniformidade dos padrões. Mas a empresa também teve de customizar algumas de suas operações para os mercados locais. Por exemplo, em Taiwan e no Japão, a Starbucks oferece o chá verde Frappuccino — um item que não é servido em nenhum outro lugar do mundo. Uma bebida feita com morangos e creme foi especialmente desenvolvida para o mercado inglês. A empresa também descobriu que, pelo menos de curto e médio prazos, é melhor contratar empregados locais para as suas lojas em vez de transferir empregados dos Estados Unidos para outros locais de operações. Os resultados no Reino Unido melhoraram depois que foram contratados gerentes locais para substituírem os norte-americanos. Parceiros e talentos locais também ajudaram a Starbucks a abrir suas lojas mais rapidamente — uma necessidade, uma vez que a empresa atrai imitadores que poderiam instalar-se em determinado local antes da Starbucks e, assim, eliminar oportunidades de mercado.

As pressões para uma capacidade de resposta local também surgem quando há *diferenças nas práticas tradicionais* entre países. Na Grã-Bretanha, as pessoas dirigem pelo lado esquerdo das ruas, criando uma demanda por veículos com direção do lado direito, enquanto na vizinha França as pessoas dirigem pelo lado esquerdo. É óbvio que os automóveis devem ser adaptados para acomodar essas diferenças de práticas tradicionais.

Diferenças nos canais de distribuição e em práticas de vendas entre países também podem criar pressões para uma capacidade de resposta local. Na indústria farmacêutica, o sistema de distribuição japonês difere radicalmente do norte-americano. Os médicos japoneses responderiam de modo desfavorável ao estilo de alta pressão das equipes de vendas norte-americanas. Desse modo, as empresas farmacêuticas têm de adotar práticas de marketing diferentes no Japão (venda persuasiva *versus* venda agressiva). De maneira semelhante, o Wal-Mart descobriu que na Alemanha os clientes se afastam da abordagem excessivamente

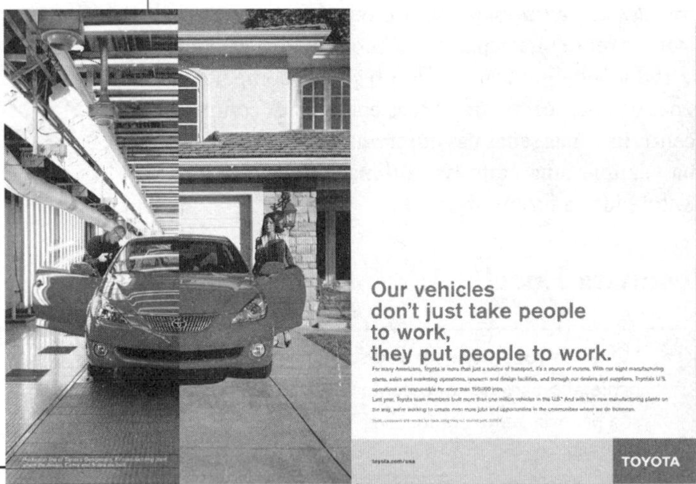

Neste anúncio, a Toyota reage ao sentimento de que as empresas automotivas estrangeiras tiram o emprego dos norte-americanos. A linha de produção da foto é, na verdade, a sua planta de Georgetown, estado de Kentucky. De acordo com o modelo organizacional mostrado na Figura 6.5, que tipo de empresa é a Toyota?

amigável de seu pessoal de vendas, e preferem um relacionamento mais neutro que lhes permita fazer suas próprias compras.

Finalmente, *demandas econômicas e políticas*, impostas pelos governos dos países anfitriões, podem exigir um grau de capacidade de resposta local. Mais importante ainda, as ameaças do protecionismo, do nacionalismo econômico e das legislações sobre índice de nacionalização (regras que requerem que certo percentual de um produto seja fabricado localmente) exigem que as empresas internacionais fabriquem seus produtos localmente.

Escolhendo uma Estratégia Global

A Figura 6.5 mostra que há quatro abordagens que podem ser usadas pelos gestores para enfrentar a competição internacional, dependendo da posição de suas empresas na matriz integração-capacidade de resposta local: o modelo internacional, o multinacional, o global e o transnacional. Organizações que seguem cada um desses modelos competem globalmente, mas diferem em termos da estratégia utilizada, bem como na estrutura e na forma como conduzem as suas operações.

O Modelo Internacional O **modelo internacional** é aquele no qual os gestores usam as competências essenciais da empresa para expandir as atividades para mercados externos. Como a matriz sugere, o modelo é mais apropriado quando há poucas pressões por economias de escala *ou* por capacidade de resposta local. A Pfizer é um exemplo de uma empresa que opera no modelo internacional. Ela está em um setor que não compete em custos e seus medicamentos, obviamente, não precisam ser customizados para os gostos locais. O modelo internacional usa as subsidiárias em cada país no qual a empresa mantenha seus negócios, com o controle principal exercido pela empresa-mãe. Em especial, embora as subsidiárias possam ter alguma liberdade para adaptar os produtos às condições locais, as funções essenciais, como a pesquisa e o desenvolvimento, tendem a ser centralizadas na empresa-mãe. Conseqüentemente, a dependência das subsidiárias por novos produtos, processos e idéias requer muita coordenação e controle por parte da empresa-mãe.

modelo internacional

Um modelo de organização que é composto de subsidiárias internacionais de uma empresa e caracterizado por um controle, por parte da empresa-mãe, sobre as funções de pesquisa e estratégias de produto local e de marketing que é maior que o do modelo multinacional.

A vantagem desse modelo é que ele facilita a transferência de habilidades e *know-how* da empresa-mãe para as subsidiárias ao redor do mundo. Por exemplo, a IBM, a Xerox e a Kodak tiveram lucros na transferência de suas competências essenciais em tecnologia e P&D para outros países. O sucesso no exterior da Kellogg, Coca-Cola, Heinz e Procter & Gamble é baseado mais no *know-how* do que em sua capacitação tecnológica. No final do século XX, muitas empresas japonesas, entre elas a Toyota e a Honda, penetraram com êxito nos mercados norte-americanos, usando suas competências essenciais em fabricação, que apresentavam vantagens significativas em relação aos concorrentes locais. Outras empresas, ainda, basearam suas vantagens competitivas em habilidades gerenciais. Esses fatores explicam o crescimento de redes internacionais de hotéis, como Hilton International, Intercontinental e Sheraton.

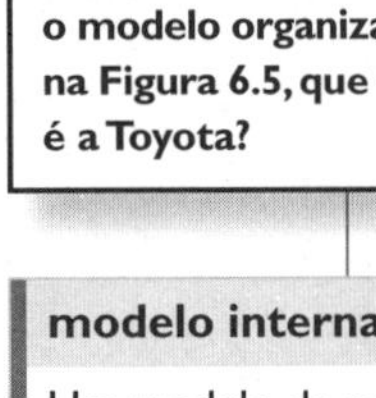

O modelo internacional ajuda a disseminar, globalmente, padrões de qualidade.

Uma desvantagem do modelo internacional é que ele não fornece autonomia máxima para se responder às condições locais. Além disso, com freqüência, não fornece também a oportunidade de se atingir uma posição de baixo custo via economias de escala.

O Modelo Multinacional **O modelo multinacional** é apropriado para casos em que a eficiência global não é requerida, mas a adaptação às condições locais oferece vantagens. O modelo multinacional utiliza subsidiárias nos países nos quais a empresa realiza negócios e dá autonomia a elas para que respondam às condições locais. Cada subsidiária local é uma unidade auto-suficiente, com todas as funções requeridas para a operação no mercado que a recebe. Assim, toda subsidiária tem suas próprias funções de manufatura, marketing, pesquisa e recursos humanos. Por causa dessa autonomia, cada subsidiária de uma empresa multinacional pode adaptar seus produtos e estratégias, aos gostos e às preferências dos consumidores locais, as condições de concorrência e as estruturas políticas, legais e sociais.

O modelo multinacional ajuda a acelerar a capacidade de resposta local.

Um bom exemplo de uma empresa multinacional é a Unilever, um fabricante importante de ampla variedade de produtos, que incluem alimentos congelados, produtos culinários e de lavanderia. Muitos de seus empregados de outros países são treinados localmente e ela possui um número grande de marcas não somente globais, mas também regionais e locais. A empresa se orgulha de sua estrutura descentralizada, que melhora sua capacidade de resposta local. Uma vantagem de se ter uma capacidade de resposta local é a necessidade menor de coordenação e direção a partir da sede da empresa. Como cada subsidiária é uma unidade autônoma, poucas transferências de bens e serviços ocorrem entre elas, diminuindo, com isso, as questões com preços de transferência e outros problemas relacionados.

o modelo multinacional
Um modelo de organização que consiste em subsidiárias em cada país no qual a empresa realiza negócios, com o controle das operações exercido, de forma centralizada, pela empresa-mãe.

Grandes desvantagens do modelo multinacional são os altos custos de produção e a duplicação de esforços. Embora uma multinacional possa transferir as competências essenciais entre suas operações internacionais, ela não consegue obter economias de escala características de instalações de produção centralizadas, que oferecem um produto padronizado para o mercado global. Além disso, como a abordagem multinacional tende a descentralizar as decisões estratégicas (discutidas adiante nos Capítulos 8 e 9), é difícil lançar ataques globais coordenados contra os concorrentes. Isso pode ser uma desvantagem significativa se os concorrentes tiverem essa capacidade.

O Modelo Global O **modelo global** é projetado para capacitar uma empresa a comercializar um produto padronizado no mercado global e fabricá-lo em um número limitado de locais, onde o *mix* de custos e habilidades requeridas seja mais favorável. O modelo global tem sido adotado por empresas que vêem o mundo como um mercado único e que assumem que não há diferenças concretas entre os países, no tocante a gostos e preferências dos consumidores. Por exemplo, a Procter & Gamble tem tido êxito na Europa contra a Univeler, porque considerou o continente inteiro como um todo unificado. A Royal Dutch/Shell tem sido uma empresa multinacional por muitos anos, agora, porém, está mudando para o modelo global para tentar reduzir os custos, aumentar a integração e melhorar a eficiência.

o modelo global
Um modelo de organização que consiste em subsidiárias de uma empresa distribuídas no exterior e caracterizado pela tomada de decisões centralizada e pelo controle rígido da empresa-mãe sobre a maioria dos aspectos das operações internacionais. É tipicamente adotado por organizações que apóiam suas estratégias competitivas globais em uma política de custos baixos.

Empresas que adotam o modelo global tendem a se tornar participantes de baixo custo em qualquer mercado. Elas constroem unidades de fabricação de escala global em alguns poucos locais selecionados de baixo custo e conseguem, assim, obter economias de escala. Esses valores economizados provêm da diluição de custos fixos, decorrentes de investimentos no desenvolvimento de novos produtos, plantas, equipamentos etc., por todas as vendas mundiais. Pela utilização de unidades de fabricação centralizadas e de estratégias de marketing global, a Sony pôde reduzir seus custos unitários até o ponto de se tornar o principal participante de baixo custo no mercado global de televisores. Isso lhe permitiu conquistar posições perante empresas como Philips, RCA e Zenith, que têm usado operações tradicionalmente baseadas na manufatura em cada um dos principais mercados nacionais (uma característica da abordagem multinacional). Como as operações são centralizadas, as subsidiárias geralmente se limitam às funções de marketing e serviços.

Por outro lado, o fato de uma empresa buscar uma abordagem global para tentar padronizar seus produtos e serviços pode torná-la menos adaptável aos gostos e demandas dos consumidores em países diferentes. Tentativas de diminuir os custos por meio da padronização global de produtos podem resultar em um produto que não consiga satisfazer ninguém. Por exemplo, a Procter & Gamble tem sido muito bem-sucedida utilizando uma abordagem global, mas teve problemas quando tentou comercializar o sabão Cheer no Japão. Infelizmente, para a P&G, o produto não "fez espuma" da forma como havia sido anunciado naquele país, porque os japoneses usam muitos amaciantes de tecido, que eliminam as espumas. Além disso, a reclamação de que o Cheer funcionava com água em qualquer temperatura era irrelevante no Japão, onde a maioria das lavagens é feita com água fria. O modelo global também requer muita coordenação, com custos significativos com gestão adicional e burocracia.

O modelo global da padronização diminui os custos.

O Modelo Transnacional Na economia global atual, obter uma vantagem competitiva geralmente requer que os gestores busquem, simultaneamente, capacidade de resposta local, transferência de *know-how* e economia de custos.[27] O modelo de organização transnacional é projetado para ajudá-los exatamente nisso. É uma abordagem que permite aos administradores "pensar globalmente, mas agir localmente".

Nas empresas que adotam o **modelo transnacional**, as funções são centralizadas sempre que há sentido em se fazer isso, porém, muitas tomadas de decisão também são feitas no âmbito local. Além disso, as experiências das subsidiárias locais são compartilhadas em escala global, para melhorar o conhecimento pleno e as competências da empresa como um todo. Por exemplo, a pesquisa, o treinamento e o desenvolvimento da estratégia corporativa e da imagem da marca global tendem a ser centralizados na matriz. Outras funções podem ser centralizadas também, mas não necessariamente no país-sede.

modelo transnacional

Um modelo de organização caracterizado pela centralização de certas funções em localidades que melhor obtenham economias de custo, pelo deslocamento de outras funções para as subsidiárias nacionais para facilitar maior capacidade de resposta local, e pelo incentivo da comunicação entre elas para permitir a transferência de experiência tecnológica e habilidades.

Para obter economia de custos, as empresas podem instalar fábricas para a produção em escala global de produtos de mão-de-obra intensiva em países que pagam salários menores como o México e Cingapura, e localizar as plantas que requerem uma força de trabalho capacitada em países de alta capacitação, como a Alemanha e o Japão.

Outras funções, particularmente o marketing, a prestação de serviços e a montagem final, tendem a ficar baseadas nas subsidiárias nacionais para facilitar maior capacidade de resposta local. Assim, os principais componentes podem ser manufaturados em plantas de produção centralizada, para se conseguir as economias de escala e são, então enviados às plantas locais, onde o produto final é montado e customizado para se adequar às exigências regionais.

A Caterpillar Tractor é uma empresa transnacional.[28] A necessidade de competir com concorrentes de baixo custo como a Komatsu forçou-a a buscar mais economia de custo por meio da centralização da produção global em localidades onde o *mix* de custos e habilidades fosse mais favorável. Ao mesmo tempo, as variações nas práticas de construção e nas regulamentações governamentais entre os países mostram que a Caterpillar deve ter capacidade de resposta às necessidades locais. Na matriz integração-capacidade de resposta, mostrada na Figura 6.5, a Caterpillar situa-se, portanto, no canto superior direito.

O modelo transnacional tenta fazer a distribuição de todas as principais práticas de uma empresa.

Para lidar com essas demandas simultâneas, a Caterpillar projetou seus produtos para usarem vários componentes idênticos e investiu em algumas unidades de produção de componentes em larga escala para atender à demanda global e obter economias de escala. Mas, enquanto a empresa fabrica componentes de modo centralizado, possui plantas de montagem em cada um de seus mercados principais. Nelas, a Caterpillar adiciona características locais, adequando o produto final às exigências regionais. Dessa forma, a companhia se torna capaz de alcançar grande parte dos benefícios da manufatura global, enquanto administra a pressão por capacidade de resposta local, por meio da diferenciação de seus produtos entre os mercados nacionais.

Talvez as características distintivas mais importantes da organização transnacional sejam o favorecimento das comunicações entre as subsidiárias e a capacidade de integrar seus esforços quando há sentido em proceder dessa maneira. Por exemplo, quando a Caterpillar estava ocupada com o desenvolvimento de certos motores de tamanho médio, recrutou os esforços das suas instalações no Reino Unido, no México, na Bélgica e em várias localidades dos Estados Unidos para concluir esse projeto.[29]

Vantagens da Colaboração

Quando as subsidiárias se comunicam umas com as outras, podem trocar informações de mercado, experiências, habilidades e idéias sobre novos produtos para benefício mútuo. O aprendizado e o conhecimento de toda a organização aumentam significativamente. Os administradores em qualquer lugar, bem como a organização como um todo, podem aproveitar uma base muito maior de empregados, experiências e informações do cliente para ficar à frente dos concorrentes e expandir a sua participação no mercado. E quando as plantas de manufatura centralizadas coordenam suas produções com as plantas de montagem, facilitam a operação harmônica de um sistema de produção integrado e mundial. Isso não só resulta maiores economias, como também melhora a capacidade dos administradores em alterar os planos de produção rapidamente para atender às demandas do mercado em mutação. Ao mesmo tempo, as comunicações regulares entre as matrizes e as subsidiárias ajudam a organização a manter os padrões compartilhados de qualidade e de serviços em todo o mundo.

Conseguir tal nível de comunicação entre as subsidiárias requer mecanismos formais elaborados, como comitês transnacionais compostos por pessoas de várias subsidiárias, que são responsáveis por monitorar a coordenação entre elas. Igualmente importante é a transferência de administradores entre as subsidiárias periodicamente. Isso permite que os administradores internacionais estabeleçam uma rede global de contatos pessoais em diferentes subsidiárias para compartilhar informações conforme as demandas vão surgindo. Finalmente, alcançar a coordenação entre as subsidiárias requer que a matriz da empresa desempenhe um papel proativo na coordenação dessas atividades.

A Globalização Chega à Indústria Automotiva

TEXTO EXTRAÍDO DA REVISTA

BusinessWeek

A globalização começou a ofuscar as identidades nacionais dos automóveis há alguns anos. Hoje, o conceito de um fabricante puramente norte-americano soa estranho. Até mesmo o termo *Big Three**** já não é mais adequado, desde que a Chrysler Corp. foi adquirida pela Daimler Benz, que tem sua própria fábrica transnacional que produz veículos Mercedes 4x4 em Vance, no estado do Alabama. O Japão, que teve as cinco maiores empresas automotivas independentes em 1998, agora tem somente duas: a Toyota e a Honda Motor Co. E enquanto as fabricantes asiáticas e européias têm-se expandido na América do Norte, as empresas norte-americanas têm buscado o crescimento no exterior. A General Motors é dona da Saab e possui investimentos na Isuzu, na Suzuki, na Subaru, na Fiat (FIA) e na Daewoo. A Ford é dona da Mazda, da Volvo, da Jaguar, da Land Rover e da Aston Martin. A DaimlerChrysler detém o controle acionário da Mitsubishi Motors e 10% da Hyundai Motor.

O fluxo de entrada de fabricantes automotivos na região sul dos Estados Unidos tem sido uma bonança para uma região devastada pelo fechamento de fábricas e pelo desemprego. Atualmente, há 17 empresas estrangeiras de montagem, fabricantes de motores e de transmissões nos Estados Unidos, sem incluir as *joint ventures* norte-americanas e japonesas — um investimento de mais de US$ 18 bilhões. Somente as plantas do estado do Alabama produzirão 600 mil veículos por ano, ou 3,5% do mercado norte-americano.

Os benefícios econômicos vão além dos empregos criados nessas plantas. Para cada emprego gerado pelas plantas transnacionais, 5,5 empregos adicionais foram criados nos fornecedores ou em qualquer outro lugar dentro da comunidade. O efeito multiplicador aumenta conforme as empresas como a Toyota e a Honda expandem suas operações nos Estados Unidos e utilizam mais componentes fabricados no país. Os fabricantes estrangeiros, que não são sindicalizados, pagam aos trabalhadores menos que seus rivais em Detroit. Também os fornecedores dessas plantas transnacionais tendem a não se sindicalizar e, portanto, a pagar menores salários.

Mais ao norte, a globalização funciona de outro modo: como as fábricas das Big Three utilizam mais peças importadas do México e de outros países, a contribuição delas para a economia norte-americana está encolhendo. Uma Ford em apuros planeja fechar pelo menos cinco fábricas nos Estados Unidos e no Canadá, além de enxugar outras 20. A Chrysler já cortou a produção ao eliminar os turnos na maioria de suas plantas norte-americanas. Também a GM terá de fechar suas fábricas subutilizadas, dizem os analistas.

As montadoras de Detroit têm uma desvantagem de custo estimada em US$ 1.600 por veículo contra os japoneses. As fabricantes japonesas normalmente montam dois ou mais modelos em uma única linha de montagem, mas as fábricas das Big Three foram projetadas para montar um grande volume de um único modelo.

Todas as empresas de Detroit estão correndo para tornar suas plantas mais flexíveis. Em 1979, a GM levava 41 horas para montar um veículo. A fábrica modular supereficiente da GM em Lansing, no estado do Michigan, tem uma oficina onde os robôs podem ser reprogramados rapidamente para soldarem juntos veículos que vão dos automóveis simples até os 4x4. Ela consegue produzir o novo Cadillac CTS em apenas 17 horas — tão rápido quanto a melhor planta norte-americana da Nissan em Smyrna, no estado do Tennessee.

Detroit sempre compreendeu, melhor que ninguém, o comprador de automóveis norte-americano: basta observar a minivan e o 4x4. Toyota, Honda e Nissan estão direcionando mais recursos no

***NT: Os três grandes fabricantes automotivos dos Estados Unidos: Ford, General Motors, DaimlerChrysler.)

desenvolvimento e no projeto de veículos específicos para os consumidores norte-americanos. Depois de ver multidões de consumidores mudando para os novos modelos estrangeiros, as montadoras norte-americanas têm recrutado os melhores projetistas das rivais européias e pagam gordos salários aos graduados das escolas de *design* e projeto. Ainda mais importante, elas estão dando aos projetistas e profissionais de marketing uma voz mais atuante no processo de desenvolvimento de novos modelos. O resultado: não há mais sedans com formato de balas de mascar. Detroit está despejando no mercado modelos atraentes, como o *retrô* Chrysler PT Cruiser, o Ford Focus com estilo europeu, e projetos de carros que se transformam em veículos de carga.

Não há mais somente os conhecidos sedans, cupês e minivans. Os consumidores podem fazer sua escolha a partir de uma gama de veículos para usos variados. Além disso, os preços dos carros continuam em queda, e assim os compradores obtêm mais pelo seu dinheiro. Características sofisticadas de segurança como os freios ABS, *air bags* laterais, controle de tração e sistemas de controle de estabilidade estão cada vez mais disponíveis. A qualidade também está melhor. Isso é uma ótima notícia para os consumidores, mas é algo caro para as montadoras pressionadas para manter linhas de produtos renovadas, mesmo que as margens de lucro encolham.

Provavelmente, Detroit terá de se contentar com um pedaço reduzido do bolo. A indústria emergente parecerá muito diferente no futuro, mas poderá ser bem mais forte. E isso será uma coisa boa para todos.

FONTE: Adaptado de MULLER, Joann. Autos: a new industry. *BusinessWeek*, 15 jul. 2002.

Estratégias de Entrada (ou de Internacionalização)

Ao analisar a expansão global, os administradores devem decidir sobre os melhores meios de entrar em um mercado estrangeiro. As cinco formas básicas para se expandir no mercado internacional são a exportação, o licenciamento, o *franchising*, fazer uma *joint venture* com uma empresa do país, e abrir uma subsidiária própria no país estrangeiro.[30] O Quadro 6.1 compara essas estratégias.

Exportação

A maioria das empresas de manufatura inicia a expansão global como exportadoras e depois mudam para alguma das outras estratégias para atender a um mercado estrangeiro. As vantagens da exportação são: 1) prover economias de escala, evitando os custos de manufatura em outros países; e 2) ser consistente

QUADRO 6.1

Comparação entre as Estratégias de Internacionalização

Exportação	Licenciamento	*Franchising*	*Joint Venture*	Subsidiárias Próprias
Vantagens				
Economias de escala	Menores custos de desenvolvimento	Menores custos de desenvolvimento	Conhecimento local	Mantém controle sobre a tecnologia
Consistente com uma estratégia global pura	Menor risco político	Menor risco político	Custos e riscos compartilhados Pode ser a única opção	Mantém controle sobre as operações
Desvantagens				
Sem locais de baixo custo	Perda de controle sobre a tecnologia	Perda de controle sobre a qualidade	Perda de controle sobre a tecnologia	Alto custo
Altos custos de transporte			Conflitos entre parceiros	Alto risco
Barreiras tarifárias				

com uma estratégia global pura. Por fabricar o produto em um local centralizado e depois exportá-lo para outros mercados nacionais, a empresa pode ser capaz de obter economias de escala substanciais em função de seu volume de vendas globais.

Contudo, a exportação traz alguns obstáculos. Primeiro, exportar a partir do país onde fica a matriz da empresa pode ser inadequado, se outros países oferecerem locações de baixo custo para a fabricação do produto. Uma alternativa é fabricar em um local onde o *mix* de fatores de custo e de habilidades seja o mais favorável possível e então exportar daquele lugar para outros mercados para conseguir economias de escala. Muitos fabricantes de produtos eletrônicos dos Estados Unidos mudaram algumas operações de fabricação para algumas regiões da Ásia, onde a mão-de-obra de baixo custo e altamente especializada está disponível, e exportam desses lugares para outros países, incluindo os Estados Unidos.

Exportação oferece economias de escala.

Um segundo obstáculo para a exportação é que os altos custos de transporte podem torná-la antieconômica, principalmente no caso de produtos de grande tamanho ou volume. As empresas químicas contornam esse problema fabricando seus produtos em uma base regional que atende a diversos países a partir de uma planta.

Um terceiro obstáculo é que os países anfitriões podem impor (ou ameaçar impor) barreiras tarifárias. Como já observado, as montadoras japonesas reduziram esse risco instalando plantas nos Estados Unidos.

Um anúncio da Procter & Gamble veiculado em uma loja feminina popular japonesa.

Licenciamento

O licenciamento internacional é um arranjo pelo qual o licenciado em outro país compra os direitos de fabricação do produto da empresa em seu próprio país por uma taxa negociada (normalmente, pagamentos de *royalties* baseados no número de unidades vendidas). O licenciado, então, investe a maior parte do capital necessário para manter as operações estrangeiras funcionando. A vantagem do licenciamento é que a empresa não precisa arcar com os custos e riscos de abertura de um mercado estrangeiro.

Contudo, um problema surge quando uma empresa licencia sua capacitação tecnológica para empresas estrangeiras. O conhecimento tecnológico acumulado é a base da vantagem competitiva de muitas empresa multinacionais. A RCA Corporation perdeu o controle sobre sua tecnologia de TV em cores ao licenciá-la para diversas empresas japonesas. Elas rapidamente assimilaram a tecnologia da RCA e a utilizaram para penetrar no mercado norte-americano. Atualmente, os japoneses detêm uma participação maior no mercado do que a marca RCA.

Franchising

Em muitos aspectos, o *franchising* é semelhante ao licenciamento. Entretanto, enquanto o licenciamento é uma estratégia utilizada principalmente pelas empresas manufatureiras, o *franchising* é praticado pelas empresas de serviços. O McDonald's, o Hilton International e muitas outras empresas se expandiram para o mercado internacional por meio do *franchising*.

No *franchising*, a empresa vende direitos limitados de utilização de seu nome de marca aos franqueados em troca de um pagamento de uma quantia inicial fixa e um percentual do lucro dos franqueados. No entanto, diferentemente da maioria dos acordos de licenciamento, o franqueado tem de se submeter a regras estritas, por exemplo, sobre como deve conduzir seus negócios. Dessa forma, quando o McDonald's entra em um acordo de *franchising* com uma empresa estrangeira, ele espera que o franqueado conduza seus restaurantes de maneira idêntica a todos aqueles que têm o nome McDonald's em qualquer lugar do mundo.

Franchising é uma maneira para manter a padronização global.

As vantagens do *franchising* como estratégia de entrada ou de internacionalização são semelhantes àquelas do licenciamento. A desvantagem mais significativa envolve o controle de qualidade. O nome de marca da empresa garante consistência ao seu produto. Dessa maneira, um viajante a negócios que se hospeda em um Hotel Hilton International em Hong Kong pode esperar, de modo razoável, a mesma qualidade de instalações, alimentação e de serviço de quarto que receberia em Nova York. Mas se os franqueados estrangeiros são menos preocupados com a qualidade do que deveriam, o impacto pode ir além de vendas perdidas no mercado local, chegando ao declínio da reputação da empresa em todo o mundo. Se um viajante a negócios tem uma experiência desagradável no Hilton de Hong Kong, ele pode decidir nunca mais ir a outro Hotel Hilton, e induzir seus colegas a fazerem o mesmo. Para tornar as coisas piores, a distância geográfica entre o franqueador e seus franqueados no exterior dificulta a detecção de falhas na qualidade.

Joint Ventures

Estabelecer uma *joint venture* (um acordo formal de negócios abordado com mais detalhes no Capítulo 11) com uma empresa em outro país tem sido, há muito tempo, uma maneira conhecida de entrar em um novo mercado. As *joint ventures* beneficiam a empresa por meio 1) do conhecimento do parceiro sobre as condições competitivas, a cultura, a língua, os sistemas políticos e os sistemas de negócios do país anfitrião e 2) da divisão dos custos e riscos de desenvolvimentos com o parceiro local. Além disso, as considerações políticas de muitos países tornam as *joint ventures* a única estratégia de internacionalização viável.

Antes que a China abrisse suas fronteiras para os negócios internacionais, muitas empresas norte-americanas, como Eastman Kodak, AT&T, Ford e GM, já realizavam negócios no país por meio de *joint ventures*. Porém, por mais atraentes que elas possam parecer, as *joint ventures* têm seus problemas. Primeiro, como no caso do licenciamento, a empresa corre o risco de perder o controle sobre sua tecnologia para seu parceiro. Em segundo lugar, um dos parceiros pode querer mudar a produção para um país onde a demanda esteja em ascensão, enquanto o outro poderá preferir manter suas fábricas em casa, funcionando em capacidade total. O conflito sobre quem controla o quê em uma *joint venture* é uma das principais razões pelas quais muitas fracassam.[31] Na verdade, muitas das primeiras *joint ventures* que envolveram empresas norte-americanas e européias com parceiras chinesas perderam dinheiro ou fracassaram, justamente por causa desses conflitos sobre o controle. Para compensar essas desvantagens, administradores experientes se esforçam em dirimir os conflitos sobre tecnologia, controle e outros potenciais problemas antecipadamente, tão logo realizem o primeiro acordo de *joint venture*.

Conexões: A STARBUCKS PREPARA SUA EXPANSÃO

O método que a Starbucks usou para desencadear sua expansão internacional foi participar de muitas *joint ventures* complicadas ou contratos de licenciamento com os revendedores ou cadeias locais. As *joint ventures* deram à Starbucks um acesso imediato às informações sobre o mercado local. Também permitiram à empresa ganhar acesso a melhores localizações e a lidar tranqüilamente com a tributação local e as questões de licenciamento, e elas garantem que a Starbucks em cada país seja sensível aos gostos do consumidor local. Por exemplo, a Starbucks no Japão tem, normalmente, mais assentos disponíveis em suas lojas do que em suas correspondentes norte-americanas, e as porções servidas são menores. No entanto, também existe um aspecto negativo. A empresa teve de abandonar o controle direto sobre os custos e não está recebendo todos os retornos financeiros de cada local. Em vez disso, ela recebe somente uma parte dos rendimentos, mais as taxas de licenciamento por seu café. Como resultado, a lucratividade de suas locações de *joint venture*, ainda que seja em lojas bem-sucedidas, é substancialmente reduzida.

Subsidiárias Próprias

Estabelecer uma subsidiária própria, ou seja, uma empresa independente que pertença à empresa-mãe é o modo mais caro de atender a um mercado estrangeiro. As empresas que usam essa abordagem devem arcar com os custos e riscos totais associados ao início das operações no exterior (ao contrário das *joint ventures*, nas quais os custos e os riscos são compartilhados, ou dos licenciamentos, nos quais a licença assume a maioria dos custos e riscos).

Entretanto, começar uma subsidiária própria oferece duas vantagens claras. A primeira é que, quando a vantagem competitiva de uma empresa for baseada na tecnologia, uma subsidiária própria normalmente será a estratégia de internacionalização preferida, pois reduz o risco de se perder o controle sobre a tecnologia. Esse foi o caso da 3M, a primeira a estabelecer uma subsidiária própria na China.[32] O número de subsidiárias próprias está crescendo: é a estratégia de internacionalização preferida das indústrias de semicondutores, eletrônicas e farmacêuticas, por exemplo.

A segunda vantagem é que uma subsidiária própria dá à empresa um controle rígido sobre as operações em outros países, o que é necessário se ela busca uma estratégia global. Estabelecer um sistema de fabricação global requer que a matriz mundial tenha alto grau de controle sobre as operações das afiliadas nacionais. Diferentemente dos licenciados ou dos parceiros em *joint venture*, as subsidiárias próprias normalmente aceitam as decisões que são determinadas de modo centralizado sobre como e quanto produzir e como precificar o *output* para a transferência entre operações.

Administrando além das Fronteiras

Ao estabelecer as operações no exterior, os executivos da matriz de uma empresa têm de escolher entre enviar **expatriados** (pessoas da empresa-mãe), usar **nativos do país anfitrião**, ou transferir **profissionais de países-terceiros** (nativos de um país diferente do país-sede ou do país-destino). Embora a maioria das empresas utilize alguma combinação desses três tipos de empregados, existem vantagens e desvantagens em cada um deles. Por exemplo, a Colgate-Palmolive e a Procter & Gamble usam expatriados para levar seus produtos ao mercado internacional mais rapidamente. A AT&T e a Toyota têm usado os expatriados para transferir suas culturas corporativas e melhores práticas para outros países — no caso da Toyota, nas plantas norte-americanas.

expatriados

Empregados da empresa-mãe que são enviados para trabalhar em uma subsidiária estrangeira.

nativos do país anfitrião

Nativos do país onde uma subsidiária estrangeira está localizada.

profissionais de países-terceiros

Nativos de um país diferente do país de origem ou do país anfitrião de uma subsidiária estrangeira.

Como o envio de empregados para o exterior pode custar de três a quatro vezes mais do que empregar os nativos de um país, outras empresas como a Texas Instruments têm feito uso limitado de expatriados. Além disso, em muitos países — especialmente naqueles em desenvolvimento, nos quais as empresas estão tentando firmar-se economicamente — a segurança pessoal dos expatriados é um problema. Como resultado, muitas empresas enviam seus expatriados em missões curtas e usam o teletrabalho, teleconferências e outros meios eletrônicos para facilitar as comunicações entre suas divisões internacionais.[33] De fato, o trabalho internacional pode ser muito estressante, até mesmo para os "globalizados" experientes. O Quadro 6.2 exibe alguns dos fatores que costumam estressar (estressores) os expatriados em diferentes estágios de suas missões. Também, mostra os caminhos para os executivos lidarem com o estresse, bem como algumas das medidas que as empresas podem tomar para ajudar o ajuste dos expatriados.

É evidente que desenvolver um quadro valioso de expatriados é importante. Entretanto, os empregados nacionais estão mais disponíveis, tendem a estar mais familiarizados com a cultura e com a língua, e normalmente custam menos, pois não precisam ser transferidos. Além do mais, os governos locais quase sempre dão incentivos às empresas que criam bons empregos para seus cidadãos (ou podem impor restrições ao uso de expatriados). Somente cerca de mil dos aproximadamente 7 mil empregos que a fabricante de computadores Dell criou em 2003 foram nos Estados Unidos. A empresa emprega diretamente mais de 20 mil pessoas na Ásia, Europa e América do Sul. De modo semelhante, os executivos da Allen Bradley, uma divisão de Rockwell International, acreditam que construir uma sólida mão-de-obra local é algo fundamental para o sucesso no exterior e levam os empregados-chave nativos aos Estados Unidos para capacitação e treinamento. Uma tendência de não usar expatriados na alta administração é particularmente aparente nas empresas que realmente desejam criar uma cultura multinacional. Por exemplo, na divisão européia da Honeywell, muitas das altas posições são ocupadas por executivos que não são norte-americanos.[34]

Contratar expatriados diminui os custos; o treinamento aumenta a qualidade.

Ao longo dos anos, as empresas sediadas nos Estados Unidos, particularmente, tenderam a usar mais profissionais de países-terceiros para trabalhar em um país que não fosse o deles nem o país da empresa-mãe. Quando a Eastman Kodak constituiu uma equipe de executivos para criar uma estratégia de lançamento para sua nova linha de PhotoCD na Europa, os membros da equipe estavam lotados em Londres, mas o líder era da Bélgica. Como os profissionais de países-terceiros podem suavizar as tensões políticas entre a empresa-mãe e o país anfitrião, é muito comum que eles representem uma solução conveniente.[35]

QUADRO 6.2 Estressores e Ações de Cooperação nos Estágios de Desenvolvimento dos Executivos Expatriados

Estágio	Estressores Primários	Ações de Cooperação do Executivo	Ações de Cooperação do Empregador
Seleção de expatriados	Despreparo intercultural.	Participar da auto-avaliação.	Incentivar a auto-avaliação do expatriado e de sua família. Realizar uma avaliação do potencial e dos interesses.
Aceitação da missão	Avaliação irreal dos futuros fatores estressantes. Curto intervalo de tempo.	Pensar na missão mais como uma oportunidade de crescimento do que como um instrumento de promoção vertical.	Não fazer promessas difíceis de serem cumpridas. Esclarecer as expectativas.
Treinamento pré e pós-chegada ao país	Desconhecimento das diferenças culturais.	Não fazer suposições injustificáveis de competências e regras culturais.	Oferecer treinamento antes, durante e depois da missão. Incentivar o comportamento da busca por apoio.
Chegada	Choque cultural. Reavaliação do estressor. Sentimentos de deslocamento e tratamento diferenciado.	Não interpretar a identificação pessoal com a cultura do país de origem e a identificação com a do país anfitrião como mutuamente exclusivas. Buscar apoio social.	Oferecer treinamento pós-chegada. Facilitar a integração na rede de expatriados.
Novato	Graves equívocos culturais ou insuficiência de ações de cooperação. Incapacidade em decifrar o significado de certas situações.	Observar e estudar valores funcionais de ações de cooperação entre os nativos. Não replicar simplesmente as ações que funcionariam em casa.	Oferecer treinamento continuado. Procurar aconselhamento a partir da rede de contatos nativos e de expatriados.
Transição	Rejeição da cultura anfitriã ou da original.	Formar e manter as ligações com ambas as culturas.	Promover políticas culturalmente sensíveis no país anfitrião. Oferecer acesso à Internet às famílias e aos amigos em casa. Manter uma comunicação constante e visitas periódicas à empresa-mãe.
Domínio	Frustração com a incapacidade de realizar seu papel fora do país de origem. Aborrecido em conviver com um paradoxo cultural.	Internalizar e aproveitar a identificação com ambas as culturas e a capacidade de fazer a ponte entre elas.	Reforçar mais do que punir a identificação dupla por meio da definição de metas em comum.
Repatriação	Desapontamento com as expectativas não-atingidas. Sensação de isolamento. Perda de autonomia.	Reavaliar de modo realista a missão como uma oportunidade de crescimento pessoal e profissional.	Coordenar as instruções e entrevistas de pré-repatriação. Agendar reuniões de apoio pós-repatriação.

FONTE: SANCHEZ et al. *Academy of Management Executives*, v. 14, n. 2, p. 96-106. Copyright © 2000 Academy of Management. Reproduzido com permissão da Academy of Management pela Copyright Clearance Center.

índice de fracasso

O número de administradores expatriados de uma operação estrangeira que voltam mais cedo para casa.

Habilidades de um Administrador Global

Estima-se que quase 15% de todas as transferências de empregados sejam feitas para lugares no exterior. Entretanto, uma pesquisa recente com 1.500 executivos seniores mostrou que há uma grande falta de administradores norte-americanos preparados para conduzir negócios globais.[36] O principal indicativo disso é o **índice de fracasso** entre os expatriados (definido como aqueles que voltam mais cedo para casa), que foi estimado

Dimensões Finais	Exemplos
1. Sensibilidade às diferenças culturais	Ao trabalhar com pessoas de outras culturas, faz o possível para entender o ponto de vista delas.
2. Conhecimento do negócio	Tem uma compreensão sólida dos produtos e serviços da empresa.
3. Coragem para tomar uma posição	Tem sempre vontade de tomar uma posição nas decisões.
4. Traz à luz o melhor que há nas pessoas	Tem um talento especial para lidar com pessoas.
5. Age com integridade	Sempre diz a verdade, não importando as circunstâncias.
6. É visionário	É bom em identificar a parte mais importante de um problema complexo.
7. Está comprometido com o sucesso	Demonstra claramente um comprometimento com o sucesso da empresa.
8. Assume riscos	Assume riscos pessoais e nos negócios.
Dimensões Orientadas ao Aprendizado	**Exemplos**
1. Usa o *feedback*	Mudou como resultado de um *feedback*.
2. É culturalmente ousado	Aprecia o desafio de trabalhar em países estrangeiros.
3. Busca oportunidades de aprendizado	Aproveita oportunidades para fazer novas coisas.
4. É aberto a críticas	Não parece frágil, como se as críticas o(a) fizessem quebrar em pedaços.
5. Busca *feedback*	Persegue o *feedback* mesmo que os outros estejam relutantes em lhe dar.
6. É flexível	Não se fixa muito em coisas que ele(a) não pode mudar quando algo não funciona.

QUADRO 6.3
Identificando os Executivos Internacionais

FONTE: SPRIETZER, Gretchen M. et al. Early identification of international executive potential. *Journal of Applied Psychology*, v. 82, n. 1, p. 6-29, 1997.

entre 20% e 70%, dependendo do país anfitrião. O custo de cada tentativa fracassada varia de dezenas de milhares até centenas de milhares de dólares.[37] Normalmente, a causa dos fracassos no exterior estende-se além das competências técnicas, incluindo também questões pessoais e sociais. Um dos maiores problemas é, quase sempre, a incapacidade do cônjuge em se ajustar ao novo ambiente. Isso pode complicar-se nessa era de casais com carreiras duplas, com um cônjuge tendo de deixar seu trabalho para acompanhar o cônjuge expatriado ao novo local. Tanto para o expatriado quanto para o cônjuge, esse ajuste requer flexibilidade, estabilidade emocional, empatia pela cultura, habilidades de comunicação, disponibilidade de recursos, iniciativa e habilidades diplomáticas.[38]

É interessante observar que, enquanto muitas empresas dos Estados Unidos hesitavam em enviar mulheres ao exterior (por acreditarem que elas não quisessem missões internacionais ou que não fossem bem recebidas em outras culturas), a taxa de sucesso delas em muitas empresas e países tem sido muito boa.[39] Paradoxalmente, no Japão, um país que foi conhecido por não receber bem as mulheres estrangeiras, as norte-americanas são primeiro vistas como estrangeiras (*gaijin*, em japonês), e só depois como mulheres. E como é incomum para elas serem enviadas em missões estrangeiras, suas características distintivas e sua visibilidade podem aumentar as chances de obterem sucesso.[40]

Empresas como Levi Strauss, Bechtel, Monsanto, Whirlpool e Dow Chemical têm trabalhado para identificar quais características dos indivíduos podem predizer seu êxito no exterior. O Quadro 6.3 acima mostra as habilidades que podem ser usadas para identificar os candidatos que têm mais chances de su-

QUADRO 6.4
Como Prevenir o Fracasso em Missões Globais

Estruture as missões com clareza: desenvolva relações claras de relato de informações e de responsabilidades do trabalho.
Crie objetivos de trabalho claros.
Desenvolva medidas de desempenho baseadas em objetivos.
Use critérios de seleção e verificação eficazes e válidas (em atributos pessoais e técnicos).
Prepare os expatriados e suas famílias para as missões (instruções, treinamento, suporte).
Crie um veículo de comunicação duradoura com os expatriados.
Antecipe a repatriação para facilitar a reentrada quando eles voltarem para casa.
Considere o desenvolvimento de um programa de orientação que ajudará a monitorar e a intervir em caso de problemas.

"Se há algum grande segredo do sucesso na vida, ele está na capacidade de colocar a si mesmo no lugar da outra pessoa e enxergar as coisas do ponto de vista dela e também do seu."
Henry Ford

cesso em um ambiente global. É interessante notar que, além de itens como sensibilidade cultural, experiência técnica e conhecimento comercial, o sucesso de uma pessoa no exterior pode depender, em grande parte, de sua capacidade de aprender com a experiência.[41]

Empresas como Amoco, DaimlerChrysler, Global Hyatt, British Petroleum e outras, com grandes equipes internacionais, possuem programas de treinamento extensos para preparar os empregados para as missões internacionais. O Quadro 6.4 acima sugere algumas formas de aumentar a probabilidade de êxito. Outras empresas, como Coca-Cola, Motorola, ChevronTexaco e Mattel, têm estendido seu treinamento visando incluir empregados que possam estar localizados nos Estados Unidos, mas que ainda assim operem no mercado internacional. Esses programas concentram-se em áreas como língua, cultura e desenvolvimento da carreira.

Os administradores que são enviados em uma missão internacional normalmente pensam sobre quais serão os efeitos em suas carreiras. De um lado, a seleção deles para uma posição no exterior é, geralmente, um indício de que estão sendo preparados para se tornar gestores mais eficazes nessa era da globalização. Além disso, com freqüência, eles terão mais responsabilidades, desafios e liberdade nas operações internacionais do que teriam no mercado doméstico. Do outro, eles podem preocupar-se por "ficar fora da jogada" nos desenvolvimentos principais da matriz da empresa. As boas empresas e os bons gestores lidam com isso por meio de uma comunicação eficaz entre as subsidiárias e a matriz, e mediante um programa de visitas de e para a matriz da empresa.

Entendendo as Questões Culturais

De muitas maneiras, as questões culturais representam o aspecto mais enganoso dos negócios internacionais. Em uma era em que as tecnologias modernas de transporte e comunicações criaram uma "aldeia global", é fácil esquecer como podem ser profundas e duradouras as diferenças entre as nações. O fato de haver pessoas bebendo Coca-Cola em todos os lugares, vestindo *jeans* e dirigindo Toyotas não significa que estamos todos nos tornando iguais. Cada país é único por razões enraizadas na história, cultura, língua, geografia, em condições sociais, na raça e na religião. Essas diferenças complicam quaisquer atividades internacionais e representam a questão fundamental que informa e guia o modo como a empresa deve conduzir seus negócios através das fronteiras.

etnocentrismo
A tendência em julgar os outros pelos padrões de seu grupo ou de sua cultura, que são vistos como superiores.

É irônico notar que, enquanto a maioria entre nós pensa que o truque para trabalhar no exterior é o aprendizado da cultura estrangeira, na verdade, nossos problemas sempre surgem por estarmos desatentos com a nossa própria condição cultural. Muitos de nós não prestam atenção ao modo como a cultura influencia nosso comportamento diário e, por causa disso, tendemos a nos adaptar precariamente às situações que são únicas ou estranhas para nós. Sem terem a consciência disso, alguns administradores podem até extravasar o **etnocentrismo** — uma tendência a julgar pessoas ou grupos estrangeiros por seus próprios padrões culturais ou de grupo, e enxergar seus próprios padrões como se fossem superiores. Tais tendências podem ser totalmente inconscientes — por exemplo, presumir que "na Inglaterra se dirige do lado *errado* da pista", em vez de dizer simplesmente "do lado esquerdo". Ou podem ainda refletir uma falta de valores que dissimula uma cultura local — como presumir que uma cultura é retrógrada, porque não transmite programas de canais norte-americanos ou europeus, quando na realidade, ela está apenas focando na manutenção de seus valores e normas tradicionais.

Suposições como estas representam uma das razões pelas quais as pessoas que viajam ao exterior experimentam freqüentemente o **choque cultural** — a desorientação e o estresse associados a estar em um ambiente estranho. Os administradores que ignoram a cultura colocam as suas empresas em grande desvantagem no mercado global. Como cada cultura tem suas próprias normas, costumes e expectativas de comportamento, o sucesso em um ambiente internacional depende da capacidade de uma pessoa em entender a própria cultura e a dos outros e em reconhecer que mudanças abruptas encontrarão resistência.[42]

choque cultural
A desorientação e o estresse associados a estar em um ambiente estranho.

Um grande número de pesquisas transculturais tem sido conduzido com base nas diferenças e nas similaridades entre diversos países. Geert Hofstede, por exemplo, identificou quatro dimensões em que os administradores em empresas multinacionais tendem a enxergar as diferenças culturais:

- *Distância de poder*: quanto uma sociedade aceita o fato de que o poder nas empresas é distribuído de modo desigual;
- *Individualismo/coletivismo*: quanto as pessoas agem por si mesmas ou como parte de um grupo.
- *Aversão à incerteza*: quanto uma sociedade se sente ameaçada por situações ambíguas e incertas.
- *Masculinidade/feminilidade*: quanto uma sociedade valoriza os aspectos quantitativos da vida (como realizações, dinheiro) sobre os qualitativos (compaixão, beleza).

A Figura 6.6 apresenta uma descrição gráfica de como 40 nações diferentes divergem nas dimensões do individualismo/coletivismo e da distância do poder. É óbvio que essa representação exagera as diferenças entre as características nacionais em alguns aspectos. Muitos norte-americanos preferem agir como parte de um grupo, assim como muitos cidadãos de Taiwan preferem ser mais individuais. E a globalização parece já estar tornando indistintos alguns desses traços. Apesar disso, sugerir que não existem diferenças culturais é muito simplista. É claro que culturas como a dos Estados Unidos, que enfatizam um "individualismo austero", diferem de modo significativo das culturas coletivas como as do Paquistão, de Taiwan e da Colômbia. Para ser eficaz, em culturas que exibem grande distância de poder, o administrador freqüentemente deve agir de modo mais autocrático, talvez promovendo menos participação na tomada de decisões. Por outro lado, nas culturas escandinavas, como a sueca, onde a distância de poder é menor, a própria idéia de que a administração tem a prerrogativa de tomar decisões por si mesma pode ser questionada. Ali, os administradores tendem a trabalhar na criação de processos que reflitam uma "democracia industrial".

Em março de 2005, sir Howard Stringer substituiu Nobuyuki Idei, tornando-se o primeiro presidente e CEO não-japonês da Sony. Stringer liderou a Sony Corporation of America e foi elogiado por sua inovação e suas habilidades gerenciais. Mas, pela falta de habilidade em engenharia e de conhecimento da língua japonesa, Stringer terá de receber um trabalho feito sob medida para ele.

A administração transcultural se estende além dos empregados norte-americanos que vão para fora. Ela também inclui a gestão eficaz de **impatriados** — estrangeiros que são trazidos para trabalhar na empresa-mãe. Esses empregados oferecem um serviço valioso para as empresas globais, pois trazem consigo amplo conhecimento sobre como operar de forma eficaz em seus países natais. Eles também estarão em melhor posição de divulgar os produtos e valores de sua empresa quando regressarem. Mas quase sempre eles têm os mesmos tipos de

impatriado
Um estrangeiro trazido para trabalhar na empresa-mãe.

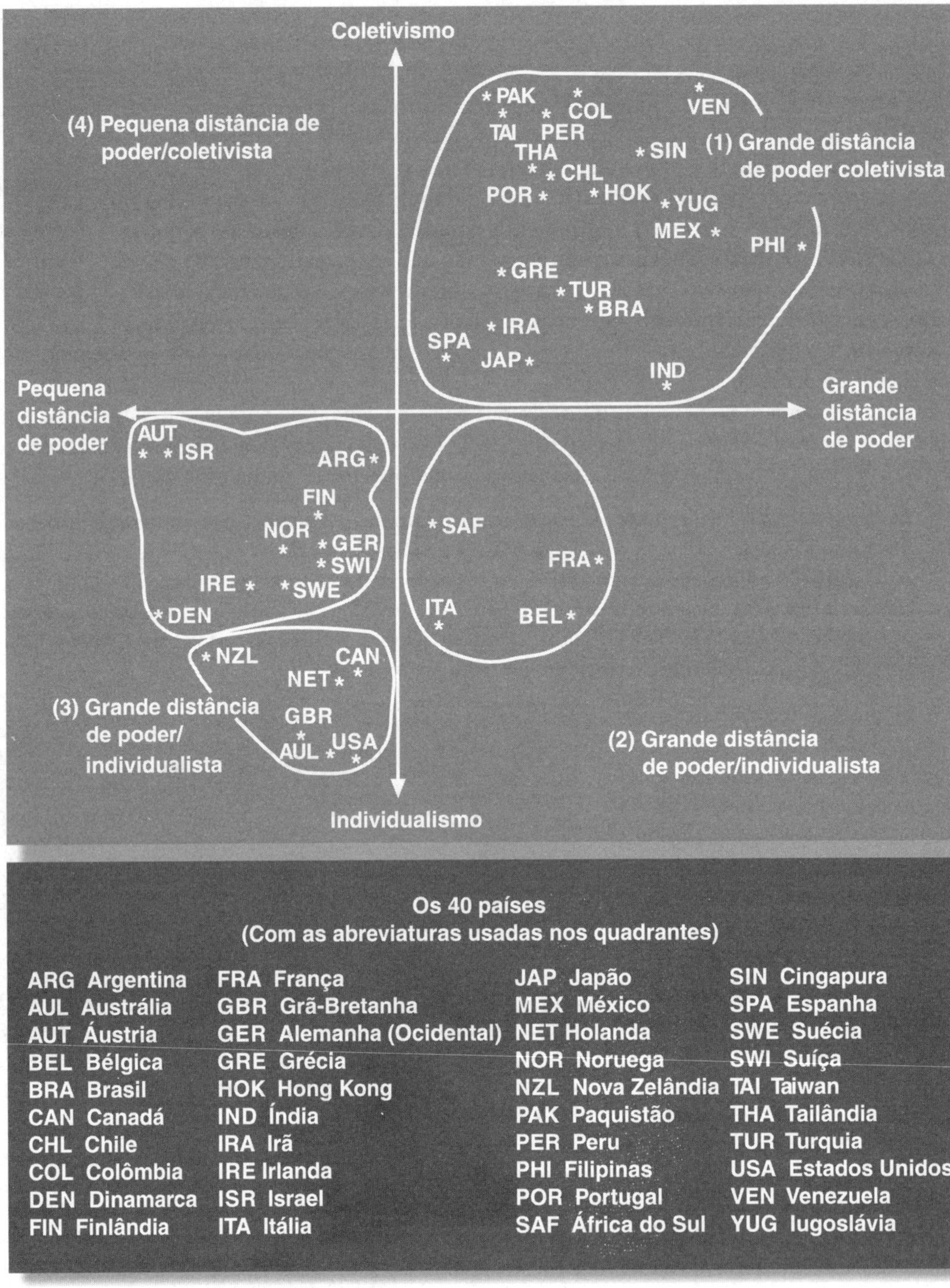

Os 40 países
(Com as abreviaturas usadas nos quadrantes)

ARG Argentina	FRA França	JAP Japão	SIN Cingapura
AUL Austrália	GBR Grã-Bretanha	MEX México	SPA Espanha
AUT Áustria	GER Alemanha (Ocidental)	NET Holanda	SWE Suécia
BEL Bélgica	GRE Grécia	NOR Noruega	SWI Suíça
BRA Brasil	HOK Hong Kong	NZL Nova Zelândia	TAI Taiwan
CAN Canadá	IND Índia	PAK Paquistão	THA Tailândia
CHL Chile	IRA Irã	PER Peru	TUR Turquia
COL Colômbia	IRE Irlanda	PHI Filipinas	USA Estados Unidos
DEN Dinamarca	ISR Israel	POR Portugal	VEN Venezuela
FIN Finlândia	ITA Itália	SAF África do Sul	YUG Iugoslávia

FIGURA 6.6
A Posição dos 40 Países nas Escalas de Distância de Poder e Individualismo

FONTE: HOFSTEDE, Geert. Motivation, leadership, and organization: do american theories apply abroad? *Organizational Dynamics*, v. 9, n. 1, p. 42-63, verão 1980. Reimpresso com permissão.

problemas dos expatriados e podem até ser mais desprezados, porque os gerentes da empresa do país de origem estão mais focados no programa de expatriados ou, inconscientemente, vêem sua pátria como normal e que não requer período de adaptação. Contudo, a língua, os costumes, as despesas e a falta de apoio da comunidade local nos Estados Unidos, serão, no mínimo, desencorajadores para impatriados como experiência de cidadãos norte-americanos no exterior. O choque cultural atua das duas maneiras.

Os administradores eficazes são sensíveis a essas questões e as levam em consideração ao lidarem com os empregados estrangeiros. Além disso, quando trabalham nos Estados Unidos, os estrangeiros encontram muitas diferenças relativas ao trabalho. Administradores alertas os ajudarão a se adequarem ao ambiente. Entre as categorias básicas de questões estão as seguintes:

- *Reuniões*: os norte-americanos tendem a ter uma visão razoavelmente específica do objetivo das reuniões e quanto tempo deverá ser gasto nelas. Os empregados internacionais podem ter conceitos diversos sobre a natureza e duração das reuniões e os administradores deverão fazer que eles se sintam confortáveis com o estilo norte-americano.
- *Agendas de trabalho (ou de* workaholics*)*: empregados de outros países podem trabalhar longas horas, mas em países com uma organização trabalhista forte, eles geralmente têm mais semanas de férias do que seus correspondentes norte-americanos. E os europeus, em particular, podem se recusar a trabalhar nos fins de semana. Obviamente, é muito melhor que temas como estes sejam abordados e discutidos no início de uma missão de trabalho.
- *E-mail*: a maior parte do mundo ainda não usa o e-mail e o correio de voz da mesma forma que os trabalhadores norte-americanos. Muitos outros preferirão a comunicação cara a cara. Principalmente quando existirem dificuldades lingüísticas potenciais, os administradores provavelmente desejarão, em princípio, evitar o uso do e-mail para questões importantes.
- *Alpinistas*: embora as empresas norte-americanas possam pegar um jovem graduado e com MBA e fazê-lo rapidamente escalar o caminho até a alta administração, muitas outras culturas ainda crêem que não há substituto para a sabedoria adquirida pela experiência (isso é algo que os administradores norte-americanos que forem trabalhar no exterior devem ter em mente). Administradores mais experientes são quase sempre a melhor escolha para instruir os impatriados.
- *Feedback*: todos gostam de elogios, mas o uso excessivo de *feedback* positivo tende a ser menos predominante em outras culturas do que nos Estados Unidos, um fato útil para os administradores quando eles passarem suas avaliações de desempenho aos estrangeiros.[43]

Questões Éticas na Administração Internacional

Se os administradores tiverem de desempenhar suas funções de modo eficaz em um ambiente externo, precisarão entender como a cultura influencia tanto a maneira como eles são percebidos quanto o modo como os outros se comportam. Uma das questões mais sensíveis a esse respeito é entender como a cultura funciona em termos de comportamento ético.[44] Questões relativas ao que é certo ou errado se tornam obscuras conforme mudamos de uma cultura para outra, e as ações que podem ser normais e costumeiras em um ambiente podem ser antiéticas, ou até mesmo ilegais, em outros. Subornos, por exemplo, podem ser aceitos como parte das transações comerciais em muitas culturas asiáticas, africanas, latino-americanas e do Oriente Médio.[45] Nos Estados Unidos, obviamente, tal comportamento é ilegal, porém, o que deve fazer um executivo norte-americano quando estiver trabalhando no exterior? A incapacidade de "adoçar" uma transação com subornos pode resultar em um negócio perdido. Por exemplo, durante o período de 12 meses de 2003 a 2004, o Departamento de Comércio dos Estados Unidos estimou que a concorrência por 47 contratos internacionais no valor de US$ 18 bilhões foi afetada por subornos pagos por empresas estrangeiras a funcionários públicos estrangeiros. De acordo com um estudo realizado pela Transparency International, um grupo de interesse público dedicado a reprimir o suborno, não menos do que 60 países ao redor do planeta são coniventes com a corrupção. Haiti e Bangladesh estão no topo da lista.[46]

Embora nos Estados Unidos a Foreign Corruption Practices Act (Lei de Combate a Práticas de Corrupção em Negociações Internacionais), de 1977, proíba os empregados norte-americanos de subornar funcionários públicos estrangeiros, um estudo publicado no país constatou que menos da metade dos administradores norte-americanos afirmava que os subornos eram inaceitáveis, e 20% disseram que eles eram sempre aceitáveis (pequenos "presentes" de negócios dados a funcionários do baixo escalão são permitidos segundo essa lei, desde que a quantia em dinheiro desses presentes não influencie o resultado das negociações). Na esfera internacional, países da OCED (Organização para a Cooperação Econômica e Desenvolvimento), entre eles os Estados Unidos, proibiram os subornos desde 1977.[47]

O cumprimento da lei anti-suborno — mesmo que somente nos Estados Unidos — tornou-se mais rigoroso depois dos gigantescos escândalos financeiros nas empresas norte-americanas, como a Enron e a WorldCom. A Lei Sarbanes-Oxley, aprovada em 2002, obriga os CEOs e os CFOs a comprovarem pessoalmente a veracidade das declarações financeiras de suas empresas. Ela também obriga as empresas públicas a estabelecerem um sistema confidencial para que os empregados relatem as transgressões e a criarem um código de ética para os funcionários do alto escalão da área financeira.

Sem uma compreensão dos costumes e padrões éticos locais e leis aplicáveis localmente, um expatriado estaria muito despreparado para atuar internacionalmente. Para se proteger desses problemas e diminuir a punição em caso de uma empresa ser considerada culpada por suborno, a Sentence Commision (Comissão de Julgamentos dos Estados Unidos) considerou ser essencial que as firmas estabelecessem programas de ética eficazes e controlassem seu cumprimento. Empresas como a Caterpillar, a General Dynamics e a United Technologies estabeleceram códigos oficiais de conduta para seus empregados há alguns anos. Mas desde os recentes escândalos, divulgados amplamente, em algumas empresas norte-americanas, muitas outras empresas têm contratado funcionários especializados em ética e melhorado seus esforços nesse sentido.

Para dar validade prática na iniciativa da ética corporativa, os seguintes passos têm sido sugeridos:

- *Supervisione rigorosamente a ética e a cultura organizacionais.* A DuPont distribui "boletins de ética" periódicos aos seus empregados. Eles trazem informações sobre violações reais contra a ética dentro da empresa, focando nas conseqüências das ações dos transgressores, o que lhes acontece e quais lições podem ser aprendidas com o erro.
- *Certifique-se de que a empresa definiu claramente seus valores.* A Starbucks e a Levi Straus, por exemplo, publicaram em suas páginas na Internet as expectativas corporativas sobre o comportamento adequado que seus empregados devem ter com relação a clientes, fornecedores, comércio e políticas ambientais.
- *Faça seus parceiros de negócio conhecerem os seus padrões.* Por exemplo, a Levi Strauss estabeleceu um conjunto de diretrizes operacionais e de fornecimento global que detalham os termos de comprometimento para todos os seus parceiros, incluindo questões sobre a saúde e a segurança.
- *Inclua o caráter, a integridade, a tomada de decisões e outras informações de valor nas avaliações de desempenho e no processo de sucessão gerencial. Mostre tolerância zero quando houver quebra de ética.* A H. B. Fuller vincula as remunerações de seus empregados às avaliações de desempenho, que incluem um componente ético. A empresa também realiza uma auditoria no pessoal que ocupa postos-chave sujeitos a decisões que apresentem dificuldade moral.[48]

É interessante observar que, apesar de algumas diferenças óbvias entre as culturas, a pesquisa sugere que; independentemente da nacionalidade ou da religião, a maioria das pessoas aceita um conjunto de cinco valores fundamentais: *compaixão*, *justiça*, *honestidade*, *responsabilidade* e *respeito* pelo próximo. Esses valores estão no centro das questões dos direitos humanos e parecem transcender as diferenças mais superficiais entre norte-americanos, europeus e asiáticos. Encontrar valores compartilhados como estes capacita as empresas a construírem parcerias e alianças mais eficazes, especialmente entre as culturas. Esse pode ser um caso em que, enquanto as pessoas entenderem que há um conjunto de valores fundamentais, elas podem permitir todos os tipos de diferenças nas estratégias e nas táticas.[49]

Em grande parte, o desafio de gerenciar através das fronteiras desemboca nas filosofias e nos sistemas usados para administrar pessoas. Ao mudar da gestão doméstica para a internacional, os administradores precisam desenvolver amplo conjunto de comportamentos consistentes com a capacidade de ajustar seu comportamento a determinada situação. Contudo, esse ajuste não poderá comprometer os valores, a integridade e as forças de seu país natal. Quando os administradores conseguirem transcender as fronteiras nacionais e atuar nas diferentes culturas, eles estarão em uma posição de alavancar as habilidades estratégicas da empresa e tirar vantagem das oportunidades que a economia global tem a oferecer.

EPÍLOGO:

A STARBUCKS PREPARA A SUA EXPANSÃO NO MERCADO EXTERNO

A Starbucks abriu sua primeira loja internacional em 1996, em Tóquio, no Japão. Após anos de perdas, seus negócios internacionais se tornaram lucrativos e a expansão contínua. Algumas lojas japonesas vendem duas vezes mais que as lojas de mesmo tamanho nos Estados Unidos, e até mesmo a China começa a desenvolver um gosto pelo café da Starbucks. O planejamento de longo prazo da empresa prevê que chegará o dia em que haverá mais lojas no exterior do que nos Estados Unidos. Quais seriam algumas lições que a Starbucks aprendeu de suas operações internacionais? Orin Smith, o CEO da Starbucks, lista cinco princípios essenciais para expandir os negócios norte-americanos no exterior:

1. *Não assuma que o mercado é como o norte-americano, mesmo em um país cuja língua nativa seja o inglês.* A Starbucks constatou que foi preciso mudar algumas de suas práticas de marketing e de operação até mesmo no Canadá, e mais ainda no Reino Unido. Países ou clientes que falam o inglês não são os mesmos em todo o mundo.
2. *Faça parcerias no estrangeiro para crescer mais rapidamente.* Os processos de *start-up* são muito mais fáceis e mais rápidos quando auxiliados por quem entende das condições e dos gostos locais.
3. *Nunca se torne melhor em abrir lojas do que em fazê-las funcionar.* No Japão, por exemplo, a Starbucks ficou tão ocupada abrindo as mais de 500 lojas que acabou dando menos atenção aos detalhes comerciais de cada uma delas. Por conta disso, algumas dessas lojas demoraram em dar lucros.
4. *Contrate localmente os gerentes e os subalternos.* Os nativos são mais sintonizados com as demandas de seus mercados e normalmente conseguem comunicar-se com mais eficácia com os clientes.
5. *Adapte-se à cultura e aos gostos locais.* De algum modo, o mundo se torna cada vez mais parecido. Mas, ainda há uma grande distância entre isso e ser realmente igual.

PALAVRAS-CHAVE

Choque cultural, p. 213
Etnocentrismo, p. 212
Expatriados, p. 209
Impatriado, p. 213
Índice de fracasso, p. 210
Modelo global, p. 203
Modelo internacional, p. 202
Modelo multinacional, p . 203
Modelo transnacional, p. 204
Nativos do país anfitrião, p. 209
North American Free Trade Agreement (Acordo de Livre Comércio da América do Norte — Nafta), p. 192
Offshoring, p. 197
Profissionais de países-terceiros, p. 209
Terceirização, p. 197

RESUMO DOS OBJETIVOS DE APRENDIZAGEM

Depois de completado o estudo deste Capítulo, você deverá ser capaz de identificar:

Por que a economia mundial está se tornando cada vez mais integrada.

A redução gradual das barreiras para o livre comércio está tornando a economia mundial cada vez mais integrada. Isso significa que os gestores modernos atuam em um ambiente que lhes oferece mais oportunidades, mas também é mais complexo e competitivo do que aquele encarado pelos gestores de uma geração atrás.

O que a integração da economia global significa para as empresas individuais e seus gestores.

Nos últimos anos, houve o rápido crescimento do comércio mundial, dos investimentos estrangeiros diretos e das importações. Uma conseqüência disso é que as empresas em todo o mundo estão descobrindo que seus mercados domésticos estão sob ataque da concorrência internacional. O ambiente competitivo global está se tornando um lugar muito difícil para se fazer negócios. Entretanto, as empresas, hoje em dia, têm acesso a mercados que antes lhes eram negados.

As estratégias que as empresas usam para competir no mercado global.

A corporação internacional apóia-se em suas habilidades essenciais em P&D, marketing, manufatura etc. para penetrar em mercados estrangeiros. Uma multinacional é uma forma mais complexa, que normalmente possui unidades autônomas operando em diversos países. As subsidiárias têm autonomia para abordar questões locais, como preferências dos consumidores, pressões políticas e tendências econômicas em diferentes regiões do mundo. A empresa global mantém o controle das operações estrangeiras em sua sede (quartel-general) e tende a abordar o mercado mundial como um "todo unificado", mediante a combinação das atividades de cada país para maximizar a eficiência em escala global. Uma corporação transnacional busca obter receptividade local e integração global pela utilização de uma estrutura de rede que coordena unidades especializadas posicionadas ao redor do mundo.

As várias estratégias de entrada que as empresas usam para penetrar nos mercados externos.

Há cinco maneiras de entrar em um mercado internacional: exportação, licenciamento, *franchising*, constituição de uma *joint venture* e estabelecimento de uma subsidiária própria no exterior. Cada estratégia tem suas vantagens e desvantagens.

Como as empresas podem abordar a tarefa de montagem das equipes para as operações no exterior.

A maioria dos executivos utiliza uma combinação de expatriados, nativos do país anfitrião e profissionais de países-terceiros. Os expatriados são, às vezes, utilizados para estabelecer operações em novos países rapidamente, para transferir a cultura da empresa e para levar uma habilidade técnica específica. Os nativos do país anfitrião têm a vantagem de estarem familiarizados com a cultura e os costumes locais, podem custar menos e são vistos mais favoravelmente pelos governantes locais. Os profissionais de países-terceiros são freqüentemente utilizados como um acordo diante de situações politicamente difíceis, ou quando não há expatriados disponíveis.

As habilidades e o conhecimento de que os gestores necessitam para administrar globalmente.

As causas de fracassos no exterior vão além das competências técnicas e também incluem questões pessoais e sociais. O sucesso depende das competências essenciais dos executivos, como possuir uma perspectiva multidimensional, ser proficiente na estrutura hierárquica e na tomada de decisões, ter iniciativa, adaptabilidade cultural, sensibilidade, habilidades na formação de equipes e maturidade emocional. Além disso, as habilidades adicionais de grande auxílio incluem destreza com computadores, habilidade de negociação, visão estratégica e capacidade de delegar.

Por que as diferenças culturais entre os países influenciam a gestão.

A cultura influencia nossas ações e percepções, assim como as dos outros. Infelizmente, quase sempre estamos desatentos ao modo como a cultura nos influencia, e isso pode trazer-nos problemas. Os gestores de hoje devem ser capazes de alterar seu comportamento para atender às exigências e aos costumes das culturas locais. Por exemplo, em muitas culturas, os empregados esperam que o gestor seja mais ou menos autocrático ou participativo. Pelo reconhecimento das diferenças culturais, as pessoas podem achar mais fácil trabalhar juntas de modo colaborativo e se beneficiarem dessa mudança.

QUESTÕES PARA DISCUSSÃO

1. Por que a economia mundial está se tornando mais integrada? Quais são as implicações dessa integração para os gestores internacionais?
2. Imagine que você é o(a) CEO de uma importante empresa. Qual abordagem para a concorrência global você escolheria para sua empresa: internacional, multinacional, global ou transnacional? Por quê?
3. Por que as franquias têm sido tão populares como estratégia de expansão internacional na indústria de *fast-food*? Compare isso com a indústria de alta tecnologia, na qual as *joint ventures* e as parcerias são mais populares. O que causa as diferenças entre as indústrias?
4. Quais são os prós e os contras no uso de expatriados, nativos do país anfitrião e profissionais de países-terceiros para a condução das operações no exterior? Se você estivesse expandindo seus negócios, qual abordagem utilizaria?
5. Se você tivesse constituído uma *joint venture* com uma empresa estrangeira, mas soubesse que as mulheres não são tratadas com justiça naquela cultura, você consideraria o envio de expatriadas para dirigir o início das operações? Sim ou não? Por quê?
6. Quais são os maiores obstáculos culturais que devemos enfrentar se quisermos trabalhar com eficácia no México? Há diferentes obstáculos na França? E no Japão?

CASO DE CONCLUSÃO

Gordy se Torna Global

Gordy LaVertue, um nativo de Quebec, tornou-se cidadão norte-americano e agora dirige uma madeireira na parte norte do estado de Vermont. A principal linha de produção da empresa inclui acerácea (*maple tree*) e cerejeira. As toras são transformadas em madeiras em uma unidade industrial. As tábuas são então secas no forno e aplainadas a um nível de umidade e forma adequadas para a produção de móveis finos e outros produtos acabados, como gabinetes, instrumentos musicais, caixas decorativas e acabamentos para janelas e portas.

A maior parte do mercado norte-americano está inundada com produtos de madeira para uso doméstico. Há muitos produtores destes e de outros produtos de madeira em todo o país, e isso cria uma situação e um preço de *commodity*.

Gordy quer tornar-se globalizado. Ele ouviu dizer que suas lindas placas de acerácea e cerejeira são muito procuradas pelos artesãos e outros profissionais europeus. Aprendeu que esses produtos (as árvores) simplesmente não crescem ou sequer existem naquela parte do planeta. Gordy também percebeu a tendência e a presença crescentes de produtos acabados feitos de madeira produzidos na China, Malásia e em outros países asiáticos. Ele suspeita que as matérias-primas para esses produtos (as tábuas) são produzidas nos Estados Unidos, processadas no exterior e enviadas de volta para os Estados Unidos como importação. Isso parece antieconômico e ineficiente para Gordy.

Ele também ouviu falar das questões comerciais internacionais, como as leis e regulamentações aduaneiras, taxas de câmbio, barreiras comerciais impostas pelos governos, leis internacionais, envio marítimo por contêineres, diferentes sistemas de medidas e influências culturais, lingüísticas e religiosas.

A produtora de tábuas de Vermont funciona, tradicionalmente, com uma agenda de produção de 40 a 50 horas. Gordy poderia mudar seu *mix* de produtos para incluir uma linha de exportação que rendesse mais e/ou poderia acrescentar um segundo turno. O pessoal e as matérias-primas necessários para um segundo turno já estão disponíveis. O local da planta também inclui um pequeno escritório com uma secretária e um representante de vendas. A empresa de Gordy gera US$ 3 milhões em receitas anuais, com uma taxa de renda líquida por vendas de 8%, o que é considerado acima da média para esse setor.

Gordy e seu vendedor sempre fizeram negócios exclusivamente dentro dos Estados Unidos, com exceção de um pequeno volume de consumidores no Canadá. As vendas são divididas igualmente entre os atacadistas e os compradores/usuários diretos.

Ele quer tornar-se globalizado, mas não sabe por onde nem como começar. Gordy se pergunta se há mercados que paguem melhor fora dos Estados Unidos, e se houver, onde eles estão? Também ouviu falar do déficit comercial norte-americano e sobre alguns programas governamentais disponíveis aos exportadores.

QUESTÕES

1. Usando o que você aprendeu neste capítulo, quais informações adicionais o dono da empresa deverá ter para desenvolver um plano eficaz de exportação?
2. Discuta as tendências atuais e futuras nos negócios globais. Quais são suas previsões sobre os mercados e países "em alta" para os próximos anos?
3. Quais são as ações que você deveria tomar nos próximos anos para se posicionar como um futuro participante do mercado de negócios internacional?

EXERCÍCIOS PRÁTICOS

6.1 Entendendo as Empresas Multinacionais

OBJETIVO

Obter uma idéia mais completa sobre o funcionamento de uma empresa multinacional.

INSTRUÇÕES

Talvez o melhor modo de obter uma compreensão das empresas multinacionais seja estudar uma organização específica e a forma como ela opera ao redor do mundo. Escolha uma multinacional, procure por vários artigos sobre essa empresa e responda às questões na Folha de Trabalho "Multinacional".

Folha de Trabalho "Multinacional"

1. Qual é o negócio principal dessa empresa?

____
____
____
____
____
____

2. Até que ponto a empresa se dedica às operações multinacionais? Por exemplo, ela apenas comercializa seus produtos e/ou serviços em outros países, ou também mantém unidades produtivas no exterior? Qual é a proporção da receita operacional advinda das operações no exterior?

____
____
____
____
____
____

3. Qual é o percentual de gestores nas atividades internacionais que são norte-americanos (ou do país-sede da empresa)? Esses gestores recebem algum treinamento especial antes de assumirem uma missão internacional?

____
____
____
____
____
____

4. Quais características da organização contribuíram para o sucesso ou fracasso dela no mercado internacional?

FONTE: McGRATH JR., R. R. *Exercises in management fundamentals*. Englewood Cliffs, NJ: Prentice-Hall, 1985, p. 177. Reimpresso com permissão da Prentice-Hall, Inc.

6.2 Simulação de Comunicação Transcultural

Nesta simulação, você fará o papel de um(a) gestor(a) contratado(a) por uma das três seguintes empresas: um banco de varejo, uma construtora ou uma empresa de desenvolvimento hoteleiro. As três planejam fazer uma *joint venture* para construir um novo hotel e um complexo comercial em Perth, na Austrália. Elas são provenientes de três culturas diferentes: Azul, Verde e Vermelha. Cada uma delas tem valores culturais, características, costumes e práticas específicos.

Você é um(a) executivo(a) da empresa para a qual foi designado(a). Deverá participar das reuniões de início dos trabalhos no próximo encontro de três dias, durante os quais as três empresas negociarão os detalhes da parceria. Sua equipe de gestores consiste em um vice-presidente e alguns outros executivos. Considere os tipos de assuntos que deverão ser discutidos pelas empresas em uma reunião inicial.

INSTRUÇÕES

Seu instrutor lhe dará algumas informações pertencentes à sua cultura. Você terá cerca de 15 minutos para se reunir com seus colegas de empresa, quando deverá:

1. Escolher um líder.
2. Discutir quais objetivos e abordagens você usará na reunião de abertura.
3. Por meio da descrição da cultura que lhe foi designada, pratique como você deverá falar e se comportar, até que esteja acostumado(a) com sua orientação cultural. Assegure-se de praticar a distância física de uma conversa, os rituais de cumprimento e o comportamento não-verbal.

Você deverá regressar à reunião de início dos trabalhos, na qual se encontrará com as outras empresas. Conforme a parte social for acontecendo, interaja com os executivos das outras firmas. Mantenha-se no papel que lhe foi designado, mas não fale sobre ele abertamente. Observe como as outras pessoas reagem a você e como você reage a elas. Falaremos dessa experiência quando terminarmos.

Ao completar essa atividade, responda às seguintes questões:

1. De que modo suas percepções sobre os outros e a diferença deles influenciaram o modo como você interagiu com eles e a sua habilidade de conquistar seus objetivos?

2. O que você aprendeu consigo mesmo(a) e com os outros durante essa atividade? Fale sobre seus pontos fortes e fracos na interação transcultural.

3. Quais foram as coisas que você ou os outros fizeram ou disseram que facilitaram ou dificultaram o seu processo pessoal de adaptação às outras pessoas e suas culturas: 1. nessa atividade? 2. em situações reais similares?

4. Quais foram as lições que você aprendeu nessa atividade? Quais são os passos que você pode dar para melhorar suas habilidades em compreender e apreciar as diferenças?

FONTE: JAMESON, Daphne A. Using a Simulation to Teach Intercultural Communication in Business Communication Courses. Bulletin of the Association for Business Communication. *Business Communication Quarterly*, v. 55, n. 4, p. 1-10, mar. 1993.

Capítulo 7

Empreendedorismo

"O homem torna-se conhecido pela empresa que ele cria."
— **Ambrose Bierce**

RESUMO DO CAPÍTULO

Empreendedorismo
- Por que se Tornar um Empreendedor?
- O que é Necessário para Ter Sucesso?
- Que Negócio se Deve Criar?
- O que é Necessário, em Termos de Características Pessoais?
- Sucesso e Fracasso
- Aumentando Suas Chances de Sucesso

Intra-empreendedorismo
- Obtendo Suporte para a Sua Idéia
- Desenvolvendo o Intra-empreendedorismo
- Desafios de Gestão
- Orientação Empreendedora

OBJETIVOS DE APRENDIZAGEM

Após estudar este Capítulo, você deverá saber:

1. Por que as pessoas se tornam empreendedoras, e quais as qualidades pessoais necessárias para tal.
2. Como avaliar as oportunidades para criar novas companhias.
3. As causas comuns do sucesso e do fracasso.
4. Os desafios usuais em termos de gestão.
5. Como aumentar as chances de sucesso, incluindo um bom planejamento de negócios.
6. Como promover o intra-empreendedorismo e a orientação empreendedora em grandes empresas.

JEFF BEZOS E A AMAZON.COM

Poucos empreendedores obtiveram tanto sucesso quanto Jeff Bezos, apesar do enorme ceticismo das pessoas. Ele se transformou de um visionário, dono de uma pequena *start-up*, em um líder bem-sucedido de milhares de funcionários. "O mais importante é o resultado no longo prazo. (...) Metade do sucesso se deve ao senso de oportunidade, metade à sorte, e o resto decorreu do uso do cérebro (...) as probabilidades de êxito de qualquer novo empreendimento são sempre baixas."

Na primavera de 1994, Jeff Bezos mudou-se para a Califórnia para iniciar uma nova atividade. Ele havia acabado de abandonar um emprego rentável na Wall Street e uma perspectiva profissional extremamente promissora. Mas Bezos não queria chegar ao final da carreira, olhar para trás e arrepender-se por não ter tentado criar seu próprio negócio. Ele percebeu que a utilização da Internet crescia 2.300% a cada ano, e esse também foi um fator motivador na criação da Amazon.com. Sua visão inicial era "criar a companhia mais centrada no cliente no mundo todo, o local em que as pessoas pudessem procurar e comprar qualquer item on-line".

Bezos é visionário, intuitivo e inteligente. Ele se considera uma pessoa de sorte. Além dessas características, "creio que o otimismo é uma qualidade essencial para realizar qualquer tarefa difícil – seja ela a criação de um empreendimento ou outra atividade". Isso não significa ser cego ou não-realista; significa manter o foco na eliminação dos riscos e na modificação das estratégias até que estas apresentem uma perspectiva *verdadeiramente* otimista.

Empreendedorismo, afirma Bezos, significa ter muitas fontes. Envolve habilidade para resolver problemas: se algo está errado, conserte. As pessoas com essa capacidade de resolver problemas, assim como os bons empreendedores, são autoconfiantes.

FONTES do Prólogo, das Conexões e do Epílogo: WALKER, R. Jeff Bezos, Amazon.com. *Inc.*, abr. 2004, p. 148-150; DEUTSCHMAN, A. Inside the mind of Jeff Bezos. *Fast company*, ago. 2004, p. 51-58.

empreendedorismo

Busca de oportunidades rentáveis por indivíduos empreendedores.

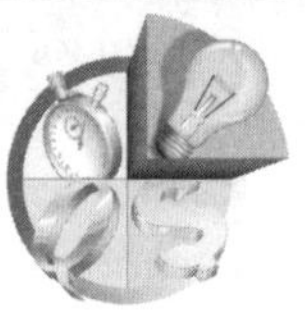

O empreendedorismo está inerentemente ligado à inovação — envolve a criação de um novo empreendimento que antes não existia.

pequenas empresas

Empresas com menos de cem funcionários, de propriedade privada e dirigidas de forma independente, não dominantes no setor de atividades em que atuam e não caracterizadas por muitas práticas inovadoras.

negócio empreendedor

Um novo negócio que tem como objetivos principais: alta lucratividade e grande crescimento.

Assim como Jeff Bezos e outros incontáveis exemplos têm demonstrado, existem grandes oportunidades para empreendedores talentosos. O **empreendedorismo** consiste na busca de uma oportunidade rentável por um indivíduo empreendedor.[1] Ser empreendedor significa iniciar e construir uma organização, e não ser apenas um participante passivo dela.[2] O empreendedorismo envolve a criação de *novos* sistemas, recursos ou processos para produzir *novas* mercadorias ou serviços e/ou atender a *novos* mercados.[3]

O empreendedorismo se diferencia da gestão, no geral, e da gestão de pequenas empresas, em particular. O empreendedor *é* um gestor, mas exerce outras atividades que nem todo gestor exerce.[4] Enquanto o gestor atua em uma hierarquia mais formal, com autoridade e responsabilidades mais claramente definidas, o empreendedor utiliza mais as redes de contatos do que a autoridade formal. Enquanto o gestor normalmente prefere possuir ativos, o empreendedor, muitas vezes, toma empréstimos ou utiliza ativos temporários. Algumas pessoas afirmam que o gestor geralmente atua de forma mais lenta e tende a não se arriscar, enquanto o empreendedor é mais ágil e arrisca mais.

Qual a diferença entre empreendedorismo e gestão de pequenas empresas?[5] A **pequena empresa** é freqüentemente definida como aquela que possui menos de cem funcionários, de propriedade privada e dirigida de forma independente, não dominante no setor de atividades em que atua e não caracterizada por muitas práticas inovadoras. Os proprietários de pequenas empresas tendem a atuar de forma menos agressiva, e a esperar vendas, lucros e crescimento de normais a moderados. Em contrapartida, a ***start-up*** (ou **negócio empreendedor**) tem como objetivos grande crescimento e alta lucratividade. O empreendedor atua de forma agressiva e cria estratégias, práticas e produtos inovadores. Ele e seus investidores normalmente buscam crescimento rápido, lucros altos e imediatos e, algumas vezes, uma venda rápida do empreendimento com altos ganhos de capital.

A Emoção do Empreendedorismo Estas são declarações recentes de Jeffry Timmons, especialista e escritor renomado em empreendedorismo: "Nos últimos 30 anos, os Estados Unidos têm testemunhado o surgimento da geração mais revolucionária do país, desde sua independência em 1776. Essa nova geração de empreendedores tem alterado permanentemente a estrutura social e econômica dessa nação e do mundo. (...) Mais do que qualquer impulso peculiar, ela determinará o modo de vida, trabalho, estudo e liderança da nação e do mundo não apenas neste século".[6] Previamente, em 1989, Timmons havia escrito: "Estamos no meio de uma revolução silenciosa — um triunfo do espírito criativo e empreendedor do ser humano no mundo. Acredito que seu impacto no século XXI será igual ou superior ao da Revolução Industrial nos séculos XIX e XX".[7]

Exagero? Pode parecer, mas não é. O empreendedorismo está transformando as economias mundiais e a economia global em geral. Nos Estados Unidos, desde 1980, mais de 95% da riqueza foi gerada por empreendedores.[8] Estima-se que, desde a Segunda Guerra Mundial, os pequenos negócios empreendedores geraram 95% de toda a inovação radical dos Estados Unidos. Estima-se, ainda, que 20 milhões de norte-americanos fundaram novas empresas ou estão tentando com afinco criar algum novo negócio.[9]

O profissional autônomo aprecia muito o processo empreendedor, e é ele quem apresenta os níveis mais altos de orgulho, satisfação e renda. O aspecto mais importante do empreendedorismo, no entanto, é que não envolve apenas descendentes privilegiados dos Rockefellers ou Vanderbilts (Estados Unidos) — o empreendedorismo oferece oportunidade e ascensão social a qualquer indivíduo com bom desempenho.[10]

Os Mitos sobre o Empreendedorismo Colocado de forma simples, o empreendedor gera novas idéias e as transforma em novos empreendimentos.[11] Contudo, o empreendedorismo não é simples e, muitas vezes, é interpretado de forma equivocada. O Quadro 7.1 propicia uma reflexão a respeito dos mitos e das realidades dessa importante opção de carreira.

Este é outro mito, não mencionado no quadro: é muito bom ser empreendedor porque o indivíduo consegue "enriquecer rapidamente" e aproveitar muitos momentos de lazer, enquanto seus funcionários conduzem a empresa. Entretanto, a realidade é bem mais dura. Como descrito por Tom Peters,[12] "O empreendedor precisa ter uma mente muito forte para sobreviver — prosperar". Durante o período inicial de um empreendimento (*start-up*), são bem grandes as probabilidades de o empreendedor enfrentar muitas adversidades. É um processo exaustivo. Mesmo que ele não tenha empregados, deve esperar "falhas de comunicação" e outros "problemas envolvendo pessoas", ou seja, dificuldades com representantes, fornecedores, distribuidores, familiares, subcontratados, financiadores e outros. Dan Bricklin,

QUADRO 7.1 Alguns Mitos sobre Empreendedores

Mito 1 – Qualquer indivíduo pode criar uma empresa.

Realidade – A parte mais fácil é a criação. O mais difícil é sobreviver, sustentar-se e criar um empreendimento que renda frutos ao seu fundador.

Mito 2 – O empreendedor é um jogador.

Realidade – O empreendedor bem-sucedido se expõe a riscos cuidadosamente calculados. Ele não busca deliberadamente se expor a um risco maior ou a riscos desnecessários nem foge dos riscos inevitáveis.

Mito 3 – O empreendedor deseja ser o foco único de atenção.

Realidade – É extremamente difícil fazer um empreendimento de alto potencial crescer trabalhando sozinho. O empreendedor de potencial mais alto cria uma equipe, uma organização e uma companhia.

Mito 4 – O empreendedor é seu próprio patrão e é totalmente independente.

Realidade – O empreendedor está longe de ser independente. Ele atende a vários mestres e companheiros, incluindo parceiros, investidores, clientes, fornecedores, credores, funcionários, familiares e obrigações sociais e comunitárias.

Mito 5 – O empreendedor trabalha mais tempo e mais do que um executivo de uma grande empresa.

Realidade – Não há comprovação. Alguns trabalham mais, outros menos.

Mito 6 – O empreendedor sofre muito estresse e paga alto preço por isso.

Realidade – Não há dúvida: ser empreendedor é estressante, e ele sofre muita pressão. No entanto, considera seu trabalho muito gratificante. Ele é mais saudável e a tendência em se aposentar é menor do que no caso do trabalhador comum.

Mito 7 – O empreendedor sente-se motivado exclusivamente pela busca do poder financeiro.

Realidade – O empreendedor que busca empreendimentos de alto potencial sente-se mais motivado em criar empresas e realizar ganhos de capital no longo prazo do que pela gratificação momentânea dos altos salários e benefícios. A sensação de controle do próprio destino e a realização da visão e dos sonhos pessoais também são fortes motivadores. O dinheiro é visto como ferramenta e forma de manutenção do controle.

Mito 8 – O empreendedor busca poder e controle sobre outras pessoas.

Realidade – O empreendedor de sucesso sente-se motivado pela busca de responsabilidade, realização e resultados, e não pelo poder em benefício próprio. Com suas realizações, ele pode tornar-se poderoso e influente, mas poder e influência resultam mais do processo de empreendedorismo do que de qualquer outro fator.

Mito 9 – Se o empreendedor for talentoso, o sucesso virá em um ou dois anos.

Realidade – Uma máxima antiga entre os capitalistas de risco diz tudo: o limoeiro dá frutos em dois anos e meio, mas as pérolas se formam em sete ou oito anos. Raramente uma nova empresa se estabiliza solidamente em menos de três ou quatro anos.

Mito 10 – Qualquer empreendedor com alguma boa idéia consegue obter capital de risco.

Realidade – Somente de um a três entre cem negócios de empreendedores com boas idéias que buscam capital de risco conseguem financiamento.

Mito 11 – Se um empreendedor possuir capital suficiente para um *start-up*, não deve deixar de aproveitar a oportunidade de investir no empreendimento.

Realidade – Excesso de capital inicial, muitas vezes, provoca falta de disciplina e gastos por impulso, o que normalmente resulta em problemas graves e em fracasso.

Mito 12 – O empreendedor é um lobo solitário e não consegue trabalhar com outras pessoas.

Realidade – O empreendedor mais bem-sucedido é o líder que consegue formar boas equipes e bons relacionamentos, trabalhando com pares, diretores, investidores, principais clientes e fornecedores e outros.

Mito 13 – Você jamais será um empreendedor de sucesso se os resultados dos seus testes SAT e GMAT (testes específicos para ingresso nas universidades norte-americanas) forem inferiores a 600 pontos.

Realidade – O QI do empreendedor é uma combinação única de criatividade, motivação, integridade, liderança, formação de equipe, capacidade analítica e habilidade para lidar com a ambigüidade e com a adversidade.

FONTE: Adaptado de TIMMONS J.A.; SPINELLI, S. *New venture creation*. 6. ed. p. 67-68. Copyright © 2004. Reproduzido com permissão dos autores.

empreendedor

Indivíduo que estabelece uma nova organização sem contar com o benefício de um patrocínio corporativo.

intra-empreendedor

Criador de novos empreendimentos, que trabalha dentro de grandes companhias.

fundador da VisiCalc, considera este o lembrete mais importante: "Você não é a sua empresa. Naqueles dias em que tudo parece dar errado — e, acredite, você enfrentará inúmeros deles —, tente se lembrar de que os fracassos da sua empresa não o tornam uma pessoa horrível. Do mesmo modo, os sucessos da sua companhia não o transformam em gênio ou super-homem".[13] (p. 58)

Neste capítulo, serão abordadas duas fontes principais de criação de um novo empreendimento: empreendedorismo independente ou de *start-up* e intra-empreendedorismo. **Empreendedores** são indivíduos que estabelecem uma nova organização sem contar com o benefício de um patrocínio corporativo. **Intra-empreendedores** são criadores de novos empreendimentos que trabalham em grandes empresas; eles são empreendedores corporativos.[14]

Empreendedorismo

O Quadro 7.2 relaciona alguns empreendedores extraordinários. Eles fundaram empresas bem-sucedidas e famosas — e todos iniciaram as atividades com mais ou menos 20 anos. Um jovem recém-fundador de um negócio e extremamente bem-sucedido é Jason Olim, que estudava na Brown University quando teve a idéia para o seu empreendimento: venda de CDs raros. Como não possuía capital suficiente para abrir uma loja, ele criou uma empresa na Internet. Jason e seus pais investiram US$ 20 mil para adquirir um computador Macintosh, um servidor Unix, e licenças de softwares; contratar engenheiros para resolver os problemas de programação e programadores gráficos; imprimir anúncios publicitários e firmar um contrato de relações públicas. No primeiro mês, a receita da companhia foi de US$ 387. Um início modesto para o que hoje é a CDNow.[15]

Embora essas histórias pareçam excepcionais, a verdadeira e mais completa história sobre empreendedorismo envolve pessoas das quais jamais ouvimos falar, a menos que sejam da nossa cidade natal. Elas criaram companhias, esforçaram-se pessoalmente, geraram empregos e contribuíram positivamente para as suas comunidades por meio de suas empresas. Ou são pessoas que estão apenas começando. Laima Tazmin é presidente da LAVT LLC, uma empresa de consultoria de Internet. Ela está expandindo a empresa para oferecer computadores sob medida e criar empresas on-line baseadas na comunidade. Sua assistente examina cuidadosamente os anúncios da Internet na busca de novos mercados. Com 15 anos, ela contava com dez clientes — e espera iniciar a faculdade em 2007. "Eu quero dirigir minha própria vida. Empreendedorismo é planejar o futuro e eu quero desenvolver minha criatividade e ter liberdade. Quero crescer como pessoa".[16] (p. 134)

QUADRO 7.2

Megaempreendedores Que Iniciaram Seus Negócios com 20 a 29 Anos

Companhia Empreendedora	Fundador(es)
Microsoft	Bill Gates e Paul Allen
Netscape	Marc Andressen
Dell Computers	Michael Dell
Gateway 2000	Ted Waitt
McCaw Cellular	Craig McCaw
Apple Computers	Steve Jobs e Steve Wozniak
Digital Equipment Corporation	Ken e Stan Olsen
Federal Express	Fred Smith
Genentech	Robert Swanson
Polaroid	Edward Land
Nike	Phil Knight
Lotus Development Corporation	Mitch Kapor
Ipix.com	Kevin McCurdy

FONTE: TIMMONS; J.; SPINETTE, S. *New venture creation*. 6. ed. Nova York: McGraw-Hill/Irwin, 2004, p. 7.

Por que se Tornar um Empreendedor?

> **Pergunta:** Está ficando mais difícil se tornar um empreendedor?
> *Judy Wicks* (White Dog Enterprises): "Fica difícil competir com os preços das grandes corporações, no entanto, cada vez mais o consumidor aprecia a alta qualidade, a criatividade e a autenticidade oferecidas pelo empreendedor".[18]

Bill Gross criou dezenas de companhias.[17] Quando era garoto, criava jogos eletrônicos caseiros; e vendia, com lucro, doces aos amigos. Na faculdade, elaborou e vendeu planos para a construção de um aquecedor solar, fundou uma empresa de equipamentos de som e vendeu um software para a Lotus. Em 1991, vendeu sua empresa de softwares educativos por cerca de US$ 100 milhões. E, em 1996, fundou a Idealab!, que deu origem a dezenas de outras empresas da Internet.

O que explica o comportamento de Bill Gross e de outros empreendedores? O empreendedor cria sua própria empresa por causa do desafio, do potencial de lucro e da enorme satisfação que espera encontrar no futuro.[19] O indivíduo que inicia o próprio negócio busca uma qualidade de vida melhor do que a que teria se trabalhasse em uma empresa de grande porte; busca a independência e a sensação de fazer parte da ação. Ele sente imensa satisfação em criar algo do nada, testemunhar seu sucesso e assistir ao mercado abraçar suas idéias e produtos.

A gravadora Arista Records demitiu Clive Davis, que deu a volta por cima e lançou a J Records, assinando contratos com inúmeros novos artistas, dentre eles Alicia Keys.

Além disso, o empreendedor busca criar sua própria companhia quando se sente impedido de evoluir profissionalmente nas grandes corporações. Quando é demitido, o funcionário, muitas vezes, inicia um negócio próprio. E, quando está empregado, não acreditando na perspectiva profissional futura ou sentindo-se frustrado por causa da burocracia ou de outras características da vida corporativa, pode pedir demissão e tornar-se um empreendedor.

Até o lendário Clive Davis foi demitido da Arista Records, companhia que ele próprio fundou em 1974. Davis reagiu não apenas deixando a empresa, mas também lançando a J Records. Em 18 meses, preencheu a lista de artistas da J Records com alguns dos novos melhores artistas, incluindo Alicia Keys. O álbum de lançamento da cantora, *Songs in a minor*, vendeu rapidamente seis milhões de cópias nos Estados Unidos e foi indicado para receber quatro prêmios musicais norte-americanos.[20]

Os imigrantes também podem encontrar fechados os caminhos convencionais para o seu sucesso financeiro e, assim, buscarem o empreendedorismo.[21] Por exemplo, a comunidade cubana de Miami tem produzido muitos empreendedores de sucesso, assim como a comunidade vietnamita de todos os Estados Unidos.

Imigrantes Empreendedores em (...) Maine

Quando as pessoas pensam nos estados norte-americanos mais diversificados, ou nos principais berços do empreendedorismo, raramente pensam em Maine. No entanto, esse estado oferece oportunidades reais para imigrantes empreendedores. StartSmart é um programa dirigido por uma entidade não-lucrativa de desenvolvimento econômico de Portland, chamada Coastal Enterprises. Esse programa oferece empréstimo, treinamento e consultoria a refugiados e imigrantes.

Juan Gonzalez queria abrir um empório diferenciado em Portland, mas, sendo dominicano, tinha a idéia de que "ninguém acredita em você. É muito difícil conseguir um empréstimo". Sua loja, La Bodega Latina, foi a primeira empresa aberta com a ajuda do StartSmart — e, hoje, possui até um restaurante popular.

Emile Bizimungu fugiu do Congo, quando uma guerra lá eclodiu, chegando aos Estados Unidos em 2000. Sua empresa, a Revival Carpentry, projeta, constrói e conserta móveis, fornece gaiolas para morcegos, corujas e pássaros para a Mill Stores (cadeia de lojas de móveis de Nova Inglaterra) e está criando um site para vender camas, estantes e armários pela Internet.

Bogumila Pawlaczyck fugiu da Polônia por causa da opressão política, em 1986. Como assistente de enfermagem em Maine, ela viajava seis horas de carro até Manhattan, uma vez por mês, para comprar pão polonês ("Os Estados Unidos são um país livre e você pode fazer o que quiser. O que faltava era o pão polonês.") Hoje, ela é proprietária do Bogusha's Deli and Restaurant.

Osman Hersi era cirurgião na Somália, mas fugiu em 1991. Ele fala quatro idiomas (somali, inglês, árabe e russo) e, atualmente, possui uma empresa bem-sucedida, que oferece serviços de tradução. Entre seus clientes estão hospitais, consultórios médicos e tribunais.

Outros donos de negócios bem-sucedidos da região vieram fugidos da África, da Rússia, da Europa Oriental, do Vietnã e do Camboja, durante o regime do Khmer Vermelho.

Antigamente, na região de Portland, as opções de emprego para imigrantes e refugiados ficavam restritas às avícolas e às peixarias. No entanto, hoje em dia, o programa StartSmart ajudou a fundar mais de 70 empresas, oferecendo treinamento e orientando centenas de refugiados e imigrantes de dezenas de nações.

FONTE: DENT, J. D. Coming to America. *Inc.*, nov. 2004, p. 100-107.

O que é Necessário para Ter Sucesso?

O que podemos aprender com as pessoas que estabelecem sua própria empresa e obtêm êxito? Para começar, serão apresentados os exemplos de Russell Simmons e Andra Rush. Russell Simmons é o empreendedor responsável pela criação da Def Jam, Phat Farm, uma bebida energética, um cartão de débito e outros produtos. "Todas as minhas empresas eu consegui criar porque jamais imaginei que não conseguiria." Diz um amigo: "Essa é a chave para o sucesso do empreendedor – ele não pode estacionar apenas em uma idéia".[22]

Andra Rush começou sua empresa de transportes comprando um caminhão novo e dois usados com as economias que possuía e com alguma ajuda dos pais. Ela não tinha condições financeiras para ter um telefone celular, por isso transferia as ligações para a casa da avó. Quando estava em casa, fazia a empresa parecer grande, simulando vozes e sons, e fingindo transferir os clientes para outros ramais. Ela mesma aprendeu a consertar caminhões. Aceitava qualquer tipo de trabalho e começou efetivamente a impressionar os clientes. Hoje, a Rush Trucking possui uma frota de mil caminhões e faz 1.400 entregas diárias.[23]

O que Russell Simmons, Andra Rush e outros empreendedores de sucesso têm em comum? A Figura 7.1 ajudará a responder a essa

Pergunta: Qual conselho que você daria a alguém que está começando?[24]
Andra Rush (Rush Trucking): "Não deixe ninguém roubar seu sonho".
Tom Stemberg (Staples): "Faça todo o planejamento tendo sempre em mente seu cliente".
Rhonda Kallman (New Century Brewing): "Escolha um negócio que você ame. Você pode ter de conviver com ele o resto da vida".
James Goodnight (SAS): "Evite os erros do entusiasmo da era das empresas ponto-com. As pessoas ignoraram uma saída estratégica para o plano de negócios. Inicie um negócio tendo em mente um planejamento de longo prazo".

FIGURA 7.1
Quem é o Empreendedor?

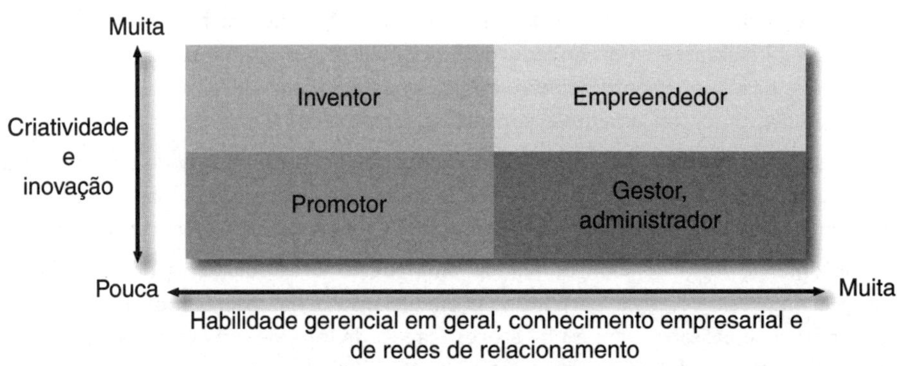

FONTE: TIMMONS, J.; SPIVELLI, S. *New venture creation*. 6. ed. Nova York: McGraw-Hill/Irwin, p. 65, 2004.

pergunta. Os empreendedores de sucesso são inovadores e dotados de bom conhecimento e habilidades em gestão, negócios e redes de relacionamento.[25] Inventores podem ser altamente criativos, mas, freqüentemente, não possuem habilidades para transformar suas idéias em empreendimentos de sucesso. Os gestores-administradores podem ser excelentes em assegurar a eficácia das operações, mas não são necessariamente inovadores. Os promotores são dotados de um conjunto diferente de habilidades em vendas e marketing — útil aos empreendedores — mas essas habilidades podem ser adquiridas, enquanto inovação e capacidade de gestão de negócios continuam a ser a combinação fundamental para o sucesso dos empreendedores.

Que Negócio Se Deve Criar?

É necessário ter uma boa idéia e encontrar ou criar a oportunidade certa.

Idéia Muitos empreendedores e observadores dizem que, ao pensar sobre sua própria empresa, o empreendedor deve iniciar com uma grande idéia. Um grande produto, um mercado viável e um momento oportuno são ingredientes fundamentais de qualquer receita de sucesso. Por exemplo, Tom Stemberg percebeu que o crescente número de pequenas empresas surgidas na década de 1980 não contava com nenhum fornecedor dedicado a oferecer-lhes os suprimentos necessários. Muitos clientes potenciais, necessitando dos serviços, não encontravam fornecedor focado em atender às suas necessidades. Ele enxergou essa oportunidade e investiu nela, abrindo a primeira unidade da Staples em 1986. Atualmente, as vendas da Staples atingem anualmente mais de US$ 11 bilhões.

Muitas grandes organizações foram criadas com base em uma visão diferente: o desejo do fundador de criar uma grande organização e não de oferecer um produto específico.[26] Os irmãos Amos mudaram-se da região da Flórida para Columbus, na Geórgia, em 1955, porque sabiam que Columbus era a maior cidade do sudeste que não possuía uma companhia própria de seguros.[27] Eles não conheciam nada do ramo. No entanto, desejavam criar uma organização e enxergaram uma oportunidade. Os irmãos, tradicionalmente muito esforçados, teriam sucesso fundando qualquer tipo de companhia, mesmo que não fosse uma seguradora. A companhia fundada por eles foi a American Family Life Assurance Co. — hoje, mais conhecida como AFLAC, nos Estados Unidos.

Há inúmeros exemplos semelhantes. Bill Hewlett e David Packard decidiram fundar uma empresa e, então, pensaram no que fazer. J. Willard Marriott sabia que queria trabalhar por conta própria, mas não tinha nenhum produto em mente até abrir um quiosque de cervejas A&W. Masaru Ibuka não tinha idéia de qualquer produto específico quando fundou a Sony em 1945. O primeiro projeto da Sony, uma panela de cozinhar arroz, não vingou, e seu primeiro produto (um gravador) não vendeu. A companhia sobreviveu produzindo e vendendo almofadas térmicas.

Muitas das grandes companhias de hoje fracassaram no início. Contudo, os fundadores persistiram; acreditaram em si mesmos e em seus sonhos de construir grandes organizações. Enquanto a lógica convencional enxerga a companhia como um veículo para a venda de produtos, essa perspectiva visualiza o produto como veículo para a divulgação da companhia. É necessário estar preparado para eliminar ou rever qualquer idéia, mas jamais desistir da empresa — essa tem sido a receita de sucesso para diversos grandes empreendedores e líderes empresariais.

Sentindo-se frustrada com o trabalho como desenhista de uma corporação, Jennifer Velande encontrou uma saída criativa para si — desenho de bolsas. Logo, com a ajuda da amiga Robin Newberry, Jennifer transformou esse "passatempo" em um conceito único de negócio. Agora, a 1154 Lill oferece aos clientes a oportunidade de desenhar sua própria bolsa.

Pelos exemplos da Sony, Disney, Hewlett-Packard, Procter & Gamble, IBM e Wal-Mart, pode-se ver que os maiores feitos de seus fundadores — suas maiores idéias — são suas organizações.[28]

Oportunidade O empreendedor identifica, cria e explora as oportunidades de diversas formas.[29] As empresas empreendedoras conseguem explorar domínios que as grandes companhias evitam, bem como introduzir mercadorias ou serviços que capturam o mercado por serem mais simples, baratos, acessíveis ou convenientes. Por exemplo, Jaye Muller identificou uma oportunidade durante uma turnê musical pela Europa. O músico alemão perdeu alguns faxes importantes na mudança entre um hotel e outro. Ele interrompeu temporariamente sua carreira musical (ainda grava eventualmente) e contratou alguns programadores para criar um software que compactasse as mensagens de fax transformando-as em arquivos para serem enviados pela Internet. A companhia deslanchou.[30]

A linguagem de programação da Internet, Java, foi desenvolvida para ser segura e assim era considerada quando surgiu pela primeira vez. Contudo, Shlomo Touboul tinha outra visão. Quando relatou seus planos de comercialização de um produto de segurança para Java, as pessoas caçoaram. Sozinho, ele trabalhou para criar um produto que protegeria as companhias dos programas hostis incorporados no código Java. Mais tarde, quando os cientistas da Princeton University descobriram pontos vulneráveis na linguagem Java que permitiam a exploração por *hackers*, Touboul já estava preparado e bem à frente de qualquer possível concorrente.[31]

Para identificar oportunidades, é necessário refletir bem sobre os fatos e as tendências conforme vão ocorrendo. Por exemplo:[32]

- *Descobertas tecnológicas*. Novos empreendimentos em biotecnologia, microcomputadores e nanotecnologia estão surgindo. Amber Ratcliffe, Krassen Dimnitrov, Dwayne Dunaway e Perry Fell fundaram a Nanostring, com base na tecnologia denominada código de barras molecular, que consegue contar digitalmente milhões de códigos genéticos e produzir resultados perfeitamente precisos em menos de meia hora.[33] Eles são os maiores especialistas no assunto, criando sua própria empresa com base em uma idéia desenvolvida a partir de um profundo conhecimento especializado.
- *Mudanças demográficas*. Todos os tipos de organizações de assistência médica têm surgido para atender à população de idosos. A MinuteClinic instala quiosques de atendimento médico em lojas como Target e Cub Food – o paciente pode obter diagnóstico e tratamento para problemas comuns, incluindo dores de garganta e ouvido e sinusite, além de monitoração da pressão arterial e do nível de colesterol.[34] Esse atendimento é conveniente (leva 15 minutos ou menos) e barato (US$ 41 ou reembolso pelo plano de saúde).
- *Mudanças de estilo de vida e preferências*. Novos empreendimentos têm investido em novas tendências de moda e de preferências musicais, no consumo de *fast-food* e no crescente interesse por esportes.
- *Deslocamentos econômicos*, por exemplo, escassez ou explosão de consumo. O boicote do petróleo fez surgir novas empresas petrolíferas. O colapso da indústria siderúrgica foi seguido de novos empreendimentos em pequenas usinas.
- *Calamidades* como guerras e desastres naturais. A erupção do vulcão Santa Helena fez surgir novas companhias turísticas. A empresa de Andrew Higgins passou da produção de barcos de madeira utilizados para navegação em pântanos da Louisiana para o projeto e a produção em massa de veículos terrestres de transporte de soldados nas costas marítimas durante a Segunda Guerra Mundial. A Visionics decolou de verdade no final de 2001; a companhia produz um software biométrico que compara imagens de vídeo com um banco de dados de características faciais para identificar qualquer pessoa, de fugitivos a assaltantes de lojas e terroristas.[35]
- *Iniciativas governamentais e mudanças nas regras*. A legislação ambiental criou oportunidades para novas empresas de consultoria e indústrias de equipamentos de limpeza. A desregulamentação fez surgir novas companhias aéreas e transportadoras terrestres. A altamente sigilosa National Security Agency dos Estados Unidos anunciou, recentemente, a abertura de um centro empresarial dedicado a ajudar empreendimentos em companhias de segurança interna.[36] A mensagem por trás dessa iniciativa: a agência precisa da ajuda do setor privado.

franchising

Uma aliança empreendedora entre franqueador (o inovador que criou, no mínimo, uma loja de sucesso e deseja expandir seus negócios) e um franqueado (o parceiro que administra uma nova loja do mesmo tipo em outro local).

Franquia Um tipo importante de oportunidade é a franquia. A maioria das pessoas sabe intuitivamente o que é *franchising*. Ou, pelo menos, consegue citar algumas franquias famosas: McDonald's, Jiffy Lube, Body Shop, Dunkin' Donuts e outros. ***Franchising*** é uma aliança empreendedora entre duas organizações, o franqueador e o franqueado.[37] O franqueador é o inovador que criou, no mínimo, uma loja de sucesso e busca parceiros para operar o mesmo conceito em outros mercados locais. Para o franqueado, a oportunidade é a formação de riqueza por meio de um comprovado (não fracassado) conceito empresarial, com a vantagem adicional de contar com o conhecimento especializado do franqueado. Para o franqueador, a oportunidade é a formação de riqueza por meio da expansão. A parceria é expressa na marca ou nome do produto e, juntos, os parceiros têm a missão de manter e expandir a marca.

O indivíduo que está pensando na possibilidade de investir em uma franquia deve avaliar a presença da marca no mercado (local, regional ou nacional), a participação de mercado e a margem de lucro, os programas nacionais de comercialização e compras, a natureza do negócio, incluindo a necessidade de treinamento e o nível de suporte de campo, os termos do contrato de licenciamento (por exemplo, por 20 anos com renovação automática *versus* menos de dez anos ou sem renovação), o capital requerido e as taxas e os *royalties* da franquia.[38] Embora algumas pessoas pensem que o sucesso de uma franquia não demande tanto planejamento e estudo, esse empreendimento requer muita análise. Existem inúmeras fontes úteis para a obtenção de mais informações, como o site brasileiro www.franchising.com.br e os sites internacionais (em inglês) http://www/bisonl.com/; http://www.franchise-chat.com/ e http://www.businessfranchisedirectory.com/.

Próximas Fronteiras As próximas fronteiras do empreendedorismo — aonde elas vão estar? Ao longo da história, aspirantes a empreendedores têm feito essa pergunta. Gary Hoover afirma: "Nos próximos 20 a 30 anos, acredito em quatro setores de atividades como os mais promissores: serviços financeiros; assistência médica e itens relacionados a saúde; turismo; e educação. E todos os quatro estão efetivamente baseados no envelhecimento contínuo da geração de *baby boomers* surgida na explosão demográfica das décadas de 1950 e 1960. Mantenho uma lista de idéias para novos empreendimentos. No momento, a lista contém cerca de 70 idéias".[39] (p. 72) Acrescentem-se à lista a biotecnologia, o Leste Europeu, a nanotecnologia, a oceanografia ... qualquer um pode criar sua própria lista.

Graças a Burt Rutan, a reserva para um vôo espacial poderá ficar tão fácil quanto uma reserva de um vôo doméstico. Sua idéia de enviar pessoas ao espaço pode ter aberto as portas para toda indústria de turismo espacial.

Uma oportunidade fascinante para os empreendedores é a exploração espacial.[40] Historicamente, o mercado aeroespacial foi controlado pelo governo e dominado pelas grandes companhias como Boeing e Lockheed Martin. Contudo, com a grande demanda por lançamento de satélites e o crescente potencial de lucratividade, empreendedores menores estão entrando no setor. Por exemplo, a revista *Inc.* elegeu, em 2005, Burt Rutan como empreendedor do ano.[41] Rutan fundou a primeira empresa privada para enviar pessoas ao espaço. As suas metas principais são 1) disponibilizar de forma rotineira o vôo espacial às pessoas em geral e 2) lucrar muito. Entretanto, a nova corrida espacial já começou, e a concorrência ficará acirrada entre empresas como SpaceX, Space Dev e Zero Gravity Corp.

Entre outros novos empreendimentos espaciais estão: os satélites para navegação automotiva, para o rastreamento de frotas de caminhão e para o monitoramento de níveis de vazão e vazamento em dutos; os testes para criação de medicamentos em ambientes de gravidade próxima de zero, e a utilização de sensoriamento remoto para monitorar o aquecimento global, identificar concentrações de cardumes de peixes e detectar esgotamento do solo para plantio de precisão. Além disso, há outro aspecto a ser considerado: em vez de o governo financiar, controlar e implementar a viagem a Marte, uma alternativa seria a oferta de um prêmio de US$ 20 milhões ao vencedor de uma corrida espacial até o planeta vermelho entre empresas privadas.[42]

Os obstáculos para os empreendedores da indústria espacial são enormes. Os novos empreendimentos no setor espacial exigem centenas de milhões de dólares para decolar, a probabilidade de lucros é bem pequena, a maioria dos investidores foge e a maioria das iniciativas acabará em total fracasso. Contudo, os empreendedores acreditam que os desafios sejam exclusivamente financeiros e não técnicos, e quem quer que consiga vencer as dificuldades mudará o mundo.[43]

A segurança doméstica também é outro setor que vem crescendo bastante.[44] Antes do ataque de 11 de setembro de 2001, o governo norte-americano gastava cerca de US$ 10 bilhões por ano em segurança nacional. Nos anos subseqüentes, a média anual tem ficado em US$ 40 bilhões. No entanto, mais de 70% da infra-estrutura crucial do país (poços de petróleo, sistemas de computação, fábricas de produtos químicos) estão nas mãos da iniciativa privada. Esperavam-se, do setor privado, gastos de mais de US$ 6 bilhões em segurança em 2005, e um aumento de até 10% por ano. Inúmeras companhias de vários setores da economia estão tentando aproveitar essa tendência — inspeção de bagagens, vacina contra sarampo, coleta de informações de chegada e partida de viajantes, detector de explosivos, sensor de microrganismos suspensos no ar.

Internet Uma "nova fronteira" contínua e ilimitada é a Internet. Shoba Purushothaman sabia que os estúdios de telejornalismo precisavam de informação rápida e que existiam somente duas formas de conseguir imagens de vídeo de alta qualidade: por fita ou por satélite, e nenhuma delas era fácil ou rápida.[45] Assim, começou a enviar as imagens de noticiários pela Internet. Ela oferecia esse serviço gratuitamente à imprensa, mas cobrava de clientes corporativos ou governamentais cerca de US$ 100 mil para enviar as imagens à mídia transmissora. Sua idéia estava um pouco adiantada no tempo: ela começou no meio da revolução das empresas ponto-com, e muitos estúdios jornalísticos não possuíam o acesso necessário de banda larga. Porém, o tempo alcançou sua idéia e hoje o negócio vem crescendo.

Nitidamente, a Internet mudou de forma radical a capacidade das pessoas não apenas de se comunicarem e agir, mas também de realizar negócios. As oportunidades comerciais existentes pareciam infindáveis de meados para o final da década de 1990, até a explosão da "bolha" da Internet, e a era das empresas ponto-com acabar transformando-se na era "ponto-bomba". Mas, o fato é que a Internet continua a ser uma fronteira empresarial em expansão. A lição aprendida com a "explosão da bolha" não foi a de se evitar o comércio eletrônico, mas ter sempre em mente a importância dos modelos e das sólidas práticas empresariais. No auge da revolução da Internet, muitos empreendedores e investidores não davam importância à receita e ao lucro, o que importava era atrair ("capturar os olhos de") inúmeros visitantes aos sites da Web. Contudo, mais uma vez fica clara a necessidade de se analisar criteriosamente os custos e de se atingir o equilíbrio e os lucros o mais rapidamente possível – dinheiro é muito importante.[46]

modelo de cobrança por transação

Cobrança de taxas por mercadorias e serviços.

modelo de suporte publicitário

Cobrança de taxas para exibir publicidade no site.

modelo de intermediação

Cobrança de taxas para reunir compradores e vendedores.

modelo de afiliação

Cobrança de taxas para encaminhar visitantes de um site para sites de outras companhias.

modelo de subscrição

Cobrança de taxas por visitas no site.

Pelo menos cinco modelos empresariais mostraram-se eficazes no mercado de comércio eletrônico: modelo de cobrança por transação, de suporte publicitário, de intermediação, de afiliação e de subscrição.[47] No **modelo de cobrança por transação,** as companhias cobram uma taxa por mercadorias ou serviços oferecidos. A Amazon.com e agências de turismo on-line são bons exemplos. No **modelo de suporte publicitário**, as empresas de publicidade pagam ao operador do site para ter acesso ao seu grupo demográfico de visitantes. Tanto a MSN como o Yahoo! recebem inúmeros visitantes e mantêm vários anúncios; entre os principais anunciantes on-line estão Amazon.com, eBaby, Orbitz, Columbia House e ClassMates.com.

O **modelo de intermediação** tem como principal exemplo a eBay, que reúne compradores e vendedores e cobra uma comissão em cada venda. Com o **modelo de afiliação**, alguns sites pagam comissões para outros sites lhe encaminharem empresas. E, no **modelo de subscrição**, o site da Web cobra uma taxa mensal ou anual por visitas. Os sites de jornais e revistas são bons exemplos.

E no caso das empresas cujo principal foco não está no comércio eletrônico? Novos empreendimentos (*start-ups*) e pequenas empresas já estabelecidas podem criar sites interessantes que acrescentem profissionalismo à sua imagem, proporcionando acesso a mais clientes, e aproximando-os dos fornecedores, dos investidores e dos provedores de serviços. As companhias tradicionais conseguem ser mais ágeis do que no passado e economizar nas atividades de atendimento ao cliente, suporte técnico, recuperação de dados, relações públicas, relações com investidores, vendas, solicitações de catálogos de produtos e compras.

efeito das vias alternativas

Conforme o empreendedor vai seguindo um caminho, oportunidades inesperadas começam a surgir.

Vias Alternativas A experiência de tentativa e erro também tem sua utilidade. Alguns empreendedores iniciam seus empreendimentos e, depois, deixam o mercado decidir se suas idéias são boas ou não. Esse procedimento é evidentemente arriscado e deve ser adotado somente se o empreendedor for capaz de arcar com os riscos envolvidos. Entretanto, mesmo que a idéia original não funcione, talvez ele consiga aproveitar o **efeito das vias alternativas.**[48] Conforme o empreendedor vai seguindo uma direção, ele chega a locais desconhecidos, e oportunidades inesperadas começam a surgir.

E, enquanto está observando, o empreendedor precisa estar *preparado* para agir com rapidez e eficácia para aproveitar oportunidades quando elas efetivamente surgirem.

O que é Necessário, em Termos de Características Pessoais?

Muitas pessoas acreditam na existência de uma "personalidade empreendedora".[49] Não existe um tipo único de personalidade que prediga sucesso ao indivíduo como empreendedor, mas se ele for dotado de certas características, suas probabilidades de ser bem-sucedido são maiores. As seguintes características contribuem para o sucesso do empreendedor.[50]

A experiência de tentativa e erro pode provocar o efeito das vias alternativas no qual, assim como ocorre com Dorothy no filme *O mágico de Oz*, conforme se vai caminhando por uma estrada, o inesperado começa a acontecer.

1. *Comprometimento e determinação:* o empreendedor bem-sucedido é firme nas decisões, obstinado, disciplinado, disposto ao sacrifício e capaz de dedicar-se totalmente aos seus empreendimentos. "É necessário ter verdadeira paixão pelo que se faz",[51] afirma Dan Bricklin, fundador da VisiCalc.
2. *Liderança:* o bom empreendedor tem iniciativa própria, é formador de equipes, ótimo aprendiz e mestre. A comunicação da visão futura da companhia — componente essencial da liderança abordado mais detalhadamente no Capítulo 12 — tem impacto direto no crescimento do empreendimento.[52]
3. *Obsessão pela oportunidade:* o empreendedor de sucesso possui conhecimento profundo das necessidades do cliente, é focado no mercado e obstinado pela criação de valor e pelo aprimoramento.
4. *Tolerância ao risco, à ambigüidade e à incerteza:* o empreendedor bem-sucedido assume riscos calculados e os controla bem, é tolerante ao estresse e capaz de resolver problemas.
5. *Criatividade, autoconfiança e capacidade de adaptação:* o bom empreendedor tem mente aberta, não se acomoda com a situação, consegue aprender e se adaptar com muita rapidez, é criativo, hábil em conceituação e atento a detalhes.
6. *Motivação para a superação:* o empreendedor de sucesso tem uma clara orientação para resultados; define metas elevadas, porém, realistas; tem grande disposição para cumpri-las; conhece as próprias qualidades e deficiências, e concentra-se no que pode ser feito e não nas razões por que algo não pode ser feito.

Estas são algumas considerações finais sobre os requisitos pessoais de um empreendedor de sucesso: no século XIX, Cyrus McCormick disse que "A inesgotável perseverança em um empreendimento adequadamente compreendido sempre garante o sucesso final". E, no século XXI, *sir* Harold Evans, autor da obra *They made America*, afirma que "a principal qualidade do inovador está menos no córtex cerebral e mais na epiderme".[53] Ou seja, o inovador sempre é alvo de críticas, muitas vezes, pesadas e, por isso, é fundamental que ele tenha uma boa blindagem.

Conexões: AMAZON.COM

Em 1997, a Barnes & Noble lançou um site na Internet para competir com a Amazon. Um famoso analista de mercado afirmou que a Amazon de Jeff Bezos seria devastada. Mais tarde, com a explosão da "bolha tecnológica", as ações da Amazon despencaram de US$ 100 para US$ 6. Embora, hoje, algumas pessoas ridicularizem a visão de Bezos da Amazon.com chamando-a de ingênua e impraticável, ele se mantém otimista. Sempre enxergou os desafios como oportunidades.

Bezos valoriza o pessoal altamente qualificado. "Prefiro entrevistar 50 candidatos e não contratar nenhum a contratar a pessoa errada." Sempre que pode, ele experimenta novas idéias. Bezos lançou o conceito de "equipes de duas pizzas" para inovar e testar novos recursos: se você não consegue alimentá-la com duas pizzas, a equipe é grande demais. No entanto, também arrisca em idéias grandiosas que levariam tempo demais para serem testadas. Por exemplo, ele permite aos internautas pesquisarem textos completos de milhares de livros.

Quando a Amazon começou a publicar avaliações dos clientes sobre os produtos — algumas das quais eram negativas —, as pessoas diziam a Bezos que ele não entendia nada do negócio. Não é possível vender produtos no site com avaliações negativas, diziam os críticos. Mas Bezos acreditava que conseguiria vender mais se ajudasse as pessoas a tomar boas decisões.

Bezos copia sem cerimônia idéias dos concorrentes — por exemplo, começou a realizar leilões, como a eBay, e criou a A9, uma ferramenta de busca (como o Google). Esses plágios não têm rendido tanto quanto os originais, porém Bezos é obstinado, persistente e se adapta bem às situações.

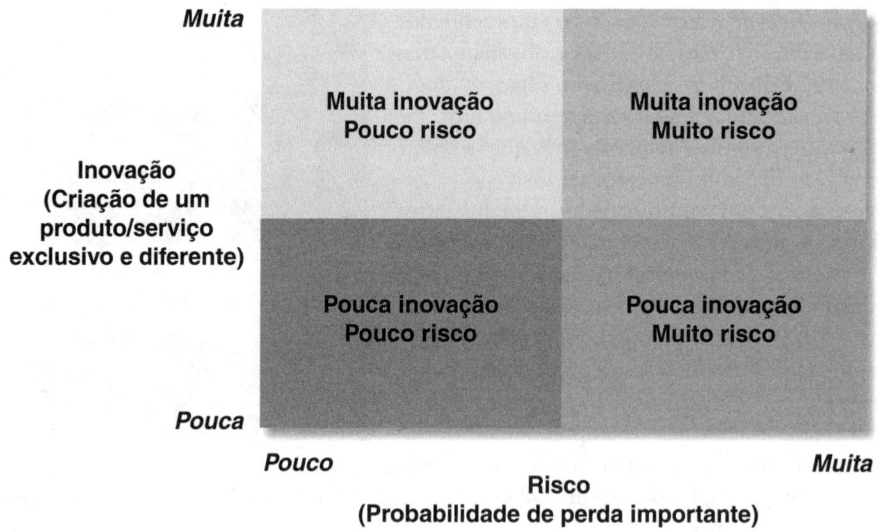

FIGURA 7.2
Matriz de Estratégia Empreendedora

FONTE: Matriz extraída de Entrepreneurial strategy matrix: a model of new and ongoing ventures, de SONFIELD e LUSSIER. Reimpresso de *Business Horizons*, maio/jun. 1997. Copyright © 1997 Trustees at Indiana University, Kelley School of Business.

Fazendo Boas Escolhas O sucesso decorre não apenas das qualidades pessoais, mas também das boas escolhas em termos do empreendimento que se inicia. A Figura 7.2 acima traz um modelo para conceituar e escolher as melhores opções de novos empreendimentos. Os empreendimentos são apresentados em duas dimensões: inovação e risco. Um novo empreendimento pode envolver muita ou pouca *inovação*, ou a criação de algo novo e diferente. Também pode caracterizar-se por muito ou pouco *risco*. O termo risco refere-se primeiro à probabilidade de perdas financeiras importantes. No entanto, significa muito mais; é o risco psicológico percebido pelo empreendedor, incluindo o risco de perda da reputação e do ego.[54]

É possível acessar *links* interessantes no Fórum Empresarial da MIT (http://web.mit.edu/entrforum/www/).

O quadrante superior esquerdo, muita inovação/pouco risco, representa empreendimentos que envolvem idéias totalmente novas com pouco risco. Por exemplo, os inventores dos blocos de montar da Lego e dos prendedores de velcro conseguiram criar seus produtos artesanalmente, com pouco investimento. Até mesmo algumas empresas de eletrônica começaram assim. Uma idéia para um produto pioneiro da Procter & Gamble pode caber perfeitamente como exemplo se não houver concorrentes e porque, para uma companhia desse porte, os riscos financeiros dos investimentos em um novo produto parecem relativamente baixos.

No quadrante superior direito, muita inovação/muito risco, as idéias de novos produtos são acompanhadas de muito risco porque os investimentos financeiros são altos e a concorrência é grande. Um novo medicamento ou um novo automóvel provavelmente se enquadrariam nessa categoria.

A maioria dos pequenos empreendimentos caracteriza-se por pouca inovação/muito risco (quadrante inferior direito). São empreendimentos razoavelmente convencionais de setores bem estabelecidos. Novos restaurantes, lojas de varejo e organizações comerciais envolvem alto investimento para pequenos empreendedores e enfrentam muita concorrência direta de outros negócios similares. Por fim, a categoria de pouca inovação/pouco risco inclui empreendimentos envolvendo um investimento mínimo e/ou mínima concorrência em um mercado sólido. Servem como exemplo algumas prestadoras de serviços envolvendo baixo custo inicial e instalação em pequenas cidades sem presença de concorrência e com demanda adequada.

Como essa matriz pode ser útil? O empreendedor pode utilizá-la para avaliar o empreendimento que tem em mente e decidir se ele é adequado para atingir determinados objetivos. A matriz é utilizada também para identificar estratégias eficazes e ineficazes. Você pode achar um quadrante mais interessante que os demais. O quadrante inferior esquerdo tende a produzir, relativamente, pouca compensação, mas oferece mais segurança. Uma relação melhor em termos de risco/retorno está nos outros quadrantes, principalmente no superior direito. Com essa avaliação, o empreendedor pode capitalizar a idéia de um novo empreendimento no quadrante mais adequado e determinar se é nele que efetivamente prefere operar. Em caso afirmativo, o novo empreendimento aparentemente é aquele em que se deve investir, depois de algumas análises mais completas. No caso oposto, ele pode rejeitar a idéia ou tentar mudá-la para outro quadrante.

A matriz também pode servir como lembrete de alguns aspectos importantes: para obter sucesso, as companhias nem sempre precisam de tecnologia de ponta ou de algum produto totalmente inovador. Até mesmo as companhias que oferecem os produtos mais comuns — do tipo que se enquadra no quadrante inferior esquerdo — podem obter vantagem competitiva oferecendo esses itens básicos de forma diferenciada e melhor do que a concorrência, como mostram os exemplos a seguir.

Setores Comuns, Sucesso Extraordinário

Todo ano, a revista *Inc.* publica uma lista das 500 companhias que mais rapidamente crescem nos Estados Unidos, muitas das citadas em recentes listas são de setores glamorosos da economia — mas muitas não são. A Noodles & Co. é uma cadeia em franca expansão criada com base na premissa de que todos adoram comer macarrão instantâneo. A Packaging Resources fornece às empresas alimentícias sacos e embalagens de plástico. A Insulair vende copos com tripla camada isolante para a Krispy Kreme e milhares de lojas de conveniência. A L.E.M Products vende moedores de carne.

Esses setores não são de ponta. Mas, de qualquer modo, são setores da economia. Assim, o conhecimento profundo das atividades empresariais e de gestão, em qualquer setor, oferece margem de competitividade. Portanto, qualquer companhia pode crescer, mesmo que o setor em que ela atue não esteja em expansão.

Larry Harmon, da Demar Plumbing, Heating & Air-Conditioning, sabe que as pessoas abominam ter problemas de encanamento — entretanto, adorariam ser atendidas por um encanador que oferecesse serviço de primeira categoria. Ao consumidor, ele oferece atendimento no mesmo dia; ao seu pessoal, treinamento em relacionamento com clientes, e, desse modo, consegue fidelizar o cliente.

Jim Jeffrey, da Pest Control Technologies, transmite uma imagem profissional com seus caminhões brancos e uniformes brancos dos funcionários, enquanto os concorrentes trabalham de calças *jeans* e camiseta. Bear Barnes, pintor de paredes, dá dois anos de garantia e mantém um banco de dados detalhado para identificar seu mercado, acompanhar concorrências e registrar qualquer tonalidade de tinta utilizada nas casas atendidas pela sua empresa.

Há alguns anos, a lista da *Forbes* das pessoas mais ricas dos Estados Unidos incluiu o criador de porcos Wendell Murphy, que começou apenas com um chiqueiro e o transformou na maior empresa de criação de suínos do país — e ficou bilionário. Ele empregou a tecnologia da informática para controlar o clima e a remoção de estrume, e para ajudar a determinar as melhores épocas para o acasalamento, os melhores métodos de reprodução e de alimentação e o melhor período de vendas.

Em outras palavras, muitos dos empreendedores de grande sucesso atuam em setores comuns, sem *glamour* (à primeira vista), mas sua gestão é extraordinária em comparação com a dos concorrentes.

FONTES: MURPHY, A. Masters of the ordinary. *Inc.*, out. 1993, p. 70-71; CONLIN, M. Riding the revolution. *Forbes*, 13 out. 1997, p. 99-104; The *Inc.* 500 List 2001. *Inc.* 30 out. 2001, p. 87-117; The *Inc.* 500 List 2004. *Inc.*, outono de 2004, p. 45-155.

Sucesso e Fracasso

Sucesso ou fracasso é o cenário que aguarda qualquer empreendedor que está iniciando sua própria empresa e também aquele que está começando um novo negócio em uma grande corporação. Empreendedores são bem-sucedidos ou fracassam nos setores público, privado e sem fins lucrativos; em nações em qualquer estágio de desenvolvimento, e em todas as nações, independentemente do sistema político.[55]

As estimativas dos fracassos de *start-ups* variam. A maioria indica que o fracasso é mais uma regra do que uma exceção. O índice de fracassos em alguns setores, por exemplo, de restaurantes, é alto, e baixo em outros, como o de franquias famosas. Os novos empreendimentos têm pelo menos dois passivos: o fato de ser novo e o de ser pequeno.[56] As novas empresas são relativamente desconhecidas e precisam aprender a superar os concorrentes estabelecidos em algum aspecto valorizado pelo cliente. Em relação ao porte pequeno, as probabilidades de sobrevivência aumentam se o empreendimento alcançar massa crítica de pelo menos 10 a 20 pessoas, tiver uma receita de US$ 2 ou US$ 3 milhões e buscar oportunidades que tenham potencial de crescimento.[57]

A obtenção de capital de risco não é essencial para o sucesso da maioria dos novos empreendimentos; na verdade, ele raramente é fundamental. Somente 18% das companhias mencionadas na recente lista dos 500 da revista *Inc.* havia levantado capital de risco, e apenas 3% possuíam esse capital no início de suas atividades (fase de *start-up*).[58] Contudo, no geral, menos de 1% das companhias com capital de risco inicial vai à falência — não apenas por causa do investimento inicial, mas também em razão dos fundos adicionais e especializados fornecidos posteriormente pelos investidores.[59]

Para entender melhor os fatores que influenciam o sucesso e o fracasso, é necessário considerar o risco, o ambiente econômico, vários aspectos relacionados à gestão e à oferta pública inicial (IPO).

Risco Esse tema já foi abordado no Capítulo 3. É fato: iniciar um novo negócio é arriscado. Fred Smith da FedEx ressalta a importância do realismo e da antecipação de riscos futuros: "Um problema fundamental observado com a maioria dos empreendedores é que eles não enxergam de forma realista as demandas de mercado ou os custos envolvidos para atender a tais demandas. Parece simples, mas não é. Uma vez envolvido na luta, é difícil não ser levado pela emoção e pelo otimismo. O empreendedor pode ser um grande inovador, mas se não estiver totalmente ciente disso, poderá ter dificuldades. Ser empreendedor não significa simplesmente saltar no precipício para, depois, durante a queda, descobrir como abrir o pára-quedas".[60]

A revista *Inc.* incluiu o ator, diretor e produtor Mel Gibson na lista dos principais empreendedores de 2004 por ter financiado o filme *A paixão de Cristo*. Se você tivesse US$ 25 milhões, arriscaria esse montante em uma idéia muito desacreditada?

Jeff Bezos diz sobre o risco: "As pessoas acham que o empreendedor adora riscos. Na realidade, o empreendedor odeia o risco".[61] (p. 150) No entanto, diz Bezos, ele emprega seus recursos sistematicamente, em primeiro lugar, eliminando o maior risco, depois, o segundo maior risco e assim por diante.

É difícil imaginar um risco maior do que o de criar uma nova companhia aérea, mas David Neeleman enxergou sua empresa como uma prestadora de serviços ao cliente, e não como uma companhia aérea — e buscou uma forma de oferecer serviços de primeira qualidade com baixo custo.[62] Para Neeleman, o sucesso, apesar dos riscos, depende "totalmente de ficar próximo do seu pessoal". Ele tenta deixar bem claro para os funcionários da JetBlue que, embora os anos iniciais tenham sido muito bem-sucedidos, em virtude dos baixos custos e da alta qualidade do serviço, o sucesso da empresa atraiu a atenção da concorrência. Como descreve Neeleman, agora eles estão em uma guerra entre concorrentes e não podem acomodar-se.[63]

O Papel do Ambiente Econômico Dinheiro é um recurso crítico para qualquer novo negócio. O aumento na oferta de dinheiro e de empréstimos bancários, o real crescimento da economia e a melhoria no desempenho do mercado acionário levam tanto a boas perspectivas futuras quanto ao aumento de fontes de capital. Por sua vez, as perspectivas futuras e o capital aumentam o índice de formação de empresas. Em circunstâncias favoráveis, muitos aspirantes a empreendedores conseguem atingir o sucesso rapidamente. Mas os ciclos econômicos impõem mudanças nas condições favoráveis. Para ser bem-sucedido, o empreendedor deve ter visão e talento para sobreviver quando o ambiente se tornar adverso.

Por exemplo, a Internet foi considerada uma espécie de corrida do ouro e terra-de-ninguém, em que o espaço ficava com aquele que chegasse primeiro.[64] Os lucros pareciam irrelevantes. No entanto, as companhias de estrutura tradicional levaram a sério a Internet e começaram a marcar presença importante na rede. Em 2000, as fontes de recursos financeiros para as empresas ponto-com secaram, as pressões por desempenho aumentaram e muitas empresas virtuais ambiciosas fracassaram. Estratégia, custos e lucros — no geral, uma boa gestão — voltaram, mais uma vez, a representar a alma do sucesso.

Embora as boas fases da economia possam facilitar o início de uma empresa e sua sobrevivência, os períodos difíceis podem oferecer oportunidades de expansão.[65] Steve Jobs adora inovar e introduzir novos produtos enquanto os concorrentes estão retraindo-se. Quando Howard Schulz tinha 17 lojas Starbucks, promoveu uma expansão — de forma agressiva — de sua rede no momento em que a economia começou a reduzir sua atividade; quando a economia retomou o ritmo, sua marca estava espalhada por toda parte. Durante os períodos de recessão, também é mais fácil recrutar talentos.

Incubadoras de Empresas A necessidade de proporcionar um ambiente favorável para as empresas inexperientes tem levado ao surgimento de incubadoras de empresas. **Incubadoras de empresas**, muitas vezes, localizadas em parques industriais ou em fábricas abandonadas, são ambientes protegidos e destinados a novas pequenas empresas. Essas incubadoras oferecem vantagens como aluguel baixo e custos compartilhados. O compartilhamento de custos de pessoal, por exemplo, com recepcionistas e secretárias, evita gastos com funcionários de tempo integral e, ainda assim, oferece acesso conveniente a esses serviços. O gestor de pessoal, geralmente, é um consultor ou empresário mais experiente que orienta os novos empresários. As incubadoras normalmente estão associadas com universidades, que oferecem serviços técnicos e empresariais para novas companhias.

incubadoras de empresas

Ambientes protegidos destinados às novas pequenas empresas.

A região mais interessante para novos empreendimentos, nos Estados Unidos, é o Vale do Silício, um corredor de 80 quilômetros de comprimento na Califórnia, onde nasceram 20% das 100 maiores empresas de software e eletrônica do mundo.[66] A combinação de universidades locais (principalmente a Stanford), grandes talentos, sucessos pioneiros e, ainda, capitalistas de risco e completa infra-estrutura tecnológica caracterizada por uma cultura de alto risco fez da região um ambiente excepcional para incubar idéias e companhias. Outras regiões dos Estados Unidos, incluindo Boston, o Parque do Triângulo de Pesquisas da Carolina do Norte e Austin, tentaram imitar o sucesso do Vale. Nenhuma conseguiu equiparar-se, embora Seattle venha consolidando-se.[67]*

Desafios Comuns de Gestão O empreendedor tem grande probabilidade de encontrar diversos desafios comuns que ele deve entender antes mesmo de enfrentá-los com eficácia quando surgirem. Alguns desses desafios serão discutidos nos próximos parágrafos.

O empreendimento pode não ser aquilo que o empreendedor esperava Um executivo que abriu mão do emprego em uma grande empresa para iniciar seu próprio negócio afirmou que, "Como executivo de uma grande companhia, as questões são estratégicas. Você implementa programas que afetam milhares de pessoas. Em uma pequena empresa (...) sua preocupação diária é com o estoque, porque sua empresa pode ficar fora do mercado na semana que vem se o fluxo de caixa ficar negativo". A surpresa mais desagradável que ele teve: "Quanto é preciso vender. Você está sempre na rua tentando vender. (...) Eu não queria ser um vendedor. Queria ser um executivo".[68]

A difícil sobrevivência De acordo com um artigo da revista *Fortune*, "Avaliações equivocadas são punidas impiedosamente. Quando a concorrência fica acirrada, são os pequenos empreendimentos que sofrem primeiro. 'Nas pequenas empresas não há espaço para pequenos equívocos — é uma frase sempre repetida em conversas com os proprietários".[69] No entanto, continua o texto da *Fortune*, a maioria tem orgulho dessa imagem dos perigos do empreendedorismo.

A Under Armor, empresa de roupas esportivas, é um bom exemplo de como uma concorrência já acirrada pode tornar-se ainda mais dura. A Under Armor era a segunda maior empresa entre as 500 da revista *Inc.* de 2003. Contudo, por causa do seu sucesso, hoje ela está na mira das grandes companhias. Um jornalista especializado no setor disse: "A Under Armor é um verdadeiro golpe na Nike. Na primeira vez, eles [a Nike] podem perder, mas jamais perdem duas vezes"[70] (p. 101).

O fracasso pode ser devastador. "Lembro-me de pensar que estava financeiramente muito bem, e o lustre de cristal então espatifou-se no chão. (...) Lembro-me de procurar dinheiro suficiente para comprar comida. É impossível esquecer."[71] São palavras de David Pomije, da Funco, uma cadeia que iniciou comprando e revendendo videogames Nintendo e Sega novos e usados. Felizmente, ele venceu as barreiras e, hoje, opera mais de 100 lojas.

---

*NRT: No Brasil, existe uma região conhecida como "Vale do Silício Brasileiro", entre as cidades de Campinas e Jaguariúna, onde várias pequenas empresas da área de tecnologia floresceram em incubadoras, com o apoio de universidades como a Universidade de Campinas (Unicamp).

O Crescimento Cria Novos Desafios Somente uma entre três das 500 empresas da lista da revista *Inc.* continua crescendo com rapidez suficiente para aparecer dois anos consecutivos na relação. O motivo: as empresas enfrentam desafios mais difíceis, concorrem com empresas maiores, chegam ao limite da capacidade financeira dos fundadores e provavelmente queimam dinheiro. O consultor Doug Tatum chama essa fase do crescimento de uma empresa "Terra-de-Ninguém".[72] É um período de difícil transição.

> **Pergunta:** Que sacrifícios você teve de fazer para chegar ao sucesso?
> **Rhonda Kallman:** "Sacrifiquei o tédio".[73]

No início, a mentalidade do novo empreendedor tende a ser "vou me esforçar ainda mais".[74] O empreendedor trabalha muitas horas recebendo baixa remuneração, oferece serviços de alta qualidade, é recomendado pelos outros e seu empreendimento cresce. No começo, o ritmo é de "alto desempenho, mão-de-obra barata". No entanto, com o crescimento surge a necessidade de oferecer melhores salários para contratar mais pessoas que são menos dedicadas do que os fundadores. Depois, chega o momento de aumentar os preços ou aceitar reduzir os lucros. O talento dos fundadores talvez não contagie os demais funcionários. É necessário ter uma proposta de valor único que funcione também com cem funcionários, porque não basta mais apenas o trabalho dedicado ou o instinto individual para realizar a tarefa. Outro fator complicador é o contínuo crescimento das necessidades e expectativas dos clientes.[75]

O crescimento parece uma meta devastadora para muitos empreendedores. Porém, alguns fundadores de empresas atingem o tamanho em que se sentem felizes e não desejam crescer mais. É possível atingir um nível de realização e satisfação.[76] O empreendedor pode estabilizar o tamanho da sua companhia, mas ainda deve manter um modelo empresarial de alto valor e continuar a oferecer serviço de alta qualidade. Robert Catlin, da Signature Mortgage, afirma que, "As pessoas sempre me dizem, 'Você é maluco. Você está perdendo uma oportunidade de ouro'. Eu rebato, 'Não se preocupe, estou muito bem. Consigo controlar a empresa. Tenho liberdade. Tenho tempo para a família e para viajar. Que mais posso querer?'".[77]

A Dificuldade de Delegar À medida que a empresa vai crescendo, o empreendedor com freqüência hesita em delegar a outras pessoas o trabalho que costuma ficar sob sua responsabilidade. A liderança se deteriora transformando-se em microgestão, em que o gestor monitora com extrema rigidez e nos mínimos detalhes. Por exemplo, durante o período de loucura da Internet, muitos fundadores de empresas, com grande conhecimento técnico, mas pouca experiência administrativa, tornaram-se, de uma hora para outra, *experts* em todos os processos empresariais, incluindo da criação da marca até a publicidade.[78] Na realidade, eles não sabiam tanto quanto imaginavam, o que fez que seus negócios acabassem quebrando.

O Mau Uso do Dinheiro Muitos empreendedores que não tiveram sucesso responsabilizam a falta de recursos financeiros pelo seu fracasso. No entanto, o fracasso resultante da falta de recursos financeiros não indica necessariamente falta efetiva de dinheiro; ele pode indicar uso inadequado do dinheiro disponível. Muito do capital inicial é desperdiçado – em instalações sofisticadas, mobiliário fino, materiais caros.[79] O empreendedor que não emprega de modo adequado seus recursos comete, normalmente, um dos seguintes erros: emprega equivocadamente ou não controla, adequadamente, os recursos financeiros.

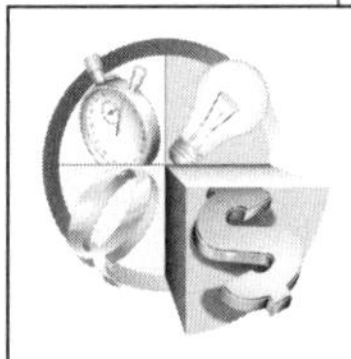

> No início, o empreendedor vai prestar muita atenção aos custos, mas o sucesso, muitas vezes, leva-o a negligenciá-los. Também aconteceu de muitos dos novos empreendedores da Internet, pensarem que teriam um futuro tão brilhante à frente que poderiam gastar livremente sem se preocupar com os custos e os lucros. Muitos fracassaram e aprenderam a lição da forma mais amarga possível.

Por exemplo, a Respond.com gastou mais de US$ 200 mil em uma festa promocional (sushis de graça, artistas de circo, champanhe de US$ 50). A Pixelon.com gastou US$ 10 milhões em um megaconcerto no MGM Grand Hotel em Las Vegas, com a participação de The Who, Sugar Ray, Tony Bennett e Natalie Cole. Os gestores do Boo.com (e sua comitiva) hospedavam-se nos melhores hotéis, instalaram seis escritórios luxuosos em seis diferentes cidades e trabalhavam com pouco controle financeiro. Eles também tentaram criar a Mercedes-Benz dos sites da Web, mas isso foi bem antes de decretarem falência.[80]

O Uso de Controles Inadequados O empreendedor, em parte por ser uma pessoa muito ocupada, muitas vezes, deixa de usar sistemas formais de controle. Um mal comum entre os empreendedores é a aversão à manutenção de registros. As despesas são diversas, mas o ritmo dos registros não as acompanha. As decisões em relação a preços são baseadas na intuição sem a consulta adequada aos dados referentes a custos. Conseqüentemente, a margem de lucro da companhia não é suficiente para sustentar o crescimento.

O índice de gastos excessivos de recursos financeiros dos novos empreendimentos da Internet era assustador; seus gestores pareciam desprezar os tradicionais controles financeiros.[81] O que ocorreu, na verdade, é que a implementação de seus modelos empresariais era cara, e a aparente ilimitada disponibilidade de fundos e a falta de pressão por lucros criaram falta de disciplina.

Até mesmo nas companhias de grande crescimento, cifras altas podem mascarar problemas potenciais. Cegados pelo brilho das crescentes vendas, muitos empreendedores deixam de manter vigilância sobre outros aspectos da empresa. Como afirma o diretor financeiro da FTP Software, "O sucesso é a pior coisa que pode acontecer para uma companhia. Você começa a criar suas próprias manchetes. Acaba ficando desleixado".[82]

Michael Dell observa que as pessoas muito determinadas em gastar dinheiro "esquecem quais são as premissas básicas em termos de clientes e de criação de valores e em ser disciplinado com o capital e, assim, acabam obtendo resultados terríveis".[83] Portanto, o empreendedor não deve ficar confiante demais; deve sempre refletir e continuar a considerar as questões críticas. Será que o nosso sucesso está baseado apenas em um grande cliente? Será que nosso produto é apenas uma sensação do momento e poderá desaparecer quando a moda passar? Outras companhias podem facilmente entrar no nosso domínio e prejudicar nosso negócio? Será que estamos perdendo a liderança em termos de tecnologia? Nós realmente entendemos os números, sabemos de onde eles vêm e temos motivos para preocupação?

Sem controle financeiro, o empreendedor pode levar a empresa à falência.

A mortalidade Uma indicação da longevidade do sucesso de um empreendedor é o destino do empreendimento depois da morte do fundador. A organização pode sobreviver independentemente do empreendedor em duas circunstâncias: 1) se a companhia abrir o capital, ou 2) se o empreendedor tiver planejado bem a sucessão, normalmente para algum membro da família. Ambas as situações são relativamente raras.

O empreendedor freqüentemente deixa de buscar capital de terceiros se o capital disponível for escasso e caro ou porque deseja manter o controle. O empreendedor financiado com patrimônio de terceiros corre o risco de perder a empresa se os acionistas ficarem insatisfeitos. Para evitar esse risco, ele mantém controle privado sobre a empresa. Mas muitos fundadores de empreendimentos fracassam em planejar a sua sucessão. Quando o fundador morre, os problemas com impostos de espólio e/ou a falta de substituto qualificado podem levar a empresa à falência.

> **Pergunta:** Por qual fato você deseja ser lembrado?[84]
> **Lance Morgan (Ho-Chick, Inc.):** "Por sempre honrar o compromisso, mesmo que depois não desejasse mais executar aquilo com o que me comprometi".
> **Stella Ogiale (Chesterfield Health Services):** "Ser uma artista do mundo empresarial que fez a diferença visando o bem de todos".

O guru da área de gestão empresarial Peter Drucker oferece o seguinte conselho para as empresas familiares sobreviverem e prosperarem.[85] Os familiares que trabalham na empresa devem, no mínimo, ser tão capazes e esforçados quanto os demais funcionários; pelo menos uma posição importante deve ser ocupada por um funcionário não ligado à família, e algum consultor independente, sem vínculo com a família ou com a empresa, deve ajudar a planejar a sucessão. Os familiares com desempenho medíocre são rejeitados pelos outros; colaboradores externos são mais objetivos e podem contribuir com conhecimento especializado que talvez a família não possua; além disso, os problemas de sucessão são os mais difíceis de todos, causando graves conflitos e uma possível divisão da empresa.

Abertura de Capital Algumas vezes, as companhias chegam a um ponto em que os proprietários desejam "abrir o capital". A **oferta pública inicial (IPO)** é uma forma de aumentar o capital mediante a venda de ações da companhia, subscritas e registradas em órgãos federais.[86] Para realizar essa operação, é necessária a ajuda de advogados e contadores que conheçam a legislação vigente. Entre as razões para a empresa abrir o capital estão: o aumento de capital; a redução da dívida ou a melhoria do balanço patrimonial e o aumento do patrimônio líquido; a busca de oportunidades, de outro modo inviáveis, e a melhoria da credibilidade perante os clientes e outros interessados na empresa — "agora todos vocês fazem parte da empresa". Entre as desvantagens da abertura de capital estão: as despesas, o tempo e o esforço envolvidos; a tendência de se preocupar mais com o preço das ações e com os ganhos de capital do que com a gestão adequada da companhia; e a criação de um relacionamento de longo prazo com um banco de investimento, que nem sempre é de bom nível.[87]

> **oferta pública inicial (IPO)**
> Venda ao público em geral, pela primeira vez, de cotas de ações da companhia, subscritas e registradas nos órgãos federais.

Muitos empreendedores preferem evitar a abertura de capital, achando que com isso perderão o controle da empresa. Yvon Chouinard, da Patagônia, afirma: "No meio empresarial, existe uma fórmula: fazer a empresa crescer e depois abrir o capital. Não acho que seja bem assim. Ser uma empresa de capital fechado significa ser capaz de arriscar e tentar novas opções – a parte criativa dos negócios. Se a minha empresa fosse financiada por um grupo de professores aposentados, não conseguiria fazer o que faço; teria de me preocupar exclusivamente com os resultados no final do mês. Para nós, abrir o capital seria um suicídio".[88]

James Goodnight, da SAS (companhia de US$ 1,3 bilhão), diz: "O fato de sermos uma empresa de capital fechado significa que podemos tomar decisões de longo alcance. Não temos de nos preocupar com os lucros trimestrais ou em satisfazer o mercado acionário. Apenas satisfazemos nossos funcionários e nossos clientes".[89]

A opção de oferta pública inicial (IPO) e outras abordagens para aquisição de capital são complexas, envolvendo muitos aspectos jurídicos que estão fora do escopo deste capítulo. Entre as fontes para obter mais informações estão: *The Ernst & Young guide to raising capital*, National Venture Capital Association (http://www.nvca.org), Venture-One (http://www.ventureone.com) e Venturewire (http://www.venturewire.com).

Aumentando Suas Chances de Sucesso

Será discutida aqui a importância do bom planejamento e dos recursos não-financeiros.

análise de oportunidade

Uma descrição do produto ou serviço, uma avaliação da oportunidade, uma avaliação do empreendedor, uma especificação das atividades e dos recursos necessários para transformar a idéia em algum negócio viável, e as fontes de capital.

plano de negócios

Etapa de planejamento formal que foca todo o empreendimento e descreve todos os elementos envolvidos para iniciá-lo.

Planejamento Alguém acredita ter encontrado uma oportunidade de negócio. E acredita no próprio potencial pessoal para criar um empreendimento de sucesso. E agora? Será que deve investir na sua idéia? Por onde deve começar?

O Plano de Negócios A emoção e a intuição do empreendedor podem convencê-lo de que sua idéia é boa. No entanto, talvez ele não consiga convencer mais ninguém. Ele precisará de um planejamento e uma análise mais completos. Esses recursos ajudam a convencer outras pessoas a aderir à idéia, e a evitar gastos equivocados.

A primeira etapa do planejamento formal é a análise de oportunidade. A **análise de oportunidade** abrange uma descrição do produto ou serviço, uma avaliação da oportunidade, uma avaliação do empreendedor, uma especificação das atividades e dos recursos necessários para transformar a idéia em algum negócio viável, e as fontes de capital.[90] O Quadro 7.3 traz algumas questões que devem ser respondidas para direcionar a análise de oportunidade.

O foco da análise de oportunidade, ou do plano de avaliação da oportunidade, é a oportunidade, e não o empreendimento inteiro. Essa análise proporciona uma base para se decidir como agir. Depois disso, vem o **plano de negócios**, que descreve todos os elementos envolvidos para iniciar o novo empreendimento.[91] O plano de negócios descreve o empreendimento e o respectivo mercado, estratégias e direções futuras. Muitas vezes, ele abrange planos funcionais de marketing, finanças, produção e recursos humanos.

O Quadro 7.4 mostra um resumo de um plano de negócios típico. Esse plano 1) ajuda a determinar a viabilidade do empreendimento; 2) orienta o planejamento e a organização; e 3) ajuda a obter financiamento. Ele é lido por potenciais investidores, fornecedores, clientes e outros interessados no

QUADRO 7.3
Análise de Oportunidade

Análise de Oportunidade
Que necessidade de mercado a idéia atende?
Em relação a essa necessidade de mercado, quais são as observações pessoalmente vividas ou registradas?
Em que condição social essa necessidade de mercado se baseia?
Que dados de pesquisa de mercado podem ser incluídos para descrever essa necessidade de mercado?
Que patentes podem estar disponíveis para atender a essas necessidades?
Quais são os concorrentes existentes nesse mercado? Como se poderia descrever o comportamento desses concorrentes?
Como é o mercado internacional?
Como é a concorrência internacional?
Nessa atividade, de onde virá o lucro?

FONTE: HISRICH; R., PETERS, M. *Entrepreneurship: starting, developing, and managing a new enterprise*, p. 41.

QUADRO 7.4 Estrutura de um Plano de Negócios

I. SUMÁRIO EXECUTIVO

A. Conceituação e Descrição do Negócio.
B. Oportunidade e Estratégia.
C. Mercado-alvo e Projeções.
D. Vantagens Competitivas.
E. Economia, Lucratividade e Potencial de Retorno.
F. Equipe.
G. Oferta.

II. O SETOR DA ECONOMIA E A EMPRESA E SEU(S) PRODUTO(S) OU SERVIÇO(S)

A. Setor da Economia.
B. Empresa e Conceito.
C. Produto(s) ou Serviço(s).
D. Estratégia de Entrada e Crescimento.

III. ANÁLISE E PESQUISA DE MERCADO

A. Clientes.
B. Tendências e Tamanho do Mercado.
C. Concorrentes e Margem de Concorrência.
D. Estimativas de Vendas e de Participação de Mercado.
E. Avaliação Corrente do Mercado.

IV. ECONOMIA DO NEGÓCIO

A. Margem Bruta e Operacional.
B. Potencial de Lucros e Durabilidade.
C. Custos Fixos, Variáveis e Semivariáveis.
D. Meses para o Ponto de Equilíbrio.
E. Meses para Atingir Fluxo de Caixa Positivo.

V. PLANO DE MARKETING

A. Estratégia Global de Marketing.
B. Definição de Preços.
C. Táticas de Vendas.
D. Política de Serviços e Garantias.
E. Publicidade e Promoção.
F. Distribuição.

VI. PLANOS DE PROJETO E DESENVOLVIMENTO

A. Tarefas e *Status* de Desenvolvimento.
B. Dificuldades e Riscos.
C. Melhoria do Produto e Novos Produtos.
D. Custos.
E. Questões de Propriedade.

VII. PLANO DE PRODUÇÃO E OPERAÇÕES

A. Ciclo Operacional.
B. Localização Geográfica.
C. Instalações e Melhorias.
D. Estratégia e Planos.
E. Questões Legais e Normativas.

VIII. EQUIPE DE GESTÃO

A. Organização.
B. Principais Gestores.
C. Remuneração dos Gestores e Proprietários.
D. Outros Investidores.
E. Contratos de Emprego e Outros, e Opção de Ações e Planos de Bonificação.
F. Diretoria.
G. Outros Acionistas, Direitos e Restrições.
H. Serviços e Consultoria Profissional de Apoio.

IX. CRONOGRAMA GLOBAL

X. RISCOS CRÍTICOS, PROBLEMAS E PREMISSAS

XI. PLANO FINANCEIRO

A. Balanço Patrimonial e Demonstração de Resultado Real.
B. Demonstração de Resultado Pro forma.
C. Balanço Pro-Forma.
D. Análise de Fluxo de Caixa Pro forma.
E. Cálculos e Gráfico de Ponto de Equilíbrio.
F. Controle de Custos.
G. Destaques.

XII. OFERTA PROPOSTA PELA EMPRESA

A. Financiamento Desejado.
B. Oferta.
C. Capitalização.
D. Utilização dos Fundos.
E. Retorno do Investidor.

XIII. APÊNDICES

FONTE: TIMMONS, J. A. *New venture creation*. 5. ed., p. 374. Copyright © 1999 Jeffry A. Timmons. Reproduzido com permissão do autor.

empreendimento. É interessante contar com a colaboração de pessoal experiente para elaborar um bom plano.

Principais Elementos do Planejamento A maioria dos planos de negócios dedica tanta atenção às projeções financeiras que acaba por negligenciar outras informações importantes — informações que importam muito para os investidores astutos. Na realidade, as projeções financeiras tendem a ser excessivamente otimistas. Os investidores sabem e levam isso em conta ao analisar os números.[92] Além dos dados financeiros, os melhores planos são compostos — e asseguram que os empreendedores realizaram uma análise minuciosa e completa — de cinco fatores importantes: as pessoas, a oportunidade, a concorrência, o contexto, e o risco e a compensação.[93]

As *pessoas* devem ser ativas e dotadas de conhecimento e especialização diretamente relevantes para o empreendimento. Para muitos investidores astutos, as pessoas são a variável mais importante, mais até do que a idéia. As empresas de capital de risco, muitas vezes, recebem dois mil planos de negócios por ano; muitas delas acreditam que as idéias custam pouco e que o mais importante é a capacidade de colocá-las em prática. Arthur Rock, lendário capitalista de risco, que ajudou a fundar a Intel, Teledyne e a Apple, afirma: "Investi nas pessoas, não nas idéias. Se você encontrar pessoas capacitadas, e que estejam equivocadas a respeito do produto, elas vão mudar".[94]

A *oportunidade* deve proporcionar vantagem competitiva que possa ser defendida. Nesse caso, o foco é o cliente: quem é o cliente? Como o cliente decide? Como definir o preço do produto? Como o empreendimento atingirá todos os segmentos? Qual é o custo para adquirir e apoiar o cliente e para produzir e entregar o produto? Será que é fácil ou difícil manter o cliente?

Também é essencial avaliar a *concorrência*. O plano deve identificar os concorrentes existentes e seus pontos fortes e fracos, prever como reagirão a um novo empreendimento, indicar como o novo empreendimento reagirá à resposta da concorrência, identificar potenciais futuros concorrentes e avaliar a possibilidade de colaborar com os concorrentes atuais ou potenciais. Assim, por exemplo, Andrew Busey criou o ichat, que se tornou o principal provedor de software para salas de bate-papo. No entanto, em seguida, a America Online e a Microsoft começaram a competir diretamente com o jovem empreendedor. Busey reagiu, trabalhando em conjunto com a IBM; a divisão da Lotus incorporou o software do ichat na versão pronta para a Internet do Lotus Notes.[95]

Do ponto de vista econômico e normativo, o *contexto* ambiental deve ser favorável. Fatores como política fiscal, normas para obtenção de capital, taxa de juros, inflação e taxa de câmbio afetam a viabilidade de qualquer novo empreendimento. O contexto pode facilitar ou dificultar a obtenção de apoio e o sucesso. Acima de tudo, o plano deve deixar claro que o empreendedor está ciente de que o contexto inevitavelmente muda, de como as mudanças podem afetar a empresa e de como ele vai lidar com as mudanças.

O *risco* deve ser totalmente assimilado e tratado com a maior abrangência possível. O futuro é sempre incerto, e os elementos descritos no plano mudam com o tempo. Embora o empreendedor não possa prever o futuro, ele deve antecipar-se à possibilidade de pessoas importantes deixarem a empresa, a mudanças nas taxas de juros, à perda de algum cliente importante ou a uma resposta agressiva de um concorrente poderoso. Com isso, o empreendedor deve descrever as providências a serem tomadas para prevenir, evitar ou enfrentar essas possibilidades. É necessário também tratar dos resultados do processo: como fazer o empreendimento render lucros. A empresa abrirá o capital? A empresa acabará sendo vendida ou liqüidada? Quais as várias possibilidades para os investidores realizarem seus ganhos finais?[96]

Vendendo o Plano A meta é obter investidores para sustentar o plano. Os elementos de um bom plano, descrito aqui, são essenciais para isso. Outro aspecto importante é determinar quem o empreendedor deve tentar convencer a apoiar o plano.

Muitos empreendedores preferem investidores passivos, que simplesmente investem o dinheiro e os deixam atuar livremente. Médicos e dentistas geralmente se enquadram nessa imagem. Os capitalistas profissionais, não. Eles exigem mais controle e mais retorno. No entanto, quando algum negócio fracassa — e as probabilidades são grandes —, os investidores amadores são menos prestativos e tendem a adiantar menos dinheiro (necessário). Os investidores mais experientes já testemunharam situações semelhantes e sabem como ajudar. Eles tendem mais a resolver problemas, oferecer mais dinheiro e também a optar por saídas legais e financeiras, por exemplo, abrir o capital da empresa.[97]

O empreendedor deve enxergar o plano como um instrumento para descobrir como reduzir os riscos e maximizar o retorno, e para convencer os investidores de que tem total domínio e conhecimento de todo o processo envolvido no novo empreendimento. Ele não deve criar um plano ingênuo ou otimista demais ou que mascare grandes falhas. Ninguém deve enganar os outros, pois certamente estará enganando a si próprio.[98]

Recursos Não-Financeiros Outro fator crucial para o sucesso de qualquer novo empreendimento são os recursos não-financeiros, incluindo a legitimidade na visão do público e a ajuda de outras pessoas.

Legitimidade Um recurso importante para o novo empreendimento é a **legitimidade** — o julgamento pelas pessoas em termos de aceitação, adequação e conveniência da companhia.[99] Quando o mercado confere legitimidade a uma empresa, ele a ajuda a superar o "ônus de ser nova", que cria alto percentual de fracasso dos novos empreendimentos.[100] A legitimidade ajuda a empresa a adquirir outros recursos, por exemplo, executivos importantes, bons funcionários, recursos financeiros e apoio governamental. Uma empresa é legitimada se as metas e os métodos forem compatíveis com os valores da sociedade. É possível gerar legitimidade adequando-se claramente às normas e às expectativas criadas pelo governo, associações de classe e organizações profissionais; endossando nitidamente valores amplamente mantidos, e praticando de maneira aberta as crenças amplamente mantidas.[101]

> **legitimidade**
>
> Julgamento feito pelas pessoas em termos de aceitação, adequação e conveniência da companhia, geralmente com base nas metas e nos métodos da empresa que sejam compatíveis com os valores da sociedade.

Redes de Relacionamento (**Networks*****)*** O empreendedor é amplamente favorecido se contar com uma forte *rede de relacionamento* com pessoas. O *capital social* — participar de uma rede social e ter boa reputação — ajuda o empreendedor a ter acesso a informações importantes, ganhar confiança e colaboração de outras pessoas, recrutar funcionários, formar alianças empresariais de êxito, receber investimento de capitalistas de risco e tornar-se mais bem-sucedido.[102] O capital social proporciona uma fonte inesgotável de vantagem competitiva.[103] As redes de relacionamento são tão relevantes que Regis McKenna, da McKenna Group, afirma que mais importante do que o montante aplicado pelos investidores é manter boas relações com eles.[104] Do mesmo modo, Andrea Williams, da E'Offering Group, aconselha o empreendedor a firmar acordos com os melhores e mais renomados investidores, porque eles ajudam a abrir as portas.[105]

Equipes da Alta Administração A equipe da alta administração é outro recurso crucial. A diretoria melhora a imagem da companhia, desenvolve planos de longo prazo para expansão, apóia as atividades do dia-a-dia e estabelece uma rede de fontes de informações. Michael Dell, fundador da Dell Computer aos 19 anos de idade, sabe da importância de estar cercado de talentos. Ele contratou gestores muito mais experientes do que ele, e diretores renomados e poderosos. Em 1995, com 30 anos, Michael Dell tinha o mandato mais longo entre os demais diretores-presidentes do setor.[106]

Vantagens da Colaboração

O estereótipo do empreendedor solitário superando todas as probabilidades contrárias não é bem verdadeiro. Não é possível vencer sozinho; o empreendedor precisa de boa reputação e uma rede social que lhe permita mobilizar ajuda de colaboradores talentosos.

Conselho Consultivo Anita Brattina achava que, depois de dois ou três anos gerindo sua própria empresa de marketing, estaria com muito dinheiro, sem dívidas e com tempo para aproveitar sua independência.[107] Oito anos depois, ainda trabalhava 50 a 60 horas por semana e não estava ganhando dinheiro. Então, ela criou um conselho consultivo. Os diretores ensinaram-lhe a analisar o fluxo de caixa, sugeriram algumas mudanças estratégicas e incentivaram-na a cultivar relacionamentos com um banqueiro, um contador e um advogado. Além disso, eles ajudaram a entrevistar vendedores, elaborar uma estratégia de marketing de longo prazo e reorganizar as operações. Também vetaram inúmeras de suas idéias. As vendas aumentaram, depois de um ano ouvindo os membros do conselho e implementando as suas idéias.

Parceiros Muitas vezes, duas pessoas formam uma parceria para abrir uma empresa. Os parceiros ajudam-se mutuamente a obter capital, distribuir a carga de trabalho, dividir os riscos e compartilhar o conhecimento especializado.

Apesar das vantagens potenciais de encontrar um parceiro compatível, as parcerias nem sempre são um mar de rosas. "Mark" procurou três amigos para criar sua própria empresa de telecomunicações porque não queria correr o risco sozinho. Percebeu rapidamente que, enquanto ele queria investir para fazer a empresa crescer, os três parceiros queriam que a companhia pagasse seus automóveis e as despesas das reuniões em Bahamas. A companhia quebrou. "Jamais imaginei que um relacionamento empresarial pudesse suplantar a amizade, mas, nesse caso, foi o que aconteceu. Quando há dinheiro envolvido, as pessoas mudam."

Pergunta: Qual foi a lição mais dura que você aprendeu?[108]
Tom Stemberg: "Leve a sério qualquer concorrente".
Judy Wicks: "Coloque qualquer acordo por escrito".

Para ter sucesso, os parceiros devem reconhecer os talentos mútuos, deixar que cada um atue no que faz melhor, falar com sinceridade e ouvir uns aos outros. Além disso, têm de aprender a confiar uns nos outros, fazendo e cumprindo os acordos. Se algum acordo tiver de ser quebrado, é crucial notificar todos os envolvidos antecipadamente e reparar qualquer erro.

As parcerias familiares nem sempre funcionam bem, mas quando funcionam é uma experiência realmente muito gratificante. Em 2004, a Ceja Vineyards despachou cerca de seis mil caixas de vinho para restaurantes e revendedores do mundo todo. A parte peculiar dessa história é que a vinícola não pertence a nenhum milionário local do Vale do Silício — os Cejas e seus seis filhos eram migrantes colhedores de uvas.[109] Um dos filhos, Armando, foi à Universidade da Califórnia, em Davis, para aprender tudo sobre fabricação de vinhos. Três membros da família economizaram dinheiro, venderam suas casas e compraram 15 acres de terra em 1981. Sete anos depois, veio a primeira colheita de uvas. Em 2001, a Ceja foi eleita a melhor vinícola nova pela Wine Appreciation Guild (*Associação de Apreciadores de Vinho*) de São Francisco, Estados Unidos.

Intra-empreendedorismo

No Capítulo 3, ressaltou-se que a criatividade dá origem a novas e boas idéias, mas que a inovação requer efetivamente a sua implementação para transformá-las em realidade. Se o profissional que está trabalhando em uma organização tiver uma boa idéia, precisa convencer as demais pessoas de que vale a pena investir nela.

Atualmente, as grandes corporações não são apenas observadoras passivas da explosão do empreendedorismo. Mesmo as companhias já estabelecidas tentam encontrar e buscar idéias novas e lucrativas — e, para isso, precisam de empreendedores. O Quadro 7.5 ajuda o profissional com alguma idéia para lançar um novo empreendimento a decidir se vale ou não a pena investir nela.

Obtendo Suporte para a sua Idéia

O profissional que possui uma idéia nova para aproveitar uma oportunidade de mercado precisa convencer outras pessoas da organização a aderir a ela e a apoiá-la. Em outras palavras, precisa criar uma rede de aliados para apoiar e ajudar a implementar a idéia.

Para obter apoio para a idéia de um projeto, a primeira etapa envolve *esclarecer o investimento* ao superior imediato ou aos demais superiores.[110] Nessa etapa, o funcionário explica a idéia e solicita aprovação para buscar mais suporte.

Normalmente, os executivos de nível hierárquico superior, antes de se comprometerem com o projeto, buscam evidências de que ele conta com o apoio de outros colegas do mesmo nível. Isso envolve *criar torcedores* — pessoas que apóiam o projeto antes da aprovação formal nos níveis superiores. Os gestores da General Motors denominam essa estratégia de "carregar a arma" — juntar munição para apoiar a idéia.

Depois, começa a fase das *negociações*. Em troca de apoio, tempo, dinheiro e outros recursos dos colegas e demais contribuintes para o projeto, o profissional promete compensações decorrentes da sua viabilização.

Por fim, é necessário ter a *bênção* dos principais executivos do alto escalão. Essa etapa envolve, geralmente, uma apresentação formal. É necessário garantir a viabilidade técnica e política do projeto. O endosso da alta administração e as promessas de recursos ajudam a transformar potenciais apoiadores em uma equipe entusiasmada. Nesse momento, o profissional pode voltar a conversar com seu superior e fazer planos específicos para seguir adiante com o projeto.

Ao longo do percurso, será inevitável enfrentar a resistência e a frustração — e, para efetivamente convencer os demais a embarcar no projeto, o empreendedor deve usar a paixão e a persistência, além da lógica empresarial.[111]

QUADRO 7.5 *Checklist* para Escolha das Idéias

Compatibilidade com Habilidades e *Expertise* do Empreendedor
Você acredita no produto ou serviço?
Em termos pessoais, a necessidade que ele atende é significativa?
Você simpatiza com os clientes potenciais e os compreende?
Você tem experiência nesse tipo de negócio?
Suas qualificações são compatíveis com os fatores básicos de sucesso desse negócio?
As tarefas envolvidas no empreendimento são do tipo que lhe agradam fazer?
As pessoas a serem contratadas para o empreendimento são do tipo com as quais você gosta de trabalhar e que gostaria de supervisionar?
A idéia começou a tomar conta da sua imaginação durante seu tempo livre?
Compatibilidade com o Mercado
Existe, efetivamente, uma necessidade real por parte do cliente?
É possível estabelecer um preço para se obter uma boa margem?
Os clientes confiariam em um produto da sua companhia?
O produto ou serviço que você está propondo oferece um benefício, claramente percebido pelo cliente, que seja substancialmente melhor do que o oferecido pelas alternativas da concorrência para satisfazer a mesma necessidade básica?
Existe um método econômico de fazer que a mensagem e o produto cheguem ao cliente?
Compatibilidade com a Empresa
Existe alguma razão para acreditar que sua companhia poderá conduzir muito bem esse empreendimento?
A idéia é compatível com a cultura da companhia?
A idéia parece lucrativa?
A idéia levará sua empresa a mercados maiores e ao crescimento?
O que Fazer Se a Idéia For Rejeitada
Muitas vezes, a idéia do empreendedor é rejeitada. Nesse caso, ele pode tomar algumas atitudes.
1. Desistir e escolher outra idéia.
2. Ouvir atentamente, tentar entender o que está errado, melhorar a idéia e a apresentação e tentar novamente.
3. Encontrar outra pessoa a quem apresentar a idéia, levando em conta: a. Se a idéia funcionar, quem será o maior beneficiado? Será que essa pessoa pode ser um patrocinador? b. Quem são os potenciais clientes? Será que eles demandarão o produto? c. Como identificar pessoas que efetivamente se interessam por idéias empreendedoras?

FONTE: PINCHOT III, G. *Intrapreneuring*. Copyright © 1985 John Wiley & Sons, Inc. Reimpressão autorizada pelo autor, www.pinchot.com.

Desenvolvendo o Intra-empreendedorismo

A criação de uma cultura empreendedora é o coração da estratégia corporativa da Acordia, uma companhia de seguros bem-sucedida.[112] O sucesso da Acordia em promover uma cultura que incentiva o intra-empreendedorismo decorre de uma decisão intencional de incentivar o pensamento e o comportamento empreendedores, criar equipes de novos empreendedores e mudar o sistema de compensação de forma a motivar, apoiar e recompensar comportamentos criativos e inovadores. Em outras palavras, o incentivo ao intra-empreendedorismo resulta de uma estratégia cuidadosa e deliberada.

Dois métodos comuns adotados para estimular a atividade intra-empreendedora são as equipes de projetos inovadores (*skunkworks*) e projetos informais (*bootlegging*). **Equipes de projetos inovadores (*skunkworks*)** são equipes destinadas a criar um produto novo.

equipe de projetos inovadores (*skunkworks*)
Equipe de projetos destinada a produzir um produto novo e inovador.

Uma equipe é formada com uma meta específica a ser cumprida em um prazo determinado. Alguém mais respeitado é escolhido para gerir a equipe. Nessa abordagem de inovação corporativa, as pessoas que arriscam não são punidas por se exporem ao risco e falhar — elas continuam mantendo o emprego. Aquele que arrisca também tem chance de ganhar grandes recompensas.

projetos informais (*bootlegging*)
Trabalho informal em projetos, diferentes dos atribuídos oficialmente, por escolha e iniciativa pessoal do funcionário.

Projetos informais (*bootlegging*) referem-se às iniciativas informais — ao contrário das atribuições oficiais do cargo — em que o funcionário trabalha para criar novos produtos e processos por escolha e iniciativa própria. A informalidade às vezes significa sigilo, como quando o funcionário acredita que a companhia ou o chefe não vão aprovar esse tipo de iniciativa. No entanto, as companhias devem aceitar certas atividades informais, e algumas empresas chegam até mesmo a incentivá-las. Em um âmbito limitado, as empresas permitem ao funcionário ter a liberdade para investir em projetos de gosto pessoal sem perguntar efetivamente o que eles são ou sem monitorar o seu andamento, supondo que essa informalidade faz o funcionário perder certo tempo, mas também aprender e produzir algumas inovações lucrativas.

A Merck, desejando incentivar o pensamento e o comportamento empreendedores em pesquisa e desenvolvimento, rejeita explicitamente orçamentos para planejamento e controle. As equipes de novos produtos não ficam *presas* a orçamentos, e devem convencer as pessoas a se juntarem a elas e a comprometer *seus* recursos. Esse procedimento cria um processo de sobrevivência do mais apto, espelhando a competição no mundo real.[113]

Na Amgen, o diretor de pesquisa e desenvolvimento, Roger Perlmutter, combina o método de "comando e controle" para a descoberta de medicamentos, adotado pelas grandes, tradicionais e mais antigas indústrias farmacêuticas, com a liberdade criativa das pequenas empresas de biotecnologia. Ele desejava "introduzir na Amgen o rigor e a disciplina característicos das melhores organizações em termos de pesquisa e desenvolvimento sem destruir o espírito empreendedor".[114] Tanto na Amgen como na Acordia, o intra-empreendedorismo resulta de execução e pensamento estratégico deliberados.

Desafios de Gestão

As organizações que incentivam o intra-empreendedorismo enfrentam um risco óbvio: o esforço pode falhar. Um especialista observa: "Existem inúmeras histórias de desenvolvimento de empreendimentos internos em grandes corporações, mas elas não são muito encorajadoras".[115] Entretanto, esse risco é controlável. Na realidade, deixar de promover o intra-empreendedorismo pode representar um risco mais sutil, porém maior do que incentivá-lo. A organização que resiste ao intra-empreendedorismo pode perder sua capacidade de adaptação quando as circunstâncias exigirem mudanças.

O maior risco do intra-empreendedorismo é a dependência excessiva a um único projeto. Muitas companhias fracassaram esperando a conclusão de um projeto inovador de grande porte.[116] A organização bem-sucedida em termos de intra-empreendedorismo é aquela que evita a dependência excessiva a um único projeto e confia no seu espírito empreendedor para produzir, entre diversos projetos, pelo menos um de sucesso.

A organização também fica fadada ao fracasso quando distribui seus esforços de intra-empreendedorismo em inúmeros projetos.[117] Se houver projetos em excesso, cada esforço pode ser de escala muito pequena. O gestor pode não achar o projeto interessante por ser pequeno demais. Ou as pessoas escolhidas para dirigi-lo podem enfrentar dificuldades para obter poder e *status* dentro da organização.

orientação empreendedora
Tendência de uma organização em identificar e capitalizar com sucesso oportunidades para lançar novos empreendimentos, entrando em mercados novos ou já estabelecidos com produtos ou serviços novos ou já existentes.

Os riscos do intra-empreendedorismo estão, portanto, relacionados com o tamanho do projeto. Um projeto de grandes dimensões representa uma ameaça, assim como inúmeros projetos com poucos recursos financeiros. Contudo, uma abordagem gerenciada com cuidado para esse processo estrategicamente importante aumenta as chances de sobrevivência e sucesso de longo prazo da organização.

Orientação Empreendedora

No início do capítulo, foram apresentadas as características pessoais do empreendedor. A seguir, serão apresentadas as características da companhia, isto é, as diferenças entre as companhias altamente empreendedoras e as não-empreendedoras.

Orientação empreendedora é a tendência de uma organização em engajar-se em atividades destinadas a identificar e capitalizar com sucesso oportunidades para lançar novos empreendimentos, entrando em mercados novos ou já estabelecidos com produtos ou serviços novos ou já existentes.[118] A orientação empreendedora é determinada por cinco tendências: permitir ações independentes, inovar, arriscar, ser proativo e competir com agressividade.

Permitir ações independentes é dar liberdade aos indivíduos e às equipes para exercitarem a criatividade, liderarem idéias promissoras e transformá-las em realidade. A *inovação* requer que a empresa apóie novas idéias, experiências e processos criativos que possam resultar em novos produtos ou processos; ela exige disposição para deixar de lado as práticas existentes e aventurar-se além dos limites do estado atual. O *risco* envolve a disposição de comprometer recursos significativos e, talvez, levantar empréstimos razoáveis, para arriscar no desconhecido. A tendência ao risco pode ser avaliada levando-se em conta se a empresa é ousada ou conservadora, se exige alto grau de certeza antes de atuar ou autorizar a ação, e se tende a seguir caminhos já testados e consagrados.

Ser *proativo* é atuar antecipando futuros problemas e oportunidades. Uma empresa proativa muda o cenário competitivo; as demais, apenas reagem. Empresas proativas pensam antecipadamente e atuam com rapidez, são líderes e não seguidores. Do mesmo modo, algumas pessoas tendem a ser mais proativas, para moldar e criar seu próprio ambiente, do que outras que lidam de forma mais passiva com as situações em que se encontram.[119] As empresas proativas permitem às pessoas e às equipes serem proativas e as incentivam a isso.

Por fim, *agressividade competitiva* é a tendência da empresa de desafiar os concorrentes direta e intensamente para conseguir entrar no mercado ou melhorar sua posição. Ou seja, é a tendência competitiva de suplantar os rivais do mercado. Essa agressividade pode tomar a forma de ataque rápido para derrotar o concorrente, concorrência cara a cara e análise e identificação dos pontos fracos do concorrente. Michael Dell é um bom exemplo: ele consegue definir claramente o ponto vulnerável de seus concorrentes e mostrar que eles estão prestes a fracassar.[120]

O que torna uma empresa "empreendedora" é a combinação efetiva de ação independente, inovação, exposição ao risco, proatividade e agressividade competitiva.[121] A relação entre esses fatores e o desempenho da empresa é complicada e depende de muitas outras variáveis. No entanto, é possível imaginar como o perfil oposto — ações restritas demais, atuação empresarial usual, cautela excessiva, passividade e falta de energia competitiva — mina as atividades empreendedoras. Além disso, sem o empreendedorismo, como as empresas lutariam e sobreviveriam em um ambiente competitivo em permanente mudança?

Assim, o gestor deve criar ambientes que promovam o empreendedorismo. Se o chefe não age assim, o empreendedor deve tentar algumas experiências empreendedoras por conta própria.[122] Deve procurar outras pessoas com espírito empreendedor. Ele pode aprender muito com elas e também lhes ensinar muito. Às vezes, são necessárias algumas experiências de pessoas e equipes para mostrar as possibilidades à alta administração. O empreendedor deve-se perguntar e também aos outros: entre burocratas e empreendedores, quem exerce impacto mais positivo? E quem está se divertindo mais?

EPÍLOGO

JEFF BEZOS E AMAZON.COM

Desde o início, a Amazon.com estava operando com perdas consideráveis, lutando durante anos antes de finalmente obter seu primeiro (minúsculo) lucro em 2003. No entanto, Bezos parecia jamais desistir da sua convicção. Em 2004, as vendas, os ganhos, o preço das ações, o valor de mercado e os lucros estavam em níveis elevados.

Com o passar do tempo, que mudanças a Amazon sofrerá? É difícil prever. Bezos adora inovação radical. Ele também reconhece que não sabe o que virá adiante. "Temos essas idiossincrasias nesse ramo de atividades. Os principais ingredientes que compõem nosso negócio — fatores como capacidade de processamento, largura de banda e tamanho do disco rígido — ficam duas vezes mais baratos a cada 12 a 18 meses. O disco rígido está 30 vezes mais barato do que há cinco anos. Trinta vezes mais barato! Portanto, a verdadeira pergunta é: o que é possível fazer com 30 vezes mais espaço no disco rígido, 20 vezes mais potência do computador e 30 vezes mais largura de banda? Então, com tudo isso, como satisfazer os clientes? Não são perguntas fáceis de serem respondidas."

Jeff Bezos está sempre pensando, refletindo e inovando. Ele tem uma grande visão das mudanças globais ao longo de décadas, mas também é obstinado em encontrar melhorias pequenas e imediatas em termos de eficiência. Também extremamente centrado no cliente — ele é um grande empreendedor.

TERMOS-CHAVE

Análise de oportunidade, p. 240
Efeito das vias alternativas, p. 232
Empreendedor, p. 226
Empreendedorismo, p. 224
Equipes de projetos inovadores (*skunkworks*), p. 245
Franchising, p. 230
Incubadoras de empresas, p. 237
Intra-empreendedor, p. 226
Legitimidade, p. 243
Modelo de afiliação, p. 232
Modelo de cobrança por transação, p. 232
Modelo de intermediação, p. 232
Modelo de subscrição, p. 232
Modelo de suporte publicitário, p. 232
Negócio empreendedor, p. 224
Oferta pública inicial (IPO), p. 239
Orientação empreendedora, p. 246
Pequenas empresas, p. 224
Plano de negócios, p. 240
Projetos informais (*bootlegging*), p. 246

RESUMO DOS OBJETIVOS DE APRENDIZAGEM

Depois de completado o estudo deste Capítulo, você deverá ser capaz de identificar:

Por que as pessoas se tornam empreendedoras e quais os requisitos pessoais para isso.

As pessoas tornam-se empreendedoras por causa do potencial de lucro, do desafio, da satisfação que antecipam (e muitas vezes concretizam) por participarem do processo e, algumas vezes, porque são impedidas de seguir os caminhos tradicionais para crescer profissionalmente. O empreendedor de sucesso é inovador e tem bom conhecimento e habilidade em gestão, negócios e redes de relacionamento. Embora não exista uma única "personalidade empreendedora", certas características são favoráveis: comprometimento e determinação; liderança; obsessão pela oportunidade; tolerância ao risco, à ambigüidade e à incerteza; criatividade, autoconfiança e capacidade de adaptação, e motivação para a superação.

Como avaliar as oportunidades para criar novas empresas.

O empreendedor deve estar sempre atento às novas idéias, monitorando o ambiente empresarial do momento e outros indicadores de oportunidade. O *franchising* constitui uma oportunidade interessante, e o potencial da Internet está apenas começando a ser aproveitado (depois de os empreendedores aprenderem algumas lições desagradáveis por ocasião da explosão das empresas ponto-com). A experiência de tentativa e erro e a preparação desempenham papéis importantes. Analisar o conceito do negócio baseando-se no nível de inovação e risco, combinado com os interesses e as tendências pessoais do empreendedor, também ajuda a realizar boas escolhas. As idéias devem ser avaliadas criteriosamente por meio de análise de oportunidade e de um plano de negócios completo.

As causas comuns do sucesso e do fracasso.

O risco é inerente a um novo empreendimento. O ambiente econômico é um fator fundamental no sucesso ou no fracasso da empresa, e o empreendedor deve antecipar as mudanças no cenário econômico e estar preparado para adaptar-se a elas. O modo como o empreendedor enfrenta os desafios comuns de gestão também faz diferença no sucesso ou no fracasso do empreendimento, assim como a eficácia no planejamento e a capacidade de mobilização de recursos não-financeiros.

Os desafios comuns de gestão.

O fracasso de um novo empreendimento freqüentemente é associado a desafios comuns que o empreendedor enfrenta e que deve gerenciar bem. O empreendedor pode não gostar do processo empreendedor. A sobrevivência – incluindo a fase inicial do empreendimento e a resistência à concorrência – é difícil. O crescimento gera novos desafios, inclusive a relutância em delegar trabalho aos outros. Muitas vezes, os recursos financeiros são alocados equivocadamente e os controles financeiros são inadequados. Muitos empreendedores não planejam bem a sucessão. A oferta pública inicial (IPO) é uma boa opção quando são necessários ou se deseja mais fundos, mas envolve uma decisão importante e difícil que merece consideração cuidadosa.

Como aumentar as chances de sucesso, incluindo um bom planejamento de negócios.

O plano de negócios permite uma avaliação completa da idéia para determinar sua viabilidade. Também convence (ou falha em convencer) outras pessoas a participarem do projeto. O plano descreve o empreendimento e seu futuro, oferece projeções financeiras, e inclui planos de marketing, produção e outras funções empresariais. Ele deve descrever as pessoas envolvidas no empreendimento, fazer uma avaliação completa da oportunidade (incluindo clientes e concorrentes), expor o contexto ambiental (incluindo questões econômicas e normativas) e o risco (incluindo riscos futuros e procedimentos para enfrentá-los). O empreendedor bem-sucedido também sabe como desenvolver capital social, que aumenta a legitimidade e ajuda a criar uma rede de relacionamentos com clientes, profissionais talentosos, parceiros e comitês.

Como incentivar o intra-empreendedorismo e a orientação empreendedora nas grandes companhias.

O empreendedor interno ou intra-empreendedor trabalha em companhias já estabelecidas para criar novos produtos ou serviços que permitam à corporação colher os benefícios da inovação. Para facilitar o intra-empreendedorismo, as organizações usam equipes de projetos inovadores (*skunkworks*) — equipes de projetos especiais destinados a criar um novo produto — e permitem a informalidade (*bootlegging*) — esforços informais além das atribuições profissionais formais em que o funcionário investe em projetos de escolha pessoal. As organizações devem selecionar os projetos criteriosamente, possuir uma carteira de projetos em andamento e financiá-los de forma adequada. Por fim, a verdadeira orientação empreendedora de uma companhia decorre de incentivo à ação independente, da inovação, da exposição ao risco, do comportamento proativo e da agressividade competitiva.

QUESTÕES PARA DISCUSSÃO

1. Em uma escala de 1 a 10, qual o seu nível pessoal de interesse em se tornar um empreendedor? Justifique a sua escolha.
2. Como você avalia sua capacidade de ter sucesso como empreendedor? Quais são os seus pontos fortes e pontos fracos? O que você faria para melhorar a sua capacidade?
3. A maioria dos empreendedores acaba adquirindo as principais habilidades necessárias depois dos 21 anos. Como isso afeta suas perspectivas e seus planos pessoais?
4. Identifique e discuta novos empreendimentos que se enquadrem nos quatro quadrantes da matriz de estratégia empreendedora.
5. Faça um *brainstorming* e prepare uma lista com idéias para novos empreendimentos. De onde vieram essas idéias? Quais são as mais e as menos viáveis, e por quê?
6. Identifique algumas empresas criadas recentemente na sua região. Quais são as suas chances de sobrevivência, e por quê? Que tipo de orientação você daria a seus proprietários ou gestores para garantir que as empresas tenham sucesso?
7. Se você estivesse escrevendo uma história de como seria efetivamente a vida de um empreendedor, com quem falaria e o que perguntaria?
8. Entreviste dois empreendedores e faça perguntas de seu interesse. Compartilhe suas descobertas com o restante da classe. Quais as diferenças e semelhanças entre as entrevistas realizadas?
9. Leia o Quadro 7.1 "Alguns Mitos sobre Empreendedores". Em que mitos você acreditava? Ainda acredita? Por que sim ou não? Entreviste dois empreendedores e pergunte sobre cada mito no formato de uma questão do tipo verdadeiro ou falso. Depois, peça para justificarem as respostas. O que eles disseram? Qual é a sua conclusão?
10. Forme pequenas equipes de projetos inovadores (*skunkworks*) com os seus colegas de classe. Sua missão é identificar alguma idéia inovadora que você considere que possa beneficiar a sua escola, faculdade ou universidade, e elaborar um plano de ação para torná-la realidade.
11. Identifique uma empresa que tenha fechado recentemente. Quais as causas do fracasso? O que poderia ter sido feito para evitar o fracasso?
12. Você acha interessante o *franchising*? Quais franquias lhe interessariam mais ou menos, e por quê?
13. Neste capítulo, foram mencionadas algumas mudanças no ambiente externo que podem criar oportunidades de negócios (descobertas tecnológicas, mudança de estilo de vida e preferências pessoais e outras). Identifique algumas mudanças importantes e recentes ou tendências atuais no ambiente externo e as oportunidades de negócios que elas proporcionariam.
14. Escolha uma empresa da Internet de sua preferência e considere algumas idéias para melhorar seus serviços ou sua abordagem de negócios. Que tal seria criar uma nova empresa na Internet – quais seriam algumas possibilidades de escolha de negócios?

CASO DE CONCLUSÃO

Professores Transformando-se em Empreendedores

Greg, Chris e Nancy são professores do ensino médio, com alguns anos de carreira, da região de Pittsburgh, no estado da Pensilvânia. Eles adoram a profissão, são muito dedicados e planejam continuar dando aulas até completarem o tempo requerido para a aposentadoria, daqui a cerca de 15 ou 20 anos. Os três professores e amigos têm-se reunido em algumas ocasiões para discutir idéias sobre algum novo empreendimento alternativo. Com os filhos chegando à idade de seguirem para a universidade e com uma visão pessimista sobre as condições de aposentadoria, eles desejam testar suas habilidades empreendedoras e começar uma segunda carreira.

As metas financeiras, para cada um deles, são complementar à receita anual individual com US$ 25 a US$ 50 mil por ano para arcar com as mensalidades da faculdade dos filhos e criar um patrimônio de aproximadamente US$ 1 milhão para a aposentadoria. Depois de diversas reuniões, alguns conselhos de amigos e consultores e algumas pesquisas sobre o mercado local, os novos parceiros estão analisando a possibilidade de investir no setor de imóveis comerciais, mais especificamente, em unidades de edifícios comerciais para aluguel.

Pittsburgh e as comunidades no entorno estão apresentando, e são projetadas para sustentar, um crescimento acima da média em termos de oferta tanto de emprego quanto de moradia. No momento, há escassez de unidades para aluguel e casas para famílias na região. As taxas de juros atuais são baixas e, assim, atraentes para empréstimo e investimento. Greg soube que os bancos locais estão financiando imóveis comerciais por até 25 anos a uma taxa de 6% ao ano. Além disso, esses bancos oferecem empréstimos de até 80% do valor avaliado do imóvel. Greg, Chris e Nancy discutem a possibilidade de adquirir um número de imóveis suficiente para atingir as suas metas financeiras. Cada um possui cerca de US$ 150 mil para investir. Além disso, cada um tem também cerca de US$ 300 mil de potencial em empréstimos, dando como garantia a própria casa.

Em termos gerais, os novos parceiros continuam em dúvida se escolheram o ramo certo. Todos têm um grande desejo, bastante tempo extra e um montante significativo de dinheiro para investir, mas muito pouca experiência em negócios. Eles se consideram moderados em termos de exposição ao risco. Chegaram a pensar na possibilidade de procurar mais um ou dois parceiros para aumentar o capital e de alguma forma reduzir — ou, pelo menos, pulverizar — o risco.

QUESTÕES

1. Prepare um roteiro de um plano de negócios para os professores.
2. Descreva como os três professores devem trabalhar juntos para garantir que formem uma equipe eficaz e permaneçam amigos.
3. Identifique os membros-chave de uma rede de relacionamento de parceiros, aliados e outras pessoas que garantiriam o sucesso do empreendimento.
4. Como a equipe deve continuar avaliando a idéia para decidir se segue adiante ou procurar alguma alternativa?

EXERCÍCIOS PRÁTICOS

7.1 Jantar com um Empreendedor

OBJETIVOS

1. Conhecer as atividades de um empreendedor, como iniciou os negócios e como obteve sucesso.
2. Entrevistar um empreendedor e pedir-lhe para falar, de forma detalhada, sobre sua carreira e suas experiências.
3. Avaliar se a carreira de empreendedor lhe traria um sentimento de realização.

INSTRUÇÕES

1. Identifique um empreendedor da sua área que você gostaria de entrevistar.
2. Entre em contato com a pessoa escolhida e marque um horário. Explique claramente por que gostaria de entrevistá-la e quanto tempo aproximadamente levará a entrevista.
3. Identifique perguntas específicas que gostaria de fazer e as áreas gerais sobre as quais desejaria obter informações (ver as perguntas sugeridas a seguir, embora talvez não haja tempo para fazer todas. O uso de uma combinação de perguntas abertas — por exemplo, questões gerais sobre como o empreendedor começou as atividades, a evolução dos negócios e assim por diante — e de questões fechadas — como quais eram suas metas pessoais e se ele ou ela teve de buscar parceiros e assim por diante — ajudará a manter o foco da entrevista e ainda permitirá espaço para comentários e opiniões.
4. Na entrevista, se *ambos* os envolvidos, você e o entrevistado, sentirem-se à vontade em usar um gravador, isso poderá ser muito útil mais tarde. Tenha sempre em mente também que, quanto mais "interesse no assunto" você demonstrar, mais aprenderá com a entrevista.
5. Avalie o que aprendeu. Escreva as informações obtidas em um formato que seja útil para você utilizá-las mais tarde. Seja o mais específico possível. Afirmações diretas são mais eficazes que, por exemplo, dizer que a "pessoa é altamente motivada". Por fim, certifique-se de registrar também informações que você não tenha conseguido obter.
6. Redija uma nota de agradecimento. Essa atitude não é apenas uma cortesia; ela será muito útil se você precisar de alguma outra informação ou agendar uma entrevista complementar.

Entrevista Sugerida

PERGUNTAS PARA COLETA DE INFORMAÇÕES

- *Qual era a sua atividade antes de iniciar o primeiro empreendimento?*
  Seus pais, parentes ou amigos próximos eram empreendedores? De que maneira?
  Você se espelhou em alguém?
  Qual a sua formação educacional/militar? Hoje, em sua opinião, você acha que essa formação foi útil? De que forma mais específica?
  Qual era a sua experiência prévia em termos profissionais? Ela foi útil? Quais "conjuntos de experiências" foram especialmente valiosos ou relevantes?
  Você teve, especificamente, alguma experiência com vendas ou marketing? Ela foi importante para fundar sua empresa?
- *Como você iniciou seu empreendimento?*
  Como identificou a oportunidade? Como ela apareceu?
  Quais eram as suas metas? Quais eram suas necessidades em termos pessoais e de estilo de vida? Como conciliou esses fatores?
  De que forma você avaliou a oportunidade em termos de fatores críticos para o sucesso? A concorrência? O mercado?
  Buscou ou teve parceiros? Que tipo de planejamento você elaborou? Que tipo de financiamento obteve?
  Elaborou algum tipo de plano de negócios inicial? Poderia falar um pouco sobre ele?
  A partir da concepção até o primeiro dia de funcionamento da empresa, quanto tempo passou? Quantas horas por dia você gastou trabalhando no empreendimento?
  Qual o montante de capital envolvido? Quanto tempo levou para atingir um fluxo de caixa positivo e um volume de vendas equilibrado? Se não possuísse dinheiro suficiente naquele momento, que alternativas (por exemplo, negociação, empréstimo e assim por diante) buscaria? Quais foram as pressões e crises sofridas no período inicial de sobrevivência?
  Você contou com algum tipo de ajuda externa? Contou com a ajuda de consultores experientes? Advogados? Contadores? Tributaristas? Especialistas em patentes? Como estabeleceu essa rede de relacionamentos e quanto tempo levou para isso?
  Na época, qual era a sua situação familiar?
  Em termos pessoais, quais foram os pontos fortes percebidos? E os pontos fracos?
  No empreendimento, quais eram os pontos fortes? E os fracos?
  Qual foi o momento mais triunfante? E o pior?
  Você queria ter parceiros ou fazer tudo sozinho? Por quê?
- *Depois de iniciado o empreendimento:*
  Quando o empreendimento começou a crescer rapidamente, quais foram as maiores lacunas (deficiências) e os problemas mais difíceis a resolver?
  Ao procurar parceiros, consultores ou gestores, quais foram os atributos ou as atitudes pessoais mais importantes que você buscou nessas pessoas para combinar com os seus próprios, pois sabia que eram importantes para o sucesso do empreendimento? Como conseguiu identificá-los?
  Existe algum atributo entre os parceiros ou consultores que efetivamente tentaria evitar?
  A evolução das atividades do empreendimento foi tornando-se mais previsível? Ou menos?
  Hoje, você gasta mais, menos ou o mesmo tempo que gastava no início das atividades de seu empreendimento?

Hoje, você se sente mais gestor e menos empreendedor?
O que planeja para o futuro do empreendimento? Vender? Manter? Expandir?
Você planeja a sua aposentadoria? Como?
Suas metas mudaram? Você conseguiu atingi-las?

PERGUNTAS PARA A CONCLUSÃO (ESCOLHA UMA)

- Em sua opinião, qual o seu ativo mais valioso – o fator que possibilitou você "fazer isso"?
- Se tivesse de fazer novamente, faria de novo e da mesma forma?
- Olhando para trás, quais foram, segundo sua percepção, os conceitos, as qualificações, as atitudes e o conhecimento mais críticos que contribuíram para estabelecer a companhia e fazer que ela se tornasse o que é hoje? Quais desses aspectos serão necessários nos próximos cinco anos? Até que ponto cada um deles pode ser aprendido?
- Algumas pessoas afirmam que é muito estressante ser empreendedor. Qual a sua experiência? Qual o nível de estresse em comparação com outras funções críticas, por exemplo, diretor de uma grande empresa ou sócio de um grande escritório de advocacia, consultoria ou contabilidade?
- Pessoalmente, quais as gratificações e satisfações em ser um empreendedor? Quais foram as recompensas, os riscos e as dificuldades encontradas?
- Que tipo de pessoa deveria ser um empreendedor? Em sua opinião, quais as características de uma pessoa empreendedora?
- Que conselhos daria a um aspirante a empreendedor? Poderia citar as três "lições" mais importantes que você aprendeu? Como aprendê-las sem gastar muito?

FONTE: TIMMONS, Jeffry A. *New venture creation*. 3. ed. Copyright © 1994 Jeffry A. Timmons. Reproduzido com permissão do autor.

7.2 Começando um Novo Negócio

OBJETIVOS

1. Apresentar ao estudante as complexidades de se ter um negócio próprio.
2. Oferecer experiências práticas para tomar decisões sobre um novo negócio.

INSTRUÇÕES

1. O professor dividirá a classe em equipes e cada uma ficará encarregada de investigar a possibilidade de iniciar um dos seguintes negócios:
   a. Lanchonete (sanduíches)
   b. Creche
   c. Livraria
   d. Posto de gasolina
   e. Outro
2. Cada equipe deve buscar as informações necessárias para preencher a Folha de Trabalho "Novo Empreendimento". As seguintes entidades ou organizações podem ser úteis:
   a. Órgão de apoio a pequenas empresas (SBA, nos Estados Unidos; Sebrae, no Brasil etc.);
   b. Órgãos fiscalizadores municipal/estadual;
   c. Câmara de comércio local;
   d. Entidades de apoio e orientação a pequenas empresas;
   e. Ministério da Indústria e do Comércio;
   f. Ministério da Agricultura;
   g. Corretores de imóveis locais;
   h. Empresários do mesmo setor na região;
   i. Bancos e financeiras.
3. Cada equipe apresentará o resultado do trabalho para a classe.

Folha de Trabalho "Novo Empreendimento"

1. *Produto*
   Qual necessidade do cliente iremos satisfazer?__________
   De que forma é possível tornar o nosso produto exclusivo?__________
2. *Cliente*
   Quem são nossos clientes? Qual o perfil do nosso cliente?__________
   Onde eles moram, trabalham e desfrutam o lazer?__________
   Quais são seus hábitos de compra?__________
   Quais são as suas necessidades?__________
3. *Concorrentes*
   Quem são e onde estão os nossos concorrentes?__________
   Quais são os pontos fortes e fracos dos concorrentes?__________
   Como eles reagiriam à nossa concorrência?__________

4. *Fornecedores*
   Quem são e onde estão nossos fornecedores?__________
   Quais são as práticas comerciais dos fornecedores?__________
   Que tipo de relacionamento com os fornecedores podemos esperar?__________

5. *Localização*
   Onde estão nossos clientes, concorrentes e fornecedores?__________
   Quais são os custos do local?__________
   Quais são as restrições legais do local?__________

6. *Instalação Física e Equipamentos*
   O prédio deve ser alugado, comprado, construído ou reformado?__________
   Os equipamentos devem ser alugados, arrendados ou adquiridos?__________
   Como será feita a manutenção?

7. *Recursos Humanos*
   Há disponibilidade de mão-de-obra?__________
   Qual o treinamento necessário?__________
   Quais os custos com pessoal?__________

8. *Ambiente Normativo/Legal*
   Quais as licenças, autorizações e certificações necessárias?__________
   Quais os órgãos governamentais envolvidos?__________
   Quais as obrigações?__________

9. *Ambiente Sociocultural*
   Quais são as questões culturais envolvidas?__________
   Quais são as questões sociais envolvidas?__________

10. *Ambiente Internacional*
    O empreendimento envolve questões internacionais?__________

11. *Outros*__________

PARTE 2 CASO COMPLEMENTAR

Mudanças Globais na Exxon-Mobil

A Exxon-Mobil é a maior empresa petrolífera de capital aberto do mundo. A petroleira atua em mais de 200 países e territórios. Sediada em Irving, no Texas, foi classificada em segundo lugar na lista anual das 500 maiores empresas da revista *Fortune*, em 2004. Além disso, 2004 foi um ano marcante na história da companhia. Ela ganhou mais de US$ 25 bilhões no ano, e atingiu o recorde de US$ 8,42 bilhões somente no quarto trimestre de 2004. Os ganhos com as vendas no ano chegaram próximos de US$ 300 bilhões, um montante espantoso para qualquer companhia, em qualquer setor.

Apesar de seu desempenho astronômico, durante vários anos, a Exxon-Mobil tem enfrentado vários problemas graves que, de uma forma ou outra, afetam os negócios domésticos e internacionais da companhia. Por exemplo, antes da fusão com a Mobil em 1999, a Exxon não conseguiu apagar a imagem extremamente negativa deixada pelo acidente com o petroleiro *Exxon Valdez* em 1989 — quando o navio derramou mais de 40 milhões de litros de petróleo no estreito Prince William, provocando um pesadelo ecológico que quase destruiu o ambiente até então praticamente imaculado do Alasca. Em vez de assumir imediatamente a responsabilidade pelo acidente, a direção da companhia tentou transferir a culpa a terceiros — à guarda costeira norte-americana, aos órgãos governamentais do Alasca; além disso, do ponto de vista de alguns observadores, ela demorou demais para providenciar diretamente as ações para a limpeza e a reparação dos danos. Por fim, a Exxon acabou pagando cerca de US$ 3 bilhões em multas e custos envolvidos com a recuperação ambiental.

Mais recentemente, no ano passado, a Exxon-Mobil foi envolvida em um megaescândalo de corrupção. Alguns altos executivos da empresa foram acusados pelo governo dos Estados Unidos de tentar subornar líderes de diversos países da África, da Ásia e de algumas novas nações independentes surgidas com o fim da União Soviética para assegurar o fornecimento de petróleo. Na assembléia anual realizada em maio de 2005, um pouco mais de 28% dos acionistas votaram a favor de uma proposta para forçar a companhia a aderir ao Protocolo de Kyoto, que determina a redução da emissão de poluentes na atmosfera. O Protocolo de Kyoto foi ratificado por 140 países; os Estados Unidos são um dos países que não assinaram o tratado. Houve quem criticasse a companhia afirmando que a Exxon-Mobil não cumpre suas responsabilidades corporativas.

Além desses problemas, a Exxon-Mobil precisa resolver outras questões. Por exemplo, alguns conflitos envolvendo países que são grandes fornecedores de petróleo podem interromper o fluxo de fornecimento, provocando, assim, flutuações drásticas no preço do barril. Esses fatores podem criar condições adversas nos resultados da companhia, embora a recente queda na produção de petróleo não tenha afetado até hoje os seus lucros. A Exxon-Mobil possui uma posição de caixa extremamente sólida e é considerada rica, em conseqüência da cautela fiscal do seu presidente e diretor-executivo de mais longo mandato, Lee Raymond. De acordo com algumas estimativas, o acúmulo de caixa está próximo da marca de US$ 25 bilhões, e não há previsão para gastar esse dinheiro. Se os lucros da Exxon-Mobil continuarem, as projeções financeiras indicam uma posição de caixa de aproximadamente US$ 40 bilhões até o final de 2006. No entanto, essa posição financeira invejável criou outro problema: a direção tem relutado em investir em novas oportunidades de exploração de petróleo ou em iniciar um processo de construção de novas refinarias nos Estados Unidos.

Essas questões representam um conjunto de problemas para a companhia. Outro problema, um pouco menor, pode surgir com a aposentadoria do presidente e diretor-executivo Raymond. Rex Tillerson, engenheiro civil de 51 anos e funcionário da empresa há mais de 30 anos que começou a carreira como engenheiro de produção, foi nomeado sucessor legítimo de Raymond. Durante sua permanência na Exxon, Tillerson aprimorou várias das suas capacidades gerenciais. Ele possui profundo conhecimento tanto do mercado doméstico quanto do internacional e muita experiência em países como Rússia, Tailândia e Iêmen. Quando vestir o manto da liderança corporativa, Tillerson terá de tratar dessas questões. Será que ele terá condições de aplicar sua vasta experiência internacional para lidar com alguns dos problemas da Exxon-Mobil?

QUESTÕES

1. Coloque-se na posição de Rex Tillerson, sucessor legítimo da presidência da Exxon-Mobil. Discuta sobre algumas iniciativas estratégicas que você implantaria em relação à Exxon-Mobil e à comunidade internacional.
2. Defina o que é responsabilidade corporativa. Em sua opinião, a Exxon-Mobil cumpriu sua responsabilidade corporativa em relação ao Protocolo de Kyoto? Por quê?
3. Existem outras estratégias que a Exxon Mobil pode implementar para ajudar a melhorar a imagem da empresa?

FONTES: Caso elaborado por Joseph C. Santora, professor de administração de empresas da Essex County College, Newark, New Jersey. McNULTY, Shelia, Key issues in the pipeline for Exxon's heir apparent. *Financial Times*, 1º jun. 2005. Exxon hits Kyoto storm at annual meeting. *Financial Times*, 26 maio 2005. http://www.forbes.com/business/services/feeds/ap/2005/01/31ap1793587.html. http://www.exxonmobil.com.

APÊNDICE D

Informações para Empreendedores

Para aqueles que estão interessados em iniciar ou dirigir uma pequena empresa, há muitas fontes de informações interessantes.

FONTES PUBLICADAS

O primeiro passo é realizar uma busca completa de materiais em bibliotecas e na Internet. É possível encontrar uma imensa quantidade de informações, bancos de dados e outras publicações sobre indústrias, mercados, concorrência e recursos humanos. Algumas dessas informações são descobertas quando se buscam idéias. A lista a seguir relaciona algumas fontes adicionais que servem como ponto de partida.

Guias e Informações de Empresas Há informações valiosas disponíveis em edições especiais e nos sites de publicações como *BusinessWeek, Forbes, Inc., The Economist, Fast Company* e *Fortune,* e nas seguintes publicações on-line:

- Hoovers.com
- ProQuest.com
- Investext.com
- RDS Bizsuite.com

Sites Interessantes na Internet

- Entreworld (http://www.entreworld.org), site do Kauffman Center for Entrepreneurial Leadership, da Ewing Marion Kauffman Foundation
- *Fast Company* (http://www.fastcompany.com)
- Ernst & Young (http://www.ey.com)
- Global Access — documentos da Comissão de Valores Mobiliários (SEC) mediante assinatura pelo site http://www.primark.com
- Revista *Inc.* (http://www.inc.com)
- Entrepreneur.com e revista (http://www.entrepreneur.com)
- EDGAR Database (http://www.sec.gov) — fontes por assinatura, como ThomsonResearch (http://www.thomsonfinancial.com), oferecem imagens e também outros tipos de arquivos.
- Venture Economics (http://www.ventureeconomics.com)

Artigos de Publicações Especializadas por Meio de Índices Computadorizados

- Factiva via Dow Jones, *Reuters, The Wall Street Journal*
- EBSCOhost
- FirstSearch
- Ethnic News Watch
- LEXIS/NEXIS
- *The New York Times*
- InfoTrac do Gale Group
- ABI/Inform e outros bancos de dados ProQuest
- RDS Business Reference Suite
- *The Wall Street Journal*

Estatísticas

- Stat-USA (http://www.stat-usa.gov) — site do governo dos Estados Unidos com acesso por assinatura para pesquisas sobre economia, dados empresariais e comerciais, e mercados
- Departamento de Censo dos Estados Unidos (http://www.census.gov) — fonte de muitos dados estatísticos como:
  - Statistical Abstract of the United States
  - American FactFinder — dados populacionais
  - Economic Programs (http://www.census.gov/econ/www/index.html) — dados por setor
  - County Business Patterns
  - Zip Code Business Patterns
  - Knight Ridder ... CRB Commodity Year Book
  - Manufacturing USA, Service Industries USA e outras compilações do Gale Group
  - Economic Statistics Briefing Room (http://www.whitehouse.gov/fsbr/esbr.html)
  - Federal Reserve Bulletin
  - Survey of Current Business
  - FedStats (http://www.fedstats.gov/)
  - Labstat (http://stats.bls.gov/labstat.htm)
  - Global Insight, antigo DRI-WEFA
  - International Financial Statistics — Fundo Monetário Interna-cional
  - World Development Indicators — Banco Mundial
  - Banco de dados da Bloomberg

Gastos do Consumidor

- New Strategist Publications

Estimativas e Previsões

- ProQuest
- InfoTech Trends

- Guide to Special Issues and Indexes to Periodicals (*Grey House Directory of Special Issues*)
- RDS Business Reference Suite
- Value Line Investment Survey

Estudos de Mercado

- LifeStyle Market Analyst
- MarketResearch.com.
- Scarborough Research
- Simmons Market Research Bureau

Gastos do Consumidor

- New Strategist Publications
- Consumer Expenditure Survey
- Euromonitor

Outras Fontes

- Wall Street Transcript
- Relatórios de corretoras da Investext, Multex etc.
- Relatórios anuais e sites de empresas

OUTRAS INFORMAÇÕES IMPORTANTES

Nem tudo que o empreendedor precisa saber pode ser encontrado em bibliotecas, porque envolve informações muito específicas e atualizadas. É mais provável obter essas informações por meio de contato com as pessoas — especialistas do setor, fornecedores e outros. A seguir, um breve resumo de algumas fontes importantes de informação.

Associações Comerciais As associações comerciais, principalmente os editores de suas publicações e assessores de imprensa, são ótimas fontes de informação. Feiras de comércio e congressos são os principais meios para ficar a par das mais recentes atividades da concorrência.

Funcionários Ex-funcionário de concorrente pode fornecer informações importantes sobre a concorrência, principalmente se ele saiu da empresa contrariado. Além disso, uma empresa pode oferecer emprego a um funcionário do concorrente. Se, de um lado, a ética deve ser levada em conta em situações como essa, do outro, todo setor sofre de escassez de profissionais experientes; além disso, para mover uma ação, o concorrente precisa provar que a empresa aliciou seu funcionário propositadamente para obter segredos comerciais. Estudantes que já tenham trabalhado para o concorrente também são mais uma fonte de informação.

Empresas de Consultoria As empresas de consultoria com freqüência realizam estudos setoriais e disponibilizam essas informações. Muitas vezes, em setores como a indústria de computadores e softwares, a concorrência utiliza os mesmos consultores de projeto, e esses profissionais são fontes de informação.

Empresas de Pesquisa de Mercado As empresas que realizam pesquisas de mercado, como as mencionadas anteriormente nas fontes publicadas, também podem ser fontes de informações úteis.

Clientes, Fabricantes, Fornecedores, Distribuidores e Compradores Importantes Esses grupos muitas vezes são importantes fontes de informação.

Arquivos Públicos Arquivos públicos municipais, estaduais e federais, por exemplo, arquivos da Comissão de Valores Mobiliários (SEC), do Escritório de Marcas e Patentes e da Lei de Liberdade de Informações, podem revelar considerável montante de informações. Existem companhias que realizam esse tipo de consulta.

Engenharia Reversa A engenharia reversa pode ser utilizada para determinar os custos de produção e, algumas vezes, até métodos de produção. Um exemplo dessa prática foi a experiência da Advanced Energy Technology, Inc., de Boulder, Colorado, que descobriu, na prática, esse tipo de tática. Logo que ela anunciou um novo produto que havia patenteado, recebeu 50 pedidos de compra, metade dos quais de concorrentes pedindo apenas uma ou duas unidades do item.

Redes As redes mencionadas neste capítulo podem ser fontes de novas idéias para empreendimentos e estratégias.

Outros Anúncios classificados, guias de compras, sindicatos, corretores de imóveis, tribunais, repórteres locais etc. podem oferecer dicas importantes.

TIMMONS, J. A.; SPINELLI, S. *New venture creation*. 6. ed. McGraw-Hill/Irwin, 2004, p. 103-104.

PARTE 3

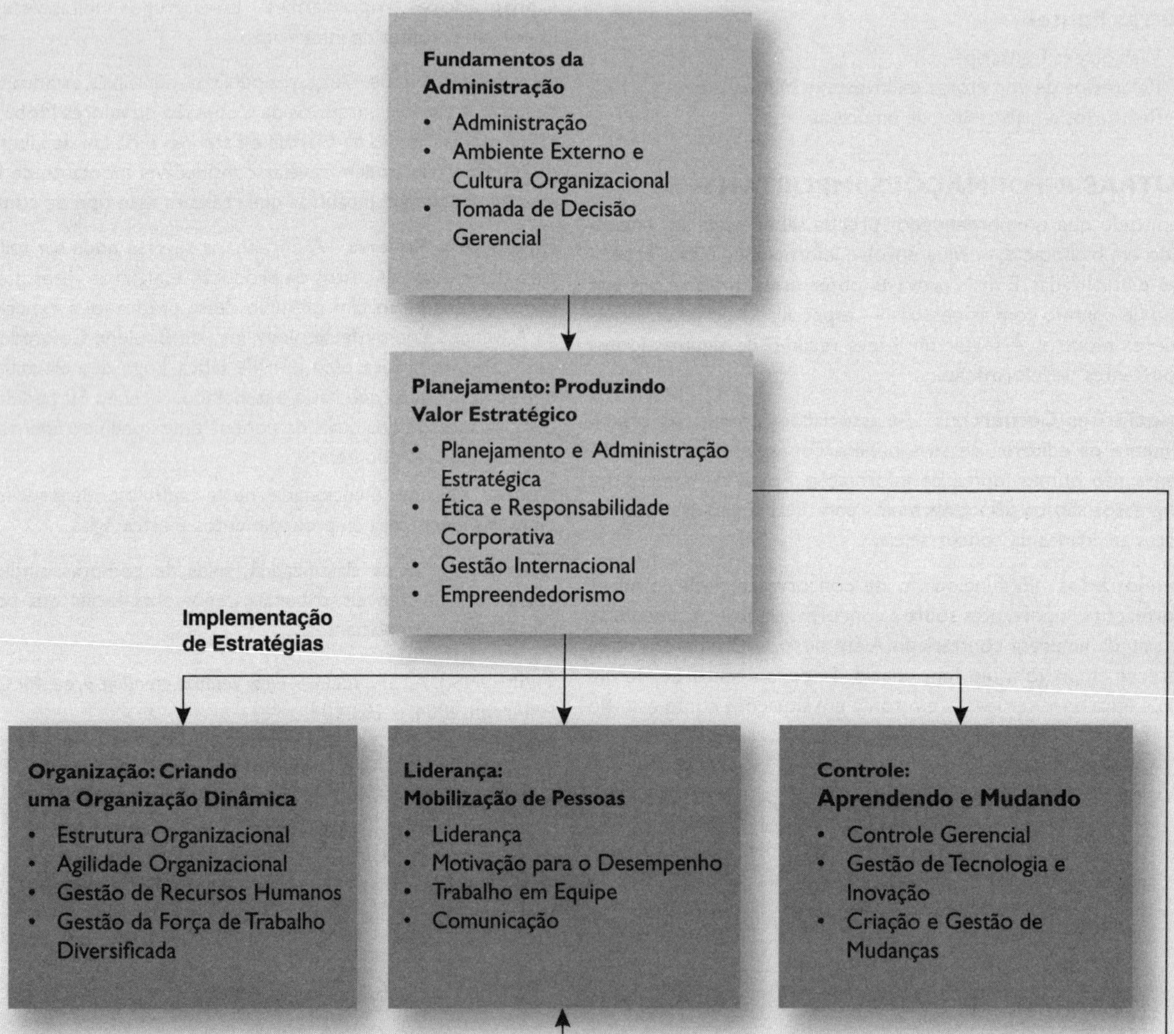

Fundamentos da Administração
• Administração
• Ambiente Externo e Cultura Organizacional
• Tomada de Decisão Gerencial
Planejamento: Produzindo Valor Estratégico
• Planejamento e Administração Estratégica
• Ética e Responsabilidade Corporativa
• Gestão Internacional
• Empreendedorismo
Implementação de Estratégias
Organização: Criando uma Organização Dinâmica
• Estrutura Organizacional
• Agilidade Organizacional
• Gestão de Recursos Humanos
• Gestão da Força de Trabalho Diversificada
Liderança: Mobilização de Pessoas
• Liderança
• Motivação para o Desempenho
• Trabalho em Equipe
• Comunicação
Controle: Aprendendo e Mudando
• Controle Gerencial
• Gestão de Tecnologia e Inovação
• Criação e Gestão de Mudanças

Organização: Construindo uma Organização Dinâmica

Agora que você já conheceu as funções planejamento e estratégia, as três partes restantes do livro discutirão as três outras funções da administração: organização, liderança e gestão. As Partes 3, 4 e 5 discutem questões pertinentes à *implementação* de planos estratégicos. Na Parte 3, descrevemos como organizar e selecionar a equipe de trabalho para obter a máxima efetividade. O Capítulo 8 introduz diferentes estruturas de organização e explica como agrupar e delegar tarefas. O Capítulo 9 tem o seu foco na descrição das estruturas de organizações mais complexas. Esse capítulo discute como as empresas podem adaptar-se rapidamente a ambientes em constante mudança e como a "América corporativa" está reestruturando-se. O Capítulo 10 aborda a questão do gerenciamento dos recursos humanos. Seu foco é a seleção de empregados capacitados para a empresa e as questões decorrentes do sistema de remuneração de funcionários. Finalmente, o Capítulo 11 discute o desafio de gerir uma força de trabalho nos dias de hoje, força composta por diversos grupos de pessoas. Os Capítulos 12 e 13 preparam o terreno para a Parte 4, que fornece mais detalhes sobre como gerenciar pessoas.

Capítulo 8

Estrutura Organizacional

"Destitua-me de todos os meus bens, mas deixe-me com a minha organização, e em cinco anos eu terei tudo de volta."

— **Alfred P. Sloan Jr.**

RESUMO DO CAPÍTULO

Conceitos Básicos sobre Organização
- Diferenciação
- Integração

A Estrutura Vertical
- Autoridade na Organização
- Níveis Hierárquicos
- Abrangência de Controle
- Delegação
- Descentralização

A Estrutura Horizontal
- A Organização Funcional
- A Organização Divisional
- A Organização Matricial
- A Organização em Rede

Integração Organizacional
- Coordenação por Padronização
- Coordenação por Planejamento
- Coordenação por Ajuste Mútuo
- Coordenação e Comunicação

Olhando para o Futuro

OBJETIVOS DE APRENDIZAGEM

Após estudar este Capítulo, você deverá saber:

1. Como a diferenciação e a integração influenciam a estrutura de uma organização.
2. Como funciona a autoridade.
3. As funções do conselho de diretores e do presidente-executivo da empresa (*chief executive officer* — CEO).
4. Como a abrangência de controle afeta a eficácia da estrutura da empresa e do gerenciamento.
5. Por que a delegação eficaz é importante.
6. A diferença entre organizações centralizadas e descentralizadas.
7. As diferentes maneiras de se estruturar uma organização.
8. Os desafios únicos apresentados pela organização matricial.
9. A natureza de importantes mecanismos de integração.

SONY SE ORGANIZA PARA CONVERGÊNCIA

A Corporação Sony é uma das companhias mais conhecidas e populares do mundo. Ela possui ampla variedade de negócios que se situam em setores de destaque do ponto de vista do apelo ao consumidor e em tecnologia — em áreas como música, filmes, televisão, computadores, vídeo e outros produtos eletrônicos. Seus mais de 160 mil funcionários espalhados pelo mundo criam produtos e serviços que geram receitas anuais superiores a US$ 72 bilhões, incluindo os mais de US$ 20 bilhões produzidos somente nos Estados Unidos. A companhia é responsável pela invenção de produtos como o televisor Trinitron, a filmadora portátil Handycam, o Walkman, o Walkman CD e o console PlayStation 2, entre diversas outras inovações que transformaram a maneira de ver, ouvir e jogar dos consumidores em todos os lugares. Ainda assim, essa empresa tremendamente talentosa e bem-sucedida descobriu, em anos recentes, que teria de realizar uma variedade de mudanças na sua estrutura para continuar a desfrutar alto crescimento.

Um grande problema enfrentando pela Sony era o modelo de operação independente, de várias de suas divisões, há muito existente. Suas diversas unidades de negócios e produtos raramente trabalhavam juntas de forma coordenada e, algumas vezes, até mesmo competiam entre si. No final da década de 1990, por exemplo, pelo menos três diferentes unidades da Sony estavam desenvolvendo, de forma independente, câmeras digitais, aparentemente alheias aos esforços empreendidos pelas outras unidades. A administração da Sony começou a solucionar o problema por meio de algumas mudanças estruturais. Um grupo gestor de alto nível foi criado para melhorar a coordenação entre as divisões da empresa. Comitês de desenvolvimento temporários — os quais a Sony denominou "companhias virtuais" —, compostos por representantes de várias unidades da companhia, foram criados para desenvolver e lançar novos produtos que cruzassem as fronteiras entre as divisões. Uma versão aperfeiçoada do tocador de música MiniDisk, da Sony, foi um dos resultados do esforço para criar estruturas que a auxiliassem a tornar-se uma organização mais cooperativa e coordenada.

Mas a administração logo percebeu que esses esforços não seriam suficientes e que mudanças estruturais mais fundamentais seriam necessárias. Com o desenvolvimento da Internet, da banda larga e da conexão sem fio, os novos produtos eletrônicos deveriam ser capazes de interagir de maneira perfeita. Os consumidores desejavam, por exemplo, ser capazes de "baixar" arquivos musicais a partir de seus computadores diretamente para seus equipamentos manuais portáteis ou "baixar" arquivos de vídeo em seus computadores. As companhias que criavam esses produtos, como a Sony, tinham de considerar essas novas exigências dos consumidores. Além disso, divertimento e tecnologia estavam *convergindo*, ou seja, estavam reunindo-se para formar um produto unificado. O *software* e o *hardware* para videogames, por exemplo, ou a música e os tocadores portáteis de áudio, não eram criações independentes, mas tinham de funcionar em conjunto. Nesse novo ambiente, a manutenção das operações das divisões da Sony como feudos separados poderia inibir enormemente a sua habilidade em trazer os produtos certos rapidamente para o mercado.

A Sony também tinha de se preocupar com a forte competição. Companhias como a Apple, com seu bem-sucedido iPod; a Dell, na área de computadores; a Microsoft, na área de jogos — todas pareciam sair na frente com seus produtos. A Time Warner, com seus enormes negócios na área de conteúdo em música, publicação e filmes, e seu pronto acesso aos pontos de distribuição para esses conteúdos, por meio de suas divisões AOL e das suas retransmissoras de sinal por cabo, também era uma grande ameaça competitiva. A Sony detinha recursos de conteúdo como música e filmes. Já havia provado possuir habilidade tecnológica e equipamentos. Para ter sucesso nesse novo ambiente de redes integradas, interatividade e convergência de produtos, os seus gerentes deveriam encontrar novas formas de fazer que todas as partes da companhia trabalhassem juntas.

FONTES do Prólogo: das Conexões e do Epílogo: DAVIS, Jim. Sony shifts gears to tap convergence trend. www.news.com, 16 ma 2000; SCHLENDER, Brenton. Asia´s businessman of the year. *Fortune*, 7 fev. 2002, on-line; SCHLENDER, Brent. Sony play to win, *Fortune*, 1º maio 2000, on-line; LEWIS, Peter. Sony redreams its. future. *Fortune*, 10 nov. 2002, on-line; Sony energized, *Mermigas on Midia*, 5 nov. 2003, on-line; LEVY, Steven. Sony gets personal. *Newsweek International*, 1º nov. 2004, on-line; GRASER, Marc. Sony shuffles digital future. *Forbes.com*, 12 out. 2004; Sony: more restructuring unnecessary. *money.cnn.com*. 2 fev. 2005; LASHINSKY, Adam. Saving face at Sony. *Fortune*, 7 fev. 2005, on-line; DVORAK, Phred; MARR, Merisse. Can Stringer tame Sony?. *The Wall Stret Journal*, 8 mar. 2005, p. B1.

A Sony é uma corporação que, de modo geral, muitos de nós conhecemos bem como tremendamente bem-sucedida. Assim, conforme sugere o Prólogo, a forma como a Sony estava estruturada não era ideal para o novo ambiente de consumo e competição que ela enfrentava. Ainda que essa breve descrição que fornecemos não tenha contemplado todos os detalhes da estratégia e da estrutura da Sony, ela começa a levantar algumas questões importantes que desejamos cobrir neste capítulo. Não tenha dúvida: a forma como uma companhia se organiza pode ser, certamente, o fator mais importante para determinarmos se uma estratégia terá sucesso. E a Sony, como muitas outras companhias, trabalha duro para ter certeza de que a sua estratégia e a sua estrutura estão alinhadas entre si.

Este capítulo foca as dimensões horizontal e vertical da estrutura da organização. Começaremos pela explicação dos princípios básicos de *diferenciação* e *integração*. Em seguida, discutiremos a estrutura vertical, que inclui questões como *autoridade*, hierarquia, delegação e descentralização. Continuamos com a descrição da estrutura horizontal, que inclui as formas de organização funcional, divisional e matricial. Finalmente, ilustraremos os caminhos pelos quais as organizações podem integrar suas estruturas: coordenação por padronização, coordenação por planejamento e coordenação por ajuste mútuo.

No próximo capítulo, continuaremos com o tópico da estrutura organizacional, mas a de uma perspectiva diferente. Focaremos a flexibilidade e a capacidade de resposta de uma organização, ou seja, quão capaz ela é de modificar sua forma e se adaptar a estratégias, tecnologias, ambientes e outros desafios que enfrenta.

Conceitos Básicos sobre Organização

organograma

As relações de subordinação e a divisão de trabalho em uma organização, mostradas em uma forma gráfica.

Para continuarmos, vamos começar de uma forma mais simples. Freqüentemente iniciamos a descrição de uma empresa pela análise de seu organograma. O **organograma** descreve os cargos em uma empresa e como eles são arranjados. O gráfico proporciona uma imagem da estrutura de subordinação (quem se reporta a quem) e das várias atividades que são conduzidas por diferentes indivíduos. A maioria das empresas tem organogramas oficiais desenhados para oferecer às pessoas essas informações.

A Figura 8.1 mostra um organograma tradicional. Observe que os diversos tipos de informação são fornecidos de maneira muito simples:

1. As caixas representam as diferentes atividades.
2. Os títulos nas caixas mostram o trabalho a ser executado por unidade.
3. Os relacionamentos de subordinação e autoridade são indicados por linhas espessas apontando as conexões entre superiores e subordinados.
4. Os níveis de gestão são indicados pelo número de camadas horizontais no gráfico. Todas as pessoas ou unidades que estejam na mesma camada horizontal se subordinam às pessoas que se encontram no mesmo nível.

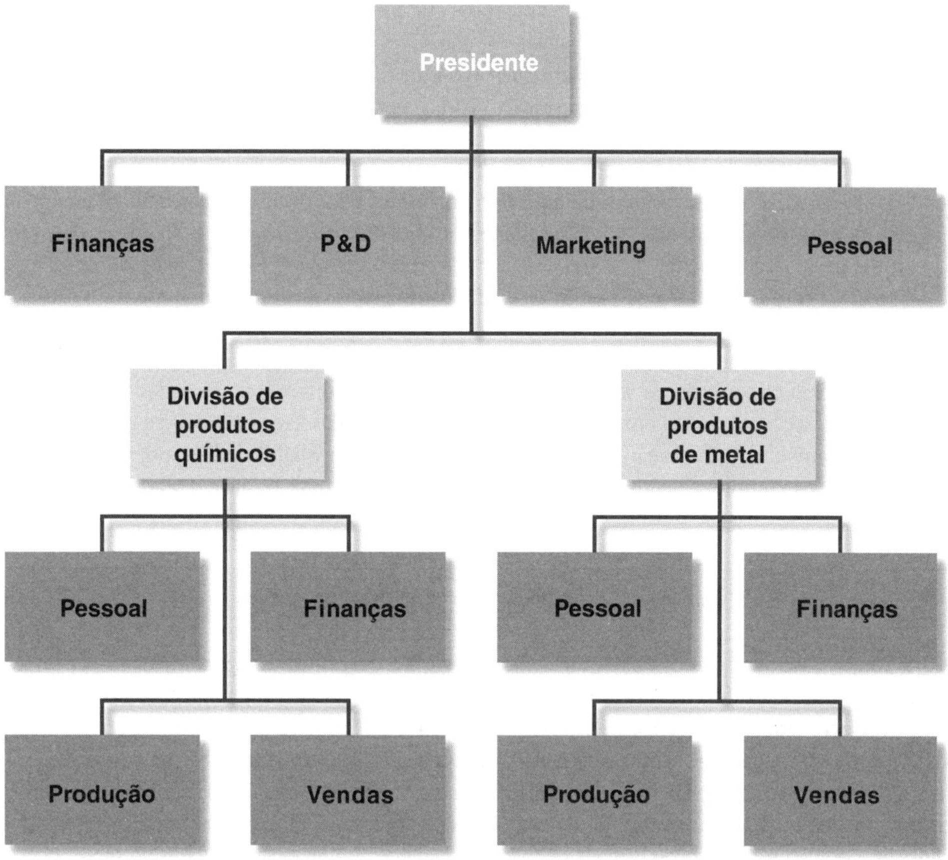

FIGURA 8.1 Organograma Convencional

Ainda que o organograma apresente alguns traços estruturais claramente importantes, outras questões sobre essa disposição, relacionadas à estrutura — não tão óbvias —, não são menos importantes. Dois conceitos fundamentais em torno dos quais as organizações estão estruturadas são a diferenciação e a integração. **Diferenciação** significa que a organização é composta por muitas unidades diversificadas que trabalham em diferentes tipos de tarefas, utilizando diferentes habilidades e métodos de trabalho. **Integração** significa que essas unidades diferenciadas são agrupadas de forma que o trabalho é coordenado com vistas à obtenção de um produto global.[1]

diferenciação
Um aspecto do ambiente interno das organizações criado pela divisão e especialização do trabalho.

integração
O grau segundo o qual unidades de trabalho diferenciadas trabalham juntas e coordenam seus esforços.

divisão do trabalho
A atribuição de diferentes tarefas para diferentes pessoas ou grupos

especialização
Um processo no qual unidades e indivíduos diferentes realizam tarefas diversas.

Diferenciação

Diversos conceitos relacionados estão na base da idéia de uma diferenciação estrutural. A diferenciação, por exemplo, é criada pela divisão e especialização do trabalho. **Divisão do trabalho** significa que o trabalho de uma organização é subdividido em tarefas menores. Vários indivíduos e unidades ao longo da organização executam diferentes tarefas. **Especialização**, por sua vez, refere-se ao fato de que diferentes pessoas, ou grupos, realizam freqüentemente partes específicas da tarefa total. Os dois conceitos estão, obviamente, intimamente relacionados. Secretárias e contadores se especializam e executam diferentes trabalhos; igualmente, as tarefas relacionadas a marketing, finanças e recursos humanos são divididas entre os respectivos departamentos. As diversas tarefas que devem ser realizadas em uma organização fazem que a especialização e a divisão do trabalho sejam necessárias. Se não fosse assim, a complexidade do trabalho total da organização seria excessiva para qualquer indivíduo.[2]

A diferenciação é alta quando há diversas subunidades e muitos tipos de especialistas que pensam de forma diferente. Os professores de Harvard Lawrence e Lorsch descobriram que organizações que operavam em ambientes complexos e dinâmicos (firmas de produtos plásticos no seu estudo) desenvolviam alto nível de diferenciação para lidar com desafios complexos. As empresas que trabalhavam em ambientes mais simples e estáveis (companhias de contêineres) tinham baixos níveis de diferenciação. As companhias que atuavam em ambientes intermediários possuíam níveis intermediários de diferenciação.[3]

Integração

Ao mesmo tempo que as organizações diferenciam suas estruturas, seus gestores devem considerar simultaneamente as questões decorrentes da integração. Todas as tarefas especializadas de uma organização não podem ser realizadas completamente de forma independente. Pelo fato de as diferentes unidades serem partes de uma organização mais ampla, algum grau de comunicação e cooperação deve existir entre elas. Integração e seu conceito correlato, **coordenação**, referem-se aos procedimentos que conectam as diversas partes de uma organização para se alcançar a missão global dessa organização.

> **coordenação**
>
> Os procedimentos que conectam as várias partes de uma organização com o propósito de alcançar a sua missão global.

A integração é alcançada por meio de mecanismos estruturais que aumentam a colaboração e a coordenação. Qualquer atividade que conecte diferentes unidades de trabalho realiza uma função de integração. Devemos lembrar que, quanto mais diferenciada é a sua empresa, maior será a necessidade de integração entre as diferentes unidades. Lawrence e Lorsch descobriram que empresas altamente diferenciadas eram mais bem-sucedidas se também possuíssem alto nível de integração. As organizações têm uma probabilidade maior de falharem caso operem em ambientes complexos e altamente diferenciados e fracassem na integração adequada de suas atividades.[4]

Conexões: SONY SE ORGANIZA PARA CONVERGÊNCIA

No ano 2000, a Sony anunciou uma nova estrutura para sua gestão corporativa. Aproximadamente uma dúzia de divisões independentes foi reunida em cinco grandes negócios: uma companhia responsável pela rede de negócios relacionados a residências, juntando as unidades da Sony de televisores, videocassetes, áudio doméstico e walkman, para assegurar que o mesmo conteúdo pudesse ser utilizado em todos os aparelhos; um grupo responsável pela rede de negócios relacionados a pessoas, combinando as unidades de computadores pessoais portáteis, filmadoras e câmeras digitais para, eventualmente, permitir aos consumidores a edição e o envio de e-mails com fotos e vídeos; um grupo do núcleo de tecnologia, para certificar-se de que toda a tecnologia da Sony seria padronizada e que seus produtos seriam compatíveis entre si; uma unidade de banda larga, combinando os negócios de filmes e músicas, para tornar os artistas da Sony disponíveis on-line; uma divisão de computadores voltados para o entretenimento, reunindo em um grupo as aplicações de hardware e software para o console de jogos PlayStation. A intenção por trás dessa grande mudança estrutural, afirmou a Sony, era eliminar as barreiras entre as divisões e tirar proveito das sinergias entre software, conteúdo e hardware da companhia.

Esses conceitos permeiam o restante do Capítulo. Primeiro, discutiremos a *diferenciação vertical* dentro da estrutura organizacional. Isso inclui questões pertinentes à autoridade no interior de uma organização, o conselho de diretores, o presidente (CEO) e os níveis hierárquicos, bem como questões referentes à delegação e à descentralização. Em seguida, discutiremos a *diferenciação horizontal* na estrutura de uma organização, incluindo as questões de departamentalização, que criam organizações funcionais, divisionais e matriciais. Finalmente, discutiremos questões referentes à integração estrutural, incluindo coordenação, papéis organizacionais, interdependência e determinação de abrangência.

A Estrutura Vertical

Para que se possa compreender algumas questões como relações de subordinação, autoridade, responsabilidade e demais aspectos relacionados, precisamos, primeiro, estudar a dimensão vertical da estrutura de uma empresa.

> **governança corporativa**
>
> O papel dos membros do quadro de executivos e do conselho de diretores em assegurar que as atividades da empresa atingirão os objetivos dos seus *stakeholders*.

Governança corporativa é o termo utilizado para descrever a supervisão da empresa por seu quadro de executivos e conselho de diretores. Nos últimos anos, como conseqüência de diversos escândalos corporativos, a confiança do público na governança corporativa tem-se desgastado significativamente. O conselho de diretores da Enron, por exemplo, desconsiderou as diretrizes éticas para permitir acordos questionáveis para alguns de seus altos executivos e ignorou os avisos de conduta inapropriada. O conselho de administração da WorldCom aprovou prestações financeiras falsas. Os membros de conselhos de outras empresas como ImClone, Global Crossing e Tyco também falharam em suas responsabilidades de supervisão. Algumas dessas empresas faliram como resultado da ação ou da falta de ação dos conselhos, gerando grandes dificuldades para os funcionários, os pensionistas e os investidores. Conforme mencionado no Capítulo 5, "Ética e Responsabilidade Corporativa", como resposta a esses escândalos, o Congresso dos Estados Unidos aprovou, em 2002, o Sarbanes-Oxley Act, o qual, juntamente com novas exigências para a Comissão de Valores Mobiliários (SEC), impôs regras de governança corporativa muito mais severas. O presidente (CEO) e o diretor de finanças (CFO — *chief financial officers*), por exemplo, devem agora certificar pessoalmente a exatidão dos demonstrativos financeiros das suas empresas.

Conselhos Corporativos: o Pior e o Melhor

A The Corporate Library (www.thecorporatelibrary.com) é uma organização que analisa os conselhos diretivos das empresas e também publica um *ranking* de efetividade desses conselhos (*Board Effectiveness Ratings*), com base em diversos critérios, como a independência do comitê de compensação, diretores exógenos e auditores. Apresentamos aqui alguns trechos do relatório sobre o melhor e o pior dos conselhos corporativos:

ALGUNS DOS PIORES CONSELHOS

- **Citigroup, Inc.** Sanford Weill, presidente do conselho e presidente-executivo (CEO) do grupo, esteve pessoalmente envolvido em um dos mais ultrajantes escândalos do ano mais escandaloso para os negócios nos Estados Unidos desde a derrocada do mercado de ações em 1929, a infame negociação da admissão do filho de um analista de mercado na escola infantil 92nd Street Y em troca de um relatório mais favorável desse analista sobre a AT&T. O Citi (...) teve de pagar uma multa elevada e Weill, a partir disso, deve estar acompanhado de um advogado todas as vezes que fala com os analistas que trabalham para ele. Para Weill e o restante do conselho, no entanto, trata-se da forma normal de se fazer negócio (*business as usual*). A multa foi paga pelos acionais atuais do Citi (e os acionistas das seguradoras do Citi) e não por nenhum dos responsáveis.
- **Honeywell International, Inc.** Pode o CEO presidir o comitê de compensação? Acreditamos que não; os CEOs parecem ter dificuldades para dizer não para si mesmos. (...) Primeiro, descobrimos que o antigo CEO, Lawrence Bossidy, tem direito de receber um benefício anual de aposentadoria de US$ 3.937.966, e que, para o resto de sua vida, o Sr. Bossidy terá direitos sobre a utilização de serviços e instalações da Honeywell comparáveis àqueles que possuía antes de sua aposentadoria. (...) E, então, tomamos conhecimento de que o acordo com o novo CEO, David Cote, contém uma premiação pela assinatura (*golden hello*) de US$ 59,5 milhões, incluindo uma premiação concedida na data de início das atividades (*grant date*) de 2 milhões de *stock options* que ele recebeu. Nada disso, é claro, condicionado ao desempenho. Enquanto isso, o Conselho da Honeywell continua a recusar-se — por três anos consecutivos — a implementar propostas dos acionistas que receberam apoio majoritário, incluindo a publicação das votações do conselho.
- **SBC Communications, Inc.** Políticas e práticas de compensação ruins parecem ser preocupantes na SBC. Bônus por "resultados" de quase 200% do salário foram pagos apesar de as metas não haverem sido alcançadas. (...) Benefícios de aposentadoria extremamente generosos foram aprovados pelo conselho da SBC. A sua resistência a uma resolução dos acionistas, demandando a concessão de opções de ações (*stock options*) relacionadas ao desempenho, continha uma admissão incriminadora na forma de uma oposição às "extraordinárias exigências que os executivos ou outros empregados enfrentem um 'risco financeiro negativo', além das perdas do valor das opções de ação ou do declínio no valor das compensações baseadas no valor das ações". Exigências extraordinárias? Seria o trabalho de o conselho proteger seus executivos de algum risco baseado na sua *performance*? Ou seria o contrário?

ALGUNS DOS MELHORES CONSELHOS

- **Hershey Foods Corporation (categoria de conselho controlado)** (...) Mudanças tanto na administração como no conselho parecem ter obtido um sucesso considerável, resultando um conselho cada vez mais forte e independente. Os níveis de compensação são, também, geralmente conservadores e bem-alinhados com os interesses dos acionistas.

- **Cintas Corporation (categoria de conselho familiar)** O pai, Richard T., e o filho, Scott D. Farmer, juntamente com o cunhado, James J. Gardner, têm assento no conselho da Cintas, e juntos possuem uma porcentagem dominante, mas não controladora, da empresa. Porém, o equilíbrio geral do conselho e sua estrutura, nesse caso, mostram-se excepcionalmente fortes, os níveis de compensação são bem ponderados e apropriados e o contínuo foco aguçado da empresa no núcleo de suas operações faz deste um conselho a ser admirado nessa categoria.

Outros conselhos que receberam censura da The Corporate Library foram: Emerson Electric Company, Gemstar-TV Guide International, J. P. Morgan Chase & Co., Loews Corporation e Disney. Outros conselhos que foram elogiados: Fannie Mae e AMR Corporation.

FONTE: The Corporate Library, jul. 2003.

Autoridade na Organização

autoridade

O direito legítimo de tomar decisões e dizer a outras pessoas o que fazer.

Autoridade, o direito legítimo de tomar decisões e dizer a outras pessoas o que fazer, é fundamental para o funcionamento de toda organização. Um chefe, por exemplo, tem a autoridade de dar uma ordem a um subordinado.

Tradicionalmente, a autoridade reside nas *posições* em vez de nas pessoas. Dessa forma, o cargo do vice-presidente de uma divisão específica tem autoridade sobre essa divisão, independentemente da quantidade de pessoas que tenham ocupado o cargo e de quem atualmente o exerce.

Em negócios privados, os proprietários detêm a autoridade final. Na maioria das empresas pequenas e estruturadas de forma simples, o proprietário também age como administrador. Algumas vezes, contrata outra pessoa para administrar os negócios e seus empregados. Ele fornece ao administrador alguma autoridade para supervisionar algumas operações, mas o administrador deve reportar-se — ou seja, reporta-se e submete-se — ao proprietário. Assim, o proprietário ainda possui a autoridade final.

A autoridade formalmente relacionada à posição é, geralmente, o meio primário de se operar uma organização. Uma ordem que um chefe transmite a um empregado subordinado é, geralmente, executada. À medida que esse processo se repete diariamente no interior da organização, ela pode seguir em frente para alcançar seus objetivos.[5] Deve-se ressaltar que a autoridade em uma organização nem sempre está relacionada à posição. Pessoas com uma *expertise* particular, experiência ou qualidades pessoais, podem ser consideradas como autoridades *informais* — por exemplo, cientistas em companhias de pesquisa ou empregados especialistas em informática. Os gerentes eficazes têm consciência de que autoridade informal é um fator que pode auxiliar ou impedir o cumprimento dos objetivos da organização; falaremos mais sobre autoridade informal no próximo capítulo. Por ora, contudo, discutiremos a estrutura formal de autoridade de alto a baixo, começando pelo conselho de diretores.

> "Autoridade sem sabedoria é como um machado pesado sem corte: serve mais para machucar do que para cortar."
>
> Anne Bradstreet

O Conselho Diretivo Nas corporações, os proprietários são os acionistas. Mas, como há diversos acionistas e esses indivíduos em geral carecem de informação atualizada, poucos estão diretamente envolvidos com a gestão. Os acionistas elegem um conselho de diretores para supervisionar a organização. O conselho, liderado pelo seu presidente, toma as grandes decisões que afetam a organização, sujeitas às provisões de um estatuto corporativo e da lei. Os conselhos são responsáveis por pelo menos três grandes grupos de obrigações: 1) a seleção, avaliação, remuneração e, talvez, a substituição do CEO; 2) a determinação da diretriz estratégica e a revisão do desempenho financeiro; e 3) assegurar uma conduta ética, socialmente responsável e legal.[6]

Alguns altos executivos têm chance de ganhar assento no conselho (eles são chamados *diretores internos*). Os membros externos do conselho tendem a ser executivos de outras companhias. A tendência em anos recentes tem sido no sentido da redução do número de membros internos e do aumento no número de membros externos à corporação. Hoje em dia, a maior parte das companhias tem a maioria do seu conselho composta por membros externos. Conselhos que são compostos por membros externos fortes e independentes têm uma probabilidade maior de fornecer diferentes informações e perspectivas e de prevenir grandes erros. Conselhos bem-sucedidos geralmente são aqueles participantes ativos e críticos na determinação das estratégias da companhia. O conselho da Campbell Soup, por exemplo, assumiu o controle sobre o processo de seleção do CEO e rotineiramente conduz avaliações dos membros do conselho para ter certeza de que eles são colaboradores ativos.[7]

Gerentes de varejo tipicamente se encontram, de maneira informal, com seus empregados, antes e depois de um dia de trabalho, como nessa loja da rede Staples.

O *Chief Executive Officer* (CEO) A autoridade, da qual o conselho de diretores é oficialmente investida, é delegada ao CEO, que ocupa o topo da pirâmide organizacional. O CEO é pessoalmente responsável, perante o conselho e os proprietários, pelo desempenho da organização.

Em algumas corporações, um único indivíduo acumula todas as três posições: de CEO, presidente do conselho e de presidente.[8] Mais habitualmente, no entanto, uma única pessoa detém essas três posições, com o CEO servindo também como presidente do conselho, ou como presidente da organização. Quando o CEO é o presidente, o cargo de presidente do conselho pode ser honorário, e ele responsabiliza-se apenas um pouco mais que conduzir reuniões. Em outros casos, o presidente do conselho pode ser o CEO e o presidente será o segundo no comando.

Em anos recentes, tem havido uma tendência para separar a posição de CEO daquela de presidente do conselho. Algumas companhias mais famosas, como Microsoft, Disney e Dell, moveram-se nessa direção. Algumas vezes, esse tipo de mudança está relacionado com o aperfeiçoamento da governança corporativa da empresa; a supervisão do conselho é mais fácil quando o CEO não é uma figura tão dominante. Em certos casos, o conselho age para reduzir o poder de um CEO impopular ou para auxiliar na preparação de um sucessor para o cargo de CEO.

O Quadro dos Altos Executivos Cada vez mais, os CEOs dividem sua autoridade com outros membros-chave do quadro de altos executivos. O quadro de altos executivos normalmente é composto pelo CEO, pelo presidente, pelo diretor de operações, pelo diretor de finanças e por outros importantes executivos. Em vez de tomarem decisões individualmente, os CEOs de companhias, como Shell, Honeywell e Merck, mantêm encontros regulares com o seu quadro de altos executivos para tomarem as decisões como uma unidade.[9]

Um número menor de camadas horizontais economiza tempo e dinheiro.

Níveis Hierárquicos

No Capítulo 1, discutimos os três níveis mais gerais da pirâmide organizacional, comumente chamada **hierarquia**. O CEO ocupa a posição mais elevada e é o membro mais graduado entre os altos executivos. O quadro de altos executivos também inclui presidentes e vice-presidentes, que são os gestores estratégicos encarregados de toda a organização. O segundo nível da pirâmide refere-se à gerência média. Nesse nível, os administradores comandam plantas ou departamentos. O nível mais inferior é composto pelos gerentes e trabalhadores, e inclui os gerentes de unidades, gerentes de vendas, supervisores e outros gerentes com responsabilidades diretas, bem como os trabalhadores que se reportam diretamente a eles. Esse nível também é chamado *nível operacional* da organização.

hierarquia
Os níveis de autoridade da pirâmide organizacional.

Uma estrutura de autoridade é a "cola" que mantém todos esses níveis juntos. Geralmente (mas nem sempre), as pessoas nos níveis superiores têm autoridade para tomar decisões e dizer às dos níveis inferiores o que fazer. Gerentes de nível médio, por exemplo, podem dar ordem aos supervisores de linha de produção;

Como conseqüência de problemas financeiros e de criatividade na Disney, Michel Eisner perdeu seu posto como presidente do conselho, mas ainda mantém sua posição de CEO.

esses supervisores, por sua vez, comandam os trabalhadores de nível operacional.

Uma tendência poderosa nos negócios nos Estados Unidos, ao longo das últimas décadas, tem sido a redução de diversas camadas hierárquicas. A General Electric costumava ter 29 níveis; hoje possui somente uma dezena de camadas e sua estrutura hierárquica é praticamente horizontal. A maioria dos executivos, hoje em dia, acredita que um número menor de camadas cria uma organização mais eficiente, mais dinâmica e com melhor relação custo-benefício. Isso também é verdadeiro para as **subunidades** das grandes corporações. Um estudo realizado com 234 unidades de uma companhia de serviços financeiros revelou que as unidades com menos camadas tendiam a uma eficiência operacional maior do que as unidades que possuíam mais camadas.[10]

subunidades
Subdivisões de uma organização.

Abrangência de Controle

O número de pessoas sob o controle de um gerente é um importante traço da estrutura de uma organização. O número de subordinados que se reportam diretamente a um executivo ou supervisor é chamado **abrangência de controle.** As implicações das diferenças na abrangência de controle para o formato de uma organização são diretas. Mantendo seu tamanho constante, uma abrangência mais restrita produz uma organização *vertical* que possui muitos níveis de subordinação. Abrangências mais amplas criam uma organização achatada ou *horizontal* com menos níveis de subordinação. A abrangência de controle pode ser muito restrita ou muito ampla. O ponto ótimo da abrangência de controle maximiza a eficácia porque ela se torna 1) restrita o suficiente para permitir que os gerentes mantenham controle sobre seus subordinados, mas também 2) não é tão restrita que conduza ao controle excessivo e a grande número de gerentes que supervisionam um número reduzido de subordinados.

abrangência de controle
O número de subordinados que se reportam diretamente a um executivo ou supervisor.

Qual é o número ideal de subordinados? Cinco, de acordo com Napoleão.[11] Alguns gerentes, nos dias de hoje, ainda consideram cinco como um bom número. Em um banco japonês, por outro lado, várias centenas de gerentes de agências se reportam a um mesmo chefe.

Na verdade, a abrangência de controle ideal depende de diversos fatores. A abrangência deve ser mais ampla quando 1) o trabalho é claramente definido e determinado, 2) os subordinados são altamente treinados e têm acesso à informação, 3) o administrador é altamente capacitado e cooperativo, 4) as atividades são similares e as medidas de desempenho são comparáveis, e 5) os subordinados preferem autonomia a um controle gerencial mais próximo. Caso condições contrárias a essas prevaleçam, a abrangência de controle mais restrita pode ser mais apropriada.[12]

Delegação

Conforme olhamos para as organizações e reconhecemos que a autoridade está espalhada por vários níveis e abrangências de controle, a questão da delegação torna-se essencial. **Delegação** é a designação de autoridade e responsabilidade para um subordinado em um nível hierárquico inferior. Isso freqüentemente exige que o subordinado mantenha o seu superior informado no que se refere à eficácia com que a tarefa foi executada. A delegação talvez seja o traço mais fundamental da gestão, porque implica a realização de um trabalho por meio de outras pessoas. Dessa forma, delegação é importante em todos os níveis hierárquicos. O processo pode ocorrer entre dois indivíduos quaisquer, em qualquer tipo de estrutura, com qualquer tipo de atividade.

delegação
A designação de responsabilidades novas ou adicionais para um subordinado.

Estes dois gerentes são exemplos de delegação?

Gerente A: "Entre em contato com Tom Burton da Nittany Office Equipment. Peça que ele lhe forneça a lista de preços para uma atualização de nossos computadores pessoais. Eu gostaria de passar para um Pentium 4, com 256 Mb de memória RAM e com pelo menos 80 Gb de espaço no disco rígido. Peça também a eles que lhe forneçam uma demonstração do Windows XP e do Microsoft Office. Quero ser capaz de criar uma rede local (LAN) para o grupo todo. Convide os Srs. Cochran e Snow para uma demonstração e deixe-os fazer um *test drive*. Solicite que eles escrevam um resumo de suas necessidades e das potenciais aplicações que enxergam para os novos sistemas. Então, eles me preparam um relatório com os custos e as especificações do *upgrade* para a entrada do departamento. Ah, sim, não se esqueça de pedir informações sobre o custo dos serviços."

Gerente B: "Eu gostaria de fazer alguma coisa sobre o nosso sistema de computadores pessoais. Tenho recebido algumas reclamações de que os sistemas atuais são muito lentos, não conseguem processar os softwares existentes e ainda não permitem a conexão em rede. Você poderia avaliar as opções e apresentar-me algumas sugestões sobre o que deveríamos fazer? Nosso orçamento está provavelmente em torno de US$ 3.500 por pessoa, mas eu gostaria de ficar abaixo disso, se for possível. Sinta-se livre para conversar com os gerentes e obter suas opiniões, mas precisamos concluir esse processo quanto antes."

Alguns gerentes sentem-se confortáveis ao delegarem completamente as tarefas para os seus subordinados; outros, nem tanto. Considere as diferenças entre estes dois gerentes administrativos e as formas como eles delegam as mesmas tarefas nos exemplos mostrados a seguir.

Responsabilidade, autoridade e prestação de contas Ao se delegar um trabalho, é muito útil ter em mente a importância da distinção entre os conceitos de autoridade, responsabilidade e prestação de contas.

> **responsabilidade**
>
> A atribuição de uma tarefa que um empregado deverá executar.

Responsabilidade significa que uma pessoa recebe a atribuição de uma tarefa que deve executar. Ao delegar responsabilidades de trabalho, o gerente também deverá delegar ao subordinado a autoridade suficiente para que este execute a tarefa. **Autoridade**, recapitulando, significa que o indivíduo tem o poder e o direito de tomar decisões, dar ordens, utilizar recursos e fazer o que for necessário para dar conta da sua responsabilidade. Ironicamente, é muito comum que as pessoas tenham mais responsabilidades do que autoridade; elas devem fazer o melhor que podem com o emprego de táticas de influência informal em vez de confiar puramente na autoridade. Uma discussão mais profunda sobre poder informal e como usá-lo será apresentada no Capítulo 12.

Como o gerente delega responsabilidades, os subordinados passam a ser considerados responsáveis não somente pelas suas ações, mas também pela obtenção de resultados. **Prestação de contas** significa que o gerente tem o direito de esperar que o subordinado realize as tarefas e de empreender ações corretivas caso seu subordinado falhe no seu cumprimento. O subordinado deve reportar-se a seus superiores sobre o *status* e a qualidade do próprio desempenho nas tarefas.

> **prestação de contas**
>
> A expectativa de que os empregados realizarão uma atividade, empreenderão as ações corretivas — quando necessárias — e se reportarão aos superiores hierárquicos sobre o *status* e a qualidade do próprio desempenho.

No entanto, a maior responsabilidade — a prestação de contas para aqueles hierarquicamente superiores — está ligada ao gerente que realiza a delegação. Os gerentes permanecem responsáveis pela — e sujeitos à — prestação de contas não somente por suas ações, mas também pelas ações de seus subordinados. Em muitos casos, porém, os gerentes se recusam a aceitar a responsabilidade pelas ações dos seus subordinados, e freqüentemente "passam o bastão" ou tomam medidas evasivas para assegurar-se de que não serão responsabilizados por erros.[13]

Vantagens da Delegação A delegação de trabalho oferece importantes vantagens, particularmente quando feita de forma eficaz. Uma delegação eficaz alavanca a energia e o talento do gerente, bem como daqueles que são seus subordinados. Ela permite que gerentes obtenham mais resultados do que poderiam, caso tivessem de fazer tudo sozinhos. No sentido contrário, a ausência de delegação, ou a delegação ineficaz, reduz claramente os resultados que um gerente pode alcançar. O gerente também economiza um de seus bens mais preciosos — tempo — pela cessão de algumas de suas responsabilidades para outra pessoa. E fica, então, livre para devotar suas energias para atividades importantes e de nível mais elevado, como planejamento, estabelecimento de objetivos e monitoramento de desempenho.

Outra vantagem muito importante da delegação é que ela auxilia no desenvolvimento de subordinados eficazes. Reveja os caminhos diferentes pelos quais os dois gerentes administrativos distribuíram as mesmas delegações. A abordagem que vai, mais provavelmente, fortalecer os subordinados e ajudá-los no seu desenvolvimento se tornará óbvia. (Você também poderá rapidamente concluir para qual dos dois gerentes preferiria trabalhar.) A delegação, essencialmente, proporciona ao subordinado um conjunto mais importante de atribuições. O subordinado obtém uma oportunidade de desenvolver novas habilidades e de demonstrar potencial para responsabilidades adicionais e, talvez, até para uma promoção. Em resumo, o subordinado recebe uma forma vital de treinamento prático que poderá render dividendos no futuro.

A delegação eficaz aumenta a qualidade dos subordinados.

A organização também obtém ganhos. Permitir que gerentes devotem mais tempo para importantes funções gerenciais enquanto outros empregados, de nível hierarquicamente inferior, executam outras atribuições significa que as tarefas são realizadas de forma mais eficiente e com melhor custo-benefício. Além disso, ao mesmo tempo que os subordinados se desenvolvem e crescem em suas próprias tarefas, sua capacidade para contribuir com a organização também aumenta.

Como os Gerentes Devem Delegar? Para alcançar as vantagens que acabamos de relatar, a delegação deve ser feita adequadamente. Conforme aponta a Figura 8.2, a delegação eficaz ocorre por meio de vários passos.[14]

O primeiro passo no processo de delegação, a definição do objetivo, exige que o gerente tenha um entendimento muito claro sobre o resultado desejado. Então, deverá selecionar uma pessoa que seja capaz de executar a tarefa.

À pessoa que recebe a atribuição deverão ser dados a autoridade, o tempo e os recursos necessários para a realização da tarefa com êxito. Os recursos exigidos envolverão, necessariamente, pessoas, dinheiro e equipamentos, mas, freqüentemente, podem envolver informações críticas que darão contexto à tarefa delegada ("Revise cada item dos custos cuidadosamente, porque se apresentarmos a oferta mais baixa ganharemos a conta"). Durante todo o processo de delegação, o gerente e o subordinado devem trabalhar juntos e se comunicar sobre o projeto. O gerente deverá conhecer as idéias dos subordinados no início e

FIGURA 8.2
Os Passos da Delegação Eficaz

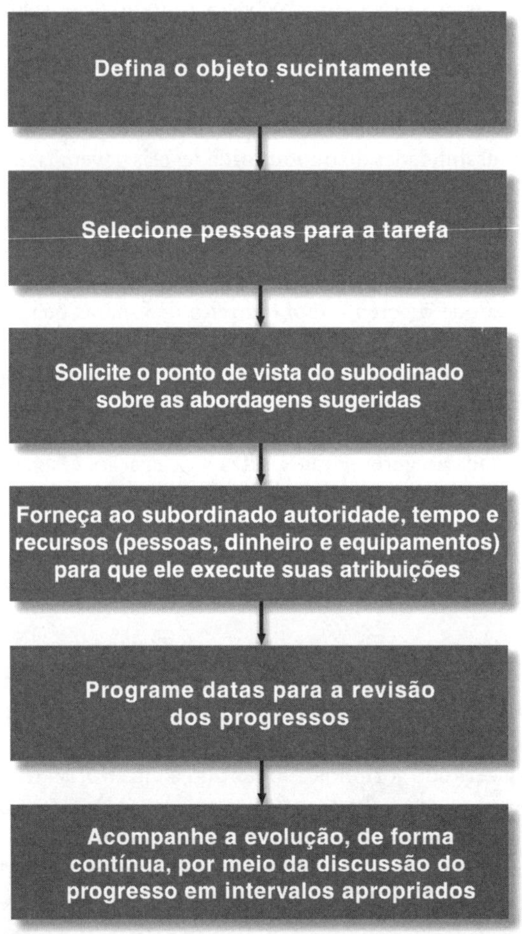

questionar o progresso ou os problemas em encontros periódicos e sessões de revisão. Dessa forma, mesmo que o subordinado execute suas atribuições, o gerente estará disponível e ciente do seu *status* atual.

Algumas tarefas, como a de disciplinar subordinados e a de conduzir revisões de desempenho, não deverão ser delegadas. No entanto, quando os gerentes erram, isso geralmente ocorre porque delegaram muito pouco no lugar de terem delegado demais. O gerente que deseja aprender como delegar de forma mais eficaz deverá lembrar-se desta distinção: se você não está delegando, está meramente *fazendo* coisas; porém, quanto mais você delegar, mais verdadeiramente estará *construindo* e *gerenciando* uma organização.[15]

organização centralizada

Uma organização na qual os executivos de alto nível tomam a maior parte das decisões e as repassam para os níveis inferiores para implementação.

organização descentralizada

Uma organização na qual os gerentes dos níveis hierarquicamente inferiores tomam importantes decisões.

Descentralização

A delegação de responsabilidade e autoridade *descentraliza* o processo decisório. Em uma **organização centralizada**, as decisões importantes normalmente são tomadas nas instâncias superiores. Em **organizações descentralizadas**, mais decisões são tomadas nos níveis hierarquicamente inferiores. Idealmente, o processo decisório ocorre no nível hierárquico em que se concentra o maior número de pessoas diretamente afetadas e que possuam um conhecimento íntimo do problema. Isso é particularmente importante quando o ambiente de negócios é dinâmico e as decisões devem ser tomadas de maneira rápida e correta.

Algumas vezes, as organizações mudam o seu grau de centralização, dependendo dos desafios particulares que enfrentam. Tempos mais difíceis fazem que gerentes mais graduados assumam o controle, ao passo que, em tempos de rápido crescimento, a tomada de decisões é passada para níveis mais baixos da cadeia de comando. A Harley-Davidson, por exemplo, durante a década de 1980, estava em grandes dificuldades financeiras e enfrentava forte concorrência de competidores como Honda, Suzuki e Yamaha. Ela necessitava de uma liderança fortemente centralizada, que pudesse reagir rápida e decisivamente para garantir sua sobrevivência. Mas, uma vez passada a crise, essa abordagem não era mais efetiva, no sentido de obter o compromisso e a energia dos funcionários, que eram aqueles que produziam os produtos e que se relacionavam com os consumidores. A Harley-Davidson fez uma transição para um modelo de organização como uma estrutura mais achatada, fortalecida, que descentraliza o processo decisório. Hoje, o modelo de hierarquia tradicional na companhia foi substituído por uma liderança mais colaborativa, baseada na crença de que todos os funcionários podem tomar decisões e assumir responsabilidades para alcançar os objetivos da organização.[16]

A descentralização freqüentemente acelera o processo decisório.

A hierarquia tradicional da Harley-Davidson foi substituída pela liderança colaborativa, baseada na crença de que todos os funcionários podem tomar decisões e assumir a responsabilidade pelo alcance das metas da companhia. Por que isso poderia ser considerado uma forma eficaz de tomar decisões?

Muitos executivos dos Estados Unidos, atualmente, compreendem as vantagem de mover a autoridade do processo decisório para baixo, na cadeia de comando, para o nível de ação. O nível que lida diretamente com os problemas e oportunidades possui a informação mais relevante e pode prever as conseqüências das decisões. Os executivos também vêem no modelo de abordagem descentralizada uma maneira de permitir que as pessoas tomem decisões mais oportunas.[17] O texto mostrado a seguir sobre a AOL descreve a intenção de uma companhia de acelerar o processo decisório por meio da descentralização.

Na AES, a maior companhia do setor energético do mundo (com receitas acima de US$ 3 bilhões), todas as decisões são passadas para os escalões inferiores. As equipes nas plantas têm total responsabilidade sobre as operações e a manutenção. De acordo com Dennis Bakke e Roger Sant, os fundadores da companhia, dar às pessoas poder e responsabilidade tem múltiplos benefícios. Isso leva a decisões melhores e mais rápidas porque as decisões são tomadas onde está a ação. Além disso, fornece aos empregados uma oportunidade para aprender e engajar-se nos negócios, transformando-os em "pequenos CEOs". Um exemplo extremo desse modelo de organização descentralizada ocorreu quando os executivos da planta permitiram que a equipe da manutenção obtivesse autorização para investir US$ 12 milhões das reservas financeiras mantidas na planta. Após três meses do início do processo, os resultados obtidos pela equipe superavam as melhores taxas de retornos sobre investimentos conseguidos pelos funcionários da matriz que estavam investindo as reservas da companhia.[18]

AOL Divide-se em Quatro Unidades

A América Online, Inc., colocou novos líderes em posições elevadas de comando e renovou sua estrutura corporativa, empreendendo ampla análise.

As profundas alterações, dirigidas pelo seu CEO, Jonathan F. Miller, resultaram na saída de três dos mais graduados executivos da companhia do seu quartel-general em Dulles, Virgínia, Estados Unidos. Em um e-mail endereçado aos milhares de funcionários, Miller deixou claro que pretende dar um novo ânimo ao gigante dos negócios on-line, que havia sido criticado por mover-se muito lentamente e não fazer o suficiente para estimular o trabalho em equipe.

Além das diversas mudanças no quadro de pessoal, Miller também afirmou que fará a reestruturação da companhia em quatro divisões e que dará a cada uma delas a responsabilidade pelas suas ações e pelo seu desempenho financeiro. "Nós tentaremos ser mais incisivos na tomada de decisões", disse durante uma entrevista. "Trata-se de termos mais clareza sobre missão e propósitos."

Um veterano de AOL, Ted Leonsis, chefiará uma nova divisão apelidada "Audience" (Audiência). Ela terá como foco a obtenção de lucro com, essencialmente, a venda do espaço da publicidade que chega aos usuários dos diversos *websites* e produtos da AOL, incluindo o AIM, serviço de mensagem instantânea da AOL, Moviefone, Mapquest; Netscape.com, e do sítio renovado da AOL. "Espero colocar um pouco de aditivo nisto", disse Leonsis sobre sua nova responsabilidade.

Miller afirmou que sua nova equipe deverá assumir o comando imediatamente. No passado, a AOL havia sido uma "companhia fracionada", que se movia muito devagar para fazer mudanças, disse Miller. A estrutura mais descentralizada tem como objetivo facilitar um processo de tomada de decisões mais rápido e uma implementação mais veloz das iniciativas. "Nos dias que se seguirão, quando a nossa transição para a nova estrutura estiver completada, teremos uma organização mais fluida, com papéis e responsabilidades mais claros", escreveu Miller em seu e-mail. "Levará algumas semanas para que todos os detalhes organizacionais estejam em seu lugar, e eu sei que isso deixa as pessoas desconfortáveis."

Em relação às outras três novas divisões criadas, a maior entre elas é chamada "Access" (Acesso). Essa divisão engloba os vários serviços que a AOL vende para fazer que os usuários de computador operem on-line, seja por meio de acesso discado ou de linhas de alta velocidade. A unidade, que será chefiada por Neil Smit, que tem supervisionado os serviços regionais de atendimento a clientes, também inclui a CompuServe e a Netscape ISP, o serviço de Internet popular, bem como o Wal-Mart Connect, uma parceria entre a gigante do varejo e a AOL que oferece acesso à Internet a preços mais baixos.

As outras duas divisões são a AOL Europa, chefiada por Philip Rowley e a divisão de serviços digitais, chefiada pelo chefe de tecnologia da AOL, John McKinley. A divisão de serviços digitais centralizará suas atividades em uma variedade de serviços *premium*, abrangendo dos serviços telefônicos via Internet à assinatura de serviços de música, tais como o MusicNet.

Embora a veiculação publicitária tenha melhorado nos últimos trimestres, a companhia continua a registrar perda de assinantes, na medida em que os usuários mudam para serviços mais baratos ou mais rápidos.

Miller ressaltou que as mudanças na organização e nas suas lideranças são o resultado de um relatório sobre os pontos fortes e fracos da AOL que foi apresentado ao conselho de diretores da Time Warner na última primavera. Leonsis afirmou que a organização deverá reduzir o número de responsabilidades sobrepostas "que retardavam nosso processo de tomada de decisão em virtude dos muitos recursos compartilhados".

Leonsis ainda advertiu que "Você não deve interpretar a mudança como se estivéssemos criando quatro companhias em quatro prédios diferentes. Isso será feito para mirarmos, com mais clareza, no sucesso".

Os líderes das quatro divisões de negócio se reportarão diretamente a Miller, que planeja manter encontros semanais com eles.

FONTE: Adaptado do artigo de VISE, David A. AOL to be split into four units. *The Washington Post*, 9 nov. 2004, on-line.

A Estrutura Horizontal

Até este ponto, discutimos essencialmente aspectos verticais da estrutura organizacional. Questões como autoridade, abrangência de controle, delegação e descentralização são importantes, pois nos dão uma idéia de como os gerentes e os empregados se relacionam entre si, em diferentes níveis. Ao mesmo tempo, a separação entre diferenciação horizontal e diferenciação vertical pode parecer um pouco artificial, porque esses elementos operam simultaneamente.

Conforme as tarefas em uma organização tornam-se cada vez mais complexas, a organização deve, inevitavelmente, ser subdividida — ou seja, *departamentalizada* — em unidades menores ou departamentos. Um dos primeiros modos de se observar isso é na distinção entre departamentos de linha e de apoio. **Departamentos de linha** são aqueles que têm como responsabilidade as principais atividades da companhia. As unidades de linha lidam diretamente com os bens ou serviços primários da organização; eles produzem ou vendem, ou prestam serviços ao consumidor. Na General Motors, por exemplo, os departamentos de linha incluem os de projeto de produtos, fabricação, montagem, distribuição e atividades afins. Gerentes de linha detêm, tipicamente, muito poder e autoridade na organização. Eles possuem a responsabilidade final de tomar as grandes decisões operacionais. Também são responsáveis pelos resultados "mais amplos" das suas decisões.

departamentos de linha
Unidades que lidam diretamente com os produtos e os serviços primários de uma organização.

Os **departamentos de apoio** são aqueles que provêem habilidades especializadas ou profissionais que dão suporte aos departamentos de linha. Eles incluem os departamentos de pesquisa, jurídico, contabilidade, relações públicas e recursos humanos. Cada uma dessas unidades especializadas, freqüentemente, possui seu próprio vice-presidente e algumas delas são investidas de uma grande parcela de autoridade, como quando grupos de consultoria contábil ou de finanças aprovam ou monitoram atividades orçamentárias. Porém, embora as unidades de apoio costumassem focar suas atividades no monitoramento e no controle do desempenho, muitas unidades, hoje em dia, estão migrando para um novo modelo, focado no suporte estratégico e no aconselhamento especializado.[19]

departamentos de apoio
Unidades que dão suporte para os departamentos de linha.

À medida que as organizações dividem seu trabalho em diferentes unidades, podemos detectar padrões na forma como departamentos são reunidos e arranjados. As três abordagens básicas para a **departamentalização** são: a funcional, a divisional e a matricial. A seguir, discutiremos cada uma delas e mostraremos algumas de suas similaridades e diferenças.

departamentalização
O ato de subdividir uma organização em unidades menores.

A Organização Funcional

Em uma **organização funcional**, os cargos (e os departamentos) são especializados e agrupados de acordo com *funções dos negócios* e as qualificações que eles exigem: produção, marketing, recursos humanos, pesquisa e desenvolvimento, finanças, contabilidade e assim por diante. A Figura 8.3 mostra um organograma baseado no modelo funcional.

A departamentalização funcional é comum tanto em organizações grandes quanto em pequenas. Grandes companhias podem organizar-se em diferentes agrupamentos funcionais, incluindo agrupamentos únicos para seus negócios. A Carmike Cinema, por exemplo, que opera 2.229 telas em 291 cinemas, em 36 estados dos Estados Unidos, tem vices-presidentes de finanças, patrimônio imobiliário, operações, propaganda, sistemas de informação, técnico, e de concessões e um vice-presidente que coordena a compra de filmes.

organização funcional
Departamentalização em torno de atividades especializadas, como produção, marketing e recursos humanos.

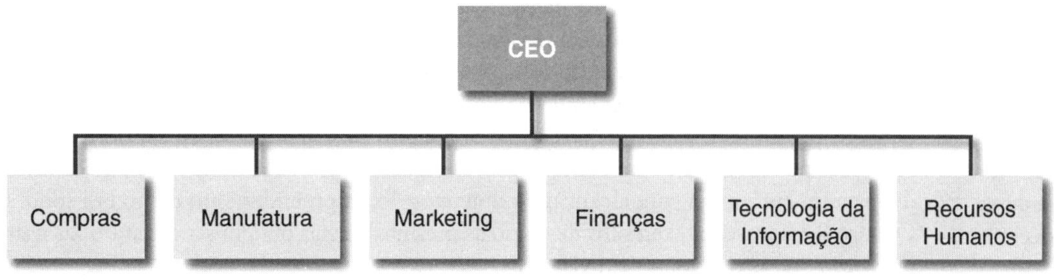

FIGURA 8.3
A Organização Funcional

Em uma organização funcional, cargos e departamentos são especializados e agrupados de acordo com as funções do negócio. O pessoal de finanças, por exemplo, somente poderá trabalhar com pessoas do departamento de finanças. Quais são as vantagens e as desvantagens que podemos encontrar em uma organização funcional?

A abordagem funcional tradicional para a departamentalização apresenta vantagens potenciais para uma organização:[20]

1. *Economias de escala podem ser obtidas*: Quando pessoas com habilidades similares são reunidas, equipamentos mais eficientes podem ser comprados e descontos para compras em grandes quantidades podem ser utilizados.
2. O *monitoramento do ambiente de negócios* é mais eficaz. Cada grupo funcional está mais intimamente ligado às novidades do seu próprio campo e, dessa forma, pode adaptar-se mais rapidamente.
3. Os *padrões de desempenho* são mantidos de uma forma melhor. Pessoas com treinamento e interesses similares podem desenvolver preocupações compartilhadas sobre o desempenho de suas atividades.
4. As pessoas têm maior oportunidade para obter *treinamento especializado* e *desenvolvimento mais aprofundado de suas habilidades*.
5. Especialistas técnicos ficam relativamente *livres do trabalho administrativo*.
6. O *processo de tomada de decisão* e as *linhas de comunicação* são simples e compreendidas de forma mais clara.

A forma funcional apresenta também desvantagens. As pessoas podem passar a se importar mais com suas funções do que com a companhia como um todo, e sua atenção para as tarefas associadas à determinada função podem fazer que percam de vista a qualidade global do produto e a satisfação do consumidor. Os gerentes tornam-se *experts* em suas funções, mas não adquirem conhecimentos sobre o funcionamento das outras áreas do negócio; tornam-se especialistas, mas não generalistas. Surgem conflitos entre as funções; a comunicação e a coordenação entre elas diminuem. Em suma, embora possa existir diferenciação funcional, é possível que a *integração funcional* não ocorra.

Quando funções semelhantes são agrupadas, isso geralmente resulta economias.

Como conseqüência, a estrutura funcional pode ser mais apropriada em ambientes mais simples e estáveis. Se a organização se torna mais fragmentada (ou *des*integrada), pode ser difícil que ela desenvolva e traga novos produtos para o mercado e que responda às demandas dos consumidores e outras mudanças. Particularmente, quando as companhias estão crescendo e o ambiente de negócios está mudando, surge a necessidade de integrar as áreas de trabalho mais eficientemente, de forma que as organizações possam ser mais flexíveis e mais rápidas em suas respostas. Outras formas de departamentalização podem ser mais eficientes nisso do que a estrutura funcional.

As exigências de qualidade total, atendimento ao consumidor, inovação e velocidade tornaram claras as deficiências do modelo funcional para algumas empresas. As organizações funcionais são altamente diferenciadas e criam barreiras para a coordenação entre as funções. A coordenação entre as funções é essencial para as qualidade total, o atendimento ao cliente, as inovações e a velocidade. A organização funcional não desaparecerá, em parte porque especialistas funcionais serão sempre necessários; mas os gerentes funcionais tomarão menos decisões. As unidades mais importantes serão equipes interfuncionais cujas responsabilidades exigirão integração para produção de produtos, processos e atendimento a clientes.[21]

A Organização Divisional

A discussão dos pontos fracos de uma estrutura funcional nos leva à **organização divisional**. À medida que organizações crescem e tornam-se cada vez mais diversificadas, elas percebem que departamentos funcionais têm dificuldades para gerenciar ampla variedade de produtos, clientes e regiões geográficas. Nesse caso, as organizações podem reestruturar-se com o objetivo de agrupar todas as funções em uma única divisão e duplicar cada uma das funções ao longo das divisões. De acordo com o organograma de uma organização funcional mostrado a seguir na Figura 8.4, a Divisão A possui seus próprios departamentos de operações, marketing, finanças; a Divisão B também possui os mesmos departamentos e assim por diante. Nesse sentido, divisões separadas podem atuar quase como negócios separados, ou centros de lucro, trabalhando de maneira autônoma para alcançar os objetivos do empreendimento como um todo. O Quadro 8.1 apresenta exemplos de como as mesmas tarefas podem ser organizadas usando-se estruturas funcionais e divisionais.

organização divisional

Uma forma de departamentalização que agrupa unidades em torno de produtos, consumidores ou regiões geográficas.

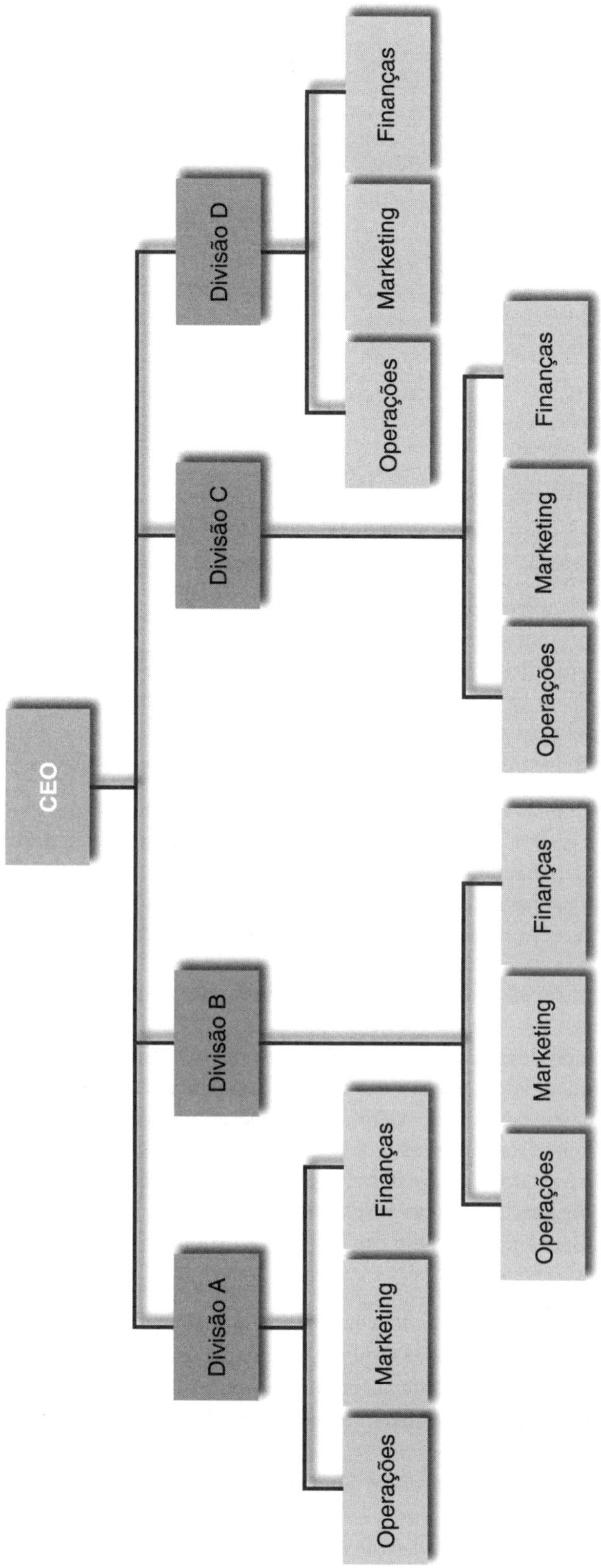

FIGURA 8.4
A Organização Divisional

QUADRO 8.1

Exemplos de Organizações Funcionais e Divisionais

Organização Funcional	*Organização Divisional*
Um departamento de compras centralizado.	Cada divisão possui sua própria unidade de compras.
Departamentos separados de marketing, produção, *design* e engenharia, para toda a companhia.	Cada grupo tem seus especialistas em marketing, *design* e engenharia separados.
O departamento de saúde de uma grande cidade.	O distrito escolar e as prisões têm suas próprias unidades de saúde.
Departamentos de inspeção, manutenção e almoxarifado para toda a planta.	A equipe de produção Y possui suas próprias unidades de inspeção, manutenção e almoxarifado.
O departamento de estatística de uma universidade ensina estatística para toda a universidade.	Cada departamento contrata estatísticos para ensiná-la aos seus estudantes.

FONTE: STRAUSS, George; SAYLES, Leonard R. *Strauss e Sayles behavioral strategies for managers*, Copyright © 1980, p.221. Reproduzido com permissão da Prentice-Hall, Inc. New Jersey: Englewood Cliffs.

Existem diversas maneiras para se criar uma divisão estrutural. Ela pode ser criada em torno de produtos, clientes ou regiões geográficas. Cada uma dessas formas será descrita nas seções subseqüentes.

Divisão por Produtos Em uma organização por produtos, todas as funções que contribuem para a produção de dado item são organizadas sob um único administrador. Em uma organização com essa estrutura, os gerentes encarregados das funções para produção de determinado item se reportam a um gerente de produto. A Jonhson & Jonhson é um exemplo desse modelo: possui mais de 200 divisões independentes, cada uma delas responsável por uma dezena de produtos no mundo todo.

A abordagem de produto para departamentalização oferece algumas vantagens:[22]

1. *As necessidades de informação são administradas mais facilmente.* Um conjunto menor de informações é exigido, porque as pessoas trabalham mais diretamente com um único produto e não precisam preocupar-se com os demais.
2. *As pessoas têm um compromisso em tempo integral com uma linha particular de produtos.* Elas desenvolvem maior percepção da maneira como suas atividades se encaixam em um esquema mais amplo.
3. *A atribuição de responsabilidades é mais clara.* Quando as coisas dão errado em uma organização funcional, os gerentes das funções podem "passar a bola" ("Aquele outro departamento está atrapalhando, tornando difícil a execução do nosso trabalho"). Em uma estrutura por produto, os gerentes são mais independentes e podem ser responsabilizados porque têm os recursos de que necessitam para realizar suas tarefas. Além disso, os desempenhos de diferentes unidades podem ser comparados ao contrastarmos seus lucros e outras medidas de aferição de resultados.
4. *As pessoas recebem um treinamento mais amplo.* Os gerentes gerais desenvolvem diversas habilidades e aprendem a ser julgados pelos seus resultados. Muitos altos executivos tiveram experiências cruciais, no início de suas carreiras, em estruturas por produto.

Pelo fato de a estruturação por produto ser mais flexível que a estruturação funcional, ela é mais conveniente para ambientes instáveis, quando a habilidade em adaptar-se rapidamente às mudanças é importante. Mas a estruturação por produto também tem suas desvantagens. A coordenação ao longo de linhas de produtos e divisões torna-se difícil e, embora aprendam a se tornar generalistas, os gerentes podem não adquirir a profundidade de conhecimentos especializados que uma estruturação funcional pode fornecer.

Além disso, as funções não são centralizadas no escritório central das empresas, onde elas podem ser executadas para todas as linhas de produtos e divisões. Uma duplicação de esforços dessa natureza é muito cara. Adicionalmente, o processo de tomada de decisões é descentralizado nessa estrutura, de forma que os altos executivos possam perder o controle sobre as decisões das divisões. Um gerenciamento adequado de todas as questões que envolvem descentralização e delegação, conforme exposto anteriormente, é essencial para a eficácia dessa estrutura.[23]

Conexões: SONY SE ORGANIZA PARA CONVERGÊNCIA

Em 2003, a Sony fez progressos consideráveis na integração de suas operações — os novos jogos da Sony, por exemplo, podiam ser jogados em diferentes aparelhos da companhia, o que não acontecia no passado. Mas algumas mudanças que a administração da Sony estava realizando ainda encontravam resistência dentro da empresa. Uma parte do problema era simplesmente a distância: os especialistas em tecnologia da Sony estavam concentrados no Japão, o negócio de filmes estava na Califórnia e o negócio de música, em Nova York. Para contornar esse problema, a companhia começou a realizar encontros regulares e videoconferências, de forma que os especialistas em tecnologia não desenvolvessem novos produtos sem primeiro discuti-los com os criadores dos conteúdos. Mudanças estruturais mais formais também foram implementadas. Uma nova unidade foi criada, em nível sênior, com o único propósito de assegurar que os produtos e conteúdos da Sony trabalhassem perfeitamente juntos. Mais divisões foram consolidadas sob uma gerência comum, com a missão de integrar os conteúdos, produtos e serviços inovadores da companhia. E, no Japão, um sistema de compensação baseado no tempo de serviço foi praticamente eliminado e substituído por um sistema de pagamentos por desempenho, mais alinhado com a estrutura de compensação utilizada nos Estados Unidos.

Divisões por Clientes e por Regiões Geográficas Algumas companhias estabelecem divisões em torno de grupos de consumidores ou segundo divisões geográficas. A Hewlett-Packard, por exemplo, possuía divisões separadas para seus negócios de computadores pessoais e impressoras, mas economizou dinheiro ao combiná-los, uma vez que os consumidores para esses produtos eram, em grande medida, os mesmos.[24] Da mesma forma, um hospital pode organizar seus serviços em torno de crianças, adultos, casos psiquiátricos e casos de emergência. Os departamentos de empréstimo dos bancos, normalmente, delegam tarefas baseando-se no tipo de demanda dos seus consumidores: empréstimos pessoais, hipotecários, para pequenos negócios, corporativos ou agrícolas.

Em contraste com a organização por clientes, as divisões podem ser estruturadas por regiões geográficas. A Sears foi pioneira na criação de *divisões geográficas*. As distinções geográficas podem incluir distrito, território, região e país. A Seagram International é uma das muitas companhias que designam gerentes para Europa, Oriente e América Latina e tratam essas áreas como linhas separadas de produtos.

Divisões por consumidores e por regiões geográficas normalmente atendem os consumidores de uma forma mais rápida.

A vantagem primordial das abordagens para departamentalização, baseadas tanto na estruturação por clientes quanto na estruturação regional, é a habilidade de focar as necessidades dos clientes e fornecer serviços de uma forma melhor e mais rápida. Porém, novamente, a duplicação de atividades ao longo de muitos grupos de consumidores e áreas geográficas é custosa.

A Organização Matricial

Uma **organização matricial** é um tipo híbrido de organização no qual as formas funcional e divisional se sobrepõem. Os gerentes e sua equipe se reportam a dois chefes — um gerente funcional e um gerente divisional. Dessa forma, uma organização matricial possui duas linhas de comando em vez de uma. Na Figura 8.5, por exemplo, cada gerente de projeto retira empregados de cada uma das áreas funcionais para formar um grupo para o projeto. Os empregados que trabalham nesses projetos se reportam a um gerente individual de projeto e a um gerente na sua área funcional.

organização matricial
Uma organização composta por relações duais de subordinação, em que alguns gestores se reportam a dois ou mais superiores — um gerente funcional e um gerente divisional.

Um bom exemplo de uma estrutura matricial pode ser encontrado na Time Inc., a maior editora de revistas do mundo. Nas principais publicações da Time Inc., como *Time*, *Sports Illustrated* e *People*, os gerentes de produção, que são os responsáveis pela impressão das revistas, reportam-se aos editores e aos gerentes de publicação de cada título *e* a um alto executivo corporativo encarregado da produção. No plano corporativo, a Time Inc. obtém uma grande economia de escala com a compra de papel e a impressão em grandes quantidades, bem como ao certificar-se de que as atividades de produção da companhia são coordenadas. Ao mesmo tempo, os gerentes de produção de cada publicação concentram-se em

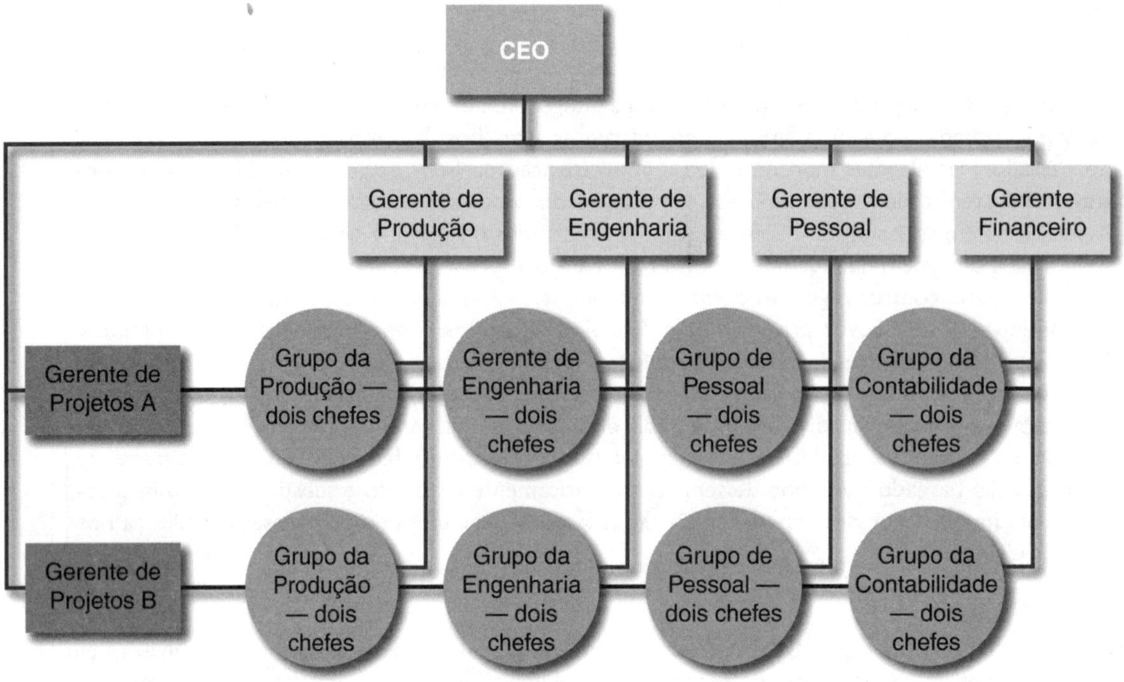

FIGURA 8.5
Estrutura Organizacional Matricial

fazer que as metas de cada revista, individualmente, sejam alcançadas. Arranjos matriciais similares também acontecem com outras gerências importantes, como as de circulação e de finanças. Dessa forma, a companhia tenta obter, ao mesmo tempo, os benefícios das estruturas de organizações funcional e matricial.

A forma de organização matricial se originou na indústria aeroespacial, primeiro na TRW, em 1959, e posteriormente com a Nasa. As aplicações deste modelo ocorrem agora em hospitais e agências de assistência à saúde, organizações empreendedoras, laboratórios governamentais, instituições financeiras e corporações multinacionais.[25] Outras companhias que utilizaram, ou que atualmente usam, a forma matricial incluem IBM, Boeing, Xerox, Shell Oil, Texas Instruments, Bechtel, Phillips Petroleum e Dow Corning.

Os Prós e os Contras da Forma Matricial Como outras estruturas organizacionais, a matricial possui pontos fortes e fracos. O Quadro 8.2 resume as vantagens da utilização de uma estrutura matricial. A maior vantagem potencial é o grau mais elevado de flexibilidade e adaptabilidade.

QUADRO 8.2
As vantagens de um desenho matricial

• O processo de tomada de decisão é descentralizado em direção a um nível no qual a informação é processada mais adequadamente e o conhecimento mais relevante é aplicado.
• Uma extensiva rede de comunicações auxilia no processamento de grandes quantidades de informação.
• Com decisões delegadas aos níveis apropriados, os níveis gerenciais superiores não ficam sobrecarregados em razão das decisões operacionais.
• A utilização de recursos é eficiente porque recursos essenciais são divididos, ao longo de diversos programas ou produtos importantes, ao mesmo tempo.
• Os empregados aprendem as habilidades colaborativas necessárias para operar em um ambiente caracterizado por encontros freqüentes e interações mais informais.
• Progressões duais de carreira são formadas à medida que mais opções de carreira tornam-se disponíveis nos dois lados da organização.

FONTE: KOLODNY, H. Managing in a matrix. *Business Horizons*, mar./abr. 1981, p. 17-24.

QUADRO 8.3
Desvantagens da Estrutura Matricial

- O fato de as pessoas não terem um único superior com o qual possuam uma responsabilidade primordial pode produzir alguma confusão.
- Esse modelo encoraja gerentes que compartilham subordinados a competirem por poder.
- Pode surgir uma crença equivocada de que gerenciamento matricial e grupo de tomada de decisões são a mesma coisa – em outras palavras, todos devem ser consultados sobre todas as decisões.
- Muita democracia pode levar a pouca ação.

Fonte: KOLODNY, H. Managing in a matrix. *Business Horizons* p. 17-24, 1981, mar./abr.

O Quadro 8.3 acima resume as deficiências potenciais da forma matricial. Muitas das desvantagens são derivadas da violação, inerente ao modelo matricial, do **princípio da unidade de comando**, o qual afirma que uma pessoa deveria ter apenas um chefe. O fato de alguém se reportar a dois superiores pode criar confusão e uma situação de relacionamento interpessoal difícil, exceto se alguns passos forem tomados para prevenir o surgimento desses problemas.

princípio da unidade de comando
Uma estrutura em que todo empregado se reporta a um único chefe, o qual, por sua vez, se reporta também a um único chefe.

Habilidades Necessárias para Sobrevivência na Forma Matricial De maneira geral, vários problemas podem ser evitados se os gerentes-chave da matriz aprenderem as habilidades comportamentais exigidas pela estrutura matricial.[26] Essas habilidades variam de acordo com a atividade executada, segundo a estrutura, no formato de diamante, para quatro pessoas (ver Figura 8.6).

O *executivo-líder*, que encabeça a matriz, deve aprender a balancear poder e ênfase entre a orientação voltada para produto e a funcional. *Gerentes de produtos ou de divisão* e *gerentes funcionais* devem aprender a colaborar e administrar seus conflitos de forma construtiva. Finalmente, os *gerentes com dois chefes*, ou os empregados na base do diamante, devem aprender a ter responsabilidades perante dois superiores. Isso significa priorizar múltiplas demandas e, em algumas oportunidades, até mesmo a conciliação de ordens conflitantes. Algumas pessoas desempenham de maneira fraca suas atividades em circunstâncias ambíguas e de conflito. Algumas vezes, isso assinala o fim de suas carreiras na companhia. Outras, porém, aprendem a ser proativas, a se comunicar eficientemente com seus superiores, a se colocarem acima das dificuldades e gerenciam essas relações de trabalho de forma construtiva.

A estrutura matricial pode acelerar as decisões e cortar custos.

FIGURA 8.6
O Diamante Matricial

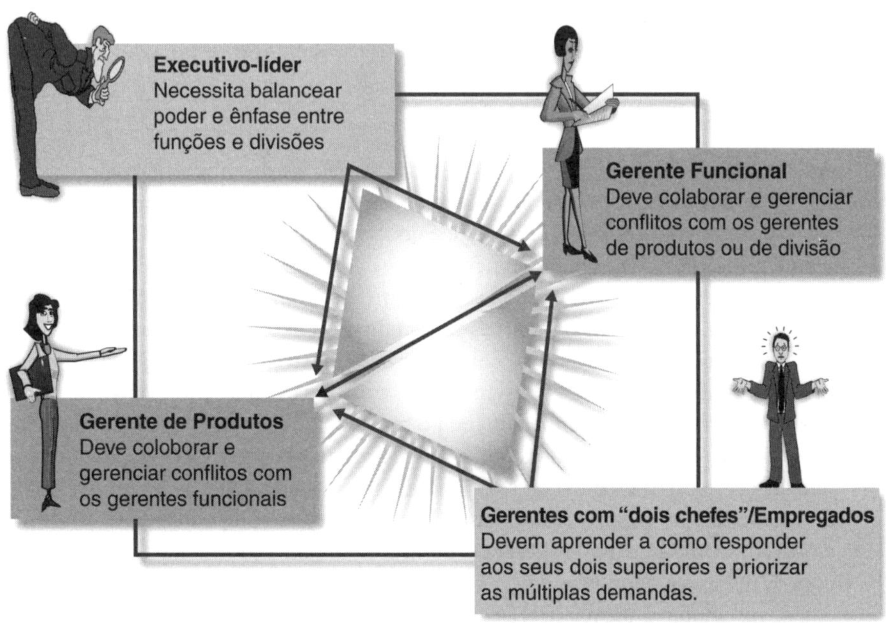

Vantagens da Colaboração

O valor da colaboração está particularmente evidenciado em uma organização matricial. No tipo de estrutura ilustrada na Figura 8.5, por exemplo, membros de um grupo de projeto podem não ser permanentemente postos à disposição do gerente de projetos. Eles retornarão às suas áreas funcionais normais tão logo o projeto esteja completo. Para que esse grupo trabalhe de forma eficaz, o estilo tradicional de gerenciamento *comando e controle* pode não ser o mais apropriado; ele poderia receber a *aceitação* formal dos membros do grupo, não seu *comprometimento* total, tornando mais difícil alcançar os objetivos do projeto. Além disso, na medida em que as organizações matriciais retiram membros de grupos funcionais para servirem de seus conhecimentos especializados, torna-se muito importante obter sua contribuição total. Um processo colaborativo, no qual o gerente e os participantes desenvolvem um senso comum de propriedade do trabalho que executam, produzirá melhores idéias, participação e compromisso, com o projeto e com seus resultados.

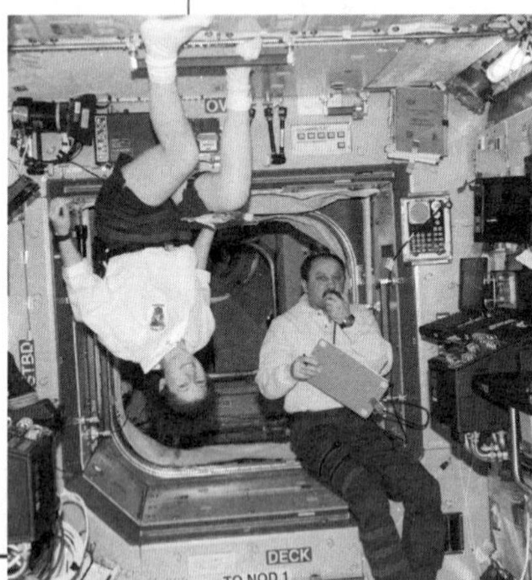

Organizações com pessoal altamente especializado, como a astronauta da Nasa, Susan J. Helms (à esquerda), mostrada aqui com o cosmonauta russo Yury V. Usachev, na Estação Espacial Internacional, normalmente utilizam a estrutura matricial.

A Forma Matricial no Mundo Atual A popularidade da forma matricial diminuiu no final dos anos 1980, quando muitas companhias enfrentaram dificuldades para implementá-la. Mas, ultimamente, ela retornou com força. Entre as razões para seu ressurgimento, incluem-se as pressões para consolidar custos e tornar-se mais ágil para os mercados, criando uma necessidade para coordenação aperfeiçoada entre funções nas unidades de negócios, e a necessidade para coordenação entre países para companhias com estratégias de negócios globais. Muitos dos desafios criados pela matriz são particularmente críticos em um contexto internacional, como conseqüência das distâncias envolvidas e das diferenças nos mercados locais.[27]

A chave para o gerenciamento de uma matriz dos dias atuais não é a própria estrutura formal, mas a percepção de que a estrutura matricial é um *processo*. Os administradores que corretamente adotaram a estrutura matricial, em virtude da complexidade dos desafios que enfrentam, mas que tiveram problemas com a sua implementação, freqüentemente descobrem que não modificaram as relações entre os funcionários e gerentes dentro das suas organizações de modo a tornar eficaz a matriz. Não basta criar mais uma estrutura flexível apenas por meio da modificação da sua estrutura. Para criar um ambiente que permita o livre fluxo de informação em toda a organização, os administradores devem ater-se às normas, aos valores e às atitudes que moldam a forma pela qual as pessoas se comportam no interior das suas organizações.[28] Iremos abordar essas questões no próximo capítulo e na Parte 4 do livro cujo foco é a maneira de como lidar e gerenciar pessoas.

organização em rede

Uma reunião de companhias essencialmente independentes, devotadas a um único negócio, que colaboram para a produção de determinado produto ou serviço.

rede dinâmica

Arranjos temporários entre parceiros que podem ser montados ou remontados para responder a mudanças no ambiente.

A Organização em Rede

Até agora, as estruturas aqui discutidas são variações de uma organização tradicional e hierarquizada, dentro da qual todas as funções dos negócios da companhia são executadas. Em contraste, a **organização em rede** é uma reunião de companhias essencialmente independentes, devotadas a um único negócio, que colaboram para a produção de determinado produto ou serviço. Conforme mostrado na Figura 8.7, a organização em rede descreve não somente uma organização, mas uma rede de relacionamentos entre várias empresas. As organizações em rede representam arranjos flexíveis entre projetistas, fornecedores, produtores, distribuidores e consumidores, com cada firma sendo capaz de executar suas distintas competências e ao mesmo tempo trabalhar eficientemente com as outras empresas da rede. Freqüentemente, os membros da rede comunicam-se eletronicamente e partilham informações com o objetivo de responderem mais rapidamente às exigências dos consumidores. De fato, as fronteiras normais existentes entre as companhias tornam-se porosas ou embaçadas à medida que os gerentes dentro da organização interagem de forma próxima com os membros da rede que pertençam a outra organização. A rede como um todo pode, então, apresentar: a especialização técnica da estrutura funcional, a prontidão na resposta às exigências dos mercados da estrutura por produtos, e o equilíbrio e a flexibilidade da estrutura matricial.[29]

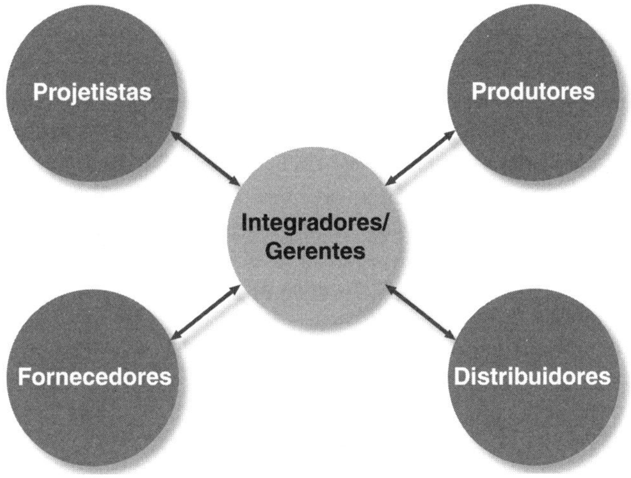

FIGURA 8.7
A Organização por Redes

FONTE: MILES, R.; SNOW, C. Organizations: new concepts for new forms. *California Management Review*, p. 65, primavera de 1986. Copyright ©1986 The Regents of the University of California. Reimpresso a partir da *California Management Review*, v. 28, n. 3, com permissão dos detentores de The Regents.

Uma versão muito flexível da organização em rede é a **rede dinâmica** — também chamada corporação *modular* ou *virtual*. Ela é composta por arranjos temporários entre os membros e que podem ser montados ou remontados para responder a mudanças no ambiente de concorrência. Os membros da rede são mantidos juntos por contratos que estipulam resultados determinados (mecanismos de mercado), em vez de por hierarquia e autoridade. Companhias com baixo desempenho podem ser removidas e substituídas.

Redes podem melhorar custos, qualidade, afinidade e inovação.

Tais arranjos são comuns na indústria de produtos eletrônicos, de brinquedos e de vestuário, cada uma das quais cria e vende produtos modernos a uma grande velocidade. A Reebok, por exemplo, não possui nenhuma planta, ela projeta e comercializa, mas não produz. A Nike é proprietária somente de uma pequena fábrica que produz partes de tênis. Outros exemplos incluem a Bombay Company, Louis Galoob Toys, Brooks Brothers e a companhia Registry (que comercializa os serviços de engenheiros de software, programadores e escritores técnicos independentes). Em biotecnologia, companhias pequenas conduzem as pesquisas e a produção das drogas e os gigantes dos medicamentos as comercializam.[30]

Redes bem-sucedidas oferecem, potencialmente, flexibilidade, inovação, respostas rápidas para as ameaças e oportunidades, e custos e riscos reduzidos. No entanto, para que esses arranjos funcionem com êxito, várias coisas devem ocorrer:

- A empresa deve escolher a especialidade certa. Esta deve ser alguma coisa (produto ou serviço) de que o mercado necessite ou cujo fornecimento a companhia seja melhor do que as demais.
- A empresa deve escolher colaboradores que também sejam excelentes naquilo que fazem e que forneçam pontos fortes complementares.
- A empresa deve certificar-se de que todas as partes compreendem totalmente os objetivos estratégicos da parceria.
- Cada parte deve ser capaz de confiar nas outras no tocante à informação estratégica e também confiar em que o colaborador será capaz de entregar produtos de qualidade, mesmo se o negócio crescer rapidamente e houver exigências pesadas dos clientes.

O papel dos gerentes se altera em uma rede, a partir de um modelo de comando e controle para um mais parecido com o de um **integrador (brocker)**. Os gerentes/integradores desempenham diferentes papéis, nas fronteiras entre as unidades da rede, que auxiliam na sua integração e coordenação.

integrador (*broker*)
Uma pessoa que reúne e coordena os participantes em uma rede.

- *Papel de projetista.* O integrador atua como um arquiteto de rede que enxerga um conjunto de grupos de empresas ou empresas cuja especialização coletiva possa convergir para a produção de determinado produto ou serviço.
- *Papel de engenheiro de processos.* O integrador serve como um *co-operador de redes* que toma a iniciativa de estabelecer o fluxo de recursos e relacionamentos e assegura-se de que todos partilhem os mesmos objetivos, padrões, pagamentos e afins.
- *Papel de alimentador.* O integrador serve como um desenvolvedor de redes que alimenta e aprimora a rede (como por meio da construção de equipes) para assegurar-se de que os relacionamentos sejam benéficos e mutuamente proveitosos.[31]

Integração Organizacional

No início deste capítulo, dissemos que as organizações são estruturadas em torno de diferenciação e de integração. Até agora, nossa discussão centrou-se na *diferenciação* — a forma pela qual uma organização é composta por diferentes atividades e tarefas e como elas se encaixam no seu organograma. Mas, à medida que as organizações diferenciam suas estruturas, precisam preocupar-se com a *integração* e a *coordenação* — o modo como todas as partes da organização trabalharão juntas. Freqüentemente, quanto mais diferenciada for a organização, mais difícil será sua integração. Como resultado da divisão do trabalho, diferentes grupos de gerentes e empregados desenvolvem orientações distintas. Dependendo do fato de estarem distribuídos em um departamento funcional ou em um grupo divisional, de serem de linha ou de apoio e assim por diante, eles pensarão e agirão segundo a forma que servir melhor às suas unidades de trabalho. Em resumo, pessoas trabalhando em diferentes funções, divisões e unidades de negócio, literalmente, tendem a esquecer-se umas das outras. Quando isso ocorre, torna-se muito difícil, para os gerentes, combinar todas as suas atividades em um todo integrado.

padronização
Estabelecimento de rotinas e procedimentos comuns que são aplicados uniformemente a todos.

formalização
A presença de regras e regulamentos que governam a forma como as pessoas interagem no interior de uma organização.

coordenação por planejamento
Exige-se de unidades interdependentes que atinjam prazos e metas que contribuam para um objetivo comum.

Uma variedade de abordagens está disponível aos gerentes para auxiliá-los a se certificarem de que unidades interdependentes e indivíduos trabalharão em conjunto para obter um propósito comum. Métodos de coordenação incluem padronização, planejamento e ajuste mútuo.[32]

Coordenação por Padronização

Quando as organizações coordenam atividades por meio do estabelecimento de rotinas e procedimentos comuns que permaneçam vigentes ao longo do tempo, dizemos que o trabalho foi padronizado. A **padronização** limita as ações e integra as várias unidades mediante a regulação daquilo que as pessoas fazem. As pessoas geralmente sabem como agir — e também como interagir — porque a padronização dos procedimentos de operação lhes diz o que fazer. Os gerentes podem, por exemplo, estabelecer padrões para determinar quais tipos de equipamento de informática a organização poderá usar. Isso simplificará o processo de compra e de treinamento — todos utilizarão uma plataforma comum — e tornará mais fácil, para as diferentes partes da organização, a comunicação entre elas.

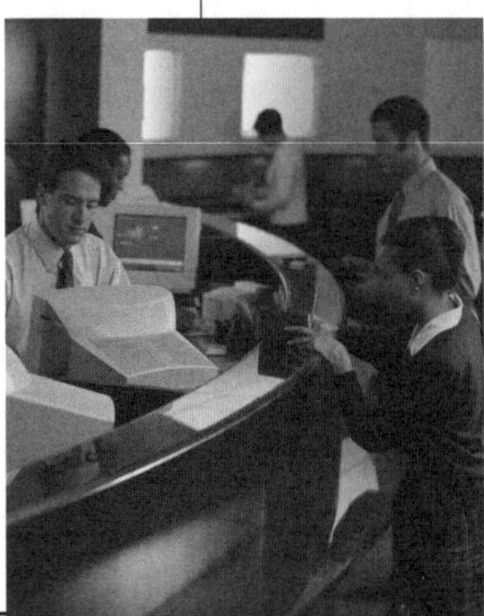

Os bancos estão entre as mais padronizada das organizações, desde procedimentos de operação até códigos de como vestir-se, reforçando aos clientes e funcionários que a organização e seus compromissos com ela são sólidos e confiáveis.

Para melhorar a coordenação, as organizações podem também confiar na **formalização** — a presença de regras e regulamentos que governam a forma como as pessoas interagem no interior de uma organização. Políticas mais simples, freqüentemente escritas, com referência à presença, ao vestuário e ao decoro, por exemplo, podem ajudar a eliminar grande parcela de incerteza no ambiente de trabalho. Mas uma hipótese importante, em que se baseiam tanto a padronização quanto à formalização, é a de que as regras e os procedimentos deverão aplicar-se à maioria dos casos senão a todos os casos. Essas abordagens, portanto, são mais apropriadas para situações que sejam relativamente estáveis ou imutáveis. Em alguns casos, quando o ambiente de trabalho requer flexibilidade, a coordenação por padronização pode não ser muito eficaz. Quem não experimentou uma ocasião em que as regras e os procedimentos — freqüentemente associados à burocracia lenta — impediram uma ação rápida para enfrentar o problema? Nesses casos, comumente nos referimos às regras e aos procedimentos como "burocráticos".[33]

Coordenação por Planejamento

Caso a criação de normas e procedimentos exatos, segundo os quais os trabalhos devem ser integrados, for difícil, as organizações podem fornecer maior precisão por meio do estabelecimento de objetivos e cronogramas para as unidades interdependentes. A **coordenação por planejamento** não exige o mesmo alto grau de estabilidade e repetição exigido pela coordenação por padronização. As unidades interdependentes são livres para modificarem e adaptarem suas ações, contanto que cumpram os prazos e as metas exigidos para trabalharem com as outras unidades.

Ao escrevermos este livro, por exemplo, nós (os autores) nos sentamos com uma equipe de publicação que incluía os editores, a equipe de marketing, o grupo de produção e o pessoal de apoio. Juntos, acertamos um cronograma para o desenvolvimento deste livro que englobava um período de aproximadamente dois anos. Esse plano de desenvolvimento incluía datas e "compromissos", que especificavam o que deveria ser completado e transmitido aos outros na organização. O planejamento permitiu uma grande parcela de flexibilidade para cada parte de cada subunidade, e a abordagem geral nos permitia trabalharmos juntos de forma eficaz.

Coordenação por Ajuste Mútuo

coordenação por ajuste mútuo
Unidades que interagem entre si para efetuar ajustes com o objetivo de alcançar uma coordenação flexível.

Ironicamente, a abordagem mais simples e flexível para coordenação pode ser apenas a ação de colocar as partes interdependentes para dialogar entre si. A **coordenação por ajuste mútuo** envolve *feedback* e discussões para conjuntamente se descobrir como encarar problemas e criar soluções que são aceitáveis para todos. A popularidade das equipes, atualmente, decorre em parte do fato de elas permitirem uma coordenação flexível; equipes podem operar segundo o princípio do ajuste mútuo.

Mas a flexibilidade do ajuste mútuo como um instrumento de coordenação não ocorre gratuitamente. A discussão de todos os problemas, um a um, consome grande quantidade de tempo e pode não ser a abordagem mais eficiente para organizar o trabalho. Imagine quanto tempo levaria para realizar até mesmo a mais simples das tarefas se as subunidades tivessem de conversar sobre cada situação. Ao mesmo tempo, o ajuste mútuo pode ser muito eficaz quando os problemas são novos e não podem ser previstos com antecedência por regras, procedimentos ou planos. Em situações de crise, particularmente naquelas em que regras e procedimentos não se aplicam, o ajuste mútuo provavelmente fornece a abordagem mais eficaz para a coordenação.

Coordenação e Comunicação

O ambiente de hoje em dia tende a ser complexo, dinâmico e, dessa forma, mais incerto. Grande quantidade de informação flue dos ambientes externos em direção às organizações e de volta a eles. Para enfrentar essa situação, as organizações devem coletar, processar e responder a essas informações. A forma como isso é feito tem profundas implicações no modo como as empresas se organizam. Para funcionar de maneira eficaz, as organizações necessitam desenvolver estruturas para processar as informações.

A Figura 8.8 mostra duas estratégias gerais que podem auxiliar os gerentes a enfrentar os ambientes de grande incerteza e pesadas demandas de informação. Na primeira, a administração pode agir para reduzir a necessidade de informação. Na segunda, pode aumentar sua capacidade de lidar com mais informações.[34]

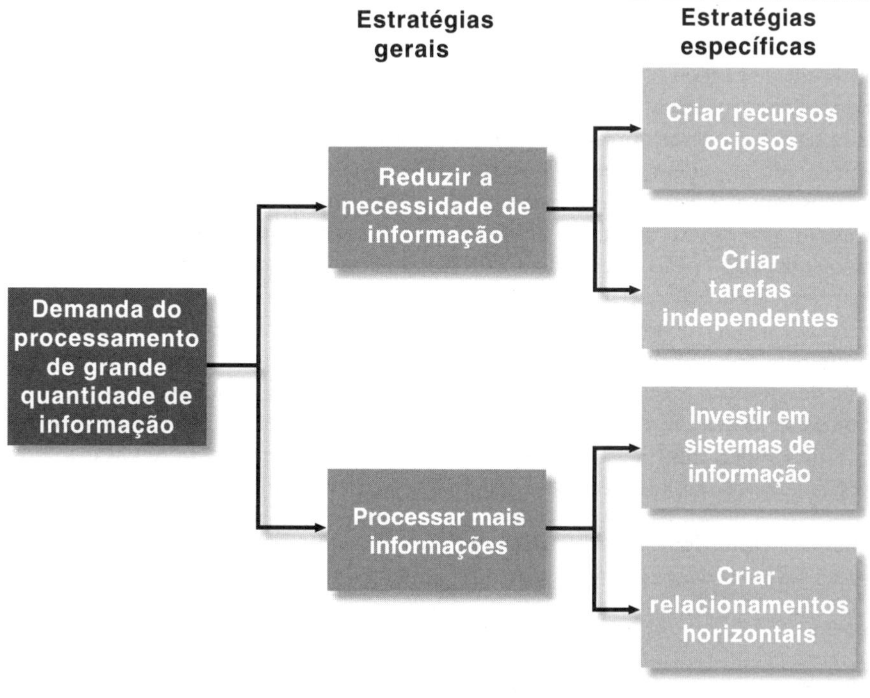

FIGURA 8.8
Gerenciando Demandas de Processamento de Grande Quantidade de Informação

Opção 1: Reduzir a Necessidade de Informação Os gerentes podem reduzir a necessidade de informação de duas formas: a) pela criação de recursos ociosos e b) pela criação de tarefas independentes. *Recursos ociosos* são simplesmente recursos extras dos quais as organizações possam dispor rapidamente de forma que, caso venham a ser pegas desprevenidas, ainda podem ajustar-se. O estoque, por exemplo, é um tipo de recurso ocioso que proporciona uma reserva extraordinária que pode ser acessada em caso de necessidade. Com estoques extras, uma organização não tem de possuir tantas informações sobre demandas de vendas, ciclos de produção e afins. Os empregados também podem ser considerados um tipo de recurso ocioso. Muitas companhias, por exemplo, aumentam seu quadro de funcionários em tempo integral com o uso de empregados de meio período e temporários. Dessa forma, elas não precisam ter a previsão sobre os períodos de picos nas vendas, mas podem confiar em trabalhadores suplementares para enfrentar as irregularidades.[35]

Da mesma forma que os recursos ociosos, a *criação de tarefas independentes* permite às organizações reduzirem, em certa medida, a necessidade de informação. A criação de tarefas independentes se refere à mudança de uma organização funcional para uma organização por projeto ou produto, e ao fornecimento de recursos necessários a cada unidade para a execução de suas tarefas. Os problemas com processamento de informação são reduzidos porque cada unidade tem seu próprio quadro de especialistas, em lugar de especialistas funcionais que têm de dividir seus conhecimentos entre membros de diversas equipes de produção. As comunicações fluem, então, no interior de cada equipe, em vez de ocorrerem ao longo de um eixo complexo de grupos interdependentes.

A coordenação cruzada entre as unidades leva à solução eficaz de problemas.

Opção 2: Aumentar a Capacidade de Processar Informações Uma alternativa à redução da necessidade de informação é a organização aumentar sua capacidade de processar informações. Ela pode *investir em sistemas de informação*, o que normalmente significa o emprego ou a expansão de sistemas computacionais. Mas o aumento da capacidade de uma organização para o processamento de dados também significa aquilo a que já nos referimos no Capítulo 1 como *gestão do conhecimento*, ou seja, capitalizar sobre o intelecto e a experiência dos recursos humanos da companhia para aumentar a colaboração e a eficácia. Uma forma de fazer isso é criar relacionamentos horizontais entre as unidades para estimular a coordenação. Tais relacionamentos horizontais são eficazes porque aumentam a integração, o que Lawrence e Lorsch sugerem ser necessário para gerenciar ambientes complexos. Com o aumento da incerteza, os seguintes processos horizontais podem ser utilizados, variando dos mais simples aos mais complexos.[36]

1. *Contato direto (ajuste manual)* entre gerentes que dividem um problema. Em uma universidade, por exemplo, um gestor de residências estudantis poderia convocar uma reunião para resolver uma contenda entre dois estudantes que residem em quartos vizinhos.
2. *O estabelecimento do papel de oficial de ligação (liaison)* ou de atividades para gerenciar as comunicações entre dois departamentos. O representante de uma fraternidade é o oficial de ligação entre a fraternidade e o conselho das fraternidades, a universidade ou a comunidade local.
3. *Forças-tarefa* ou grupos de representantes de diferentes departamentos, reunidos temporariamente para resolver um problema comum. Por exemplo, os estudantes, o corpo docente e os administradores podem ser membros de uma força-tarefa encarregada de trazer palestrantes renomados para a realização de seminários sobre atualidades.
4. *Equipes* ou grupos interdepartamentais permanentes para tomada de decisões. Um conselho executivo constituído pelas lideranças dos departamentos poderia encontrar-se regularmente para tomar decisões que afetem a faculdade de engenharia ou a de ciências humanas.
5. *Gerentes de produto, programa ou de projeto* que dirigem grupos interdisciplinares com uma tarefa comum para executar. Em uma escola de administração, um coordenador deve chefiar um programa de educação executiva com professores de diversas disciplinas.
6. *Organizações matriciais*, compostas por relacionamentos duais em que alguns gerentes se reportam a dois superiores. Seus instrutores, por exemplo, podem ter de reportar-se aos chefes de departamento nas suas respectivas disciplinas a também ao diretor dos programas de graduação ou de pós-graduação.

"A capacidade de uma organização para aprender, e traduzir esse aprendizado rapidamente em ação, é a maior de todas as vantagens competitivas."

Jack Welch

Vários desses processos são discutidos com mais detalhes no Capítulo 14, no qual examinaremos o gerenciamento de equipes e as relações entre grupos.

Olhando para o Futuro

O organograma, a diferenciação, a integração, a autoridade, a delegação, a coordenação e outros aspectos relacionados transmitem informações fundamentais sobre a estrutura de uma organização. Entretanto, a informação até agora forneceu apenas uma foto instantânea. A organização real parece-se mais com um filme — ela se move! As formas mais flexíveis e inovadoras — mesmo virtuais — de organizações estão evoluindo. Conforme você pode ver na tabela mostrada a seguir, as organizações atuais estão bem distantes, em muitas das suas características fundamentais, das formas tradicionais que possuíram no passado.

Visões Contrastantes de Corporações

TEXTO EXTRAÍDO DA REVISTA BusinessWeek

Característica	Século XX	Século XXI
Organização	Piramidal	Teias ou Redes
Foco	Interno	Externo
Estilo	Estruturada	Flexível
Fonte de força	Estabilidade	Mudança
Estrutura	Auto-suficiente	Interdependências
Recursos	Átomos — bens físicos	Bits — informação
Operações	Integração vertical	Integração virtual
Produtos	Produção em massa	Customização em massa
Alcance	Doméstico	Global
Finanças	Trimestrais	Tempo real
Estoques	Meses	Horas
Estratégias	De cima para baixo	De baixo para cima
Liderança	Dogmática	Inspiracional
Trabalhadores	Empregados	Empregados e autônomos
Expectativas profissionais	Segurança	Crescimento pessoal
Motivação	Para competir	Para construir
Melhorias	Incrementais	Revolucionárias
Qualidade	O melhor possível	Sem compromisso

FONTE: Management by Web. *BusinessWeek*, 28 ago. 2000, on-line.

Nenhuma organização é simplesmente um conjunto estático de relações de trabalho. Como se compõem de pessoas, as organizações são um ambiente propício para o estabelecimento de relações sociais. Redes de indivíduos que ultrapassam as fronteiras departamentais interagem entre si. Vários grupos de amigos ou clubes de interesse se reúnem para formar *coalizões* — membros de uma organização que conjuntamente patrocinam uma causa e tentam assegurar que seus pontos de vista determinem o resultado das políticas de decisões.[37]

Assim, a estrutura formal da organização não descreve totalmente o modo como a companhia realmente funciona. Mesmo que você conheça os departamentos e as relações de autoridade, ainda há muito para compreender. Como as coisas realmente acontecem? Quem influencia quem e como? Quais gestores são mais poderosos? Quão efetiva é a liderança superior? Quais grupos são os mais e os menos efetivos? Qual é a natureza dos padrões de comunicação em toda a organização? Essas questões são discutidas no decorrer do restante do livro.

Agora você já está familiarizado com os conceitos básicos de organização discutidos neste capítulo. No próximo capítulo, discutiremos os desafios atuais de desenhar uma organização moderna com os quais o executivo contemporâneo está sempre às voltas.

EPÍLOGO

A SONY SE ORGANIZA PARA CONVERGÊNCIA

Em 2005, a Sony estava sob considerável pressão para melhorar seus resultados. Os preços de aparelhos de TV, DVD, assim como de outros dos seus produtos principais, continuavam a cair, reduzindo significativamente os seus lucros. A companhia também continuava a promover pequenos ajustes na sua estrutura organizacional. A Sony anunciou que, para acelerar o desenvolvimento de produtos e para continuar a assegurar que todos os seus produtos fossem compatíveis entre si, estaria consolidando mais as equipes de engenharia e tecnologia. Além disso, criou uma nova divisão, chamada Contact (contato), para competir com o iPod da Apple e seu serviço de música on-line iTunes. O chefe daquela divisão se reportaria ao chefe da Sony nos Estados Unidos, bem como ao chefe da principal divisão de computadores da Sony, no Japão. Essa estrutura de comando foi desenhada para ajudar a conectar as duas partes da empresa e mantê-las trabalhando juntas para enfrentar o desafio de competição representado pela Apple.

Enquanto isso, as mudanças que a Sony já havia feito começaram a se refletir na sua linha de produtos. No Japão, a companhia lançou sua tão aguardada nova geração do console de jogos PlayStation, o PlayStation Portable, ou PSP. As vendas japonesas foram robustas e a divulgação total nos Estados Unidos iniciou-se em 2005. O PSP refletiu a nova cooperação entre o que foram, anteriormente, duas divisões separadas e sem coordenação da Sony. Algumas das tecnologias utilizadas no aparelho, por exemplo, poderiam também ser usadas nos televisores e nos gravadores de DVD da Sony. O próprio PSP não iria apenas servir para jogos, mas também para uma variedade de aplicações multimídia; gravaria e tocaria áudio e vídeo de alta resolução e aceitaria ou enviaria conteúdo de alta resolução de e para outros aparelhos da Sony. O aparelho poderia também vir com DVDs de grande sucesso da Sony Pictures, como *Homem-aranha* 2. Essa convergência de funções e conteúdos do PSP foi o resultado direto da estrutura de organização mais integrada da companhia. Mas a necessidade de continuar a integrar suas diferentes unidades de operação ficou clara quando Howard Stringer foi apontado como o novo CEO da Sony no começo de 2005. "O mundo não é mais o mesmo lugar que era há apenas alguns anos", ele escreveu em uma carta a seus funcionários. "Nossos negócios devem ser reestruturados de forma a se tornarem muito mais lucrativos e, então, poderem crescer."

TERMOS-CHAVE

Abrangência de controle, p. 266
Autoridade, p. 264
Coordenação por ajuste mútuo, p. 281
Coordenação por planejamento, p. 280
Coordenação, p. 262
Delegação, p. 266
Departamentalização, p. 271
Departamentos de apoio, p. 271
Departamentos de linha, p. 271
Diferenciação, p. 261
Divisão do trabalho, p. 261
Especialização, p. 261
Formalização, p. 280
Governança corporativa, p. 262
Hierarquia, p. 265
Integração, p. 261
Integrador (*broker*) p. 279
Organização centralizada, p.269
Organização descentralizada, p. 269
Organização divisional, p. 272
Organização em rede, p. 278
Organização funcional, p. 271
Organização matricial, p. 275
Organograma, p. 260
Padronização, p. 280
Prestação de contas, p. 267
Princípio da unidade de comando, p. 277
Rede dinâmica, p. 278
Responsabilidade, p. 267
Subunidades, p. 266

RESUMO DOS OBJETIVOS DE APRENDIZAGEM

Depois de completado o estudo deste Capítulo, você deverá ser capaz de identificar:

Como a diferenciação e a integração influenciam a estrutura de uma organização.

Diferenciação significa que as organizações têm muitas partes. Especialização significa que vários indivíduos em uma organização realizam tarefas diferentes. A delegação de tarefas para pessoas ou grupos de pessoas recebe normalmente a denominação de divisão do trabalho. Porém, as tarefas especializadas em uma organização não podem ser realizadas independentemente das demais. A coordenação conecta as várias tarefas com o objetivo de alcançar a missão global da empresa. Quando há muitas tarefas especializadas e unidades de trabalho, a organização é altamente diferenciada, e, quanto mais diferenciada ela é, mais integração e coordenação são necessárias.

Como funciona a autoridade.

Autoridade é o direto legítimo de se tomar decisões e dizer às outras pessoas o que fazer. A autoridade é exercitada por meio da hierarquia, na medida em que os chefes têm autoridade para dar ordens aos seus subordinados. Com o exercício diário da autoridade, a organização prossegue no sentido de alcançar seus objetivos. Os proprietários e acionistas têm a autoridade final.

Os papéis do conselho de diretores e do CEO.

Os conselhos de diretores se reportam aos acionistas. O conselho de diretores controla ou opina na administração, considera os interesses legais da empresa, bem como quaisquer outros interesses, e protege os direitos dos acionistas. O CEO se reporta ao conselho e é responsável pelo desempenho da organização.

Como a abrangência de controle interfere na efetividade da estrutura e da gestão.

Abrangência de controle representa o número de pessoas que se reportam diretamente a um gerente. Abrangências mais restritas criam organizações mais verticais, e abrangências mais amplas criam estruturas mais horizontais. Não existe uma abrangência de controle que seja sempre ideal; a abrangência de controle ótima é determinada pelas características do trabalho, dos subordinados, dos gerentes e da organização.

Por que a delegação efetiva é importante.

Delegação representa a designação de tarefas e responsabilidades. A delegação possui muitas vantagens potenciais para o gerente, para o subordinado e para a organização, mas, para que seja efetiva, o processo deve ser conduzido cuidadosamente. O gestor deve definir o objetivo, selecionar a pessoa, solicitar opiniões, fornecer recursos, agendar revisões e discutir o processo periodicamente.

A diferença entre organizações centralizadas e descentralizadas.

Nas organizações centralizadas, muitas decisões importantes são tomadas pelos gestores mais graduados. Nas organizações descentralizadas, muitas decisões são delegadas aos funcionários de níveis hierárquicos mais baixos.

As diferentes maneiras pelas quais as organizações podem ser estruturadas.

As organizações podem ser estruturadas com base na função, na divisão (produto, clientes ou geografia), na matriz e nas redes. Cada forma tem suas vantagens e desvantagens.

Os desafios únicos de uma organização matricial.

A matriz é uma estrutura complexa com uma estrutura de autoridade dual. Uma matriz bem gerenciada permite às organizações se adaptarem às mudanças. Mas ela também pode criar confusão e dificuldades nos relacionamentos entre as pessoas. As pessoas em todas as posições da matriz — altos executivos, gerentes de produto e de função e gerentes com dois chefes — devem desenvolver qualidades singulares relacionadas à sobrevivência.

A natureza de importantes mecanismos de integração.

Os gerentes podem coordenar unidades interdependentes por meio de padronização, planejamento e ajuste mútuo. A padronização ocorre quando rotinas e procedimentos padronizados de operação são postos em prática. Eles normalmente são acompanhados por regras formais. A coordenação por planejamento é mais flexível e permite mais liberdade na forma como as tarefas são realizadas, mas mantém as unidades interdependentes focadas nos cronogramas e nos objetivos conjuntos. O ajuste mútuo envolve retorno e discussões entre as partes relacionadas para acomodar as necessidades de cada uma das partes. Ela é, de uma vez só, a mais flexível e simples de administrar, mas demanda muito tempo das partes.

QUESTÕES PARA DISCUSSÃO

1. Utilizando os conceitos do capítulo, discuta as vantagens e desvantagens das várias mudanças na estrutura organizacional descrita no texto "A Sony se Organiza para Convergência".
2. Quais são algumas das vantagens e desvantagens de ocupar o cargo de CEO?
3. Você gostaria de ter assento no conselho de diretores? Por quê? Caso você desejasse servir ao conselho, que tipo de organização preferiria? Como membro do conselho, em que tipo de atividades você acredita que se engajaria mais ativamente?
4. Entreviste o membro de um conselho de diretores e discuta as perspectivas dele sobre o próprio trabalho.
5. Escolha um trabalho que você tenha tido e descreva-o em termos de abrangência de controle, delegação, responsabilidade, autoridade e prestação de contas.
6. Por que você acha que os gerentes têm dificuldade para delegar? O que pode ser feito para superar essas dificuldades?
7. Considere uma organização para a qual você tenha trabalhado, trace seu organograma e descreva-o usando termos deste capítulo. Como você se sentia em trabalhar naquela empresa e por quê?
8. Você preferiria trabalhar em uma organização funcional ou divisional? Por quê?
9. Se você descobrisse que uma companhia possui uma estrutura matricial, ficaria mais ou menos interessado em trabalhar nessa empresa? Justifique sua resposta. Como você se prepararia para trabalhar efetivamente em uma estrutura matricial?
10. Faça um *brainstorming* para preparar uma lista de métodos para a integração de unidades interdependentes de trabalho. Discuta as atividades que necessitam ser empreendidas e os prós e contras de cada abordagem.

CASO DE CONCLUSÃO

Down East Spud Busters

A Down East Spud Busters é parte de um conglomerado que representa os plantadores de batata do oeste canadense e do norte do estado norte-americano do Maine, e que também administra a colheita, o processamento e a distribuição de batatas e de seus produtos derivados.

Por muitos anos o setor funcionou como uma cooperativa local. A cooperativa era simplesmente um centro de coleta onde as batatas eram pesadas e recebidas, lavadas e separadas, embaladas e distribuídas. As batatas eram o único produto; distribuídas em uma variedade de tamanhos de sacos e pesos, e eram também vendidas a granel em grandes recipientes.

A primeira fase do planejamento estratégico da Down East Spud Busters resultou na construção de uma grande fábrica de processamento no norte do Maine, com foco na produção de produtos com valor agregado. A grande estratégia era processar produtos de batata com valor mais alto, e eles incluíam uma linha de congelados (batatas fritas, fritas caseiras, batatas recheadas tipo *gourmet*, cascas de batata temperadas etc.), uma linha de produtos desidratados (mistura para purê de batatas, batatas secas congeladas, mistura para panqueca de batatas e assim por diante) e a linha de batatas tradicional (batatas ensacadas, batatas a granel, porções de batatas para microondas, batatas *baby* etc.).

A segunda fase do planejamento estratégico da Down East Spud Busters exigia um programa nacional de vendas e distribuição. O gigantesco mercado do varejo de alimentos permaneceu inexplorado por esse grupo de plantadores e produtores. A estratégia principal era recrutar uma equipe de vendas apropriada e constituir um sistema para venda e distribuição dos produtos. Os grandes mercados seriam as redes de supermercados, pequenas lojas de varejo, grandes cadeias de hotéis e as cozinhas das instituições governamentais/escolares.

A Down East Spud Busters está decidida a adotar o esquema de representantes de vendas associados, que trabalhariam a partir das suas próprias residências em locais estratégicos situados em todos os Estados Unidos. Esses representantes receberão territórios específicos e serão instados a alcançarem ou superarem quotas específicas de cada um dos produtos do conglomerado. Os representantes comerciais serão responsáveis pela supervisão da distribuição e das entregas dos produtos, bem como pelo acompanhamento de problemas decorrentes do processo de pós-venda.

A terceira e última fase do planejamento estratégico da Down East Spud Busters compreende a construção de uma planta de processamento no estado norte-americano de Idaho em cinco anos, para facilitar e supervisionar um possível aumento da área plantada e da produtividade. A companhia também planeja ampliar seu mercado territorial em regiões selecionadas da Europa e do Extremo Oriente.

QUESTÕES

1. Selecione opções a partir do texto do capítulo e prepare um organograma para o programa de distribuição nacional que essa companhia está prestes a iniciar. Certifique-se de incorporar os objetivos da companhia na sua estrutura global.
2. Dados os grandes desafios representados pela extensão geográfica e pela logística neste novo projeto, quais são as recomendações que você faria para a companhia no tocante às políticas e aos procedimentos da área de recursos humanos?
3. Quais são os outros tipos de indústria que poderiam utilizar o modelo apresentado neste caso como um meio para expandirem suas vendas nacional e internacionalmente?

EXERCÍCIOS PRÁTICOS

8.1 O Organograma de uma Faculdade de Administração

OBJETIVOS

1. Deixar claros os fatores que determinam a estrutura de uma organização.
2. Proporcionar um aprendizado sobre o funcionamento de uma organização.
3. Examinar as relações de trabalho dentro de uma organização.

INSTRUÇÕES

1. Desenhe o organograma da sua faculdade de administração. Certifique-se de identificar todos os cargos de linha e de apoio da escola. Especifique a cadeia de comando e os níveis de administração. Note as diferentes formas da abrangência de controle. Há grupos de aconselhamento, forças-tarefa ou comitês, para serem considerados?
2. Faça uma revisão do conteúdo do capítulo sobre a estrutura organizacional para auxiliá-lo na identificação de pontos fortes e fracos do organograma da sua escola. Agora, desenhe outro organograma para a faculdade, incorporando quaisquer modificações que você acredita que poderiam melhorar a qualidade da instituição. Justifique o segundo organograma com uma lista de mudanças recomendadas e as razões para sua inclusão.

QUESTÕES PARA DISCUSSÃO

1. A sua faculdade de administração é bem organizada? Por quê?
2. De quais maneiras a estrutura da escola é desenhada para preencher as necessidades dos alunos, do corpo docente, do suporte acadêmico, da administração e da comunidade de negócios?

8.2. Desenhando uma Organização Gerenciada por Alunos que Oferece Serviços de Consultoria (Empresa Júnior)

OBJETIVOS

1. Verificar a importância da organização como um todo sobre o comportamento do grupo e do indivíduo.
2. Fornecer uma experiência inicial sobre o desenho de uma organização que será familiar aos alunos.

HISTÓRICO

O Conselho Consultivo Setorial de sua escola decidiu patrocinar uma empresa júnior, que fornecerá serviços de consultoria para organizações sem fins lucrativos da sua comunidade. O conselho doou US$ 20 mil para cobrir os custos iniciais e providenciar um local para a instalação do escritório e para a compra de equipamentos de informática e de outros materiais necessários. O conselho espera que a organização consiga assegurar suas próprias fontes de receita após o primeiro ano de operação.

Tarefa 1 O diretor da escola quer que você desenvolva desenhos alternativos para o organograma dessa nova organização. A sua tarefa é identificar as dimensões reais do projeto ou os fatores que devem ser considerados para a criação da nova organização e descrever os problemas que devem ser resolvidos no tocante a cada um dos fatores apontados. Você deverá, por exemplo, apresentar um organograma que irá auxiliá-lo na descrição das questões estruturais envolvidas. Antes de seguir em frente com o seu desenho, você pode ter também de considerar 1) os grupos da comunidade que poderiam utilizar sua ajuda e 2) os problemas que eles enfrentam. Lembre-se, no entanto, de que a sua tarefa é criar a organização que prestará os serviços e não fornecer uma análise detalhada dos tipos de serviços que serão prestados.

Você e sua equipe devem fazer um *brainstorming* sobre a realidade com a qual o desenho deverá confrontar-se e elaborar um esquema com uma ou duas páginas que possa ser compartilhado com toda a classe. Você tem uma hora para desenvolver o esquema. Escolha duas pessoas para apresentar seu desenho. Considere que todos estarão envolvidos na nova organização, ocupando posições específicas.

Tarefa 2. Após o período de *brainstorming*, os porta-vozes deverão apresentar os desenhos — ou apenas o desenho favorito — do grupo e responder às questões do público.

Tarefa 3. O instrutor fará comentários sobre os desenhos e discutirá fatores adicionais que poderiam ser importantes para o sucesso da organização.

FONTE: SHANI, A. B. (Rami); LAU, James B. *Behavior in organizations*: an experimental approach. Nova York: McGraw-Hill/Irwin, 2005, p. 369.

8.3 Prós e Contras da Descentralização

OBJETIVO

Explorar as razões para descentralização, bem como seus prós e contras.

INSTRUÇÕES

As Folhas de Trabalho sobre "Descentralização", mostradas a seguir, contêm algumas observações sobre descentralização. Conforme você estiver revisando cada uma das afirmações, forneça exemplos que ilustrem por que essa afirmação é importante e relacione problemas e benefícios da situação ou condição nela indicada.

Folhas de Trabalho sobre "Descentralização"

Um grande número de fatores determina a extensão da descentralização que o gerente deve promover. Objetivamente, qualquer coisa que aumente a carga de trabalho de um gerente cria uma pressão para descentralização, uma vez que somente uma quantidade limitada de trabalho pode ser executada por uma única pessoa. Como em muitas outras facetas da administração, há vantagens e desvantagens na descentralização.

1. Quanto maior a diversidade de produtos, maior a descentralização.

____

____

____

____

2. Quanto maior é o tamanho de uma organização, maior a descentralização.

____

____

____

____

3. Quanto mais rapidamente mudar o ambiente que envolve uma organização, maior a descentralização.

____

____

____

____

4. O desenvolvimento de mecanismos de controle adequados e rápidos é a essência da descentralização.

____

____

____

____

5. Os gerentes devem delegar decisões que envolvam grandes quantidades de tempo, mas com perdas mínimas de controle e poder por parte deles.

6. Descentralização envolve delegação de autoridade e, dessa forma, os princípios da delegação aplicam-se à descentralização (liste os princípios da delegação antes de começar a discussão).

FONTE: MCGRATH Jr., R. R. *Exercises in management fundamentals*. Englewood Cliffs, NJ: Prentice-Hall, 1985, p. 59-60. Reimpresso com permissão da Prentice-Hall.

Capítulo 9

Agilidade Organizacional

"Hoje, a mudança, contínua e inevitável, é fato social dominante. Nenhuma decisão sensata pode ser tomada em tempo algum sem levar em conta não apenas o mundo como ele é, mas o mundo como ele será."

— **Isaac Asimov**

RESUMO DO CAPÍTULO

A Organização Responsiva

Estratégia e Agilidade Organizacional
- Organização em torno das Competências Essenciais
- Alianças Estratégicas
- Organização de Aprendizagem
- Organização com Alto Grau de Envolvimento

Agilidade e Tamanho da Organização
- Empresa de Grande Porte
- Empresa de Pequeno Porte
- Empresa ao Mesmo Tempo de Grande e Pequeno Portes

Clientes e Organização Responsiva
- Gestão do Relacionamento com Clientes
- Gestão da Qualidade Total
- ISO 9000
- Reengenharia

Tecnologia e Agilidade Organizacional
- Tipos de Configurações Tecnológicas
- Organização de Produção Flexível
- Organização Veloz: Competição Baseada no Tempo

Considerações Finais sobre Agilidade Organizacional

OBJETIVOS DE APRENDIZAGEM

Após estudar este Capítulo, você deverá saber:

1. Por que a responsividade é crítica para as organizações.
2. As vantagens de uma estrutura organizacional orgânica.
3. As estratégias e os conceitos organizacionais dinâmicos adotados para melhorar a responsividade da organização.
4. Como a empresa pode ser, ao mesmo tempo, de grande e pequeno porte.
5. Como a empresa deve organizar-se para atender às exigências do cliente.
6. Como a empresa deve se organizar em torno de diferentes tipos de tecnologia.

SERÁ QUE AS MONTADORAS NORTE-AMERICANAS CONSEGUIRÃO ALCANÇAR A TOYOTA?

Yoi kangae, yoi shina! 'Boas idéias significam bons produtos'. Esse é o lema da Toyota impresso em uma faixa gigantesca pendurada na fábrica da montadora em Takaoka. Inúmeras boas idéias produziram um balé altamente tecnológico que pode ser apreciado na fábrica 17 horas por dia. Seis modelos distintos de automóvel, em seis cores diferentes, deslizam em uma única linha de produção. Sobre as cabeças dos operários, as portas dos veículos se movimentam por uma esteira rolante que desce ao chão, trazendo a porta correta na cor certa de cada veículo. Essa eficiência permite a fabricação de um automóvel em apenas 20 horas pelos trabalhadores em Takaoka.

A combinação de velocidade e flexibilidade é de classe mundial. Uma dança semelhante se repete em todas as 30 unidades da Toyota no mundo todo; em algumas, a capacidade de produção em uma mesma linha de montagem chega a ser de até oito modelos diferentes. Essa sistemática vem aumentando consideravelmente a produtividade e a responsividade no atendimento ao mercado — parte de uma obsessão da companhia que o presidente Fujio Cho chama "criticalidade da velocidade".

Notadamente, a montadora sempre avançou nas mudanças: os seus executivos criaram a doutrina *kaizen*, ou do aperfeiçoamento contínuo. No entanto, nos últimos anos, a Toyota tem acelerado esses ganhos, aumentando o ritmo de toda a indústria automobilística. A Toyota vem-se aproximando da DaimlerChrysler para tornar-se a terceira maior montadora de automóveis nos Estados Unidos. Atualmente, a participação de mercado — em permanente crescimento — da empresa japonesa nos Estados Unidos é superior a 11%. No índice atual de expansão, a Toyota ultrapassaria a Ford Motor Co. em meia década tornando-se a segunda maior montadora do mundo. A Toyota também está finalizando um plano para criar um sistema de produção global, flexível e integrado. Nessa nova rede, todas as fábricas, da Indonésia até a da Argentina, serão destinadas tanto à personalização dos veículos para atender o mercado local como a alteração rápida da linha de montagem para satisfazer à demanda repentina de mercados do mundo todo.

Em Cambridge, Ontário, Cho vai ainda mais longe. Ele está determinado a mostrar ao mundo que a Toyota é capaz de atingir seus próprios padrões máximos de excelência em qualquer parte do sistema. Na fábrica de Cambridge, foram introduzidas as estações "Círculo L" para os operários verificarem duas a três vezes as peças consideradas defeituosas pelos clientes — qualquer item, do porta-luvas ao sistema de suspensão do veículo. Os operários dessa unidade contam com a ajuda de um exemplo extremo da tecnologia de produção que está sendo estendida para todas as fábricas da Toyota no mundo. O sistema, denominado Linha de Carroceria Global, mantém o chassi do veículo na mesma posição durante a soldagem, utilizando apenas um braço principal em vez das dezenas de braços separados usados em uma fábrica-padrão. Os analistas afirmam que essa sistemática permite à Toyota economizar 75% do custo de adaptação da linha de produção para um modelo diferente de automóvel, e que ela é a chave para a capacidade da empresa de montar vários modelos em uma única linha.

Cho e os demais executivos da empresa não estão apenas realizando uma reengenharia da maneira como a Toyota faz seus carros — eles querem revolucionar o método de criação dos produtos. Com a facilidade do correio eletrônico e da teleconferência, equipes de projetistas, engenheiros, planejadores de produto, trabalhadores e fornecedores raramente se reuniam no mesmo local. Na gestão de Cho, eles voltaram a se reunir cara a

cara, em um processo que a Toyota chama *obeya* — literalmente, "grande sala". Esse procedimento reduz o tempo de criação de um automóvel, da prancheta até a vitrine da concessionária. A criação do Solara levou apenas 19 meses — melhor tempo que os 22 meses da última minivan Sienna, e dos 26 meses do último Camry — bem abaixo da média do setor, que é de cerca de três anos.

A General Motors, a Ford Motor e a DaimlerChrysler têm estudado criteriosamente como os japoneses conseguem projetar mais automóveis gastando menos, usando um conjunto semelhante de chassis e peças de carroceria para criar uma arquitetura, ou "plataforma", de veículo comum. Contudo, as montadoras sediadas nos Estados Unidos ainda precisam efetivamente dominar essa arte, que envolve a montagem de uma variedade atraente de automóveis de passeio e veículos utilitários esportivos utilizando componentes já existentes nos lotes de peças.

Os consumidores desejam modelos atuais, e Detroit tenta atendê-los redesenhando os automóveis de passeio mais ou menos a cada sete anos. Entretanto, os japoneses reduziram esse ciclo de vida do veículo para cinco anos — em parte, graças ao desenvolvimento baseado na plataforma. Conseqüentemente, as montadoras norte-americanas estão vendo sua participação de mercado cair de 60,2% em 2003 para 56,5% em 2006. Para os norte-americanos, a metodologia da plataforma não é mais uma simples idéia a ser explorada. "Temos de fazer o mesmo", diz Philip R. Martens, vice-presidente de criação de produtos da Ford na América do Norte. "O mercado é hipercompetitivo."

FONTES do Prólogo, das Conexões e do Epílogo: Adaptado de BREMNER, Brian; DAWSON, Chester. Can anything stop toyota?. *BusinessWeek*, 17 nov. 2003, on-line; GARSTEN, Ed. Flexible factories will help dull japanese edge. *The Detroit News*, 5 ago. 2003, on-line; WELCH, David. Detroit tries it the japanese way. *BusinessWeek*, 26 jan. 2004, on-line; WELCH, David. GM and Daimler are stepping on it. *BusinessWeek*, 27 dez. 2004, on-line; HAKIM, Danny. Building autos with the same DNA. *The New York Times*, 22 fev. 2005. p. C1.

Como ressalta o texto do Prólogo, as companhias bem-sucedidas não permanecem estáticas. Se ficarem paradas, tornam-se facilmente vulneráveis — às novas tecnologias, aos novos concorrentes, às modificações nas preferências do consumidor ou a outras mudanças ambientais. Em vez disso, elas usam o sucesso presente para continuarem criando vantagem competitiva para o futuro, buscando permanentemente novas alternativas para se manterem flexíveis, inovadoras, eficientes e responsivas ao cliente. Uma das principais alternativas para tal é garantir a *adaptabilidade* dos sistemas e das estruturas organizacionais — preparados para atender aos complexos desafios em permanente mudança enfrentados constantemente pelos gerentes e suas organizações.

O capítulo anterior apresentou a descrição da estrutura formal de uma organização. Foram discutidos os níveis hierárquicos, as relações entre superiores e subordinados, a divisão do trabalho, a coordenação — todos os elementos básicos tradicionais da estrutura que são fundamentais para conhecer o funcionamento de uma companhia. No entanto, a estrutura formal de uma empresa é só parte da história. As organizações não são estruturas estáticas, mas sistemas complexos em que muitas pessoas executam diversas tarefas ao mesmo tempo. O comportamento geral das organizações não brota simplesmente de um organograma; ele decorre de todos os processos, sistemas e relacionamentos existentes dentro da organização, e da interação de todos esses fatores. A tarefa de organizar, portanto, consiste em elaborar não apenas a estrutura formal adequada para a organização, mas também os processos apropriados, o fluxo de informações e a tecnologia que viabilizem um ótimo desempenho organizacional. A "estruturação" desses elementos é crítica para a flexibilidade e a agilidade necessárias nas organizações dinâmicas de hoje. As formas de organização que viabilizam essa agilidade são objetos deste capítulo.

A Organização Responsiva

A estrutura formal é criada para *controlar* pessoas, decisões e ações. Entretanto, no ambiente empresarial atual de rápidas mudanças, *responsividade* — rapidez, agilidade, adaptabilidade para atender às mudanças de demanda — é mais vital que nunca para a sobrevivência de uma empresa.[1]

A velocidade é vital para a sobrevivência da organização.

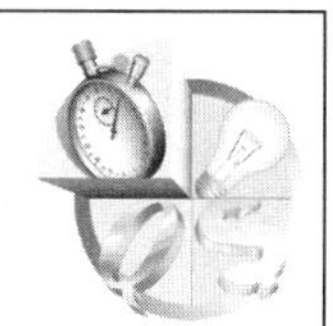

Muitos anos depois de Max Weber definir o conceito de burocracia, dois estudiosos britânicos da gestão (Burns e Stalker) descreveram o que chamaram **organização mecanicista**.[2] A estrutura mecanicista comum descrita por eles era semelhante à burocracia de

organização mecanicista

Forma de organização que busca maximizar a eficiência interna.

estrutura orgânica

Forma organizacional que enfatiza a flexibilidade.

Weber, no entanto, Burns e Stalker acrescentaram que, na corporação moderna, esse tipo de estrutura não seria a única opção existente. A **estrutura orgânica** apresenta-se como contraste total à organização mecanicista. Ela é muito menos rígida e, de fato, enfatiza a flexibilidade. A estrutura orgânica pode ser descrita assim:

1. Aos empregados são atribuídas responsabilidades mais amplas que mudam de acordo com as necessidades que vão surgindo.
2. A comunicação ocorre por meio de opiniões e informações e não de ordens ou instruções.
3. A tomada de decisão e a influência são mais descentralizadas e informais.
4. O conhecimento especializado é altamente valorizado.
5. Os funcionários baseiam-se mais no bom senso do que nas regras.
6. O compromisso com as metas organizacionais é mais importante do que a obediência à autoridade.
7. A dependência entre os funcionários é maior, e o relacionamento é mais informal e pessoal.

A Figura 9.1 traz uma comparação e as diferenças entre estrutura formal — perfeitamente exemplificada pelo organograma da empresa — e estrutura informal de uma organização, que é muito mais orgânica. Um gerente perspicaz tem ciência total da rede de interações existente entre os membros da organização, e de sua estrutura em torno dessas relações para aumentar a agilidade. Nas organizações orgânicas, as pessoas trabalham mais como companheiras de equipe do que como subordinadas que recebem ordens do chefe, distinguindo-se, assim, da forma burocrática tradicional.[3]

As idéias básicas da estrutura orgânica e das redes (*networks*) são os fundamentos principais das novas formas de organização descritas no presente capítulo. Quanto mais orgânica for a empresa, mais responsiva será às mudanças na demanda competitiva e na realidade do mercado. O gerente de companhias progressistas valoriza bastante a capacidade de agir, e agir rápido. Ele deseja atuar de acordo com as necessidades do cliente e outras pressões externas. Deseja agir corrigindo os erros do passado e, também, preparando-se para um futuro incerto. Quer ser capaz de responder às ameaças e às oportunidades. A forma específica — e o grau — de estrutura orgânica adotada pela empresa para atingir essas metas depende de *estratégia*, *porte da empresa*, *clientes* e *tecnologia*. Todos esses aspectos serão analisados neste capítulo.

Estratégia e Agilidade Organizacional

Certas estratégias, e as estruturas, os processos e as relações que as acompanham, parecem particularmente bem adequadas para melhorar a capacidade da organização de responder com rapidez e eficácia aos desafios enfrentados. Elas refletem a determinação de seus gerentes em alavancar os recursos humanos e materiais para tornar a empresa mais ágil e competitiva. Essas estratégias e estruturas são baseadas nas competências essenciais da empresa, nas alianças estratégicas, na capacidade de aprendizado e na habilidade para envolver todas as pessoas da organização na conquista dos objetivos.

Organização em torno das Competências Essenciais

Uma perspectiva importante, recente e diferenciada de estratégia e organização está baseada no conceito de *competência essencial*.[4] Como discutido no Capítulo 4, competência essencial consiste na capacidade — conhecimento, especialização, qualificação — que sustenta a habilidade da companhia para se tornar líder no fornecimento de uma gama de mercadorias ou serviços específicos. Ela permite à companhia competir com base no seu conhecimento especializado e nas suas forças essenciais e não apenas em seus produtos. Por exemplo, a competência essencial da Barnes & Nobles é a comercialização de livros. Essa competência essencial entrega valor ao cliente, diferencia (para melhor) o produto da companhia dos concorrentes e pode ser usada na criação de novos produtos. A competência essencial pode ser vista como as raízes da competitividade, e os produtos, como os frutos.

A competência essencial pode ser fonte de qualidade e inovação.

O êxito no desenvolvimento de uma competência essencial de máxima qualidade abre as portas para diversas oportunidades futuras; o fracasso fecha a entrada para o mercado. Portanto, uma competência essencial bem-definida e bem desenvolvida melhora a agilidade e a competitividade da companhia. Do ponto de vista estratégico, isso significa que as companhias devem comprometer-se com a excelência e a liderança em termos de

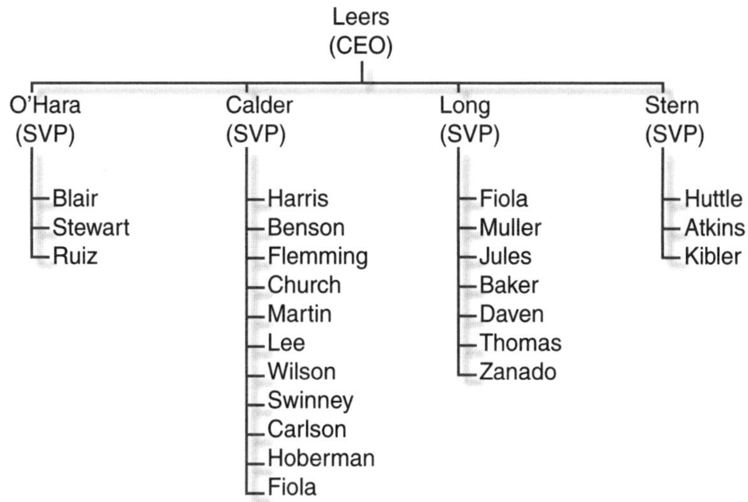

FONTE: Adaptado e impresso com permissão da *Harvard Business Review*, de KRACKHARDT e HANSON. Information Networks:The Company behind the Chart., jul./ago. 1993, p. 104-111. Copyright © 1993 Harvard Business School Publishing Corporation; todos os direitos reservados.

FIGURA 9.1 (*a*) O Organograma Mostra Quem está no Topo

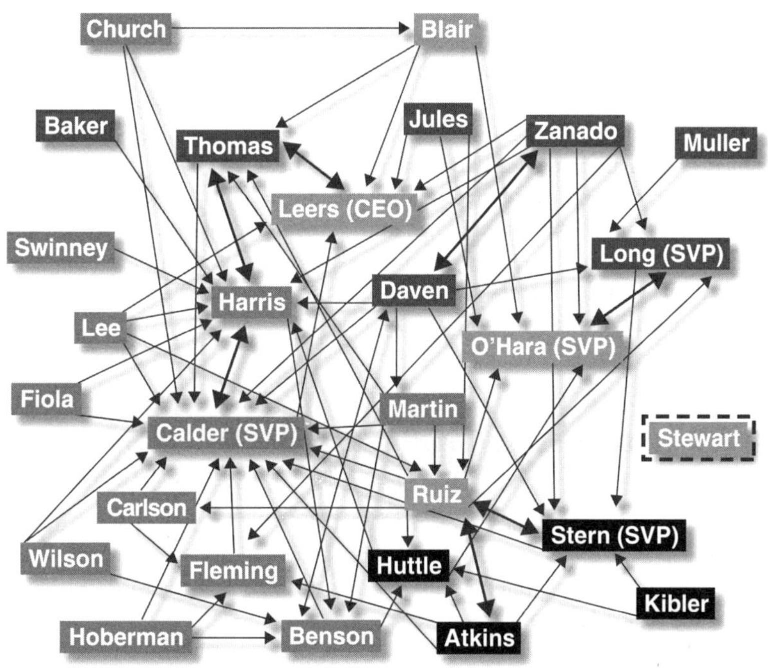

FONTE: KRACKHARDT; HANSON. Information networks: the Company behind the chart. *Harvard Business Review*, jul./ago. 1993, p. 104-111. Copyright © 1993 Harvard Business School Publishing Corporation; todos os direitos reservados. Reimpressão autorizada.

FIGURA 9.1 (*b*) A Rede Consultiva Revela o Fluxo de Conhecimento.

competência, e fortalecê-las, antes de tentar ganhar fatias de mercado de produtos específicos. Do ponto de vista organizacional, isso significa que a corporação deve ser vista como um portfólio de competências, não apenas como portfólio de negócios específicos. As companhias precisam buscar a liderança em termos de competência essencial, e não apenas em termos de produto.

O gerente que deseja fortalecer a competitividade da empresa por meio da competência essencial tem de focar diversas questões relacionadas:

- Identificar as competências essenciais existentes.
- Adquirir ou criar competências essenciais que sejam importantes para o futuro.
- Investir permanentemente em competências de forma a manter o nível de qualidade da empresa no máximo e melhor do que as concorrentes.
- Expandir as competências para identificar novas aplicações e oportunidades para os mercados futuros.[5]

Conexões: MONTADORAS NORTE-AMERICANAS

As principais metalúrgicas de Detroit costumavam gabar-se de que praticamente qualquer peça de um modelo relançado era diferente de sua predecessora — não importando se todas as alterações feitas aumentassem os custos e consumissem tempo. Nas décadas passadas, somente uma pequena porcentagem das peças era reutilizada de uma geração à outra. Hoje em dia, o vice-presidente da General Motors, Robert A. Lutz, quer aumentar a reutilização para 40% a 60% — para equiparar-se com os japoneses. Por exemplo, enquanto a GM desenvolve a próxima geração do Chevy Silverado e das caminhonetes GMC Sierra para 2008, a montadora pretende reutilizar grande parte da plataforma existente. Essa reutilização deve cortar os custos de desenvolvimento pela metade, para cerca de US$ 3 bilhões. A GM também anunciou que deve reutilizar a estrutura do Pontiac Solstice no cupê Saturn e talvez no utilitário esportivo da Chevrolet, o Nomad. Ela também está investindo seus recursos globais nas plataformas, buscando entre seus afiliados europeus e asiáticos veículos, motores e arquiteturas que permitam oferecer novos automóveis à América do Norte em um prazo mais curto e mais barato. Desse modo, a empresa está buscando alavancar seus ativos existentes a fim de criar novos valores para oferecer aos clientes.

Alianças Estratégicas

Como discutido no Capítulo 8, a organização moderna possui uma variedade de relações com outras organizações. Elas são mais complexas do que os relacionamentos-padrão com os *stakeholders* tradicionais, por exemplo, com fornecedores e clientes. Atualmente, mesmo os *concorrentes* mais ferozes estão trabalhando juntos em níveis de relação sem precedentes para atingir as metas estratégicas. Por exemplo, a Federal Express possui caixas de coleta nos prédios do serviço de correios dos Estados Unidos. E, quando a Microsoft lançou sua plataforma de ID de usuário on-line, o Passport, que permite ao consumidor realizar qualquer operação de comércio eletrônico em qualquer site da Internet, rivais tradicionais como Sony, Hewlett-Packard e Sun Microsystems formaram uma aliança para contra-atacar, forçando a Microsoft a abandonar seu programa.[6] Nesses e em outros exemplos, as alianças estratégicas permitem aos aliados responder às demandas dos clientes ou às ameaças do ambiente com muito mais rapidez e muito menos gastos do que cada um conseguiria por conta própria.

TEXTO EXTRAÍDO DA REVISTA

Próxima Onda das Telecomunicações: Alianças

BusinessWeek

A CenturyTel, companhia telefônica de linhas tradicionais para áreas rurais, anunciou que retornará ao mercado de conexões sem fio, embora em escala bem menor que antes. A empresa de telecomunicações assinou um acordo de revenda de conexões sem fio com a Cingular Wireless, com o serviço a ser lançado dentro de alguns meses. O anúncio segue-se à parceria formada em agosto com a rede de antenas parabólicas EchoStar Communication para oferecer transmissões de TV por satélite aos clientes da CenturyTel.

A CenturyTel havia abandonado os negócios de telefonia sem fio, vendendo para a Alltel as operações envolvendo cerca de 700 mil assinantes, porque não conseguia competir com os provedores nacionais de transmissão sem fio. Que diferença há na sua última incursão no setor? Dois aspectos: primeiro, a CenturyTel, em vez de operar sua própria rede, firmou parceria com uma empresa líder do setor; e, segundo, a companhia provavelmente oferecerá aos clientes serviços de conexão sem fio juntamente com ligações tradicionais, DSL e produtos de banda larga.

Com a redução no ritmo de crescimento dos serviços de telefonia tradicional, a CenturyTel está buscando ganhar uma fatia maior dos gastos do consumidor de serviços mais sofisticados de comunicação. Os gastos do consumidor em pacotes de serviços de comunicação, que incluem linhas tradicionais, conexões sem fio, Internet e transmissão de TV por satélite ou cabo, têm crescido.

A CenturyTel, juntamente com empresas de telecomunicações como Qwest Communications, SBC Communications e Sprint, está em concorrência acirrada com outros provedores locais de linhas tradicionais, telefonia sem fio e serviços a cabo, o que provoca prejuízos nas linhas de acesso local. Adiante, a concorrência aumentará ainda mais com o lançamento da telefonia por Internet e a expansão das redes de banda larga sem fio.

No entanto, ao contrário dos períodos anteriores, quando as empresas de telecomunicações aumentaram os gastos de capital para promover o crescimento e ganhar a fidelidade do cliente, agora, as parcerias estão na moda, já que os provedores tentam reduzir o déficit.

De fato, a SBC reduziu sua dívida de longo prazo em cerca de 6%. A parceria é um recurso atraente porque permite a uma companhia oferecer novos serviços ao cliente, enquanto o parceiro utiliza a capacidade excedente para tornar-se mais eficiente.

No futuro, a tendência é de mais parcerias desse tipo. Em certos mercados, as parcerias ajudam os provedores de linhas tradicionais a competirem com provedores de TV a cabo, como Cox Communications ou Time Warner, pelos clientes de banda larga. As parcerias também dão à EchoStar e a outros provedores de transmissão por satélite a chance de atrair clientes de TV a cabo.

No intuito de assegurar o sucesso, essas parcerias, algumas vezes, formam estranhas associações. Antes de juntar-se com a CenturyTel, a Echostar firmou parceria com a SBC e com a Sprint. E, além da aliança com a EchoStar, a Sprint vinha firmando parcerias com empresas de outros setores da indústria de comunicações. Por exemplo, a Sprint começou a oferecer serviços de telefonia sem fio sob a marca Qwest para clientes da Qwest do oeste dos Estados Unidos. E está trabalhando com companhias de serviço a cabo em mercados em que a empresa não opera como provedor local. A Sprint também assinou um acordo com a Mediacom Communications, a oitava maior operadora de serviço a cabo dos Estados Unidos, que permitirá à Mediacom oferecer serviços de telefonia em seus mercados. A Sprint ajudará na comutação e oferecerá serviços de auxílio à lista e telefonista.

Esperam-se mais parcerias desse tipo no setor de comunicações à medida que as companhias buscarem oferecer múltiplos serviços de alta qualidade a um preço razoável. Para as empresas de telecomunicações que ainda não oferecem serviços de telefonia tradicional, de telefonia sem fio, de TV a cabo/satélite e serviços de Internet, essas alianças são imperativas. Ainda é cedo para afirmar qualquer coisa, no entanto, essas conexões acabarão proporcionando aumento de receita e fidelidade do cliente.

FONTE: ROSENBLUTH, Todd. Telecom's next wave: Alliances. *BusinessWeek*, 24 set. 2004, on-line.

Aliança estratégica é uma relação formal criada com a finalidade de buscar conjuntamente metas mútuas. Em uma aliança estratégica, cada organização compartilha a autoridade administrativa, forma relações sociais e aceita a propriedade conjunta. Esse tipo de aliança vem tornando indistintas as fronteiras entre as empresas. Ela ocorre entre companhias e seus próprios concorrentes, governos e universidades. Esse tipo de parceria, muitas vezes, ultrapassa fronteiras nacionais e culturais. As companhias formam alianças estratégicas para desenvolver novas tecnologias, entrar em novos mercados e reduzir os custos da produção. Freqüentemente, a aliança é a opção mais rápida e mais eficiente de se atingir os

aliança estratégica

Relação formal criada entre organizações independentes com a finalidade de buscar conjuntamente metas mútuas.

Conexões: MONTADORAS NORTE-AMERICANAS

No final de 2004, a GM e a DaimlerChrysler — normalmente ferozes concorrentes — anunciaram uma parceria para a criação de sistemas híbridos, que ajudaria ambas as empresas a desenvolver veículos mais econômicos e mais rápidos a um custo inferior. Os veículos híbridos estão rapidamente se tornando a opção para economia de combustível nos Estados Unidos, e quanto mais tempo essas duas montadoras demorarem, mais atrasadas ficarão tecnologicamente em relação à líder Toyota Motor Corp. Enquanto a Toyota já está na segunda geração desses veículos, os primeiros modelos resultantes do trabalho conjunto entre GM-Daimler não sairão da linha de montagem antes de 2007. Até lá, o gigante japonês terá tido mais tempo para aperfeiçoar sua tecnologia, aumentar o volume de vendas e reduzir os custos do que ainda é um produto caro. Essa tendência explica a união com a Daimler. E também explica por que, em 2005, havia rumores sobre discussões preliminares de um acordo de colaboração entre GM e Toyota em algumas tecnologias híbridas. A GM já planejava vender veículos utilitários esportivos híbridos em 2007, mas precisava de parceiros para ajudar a custear os gastos com o desenvolvimento do produto. Além disso, com o compartilhamento da tecnologia híbrida com a Daimler — e, possivelmente, com a Toyota — a GM está apostando que, quanto mais modelos forem produzidos, mais barata ficará a produção desses veículos. No longo prazo, a GM espera convencer outras montadoras a licenciarem sua tecnologia.

As alianças poder aumentar a velocidade e a inovação e reduzir o custos.

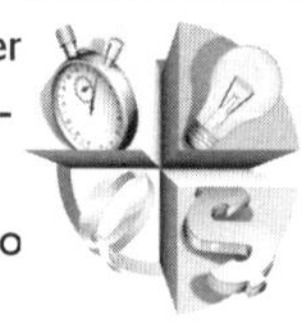

Uma aliança firmada entre a Starbucks e a Pepsico resultou na popular bebida com sabor de café Frappuccino. A relação levou a Starbucks para o mercado de bebidas engarrafadas e a PepsiCo ganhou um produto inovador. Essa aliança estratégica foi uma combinação perfeita.

objetivos. Ademais, a aliança estratégica pode oferecer retorno não apenas por meio do acordo imediato, mas com a criação de mais oportunidades inesperadas e abertura de mais portas para o futuro.[7]

Gerentes normalmente dedicam muito tempo para avaliar parceiros em termos financeiros. No entanto, para a aliança funcionar, os gerentes também precisam promover e criar relacionamentos humanos nas parcerias. As companhias asiáticas são as que aparentemente se sentem mais à vontade com o lado "humano" e não financeiro das alianças; depois, são as européias, e, por último, as norte-americanas. Portanto, as companhias norte-americanas precisam prestar uma atenção extra ao aspecto humano das alianças. O Quadro 9.1 apresenta algumas recomendações nesse sentido. Na realidade, a maioria das idéias se aplica não apenas a alianças estratégicas, mas a qualquer tipo de relacionamento.[8]

Organização de Aprendizagem

Para a empresa tornar-se responsiva, ela precisa mudar e aprender novas formas de atuação permanentemente. Alguns especialistas afirmam que a única vantagem sustentável é aprender mais rápido do que os concorrentes. Essa tendência produziu um novo termo que hoje faz parte do vocabulário da maioria dos executivos: *learning organization* ou organização de aprendizagem.[9] A **organização de aprendizagem** é aquela com capacidade de criar, adquirir e transferir conhecimento e modificar o comportamento para refletir o novo conhecimento e as novas perspectivas.[10]

organização de aprendizagem
Organização com capacidade de criar, adquirir e transferir conhecimento, e de modificar o comportamento para refletir o novo conhecimento e as novas perspectivas.

A GE, a Corning e a Honda são ótimos exemplos de organizações de aprendizagem. Tais organizações têm capacidade de resolver problemas, experimentar novas abordagens, aprender com suas próprias experiências e com outras organizações e disseminar o conhecimento de forma rápida e eficiente.

De que forma as empresas tornam-se verdadeiras organizações de aprendizagem? Existem alguns ingredientes importantes.[11]

1. O pessoal da empresa desenvolve um pensamento disciplinado e atento aos detalhes, tomando decisões baseadas em dados e evidências e não em suposições e adivinhações.
2. O pessoal busca continuamente novos conhecimentos, procurando expandir horizontes e oportunidades, e não apenas soluções rápidas para resolver os problemas presentes.
3. O pessoal avalia criteriosamente tanto os sucessos como os fracassos, tirando lições e aprofundando o entendimento.
4. As organizações que aprendem realizam um *benchmark* — identificam e implementam as melhores práticas comerciais das outras companhias, aproveitando claramente as idéias dos outros.

QUADRO 9.1
Como Transformar o "Eu" em "Nós"

As melhores alianças são verdadeiras parcerias que obedecem a estes critérios:

1. *Excelência individual:* ambos os parceiros agregam valor, e os motivos dos dois são positivos (buscar oportunidade) e não negativos (mascarar as deficiências).
2. *Importância:* ambos os parceiros querem que a relação funcione porque ela ajuda a atingir os objetivos estratégicos de longo prazo.
3. *Interdependência:* os parceiros precisam um do outro; um ajuda o outro a atingir sua meta.
4. *Investimento:* os parceiros investem recursos financeiros e outros na relação.
5. *Informação:* os parceiros informam abertamente as metas, os dados técnicos, os problemas e as mudanças nas situações.
6. *Integração:* os parceiros desenvolvem formas de operação compartilhadas; um ensina ao outro e um aprende com o outro.
7. *Institucionalização:* o relacionamento tem *status* formal com claras responsabilidades.
8. *Integridade:* ambos os parceiros são confiáveis e honrados.

FONTE: Adaptado e reimpresso com a permissão da *Harvard Business Review*. De KANTER, R. M. Collaborative advantage: the art of alliances, jul./ago. 1994, p. 96-108.

5. As idéias são compartilhadas por toda a organização por meio de relatórios, sistemas de informação, discussões informais, visitas a sites, educação e treinamento.

organização com alto grau de envolvimento
Tipo de organização em que os principais executivos asseguram a existência de consenso sobre a direção na qual a empresa é conduzida.

Organização com Alto Grau de Envolvimento

A gestão participativa vem-se popularizando cada vez mais como forma de criação de vantagem competitiva. Especialmente nas companhias de alta tecnologia que enfrentam concorrência internacional acirrada, como Microsystems e Compaq Computer, o objetivo é gerar altos níveis de comprometimento e envolvimento no trabalho conjunto entre funcionários e gerentes para atingir as metas organizacionais.

Na **organização com alto grau de envolvimento**, os principais executivos garantem o consenso sobre a direção na qual a empresa é conduzida. O líder busca opiniões tanto do grupo de executivos como de funcionários de nível hierárquico inferior. Força-tarefa, grupo de estudos e outras técnicas são usadas para promover a participação nas decisões que afetam a organização inteira. Outro fator fundamental para a organização com alto grau de envolvimento é o contínuo *feedback* aos envolvidos a respeito do seu desempenho em comparação com o da concorrência e da eficácia com que eles estão cumprindo a agenda estratégica.

Quando as companhias precisam ser altamente responsivas, a organização com alto grau de envolvimento é a chave. Principalmente nas companhias de alta tecnologia em que a concorrência é dura, é importante que todos os funcionários estejam presentes na linha de frente e sejam capazes de responder rapidamente à mudança.

Em termos estruturais, isso significa que mesmo o funcionário do nível mais inferior tem relação direta com o cliente ou fornecedor e, assim, recebe os *feedbacks* e fica responsável pela entrega de um produto ou serviço. A estrutura organizacional é horizontal, descentralizada e criada em torno de clientes, produtos ou serviços. O envolvimento do funcionário é particularmente poderoso quando o ambiente muda rapidamente, o trabalho é criativo, as atividades complexas exigem coordenação, e quando as empresas precisam de verdadeiras rupturas em inovações e velocidade — em outras palavras, quando as empresas precisam ser mais responsivas.[12]

Agilidade e Tamanho da Organização

Uma das mais importantes características de uma organização — e um dos fatores mais influentes na capacidade de responder efetivamente ao seu ambiente — é o seu porte, ou tamanho. As organizações de grande porte normalmente são menos orgânicas e mais burocráticas. Por exemplo, na Hewlett-Packard, antes da redução da sua sufocante burocracia, eram necessárias 90 pessoas distribuídas em nove comitês reunidos por mais de sete meses para decidir que nome dar a um novo software.[13]

Nas grandes organizações, os cargos se tornaram mais especializados. Elas criam grupos mais distintos de especialistas porque conseguem acrescentar uma nova especialidade com gastos proporcionalmente inferiores. A complexidade dessas inúmeras especializações dificulta o controle da empresa. Além disso, no passado, a gestão da empresa costumava acrescentar mais níveis para evitar a amplitude excessiva da esfera de controle. Para enfrentar essa complexidade, as grandes companhias tendem a se tornar mais burocráticas. Elas introduzem, então, regras, procedimentos e registros documentais.

Portanto, o aumento no tamanho da empresa resulta em complexidade, o que requer mais controle. Conseqüentemente, as organizações adotam estratégias burocráticas de controle. A sabedoria convencional diz que a burocratização aumenta a eficiência, mas diminui a capacidade de inovação da empresa. Desse modo, será que as empresas de grande porte são mais responsivas às demandas da concorrência? Vejamos.

Empresa de Grande Porte

Depois da Segunda Guerra Mundial, quando a concorrência estrangeira era limitada e o crescimento parecia infindável, quanto maior o porte da empresa, mais conceituada ela era. A fim de atender à demanda de produtos, a indústria norte-americana passou a adotar métodos de produção de grande

> A empresa de grande porte, muitas vezes, leva a uma economia de escala.

volume e baixo custo. IBM, General Motors (GM) e Sears cresceram monstruosamente nessas décadas.

Alfred Chandler, pioneiro em gestão estratégica, observou que as grandes companhias foram o propulsor do crescimento econômico durante todo o século XX.[14] A empresa de grande porte cria uma *economia de escala*, ou seja, custos inferiores por unidade de produção. Além disso, ela obtém vantagens específicas, como redução dos custos operacionais, aumento do poder de compra e facilidade de acesso ao capital. Por exemplo, a Microsoft gastou aproximadamente US$ 8 bilhões em 2004 com pesquisas e desenvolvimento, montante muito acima das possibilidades dos concorrentes.[15] Do mesmo modo, o Wal-Mart, maior companhia norte-americana, tem poder de compra para adquirir grandes volumes de mercadorias e vendê-las a preços inferiores aos da concorrência. A empresa de grande porte também cria uma **economia de escopo**; os materiais e os processos utilizados em um produto são aproveitados para criar outros produtos relacionados. Com essas vantagens, as enormes companhias com muito dinheiro são as melhores para enfrentar os maiores rivais estrangeiros nos imensos mercados globalizados.

> **economia de escopo**
>
> Economias em que os materiais e processos utilizados em um produto são aproveitados para criar outros produtos relacionados.

Empresa de Pequeno Porte

Uma organização complexa e de grande porte, no entanto, enfrenta dificuldades para gerir as relações com clientes e entre suas próprias unidades. A burocracia pode crescer excessivamente. Sucesso demais pode alimentar a complacência, e a inércia resultante emperra as mudanças. Os especialistas afirmam que essa fórmula é infalível para a empresa ser derrotada pela acirrada concorrência. Quando o consumidor passa a exigir mais diversificação e qualidade nos produtos personalizados e excelência nos serviços de suporte, as companhias gigantescas começam a titubear. Há algumas evidências de que, quando as empresas aumentam de tamanho e sua fatia de mercado cresce, o cliente começa a enxergar queda na qualidade de seus produtos. É mais difícil coordenar e controlar uma companhia de grande porte. Então, se, de um lado, o tamanho da empresa pode melhorar a eficiência, diluindo os custos fixos entre as várias unidades, do outro, também pode criar dificuldades administrativas que inibem um desempenho eficiente. Um novo termo acaba de entrar no vocabulário dos negócios: *deseconomia de escala*, ou seja, os custos decorrentes do tamanho excessivo da empresa. "O ideal é ser pequeno" tornou-se a frase favorita entre os gerentes de novos empreendimentos.[16]

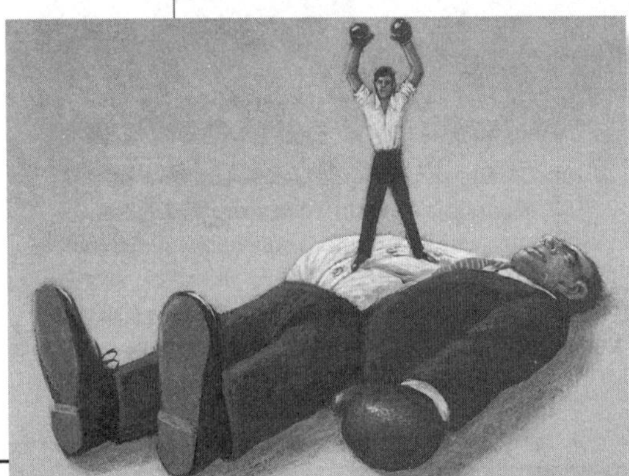

As pequenas empresas podem ser mais eficientes, deixando para trás as grandes.

> A empresa de pequeno porte é mais ágil.

A empresa de pequeno porte consegue movimentar-se com mais rapidez, oferecer mercadorias e serviços de qualidade em nichos específicos de mercado, e pode inspirar maior envolvimento do seu pessoal. Uma empresa pequena e ágil, muitas vezes, supera com destreza as grandes burocracias. Ela consegue lançar produtos novos e melhores, e ganhar fatias do mercado. Hoje em dia, a grande qualidade está na flexibilidade e na responsividade — potencial ponto forte exclusivo da empresa de pequeno porte. Por exemplo, em 2000, um grupo de engenheiros da Lucent Technologies descobriu uma tecnologia superior para transmissão de dados sem fio mais rápida e barata. No entanto, temendo canibalizar sua própria linha de produtos, a Lucent manteve-se fiel à tecnologia existente à época. Em resposta, os engenheiros fundaram uma pequena empresa, a Flarion Technologies, uma bem-sucedida concorrente. "O fato de conseguirmos criar nosso melhor trabalho e, ainda assim, não enxergarmos perspectivas para a sua utilização foi um claro sinal de que a estrutura de uma grande companhia não era a melhor para nós", afirma Rajiv Laroia, um dos engenheiros fundadores.[17]

Empresa ao Mesmo Tempo de Grande e Pequeno Portes

Ser pequeno *é* ideal para desencadear energia e velocidade. Entretanto, em termos de compra e venda, ser grande proporciona poder de mercado. O desafio, então, é ser ao mesmo tempo grande e pequeno para aproveitar as vantagens de cada um.

A JetBlue, companhia aérea altamente lucrativa que atua em um nicho de empresas de baixo custo, começou bem pequena com o conceito de tarifas baixas e dos bem-aceitos serviços adicionais como de TV a bordo. Com uma das melhores margens de lucro do setor, ela vem expandindo-se rapidamente. Mesmo assim, adotou estruturas — tanto formais como informais — para assegurar a manutenção da atmosfera, típica de pequena empresa, de compartilhamento de informações, entusiasmo dos funcionários e foco intensivo no cliente. Cada alto executivo da companhia tem como responsabilidade visitar uma localidade diferente a cada trimestre e trabalhar lá ao lado dos funcionários o dia todo. As sessões de orientação e treinamento reforçam a cultura de empresa de pequeno porte, de modo a manter os mesmos padrões e valores que viabilizaram o sucesso da companhia, ainda que ela venha a se tornar uma grande empresa.[18]

De um ponto de vista diferente, companhias como Starbucks, AES (mencionadas no Capítulo 8), Bell e Amazon são empresas muito grandes que se esforçam bastante para agir como pequenas e manter a sensação de proximidade com os funcionários e clientes. Todas são vistas como as mais bem gerenciadas empresas do mundo. A fim de evitar os problemas com o crescimento e o tamanho, elas descentralizam a tomada de decisões e organizam-se em torno de pequenas unidades de trabalho baseadas em equipes adaptáveis.

downsizing
Eliminação planejada de posições ou cargos.

rightsizing (dimensionamento exato)
Esforço bem-sucedido para atingir o tamanho adequado que melhore o desempenho da empresa.

Downsizing Conforme as grandes companhias tentam ganhar a mesma responsividade das pequenas, muitas vezes, elas enfrentam o dilema do *downsizing* (enxugamento). ***Downsizing*** (ou ***rightsizing* — dimensionamento exato**) consiste na eliminação planejada de posições ou cargos. As metodologias mais comuns de *downsizing* incluem a eliminação de funções, de níveis hierárquicos ou de unidades inteiras.[19] Há ainda uma crescente tendência em substituir funcionários de período integral por outros menos onerosos de meio período, ou temporários.

No passado, o *downsizing* geralmente era conseqüência do mau desempenho da companhia — por exemplo, o declínio nas vendas em longo prazo reduzia a necessidade do mesmo número de funcionários. Hoje em dia, no entanto, o *downsizing* tornou-se prática empresarial comum por causa das pressões sobre os custos como conseqüência da competição global, da consolidação das funções decorrente do crescente número de fusões e do surgimento das novas tecnologias ou novas metodologias de fazer negócios. É difícil abrir um jornal e não ler notícias sobre *downsizing* em alguma empresa; do mesmo modo, é difícil citar alguma grande corporação que não tenha passado por esse processo nos últimos anos. A lista inclui IBM, Citicorp, AT&T, Kodak, Goodyear, Exxon, Xerox, TRW e GM.

Mesmo sobrevivendo a um tempestuoso *downsizing*, como o funcionário ainda é afetado?

Historicamente, as demissões em massa atingiam fábricas e, mais especificamente, trabalhadores de nível operacional. Entretanto, como o mais recente ciclo de *downsizing* tem focado na desestruturação e eliminação da burocracia, os gerentes de nível hierárquico médio têm sido os mais atingidos.

Quando executado de forma adequada, eliminando as estruturas ineficazes e focando os recursos mais no valor agregado ao cliente do que nos processos internos inúteis, o *downsizing* efetivamente torna a empresa mais ágil, flexível e responsiva. Contudo, mesmo na melhor hipótese, ele pode ser traumático para a organização e seus funcionários. O que é possível fazer para implementar melhor o *downsizing* e ajudar a realizar o *rightsizing* (dimensionamento exato) de forma eficaz?

Acima de tudo, a empresa deve evitar a contratação excessiva (cíclica) para reduzir a necessidade de realizar vários ou grandes *downsizings*. Mas, além disso, precisa evitar erros comuns, como: demissões coletivas pequenas, lentas e freqüentes; implementação de programas voluntários de antecipação da aposentadoria que induzem os melhores funcionários a deixarem a companhia, e, demissão excessiva de funcionários que inviabilize as suas operações. Em vez disso, as companhias podem implementar inúmeras práticas positivas para atenuar o sofrimento do *downsizing*:

síndrome do sobrevivente
Redução da produtividade e piora do estado de espírito de funcionários que permanecem na empresa depois do *downsizing*.

- Análise criteriosa e reflexão estratégica para escolher as posições a serem eliminadas.
- Treinamento do pessoal para lidar com a nova situação.
- Identificação e proteção dos funcionários talentosos.
- Atenção e ajuda especial aos demitidos.
- Comunicação constante com os funcionários a respeito do andamento do processo.
- Ênfase em um futuro positivo e nas novas funções dos funcionários.[20]

O mais interessante é que as pessoas demitidas em um *downsizing* não são as únicas profundamente afetadas. As que sobrevivem ao processo — que mantêm o emprego — tendem a apresentar o que se tornou conhecido como **síndrome do sobrevivente.**[21] Esses funcionários se esforçam assumindo uma carga de trabalho maior, ficam imaginando quem será o próximo a ser demitido, tentam descobrir formas para sobreviver, perdem o comprometimento com a companhia e a confiança no chefe, e tornam-se intolerantes, individualistas e avessos ao risco. Conseqüentemente, o bom estado de espírito e a produtividade são afetados.

Esse tema será abordado nos capítulos posteriores sobre gestão de recursos humanos, liderança, motivação, comunicação e gestão de mudanças. O assunto também está relacionando com a gestão da carreira profissional — abordada no Capítulo 1 — em uma era em que o *downsizing* é fato rotineiro.

Clientes e Organização Responsiva

Até aqui, a discussão girou em torno da influência da *estratégia* e do *tamanho* da empresa na sua agilidade, adaptabilidade e estruturação. Entretanto, no fim, o principal aspecto da estruturação de uma organização ágil e responsiva está em atender e superar as expectativas dos *clientes* — as pessoas que devem ser atraídas pela empresa para adquirir mercadorias ou serviços cujos contínuos patrocínio e envolvimento com a organização constituem fatores impulsionadores do sucesso e da competitividade sustentável de longo prazo.

Hoje em dia, os clientes exigem produtos novos de baixo custo e alta qualidade — com rapidez.

O Capítulo 2 apresentou o ambiente organizacional como composto por várias partes diferentes (governo, fornecedores, concorrentes e outros componentes). Talvez nenhum outro aspecto do ambiente venha provocando um impacto mais profundo na organização nos últimos anos do que o foco no cliente. Dr. Kenichi Ohmae ressalta que qualquer unidade de negócios deve levar em conta três fatores: a *companhia* em si, a *competição* e o *cliente*. Esses componentes formam aquilo a que Ohmae se refere como *triângulo estratégico*, mostrado na Figura 9.2. O gerente precisa equilibrar o triângulo estratégico, e as organizações bem-sucedidas devem usar suas forças para criar valor com o atendimento das exigências do cliente melhor do que o concorrente. Esta seção abordará como as organizações se estruturam para manter e ampliar a vantagem competitiva junto aos clientes.

gestão do relacionamento com clientes (CRM)

Processo multifacetado focando a criação de trocas bidirecionais com clientes para conhecer profundamente suas necessidades, seus desejos e padrões de compra.

Gestão do Relacionamento com Clientes

Gestão do relacionamento com clientes (CRM — *customer relationship management*) é um processo multifacetado, normalmente mediado por um conjunto de tecnologias da informação, direcionado à criação de trocas bidirecionais com clientes para conhecer profundamente suas necessidades, seus desejos e padrões de compra. Desse modo, o processo permite à empresa entender, além de antecipar, as necessidades de clientes

FIGURA 9.2
Triângulo Estratégico

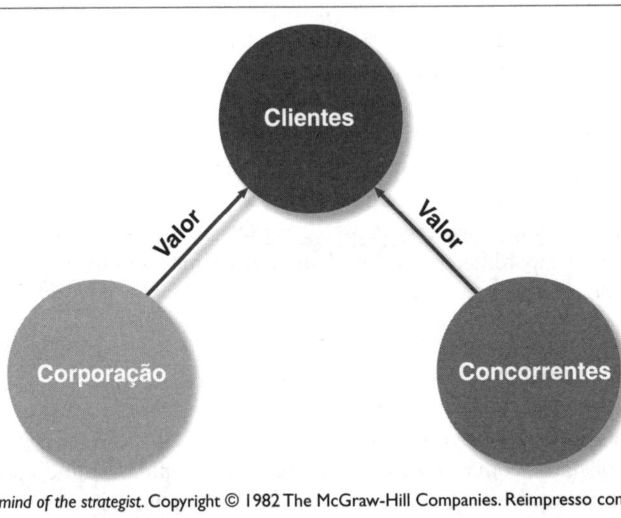

FONTE: OHMAE, K. et al. *The mind of the strategist*. Copyright © 1982 The McGraw-Hill Companies. Reimpresso com permissão da The McGraw-Hill Companies.

atuais e potenciais. Além disso, é parte de uma estratégia de negócio de gestão do cliente para maximizar o valor de longo prazo da empresa atribuído pelo consumidor.[22]

> "Sim, nosso negócio é tecnologia. Mas também envolve operações e relacionamento com clientes."
>
> Michael Dell

Como tem sido discutido neste livro, o cliente deseja produtos e serviços de qualidade, baixo custo, inovadores e com rapidez. A visão tradicional enxergava esses desejos básicos do cliente como um conjunto de potenciais compensações. Por exemplo, o cliente desejava alta qualidade ou baixos custos na forma de preços baixos. No entanto, as empresas fornecedoras de produtos e serviços da mais alta qualidade sabem, atualmente, que a mentalidade da "compensação" não é mais aplicável. O cliente deseja *todos* esses aspectos básicos, e está percebendo que sempre existe uma organização, em alguma parte, capaz de atender o seu desejo.

Contudo, se todas as empresas procurarem satisfazer os clientes, como uma companhia consegue obter vantagem competitiva? As principais empresas perceberam que praticamente toda vantagem é temporária, já que o concorrente fará o máximo para equiparar-se. Em suma — embora seja óbvio, mas não simples —, a companhia obtém e mantém a vantagem competitiva com uma melhoria contínua. Esse conceito — *kaizen*, ou aperfeiçoamento contínuo — é parte integrante da estratégia operacional dos japoneses. A Motorola, vencedora do Malcolm Baldrige National Quality (prêmio nacional da qualidade Malcolm Baldrige), opera com a filosofia de que "a companhia que está satisfeita com seu progresso logo percebe que o cliente não está".

A organização que foca em atender rapidamente às necessidades do cliente logo observa uma ampliação no significado tradicional de cliente para incluir "cliente interno". O termo *cliente* hoje se refere ao *próximo processo*, ou *qualquer que seja o próximo trabalho*.[23] Essa tendência ressalta a idéia de interdependência entre funções relacionadas e significa que todas as funções da organização, não apenas do pessoal de marketing, devem estar interessadas na satisfação do cliente. Todos — sejam colegas, chefes, subordinados ou pessoas de fora — a quem se destina o trabalho de alguém são vistos como clientes.

> **cadeia de valores**
>
> Seqüência de atividades que vai da matéria-prima até a entrega do produto ou serviço, com a criação de valor adicionado em cada etapa.

A melhor visão para entender como a organização pode adicionar valor percebido pelo cliente em seus produtos é a apresentada por Michael Porter, que popularizou o conceito de cadeia de valores. **Cadeia de valores** é a seqüência de atividades que vai da matéria-prima até a entrega do produto ou serviço, com a criação de valor adicionado em cada etapa.

A Figura 9.3 mostra uma cadeia genérica de valores. Cada etapa da cadeia adiciona valor ao produto ou serviço:

- *Logística interna* — receber e armazenar a matéria-prima e distribuí-la para as operações.
- *Operações* — transformar a matéria-prima em produto acabado.
- *Logística externa* — armazenar e controlar a distribuição do produto acabado.
- *Marketing e vendas* — identificar as necessidades do cliente e motivá-lo a adquirir o produto.

FIGURA 9.3
Cadeia Genérica de Valores

FONTE: PORTER, Michael. *Competitive advantage:* creating and sustaining superior performance. Nova York: Free Press, 1985.

- *Serviço de atendimento* — oferecer assistência ao cliente, por exemplo, consertar o produto depois de adquirido.

Quando o valor total criado — ou seja, *aquilo que o cliente está disposto a pagar* — excede o custo de fornecimento do produto ou serviço, o resultado é a *margem* de lucro da organização.[24]

Os gerentes conseguem adicionar valor percebido pelo cliente e construir vantagem competitiva prestando muita atenção na cadeia de valores da organização — não apenas em cada etapa dela, mas na interação entre as várias etapas. Por exemplo, ele pode obter economia de escala, assim como o Wal-Mart obteve, de forma a reduzir os custos dos materiais e das operações, ou desenvolver canais de distribuição inovadores, como fez a Amazon, e, assim, adicionar valor percebido pelo cliente. Também pode criar estruturas e sistemas ligando os elementos da cadeia de valores de forma inovadora.

Vantagens da Colaboração

Uma das formas mais efetivas de alavancar a cadeia de valores da organização é reunindo os seus elementos a fim de colaborar para adicionar valor percebido pelo cliente e criar vantagem competitiva. Por exemplo, podem ser estabelecidos relacionamentos de longo prazo com fornecedores para incentivar o investimento em novas tecnologias e práticas que agilizem o desenvolvimento de produtos e o retorno. A Nike escolhe seus fornecedores — que ela chama "parceiros estratégicos" — com essa finalidade, e compartilha com eles seus planos e estratégias de negócios para reforçar a estreita colaboração. O pessoal de vendas se comunica com o pessoal de operações, antes mesmo de iniciado o processo de produção, para criar em conjunto produtos altamente valorizados pelo cliente. O gestor de atendimento ao cliente, permanentemente, relata ao pessoal de operações os defeitos identificados e trabalha com eles e com os fornecedores para reduzir e eliminar as falhas. Quando o gerente cria esse tipo de colaboração, a agilidade e a responsividade da empresa rapidamente aumentam.

gestão da qualidade total

Abordagem integrativa de gestão baseada na satisfação do cliente mediante a utilização de diversas ferramentas e técnicas para produzir mercadorias e serviços da mais alta qualidade.

Gestão da Qualidade Total

Gestão da qualidade total (*TQM — total quality management*) é um modo de gestão em que todos se comprometem com o aperfeiçoamento contínuo da parte operacional sob sua responsabilidade. Nos negócios, o sucesso depende da oferta de produtos de qualidade. Como descrito no Capítulo 1 e em todo o livro, a gestão da qualidade total é uma abordagem abrangente para melhorar a qualidade do produto e, assim, satisfazer o cliente. Caracteriza-se pela forte orientação voltada ao cliente (externo e interno) e tem-se tornado tema genérico no trabalho de organização. A gestão da qualidade total reorienta o gerente no sentido de envolver o pessoal dos departamentos na melhoria de todos os aspectos da empresa. O aperfeiçoamento contínuo exige mecanismos integrativos para facilitar a solução de problemas em grupo, o compartilhamento de informações e a cooperação além das funções da empresa. Conseqüentemente, as barreiras que separam os estágios e as funções do trabalho tendem a desaparecer, e a organização funciona de maneira mais orientada às equipes.[25]

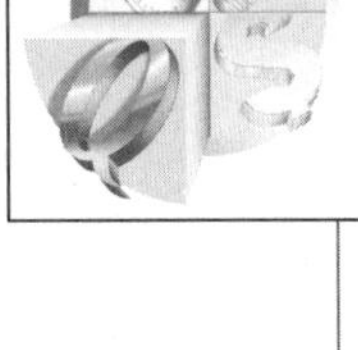

O compromisso da organização inteira é fundamental para se atingir alta qualidade.

W. Edwards Deming foi um dos fundadores do movimento de gestão da qualidade. Quando ele começou, seu trabalho foi amplamente ignorado pelas empresas norte-americanas, mas foi avidamente adotado pelas companhias japonesas que desejavam proteger seus produtos contra a reputação de má qualidade depois da Segunda Guerra Mundial. A ênfase na qualidade da produção automobilística japonesa ressaltada no início deste capítulo é um dos resultados diretos do trabalho de Deming, que hoje é adotado por muitas empresas norte-americanas e por outras no mundo todo. Os "14 pontos" da qualidade de Deming enfatizam uma abordagem holística da gestão que exige compreensão profunda do processo — da interação delicada entre materiais, máquinas e pessoas que determina a produtividade, a qualidade e a vantagem competitiva:

1. Criação de uma constância na finalidade — envidar esforços visando o aperfeiçoamento de longo prazo antes do lucro de curto prazo.
2. Adoção de nova filosofia — não tolerar erros e atrasos.
3. Eliminação da dependência da inspeção em massa — introduzir a qualidade desde a fase inicial do processo.
4. Fim da prática de recompensar o negócio com base exclusivamente no preço — criar relacionamentos de longo prazo.
5. Melhoria permanente e contínua do sistema de produção e serviços — em cada estágio.
6. Instituir o treinamento e o retreinamento — atualizar continuamente os métodos e as visões.
7. Implementação de liderança — oferecer os recursos necessários para um desempenho eficaz.
8. Afastar o temor — fazer que as pessoas não sintam temor em relatar problemas ou pedir ajuda.
9. Eliminação das barreiras entre departamentos — promover o trabalho em equipe.
10. Eliminação de palavras de ordem, exaltação e alvos arbitrários — oferecer métodos e não discursos de efeito.
11. Eliminação de cotas numéricas — elas são contrárias à idéia de aperfeiçoamento contínuo.
12. Remoção de barreiras contra o orgulho de um bom trabalho — permitir a autonomia e a espontaneidade.
13. Instituir programas sólidos de educação e treinamento — as pessoas são ativos humanos, não mercadorias.
14. Implementação de ações para realizar a transformação — oferecer estrutura que viabilize a qualidade.

Um dos principais fatores contribuintes para a gestão da qualidade total são as ferramentas estatísticas introduzidas para analisar as causas dos defeitos nos produtos, em uma abordagem denominada *Seis Sigma*. Sigma é a letra grega usada para designar a estimativa de variação ou o desvio-padrão de um processo. (Quanto maior o "nível sigma", menor o montante de variação.) Esse sistema permite analisar qualquer defeito do produto que provoque insatisfação no cliente — por exemplo, atraso na entrega, erro na remessa ou mau serviço de atendimento ao cliente, além de problemas com a mercadoria propriamente dita. Quando algum defeito é identificado, os gerentes envolvem toda a organização em um esforço determinado e abrangente para eliminar as causas e reduzi-lo ao menor nível possivelmente praticável. No método *Seis Sigma*, em 99,99966% do tempo, o produto ou processo não apresenta defeito — menos de 3,4 defeitos ou erros em um milhão. Quase sempre o gerente precisa reestruturar em aspectos fundamentais os processos internos e os relacionamentos com fornecedores e clientes para atingir essa meta. Por exemplo, às vezes, o gerente precisa criar equipes com pessoas de todas as partes da organização para implementar as melhorias no processo a fim de evitar que os defeitos apareçam. Muitas companhias, como GE, Motorola, American Express e 3M, têm adotado o programa *Seis Sigma* e, conseqüentemente, reduzido de forma significativa seus custos e aumentado a participação de mercado.[26] O programa *Seis Sigma* será abordado mais detalhadamente no Capítulo 16.

The Bama Companies, empresa familiar de comida congelada, recentemente premiada com o Malcolm Baldrige National Quality Award.

O compromisso com a qualidade total exige abordagem organizacional integrada, abrangente e completa. Em 1987, foi instituído o Malcolm Baldrige National Quality Award (*Prêmio nacional da qualidade Malcolm Baldrige*), para incentivar as companhias norte-americanas a criar esse compromisso e atingir a excelência em termos de qualidade. Ele é uma homenagem ao ex-secretário do Comércio e é concedido anualmente às companhias e organizações sem fins lucrativos de acordo com alguns critérios específicos (ver página 304). Entre os re-

Critérios do Prêmio Baldrige e Gestão da Qualidade Total nos Estados Unidos

Os critérios de excelência em desempenho adotados pelo programa do prêmio Baldrige são resumidamente:

1. *Liderança.* Os líderes devem definir as direções e criar um enfoque no cliente, em valores claros e visíveis, e em expectativas de alto nível. Eles devem assegurar a criação de estratégias, sistemas e métodos para atingir excelência em *performance*, incentivando a inovação, criando conhecimento e qualificação e garantindo a sustentabilidade organizacional. E incentivar todo funcionário a colaborar.
2. *Planejamento Estratégico.* A criação de uma organização sustentável exige foco no futuro. O planejamento elaborado pelos gerentes deve antecipar fatores de curto e longo prazos que afetam o mercado e os negócios da organização, como expectativas do cliente, novas oportunidades de negócios e parcerias, necessidade de desenvolvimento do funcionário, evolução tecnológica e mudanças estratégicas dos concorrentes.
3. *Cliente e Foco no Mercado.* O gerente tem de levar em conta todas as características do produto e do serviço e todos os aspectos de acesso ao consumidor que contribuem para o valor percebido pelos seus clientes. A excelência voltada ao cliente inclui a compreensão dos desejos atuais e a antecipação dos desejos futuros do cliente e do potencial de mercado. Ela inclui produtos e serviços diferenciados dos ofertados pela concorrência. Também requer *agilidade* — criação mais ágil de produtos e resposta mais rápida e flexível ao cliente.
4. *Medição, Análise e Gestão do Conhecimento.* As organizações dependem de medições e análises de desempenho. Essas medições oferecem informações críticas sobre os processos, os produtos e os resultados. As medidas ou os indicadores selecionados devem representar bem os fatores que contribuem para a melhoria do desempenho ético, financeiro, operacional e voltado ao cliente. Esses índices oferecem uma base clara para o alinhamento de todos os processos com as metas da organização.
5. *Foco nos Recursos Humanos.* O sucesso depende cada vez mais da diversidade de experiência, conhecimento, qualificação, criatividade e motivação dos funcionários. O gerente que valoriza o funcionário compromete-se com sua satisfação, seu desenvolvimento e bem-estar. Esse compromisso envolve práticas de trabalho de mais alto desempenho e flexíveis; dedicação ao sucesso do funcionário; reconhecimento além do sistema de compensação normal; compartilhamento de conhecimento e criação de uma cultura de aprendizado para o funcionário atender melhor os clientes e atingir os objetivos estratégicos da organização, e criação de um ambiente que incentive a exposição ao risco e à inovação.
6. *Gestão do Processo.* O gestor deve garantir que os principais produtos, serviços e outros processos fundamentais criem valor tanto para o cliente como para a organização, por exemplo, aperfeiçoamento do tempo de ciclo, da produtividade, da inovação e dos custos, e também melhorias na eficiência e na eficácia do processo em geral. Além disso, o gerente alinha e integra a organização como um todo. O *alinhamento* assegura a consistência de planos, processos, medidas e ações. A *integração* liga as unidades individuais e os sistemas de medição de desempenho de modo a operarem totalmente interconectados.
7. *Resultados Comerciais.* Os principais resultados incluem todas as metas de desempenho operacional interno e em termos de produto, serviço, cliente, finanças, incluindo participação de mercado, criação de novos produtos, satisfação do cliente e eficácia organizacional. Os resultados devem ser usados para criar valor para os principais *stakeholders* — clientes, funcionários, acionistas, fornecedores e parceiros, o público em geral e a comunidade — com equilíbrio adequado. As medições de desempenho também oferecem uma base clara para melhorar os resultados, definindo como meta a melhoria permanente do valor e da excelência em desempenho.

FONTE: 2005 Criteria for Performance Excellence. *Baldrige National Quality Program*, disponível em: www.baldrige.nist.gov/index.html. Acesso em: fev. 2005.

centes ganhadores do prêmio estão The Bama Companies, uma empresa familiar de comida congelada que, de acordo com a premiação, implementa novas idéias em termos de produtos a um ritmo dez vezes superior à da média do setor; e Robert Wood Johnson University Hospital Hamilton, que reduziu em quase 70% a mortalidade dos pacientes com insuficiência cardíaca congestiva.[27]

> "A interligação entre empresa e tecnologia da informação está cada vez mais indistinta. Não imagino ninguém que consiga falar sobre uma sem mencionar a outra."
>
> Bill Gates

ISO 9000

Uma série de normas de qualidade elaboradas por um comitê sob a supervisão da International Organization for Standardization para melhorar a qualidade total em todas as empresas visando beneficiar tanto produtores como consumidores.

ISO 9000

A influência da gestão da qualidade total no processo organizacional ficou ainda mais severa com o surgimento do programa ISO 9000. A **ISO 9000** consiste em uma série de normas de qualidade elaboradas por um comitê sob supervisão da International Organization for Standardization (*Organização Internacional para Padronização*). A finalidade das normas é melhorar a qualidade total em todas as empresas, visando beneficiar tanto produtores como consumidores. As normas da ISO 9000 originalmente destinavam-se ao setor produtivo; no entanto, a maioria dos padrões também pode ser aplicada prontamente nas operações de serviços.

As companhias norte-americanas começaram a se interessar pela ISO 9000 porque os clientes estrangeiros, principalmente da União Européia, adotaram o programa. As companhias que seguirem as conformidades de qualidade da ISO 9000 podem candidatar-se à certificação oficial; alguns países e algumas companhias exigem, antes de fecharem negócios, a certificação oficial como comprovação da conformidade às normas. Atualmente, inclusive alguns clientes norte-americanos estão impondo as mesmas exigências.[28]

Depois de descobrir que seus produtos eram mais caros do que os da concorrência, a Procter & Gamble mudou completamente seu sistema de produção. Quais as vantagens e desvantagens de um esforço radical de reengenharia como esse?

Reengenharia

Ampliando o conceito de gestão da qualidade total e com o enfoque organizacional em torno das necessidades do cliente, as organizações também adotaram a noção da reengenharia (introduzida no Capítulo 1). A idéia principal da reengenharia é revolucionar sistemas e processos organizacionais importantes para responder à seguinte pergunta: "Se você fosse o cliente, como gostaria que trabalhássemos?". A resposta a essa questão forma uma visão de como a organização deve trabalhar para, baseada nela, tomar decisões e implementar as ações adequadas. Processos como desenvolvimento de produto, cumprimento dos pedidos, serviço de atendimento ao cliente, gestão de estoque, faturamento e produção são reestruturados desde o início como se a organização fosse totalmente nova e houvesse acabado de iniciar suas atividades.

Por exemplo, a Procter & Gamble descobriu que a família média compradora de seus produtos pagava, em comparação com outras marcas ou produtos mais populares, US$ 725 a mais por ano. A P&G percebeu que esse montante era elevado demais e sinalizava que os preços altos da companhia poderiam levá-la à extinção. Outros dados também sinalizavam a necessidade de mudanças na empresa. A fatia de mercado de marcas famosas como Comet, Mr. Clean e Ivory vinha caindo ao longo de 25 anos. A P&G mudava *diariamente* 55 preços de 80 marcas, e a discrepância nos dados de faturamento era comum. A operação das fábricas era ineficiente e os custos indiretos da empresa eram os maiores do setor. Estava clara a necessidade de redução nos preços e, para isso, era necessário haver cortes nos custos.

Um programa eficaz de reengenharia pode reduzir significativamente os custos.

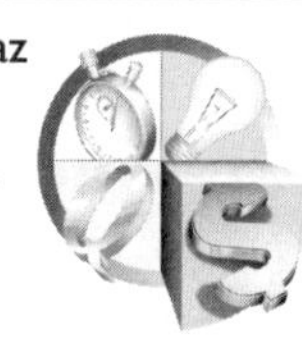

Como reação, a P&G implementou a reengenharia. A companhia pôs abaixo e reconstruiu praticamente todas as atividades que contribuíam para os seus altos custos. Ela reestruturou sua forma de desenvolver, produzir, distribuir, comercializar, vender produtos e definir seus preços.

Vantagens da Colaboração

O tipo de reengenharia implementado pela P&G exige muito mais do que diretrizes de gestão da alta administração, ele envolve mudança na estrutura formal da organização, introdução de nova tecnologia ou mesmo uma mudança estratégica bem comunicada. Além disso, para seu sucesso e sua eficácia totais, muitas vezes a reengenharia requer uma mudança fundamental no modo como as partes da organização trabalham em conjunto. Essas partes precisam enxergar umas às outras como parceiras em um esforço comum e não como membros de determinado departamento ou unidade. Equipes com componentes de todos os níveis da organização devem ser envolvidas no esforço de reengenharia, e as informações sobre problemas e possíveis soluções têm de ser totalmente compartilhadas entre todos. Clientes e outros *stakeholders* podem ser entrevistados para dar as suas contribuições. Muitas vezes, diversas equipes trabalham juntas simultaneamente. Desse modo, todas as informações organizacionais internas e externas referentes a algum problema podem ser disponibilizadas — e a solução encontrada terá aceitação mais ampla e poderá ser implementada com mais rapidez.

O processo de reengenharia foi complicado, caro e longo. No entanto, depois dessas mudanças, as alterações nos preços são raras, as fábricas são muito mais eficientes, o estoque está diminuindo, e as vendas e os lucros vêm aumentando. Além disso, agora, os preços das marcas P&G são compatíveis com os das demais oferecidas no mercado. Talvez, mais uma vez, a P&G se tenha reinventado como líder do setor, e criado para si uma vantagem competitiva de longo prazo que os concorrentes tentam alcançar.[29]

Portanto, reengenharia não é implementar pequenas mudanças organizacionais em uma ou outra parte da organização. Trata-se de reestruturar completamente a operação, de forma revolucionária, para atingir os maiores benefícios possíveis tanto para o cliente como para a organização.

Tecnologia e Agilidade Organizacional

tecnologia
Aplicação sistemática de conhecimento científico em um novo produto, processo ou serviço.

Até aqui, foi discutida a influência da estratégia, do tamanho e do cliente na estrutura e agilidade da organização. Agora, será discutido um fator influente mais crítico na estrutura e agilidade da organização: a *tecnologia*.

Em termos gerais, a **tecnologia** pode ser vista como os métodos, os processos, os sistemas e os instrumentos usados para transformar os recursos (matéria-prima) em produtos (resultado). Embora a tecnologia — e a inovação — seja abordada mais detalhadamente no Capítulo 17, neste capítulo serão ressaltadas algumas influências importantes da tecnologia na estrutura organizacional.

Tipos de Configurações Tecnológicas

pequeno lote
Tecnologia que produz mercadorias e serviços em pequeno volume.

grande lote
Tecnologia que produz mercadorias e serviços em grande volume.

Uma pesquisa realizada por Joan Woodward estabeleceu as bases para o entendimento da tecnologia e estrutura. De acordo com Woodward, três tecnologias básicas caracterizam a forma como o trabalho é realizado: tecnologia de processo contínuo, de pequenos lotes (produção unitária) e de grandes lotes (produção em massa). Essas três classificações são igualmente úteis para descrever tanto a tecnologia de oferta de serviços como a de produção. Cada uma difere em termos de volume produzido e variedade de produtos/serviços oferecidos. Além disso, cada uma influencia diferentemente o modo como o gerente organiza e estrutura o trabalho em sua organização.[30]

Tecnologia de Pequeno Lote Quando mercadorias ou serviços são oferecidos em volume bem pequeno ou em **pequenos lotes** (produção unitária), a companhia que realiza esse tipo de trabalho é denominada *oficina de trabalho*. Um exemplo bem típico de oficina de trabalho é a PMF Industries, pequena metalúrgica localizada em Williamsport, Pensilvânia, que produz pequenos conjuntos em aço inoxidável para uso médico e outros fins específicos. Em sentido menos formal, no setor de serviços, restaurantes e consultórios médicos também são exemplos de oficinas de trabalho, já que oferecem grande variedade de serviços personalizados em pequeno volume.

Em uma organização com tecnologia de pequeno lote, a estrutura tende a ser bem orgânica. Normalmente, não há regras ou procedimentos formais, e a tomada de decisão tende a ser descentralizada. A ênfase é dada ao ajustamento mútuo entre as pessoas.

Tecnologia de Grande Lote Com o aumento no volume de produção, há uma diminuição na variedade de produtos oferecidos. A companhia que opera com volumes maiores e variedades menores que a oficina de trabalho tende a ser caracterizada por tecnologia de **grande lote**, ou de produção em massa. Exemplos de tecnologias de grande lote incluem as operações das montadoras como General Motors, Ford e DaimlerChrysler. No setor de serviços, o McDonald's e o Burger King são bons exemplos. A produção dessas empresas tende a ser mais padronizada, e todos os clientes recebem produtos semelhantes (ou idênticos). As máquinas substituem as pessoas na execução física do trabalho. As pessoas operam as máquinas.

Com a tecnologia de grande lote, a estrutura se torna mais mecanicista. Existem mais regras e procedimentos formais, e a tomada de decisão, em geral, é centralizada e com maior amplitude de controle. A comunicação tende a ser mais formal em companhias em que a autoridade hierárquica é mais proeminente.

processo contínuo
Processo altamente automatizado e com fluxo produtivo contínuo.

Tecnologia de Processo Contínuo Na extremidade de mais alto volume da escala está a companhia que adota a tecnologia de **processo contínuo**, tecnologia de operação ininterrupta. A Domino Sugar e a Shell Chemical, por exemplo, usam tecnologia de processo contínuo com um número bem limitado de itens a serem produzidos. As pessoas não atuam diretamente no trabalho em si. Ele é executado totalmente por máquinas e/ou computadores. Em alguns casos, as pessoas operam os computadores que operam as máquinas.

Ironicamente, com a tecnologia de processo contínuo, a estrutura às vezes volta a ser mais orgânica por causa da pouca necessidade de monitoramento e supervisão. A comunicação tende a ser mais informal em companhias com poucas regras e normas estabelecidas.

personalização em massa
Produção variada personalizada individualmente com baixo custo dos produtos padronizados produzidos em massa.

Organização de Produção Flexível

Embora os aspectos relacionados a volume e variedade de produção freqüentemente tenham sido considerados compensatórios no sentido tecnológico, hoje em dia, as organizações estão tentando manter, ao mesmo tempo, tanto um alto volume como uma grande variedade de produtos. Essa tendência é denominada **personalização em massa (ou customização)**.[31] Automóveis, roupas, computadores e outros produtos estão, cada vez mais, sendo produzidos de acordo com a referência, as especificações e o orçamento de cada cliente. Há alguns anos, esse tipo de produção parecia apenas imaginação, no entanto, a personalização em massa está rapidamente se tornando a metodologia de produção mais predominante entre as principais empresas. Atualmente, é possível adquirir roupas do tamanho exato,

A tecnologia atual permite a personalização a custo baixo.

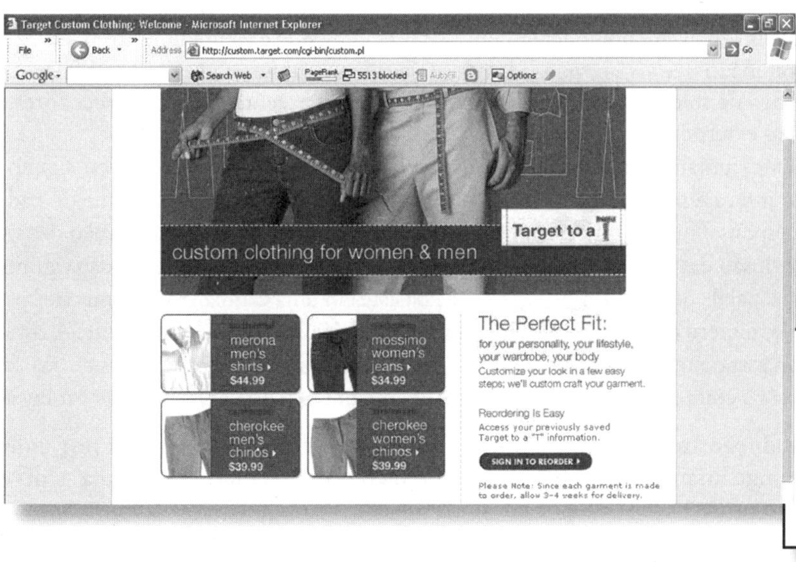

As roupas femininas e masculinas personalizadas da target.com são apenas um exemplo de produção flexível. Que outras companhias oferecem esse tipo de serviço?

	Personalização em Massa
Produtos	Muita variedade e alto grau de personalização
Desenho do produto	Desenho em conjunto; opinião significativa dos clientes Ciclos curtos de desenvolvimento do produto Inovação constante
Operações e processos	Processos flexíveis Reengenharia do processo de negócio Uso de módulos Aperfeiçoamento contínuo Tempo reduzido de reconfiguração e troca de sistemas Tempo reduzido entre a programação e a produção Processamento e entrega de materiais e componentes *just-in-time* Produção sob encomenda Tempo de ciclo reduzido Uso de tecnologia da informação
Gestão da qualidade	Qualidade medida com base na satisfação do cliente Defeitos vistos como fracassos da capacitação
Estrutura organizacional	Rede dinâmica de unidades operacionais relativamente autônomas Relações de aprendizado Integração da cadeia de valores Estrutura baseada em equipes
Gestão da força de trabalho	*Empowerment* do funcionário Valorização do conhecimento, da informação e da diversidade de capacidades dos funcionários Equipes de novos produtos Descrição ampla de cargos
Ênfase	Fabricação de baixo custo de produtos personalizados de alta qualidade

QUADRO 9.2 Características Principais da Personalização em Massa

FONTE: Reimpresso com permissão da APICS — The Educational Society for Resource Management. *Production and inventory management*, v. 41, n. 1, p. 56-65, 2000.

suplementos alimentares com a mistura exata de vitaminas e minerais a gosto do cliente, CDs com as faixas preferidas e livros didáticos com capítulos escolhidos pelo professor.[32]

De que forma as companhias se organizam para conseguir esse tipo de personalização a um custo tão baixo? Como mostra o Quadro 9.2 acima, elas se organizam em torno de uma rede dinâmica de unidades operacionais relativamente independentes.[33] Cada unidade executa uma tarefa ou um processo específico — denominado *módulo* —, por exemplo, cria um componente, verifica o crédito ou executa um método específico de soldagem. Alguns módulos podem ser executados por fornecedores ou representantes comerciais externos.

Módulos diferentes juntam as forças para produzir a mercadoria ou fornecer o serviço. Como e quando os vários módulos interagem entre si são determinados pelas solicitações exclusivas de cada cliente. A responsabilidade do gerente é facilitar e tornar menos custosa a reunião dos módulos, a conclusão das tarefas e, depois, a recombinação para atender à demanda seguinte. A meta principal da personalização em massa consiste em uma campanha interminável para expandir o número de maneiras usadas pela companhia para satisfazer o cliente. A Internet também tornou mais fácil, para o cliente, escolher on-line as especificações de sua preferência e para a companhia, encaminhar diretamente um pedido para a linha de produção.

produção integrada por computador
Uso de projeto assistido por computador e fabricação assistida por computador para seqüenciar e otimizar inúmeros processos produtivos.

Produção Integrada por Computador A **produção integrada por computador** abrange inúmeros esforços vinculados de produção computadorizada. Dois exemplos são o projeto assistido por computador e a fabricação assistida por computador, que oferecem as mais modernas tecnologias de processo computadorizado. A indústria de impressão de revistas também passou a adotar a produção integrada por computador, vinculando diretamente o conteúdo editorial e publicitário com as redes de impressão e montagem, produzindo versões personalizadas da mesma revista para diferentes assinantes.

Esses sistemas viabilizam, ao mesmo tempo, o alto volume de produção e a grande variedade dos produtos.[34] Também oferecem mais controle e previsibilidade dos processos de produção, menos perdas, mais rapidez nas operações e mais qualidade dos produtos. Contudo, o gerente não consegue resolver seu problema competitivo apenas com investimento em tecnologia superior. De acordo com o texto a seguir sobre a Kodak, o gerente também precisa garantir que a organização tenha boas estratégias e pessoal qualificado além de um plano bem elaborado para integrar a nova tecnologia dentro da organização.

Lançando a Kodak na Era Digital

TEXTO EXTRAÍDO DA REVISTA BusinessWeek

A Kodak está desesperadamente tentando reinventar-se para a Era Digital, e seu presidente e diretor operacional, Antonio M. Perez, que supervisionou o crescimento da Hewlett-Packard Co. levando-a ao domínio do mercado de impressoras jato de tinta, foi contratado para comandar essa caminhada. A companhia está correndo contra o tempo, já que a indústria fotográfica de filmes tradicionais está desaparecendo. Hoje em dia, a Kodak encontra-se na posição incômoda de precisar se estabelecer em um campo dominado por outras empresas.

É uma ironia dolorosa para a companhia. Durante quase um século, a Kodak aproveitou seu poder de quase monopólio — até o surgimento da Fuji Photo Film Co. A Kodak chegou até mesmo a lançar a primeira câmera digital em 1975. Mas somente agora ela está começando a tirar vantagem dessa tecnologia.

Perez partiu para um rápido início em uma companhia antes conhecida pela sua lentidão destrutiva nas tomadas de decisões. Ele deixou bem claro aquilo que muitos dos executivos de Rochester (NY) negavam havia tempos — que o negócio principal da Kodak deve ser a produção de imagens digitais. A companhia anunciou a adoção de um enfoque mais direto nas imagens digitais em suas unidades de negócio de produtos de consumo, comercial e de saúde e prevê um aumento de 23% na sua receita, passando a US$ 16 bilhões, em 2006, e para US$ 20 bilhões em 2010.

Perez ajudou a calcular como custear a transição — grande parte reduzindo os investimentos em filmes e demitindo praticamente um quarto dos 60 mil funcionários da Kodak. Ele implementou uma nova disciplina na companhia que está agilizando o desenvolvimento de produtos. Além disso, está descobrindo novas aplicações para as 20 mil patentes da Kodak. "A propriedade intelectual e o conhecimento da companhia são inacreditáveis", diz ele. "Não há desculpas para não ter sucesso."

Contudo, os desafios mais árduos ainda estão por vir. Perez precisa fazer que o pessoal de engenharia e de marketing da empresa trabalhe junto para criar bons produtos que se sustentem em áreas em que a companhia possui pouca credibilidade. Por exemplo, depois de inspecionar minuciosamente os sagrados laboratórios da Kodak, Perez acredita haver encontrado uma tecnologia inovadora que deve mudar a indústria de impressoras jato de tinta.

Pode soar apenas como um sonho para alguns. "Não se trata de patentes. Trata-se de comercialização da tecnologia", diz Vyomesh Joshi, que trabalhou com Perez na HP e hoje dirige o grupo de impressão e imagens. "Esse será o grande desafio deles."

A nova Kodak está começando a tomar forma. Atualmente, os produtos digitais respondem por um terço da sua receita anual, mas por apenas cerca de 10% da sua receita operacional. Este é o preço que a Kodak terá de pagar: o setor digital oferece margens muito menores do que o de filmes tradicionais. Em 2006, a Kodak prevê margens brutas de cerca de 31%, menos de metade do obtido com filmes tradicionais.

Perez está bem ciente dos antigos problemas de postura na Kodak. O pior de todos é uma estranha complacência — algumas pessoas chamam arrogância — quando a empresa começa a vender produtos amplamente conhecidos como inovadores. "A empresa tende a apresentar um produto e se achar o máximo — que agora resolveu todos os problemas e o mundo baterá à sua porta", diz Frank J. Romano, professor de editoração do Rochester Institute of Technology. Um caso típico é a impressora para a câmera digital Kodak EasyShare, que permite o encaixe da câmera. Introduzido em 2003, esse sistema finalmente facilitou a impressão de fotos sem a necessidade de utilização do computador — porém, usando exclusivamente a câmera Kodak. Esses padrões proprietários são totalmente negativos no universo digital. Embora o sistema houvesse atingido US$ 100 milhões em vendas no primeiro ano, o desempenho poderia ter sido ainda melhor. Atualmente, a Kodak está buscando alternativas para tornar o sistema utilizável com outras câmeras.

Perez ajudou a mudar a sistemática operacional da Kodak para garantir que a empresa não volte a cometer o mesmo erro. Ele afunilou o foco do programa integrado de entrega de produto que facilita o trabalho conjunto entre o pessoal de marketing e operacional. Ademais, agilizou a reorganização de cada unidade de negócios da Kodak formando grupos de produtos especiais. São equipes dedicadas a áreas específicas, como de câmeras digitais, serviços on-line ou quiosques para revelação de fotos. Vinculando parcialmente a remuneração com o desempenho de cada grupo, ele espera melhorar os resultados.

Alguns funcionários e clientes já notam o ritmo mais rápido. Por exemplo, a Kodak agilizou a atualização de 3.300 quiosques de revelação de fotos nas lojas da CVS Corp. para permitir a transmissão sem fio das fotos de câmeras de celulares. A antiga Kodak talvez tivesse desencorajado a mudança porque poderia reduzir as vendas de câmeras descartáveis.

Na Kodak, Perez encontrou uma companhia que, com todos os seus conceitos antigos, hoje enxerga a necessidade de mudanças. Isso lhe dá uma chance de transformar a Kodak em algo que ela deixou de ser por algum tempo: uma companhia com um futuro promissor.

FONTE: Adaptado de ARNER, Faith. No excuse not to succeed. *BusinessWeek*, 10 maio 2004, on-line.

fábricas flexíveis

Fábricas com tempos de produção curtos, organizadas em torno dos produtos e com programação descentralizada.

Fábricas Flexíveis Como o nome indica, as **fábricas flexíveis** oferecem mais opções de produção e mais variedade de produtos. Elas são diferentes das fábricas tradicionais em três aspectos básicos: tamanho do lote, padrões do fluxo e cronograma de produção.[35]

No primeiro aspecto, as fábricas tradicionais adotam tempo de produção longo, gerando grandes volumes de um produto padronizado. Nas fábricas flexíveis, o tempo de produção é muito mais curto, com a fabricação de muitos produtos distintos. No segundo, as fábricas tradicionais movimentam as peças na linha de montagem em fluxo seqüencial de um ponto a outro. As fábricas flexíveis são organizadas em torno dos produtos, em células ou equipes de trabalho, de forma que os funcionários trabalhem juntos, e as peças percorram distâncias menores em menor tempo ou sem atrasos. No terceiro aspecto, as fábricas tradicionais usam cronogramas centralizados, que demandam mais tempo, são imprecisos e mais demorados para se adaptar a mudanças. As fábricas flexíveis usam cronograma local ou descentralizado, em que as decisões são tomadas na própria fábrica pelas pessoas que estão fazendo o trabalho.

Conexões: MONTADORAS NORTE-AMERICANAS

A capacidade das montadoras japonesas de produzir diversos veículos distintos em uma única fábrica tem sido a principal razão da sua vantagem competitiva. As montadoras norte-americanas passaram, assim, a adotar a mesma abordagem de produção flexível. A fábrica da DaimlerChrysler, em Delaware, passará a criar novos modelos de automóvel na mesma linha de montagem dos antigos modelos, e a companhia cortou quase um terço dos custos de produção do utilitário esportivo, Dodge Durango, usando técnicas de fabricação flexível. "Os dias da produção de apenas um produto e em uma única fábrica estão contados", afirma um dos executivos da DaimlerChrysler. A GM, além de acelerar o uso de componentes comuns em automóveis de estilos diferentes, também reconfigurou o sistema de produção global tornando-o mais parecido com o da Toyota. Uma das principais características do sistema — e um aspecto determinante da fábrica flexível — é que o trabalhador da linha de montagem tem autoridade para relatar e resolver os problemas no momento em que surgem, em vez de deixar para consertar o defeito depois de entregar o veículo às revendedoras.

produção enxuta

Operação envolvendo máximo esforço para atingir o nível mais alto possível de produtividade e qualidade total, e eficácia em termos de custos, eliminando etapas desnecessárias do processo produtivo e mantendo a busca de um aperfeiçoamento contínuo.

Produção Enxuta O termo **produção enxuta** significa uma operação tanto eficiente como efetiva; ela envolve esforço máximo para atingir o nível mais alto possível de produtividade e qualidade, e eficácia em termos de custo, eliminando etapas desnecessárias do processo produtivo e mantendo a busca de um aperfeiçoamento contínuo. Esse processo não aceita refugos, e considera assistentes, custos indiretos e estoque desnecessários. Em uma operação enxuta, a ênfase é dada mais à qualidade, à velocidade e à flexibilidade do que ao custo, à eficácia e à hierarquia. No entanto, com uma boa gestão do processo de produção enxuta, a companhia consegue desenvolver, produzir e distribuir produtos com a metade ou menos esforço humano, espaço, ferramentas, tempo e custo geral.[36]

A Gorton's, empresa de congelados de frutos do mar, sediada em Gloucester, Massachusetts, é um bom exemplo de implementação eficaz da produção enxuta. Os seus processos de produção de alimentos ficavam em áreas diferentes da fábrica, sem alcance visual entre elas. Os funcionários não sabiam o que acontecia nas diferentes etapas do processo, e era comum observar fluxo deficiente de trabalho, atrasos e falhas de comunicação. A Gorton's transferiu seu sistema de produção para uma única área, reestruturou e reconfigurou cada etapa do processo. A companhia também trabalhou em conjunto com os fornecedores dos equipamentos para desenhar máquinas com menos peças móveis e manutenção mais acessível. A produção melhorou significativamente, com muito menos atraso; e, com toda a operação podendo ser vista por todos os funcionários, qualquer um conseguia identificar problemas e ajudar na sua solução.[37]

Para que a abordagem da produção enxuta possa melhorar a eficácia das operações, são condições necessárias:[38]

A produção enxuta envolve esforços para obter alta qualidade, velocidade e baixo custo.

- Pessoal com treinamento mais amplo, em vez de especializado.
- Comunicação informal e horizontal entre os trabalhadores da linha de produção.
- Equipamentos para fins gerais.
- Trabalho organizado em equipes, ou células, para produzir um grupo de produtos similares.
- Relacionamento de longo prazo e cooperativo com fornecedores.
- Desenvolvimento de produto simultâneo, não seqüencial, e feito por equipes interfuncionais.

competição baseada no tempo
Estratégia voltada à redução do tempo total gasto para a entrega de um produto ou serviço.

logística
A movimentação da mercadoria correta, na quantidade correta, para o local correto e no prazo correto.

Nos últimos anos, muitas companhias têm tentado tornar-se mais enxutas, cortando os custos indiretos, demitindo trabalhadores do nível operacional, eliminando níveis de gestão e utilizando com mais eficácia equipamentos importantes. Contudo, se a mudança para uma produção enxuta for feita com uma abordagem abrupta e arriscada, visando exclusivamente o corte de custos, o resultado será caos, funcionários sobrecarregados e moral baixa.

Organização Veloz: Competição Baseada no Tempo

As companhias do mundo todo têm empenhado grande esforço para melhorar a qualidade do produto, pois, hoje em dia, a alta qualidade é padrão de todos os principais concorrentes. A competição elevou a qualidade a patamares tão altos que a oferta de produtos de qualidade não mais distingue uma empresa da outra. O *tempo* está surgindo como vantagem competitiva fundamental para distinguir os líderes de mercado dos perdedores.[39]

Atualmente, as companhias precisam conhecer quais são as necessidades do cliente e atendê-las o mais rapidamente possível. O termo **competição baseada no tempo** refere-se à estratégia voltada à redução do tempo total gasto para entregar um produto ou serviço. Esse tipo de concorrência é constituído por diversos elementos organizacionais importantes: logística, *just-in-time* e engenharia simultânea. O sistema de produção *just-in-time* reduz o tempo de fabricação dos produtos. A logística agiliza a entrega do produto ao cliente. Ambos são etapas essenciais para levar o produto ao cliente no menor tempo possível. No mundo de hoje, velocidade é fundamental.

A Saturn ganhou uma reputação de grande satisfação dos seus clientes. Parte dessa reputação deve-se ao seu excelente sistema de distribuição. Por que é importante a companhia ter um sistema de logística contínuo e permanente?

Logística A logística é a movimentação dos recursos para dentro da organização (logística interna) e dos produtos da organização para o cliente (logística externa). Assim como a cadeia de suprimentos, discutida no

Capítulo 2, a logística de uma organização, muitas vezes, é elemento crítico para a responsividade e a vantagem competitiva da empresa.

O universo da logística inclui a movimentação de grandes volumes de peças, materiais e produtos, por caminhões, trens, aviões e navios, de e para qualquer região do planeta. Uma caixa média de cereal matinal pode levar mais de cem dias da fábrica para o supermercado, passando por depósitos de varejistas, distribuidores, revendedores e outros! Se a indústria de alimentos conseguisse racionalizar a logística, economizaria cerca de US$ 40 bilhões por ano.[40] Dependendo do produto, a duplicação e a ineficiência na distribuição podem custar muito mais do que a fabricação do produto em si.

Em contrapartida, o sistema de distribuição da Saturn é o melhor mundialmente. A GM firmou contratos tanto com a Ryder System como com a Penske Logistics para executar a logística interna e a gestão da distribuição para a Saturn. A ligação entre fornecedores, fábricas e revendedores é tão ajustada e eficiente que raramente a Saturn mantém peças em estoque.[41]

***just-in-time* (JIT)**

Sistema para produção de subconjuntos e componentes em lotes bem pequenos e entregues para a etapa seguinte do processo produtivo no momento em que eles são necessários.

Operações *Just-in-Time* As operações ***just-in-time*** constituem um elemento adicional da competição baseada no tempo. No sistema *just-in-time*, os subconjuntos e componentes são produzidos em lotes bem pequenos e entregues à etapa seguinte do processo de produção exatamente quando necessário, ou seja, *just-in-time* (no momento exato). O pedido emitido por um cliente dispara a ordem de fabricação e o processo de produção. O centro de trabalho fornecedor fabrica o lote seguinte do produto somente quando o centro consumidor requisitar. Mesmo os fornecedores externos entregam os itens à companhia *just-in-time*.

O sistema *just-in-time* é uma filosofia que abrange toda a empresa e é orientada à eliminação do desperdício em todas as etapas operacionais e ao aproveitamento racional dos materiais. Desse modo, o estoque excedente é eliminado e os custos são reduzidos. A meta final do JIT é melhorar o atendimento ao cliente, oferecendo níveis mais altos de qualidade e serviço.[42] Um exemplo de eficácia na operação *just-in-time*, já mencionado neste livro, é o da Dell, que inicia a produção de um computador personalizado de acordo com as especificações do consumidor somente depois de recebido o pedido do cliente. Diferente dessa abordagem estão os métodos tradicionais de produção, que exigem armazéns extremamente custosos de estoque e peças, tempos de produção incertos, com desperdício considerável, nenhuma capacidade de personalização e tempo de entrega muito longo.

> "As grandes não derrotarão mais as pequenas. Serão as mais ágeis derrotando as mais lentas."
>
> Rupert Murdoch

O sistema *just-in-time* envolve inúmeros conceitos produtivos e organizacionais importantes, incluindo:

- *Eliminação do desperdício*. Eliminar todo o desperdício do processo de produção, incluindo desperdício de tempo, pessoal, maquinário, espaço e materiais.
- *Perfeição da qualidade*. Produzir peças perfeitas mesmo quando o tamanho do lote for reduzido, e produzir os itens exatamente quando necessários, nas quantidades exatas necessárias.
- *Redução do tempo de ciclo*. Concluir todo o processo de produção com mais rapidez. Reduzir o tempo de configuração dos equipamentos, movimentar as peças somente por distâncias pequenas (as máquinas devem ficar próximas umas das outras) e eliminar todos os atrasos. A meta é reduzir as ações ao tempo necessário de trabalho nas peças. Hoje em dia, para a maioria dos fabricantes, a porcentagem de tempo gasto no trabalho com as peças é de cerca de 5% do tempo total de produção. O *just-in-time* busca eliminar os demais 95%, ou seja, reduzir a zero o tempo gasto não trabalhando nas peças.
- *Envolvimento do funcionário*. No sistema *just-in-time*, o envolvimento do funcionário é essencial para o sucesso. Os trabalhadores são responsáveis pelas decisões de produção. Os gerentes e supervisores são treinadores. A alta administração garante não promover demissões devido à melhoria da produtividade.
- *Produção com valor agregado*. Fazer somente aquilo (ações, trabalhos etc.) que adicione valor ao produto acabado. Se o procedimento não adicionar valor, não se deve executá-lo. Por exemplo, a inspeção não adiciona valor ao produto acabado, portanto, o produto tem de ser corretamente fabricado na primeira vez, dispensando, assim, a inspeção.
- *Detecção de problemas e prevenção da recorrência*. Produtos perfeitamente seguros, ou infalíveis, são aspectos básicos do *just-in-time*. Para evitar o surgimento de problemas, suas causas devem ser detectadas e resolvidas. Desse modo, nas operações *just-in-time*, os funcionários tentam detectar

o "elo fraco da corrente", forçando trazer à tona as áreas problemáticas para que medidas preventivas possam ser determinadas e implementadas.

Muitos acreditam que apenas uma fração da potencialidade do sistema *just-in-time* foi percebida e que seu impacto deve aumentar conforme ele for sendo aplicado em outros processos, por exemplo, em serviços, distribuição e desenvolvimento de novos produtos.[43]

A competição baseada no tempo agiliza todos os processos organizacionais.

Engenharia Simultânea O sistema *just-in-time* é componente vital da competição baseada no tempo, no entanto, ele concentra a redução de tempo apenas em uma função: produção. A competição baseada no tempo tenta imprimir velocidade em *todas* as funções — de desenvolvimento de produtos, produção, logística e serviços ao cliente. O cliente não ficará impressionado se o produto for fabricado rapidamente, mas, sim, se levar semanas para ser entregue ou para ter um problema resolvido.

Muitas companhias estão adotando a engenharia simultânea como a "pedra fundamental" da estratégia de competição baseada no tempo. A **engenharia simultânea** — também um componente importante da gestão da qualidade total — representa um grande distanciamento do antigo processo de desenvolvimento em que as tarefas eram atribuídas a várias funções seqüenciais. Quando o departamento de pesquisa e desenvolvimento terminava sua parte do projeto, "passava por cima do muro" o trabalho para a engenharia, que completava sua tarefa e "passava por cima do muro" para a produção e assim sucessivamente. Esse processo era muito ineficiente, e tomava muito tempo para corrigir os erros.

engenharia simultânea
Metodologia de projeto em que todas as funções relevantes colaboram conjunta e continuamente envidando o máximo esforço para produzir itens de alta qualidade que atendam às necessidades do cliente.

Em contrapartida, a engenharia simultânea incorpora as questões e perspectivas de todas as funções — e cliente e fornecedores — desde o início do processo. Essa abordagem baseada em equipes resulta em produtos de alta qualidade projetados para uma produção eficiente *e* para atender às necessidades do cliente.[44]

Alguns gerentes resistem à idéia da engenharia simultânea. Por que os departamentos de marketing, planejamento e projeto de produtos, e pesquisa e desenvolvimento deveriam "permitir" o envolvimento do setor de produção no trabalho "deles"? A resposta é: porque as decisões tomadas no estágio inicial de concepção do produto são determinantes de grande parte dos custos de produção e da qualidade do produto. Ademais, o setor de produção pode apresentar idéias a respeito do produto por causa da sua experiência com a geração anterior de produtos e com o *feedback* direto do cliente. Além disso, as demais funções devem saber de antemão o que a produção pode ou não realizar. Por fim, quando o setor de produção participa desde o início, torna-se um verdadeiro parceiro, totalmente comprometido com as decisões que ajudou a tomar.

Considerações Finais sobre Agilidade Organizacional

Como observado no capítulo anterior, *qualquer* abordagem organizacional tem suas forças e limitações. As vantagens de estruturas e os sistemas, mesmo inovadores e mais avançados, discutidos neste capítulo provavelmente terão vida curta se se tornarem estáticas em vez de permanecerem flexíveis. Gerentes inteligentes e concorrentes inteligentes rapidamente alcançam os demais. As vantagens de hoje tornam-se as "apostas mínimas" do amanhã: requisitos mínimos para uma organização que espera ser um grande competidor.

Para reter ou obter margem competitiva, o gerente talvez deva ter em mente o fundamento com o qual este capítulo foi iniciado: organizações bem-sucedidas — e que contam com gerentes bem-sucedidos — não permanecem estáticas. Não seguem modelos rígidos, mas mantêm estruturas, sistemas, esquemas organizacionais e relações adaptáveis — sempre sensíveis às mudanças no ambiente e capazes de responder rápida, eficiente e efetivamente a elas. Seus gerentes constantemente buscam superar as expectativas do cliente e aperfeiçoar continuamente a qualidade, elaborando sistemas e estruturas que ajudem a atingir esses objetivos.

A ênfase em agilidade, qualidade, flexibilidade, aprendizado e racionalidade expostas neste capítulo tende a ser uma constante ao longo da carreira gerencial — de preferência, dentro da organização do próprio gerente, no entanto, talvez seja também uma constante na competição pessoal enfrentada. Quando Jack Welch era presidente da GE, ele enxergava sua meta como uma criação de uma *organização sem fronteiras*, em que não existissem barreiras significativas entre a organização e seu ambiente. Em uma organização desse tipo, estruturas, tecnologias e sistemas estão perfeitamente alinhados com os desafios e as oportunidades confrontados. Cada vez mais, ouve-se falar de gerentes progressistas abraçando essa meta.[45]

EPÍLOGO

SERÁ QUE AS MONTADORAS NORTE-AMERICANAS CONSEGUIRÃO ALCANÇAR A TOYOTA?

Em 2005, o primeiro veículo utilitário esportivo da Saab, o 9-7X, estava sendo fabricado pela mesma linha de produção da General Motors, em Ohio, que produzia outros quatro utilitários esportivos da GM, inclusive o Trail-Blazer, Envoy e Ascender. Todos têm tamanho e formato semelhantes, e os mesmos motores, chassis e outras peças. A economia da GM com custos de produção foi considerável — o primeiro passo fundamental para tornar lucrativa a linha da Saab. Na Ford, o sedan Taurus, o miniutilitário Freestar e os utilitários esportivos ainda são produzidos em plataformas diferentes. Mas os engenheiros da Ford escolhem entre apenas quatro volantes em vez de avaliar 14, como faziam no passado. Além disso, seis grupos separados de desenvolvimento de veículos foram agrupados em uma única equipe, agilizando a tomada de decisão e incentivando o compartilhamento entre as partes. Esse procedimento ajudou a reduzir o tempo de desenvolvimento de um veículo da Ford de 29 para 21 meses. A Ford atribuiu a nova lucratividade no mercado europeu à utilização de uma única arquitetura nos automóveis Ford, Mazda e Volvo. A idéia, afirma o seu diretor operacional Nicholas V. Scheele, é: "Elabore o projeto uma única vez, e utilize-o muitas vezes". Nos próximos oito anos, a Ford planeja usar a plataforma do sedan seis lugares da Mazda como base para dez novos veículos. Essa base servirá para a produção do sedan da família Ford Futura e para diferentes versões das suas divisões Lincoln e Mercury, além de alguns futuros miniutilitários e utilitários esportivos.

A Chrysler também adotou esse esquema. Há alguns anos, praticamente qualquer de seus veículos possuía plataforma própria. Mesmo quando decidiu criar o PT Cruiser no chassi do Neon, a Chrysler não conseguiu aproveitar todas as vantagens: sem capacidade financeira para grandes investimentos para montar os veículos na mesma fábrica, ela teve de montar o Cruiser no México e o Neon em Illinois. Agora, o CEO do grupo Chrysler, Dieter Zetsche, deseja basear toda a frota de veículos, caminhões e utilitários esportivos em apenas quatro plataformas, em vez de 13. A consolidação desse projeto permitirá à Chrysler reduzir o orçamento qüinqüenal para desenvolvimento de veículos de US$ 42 bilhões para US$ 30 bilhões, afirma ele.

Será que Detroit conseguirá alcançar o Japão em termos de plataformas versáteis? As três grandes montadoras norte-americanas mostraram que conseguem criar modelos atraentes com um único orçamento e dividi-los em famílias. No entanto, essa estratégia levará anos para se consolidar. Detroit está voltando ao páreo; mas superar o Japão em velocidade e eficiência ainda deve levar algum tempo.

TERMOS-CHAVE

Aliança estratégica, p. 295
Cadeia de valores, p. 301
Competição baseada no tempo, p. 311
Downsizing, p. 299
Economia de escopo, p. 298
Engenharia simultânea, p. 313
Estrutura orgânica, p. 292
Fábricas flexíveis, p. 310
Gestão do relacionamento com clientes (CRM), p. 300
Gestão da qualidade total, p. 302
Grande lote, p. 306
ISO 9000, p. 305
Just-in-time, p. 312
Logística, p. 311
Organização com alto grau de envolvimento, p. 297
Organização de aprendizagem, p. 296
Organização mecanicista, p. 292
Pequeno lote, p. 306
Personalização em massa ou customização, p. 307
Processo contínuo, p. 307
Produção enxuta, p. 310
Produção integrada por computador, p. 308
Rightsizing (dimensionamento exato), p. 299
Síndrome do sobrevivente, p. 299
Tecnologia, p. 306

RESUMO DOS OBJETIVOS DE APRENDIZAGEM

Depois de completado o estudo deste Capítulo, você deverá ser capaz de identificar:

Por que a agilidade é crítica para as organizações.

As organizações têm uma estrutura formal para controlar o funcionamento interno. Mas, atualmente, para sobreviver, as empresas precisam de mais do que apenas controle — precisam de responsividade. Elas devem atuar rapidamente e adaptar-se às rápidas mudanças na demanda.

As vantagens da estrutura organizacional orgânica.

A forma orgânica enfatiza a flexibilidade. As organizações orgânicas são descentralizadas, informais e dependem da opinião e do conhecimento especializado das pessoas com amplas responsabilidades. A forma orgânica não é apenas uma estrutura formal, mas um conceito que serve de base para todas as novas formas discutidas neste capítulo.

As estratégias e os conceitos organizacionais dinâmicos que podem ser usados para melhorar a responsividade da organização.

São conceitos e formas organizacionais novos e emergentes, incluindo as competências essenciais, as alianças estratégicas, as organizações de aprendizagem e as organizações com alto grau de envolvimento.

Como a empresa pode ser, ao mesmo tempo, grande e pequena.

Historicamente, as grandes organizações têm tido vantagens importantes sobre as pequenas. Atualmente, a pequena empresa possui vantagens, incluindo a capacidade de agir rapidamente, responder às demandas do cliente e atender a pequenos nichos. A empresa ideal combina as vantagens de ambas. Ela cria muitas unidades pequenas e flexíveis, enquanto os níveis corporativos adicionam valor, aproveitando a vantagem do seu tamanho e poder.

Como as empresas se organizam para atender às exigências do cliente.

As empresas têm adotado princípios de aperfeiçoamento contínuo e gestão da qualidade total para responder às necessidades do cliente. Os critérios do prêmio Baldrige e as normas ISO 9000 ajudam as empresas a se organizarem para cumprir melhor as especificações em termos de qualidade. Além disso, esforços de reengenharia são direcionados para implementar totalmente processos que permitam oferecer serviços da mais alta qualidade aos clientes.

Como as empresas se organizam em torno de diferentes tipos de tecnologia.

As organizações tendem a mudar da estrutura orgânica para a mecanicista e voltar para a orgânica conforme passam da tecnologia de pequeno lote para de grande lote e de processo contínuo. A fim de se organizarem para ter uma produção flexível, as empresas buscam a personalização em massa por meio de manufatura integrada por computador e produção enxuta. Com objetivo de se organizarem para a competição baseada no tempo, as empresas enfatizam as operações de logística, as operações *just-in-time* e a engenharia simultânea.

QUESTÕES PARA DISCUSSÃO

1. Discuta as evidências observadas a respeito da importância da mudança, da flexibilidade e da responsividade enfrentadas pelas empresas hoje.
2. Descreva uma organização grande e burocrática com a qual você já teve contato e que não respondeu com flexibilidade às demandas do cliente. Descreva também exemplos de responsividade satisfatória. Em sua opinião, quais as diferenças entre uma empresa que é responsiva e a que é não responsiva?
3. Considerando as vantagens potenciais de a empresa ser de grande ou pequeno porte, como você descreveria a sua "sensação" em termos de tamanho da sua faculdade ou universidade, como grande, pequena ou pequena dentro de uma grande? Por quê? O que produziria uma sensação diferente?
4. O que é competência essencial? Elabore alguns exemplos de companhias com competências distintas, identificando cada competência. Faça um *brainstorm* sobre alguns novos mercados e produtos criativos aos quais essas competências poderiam ser aplicadas.
5. Se você fosse abrir um negócio próprio, qual seria sua competência essencial? Quais são suas competências atuais, e quais você vai desenvolver? Descreva qual seria a sua função em uma organização em rede, e as competências e funções de outras firmas que você deseja na sua rede.
6. Identifique algumas alianças formadas recentemente entre concorrentes. Quais são os objetivos da aliança? Que fator os reuniu? O que eles fizeram para garantir o sucesso? Como estão se saindo?
7. Quais as qualificações necessárias para trabalhar bem em (a) uma organização de aprendizagem e (b) uma organização com alto grau de envolvimento? Seja específico, gerando longas listas. Você gostaria de trabalhar nesses ambientes? Por quê? O que você pode fazer para se preparar para essas eventualidades?

CASO DE CONCLUSÃO

United Trainers, Inc.

A United Trainers, Inc., empresa de propriedade do empreendedor Paul O'Neil e gerida por ele próprio, trabalha atualmente como fornecedor para diversas grandes montadoras de automóveis. A companhia possui quatro escritórios na Califórnia. A estratégia e o nicho de mercado principais da companhia é a transformação de materiais diversos e reciclados em peças de automóvel e caminhão prontas para serem instaladas e por um preço/custo baixo.

As principais linhas de produtos para carros e caminhões incluem apoio de cabeça para assento, porta-refrigerante, compartimentos de armazenamento e capa para estepe. O preço/custo baixo resulta de um programa especial estabelecido pela companhia com órgãos governamentais municipais, estaduais e federais. A sua mão-de-obra é composta por trabalhadores desamparados e portadores de algum tipo de necessidade especial que recebem benefícios da Previdência Social. A companhia também emprega um pequeno número de presos reclusos.

O trabalho é simples e repetitivo, e exige pouca qualificação e nível mínimo de destreza manual. Muitos dos trabalhadores são conduzidos diariamente pelo ônibus da empresa e trabalham, em média, seis horas sob supervisão rígida. Os trabalhadores são bastante confiáveis e entusiasmados, e ficam satisfeitos com a oportunidade de se tornarem mais independentes e receberem salários.

A visão e a meta de Paul O'Neil eram e ainda são estabelecer os nichos — antes específicos — na sua terra natal, Califórnia, e posteriormente "franquear" o conceito disseminando-o por todo o país e pelo mundo. Paul sente que diversos outros setores, fabricantes de linhas de produtos e órgãos governamentais aderirão ao seu programa e conceito.

Paul descreve seu conceito como um programa ganha-ganha para todas as partes envolvidas. O processo começa identificando e combinando grupos específicos de possíveis trabalhadores que recebem auxílio parcial ou total do governo com indústrias que necessitem de serviço de apoio à produção. São estabelecidas, então, programas e parcerias com órgãos municipais, estaduais e federais. O investimento inicial em termos de tempo, treinamento, transporte, instalações e dinheiro feito pelos órgãos governamentais oferece retorno significativo por meio de redução e/ou eliminação da dependência do trabalhador dos programas sociais. A meta principal é ver cada trabalhador tornar-se independente, contribuinte de impostos, e para a companhia lucrar. Paul também percebe muitos benefícios intangíveis de seu programa, resultantes da reabilitação e da mudança de vida vivenciadas por esses trabalhadores.

Os programas e as parcerias governamentais normalmente incluem — mas não se limitam a — alguma combinação destes itens: treinamento do funcionário e compartilhamento dos custos, instalações de baixo custo ou custo zero, permissões especiais e isenções, incentivos fiscais e empréstimos de baixo custo. Cada um desses aspectos será descrito rapidamente a seguir.

O treinamento do funcionário normalmente envolve instrução individual no local, ministrada por assistentes sociais familiarizados com cada tipo de trabalhador. O treinamento continua até o indivíduo trabalhar com potencial velocidade e capacidade própria de produção. Em geral, o órgão do governo também paga parte da remuneração de cada trabalhador durante um semestre ou um ano.

Muitas cidades e municípios possuem terrenos e edifícios abandonados ou em péssimo estado de conservação que podem ser transformados em instalações fabris. Os prédios são construídos e/ou reformados e disponibilizados a baixo custo para a United Trainers, Inc. Isenções e autorizações especiais são concedidas pelos órgãos específicos do governo nos casos em que as regulamentações atuais de utilização da terra não permitam o uso comercial.

No programa atual, as instalações incluem áreas de 9.000 a 12.000 m^2, contendo várias linhas de produção que acomodam facilmente a transformação de matéria-prima em produtos acabados. O transporte e o armazenamento também são componentes do processo total de produção, além das salas de descanso para os funcionários.

Os incentivos fiscais normalmente são oferecidos na forma de créditos em imposto federal, isenções de impostos estadual e municipal e assim por diante. Os empréstimos de baixo custo são disponibilizados por meio de órgãos municipais, estaduais e federais para construção e reforma dos edifícios, compra de equipamentos e veículos e capital de giro. Paul sente que ele tem "aperfeiçoado" o conceito e o programa, e que é chegada a hora de "franquear" a empresa para outras regiões do país e para outros setores.

QUESTÕES

1. Que outras indústrias e linhas de produto, em sua opinião, podem vir a seguir, como início da expansão nacional desse programa?
2. Discuta como você utilizaria os conceitos e as técnicas apresentados neste capítulo para gerir com eficácia novos empreendimentos em novos setores.

EXERCÍCIOS PRÁTICOS

9.1 Estruturas Mecanicista e Orgânica

OBJETIVOS

1. Refletir sobre as preferências do profissional quando ele começa a trabalhar em determinada estrutura organizacional.
2. Examinar os aspectos das organizações, usando como exemplo a classe.

INSTRUÇÕES

1. Preencha a Folha de Trabalho "Mecanicista e Organicista".
2. Reúna-se em grupos de quatro a cinco componentes. Compartilhe com os colegas os dados de sua folha de trabalho. Justifique as suas respostas e analise os fatores que possivelmente motivaram o seu instrutor a escolher o tipo de estrutura existente no momento.

Folha de Trabalho "Mecanicista e Organicista"

1. Indique sua preferência geral em trabalhar em uma dessas duas estruturas organizacionais, marcando a resposta mais adequada:

   Mecanicista 1 2 3 4 5 6 7 8 9 10 **Organicista**

2. Indique sua percepção sobre a forma de organização usada na classe, marcando a resposta mais adequada para cada item:

   A. **Definição de tarefa-função**

   Rígida 1 2 3 4 5 6 7 8 9 10 **Flexível**

   B. **Comunicação**

   Vertical 1 2 3 4 5 6 7 8 9 10 **Multidirecional**

   C. **Tomada de decisão**

   Centralizada 1 2 3 4 5 6 7 8 9 10 **Descentralizada**

   D. **Sensibilidade ao ambiente**

   Fechada 1 2 3 4 5 6 7 8 9 10 **Aberta**

FONTE: DAVIS, Keith; NEWSTROM, John W. *Human behavior at work*. 9. ed., p. 358.

9.2 Woody Manufacturing Company

OBJETIVO

Aplicar os conceitos aprendidos sobre estrutura e agilidade nos níveis individual, em grupo e organizacional na estruturação da Woody Manufacturing Company.

TAREFA 1 (INDIVIDUAL)

a. Leia o estudo de caso a seguir a respeito da Woody Manufacturing Company.
b. Faça uma revisão cuidadosa do capítulo e escolha a estrutura organizacional que, na sua visão, é a mais adequada para organizar a empresa do Sr. Woody.
c. Coloque por escrito as suas reflexões sobre as alternativas em termos de estruturas de gestão, sistemas de remuneração e alocação de trabalho individual e de grupos.

TAREFA 2 (EM EQUIPE)

a. Reúna-se com sua equipe e elabore uma proposta para o Sr. Woody que, se implementada, ajudaria a cumprir sua visão.
b. Prepare uma apresentação de cinco minutos. A proposta formal deve ser entregue antes da apresentação da equipe, que será na sala de reuniões do Sr. Woody.

Estruturação de uma Nova Fábrica de Móveis

O Sr. Woody, proprietário e diretor de uma pequena fábrica de móveis especializada na produção de banquetas de alta qualidade para bares, tem observado enorme crescimento na demanda de seus produtos. Ele tem pedidos permanentes de US$ 750 mil. Conseqüentemente, o Sr. Woody decidiu expandir sua organização e atuar no mercado com mais agressividade. A missão que ele estabeleceu para a empresa é "fabricar produtos que sejam os melhores e mais competitivos no mercado mundial em termos de qualidade, confiabilidade, desempenho e lucratividade". Ele gostaria de criar uma cultura em que "orgulho, propriedade, segurança no emprego e confiança" sejam um estilo de vida. E acabou de entrevistar vários candidatos e contratou 32 novos funcionários com as seguintes qualificações:

Quatro marceneiros qualificados.
Dez trabalhadores com alguma experiência em marcenaria.
Doze trabalhadores sem nenhuma experiência anterior em marcenaria e sem outras qualificações.
Um(a) enfermeiro(a).
Um(a) professor(a).
Um(a) contador(a).
Três funcionários com alguma experiência administrativa em ambiente não industrial.

O Sr. Woody (com sua ajuda) precisa decidir como estruturar a nova organização. Esse esquema incluirá a estrutura de gestão e os sistemas de remuneração e de alocação do trabalho individual e em grupos. O processo de fabricação das banquetas envolve 15 etapas:

1. Seleção da madeira.
2. Corte da madeira no tamanho adequado.
3. Remoção das madeiras defeituosas.
4. A madeira é aplainada nas dimensões exatas.
5. Corte das juntas.
6. Montagem e colagem dos assentos.
7. Preparação das pernas/bases.
8. Fixação das pernas/bases nos assentos.
9. Lixamento das banquetas.
10. Aplicação da tinta.
11. Aplicação do verniz.
12. Lixamento das banquetas.
13. Reaplicação do verniz.
14. Empacotamento das banquetas.
15. Entrega das banquetas ao cliente.

Atualmente, o Sr. Woody fabrica três tipos de banquetas (com pedestal, com quatro pés e assento quadrado e com quatro pés e assento chanfrado). Não existe diferença em termos de dificuldade na fabricação desses três tipos de banqueta. As grandes variações em termos de custos estão associadas com defeitos na madeira, cortes imprecisos e atraso nas entregas aos clientes. O Sr. Woody precisa decidir como organizar a companhia para manter a alta qualidade e os lucros.

Ele avaliou diversas opções. Alguns trabalhadores poderiam executar a primeira etapa para todos os tipos de banquetas; um único trabalhador poderia executar as várias etapas de um único tipo de banqueta, ou uma equipe poderia executar uma combinação de etapas de um ou mais tipos de banquetas. Ele gostaria de saber como a forma de organização afetaria a qualidade ou os custos. Também está consciente de que a demanda por todos os tipos de banquetas tem sido equivalente há muito tempo, mas que houve períodos curtos em que a demanda por um tipo de banqueta foi maior. Como o Sr. Woody deseja maximizar o uso da mão-de-obra, ele encarregou um especialista em estrutura de trabalho para ajudá-lo a estruturar a organização de forma a obter máximo desempenho.

FONTE: SHANI, A. B. (Rami); LAU, James B. *Behavior in organizations:* an experimental approach. Nova York: McGraw-Hill/Irwin, 2005, p. 370.

Capítulo 10

Gestão de Recursos Humanos

"Você pode possuir o capital e erguer construções, mas são necessárias pessoas para construir um negócio."
— **Thomas J. Watson, fundador da IBM**

RESUMO DO CAPÍTULO

Gestão Estratégica dos Recursos Humanos
- O Processo de Planejamento de RH

O Preenchimento dos Quadros de uma Organização
- Recrutamento
- Seleção
- Reduções da Força de Trabalho

Desenvolvimento da Força de Trabalho
- Treinamento e Desenvolvimento
- Avaliação de Desempenho
- O que Deverá ser Avaliado?
- Quem Deverá Proceder à Avaliação?
- Como Fornecer o *Feedback* das Avaliações aos Empregados?

Elaborando Sistemas de Remuneração
- Decisões sobre Remunerações
- Sistemas de Incentivo e Remuneração Variável
- Remuneração de Executivos e Opções de Ações
- Benefícios para Empregados
- Questões Legais sobre Remuneração e Benefícios
- Saúde e Segurança

Relações Trabalhistas
- Leis trabalhistas
- Sindicalização
- Negociação Coletiva
- O que o Futuro Reserva?

OBJETIVOS DE APRENDIZAGEM

Após estudar este capítulo, você deverá saber:

1. Como as companhias utilizam a gestão de recursos humanos para ganhar vantagem competitiva.
2. Por que as companhias recrutam tanto interna quanto externamente para novas contratações.
3. Os vários métodos disponíveis para a seleção de novos funcionários.
4. Por que as companhias gastam tanto com treinamento e desenvolvimento.
5. Como determinar quem deverá avaliar o desempenho de um funcionário.
6. Como analisar os aspectos fundamentais de um sistema de remuneração.
7. Como os sindicatos influenciam a gestão de recursos humanos.
8. Como os sistemas legais influenciam a gestão de recursos humanos.

RECURSOS HUMANOS E ESTRATÉGIA NA GE

Operando em mais de cem países, com 315 mil empregados no mundo todo, os negócios da General Electric variam de fabricação de motores para avião e geração de energia a serviços financeiros e programas para televisão. Com tal diversidade de interesses comerciais, a formação de uma cultura homogênea em toda a companhia se tornou mais fácil por causa do forte apoio da liderança à função dos recursos humanos e de grande enfoque no alinhamento do RH com a estratégia de negócios da GE.

Sam Sheppard, da GE, costuma dizer que é vital certificar-se de que as ações, iniciativas e prioridades do RH estejam alinhadas em termos de plano de negócios, e que o RH esteja integrado ao sistema de gestão da companhia. No começo de cada ano, a administração da GE e as equipes de RH reúnem-se para revisar os modelos de objetivos e metas comuns para a função de RH. A discussão, então, volta-se para os elementos principais que a estratégia de RH deverá orientar, em relação aos objetivos do negócio e aos consumidores internos e externos. "A intenção é termos todos seguindo na mesma direção, com uma visão clara do que aquele negócio pretende atingir naquele ano", diz ela.

Uma das competências essenciais da GE é "energizar a organização" e Sheppard acredita ser a liderança indispensável para essa competência. Líderes podem "energizar outras pessoas — eles podem criar um ambiente que propague a visão — e sua equipe realizará aquela visão", salienta. "Mas a real diferença para o grupo que compõe a nata da liderança está naqueles que estão preparados para ouvir *feedbacks* e agir sobre eles. Todos obtêm um *feedback* dentro da GE, no entanto, as pessoas que desejam tornar-se bem-sucedidas, independentemente do seu histórico, são aquelas que verdadeiramente ouvem o que a organização, seus empregados e colegas lhes dizem; e elas, dessa forma, mudam seu comportamento. Isso é crucial no nível sênior, na medida em que algumas pessoas iniciarão com uma força em uma área específica e necessitarão crescer em outra".

O CEO global da GE, Jeffrey Immelt, afasta-se da organização por um mês a cada ano e viaja, de negócio a negócio, para auxiliar no processo de planejamento estratégico de RH. Sheppard acredita ser esse fato o testemunho da ênfase que a GE coloca nos seus processos de planejamento referentes a pessoas e sua importância para a gestão da companhia. A liderança da GE também se reúne regularmente com seu grupo de funcionários mais talentosos, certifica-se de que são monitorados e recebem o desenvolvimento de que precisam para se tornar bem-sucedidos. O talento dentro da GE é acompanhado nos diversos níveis, de executivos empreendedores talentosos até novas contratações promissoras. "Se uma pessoa é promovida ou não está desempenhando bem, sabemos quem é a pessoa adequada para colocar em seu lugar. Também acompanhamos quem está pronto para ser alocado a um diferente negócio, para acelerar seu desempenho na carreira profissional. E buscamos, ainda, diversidade para nos assegurarmos de que possuímos uma fonte diversificada de futuros líderes que formamos, em todos os estágios de suas carreiras", diz Steve Bertamini, da GE.

Para dar sustentação ao processo de planejamento de sucessão, a GE estabeleceu um programa abrangente de aprendizagem e desenvolvimento para todos os empregados. A companhia investe aproximadamente US$ 1 bilhão por ano em tais programas — de linhas de

produção até salas de aula corporativas e salas de reunião.

É importante "mapearmos o processo para nos assegurarmos de que temos o desenvolvimento correto para cada pessoa", diz Bertamini. Ele freqüentemente discute as necessidades de desenvolvimento pessoal dentro da GE, no âmbito de RH, analisando questões como lacunas de qualificações e a forma mais adequada de lidar com elas. "Deveremos, por exemplo, enviar uma pessoa para um curso externo para solucionar a deficiência de uma habilidade específica ou dispensar mais tempo em um tipo de abordagem baseada em aconselhamento ou *mentoring*? Tudo se resume ao desenvolvimento do indivíduo", afirma ele.

FONTE do Prólogo das Conexões e do Epílogo: Adaptado de Plugged in HR: the General Electric–strategy. *Human Resources Magazine*, 3 dez. 2003, on-line.

gestão de recursos humanos (gestão de RH)
Sistemas formais para a gestão de pessoas dentro de uma organização.

A citação que abre o capítulo, de Thomas Watson, fundador da IBM, resume nossa visão acerca da importância das pessoas para qualquer organização. A **gestão de recursos humanos (RH)**, também historicamente conhecida como administração de pessoal, diz respeito a sistemas formais para a gestão de pessoas no trabalho. Por essa razão, ela é um dos aspectos fundamentais da vida organizacional e gerencial. A primeira interação formal de um profissional com a organização da qual ele deseja fazer parte provavelmente apresentará algum aspecto formal da função de recursos humanos e, ao longo de sua carreira como gerente, ele será uma parte da gestão dos recursos humanos da organização, bem como será afetado por ela.

Iniciamos este capítulo pela descrição da gestão de RH mediante a forma que ela se relaciona com a administração estratégica. Também discutiremos mais sobre os "elementos básicos" da gestão de RH: a contratação, a seleção, o treinamento, o desempenho, a avaliação, a remuneração e as relações de trabalho. Ao longo deste capítulo, discutiremos as questões legais que influenciam cada aspecto da gestão de RH. No próximo capítulo, expandiremos este enfoque para analisar as questões relacionadas à gestão de uma força de trabalho diversificada.

Gestão Estratégica de Recursos Humanos

A gestão de RH assumiu, em anos recentes, papel estratégico vital, à medida que as organizações tentavam competir por meio do seu pessoal. Conforme analisamos no Capítulo 4, "Planejamento e Administração Estratégica", as companhias podem criar vantagem competitiva quando possuem ou desenvolvem recursos que são valiosos, raros, inimitáveis e organizados. Podemos utilizar os mesmos critérios para examinar o impacto estratégico dos recursos humanos:

1. **Criação de valor.** As pessoas podem aumentar o valor mediante seus esforços para reduzir custos, fornecimento de algo único para seus consumidores ou uma combinação entre ambos. Programas de *empowerment*, iniciativas de qualidade total e esforços para o aprimoramento contínuo, em companhias como Corning, Xerox e Saturn, são desenhados intencionalmente para aumentar o valor que os funcionários trazem para os resultados finais.
2. **Ser raro.** As pessoas tornam-se fonte de vantagem competitiva quando suas aptidões, seus conhecimentos e habilidades não estão igualmente disponíveis para todos os competidores. Grandes companhias investem maciçamente para contratar e treinar os melhores e mais brilhantes empregados, com a finalidade de obter vantagens competitivas sobre seus competidores. A empresa Dow Chemical recorreu à Justiça para impedir que a General Electric contratasse seus engenheiros. Esse caso mostra que algumas companhias reconhecem, ao mesmo tempo, o valor e a raridade de alguns funcionários.
3. **Ser difícil de imitar.** As pessoas se constituem em fonte de vantagem competitiva quando suas capacidades e contribuições não podem ser copiadas pelos outros. Companhias como Disney, Southwest Airlines e Mirage Resorts são conhecidas por criar culturas únicas que obtêm o melhor de seus empregados (por meio de trabalho em equipe) e que são difíceis de imitar.
4. **Ser organizado.** As pessoas são fontes de vantagem competitiva quando seus talentos podem ser combinados conjuntamente e empregados rapidamente para a realização de novas tarefas,

A Southwest Airlines é conhecida por criar uma cultura única que obtém o melhor de seus empregados. A companhia recompensa seus funcionários pelo desempenho excepcional e manutenção de sua lealdade por meio da oferta de passagens aéreas gratuitas, pela divisão dos lucros e outros incentivos. Que benefícios você precisa para estar motivado?

tão logo sejam solicitadas. O trabalho em equipe e a cooperação são dois métodos comuns para garantir uma força de trabalho organizada. Porém, companhias como a Spyglass (uma empresa de software) e a AT&T investem em tecnologia de informação para auxiliá-las na alocação e no monitoramento das tarefas dos seus empregados durante projetos temporários.

> "Contrate os melhores. Pague-os de forma justa. Comunique-se livremente. Forneça desafios e recompensas. Fique fora do caminho. Eles irão impressioná-lo."
>
> Mary Ann Allison

Esses quatro critérios destacam a importância das pessoas e mostram a proximidade entre a gestão de RH e a administração estratégica. Em uma recente pesquisa conduzida pelo jornal *USA Today* e pela empresa Deloitte & Touche, aproximadamente 80% dos executivos corporativos disseram ter crescido substancialmente a importância da gestão de RH nos últimos dez anos, e dois terços disseram que os gastos com RH são agora percebidos como investimento estratégico, em vez de, simplesmente, um custo a ser minimizado. A competição global está intensificando-se.[1] O aumento de padrões educacionais e o acesso à tecnologia estão cada vez mais disponíveis no mundo todo. A *inovação* — novas idéias práticas que surgem da criatividade aplicada dos membros de uma organização — tornou-se ainda mais indispensável na obtenção e na manutenção de vantagem competitiva. Como conseqüência de as aptidões, os conhecimentos e as habilidades dos funcionários serem os recursos mais significativos e renováveis com os quais uma companhia pode contar, a administração estratégica deles é mais importante do que nunca. Cada vez mais, as organizações reconhecem que seu sucesso depende daquilo que as pessoas sabem, ou seja, seus conhecimentos e aptidões. O termo **capital humano** (ou, mais amplamente, *capital intelectual*) freqüentemente é utilizado, hoje em dia, para descrever o valor estratégico do conhecimento e das habilidades de um empregado.

capital humano
O conhecimento, as aptidões e as habilidades dos empregados que possuem valor econômico.

A gestão de capital humano para sustentar a vantagem competitiva é, talvez, a parte mais importante da função de RH de uma organização. Mas os gerentes de RH também têm de lidar diariamente com muitas outras preocupações referentes a seus trabalhadores e todo o quebra-cabeça do quadro de pessoal. Essas preocupações incluem a atração de talentos; a manutenção de uma força de trabalho bem treinada, altamente motivada e leal; a gestão da diversidade; o desenvolvimento de sistemas de remuneração eficientes; a administração de demissões; a contenção dos custos de assistência médica e pensão. Atingir o equilíbrio nessas questões é uma tarefa difícil e a melhor abordagem provavelmente apresentará variações de acordo com as circunstâncias da organização. Um fabricante de aço, perante a redução de seus negócios, necessitará de ações de recursos humanos para auxiliar nas demissões, enquanto uma companhia de semicondutores necessitará de mais empregados para produzir *microchips* para fazer frente às demandas do florescente setor de computadores pessoais. A ênfase nas diferentes atividades de RH pode variar caso a companhia esteja em crescimento, em declínio ou estável. Isso nos leva às questões práticas que estão associadas ao planejamento de RH.

O Processo de Planejamento de RH

"Consiga-me o tipo e o número certo de pessoas, no momento certo." Isso pode soar como algo muito simples, mas a satisfação das necessidades de pessoal de uma companhia requer o planejamento estratégico de recursos humanos: uma atividade com um propósito estratégico originados nos planos da organização.

O processo de planejamento de RH ocorre em três estágios: planejamento, programação e avaliação. Primeiro, os gerentes de RH precisam saber quais são os planos de negócios da organização para assegurarem que o número certo e os tipos ideais de pessoas estarão disponíveis — quais são os rumos da companhia, em quais negócios ela planeja estar, quais taxas de crescimento futuras são esperadas e assim por diante. Poucas coisas são mais prejudiciais ao moral do que ter de demitir funcionários com formação de nível superior, recentemente contratados, em virtude de um planejamento inadequado das necessidades futuras. Em segundo lugar, a organização realiza programações sobre atividades específicas de recursos humanos, como recrutamento, treinamento e demissões. Nesse estágio, os planos da companhia são implementados. Em terceiro lugar, as atividades de recursos humanos são avaliadas para determinar se estão produzindo os resultados necessários para contribuírem com o plano de negócios da organização. A Figura 10.1 ilustra os componentes de um processo de planejamento de recursos humanos. Neste capítulo, enfocaremos o planejamento e a programação de recursos humanos. Muitos dos outros fatores listados na Figura 10.1 serão discutidos nos capítulos posteriores.

Conexões: RH E ESTRATÉGIA NA GE

No coração do processo de planejamento de sucessões da GE está a "Seção C" das revisões anuais das lideranças e dos talentos da organização. Nessas extensas revisões, o CEO e o vice-presidente de RH se encontram com os líderes e chefes de RH das diferentes unidades de negócio. Em cada seção eles revisam o universo de talentos e o foco organizacional de cada unidade para analisarem as futuras lideranças potenciais que poderão surgir na GE. Eles também desenvolvem e revisam planos para assegurar que sempre haverá substitutos para as principais posições gerenciais. Quando o presidente da divisão de eletroeletrônicos da GE dos Estados Unidos noticiou que sairia para assumir o comando de outra companhia, a GE foi capaz de nomear seu sucessor no mesmo dia. Além disso, a companhia também divulgou na mesma ocasião quem ocuparia todas as posições criadas nos escalões inferiores como resultado da promoção.

FIGURA 10.1
Visão Geral do Processo de Planejamento de RH

Previsões de Demanda Talvez a parte mais difícil do planejamento de recursos humanos seja a realização de previsões de *demanda*, isto é, determinar quantas e quais tipos de pessoas são necessários. As previsões de demanda para a necessidade de pessoas são originadas dos planos da organização. Por exemplo, quando a companhia farmacêutica Merck desenvolvia o Propecia, uma nova droga para curar a calvície, os gerentes tiveram de estimar o tamanho do futuro mercado segundo projeções demográficas. Baseados nas vendas atuais e no crescimento projetado para as vendas futuras, os gerentes estimaram a capacidade necessária da planta para fazer atender à demanda futura, à equipe de vendas exigida, à equipe de apoio necessária e assim por diante. Nesse ponto, o número de horas de trabalho exigidas para operar a planta, vender o produto, distribuí-lo, proporcionar atendimento aos consumidores etc. poderia ser calculados. Essas estimativas são utilizadas para determinar as demandas por diferentes tipos de trabalhadores.

Previsões para Oferta de Mão-de-Obra Juntamente com as previsões de demanda, a *oferta de mão-e-obra* também deve ser prevista, ou seja, estimar quantos e quais tipos de empregados a organização realmente terá. Ao realizar uma análise de oferta, a organização avalia o número e a qualidade dos seus empregados atuais e também a oferta externa de trabalhadores. Para estimar a oferta interna, a companhia tipicamente baseia-se em experiências passadas em relação à rotatividade, ao encerramento de contratos de trabalho, e a aposentadorias, promoções e transferências. Um sistema computadorizado de informações de recursos humanos auxilia enormemente na elaboração de previsões de oferta.

Externamente, as organizações têm de observar as tendências da força de trabalho para elaborarem suas projeções. No mundo inteiro, há um hiato crescente entre a oferta e a demanda por mão-de-obra.[2] A maior parte dos trabalhos bem remunerados é criada nas cidades do mundo industrializado, mas muitos dos recursos humanos qualificados e não-qualificados estão nas nações em desenvolvimento. Essa discrepância está levando a massivas relocações (incluindo imigrantes, trabalhadores temporários e aposentados) e a uma redução do protecionismo das políticas de imigração (na medida em que os países dependem de e competem por trabalhadores estrangeiros).

Nos Estados Unidos, uma das questões mais importantes sobre a oferta de mão-de-obra nos últimos anos tem sido a crescente escassez de trabalhadores com as qualificações e o nível educacional apropriados. Atividades que tradicionalmente demandavam mão-de-obra intensiva, em setores como agricultura, mineração e linhas de montagem de manufaturas, estão dando lugar a trabalhos nas áreas técnica, de finanças, de produtos customizados e de serviços. Essas posições freqüentemente exigem muito mais treinamento e escolaridade do que aquelas posições que estão substituindo — ou mais do que o sistema educacional possa estar atualmente formando. Por exemplo, a China forma hoje três vezes mais engenheiros que os Estados Unidos. A demanda por empregados altamente qualificados continua a ultrapassar sua oferta — uma razão pela qual alguns empregos são transferidos para outros países. Algumas tendências demográficas discutidas no Capítulo 2 podem agravar essa situação. Por exemplo, as aposentadorias previstas dos trabalhadores da geração pós-guerra retirarão grande número de trabalhadores qualificados da força de trabalho. Uma resposta oferecida pelos gerentes para enfrentar essa carência de aptidões tem sido o aumento significativo dos orçamentos para recondicionamento e treinamento dentro de suas próprias organizações.[3]

Do lado positivo, as previsões para uma força de trabalho diversificada têm-se tornado um fato e isso aumentou bastante o universo de talentos disponíveis. O mundo dos negócios não é mais um domínio exclusivo dos homens brancos. De fato, famílias que possuem marido e mulher com uma carreira profissional tornaram-se a norma. Minorias, mulheres, imigrantes, idosos, trabalhadores portadores de deficiência e outros grupos fizeram da gestão da diversidade uma atividade fundamental do gerente moderno. Em razão da importância da gestão da "nova força de trabalho", o próximo Capítulo será destinado inteiramente a este tópico.

Nos próximos anos, cada vez mais trabalhadores da geração do pós-guerra deverão aposentar-se e tenderão a contar suas vitórias nos campos de golfe no lugar de fazê-lo nas salas de reunião. Como isso afetará a dinâmica da força de trabalho?

Reconciliando Oferta e Demanda Uma vez que os gerentes tenham uma boa idéia acerca tanto da oferta quanto da demanda de vários tipos de empregados, eles podem iniciar o desenvolvimento de uma abordagem para a conciliação de ambas. Em alguns casos, as organizações descobrem que necessitam de mais empregados do que possuem atualmente (déficit de mão-de-obra). Nesses casos, as organizações podem contratar novos empregados, promover seus empregados atuais a novas posições ou "terceirizar" o trabalho para prestadores de serviços. Em outros casos, as organizações podem concluir que possuem mais mão-de-obra do que necessitam (superávit de mão-de-obra). Quando isso é detectado com uma boa antecedência, as companhias podem utilizar a previsão de desgaste natural de seu quadro — a rotatividade normal dos empregados — para reduzir o excesso. Em outras ocasiões, podem demitir trabalhadores ou transferi-los para outras áreas.

Quando os gerentes necessitam contratar, uma ferramenta que eles têm disponível é a política de compensação. Grandes companhias, particularmente, gastam muito tempo reunindo informações sobre as escalas salariais para as várias posições que têm disponíveis, e na certificação de que seu sistema de remuneração é justo e competitivo. Discutiremos questões salariais adiante, neste Capítulo.

análise de cargos
Um instrumento para determinar o que é feito em dado cargo e o que deveria ser feito naquele cargo.

Análise de Cargos Enquanto as questões de oferta e demanda são geralmente atividades "macro", que são conduzidas no nível da organização, o planejamento de RH também tem um âmbito "micro" denominado *análise de cargos*. A **análise de cargos** tem duas finalidades.[4] Primeiro, ela informa o gerente de RH sobre o cargo em si: as tarefas, os deveres e as responsabilidades essenciais envolvidos na execução das tarefas. Essa informação é chamada *descrição de cargos*. Por exemplo, a descrição do cargo de um gerente de contabilidade poderia especificar que a posição deve ser responsável por elaborar os relatórios financeiros mensais, trimestrais e anuais da companhia, emitir e pagar faturas, preparar orçamentos, certificar-se da adequação da companhia às leis e normas, trabalhar com os gerentes de linha acerca de questões financeiras e supervisionar um departamento de contabilidade com 12 pessoas.

Em segundo lugar, uma análise de cargos descreve as aptidões, os conhecimentos, as habilidades e outras características exigidas para a execução da função. Isso é denominado *especificação de cargos*. Para o nosso gerente de contabilidade, por exemplo, os pré-requisitos do cargo poderiam incluir formação em contabilidade ou administração de empresas, conhecimento de sistemas informatizados de contabilidade, experiência gerencial anterior e excelentes habilidades de comunicação.

A análise de cargos fornece as informações que praticamente toda atividade de recursos humanos exige. Ela está presente nos programas essenciais de RH: recrutamento, treinamento, seleção, avaliação e sistemas de remuneração. Também auxilia as organizações a defenderem-se nos processos que envolvam questões trabalhistas — por exemplo, mediante a clara especificação das exigências de um cargo, caso alguém alegue demissão sem justa causa.[5] Por último, a análise de cargos ajuda a aumentar o valor agregado pelos empregados para a organização ao esclarecer o que é realmente exigido para o desempenho efetivo de uma atividade.

O Preenchimento dos Quadros de uma Organização

Quando o planejamento de RH está completo, os gerentes podem enfocar o preenchimento dos quadros de uma organização. A função do preenchimento dos quadros é constituída por três atividades relacionadas: recrutamento, seleção e recolocação.

Recrutamento

As atividades de recrutamento ajudam a aumentar o universo de candidatos que podem ser selecionados para um cargo. O recrutamento pode ser interno à organização (consideram-se os empregados atuais para promoções e transferências) ou externo. Cada abordagem tem suas vantagens e desvantagens.[6]

recrutamento
O desenvolvimento do universo de postulantes a cargos em uma organização.

Recrutamento Interno As vantagens do recrutamento interno são que os empregadores conhecem seus empregados e os empregados conhecem sua organização. Os candidatos externos, que não estão familiarizados com a organização, podem descobrir que não gostam de trabalhar ali. Também, a oportunidade de progredirem na companhia encoraja os empregados a permanecer nela, trabalhar duro e obter sucesso. O recrutamento fora da companhia pode ser desmoralizante para os empregados. Muitas companhias, como a Sears Roebuck e a Eli Lilly, preferem o recrutamento interno ao externo em virtude dessas razões.

O preenchimento dos quadros internamente tem algumas desvantagens. Caso os funcionários careçam de aptidões ou talentos, o recrutamento interno oferece um universo de postulantes muito reduzido, levando a decisões de seleção insatisfatórias.

Além disso, uma política de recrutamento interno pode inibir uma companhia que deseja alterar a natureza ou os objetivos do negócio trazendo candidatos externos. Na ocasião da mudança de uma organização em rápida expansão, empreendedora, para um negócio mais maduro, com um crescimento estável, a Dell Computer buscou fora de seus quadros gerentes que melhor se adaptassem a essas necessidades.

Muitas companhias que conferem um grande peso ao recrutamento interno utilizam um sistema de divulgação interna de vagas. Um *sistema de divulgação interna de vagas* é um mecanismo para a publicação das posições disponíveis, geralmente por meio de um quadro de avisos. A companhia Texas Instruments utiliza a divulgação interna de vagas. Os empregados preenchem uma requisição indicando seu interesse pela vaga anunciada. A descrição da vaga anunciada inclui uma lista das atribuições e das aptidões e a experiência mínimas exigidas para o cargo.

Recrutamento Externo O recrutamento externo traz "sangue novo" para a companhia e pode estimular a inovação. Entre as fontes mais freqüentemente utilizadas pelos candidatos externos estão os sites de empregos na Internet, anúncios de jornal, indicações de empregados e feiras de recrutamento nos *campi* de faculdades.

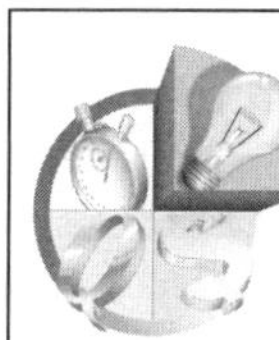

Contratações externas freqüentemente trazem novas idéias para a organização.

Os anúncios de jornal permanecem como a fonte mais popular de recrutamento. Contudo, a base de leitores vem diminuindo à medida que mais candidatos utilizam a Internet, a qual explodiu em popularidade como ferramenta de busca de emprego. Muitas companhias com sites corporativos agora permitem que os candidatos busquem vagas on-line e outras até mesmo divulgam listas com vagas disponíveis. Agências de emprego também são outra ferramenta comum de recrutamento e, para posições gerenciais importantes, as companhias empregam serviços de firmas especializadas na busca de executivos. As indicações feitas por outros empregados ainda são outra fonte comumente utilizada na procura por candidatos.[7] Algumas companhias encorajam com freqüência os empregados a indicarem seus amigos, oferecendo prêmios em dinheiro. De fato, pesquisas mostram que a recomendação pessoal é a forma mais habitual pela qual as vagas são preenchidas. As vantagens do recrutamento em feiras universitárias incluem o acesso a amplo universo de pessoas do qual se podem tirar candidatos com treinamento atualizado e fontes de idéias inovadoras.[8]

Competição Assustadora para o Monster.com

TEXTO EXTRAÍDO DA REVISTA

BusinessWeek

Por vários anos, o site líder na busca de empregos, Monster.com, conseguiu manter-se na sua posição de liderança mundial com uma surpreendente habilidade. Muitos analistas decretaram seu fim quando ele interrompeu a veiculação de seus anúncios nos portais AOL e MSN. Ainda assim, a mudança logrou manter o tráfego de visitantes no seu site. Em um mês típico, ele obtinha 25,7% de todos os visitantes de sites de busca de emprego, de acordo com o serviço de pesquisas Hitwise.

Mas a Monster.com pode estar prestes a travar sua maior batalha. De fato, o mercado de busca de empregos nos Estados Unidos deverá dobrar para alcançar a cifra de US$ 1,9 bilhão até 2008, de acordo com a empresa de consultoria na área de tecnologia Forrester Research. Mas seus rivais, novos e antigos, estão dispostos a fazer que a pequena mascote verde do Monster.com tenha de suar pelo seu dinheiro.

Novos membros estão ingressando no mercado de sites de busca de empregos, com um crescimento no número de portais de 15% no último ano, avalia Bill Tancer, vice-presidente de pesquisas da Hitwise. Além disso, muitos competidores já estabelecidos contam com ainda mais recursos do que a Monster Worldwide, com seus US$ 82 milhões em dinheiro e equivalentes.

Talvez a grande ameaça para a supremacia do Monster.com tenha surgido quando o gigante dos leilões, o sítio e-Bay, com US$ 1,4 bilhão em dinheiro e equivalentes, tornou-se sócio de 25% do sítio de anúncios on-line Craigslist, o qual obtém 100% das suas vendas a partir de anúncios de emprego. O Craigslist já recebe mais tráfego do que o do sítio da Monster, de acordo com o site de avaliação Alexa (Monster é o número 1 em termos de receitas). O Craigslist cobra menos do que o Monster e o seu CEO, Jim Buckmaster, acredita que eles servem a um mercado mais lucrativo — ao combinar candidatos em busca por emprego com os empregadores, dentro dos mercados locais, em vez de fazê-lo por meio de buscas nacionais.

Outro competidor emergente é o iniciante Redmatch. Sua tecnologia permite que os jornais coloquem seus anúncios de "procura-se" on-line. O software da Redmatch combina os candidatos com os empregadores baseando-se nas qualificações e nas exigências, reduzindo o tempo necessário para filtrar os anúncios e os currículos. Até agora, mais de 150 jornais dos Estados Unidos já se conectaram à rede da Redmatch na Internet, a qual apresenta 85 mil anúncios. Dentro de seis meses, o CEO Gal Almog espera quadruplicar o número de jornais atendidos pelo Redmatch.

O Redmatch também vende sua tecnologia para corporações, muitas das quais iniciaram seus próprios esforços no oferecimento de serviços de emprego baseados na Internet. Várias empresas acreditam que a manutenção de laços com antigos empregados, por exemplo, poderia auxiliá-las no preenchimento mais rápido de vagas, ao mesmo tempo que poderiam preenchê-las com pessoas que necessitam de menos treinamento e que já estão familiarizadas com sua cultura organizacional.

Os antigos rivais do Monster.com também estão renovando seus esforços. A empresa Yahoo! testa agora uma nova versão de seus sites, oferecendo anúncios de emprego e outras informações para áreas locais, afirmou Dan Finnigan, gerente geral da HotJobs.com, uma divisão da Yahoo!. O HotJobs.com vem reduzindo de forma agressiva seus preços para um nível inferior ao de seus concorrentes, afirmam os analistas.

Ainda há o CareerBuider.com, o qual se trata de um esforço conjunto entre as cadeias de jornais *Gannett*, *Knight Ridder* e *Tribune*. O CareerBuilder aumentou seu tráfego 8,6% em comparação ao ano anterior, ganhos às expensas do HotJobs e do Monster.com, de acordo com a Hitwise. As receitas do CareerBuilder também cresceram muito mais rapidamente do que as do Monster.com, embora a partir de uma base muito menor.

O Monster.com não está apenas observando as mudanças, passivamente. Andrew McKelvey, presidente do conselho e CEO do Monster.com, ressalva que receitas e margens melhores manterão Monster.com no topo, não as estatísticas de tráfego. A companhia aumentou seus gastos com marketing e promoção em 20%, apesar de ter encerrado as parcerias com o MSN e o AOL, os quais obtinham milhares de dólares por listarem o Monster.com. Antecipando uma sólida recuperação dos empregos, o Monster.com também expandiu sua equipe de vendas e realizou diversas aquisições, mesmo quando o nível de emprego ainda permanecia abaixo do esperado.

Poucos, contudo, acreditam que a atual trégua durará muito. É por isso que o monstro verde está preparando-se para a batalha contra alguns de seus adversários mais determinados.

FONTE: KHARIF, Olga. Scary competition for monster.com's. *BusinessWeek*, 16 ago. 2004, on-line.

seleção

O processo de escolha, entre candidatos qualificados, para contratação em uma organização.

Muitas companhias utilizam alguma combinação de todos os métodos que discutimos anteriormente, de acordo com um cargo ou situação, particularmente. Elas podem utilizar, por exemplo, recrutamento interno para vagas existentes, que necessitem de substitutos, e recrutamento externo, quando a firma expande seus negócios ou necessita adquirir novas capacidades.

Seleção

A **seleção** baseia-se no recrutamento e envolve decisões acerca de quem contratar. Infelizmente, decisões tão importantes como essas são, às vezes, tomadas de forma negligente ou descuidada. Nesta seção, descreveremos uma variedade de instrumentos de seleção aos quais você poderá estar exposto em breve na sua própria carreira.

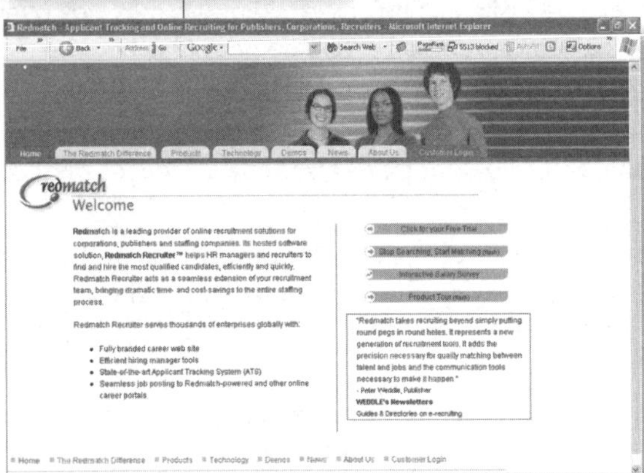

A popularidade dos sites de busca de empregos na Internet aumentou e, na mesma medida, também cresceu a competição entre sítios de procura de empregos. A firma israelense Redmatch está no mercado há cinco anos com mais de 500 jornais na sua rede. Sua combinação única de ferramentas de triagem para recrutamento com ferramentas de gerenciamento reúne os candidatos aos empregadores, com base nas suas qualificações e exigências.

Formulários de Solicitação de Emprego e Currículos Formulários de solicitação de emprego e currículos fornecem informações básicas sobre possíveis candidatos. Com o objetivo de promover um primeiro corte entre os candidatos, os empregadores analisam os perfis e históricos de vários deles. Formulários e currículos geralmente incluem informações sobre o nome do candidato, seu histórico escolar, nacionalidade, experiências profissionais, certificados etc. Sua aparência e sua acuidade também podem informar algo sobre o candidato: os erros de ortografia, por exemplo, são quase imediatamente eliminatórios (algo que se deve considerar quando se está redigindo o próprio currículo). Embora forneçam informações importantes, os formulários e currículos tendem a não ser muito úteis no momento da decisão final sobre a contratação.

Entrevistas As *entrevistas* são a ferramenta mais popular de seleção, e todas as companhias utilizam algum tipo de entrevista. No entanto, os entrevistadores devem ser extremamente cautelosos sobre o que perguntar e sobre como fazê-lo. Questões que não estejam relacionadas à vaga são proibidas. Em uma entrevista não-estruturada (ou não-diretiva), o entrevistador pergunta diferentes questões para diferentes entrevistados. O entrevistador também pode utilizar exames, ou seja, perguntar questões padronizadas para conhecer mais sobre os candidatos.[9]

entrevista estruturada

Técnica de seleção que envolve a realização das mesmas perguntas aos candidatos e a comparação das respostas com um grupo padronizado de respostas.

Em uma **entrevista estruturada**, o entrevistador realiza a mesma entrevista com cada um dos candidatos. Há dois tipos básicos de entrevistas estruturadas. A primeira abordagem, denominada *entrevista situacional*, enfoca situações hipotéticas. A Zale Corporation, uma grande rede de joalherias, emprega esse tipo de entrevista para selecionar seus vendedores. Uma questão-padrão é: "Um cliente entra na loja para retirar um relógio que havia deixado para reparos. O relógio ainda não retornou da oficina de reparos e o cliente fica nervoso. Como você lidaria com essa situação?". Uma resposta como "Eu preferiria encaminhá-lo ao meu supervisor" poderia sugerir que o candidato sente-se incapaz de lidar com a situação por conta própria. A segunda abordagem, chamada *entrevista de descrição comportamental*, explora o que os candidatos realmente fizeram no passado. Durante a seleção de estudantes universitários para o programa de treinamento para oficiais, o exército dos Estados Unidos apresenta aos candidatos a seguinte questão, para avaliar a sua habilidade para influenciar outras pessoas: "Qual foi a melhor idéia que você apresentou para um supervisor, professor, colega ou subordinado?". Uma resposta que descreva as dificuldades iniciais que o candidato enfrentou para a adoção da sua idéia, e a forma como ele as superou, pode fornecer ao recrutador alguma indicação sobre a autoconfiança e a determinação do postulante. Visto que questões comportamentais são baseadas em eventos reais, elas freqüentemente oferecem informações úteis acerca de como o candidato desempenharia suas funções, de fato, no cargo.

Durante uma entrevista, os empregadores podem optar pela prática de entrevistas não-estruturadas, nas quais são realizadas diferentes perguntas aos possíveis candidatos, ou podem optar pela realização de entrevistas estruturadas, nas quais as mesmas questões são levantadas para todos os potenciais candidatos.

Cada uma dessas técnicas de entrevista apresenta diferentes vantagens e desvantagens para os gerentes, e muitos entrevistadores utilizam mais de uma técnica em uma mesma entrevista. As entrevistas não-estruturadas podem auxiliar na comunicação e em fornecer uma visão sobre personalidade do candidato, mas não conseguem dar ao gerente informações específicas acerca das habilidades do candidato. As entrevistas estruturadas tendem a se apresentar como fontes mais confiáveis para a antecipação das perspectivas de desempenho dos candidatos, uma vez que são baseadas na análise de cargos elaborada para a posição. Elas também têm uma probabilidade maior de estarem isentas de parcialidades e estereótipos. Além disso, uma vez que as mesmas perguntas são feitas a todos os candidatos à vaga, uma entrevista que seja pelo menos parcialmente estruturada permite que o gerente compare as diferentes respostas.[10]

Checagem de Referências As *checagens de referências* são outro método de seleção comumente utilizado. Praticamente todas as organizações efetuam ou a checagem de registros educacionais ou a verificação de registros profissionais. Embora a checagem de referências faça sentido, as informações sobre as referências tornaram-se cada vez mais difíceis de serem obtidas em virtude de ações judiciais amplamente conhecidas. Em um caso, um candidato processou seu antigo chefe sob a alegação de que ele dissera a potenciais empregadores que o candidato era "um ladrão e um escroque". O júri concedeu ao candidato uma indenização de US$ 80 mil.[11] Apesar disso, a consulta aos antigos supervisores do candidato é uma prática comum e normalmente fornece informações úteis, particularmente se perguntas específicas, relacionadas ao trabalho, são realizadas ("Você poderia dar-me um exemplo de um projeto que o candidato X conduziu particularmente bem?").

Checagem de Referências Pessoais Após os atentados de 11 de setembro e vários escândalos corporativos, como os da Enron e da World.com, a checagem de referências pessoais tornou-se um procedimento comum para muitas companhias. Algumas Cortes estaduais dos Estados Unidos decidiram que as companhias podem ser responsabilizadas por contratações negligentes, caso falhem ao proceder às checagens adequadas. A verificação da situação do candidato na Seguridade Social, do seu histórico profissional e escolar e de seus antecedentes criminais encontra-se entre os diferentes tipos de checagem. Várias outras checagens podem ser conduzidas se estiverem relacionadas à vaga, incluindo a verificação do prontuário de condutor (caso a vaga envolva condução de veículos) e de histórico de crédito (para cargos na área financeira). A Figura 10.2 mostra os diversos instrumentos de verificação utilizados pelas companhias citadas na lista *Fortune* 1000.

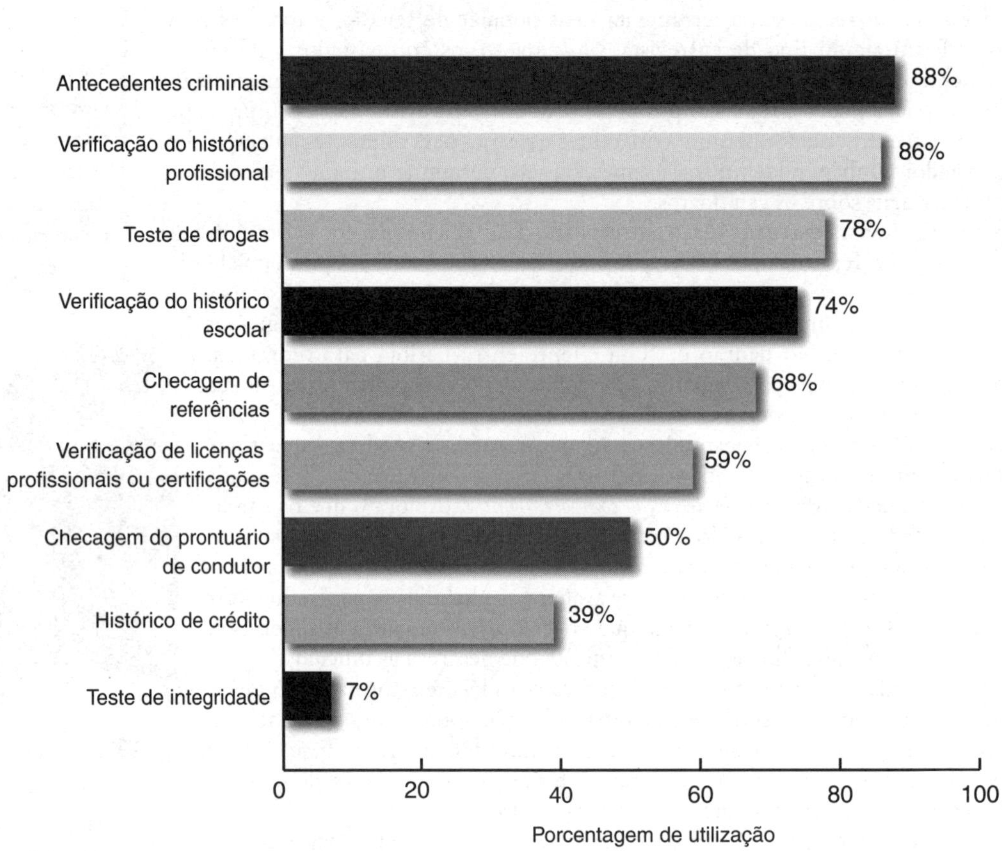

FONTE: *Top security threats and management issues facing corporate America.* Pinkerton Consulting and Investigations, Inc., 2003.

FIGURA 10.2
Uso de Instrumentos de Seleção Anteriores à Contratação (as Ferramentas que 212 representantes de segurança de companhias listadas na *Fortune* 1000 relataram utilizar constantemente).

Testes de Personalidade *Testes de personalidade* são menos populares para seleção de empregados, geralmente por serem difíceis de defender em um tribunal.[12] No entanto, estão recuperando seu prestígio e há grandes chances de que você venha a realizá-los em algum ponto de sua carreira. Muitos testes escritos para determinar traços de personalidade, como sociabilidade, adequação e energia, são bem conhecidos. Questões comuns são: "Você gosta de interagir com as pessoas?" e "Você gosta de trabalhar duro?". Alguns testes de personalidade tentam determinar quais são os tipos de condições de trabalho que os candidatos preferem para verificar se estariam motivados ou se seriam produtivos em uma função específica. Caso o candidato, por exemplo, prefira tomar decisões por conta própria, mas a função demande a obtenção de cooperação de outras pessoas, outro postulante talvez seja uma escolha mais adequada.

Testes de Drogas Os *testes de drogas* são, atualmente, instrumentos de seleção utilizados com freqüência. Desde a aprovação do Drug-Free Workplace Act (lei de combate às drogas no ambiente de trabalho), em 1988, pelo Congresso dos Estados Unidos, candidatos e empregados de empresas prestadoras de serviços para a União e para o Departamento de Defesa norte-americano, bem como aqueles sujeitos às normas do Departamento de Transporte, são passíveis de serem submetidos a testes para verificação do consumo de drogas ilícitas. Mais da metade de todas as companhias dos Estados Unidos realiza testes de drogas antes da contratação de empregados.

Os *testes genéticos* buscam identificar a possibilidade que um indivíduo tem de contrair uma doença (tal como enfisema) segundo a sua composição genética. São bem menos comuns que os testes de drogas e permanecem polêmicos.[13]

Testes de Habilidades Cognitivas *Os testes de habilidades cognitivas* estão entre os métodos de seleção mais antigos. Medem a amplitude de habilidades intelectuais, incluindo compreensão verbal (vocabulário e compreensão de texto) e aptidão numérica (cálculos matemáticos). Aproximadamente 20% das

Verbal

1. Qual é o significado da palavra sub-reptício?
   a. sorrateiro c. vivaz
   b. sinuoso d. doce

2. Assinale qual é o tipo de oração subordinada da sentença a seguir: "Espero que eu possa aprender este jogo."
   a. substantiva c. objetiva direta
   b. predicativa d. completiva nominal

Quantitativa

3. Divida 50 por 0,5 e adicione 5. Qual será o resultado?
   a. 25 c. 95
   b. 30 d. 105

4. Qual é o valor de 144^2?
   a. 12 c. 288
   b. 72 d. 20.736

Raciocínio

5. ______ está para barco assim como neve está para ______.
   a. vela, ski c. água, ski.
   b. água, inverno d. motor, água

6. Duas mulheres jogaram cinco partidas de xadrez. Cada mulher ganhou o mesmo número de partidas, considerando-se que não houve empates. Como isso pôde ocorrer?
   a. Houve uma desistência. c. Elas jogaram com pessoas diferentes.
   b. Um jogador mentiu. d. Um jogo ainda estava em andamento.

Mecânico

7. Se a engrenagem A e a engrenagem C estão girando, ambas, em sentido anti-horário, o que está acontecendo com a engrenagem B?
   a. Está girando no sentido anti-horário. c. Permanece parada.
   b. Está girando no sentido horário. d. O sistema inteiro vai parar.

Respostas: 1a, 2c, 3d, 4d, 5c, 6c, 7b.

FONTE: BOHLANDER George et al. *Managing human resources*. 12. ed. Copyright © 2001. Reimpresso com permissão da South-Western, uma divisão da Thomson Learning, www.thomsonrights.com.

FIGURA 10.3 Exemplos de Medição de Habilidades Cognitivas.

companhias norte-americanas utilizam testes de habilidades cognitivas para propósitos de seleção.[14] A Figura 10.3 mostra alguns exemplos de questões contidas nos testes de habilidades cognitivas.

Testes de Desempenho *Os testes de desempenho* são procedimentos nos quais o candidato realiza uma simulação das atividades pertinentes ao cargo. Muitas companhias utilizam algum tipo de teste de desempenho, geralmente para posições de secretaria ou burocráticas. O tipo mais comumente usado de teste de desempenho é o teste de digitação. No entanto, foram desenvolvidos testes de desempenho para quase todas as ocupações, incluindo posições gerenciais. Os centros de avaliação (*assessment centers*) são a ramificação mais marcante dos testes de desempenho para funções gerenciais.[15]

Os centros de avaliação originaram-se durante a Segunda Guerra Mundial. Um **centro de avaliação** típico é constituído por 10 a 12 candidatos que participam de uma variedade de exercícios ou situações; alguns desses exercícios envolvem interações em grupo e outros são realizados individualmente. Cada exercício abrange certo número de aspectos gerenciais

centro de avaliação
Teste de desempenho gerencial em que os candidatos participam de uma variedade de exercícios e situações.

críticos, como liderança, aptidão para tomada de decisões e habilidades comunicativas. Avaliadores, geralmente gerentes de linha da organização, observam e registram as informações sobre o desempenho dos candidatos em cada exercício. A AT&T foi a primeira organização a utilizar os centros de avaliação. A partir de então, algumas grandes companhias usaram ou atualmente usam a técnica de centros de avaliação, incluindo Bristol-Myers, o FBI e a Sears.

Testes de Integridade Os *testes de integridade* são utilizados para avaliar a honestidade de um candidato. Duas formas do teste de integridade são os polígrafos e os testes escritos. Os polígrafos, ou detectores de mentira, tiveram sua utilização abolida em grande parte das suas finalidades associadas a emprego.[16] Os testes de honestidade escritos são o instrumento mais recente para avaliação de integridade.

Esses testes incluem questões sobre a possibilidade de uma pessoa ter alguma vez pensado em furtar ou mesmo se acredita que outras pessoas furtem ("Quais porcentagens de pessoas levam mais de US$ 1 de seus empregadores?"). A empresa Payless ShoeSource, baseada em Topeka, no estado norte-americano do Kansas, utiliza um teste de integridade para reduzir os furtos praticados por funcionários. Em menos de um ano após a implementação do programa, as perdas de estoque caíram de aproximadamente 20% para menos de 1% das vendas. Apesar de evidências convincentes, como no exemplo exposto, a acuidade desses testes é questionável.[17]

confiabilidade

A consistência dos resultados dos testes ao longo do tempo e em comparação a outras avaliações alternativas.

validade

O grau segundo o qual um teste de seleção prevê, ou se relaciona com o desempenho profissional.

Confiabilidade e Validade Independentemente do método utilizado para a seleção de empregados, duas questões cruciais que precisam ser enfrentadas são: a da confiabilidade e a da validade dos testes. A **confiabilidade** refere-se à consistência dos resultados dos testes ao longo do tempo e em comparação a outras avaliações alternativas. Se três entrevistadores, por exemplo, conversam com um mesmo candidato, mas tiram conclusões muito diferentes sobre as habilidades desse candidato, é possível suspeitar que houve problemas na confiabilidade de um ou mais testes de seleção ou nos procedimentos de entrevista.

A **validade** vai além da confiabilidade para uma consideração sobre a precisão dos testes de seleção. A forma mais comum de verificação de validade, *a validade baseada em critérios*, refere-se ao grau segundo o qual um teste realmente prevê, ou se relaciona com, o desempenho profissional. Tal validade normalmente é estabelecida mediante estudos que comparam o desempenho, nos testes, de um grande grupo de empregados com seu desempenho profissional, para permitir que uma conclusão clara seja obtida. Caso uma pontuação elevada nos testes de habilidades cognitivas, por exemplo, seja um forte indicativo de bom desempenho profissional, então os candidatos que pontuarem bem terão preferência sobre os demais. Ainda assim, nenhum teste poderá prever exatamente o desempenho profissional de um indivíduo. Os gerentes normalmente deverão basear-se em outros critérios antes de tomarem uma decisão final acerca da seleção.

Outra forma de verificação de validade, a *validade de conteúdo*, diz respeito ao grau segundo o qual os de seleção são capazes de medir uma amostra significativa dos conhecimentos, aptidões e habilidades exigidas para o cargo. O exemplo mais conhecido de testes de validade de conteúdo é o teste de digitação para secretárias, uma vez que digitação é uma atividade que quase todas as secretárias executam. No entanto, para ser completamente válido com referência ao conteúdo, o processo de seleção deverá também mensurar outras atividades que as secretárias provavelmente executarão, como atendimento telefônico, reprodução e envio, por fax, de documentos e se relacionar com o público. A validade de conteúdo é mais subjetiva (menos estatística) do que as avaliações de validade baseadas em critérios, mas não são menos importantes, particularmente quando alguém está defendendo decisões de contratação em juízo.

Reduções da Força de Trabalho

Infelizmente, as decisões concernentes ao quadro de funcionários não se restringem à contratação de empregados. À medida que organizações evoluem e os mercados modificam-se, a demanda por certos empregados aumenta ou diminui. Além disso, alguns empregados simplesmente não realizam suas atividades de acordo com os níveis exigidos para justificar a manutenção do vínculo empregatício. Por essas razões, os gerentes, algumas vezes, devem tomar a difícil decisão de encerrar seus contratos de trabalho.

Demissões Coletivas Como resultado de maciças reestruturações na indústria norte-americana, geradas por fusões e aquisições, desmembramentos e aumento da concorrência, muitas empresas têm realizado *downsizing* (enxugamentos) — demissão de grandes contingentes de gerentes e outros tipos de funcionários.

A demissão de qualquer empregado é algo difícil, mas quando as demissões são maciças e atingem uma porção substancial de sua força de trabalho, os resultados podem abalar as fundações da organização.[18] As vítimas de reestruturação enfrentam todos os tipos de dificuldade oriundas do processo de demissão — perda de auto-estima, buscas desmoralizantes por novos empregos e o estigma de ter sido dispensado. **Recolocação** (*outplacement*) é o processo de prestação de assistência a pessoas dispensadas de uma companhia para obtenção de uma nova posição em outra empresa. Isso pode ajudar, em certa medida, mas o impacto das demissões coletivas vai além do problema com os funcionários que deixaram a companhia. Para muitos dos que permanecem na companhia, desencantamento, desconfiança e letargia contrapõem-se ao conforto de ainda possuírem um emprego. Em muitas circunstâncias, a forma como a gerência lida com as demissões afetará a produtividade e a satisfação daqueles que permaneceram. Um processo de demissão bem planejado diminui as tensões e auxilia os empregados remanescentes a se ajustarem a nova situação no trabalho.

Todos os seus empregados foram dispensados depois do colapso, em 2001, da Enron, empresa com sede em Houston.

As organizações com fortes sistemas de avaliação de desempenho são beneficiadas, uma vez que os sobreviventes estarão menos inclinados a acreditar que a decisão foi arbitrária. Além disso, caso todos os cuidados tenham sido tomados durante o processo de demissão — em outras palavras, se pacotes de compensação tiverem sido ofertados, bem como assistência durante o processo de recolocação —, os empregados remanescentes ficarão mais tranqüilos. As companhias também devem evitar o prolongamento das demissões, ou seja, a demissão de poucos funcionários de cada vez.

recolocação (*outplacement*)
Processo de prestação de assistência a pessoas dispensadas de uma companhia para obtenção de uma nova posição em outra empresa.

contratação discricionária
Conceito legal segundo o qual um empregado pode ser demitido por qualquer motivo.

Demissão As pessoas algumas vezes são "demitidas" por causa do baixo desempenho ou por outras razões. O empregador deveria ter o direito de demitir um empregado? Em 1884, uma Corte do estado norte-americano do Tennessee decidiu que "Todos podem demitir seus empregados, ao seu critério, por justa causa, por qualquer causa ou mesmo por uma causa moralmente errada". O conceito segundo o qual um empregado pode ser demitido por qualquer razão é conhecido como **contratação discricionária** ou *demissão discricionária*, e foi mantido em uma decisão de 1908 da Suprema Corte dos Estados Unidos.[19] A lógica é que se é facultado ao empregado demitir-se a qualquer momento, o empregador também está livre para fazê-lo.

Desde meados dos anos 1970, as Cortes de Justiça têm produzido exceções a essa doutrina. A política pública, por exemplo, é uma orientação política ou ato de governo destinado a proteger o público de danos. Sob as exceções das políticas públicas, os empregados não podem ser demitidos por ações como se recusarem a praticar atos ilegais, ausentarem-se para composição de júri ou por apresentarem "denúncias" sobre procedimentos ilícitos da companhia. Se um trabalhador, por exemplo, relata uma denúncia de violação de leis ambientais à agência reguladora e a empresa o demite, os tribunais podem argumentar que a demissão é injusta em virtude de ter o empregado agido para o bem da comunidade. Acordos sindicais coletivos que limitam a possibilidade de o empregador demitir sem justa causa são outra grande exceção à doutrina da contratação discricionária.

Os empregadores podem evitar as armadilhas associadas à demissões estabelecendo procedimentos disciplinares progressivos e formais.[20] Por *progressivo* entendem-se a execução de etapas graduais, pelo gerente, para correção do comportamento no ambiente de trabalho. Por exemplo, um empregado que esteve ausente recebe uma advertência verbal na primeira ocorrência. Uma segunda ocorrência demanda uma advertência escrita. Na terceira ocorrência, o resultado é o envio desse funcionário para aconselhamento e acompanhamento; na quarta, uma suspensão de um dia, para que o empregado reflita acerca das conseqüências da prática de futuras infrações. O empregador está sinalizando para o empregado que esta é a sua "última chance". Os árbitros tendem a alinhar-se com o empregador quando acreditam que a companhia empreendeu esforços sinceros para auxiliar o indivíduo a corrigir seu comportamento.

entrevista de desligamento ou demissional
Conversa entre um gerente e um empregado sobre a demissão deste último.

A **entrevista de desligamento**, na qual o gerente discute o posicionamento da companhia com o empregado, é uma situação tensa para ambas as partes. Muitos especialistas acreditam tratar-se de

O que fazer	O que evitar
• Dê o maior número possível de avisos antes das demissões em massa. • Sente com cada um dos empregados, individualmente, em uma sala reservada. • Encerre a entrevista de desligamento em 15 minutos. • Forneça explicações, por escrito, dos benefícios do pacote de compensação. • Ofereça os serviços de recolocação fora das instalações da matriz da companhia. • Certifique-se de que o empregado tome conhecimento do seu desligamento por meio de um gerente, não de um colega. • Expresse sua apreciação pelas contribuições feitas pelo funcionário, caso seja apropriado.	• Não deixe espaço para confusão durante a demissão. Diga ao indivíduo na primeira frase que ele está demitido. • Não dê tempo para discussões durante a sessão de desligamento. • Não faça comentários pessoais quando demitir alguém; mantenha a conversa em um tom profissional. • Não tenha pressa para conduzir o empregado para fora das instalações da empresa a não ser que haja alguma questão de segurança. • Não demita pessoas em dias significativos, como o 25º aniversário de contratação ou na data de falecimento da mãe do funcionário. • Não demita funcionários quando estiverem em férias ou quando retornaram recentemente às suas atividades.

QUADRO 10.1

Conselhos sobre Demissão.

FONTE: ALEXANDER, S. Firms get plenty of practice at layoffs, but they often bungle the firing process. *The Wall Street Journal*, p. 31, 14 nov. 1991. Copyright © 1991, Dow Jones & Co. Reproduzido com permissão de Dow Jones & Co. Copyright © Clearance Center.

uma tarefa para os superiores imediatos a comunicação das más notícias aos empregados. Contudo, é sempre bom que haja uma terceira parte presente, como o gerente de RH, seja para servir de testemunha, proporcionar apoio para um gerente ansioso, ou aliviar as tensões ao retirar o foco de atenção do empregado no gerente. Adicionalmente, alguns sugerem serem as tardes de sexta-feira os melhores dias para efetuar a dispensa de empregados. No entanto, as evidências obtidas em pesquisas não sustentam totalmente essa tese. Finalmente, pode ser uma boa idéia conduzir a entrevista de desligamento em um local neutro, como uma sala de reuniões, de forma que tanto o gerente como o empregado possam deixar o local sem constrangimentos. O Quadro 10.1 proporciona algumas indicações para a condução da entrevista de desligamento.[21]

Questões Legais e a Igualdade nas Oportunidades de Emprego Muitas leis foram aprovadas para regular as decisões e práticas de emprego. Uma boa parte do trabalho cotidiano como um gerente, bem como da função de recursos humanos na organização, é afetada diretamente por elas. Várias dessas leis foram criadas para proteger os candidatos e empregados de discriminação ou de assédio sexual e para estabelecerem padrões salariais e jornadas de trabalho para certas classes de trabalhadores. Por exemplo, o *Fair Labor Standards Act* (lei sobre padrões adequados de trabalho) aprovada em 1938 pelo Congresso dos Estados Unidos, entre outras disposições, criou duas categorias de empregados: isentos e não-isentos. Os empregados estão normalmente isentos do pagamento de horas extras se possuem autonomia considerável na forma como realizam suas atividades e se suas funções exigem que eles exerçam julgamento independente. Os gerentes geralmente enquadram-se nessa categoria. Empregados não-isentos normalmente são aqueles pagos por hora e que devem receber pelas horas extras, caso trabalhem mais de 40 horas por semana.O gerente é quem especifica o *status* de isento ou não-isento para os empregados que contrata.

O *Civil Rights Acts* (lei sobre direitos civis), aprovado em 1964 pelo Congresso norte-americano, proíbe discriminação na esfera trabalhista baseada em raça, sexo, cor, origem e religião. O Capítulo VII da mencionada lei proíbe, especificamente, discriminação nas práticas trabalhistas relacionadas a recrutamento, contratação, dispensa, promoção, compensação e acesso a treinamento.[22] O *Americans with Disabilities Act* (lei de proteção aos norte-americanos portadores de deficiências), aprovado em 1990, proíbe a discriminação praticada contra pessoas portadoras de deficiências. Alcoólatras e consumidores de drogas em recuperação, pacientes de câncer em remissão e pacientes de Aids estão protegidos por essa legislação. O *Civil Rights Act* de 1991 fortaleceu todas essas proteções e ainda permitiu a imposição de sanções punitivas para companhias que as violarem.

A falha no cumprimento de qualquer dessas leis pode expor a organização a multas por práticas ilegais, processos judiciais dispendiosos e penalidades cíveis e eventualmente criminais, em alguns casos. A rede Wal-Mart, por exemplo, foi submetida a processos judiciais em muitos estados norte-americanos por reter o pagamento de horas extras para trabalhadores que recebem segundo a quantidade de horas trabalhadas. A companhia também foi processada por suas trabalhadoras por discriminação sexual, com possíveis custos indenizatórios de bilhões de dólares. A empresa Radio Shack teve de pagar quase US$ 30 milhões para os gerentes das lojas, os quais reclamaram haver sido impropriamente classificados como empregados isentos e, dessa forma, inelegíveis para o pagamento de horas extras. Outras companhias que foram alvo de processos baseados na lei sobre padrões adequados de trabalho incluem State Farm, Pacific Bell, Purdue University e Taco Bell.[23]

impacto adverso

Quando uma prática trabalhista aparentemente neutra tem um efeito desproporcionalmente negativo sobre um grupo protegido.

Uma razão comum pela qual muitas companhias são processadas é o chamado **impacto adverso** — quando uma prática trabalhista aparentemente neutra tem um efeito desproporcionalmente negativo sobre um grupo protegido pela lei dos direitos civis.[24] Caso um número idêntico de trabalhadores qualificados do sexo masculino e do sexo feminino, por exemplo, candidate-se a vagas, mas os resultados dos testes para uma vaga em particular resultam na contratação de menos mulheres, o teste pode ser considerado como causador de um impacto adverso e, dessa forma, deve ser passível de uma demanda nesse sentido.

A lei sobre norte-americanos portadores de deficiências, que foi aprovada em 1990, proíbe discriminação trabalhista praticada contra pessoas portadoras de deficiências.

Como conseqüência da importância dessas questões, muitas companhias estabeleceram procedimentos para se assegurarem do cumprimento de leis trabalhistas e de igual oportunidade. Companhias mais progressistas monitoram e comparam cuidadosamente os salários segundo a raça, o gênero, tempo de serviço e outras categorias para se certificarem de que os empregados de todos os grupos são remunerados adequadamente. Políticas escritas podem também auxiliar nas práticas justas e legais no ambiente de trabalho, embora a companhia ainda tenha de demonstrar um histórico de cumprimento e implementação desses procedimentos. Assim, práticas administrativas inteligentes e eficazes não devem somente auxiliar os gerentes a motivarem seus funcionários para seu melhor desempenho, como também, freqüentemente, ajudá-los na obtenção de proteção legal. Por exemplo, gerentes que proporcionam a seus empregados avaliações regulares e específicas podem evitar mal-entendidos que conduzem a processos judiciais. Um registro escrito dessas avaliações é útil para demonstrar um tratamento justo e objetivo.

Muitas outras importantes leis relacionadas ao quadro de pessoal afetam as práticas trabalhistas. Por exemplo, o *Age Discrimination in Employment Act* (lei sobre discriminação por idade no trabalho), de 1967, e suas emendas de 1978 e 1986 proíbem a discriminação contra pessoas acima dos 40 anos. Uma das razões para essa legislação era a prática comum da dispensa de trabalhadores mais velhos para substituí-los por mais jovens, com salários mais baixos. O *Worker Adjustment and Retraining Notification Act* (lei sobre ajustamento do trabalhador e notificação de requalificação), de 1989, comumente conhecido por lei de fechamento de fábricas, exige que os empregadores por ela cobertos apresentem uma notificação escrita com 60 dias de antecedência do fechamento de fábricas ou de demissões em massa. O Quadro 10.1 oferece um resumo de algumas das leis trabalhistas mais significativas.

Desenvolvimento da Força de Trabalho

O ambiente competitivo dos dias atuais exige que os gerentes continuamente aprimorem as qualidades e o desempenho de seus funcionários — bem como os seus próprios. Essas constantes melhorias aumentam tanto a efetividade profissional quanto a pessoal. Elas tornam os membros da organização mais úteis nas suas posições atuais e os prepara para assumirem novas responsabilidades. E também ajudam a organização como um todo a enfrentar novos desafios e obter vantagens a partir dos novos métodos e tecnologias emergentes. O desenvolvimento da força de trabalho envolve, nesse sentido, atividades de treinamento e desenvolvimento, o que também inclui a avaliação de desempenho dos funcionários e a apresentação dos resultados dessas avaliações (*feedback*) para que se mantenham motivados a alcançarem seu melhor desempenho possível. Discutiremos cada uma dessas atividades separadamente.

Leis	Disposições Principais	Fiscalização e Sanções
Fair Labor Standards Act — Lei sobre Padrões Adequados de Trabalho (1938)	Cria as categorias de empregados isentos (assalariados) e não-isentos (pagos por hora), dispondo sobre hora extra e outras regras; estabelece leis para o salário mínimo e trabalho infantil.	Fiscalizada pelo Departamento do Trabalho; ação privada para recuperar vencimentos perdidos; ações cíveis e criminais também são possíveis.
Equal Pay Act — Lei sobre Equivalências Salariais (1963)	Proíbe diferenciação da remuneração baseada em gênero para duas atividades substancialmente similares em aptidões, esforços, responsabilidades e condições de trabalho.	Multas de até US$ 10 mil, detenção por até seis meses, ou ambas; fiscalizada pela Comissão para Promoção de Oportunidades Iguais de Emprego; ações privadas para restituição do dobro das perdas, até o limite de três anos de vencimentos, perdas já decorridas, reinstalação no cargo ou promoção.
Title VII of Civil Rights Act — Capítulo VII da Lei sobre Direitos Civis (1964)	Proíbe discriminação baseada em raça, sexo, cor, religião ou nacionalidade nas decisões referentes a emprego: contratação, pagamento, condições de trabalho, promoções, disciplinas e dispensa.	Fiscalizado pela Comissão para Promoção de Oportunidades Iguais de Emprego, ações privadas, pagamentos retroativos, antecipação de pagamentos, reinstalação, restauração dos benefícios associados ao tempo de serviço e previdenciários, pagamento dos advogados e custas do processo.
Executive Orders 11.246 and 11.375 — Ordens Executivas 11.246 e 11.375 (1965)	Exige cláusulas de oportunidades iguais nos contratos nacionais; proíbe a discriminação no trabalho por prestadores de serviços nacionais baseada em raça, cor, religião, sexo ou nacionalidade.	Criou o Escritório para Fiscalização do Cumprimento de Contratos Federais para investigar violações; com poderes para rescindir contratos federais de prestação de serviço.
Age Discrimination in Employment Act — Lei sobre Discriminação por Idade no Trabalho (1967)	Proíbe discriminação no trabalho baseada na idade para pessoas acima dos 40 anos; restringe a aposentadoria compulsória.	Fiscalizada pela Comissão para Promoção de Oportunidades Iguais de Emprego; ações privadas para reinstalação, pagamentos retroativos, pagamentos antecipados, restauração dos benefícios associados a tempo de serviço e previdenciários; pagamento dobrado de vencimentos não-pagos em virtude de violações dolosas; pagamento dos advogados e custas do processo.
Vocational Rehabilitation Act — Lei sobre Reabilitação Vocacional (1973)	Exige ações afirmativas de todos os prestadores de serviço da União para pessoas portadoras de deficiências; define deficiência como impedimentos físicos e mentais que limitam substancialmente as atividades cotidianas.	Os prestadores de serviços federais devem considerar a contração de portadores de deficiência capazes de desempenhar as suas funções após adequações razoáveis.
Americans with Disabilities Act — Lei de Proteção aos Norte-americanos Portadores de Deficiências (1990)	Estende as disposições de ação afirmativa da Lei sobre Reabilitação Vocacional para os trabalhadores da iniciativa privada; exige modificações no ambiente de trabalho para auxiliar os portadores de deficiências; proíbe discriminação contra portadores de deficiências.	Fiscalizada pela Comissão para Promoção de Oportunidades Iguais de Emprego; ações privadas para as sanções do Capítulo VII.
Civil Rights Act — Lei sobre Direitos Civis (1991)	Esclarece as disposições do Capítulo VII: ações sobre o impacto do tratamento diferenciado, necessidade do negócio, particularidades do cargo; inverte o ônus da prova para o empregador, permite ações indenizatórias punitivas e julgamentos pelo tribunal do júri.	Ações indenizatórias punitivas limitadas a uma escala gradual somente em casos de discriminação baseada em sexo, religião e deficiências.
Family and Medical Leave Act — Lei sobre Licenças Médica e Familiar (1991)	Exige a concessão de 12 semanas de licença não-remunerada para o atendimento de necessidades familiares ou médicas: paternidade e doenças de familiares.	Ações privadas para perda de vencimentos e outras despesas, reinstalação.

QUADRO 10.2

Leis para Promoção de Igualdade nas Relações Trabalhistas nos Estados Unidos

Treinamento e Desenvolvimento

O treinamento melhora a qualidade dos empregados.

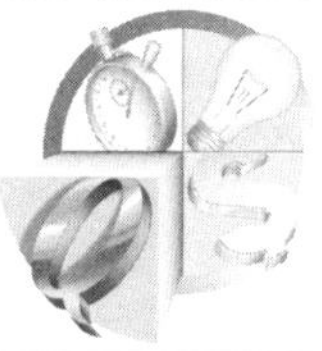

As empresas nos Estados Unidos gastam mais de US$ 50 bilhões anualmente para oferecer a cada um de seus funcionários uma média de 26 horas anuais de treinamento formal. Incontestavelmente, a maior parte desse dinheiro é gasta com os trabalhadores operacionais e supervisores, em comparação com o que é despendido com os executivos. Os setores de tecnologia, transportes, comunicações e serviços públicos tendem a realizar os maiores gastos.[25]

As companhias listadas na *Fortune* 500, como General Electric e General Motors, investiram pesadamente em treinamento. Os custos anuais de treinamento da IBM excederam, em algumas ocasiões, os custos operacionais anuais da Harvard University. Porém, muitas companhias estão recorrendo a métodos mais econômicos de treinamento, como *e-learnig* e simulações baseadas na Internet, para treinar grandes contingentes de trabalhadores.

A Sociedade Norte-americana para Treinamento e Desenvolvimento argumenta que, como porcentagem sobre a folha de pagamento, o gasto médio das organizações em treinamento é muito pequeno.[26] Isso é matéria de preocupação, diante do fato de as atividades nos dias de hoje exigirem mais educação e o nível de educação dos trabalhadores não ter conseguido acompanhar esse ritmo. Além disso, as companhias necessitam assegurar-se de que os trabalhadores que sobreviveram às demissões em massa serão capazes de conduzi-las em tempos difíceis.

treinamento
O ensino, para empregados de níveis hierarquicamente inferiores, da forma como executarão em seus cargos atuais.

desenvolvimento
O ensino de aptidões mais amplas a gerentes e empregados especializados, para seus cargos presentes e futuros.

avaliação de necessidades
Uma análise realizada para identificar cargos, pessoas e departamentos para os quais é necessário treinamento.

Visão Geral do Processo de Treinamento Embora utilizemos o termo *treinamento* aqui, algumas vezes o treinamento distingue-se do desenvolvimento. **Treinamento** normalmente refere-se ao ensino, para empregados de níveis hierarquicamente inferiores, sobre a forma como executarão suas atividades atuais, enquanto **desenvolvimento** envolve o ensino de aptidões mais amplas a gerentes e empregados especializados, para seus cargos presentes e futuros. A *fase um* do treinamento geralmente inicia-se com uma **avaliação de necessidades**. Os gerentes conduzem uma análise para identificar os cargos, pessoas e departamentos para os quais o treinamento é necessário. A análise de cargos e as medições de desempenho são úteis para esse propósito.

A *fase dois* diz respeito ao desenho dos programas de treinamento. Com base na avaliação de necessidades, objetivos de treinamento e conteúdo podem ser estabelecidos. A *fase três* envolve decisões acerca dos métodos de treinamento que serão utilizados (ver Figura 10.4) e se o treinamento será oferecido no próprio local de trabalho ou fora dele. Exemplos de métodos de treinamento incluem palestras, dramatização, simulações de negócios, modelagem comportamental (assistir a um vídeo e reproduzir o que é observado), conferências, treinamento interno básico (a prática em um ambiente de trabalho simulado) e estágios. O rodízio de funções, no qual os empregados são designados para diferentes funções na companhia, com o objetivo de adquirirem mais experiência e melhorarem suas aptidões, é outro método popular de treinamento. Ele freqüentemente é aplicado aos gerentes, bem como aos funcionários de nível hierárquico inferior. De fato, gerentes mais talentosos normalmente solicitam designação para cargos nos quais possam ser desafiados e terem suas habilidades ampliadas. Finalmente, a *fase quatro* do treinamento deverá avaliar a efetividade do programa no que diz respeito a reações dos empregados, aprendizado, melhoria comportamental no trabalho e resultados finais.

Conexões: RH E ESTRATÉGIA NA GE

A GE estabeleceu um abrangente curso de desenvolvimento de negócios destinado aos chefes funcionais e das unidades de negócios. No curso, cada chefe enfrenta simulações da administração de outras unidades de negócios com o objetivo de desenvolver qualificações mais abrangentes nessa área. O diretor financeiro deverá assumir o papel do diretor operacional na simulação, por exemplo, enquanto um executivo sênior de RH ocuparia a posição de diretor financeiro. "Isso força as pessoas a assumirem diferentes papéis e a participarem de uma simulação extremamente sofisticada contra outras equipes. Você pode ver como elas interagem, tomam decisões e interpretam dados. Isso lhes dá uma idéia de quais são as aptidões básicas exigidas em outras funções", afirma Bertamini, da GE. "Fundamentalmente, acreditamos que podemos ensinar novas habilidades às pessoas ou não gastaríamos esse tempo todo com treinamento. Mas, tendo dito isso, algumas pessoas são naturalmente melhores com os funcionários, enquanto outras pessoas são melhores com os clientes." Ele se recorda de ter visto algumas pessoas dos escalões superiores, no início de suas carreiras, que não se saíam bem em público, embora suas habilidades tivessem sido aprimoradas após dois ou três anos de trabalho em torno de deficiências específicas.

FIGURA 10.4

Métodos de Treinamento Mais Freqüentemente Utilizados

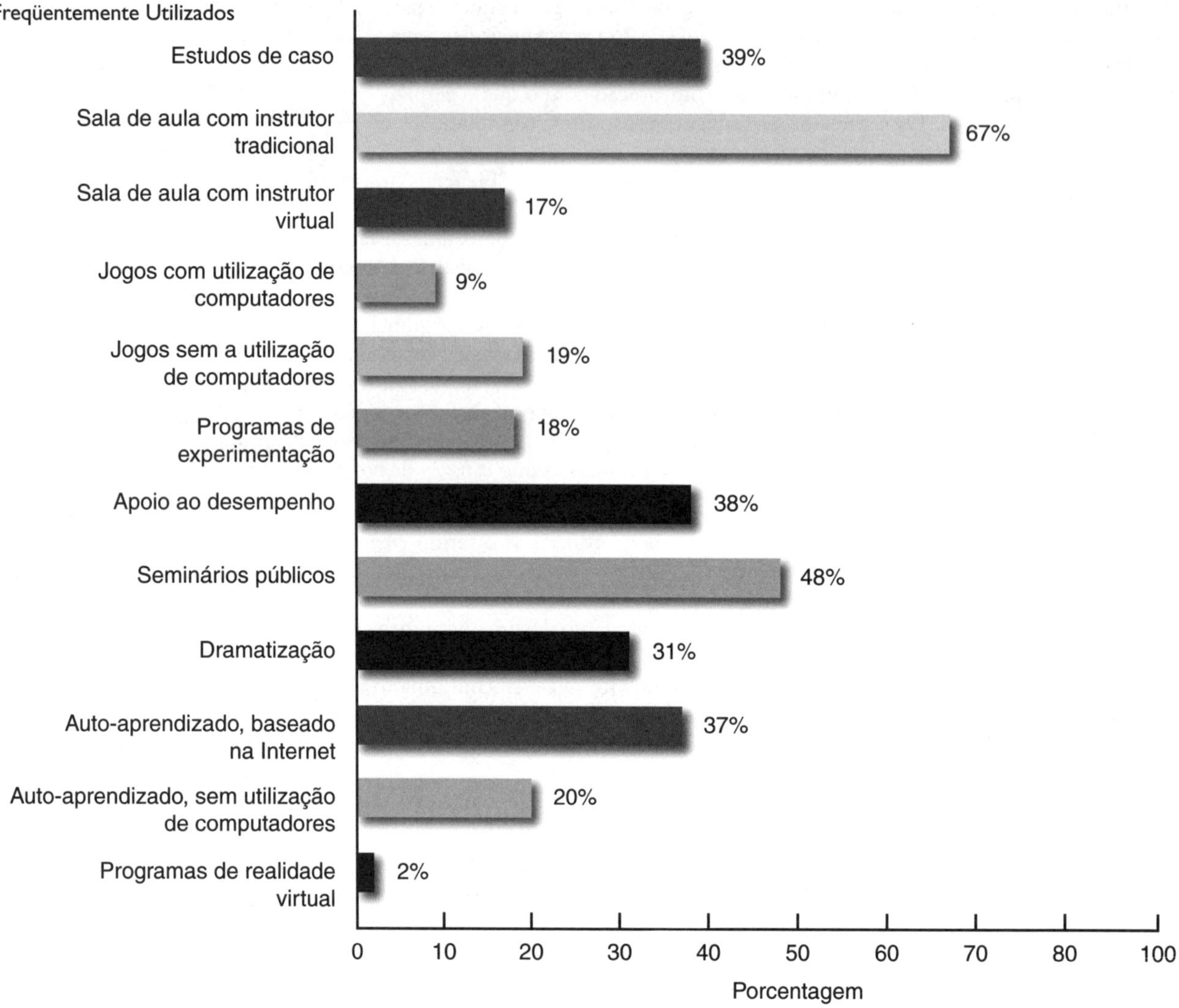

FONTE: DOLEZALEK, Holly. Industry Report 2004. *Training*, out. 2004. p. 32.

treinamento de orientação

Treinamento destinado a introduzir os novos empregados na companhia e familiarizá-los com as políticas, os procedimentos, a cultura etc.

Tipos de Treinamento As companhias investem em treinamento para aumentar o desempenho individual e a produtividade da organização. Programas destinados a melhorar habilidades computacionais, técnicas ou de comunicação dos empregados são mais comuns e alguns tipos de treinamento já se tornaram extremamente padronizados para muitas organizações. O **treinamento de orientação**, normalmente, é utilizado para familiarizar novos empregados com seus novos empregos, unidades de trabalho e a organização como um todo. Quando são bem executados, os treinamentos de orientação têm diversos benefícios conhecidos, incluindo menor rotatividade do quadro de funcionários, aumento do moral, melhor produtividade e redução dos custos de recrutamento e treinamento.

Como Encontrar Trabalhadores Adequados

Desde que os fundadores Kip Tindell e Garrett Boone abriram a primeira unidade da Container Store, em Dalas, nos Estados Unidos, em 1978, o crescimento do negócio tornou-se seu desafio mais atemorizante. A companhia, sem ações negociadas, expandiu-se silenciosamente para se tornar uma rede nacional de 33 lojas, com receitas projetadas de US$ 370 milhões e crescimento de vendas anuais que ultrapassaram 20% nos últimos 26 anos. Por trás da maior parte desse sucesso, dizem os analistas, não estão apenas as miudezas que as lojas da Container Store vendem para os aficionados por organização.

Tão importante quanto isso é o princípio estabelecido pela companhia para organização dos recursos humanos: transformar os seus melhores consumidores em empregados leais e destacados.

Em um setor no qual a rotatividade média dos empregados é superior a 70%, a taxa de movimentação de trabalhadores na Container Store está abaixo de 10% para empregados com jornada integral e em 30% a 35% para empregados que trabalham meio expediente. Aproximadamente um terço dos 2.500 empregados da companhia são oriundos de referências. "Para que seja um grande lugar para fazer compras, você precisa ter um grande lugar para trabalhar", ressalta Doug Fleener, presidente da empresa de consultoria de varejo Dynamic Experiences Group, sediada em Massachusetts, Estados Unidos. "Esta companhia está em harmonia total, do setor de vendas ao centro de distribuição." Deixemos de lado os mistérios. Eis como a Container Store organiza seus talentos:

1. **Busca por Talentos no Interior das Lojas** Tindell e Boone tornaram o recrutamento parte do trabalho de todos, ao oferecerem bônus expressivos. Os trabalhadores ganham US$ 500 para cada contratação em tempo integral e US$ 200 para contratações de trabalhadores para meio período. Todos os empregados, dos estoquistas aos gerentes, carregam cartões de recrutamento para distribuírem durante suas conversas com consumidores nos corredores das lojas. O programa é tão bem-sucedido, diz Kevin Fuller, diretor de treinamento e recrutamento, que a companhia freqüentemente permanece de seis a oito meses sem colocar um único anúncio nos classificados.
2. **Entrevistas Práticas** Os candidatos chamados submetem-se a entrevistas com até 10 outros candidatos. Nessas entrevistas, os candidatos potenciais freqüentemente fazem uma oferta de um produto que resolve um desafio da organização — um indicador essencial de entusiasmo e habilidades para vendas. As colocações do grupo oferecem aos gerentes uma visão sobre quais dos candidatos atuam como membros de uma equipe. "Queremos ver como as pessoas se encorajam mutuamente, porque este é nosso ambiente", diz Fuller.
3. **Treinamento Contínuo** Os novos contratados iniciam um programa de treinamento de 241 horas que se estende por um ano (o treinamento médio do setor de varejo para novos trabalhadores é de oito horas). Os novatos são agrupados em pares com "colegas" treinadores, os quais fornecem cursos introdutórios em todas as áreas, de técnicas de vendas até os prós e os contras do sistema Elfa, o sistema de armazenagem modular campeão de vendas da companhia. A empresa não divulga quanto gasta em treinamento, mas "sabemos que é caro", afirma Fuller. Ainda assim, o treinamento ajuda a garantir um melhor serviço — o que resulta em menos consumidores perdidos e muito mais vendas: a Container Store obtém uma média de US$ 400 por metro quadrado, comparado a US$ 12,5 para o resto do setor de varejo.

FONTE: POWERS, Vicki. Finding workers who fit. *Business 2.0*, nov. 2004, on-line.

O **treinamento de equipe** tem assumido cada vez mais importância à medida que as companhias reorganizam-se para facilitar o trabalho conjunto dos indivíduos. O treinamento de equipe ensina aos empregados as habilidades necessárias para trabalharem juntos e facilitar sua interação. A operação de produção de bebidas da Coca-Cola elaborou um programa de treinamento de equipes que se centrava no desenvolvimento de aptidões técnicas, interpessoais e da interação em equipe.[27]

O **treinamento em diversidade** é atualmente oferecido em mais de 50% de todas as organizações dos Estados Unidos. O programa enfoca a conscientização para questões relacionadas à diversidade, bem como o desenvolvimento das habilidades necessárias aos empregados para que sejam capazes de trabalhar com indivíduos diferentes deles. Este tópico é tão importante que o próximo capítulo é inteiramente dedicado ao gerenciamento da diversidade.

As organizações mais descentralizadas e enxutas dos dias de hoje apresentam novas exigências e responsabilidades aos gerentes, da mesma maneira que um ambiente cada vez mais competitivo. E, à medida que os gerentes progridem na organização, suas aptidões técnicas se tornam cada vez menos importantes do que as suas habilidades em motivar os outros. Por essas razões, os *programas de treinamento gerenciais* tornaram-se outra ferramenta de desenvolvimento amplamente utilizada. Tais programas normalmente procuram melhorar as habilidades dos gerentes em *lidar com pessoas* — suas habilidades para delegar efetivamente, aumentar a motivação dos seus subordinados e comunicar e inspirar o alcance das metas da organização. *Coaching* — o processo de ser treinado por um superior — é

treinamento de equipe

Treinamento que proporciona aos empregados as habilidades e as percepções de que eles necessitam para trabalhar em colaboração com outros empregados.

treinamento em diversidade

Programa que enfoca a identificação e redução de preconceitos ocultos contra pessoas com diferenças e o desenvolvimento das habilidades necessárias para gerenciar uma força de trabalho diversificada.

normalmente a forma mais efetiva e direta de desenvolvimento gerencial. Os gerentes podem também participar de programas de treinamento utilizados por todos os funcionários, como o rodízio de funções, ou freqüentar seminários e cursos que são especialmente desenhados para auxiliá-los no aprimoramento de suas habilidades de supervisão ou para prepará-los para uma futura promoção.

Avaliação de Desempenho

avaliação de desempenho

Avaliação das atividades desempenhadas por um empregado.

Avaliação de desempenho é a avaliação das atividades desempenhadas por um empregado. Trata-se de uma das responsabilidades mais importantes desempenhadas pelos gerentes. Quando bem realizada, pode auxiliar os empregados a incrementarem seu desempenho, remuneração e chances de promoção; a estimularem a comunicação entre gerentes e empregados; e a aumentarem a efetividade da organização e de seus funcionários. Caso seja mal-executada, ela é capaz, de fato, de produzir um efeito negativo — causa ressentimento, reduz a motivação, diminui o desempenho e até mesmo expõe a organização a ações judiciais.

A avaliação de desempenho, dessa forma, tem dois objetivos básicos. Primeiro serve a um propósito *administrativo*. Ela fornece aos gerentes as informações necessárias para as decisões concernentes a salários, promoções e demissões; auxilia os empregados a compreenderem e aceitarem os fundamentos dessas decisões e, caso necessário, oferece a documentação pertinente para justificá-las perante a Justiça. Em segundo lugar, mas não menos importante, as avaliações servem ao propósito de desenvolvimento pessoal. A informação obtida na avaliação pode ser utilizada para identificar e planejar treinamento, aprendizado, experiência ou outras melhorias de que os empregados necessitam. Somando-se a isso, o *feedback* e o *coaching* realizados pelo gerente com base na avaliação ajudam os empregados a melhorarem seu desempenho diário e os auxiliam na preparação para assumirem maiores responsabilidades no futuro.

O que Deverá ser Avaliado?

Avaliações de desempenho podem analisar três categorias básicas do desempenho dos empregados: traços de personalidade, comportamentos e resultados. *Avaliações de traços de personalidade* envolvem julgamentos subjetivos sobre o desempenho dos empregados. Elas contêm dimensões como iniciativa, liderança e atitude, e pedem ao avaliador que aponte a quantidade de cada traço de personalidade possuída pelo empregado. Normalmente, o gerente utilizará uma *escala de valores* numérica para especificar a extensão segundo a qual um empregado detém o traço de personalidade específico que é mensurado. Por exemplo, se o traço mensurado é "atitude", o empregado poderá receber conceitos de 1 (atitude muito negativa) até 5 (atitude muito positiva). Escalas para traços de personalidade são muito comuns, porque são simples de usar e fornecem um padrão de medida para todos os empregados. Porém, muitas vezes não são válidas como medidas de desempenho. Uma vez que tendem a ser ambíguas e altamente subjetivas — teria o empregado realmente uma má atitude ou seria apenas tímido? —, elas freqüentemente induzem prejulgamentos pessoais e podem não se mostrar adequadas para o fornecimento de *feedbacks* úteis.

> "Um líder é o melhor quando as pessoas raramente percebem que ele existe. Não tão bom quando as pessoas obedecem-no e o aclamam. Ruim quando o desprezam. Mas, de um bom líder que fala muito pouco quando o seu trabalho é realizado e seu objetivo alcançado, elas dirão 'Fizemos tudo nós mesmos'."
>
> Lao-Tsé

Avaliações de comportamento, embora ainda subjetivas, enfocam mais os aspectos observáveis do desempenho. Elas foram desenvolvidas como resposta aos problemas das avaliações de traços de personalidade. Essas representações em escalas centram-se sobre comportamentos específicos e determinados, o que pode auxiliar todas as partes a compreenderem o que, de fato, é mensurado pelas classificações. Porque são menos ambíguas, elas também podem fornecer um *feedback* mais prático das avaliações. A Figura 10.5 contém um exemplo de uma escala de classificação baseada no comportamento (Bars, sigla em inglês) empregada na avaliação de qualidade.

Outra abordagem comum baseada no comportamento é a técnica do *incidente crítico*. Nessa técnica, o gerente mantém um registro regular com apontamentos de cada comportamento significativo do empregado que reflita a qualidade de seu desempenho ("Jane impressionou o cliente com uma apresentação eficiente, hoje." "Joe atrasou seu relatório."). Essa abordagem pode ser tão subjetiva quanto demorada, além disso, pode transmitir a sensação, a alguns empregados, de que tudo o que fazem é registrado. Por outro lado, tem a vantagem de lembrar aos gerentes, previamente a uma análise do desempenho, o que o empregado realmente fez.

Dimensões de Desempenho: Gestão da Qualidade Total (TQM, sigla em inglês). Essa área de desempenho refere-se à amplitude segundo a qual uma pessoa que está atenta a endossa, e desenvolve procedimentos proativos para aumentar a qualidade do produto, assegurar a revelação imediata de discrepâncias e integrar as avaliações de qualidade com os relatórios com indicadores de custos e do cronograma de atividades para maximizar a satisfação do cliente com o desempenho geral.

EXCEPCIONAL	7	**Utilizam indicadores de qualidade e processos bem-definidos para alcançar os objetivos do projeto. Definem qualidade a partir da perspectiva do cliente.**
	6	**Buscam identificar formas de melhorar continuamente os processos.**
	5	**Comunicam claramente a gestão da qualidade para os outros. Desenvolvem um plano que define como a equipe participará do processo de qualidade.**
		Consideram TQM como um investimento.
MÉDIO	4	**Possuem indicadores de qualidade que definem níveis de tolerância.**
	3	**Vêem qualidade como um custo. Discutem qualidade.**
	2	**Focam suas preocupações somente nos resultados e nos produtos, ignorando os processos subjacentes.**
FRACO	1	**Culpam os outros pela ausência de qualidade. Desdenham das preocupações com qualidade.**

FONTE: LANDY, Jacobs et al. Reproduzido com permissão.

FIGURA 10.5
Exemplos do Uso da Escala de Classificação baseada no Comportamento (Bars) para Avaliar Qualidade

administração por objetivos (APO)
Um processo segundo o qual os objetivos estabelecidos por um subordinado e um gerente deverão ser alcançados em determinado prazo.

Avaliações de resultado tendem a ser mais objetivas e podem centrar-se em torno de dados de produção, como volume de vendas (para um vendedor), unidades produzidas (para um trabalhador de linha) ou lucros (para um gerente). Uma abordagem para as avaliações de resultados — denominada **administração por objetivos (APO)** — envolve um acordo entre um subordinado e seu supervisor, *antecipadamente*, sobre metas de desempenho específicas (objetivos). Eles, então, desenvolvem um plano no qual descrevem o intervalo de tempo e os critérios para determinar se os objetivos foram alcançados. A intenção é que concordem acerca de um grupo de objetivos que sejam claros, específicos e atingíveis. Por exemplo, o objetivo para um profissional de vendas poderia ser "aumentar as vendas em 25% ao longo do próximo ano". Um objetivo para um programador de computadores poderá ser "completar dois projetos dentro de seis meses".

A APO tem várias vantagens importantes. Primeiro, ela evita dificuldades oriundas do prejulgamento e da mensuração nas avaliações de traços de personalidade e de comportamentos. Ao final do período de análise, o empregado terá, ou não, atingido objetivos específicos. Os empregados são, assim, avaliados de acordo com seus desempenhos efetivos. Em segundo lugar, uma vez que o empregado concordou com o gerente acerca dos objetivos antes do início das atividades, provavelmente estará mais comprometido com os resultados e haverá menos espaço para desentendimentos. Em terceiro, o empregado torna-se diretamente responsável pela realização dos objetivos. A APO pode ser útil quando os gerentes desejam conceder autonomia a seus empregados para adaptarem seus comportamentos quando necessário para obtenção dos resultados desejados. Mas a abordagem também tem desvantagens. Ela pode resultar no estabelecimento de objetivos irreais, frustrando tanto o empregado como o gerente. Os objetivos também podem ser muito rígidos, deixando o empregado com insuficiente flexibilidade no caso de mudança de circunstâncias. Finalmente, a APO, com freqüência, centra-se de forma excessiva nas conquistas de curto prazo à custa dos objetivos de longo prazo.

Nenhum desses sistemas de avaliação de desempenho é fácil de ser empregado corretamente e todos possuem desvantagens que devem ser consideradas. Ao se escolher um método de avaliação, as seguintes orientações podem mostrar-se úteis:

1. Basear os padrões de desempenho na análise de cargos.
2. Comunicar os padrões de desempenho aos funcionários.
3. Avaliar os empregados segundo critérios de desempenho relacionados a comportamentos específicos, em vez de utilizar uma medida única ou global.
4. Documentar o processo de avaliação cuidadosamente.
5. Se possível, usar mais de um avaliador (isso será discutido na próxima seção).
6. Elaborar um processo formal de pedidos de revisão.
7. Sempre considerar os aspectos legais.[28]

Quem Deverá Proceder à Avaliação?

Da mesma forma que diversos métodos podem ser utilizados para reunir informações sobre a avaliação do desempenho, diversas fontes podem fornecer informações para o processo de avaliação. Os *gerentes* e *supervisores* são fontes tradicionais de informações sobre avaliação porque estão freqüentemente na melhor posição para observar o desempenho de um funcionário. Contudo, companhias como Coors, General Foods e Digital estão recorrendo a colegas e membros da equipe para fornecer dados para a avaliação de desempenho. *Colegas* e *membros da equipe* normalmente enxergam dimensões diferentes de desempenho e, muitas vezes, são melhores para identificar o potencial de liderança e as habilidades interpessoais.

Vantagens da Colaboração

Avaliações são mais efetivas quando são baseadas no relacionamento existente com os empregados, e não apenas em um julgamento formal, aplicado de cima para baixo, realizado uma vez por ano. Os administradores de times esportivos não esperam até que a temporada esteja encerrada para realizarem suas avaliações. Em vez disso, trabalham com os membros da equipe durante toda a temporada e com o time como um todo para aprimorar o desempenho da equipe. De maneira similar, em organizações normalmente focadas em seus empregados, as avaliações de desempenho informais e os *feedbacks* acontecem com freqüência. Os gerentes discutem as metas da organização de maneira regular e reiterada para produzir um entendimento compartilhado acerca do desempenho exigido pelo cargo para atingi-las. E tentam criar uma atmosfera na qual tanto eles como seus empregados estejam trabalhando conjuntamente em torno de prioridades comuns. Eles também se comunicam com seus funcionários diariamente, elogiando ou aconselhando quando necessário e avaliando seus progressos em direção às metas. Quando os gerentes e funcionários possuem abertura nas comunicações e os empregados sentem-se gerenciados de forma razoável e efetiva, o tipo de avaliação que esses últimos recebem raramente os surpreenderá.

Uma fonte cada vez mais popular de avaliação são os subordinados de um funcionário. A avaliação por *subordinados* tem sido usada por companhias como Xerox e IBM para oferecer aos superiores um *feedback* sobre como os empregados os vêem. Comumente, esse tipo de informação é transmitido de maneira confidencial ao gerente e não é partilhado com os superiores. Ainda assim, essa abordagem pode fazer que os gerentes sintam-se desconfortáveis no início, mas o *feedback* obtido, em geral, é extremamente útil e pode auxiliá-los a melhorar significativamente seus estilos de gerenciamento. Como tal processo concede aos empregados poderes sobre seus chefes, em geral só é usado para propósitos de desenvolvimento pessoal, e não para decisões sobre salário ou promoção.

Clientes internos e externos também são utilizados como fonte de informação para avaliação de desempenho, particularmente para companhias como Ford e Honda, que estão focadas na gestão da qualidade total. Clientes externos têm sido utilizados há algum tempo para avaliar empregados de restaurantes, mas clientes internos podem incluir qualquer um que faça parte da organização que dependa do resultado do trabalho de um empregado. Finalmente, trata-se, em geral, de uma boa idéia para os empregados avaliarem seu próprio desempenho. Embora as *auto-avaliações* possam ser generosamente tendenciosas, a auto-avaliação ajuda a aumentar o envolvimento no processo de análise, além de ser um ponto de partida para o estabelecimento de novas metas.

Como todas as fontes de informação do processo de avaliação de desempenho têm limitações, e diferentes pessoas podem enxergar diferentes aspectos do desempenho, companhias como Westinghouse e Eastman Kodak, entre outras, começaram a empregar mais de uma fonte de informação para avaliações de desempenho. Em um processo conhecido como **avaliação 360º**, o *feedback* é obtido a partir de subordinados, colegas e superiores — todos os níveis envolvidos com o empregado. Geralmente, a pessoa avaliada pode selecionar os avaliadores, sujeitos à aprovação do gerente, com o entendimento de que as avaliações individuais serão mantidas em sigilo; formulários para avaliação poderão não incluir os nomes dos avaliadores, por exemplo, e os resultados poderão ser consolidados em cada nível.

Em um esforço para alcançar a liderança, a Ford tem focado aumento da qualidade e da satisfação dos seus clientes por meio do *feedback* dos consumidores.

A avaliação 360º oferece muitas vantagens. Ela fornece um quadro muito mais completo das forças e fraquezas do funcionário e freqüentemente captura qualidades que os outros métodos de avaliação não conseguiram. Por exemplo, um empregado pode ter um relacionamento difícil com seu supervisor e ainda assim ser extremamente bem-visto pelos seus colegas e subordinados. Essa abordagem pode levar a melhorias significativas, já que os empregados se sentirão mais motivados para melhorarem seus conceitos. Por outro lado, os empregados, na maioria das vezes, não estão dispostos a avaliarem negativamente seus colegas, de forma que o resultado pode causar certa uniformidade nos conceitos. Além disso, a avaliação 360º é menos útil do que os critérios mais objetivos, como metas financeiras, na mensuração do desempenho. Seu objetivo, normalmente, é o desenvolvimento pessoal do funcionário, e não o fornecimento de fundamentação para decisões administrativas, como aumentos. Para essas decisões, métodos de avaliação como APO são mais apropriados.[29]

avaliação 360º

Processo que utiliza múltiplas fontes de avaliação para obter uma perspectiva abrangente do desempenho de um funcionário.

Como Fornecer o *Feedback* das Avaliações aos Empregados?

Fornecer o *feedback* da avaliação de desempenho pode tornar-se uma tarefa estressante tanto para gerentes como para subordinados. Os propósitos da avaliação de desempenho são conflitantes em certo grau. Oferecer oportunidades de crescimento e desenvolvimento requer compreensão e apoio; no entanto, o gerente deve ser impessoal e capaz de tomar decisões difíceis. Os empregados desejam saber como estão se saindo, mas, de maneira geral, sentem-se desconfortáveis quando recebem o *feedback*. Finalmente, a necessidade da organização de tomar decisões de RH conflita com a necessidade individual do empregado de manter uma imagem positiva.[30] Esses conflitos em geral tornam difícil a entrevista da avaliação de desempenho; assim, os gerentes devem conduzir tais entrevistas cautelosamente.

Feedbacks efetivos aumentam o desempenho dos empregados.

Não existe uma forma ideal para conduzir uma entrevista de avaliação. Em geral, o *feedback* da avaliação funciona melhor quando é *específico* e *construtivo* — relacionado a objetivos ou comportamentos claros e verdadeiramente voltados para auxiliar os empregados, em vez de simplesmente criticá-los. Os gerentes têm interesse não apenas em avaliar o desempenho, mas em melhorá-lo; avaliações efetivas devem considerar esse aspecto. Além disso, a avaliação provavelmente será mais significativa e satisfatória quando o gerente oferecer ao empregado a oportunidade para discutir seu desempenho e responder à avaliação.

> "Líderes excepcionais são aqueles que vão além do esperado para aumentar a auto-estima do seu pessoal. Se as pessoas acreditam em si mesmas, é impressionante o que podem conseguir."
>
> Sam Walton

As entrevistas mais difíceis são aquelas com empregados cujo desempenho é fraco. A seguir, um formato para a entrevista de avaliação de desempenho para ser usado quando o empregado está desempenhando suas atividades abaixo dos padrões aceitáveis:

1. Resuma o desempenho específico do empregado. Descreva o desempenho em termos de comportamento ou resultados, como vendas e ausências injustificadas. Não diga ao empregado que ele possui uma atitude ruim; em vez disso, explique quais são os comportamentos de empregados que indicam má postura.

2. Descreva as expectativas e os padrões e seja específico.
3. Determine as causas para o baixo desempenho; obtenha a participação do empregado.
4. Discuta soluções para o problema e faça que o empregado desempenhe o papel principal no processo.
5. Concorde com uma solução. Como supervisor, é preciso participar da solução. Aponte os problemas e as questões, mas ofereça apoio.
6. Concorde com um cronograma para progressos.
7. Documente o encontro.

Reuniões de acompanhamento podem ser necessárias. Eis algumas diretrizes para fornecer *feedback* para empregados medianos:

1. Resuma o desempenho do empregado, e seja específico.
2. Explique por que o trabalho do empregado é importante para a organização.
3. Agradeça ao empregado pelo trabalho que ele realiza.
4. Aponte quaisquer questões relevantes, tais como áreas para progressos.
5. Expresse confiança no bom desempenho futuro do empregado.

Elaborando Sistemas de Remuneração

Os sistemas de remuneração são outro grande grupo de atividades da gestão de RH. A maior parte desta seção será dedicada às remunerações financeiras, como vencimentos e benefícios adicionais. (Discutiremos outras ferramentas motivacionais no Capítulo 13.) Embora, tradicionalmente, o salário seja considerado a fonte primária de remuneração financeira, nos últimos anos os benefícios adicionais têm recebido atenção sempre maior. Os benefícios adicionais atualmente correspondem a uma porcentagem cada vez maior do total gasto com folha de pagamento em relação às décadas anteriores.[31] O empregador típico de hoje paga cerca de 40% dos custos com folha de pagamento na forma de benefícios, uma porcentagem que vem aumentando, principalmente em razão do rápido crescimento dos custos da assistência médica. Como conseqüência, os empregadores tentam reduzir esses custos, mesmo considerando que seu valor para os empregados tem crescido. Os benefícios também recebem cada vez mais atenção dos gerentes por causa de sua crescente complexidade. Diversos tipos novos de benefícios estão disponíveis, e as leis fiscais afetam vários desses benefícios adicionais, tais como seguro-saúde e planos de previdência.

Decisões sobre Remunerações

Sistemas de remuneração podem servir aos propósitos estratégicos de atrair, motivar e reter pessoas. Os salários pagos aos empregados são baseados em um complexo conjunto de forças. Além do arcabouço legal que governa as remunerações, uma variedade de decisões básicas deve ser tomada ao se escolher um plano de remunerações apropriado. A Figura 10.6 ilustra alguns dos fatores que influenciam a composição salarial.

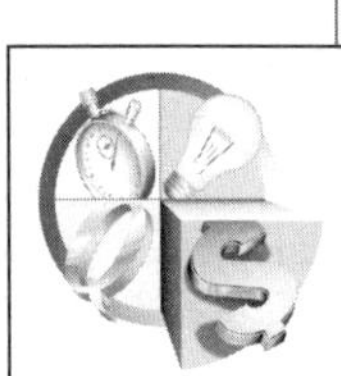

As organizações, hoje, buscam novas maneiras de reduzir seus gastos com benefícios.

Três tipos de decisões são cruciais para a criação de um plano de salários: nível salarial, estrutura salarial e salários individuais.

Nível salarial refere-se à escolha de ser uma companhia que paga salários altos, medianos ou baixos. A remuneração é o principal gasto de uma organização, de forma que salários baixos podem ser justificados com base em considerações financeiras de curto prazo. Mas a alternativa de ser um empregador com altos salários — a empresa com melhores salários da região — garantirá que a companhia atrairá muitos candidatos. Ocupar a liderança em níveis salariais pode ser importante em períodos de baixo desemprego ou de intensa competição.

A decisão sobre a *estrutura salarial* diz respeito à atribuição de valores aos diferentes cargos dentro da organização. Os cargos que são similares quanto aos seus valores são agrupados por famílias. Uma escala salarial, com pisos e tetos, é estabelecida para cada família de cargos. A Figura 10.7 ilustra uma estrutura salarial hipotética.

Finalmente, as *decisões sobre salários individuais* referem-se a diferentes níveis de salários dentro de uma mesma família de cargos. Diferenças de salários no interior de famílias de cargos são decididas de duas formas. Na primeira, os cargos são ocupados por indivíduos com mais tempo de experiência em relação aos demais. Na segunda, trata-se de pessoas com melhor desempenho que, dessa forma, são merecedoras de um nível salarial mais elevado.

FONTE: BOHLANDER, George et al. *Managing human resources*. 12. ed. Todos os direitos reservados. Reimpresso com permissão da South-Western, uma divisão da Thomson Learning, www.thomsonrights.com.

FIGURA 10.6 Fatores que Afetam a Composição Salarial

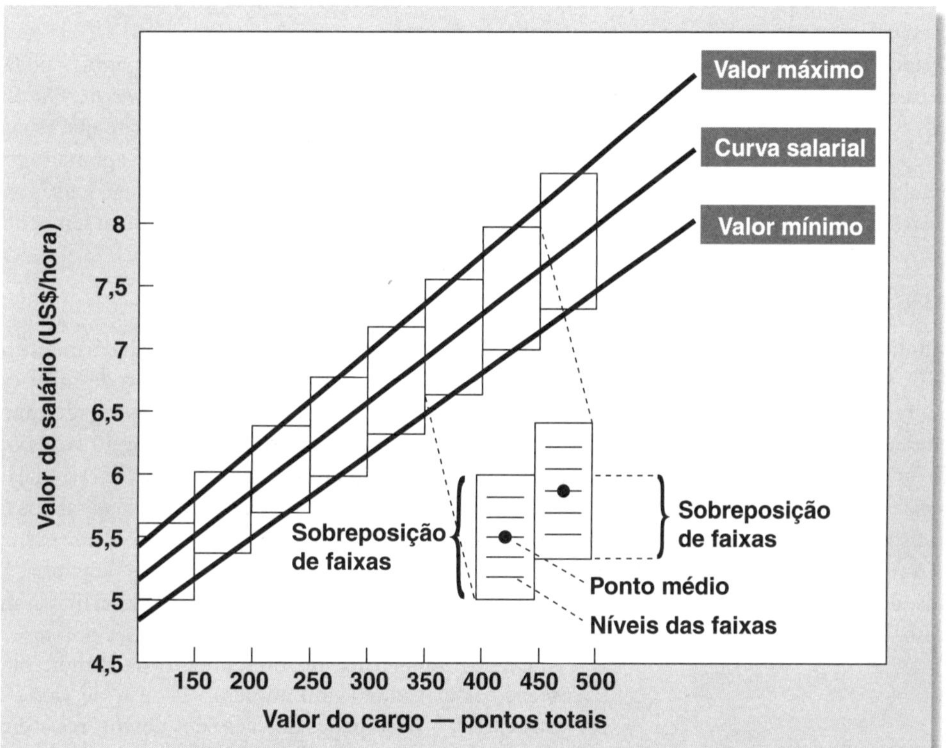

FONTE: Extraído de BHOLANDER, G. *Managing human resources*. 11. ed. Copyright ©, 1998. Reimpresso com permissão da South-Western, uma divisão da Thomson Learning, www.thomsonrights.com.

FIGURA 10.7 Estrutura Salarial

Sistemas de Incentivo e Remuneração Variável

Diversos sistemas de incentivos foram desenvolvidos para motivar os empregados a serem mais produtivos[32] (ver Capítulo 13 para discussões mais aprofundadas sobre como recompensar o desempenho). Os *planos de incentivos individuais* são os tipos mais comuns. Um sistema de incentivo individual consiste em um objetivo-padrão contra o qual o desempenho de um trabalhador é confrontado. A remuneração é determinada pelo desempenho do funcionário. Os planos de incentivo individuais são freqüentemente usados em cargos na área de vendas — por exemplo, um vendedor receberá uma compensação extraordinária por ultrapassar a meta de vendas. Os bônus para gerentes são outra ferramenta de incentivo individual amplamente utilizada. Se forem elaborados de forma eficaz, planos de incentivo individual podem ser altamente motivadores. Algumas companhias, como o Bank of America, começaram a utilizá-los até mesmo para não-gerentes, empregando remuneração por desempenho como incentivo da mesma forma que os bônus, em vez de aumentos salariais anuais, para recompensar seus funcionários.[33]

> Os incentivos podem ajudar a aumentar todos os aspectos do desempenho de uma organização.

Vários tipos de planos de incentivos coletivos, nos quais o pagamento é baseado no desempenho coletivo, são cada vez mais usados atualmente. A idéia por trás desses planos é dar aos empregados um sentimento de participação compartilhada, e até mesmo de propriedade, no desempenho da empresa. Os *planos de participação nos ganhos* concentram-se na gratificação dos empregados pelo aumento na produtividade ou na economia de gastos em área sob seu controle direto.[34] Por exemplo, caso o limite normal de desperdício em uma linha de produção seja de 5% e a companhia deseje que os empregados da linha de produção tentem reduzir esse percentual, a empresa pode oferecer uma divisão nos ganhos obtidos com os funcionários.

Os *planos de participação nos lucros* geralmente são implementados em uma divisão ou na organização como um todo, embora alguns incentivos possam ser feitos sob medida para o desempenho de uma unidade. Na maior parte das companhias, os planos de participação nos lucros estão baseados em uma fórmula para alocação de uma quantia anual a cada empregado caso a companhia exceda uma meta específica de lucros. Uma desvantagem dos planos de participação nos lucros é que eles não recompensam o desempenho individual. Contudo, concedem aos empregados uma fatia do sucesso da companhia e motivam esforços para melhorar a lucratividade da empresa.

Quando as medidas objetivas de desempenho não estão disponíveis mas a companhia, ainda assim, deseja basear a remuneração no desempenho, ela utiliza um sistema de *avaliação por mérito*. Os aumentos salariais e a concessão de bônus são baseados em uma nota associada à avaliação de mérito que os empregados recebem de seus chefes. Ao longo dos anos, a Lincoln Electric Company têm sido apontada como detentora de um plano de remuneração por mérito particularmente eficiente. Seus empregados são avaliados duas vezes ao ano, de acordo com várias metas específicas de produtividade e outras de desempenho.[35]

Remuneração de Executivos e Opções de Ações

Nos últimos anos, as questões de remuneração de executivos e opções de ações, particularmente no nível de CEO, tornaram-se grandes fontes de controvérsia. Uma razão para isso é que o desnível existente entre a remuneração dos altos executivos e a média de pagamentos dos demais empregados aumentou consideravelmente. Por exemplo, em 1980, os CEOs ganhavam aproximadamente 40 vezes o salário médio de um trabalhador da área operacional. Hoje, a remuneração média de um CEO é mais de 500 vezes maior do que a de um operário da produção e 200 vezes maior do que a da média geral dos salários. Esse abismo é admiravelmente mais amplo nos Estados Unidos do que no exterior — por exemplo, no Japão, a relação entre os salários do CEO e dos trabalhadores operacionais é 11; na Alemanha, 13, e no Canadá, 20.[36] O tamanho e o crescimento indiscutíveis da remuneração dos CEOs participaram desse processo. Um CEO da lista dos grandes salários pode ganhar mais de US$ 30 milhões por ano.[37]

Em 2003, o Bank of America Corporation pagou a seu CEO, Kenneth Lewis, US$ 20 milhões, ao mesmo tempo que a companhia eliminava 12.500 empregos em todo os Estados Unidos por causa de uma fusão. Como isso teria afetado o moral da companhia?

Uma grande parte do crescimento da remuneração dos executivos é resultado do aumento do uso de *opções de ações* (*stock options*). Tais opções dão aos seus detentores o direito de comprar lotes de ações a determinado preço. Por exemplo, se a cotação das ações da companhia for US$ 8 por ação, a companhia pode conceder a um gerente o direito de comprar um número de ações por aquele preço. Caso o preço da ação suba para, digamos, US$ 10 por ação, após um período determinado de titularidade — geralmente três anos ou mais — o gerente pode *exercer* sua opção. Ele, ou ela, pode comprar as ações da companhia, revendê-las no mercado acionário por US$ 10 e manter para si a diferença. (É claro que, caso o preço das ações nunca fique acima dos US$ 8, as opções serão inúteis.) Para muitos gerentes de primeira linha, grandes concessões de opções de ações, em conjunto com elevações acentuadas dos preços das ações no mercado acionário, tornaram-se a maior fonte de remuneração adicional.

As companhias iniciaram a emissão de opções a gerentes para alinharem seus interesses aos dos proprietários das companhias: os acionistas. A idéia era que os gerentes se tornariam ainda mais focados em tornar a companhia bem-sucedida, levando a um aumento no preço das ações. No entanto, muitos críticos insinuaram que o uso excessivo de opções de ações estimulou os executivos a centrarem-se nos resultados de curto prazo para aumentar o preço das suas ações, à custa da competitividade de longo prazo da companhia. Outros deram a entender que a concessão de opções lucrativas incitaria comportamentos questionáveis ou mesmo antiéticos, conforme mencionamos no Capítulo 2. De fato, um estudo recente chegou à conclusão de que, quando os CEOs detinham grande número de opções valiosas, as companhias para as quais trabalhavam tinham uma possibilidade maior de apresentarem problemas relacionados a relatórios contábeis, porque os ganhos anteriores haviam sido inflacionados.[38]

Tradicionalmente, as companhias não incorriam em despesas ao emitirem essas opções. Isso foi outra razão pela qual eram consideradas uma ferramenta de incentivo atraente e, até mesmo em alguns casos, foram distribuídas a não-gerentes. No entanto, em razão de escândalos corporativos, e para coibir o uso excessivo de opções, as regras foram modificadas em 2004 e as opções terão de ser tratadas como despesa para as companhias que as emitirem, o que poderá reduzir o número de opções emitidas. Além disso, publicidade em torno de alguns excessos de CEOs, acionistas irritados e conselhos cada vez mais independentes estão ajudando a diminuir o ritmo de crescimento da remuneração dos CEOs.

Benefícios para Empregados

Da mesma forma que os sistemas de pagamento, os planos de benefícios para empregados estão sujeitos a regulamentação. Os benefícios para empregados estão divididos entre aqueles exigidos por lei e aqueles opcionais para o empregador.

Os três benefícios básicos exigidos são: indenização por incapacidade, previdência social e seguro-desemprego. A *indenização por invalidez* oferece apoio financeiro para empregados que tenham sido vítimas de acidentes ou doenças relacionados ao trabalho. A *previdência social*, de acordo com a sua criação pelo *Social Security Act* (lei de seguridade social) de 1935, forneceria apoio financeiro para aposentados; nas emendas subseqüentes a lei foi expandida para dar cobertura a trabalhadores inválidos. Os fundos seriam oriundos dos pagamentos feitos por empregadores, trabalhadores e trabalhadores autônomos. O *seguro-desemprego* oferece apoio financeiro para empregados que são demitidos por razões alheias à sua vontade. Companhias que tenham demitido menos funcionários contribuem menos para o fundo do seguro-desemprego; dessa forma, as organizações têm um incentivo para manterem suas demissões em um nível baixo.

Um grande número de benefícios não é obrigatório para o empregador. Os mais comuns são os planos de previdência complementar e o seguro médico e hospitalar. Ambos enfrentam mudanças significativas. A principal razão para isso é que, em uma economia global, eles colocam as companhias dos Estados Unidos em desvantagem competitiva. Por exemplo, a General Motors gasta cerca de US$ 7 bilhões por ano com benefícios médicos para empregados e aposentados.[40] As empresas estrangeiras não costumam ter esses custos, os quais geralmente são pagos pelos governos, estando, dessa forma, mais capacitadas para competir efetivamente por preços. Como conseqüência, perante os crescentes custos de seguro-saúde nos Estados Unidos, as companhias têm reduzido seus benefícios com saúde ou solicitado aos empregados que aumentem sua participação nos custos. Uma grande mudança nos benefícios de aposentadoria foi a alteração do modelo de benefícios garantidos. Enquanto pensões mensais determinadas costumavam ser a regra, hoje em dia nenhuma companhia as oferece aos novos empregados. Em vez disso, em muitas empresas, o empregado, o empregador ou ambos podem contribuir para uma conta individual de aposentadoria cujos recursos serão investidos. Quando o empregado aposenta-se, recebe o saldo acumulado nesta conta.[41]

Em virtude da ampla variedade de benefícios possíveis, bem como das consideráveis diferenças nas preferências e necessidades dos empregados, as companhias utilizam **programas de benefícios flexíveis** ou **"menu de opções"**. Nesse tipo de programa, os empregados recebem créditos que serão gastos nos benefícios que desejam. Então, podem usar esses créditos para adquirir pacotes individualizados de benefícios, incluindo assistência médica e odontológica, assistência para dependentes, seguro de vida e assim por diante.

programa de benefícios "menu de opções"
Um programa de benefícios no qual os empregados escolhem a partir de um menu de opções para criar um pacote de benefícios elaborado segundo suas necessidades.

programas de benefícios flexível
Programas de benefícios nos quais os empregados recebem créditos para gastar com benefícios que se adaptam às suas necessidades particulares.

Questões Legais sobre Remuneração e Benefícios

Uma variedade de leis afeta a remuneração e os benefícios dos empregados. Anteriormente, mencionamos a lei sobre padrões adequados de trabalho, a qual, além de distinguir entre empregados isentos e não-isentos, também estabelece o salário mínimo, jornada de trabalho e as disposições contra o trabalho infantil.[42] O *Equal Pay Act* (lei de equivalência salarial), de 1963, agora fiscalizado pela Comissão para Promoção de Oportunidades Iguais de Emprego, proíbe distinções nas remunerações entre homens e mulheres que realizam um trabalho equivalente. O termo "trabalho equivalente" significa uma atividade que exija habilidades, esforços ou responsabilidades similares e que seja realizada sob condições similares de trabalho. A lei permite exceções nas quais as diferenças são imputadas a sistemas de tempo de serviço, mérito, incentivos, com base na quantidade ou qualidade da produção, ou quaisquer outros fatores, tais como demanda de mercado, excetuando-se o gênero. Embora a atribuição de remunerações iguais para trabalhos equivalentes possa soar como bom senso, muitos empregadores têm sido vítimas dessa lei ao raciocinarem que os homens, tradicionalmente os "chefes de família", mereceriam salários maiores do que os das mulheres, ou ao apresentarem denominações diferentes para funções equivalentes (assistente sênior *versus* gerente executivo) como o único fundamento para distinções salariais.

Uma polêmica diz respeito às diferenças salariais entre homens e mulheres dentro da mesma companhia. A doutrina do **valor comparável** implica que mulheres que realizem trabalhos *diferentes* de valor *equivalente* aos daqueles executados por homens devem receber as mesmas remunerações.[43] Em contraste com a noção de remunerações iguais para trabalhos equivalentes, a doutrina do valor comparável sugere que os cargos *não* necessitam ser os mesmos para tornar obrigatórios pagamentos idênticos. Por exemplo, considerou-se que função de enfermeiro (predominantemente feminina) remunerava significativamente menos em comparação a oficiais experientes (predominantemente masculinos), ainda que as duas atividades fossem consideradas de valor comparável.[44] Sob a lei de remuneração equivalente, isso não constituiria discriminação de vencimentos, porque as atividades são muito diferentes. Mas, de acordo com o conceito de valor comparável, tais averiguações indicariam discriminação, uma vez que as atividades possuem valor equivalente.

valor comparável

Princípio que estabelece um pagamento igual para trabalhos diferentes de valor equivalente.

Até o momento, nenhuma lei federal exige valor comparável, e a Suprema Corte dos Estados Unidos ainda não promulgou sentenças definitivas sobre isso. No entanto, alguns estados norte-americanos estudam a criação de leis sobre valor comparável, enquanto outros já implementaram mudanças similares às prescritas pela doutrina do valor comparável. Por exemplo, o estado de Minnesota aprovou uma lei similar às disposições da doutrina do valor comparável para empregados do setor público após descobrir que as mulheres recebiam, em média, 25% menos que os homens. Vários outros estados possuem leis similares ao princípio do valor comparável para empregados do setor público, incluindo-se Iowa, Idaho, Novo México, Washington e Dakota do Sul.[45]

Algumas leis influenciam essencialmente as práticas sobre benefícios. O *Pregancy Discrimination Act* (lei sobre discriminação da gestação) de 1978 estabelece que a gravidez é uma incapacidade temporária e torna uma mulher elegível para o recebimento dos mesmos benefícios que receberia caso estivesse incapacitada por qualquer outra razão. O *Employee Retirement Income Security Act* — Erisa (lei sobre a garantia de recebimento de rendas oriundas de aposentadoria), de 1974, protege os programas de previdência complementar de gestão temerária. De acordo com tal lei, exige-se que os benefícios previdenciários sejam pagos àqueles que conquistam ou adquirem o direito de receberem benefícios de companhias que falirem ou que não possam honrar seus compromissos.

Mineiros são resgatados após permanecerem presos a uma profundidade de mais de 70 m, na mina de carvão Quecreek, da companhia Black Wolf Coal, de Somerset, Pensilvânia, Estados Unidos.

Saúde e Segurança

O *Occupational Safety and Health Act* — Osha (lei sobre segurança e saúde no trabalho) de 1970, exige que os empregadores busquem a segurança no ambiente de trabalho. Os empregadores devem manter registros de lesões e mortes causadas por acidentes e submeterem os locais de trabalho a inspeções. Os acidentes industriais de grande escala e os desastres ocorridos nas instalações nucleares no mundo inteiro chamaram a atenção para a importância da segurança no ambiente de trabalho.

A mineração de carvão é um dos muitos setores que se beneficiaram das leis sobre segurança. A mineração é uma das cinco atividades mais perigosas para se realizar, de acordo com o Departamento de Estatísticas Trabalhistas dos Estados Unidos. Quase todos os mineiros podem apontar um amigo ou membro da família que tenha morrido, sido mutilado ou afetado pela doença do pulmão negro (pneumoconiose). "Você morre rápido ou devagar", relata um mineiro. No entanto, segundo a Administração para Segurança e Saúde nas Minas, estas têm-se tornado mais seguras. Em 1991, 61 mineiros de carvão morreram nos Estados Unidos e 14.668 ficaram feridos; até o ano de 2004, metade desses números havia sido morta ou ferida anualmente.[46]

Relações Trabalhistas

Relações trabalhistas é o sistema de relações entre os trabalhadores e a administração. Os sindicatos de trabalhadores recrutam membros, recebem contribuições e garantem que os empregados sejam tratados dignamente com respeito a remunerações, condições de trabalho e outras questões. Quando os trabalhadores organizam-se com o propósito de negociar com a administração a melhoria de suas remunerações, jornadas ou de condições de trabalho, dois processos estão envolvidos: sindicalização e negociação coletiva. Tais processos evoluíram ao longo de um período de 50 anos nos Estados Unidos para concederem importantes direitos aos empregados.[47]

relações trabalhistas

O sistema de relações entre os trabalhadores e a administração.

Legislação Trabalhista

Tente imaginar como a vida seria com uma taxa de desemprego de 25%. Muito ruim, você diria. Legisladores em 1935 pensavam da mesma maneira. Dessa forma, o trabalho organizado recebeu sua Carta Magna com a aprovação da lei nacional sobre as relações trabalhistas.

O *National Labor Relations Act* (lei nacional sobre as relações trabalhistas) (também conhecido como Wagner Act (*Ato Wagner*), em homenagem ao seu propositor) abriu caminho para uma era de rápida sindicalização pela 1) declaração da legalidade das organizações trabalhistas, 2) pelo estabelecimento da ilegalidade de cinco práticas trabalhistas dos empregadores consideradas injustas e 3) pela criação do Comitê Nacional de Relações Trabalhistas. Antes da lei, os empregadores podiam demitir trabalhadores que favorecessem os sindicatos e as tropas federais normalmente eram convocadas para encerrar greves. Hoje, o Comitê Nacional de Relações Trabalhistas conduz eleições sindicais, realiza audiências sobre práticas trabalhistas injustas com os reclamantes e emite deliberações de caráter obrigatório contra empregadores infratores. O Ato Wagner auxiliou significativamente o crescimento dos sindicatos ao permitir que os trabalhadores utilizassem as leis e os tribunais para se organizar e negociar coletivamente melhores salários, jornadas e condições de trabalho. Muitos dos avanços que atualmente são considerados lugares-comuns no mercado de trabalho, incluindo o salário mínimo, licença-maternidade, jornada semanal de 35 horas e outras proteções ao trabalhador em geral foram, em grande parte, resultado de negociações coletivas, conduzidas ao longo de muitos anos pelos sindicatos.

As políticas públicas estiveram ao lado do trabalhismo organizado em 1935, mas nos 25 anos seguintes o pêndulo moveu-se em direção à administração. O *Labor-Management Relations Act* (lei sobre as relações entre trabalhadores e a administração), ou *Taft-Harley Act* (ato Taft-Hartley) — 1947, protegia o direito à liberdade de expressão dos empregadores, definia práticas trabalhistas ilícitas dos sindicatos e permitia aos trabalhadores cassar (rejeitar) a certificação de um sindicato como seu representante.

Finalmente, *Labour Management Reporting and Disclosure Act* (lei sobre prestação de contas e divulgação das relações entre trabalhadores e a administração), ou *Landrum-Griffin Act* (Ato Landrum-Griffin — 1959), moveu o pêndulo das políticas públicas para um ponto médio entre o trabalhismo organizado e a administração. Ao aprovar um estatuto para os membros dos sindicatos, estabelecer controles sobre os aumentos de contribuições sindicais e impor exigências para prestações de contas aos sindicatos, Ato Landrum-Griffin destinava-se a coibir os abusos das lideranças dos sindicatos e livrá-los da corrupção.

Sindicalização

Como os trabalhadores filiam-se a sindicatos nos Estados Unidos? Por meio de um representante ou membro local do sindicato, os trabalhadores aprendem quais serão os benefícios obtidos com a filiação.[48] O representante do sindicato distribui cartões de autorização que permitem aos trabalhadores indicar se desejam realizar uma eleição para certificar o sindicato que vai representá-los. O Comitê Nacional de Relações Trabalhistas organizará uma eleição para certificação caso pelo menos 30% dos empregados assinem os cartões de autorização. A administração tem várias opções nessa fase: reconhecer o sindicato sem eleição, consentir com a eleição ou contestar o número de cartões assinados e resistir à eleição.

Se a eleição for aprovada, um membro do National Labor Relations Board (NLRB — Comitê Nacional de Relações Trabalhistas) realizará a eleição por meio de votação secreta. A maioria simples dos votantes de-

A Fraternidade Internacional dos Caminhoneiros é a organização sindical mais poderosa do mundo. Quais são os benefícios de fazer parte de um sindicato? Quais são as desvantagens?

FIGURA 10.8
Determinantes do Comportamento em uma Eleição Sindical

terminará o vencedor. Dessa forma, eleitores apáticos, que não aparecem para votar, na prática apóiam os sindicatos. Caso o sindicato vença a eleição, ele será certificado como o elemento representante nas negociações coletivas.

Durante a campanha que precede a eleição, esforços são empregados tanto pela administração como pelos sindicalistas para persuadir os trabalhadores acerca de como votarem. Muitos trabalhadores, porém, são insensíveis aos esforços da campanha, e já têm sua posição definida bem antes do aparecimento do Comitê Nacional de Relações Trabalhistas no cenário. Se o sindicato vencer as eleições, a administração e o sindicato estão legalmente obrigados a negociar em boa-fé para obterem um acordo coletivo ou dissídio.

Por que os trabalhadores elegem um sindicato? Quatro fatores desempenham papel relevante (ver Figura 10.8).[49] Em primeiro lugar, fatores econômicos são importantes, especialmente para trabalhadores desempenhando funções menos remuneradas; os sindicatos tentam aumentar as médias salariais para seus membros. Segundo, a insatisfação no ambiente de trabalho encoraja os trabalhadores a associarem-se a eles. Práticas inadequadas de supervisores, favorecimento, ausência de comunicação, injustiças evidentes e regras ou demissões arbitrárias são elementos específicos que provocam insatisfação no ambiente de trabalho. Terceiro, a crença de que os sindicatos podem obter os benefícios desejados pode gerar votos favoráveis aos sindicatos. Finalmente, a imagem do sindicato pode determinar se um trabalhador insatisfeito o procurará. Manchetes jornalísticas sobre escândalos de corrupção e desonestidade podem desestimular os trabalhadores a sindicalizarem-se.

Negociação Coletiva

Nos Estados Unidos, a administração e os sindicatos envolvem-se em um ritual periódico (geralmente a cada três anos) de negociação de um acordo sobre salários, jornadas e condições de trabalho. Dois tipos de disputa podem surgir durante esse processo. Primeiro, antes que um acordo seja alcançado, os trabalhadores podem organizar uma greve para compelir um acordo nos seus termos. Tal ação é conhecida como *greve econômica* e é permitida por lei. No entanto, as greves atuais têm uma possibilidade menor de serem utilizadas como instrumento de barganha, embora ocorram algumas vezes como último recurso. Os grevistas não são pagos caso estejam em greve e isso é uma dificuldade que poucos trabalhadores desejam enfrentar desnecessariamente. Além disso, os gerentes podem legalmente contratar substitutos durante a greve para compensar alguns de seus efeitos. Finalmente, os trabalhadores estão tão atentos quantos os gerentes à dura competição enfrentada pelas companhias, e caso sejam tratados dignamente, partilharão do interesse da administração em chegar a um acordo.

Quando um acordo é assinado, a administração e o sindicato algumas vezes discordam acerca da sua *interpretação*. Geralmente eles resolvem tais disputas mediante arbitragem. **Arbitragem** é o uso de uma terceira parte neutra, normalmente selecionada conjuntamente, para resolver a disputa. Nos Estados Unidos, a arbitragem é utilizada quando um acordo está em vigor para evitar as *greves-relâmpagos* (nas quais os trabalhadores abandonam o serviço, em uma violação do contrato) ou as paralisações imprevistas das atividades.

O que um acordo coletivo contém? No sistema de **adesão sindical compulsória** (*union shop*), uma cláusula de segurança do acordo sindical estabelece que os trabalhadores deverão aderir ao sindicato após um período determinado. Nos estados norte-americanos adeptos do modelo de **livre associação** (*right-to-work*), mediante legislação mais restritiva, não é permitida a adesão coletiva; ou seja, os trabalhadores têm o direito a trabalhar sem serem forçados a aderir a um sindicato. O sul dos Estados Unidos reúne muitos desses estados. O item sobre salários dos contratos aponta os valores das remunerações, incluindo o pagamento de compensação por horas extras e feriados remunerados. Os direitos individuais, normalmente, são especificados com o uso do tempo de serviço na determinação de aumentos salariais, qualificação necessária para concorrer a vagas e ordem de demissões.

Uma característica presente em todos os contratos são os procedimentos para reclamações. Os sindicatos prestam um serviço vital para seus membros com referência a esse tópico, ao oferecer aos trabalhadores uma voz para opinarem sobre o que ocorre tanto durante as negociações de contrato como na administração, por meio dos procedimentos para reclamações.[50] Em aproximadamente 50% dos casos de demissão que são enviados para arbitragem, o árbitro reverte as decisões da gerência e recoloca o trabalhador no seu emprego.[51] Os sindicatos têm a tarefa legal de justa representação, o que significa que devem representar todos os trabalhadores da unidade em negociação e assegurar que os direitos destes sejam respeitados.

arbitragem

O uso de uma terceira parte neutra para resolver uma disputa trabalhista

adesão sindical compulsória (*union shop*)

Uma organização com um sindicato que possui uma cláusula de segurança nos acordos sindicais que especifica que os trabalhadores devem aderir ao sindicato após um período determinado.

livre associação (*right-to-work*)

Legislação que permite que os trabalhadores tenham direito a trabalhar sem serem forçados a aderir a um sindicato.

Vantagens da Colaboração

Uma das formas pelas quais a administração e os trabalhadores tentam colaborar e encontrar meios pacíficos para obterem acordos é por meio dos *comitês de administradores e trabalhadores*. Tais comitês, normalmente formados durante as negociações dos contratos, são compostos por representantes de ambos os lados. Sua intenção é explorar soluções flexíveis e criativas para problemas antigos fora do processo formal de negociação. Por exemplo, caso os gerentes desejem introduzir novas tecnologias de economia de trabalho e o sindicato queira preservar os empregos de seus associados, um comitê conjunto pode estabelecer planos para reciclagem dos trabalhadores existentes para que operem os novos equipamentos. Essas abordagens colaborativas beneficiam os dois lados. Além disso, a atmosfera mais liberal dos comitês e a abordagem participativa para solução dos problemas podem levar ao aumento da confiança e da cooperação mútuas também em outras áreas.

O que o Futuro Reserva?

Nos anos recentes, a adesão sindical declinou para aproximadamente 12% da força de trabalho dos Estados Unidos, de um pico de 33% alcançado no fim da Segunda Guerra Mundial. O incremento da automação eliminou muito dos tipos de empregos nas fábricas que costumavam ser as fortalezas dos sindicatos. Hoje em dia, os empregados dos cargos administrativos em escritório estão menos interessados na adesão sindical e também são mais difíceis de serem organizados. A intensa competição global tornou os gerentes menos inclinados a fazerem concessões às exigências dos sindicatos e, como conseqüência, os benefícios da sindicalização ficam cada vez menos claros para muitos trabalhadores — particularmente os mais jovens e capacitados, que não esperam permanecer em uma única companhia pelo resto de suas vidas. Algumas pessoas aplaudem o aparente declínio dos sindicatos. Outros aguardam um eventual ressurgimento baseado no poder potencial da cooperação entre administradores e trabalhadores para auxiliar as empresas dos Estados Unidos a competirem na economia global.

Os sindicatos podem ter papel diferente no futuro, um que seja menos combativo e mais cooperativo com a administração. Eles estão se adaptando às mudanças demográficas da força de trabalho; agora prestam mais atenção às mulheres, a trabalhadores mais velhos e a pessoas que trabalham nas suas casas. A eliminação de normas de trabalho ineficientes, a introdução da divisão de lucros e a garantia da não-realização das demissões em massa foram vistos como passos positivos para o estabelecimento de um relacionamento de longo prazo, fundamentalmente diferente e cooperativo. O que parece claro é que, quando as companhias reconhecem que seu sucesso depende dos talentos e da energia dos seus funcionários, os interesses dos sindicatos e da administração começam a convergir. Em vez da lógica de um lado explorando o outro, os sindicatos e gerentes descobrem interesses convergentes, baseados no desenvolvimento, na valorização e no envolvimento dos empregados. Particularmente em companhias baseadas no conhecimento, o equilíbrio de poder está inclinando-se em direção aos empregados. Indivíduos, não companhias, possuem seu próprio capital humano. E esses empregados são livres, dentro de certos limites, para deixar as organizações, levando consigo seu capital humano. Isso deixa as companhias em uma posição particularmente vulnerável caso realizem uma gestão deficiente. Para estabelecer uma forte capacidade competitiva, as organizações estão procurando formas de obter, reter e engajar seus recursos mais valiosos: os recursos humanos.

EPÍLOGO

RH E ESTRATÉGIA NA GE

Valores exercem papel fundamental na administração dos negócios da GE e suas operações de RH. Isso pode ser mais bem ilustrado no "Bloco 9", uma das ferramentas fundamentais de RH na GE. O Bloco 9 é um gráfico dividido em nove quadrados, utilizados para assinalar as habilidades de um funcionário para alcançar os indicadores-chave de desempenho (KPIs, em inglês) junto com suas demonstrações individuais dos valores da GE. Os empregados são avaliados em virtude de quão bem se saem nas duas contagens, e sua posição no gráfico determina sua pontuação anual de desempenho. Caso o empregado não consiga cumprir suas KPIs, entretanto, consiga um bom resultado nos valores, receberá uma segunda chance, diferentemente daqueles que obtenham resultados nas KPIs, mas não demonstrem possuir os valores.

Sheppard, da GE, afirma que os valores têm papel importante na separação do "joio" gerencial do "trigo" da liderança, na medida em que ajudam a salientar os comportamentos necessários para galgar os degraus da escada da liderança na GE. "Eles são uma boa indicação sobre a possibilidade de um indivíduo tornar-se um líder genuíno ou um gerente que simplesmente distribui tarefas aos seus empregados, gerencia os produtos e consegue os resultados", ela diz. "Se uma pessoa alcança seus resultados pelo gerenciamento autocrático ou pela utilização de constrangimento, então ela não tem lugar no quadro da GE. Assim, nossos processos realmente examinam a maneira como os indivíduos demonstram esses valores para inspirarem de fato as pessoas com as quais eles trabalham. É claro que eles podem obter resultados, mas o foco é em como conseguirão esses resultados".

Bertamini, da GE, afirma: "Você sabe quem são essas pessoas na sua organização. Você pode pensar que não possui nenhuma, mas elas estão lá e, conseqüentemente, serão identificadas com uma variedade de métodos, os quais incluem avaliações 360° e pesquisas com os empregados. Uma vez que nós os identificamos e os aconselhamos, caso eles rapidamente não corrijam seus comportamentos, serão retirados da organização. Acho que realmente faz uma grande diferença a forma como você equilibra a cultura com os resultados do negócio".

TERMOS-CHAVE

Adesão sindical compulsória (*union shop*), p. 349
Administração por objetivos (APO), p. 339
Análise de cargos, p. 324
Arbitragem, p. 349
Avaliação 360°, p. 341
Avaliação de desempenho, p. 338
Avaliação de necessidades, p. 335
Capital humano, p. 321
Centro de avaliação, p. 329
Confiabilidade, p. 330
Contratação discricionária, p. 331
Desenvolvimento, p. 335
Entrevista de desligamento, p. 331
Entrevista estruturada, p. 327
Gestão de recursos humanos (gestão de RH), p. 320
Impacto adverso, p. 333
Livre associação (*right-to-work*), p. 349
Programas de benefícios "menu de opções", p. 345
Programas de benefícios flexíveis, p. 345
Recolocação (*outplacement*), p. 331
Recrutamento, p. 324
Relações trabalhistas, p. 347
Seleção, p. 326
Treinamento, p. 335
Treinamento de equipe, p. 337
Treinamento de orientação, p. 336
Treinamento sobre diversidade, p. 337
Validade, p. 330
Valor comparável, p. 346

RESUMO DOS OBJETIVOS DE APRENDIZAGEM

Depois de completado o estudo deste Capítulo, você deverá ser capaz de identificar:

Como as companhias utilizam a gestão de recursos humanos para adquirir vantagem competitiva.

Para serem bem-sucedidas, as companhias devem alinhar seus recursos humanos com as suas estratégias. Um planejamento eficaz é necessário para certificar-se de que o número e o tipo certo de funcionários estarão disponíveis para implementar o plano estratégico da companhia. Está claro que a contratação do pessoal mais competente é um processo muito complexo. As companhias que competem em custos, qualidade, serviços etc. deveriam usar os sistemas de treinamento, avaliação e recompensa para explicitar e reforçar os tipos de comportamentos que suportam essa estratégia.

Por que as companhias recrutam interna e externamente para novas contratações.

Algumas companhias preferem recrutar internamente para certificar-se de que os empregados estarão familiarizados como as políticas e valores da organização. A Resource Link da AT&T é um exemplo de uma companhia que se esforça para que os cargos disponíveis sejam ocupados por candidatos internos antes de procurar no mercado. Em outros casos, as companhias preferem recrutar externamente para encontrar indivíduos que tenham novas idéias e perspectivas mais arejadas.

Os vários métodos disponíveis para seleção de novos empregados.

Existem inumeráveis técnicas de seleção entre as quais se pode escolher. As entrevistas e checagem de referências são as mais comuns. Testes de personalidade e testes de habilidades cognitivas medem a aptidão e o potencial de um indivíduo para se sair bem em um cargo. Outras técnicas de seleção incluem os centros de avaliação e os testes de integridade. Independentemente da abordagem utilizada, qualquer teste deve ser capaz de demonstrar confiabilidade (consistência ao longo do tempo e de diferentes situações de entrevistas) e validade (acuidade na previsão do desempenho no cargo).

Por que as companhias gastam tanto com treinamento e desenvolvimento pessoal.

As pessoas não podem depender somente de um grupo de qualificações para suas vidas profissionais. No mundo atual competitivo, de constantes mudanças, velhas habilidades rapidamente tornam-se obsoletas e novas são essenciais para o sucesso. Revitalizar ou atualizar as habilidades de um indivíduo requer uma grande quantidade de treinamento contínuo. As companhias entendem que a obtenção de vantagem competitiva na qualidade do serviço depende da manutenção dos trabalhadores mais talentosos e flexíveis do setor.

Como determinar quem deverá avaliar o desempenho de um empregado.

Muitas companhias utilizam múltiplas fontes de avaliação baseadas no princípio de que pessoas diferentes vêem diferentes aspectos do desempenho de um empregado. Em geral, espera-se que um superior avalie um empregado; mas colegas e membros da equipe freqüentemente estão em posição privilegiada para identificar aspectos do desempenho de um empregado que um superior não consegue perceber. Mesmo aos subordinados do empregado, cujo desempenho é avaliado, pede-se, com mais freqüência nos dias de hoje, que apresentem suas contribuições de forma a obter uma perspectiva adicional no processo de avaliação. Particularmente em companhias preocupadas com qualidade, clientes internos e externos também são solicitados a participar. Finalmente, os empregados deverão avaliar seu próprio desempenho, ainda que seja para apenas fazê-los pensar no seu próprio desempenho, bem como para engajá-los no processo de avaliação.

Como analisar aspectos fundamentais do sistema de remuneração.

Os sistemas de remuneração são divididos em três componentes básicos: nível salarial, estrutura salarial e determinação individual de salários. Para obter vantagens competitivas sobre seus concorrentes, os executivos podem, em geral, desejar pagar salários mais altos aos empregados da companhia, mas a decisão deve ser confrontada com a necessidade de controlar custos (decisões sobre níveis salariais normalmente estão ligadas a preocupações estratégicas como essas). Para alcançar eqüidade interna quanto às remunerações (remunerar os funcionários de acordo com seu valor em relação a seus colegas na companhia), os gerentes devem analisar a estrutura salarial para se certificarem de que as diferenças salariais estão baseadas em conhecimento, esforço, responsabilidade, condições de trabalho, tempo de serviço e assim por diante. A determinação individual de salários geralmente relaciona-se ao mérito ou às diferentes contribuições dos indivíduos. Nesses casos, é importante assegurar que homens e mulheres recebam pagamento eqüitativo por trabalhos equivalentes; para isso, os gerentes poderão basear suas decisões acerca das remunerações na idéia de valor comparável.

Como os sindicatos influenciam a administração dos recursos humanos.

As relações trabalhistas envolvem interações entre os trabalhadores e a administração. Um mecanismo pelo qual esse relacionamento ocorre é por meio dos sindicatos. Os sindicatos buscam apresentar-se como uma voz coletiva dos trabalhadores, para fazer que suas necessidades e vontades sejam conhecidas pela administração. Os sindicatos negociam acordos com a administração concernentes a uma variedade de questões, como remunerações, jornadas de trabalho, condições de trabalho, segurança no trabalho e assistência médica. Uma ferramenta importante que eles podem utilizar são os procedimentos de reclamação, estabelecidos mediante negociações coletivas. Isso dá aos empregados uma forma para buscarem reparação por atitudes inadequadas da administração. Desse modo, os sindicatos asseguram que os direitos dos trabalhadores estarão protegidos.

Como os sistemas legais influenciam a gestão dos recursos humanos.

Os sistemas legais influenciam os gerentes pela imposição de limites legais na forma como empregados existentes e potenciais são tratados. Leis de igualdade de acesso a oportunidades garantem que as companhias não discriminarão nas práticas de contratação e treinamento. A lei sobre padrões justos para o trabalho e a lei sobre remunerações equivalentes asseguram que as pessoas receberão uma remuneração justa pela contribuição que fazem à organização. A lei sobre segurança e saúde no trabalho garante que os empregados terão um ambiente de trabalho seguro e saudável. Leis trabalhistas buscam proteger os direitos tanto de empregados como de empregadores, de forma que seu relacionamento seja agradável e produtivo.

QUESTÕES PARA DISCUSSÃO

1. Como as mudanças na força de trabalho afetarão as práticas da gestão de RH para o ano de 2010?
2. Descreva as legislações mais significativas que regulam as práticas da gestão de RH.
3. Defina análise de cargos. Por que a análise de cargos é tão importante para cada uma das seis atividades básicas da gestão de RH discutidas no capítulo (planejamento, preenchimento dos quadros, treinamento, avaliação de desempenho, sistemas de remuneração e relações trabalhistas)?

4. Quais são os vários métodos para o recrutamento de empregados? Por que alguns são melhores do que outros? Em que sentido são melhores?
5. O que é um teste? Dê alguns exemplos de testes utilizados por empregadores.
6. Quais são os propósitos da avaliação de desempenho? Por que há tantos métodos diferentes de avaliação?
7. Quais são algumas das idéias essenciais que devemos ter em mente ao realizarmos uma entrevista de avaliação?
8. Como você definiria um sistema de remuneração eficiente? Qual é o papel realizado pelos benefícios em um sistema de remuneração?
9. Por que os trabalhadores filiam-se a sindicatos? Quais implicações isso teria para uma organização que não pretende ter seus empregados sindicalizados?
10. Discuta as vantagens e as desvantagens da negociação coletiva para o empregador e para o empregado.

CASO DE CONCLUSÃO

A Universidade da Discórdia

Este é um caso sobre sindicatos.

Este caso envolve uma das divisões da força de trabalho de uma universidade estadual próxima a você. O quadro de pessoal dessa universidade está estruturado da mesma forma que o de muitas outras do país, com quatro divisões distintas de cargos. Os **administradores**, que incluem o presidente, alguns vice-presidentes e vários outros assistentes administrativos de nível executivo espalhados por diversos departamentos. O **corpo docente**, que compõe o segundo nível, abrange os professores assistentes, associados e contratados em regime de dedicação exclusiva. A categoria de **profissionais associados** diz respeito ao pessoal administrativo de apoio; muitos desses indivíduos possuem ensino superior e trabalham como gerentes médios, administradores de operações cotidianas, pessoal de apoio técnico etc. Por último, há o **pessoal operacional**, os funcionários de apoio de nível médio; inclui secretárias, funcionários de escritório, equipe de manutenção das instalações e seguranças.

O pessoal operacional representa a maior porção — e ao mesmo tempo com menor remuneração — do quadro de funcionários. Muitos desses indivíduos não possuem treinamento ou escolaridade acima do nível médio. Suas faixas de remuneração variam entre salário mínimo e US$ 12 a US$ 15 por hora. O seu pacote de benefícios inclui algumas provisões para assistência médica, seguro de vida e previdência complementar. A abrangência desse pacote, no entanto, é bem menor do que o das três outras divisões, embora comparável às recebidas por funcionários ocupando posições similares na mesma região.

O pessoal operacional sempre manteve um comitê central composto por membros de vários departamentos do campus. O comitê foi originalmente criado para servir como elo entre os trabalhadores e a administração, com propósitos de comunicação. Na realidade, ele funcionava quase exclusivamente como um organismo para arrecadação de fundos e prestação de serviços comunitários para aquele grupo. Os pessoal operacional têm sido sempre a divisão mais generosa do campus quando se trata da prestação de serviços voluntários à comunidade e de arrecadação de fundos para organizações comunitárias tradicionais sem fins lucrativos.

Pela primeira vez na sua história, o comitê central viu-se discutindo a questão sindical. O pessoal operacional começou a aparecer nos encontros, em número cada vez maior, para externarem seu descontentamento com as condições de trabalho e encorajar o comitê a seguir em frente e discutir seriamente a proposta de sindicalização.

Nos últimos anos, secretárias, zeladores, trabalhadores da manutenção e seguranças não foram recolocados quando as posições se tornaram vagas. Os supervisores simplesmente pediram aos funcionários que "compensassem as ausências" uma vez que "a escola não tem recursos para fazer novas contratações". Além disso, solicitou-se ao pessoal operacional que aumentasse suas contribuições para cobrir uma porcentagem crescente dos custos com assistência médica, ao passo que suas coberturas foram reduzidas.

Os administradores alegavam que os "tempos estão difíceis, os recursos externos continuam decrescendo e todos nós devemos contribuir com a manutenção da nossa escola". Ao mesmo tempo, os salários e os benefícios dos membros da administração e do corpo docente continuavam a aumentar, da mesma forma que as matrículas de estudantes. Um número maior de estudantes também significa mais trabalho para o pessoal operacional.

A situação está começando a "esquentar" nos dois lados. O pessoal operacional tem organizado manifestações públicas no campus que incluem discursos de trabalhadores descontentes e faixas e cartazes descrevendo salários, condições de trabalho e *slogans* a favor da sindicalização. O comitê central conseguiu organizar uma "sessão de reclamações" com o presidente, como resultado de um esforço contínuo e incisivo para realizar essa reunião. O presidente ouviu em silêncio as preocupações e exigências do grupo e finalmente agradeceu a todos por sua dedicação à escola.

Supervisores e administradores têm "estimulado informalmente" os trabalhadores a desistir da idéia de sindicalização. Muitas conversas ocorrem informalmente, e nelas os trabalhadores são alertados para a possibilidade real de perderem seus empregos para prestadores de serviços terceirizados que estariam ansiosos pela oportunidade de trabalhar para a escola.

QUESTÕES

1. Quais passos você daria como administrador da escola para resolver a questão e evitar a sindicalização dos membros da área operacional?
2. Caso a sindicalização seja iminente, qual posição você assumiria e quais ações seriam executadas para atravessar o processo de sindicalização da maneira mais colaborativa e sem rupturas?
3. Considere a força de trabalho e fornecedores na sua região. Você acredita que a terceirização de posições ou o recrutamento externo possam ser utilizados como uma forma para sufocar esse movimento sindical?

EXERCÍCIOS PRÁTICOS

10.1 Uma Entrevista Juridicamente "Legal"

OBJETIVOS

1. Introduzir o aluno às complexidades da legislação trabalhista.
2. Identificar práticas realizadas nas entrevistas que possam levar à discriminação no trabalho.

INSTRUÇÕES

1. Trabalhando sozinho, revise os textos sobre entrevistas e discriminação no trabalho.
2. Em grupos pequenos, complete o quadro sobre uma entrevista "juridicamente legal".
3. Após novas reuniões em sala, um representante de cada grupo deverá apresentar suas conclusões.

Quadro de Atividades sobre uma Entrevista Juridicamente "Legal"

A entrevista de emprego é um dos passos mais críticos no processo de seleção. Ela também apresenta uma ocasião para prática de discriminação contra indivíduos candidatos às vagas. O quadro a seguir traz questões que os entrevistadores freqüentemente apresentam aos candidatos. Identifique a legalidade ou ilegalidade de cada questão, circulando a opção correspondente "L" (legal) ou "I" (ilegal) e explique brevemente sua decisão.

Questões da Entrevista	Legalidade	Explicação
1. Você poderia fornecer-nos uma foto para nossos arquivos?	L I	______
2. Você já utilizou algum outro nome (nome de solteiro ou apelido)?	L I	______
3. Qual era seu nome de solteiro/a?	L I	______
4. Qual era o seu nome de solteira de seu cônjuge?	L I	______
5. Qual era o nome de solteiro/a de sua mãe?	L I	______
6. Qual é o seu endereço atual?	L I	______
7. Qual era o seu endereço anterior?	L I	______
8. Qual é o seu número de seguro social?	L I	______
9. Qual é o seu local de nascimento?	L I	______
10. Onde nasceram seus pais?	L I	______
11. Qual é a sua nacionalidade?	L I	______
12. Você é um cidadão naturalizado?	L I	______
13. Quais línguas você fala?	L I	______
14. Qual é a sua religião ou filiação religiosa?	L I	______
15. Qual é a sua classificação racial?	L I	______
16. Quantos dependentes você possui?	L I	______
17. Quais são as idades dos seus dependentes infantis?	L I	______
18. Qual é o seu estado civil?	L I	______
19. Quantos anos você tem?	L I	______
20. Você possui alguma prova de idade (certidão de nascimento ou de batismo)?	L I	______
21. Quem devemos notificar em caso de emergência?	L I	______
22. Qual é o seu peso e a sua altura?	L I	______
23. Você já foi preso?	L I	______
24. Você possui veículo próprio?	L I	______
25. Você possui casa própria?	L I	______
26. Você possui débitos pendentes?	L I	______
27. Você já teve seu salário retido?	L I	______
28. A que organizações você pertence?	L I	______
29. Você está disponível para trabalhar aos sábados e aos domingos?	L I	______
30. Você é portador de algum tipo de deficiência?	L I	______

10.2 O Aumento Salarial

OBJETIVOS

1. Aprofundar sua compreensão sobre a administração salarial.
2. Examinar os vários aspectos dos critérios de desempenho, da ponderação dos critérios de avaliação, da avaliação de desempenho e das recompensas.

INSTRUÇÕES

1. Trabalhando em grupos pequenos, complete o quadro sobre aumentos salariais.
2. Após as reuniões em sala, um representante de cada grupo deverá apresentar suas conclusões.

Quadro de Atividades sobre Aumento Salarial

April Knepper é a nova supervisora da equipe da linha de montagem. Chegou a hora de ela realizar a alocação dos aumentos salariais para seus subordinados. Ela possui um orçamento de US$ 30 mil para repartir entre seus sete empregados. Já houve algumas queixas expressivas em outras equipes de trabalho em virtude de alocações anteriores, de forma que April foi aconselhada a basear a nova alocação em critérios objetivos que possam ser quantificados, mensurados e computados numericamente. Após a realização das alocações, April deve estar preparada para justificar suas decisões. Todos os critérios de avaliação disponíveis para ela estão resumidos como segue:

				Avaliação da Supervisão			
Empregado	**Tempo de serviço**	**Produção Final***	**% de Faltas**	**Aptidões**	**Iniciativa**	**Atitude**	**Observações Pessoais**
David Bruce	15 anos	0,58	0,5%	Bom	Ruim	Ruim	Aposentadoria próxima. Esposa falecida recentemente. Enfrentando problemas de adequação.
Eric Cattalini	12 anos	0,86	2	Excelente	Bom	Excelente	Freqüentando aulas noturnas para completar o ensino universitário.
Chua Li	7 anos	0,8	3,5	Bom	Excelente	Excelente	Legalmente surda
Marilee Miller	1 ano	0,5	10	Ruim	Ruim	Ruim	Mãe solteira com três filhos.
Victor Munoz	3 anos	0,62	2,5	Ruim	Médio	Bom	Possui seis dependentes. Fala pouco o inglês.
Derek Thompson	11 anos	0,64	8	Excelente	Médio	Médio	Casado com esposa rica. Tem problemas pessoais.
Sarah Vickers	8 anos	0,76	7	Bom	Ruim	Ruim	Ativista dos direitos das mulheres. Deseja criar um sindicato.

*A produção final é determinada pela taxa de produção menos os erros e os problemas de qualidade.

Capítulo 11

Gestão da Força de Trabalho Diversificada

"e pluribus unum" (um composto de muitos)

RESUMO DO CAPÍTULO

Diversidade: Breve Histórico
- Diversidade Hoje
- O Tamanho da Força de Trabalho
- Os Trabalhadores do Futuro
- A Idade da Força de Trabalho

Distinção entre Gestão da Diversidade e Ação Afirmativa
- Vantagem Competitiva Proporcionada pela Diversidade
- Desafios de uma Força de Trabalho Diversificada

Organizações Multiculturais

Como as Organizações Podem Cultivar uma Força de Trabalho Diversificada
- Liderança e Compromisso da Alta Administração
- Avaliação Organizacional
- Atraindo Funcionários
- Treinando os Funcionários
- Retendo os Funcionários na Empresa

OBJETIVOS DE APRENDIZAGEM

Após estudar este Capítulo, você deverá saber:

1. Como as mudanças na força de trabalho no mundo tornam a diversidade uma questão crítica de gestão e de organização.
2. A distinção entre ação afirmativa e gestão da diversidade.
3. Como os gestores podem obter um diferencial competitivo por meio de uma gestão eficaz da diversidade.
4. Que desafios um gestor pode encontrar com uma força de trabalho diversificada.
5. Que passos os gestores e suas organizações devem seguir para cultivar a diversidade.

TODO MUNDO SABE QUE AS MULHERES NÃO PODEM TOCAR UM INSTRUMENTO TÃO BEM QUANTO OS HOMENS

Até muito recentemente, o mundo da música clássica — especialmente o seu berço europeu — era exclusividade dos homens brancos. Acreditava-se simplesmente que as mulheres não conseguiam tocar igual aos homens. Pensava-se que elas não possuíam a mesma força, a mesma atitude ou a mesma resiliência para tocar determinados tipos de instrumento. Seus lábios eram diferentes. Seus pulmões, menos potentes. Suas mãos, menores. Todas essas diferenças não eram vistas como preconceituosas. Parecia uma constatação, pois quando os regentes e diretores de orquestras e maestros realizavam as audições, a sonoridade da execução masculina sempre parecia melhor que a da feminina. Ninguém prestava muita atenção à forma como as audições eram realizadas, pois era consenso geral que o que fazia de um músico um verdadeiro especialista era o fato de ele conseguir ouvir a música executada sob quaisquer circunstâncias e avaliar, instantânea e objetivamente, a qualidade sonora. Às vezes, as audições para as grandes orquestras eram realizadas no próprio camarim do regente, ou no quarto do hotel, caso ele estivesse de passagem pela cidade. Os músicos tocavam por cinco ou dois ou dez minutos. Não fazia a menor diferença! Música era música. Rainer Kuchl, primeiro violinista da orquestra filarmônica de Viena, afirmou certa vez que conseguia distinguir imediatamente, de olhos fechados, a diferença entre, por exemplo, um violinista do sexo masculino e um do sexo feminino. O ouvido treinado, ele acreditava, conseguia captar a suavidade e flexibilidade do estilo feminino.

No entanto, ao longo das últimas décadas, o mundo da música clássica passou por uma revolução. Nos Estados Unidos, os músicos de orquestras começaram a se organizar politicamente. Eles formaram um sindicato e lutaram por contratos mais justos, planos de saúde e proteção contra a demissão sem justa causa e, seguindo essa onda, veio a pressão por contratações mais justas. Muitos músicos acreditavam que os regentes abusavam do poder para favorecer certas pessoas. Eles desejavam um processo de audição formal e essa formalização significava a criação de uma comissão oficial de audição para tomar as decisões, eliminando a decisão individual de um único regente. Em alguns lugares, normas foram impostas proibindo os julgadores de conversarem entre si durante as audições para impedir que a opinião de um influenciasse a visão do outro. Os músicos eram identificados por números e não pelos nomes. Havia uma cortina entre a comissão julgadora e o candidato e, se o músico pigarreasse ou emitisse qualquer tipo de ruído identificável —, se estivesse de salto alto, por exemplo, e pisasse em uma parte do chão sem carpete —, era retirado e recebia outro número. Assim, à medida que essas novas regras foram sendo implementadas por todo o país, aconteceu um fato extraordinário: as orquestras começaram a contratar mulheres.

Nos últimos 30 anos, desde que as cortinas passaram a ser norma, a quantidade de mulheres nas prin-

cipais orquestras norte-americanas aumentou cinco vezes. "Na primeira vez que usamos as novas regras, estávamos procurando quatro novos violinistas", relembra Herb Weksleblatt, tocador de tuba da orquestra do Metropolitan Opera de Nova York, que liderou a luta pelas audições "às cegas" no Metropolitan em meados da década de 1960. "E todos os músicos escolhidos foram mulheres. Isso simplesmente jamais teria acontecido antes. Até aquele momento, tínhamos, talvez, apenas três mulheres em toda a orquestra. Lembro-me de que depois de anunciar que quatro mulheres haviam sido escolhidas, um dos músicos ficou extremamente furioso. Ele disse, 'Você será lembrado como o 'filho da p...' que trouxe as mulheres para essa orquestra'".

O mundo da música clássica percebeu, então, que aquilo que era considerado primeira impressão pura e intensa — escutar alguém tocar — era, na verdade, uma percepção distorcida. "Alguns músicos aparentam ser melhores do que efetivamente desempenham, porque se mostram confiantes e têm boa postura", afirmou um músico, veterano de muitas audições. "Outros têm uma aparência péssima quando tocam, mas produzem um som da mais alta qualidade. Há, ainda, aqueles que têm uma bela aparência quando tocam, mas a beleza não se reflete no som. Há sempre uma dissonância entre o que se vê e o que se ouve. A audição começa no exato momento em que você vê o músico. Você olha e pensa: quem será esse 'gênio'? Ou, quem ele pensa que é? — simplesmente observando a sua entrada carregando o seu instrumento."

Em Washington, D.C., a orquestra sinfônica nacional contratou Sylvia Alimena como trompista. Será que ela teria sido contratada na época em que a audição não era feita às cegas? É claro que não. A trompa francesa (*french horn*) — assim como o trombone — é um instrumento "masculino". Mais especificamente, Alimena é pequena. Tem mais ou menos 1,50 m de altura. Na verdade, esse fato é irrelevante. "Sylvia consegue colocar abaixo uma casa com seu sopro", afirma outro famoso trompista. No entanto, qualquer pessoa que a vê, antes de efetivamente ouvi-la tocar, não consegue perceber essa potência, pois sua aparência contradiz sua execução. Só há uma maneira de fazer uma avaliação imediata e correta de Sylvia Alimena: por trás de uma cortina.

FONTES do Prólogo e Epílogo: GLADWELL, Malcolm *Blink*. Nova York: Little, Brown and Company, 2005. Reimpressão autorizada. Fonte da primeira Conexão: GOLDIN, Claudia; ROUSE, Cecilia. Orchestrating impartiality: the impact of 'blind' auditions on female musicians". *NBER Working Paper*, n. 5903, jan. 1997.

No capítulo anterior, analisou-se mais detalhadamente a legislação que exige igualdade de oportunidades e justiça no tratamento no ambiente de trabalho. No presente capítulo, serão discutidas as razões que transformaram a abordagem proativa do desenvolvimento e da gestão da força de trabalho diversificada não apenas em uma obrigação legal ou moral, mas também em um requisito empresarial fundamental. O gestor sem qualificação para trabalhar com homens e mulheres de cores, culturas e origens diferentes e sem capacidade para gerenciá-los efetivamente ficará com a carreira profissional muito prejudicada. Além disso, organizações que não levem a sério a questão de gestão da diversidade ficarão não apenas expostas às questões legais, mas também muito menos capacitadas a competir efetivamente, tanto no âmbito doméstico quanto no internacional.

Nos Estados Unidos, como será possível observar adiante, a quantidade de grupos de minorias vem crescendo em ritmo muito mais acelerado do que a da população branca não-minoritária, e a porcentagem de mão-de-obra feminina na força de trabalho vem aumentando mais rapidamente. Os trabalhadores, consumidores e mercados norte-americanos já são bem diversificados e estão diversificando-se ainda mais a cada dia. Além disso, como já discutido no Capítulo 6, as empresas estão cada vez mais globalizadas. Para ser bem-sucedido na economia mundial, o gestor precisa estar muito mais ciente das diferenças culturais e ser muito mais sensível a elas. Em todo o livro, tem sido também discutida a importância da criatividade e da inovação para o êxito da organização. Essas qualidades são incentivadas em um clima em que há celebração de diferentes perspectivas e pessoas brilhantes de todas as etnias. Poucas sociedades têm acesso a uma gama tão vasta de talentos quanto a existente nos Estados Unidos, com sua tradição de imigração e sua população diversificada racial e etnicamente. Contudo, reunir pessoas de origens tão amplamente divergentes para trabalharem juntas com eficácia não é tarefa fácil. Por essa razão, a gestão da diversidade é um dos principais desafios — e oportunidades — enfrentados pelos Estados Unidos.

A **gestão da diversidade** envolve, em primeiro lugar, atividades básicas, como recrutamento, treinamento, promoção e aproveitamento pleno das vantagens decorrentes das diferenças entre indivíduos de origens, crenças, competências e culturas distintas. Contudo,

gestão da diversidade

Gestão da força de trabalho diversificada, reconhecendo as características comuns de grupos específicos de funcionários e, ao mesmo tempo, tratando-os como indivíduos e apoiando, promovendo e utilizando suas diferenças em prol da organização.

gestão da diversidade não se restringe apenas a contratar mulheres e minorias e assegurar-lhes igualdade de tratamento e incentivo para o sucesso. A gestão da diversidade também significa compreender e valorizar profundamente as diferenças dos funcionários para criar uma organização mais eficaz e lucrativa.

Este capítulo examina o significado de diversidade e as habilidades gerenciais e os processos organizacionais envolvidos na gestão eficaz da força de trabalho diversificada. Além disso, serão abordadas as mudanças demográficas e sociais e as transferências de emprego e economia que estão provocando essa mudança na força de trabalho norte-americana.

Diversidade: Breve Histórico

A gestão da diversidade não é nenhum tema novo ou futurista. Do final do século XIX ao início do XX, a maioria dos grupos que imigrou para os Estados Unidos era proveniente da Itália, Polônia, Irlanda e Rússia. Os componentes desses grupos eram considerados estranhos porque a maioria não falava inglês e possuía costumes e estilos de trabalho diferentes. Eles se esforçavam, muitas vezes de forma violenta, para serem aceitos em indústrias, por exemplo, siderúrgica, mineradora, automobilística, securitária e financeira. No século XIX, a contratação de irlandeses, italianos, católicos ou judeus por companhias seguradoras, dominadas por maioria branca e protestante, era malvista. Até o final da década de 1940 e, em alguns casos, até posteriormente, era comum a discriminação contra imigrantes, católicos e judeus nas faculdades, que estabeleciam cotas restritivas e, em alguns casos, nem os admitiam. As perspectivas de emprego para esses grupos eram extremamente reduzidas por esse tipo de discriminação e, somente depois da década de 1960, é que os esforços para a aceitação dessas minorias por vários grupos de etnia branca e grupos religiosos acabaram tendo êxito.

A luta das mulheres para serem aceitas no trabalho foi, de alguma forma, ainda mais difícil. Quando o *Women's Rights Movement* (movimento a favor dos direitos da mulher) foi lançado em Seneca Falls em 1848, a maioria das ocupações profissionais estava fora do alcance das mulheres, e as faculdades e escolas profissionalizantes não admitiam alunas. As mulheres não tinham direito a voto e perdiam todos os direitos aos seus bens quando se casavam. Na primeira metade do século XX, quando as escolas profissionalizantes começaram a aceitar alunas, as cotas eram bem restritas. Havia também um pressuposto, arraigado e amplamente disseminado, de que certos trabalhos eram exclusivamente masculinos, e outros, exclusivamente femininos. Mesmo na década de 1970, há menos de 40 anos, a seção de classificados de empregos dos jornais apresentava anúncios separados por sexo, com cabeçalhos: "Empregos — Sexo Masculino" e "Empregos — Sexo Feminino". As mulheres que solicitassem um empréstimo bancário precisavam apresentar um fiador do sexo masculino, e as casadas não possuíam cartões de crédito em seu próprio nome.[1] Somente com a entrada em vigor do *Civil Rights Act* (lei sobre direitos civis) de 1964 (ver Capítulo 10) e de outras legislações semelhantes é que esse tipo de discriminação foi sendo gradualmente eliminado, nos Estados Unidos. Assim como se pode observar, a representatividade feminina ainda é pequena na maioria dos níveis hierárquicos superiores da vida corporativa; além disso, ainda existem outras disparidades, por exemplo, em termos de remuneração. Contudo, hoje em dia, a maioria das funções antes consideradas de domínio exclusivamente masculino — incluindo linhas de frente de unidades militares e posições de executivos — está acessível e é ocupada por um número cada vez maior de mulheres.

Muitos dos direitos que hoje são óbvios para o cidadão — oportunidades iguais, tratamento justo em termos de moradia, proibição da discriminação religiosa, racial e sexual — receberam grande impulso do *Civil Rights Movement* (movimento dos direitos civis) nos Estados Unidos.

A luta mais difícil e acirrada na busca de igualdade envolveu as minorias não-brancas dos Estados Unidos. O forte preconceito racial persistiu como um fato da vida norte-americana por cem anos, depois do final da guerra civil. O direito do negro ao voto, principalmente na região sul dos Estados Unidos, foi repetidamente negado, e a discriminação racial na educação, no emprego e na moradia, em todo o país, era uma dura realidade cotidiana. Anos de dificuldades, protestos e esforços corajosos começaram gradualmente a minar tanto as barreiras legais quanto as sociais contra a igualdade. Organizações como NAACP, formadas por grupos de brancos e negros, começaram a usar o sistema judiciário norte-americano e a Constituição para promover a igualdade para afro-americanos e outras raças. A decisão unânime da Suprema Corte no caso *Brown* versus *Board of Education* (Comitê de Educação), em 1954, declarou inconstitucional a segregação, estabelecendo as bases para a criação de outras leis discutidas no último capítulo, como o *Civil Rights Act* de 1964. As conseqüências da amarga herança deixada pela segregação racial nos Estados Unidos ainda vivem dentro de todo cidadão norte-americano; a luta pela igualdade está longe de terminar. No entanto, muitos dos direitos hoje considerados comuns — oportunidades iguais, tratamento justo em termos de moradia, a proibição da discriminação religiosa, racial e sexual — receberam grande incentivo do *Civil Rights Movement*.

Hoje, mais da metade da força de trabalho norte-americana é constituída por cidadãos não-brancos, do sexo masculino, nascidos nos Estados Unidos, tendência que certamente deverá persistir. Dois terços de toda a migração global vêm para os Estados Unidos. Um terço de todas as empresas existentes nos Estados Unidos pertence a mulheres, empregando cerca de 20% dos trabalhadores norte-americanos.[2]

A imagem norte-americana tradicional da diversidade denotava assimilação. Os Estados Unidos eram considerados o *melting pot* ("caldeirão de diversidade") mundial, um país em que as diferenças étnicas e raciais foram misturadas formando um "purê" norte-americano. Entretanto, na realidade, muitos grupos étnicos e a maioria dos grupos raciais mantinham identidade própria, mas não a expressavam no trabalho. Os funcionários, muitas vezes, abandonavam a maioria das próprias características étnicas e culturais no trabalho para conseguir manter o emprego e seguir carreira. Muitos europeus que chegavam aos Estados Unidos americanizavam seus nomes, aperfeiçoavam o inglês e tentavam inserir-se na sociedade o mais rapidamente possível.

Atualmente, os imigrantes se dispõem a fazer parte de uma equipe integrada, mas não sacrificam mais sua identidade cultural para seguir adiante. E nem terão de sacrificar. As companhias estão descobrindo que elas devem ser mais adaptáveis às diferenças e que, desse modo, acabam obtendo vantagens nos negócios. Os gestores também começam a perceber que os próprios clientes são cada vez mais diversificados e que a manutenção de uma força de trabalho diversificada pode proporcionar uma vantagem competitiva significativa no mercado.

Diversidade Hoje

Hoje, *diversidade* refere-se não apenas à cor da pele ou ao sexo. É um termo amplo usado para fazer referência a todos os tipos de diferenças, como mostra resumidamente a Figura 11.1. Essas diferenças incluem afiliação religiosa, idade, algum tipo de incapacidade, experiência militar, orientação sexual, classe social, nível de escolaridade e estilo de vida além de sexo, raça, etnia e nacionalidade.

FIGURA 11.1 Componentes da Força de Trabalho Diversificada

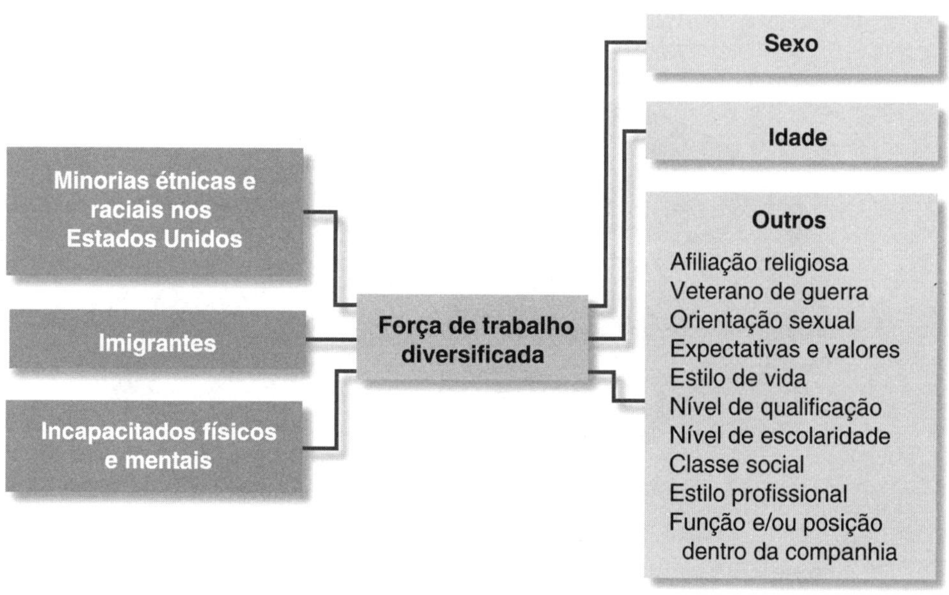

Apesar de os componentes de diferentes grupos (homens brancos, pessoas nascidas durante o período da Depressão, homossexuais, veteranos da guerra do Vietnã, hispânicos, asiáticos, mulheres, negros etc.) compartilharem muitos valores, atitudes e percepções comuns dentro dos seus próprios grupos, há também muita diversidade dentro de cada uma dessas categorias. Cada grupo é constituído por indivíduos que são únicos em personalidade, educação e experiências de vida. Pode haver mais diferenças, por exemplo, entre três asiáticos — um da Tailândia, um de Hong Kong e um da Coréia — do que entre um branco, um afro-americano e um asiático, todos nascidos em Chicago. E nem todos os homens brancos compartilham os mesmos valores e metas pessoais ou profissionais nem se comportam do mesmo modo.

Assim, a gestão da diversidade pode parecer uma contradição em si. Ela envolve ter consciência plena das características *comuns* de um grupo de funcionários e, ao mesmo tempo, gerenciar esses mesmos funcionários de forma *individual*. A gestão da diversidade significa não apenas tolerar ou acomodar todos os tipos de diferenças, mas apoiar, cultivar e utilizar essas diferenças em prol da organização. A Borders Books, por exemplo, tenta conciliar a demografia da sua força de trabalho com a das comunidades em que estão instaladas suas lojas. Os seus principais gestores afirmam que, por causa dessa política, as vendas melhoram. As empresas norte-americanas não têm escolha em relação a contratar ou não uma força de trabalho diversificada; se elas quiserem sobreviver, devem aprender a gerir uma força de trabalho diversificada com mais agilidade ou de uma forma melhor do que os seus concorrentes.

Como mostra a Figura 11.2, é considerável a quantidade de executivos de recursos humanos que afirmam que suas companhias precisam expandir os programas de treinamento voltados à diversidade ou estão planejando fazê-lo. Embora muitas companhias inicialmente houvessem instituído programas envolvendo diversidade para prevenir a discriminação, mais empresas estão começando a enxergar esse tipo de programa como crucial para expandir suas bases de clientes, tanto no âmbito doméstico quanto no mundial. De fato, duas de cada três companhias afirmaram ter ampliado seus programas voltados à diversidade por causa da crescente globalização, de acordo com um levantamento realizado com 1.780 executivos de treinamento e RH pela empresa de consultoria sediada em Boston, Novations/J. Howard and Associates. Um levantamento separado realizado pela Korn/Ferry International mostrou que aproximadamente 85% dos recrutadores europeus, 88% dos asiáticos e 95% dos latino-americanos "concordam totalmente" ou "concordam de alguma forma" que ser — no mínimo — bilíngüe é uma qualificação crítica para o êxito no universo empresarial de hoje.

O Tamanho da Força de Trabalho

Durante grande parte da sua história, os Estados Unidos contaram com uma quantidade excessiva de trabalhadores. Contudo, hoje, há uma expectativa de mudança nesse quadro. A redução do índice de natalidade nos Estados Unidos e em outros países desenvolvidos está provocando uma redução na mão-de-obra disponível. A projeção para o período de 2015 a 2025 é de queda ainda mais substancial no ritmo de crescimento da mão-de-obra disponível, com a aposentadoria da geração dos *baby boomers* (geração do pós-Segunda Guerra Mundial, nascidos entre 1946 e 1964).[3]

FIGURA 11.2 Expansão dos Programas Voltados à Diversidade nas Empresas Norte-americanas

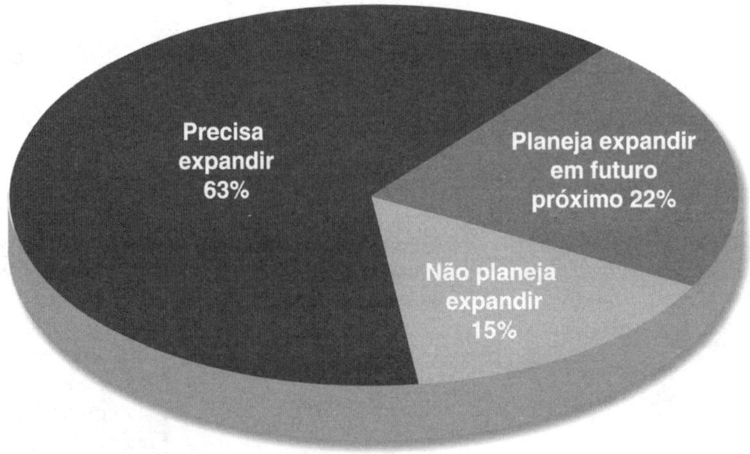

FONTE: JOHNSON, Gail. Time to broaden diversity. *Training*. set. 2004, p. 16.

Os empregadores provavelmente passarão parte do trabalho a fábricas e empresas localizadas em países em desenvolvimento, onde os índices de natalidade são mais elevados e há muito mais mão-de-obra disponível. Contudo, esses empregadores terão de brigar para ficar com os melhores candidatos de uma mão-de-obra norte-americana mais diversificada e relativamente menor. Eles terão de conhecer quem são esses novos trabalhadores — e devem estar preparados para atender às suas necessidades.

Os Trabalhadores do Futuro

Até recentemente, os homens brancos norte-americanos dominavam a força de trabalho nos Estados Unidos. As empresas levavam em conta as necessidades desses trabalhadores. No entanto, embora esse grupo individualmente ainda constitua a maior porcentagem de trabalhadores — cerca de 38% da força de trabalho —, ele é responsável por apenas 15% do crescimento líquido (a diferença entre os trabalhadores que estão entrando no mercado e os que estão saindo). O restante, 85%, do crescimento na força de trabalho é constituído por mulheres brancas norte-americanas, imigrantes e minorias. E esse crescimento vem-se acelerando. De acordo com a previsão do Census Bureau dos Estados Unidos, entre os anos 2000 e 2020, a quantidade de afro-americanos, hispânicos, asiáticos e índios norte-americanos aumentará em 42 milhões, enquanto o número de caucasianos crescerá apenas 10 milhões.[4] Como indica o artigo mostrado a seguir, essa mudança demográfica significativa afetará não apenas a natureza da força de trabalho, mas também os novos e variados clientes e mercados que o gestor terá de atrair.

> "A diversidade humana faz da tolerância mais que uma virtude; faz dela um requisito para a sobrevivência."
>
> Rene Dubos

Visando ao Crescimento, as Estações de Esqui Voltam-se às Minorias

Há seis anos, quando Karl Kapuscinski assumiu a administração da estação de esqui Mountain High, no sul da Califórnia, ele procurou reavivar as pistas, cortejando o mercado jovem — e não apenas qualquer jovem. Ele divulgou anúncios nas estações de rádio mais populares entre os adolescentes negros, promoveu competições de *skateboard*, que atraíram hispânicos, e contratou instrutores de esqui asiáticos.

Em 2004, a estação de Mountain High foi freqüentada por 500 mil visitantes, o triplo em comparação com 1997. Cerca de 40% dos esquiadores eram afro-americanos, hispânicos e asiáticos. Para uma estação localizada a apenas 75 minutos de carro de Los Angeles, voltar o alvo às minorias era algo "natural", declarou Kapuscinski. "Essas pessoas constituem nossa demografia; elas são o nosso mercado."

A pequena estação de esqui parece estar no caminho certo. Para um esporte considerado mais branco que a neve, voltar o alvo às minorias é um conceito revolucionário. Contudo, depois de mais de duas décadas de estagnação, o setor de esqui está começando a perceber que, para crescer, terá de tornar-se multicultural.

Essa percepção chegou à meca mundial do esqui, Colorado, graças a Roberto Moreno, que chegou a ser o único patrulheiro de estação de esqui pertencente a grupos de minoria em "todo o estado do Colorado", diz ele. Cinco anos atrás, ele e a esposa, Louise, fundaram uma organização sem fins lucrativos, a Alpino, com a missão de criar alternativas para promover o acesso dos jovens pertencentes a grupos de minorias aos esportes de inverno. "Todos sabemos que esse esporte é o menos inclusivo dos Estados Unidos", afirma Moreno.

A atividade de esqui nos Estados Unidos explodiu graças à ajuda da geração dos *baby boomers*, que se inseriram no esporte no final da década de 1960 e na década de 1970. No entanto, o crescimento do setor tem sido fraco nas últimas duas décadas, com uma média de 54 milhões de visitantes por ano. Apesar da estagnação, a mensagem do Sr. Moreno foi difícil de ser aceita pela indústria, acostumada a seduzir basicamente esquiadores muito abastados. No começo, os executivos das companhias de esqui "olharam para mim confusos e rejeitaram a idéia de que deveríamos mirar alvos mais diversificados", recorda-se. Moreno acredita que essa reação deve-se ao fato de muitos dos empresários do setor morarem nas regiões das montanhas, sem muito contato com as transformações que atingem todas as áreas urbanas norte-americanas. Assim, ele resolveu divulgar sua causa em publicações de esqui, em conferências do setor e até mesmo junto aos funcionários do serviço florestal norte-americano, responsáveis pela fiscalização das montanhas em que funcionam as várias estações de esqui. "Fui a todos os lugares em que pudesse encontrar uma platéia de ouvintes", diz.

Ele obteve algum êxito: em cinco anos, conseguiu levar às pistas 5 mil jovens pertencentes a grupos de minorias de Denver, com a ajuda de pequenas operadoras de esqui, bancos locais e empresas privadas que contribuíram com itens, por exemplo, U$S 200 em bilhetes de entrada para as estações ou em aluguel de um dia de ônibus. No ano passado, ele definiu uma nova e ambiciosa meta de levar às estações de Colorado 10 mil jovens até 2006.

Em maio, Moreno subiu ao palco da convenção nacional de esqui em Savannah, Geórgia, armado de dados irrefutáveis: 70% da população norte-americana é negra ou hispânica; hoje, as minorias juntas superam os brancos em muitas áreas metropolitanas; o índice de participação de minorias em atividades como esqui ou *snowboard* é inferior a 8%, e o gasto médio mensal de um jovem adolescente multicultural é de US$ 320, 4% superior ao de um jovem não pertencente a minorias. Então, Moreno lançou uma pergunta ao auditório lotado de líderes do setor: "Os senhores acreditam que suas empresas conseguirão sobreviver mais 35 anos dependendo apenas da população branca?"

Em Mountain High, a estação da Califórnia em que a maioria dos visitantes passa um dia, 60% da clientela pertencem a famílias cuja renda anual é de US$ 75 mil ou menos. "Esses garotos tomam emprestados os equipamentos de colegas e ensinam uns aos outros esqui e *snowboard*", diz o Sr. Kapuscinski. "Eles economizam o dinheiro que ganham com o emprego de meio período para comprar equipamentos e roupas e vir à estação."

Uma campanha de marketing com mensagens voltadas às minorias será vital. As fotos dos catálogos da estação de Mountain High mostram latinos, asiáticos e negros nas pistas. A estação também emprega minorias em posições básicas, por exemplo, instrutores, patrulheiros e operadores de teleférico.

Com a visão de tornar o esqui multicultural e menos elitista, o Aspen Valley Ski Club, grupo sem fins lucrativos que oferece programas para crianças locais, começou recentemente a focar o alvo nos latinos. O clube oferecerá bolsas de estudo a cerca de 400 crianças de baixa renda, metade delas de origem hispânica. "Será fantástico ver essas crianças começarem [a ofuscar] a garotada branca nas pistas", diz Curtis Kaufman, californiano que teve a idéia do programa depois de se mudar para a região. Enquanto isso, na próxima estação, Moreno planeja lançar projetos da Alpino em New Hampshire, Vermont e Massachusetts. Ele tem recebido pedidos de várias operadoras de outros estados, incluindo Utah, Novo Mexico, Oregon e Washington. "Temos de assegurar que [os esportes de inverno] não sejam privilégio exclusivo dos norte-americanos mais abastados", declara ele.

FONTE: JORDAN, Miriam. Seeking growth, ski areas target minorities. *The Wall Street Journal*, 22 dez. 2004, p. B1.

Questões Ligadas ao Gênero Um dos mais importantes desenvolvimentos observado no mercado de trabalho norte-americano foi o crescente número de mulheres trabalhando fora de casa. As mudanças sociais ocorridas nas décadas de 1960 e 1970, aliadas à necessidade financeira, fizeram a mulher entrar na força de trabalho e redefinir seu papel. Considere o seguinte:

- As mulheres compõem cerca de 47% da força de trabalho nos Estados Unidos.
- Em algum momento da vida, 99 entre cem mulheres exercerão trabalho remunerado.
- O índice geral de participação das mulheres no mercado de trabalho continua a aumentar, enquanto o de homens diminui.
- Cerca de 60% dos casais são de renda dupla, os dois membros trabalham.
- Uma entre cinco mulheres que trabalham fora ganha mais que o marido.[5]

Para muitas mulheres, assim como para os maridos, conciliar a vida profissional com as responsabilidades com a família e os pais consiste em enorme desafio. Embora o papel dos homens na sociedade esteja mudando, as mulheres ainda são responsáveis pela maior parte dos afazeres ligados à família, incluindo as tarefas domésticas, a educação dos filhos e o cuidado com os pais idosos. Entretanto, algumas companhias ainda esperam dos funcionários, principalmente os de nível gerencial, horas adicionais de trabalho e sacrifício da vida pessoal em benefício do emprego, da organização e da carreira. Essas expectativas podem não apenas colocar as mulheres em desvantagem no mercado de trabalho; as companhias perdem talentos valiosos por causa de tal postura. Por exemplo, a empresa de consultoria Booz, Allen & Hamilton descobriu que estava perdendo uma quantidade excessiva de consultoras altamente qualificadas por causa das inúmeras viagens exigidas pela função. A companhia reorganizou muitas das suas funções para oferecer ao funcionário, tanto do sexo masculino quanto do feminino, a oportunidade de escolher os projetos de trabalho que não exigissem tantas viagens.[6] As companhias que oferecem ao funcionário chance de conciliar compromissos familiares e profissionais estão mais capacitadas para recrutar e reter mão-de-obra feminina. Essas empresas oferecem benefícios voltados à família, por exemplo, creche na empresa, assistência em casa a familiares idosos e horário de trabalho flexível, e lançam mão das novas tecnologias para possibilitar mais horas de trabalho do funcionário em casa.

Mesmo assim, ainda existem grandes disparidades em termos de remuneração. Em média, a trabalhadora de período integral recebe apenas cerca de 77% do que recebe o homem na mesma função (ver a discussão apresentada no Capítulo 10 sobre equiparação salarial e comparação de valores). No nível de vice-presidência, a mulher ganha em média 40% a menos do que o homem na mesma posição. E, na principal posição, a disparidade é ainda maior: os 20 executivos mais bem remunerados dos Estados Unidos recebem em média dez vezes a remuneração total das 20 mulheres mais bem pagas. Contudo, essa situação está, de alguma forma, melhorando. A média de ganho das jovens (entre 16 e 24 anos) chega a 95% do ganho dos jovens e, ao longo da última década, a média de remuneração total das executivas mais que dobrou.[7]

As famílias com renda oriunda do trabalho de somente um dos cônjuges, em que apenas ou o marido ou a mulher trabalha, enfrentam uma tarefa difícil para equilibrar a vida familiar e profissional. As mães sozinhas — divorciadas, viúvas ou que nunca foram casadas — são responsáveis por mais de nove milhões de lares com renda única. Para essas pessoas, as viagens de negócios e outras demandas rotineiras da carreira corporativa — incluindo horas extras e transferências para outras localidades — podem virar a vida de cabeça para baixo. Algumas vezes, essas pessoas recusam promoções ou designações de alto perfil para preservar o tempo dedicado aos filhos. Em algumas organizações, dizem os especialistas, presume-se, equivocadamente, que mães sozinhas não conseguem assumir novas atribuições por causa das responsabilidades com os afazeres de casa.

Parte da discrepância na remuneração é conseqüência tanto do nível quanto dos tipos de tarefas atribuídas à mulher. À medida que a mulher — juntamente com as minorias — vai ascendendo dentro da corporação, ela depara com o "teto de vidro". O termo **teto de vidro** refere-se à barreira invisível que dificulta a ascensão das mulheres e das minorias a certos níveis hierárquicos na corporação. Por exemplo, as mulheres representam apenas cerca de 16% dos principais executivos corporativos. No entanto, mesmo essa porcentagem representa o dobro da existente até 1995.[8] Somente cerca de 10% das cem principais empresas da lista da *Fortune* têm mulheres na presidência. Considerando-se todos os níveis da alta administração, o cenário é mais animador — mais de 40% dos gestores de nível hierárquico médio nos Estados Unidos são mulheres.[9] Mesmo assim, as evidências ainda mostram que as mulheres que ascendem na corporação acabam tendo de escolher entre a carreira e a família. De acordo com o General Accounting Office, cerca de 60% dos gestores do sexo masculino têm filhos em casa, em comparação com 40% dos gestores do sexo feminino.[10] A Tabela 11.1 mostra uma relação das principais mulheres executivas do mercado norte-americano e as empresas para as quais elas trabalham. A Tabela 11.2 apresenta uma lista das melhores companhias norte-americanas para as mulheres executivas de acordo com a National Associaton of Female Executives (Associação Nacional de Executivas).

Uma preocupação constante, tanto para homens quanto para mulheres, é a questão do **assédio sexual**. O assédio sexual pode ser dividido em duas categorias. A primeira, o *assédio quid pro quo* (assédio por chantagem), acontece quando as "decisões relacionadas ao emprego são baseadas na submissão à conduta sexual ou à sua rejeição". A segunda, o *assédio de ambiente hostil* (assédio por intimidação), acontece quando a conduta sexual inoportuna "tem a finalidade ou o efeito de interferir, de forma não-razoável, no desempenho do trabalho, ou de criar um ambiente intimidador, hostil ou ofensivo". Os comportamentos que criam hostilidade no ambiente de trabalho incluem exibições persistentes ou difusas de pornografia, obscenidades ou comentários maliciosos ou piadas ou brincadeiras humilhantes. Esse tipo de assédio é, hoje em dia, mais comum do que o assédio *quid pro quo*. Contudo, por envolver padrões mais subjetivos de comportamento, coloca um peso extra sobre o gestor para ele manter um ambiente apropriado de trabalho. De fato, mesmo o gestor que não se envolve pessoalmente em atos de assédio sexual, mas não os previne ou não toma as providências necessárias quando recebe reclamações legítimas de assédio, pode ser responsabilizado, juntamente com a companhia, se um processo for aberto. Igualmente importante é o gestor saber que o padrão de "hostilidade no ambiente de trabalho" se aplica também ao assédio entre homens, bem como nos casos não relacionados com gênero, como calúnia racial ou étnica.

teto de vidro

Barreira invisível que dificulta, para certos grupos, como as minorias e as mulheres, a ascensão além de determinado nível na hierarquia organizacional.

assédio sexual

Conduta de natureza sexual com conseqüências negativas para o emprego.

QUADRO 11.1
Lista A: Principais Executivas

Classificação	Nome	Empresa	Título
1	Meg Whitman	eBay	Presidente e CEO
2	Andrea Jung	Avon Products	Presidente do Conselho e CEO
3	Anne Mulcahy	Xerox	Presidente do Conselho e CEO
4	Marjorie Magner	Citigroup	Presidente do Conselho e CEO, Grupo de Consumidor Global
5	Oprah Winfrey	Harpo	Presidente do Conselho
6	Sallie Krawcheck	Citigroup	Diretora Financeira (CFO)
7	Abigail Johnson	Fidelity Management & Research	Presidente
8	Pat Woertz	Chevron Texaco	Vice-presidente Executiva, Atividades Secundárias Globais
9	Karen Katen	Pfizer	Vice-presidente Executiva; Presidente, Produtos Farmacêuticos Globais
10	Judy McGrath	Viacom	Presidente do Conselho e CEO, Redes MTV
11	Indra Nooyi	PepsiCo	Presidente e Diretora Financeira (CFO)
12	Ann Moore	Time Warner	Presidente do Conselho e CEO, Time Inc.
13	Pat Russo	Lucent Technologies	Presidente do Conselho e CEO
14	Christine Poon	Johnson & Johnson	Presidente Mundial, Medicamentos e Produtos Nutricionais
15	Zoe Cruz	Morgan Stanley	Diretora Mundial, Renda Fixa, Câmbio e *Commodities*
16	Doreen Toben	Verizon	Vice-presidente Executiva e Diretora Financeira (CFO)
17	Anne Sweeney	Walt Disney	Co-presidente do Conselho, Disney Media; Presidente, Disney-ABC Television
18	Amy Woods Brinkley	Bank of America	Diretora Executiva de Riscos (CRO)
19	Susan Arnold	Procter & Gamble	Vice-presidente do Conselho; Produtos de Beleza Global
20	Amy Pascal	Sony	Vice-presidente do Conselho; Presidente do Grupo Cinematográfico
21	Ann Livermore	Hewlett-Packard	Vice-presidente Executiva; Grupo de Soluções em Tecnologia
22	Myrtle Potter	Genentech	Presidente, Operações Comerciais
23	Susan Desmond-Hellmann	Genentech	Presidente, Desenvolvimento de Produtos
24	Gail Berman	News Corp.	Presidente, Entretenimento, Fox Broadcasting Co.
25	Shelly Lazarus	WPP	Presidente do Conselho e CEO, Ogilvy & Mather Worldwide

FONTE: http://www.fortune.com/fortune/powerwomen/subs/fullist. Acesso em: 19 mar. 2005.

Uma maneira de o gestor ajudar a companhia a evitar a ocorrência de assédios, ou a evitar punições se a empresa for processada, é a implementação, na organização, de uma política abrangente e efetiva de combate ao assédio sexual. O Quadro 11.3 apresenta os componentes básicos de uma política desse tipo. Empresas como Avon, Corning e Metro-Goldwyn-Mayer descobriram que um forte compromisso com a diversidade resulta em menos problemas com assédio sexual.[11]

Antes de seguir adiante, é importante observar que as questões ligadas ao gênero e à natureza transformacional do trabalho não se aplicam apenas às mulheres. De alguma forma, a mudança de *status* da mulher tem dado ao homem a oportunidade para redefinir seu papel, suas expectativas e seu estilo de vida. Alguns homens estão optando mais pela vida pessoal do que pelo sucesso corporativo e estão

QUADRO 11.2 As 30 Melhores Companhias de 2005 para as Executivas

Aetna, Hartford, CT
Allstate Insurance, Northbrook, IL
American Express, Nova York, NY
Avon Products Inc., Nova York, NY
Bristol-Myers Squibb Co., Nova York, NY
Charming Shoppes, Bensalem, PA
Colgate-Palmolive, Nova York, NY
Compuware Corporation, Detroit, MI
DuPont, Wilmington, DE
Federated Department Stores, Cincinnati, OH
Gannett Co. Inc., McLean, VA
Gap Inc., São Francisco, VA
Hewlett-Packard, Palo Alto, CA
IBM Corporation, Armonk, NY
Knight Ridder, San José, CA
Liz Claiborne, Inc., North Bergen, NJ
Lucent Technologies, Murray Hill, NJ
Manpower Inc., Milwaukee, WI
Merck & Co. Inc., Whitehouse Station, NJ
Nordstrom Inc., Seattle, WA
The New York Times Co., Nova York, NY
PepsiCo Inc., Purchase, NY
The Phoenix Companies, Enfield, CT
The Principal Financial Group, Des Moines, IA
The Procter & Gamble Companies, Cincinnati, OH
Prudential Financial, Newark, NJ
Scholastics Inc., Nova York, NY
Target, Minneapolis, MN
WellPoint, Indianápolis, IN
Xerox Corporation, Stamford, CT

FONTE: www.nafe.com.

reduzindo as horas de trabalho e os compromissos para dedicar mais tempo à família. O trabalhador está valorizando mais o tempo dedicado aos assuntos pessoais, à qualidade de vida, à auto-realização, e à família. Hoje, o trabalhador, tanto o homem quanto a mulher, procura alcançar o equilíbrio entre carreira e família.

Minorias e Imigrantes Além das questões ligadas ao gênero, a importância e o escopo da diversidade são evidentes no aumento da percentagem de minorias raciais e de imigrantes na força de trabalho. Considere estes fatos:

- Um de cada quatro empregos nos Estados Unidos é ocupado por trabalhadores pertencentes a minorias ou por imigrantes.
- As forças de trabalho asiática e hispânica são as que mais crescem nos Estados Unidos, seguidas da afro-americana.
- Três em cada dez estudantes matriculados nas faculdades são negros.
- Estima-se que, em 2020, a maioria dos trabalhadores iniciantes na Califórnia será hispânica.
- O inglês tornou-se a segunda língua para grande parte da população da Califórnia, do Texas e da Flórida.
- Trabalhadores estrangeiros representam 14% da mão-de-obra civil nos Estados Unidos.

QUADRO 11.3

Componentes Básicos de uma Política Efetiva de Combate ao Assédio Sexual

1. Desenvolver uma política organizacional abrangente a respeito de assédio sexual e apresentá-la a todos os funcionários novos e atuais. Deixar bem claro que o assédio sexual não será tolerado sob nenhuma circunstância. A ênfase produz mais efeito se a política for divulgada e apoiada pela alta administração.
2. Realizar sessões de treinamento com os supervisores para explicar os requisitos do Title VII,* o papel deles na manutenção de um ambiente sem assédio sexual, e os procedimentos investigativos apropriados quando houver alguma ocorrência.
3. Estabelecer um procedimento formal para registro de reclamação, a partir do qual o funcionário possa discutir os problemas sem medo de retaliações. O procedimento deve deixar bem claro como a ocorrência será investigada e solucionada.
4. Atuar imediatamente quando o funcionário reclamar de assédio sexual. Divulgar amplamente que as investigações serão realizadas de forma objetiva, atentando para a sensibilidade do problema.
5. Quando alguma investigação comprovar a reclamação do funcionário, punir imediatamente o agressor. Nos casos de agressões graves, a punição deve incluir penalidades que vão até a demissão. A punição deve ser aplicada de forma coerente em casos semelhantes e igualmente a gestores e horistas.
6. Acompanhar todos os casos para garantir a solução satisfatória do problema.

FONTE: BOHLANDER, G. et al. *Managing human resources*, 12. ed. Copyright © 2001. Reimpresso com permissão da South-Western, uma divisão da Thomson Learning, www.thomsonrights.com.

- Quanto mais jovem é o norte-americano, maior a probabilidade de ele não ser branco.
- Uma em cada 40 pessoas nos Estados Unidos identifica-se como multirracial,[12] e esse número pode subir para uma em cada cinco pessoas até 2050.

Esses números indicam que o termo *minoria*, como usado normalmente hoje, logo perderá o sentido. Principalmente nas áreas urbanas em que homens brancos não são predominantes, a gestão da diversidade envolve não apenas a eliminação da discriminação; ela significa aproveitar a ampla variedade de habilidades disponíveis no mercado de trabalho. As organizações que não aproveitam totalmente as habilidades e competências das minorias e dos imigrantes estão limitando gravemente seu amplo potencial de talentos e sua capacidade de compreender e captar os mercados das minorias. E esses mercados estão crescendo muito rapidamente. Por exemplo, os lares de minorias respondem por mais de 19% dos gastos do consumidor, em comparação com apenas 12% em 1990.[13]

Vantagens da Colaboração

Em muitas áreas urbanas, com grandes populações asiáticas, hispânicas ou afro-americanas, os bancos têm aumentado deliberadamente a diversidade dos seus gerentes e caixas para refletir o *mix* populacional da comunidade e atrair mais negócios. Se assim não o fizerem, os clientes percebem imediatamente e passam a trabalhar com outros bancos de áreas nos quais se sintam mais bem-vindos e confortáveis. Essa diversidade e a colaboração entre funcionários melhoram o atendimento do cliente, ajudando os bancos a manterem a competitividade. Por exemplo, se um imigrante recém-chegado ao país aproximar-se do caixa sem falar muito bem o inglês, o funcionário imediatamente chama um colega bilíngüe para ajudá-lo. Os colegas bilíngües também estão mais bem preparados para ajudar os clientes do banco em problemas específicos, tais como transferência de dinheiro para o exterior.

Mesmo assim, as evidências mostram algumas disparidades problemáticas ligadas ao emprego e à remuneração. O desemprego entre os negros é o dobro daquele entre os brancos, e o homem negro ganha cerca de 74% do que ganha o branco. Essa disparidade pode existir até mesmo em empregos similares. A presença dos afro-americanos nas posições da alta administração também é pouco representativa, sendo de menos de 1% de executivos seniores entre as 1.000 principais corporações.[14] O Bureau of Labor Statistics (Departamento de Estatística Trabalhista) do governo norte-americano também constatou a

*NRT: Parte do *Civil Rights Act* de 1964, que proíbe a discriminação no ambiente de trabalho, com base em gênero, raça, cor, origem e preferência religiosa e, portanto, trata da questão do assédio sexual.

presença muito pouco representativa de afro-americanos e hispânicos em todas as posições executivas, administrativas e gerenciais. Essa baixa representatividade pode, em si, ajudar a perpetuar o problema, já que acaba deixando ao jovem aspirante, pertencente a alguma minoria, poucos modelos ou mentores, tão importantes na orientação da carreira de um executivo.[15]

Há ainda consideráveis evidências da influência dessa discriminação em pelo menos algumas dessas disparidades. Por exemplo, em um estudo recente, foram enviados currículos fictícios em resposta a anúncios de emprego em jornais de Boston e Chicago. Cada currículo apresentava nomes afro-americanos, como Lakisha e Jamal, ou nomes que soavam como nomes de brancos, como Emily ou Greg. Os currículos com nomes aparentemente de brancos apresentaram uma probabilidade 50% maior de serem chamados para entrevistas do que os currículos com nomes, supostamente, de pessoas afro-americanas. Apesar da equivalência em termos de qualificações, é muito difícil eliminar os freqüentes pressupostos inconscientes em relação a diferentes grupos raciais.[16]

Mulheres como Anne M. Mulcahy, presidente e CEO da Xerox, estão conquistando seus lugares no topo da hierarquia corporativa.

Não obstante, um avanço significativo tem sido obtido. Por exemplo, como mostra o Quadro 11.4, entre as 1.000 maiores corporações domésticas e internacionais, 18 são hoje dirigidas por CEOs afro-americanos. Esse número não é grande, mas, em 1988, nenhuma era conduzida por executivo afro-americano e, em 2000, apenas seis o eram. Além disso, no presente, praticamente toda grande organização adota políticas e programas dedicados a aumentar a representatividade das minorias — incluindo sistemas de remuneração que recompensam gestores

QUADRO 11.4

CEOs Afro-Americanos

Nome	*Companhia*	*Título*
Kenneth I. Chenault	American Express	Presidente do Conselho e CEO
Erroll B. Davis Jr.	Alliant Energy	Presidente do Conselho e CEO
Reginald E. Davis	Wachovia	CEO
W. H. "Bill" Easter III	Duke Energy Field Services	Presidente do Conselho, CEO e Presidente
Ann M. Fudge	Young & Rubicam Brands	Presidente do Conselho e CEO
Arthur "Art" H. Harper	GE Equipment Services	CEO e Presidente
Carl Horton	The Absolut Spirit Company Inc.	CEO e Presidente
Aylwin Lewis	Kmart	Presidente e CEO
Renetta McCann	Starcom Americas	CEO
E. Stanley O'Neal	Merrill Lynch & Co.	Presidente do Conselho, CEO e Presidente
Clarence Otis Jr.	Darden Restaurants	CEO
Dan Packer	Entergy New Orleans	CEO e Presidente
Richard D. Parsons	Time Warner	Presidente do Conselho e CEO
Franklin D. Raines	Fannie Mae	Ex-presidente do Conselho e CEO
Pamela Thomas-Graham	CNBC	CEO e Presidente
John W. Thompson	Symantec Corp.	Presidente do Conselho e CEO
Lloyd G. Trotter	GE Consumer and Industrial	CEO e Presidente
R. L. "Bob" Wood	Crompton Corp.	Presidente do Conselho, CEO e Presidente

FONTE: Reimpresso com permissão da revista *Black Enterprise*, fev. 2005.

QUADRO 11.5
As 10 Melhores Companhias em Recrutamento e Retenção de Mão-de-obra Diversificada

1. Ford
2. Fannie Mae
3. American Express
4. Verizon
5. IBM
6. Safeco
7. Deloitte & Touche
8. Eastman Kodak
9. Bank of America
10. Xerox

FONTE: Copyright © 2004, DiversityInc.com. Reproduzido com permissão.

pelo aumento da diversidade das suas operações. Grandes companhias como FedEx, Xerox, Motorola, Shell e Sun Microsystems contam com diretores responsáveis pela diversidade corporativa para ajudar os gestores da organização a atrair, reter e promover executivos provenientes de grupos de minorias e mulheres. Muitas organizações também estão trabalhando para garantir uma oferta contínua de candidatos de minorias, apoiando programas de estágio e de MBA para candidatos pertencentes a esses grupos. A Dunn and Bradstreet custeia programas de estágio no verão para estudantes de MBA oriundos de grupos de minorias. A Lockheed Martin firmou uma parceria com a American Management Association's Operations Enterprise para estabelecer programas de estágio remunerado de duas semanas no verão para universitários e estudantes do ensino médio. Esses programas promovem o aprendizado mútuo entre estudantes e organizações e, de preferência, acabam resultando em oportunidades de emprego de período integral. A Tabela 11.5 apresenta a relação das 10 melhores empresas em termos de diversidade, de acordo com a DiversityInc.com. Para todas essas companhias, desenvolver, contratar e reter executivos de grupos de minoria é fundamental para a sua capacidade de gerenciar uma força de trabalho cada vez mais diversificada e de atender a um número cada vez maior de clientes e consumidores de diversas origens.

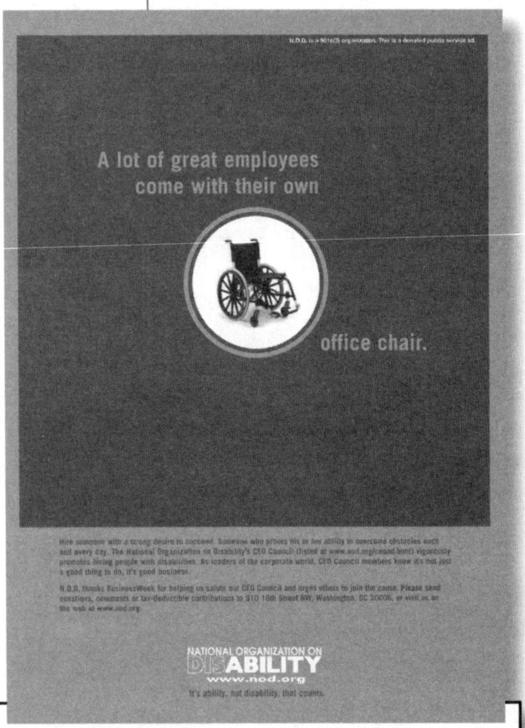

A contratação de portadores de deficiência não significa apenas ter no escritório equipamentos especiais para atender às suas necessidades — significa ter trabalhadores mais confiáveis, que faltam menos e que trocam menos de emprego.

Portadores de Deficiência Física e Mental A maior população minoritária desempregada nos Estados Unidos é a de portadores de deficiência. Essa população é composta por pessoas de todas as idades, culturas e origens étnicas. De acordo o Census Bureau dos Estados Unidos, na última década, o número de norte-americanos portadores de deficiência aumentou 25%, superando o ritmo de crescimento de qualquer outro subgrupo da população do país. Pelos dados da National Organization on Disability (Organização Nacional de Deficientes), 32% dos norte-americanos portadores de deficiência, entre 18 e 64 anos, estão trabalhando. Contudo, 66% dos que estão desempregados gostariam de ter um emprego.[17]

A lei que trata dos norte-americanos portadores de deficiência, a *Americans with Disabilities Act* (ADA), mencionada no Capítulo 10, define deficiência como qualquer dificuldade física ou mental que restrinja, substancialmente, uma ou mais atividades importantes do dia-a-dia. São exemplos de deficiência física ou mental qualquer dificuldade resultante de problemas ortopédicos, visuais, orais e auditivos; paralisia cerebral; epilepsia; distrofia muscular;

esclerose múltipla; infecções decorrentes do HIV; câncer; doença cardíaca; diabetes; retardamento mental; doença emocional; deficiências específicas de aprendizado; vício de drogas, e alcoolismo.[18]

Novas tecnologias auxiliares estão ajudando as companhias a se adaptarem a essa legislação (ADA) e permitindo, aos portadores, serem mais produtivos no trabalho.[19] Em muitos casos, os governos estaduais arcam com os custos dos equipamentos especiais e de outras adaptações necessárias para o trabalhador. As companhias estão descobrindo que a disponibilização dessas adaptações pode resultar também em benefícios adicionais não esperados. A National Industries for the Blind (NIB), uma empresa sediada em Wisconsin que comercializa produtos da marca Skilcraft, é um bom exemplo. Setenta e cinco por cento dos funcionários da NIB são portadores de deficiências visuais. Como os selecionadores de mercadorias do depósito tinham dificuldades para ler as instruções impressas, a empresa instalou um sistema de tecnologia de voz que transmite as orientações aos trabalhadores por fone de ouvido. Um dos benefícios adicionais obtidos com essa tecnologia foi o aumento na produtividade de toda a operação. A precisão melhorou e, com esses equipamentos, os trabalhadores — portadores ou não de deficiência visual — conseguem separar e enviar os pedidos mais rapidamente com o uso dos fones de ouvido.

Para a maioria das empresas, os portadores de deficiências físicas e mentais representam um mercado de trabalho inexplorado, porém extremamente frutífero. Freqüentemente, os empregadores percebem que os funcionários portadores de deficiências são mais confiáveis do que os demais, faltam menos ao trabalho e trocam menos de emprego. Benefícios de renúncia fiscal também são concedidos a empresas que contratam trabalhadores que são portadores de deficiências. Além disso, o gestor que contrata e apóia funcionários portadores de deficiência está sinalizando a outros empregados, e a outros *stakeholders*, um forte interesse na criação de uma cultura organizacional inclusiva.

A Idade da Força de Trabalho

Os *baby boomers* — população nascida em conseqüência da explosão demográfica do pós-Segunda Guerra Mundial, entre 1946 e 1964 — estão envelhecendo. Hoje, um em cada três trabalhadores tem mais de 45 anos, e até 2006 a idade média da força de trabalho nos Estados Unidos chegará a 40,6 anos em comparação com a média de 30 anos do início da década de 1960. Áreas de atividades como a de enfermagem e de produção estão enfrentando grande perda de mão-de-obra especializada em conseqüência dos enxugamentos (*downsizing*) e do rápido envelhecimento dos trabalhadores. Outros setores logo passarão pelas mesmas dificuldades.[20] Como resultado dessa tendência, o Bureau of Labor Statistics (Departamento de Estatísticas Trabalhistas) dos Estados Unidos projeta uma escassez de oferta de mão-de-obra de trabalhadores iniciantes.

Há um aspecto positivo: 68% dos trabalhadores entre 50 e 60 anos planejam trabalhar mesmo após a aposentadoria ou jamais se aposentar, relata a Association for the Advancement of Retired People (Associação para o Desenvolvimento do Aposentado). O aposentado, muitas vezes, retorna à força de trabalho diante do apelo do seu empregador, que não pode dar-se ao luxo de perder o conhecimento acumulado pelo funcionário de longa data, sua disposição em trabalhar em turnos não-tradicionais e seus hábitos confiáveis de trabalho, que têm efeitos positivos sobre todo o grupo de trabalho. Uma pesquisa da Society of Human Resources Management (Sociedade de Gestão de Recursos Humanos) constatou que 80% dos recrutadores têm poucas restrições ou nenhuma hesitação em contratar trabalhadores mais velhos.[21]

Não obstante, para evitar um êxodo de talentos, o empregador precisa implementar estratégias que ajudem a manter e atrair o talento que o trabalhador mais velho tem a oferecer. Um plano de aposentadoria parcial, que permita ao funcionário mais velho trabalhar menos horas por semana, é uma dessas estratégias. Quase um terço dos professores em idade de aposentadoria dos 16 *campi* da University of North Carolina está aproveitando o benefício do plano de aposentadoria parcial, e o conceito está lentamente sendo adotado por muitas organizações públicas e privadas. Outra estratégia é adaptar o ambiente de trabalho para ajudar o idoso a lidar com as dificuldades físicas decorrentes do envelhecimento, como dificuldade de visão, audição, locomoção e outras. Essa é uma mudança significativa tendo em vista a prática de décadas recentes, quando o trabalhador idoso recebia incentivos para deixar a empresa a fim de se reduzirem os custos fixos corporativos e, talvez, para viabilizar a contratação de substitutos com salário inferior.

Para atrair funcionários idosos e mais experientes, os executivos da Procter & Gamble e da Eli Lilly criaram uma empresa separada que fornecerá a essas companhias profissionais aposentados que queiram voltar a trabalhar em regime de meio período. A Home Depot oferece empregos para trabalhadores no inverno na Flórida e no verão em Maine, e as livrarias Borders oferecem descontos para incentivar professores aposentados a trabalharem como vendedores. Os gestores dessas empresas estão antecipando uma escassez de mão-de-obra, e desejam estar preparados.[22] O Quadro 11.6 mostra como empresas criativas estão reavaliando suas políticas de aposentadoria e resolvendo sua escassez de mão-de-obra quali-

QUADRO 11.6
Cinco Principais Abordagens para Utilização Mais Plena de Funcionários Idosos

Abordagens para Utilizar mais Plenamente Funcionários Idosos	Abordagens Consideradas Muito ou Moderadamente Efetivas	Empresas que Implementaram a Abordagem
Pacotes de benefícios voltados ao funcionário idoso	68%	18%
Adaptação para expediente de meio período, mas mantendo os benefícios	64	30
Orientação dos gestores em termos de aproveitamento racional do funcionário idoso	60	25
Oferta de mais trabalho de meio período para funcionários idosos (independentemente dos benefícios)	55	36
Treinamento das habilidades do funcionário idoso	55	44

FONTE: American business and older employees: a survey of findings. American Association of Retired Persons (AARP). Copyright © 2002 AARP (www.aarp.org). Reimpresso com permissão.

ficada encontrando formas de atrair e manter funcionários com mais de 55 anos. Elas economizam custos com treinamento e rotatividade de mão-de-obra e investem na experiência dos funcionários mais velhos.

TEXTO EXTRAÍDO DA REVISTA BusinessWeek

Nação Hispânica

Saem os *baby boomers* e entram os *bebé* (*baby*, ou bebê, em espanhol) *boomers*. De acordo com as projeções dos estatísticos, eles constituem 39 milhões de poderosos — bilíngües, biculturais, na maioria jovens, hispânicos que conduzirão o crescimento da população e da força de trabalho nos Estados Unidos. Vindos da América Latina, mas predominantemente do México, esses imigrantes estão criando o que os especialistas consideram uma verdadeira leva de hispânicos, crianças e adultos de mais ou menos 30 anos, em razão da brusca velocidade do crescimento dessa população — 3% por ano contra 0,8% do restante.

Essa tendência não significa apenas que os latinos, assim como muitos preferem ser chamados, oficialmente superaram os afro-americanos no ano passado, tornando-se o maior grupo de minoria da nação. Suas estatísticas são tão grandes que, assim como ocorreu com a geração dos *baby boomers* nascida depois da Segunda Guerra Mundial e antes deles, os latinos estão transformando-se na força propulsora da economia, da política e da cultura.

A sua influência equivaleria a uma mudança no centro de gravidade da nação. Na década passada, os hispânicos representavam metade de todos os novos trabalhadores, e a tendência é de que eles passarão dos cerca de 12% da força de trabalho atual para aproximadamente 25% daqui a duas gerações. Apesar da baixa renda familiar, o crescente poder de compra dos hispânicos influencia cada vez mais a comida que os norte-americanos consomem, as roupas que eles vestem e os automóveis que dirigem. As companhias estão quebrando a cabeça para renovar os produtos e as campanhas de marketing para atingir esse grupo de consumidores que é aquele que mais cresce nos Estados Unidos.

Os Estados Unidos jamais passaram por tamanha transformação demográfica. Certamente, a explosão demográfica de latinos provoca uma mudança bem-vinda na economia, em uma época em que o crescimento das demais populações vem diminuindo lentamente. Sem a entrada contínua de novos trabalhadores e consumidores no mercado, a nação, que está envelhecendo, pode sofrer uma diminuição de longo prazo no ritmo da economia, assim como ocorre no envelhecido Japão, afirma o ex-diretor de Desenvolvimento Urbano e Habitacional, Henry Cisneros. Os latinos já são os principais catalisadores do crescimento econômico. Sua renda aumentou 29% desde 2001, chegando a US$ 652 bilhões, o dobro do ritmo do restante da população. Do mesmo modo, a quantidade de empreendedores latinos aumentou 30% desde 1998.

O que ainda não fica claro é se a coesão social dos hispânicos será bem sólida a ponto de desafiar, efetivamente, a perspectiva dos Estados Unidos como um *melting pot* (caldeirão cultural). Ao longo de toda a história do país, mesmo com as ondas sucessivas de imigrantes, estes acabaram abrindo mão de sua língua materna e sua cultura e misturaram-se na classe média. No caso dos hispânicos pode ser diferente, não apenas porque muitos não são brancos. Hoje, os hispânicos têm mais opções do que os outros grupos de imigrantes para permanecer com a sua própria cultura. Com redes de TV em âmbito nacional, como Univision Communications Inc., e centenas de comunidades exclusivamente de falantes de espanhol, como Cicero, os hispânicos podem achar mais prático permanecerem bilíngües. Atualmente, 78% dos latinos nos Estados Unidos falam espanhol, mesmo sabendo falar inglês.

Na ânsia de atingir o mercado de hispânicos que está em ampla expansão, a própria América Corporativa está ajudando a reforçar as preferências biculturais dos hispânicos. No ano passado, a Procter & Gamble Co. gastou US$ 90 milhões com publicidade direcionada aos latinos para anunciar 12 produtos, por exemplo, Crest e Tide — 10% do orçamento publicitário dessas marcas e um aumento de 28% em apenas um ano. "Os hispânicos representam um marco no nosso crescimento na América do Norte", afirma Graciela Eleta, vice-presidente da equipe multicultural da Procter & Gamble em Porto Rico.

Outras companhias estão assumindo a mesma postura. Uma nova unidade da PacifiCare Health Systems Inc. sediada na Califórnia, a Cypress, começou a comercializar seguro-saúde em espanhol, encaminhando hispânicos a médicos falantes de espanhol e traduzindo documentos para o espanhol para trabalhadores hispânicos. "Sabíamos que teríamos de reestruturar toda a companhia, seja em termos lingüísticos, seja em termos culturais, para lidar com esse mercado", diz Russell A. Bennett da PacifiCare.

À medida que vai crescendo o número de falantes de espanhol, a mídia de língua espanhola está transformando-se de um mercado de nicho em uma indústria independente. A receita publicitária nas TVs de língua espanhola deve crescer 16% este ano, mais do que qualquer outro segmento da mídia, de acordo com a TNS Media Intelligence/CMR. A audiência da Univision, o maior conglomerado de mídia de língua espanhola nos Estados Unidos, aumentou 44% desde 2001, e 146% entre pessoas da faixa etária de 18 a 34 anos. Muitos desses telespectadores migraram das redes de língua inglesa cuja audiência caiu nesse período.

Por mais de 200 anos, a nação conseguiu mesclar os estrangeiros na trama do tecido da sociedade norte-americana, incorporando nuanças das novas culturas ao longo do caminho. Com seus números astronômicos, os hispânicos vêm contribuindo com todos os tipos de novas influências. A celebração do "Cinco de Mayo" juntou-se ao dia de St. Patrick como comemoração pública em algumas regiões, e os *burritos* (comida típica) fazem parte da refeição cotidiana. Cada vez mais, os norte-americanos *hablan español.* Será que os hispânicos acabarão sendo absorvidos, assim como ocorreu com os demais imigrantes? É possível, porém, mais provavelmente, eles continuarão mantendo os pés nas duas embarcações, tentando descobrir uma forma de continuarem a ser hispânicos mesmo vindo a se tornar norte-americanos.

FONTE: Adaptado com base em GROW, Brian. Hispanic nation. *BusinessWeek*, 15 mar. 2004, on-line.

Distinção entre Gestão da Diversidade e Ação Afirmativa

Para muitas organizações, o ímpeto original para diversificar a força de trabalho foi baseado na responsabilidade social e na necessidade legal (ver o Capítulos 5 e 10). Para corrigir a exclusão de mulheres e minorias no passado, as companhias introduziram a **ação afirmativa** — esforços especiais para recrutar e contratar membros qualificados pertencentes a grupos discriminados no passado. A intenção não era dar preferência a essas pessoas em detrimento das demais, mas corrigir a longa história de práticas discriminatórias e de exclusão. Reparar esses erros no sentido moral, ético e legal era a única coisa a fazer.

ação afirmativa

Esforços especiais para recrutar e contratar membros qualificados pertencentes a grupos discriminados no passado.

Os recursos legais para acabar com a discriminação tiveram grande impacto, transformando a sociedade e as organizações de forma positiva, de modo que seria inimaginável poucas décadas atrás. Hoje, a natureza de imigração da sociedade norte-americana é vista praticamente como normal e até com orgulho. E mulheres, afro-americanos, hispânicos e outras minorias rotineiramente ocupam posições que, em tempos passados, eram totalmente inacessíveis para eles.

Conexões: TODO MUNDO SABE QUE AS MULHERES NÃO PODEM TOCAR

Até 1965, apenas 5% dos músicos das melhores orquestras dos Estados Unidos eram mulheres e, mesmo até mais ou menos 1980, essa porcentagem não chegava a mais de 10%. Algumas das maiores orquestras não contavam com nenhuma mulher. (Na Europa, até bem recentemente, algumas das principais orquestras adotavam, efetivamente, uma política formal *proibindo* a contratação de mulheres.) Dizia-se que muitos regentes reclamavam que as mulheres eram mais temperamentais, precisavam de atenção especial, eram mais propensas a desistir ou pioravam a qualidade sonora da orquestra. Hoje, apesar da baixa rotatividade observada nas orquestras, as mulheres, muitas vezes, representam cerca de um terço dos músicos. Em várias orquestras, quase metade das novas contratações são de mulheres. Alguns daqueles mesmos regentes que reclamavam das mulheres acabavam contratando-as depois das audições às cegas. Com a contratação baseada exclusivamente no talento demonstrado, sem considerar a aparência, o sexo ou a raça, as orquestras conseguiram eliminar a influência da discriminação. Elas também conseguiram aumentar significativamente o conjunto de talentos disponíveis. Como resultado, houve um crescimento imediato e significativo na diversidade dentro das orquestras.

Ainda assim, é possível perceber que a imposição legal tende a resultar em esforços fragmentados, que ainda não atingem plenamente as metas integrativas da diversidade. A discriminação no emprego ainda existe, e mesmo depois de três décadas de legislação governamental, as leis que garantem oportunidades iguais de emprego e as ações afirmativas não produziram melhorias adequadas na mobilidade ascendente de mulheres e minorias. Para não se ater apenas à correção dos erros do passado e a organização tornar-se efetivamente inclusiva, é necessário mudar a cultura organizacional — criando-se uma nova cultura na qual a diversidade seja vista como contribuinte direta no cumprimento das metas organizacionais.

O jogador profissional de golfe Tiger Woods tem o mérito de sozinho melhorar a imagem do esporte, atraindo muitos novos espectadores.

Vistas desse ângulo, a ação afirmativa e diversidade não são a mesma coisa, mas são complementares. Ao contrário dos programas de incentivo a oportunidades iguais de emprego e das ações afirmativas, a gestão da diversidade significa ir além das obrigações legais para adotar uma filosofia empresarial proativa que veja as diferenças como algo positivo. No fim, *todos* os funcionários são diferentes. Essas diferenças podem incluir não apenas as características básicas de raça, etnia, idade e sexo, já discutidas aqui, mas também atributos menos evidentes como local de origem, nível de escolaridade ou experiência de vida do funcionário. Todos esses elementos contribuem para a riqueza de talentos e perspectivas nos quais o gestor pode basear-se. A gestão da diversidade, nesse sentido mais amplo, envolve mudanças nos sistemas, nas estruturas e nas práticas organizacionais de forma a eliminar as barreiras que impedem as pessoas de atingir o seu potencial pleno. Isso significa tratar as pessoas como indivíduos — *igualmente*, mas não necessariamente como a *mesma* pessoa — reconhecendo que cada funcionário tem necessidades diferentes e precisa de elementos diferentes para atingir o sucesso. Entretanto, a gestão da diversidade também requer do gestor o reconhecimento e a valorização da peculiaridade de cada funcionário, e a aceitação das diferentes perspectivas e idéias de cada um como fonte de vantagem competitiva. Em suma, a gestão da diversidade não se restringe apenas a inserir mais minorias e mulheres na organização. Ela consiste na criação de um ambiente no qual funcionários de *qualquer* origem compreendam uns aos outros e trabalhem bem juntos de forma a melhorar o desempenho da organização como um todo.

Vantagem Competitiva Proporcionada pela Diversidade

Atualmente, muitas organizações estão abordando a questão da diversidade de um ponto de vista mais prático e mais orientado para os negócios. A diversidade torna-se cada vez mais uma ferramenta poderosa para a criação de vantagem competitiva. Um estudo realizado pelo Glass Ceiling Institute, da Secretary of Labor (Ministério do Trabalho) dos Estados Unidos, mostrou que o desempenho das ações de empresas que tinham ótima atuação em metas ligadas à diversidade foi duas vezes melhor que o das demais companhias. Outro estudo recente constatou que as companhias com maior porcentagem de mulheres ocupando altos cargos produziam um retorno significativamente mais alto aos acionistas do que aquelas com menor porcentagem. Em contrapartida, anúncios de indenizações por danos em processos por discriminação produziam, freqüentemente, um efeito negativo sobre o retorno das ações.[23]

Existem muitas vantagens — e alguns desafios óbvios — na gestão da força de trabalho diversificada. Alguns desses desafios e dessas vantagens serão discutidos na próxima seção.

Capacidade de Atrair e Reter Funcionários Motivados Para as empresas que enfrentam mudanças na demografia e nas necessidades empresariais, a diversidade faz sentido. As companhias com fama de oferecer oportunidade para funcionários diversificados terão vantagem competitiva no mercado de trabalho e serão procuradas pela maioria da mão-de-obra qualificada. Além disso, quando o funcionário acredita que suas diferenças não são apenas toleradas, mas valorizadas, ele se torna mais leal, produtivo e comprometido.

Perspectiva Melhor em um Mercado Diferenciado Empresas como Avon, Prudential, Eastman Kodak e Toys "R" Us são comprometidas com a diversidade porque, à medida que muda a composição da força de trabalho nos Estados Unidos, a base de clientes dessas empresas também muda. Da mesma forma que as mulheres e as minorias podem preferir trabalhar para um empregador que valorize a diversidade, elas também podem preferir prestigiar esse tipo de organização.

Muitos ásio-americanos, afro-americanos, mexicano-americanos e mulheres inseriram-se na classe média nos Estados Unidos e agora controlam dólares de consumo potencial. Uma força de trabalho multicultural pode proporcionar a uma companhia mais conhecimento sobre preferências e hábitos de consumo desse mercado diversificado. Tal conhecimento pode auxiliar as empresas na criação de produtos e no desenvolvimento de campanhas de marketing para atender às necessidades desses consumidores. Além disso, uma equipe de vendas multicultural pode ajudar a organização a vender, pelos menos alguns produtos e serviços, para grupos diversificados. Uma força de trabalho diversificada também pode proporcionar à companhia uma vantagem competitiva em uma economia globalizada, por meio da facilitação do conhecimento de outros costumes, culturas e necessidades de mercado.

> A diversidade pode ajudar a organização a ter sucesso em novos mercados.

Capacidade de Alavancar Criatividade e Inovação na Solução de Problemas A diversidade de uma equipe de trabalho promove criatividade e inovação, porque pessoas de diferentes origens possuem perspectivas distintas dos problemas. Um grupo diversificado possui uma base mais ampla de experiência para abordar um problema; quando gerenciado com eficácia, ele cria mais opções e mais soluções do que um grupo homogêneo. Além disso, um grupo de trabalho diversificado tem mais liberdade para se desviar das práticas e abordagens mais tradicionais. A diversidade também ajuda a minimizar o *groupthink* (pensamento coletivo) (ver Capítulo 3).[24]

> A diversidade pode trazer novas idéias para a organização.

Vantagens da Colaboração

Muitos escritórios de advocacia contam, normalmente, com equipes diversificadas de advogados trabalhando juntos em um caso. Os casos mais complexos, muitas vezes, necessitam de idéias originais e não tradicionais, e um grupo no qual os advogados tenham a mesma formação e origem, e pensem da mesma forma, pode não conseguir ser tão inovador quanto uma equipe mais diversificada. Além disso, nos tribunais, a impressão causada pela equipe de advogados no júri pode ajudar ou prejudicar profundamente o cliente, e jurados diversificados tendem a aceitar melhor uma equipe claramente diversificada, com a participação de diferentes tipos de advogado. A importância cada vez maior da diversidade das equipes de advogados tem feito alguns escritórios de advocacia firmar alianças com escritórios de minorias, de modo a trabalharem em conjunto nos casos.

Melhoria na Flexibilidade Organizacional Uma força de trabalho diversificada pode melhorar a flexibilidade organizacional, porque o sucesso na gestão da diversidade depende de uma cultura organizacional tolerante a muitos estilos e muitas abordagens diferentes. Políticas e procedimentos menos

Uma força de trabalho diversificada pode melhorar a capacidade de resposta às mudanças.

restritivos e métodos operacionais menos padronizados propiciam à organização mais flexibilidade e, assim, mais capacidade para reagir rapidamente às mudanças ambientais (ver Capítulos 2 e 9). Executivos da PepsiCo, Verizon, Kodak e Prudential estão tão convencidos do potencial competitivo de uma força de trabalho diversificada que vinculam parte da remuneração gerencial ao sucesso no recrutamento e na promoção de minorias e de mulheres.[25]

Desafios de uma Força de Trabalho Diversificada

Até aqui, foram discutidas as leis que asseguram a igualdade de oportunidade e as crescentes e significativas vantagens proporcionadas pela diversidade às empresas. No entanto, todo ano, são abertos milhares de processos por causa de discriminação e injustiça, alguns envolvendo até mesmo as maiores e mais respeitadas empresas.[26] E, mesmo não havendo discriminação explícita em termos de contratação e remuneração, a gestão da diversidade pode ser uma tarefa difícil. Com freqüência, minorias e mulheres contratadas se vêem em uma cultura ou ambiente organizacional que não lhes oferece oportunidade para desempenhar bem seu trabalho. E, ainda que tenha a maior boa vontade do mundo, muitas vezes o gestor descobre ser mais complicado do que imaginava reunir pessoas de diferentes culturas para trabalharem juntas visando uma meta comum.[27]

Para se tornar um bom gestor em uma organização diversificada, primeiro é necessário identificar e superar inúmeros desafios. Entre esses, pressupostos não avaliados, menor coesão, problemas de comunicação, desconfiança e tensão e estereotipagem.

Pressupostos Não Avaliados Para a maioria das pessoas, é difícil enxergar o mundo do ponto de vista do outro, porque as suposições e as visões próprias parecem totalmente normais e familiares. Por exemplo, um indivíduo heterossexual não pensa duas vezes para colocar a foto da pessoa amada em um porta-retratos sobre a mesa; para ele, é uma decisão rotineira e até mesmo automática, e repetida em milhões de escritórios. Contudo, para um homossexual, essa mesma atitude pode provocar muita ansiedade — isso se ele for capaz de chegar a pensar em efetivamente fazer o mesmo. Funcionários brancos, na maioria das organizações norte-americanas, raramente percebem algum tratamento diferente ou isolamento, porque normalmente estão rodeados de pessoas muito parecidas com eles. A perspectiva das minorias, em organizações dominadas por funcionários brancos, é bem diferente. Se a organização não atentar para essas diferentes perspectivas, e não desempenhar papel ativo no sentido de fazer os funcionários de origens diversificadas sentirem-se bem-vindos, o gestor pode encontrar dificuldades para criar um senso compartilhado de propósito entusiasmado.

Menor Coesão A diversidade pode provocar uma falta de coesão. *Coesão* refere-se ao nível de união e semelhança ou concordância mútua na percepção, interpretação e atuação dos membros do grupo no seu ambiente. Por causa da falta de semelhança entre línguas, culturas e/ou experiências, os grupos diversificados são normalmente menos coesos do que os homogêneos. Muitas vezes, a descrença, a falta de comunicação, o estresse e as diferenças nas atitudes reduzem a coesão, o que, por sua vez, pode diminuir a produtividade. A coesão do grupo será discutida mais detalhadamente no Capítulo 14.

Problemas de Comunicação Talvez o efeito negativo mais comum da diversidade sejam os problemas de comunicação. Essas dificuldades englobam a interpretação equivocada, a imprecisão, a ineficiência e a lentidão na comunicação. Quando nem todos os membros do grupo são fluentes na mesma língua ou quando é preciso de mais tempo para explicar os fatos, perde-se mais tempo. Algumas vezes, a diversidade reduz a comunicação, por exemplo, quando algum gestor branco do sexo masculino, temendo a reação, sente-se pouco à vontade para se dirigir a uma funcionária do sexo feminino ou pertencente a um grupo de minoria para dar um *feedback* negativo. Conseqüentemente, esses funcionários podem não ter noção clara daquilo que precisam fazer para melhorar o desempenho.

A diversidade também pode provocar erros e equívocos. Vários componentes de um grupo podem assumir que têm a mesma interpretação para diversos fatos quando, na verdade, não têm, ou podem discordar por causa dos seus diferentes quadros de referência.[28] Por exemplo, se o gestor não incentivar de forma ativa e não aceitar a expressão de diferentes pontos de vista, alguns funcionários poderão sentir-se constrangidos em emitir opiniões, criando a falsa impressão de consenso. No Capítulo 15, serão abordados outros problemas de comunicação e formas para evitá-los.

Desconfiança e Tensão As pessoas preferem unir-se a outras parecidas com elas próprias. Esse comportamento é normal e compreensível. No entanto, muitas vezes, ele pode provocar equívocos, desconfiança e até mesmo medo daqueles que são diferentes, por causa da falta de contato e da pouca familiaridade. Por exemplo, se as mulheres ou os membros de grupos de minoria forem rotineiramente excluídos — como muitas vezes o são — de se juntarem aos colegas do sexo masculino na hora do almoço ou nas reuniões depois do expediente, eles podem sentir-se isolados. Essa atitude é capaz de provocar estresse, tensão e até mesmo ressentimento, dificultando ainda mais a obtenção de consenso na hora de resolver os problemas.

Estereotipagem O indivíduo aprende a enxergar o mundo de acordo com sua origem e experiência de vida. Seus interesses, valores e cultura atuam como filtros e distorcem, bloqueiam e selecionam o que ele ouve ou vê. Ele vê e ouve o que espera ver e ouvir. Os membros de um grupo, muitas vezes, criam estereótipos inadequados dos colegas "diferentes", em vez de perceber e avaliar precisamente as contribuições, capacidades, aspirações e motivações desses indivíduos. Esses estereótipos normalmente são negativos ou condescendentes. A mulher pode ser estereotipada como pouco dedicada à carreira, o trabalhador idoso como pouco disposto a aprender novas qualificações, membros de grupos de minoria como menos instruídos ou menos capacitados. No entanto, até os estereótipos considerados positivos podem ser problemáticos. Por exemplo, o estereótipo comum do asiático, como bom em matemática pode ofuscar outras qualidades que um funcionário asiático pode ter. Muitas mulheres ou membros de minorias não gostam de ser vistos como pertencentes a grupos que precisam de atenção e apoio especial, preferindo muito mais ser tratados como indivíduos.

> "Entre os CEOs das 500 maiores companhias da *Fortune*, 58% têm 1,80 m de altura ou mais (...) A maioria das pessoas, sem plena consciência disso, associa automaticamente a liderança com uma estatura física imponente."
>
> Malcolm Gladwell

A menos que o gestor tenha ciência dos seus próprios estereótipos e dos estereótipos dos outros, eles são capazes de afetar diretamente a forma de tratamento das pessoas na sua organização. Funcionários estereotipados como desmotivados ou sensíveis podem receber tarefas menos estressantes (e, talvez, menos importantes) do que os colegas. Tarefas assim atribuídas podem criar frustração, provocando, talvez, um compromisso menor do funcionário, uma rotatividade maior e um aproveitamento inadequado das suas qualificações.[29]

Desafio Futuro Por todas essas razões e outras mais, a gestão da diversidade não é tarefa fácil. As organizações norte-americanas não estão isoladas dos efeitos contínuos da herança racial ou das persistentes barreiras contra a igualdade de oportunidades nos Estados Unidos. Nem o gestor está imune às distorções, aos estereótipos, à falta de experiência e às tensões que tornam ainda mais complexos a comunicação, o trabalho em equipe e a liderança de uma força de trabalho diversificada. Mesmo assim, o gestor precisa efetivamente enfrentar tais questões. E deve desenvolver as habilidades e estratégias exigidas pela diversidade para que ele próprio e a organização obtenham êxito em um ambiente empresarial cada vez mais multicultural. No restante do capítulo, serão abordadas algumas formas de lidar com essa questão.

Organizações Multiculturais

Para aproveitar os benefícios e minimizar os custos de uma força de trabalho diversificada, talvez uma das primeiras atitudes que um gestor precise tomar seja examinar os pressupostos, relacionados com pessoas e culturas, prevalecentes na sua organização. O Quadro 11.7 apresenta uma relação de alguns pressupostos fundamentais que podem existir nas empresas. Com base neles, as organizações são classificadas em três categorias, com implicações gerenciais distintas que serão descritas a seguir.

Algumas organizações são **monolíticas**. Esse tipo de organização apresenta uma *integração cultural* muito baixa; em outras palavras, emprega poucas mulheres, minorias ou quaisquer outros grupos que sejam distintos da maioria. A organização é extremamente homogênea em termos de sua população de empregados. Quando as organizações monolíticas contratam grupos distintos da norma, geralmente essas contratações são para

> **organização monolítica**
>
> Organização com baixo nível de integração estrutural — empregando poucas mulheres, minorias ou outros grupos que sejam distintos da maioria — e, assim, possuindo uma população de funcionários altamente homogênea.

QUADRO 11.7 Pressupostos a Respeito de Diversidade e suas Implicações para o Gestor

Pressupostos Comuns e Enganosos		Pressupostos Menos Comuns e Mais Adequados	
Homogeneidade	*Mito do melting pot* (caldeirão de diversidade cultural): Somos todos iguais.	**Heterogeneidade**	*Imagem do pluralismo cultural:* Não somos todos iguais; os grupos dentro de cada sociedade diferem entre as culturas.
Similaridade	*Mito da similaridade:* Os "outros" são, em todos os aspectos similares a nós.	**Similaridade e diferença**	*Os outros não são, em todos os aspectos, similares a nós:* Muitas pessoas são culturalmente diferentes de mim. Em sua maioria, as pessoas exibem tanto similaridades quanto diferenças culturais quando comparadas a mim.
Paroquialismo	*Mito da visão única:* Nosso modo de vida é o único existente. Não reconhecemos nenhuma outra maneira de viver ou trabalhar.	**Finalidades equivalentes**	*Nossa visão não é a única existente:* Existem muitas maneiras culturalmente distintas de se atingir a mesma meta, de trabalhar e de viver.
Etnocentrismo	*Mito da melhor opção:* Nosso modo de vida é o melhor. Todos os outros estilos de vida são versões inferiores à nossa.	**Contingência cultural**	Nossa opção é apenas uma entre várias: Existem várias maneiras diferentes e igualmente boas de se atingir a mesma meta. A melhor alternativa depende da cultura da pessoa envolvida.

FONTE: Extraído de ADLER, Nancy J. Diversity assumptions and their implications for management. *Handbook of organization*, 1996. Reimpresso por cortesia de Marcel Dekker, Inc. NY.

organização pluralista

Organização que é constituída por uma população de empregados relativamente diversificada e que se empenha em integrar funcionários de diferentes gêneros, raças ou origens culturais.

organização multicultural

Organização que valoriza a diversidade cultural e que busca utilizá-la e incentivá-la.

preencher cargos de nível inferior. Os funcionários pertencentes a grupos de minoria têm de adotar as normas da maioria para sobreviver. Esse fato, aliado ao número reduzido de minorias, mantém baixo o número de conflitos entre os grupos. Normalmente prevalecem a discriminação e o preconceito, a integração informal é praticamente inexistente e os componentes do grupo minoritário não se identificam muito com a empresa.

A maioria das grandes organizações dos Estados Unidos fez a transição de organização monolítica para *pluralista* nas décadas de 1960 e 1970, por causa da mudança demográfica e das pressões sociais exercidas pelos movimentos de direito civil e das mulheres. As **organizações pluralistas** apresentam população de empregados mais diversificada e atua para envolver pessoas de diferentes gêneros, raças ou origens culturais. Elas adotam ações afirmativas para gerenciar a diversidade: tentam, de forma ativa, contratar e treinar uma força de trabalho diversificada e garantir a inexistência de qualquer tipo de discriminação contra membros de grupos minoritários. Essas organizações normalmente são mais integradas que as monolíticas, no entanto, assim como as monolíticas, elas, muitas vezes, apresentam concentração de membros de grupos minoritários em certos níveis ou em determinadas funções.

Por muitos anos, o Exército norte-americano tem feito esforços para aumentar a diversidade em todas as patentes.

Por causa da maior integração cultural, dos programas de ações afirmativas e de treinamento, a organização pluralista tem um nível maior de aceitação de membros de grupos minoritários dentro da rede informal, muito menos discriminação e menos preconceito. Melhores oportunidades de emprego criam maior identificação com a organização entre os membros de grupos minoritários. Muitas vezes, o ressentimento dos membros de grupos majoritários, aliado com o maior número de mulheres e minorias, cria mais conflitos do que os existentes em uma organização monolítica.

A organização pluralista falha no tratamento dos aspectos culturais da integração. Em contrapartida, a diversidade nas **organizações multiculturais** não apenas existe, mas também é valorizada. Essas organizações integram totalmente gênero, raça e membros de grupos minoritários de modos tanto formal quanto informal. Contudo, o gestor desse tipo de organização não tem seu foco primário nas diferenças visíveis entre os funcionários, como raça e sexo. Em vez disso, o gestor baseia-se na *experiência* e no *conhecimento* diferentes — e os valoriza — trazidos pelos funcionários para a organização e procura obter estratégias e metas de consenso.[30] A organização multicultural é marcada pela ausência de preconceito e discriminação e por baixos níveis de conflito intergrupal. Uma organização assim cria um ambiente *sinérgico* em que todos os membros contribuem para o aproveitamento máximo do potencial e, desse modo, as vantagens da diversidade podem ser totalmente percebidas.[31]

Como as Organizações Podem Cultivar uma Força de Trabalho Diversificada

Os planos de uma organização para se tornar multicultural e maximizar os benefícios de sua força de trabalho diversificada devem 1) garantir a liderança e o compromisso da alta administração, 2) avaliar a organização, 3) atrair funcionários, 4) treinar os funcionários em aspectos de diversidade e 5) reter funcionários. No entanto, além do esforço de toda a organização, cada um desses elementos também exige o compromisso pessoal de cada gestor, que deve tratar as questões envolvidas com a mesma seriedade com a qual trata os demais desafios gerenciais. Ele deve procurar ativamente desenvolver as habilidades, a compreensão e as práticas que permitem às pessoas de cada origem diversificada realizar o seu melhor no cumprimento das metas organizacionais.

Liderança e Compromisso da Alta Administração

A liderança e o compromisso da alta administração são fundamentais para o sucesso dos programas voltados à diversidade. Se não houver liderança e compromisso, o restante da organização não levará a sério as iniciativas. Uma forma de divulgar esse compromisso a todos os funcionários — e também ao ambiente externo — é incorporar as atitudes organizacionais relacionadas com a diversidade no texto da missão corporativa e nos objetivos e planos estratégicos. A remuneração gerencial pode ser vinculada diretamente ao cumprimento das metas ligadas à diversidade. Para garantir o sucesso, é necessário alocar os investimentos corretos nas iniciativas dirigidas à diversidade. Além disso, a alta administração pode servir de exemplo para os demais membros da organização, participando de programas dedicados à diversidade e tornando obrigatória a participação de todos os gestores.

Como já mencionado anteriormente, algumas organizações têm estabelecido comitês ou escritórios corporativos para coordenar os esforços direcionados à diversidade em toda a companhia e para dar *feedback* à alta administração. A Digital Equipment Corporation contratou um "diretor de valorização das diferenças", a Honeywell, um "diretor de diversidade da força de trabalho", e a Avon, um "diretor de planejamento e projeto multicultural". Outras companhias preferem incorporar a gestão da diversidade na função do diretor de ações afirmativas ou de igualdade de oportunidades.

> "Diversidade: a arte de pensar juntos, de forma independente."
> Malcolm Forbes

O trabalho de gestão da diversidade não pode ser realizado apenas pela alta administração ou somente pelos diretores responsáveis por essa área. Muitas empresas contam com grupos de orientação de minorias ou forças-tarefas para monitorar as políticas, práticas e atitudes organizacionais; avaliar o seu impacto nos grupos de diversidade dentro da organização; e fornecer *feedback* e sugestões para a alta administração.

Por exemplo, na Digital Equipment Corporation, os funcionários de diferentes origens culturais formam pequenos grupos para tratar dos estereótipos e de outras questões relevantes. Na Equitable Life Assurance Society, grupos de funcionários reúnem-se regularmente com o diretor-presidente da empresa para discutir problemas a respeito das mulheres, dos afro-americanos e dos hispânicos e apresentar recomendações de melhorias. Na Honeywell, os funcionários portadores de deficiência formaram um comitê para discutir suas necessidades. Eles propuseram e aceitaram um programa de acessibilidade que ia além do cumprimento das normas federais em termos de acomodações para os portadores de deficiência.

Como se pode observar, em lugar de pedir a opinião dos gestores a respeito das necessidades dos funcionários pertencentes a minorias, as companhias progressistas estão procurando saber diretamente dos próprios funcionários as suas necessidades.

Avaliação Organizacional

O passo seguinte na gestão da diversidade é estabelecer uma avaliação permanente da força de trabalho, da cultura, das políticas e práticas da organização em áreas como recrutamento, promoções, benefícios e remuneração. Como parte dessa avaliação, o gestor pode analisar se está conseguindo atrair a parcela adequada de candidatos diversificados entre a mão-de-obra disponível e se as necessidades dos clientes estão sendo atendidas pela atual composição da sua força de trabalho. A finalidade dessa avaliação é identificar áreas problemáticas e recomendar as mudanças necessárias.

Por exemplo, muitas mulheres e muitos asiáticos podem sentir-se em desvantagem quando a agressividade é uma parte valorizada da cultura de uma organização. Uma análise pode revelar a existência desse valor e a limitação da participação plena dos funcionários que não compartilham dessa visão. O gestor pode, assim, decidir mudar os valores organizacionais de modo a permitir a aceitação também de outros estilos de interação. Ele também pode mudar seu próprio comportamento para refletir essa mudança — por exemplo, solicitando a opinião de todos os participantes em uma reunião em vez de permitir a predominância dos mais assertivos. A necessidade das normas e dos valores corporativos e o seu impacto na força de trabalho diversificada devem ser identificados e avaliados de forma crítica, no tocante à sua necessidade e ao impacto sobre a força de trabalho diversificada.

Atraindo Funcionários

As empresas podem atrair uma mão-de-obra diversificada e qualificada usando práticas efetivas de recrutamento, acomodando as necessidades profissional e familiar do trabalhador e oferecendo horários alternativos de trabalho.

Recrutamento A imagem de uma companhia é uma poderosa ferramenta de recrutamento. As empresas com fama de contratar e promover todos os tipos de pessoas têm uma vantagem competitiva. A Xerox oferece aos candidatos de minorias cópias de um artigo que classifica a companhia como um dos melhores lugares para afro-americanos trabalharem. A Hewlett-Packard divulga entre as candidatas a alta classificação atribuída à empresa pela revista *Working Woman*. Muitos empregadores estão implementando políticas para atrair mais mulheres, assegurar a utilização plena do talento delas e evitar a perda de suas funcionárias mais qualificadas.

Muitas minorias e pessoas financeiramente desprivilegiadas acabam fisicamente isoladas das oportunidades de emprego. As companhias podem levar as informações sobre oportunidades de emprego aos locais onde há disponibilidade de mão-de-obra, ou transportar a mão-de-obra aos locais onde há oportunidades de emprego. A Polycast Technology, de Stamford, Connecticut, mantém um contrato com uma empresa de microônibus para transportar trabalhadores do Bronx, em Nova York, para o trabalho em Stamford. A Days Inn recruta trabalhadores sem teto em Atlanta e os acomoda em motéis próximos ao local de trabalho. A rede Burger King tem recrutado e contratado muitos imigrantes para trabalharem em suas lanchonetes.

Na foto, Anja Mansfield, recrutadora corporativa da Howard Industries. As companhias inteligentes tentam superar seus concorrentes contratando mão-de-obra mais diversificada, acreditando que essa mudança acabará resultando em participação mais ampla no mercado.

Conexões: TODO MUNDO SABE QUE AS MULHERES NÃO PODEM TOCAR

Para os músicos afro-americanos, a adoção das audições às cegas também eliminou o efeito direto da discriminação. As orquestras sinfônicas norte-americanas eram compostas exclusivamente por músicos brancos até o final da década de 1950, quando a Orquestra de Cleveland quebrou, pela primeira vez, a barreira racial, contratando um violoncelista afro-americano. Mesmo assim, a discriminação continuou até que a adoção das audições às escuras deu a músicos afro-americanos, hispânicos e pertencentes a outros grupos minoritários a oportunidade de serem avaliados exclusivamente pelo talento.

A representatividade dos músicos pertencentes a minorias continuou pequena nas orquestras sinfônicas, porém, menos por causa da discriminação e mais por causa da sua falta de acesso ao universo da música clássica, aos instrumentos e à prática. Para aumentar o quadro disponível de músicos clássicos de grupos de minorias, muitas orquestras lançaram programas de bolsas de estudos e de extensão. Por exemplo, a Orquestra Sinfônica de Chicago oferece o *Diversity Fellowship Program* para jovens músicos de instrumentos de corda. A finalidade do programa é aumentar a quantidade de músicos pertencentes a grupos de minorias que se qualifiquem para as audições. Além disso, a Sphinx Organization, fundada no final da década de 1990 por Aaron Dworkin, violinista e compositor afro-americano, promove competições em âmbito nacional (Estados Unidos) para jovens instrumentistas afro-americanos e trabalha para atrair mais minorias à profissão de músico clássico.

Enxergando os Benefícios da Contratação de Portador de Deficiência Visual

Para o portador de deficiência visual, encontrar um emprego requer muito esforço. Mesmo as tarefas mais simples, como preencher um formulário de emprego, são problemáticas; pois há muito poucos formulários disponíveis em Braille.

Barry Honig dirige a empresa de colocação de executivos Riskon em Nova York. Honig tem especial interesse em ajudar pessoas portadores de deficiência a encontrar empregos, principalmente os portadores de deficiência visual. Por quê? Porque ele próprio é cego. Ele afirma que seus clientes muitas vezes desejam contratar portadores de deficiência, mas se sentem confusos com as providências que precisam tomar e as acomodações que devem oferecer.

Nos últimos anos, a tecnologia auxiliar tem sido fundamental para inserir muitos portadores de deficiência visuais no mercado de trabalho, permitindo-lhes realizar tarefas como operar um computador. Existem soluções tanto de baixa quanto de alta tecnologia. Entre as soluções de baixa tecnologia estão providências simples, tais como colocar silicone na chave de comutação para o deficiente identificar se o equipamento está ligado ou desligado ou colocar etiquetas em Braille nas máquinas de refrigerantes instaladas nas salas de descanso. Entre os dispositivos de alta tecnologia estão teclados especiais para computadores, emissor em voz alta sintetizada do conteúdo de texto e conversor para Braille. O *Windows-Eyes*, leitor de tela baseado no Windows, é o produto de maior vendagem. O JAWS (*Job Access with Speech*) para Windows emite o som das letras conforme o portador de deficiência visual vai digitando. Com o Scan N Talk, basta o portador de deficiência pressionar uma tecla para o dispositivo começar a ler em voz alta um livro, um jornal, uma revista, uma mensagem e assim por diante. O Scan N Talk também permite salvar uma cópia em formato de texto (que, posteriormente, pode ser ampliado e lido) ou em Braille. O custo desse tipo de produto varia de algumas centenas a milhares de dólares.

Contudo, a questão não é apenas a companhia escolher a tecnologia certa e ter o dinheiro para investir no equipamento — o problema é adotar a mentalidade correta para contratar um portador de deficiência visual. Honig diz que, no primeiro encontro com um candidato portador de deficiência visual, o entrevistador deve perguntar se ele precisa de ajuda — e não insistir em ajudá-lo. O entrevistador deve também estar ciente de que o portador de deficiência visual não está familiarizado com a

As soluções tecnológicas permitem ao portador de deficiência visual trabalhar com computadores, tornando o local de trabalho mais diversificado.

disposição física do escritório e deve perguntar se o ato de estender o braço para guiá-lo o ajudaria. E, é claro, não ficar brincando ou se divertindo com o cão-guia. Para o candidato, ele aconselha: "Seja sincero e não se sinta constrangido com sua deficiência. Pergunte, 'Como vou poder realizar meu trabalho?' E seja bem honesto em relação à resposta".

Honig, que trabalhou muitos anos em Wall Street, diz que o setor financeiro é um bom terreno para portadores de deficiência visual: "É rude e bem tumultuado, principalmente Wall Street, mas as pessoas não pensam duas vezes para contratar portadores de deficiência, desde que eles produzam dinheiro". A indústria da tecnologia também é uma boa área, porque as pessoas do setor estão acostumadas a pensar na tecnologia em termos de "ferramenta para eliminar barreiras".

Margaret Redman e seu marido, David, trabalham na indústria de tecnologia. Os dois são portadores de deficiência visual e foram contratados pela Earthlink para dar suporte em tecnologia. David foi o primeiro deficiente visual contratado pela empresa. "Meu marido e eu mostramos a eles que uma pessoa cega consegue trabalhar como [assistente em tecnologia] ao telefone, assim, eles contrataram mais cegos, que nós dois os treinamos", explica Margaret.

Em algum momento da vida, qualquer um pode ficar permanente ou temporariamente incapacitado. Com o envelhecimento, muitos integrantes da geração dos *baby boomers*, por exemplo, estão apresentando problemas visuais ou outras incapacidades. Honig diz que as empresas querem fazer a coisa certa, mas, algumas vezes, precisam de uma ajuda para entender os benefícios da contratação de portadores de deficiência visual. "Sei que passamos a vida inteira ouvindo empregadores e colegas falando das limitações que temos", diz Margaret Redman. "Mas meu marido e eu estamos trabalhando para derrubar os limites que as pessoas e as empresas imaginam existir."

FONTE: Mobile speech software to benefit blind users. *Computer Weekly*, p. 8, 25 jan. 2005; ROBITAILLE, Suzanne. Bringing the blind into the workplace. *BusinessWeek Online*, 23 jan. 2002.

Acomodação das Necessidades Profissionais e Familiares do Trabalhador Cada vez mais, o candidato a um emprego tem priorizado as necessidades familiares. Hoje em dia, as políticas corporativas voltadas ao trabalho e à família constituem uma das principais ferramentas de recrutamento.

Os empregadores que instalaram creches na empresa apresentam baixo índice de rotatividade e de faltas, e trabalhadores com bom estado de espírito. Além de oferecer creches, muitas companhias agora oferecem assistência a dependentes idosos, dispensa do trabalho para cuidar de familiares doentes e de filhos, e diversos benefícios ajustados de acordo com as necessidades pessoais do funcionário. Algumas empresas estão acomodando as necessidades e as preocupações de casais em que ambos trabalham, limitando as transferências ou ajudando o cônjuge de funcionários transferidos a procurar emprego.

Horários Flexíveis de Trabalho Outra forma de acomodar a diversidade é oferecendo horários e arranjos flexíveis de trabalho. Quando as filiais de New Haven do People's Bank, sediado em Bridgeport, Connecticut, estavam com dificuldades para contratar caixas para expediente de meio período, o especialista regional de relações com funcionários iniciou o *Working Parent Program*, um programa de pais trabalhadores. O programa permitia ao funcionário de meio período programar suas horas de trabalho de forma a coincidirem com o horário de saída dos filhos da escola, ou seja, chegar em casa às 15 horas, e com os feriados e as férias escolares. Os problemas de contratação foram resolvidos com essa flexibilização, usando trabalhadores de meio período para cobrir os horários de pico, e contratando universitários para trabalharem nas férias.[32]

Outra saída criativa para acomodação do trabalhador consiste na semana de trabalho comprimida (por exemplo, expediente de 10 horas diárias em quatro dias da semana) e no compartilhamento de função, no qual dois trabalhadores de meio período dividem o trabalho de um funcionário de tempo integral. Outra opção para acomodar mães trabalhadoras e funcionários portadores de deficiência é o teletrabalho (trabalho realizado em casa) ou a telecomutação (trabalho realizado por conexão de computador com o *site* da empresa). Essa opção não foi amplamente adotada de início, mas as organizações que a implementaram apresentaram resultados favoráveis.

Treinando os Funcionários

Como já discutido no Capítulo 10, o desenvolvimento profissional do funcionário ocorre de diversas maneiras. Tradicionalmente, grande parte dos programas de treinamento em gestão é baseada no pressuposto implícito de que "gestão" significa dirigir uma força de trabalho homogênea, muitas vezes, branca e masculina, e de regime em tempo integral. Contudo, sexo, raça, cultura e outras diferenças criam um ingrediente adicional de complexidade.[33] Os programas de treinamento voltados à diversidade tentam identificar e reduzir tendências ocultas e desenvolver as habilidades necessárias para gerenciar de forma efetiva uma força de trabalho diversificada.

Mais de 50% de todas as organizações norte-americanas promovem algum tipo de treinamento em diversidade. Normalmente, o programa de treinamento em diversidade é composto de dois elementos: conscientização e desenvolvimento de habilidades.

Conscientização A *conscientização* destina-se a aumentar a consciência a respeito do significado e da importância da valorização da diversidade.[34] Seu foco não é o de ensinar habilidades específicas, mas de conscientizar os funcionários a respeito dos pressupostos que eles adotam em relação aos outros e de como esses pressupostos afetam seu comportamento, suas decisões e suas opiniões. Por exemplo, um executivo do sexo masculino que tenha de se reportar a uma executiva pode sentir-se constrangido na primeira vez que enfrentar essa situação. A conscientização pode revelar antecipadamente essa questão e ajudar o executivo a lidar com ela.

Para criar conscientização, as pessoas aprendem a conhecer os mitos, os estereótipos e as diferenças culturais, além das barreiras organizacionais que inibem a plena contribuição de todos os funcionários. Elas desenvolvem melhor entendimento da cultura organizacional, dos requisitos necessários para o sucesso e das opções de carreira que afetam as oportunidades de crescimento profissional.

Na maioria das empresas, as "regras" para o sucesso são ambíguas, implícitas e, talvez, incoerentes com a norma escrita. Um problema comum para as mulheres e para as minorias é o desconhecimento de muitas das regras que são óbvias para a maioria. Por exemplo, há organizações que possuem redes informais e estruturas de poder que podem não ser óbvias ou não estar prontamente disponíveis às mulheres e aos membros pertencentes a grupos minoritários. Conseqüentemente, essas pessoas tendem a estar mal-informadas e não sabem a quem recorrer quando precisam obter alguma aprovação ou quando desejam obter apoio ou estabelecer alianças. Para o gestor, a valorização da diversidade significa ensinar as "regras" ou os valores culturais implícitos àqueles que precisam conhecê-los, e mudar as regras quando necessário para beneficiar os funcionários e, por conseguinte, a organização. Também é necessário contar com "pessoas de fora do grupo majoritário" e permitir-lhes o acesso às informações e às relações importantes com os detentores do poder.

Desenvolvimento de Habilidades O programa de treinamento voltado à diversidade que apenas identifica os problemas, sem oferecer aos participantes as ferramentas necessárias para atuar naquilo que aprenderam, pode criar a sensação de um treinamento inútil e sem importância. Por essa razão, muitas organizações incluem o desenvolvimento de habilidades como parte de um programa de diversidade. O *desenvolvimento de habilidades* destina-se a desenvolver nos funcionários e nos gestores as habilidades necessárias para lidar efetivamente uns com os outros e com os clientes em um ambiente diversificado. Em sua maioria, as habilidades ensinadas são interpessoais, por exemplo, ouvir ativamente, *coaching* e dar *feedback*. Em uma situação ideal, as habilidades ensinadas devem estar baseadas na avaliação organizacional, de modo que o treinamento possa ser elaborado de acordo com os problemas específicos identificados pelos gestores. Por exemplo, se muitas mulheres e minorias queixarem-se de não estarem recebendo *feedback* crítico suficiente, o programa de desenvolvimento de habilidades pode abordar especificamente a questão. A vinculação do treinamento com as metas empresariais mensuráveis e específicas torna-o mais útil e também permite ao gestor avaliar se o programa está funcionando.

A Hewlett-Packard e a Wisconsin Power and Light são exemplos de companhias que oferecem tanto conscientização quanto desenvolvimento em habilidades. Essas empresas tentam transferir o treinamento para o trabalho, pedindo aos gestores para criarem planos de ações pessoais antes de saírem do programa. Por exemplo, um gestor pode reconhecer por meio do treinamento que seu registro de retenção de vendedores afro-americanos é baixo e planejar dedicar mais tempo à orientação desses representantes de vendas.[35]

Exercícios vivenciais e fitas de vídeo, DVD e programas de computação são, muitas vezes, usados nos programas de treinamento para ajudar a expor os estereótipos e para incentivar os funcionários a discutir os medos, os preconceitos e os problemas. Mais uma vez, os melhores exercícios são os relacionados com problemas reais enfrentados pelos funcionários no ambiente de trabalho. Por exemplo, o funcionário de um programa de treinamento de diversidade em um hospital pode praticar como lidar com um paciente branco que pede para ser tratado somente por um médico branco, ou com um paciente do sexo masculino que deseja ser tratado somente por um médico do sexo masculino. A Training ABC, a Advanced Training Source e a American Training Resources estão entre as companhias que oferecem esse tipo de produto. O Quadro 11.8 apresenta algumas diretrizes para a elaboração de um treinamento eficaz voltado à diversidade.

QUADRO 11.8

Diretrizes para um Treinamento Voltado à Diversidade

1. **Posicionar o treinamento na sua estratégia ampla em termos de diversidade.** O treinamento é um elemento importante na gestão da diversidade, mas, por si só, ele pode não funcionar. Uma mudança cultural envolve alteração de pressupostos e sistemas básicos que orientam o comportamento organizacional. Os programas de treinamento têm de ser compatíveis com outras iniciativas voltadas à mudança cultural e devem complementá-las.
2. **Realizar uma análise detalhada das necessidades.** Não iniciar o treinamento de forma precipitada. Como em qualquer programa de treinamento, a ansiedade em "fazer algo" pode colocar tudo a perder, a menos que se tenha avaliado os aspectos específicos da diversidade que precisam ser abordados primeiro. Grupos de foco ajudam a identificar o que os funcionários consideram questões prioritárias.
3. **Distinguir educação de treinamento.** A educação ajuda na conscientização e na compreensão da diversidade, porém não ensina habilidades que possam ser usadas. O treinamento envolve atividades que aperfeiçoam as habilidades em áreas como orientação, realização de avaliação de desempenho e adaptação de estilos de comunicação. Tanto a educação quanto o treinamento são importantes, mas não são a mesma coisa.
4. **Utilizar um processo de estruturação participativa.** Consultar diversas pessoas para assegurar um programa com conteúdo e tom adequados para todos os participantes. Consultores externos muitas vezes oferecem visões novas, e têm credibilidade. Consultores internos têm conhecimento específico da companhia, conhecem os problemas locais e mantêm relacionamentos de longa data com membros da companhia. Equilibre essas duas fontes de consultoria.
5. **Testar por completo o treinamento antes de implementá-lo.** Por causa da sensibilidade e, até mesmo, da volatilidade dos problemas de diversidade, use comitês diversificados e grupos de apoio para testar um programa piloto. Reserve tempo considerável para os grupos tratarem das questões sensíveis e emitirem críticas e opiniões que permitam aperfeiçoar o treinamento.
6. **Incorporar programas voltados à diversidade no currículo básico de treinamento.** Programas de implementação única não exercem impacto duradouro. Misture o conteúdo do programa com outros programas de treinamento, por exemplo, de avaliação de desempenho, de *coaching* e assim por diante.

FONTE: Extraído de *Training*: the human side of business. Copyright © 1993 VNU Business Publications USA. Reproduzido com permissão de VNU Business Publications USA via Copyright © Clearance Center.

Retendo os Funcionários na Empresa

À medida que a substituição de funcionários qualificados e experientes fica cada vez mais difícil e mais custosa, a retenção de bons empregados tornar-se mais importante. A Aetna calcula seus gastos anuais com rotatividade em mais de US$ 100 milhões — montante gasto na maior parte com o treinamento de novos funcionários e com a produtividade reduzida durante o período de aprendizado. Quando a Deloitte & Touche teve problemas de retenção de mulheres e minorias, os executivos da empresa se mobilizaram rapidamente. A empresa não apenas resolveu seus problemas, mas também criou um ambiente mais positivo para todos os funcionários. Há inúmeras políticas e estratégias, como as apresentadas a seguir, que podem ser usadas para aumentar o índice de retenção de funcionários, principalmente daqueles que são "diferentes" da norma.[36]

A retenção de funcionários qualificados melhora a qualidade da força de trabalho.

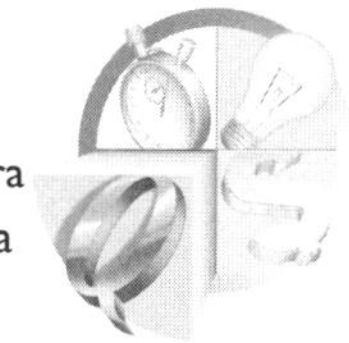

Grupos de Apoio As companhias podem incentivar a formação de redes de minorias e outros grupos de apoio para promover a troca de informações e oferecer assistência social. Os grupos de apoio oferecem ajuda emocional e profissional para funcionários que tradicionalmente não são incluídos nos grupos informais compostos pelas maiorias. Tais grupos também ajudam funcionários diversificados a entender as normas de trabalho e a cultura organizacional.

mentores
Gestores de nível hierárquico superior que ajudam a garantir a entrada de funcionários com bom potencial na alta administração e a socialização destes com as normas e os valores da organização.

Na sede da Apple em Cupertino, Califórnia, os grupos de apoio abrangem um grupo cultural judeu, um grupo de homossexuais, um grupo de afro-americanos e um grupo de mulheres técnicas. A Avon incentiva os funcionários a organizarem redes de afro-americanos, hispânicos e asiáticos, concedendo-lhes reconhecimento oficial e indicando um gestor sênior para oferecer aconselhamento. Esses grupos ajudam na adaptação dos novos funcionários e oferecem à alta administração críticas e opiniões sobre os problemas que os preocupam. A Avon já teve uma rede de mulheres, mas o grupo se dissolveu há alguns anos. Com as mulheres ocupando uma grande porcentagem de posições executivas, as funcionárias da Avon consideraram desnecessária a manutenção da rede.

Mentoria Muitas pessoas questionam a incapacidade das mulheres e minorias de ascenderem a determinado nível hierárquico dentro da corporação (o teto de vidro). Para ajudar esses grupos a entrarem na rede informal, que possibilita a exposição junto à alta administração e o acesso a informações sobre a política organizacional, muitas empresas vêm implementando programas formais de mentoria. **Mentores** são gestores de nível hierárquico superior que ajudam a garantir a entrada de funcionários com bom potencial na alta administração e a sua socialização com as normas e os valores organizacionais.

O programa *Mentor Up* da Procter & Gamble tem tido muito êxito. O número de mulheres ocupando posições de gerência geral ou vice-presidência mais que triplicou na última década. A General Electric formou uma rede sólida composta de 10 mil mulheres cuja meta é promover o desenvolvimento profissional e facilitar a ascensão das mulheres.[37]

Bill Wear, gestor de um programa de segurança da Hewlett-Packard, começou interceptando linhas telefônicas com 10 anos. Com 14, ele invadiu o computador da escola usando uma senha que roubara do seu orientador educacional. O orientador sabia que Wear havia roubado sua senha e deixou-lhe um recado: "Sei que você está usando a minha conta. Também sei a respeito do seu pai. Sei que ele abusa de você. Sei também que podemos tomar alguma providência. Ligue para mim. Deixe-me ajudá-lo". O orientador ajudou Wear, colocando-o em uma escola particular e auxiliando-o a obter duas graduações em engenharia. Hoje, Wear é um mentor. Ele chegou a redigir um manual para o programa de mentoria de correio eletrônico da companhia.

Desenvolvimento Profissional e Promoções Ao atingir o teto de vidro, muitos talentos importantes entre mulheres e componentes de grupos de minorias deixam a organização em busca de melhores oportunidades. Em resposta a essa tendência, companhias como Mobil Oil e Honeywell estabeleceram equipes para avaliar o crescimento profissional de mulheres, minorias e funcionários portadores de deficiência e criar formas de permitir a sua ascensão. Uma medida extremamente importante é assegurar que funcionários merecedores tenham chance de ocupar posições críticas. As mulheres, em particular, muitas vezes são relegadas a posições secundárias, por exemplo, em recursos humanos, com menos oportunidades para demonstrar que são capazes de ganhar dinheiro para a empresa. Os programas de desenvolvimento profissional, que oferecem aos funcionários ampla possibilidade de exposição e experiência em cargos críticos, podem facilitar o acesso a mais posições de nível executivo sênior.

Acomodação de Sistemas O gestor pode apoiar a diversidade, reconhecendo os feriados religiosos e culturais, os diferentes modos de vestir e as restrições alimentares, além de acomodar as necessidades de indivíduos com algum tipo de incapacidade. A Aids é um dos principais problemas de incapacitação. De acordo com a ADA, as organizações devem acolher funcionários com Aids, assim como acolhem pessoas com qualquer outro tipo de incapacidade, permitindo-lhes — e até mesmo incentivando-os a — continuar trabalhando até quando tiverem condições e, se possível, oferecendo flexibilidade de horário.

Responsabilidade Para o sucesso dos esforços voltados à diversidade, o gestor deve responsabilizar-se pelo crescimento profissional da força de trabalho. As organizações devem assegurar uma avaliação de desempenho e sistemas de recompensas que reforcem a importância da gestão efetiva da diversidade. A Baxter Health Care, a Coca-Cola e a Merck (além da Prudential e Kodak, já mencionadas), todas vinculam a remuneração do gestor ao seu desempenho nos esforços relacionados com a diversidade.[38]

Por 25 anos, as corporações norte-americanas têm-se esforçado para integrar sua força de trabalho por causa das pressões das normas e da responsabilidade social. Hoje, a globalização, a mudança demográfica e a expansão dos mercados étnicos domésticos transformaram a gestão da força de trabalho diversificada em uma questão de resultados para a empresa. Os gestores e suas organizações atualmente percebem que, para se manterem competitivos nos próximos anos, precisam priorizar a gestão da diversidade para atrair grandes talentos.

EPÍLOGO

TODO MUNDO SABE QUE AS MULHERES NÃO PODEM TOCAR

O fato de as mulheres hoje tocarem nas orquestras sinfônicas não é uma mudança trivial. Ela é importante porque proporcionou diversas chances para um grupo que sempre permaneceu à margem das oportunidades. Ela é também importante porque, ao fixar a primeira impressão na principal parte da audição — o julgamento baseado exclusivamente na capacidade —, agora as orquestras contratam músicos melhores, e estes produzem música de melhor qualidade.

Quando Julie Landsman apresentou-se na audição para a escolha do principal trompista da orquestra do Metropolitan, a audição às escuras havia acabado de ser introduzida no salão de ensaio. Na época, não havia mulheres na parte de metais da orquestra, porque todos "sabiam" que as mulheres não conseguiam tocar trompa francesa (*french horn*) tão bem quanto os homens. Contudo, Landsman entrou, sentou-se e tocou — e tocou muito bem. "Na última rodada, eu já sabia que havia ganho, mesmo antes de eles anunciarem", afirma ela. "Foi por causa da minha apresentação na última parte. Segurei por bastante tempo no último dó alto, apenas para não deixar nenhuma dúvida na cabeça dos jurados. E, eles começaram a rir, porque minha execução foi acima e além do necessário." Mas quando eles a declararam vencedora e ela apareceu por trás das cortinas, houve surpresa. Não apenas porque ela era uma mulher, e porque é raro mulheres trompistas. E também não foi por causa do dó alto estendido forte, típico som masculino que eles esperariam apenas de um homem. Foi porque eles a *conheciam*. Landsman já havia tocado no Metropolitan como substituta. No entanto, até a ouvirem apenas com os ouvidos, eles não tinham noção de quão boa ela era. A cortina realizou um pequeno milagre: os jurados a viram como ela realmente era.

TERMOS-CHAVE

Ação afirmativa, p. 371
Assédio sexual, p. 363
Gestão da diversidade, p. 357
Mentores, p. 383
Organização monolítica, p. 375
Organização multicultural, p. 376
Organização pluralista, p. 376
Teto de vidro, p. 363

RESUMO DOS OBJETIVOS DE APRENDIZAGEM

Depois de completado o estudo deste Capítulo, você deverá ser capaz de identificar:

Como as mudanças na mão-de-obra nos Estados Unidos, e em todo o mundo, tornam a diversidade uma questão crítica de gestão e organização.

A força de trabalho está envelhecendo, ficando cada vez mais diversificada em termos étnicos e com uma participação maior de mulheres. E, embora o número absoluto de trabalhadores venha aumentando, o crescimento de empregos disponíveis vem superando o aumento numérico da mão-de-obra. Além disso, os empregos que estão sendo criados exigem, muitas vezes, habilidades superiores àquelas que o trabalhador comum consegue oferecer; desse modo, estamos assistindo a um aumento no *gap* de habilidades. Para serem competitivas, as organizações não podem mais adotar a visão tradicional de depender apenas de trabalhadores brancos do sexo masculino para formar a base da sua força de trabalho. Hoje, o gestor deve adotar uma visão mais ampla para utilizar o talento onde quer que ele consiga identificá-lo. À medida que o mercado de trabalho muda, as organizações que conseguem recrutar, desenvolver, motivar e reter uma mão-de-obra diversificada ficarão em vantagem competitiva.

A distinção entre ação afirmativa e gestão da diversidade.

A ação afirmativa destina-se a corrigir a exclusão, ocorrida no passado, de mulheres e de minorias das organizações norte-americanas. No entanto, apesar dos efeitos das ações afirmativas, elas não eliminaram as barreiras que impedem o indivíduo de atingir o seu potencial pleno. A gestão da diversidade não se atém apenas à contratação de pessoas diferentes da norma; o processo consiste em apoiar, educar e empregar as diferenças dos funcionários visando o benefício da organização.

Como os gestores podem obter um diferencial competitivo por meio de uma gestão eficaz da diversidade.

A gestão da diversidade é uma questão primordial. Se o gestor consegue gerir efetivamente a diversidade, ele terá mais facilidade para atrair, reter e motivar os melhores funcionários. Ele conseguirá vender melhor para grupos de consumidores diversificados, tanto no mercado doméstico quanto no global. E contará com uma força de trabalho mais criativa, mais inovadora e mais bem capacitada para resolver problemas. Além disso, ele terá maior probabilidade de aumentar a flexibilidade e a capacidade da empresa para responder rapidamente às mudanças ambientais.

Que desafios um gestor pode encontrar com uma força de trabalho diversificada.

Entre os desafios enfrentados pelo gestor com uma força de trabalho diversificada estão: pouca coesão do grupo, problemas de comunicação, desconfiança e tensão, e estereotipagem. Esses desafios podem ser transformados em vantagens, mediante treinamento e gestão efetiva.

Que passos os gestores e suas organizações devem seguir para cultivar a diversidade.

Para o sucesso da organização, os esforços de gestão da diversidade devem contar com o suporte e o compromisso da alta administração. As organizações devem, em primeiro lugar, realizar uma avaliação completa da própria cultura, das suas políticas e práticas, além da composição demográfica da sua força de trabalho e da sua base de clientes. Somente depois de esse diagnóstico ser completado, a empresa tem condições de iniciar programas destinados a atrair, desenvolver, motivar e reter uma força de trabalho diversificada.

QUESTÕES PARA DISCUSSÃO

1. Na sua visão, quais as oportunidades decorrentes das mudanças na composição da força de trabalho do seu país?
2. O preconceito está diminuindo na nossa sociedade? E nas organizações? Por quê?
3. Que distinções podem ser feitas entre ação afirmativa e gestão da diversidade?
4. Como é possível superar os obstáculos decorrentes da diversidade, por exemplo, a desconfiança e a tensão, a estereotipagem e os problemas na comunicação?
5. Como as organizações podem atender às necessidades especiais de diferentes grupos (como questões familiares e profissionais) sem demonstrar favorecimento a determinados grupos de funcionários?
6. Como a diversidade pode proporcionar um diferencial competitivo para uma empresa? A diversidade realmente faz diferença nos resultados finais da empresa? Como?

CASO DE CONCLUSÃO

Novos Proprietários Tomam Posse

O interior da região dos estados localizados na parte média do lado Atlântico dos Estados Unidos é uma área rural que abrange grande quantidade de centros populacionais isolados. Pequenas cidades de 5 mil a 15 mil habitantes ficam separadas umas das outras por faixas de 15 a 50 quilômetros de mata e montanha. Esses "bolsões de pessoas" são vistos por alguns setores empresariais como "grupos potenciais de trabalhadores". Por causa da distância que separa as cidades, esses pequenos centros populacionais oferecem quantidade restrita de oportunidades de emprego. Existe um número relativamente grande de pequenos empregadores (correio, banco, loja de conveniência, pizzaria etc.) e um número bem pequeno de grandes empregadores (uma ou duas fábricas instaladas dentro da cidade).

Depois da Guerra do Vietnã, Jim Brennan voltou à sua terra natal na região rural de Virgínia em busca de seu objetivo de criar e ser dono de seu próprio negócio e ser seu próprio patrão. Jim foi educado com mão-de-ferro nas antigas tradições conservadoras da América do pós-Segunda Guerra Mundial. "O chefe é quem manda. Faça o que ele manda e não faça perguntas. O homem caça, pesca, trabalha, traz o dinheiro para a comida e manda em tudo." Essas são algumas crenças de Jim.

Jim enxergou a oportunidade de aproveitar a mão-de-obra potencial de sua própria cidade. Parecia nunca haver emprego suficiente na comunidade para alimentar as pessoas. É uma cidade bem rude e caracterizada pelo alto índice de desemprego, por velhos parques para acampamentos e casas que mais parecem barracos, por uma população com nível médio de instrução incompleto, alto índice de alcoolismo, muitos automóveis velhos e pouca esperança no futuro.

A população é bem diversificada, abrangendo uma mistura de várias etnias, de vários níveis educacionais e diversas classes sociais. Na maioria das cidades, há bolsões de imigrantes — novos bairros onde muitas pessoas não falam inglês. Todos esses fatores fizeram os olhos de Jim brilharem. Ele enxergou isso como uma oportunidade de criar uma empresa e contratar mão-de-obra barata, fazer os empregados trabalharem muito e oferecer pouco ou nenhum benefício, ganhar muito dinheiro e poder mandar tanto na empresa como em casa. Jim comprou um antigo depósito vazio e o transformou em uma fábrica para processar, empacotar e entregar pescado seco e defumado para revendedores e consumidores de todo o país. Jim contratou alguns dos "caras mais espertos", como ele costumava dizer, para trabalhar como empreiteiros e auxiliares de escritório. O processo de produção e remessa dos produtos ocorria em 33 estações de trabalho.

A visão de Jim a respeito de seus trabalhadores e da mão-de-obra em geral era de "todos são preguiçosos, só trabalham quando precisam, têm de ser vigiados e só fazem direito quando a gente grita com eles". De fato, Jim normalmente mantinha uma folha de pagamento com 45 funcionários da produção, calculando que, se 33 comparecessem, seria o suficiente para dar conta do trabalho. Nas raras ocasiões em que mais de 33 funcionários apareciam para trabalhar, Jim mandava-os varrer o chão ou voltar para casa sem pagar nada.

Os trabalhadores da produção recebiam salário mínimo e nenhum benefício. As horas trabalhadas variavam de acordo com os pedidos a serem atendidos. Nos períodos de pico, Jim deixava a fábrica funcionando de 60 a 70 horas por semana, e, nos períodos mais fracos, de 25 a 30 horas. Ele simplesmente contratava e demitia funcionários de acordo com suas necessidades.

Com o passar do tempo, Jim contava com "um grupo de 15 a 20 bom ajudantes", como ele chamava seus funcionários, que recebia um salário melhor — o restante simplesmente entrava na companhia e saía, alternando entre desemprego, previdência social e a outra fábrica existente na cidade. A fábrica de Jim é um local deprimente. Não existe refeitório, o banheiro parece nunca ter sido limpo. O chão é de concreto — duro e frio. No verão, parece uma sauna, no inverno, uma geladeira; a iluminação é fraca e o prédio cheira mal.

Jim sente orgulho de si mesmo. Está ganhando muito dinheiro e faz o que bem entende. Ele conseguiu eliminar a maioria de seus fornecedores de atacado, negociando diretamente com os pescadores. Conseguiu acertar inúmeras "negociações em dinheiro e outras formas alternativas" para comprar matéria-prima, escapando dos canais legais. Em termos de vendas, ele percebeu que consegue "enganar alguns clientes 'porque eles são estúpidos demais e não pesam a mercadoria'". Jim também é conhecido por aumentar o peso de algumas mercadorias, deixando-as bem úmidas, com bastante água, ou acrescentando gelo. Ele evita pagar horas extras aos trabalhadores, transferindo o pagamento de uma semana para a seguinte quando alguém ultrapassa as 40 horas semanais.

A companhia foi autuada e multada inúmeras vezes por órgãos estaduais e federais sob a alegação de diversos tipos de infrações, por exemplo, caminhões com excesso de peso, ambiente de trabalho perigoso e com falhas de segurança, e sonegação de impostos, mas Jim enxerga esses fatos simplesmente como "custos de ser empresário". Ele acha que o dinheiro que ganhou compensa muito bem as multas que teve de pagar.

Pouco depois de completar 15 anos como empresário, Jim foi procurado por um conglomerado canadense de pesca que vem adquirindo pequenas empresas na região leste dos Estados Unidos e no Canadá, como parte de um plano de expansão da capacidade de produção e vendas.

Essa é uma companhia do mais alto nível, dirigida por um grupo de pessoas extremamente profissional e bem-sucedido. De fato, a companhia tem como lema os seguintes dizeres: "O sucesso da nossa empresa resulta do nosso recurso mais importante — nosso pessoal". No processo de aquisição, Jim teve de aceitar uma cláusula concordando em não realizar nenhuma atividade relacionada à pesca durante um período de cinco anos em um raio de 160 quilômetros da fábrica.

QUESTÕES

1. Os novos proprietários herdaram um grupo bem diversificado de trabalhadores, fornecedores e clientes, e um longo histórico de práticas empresariais questionáveis. Que estratégias de transição você implementaria tanto no curto quanto no longo prazo?
2. Tendo em vista a grande variação de idades e a diversidade de funcionários, como você expandiria as operações dessa empresa, adotando os conceitos e as técnicas de gestão de pessoal apresentados neste Capítulo?

EXERCÍCIOS PRÁTICOS

11.1 Ser Diferente

OBJETIVOS

1. Aumentar a consciência do estudante sobre a sensação de "ser diferente".
2. Entender melhor o contexto de "ser diferente".

INSTRUÇÕES

1. Individualmente, preencha a Folha de Trabalho "Ser Diferente".
2. Em grupos pequenos, compare as folhas de trabalho e prepare respostas para as questões para discussão.
3. Quando a classe voltar a se reunir, os representantes dos grupos apresentarão suas conclusões.

QUESTÕES PARA DISCUSSÃO

1. Houve algum estudante que tenha vivenciado a sensação de ser diferente em uma situação que surpreendem você?
2. Como você definiria a situação de "ser diferente"?
3. Como tirar proveito do aprendizado proporcionado por esse exercício?

Folha de Trabalho "Ser Diferente"

Pense em alguma situação recente na qual você sentiu "ser diferente" e responda a estas perguntas:

1. Descreva a situação em que sentiu "ser diferente".

____

____

2. Explique como você se sentiu.

____

____

3. O que você fez por sentir "ser diferente"? (Isto é, você mudou o seu comportamento porque teve a sensação de "ser diferente"?)

____

____

4. O que as outras pessoas presentes na situação fizeram? O que você acha que elas sentiram com a situação?

____

____

5. Qual foi o desfecho da situação?

____

____

6. Como resultado desse fato, você acha que se comportará de forma diferente no futuro? De que forma essa situação mudou você?

____

____

11.2 Estereótipos Relacionados ao Gênero

PARTE I

O orientador dividirá a turma em grupos menores com base no gênero, formando equipes só de homens e só de mulheres. Os grupos devem fazer um *brainstorming* e criar uma lista em resposta às afirmações mostradas a seguir. Nem todos os componentes precisam necessariamente concordar com tudo que for listado pelo grupo. Acrescente todas as opiniões à lista.

Os grupos das mulheres completam as seguintes afirmações:

- Todos os homens são _______________
- Os homens acham que todas as mulheres são _______________

Os grupos dos homens completam as seguintes afirmações:

- Todas as mulheres são _______________
- As mulheres acham que todos os homens são _______________

PARTE II

Depois de criadas as listas, os grupos farão uma encenação baseada nos seguintes cenários, trocando os papéis de gênero (mulheres representam os homens, e homens representam as mulheres):

Dois amigos/Duas amigas voltando a se encontrar na escola pela primeira vez este ano.

Uma pessoa paquerando outra do sexo oposto em uma festa. (As mulheres fazem o papel do homem paquerando a mulher; os homens fazem o papel da mulher paquerando o homem.)

Questões:

1. Que aspectos da encenação foram precisos, distorcidos ou imprecisos?
2. Como você se sentiu retratando uma pessoa do sexo oposto e como se sentiu vendo uma pessoa de outro sexo retratando você?
3. Essas encenações foram baseadas em quais estereótipos ou experiências?

PARTE III

Seu grupo escreverá no quadro a lista criada na Parte I para discussão. Lembre-se que essas listas resultam de um esforço em grupo e são baseadas geralmente em estereótipos e não necessariamente na visão individual de algum componente.

Analise as conclusões positivas e negativas da lista, tanto em termos pessoais como em termos profissionais. Crie uma lista de ações para dissipar, reduzir ou combater os estereótipos negativos.

Questões:

1. Quais as semelhanças, os padrões ou as tendências observados nos grupos?
2. Qual a sua opinião sobre as visões apresentadas sobre o seu sexo?
3. Que implicações essas visões têm nas ações e situações existentes no ambiente de trabalho?
4. O que você pode fazer para reduzir os efeitos negativos desses estereótipos? O que você pode fazer para ajudar a dissipar esses estereótipos? (Faça um *brainstorming* sobre essas questões com o grupo ou a classe.)

FONTE: Partes desse exercício foram adaptadas dos conceitos de FRITZ, Susan F. et al. *Interpersonal skills for leadership*. Englewood Cliffs, NJ: Prentice-Hall, 1999; e SHANI, A. B.; LAU, James B. *Behavior in organizations:* an experiential approach. 6. ed. Chicago: Irwin, 1996.

11.3 Ele Trabalha, Ela Trabalha

INSTRUÇÕES

1. Preencha a Folha de Trabalho "Ele Trabalha, Ela Trabalha". Nos espaços em branco, escreva aquilo que você acha que seriam respostas estereotipadas. Não perca muito tempo analisando nenhum item específico. Ao contrário, responda rapidamente e deixe sua primeira impressão ou pensamento guiar sua resposta.
2. Compare suas respostas individuais com as dos demais colegas ou participantes. É interessante identificar e discutir os estereótipos mais comumente observados.

Folha de Trabalho "Ele Trabalha, Ela Trabalha"

Ele tem um retrato da família sobre sua mesa: *Ele é considerado um homem de família responsável e íntegro.*

A mesa *dele* é um amontoado de coisas: ________________

____

Ele está conversando com os colegas: ________________

____

Ele não está na mesa dele:

____

Ele não está no escritório:

____

Ela tem um retrato da família sobre sua mesa: *A família dela vem antes da carreira.*

A mesa *dela* é um amontoado de coisas:

____

Ela está conversando com os colegas:

____

Ela não está na mesa dela:

____

Ela não está no escritório:

____

Ele tem um retrato da família sobre sua mesa: *Ele é considerado um homem de família responsável e íntegro.*

Ele está almoçando com o chefe:

____

O chefe *o* criticou:

____

Ele recebeu uma proposta injusta:

____

Ele vai se casar:

____

Ele vai viajar a negócios:

____

Ele vai deixar a empresa por um emprego melhor:

____

Ela tem um retrato da família sobre sua mesa: *A família dela vem antes da carreira.*

Ela está almoçando com o chefe:

____

O chefe *a* criticou:

____

Ela recebeu uma proposta injusta:

____

Ela vai se casar:

____

Ela vai viajar a negócios: ______________________________

____

Ela vai deixar a empresa por um emprego melhor: ______________________________

____

FONTE: LUTHANS, F. *Organizational behavior*. Copyright © 1989 The McGraw-Hill Companies. Reprodução autorizada por The McGraw-Hill Companies.

PARTE 3 CASO COMPLEMENTAR

Pension Benefits Guaranty Corporation (PBGC) Atuando como Salvadora da Pátria: Será que não Está na Hora de uma Reforma Previdenciária?

Em 2 de setembro de 1974, o presidente dos Estados Unidos, Gerald R. Ford, aprovou o *Employee Retirement Income Security Act* — Erisa (lei de garantia de renda do trabalhador aposentado) e criou a *Pension Benefits Guaranty Corporation* (PBGC), uma "seguradora de planos previdenciários privados patrocinada pelo governo" para assegurar a aposentadoria dos trabalhadores. Quando alguma companhia participante declara falência ou enfrenta problemas relacionados com pensão, a PBGC corre em seu auxílio e garante que os funcionários continuem a receber a aposentadoria. A PBGC cobre aposentados que recebem benefícios "definidos" ou "fixos". Nesse esquema de pensão, os aposentados recebem pagamentos mensais baseados no salário e nos anos de serviços prestados para uma empresa.

A PBGC oferece dois tipos de seguro-aposentadoria: 1) um programa de único empregador, que abrange cerca de 35 milhões de trabalhadores ativos ou aposentados inscritos em aproximadamente 30 mil planos de pensão, e 2) um programa de múltiplos empregadores, que abrange quase 10 milhões de trabalhadores ativos ou aposentados inscritos e mais de 1.500 planos de pensão. Ela paga mais de 500 mil aposentados de aproximadamente 3.500 fundos de pensão extintos. A PBGC gera receitas de diversas fontes: prêmios de seguro pagos pelos empregadores participantes, investimentos, e quando ela absorve planos de pensão fracassados.

Nos últimos anos, a indústria aérea tem feito a PBGC trabalhar mais. Algumas companhias aéreas aplicaram indevidamente os fundos dos planos de pensão e não conseguem mais pagar seus aposentados. Por exemplo, quando a Pan Am faliu há mais ou menos 15 anos e muitos funcionários que trabalharam na empresa 20 a 30 anos perderam a aposentadoria, a PBGC veio socorrer o programa de pensão da Pan Am. Mais recentemente, duas grandes companhias aéreas, a US Airways e a United Airlines, passaram por sérias dificuldades financeiras. Em 2003, a PBGC assumiu as obrigações de pensão dos pilotos da US Airways. Em dezembro de 2004, assumiu o programa de pensão dos pilotos da United Airlines, no montante de aproximadamente US$ 1,4 bilhão. Em 2005, a PBGC assumiu o plano de pensão dos mecânicos e comissários de bordo da US Airways. No total, o socorro a essas duas companhias aéreas custou à PBGC aproximadamente US$ 4 bilhões e provocou uma enorme pressão financeira nos recursos do órgão financiado pelo governo. Recentes análises financeiras da Delta Airlines indicam que a empresa também deve seguir o mesmo caminho da US Airways e United Airlines.

De acordo com The Center on Federal Financial Institution (CFFI), um instituto sem fins lucrativos de políticas, de Washington, D.C., nem tudo vai bem na PBGC. Essa organização não-partidária tem levantado sérias preocupações em relação à saúde financeira da PBGC e à sua capacidade contínua em socorrer planos de pensão falidos. Em 2003, a PBGC apresentava um déficit de US$ 11 bilhões que, em 2004, mais do que dobrou, chegando a US$ 23 bilhões. Estima-se que as obrigações financeiras atual e futura da agência para com os pensionistas deva incluir mais de um milhão de aposentados. Além disso, uma projeção calculada pelo CFFI indica que, em 15 anos, a PBGC pode não ter fundos suficientes para honrar os pagamentos dos pensionistas. Essas projeções pessimistas fizeram que Elaine Chao, ministra do Trabalho, criasse um plano, em janeiro de 2005, para possibilitar a sobrevivência da agência financiada pelo governo. Talvez seja hora de as companhias mudarem os planos de pensão com benefícios definidos e criar outros, por exemplo, com contribuição definida, baseada nas contribuições de empregados e empregadores, e não com um benefício mensal garantido.

QUESTÕES

1. Como futuro trabalhador de período integral, você optaria por um plano de pensão com benefício definido ou com contribuição definida? Por quê?
2. Os benefícios de aposentadoria custam caro; no entanto, o trabalhador precisa desesperadamente deles. Existe alguma maneira de o gestor garantir a proteção dos planos de pensão dos funcionários?
3. Quando uma empresa vai à falência, o governo federal deve socorrer os fundos de pensão? Por quê?

FONTES: Caso elaborado por Joseph C. Santora, professor de administração de empresas na Essex County College, Newark, New Jersey. N. Byrnes, 2004. The coming pension crunch. *BusinessWeek Online*, 15 set. 2004; ELLIOT, D. PBGC: effects of US Air and UAL terminations". Center on Federal Financial Institutions, 2004, *http://www.coffi.org*; NEWMAN, A. (Ed.). Pension reform: next? *BusinessWeek*, 24 jan. 2005, p. 46; http://www.pbgc.gov/about/default.htm.

PARTE 4

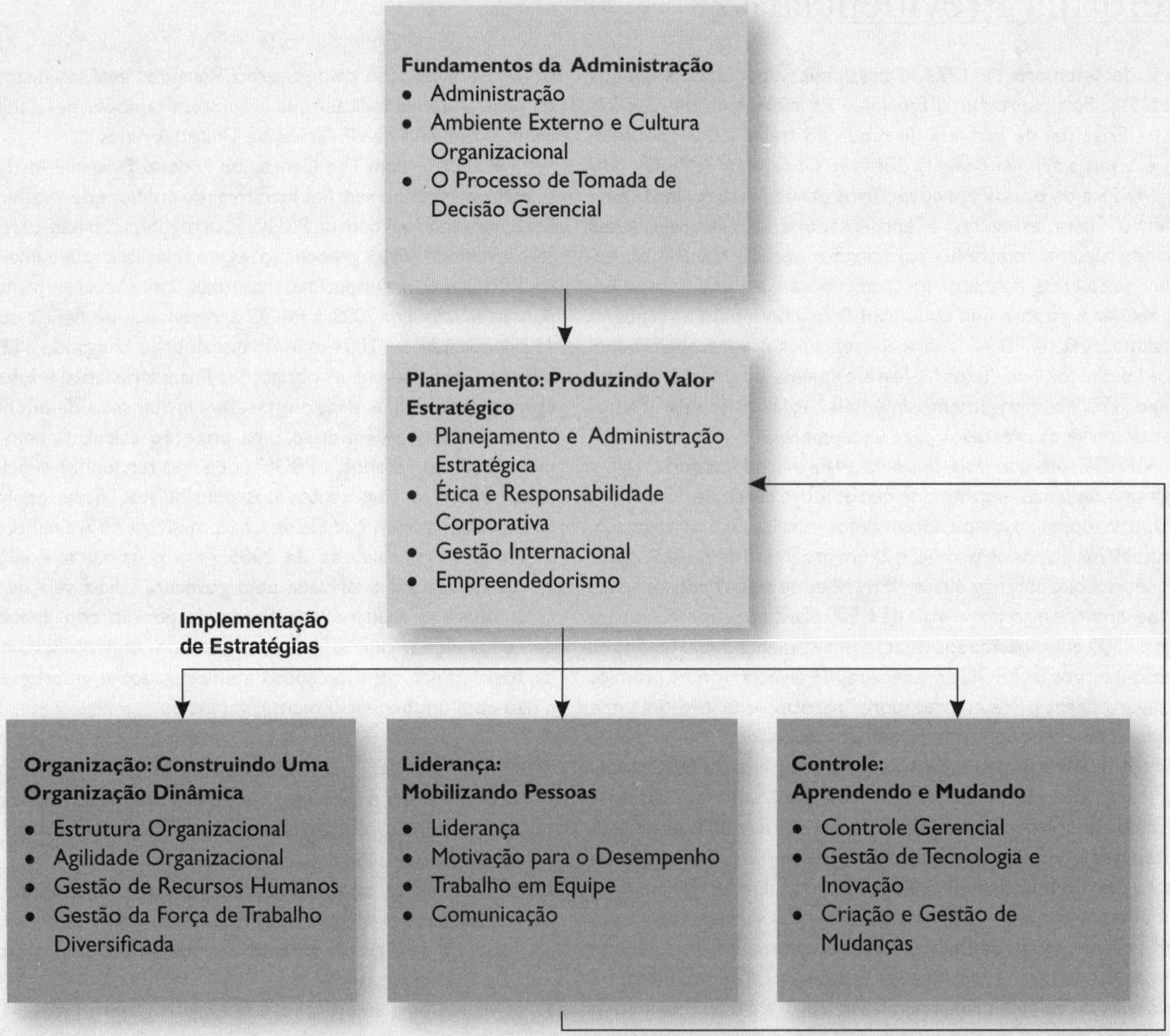

Fundamentos da Administração
• Administração
• Ambiente Externo e Cultura Organizacional
• O Processo de Tomada de Decisão Gerencial
Planejamento: Produzindo Valor Estratégico
• Planejamento e Administração Estratégica
• Ética e Responsabilidade Corporativa
• Gestão Internacional
• Empreendedorismo
Implementação de Estratégias
Organização: Construindo Uma Organização Dinâmica
• Estrutura Organizacional
• Agilidade Organizacional
• Gestão de Recursos Humanos
• Gestão da Força de Trabalho Diversificada
Liderança: Mobilizando Pessoas
• Liderança
• Motivação para o Desempenho
• Trabalho em Equipe
• Comunicação
Controle: Aprendendo e Mudando
• Controle Gerencial
• Gestão de Tecnologia e Inovação
• Criação e Gestão de Mudanças

Liderança: Mobilizando Pessoas

Agora que você já tem conhecimento sobre como planejar e como se organizar, a Parte 4 do livro dedica-se à gestão de pessoas, discutindo a terceira função da administração: a liderança. Gestores eficientes sabem como liderar e conduzir pessoas para o sucesso da unidade e da organização. O Capítulo 12 explora os componentes essenciais da liderança, incluindo o uso do poder dentro da organização. O Capítulo 13 tem como foco a motivação das pessoas, com implicações na melhoria do desempenho. O Capítulo 14 examina o trabalho em equipe, incluindo a gestão dos relacionamentos entre as equipes. E, por fim, o Capítulo 15 trata de uma atividade vital da gestão: a comunicação. Nesse Capítulo, você aprenderá como maximizar a eficácia da comunicação com outras pessoas em todos os âmbitos da organização.

Capítulo 12

Liderança

"Todo soldado tem direito a um comando competente."

— **Júlio César**

RESUMO DO CAPÍTULO

O Que Esperamos de Nossos Líderes?

Visão

Liderança e Gestão

Líder e Seguidores

Poder e Liderança
- Fontes de Poder

Abordagens Tradicionais para Entender a Liderança
- Traços do Líder
- Comportamentos do Líder
- Abordagem Situacional da Liderança

Visões Contemporâneas da Liderança
- Liderança Carismática
- Liderança Transformacional
- Autenticidade
- Oportunidades para Líderes
- Uma Observação sobre a Coragem

Desenvolvimento das Habilidades de Liderança
- Como Começar?
- Quais São os Requisitos Básicos?

OBJETIVOS DE APRENDIZAGEM

Após estudar este Capítulo, você deverá saber:

1. O que significa ser líder.
2. O que as pessoas esperam e o que as organizações precisam dos líderes.
3. Como uma boa visão ajuda o indivíduo a ser um bom líder.
4. Como entender e usar o poder.
5. Os traços pessoais e as habilidades dos líderes eficazes.
6. Os comportamentos que tornam um indivíduo um bom líder.
7. O que significa ser um líder carismático e um líder transformacional.
8. Os vários tipos de oportunidades para ser líder de uma organização.
9. Como desenvolver ainda mais as próprias características de liderança.

Prólogo

ANDREA JUNG E A REFORMULAÇÃO RADICAL DA AVON

Andrea Jung assumiu como CEO da Avon em 1999, e implementou uma reestruturação radical na empresa. A primeira mulher CEO da história da Avon (fato que faz muito sentido, tendo em vista a clientela e a linha de produtos da companhia) atacou aquilo que talvez tenha sido o mais árduo desafio em termos de mudança na linha de produtos da empresa. O tradicional modelo de venda direta (porta a porta) da Avon, que começou no século XIX, já parecia ultrapassado. Jung assumiu a responsabilidade de ajudar a velha empresa, com um modelo antigo de negócios, a sobreviver na era moderna.

Depois de se tornar CEO, Jung começou a vender os produtos da Avon porta a porta, aprendendo, durante o processo, tudo a respeito dos clientes e conhecendo os desafios enfrentados pelas equipes de venda da empresa. Após identificar as dificuldades da Avon, ela estabeleceu um plano de reformulação total. O plano era extremamente ambicioso, e a maioria das pessoas achou que ela não conseguiria implementá-lo. Um analista declarou que o plano tinha "grandes chances de fracassar". No entanto, Jung, de fato, acabou tendo êxito.

FONTES do Prólogo, das Conexões e do Epílogo: SETOODEH, R. Andrea Jung. *Newsweek*, 27 dez. 2004, p. 98-100; BYRNES N., Avon: The New Calling., *BusinessWeek*, 18 set. 2000, p. 137-148; HARRINTONG, A; BARTOSIEWICZ, P. "Who's Up? Who's Down? *Fortune*, 18 out. 2004, p. 181-190; BROOKER, K. It Took a Lady to save Avon. *Fortune*, 15 out. 2001, p. 202-208.

As pessoas ficam entusiasmadas quando o assunto é liderança. Todas querem saber: o que faz de uma pessoa um grande líder? Executivos de todos os níveis e de todos os setores têm grande interesse nessa questão. Eles acreditam que a resposta possa ajudar a melhorar o desempenho organizacional e a obter sucesso na carreira profissional. Eles desejam adquirir habilidades que transformem o gestor "mediano" em um verdadeiro líder.

Felizmente, a liderança pode ser ensinada — e aprendida. As empresas gastam anualmente cerca de US$ 50 bilhões com treinamento em liderança.[1] De acordo com uma fonte, "aparentemente a maioria possui essa importante habilidade, mas apenas a minoria a utiliza. Ainda assim, liderança é algo que pode ser aprendido por qualquer pessoa, ensinado a todas as pessoas e não pode ser negado a ninguém."[2]

O que é liderança? Para começar, líder é o indivíduo que influencia outras pessoas na busca dos objetivos. Quanto maior o número de seguidores, maior é a influência. E, quanto mais bem-sucedida a realização de metas importantes, mais evidente fica a liderança. No entanto, é necessário ir além dessa simples definição para capturar o entusiasmo e o interesse que seguidores dedicados e estudantes de liderança sentem quando vêem um grande líder em ação, para compreender o que realmente fazem os líderes organizacionais e para aprender os requisitos necessários para se tornar um verdadeiro líder de destaque.

Líderes de destaque combinam boa substância estratégica com processos interpessoais eficazes para formular e implementar estratégias que produzam resultados e vantagem competitiva sustentável.[3] Esses líderes são capazes de fundar empresas, criar culturas organizacionais, vencer guerras ou, de algum modo, alterar o curso dos acontecimentos.[4] São estrategistas que agarram as oportunidades desprezadas pelos outros, mas "também são extremamente preocupados com os detalhes — atentam para todas as pequenas realidades fundamentais que propiciam ou prejudicam a grandeza dos planos."[5]

O que Esperamos de Nossos Líderes?

O que as pessoas esperam de um líder? Em termos gerais, elas buscam a ajuda do líder para atingir metas.[6] Tais metas incluem não apenas aumento salarial e promoção, porém ajuda no crescimento profissional, eliminando obstáculos de forma a permitir altos níveis de desempenho, além de tratamento respeitoso, justo e ético. Os líderes são mais úteis às pessoas quando as ajudam a adquirir iniciativa própria e boa visão crítica, permitem-lhes crescer e as ajudam a se tornarem bons colaboradores. As pessoas esperam do líder aspectos que serão descritos a seguir e que estão mencionados em outros Capítulos do livro.

De que as organizações precisam? As organizações precisam de líderes em todos os níveis. Elas necessitam de líderes em toda a organização para realizar aquilo que as pessoas desejam, mas também para ajudar a criar e implementar direcionamento estratégico.

Essas duas perspectivas — do que as pessoas desejam e do que as organizações precisam — estão claramente combinadas em um conjunto de cinco comportamentos-chave, identificados por James Kouzes e Barry Posner, dois autores e consultores dos mais renomados.[7] Os melhores líderes 1) *desafiam o processo* — eles desafiam as crenças e práticas convencionais, e criam mudanças; 2) *inspiram uma visão compartilhada* — eles apelam para os valores das pessoas, motivando-as a se importarem com uma missão relevante; 3) *propiciam a atuação das outras pessoas* — eles fornecem informações às pessoas e dão-lhes poder para desempenhar seus potenciais plenos; 4) *servem de modelo de comportamento* — eles não apenas dizem às pessoas o que fazer, eles são exemplos vivos dos ideais em que acreditam; e 5) *despertam os sentimentos das pessoas* — eles demonstram interesse, oferecem compensações e usam várias abordagens para motivar as pessoas de maneira positiva.

Esses e outros aspectos da liderança serão abordados neste Capítulo e nos Capítulos seguintes. Os temas discutidos ajudarão o estudante a tornar-se não apenas um líder melhor; eles oferecerão parâmetros comparativos para ajudar na avaliação da competência e da justiça com que o chefe orienta o funcionário.

Visão

"A tarefa do líder é criar uma visão", afirma Robert L. Swiggett, ex-presidente do conselho da Kollmorgen Corporation.[8] Até alguns anos atrás, a palavra *visão* não era muito comumente usada entre os executivos. Contudo, hoje, ter uma visão do futuro e transmiti-la às outras pessoas são considerados componentes essenciais de uma grande liderança. "Se não houver visão, não há negócios", afirma o empreendedor Mark Leslie.[9] Joe Nevin, diretor de sistemas de informações gerenciais, descreve os líderes como "pintores da visão e arquitetos da jornada".[10] Homens de negócios não estão sozinhos nessa crença; pesquisas acadêmicas demonstram que uma clara visão e sua comunicação levam a um desenvolvimento maior das firmas empreendedoras.[11]

Visão é uma imagem mental de um estado futuro possível e desejável para a organização. Ela expressa as ambições do líder em relação à organização.[12] Um líder pode criar uma visão que descreva altas aspirações de desempenho, a natureza da estratégia da corporação ou de uma unidade de negócios, ou até mesmo o tipo de local de trabalho que valha a pena construir. As melhores visões são, ao mesmo tempo, ideais e peculiares.[13] Se uma visão transmite uma situação *ideal*, ela divulga um padrão de excelência e uma clara escolha de valores positivos. Se a visão for também *peculiar*, ela transmite e inspira o orgulho em ser diferente das outras organizações. A escolha da linguagem é importante; as palavras devem envolver uma combinação de realismo e otimismo, uma orientação para a ação, e uma decisão e confiança de que a visão será concretizada.[14]

visão
Imagem mental de um estado futuro possível e desejável para a organização.

A visão pode ser pequena ou grande e existir em todos os níveis organizacionais, além de também no alto escalão. Os pontos importantes são: 1) a visão é necessária para a eficácia da liderança; 2) uma pessoa ou uma equipe pode elaborar uma visão para qualquer tarefa, unidade de trabalho ou organização; e 3) muitas pessoas, inclusive gestores que não se transformam em fortes líderes, não desenvolvem uma clara visão — ao contrário, elas se dedicam ao desempenho ou à sobrevivência baseada no dia-a-dia.

Não é possível ter desempenho no longo prazo se o indivíduo não tiver uma visão do que deseja realizar.

Em outras palavras, o líder precisa saber o que deseja.[15] E as demais pessoas precisam entender o seu desejo. O líder deve ser capaz de articular a visão, com clareza e freqüência. As demais pessoas da organização devem entender a visão e conseguir defini-la claramente para si. Esse é o ponto de partida. Entretanto, a visão não significa nada até que o líder e seus seguidores tomem providências para transformá-la em realidade.[16]

Há uma metáfora que reforça a importância do conceito de visão.[17] A montagem de um quebra-cabeça fica muito mais fácil se a pessoa tiver a foto da figura montada na sua frente. Sem a figura, ou a visão, a falta de orientação possivelmente resulta em frustração e fracasso. Essa é a função da comunicação da visão: deixar bem claro onde se quer chegar.

Imagine como seria tentar montar um quebra-cabeça difícil sem ter "visão" daquilo em que se está trabalhando.

Nem toda visão tem êxito. A visão pode ser inadequada, e até mesmo fracassar, por várias razões.[18] Primeira: uma visão inadequada pode refletir apenas as necessidades pessoais do líder. Uma visão desse tipo pode ser antiética, ou pode fracassar por falta de aceitação do mercado ou daqueles que devem implementá-la.

Segunda (relacionada com a primeira): uma visão inadequada pode ignorar as necessidades de *stakeholders*. Terceira: o líder deve acompanhar as mudanças ambientais. Embora o líder eficaz mantenha a confiança e persevere apesar dos obstáculos, há momentos em que os fatos impõem uma mudança na visão. Ainda neste Capítulo, você aprenderá mais sobre a mudança e como administrá-la.

De onde surge a visão?[19] O líder precisa ser sensível às oportunidades emergentes, desenvolver as competências ou visões de mundo corretas e não investir excessivamente no *status quo*. Além disso, ele precisa tirar proveito das redes de pessoas de visão, que têm idéias sobre o futuro. Algumas visões são acidentais; a companhia pode "tropeçar" em alguma oportunidade, e o líder pode receber os créditos pela percepção. E alguns líderes e algumas empresas lançam várias novas iniciativas e, mediante a técnica da tentativa e erro, às vezes acertam. Quando a companhia aprende a partir desses sucessos, surge a "visão".

Liderança e Gestão

Gestores eficazes não são, necessariamente, líderes verdadeiros. Muitos administradores, supervisores e até mesmo altos executivos executam suas responsabilidades com êxito sem serem grandes líderes. No entanto, essas posições propiciam oportunidades de liderança. A capacidade de liderar efetivamente, portanto, distingue gestores excelentes dos medianos.

liderança supervisora

Comportamento que oferece orientação, apoio e *feedback* corretivo em relação às atividades cotidianas.

liderança estratégica

Comportamento que oferece propósito e significado à organização, vislumbrando e criando um futuro positivo.

Enquanto a alta administração deve lidar com as complexidades cotidianas permanentes da organização, a verdadeira liderança envolve a orquestração efetiva de mudanças importantes.[20] Se, de um lado, a gestão exige planejamento e rotinas orçamentárias, do outro, a liderança envolve o estabelecimento da direção (criação de uma visão) a ser tomada pela empresa. A gestão requer estruturação da organização, contratação de pessoal capacitado e monitoramento das atividades; a liderança vai além dessas funções, inspirando as pessoas a concretizarem a visão. Grandes líderes mantêm as pessoas focadas em conduzir a organização rumo ao futuro ideal, motivando-as a superar quaisquer obstáculos encontrados no caminho.

Muitos observadores condenam a raridade da boa liderança.[21] Enquanto muitos gestores concentram-se em atividades superficiais e preocupam-se com os lucros e os preços das ações no curto prazo, raramente têm surgido líderes que incentivem a inovação e a realização das metas de longo prazo. E, enquanto muitos gestores preocupam-se demais em "se adaptar" às situações e em não tumultuá-las, aqueles que surgem como líderes preocupam-se mais com decisões importantes que possam quebrar a tradição, mas que sejam humanas, morais e corretas. O líder atribui importância à substância e não à aparência.

Qualquer equipe esportiva, bem como os líderes, tem seguidores. Quando a equipe de pai e filho — presidente do conselho Charles F. Dolan e diretor-presidente James L. Dolan — da Cablevision Systems Corporation decidiu não incluir o New York Yankees Entertainment & Sports Network como parte de seu pacote básico, os fanáticos fãs dos Yankees reclamaram: "De jeito nenhum, desse jeito, estamos fora". Como os Dolans descobriram, as decisões de um líder afetam claramente as atitudes e os comportamentos de seguidores.

É importante deixar claro vários aspectos. Primeiro, tanto a gestão quanto a liderança são de importância vital. Ressaltar a necessidade de mais liderança não implica minimizar a importância da gestão ou dos gestores. Significa afirmar que a liderança envolve processos únicos, que são distintos dos processos gerenciais básicos.[22] Além disso, o fato de a liderança e a gestão envolverem processos diferentes não significa envolvimento de pessoas independentes e diferentes. O mesmo indivíduo pode desempenhar com eficácia os processos gerenciais, os processos de liderança, ambos os processos ou nenhum.

Alguns profissionais não gostam da idéia de se distinguir gestão e liderança, afirmando que tal distinção é artificial ou depreciativa em relação aos gestores e aos processos gerenciais que fazem a organização funcionar. Talvez a distinção mais útil e melhor seja entre liderança supervisora e liderança estratégica.[23] **Liderança supervisora** é o comportamento que oferece orientação, apoio e *feedback* corretivo para as atividades cotidianas. A **liderança estratégica** oferece propósito e significado à organização. A liderança estratégica envolve antecipar e vislumbrar um futuro viável para a organização, e o trabalho com as demais pessoas para iniciar mudanças que criem tal futuro.[24]

Líder e Seguidores

As organizações têm êxito ou fracassam não apenas por causa da sua qualidade em liderar, mas também por causa do nível de adesão de seus seguidores. Como o gestor não necessariamente é um bom líder, as pessoas não necessariamente são boas seguidoras. Assim como afirma um estudioso sobre liderança, "Os executivos recebem subordinados; eles têm de ganhar seguidores" (p. 240).[25] Contudo, também é verdade que bons seguidores ajudam a produzir bons líderes.

Como gestor, o profissional terá de desempenhar o papel tanto de líder quanto de seguidor. Assim como esse profissional lidera seus subordinados, ele tem de reportar-se ao seu superior. O profissional será membro de algumas equipes e comitês, e também terá de liderar outros grupos. Enquanto o papel de liderança fica com o glamour e, portanto, é o mais cobiçado pelas pessoas, os seguidores devem desempenhar bem e de forma consciente suas responsabilidades.

Ser um bom seguidor não significa unicamente obedecer ordens (embora alguns chefes possam enxergar dessa forma). Os melhores seguidores são capazes de pensar com independência e, ao mesmo tempo, comprometerem-se ativamente com as metas organizacionais.[26] Robert Townsend, que liderou uma lendária reviravolta na Avis, diz que a característica mais importante de um seguidor é a disposição de dizer a verdade.[27]

> Em que consistem os fracassos dos seguidores? Uma das respostas é: a apatia, a passividade, o cinismo e a falta de compromisso que propiciam o abuso do poder por parte do líder.[28]

Seguidores eficazes também se distinguem dos ineficazes por causa do seu entusiasmo e compromisso com a organização, alguma pessoa ou algum propósito — uma idéia, um produto — e não consigo mesmo ou com seus próprios interesses. Eles dominam habilidades úteis para a organização e mantêm padrões de desempenho acima do necessário. Seguidores eficazes podem não receber a glória, mas sabem do valor da sua contribuição para a organização. E, à medida que oferecem sua contribuição, vão estudando os líderes, preparando-se para exercer seu próprio papel de liderança.[29]

Vantagens da Colaboração

Imagine o potencial de uma reestruturação da relação chefe-subordinado em uma verdadeira relação de colaboração na qual líder e seguidor juntos tentam ajudar, mutuamente, a melhorar a eficácia de ambos.

Conexões: ANDREA JUNG E A REFORMULAÇÃO RADICAL DA AVON

Andrea Jung tinha bem pouca experiência operacional quando assumiu a Avon. De repente, ela estava dirigindo uma companhia com três milhões de revendedoras e com operações em 137 países. Ela fez uma promessa solene de tornar a Avon tão grande na indústria feminina de beleza quanto a Disney no setor de entretenimento. Ela deseja que a Avon ofereça o "melhor relacionamento na comercialização de produtos e serviços para a mulher".

Ela sabia que a Internet seria fundamental na implementação da sua visão, mas enfrentou um grande desafio: descobrir como inserir as tradicionais revendedoras da Avon na era digital. As revendedoras produziam 98% da receita da companhia, atuando como sua espinha dorsal e exemplo perfeito da imagem da marca em toda a história da Avon. Jung disse, "Se não as incluirmos em tudo que a empresa faz, seremos apenas mais uma marca de varejo, mais um site da Internet, e eu não vejo o mundo precisando de mais nada semelhante a isso". Jung consultou as revendedoras sobre o site da Web e criou incentivos para atrair a participação delas. Ela envolveu no processo tanto as peritas como as principiantes em informática. Entre outras coisas, o site perguntava às clientes se elas desejavam uma revendedora virtual (eRep) específica para atender à sua localidade. "Nossa empresa é voltada aos relacionamentos, às afiliações e ao contato com as pessoas. Isso jamais mudará."

Jung precisava do apoio desses milhões de revendedoras autônomas e funcionários para convencer a mulher de hoje a comprar uma marca antiga. Em um discurso em uma convenção de vendas, ela disse a 13 mil revendedoras: "A Avon é primeiramente e acima de tudo vocês. Estou aqui diante de vocês para prometer que essa postura jamais mudará". Para as mulheres em uma fábrica da China, ela disse: "Mudaremos o futuro das mulheres no mundo todo!".

Poder e Liderança

Poder — a capacidade de influenciar outras pessoas — é fundamental para uma liderança efetiva. Nas organizações, isso muitas vezes significa capacidade de realizar ou cumprir alguma meta, apesar da resistência enfrentada.

> **poder**
> Capacidade de influenciar outras pessoas.

Fontes de Poder

Uma das abordagens mais antigas e, até hoje, mais adotadas para entender o poder, definidas por French e Raven, indica que os líderes têm cinco fontes potenciais importantes de poder dentro das organizações.[30] A Figura 12.1 mostra essas fontes de poder.

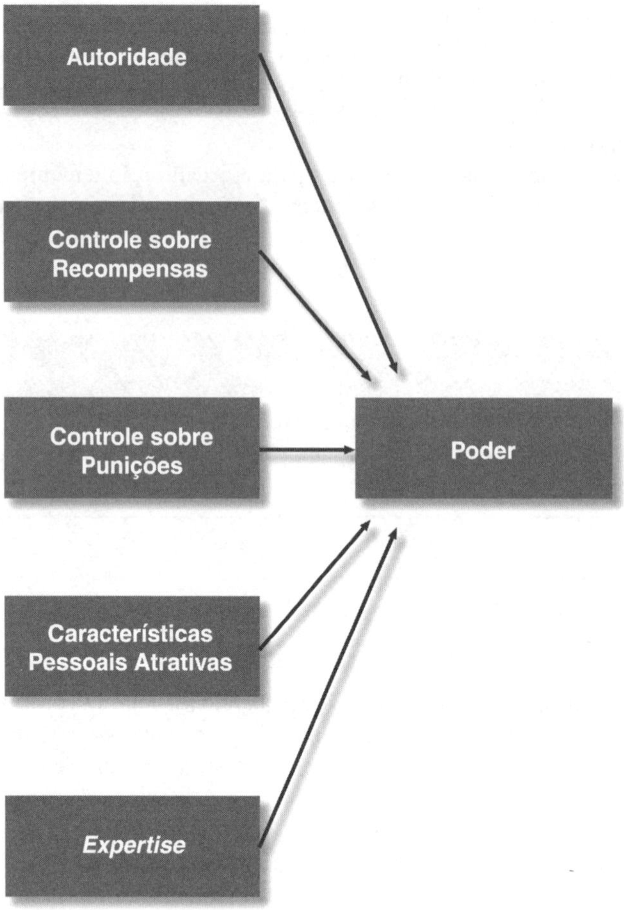

FIGURA 12.1
Fontes de Poder

FONTE: Adaptado com base em FRENCH, J. R. P; RAVEN, B. The bases of social power. In: CART WRIGHT, D. (Ed.) *Studies in social power*. Ann Arbor, MI: Institute for Social Research, 1959.

Poder Legítimo O líder com *poder legítimo* tem o direito — ou a autoridade — de dizer às outras pessoas o que fazer; os funcionários são obrigados a cumprir ordens legítimas. Por exemplo, um supervisor manda um funcionário eliminar um risco à segurança, e ele o faz porque tem de obedecer à autoridade do seu superior. Em contrapartida, a falta de autoridade de um funcionário de baixo escalão para dar alguma ordem a um gestor de nível superior mostra que ele não tem poder legítimo sobre o gestor. Como é possível observar, gestores, em geral, têm mais poder legítimo sobre seus subordinados diretos do que sobre seus pares, superiores e outras pessoas de dentro ou de fora da organização.[31]

Poder de Recompensa O líder com *poder de recompensa* influencia as outras pessoas porque controla recompensas importantes; as pessoas atendem os desejos do líder para receber tais recompensas. Por exemplo, um gerente trabalha muito para atingir as suas metas de desempenho e receber uma avaliação positiva e um bom aumento salarial de seu superior. Por outro lado, se a política da companhia estabelece um padrão geral e igual de aumento salarial, o poder de recompensa diminui porque não há possibilidade de se conceder aumentos fora do estabelecido.

Poder de Coerção O líder com *poder de coerção* tem controle sobre as punições; as pessoas atendem o líder para evitar tais punições. Por exemplo, um gestor implementa uma política de faltas para impor medidas disciplinares contra funcionários faltosos. Um gestor tem menos poder de coerção se, por exemplo, um acordo sindical restringir essa capacidade de punição. Em geral, o gestor de nível hierárquico baixo tem menos poder legítimo, de coerção e de recompensa do que o gestor de nível médio ou alto.[32]

Poder de Referência O líder com *poder de referência* é dotado de características pessoais que atraem as pessoas; as pessoas atendem a esse líder porque o admiram, desejam a sua aprovação, sua admiração ou querem ser parecidas com ele. Por exemplo, gestores jovens e ambiciosos imitam os hábitos profissionais e estilo pessoal de um executivo carismático e bem-sucedido. Um executivo incompetente, pouco admirado e pouco respeitado tem pouco poder de referência.

Poder de *Expertise* O líder com *poder de expertise* é dotado de certo conhecimento ou perícia; as pessoas o atendem porque acreditam nessa perícia ou podem aprender com ela ou, de algum modo, tirar proveito dela. Por exemplo, um gerente de vendas passa algumas dicas para seu pessoal de vendas sobre como fechar negócios. Os vendedores alteram, assim, sua técnica de vendas porque respeitam o conhecimento do gerente. No entanto, esse mesmo gerente pode não ter poder de *expertise* em outras áreas, como em finanças; portanto, seu pessoal de vendas pode ignorar seus conselhos financeiros.

Os profissionais que ocuparem posições que lhes dêem direito de dizer aos outros o que fazer, que puderem recompensar e punir, que forem admirados e amados, e que tiverem conhecimento e perícia que sirvam de parâmetro para as pessoas serão membros poderosos dentro da organização. Todas essas fontes de poder são potencialmente importantes. Embora seja fácil supor que chefes poderosos são aqueles com mais poder legítimo e mais controle sobre as recompensas e as punições, é importante não subestimar as fontes mais "pessoais", como o poder de *expertise* e o poder de referência. Essas fontes pessoais de poder são as mais intimamente relacionadas com a motivação das pessoas para ter desempenhos que atinjam as expectativas de seus gestores.[33]

Abordagens Tradicionais para Entender a Liderança

Existem três abordagens tradicionais de estudo da liderança: a abordagem dos traços, abordagem comportamental e a abordagem situacional.

Traços do Líder

A **abordagem dos traços** é a perspectiva de liderança mais antiga; ela se concentra em líderes individuais e tenta determinar as características pessoais (traços) comuns entre os grandes líderes. O que distingue Winston Churchill; Alexandre, o Grande; Gandhi e Martin Luther King dos demais indivíduos comuns? A abordagem dos traços assume a existência de uma personalidade de liderança e que líderes são natos e não produzidos.

> **abordagem dos traços**
> Uma perspectiva de liderança que tenta determinar as características pessoais que os grandes líderes compartilham.

De 1904 a 1948, foram realizados mais de cem estudos a respeito dos traços de liderança.[34] No final desse período, os estudiosos em gestão chegaram à conclusão de que não existe um conjunto particular de traços necessários para a pessoa ser um líder bem-sucedido. O entusiasmo pela abordagem dos traços diminuiu, mas ainda continuaram a ser feitas algumas pesquisas baseadas nas características pessoais dos líderes. Em meados da década de 1970, surgiu uma visão mais equilibrada: embora nenhum traço garanta o sucesso da liderança, certas características são potencialmente úteis. A perspectiva atual sustenta que determinadas características da personalidade — algumas das quais não são necessariamente inatas, mas podem ser adquiridas — realmente distinguem líderes eficazes de pessoas comuns.[35]

1. *Iniciativa*. A *iniciativa* refere-se a um conjunto de características que refletem alto nível de esforço. A iniciativa abrange profunda necessidade de realização, constante esforço no sentido de melhorar, ambição, vivacidade, tenacidade (persistência diante de obstáculos) e iniciativa. Em diversos países, observa-se que a necessidade de realização dos altos executivos está relacionada aos índices de crescimento de suas organizações.[36] No entanto, a necessidade de realização pode transformar-se em transtorno se o líder focar exclusivamente na realização pessoal e ficar tão envolvido com o trabalho a ponto de não delegar autoridade e responsabilidade suficientes. E, embora a necessidade de realização sirva como indicativo de eficácia organizacional em firmas empreendedoras, ela não indica o sucesso de chefes de divisão em empresas de grande porte e mais burocráticas.[37]

2. *Motivação da liderança*. Os grandes líderes não apenas se empenham; eles *desejam liderar*. Nesse aspecto, é importante ser *extrovertido* — a extroversão está consistentemente relacionada tanto com o surgimento quanto com a eficácia da liderança.[38] Outra característica importante é a grande necessidade de poder, a preferência em manter posição de líder e não de seguidor. A grande necessidade de poder induz as pessoas a tentarem influenciar outras, e mantém o interesse e a satisfação no processo de liderança.

Quando a necessidade de poder é exercida de forma moral e socialmente construtiva, e não em detrimento dos outros, os líderes inspiram mais confiança, respeito e compromisso com a sua visão.

3. *Integridade*. A *integridade* é a correspondência entre atitudes e palavras. Honestidade e credibilidade, além de serem características inerentemente desejáveis, são muito importantes para os líderes, porque esses traços inspiram confiança nas outras pessoas.

> Um sócio sênior de um escritório de advocacia falou a seus advogados sobre a importância da confiança. Quando um jovem e ambicioso advogado perguntou como uma pessoa consegue adquirir confiança, o sócio respondeu: "Tentando ser confiável".[39]

4. *Autoconfiança*. A *autoconfiança* é importante por muitas razões. O papel de liderança é desafiador e constituído por obstáculos inevitáveis. A autoconfiança ajuda o líder a superar os obstáculos, tomar decisões apesar da incerteza, e inspirar confiança nas outras pessoas. Evidentemente, não se pode ser excessivamente autoconfiante; a arrogância e a petulância já levaram muitos líderes ao fracasso.

5. *Conhecimento do negócio*. Líderes eficazes têm um profundo *conhecimento* sobre o setor em que atuam, sobre suas empresas e sobre questões técnicas. O líder precisa ser suficientemente inteligente para interpretar uma vasta quantidade de informações. Níveis superiores de educação formal são importantes na carreira, contudo, não tão importantes quanto a *expertise* adquirida nas questões relevantes para a organização.[40]

Por fim, existe uma característica pessoal que talvez seja a mais importante: a capacidade de perceber as necessidades e os objetivos dos outros e, assim, ajustar a abordagem de liderança pessoal.[41] Líderes eficazes não contam apenas com um estilo de liderança; ao contrário, eles conseguem adotar diferentes estilos de acordo com as necessidades de cada situação.[42] Essa qualidade é a pedra fundamental das abordagens situacionais para a liderança em termos de situação, que serão discutidas adiante.

Homens e Mulheres Líderes? (Em que) Eles são Diferentes?

A almirante Louise Wilmot era a mulher de mais alta patente da Marinha dos Estados Unidos quando se aposentou.

Na média, homens e mulheres são igualmente eficazes como líderes. No entanto, podem surgir diferenças de acordo com a situação: líderes do sexo masculino tendem a ser mais eficazes em ambientes militares, e as mulheres normalmente são mais eficazes em organizações educacionais, assistenciais e governamentais. As razões dessas diferenças não são bem compreendidas.

Será que existe um estilo de liderança "masculino", e, se existir, será que é diferente do estilo "feminino"? Alguns acreditam que sim. De acordo com um artigo publicado na *Harvard Business Review*, as mulheres estão passando a ocupar posições da alta administração aproveitando habilidades e atitudes peculiares que os homens em geral não possuem. Os homens, afirma a autora Judy Rosener, tendem a contar mais com a sua autoridade formal e as recompensas e punições (poder legítimo, de recompensar e de coerção), enquanto as mulheres tendem a usar mais o carisma, as habilidades interpessoais, o trabalho árduo e os contatos pessoais. No estudo realizado por Rosener, as líderes afirmaram incentivar a participação, compartilhar poder e informação e melhorar a autovalorização das pessoas. Outra pesquisa acadêmica confirma que as gestoras tendem a ser mais participativas que os gestores.

A almirante Louise Wilmot era a mulher de mais alta patente da Marinha dos Estados Unidos quando se aposentou. Seu estilo de liderança enfatizava o trabalho em equipe e os relacionamentos interpessoais. Quando perguntada se esse estilo decorria do fato de ser mulher, ela respondeu que, como líder, era necessário "preservar sua característica individual e qualquer qualidade, integridade e aspecto que a torne interessante e a diferencie das demais pessoas. Não existe nenhuma razão no mundo para abdicar de sua alma, sua personalidade e seu espírito".

Dame Margaret Anstee, chefe da missão de paz das Nações Unidas em Angola no início da década de 1990, defende com veemência a exposição ao risco. "Fui a primeira mulher a liderar uma missão militar das Nações Unidas, e não queria ouvir ninguém dizendo: 'Realmente tentamos colocar uma mulher, mas ela não conseguiu levar adiante o desafio'". O analista político David Gergen, em um discurso na Women in Leadership Summit (Cúpula de Liderança Feminina), afirmou que, no universo da política, é chegado o momento de os Estados Unidos indicarem mulheres para as posições de liderança. "Tivemos o ano da mulher, mas não foi suficiente. Tivemos a década da mulher, e também não foi suficiente. Agora, precisamos do século da mulher."

John Chambers, da Cisco, acredita que o grande talento feminino de liderança ainda está aguardando ser mais bem aproveitado, e está para explodir no cenário do Vale do Silício. A comprovação desse fato vem do comentário de Rosabeth Moss Kanter, de Harvard: "As mulheres são extremamente elogiadas exatamente nas habilidades necessárias para o sucesso na Era da Informação global, em que o trabalho em equipe e a parceria são tão importantes".

FONTES: ROSENER, J. B. Ways women lead. *Harvard Business Review*, n. 68 maio/jun. 1990, p. 103-11; EAGLY, A. et al. Gender and the effectiveness of leaders: a meta-analysis. *Psychological Bulletin*, 1995, p. 125-145; VROOM, V. H. Leadership and the decision-making process. *Organizational dynamics*, primavera de 2000, p. 82-93; SELLERS, P. The 50 most powerful women in business. *Fortune*, 16 out. 2000, p. 131-136; FAGENSON-ELAND, E.; KIDDER, P. J. A conversation with rear admiral Louise Wilmot: taking the lead and leading the way. *Organizational dynamics*, inverno de 2000, p. 80-91; SHARPE, R. As leaders, women rule. *BusinessWeek*, 20 nov. 2000, p. 74-84; STANLEY, A. For women, to soar is rare, to fall is human. *The New York Times*, 13 jan. 2002, sec. 3, p. 1, 10; MAITLAND A., A bandit peacekeeper who thrived on risk. *Financial Times*, 2 ago. 2004, p. 9; GERGEN, David. Political analyst, on leadership. *The Boston Globe*, 26 set. 2004, p. E2.

Comportamentos do Líder

A **abordagem comportamental** da liderança tenta identificar o comportamento do bom líder. Será que o bom líder deve focar a realização do trabalho ou a felicidade dos seus seguidores? Será que ele deve tomar decisões de forma autocrática ou democrática? Na abordagem comportamental, as características pessoais são consideradas menos importantes que o comportamento efetivamente demonstrado pelo líder.

Três categorias gerais do comportamento de liderança têm recebido especial atenção: comportamentos relacionados com o desempenho de tarefas, com a manutenção do grupo e com a participação de funcionários na tomada de decisão.

Desempenho de tarefas A liderança exige a realização do trabalho. **Comportamentos voltados ao desempenho de tarefas** são esforços do líder para assegurar o cumprimento das metas da unidade de trabalho ou da organização. Essa dimensão da liderança, algumas vezes, também é chamada *preocupação com a produção, liderança diretiva, estrutura de iniciação* ou *proximidade de supervisão*. Ela inclui um foco na velocidade de execução do trabalho, na qualidade e precisão, na quantidade de produção e no cumprimento das normas.[43] Esse tipo de comportamento de liderança melhora o próprio desempenho do líder na realização do trabalho, além de melhorar o desempenho da organização e do grupo.[44]

Manutenção do grupo Ao demonstrar **comportamentos voltados à manutenção do grupo**, o líder executa ações para assegurar a satisfação dos componentes do grupo, para desenvolver e manter relações harmoniosas no trabalho e para preservar a estabilidade social do grupo. Essa dimensão da liderança, algumas vezes, é denominada *preocupação com as pessoas, liderança de suporte* ou *consideração*. Ela inclui um foco no sentimento e no bem-estar das pessoas, na valorização delas e na redução do estresse.[45] Esse tipo de comportamento de liderança tem profundo impacto positivo na satisfação e motivação dos seguidores, e na eficácia do líder.[46]

abordagem comportamental
Perspectiva de liderança que tenta identificar o que o bom líder faz — ou seja, que comportamentos ele exibe.

comportamento voltado ao desempenho de tarefas
Ações executadas para assegurar o cumprimento das metas do grupo de trabalho ou da organização.

comportamentos voltados à manutenção do grupo
Ações executadas para garantir a satisfação dos componentes do grupo, para desenvolver e manter relações harmoniosas de trabalho e preservar a estabilidade social do grupo.

Que comportamentos *específicos* a liderança voltada à manutenção do grupo e aquela voltada ao desempenho de tarefas implicam? A resposta pode ser obtida imaginando uma situação hipotética em que um funcionário deve avaliar seu chefe com base em ambas as dimensões. Se fosse realizado um estudo de

QUADRO 12.1

Perguntas para Avaliação da Liderança Voltada ao Desempenho de Tarefas e Voltada à Manutenção do Grupo

Liderança Voltada ao Desempenho de Tarefas
1. Seu chefe é exigente quanto ao cumprimento das normas?
2. Até que ponto seu chefe lhe passa instruções ou dá ordens?
3. Seu chefe é exigente em relação ao volume de trabalho produzido?
4. Seu chefe exige que você termine o trabalho em um prazo especificado?
5. Seu chefe tenta fazer você trabalhar na sua capacidade máxima?
6. Quando você realiza um trabalho inadequado, seu chefe ressalta a forma inadequada como ele foi executado?
7. Seu chefe lhe pede relatórios sobre o andamento do seu trabalho?
8. Qual o nível de precisão dos planos elaborados por seu superior para o cumprimento das metas mensais?
Liderança Voltada à Manutenção do Grupo
1. Você consegue conversar abertamente com seu chefe sobre o trabalho?
2. No geral, seu chefe lhe dá suporte?
3. Seu chefe se preocupa com seus problemas pessoais?
4. Você acha que seu chefe confia em você?
5. Seu chefe demonstra reconhecimento quando você realiza um bom trabalho?
6. Quando surge um problema no seu ambiente de trabalho, seu chefe pede sua opinião sobre como resolvê-lo?
7. Seu chefe se preocupa com seus benefícios futuros, como promoções e aumento salarial?
8. Seu chefe trata você com justiça?

FONTE: Reimpresso de MISUMI, J.; PETERSON, M. The performance-maintenance (PM) theory of leadership: review of a japanese research program. *Administrative Science Quarterly*, v. 30, n. 2, jun. 1985, autorizada por *Administrative Science Quarterly*, copyright © 1985 Johnson Graduate School of Management, Cornell University.

O comportamento voltado ao desempenho de tarefas enfoca o cumprimento das metas de trabalho.

teoria da troca líder-membro (LMX)

Ressalta a importância dos comportamentos do líder não apenas voltados ao grupo como um todo, mas também às pessoas em uma base individual.

participação na tomada de decisão

Comportamentos de liderança adotados pelo gestor envolvendo seus funcionários na tomada de decisões.

liderança autocrática

Forma de liderança na qual o líder toma as decisões por conta própria e apenas as anuncia ao grupo.

liderança em determinada organização, o funcionário teria de responder a um questionário semelhante ao do Quadro 12.1 acima. Os comportamentos indicados no primeiro bloco de perguntas representam a liderança voltada ao desempenho de tarefas; os indicados no segundo bloco representam a liderança voltada à manutenção do grupo.

A **teoria da troca líder-membro (LMX)**[47] ressalta a importância de comportamentos do líder não apenas voltados ao grupo como um todo, mas também às pessoas em uma base individual. O foco é baseado principalmente nos comportamentos de liderança considerados, historicamente, como de manutenção do grupo.[48] De acordo com a teoria LMX da liderança e com as comprovações obtidas em pesquisas, comportamentos de manutenção, como confiança, comunicação franca, respeito mútuo, obrigação mútua e lealdade mútua, formam a base de relações satisfatórias e provavelmente mais produtivas.[49]

É importante lembrar, no entanto, o potencial das diferenças culturais. Comportamentos voltados à manutenção do grupo são importantes em quaisquer circunstâncias, mas os comportamentos específicos podem variar de uma cultura para outra. Por exemplo, nos Estados Unidos, comportamentos voltados à manutenção do grupo abrangem o contato pessoal; no Japão, as orientações são preferencialmente passadas por escrito e não pessoalmente, evitando, assim, o confronto e possibilitando a preservação da imagem, caso haja alguma desavença.[50]

Participação na Tomada de Decisão Como o líder deve tomar decisões? Mais especificamente, até que ponto o líder deve envolver seu pessoal na tomada de decisões?[51] A dimensão do comportamento de liderança baseada na **participação na tomada de decisão** pode variar de autocrática à democrática. A **liderança autocrática** toma decisões para, depois, anunciá-las ao grupo. A **liderança democrática** pede a opinião das pessoas. Esse último tipo de liderança busca informações, pede opiniões e procura conhecer as preferências, algumas vezes a ponto de reunir-se com o grupo, promover discussões e usar o consenso ou o voto majoritário para fazer a escolha final.

liderança democrática
Forma de liderança na qual o líder consulta os subordinados para a tomada de decisão.

Efeitos do Comportamento do Líder

A forma como o líder se comporta influencia as atitudes e o desempenho das pessoas. Os trabalhos realizados para estudar esses efeitos têm como foco a comparação entre estilos autocrático e democrático ou entre o comportamento voltado ao desempenho e aquele voltado à manutenção do grupo.

Estilos de Decisão O estudo clássico comparativo entre estilos autocrático e democrático constatou que uma abordagem democrática provocava atitudes mais positivas, enquanto a abordagem autocrática resultava em desempenho um pouco superior.[52] O estilo ***laissez-faire***, em que o líder basicamente não tomava nenhuma decisão, levava a atitudes mais negativas e a um desempenho inferior. Esses resultados parecem lógicos e provavelmente representam as crenças prevalentes entre os gestores a respeito dos efeitos gerais dessas abordagens de tomada de decisão.

laissez-faire
Filosofia de liderança caracterizada pela ausência de tomada de decisão gerencial.

O estilo democrático, por mais atraente que possa parecer, nem sempre é o mais adequado. Quando a agilidade é fundamental, a decisão democrática pode ser lenta demais, ou as pessoas podem esperar uma posição mais determinada do líder.[53] A escolha entre uma decisão autocrática e uma democrática depende das características do líder, dos seguidores e da situação.[54] Desse modo, a abordagem mais apropriada em termos de estilo de decisão do líder é a situacional, que será discutida adiante neste Capítulo.

Comportamentos Voltados ao Desempenho e à Manutenção do Grupo Não existe dependência entre as duas dimensões de liderança: voltada ao desempenho e voltada à manutenção do grupo. Em outras palavras, às vezes o líder pode comportar-se de forma a enfatizar uma das dimensões, ambas ou nenhuma. Algumas pesquisas indicam que a combinação ideal está ligada ao engajamento em ambos os tipos de comportamentos.

Uma equipe de pesquisadores da Ohio State University investigou os efeitos dos comportamentos do líder em um fábrica de caminhões da International Harvester.[55] No geral, os supervisores com fortes *comportamentos voltados à manutenção do grupo* (que os pesquisadores chamaram *consideração*) relatavam menos descontentamento e menos rotatividade nas suas unidades de trabalho do que aqueles com comportamentos fracos nessa dimensão. O efeito contrário foi observado nos *comportamentos voltados ao desempenho de tarefas* (que os pesquisadores denominaram *estrutura de iniciação*). Os supervisores com fortes comportamentos nessa dimensão relatavam mais descontentamento e mais rotatividade.

Quando os dois tipos de comportamentos, os voltados ao desempenho e os voltados à manutenção do grupo, foram analisados juntos, os resultados se mostraram ainda mais complexos. No entanto, uma conclusão ficou clara: quando o líder apresenta fortes comportamentos voltados ao desempenho, ele *também* precisa ter comportamentos voltados à manutenção do grupo. De outro modo, o líder terá funcionários com alto índice de rotatividade e descontentamento.

Mais ou menos na mesma época em que estavam sendo concluídos os trabalhos da Ohio State University, um programa de pesquisa da University of Michigan estudava o impacto desses mesmos comportamentos de liderança no desempenho do grupo.[56] Entre outras conclusões, os pesquisadores notaram que os gestores mais eficazes apresentavam comportamentos que eles denominaram *comportamento voltado às tarefas*: planejamento, programação, coordenação, fornecimento de recursos e definição de metas. Esses gestores também apresentavam mais *comportamentos voltados ao relacionamento*: demonstrando crença e confiança, preocupação e amizade, valorizando o funcionário, mantendo as pessoas informadas e assim por diante. Como se pode observar, essas dimensões do comportamento de liderança são fundamentalmente as dimensões de desempenho de tarefas e de manutenção do grupo.

Depois da publicação das descobertas da Ohio State University e da University of Michigan, o conceito mais popular do líder ideal era o daquele com comportamentos tanto voltados à manutenção do grupo como voltados ao desempenho. O modelo de treinamento mais conhecido que segue esse estilo é a Grade de Liderança (Leadership Grid®) de Blake e Mouton.[57] No treinamento da grade gerencial, o gestor é avaliado em termos de comportamentos voltados ao desempenho (chamados *preocupação com a produção*) e de comportamentos voltados à manutenção do grupo (*preocupação com as pessoas*). Depois, a pontuação é transferida para a grade mostrada na Figura 12.2. A pontuação mais alta, em ambas as dimensões, é 9.

Como mostra a figura, pontuações conjuntas podem cair em qualquer ponto da grade. Um gestor que não atingiu 9,9 — por exemplo, aquele que obteve alta pontuação em preocupação com as pessoas, mas baixa pontuação em preocupação com a produção – receberia, assim, treinamento em como se tornar um líder 9,9.

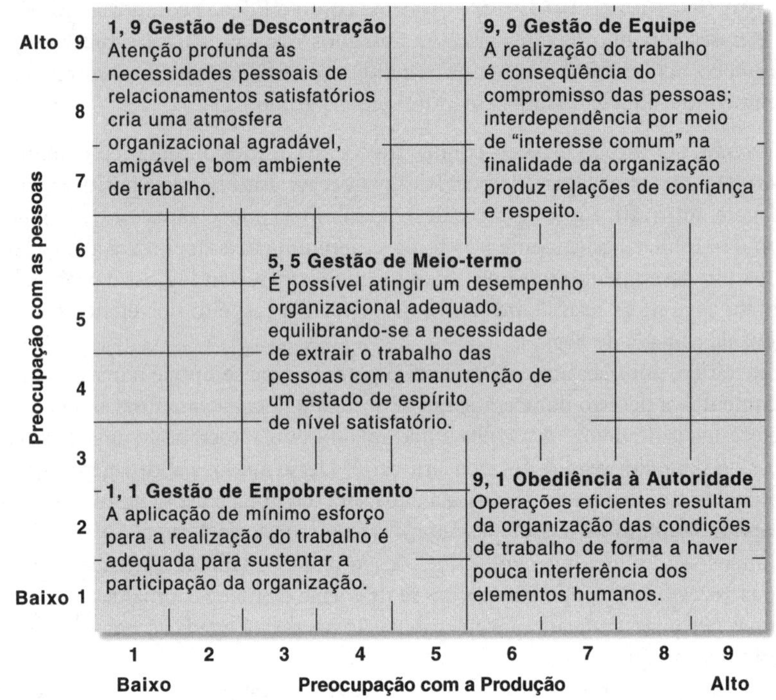

FIGURA 12.2 Grade de Liderança (Leadership Grid®)

FONTE: Figura Grade de Liderança (The Leadership Grid®), extraída de BLAKE, Robert R.; McCANSE, Anne Adams. *Leadership dilemmas – grid solutions*, p. 29. Copyright © 1991, Robert R. Blake e patrimônio de Jane S. Mouton. Uso com permissão. Todos os direitos reservados.

Durante muito tempo, a grade de treinamento foi muito bem-aceita nas empresas e indústrias dos Estados Unidos. Posteriormente, no entanto, ela foi criticada por considerar a abordagem simplista de que existe um estilo único considerado o melhor estilo de liderança, ignorando a possibilidade de 9,9 não ser a melhor opção para todas as circunstâncias. Por exemplo, mesmo 1,1 pode ser adequado se os funcionários conhecerem suas tarefas (e, portanto, não precisarem receber orientações). Além disso, às vezes eles podem gostar tanto do trabalho e de seus colegas que a preocupação pessoal demonstrada pelo chefe não é tão importante. Mesmo assim, se o gestor não souber como se comportar, talvez seja melhor demonstrar comportamentos tanto voltados ao desempenho de tarefas como voltados à manutenção do grupo.[58]

De fato, existe ampla variedade de estilos de liderança eficaz. No ambiente de negócios atual, as organizações que compreendem a necessidade de estilos diversificados de liderança terão uma vantagem competitiva sobre as que acreditam na existência de um "único estilo melhor".

abordagem situacional

Perspectiva de liderança que propõe que traços e comportamentos universalmente importantes não existem e que o comportamento eficaz de liderança varia de acordo com a situação.

Abordagem Situacional da Liderança

De acordo com os proponentes da **abordagem situacional** da liderança, traços e comportamentos universalmente importantes não existem. Eles acreditam que os comportamentos de liderança eficaz variam conforme a situação. *O líder deve primeiro analisar a situação e, depois, decidir o que fazer*. Em outras palavras, avaliar antes de liderar.

Esta é a descrição da abordagem situacional de liderança relatada pela enfermeira-chefe de um hospital:[59] "Meu estilo de liderança é uma mistura de vários estilos. Nesse ambiente, normalmente permito a participação das pessoas. Contudo, quando se trata de uma situação emergencial, em que o paciente está morrendo, automaticamente adoto uma postura bem autocrática: 'Você, faça isso; você, faça aquilo; você, saia da sala; calem-se todos; você, vá buscar o Dr. Mansfield'. O pessoal diz que essa é a única ocasião em que me vêem desse jeito. Em uma situação emergencial como essa, não há tempo para votar, trocar idéias ou gritar uns com os outros. É hora de alguém estabelecer a ordem.

"Lembro-me, uma vez, de alguém dizendo 'Espera um pouco, deixe-me fazer isso'. Ele queria fazer respiração boca a boca. Eu sabia que a pessoa que estava atrás dele era melhor nisso, então eu disse: 'Não, ele faz'. Mais tarde, esse cara veio me dizer que eu o havia magoado muito por ter gritado na frente de todo o pessoal e dos médicos. Foi como se ele não fosse suficientemente capaz. Então, expliquei: é assim que funciona. Era questão de vida ou morte. Não tinha tempo para ficar amenizando. Não tinha condições de ficar escolhendo as palavras apenas porque você não tinha as qualificações necessárias para fazer o melhor pelo paciente que já não estava nem respirando mais."[60]

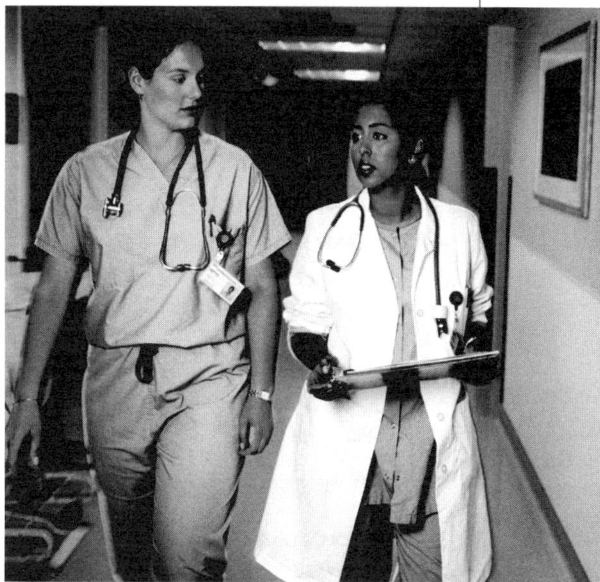

As enfermeiras vivenciam diariamente a experiência da liderança situacional. Como você se sairia no papel de liderança sob pressão?

Essa enfermeira possui sua própria abordagem intuitiva situacional de liderança. Ela sabe das vantagens potenciais da abordagem participativa na tomada de decisão, mas também sabe que em algumas circunstâncias ela própria tem de tomar a decisão.

O primeiro modelo situacional de liderança foi proposto em 1958 por Tannenbaum e Schmidt. No clássico artigo da *Harvard Business Review*, esses autores descreveram três fatores que o gestor deve levar em conta antes de decidir como liderar: forças do gestor, do subordinado e da situação.[61] Forças do gestor abrangem os valores pessoais do gestor, as inclinações, o sentimento de segurança e a confiança nos subordinados. Forças do subordinado incluem seu conhecimento e sua experiência, a disposição para assumir a responsabilidade pela tomada de decisão, o interesse na tarefa ou no problema, e a compreensão e aceitação das metas organizacionais. Forças da situação abrangem o estilo de liderança valorizado pela organização, o grau de eficácia do trabalho do grupo como unidade, o problema em si e o tipo de informação necessária para a sua solução, e o tempo disponível pelo líder para a tomada de decisão.

Considere qual dessas forças torna mais adequado o estilo autocrático e qual impõe o estilo democrático e participativo. Ao se engajar nesse exercício, você estará criando uma teoria situacional de liderança.

Embora o artigo de Tannenbaum e Schmidt tenha sido publicado há quase meio século, a maioria dos seus argumentos continua válida. Desde aquela época, outros modelos situacionais têm surgido. Neste livro, serão discutidos dois deles: o modelo de Vroom para a tomada de decisão e a teoria do caminho-meta. Outros modelos serão apresentados no apêndice deste capítulo.

Modelo de Liderança de Vroom

Esse modelo situacional segue a tradição de Tannenbaum e Schmidt. O **modelo de Vroom** enfatiza a dimensão participativa da liderança: como o líder toma as decisões. O modelo utiliza a abordagem situacional básica de avaliar a situação antes de determinar o melhor estilo de liderança.[62]

modelo de Vroom
Modelo situacional que tem como foco o aspecto participativo da liderança.

O Quadro 12.2 mostra os fatores situacionais adotados para analisar os problemas. Cada fator é baseado em um atributo importante do problema enfrentado pelo líder e deve ser avaliado como alto ou baixo.

O modelo de Vroom, mostrado na Figura 12.3, funciona como um funil. As perguntas devem ser respondidas uma de cada vez, escolhendo-se alto ou baixo para cada uma delas, pulando algumas delas, conforme se vai seguindo o caminho mais adequado. Por fim, chega-se a um dos 14 pontos finais possíveis. Para cada ponto final, o modelo estabelece, entre os cinco estilos de decisão, aquele mais adequado. Vários estilos diferentes de decisão podem funcionar, mas o estilo recomendado é o que toma menos tempo.

O Quadro 12.3 define os cinco estilos de decisão do líder. Os cinco estilos indicam a existência de diversas variações de participação, e não apenas autocrática ou democrática.

O exemplo do quadro das páginas 407 e 408 mostra uma decisão gerencial a ser tomada pelo leitor usando o modelo.

QUADRO 12.2
Fatores Situacionais para Análise do Problema

Fatores Situacionais para Análise do Problema	
Significado da decisão	O significado da decisão para o sucesso do projeto ou da organização.
Importância do compromisso	A importância do compromisso dos componentes da equipe com a decisão.
Expertise do líder	A *expertise* do líder em relação ao problema.
Probabilidade de haver compromisso	Probabilidade de a equipe se comprometer com uma decisão que o próprio líder tomaria.
Apoio do grupo em relação aos objetivos	O nível de apoio da equipe aos objetivos da organização em risco nesse problema.
Expertise do grupo	A *expertise* dos componentes da equipe em relação a esse problema.
Competência da equipe	A capacidade dos componentes da equipe de trabalhar juntos para resolver os problemas.

FONTE: VROOM, V. Leadership and the decision-making process. *Organizational dynamics*, primavera de 2000. p. 82-94. Copyright © 2000 com permissão de Elsevier Science.

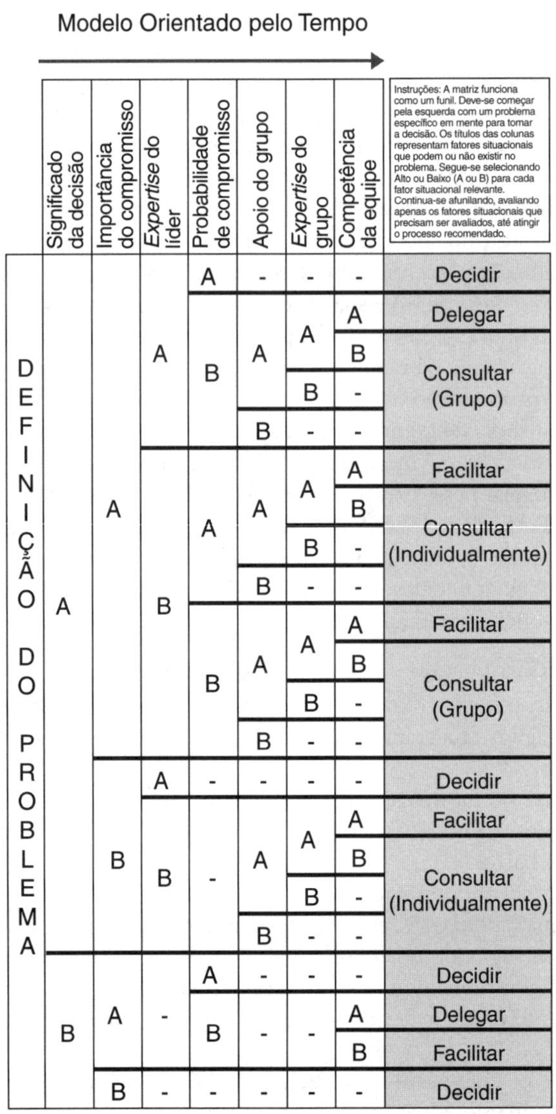

FIGURA 12.3
Modelo de Estilo de Liderança de Vroom

FONTE: VROOM, V. Leadership and the decision-making process. *Organizational dynamics*, primavera de 2000, p. 82-94. Copyright © 2000 com permissão de Elsevier Science.

Decidir: O líder toma a decisão sozinho e/ou a anuncia ou "a vende" para o grupo. O líder pode usar sua *expertise* para coletar informações que considere relevantes para o problema junto ao grupo ou a outras pessoas.
Consultar individualmente: O líder apresenta o problema aos componentes do grupo individualmente, pede sugestões e, depois, toma a decisão.
Consultar o grupo: O líder apresenta o problema aos componentes do grupo em uma reunião, pede sugestões, e depois toma a decisão.
Facilitar: O líder apresenta o problema ao grupo em uma reunião. Ele atua como facilitador, definindo o problema a ser resolvido e os limites dentro dos quais a decisão deve ser tomada. O objetivo é convergir para uma decisão. Acima de tudo, o líder deve tomar cuidado para que sua idéia não tenha mais peso do que as dos outros, simplesmente por causa da posição que ocupa.
Delegar: O líder permite que o grupo tome a decisão dentro de limites estabelecidos. O grupo identifica e diagnostica o problema, criar procedimentos alternativos para resolvê-lo, e opta por uma ou mais soluções alternativas. O líder não exerce função direta nas deliberações do grupo, a menos que solicitado explicitamente; mesmo assim, seu papel nos bastidores é importante, fornecendo o incentivo e os recursos necessários.

FONTE: VROOM V. Leadership and the decision-making process. *Organizational dynamics*, primavera de 2000, p. 82-94. Copyright © 2000 com autorização de Elsevier Science.

QUADRO 12.3
Estilos de Decisão de Liderança de Vroom

Evidentemente, nem toda decisão gerencial requer uma análise tão complicada. Contudo, o modelo fica menos complexo depois de usá-lo algumas vezes. Além disso, a utilização de um modelo para tomar grandes decisões assegura a análise de fatores situacionais importantes e orienta em relação ao estilo mais apropriado a ser usado.

teoria do caminho-meta
Uma teoria que se preocupa com a forma como o líder influencia as percepções dos subordinados sobre suas metas de trabalho e sobre os caminhos a serem seguidos para o cumprimento dessas metas.

Teoria do Caminho-Meta

Talvez o modelo situacional mais completo e geralmente mais útil de eficácia da liderança seja a teoria do caminho-meta. (No Apêndice E estão descritos mais dois modelos situacionais.) Desenvolvida por Robert House, a **teoria do caminho-meta** é assim chamada por causa da sua preocupação com a forma como o líder influencia as percepções dos seus seguidores a respeito de suas metas de trabalho e dos caminhos a serem seguidos para a cumprimento de tais metas.[63]

Aplicando o Modelo de Liderança de Vroom

Ambiente: Bancário

Sua Posição: Presidente e CEO

Os fiscalizadores do banco acabaram de sair, insistindo na necessidade de dar baixa em muitos dos empréstimos imobiliários concedidos, exaurindo, assim, ainda mais o já baixo capital da entidade. Como muitos outros bancos da região, a instituição corre risco de ser fechada por órgãos reguladores. Assim que surgiram os problemas financeiros, muitos dos principais executivos do banco saíram em busca de outros interesses, mas, felizmente, você conseguiu repô-los, contratando três jovens profissionais extremamente competentes. Embora eles não se conhecessem previamente, cada um é produto de um programa de treinamento da mais alta qualidade em um dos bancos do centro financeiro local, onde passaram por todas as posições de cada uma das funções bancárias.

Com sua larga experiência no setor bancário, você chega à conclusão inevitável de que a única esperança é adotar uma abordagem dupla, envolvendo a redução de todas as despesas, exceto as mais críticas, e a venda de ativos a outros bancos. A tarefa tem de ser realizada rapidamente, já que a deterioração da qualidade da carteira de empréstimo pode deixar a entidade em posição negativa de capital, forçando os órgãos fiscalizadores a fechar o banco.

A estratégia está bem clara para você, mas há muitos detalhes que precisam ser trabalhados. Você acredita ter todas as informações necessárias para colocar o banco na direção de um futuro próspero, e tem a sorte de poder contar com três jovens executivos para ajudá-lo. Se, de um lado, eles têm pouca experiência trabalhando juntos, do outro, você sabe do empenho de cada um para a sobrevivência do banco. Assim como você, eles também sabem o que precisa ser feito e como fazê-lo.

FONTE: VROOM, V. Leadership and the decision-making process. *Organizational dynamics*, primavera de 2000, p. 82-94.

Os principais fatores situacionais da teoria do caminho-meta são: 1) características pessoais dos seguidores e 2) pressões e demandas ambientais enfrentadas pelos seguidores para atingir suas metas de trabalho. Esses fatores determinam os tipos mais adequados de comportamento de liderança.

Os quatro comportamentos de liderança pertinentes são: 1) *liderança diretiva*, uma espécie de comportamento voltado ao desempenho de tarefas; 2) *liderança apoiadora*, uma espécie de comportamento voltado à manutenção do grupo; 3) *liderança participativa*, ou estilo de decisão; e 4) *liderança orientada à realização*, ou comportamentos voltados à motivação das pessoas, por exemplo, estabelecimento de metas desafiadoras e recompensa para um bom desempenho.

Esses fatores situacionais e comportamentos de liderança estão mesclados na Figura 12.4. Como se pode observar, comportamentos adequados de liderança — determinados pelas características dos seguidores e pelo ambiente de trabalho — resultam em desempenho eficaz.

A teoria também especifica *quais* características do seguidor e do ambiente são importantes. Existem três características importantes do seguidor. *Percepção de autoridade* é o grau de respeito, admiração e deferência do indivíduo em relação à autoridade. *Locus de controle* representa até que ponto o indivíduo acredita na influência do seu comportamento no ambiente. Pessoas com *locus* de controle *interno* acreditam na influência do seu comportamento nos fatos que ocorrem em sua vida; pessoas com *locus* de controle *externo* acreditam na sorte ou no destino. Por fim, *capacidade* é a crença da pessoa em sua própria capacidade de realizar o trabalho que lhe é atribuído.

A teoria do caminho-meta afirma que essas características pessoais determinam, entre vários estilos de liderança, qual o mais adequado. Por exemplo, a teoria apresenta as seguintes proposições:

- Um estilo de liderança diretivo é mais adequado para pessoas extremamente autoritárias, porque elas respeitam a autoridade.

FIGURA 12.4
Estrutura da Teoria do Caminho-Meta

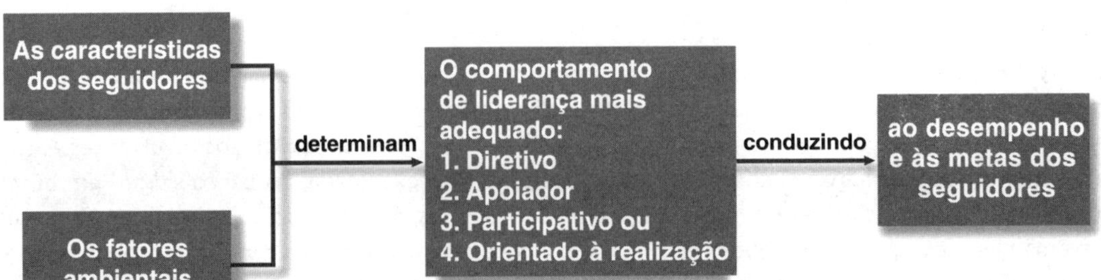

- Um estilo de liderança participativo é mais adequado para pessoas com *locus* de controle interno, porque elas preferem ter mais influência sobre suas próprias vidas.
- Um estilo de liderança diretivo é mais adequado quando o subordinado tem pouca capacidade. O estilo diretivo ajuda a pessoa a entender o que precisa ser feito.

resposta do problema do banco aplicado ao modelo de Vroom

As respostas são A-A-A-B-A-A-B. O estilo de decisão mais adequado é o de consultar o grupo.

O estilo de liderança mais adequado também é determinado por três fatores ambientais: as tarefas da pessoa, o sistema de autoridade formal da organização e o grupo de trabalho principal.

- O estilo de liderança diretiva não é apropriado se as tarefas já estiverem bem estruturadas.
- Se a tarefa e a autoridade ou o sistema normativo forem insatisfatórios, o estilo de liderança diretiva criará ainda mais insatisfação.
- Se a tarefa ou o sistema de autoridade forem insatisfatórios, o estilo de liderança apoiadora é especialmente adequado, porque oferece uma fonte positiva de gratificação em uma situação potencialmente negativa.
- Se o grupo de trabalho principal oferece suporte social a seus componentes, o estilo de liderança apoiadora não é tão importante.

Seja você um CEO de uma empresa ou o técnico de um time de basquete, sua função como líder é a de tornar mais fácil o cumprimento das metas, oferecendo *coaching* e orientação.

A teoria do caminho-meta apresenta muitas outras proposições. Em geral, a teoria sugere que as funções do líder são de 1) facilitar o caminho para se atingir as metas de trabalho, oferecendo *coaching* e orientação; 2) reduzir as barreiras frustrantes enfrentadas para se atingir a meta, e 3) intensificar as oportunidades de satisfação pessoal, por meio do aumento das compensações para as pessoas que atingem as metas de desempenho.

Qual é a melhor maneira de aplicar a teoria às pessoas e à situação de trabalho? Mais uma vez: analisando e, depois, adaptando o estilo à situação.

Substitutos para a Liderança Algumas vezes, o líder não precisa liderar, ou existe alguma situação restringindo a sua capacidade de liderar efetivamente. Pode ser uma situação em que a liderança seja desnecessária ou tenha pouco impacto. Os **substitutos para a liderança** podem exercer o mesmo tipo de influência sobre as pessoas que, de algum modo, o líder exerceria.

substitutos para a liderança

Fatores no ambiente de trabalho que exercem a mesma influência exercida pelo líder sobre os funcionários.

Alguns fatores relacionados com o seguidor, a tarefa e a organização são substitutos para comportamentos de liderança voltados ao desempenho de tarefas ou à manutenção do grupo.[64] Por exemplo, comportamentos de manutenção do grupo são menos importantes e exercem menos impacto se o grupo for bem estruturado e coeso, se os componentes possuírem boa orientação profissional, se o trabalho for inerentemente satisfatório ou se houver grande distância física entre líder e seguidores. Médicos que são extremamente preocupados com a conduta profissional, que gostam do trabalho e que trabalham de forma independente não precisam do suporte social por parte dos administradores do hospital.

A liderança voltada ao desempenho de tarefas é menos importante e exerce menos efeito positivo se as pessoas forem bem experientes e capacitadas, se conseguirem extrair um *feedback* sobre seu desempenho diretamente da tarefa ou por computador, ou se houver regras e procedimentos rígidos. Quando esses fatores estão presentes, o líder não precisa dizer às pessoas o que fazer ou como está o desempenho delas.

O conceito de substitutos para a liderança não indica apenas quando a tentativa do líder de influenciar funcionará ou não. Ele também oferece indicações práticas e úteis de como administrar com mais eficácia.[65] Se o gestor puder desenvolver uma situação de trabalho em que haja vários desses substitutos para a liderança atuando, ele gastará menos tempo tentando influenciar diretamente as pessoas. O líder terá mais tempo disponível para outras atividades importantes.

Pesquisas indicam que os substitutos para a liderança oferecem previsões melhores do compromisso e da satisfação do que do desempenho.[66] Esses substitutos são muito úteis, mas não basta ao líder colocá-los em prática e achar que seu trabalho está terminado. E, do ponto de vista do seguidor, é preciso considerar o seguinte: se não estiver sob uma boa liderança, e se não houver nenhum substituto atuando, ele pode criar seu próprio "substituto" para a liderança — a autoliderança. Ele pode tomar a iniciativa, motivando e liderando a si próprio, criando uma mudança e, por fim, liderando os outros.

Visões Contemporâneas da Liderança

Até este ponto do capítulo, foram apresentadas as principais abordagens clássicas para se entender a liderança. A partir daqui, serão discutidas algumas novas tendências que estão revolucionando o conhecimento desse aspecto vital da gestão.

Liderança Carismática

líder carismático

Indivíduo controlador, autoconfiante, convencido da retidão moral das suas crenças e capaz de instigar o entusiasmo e a ousadia nos seguidores.

Assim como muitos grandes líderes, Ronald Reagan tinha carisma. Thomas Watson, Alfred Sloan, Steve Jobs e Richard Branson são bons exemplos de líderes empresariais carismáticos.

Carisma é um conceito totalmente abstrato; é fácil de identificar, mas difícil de definir. Quando a empresa de recrutamento de executivos Korn/Ferry International aconselhou os aspirantes a altos cargos executivos a "desenvolverem carisma", a revista *BusinessWeek* respondeu de forma sarcástica: "E depois? Arrumar um terceiro olho? Aprender telepatia?" (p. 86).[67]

O que *é* carisma e como obtê-lo? De acordo com uma definição, "o carisma exerce no seguidor uma forte carga emocional acima e além da estima, do afeto, da admiração e da confiança normal (...) O indivíduo carismático é um herói idolatrado, um messias e um salvador".[68] Como é possível perceber nessa definição, muitas pessoas, principalmente os norte-americanos, valorizam o carisma de seus líderes. Contudo, algumas pessoas não gostam do termo carisma;[69] ele às vezes é associado ao carisma negativo de líderes maldosos que as pessoas seguem cegamente.[70]

Martin Luther King foi um líder brilhante e carismático que tinha uma visão convincente, um sonho com um mundo melhor.

Os **líderes carismáticos** são controladores, extremamente autoconfiantes e têm plena convicção da retidão moral de suas crenças.[71] Eles trabalham para criar uma aura de competência e sucesso, inspiram confiança nos seguidores e transmitem altas expectativas.

O líder carismático articula metas ideológicas e se sacrifica para persegui-las.[72] Martin Luther King sonhava com um mundo melhor, e John F. Kennedy prometia levar o homem à Lua. Em outras palavras, esses líderes tinham uma visão bastante atraente. O líder carismático também provoca um senso de entusiasmo e ousadia. É um orador eloqüente, exibindo grande habilidade retórica, que ajuda a divulgar a sua visão e a motivar os seguidores. Walt Disney "hipnotizava" as pessoas com suas histórias, possuía enorme talento criativo e disseminava, em sua organização, intensos valores de bom gosto, assunção de riscos e inovação.[73]

Líderes que possuem essas características ou que têm essas ações inspiram nos seus seguidores confiança, credibilidade, aceitação, obediência, envolvimento emocional, afeto, admiração e alto desempenho.[74] Evidências dos efeitos positivos da liderança carismática podem ser observadas em ampla variedade de grupos, organizações e níveis gerenciais, e em países tão diferentes quanto Índia, Cingapura, Holanda, China, Japão e Canadá.[75]

Comprovadamente, o carisma melhora o desempenho financeiro corporativo, principalmente em situações de incerteza[76] — ou seja, em circunstâncias de risco ou quando o ambiente está mudando e as pessoas têm dificuldades para entender o que deve ser feito. A incerteza é estressante e faz que as pessoas sejam mais receptivas às idéias ou às ações de líderes carismáticos.

Liderança Transformacional

O carisma contribui para a liderança transformacional. O **líder transformacional**[77] faz as pessoas transcenderem seus interesses pessoais em benefício mais amplo da comunidade.[78] Ele gera entusiasmo e revitaliza a organização. Na Hewlett-Packard, a capacidade de gerar entusiasmo é um critério explícito na seleção de gestores. No Reino Unido, Richard Branson do Virgin Group, é um líder transformacional que construiu um império empresarial global.[79]

O processo transformacional vai além da abordagem *transacional* mais tradicional de liderança. O **líder transacional** enxerga a gestão como uma série de transações em que ele usa seus poderes legítimo, de recompensa e de coerção para comandar e recompensar seus seguidores pelos serviços prestados. Ao contrário da liderança transformacional, a liderança transacional é imparcial; não entusiasma, não transforma, não fortalece e não inspira as pessoas a focarem os interesses do grupo ou da organização. Contudo, a abordagem transacional pode ser mais efetiva para pessoas individualistas do que para as coletivistas[80] (ver o Capítulo 6).

líder transformacional
Líder que motiva as pessoas a transcender em seus interesses pessoais para o bem do grupo.

líder transacional
Líder que gerencia por meio de transações, usando seus poderes legítimo, de recompensa e de coerção para comandar e recompensar os seguidores pelos serviços prestados.

Geração de Entusiasmo

O líder transformacional gera entusiasmo de diversas formas.[81] Primeiro, ele é *carismático*, como foi mencionado anteriormente. Segundo, ele dá *atenção individualizada* aos seguidores. O líder transformacional delega tarefas desafiadoras às pessoas merecedoras, mantém canais abertos de comunicação e oferece orientação individual para o desenvolvimento do seu pessoal. Ele não trata todo mundo igualmente, por que nem todo mundo *é* igual.

Terceiro, o líder transformacional é *intelectualmente estimulante*. Ele instiga em seus seguidores à consciência do problema e às potenciais soluções. Articula as oportunidades, as ameaças, os pontos fortes e os pontos fracos da organização. Ele desperta a imaginação e aguça a percepção. Desse modo, consegue-se reconhecer o problema e identificar e implementar soluções de alta qualidade com o compromisso total dos seguidores.

Habilidades e Estratégias

Existem pelo menos quatro habilidades ou estratégias que contribuem com a liderança transformacional.[82] Primeiro, o líder transformacional *tem uma visão* – uma meta, uma programação ou uma orientação de resultados que chama a atenção das pessoas. Segundo, ele *divulga sua visão*; por meio de palavras, gestos ou simbolismo, cria uma imagem atraente para a meta final. Terceiro, o líder transformacional *cria confiança*, sendo coerente, confiável e persistente. Ele se posiciona claramente, escolhendo uma direção e atendo-se a ela, projetando, assim, uma imagem de integridade. Por fim, ele possui *autoconceito positivo*. Não é presunçoso nem complacente; ao contrário, ele reconhece suas qualidades pessoais, compensa suas fraquezas, nutre e desenvolve permanentemente seu talento, e sabe tirar lições do fracasso. Ele luta pelo sucesso em vez de tentar simplesmente evitar o fracasso.

A liderança transformacional tem sido observada nos setores empresarial, militar e político.[83] Exemplos de líderes transformacionais na atividade empresarial incluem Henry Ford, Herb Kelleher, Jeff Bezos, David Neeleman, Lee Iacocca e Jan Carlzon.[84] Assim como nos estudos sobre carisma, a liderança transformacional e seu impacto positivo na satisfação e no desempenho do seguidor[85] têm sido demonstrados em vários países do mundo, como Egito, Alemanha, China, Inglaterra e Japão.[86] Um estudo realizado com companhias coreanas constatou que a liderança transformacional permite prever a motivação do funcionário, o que, por sua vez, possibilita prever a criatividade.[87]

A liderança transformacional é positiva tanto para as pessoas quanto para os resultados finais da empresa.

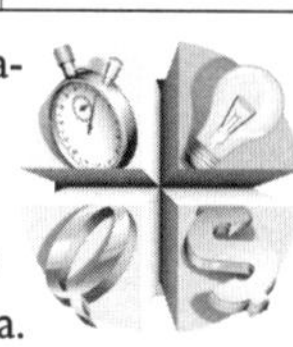

Líderes Transformacionais

É importante frisar que a liderança transformacional não é domínio exclusivo de presidentes e CEOs. No Exército, líderes que recebem treinamento em liderança transformacional exercem impacto positivo no desenvolvimento pessoal de seus seguidores. Eles também têm sucesso como líderes *indiretos*: soldados comandados diretamente por líderes transformacionais apresentam melhor desempenho.[88] Entretanto, é preciso lembrar: o melhor líder é aquele que consegue apresentar comportamentos tanto transformacionais quanto transacionais.[89]

A Ford Motor Company, em parceria com a University of Michigan School of Business, inscreveu milhares de gestores de nível hierárquico médio em um programa destinado a estimular a liderança transformacional.[90] O treinamento incluía a análise das mudanças no ambiente empresarial, a estratégia da companhia e a discussão e a reflexão pessoal sobre a necessidade de mudanças. Os participantes avaliaram seu próprio estilo de liderança e elaboraram uma iniciativa específica de mudança a ser implementada depois do treinamento – mudança essa que produziria uma diferença necessária e duradoura para a companhia.

Nos seis meses seguintes, os gestores implementaram as mudanças no trabalho. Quase metade das iniciativas resultou em mudanças transformacionais na organização ou na unidade de trabalho; o restante das mudanças foi menor, mais incremental ou mais pessoal. Os gestores realizaram mudanças pequenas ou transformacionais de acordo com a atitude de cada um em relação ao treinamento, ao nível de auto-estima e ao grau de suporte recebido das outras pessoas, no ambiente de trabalho, pelo esforço realizado. Assim, alguns gestores não reagiram de acordo com o esperado. Contudo, quase a metade deles dedicou-se ao treinamento, adotou uma orientação mais transformacional e enfrentou mudanças transformacionais significativas na empresa.[91]

liderança de nível 5

Combinação de profunda vontade profissional (determinação) e humildade, que cria uma grandeza duradoura.

A **liderança de nível 5**, termo bem conhecido entre os executivos, é considerada por alguns especialistas o máximo em estilo de liderança. Liderança de nível 5 é uma combinação de profunda vontade profissional (determinação) e humildade pessoal, que cria uma grandeza duradoura.[92] Contudo, esse tipo de liderança requer primeiro que o líder exiba uma combinação dos estilos transacional e transformacional.[93]

liderança autêntica

Estilo em que o líder é verdadeiro consigo mesmo enquanto lidera.

líder pseudotransformacional

Líder que usa o discurso da mudança positiva, mas coloca o interesse próprio na frente das necessidades dos seguidores.

Autenticidade

No geral, credita-se à antiga filosofia grega a origem da **liderança autêntica**: "seja fiel a si próprio".[94] Em sua própria liderança, o líder luta pela autenticidade na forma de honestidade, sinceridade, confiabilidade, integridade e credibilidade. O líder transformacional autêntico preocupa-se com o interesse público (comunitário, organizacional ou coletivo), e não apenas com o próprio interesse.[95] Ele se dispõe a sacrificar seus próprios interesses pelos outros, e é confiável. Ele é eticamente maduro; as pessoas vêem o líder dotado de raciocínio moral como mais transformacional do que o líder sem essa característica.[96]

O **líder pseudotransformacional** é exatamente o oposto: ele joga com as palavras e ignora as necessidades reais dos seguidores, visando ao próprio interesse (poder, prestígio, controle, riqueza, fama).[97]

Oportunidades para Líderes

Uma visão comum que se tem do líder é a de um herói. Extremamente talentoso, ele supera as dificuldades e acaba vencendo. Contudo, com a complexidade dos tempos atuais, é tolice imaginar que um importante alto executivo possa resolver sozinho todos os problemas.[98] Arnold Schwarzenegger não vai aparecer de repente e resolver tudo.

A liderança efetiva deve estar presente em toda a organização, e não restrita a um ou dois executivos do alto escalão. A tarefa do líder é disseminar as habilidades de liderança por toda a empresa.[99] Tornar os funcionários responsáveis pelo próprio desempenho. Criar um ambiente no qual cada um consiga perceber o que deve ser feito e, assim, fazê-lo bem. Apontar a direção e abrir caminho para o êxito do funcionário. Conceder-lhe o crédito merecido. Fazer *dele* um herói.

Desse modo, hoje em dia se exige mais do líder habilidade para motivar e incentivar pessoas e aproveitar bem o capital intelectual do que eficácia na gestão dos recursos.

líder-servidor

Líder que atende às necessidades dos outros, ao mesmo tempo fortalecendo a empresa.

Essa perspectiva revela diversos papéis de liderança não-tradicionais que estão surgindo como de importância vital.[100] O termo **líder-servidor** foi cunhado por Robert Greenleaf, um executivo aposentado da AT&T. O termo é paradoxal no sentido de que "líder" e "servidor" normalmente são opostos. A união dos dois é extremamente significativa. Para o indivíduo que deseja tanto liderar como servir outras pessoas, ser líder-servidor é uma forma de se relacionar com os outros para atender às necessidades deles e ajudar no crescimento pessoal e, ao mesmo tempo, fortalecer a organização.

Vários outros papéis não-tradicionais oferecem oportunidades para líderes. O **líder de conexão** ausenta-se da própria cultura por bastante tempo.[101] Ele vive, vai à escola, viaja ou trabalha em outras culturas. Quando retorna à cultura de origem, torna-se líder e, por causa do repertório expandido, serve de conexão entre sistemas de valores conflitantes dentro da sua própria cultura ou entre a sua e outras culturas diferentes.

Como o trabalho, muitas vezes, é baseado em equipes (ver Capítulo 14), a **liderança compartilhada** surge quando a liderança é assumida pela pessoa com conhecimento básico, qualificações e habilidades necessárias para resolver o problema enfrentado pela equipe em determinado momento.[102] A liderança compartilhada é mais importante quando as tarefas são interdependentes, complexas e exigem criatividade. As equipes de alto desempenho envolvidas nesse tipo de trabalho demonstram mais liderança compartilhada dos que as de baixo desempenho. O papel da liderança vertical continua importante – o líder formal ainda estrutura a equipe, estabelece os limites externos, indica a direção a ser seguida para realizar a tarefa, enfatiza a importância da abordagem de liderança compartilhada e desenvolve as atividades transacional e transformacional descritas neste Capítulo. Contudo, ao mesmo tempo, a metáfora do vôo dos gansos com formação em V ressalta ainda mais a força do grupo: o ganso líder esporadicamente vai para o final da formação, e outra ave "avança um nível" assumindo a liderança.

Um líder sozinho não consegue resolver todos os problemas. No entanto, o líder pode proporcionar, aos funcionários, oportunidades de se tornarem heróis.

A **liderança lateral** não envolve relação hierárquica do tipo superior-subordinado; ao contrário, ela reúne colegas do mesmo nível para resolverem juntos o problema.[103] Um líder não consegue, sozinho, encontrar soluções para todos os problemas, mas ele pode criar processos por meio dos quais as pessoas trabalhem em conjunto. Se o líder consegue reunir as pessoas para trabalhar em conjunto na melhoria dos métodos, ele ajuda a criar um fluxo permanente de inovações. Em outras palavras, não se trata de apenas trazer soluções para os problemas, trata-se de estabelecer bons processos interpessoais para resolvê-los. Ao longo de todo este livro são mencionadas estratégias e táticas, bem como nos Capítulos sobre tomada de decisão, estrutura organizacional, equipes, comunicação e mudança.

líder de conexão

Líder que faz a ligação entre sistemas de valores conflitantes ou diferentes culturas.

liderança compartilhada

Liderança rotativa, na qual há uma troca entre as pessoas no papel de liderança, de acordo com as qualidades individuais mais importantes em determinado momento.

liderança lateral

Estilo de liderança no qual colegas do mesmo nível hierárquico são convidados a trabalhar em conjunto e a facilitar a solução coletiva do problema.

Uma Observação sobre a Coragem

O grande líder precisa de coragem para criar uma visão grandiosa para a unidade; identificar e gerenciar aliados, adversários e indecisos; e executar sua visão, muitas vezes lutando contra a oposição. Isso não quer dizer que o líder deva cometer suicídio profissional, desvinculando-se demais de pessoas poderosas; não significa arriscar demais, pelo bem da empresa, para produzir uma mudança construtiva.

Por exemplo, Ed Breen demonstrou muita coragem quando, imediatamente depois de ser contratado, substituiu a diretoria inteira da Tyco. Isso nunca havia ocorrido em uma empresa desse porte. Breen acreditava que a Tyco "precisava de uma limpeza geral para enviar uma mensagem ao mercado de que essa seria uma empresa totalmente diferente".[104]

Mais especificamente, estes são alguns atos de coragem necessários para a concretização da visão:[105] 1) enxergar as coisas como elas realmente são e enfrentá-las de cabeça erguida, não dando desculpas nem criando falsas expectativas; 2) dizer o que precisa ser dito àqueles que precisam ouvir; e 3) persistir, apesar da resistência, da crítica, do abuso e das dificuldades. Coragem significa mostrar a realidade, mesmo que seja dura, e expressar publicamente o que será feito e o que se espera dos outros — ou seja, colocar as cartas na mesa com sinceridade: Isso é o que espero de vocês (...) O que vocês esperam de mim?[106]

Vantagens da Colaboração

O profissional não precisa necessariamente ser o chefe para criar novos processos de colaboração entre os colegas.

O senador John McCain, dos Estados Unidos, é visto como um homem corajoso não apenas por causa dos anos que passou como prisioneiro de guerra (POW — *prisoner of War*) na Guerra do Vietnã, mas também por sua disposição de dizer sempre a verdade.[107] De acordo com o senador McCain, qualquer pessoa pode ter uma visão, porém, coragem significa lutar bravamente por ela, algumas vezes, contra a oposição e as probabilidades, sendo responsável pelos erros e vendo-a concretizar-se. Para McCain, outros aspectos da coragem são: ser otimista diante dos grandes desafios; buscar soluções e não apenas divulgar os problemas ou reclamar deles; dividir os créditos; reconhecer quando estiver errado e buscar o sucesso compartilhado e não a fácil vitória pessoal.

Desenvolvimento das Habilidades de Liderança

Assim como qualquer outra qualidade, o profissional precisa *desenvolver* as habilidades de liderança. Grandes músicos e grandes atletas não se tornam importantes apenas por causa do talento natural. Eles também precisam fazer a sua parte, treinando, aprendendo e se sacrificando. Líderes de diversos setores, quando perguntados sobre como eles se tornaram os melhores líderes possíveis, fizeram os seguintes comentários:[108]

- "Observava métodos e habilidades dos meus chefes que eu admirava."
- "Arriscando, tentando e aprendendo com os erros cometidos."
- "Lendo autobiografias de líderes que eu admirava para tentar entender como eles pensavam."
- "Muita prática."
- "Cometendo erros e tentando uma abordagem diferente."
- "Envolvendo-me com as outras pessoas propositadamente para fazer as coisas."
- "Procurando assumir posições de responsabilidade com as quais as pessoas contavam."

Donald Trump e sua equipe supostamente selecionam "o melhor dentre os melhores" para participar de *O Aprendiz*. Com base naquilo que tem visto, você acredita que esses participantes possuem as melhores habilidades de liderança?

TEXTO EXTRAÍDO DA REVISTA BusinessWeek

Desenvolvimento de Liderança: O que Você Aprenderia com essa Experiência?

Você trabalha na PricewaterhouseCoopers, e a empresa chega à conclusão de que você está maduro para desenvolver liderança. Sua tarefa: ajudar líderes de pequenas cidades da África a enfrentar a crise da Aids. Você enfrenta as barreiras da língua, as diferenças culturais e a falta de eletricidade. Na realidade, você tem de conversar com as pessoas e não apenas fazer uma apresentação de PowerPoint. Tahir Ayub passou por essa situação; uma lição que ele aprendeu foi: "É melhor deixar de lado suas crenças e tendências e procurar novas maneiras de enxergar as coisas".

A PricewaterhouseCoopers envia seus maiores talentos para participar de projetos com duração de oito semanas em países em desenvolvimento. As metas consistem em testar o talento e expandir a visão de mundo dos futuros líderes da empresa. Os programas vão muito além das *expertises* dos participantes;

eles revelam como as pessoas reagem às pressões e o que elas conseguem realizar sem contar com os recursos que estão normalmente disponíveis. Hoje, Ayub defende a conversa pessoal em lugar do correio eletrônico, porque ela ajuda a estabelecer uma relação de confiança. Jennifer Chang, cuja missão foi em Belize, aprendeu a ouvir mais as pessoas e a ser mais flexível. "Quando você aprende como as decisões são lentas em outras localidades, acaba ficando mais paciente com as pessoas com as quais trabalha."

A Cisco, a Johnson & Johnson e outras companhias estão avaliando a possibilidade de implantar programas semelhantes ao da PricewaterhouseCoopers. De fato, muitas companhias usam iniciativas de responsabilidade social para desenvolver liderança. O grande desafio para as empresas de serviço profissional é encontrar líderes que consigam achar respostas não-convencionais para os problemas aparentemente impossíveis.

FONTE: HEMPEL, J.; PORGES, S. It takes a village — and a consultant. *BusinessWeek*, 6 set. 2004, p. 76-77.

Como Começar?

Como desenvolver habilidades de liderança? O profissional deve começar pensando no seu potencial empregador. Procure saber como ele desenvolve talentos de liderança. As melhores práticas incluem atenção rigorosa de nível executivo no desenvolvimento das pessoas, definição de atribuições para expandir as habilidades de talento empreendedor, criação de planos de desenvolvimento individualizado e fornecimento de *feedback* em vários aspectos.[109] Entre as melhores empresas em termos de liderança estão Johnson & Johnson, Hewlett-Packard, Shell International, General Electric e Banco Mundial.[110]

Mais especificamente, estas são algumas experiências de desenvolvimento que o profissional deve buscar:[111]

- *Atribuições:* Criar algo do nada; recuperar ou contornar uma operação fracassada; assumir responsabilidades em projetos e força-tarefa; aceitar designações internacionais.
- *Outras pessoas:* Expor-se a modelos de papéis positivos; melhorar a visibilidade perante outras pessoas; trabalhar com pessoas de diversas formações.
- *Dificuldades:* Superar idéias e acordos fracassados; confrontar os problemas de desempenho de outras pessoas; quebrar a rotina da carreira.
- *Outras experiências:* cursos formais; trabalhos desafiadores; supervisão de pessoas; experiências extraprofissionais.

Quais São os Requisitos Básicos?

As experiências mais eficazes em termos de desenvolvimento de liderança têm três componentes: avaliação, desafio e suporte.[112] A *avaliação* envolve informações fornecidas para o profissional ter noção do estágio atual de sua evolução, o nível atual de desempenho e de eficácia em termos de liderança, e as necessidades básicas de desenvolvimento. O profissional pode refletir em termos de *feedback* passado, de sucessos e fracassos anteriores, de reação das pessoas às suas idéias e atitudes, de metas pessoais e de estratégias a serem implementadas para o desenvolvimento. Ele pode buscar as respostas junto a colegas de trabalho, superiores, familiares, amigos, clientes e qualquer outra pessoa que o conheça e saiba como ele trabalha. As informações coletadas ajudam a esclarecer as necessidades do profissional em termos de aprendizado, melhoria ou mudança.

As experiências de desenvolvimento mais potentes são as que oferecem *desafio* — elas fazem o profissional expandir. Todo mundo pensa e se comporta de modo habitual e confortável. Isso é natural e, talvez, suficiente para sobreviver. No entanto, ouve-se falar muito na importância de sair da zona de conforto — e enfrentar situações que exijam novas qualificações e habilidades, que sejam confusas ou ambíguas, ou que, simplesmente, o profissional prefira não enfrentar. Algumas vezes, o desafio decorre da falta de experiência; outras vezes, requer mudança de hábitos antigos. Pode parecer incômodo, mas é assim que os grandes executivos aprendem. É importante ter em mente que algumas pessoas não se incomodam em aprender ou não se recusam a aprender. É fundamental que o profissional analise suas experiências ao longo dos anos e, posteriormente, reflita com base nelas, de forma individual ou discutindo com outras pessoas.

O profissional recebe *suporte* quando as outras pessoas sinalizam que os esforços dele para aprender e crescer são valorizados. Sem suporte, experiências desafiadoras de desenvolvimento podem ser extenuantes. Com suporte, é fácil lidar com o esforço, manter o curso, estar aberto a novas informações e efetivamente aprender com as experiências. O suporte pode ser dado de modo informal pelas outras pessoas, de maneira mais formal por meio dos procedimentos da organização, e por meio dos recursos de aprendizado, por exemplo, treinamento, *feedback* construtivo, conversa com outras pessoas e assim por diante.

O que se obtém a partir do desenvolvimento da liderança? Por meio dessas experiências, o profissional consegue adquirir mais autoconsciência e autoconfiança, perspectiva mais ampla do sistema organizacional, raciocínio criativo, capacidade para trabalhar mais efetivamente em sistemas sociais complexos e capacidade para aprender com base na experiência.

EPÍLOGO

ANDREA JUNG E A AVON

Em quatro anos, o preço das ações da Avon subiu 174%. Hoje, Jung comanda mais de quatro milhões de revendedoras, vendendo uma marca genuinamente global. As receitas da China e da Rússia, por exemplo, estão aumentando substancialmente. A perspectiva de longo prazo mostra-se brilhante para a Avon.

Os membros do conselho da Avon nomearam Andrea Jung presidente do conselho, título que vinha sendo mantido em suspenso até se conhecer efetivamente o desempenho dela. Em outubro de 2004, ela era a terceira executiva mais poderosa dentre as 50 da lista da *Fortune*. Em 2005, ela figurou na restrita lista de potenciais CEOs para muitas grandes companhias que estão precisando de renovação.

TERMOS-CHAVE

Abordagem comportamental, p. 401
Abordagem dos traços, p. 399
Abordagem situacional, p. 404
Comportamento voltado à manutenção do grupo, p. 401
Comportamento voltado ao desempenho de tarefas, p. 401
Laissez-faire, p. 403
Líder carismático, p. 410
Líder de conexão, p. 413
Líder pseudotransformacional, 412
Líder servidor, p. 412
Líder transacional, p. 411
Líder transformacional, p. 411
Liderança autêntica, p. 412
Liderança autocrática, p. 402
Liderança compartilhada, p. 413
Liderança de nível 5, p. 412
Liderança democrática, p. 402
Liderança estratégica, p. 396
Liderança lateral, p. 413
Liderança supervisora, p. 396
Modelo de Vroom, p. 405
Participação na tomada de decisão, p. 402
Poder, p. 397
Substitutos para a liderança, p. 409
Teoria da troca líder-membro (LMX), p. 402
Teoria do caminho-meta, p. 407
Visão, p. 395

RESUMO DOS OBJETIVOS DE APRENDIZAGEM

Depois de completado o estudo deste Capítulo, você deverá ser capaz de identificar:

O que significa ser líder.

Líder é aquele que influencia outras pessoas para atingir as metas. O líder orquestra mudanças, define direções e motiva as pessoas a superarem os obstáculos e a mover a organização na direção de um futuro ideal.

O que as pessoas desejam do líder e o que as organizações precisam de seus líderes.

As pessoas querem ajuda para atingir suas metas, e as organizações precisam de líderes em todos os níveis hierárquicos. Os melhores líderes desafiam o processo, inspiram uma visão compartilhada, capacitam os outros a agir, servem de modelo e despertam sentimentos.

Como uma boa visão ajuda o profissional a ser um bom líder.

Líderes excepcionais têm visão. Visão é uma imagem mental que ultrapassa os limites do comum e, às vezes, aquilo que as pessoas consideravam possível. A visão fornece a direção que o líder deseja que a organização siga.

Como entender e usar o poder.

Ter poder e usá-lo de forma adequada são aspectos fundamentais da liderança eficaz. Gestores têm à sua disposição cinco fontes potenciais de poder: legitimidade, recompensa, coerção, referência e *expertise*. Essas fontes de poder existem em todos os níveis organizacionais e devem ser empregadas de forma adequada.

Os traços pessoais e as habilidades de um líder eficaz.

A antiga noção de que o líder apresenta certos traços ou habilidades havia caído em desuso, mas, ultimamente, foi ressuscitada. Entre as características importantes de um líder estão: empenho, liderança, motivação, integridade, autoconfiança e conhecimento do negócio. Talvez a habilidade mais importante seja a capacidade de perceber com clareza a situação e, assim, mudar apropriadamente o comportamento.

Comportamentos que tornam o profissional um grande líder.

Os principais comportamentos do líder abrangem o comportamento voltado ao desempenho de tarefas, à manutenção do grupo e à participação na tomada de decisão. O modelo de Vroom ajuda o líder a decidir o nível de participação necessário na tomada de decisão. A teoria do caminho-meta avalia as características dos seguidores, do líder e da situação; depois, ela indica se o comportamento mais adequado de liderança é o diretivo, apoiador, participativo ou voltado à realização.

O que significa ser um líder carismático e transformacional.

Ter carisma é ser controlador e autoconfiante, ter forte convicção da retidão das próprias crenças, criar uma aura de competência e sucesso, e difundir altas expectativas e despertar a confiança nos seguidores. Carisma é um componente da liderança transformacional. O líder transformacional traduz uma visão em realidade, fazendo as pessoas transcenderem seus interesses pessoais em prol da comunidade mais ampla. Ele o faz lançando mão do carisma, da atenção individualizada dada aos seguidores, do incentivo intelectual, da elaboração e da divulgação da sua visão, da construção de confiança e da auto-estima positiva.

Os vários tipos de oportunidades para ser um líder dentro de uma organização.

Existem inúmeras oportunidades para ser um líder; a mais tradicional é ser gestor de vários subordinados. Também é possível aproveitar ou criar oportunidades para ser líder-servidor ou líder de conexão e exercer liderança compartilhada e liderança lateral.

Como aprofundar o desenvolvimento em termos de liderança.

O profissional pode desenvolver as próprias habilidades de liderança não apenas compreendendo o que significa liderança eficaz, mas também procurando experiências desafiadoras de desenvolvimento. Essas experiências, tão importantes de vida, são obtidas assumindo-se atribuições desafiadoras, expondo-se, trabalhando com outras pessoas, superando as dificuldades e os fracassos, freqüentando cursos formais e por meio de outras ações. Os principais elementos de uma boa experiência de desenvolvimento são avaliação, desafio e suporte.

QUESTÕES PARA DISCUSSÃO

1. O que você espera de um líder?
2. Existe alguma diferença entre gestão eficaz e liderança eficaz? Explique o seu ponto de vista e aprenda com o ponto de vista dos outros.
3. Identifique alguém que você considera um líder eficaz. Que traços e habilidades dessa pessoa a tornam um líder eficaz?
4. Em sua opinião, a maioria dos gestores pode ser líder transformacional? Por que sim ou por que não?
5. Defina coragem com suas próprias palavras. Qual o papel da coragem na liderança? Dê exemplos de atos de liderança que em sua opinião são corajosos.
6. Você acha que existem diferenças nos estilos de liderança de homens e mulheres? Se acha, quais são as diferenças? Homens e mulheres preferem estilos diferentes de chefe? Você tem evidências que comprovem suas respostas?
7. Quem são seus heróis? Em sua opinião, o que os torna heróis, e o que você pode aprender com eles?
8. Baseado na leitura deste Capítulo, faça uma auto-avaliação como líder. Quais os seus pontos fortes e fracos?
9. Identifique as experiências de desenvolvimento pelas quais você passou que melhoraram a sua capacidade de liderar. O que tais experiências lhe ensinaram? Além disso, identifique alguma experiência de desenvolvimento que você precisa adquirir e como irá buscá-la. Seja específico.
10. Pense em algumas decisões que você está enfrentando que podem envolver outras pessoas. Use o modelo de Vroom para decidir a melhor abordagem a ser usada nessas decisões.
11. Pense em algum emprego atual ou anterior. Avalie o seu chefe. Como você o descreveria como líder? Que substitutos da liderança você gostaria de ter visto em ação?
12. Pense em uma organização na qual você seja líder ou membro. O que uma boa liderança transformacional poderia realizar na organização?
13. Cite alguns líderes que, em sua opinião, são autênticos e não-autênticos e discuta sua resposta.
14. Cite alguns líderes que, em sua opinião, são líderes-servidores e discuta sua resposta.
15. Identifique algumas oportunidades que lhe permitam exibir liderança compartilhada e liderança lateral.

CASO DE CONCLUSÃO

Escritório de Advocacia de Jeter, Jackson, Guidry e Boyer

A EVOLUÇÃO DA EMPRESA

David Jeter e Nate Jackson abriram um pequeno escritório de advocacia em 1992, perto de Sacramento, na Califórnia. Antes disso, os dois trabalharam cinco anos no escritório da promotoria pública depois de terminarem a faculdade de direito. Aquilo que começou como uma pequena parceria — apenas os dois advogados e uma secretária-estagiária — acabou transformando-se em um escritório que emprega mais de 27 pessoas em três cidades distintas. O quadro funcional atual é constituído por 18 advogados (três dos quais acabaram tornando-se sócios do escritório), três estagiários e seis secretárias.

Pela primeira vez desde a abertura do escritório, os sócios sentem que estão perdendo o controle das operações como um todo. A quantidade de casos, o número de funcionários e de clientes, a quantidade de viagens e as necessidades de gestão dos recursos cresceram muito mais do que jamais poderiam imaginar os primeiros sócios.

O advogado Jeter convocou uma reunião dos sócios para discutir a questão. Antes da reunião, os funcionários foram solicitados a opinar a respeito dos problemas urgentes do dia-a-dia e a propor soluções. A reunião resultou na decisão formal da criação de um novo cargo, o de gerente-geral de operações. Os sócios elaboraram a descrição do cargo e o anúncio de recrutamento.

As principais características e responsabilidades do cargo são:

- Supervisão diária do pessoal do escritório e das operações (ligações telefônicas, reuniões, digitação, correio, faturamento, folha de pagamento, despesas gerais e manutenção).
- Melhoria das relações com clientes (mais agilidade no processamento dos casos e no atendimento dos clientes).
- Expansão da carteira de clientes.
- Melhoria das relações com as comunidades locais.
- Gestão do orçamento anual e dos programas de incentivo relacionados.
- Manutenção de um crescimento anual de vendas de 10%, preservando ou aumentando a margem de lucro atual.

O gerente-geral terá de apresentar um relatório executivo anual aos sócios juntamente com os planos de ação específicos referentes às melhorias e mudanças. Foi formado um comitê de recrutamento e seleção e, dois meses depois, o novo cargo foi oferecido a Brad Howser, administrador extremamente experiente do ramo securitário, que buscava uma última mudança na carreira e desejava retornar às suas raízes na Califórnia. Howser deixou claro que estaria disposto a cumprir o compromisso com o escritório durante cinco anos e que depois, provavelmente, se aposentaria.

O início foi tranqüilo e calmo, já que Brad passou os primeiros meses apenas conhecendo o pessoal, observando a rotina do escritório e revisando e analisando a carteira de clientes, os dados e histórico dos advogados, os relatórios financeiros e assim por diante.

Depois de seis meses no cargo, Brad tornou-se mais assertivo e direto com o pessoal e estabeleceu diversos novos procedimentos operacionais e regras. Começou mudando o horário normal de trabalho. O escritório adotava horários flexíveis, permitindo aos funcionários escolher o horário de entrada e saída dentro de alguns parâmetros estabelecidos. Brad não gostava desse tipo de "liberdade" e agora exigia que todo o pessoal do escritório trabalhasse todos os dias das 9 às 17 horas. Alguns funcionários ficaram insatisfeitos com a medida e reclamaram com Brad, que, impassível, dizia que "essas são as novas regras e todos devem cumpri-las, e aqueles que não concordarem ou não puderem segui-las provavelmente terão de procurar outro emprego". Sylvia Bronson, secretária havia vários anos no escritório, ficou muito insatisfeita com essa mudança. Ela marcou uma reunião com Brad para expor suas necessidades em relação aos filhos e as dificuldades que o novo horário lhe acarretava. Brad parecia ouvi-la com frieza e, em determinado momento, disse a ela que "secretárias existem aos montes e é muito fácil achar uma". Sylvia foi vista saindo da sala chorando naquele dia.

Brad estava insatisfeito com o tempo médio de recebimento dos pagamentos pelos serviços prestados aos clientes do escritório (contas a receber). Depois de uma análise mais profunda, observou que 30% dos clientes pagavam a fatura em 30 dias ou menos, 60%, em 30 a 60 dias, e o restante 10% chegava a pagar em até 120 dias. Brad redigiu uma carta que foi enviada aos clientes com faturas pendentes de mais de 30 dias. Com palavras pesadas, a carta exigia o pagamento total imediatamente, e alertava que seriam tomadas providências legais caso não houvesse resposta imediata. Logo depois do envio da carta, o escritório recebeu alguns poucos pagamentos "atrasados" e uma quantidade enorme de cartas e telefonemas de clientes bravos, alguns dos quais estavam com a firma desde seu início.

Brad recebeu uma verba de publicidade e promoção para expandir a carteira de clientes. Um dos estagiários sugeriu que fosse feito um planejamento de gastos cuidadoso e que o escritório contava com diversos advogados que conheciam muito bem os mercados locais e, provavelmente, poderiam dar idéias e sugestões a respeito do assunto. Brad pensou um pouco no assunto e logo resolveu tratar da questão sozinho porque, em sua opinião, a maioria dos advogados conhece pouco ou nada a respeito de marketing.

Na tentativa de "reunir os funcionários para formar uma equipe", Brad estabeleceu reuniões semanais. Essas longas sessões obrigatórias eram conduzidas por Brad, que apresentava *slides*, informativos e preleções sobre "algumas das técnicas de gestão comprovadamente bem-sucedidas no ramo securitário". As reuniões geralmente passavam do horário estabelecido e raramente, ou nunca, cobriam todos os itens da pauta.

Brad dedicou parte de seu tempo para "melhorar os relacionamentos comunitários". Ele era extremamente generoso com muitos grupos locais, por exemplo, com a sociedade histórica, os clubes de jardinagem, os programas esportivos e recreativos, os programas de fanfarras de escolas fundamentais e de ensino médio e outros.

Em menos de seis meses ele emitiu cheques e autorizou doações no total de mais de US$ 25 mil. Brad sentia-se satisfeito com tudo isso e tinha certeza de que seus gestos de boa vontade seriam recompensados no futuro.

Em relação ao orçamento, Brad analisou cuidadosamente cada item, buscando alguma forma de melhorar a receita e cortar as despesas. Em seguida, tentou aumentar a base ou cota prevista de horas mensais de faturamento dos advogados, afetando, assim, diretamente a divisão de lucros e o programa de gratificação desses profissionais. Em termos de custos, Brad reduziu substancialmente a verba anual dos advogados para gastos com viagens, refeições e entretenimento. Ele considerava esses itens desnecessários e inúteis. Em cada escritório, Brad decidiu passar uma das duas posições de secretária de período integral para meio período sem benefícios. Ele não via razão para a carga de trabalho atual não ser atendida por esse novo esquema. E completou a análise financeira e o plano de ação inicial, colocando avisos em todos os escritórios com novas regras para o uso de copiadoras, telefone e material de escritório.

Brad terminou seu primeiro ano no cargo apresentando o relatório executivo aos sócios incluindo sua análise da situação atual de cada departamento e seu plano de ação. Inicialmente, os sócios ficaram impressionados com a abordagem adotada por Brad no novo trabalho e com as mudanças feitas. Tudo parecia extremamente sensato e seguia à risca os elementos básicos da descrição do seu cargo. Ao mesmo tempo, "muitos rumores, aqui e ali" nos escritórios "aumentaram" consideravelmente. O estado de espírito dos funcionários, que sempre foi muito bom, agora claramente se deteriorava. Os corredores e bebedouros tornaram-se locais de encontro freqüentes dos funcionários descontentes.

Em relação ao mercado, se os sócios não esperavam ver um aumento imediato no fluxo de novos clientes, certamente não esperavam ver uma redução na carteira existente. Inúmeros clientes — pessoas físicas e jurídicas — procuraram outros escritórios, ainda extremamente aborrecidos com a carta recebida.

Os sócios reuniram-se com Brad para discutir a situação. Brad insistiu para que eles "agüentassem firme a tempestade". Ele já havia passado por essa situação antes e tinha certeza de que, no longo prazo, o escritório atingiria todas as suas metas. Brad chegou a ressaltar que as pessoas, em geral, resistem às mudanças. No mesmo dia, mais tarde, os sócios reuniram-se informalmente e trocaram olhares que revelavam uma grande sensação de incerteza. Será que eles deveriam agüentar firme a tempestade, como sugeria Brad? Será que eles fizeram a coisa certa criando esse cargo e contratando Brad? O que começara, aparentemente, como uma seqüência lógica, sábia e tranqüila de fatos havia se transformado em uma crise.

QUESTÕES

1. Em sua opinião, os sócios devem acatar a sugestão do Sr. Brad e "agüentar firme a tempestade" ou devem tomar alguma providência imediata? Se você não concorda com a sugestão do Sr. Brad, que providências acredita que os sócios deveriam tomar?
2. Supondo que a criação do cargo de gerente-geral de operações tenha sido uma boa decisão, que estilo de liderança e tipo de indivíduo você tentaria contratar para ocupar essa posição?
3. Avalie seu próprio estilo de liderança. Que tipos de posições e situações você buscaria? E que tipos evitaria? Por quê?

EXERCÍCIOS PRÁTICOS

12.1 Poder e Influência

OBJETIVO

Explorar a natureza do poder e da influência e suas atitudes em relação aos diferentes tipos de poder e influência.

INSTRUÇÕES

Leia as instruções e complete as seções A, B e C.

Folha de Trabalho "Poder e Influência"

A. Poder

Inúmeras pessoas fazem afirmações sobre poder e vencer (por exemplo, P. T. Barnum, Mao Tsé-Tung, Leo Durocher, Lord Acton, Vince Lombardi). A tabela a seguir apresenta algumas dessas afirmações. Indique a sua opinião sobre cada uma das afirmações marcando 1 se você discorda totalmente, 5 se concorda totalmente e assim por diante.

	Discordo Totalmente	Discordo	Indiferente	Concordo	Concordo Totalmente
Vencer é tudo.	1	2	3	4	5
Quem é bonzinho sempre fica por último.	1	2	3	4	5
Existe apenas um vencedor.	1	2	3	4	5
A cada minuto nasce um estúpido.	1	2	3	4	5
Não se pode confiar completamente em ninguém.	1	2	3	4	5
Todo poder está na ponta da arma.	1	2	3	4	5
As pessoas sedentas de poder são gananciosas e não-confiáveis.	1	2	3	4	5
O poder corrompe; o poder absoluto corrompe de forma absoluta.	1	2	3	4	5
Quanto mais se paga mais se tem poder.	1	2	3	4	5

B. Influência

Na semana passada ou ainda antes disso, você teve contato com muitas pessoas. Algumas o influenciaram positivamente, outras, negativamente. Tente lembrar-se de experiências recentes com empregadores, colegas de trabalho, professores, pais, religiosos e outras pessoas que o influenciaram de alguma forma. Depois, tente refletir sobre como e por que elas o influenciaram.

1. Na tabela mostrada a seguir, escreva o nome de todas as pessoas que o influenciaram ao longo da semana passada ou no período considerado, de acordo com o tipo de poder usado por elas. O nome de uma pessoa pode aparecer em mais de um tipo de poder se ela utilizou bases múltiplas de poder. Além disso, indique se a influência foi positiva (+) ou negativa (–).

Base de Poder	Nomes e Influência Positiva (+) ou Negativa (–)
Autoridade legítima	______________________________
Recompensa	______________________________
Coerção	______________________________
Referência	______________________________
Expertise	______________________________

2. Depois de examinar a lista, marque com (✓) a sua resposta para cada pergunta (sim ou não).

	Sim	Não
a. Alguma pessoa recebeu sinalização positiva (+) em diversas bases de poder?	__________	__________
b. Alguma pessoa recebeu sinalização negativa (–) em diversas bases de poder?	__________	__________
c. Na sua lista, a maioria das pessoas com sinalização positiva (+) tendeu a utilizar a mesma base de poder?	__________	__________
d. Na sua lista, a maioria das pessoas com sinalização negativa (–) tendeu a utilizar a mesma base de poder?	__________	__________

3. A partir das respostas das questões anteriores, liste as bases de poder que na sua visão são positivas (+) e negativas (–).

+	-
______________________________	______________________________
______________________________	______________________________
______________________________	______________________________
______________________________	______________________________
______________________________	______________________________

Pessoalmente, você prefere usar as bases de poder positivas (+) quando tenta influenciar as pessoas? Você efetivamente as utiliza?

C. Poder e influência

A partir da tabela da Parte B, identifique a pessoa que, em sua opinião, o influenciou mais positivamente (Pessoa 1) e aquela que o influenciou mais negativamente (Pessoa 2). Provavelmente, essas pessoas devem ser aquelas que aparecem com mais freqüência na lista.

Na tabela a seguir, marque 1 para cada afirmação que, em sua opinião, seria a resposta dada pela Pessoa 1 para cada uma das afirmações. Marque 2 para cada afirmação que, em sua opinião, seria a resposta dada pela Pessoa 2 para o mesmo item.

	Discordo Totalmente	Discordo	Indiferente	Concordo	Concordo Totalmente
Vencer é tudo.	________	________	________	________	________
Quem é bonzinho sempre fica por último.	________	________	________	________	________
Existe apenas um vencedor.	________	________	________	________	________
A cada minuto nasce um estúpido.	________	________	________	________	________
Não se pode confiar completamente em ninguém.	________	________	________	________	________
Todo poder está na ponta da arma.	________	________	________	________	________
As pessoas sedentas de poder são gananciosas e não-confiáveis.	________	________	________	________	________
O poder corrompe; o poder absoluto corrompe de forma absoluta.	________	________	________	________	________
Quanto mais se paga mais se tem poder.	________	________	________	________	________

Agora, compare suas respostas da Parte A com as da Parte C. Você é mais parecido com a Pessoa 1 ou com a Pessoa 2? Você prefere usar os tipos de poder utilizados por essa pessoa? Que tipos de poder você usa com mais freqüência? Que tipos você usa com menos freqüência? Em que situação você se sente mais poderoso? E menos poderoso? Estabeleça uma comparação entre essas respostas e as da Parte B3.

FONTE: Extraído de JAUCH, Lawrence R. *et al. The managerial experience:* cases, exercises, and readings. 5. ed. Copyright © 1989. Reimpresso com permissão da South-Western, uma divisão da Thomson Learning, www.thomsonrights.com.

12.2 Avaliação do seu Estilo de Liderança

OBJETIVOS

1. Examinar seu estilo pessoal de liderança.
2. Estudar a natureza do processo de liderança.
3. Identificar formas de melhorar ou modificar seu estilo de liderança.

INSTRUÇÕES

1. Trabalhar individualmente, preencher e contar os pontos da Pesquisa Sobre Estilo de Liderança.
2. Em grupos pequenos, compartilhar as pontuações individualmente obtidas, calcular a pontuação média e responder às questões para discussão.
3. Quando a classe se reunir novamente, os representantes dos grupos apresentarão as conclusões.

QUESTÕES PARA DISCUSSÃO

1. De que forma sua experiência, ou falta de experiência, influenciou suas respostas para a pesquisa?
2. Em que aspectos a pontuação e as respostas dos estudantes convergiram? Em que aspectos divergiram?
3. Em sua opinião, quais as causas das diferenças existentes entre as atitudes de liderança dos estudantes?
4. Como os estudantes podem utilizar de forma construtiva os resultados da pesquisa?

Pesquisa sobre Estilo de Liderança

Essa pesquisa descreve vários aspectos do comportamento de liderança. Para avaliar o seu estilo de liderança, responda a cada afirmação de acordo com o modo como você agiria (ou acha que agiria) se fosse líder de um grupo.

	Sempre	Com Freqüência	Às Vezes	Raramente	Nunca
1. Daria aos membros da equipe liberdade para realizar o trabalho da forma como achassem melhor.	5	4	3	2	1
2. Tomaria as decisões importantes por iniciativa própria sem consultar os funcionários.	5	4	3	2	1
3. Deixaria os membros da equipe tomarem suas próprias decisões.	5	4	3	2	1
4. Não tentaria socializar-me com os funcionários.	5	4	3	2	1
5. Deixaria os membros da equipe realizarem o trabalho conforme eles considerassem apropriado.	5	4	3	2	1
6. Eu me consideraria o porta-voz do grupo.	5	4	3	2	1
7. Seria simpático, atencioso e acessível.	5	4	3	2	1
8. Eu me certificaria de que os funcionários entendessem e seguissem todas as normas e os regulamentos.	5	4	3	2	1
9. Demonstraria preocupação real pelo bem-estar dos funcionários.	5	4	3	2	1
10. Eu mesmo decidiria o que deveria ser feito e como deveria ser feito.	5	4	3	2	1
11. Delegaria autoridade aos funcionários.	5	4	3	2	1
12. Pressionaria os funcionários para atingir as cotas de produção.	5	4	3	2	1
13. Confiaria no bom senso dos funcionários na tomada de decisões.	5	4	3	2	1
14. Designaria tarefas específicas para pessoas específicas.	5	4	3	2	1
15. Deixaria os funcionários estabelecerem seu próprio ritmo de trabalho.	5	4	3	2	1
16. Não me sentiria obrigado a explicar minhas decisões aos funcionários.	5	4	3	2	1
17. Tentaria fazer que cada funcionário sentisse que sua contribuição é importante.	5	4	3	2	1
18. Estabeleceria cronogramas de trabalho.	5	4	3	2	1
19. Incentivaria a participação dos funcionários na definição das metas de trabalho.	5	4	3	2	1
20. Seria orientado às ações e aos resultados.	5	4	3	2	1
21. Envolveria os funcionários na tomada de decisões.	5	4	3	2	1
22. Traçaria as mudanças necessárias e monitoraria as ações de perto.	5	4	3	2	1
23. Ajudaria o grupo a chegar a um consenso sobre mudanças importantes.	5	4	3	2	1
24. Supervisionaria de perto para assegurar o cumprimento dos padrões.	5	4	3	2	1
25. Reforçaria sempre o bom trabalho.	5	4	3	2	1
26. Cortaria os problemas pela raiz.	5	4	3	2	1
27. Consultaria o grupo antes de tomar decisões.	5	4	3	2	1

APÊNDICE E

Modelos Contingenciais Clássicos de Liderança

Ao longo dos anos, muitas teorias situacionais de liderança têm sido apresentadas. Neste Capítulo, foram enfatizadas duas: o modelo de tomada de decisão de Vroom e a teoria do caminho-meta, a mais completa. Por questão de espaço neste Capítulo, mais duas abordagens serão apresentadas neste apêndice.

MODELO CONTINGENCIAL DE FIEDLER

O **modelo contingencial de Fiedler de eficácia da liderança** afirma que a eficácia depende de dois fatores: estilo pessoal e grau de poder, controle e influência do líder sobre a situação.[1] A Figura E.1 ilustra o modelo contingencial. A metade superior da figura mostra a análise situacional, e a metade inferior indica o estilo adequado. Na parte superior, são usadas três perguntas para analisar a situação:

1. O relacionamento entre líder e membros é bom ou ruim? (Até que ponto o líder é aceito e apoiado pelos componentes do grupo?).
2. A tarefa é estruturada ou desestruturada? (Até que ponto os componentes do grupo sabem quais são suas metas e como cumpri-las?).
3. A posição do líder proporciona muito ou pouco (alto ou baixo) poder? (Até que ponto o líder tem autoridade para recompensar ou punir?).

Essas três perguntas seqüenciais criam uma árvore de decisão (de cima para baixo, na figura) na qual a situação é classificada como uma entre oito categorias. Quanto mais baixo o número que identifica uma categoria, mais favorável a situação para o líder; quanto maior o número, menos favorável. Inicialmente, Fiedler

FIGURA E.1

Análise de Fiedler das Situações em que a Liderança Motivada por Relacionamento ou por Tarefa é Mais Efetiva

Relações líder-membro	Boas				Ruins			
Estrutura da tarefa	Estruturada		Não-estruturada		Estruturada		Não-estruturada	
Poder de posição de líder	Alto	Baixo	Alto	Baixo	Alto	Baixo	Alto	Baixo
	1	2	3	4	5	6	7	8
Favorável para o líder → **Desfavorável para o líder**								
Tipo de líder mais eficaz na situação	Motivado por Tarefas	Motivado por Tarefas	Motivado por Tarefas	Motivado por Relacionamento	Motivado por Relacionamento	Motivado por Relacionamento	Motivado por Relacionamento	Motivado por Tarefas

FONTE: ORGAN, D.; BATEMAN, T. *Organizational behavior.* 4. ed. Copyright © 1990 The McGraw-Hill Companies. Reproduzida com permissão da The McGraw-Hill Companies.

chamava essa variável de "favorabilidade situacional", porém, hoje, chama "controle situacional". A situação 1 é a melhor: os relacionamentos são bons, a tarefa é bem estruturada, e o líder tem muito poder. Na situação menos favorável (8), o líder tem pouco controle situacional, os relacionamentos são fracos, as tarefas são pouco estruturadas e o poder do líder é fraco.

Diferentes situações impõem diferentes estilos de liderança. Fiedler media os estilos de liderança utilizando um instrumento para avaliar o *colaborador menos preferido* pelo líder (LPC); ou seja, a atitude do líder em relação ao seguidor de quem ele menos gosta. Essa avaliação era considerada uma indicação mais geral de atitudes do líder em relação às pessoas. Se um líder pudesse destacar a pessoa de quem ele menos gostasse, mas cujas atitudes não eram tão negativas, ele recebia alta pontuação na escala LPC. Líderes com atitudes mais negativas em relação às outras pessoas recebiam baixa pontuação na escala LPC.

Com base nessa pontuação (escala LPC), Fiedler considerava dois estilos de liderança. A **liderança motivada por tarefas** enfatiza basicamente a conclusão da tarefa e é mais observada em líderes com baixa pontuação na escala LPC. A **liderança motivada por relacionamento** ressalta a manutenção do bom relacionamento interpessoal e tende a ser mais observada em líderes com alta pontuação na escala LPC. Os estilos de liderança correspondem, respectivamente, ao comportamento do líder voltado ao desempenho de tarefas e ao voltado à manutenção do grupo.

A parte inferior da Figura E.1 indica o estilo mais apropriado em termos situacionais. Nas situações 1, 2, 3 e 8, o estilo de liderança motivada por tarefas é mais eficaz. Nas situações de 4 a 7, a liderança motivada por relacionamento é mais apropriada.

A teoria de Fiedler nem sempre foi apoiada em pesquisas. Ela seria mais bem fundamentada se, em lugar de oito níveis específicos de controle situacional, houvesse três categorias mais amplas: baixo, médio e alto. Essa teoria criou bastante polêmica no meio acadêmico; entre outros argumentos, a teoria postulava a impossibilidade de mudança do estilo do líder, mas que ele deveria ser designado para uma situação condizente com o seu estilo. Entretanto, o modelo tem resistido ao teste do tempo e ainda é alvo de atenção. Mais importante, ele começou e continua enfatizando a importância de combinação entre situação e estilo do líder.

TEORIA SITUACIONAL DE HERSEY E BLANCHARD

Hersey e Blanchard desenvolveram um modelo situacional acrescentando outro fator que o líder deve levar em conta antes de decidir se o comportamento mais adequado é o voltado ao desempenho de tarefas ou à manutenção do grupo. Originalmente denominada de *teoria do ciclo de vida da liderança*, essa **teoria situacional** ressalta como fator situacional fundamental a maturidade dos seguidores.[2] **Maturidade profissional** é o nível de habilidade e de conhecimento técnico do seguidor em relação ao trabalho executado; **maturidade psicológica** é a autoconfiança e o auto-respeito do seguidor. Seguidores com alto grau de maturidade têm, ao mesmo tempo, capacidade e confiança para realizar um bom trabalho.

A proposta da teoria é a de que, quanto mais maduro o seguidor, menos o líder precisa engajar-se em comportamentos voltados ao desempenho de tarefas. O nível exigido de comportamentos voltados à manutenção do grupo é um pouco mais complexo: esse tipo de comportamento não é importante para seguidores com níveis baixo ou alto de maturidade, mas, sim, para seguidores com maturidade moderada. Para seguidores com pouca maturidade, a ênfase deve ser dada à liderança relacionada ao desempenho; para seguidores com maturidade moderada, a liderança voltada ao desempenho é um pouco menos importante e os comportamentos voltados à manutenção do grupo tornam-se mais importantes; e no caso de seguidores com muita maturidade, nenhum dos aspectos de comportamento de liderança é importante.

Essa teoria conta com pouca pesquisa acadêmica, no entanto, o modelo é popular nos seminários de treinamento em gestão. Independentemente da sua validade científica, o modelo de Hersey e Blanchard serve como lembrete da importância de se tratar pessoas diferentes de formas distintas. Além disso, ele sugere a importância de se tratar, de tempos em tempos, o mesmo indivíduo diferentemente, conforme ele mude de emprego ou adquira mais maturidade para desempenhar um trabalho específico.[3]

TERMOS-CHAVE DO APÊNDICE

liderança motivada por relacionamento Liderança que coloca ênfase primária na manutenção de um bom relacionamento interpessoal, p. 424.

liderança motivada por tarefas Liderança que coloca ênfase primária na conclusão da tarefa, p. 424.

maturidade profissional Nível de habilidade e conhecimento técnico do funcionário em relação à tarefa executada, p. 424

maturidade psicológica Autoconfiança e auto-respeito do funcionário, p. 424

modelo contingencial de Fiedler de eficácia da liderança Abordagem situacional da liderança que postula que a eficácia depende do estilo pessoal do líder e do nível de poder, controle e influência situacional propiciado ao líder pela situação, p. 423

teoria situacional de Hersey e Blanchard Teoria do ciclo de vida da liderança que postula a necessidade de o gestor considerar a maturidade profissional e psicológica do funcionário antes de decidir se é mais importante o comportamento voltado à manutenção do grupo ou ao desempenho de tarefas, p. 424

Capítulo 13

Motivação para o Desempenho

"O pior erro que um chefe pode cometer é não dizer a seu colaborador: muito bem!"
— **John Ashcroft, Executivo de Negócios**

"A recompensa por algo bem-feito é tê-lo realizado."
— **Ralph Waldo Emerson**

RESUMO DO CAPÍTULO

Motivação para o Desempenho

Estabelecimento de Metas
- Metas que Motivam
- Metas Maximizadas
- Limitações ao Estabelecimento de Metas
- Estabelecimento de Metas Próprias

Reforço ao Desempenho
- Administrar (ou Não) as Recompensas e as Punições
- Administração de Erros
- Fornecendo *Feedback*

Crenças Relacionadas ao Desempenho
- Relação Esforço-Desempenho
- Relação Desempenho-Resultado
- Impacto sobre a Motivação
- Implicações Gerenciais da Teoria da Expectativa

Compreendendo as Necessidades das Pessoas
- Hierarquia das Necessidades de Maslow
- Teoria ERG de Alderfer
- Necessidades de McClelland
- Teorias das Necessidades: Perspectivas Internacionais

Concepção de Funções Motivadoras
- Rodízio, Expansão e Enriquecimento das Funções
- Teoria dos Dois Fatores de Herzberg
- O Modelo de Concepção de Funções de Hackman e Oldham
- *Empowerment*

O Alcance da Eqüidade
- Avaliação da Eqüidade
- Restabelecendo a Eqüidade
- Justiça nos Procedimentos

Satisfação no Trabalho
- Qualidade de Vida no Trabalho
- Contratos Psicológicos

OBJETIVOS DE APRENDIZAGEM

Após estudar este Capítulo, você deverá saber:

1. Os tipos de comportamento que os gerentes precisam motivar nas pessoas.
2. Como estabelecer metas desafiadoras e motivadoras.
3. Como recompensar adequadamente o bom desempenho.
4. As principais crenças que afetam a motivação das pessoas.
5. Como as necessidades individuais das pessoas afetam seu comportamento.
6. Como conceber uma função motivadora e que proporcione o *empowerment*.
7. Como as pessoas avaliam a eqüidade e como alcançá-la.
8. As causas e conseqüências de uma força de trabalho satisfeita.

ROCKY FLATS

A Rocky Flats, localizada a alguns quilômetros de Denver, era um complexo industrial para fabricação de armas nucleares. Ela cessou a produção em 1989. O *Nightline* certa vez classificou um prédio desse complexo como o "prédio mais perigoso dos Estados Unidos".

A Kaiser-Hill é a empresa que está efetuando a limpeza total e Denny Ferrara está coordenando os trabalhos de demolição dos prédios "frios" (não-nucleares). Ele trabalha na empresa há 30 anos, assim como seu irmão. O pai deles começou a trabalhar nessa mesma companhia em 1953. Outros membros da família ainda trabalham lá. Ao longo da maior parte de sua trajetória, a Rocky Flats foi vista como um lugar que oferecia emprego vitalício — algo muito bom para os funcionários.

Os trabalhadores da Rocky Flats foram tratados como heróis durante a Guerra Fria, quando fabricavam detonadores à base de plutônio para bombas nucleares. Depois de uma batida por parte do FBI em 1989, o lugar foi fechado e eles se tornaram *persona non grata*, já que sua imagem pública passou de patriotas a poluidores. Tiveram de limpar totalmente o local, e o seu moral ficou baixo. No final de 2000, após muito ter sido realizado, a direção da Kaiser-Hill estimou que haveria uma probabilidade de apenas 15% de o trabalho ser completado até 2006.

O trabalho agora não é nem mais nem menos perigoso que aquele de construção tradicional, e este é o tipo de trabalho que os Ferrara e seus colegas fazem. Contudo, estão trabalhando do modo mais árduo e rápido quanto possível a fim de cumprir a tarefa e acabar com seus próprios empregos.

As estimativas iniciais eram de que seriam necessários 70 anos e US$ 36 bilhões para completar esse trabalho. A Kaiser-Hill estabeleceu metas de 10 anos e menos de US$ 7 bilhões. No ritmo atual, as instalações da Rocky Flats deixarão de existir em 2006 — décadas a mais do que muita gente poderia imaginar.

FONTE: para o Prólogo, Interconexões, Epílogo. McGREGOR J. Rocky Mountain High., *Fast Company*, jul. 2004, p. 58-63.

Este capítulo aborda uma antiga questão: como um gerente pode motivar pessoas a trabalhar com empenho e obter seus níveis máximos de desempenho?

Um gerente de vendas de certa empresa tinha uma abordagem ímpar para essa questão. A cada mês, o funcionário com o pior desempenho nas vendas levava uma cabra viva para passar o fim de semana em casa. O gerente esperava que o funcionário que tivesse levado a cabra para casa ficasse tão envergonhado que trabalharia de modo mais empenhado no mês seguinte para aumentar suas vendas.[1]

Esse gerente de vendas até poderia obter alta pontuação por sua criatividade. Porém, se ele fosse avaliado pelos resultados, da forma como avalia sua equipe de vendas, certamente seria reprovado. Ele até poderia ser bem-sucedido em motivar alguns membros de sua equipe a aumentar as vendas, mas alguns colaboradores com bom potencial se sentiriam movidos a deixar a companhia.

Motivação para o Desempenho

Entender por que as pessoas fazem as coisas que fazem no trabalho não é uma tarefa fácil para um gerente. *Prever* suas respostas ao mais recente programa de produtividade da administração é mais difícil ainda. Felizmente, conhece-se o suficiente a respeito de motivação para se dar ao gerente experiente técnicas eficazes e práticas para aumentar o esforço e o desempenho de seu pessoal.

A **motivação** refere-se às forças que energizam, direcionam e sustentam os esforços de uma pessoa. Todo comportamento, exceto reflexos involuntários como piscar os olhos (que tem pouco a ver com administração), é motivado. Uma pessoa altamente motivada trabalhará intensamente para alcançar as metas de desempenho. Com habilidade e compreensão adequadas de sua função, essa pessoa será altamente produtiva.

motivação

Forças que energizam, direcionam e sustentam os esforços de uma pessoa.

A fim de serem motivadores eficientes, os gerentes devem saber que tipo de comportamento querem motivar nas pessoas. Embora os indivíduos produtivos pareçam fazer um número aparentemente sem fim de coisas, a maioria das atividades importantes pode ser agrupada em cinco categorias gerais.[2] Os gerentes devem motivar as pessoas a 1) *fazer parte da organização*; 2) *permanecer na organização*; e 3) *comparecer ao trabalho regularmente*. Com referência a esses aspectos, é preciso rejeitar a noção recente e comum de que a lealdade está morta, e aceitar o desafio de criar um ambiente que vai atrair e energizar as pessoas de modo que elas se comprometam com a organização.[3]

> Carlos Ghosn, CEO *superstar* no setor automotivo (um herói nacional no Japão desde que assumiu a Nissan), chega ao ponto de afirmar: "O único poder que um CEO tem é o de motivar. O resto é tolice" (p. 58).[4]

Obviamente, as companhias também querem que os funcionários 4) *tenham bom desempenho* — isto é, uma vez que eles estejam no trabalho, devem trabalhar com empenho para alcançar grandes *resultados* (produtividade) e *qualidade* elevada. Finalmente, os gerentes querem que os funcionários 5) *demonstrem cidadania*. Os bons cidadãos da organização são funcionários comprometidos e satisfeitos cujo desempenho se encontra acima e além do dever, realizando atividades extras que possam ajudar a companhia. A importância dos comportamentos de cidadania pode ser menos óbvia que a produtividade, mas esses comportamentos ajudam a organização a funcionar sem turbulências. Também tornam mais fácil a vida do gerente.

Muitas idéias têm sido propostas para ajudar os gerentes a motivar as pessoas a se engajarem nesses comportamentos construtivos. As mais úteis estão descritas nas páginas seguintes. Começamos com os *processos* mais fundamentais que influenciam a motivação de todas as pessoas. Tais processos — descritos pelas teorias de estabelecimento de metas, reforço e expectativa — sugerem a adoção de ações básicas e poderosas por parte dos gerentes. Depois, discutiremos o *conteúdo* que as pessoas desejam e precisam de seus trabalhos, como os indivíduos se diferenciam entre si, e como o entendimento das necessidades das pessoas conduz a prescrições eficazes quanto à concepção de funções motivadoras e que lhes proporcionem o *empowerment* para obterem os maiores níveis de desempenho possível. Finalmente, discutiremos as crenças e percepções mais importantes a respeito da percepção de eqüidade que os indivíduos têm em relação a seus trabalhos, e as implicações para a motivação.

Estabelecendo Metas

Fornecer aos colaboradores metas relacionadas ao trabalho é um modo extremamente eficaz de estimular a motivação. De fato, talvez seja a abordagem mais importante, válida e útil para motivar o desempenho. Portanto, nós a discutiremos primeiro.

teoria da definição de metas

Uma teoria de motivação que afirma que as pessoas têm metas conscientes que as energizam e que direcionam seus pensamentos e comportamentos a um fim específico.

A **teoria da definição de metas** afirma que as pessoas têm metas conscientes que as energizam e que direcionam seus pensamentos e comportamentos a um fim específico.[5] Partindo do princípio de que é importante ter metas em mente, os gerentes as estabelecem para os funcionários. Por exemplo, uma companhia de TV a cabo poderá estabelecer metas para aumentar o número de novos assinantes, ou o número de assinantes atuais que pagam por canais *premium*, ou a pronta resposta aos questionamentos dos consumidores.[6] O estabelecimento de metas funciona para qualquer trabalho em que as pessoas têm controle sobre seu desempenho.[7] Pode-se estabelecer metas para qualidade e nível de desempenho, além de metas comportamentais como cooperação ou trabalho em equipe.[8] De fato, é possível estabelecer metas para o que quer que seja importante.[9]

Podem-se estabelecer metas para custos, qualidade, rapidez, inovação — qualquer coisa que seja importante.

Metas que Motivam

As metas mais poderosas são *significativas* — propósitos nobres que apelam aos valores mais "altos" das pessoas acrescentam um poder motivador extra.[10] A Johnson & Johnson visa o lucro, porém, também se preocupa com a melhoria dos cuidados relacionados à saúde. A Ben & Jerry's produz ótimos sorvetes, mas também é socialmente responsável. A ServiceMaster, companhia de limpeza e de manutenção, tem um compromisso religioso que é um atrativo para seus funcionários, e a Huntsman Chemical possui metas de quitar a dívida corporativa, como também de aliviar o sofrimento humano — ela patrocina a pesquisa sobre o câncer e contribui com uma série de atividades de benemerência. Essa questão não se refere exclusivamente aos valores que as companhias adotam e apóiam e às metas grandiosas que elas buscam; trata-se também da liderança em termos mais pessoais. Os seguidores dos líderes transformacionais consideram seu trabalho mais importante quanto mais congruentes forem com suas metas pessoais,[11] da mesma forma que ocorre com líderes transacionais (ver Capítulo 12).

A Ben & Jerry's é conhecida por produzir um dos melhores sorvetes do mundo. Porém, sua responsabilidade social, especialmente sua dedicação em fazer que as pessoas sejam mais conscientes em relação ao meio ambiente, também é muito importante para muitos funcionários e consumidores.

Mais especificamente, muito se sabe sobre como administrar as metas de maneira a motivar alto desempenho no trabalho. As metas devem ser *aceitáveis* para os funcionários. Isso significa, entre outras coisas, que não devem conflitar com os valores pessoais do funcionário e que eles tenham motivos para persegui-las. Permitir que as pessoas participem no estabelecimento de suas metas de trabalho — em oposição a fazer que o chefe estabeleça as metas para elas — é, freqüentemente, um ótimo modo de gerar metas que elas aceitem e persigam de livre e espontânea vontade.

Metas que contêm alto grau de motivação e que são aceitáveis devem ser *desafiadoras, porém atingíveis*. Em outras palavras, elas devem ser suficientemente elevadas para inspirar melhor desempenho, mas não tão elevadas a ponto de as pessoas nunca conseguirem alcançá-las. Uma equipe de consultores trabalhando para uma multinacional criou mais de 40 programas cujo alvo era atingir uma qualidade cada vez maior. A companhia anunciou que não esperava melhoria de qualidade significativa até o *quarto ano* do programa. Tal meta não chega nem de perto a ser suficientemente exigente.[12]

A Microsoft usa o acrônimo SMART para criar metas motivadoras: específicas, mensuráveis, atingíveis, baseadas em resultados e específicas em relação ao tempo.[13] Metas ideais não só estimulam os funcionários a melhorar seu desempenho, dar o melhor de si, aumentar a produtividade ou diminuir o tempo que os consumidores devem esperar para serem atendidos. As metas deveriam ser mais semelhantes àquelas de entrega garantida de peças por parte da Caterpillar Tratores feita em um prazo de até 24 horas, ou de 20 minutos para descarregar a bagagem da JetBlue.[14] Tais prazos, e metas de desempenho mensuráveis, são metas específicas e quantificáveis que os funcionários sentem-se motivados a alcançar. Por sinal, informações a respeito dos concorrentes também podem ser ótimas fontes para metas, instigando o espírito competitivo e o desejo das pessoas de serem bem-sucedidas no mercado.[15]

metas maximizadas

Alvos que são particularmente exigentes, às vezes até tidos como impossíveis.

Metas Maximizadas

Hoje em dia, as empresas líderes de mercado estabelecem **metas maximizadas** — metas que são excepcionalmente exigentes e que algumas pessoas jamais teriam imaginado.

Há dois tipos de metas maximizadas:[16] metas maximizadas verticalmente, alinhadas com as atividades atuais, inclusive produtividade e resultados financeiros, e metas maximizadas horizontalmente, que envolvem o desenvolvimento profissional das pessoas, por exemplo, a experimentação e o aprendizado de coisas novas e difíceis. Embora as metas maximizadas possam parecer impossíveis para alguns, elas de fato são, muitas vezes, atingíveis.

As metas maximizadas podem gerar uma mudança significativa afastando-se da mediocridade e indo em direção a uma realização extraordinária. Porém, se alguém tenta de boa-fé mas não consegue atingir suas metas maximizadas, não deve ser penalizado — é preciso lembrar quão difíceis são de serem alcançadas! A avaliação de seu desempenho deve basear-se em quanto ele melhorou, como se compara com o desempenho de outras pessoas e quanto progresso tem sido feito.[17]

Metas Maximizadas na Prática

Alguns executivos legendários motivaram a si mesmos e seu pessoal com metas maximizadas. Na década de 1950, quando o rótulo "Made in Japão" transmitia aos norte-americanos a idéia de o produto ser de baixíssima qualidade, Akio Morita, da Sony, empenhou-se em mudar a percepção mundial sobre a qualidade japonesa. Na época, ele tinha menos de mil funcionários, sem nenhuma presença significativa no exterior. Contudo, ele foi bem-sucedido. Nos Estados Unidos, Sam Walton, em 1945, queria transformar sua loja em Newport na melhor loja de variedades do estado de Arkansas. Mais tarde, em 1977, ele declarava que o Wal-Mart dobraria de tamanho e tornar-se-ia uma empresa de US$ 1 bilhão dentro de quatro anos. Até mesmo em 1990, quando o Wal-Mart parecia estar em toda parte e as vendas haviam alcançado US$ 30 bilhões, ele estabeleceu metas de dobrar o número de lojas e atingir um volume de vendas de US$ 125 bilhões.

A meta de Akio Morita da Sony de mudar a percepção do mundo sobre a qualidade japonesa foi alcançada com produtos como o portátil *boom box*, o videocassete e o *walkman* da Sony. Em sua maioria, as pessoas pensam em alta qualidade ao se lembrarem de um televisor Sony e estão dispostas a pagar os preços mais altos que a Sony é capaz de cobrar.

Exemplos mais recentes são abundantes. Em 2000, quando os rendimentos foram de US$ 431 milhões, Meg Whitman, da eBay, anunciou que a companhia atingiria US$ 3 bilhões em 2005. Scott Cook, fundador da Intuit e membro da diretoria da eBay, disse: "Eu pensei que fosse loucura". A eBay ultrapassou os US$ 3 bilhões, antes do previsto. O pessoal da Schwab não vê a empresa uma líder no mercado de corretagem com comissões extremamente baixas; os trabalhadores consideram uma empresa que capturou apenas 1% da poupança dos investidores nos Estados Unidos. Em outras palavras, eles almejam alcançar os 99% ainda disponíveis.

As metas ampliadas da Boeing foram de reduzir em 25% os custos de fabricação de uma aeronave e, em seguida, reduzir o tempo necessário para fabricá-la, passando de 18 para oito meses. Conforme afirmação do seu CEO, "Estamos conseguindo fazer o que não achávamos ser possível".

FONTES: COLLINS, J.; PORRAS, J. *Built to last.* Londres: Century Business, 1996; TULLY, S. Why to go for stretch targets. *Fortune*, 4 nov. 1994, p. 145-58; THOMPSON, K. et al., Strecth targets: what makes them effective?. *Academy of Management Executive* 11, p. 48-60, 1997; HAMEL, G. Reinvent your company. *Fortune*, 12 jun. 2000, p. 98-118; SELLERS, P. eBay's secret. *Fortune*, 18 out. 2004, p. 160-78.

Limitações ao Estabelecimento de Metas

O estabelecimento de metas é uma técnica de administração extraordinariamente poderosa. Porém, até metas específicas, desafiadoras e atingíveis funcionam melhor sob certas condições que em outras. Por exemplo, caso falte habilidade e conhecimento significativos aos funcionários, um melhor caminho a seguir será simplesmente estimular para que façam o melhor que puderem ou estabelecer uma meta para aprendizado desses conhecimentos em vez de estabelecer uma meta para se atingir um nível de desempenho específico.[18] Da mesma forma, pode ser que pessoas focadas nas próprias metas não ajudem os outros a atingir suas metas. Metas de desempenho individuais podem gerar uma disfunção caso as pessoas trabalhem em um grupo no qual a cooperação entre os membros da equipe seja essencial para o bom desempenho desta.[19] Metas individuais são capazes de gerar competição e reduzir a cooperação. Se a cooperação é importante, as metas de desempenho devem ser estabelecidas *para a equipe.*

As metas podem gerar "jogos" de manipulação e comportamentos antiéticos. Por exemplo, as pessoas, às vezes, encontram meios engenhosos para estabelecer metas fáceis e convencer seus chefes de que elas são difíceis.[20] Quem não alcança suas metas tem mais probabilidade de se envolver em comportamentos antiéticos do que quem está tentando fazer o melhor que pode, mas não possui metas de desempenho específicas. Isso é verdade, independentemente de haver ou não incentivos financeiros, e é particularmente verdadeiro quando as pessoas por pouco não atingem suas metas.[21] Durante os anos do *boom* tecnológico, a exigência contínua e cada vez mais alta de se alcançar valorização nas ações criou "expectativas cada vez maiores que não poderiam ser alcançadas sem práticas financeiras e contábeis que fossem o equivalente aos esteróides".[22]

Como outro exemplo importante, alguns executivos aprenderam a arte da "administração de ganhos" indo precisamente ao encontro das estimativas de ganhos feitas pelos analistas de Wall Street ou ganhando deles por um único centavo.[23] A mídia anuncia em alto e bom-tom e os investidores recompensam, ao alcançar ou ultrapassar as estimativas. As pessoas alcançam essa meta manipulando os números ou iniciando campanhas "na surdina" para persuadir os analistas a abaixarem suas estimativas, tornando-as mais atingíveis. O mercado exige indicadores trimestrais, porém, a viabilidade no longo prazo é, em última instância, mais importante.

É fundamental *não* estabelecer uma única meta de produtividade se houver outras dimensões de desempenho significativas.[24] Por exemplo, metas de produtividade provavelmente aumentarão a produtividade, mas também poderão fazer que os funcionários negligenciem outras tarefas, como o início de novos projetos ou o desenvolvimento de soluções criativas para problemas relacionados ao trabalho. O gerente que quiser motivar a criatividade deve estabelecer metas de criatividade juntamente com as metas de produtividade. Até mesmo o prestigioso prêmio Baldrige de qualidade foi criticado por gerar uma competitividade tão fervorosa em sua busca a ponto de as companhias perderem o foco em elementos fundamentais para o sucesso do negócio em si.[25]

Estabelecimento de Metas Próprias

O estabelecimento de metas também funciona em benefício próprio de quem o faz — é uma poderosa arma para autogestão. É preciso estabelecer metas para si mesmo em vez de apenas se esforçar ou esperar pelo melhor. E criar uma declaração de propósito composta por três elementos: uma visão inspiradora distante, uma meta a meia distância ao longo do percurso (que valha a pena por si só) e objetivos no curto prazo para começar a trabalhar por eles imediatamente.[26] Portanto, caso a pessoa esteja começando a atuar em algum negócio, poderá articular sua meta para o tipo de executivo que quer ser dentro de cinco anos, os tipos de funções que poderiam criar as oportunidades e ensinar o que for necessário para se tornar aquele executivo, e as atividades específicas de aprendizado e procura de emprego que podem fazer que ela se mova nessas direções. E no que se refere ao trabalho, aplicar o SMART e outros conselhos que estabeleçam metas para a própria pessoa.

Reforço ao Desempenho

As metas são motivadores universais. Assim também são os processos de reforço descritos nesta seção. Em 1911, o psicólogo Edward Thorndike formulou a **lei do efeito**: o comportamento que é seguido de conseqüências positivas provavelmente será repetido.[27] Essa poderosa lei de comportamento estabeleceu a base para inúmeras investigações quanto aos efeitos das conseqüências positivas, chamadas **reforçadores**, que motivam o comportamento. A **modificação do comportamento organizacional** tenta influenciar o comportamento das pessoas, e aprimorar o desempenho,[28] pela administração sistemática das condições de trabalho e das conseqüências de suas ações.

lei do efeito
Uma lei formulada por Edward Thorndike em 1911 que afirma que o comportamento que é seguido de conseqüências positivas provavelmente será repetido.

reforçadores
Conseqüências positivas que motivam o comportamento.

modificação do comportamento organizacional
Aplicação da teoria do reforço em ambientes organizacionais.

Quatro conseqüências-chave encorajam ou desencorajam o comportamento das pessoas (ver Figura 13.1):

1. **Reforço positivo** — a aplicação de uma conseqüência que aumenta a probabilidade de que o indivíduo repita o comportamento que conduziu até ela. Exemplos de reforços positivos incluem elogios, cartas de congratulações, avaliações de desempenho favoráveis e aumentos de salário. Por exemplo, a North American Tool & Die forneceu prêmios mensais em dinheiro pela criatividade.[29] Na Immunex, os funcionários receberam Applause Awards com prêmios entre US$ 250 e US$ 2.500.[30] Contudo, é importante lembrar que um *feedback* positivo e reforçadores sociais, inclusive reconhecimento por um trabalho bem-feito, são tão poderosos quanto reforçadores monetários.[31]

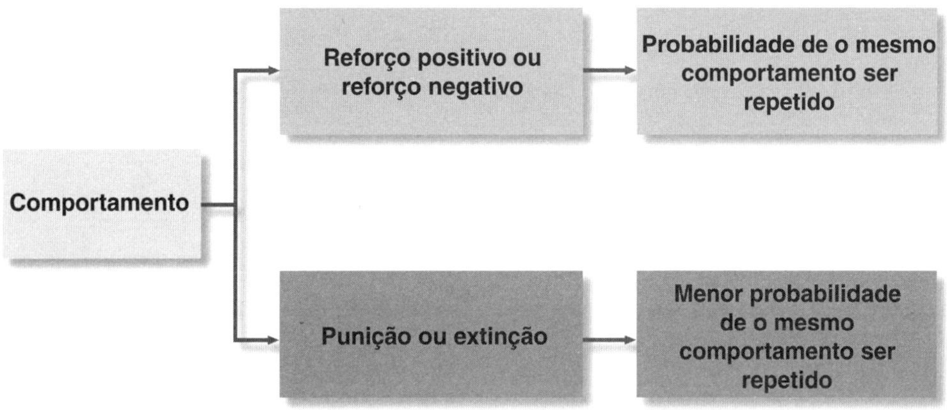

FIGURA 13.1
As Conseqüências do Comportamento

2. **Reforço negativo** — eliminação ou restrição de uma conseqüência indesejável. Por exemplo, um gerente retira um funcionário (ou uma escola retira um aluno) do período de experiência por ter alcançado uma melhoria do desempenho. Alguns anos atrás, a Nordstrom, rede varejista de renome, foi alvo de muita publicidade negativa porque confiava em demasia no reforço negativo como instrumento motivador. Memorandos ameaçadores e freqüentes alertavam as pessoas para atingir cada uma de suas muitas metas de desempenho: "Se qualquer uma dessas áreas não atender as nossas expectativas, você será despedido". Outro memorando lembrava o funcionário que avisar a firma de não poder comparecer ao trabalho por motivo de doença uma vez a cada três meses era "muito" e o suficiente para ele ter "questionada a sua dedicação."[32] O reforço negativo nesses exemplos ocorre quando as pessoas têm um bom desempenho e evitam a punição.
3. **Punição** — a aplicação de uma conseqüência punitiva. Entre alguns exemplos podemos citar situações como criticar um funcionário ou gritar com ele, designar uma tarefa nada atraente e suspender um funcionário mandando-o para casa sem pagamento. O reforço negativo pode envolver a *ameaça* de punição, que não é aplicada quando os funcionários têm desempenho satisfatório. A punição é a aplicação efetiva da conseqüência punitiva. Os gerentes utilizam a punição quando acham que ela é justificada ou quando acreditam que os outros esperam que eles façam isso, e eles geralmente se preocupam em seguir a política e os procedimentos da companhia.[33]
4. **Extinção** — retirar ou deixar de fornecer uma conseqüência reforçadora. Quando isso ocorre, a motivação é reduzida e o comportamento, *extinto*, ou eliminado. Para os executivos do alto escalão da P&G, deixar de compartilhar idéias criativas significa deixar de obter uma promoção.[34] Outros exemplos incluem não fazer um elogio por um trabalho bem-feito, esquecer-se de dizer obrigado por um favor e determinar metas de desempenho impossíveis para que a pessoa nunca tenha a experiência de ser bem-sucedida.

reforço positivo
A aplicação de conseqüências que aumentam a probabilidade de que a pessoa repita o comportamento que conduziu a isso.

reforço negativo
A eliminação ou restrição de uma conseqüência indesejada.

punição
A aplicação de uma conseqüência punitiva.

extinção
Retirar ou deixar de fornecer uma conseqüência reforçadora.

As duas primeiras conseqüências, reforços positivo e negativo, são positivas para a pessoa que as está recebendo — ela ganha alguma coisa ou então evita alguma coisa negativa. Portanto, quem passa pela experiência de viver essas conseqüências será motivado a se comportar da maneira que o conduziu ao reforço. As duas últimas conseqüências, punição e extinção, são resultados negativos para a pessoa que as recebe: a motivação para repetir o comportamento que conduziu aos resultados indesejados será reduzida.

"As coisas que são recompensadas são feitas" é o que um autor chamou O Maior Princípio de Administração do Mundo. Tendo isso em mente, Michael LeBoeuf apresenta 10 prescrições para efetivamente motivar o alto desempenho. As empresas e os gerentes individualmente deveriam recompensar o seguinte:

1. *Soluções sólidas* em vez de "tapa-buracos" rápidos.
2. *Correr riscos* em vez de evitá-los.
3. *Criatividade aplicada* em vez de conformismo negligente.
4. *Ação decisiva* em vez de paralisia causada pela análise.
5. *Trabalho inteligente* em vez de trabalho incessante.
6. *Simplificação* em vez de complicação desnecessária.
7. *Comportamento eficaz discreto* em vez de alarde.
8. *Trabalho de qualidade* em vez de trabalho rápido.
9. *Lealdade* em vez da rotatividade de funcionários.
10. *Trabalho em conjunto* em vez de trabalhar contra.

TABELA 13.1
O Maior Princípio de Administração do Mundo

Fonte: LEBOEUF, Michael. The greatest management principle in the world. Copyright © 1985. Usado sob permissão da Berkeley Publishing Group, uma divisão da Penquin Putnam, Inc.

Administrar (ou Não) as Recompensas e as Punições

Aprendemos os efeitos positivos de um estilo de liderança transformacional, porém dar recompensas para pessoas de alto desempenho também é essencial.[35] Infelizmente, às vezes as organizações e os gerentes reforçam os comportamentos errados.[36] Embora pacotes de opção por ações para executivos tenham a intenção de motivá-los a cuidar mais dos preços das ações da companhia, eles motivam os executivos a se engajarem em comportamentos inadequados para manipular o preço da ação em vez de criar um valor real.[37] A empresa que baseia as avaliações de desempenho em resultados de curto prazo está reforçando uma perspectiva limitada na tomada de decisão.

Ao mesmo tempo, são os comportamentos desencorajadores que "darão o troco" no longo prazo. Os programas que punem os funcionários por ausência no trabalho além de certo limite podem, na verdade, encorajá-los a se ausentarem. As pessoas poderão utilizar todas as suas faltas abonadas e deixar de comparecer ao trabalho regularmente até que alcancem o ponto no qual sua próxima ausência resultará em punição.

Os gerentes devem identificar que tipos de comportamentos eles reforçam e quais desencorajam (ver Quadro 13.1). O sistema de recompensa tem de apoiar a estratégia da empresa, definindo o desempenho das pessoas de modo a buscarem objetivos estratégicos.[38] Deve-se recompensar os funcionários por se desenvolverem de maneira estrategicamente importante para construir novas habilidades que são críticas para o fortalecimento das competências essenciais e para a criação de valor.

> Os funcionários da SAS recebem chocolates M&Ms grátis às quartas-feiras. Essa tradição começou logo no princípio da firma como um modo não-oneroso e divertido de dizer aos funcionários que eles eram importantes. Agora, com mais de 10 mil funcionários, a SAS gasta US$ 45 mil anualmente em 22 toneladas de M&Ms.[40]

Os gerentes devem ser criativos no uso de reforçadores.[39] Algumas companhias premiaram com Palm Pilots os funcionários que recrutaram bons e novos talentos. O CEO A. G. Lafley da P&G deu aos funcionários, que não se encontram em cargos de supervisão, um pacote de 50 opções de compra de ações da companhia para as idéias criativas e felicitou os inovadores na Intranet.[41] Donald Trump recompensa a lealdade com viagens para sua propriedade na Flórida, Mar-a-Lago, ou com títulos de sócio para um clube de golfe, além de lembrar-se dos aniversários.[42] Outras companhias têm usado como recompensa rodeios privados com touros mecânicos, vôos em aviões de combate, fornecimento vitalício de sorvetes Ben & Jerry's, pescarias e licenças remuneradas.[43]

Gerentes inovadores usam recompensas não-monetárias, inclusive desafios intelectuais, maior responsabilidade, autonomia, reconhecimento, benefícios flexíveis e maior influência sobre as decisões. Essas e outras recompensas para funcionários de alto desempenho, quando elaboradas e aplicadas de forma criativa, podem continuar a motivar quando salários e prêmios em dinheiro além das promoções estiverem escassos.[44]

Administração de Erros

Como sua atitude em relação ao trabalho poderia ser afetada se seu gerente reagisse de modo exagerado gritando com você a respeito de um erro não intencional?

O modo como um gerente reage aos erros das pessoas tem um grande impacto na motivação. A punição às vezes é apropriada, como quando as pessoas violam leis, padrões éticos, regras de segurança importantes ou padrões de tratamento interpessoal ou quando deixam de comparecer ou atuam de forma negligente. Contudo, às vezes os gerentes punem as pessoas quando não deveriam — como em casos em que o fraco desempenho não é culpa da pessoa, ou quando eles descontam suas frustrações na pessoa errada.

Os gerentes que abusam da punição ou a utilizam de modo inadequado criam um clima de temor no trabalho.[45] O temor também faz que as pessoas foquem em si mesmas, em vez de no grupo ou na organização. A chave é como pensar sobre os erros e lidar com eles.

É preciso reconhecer que todos cometem erros e que se pode lidar com eles construtivamente por meio de discussão e de aprendizado que tais erros podem trazer. Não punir, mas elogiar as pessoas que trazem más notícias a seus superiores. Tratar a omissão em agir como uma falha, mas não punir esforços bem-intencionados, que não foram bem-sucedidos. Um líder deve falar a respeito de suas falhas com seu pessoal e mostrar como aprendeu com elas. Dar às pessoas uma segunda e talvez uma terceira chance (Trump afirma dar uma segunda chance, mas jamais uma terceira). Encorajar as pessoas a tentarem coisas novas e não as punir se elas não funcionarem.

Fornecendo *Feedback*

A maioria dos gerentes não dá *feedback* úteis e suficientes e a maioria das pessoas não recebe ou solicita *feedback* o bastante.[46] Como gerente, é preciso considerar todas as causas potenciais do fraco desempenho, dar toda a atenção quando os funcionários solicitarem *feedback* ou quiserem discutir questões relacionadas ao desempenho, e dar *feedback* de acordo com as diretrizes apresentadas no Capítulo 10.

O *feedback* pode ser dado de muitas maneiras.[47] Os clientes, às vezes, dão *feedback* diretamente: o gerente também pode solicitar *feedback* de seus clientes e repassá-lo aos funcionários. E fornecer estatísticas sobre o trabalho que a pessoa tenha influenciado diretamente. Uma indústria — de tecnologia de ponta ou não — pode pôr o número de telefone da equipe de produção no produto para que os consumidores falem com essa equipe diretamente. Avaliações de desempenho, descritas no Capítulo 11, deveriam ser realizadas regularmente. Além disso, os chefes deveriam dar *feedback* de modo mais regular e contínuo — isso ajuda a corrigir problemas imediatamente, fornece reforço imediato para bons trabalhos e previne surpresas quando a avaliação formal chega.

Conexões: ROCKY FLATS

Referindo-se ao Prólogo, você recordará quão exaustivamente Denny Ferrara, sua família e colegas estão trabalhando para limpar tudo e para que a Rocky Flats possa ser fechada. Como a Kaiser-Hill conseguiu que os funcionários se comprometessem com o trabalho de modo tão intenso, rápido e adequado?

A companhia precisava convencer os funcionários a lutar por resultados que a maioria pensou ser impossível, para se esforçarem como nunca haviam feito anteriormente e criar novas maneiras de trabalhar de forma mais rápida, segura e inteligente.

Os trabalhadores não tinham uma meta de desempenho clara desde 1989. Kaiser-Hill criou metas de desempenho que poderiam ser medidas, alcançadas e comemoradas, se cumpridas. A CEO Nancy Tuor disse: "Nós tivemos de restabelecer o orgulho e as realizações que eles tinham quando produziam". Em reuniões, jornais e anúncios, ela elogiou o progresso dos trabalhadores — um evento raro em anos anteriores.

A Kaiser-Hill trabalhou com o sindicato para eliminar responsabilidades de trabalho limitadas e criar equipes flexíveis de trabalhadores. Isso conduziu a inúmeras inovações e aumentou a produtividade. Por outro lado, quando os trabalhadores não lidaram bem com um incêndio, a administração percebeu que lhes havia dado muita liberdade e forneceu mais treinamento e diretrizes.

A companhia ofereceu pagamentos extras e incentivos financeiros ligados a desempenho, contribuindo para o esforço geral e, em última análise, para terminar o trabalho. A Kaiser-Hill também pediu aos funcionários para visualizarem uma refúgio de vida selvagem em lugar das instalações da Rocky Flats e os desafiou a realizarem algo que nunca havia sido feito anteriormente.

Certifique-se de recompensar as coisas certas, não as coisas erradas. Parece óbvio? Você ficaria surpreso com a freqüência com que esse princípio é violado!

Para seu próprio bem, tente não ter medo de receber *feedback*; de fato, você deveria buscá-lo ativamente. E, quando recebê-lo, tente evitar emoções negativas como raiva, mágoa, defesa ou resignação. Pense: compete a mim buscar o *feedback* de que necessito; preciso tomar conhecimento de fatos relacionados ao meu desempenho e ao meu comportamento; aprender o que preciso saber sobre mim mesmo me ajudará a identificar as necessidades e criar novas oportunidades; serve mais ao próprio interesse tomar conhecimento do que não fazê-lo; tomar a iniciativa quanto a esses aspectos me dá mais poder e influência sobre minha carreira.[48]

Crenças Relacionadas ao Desempenho

teoria da expectativa

Uma teoria que propõe que as pessoas se comportarão com base na probabilidade que percebem de que seus esforços conduzirão a certo resultado e em quão elevado elas avaliam esse resultado.

expectativa

A percepção dos funcionários da probabilidade de que seus esforços lhes permitirão atingir suas metas de desempenho.

A teoria do reforço descreve os processos pelos quais fatores no ambiente de trabalho afetam o comportamento das pessoas. A teoria da expectativa acrescenta a isso alguns dos processos cognitivos que ocorrem na mente das pessoas. De acordo com a **teoria da expectativa**, os *esforços* de trabalho da pessoa conduzem a algum nível de *desempenho*.[49] Em seguida, o desempenho produz um ou mais *resultados* para a pessoa (ver a Figura 13.2). As pessoas desenvolvem duas crenças importantes que associam esses três eventos: a expectativa, que associa esforço ao desempenho, e a instrumentalidade, que associa desempenho aos resultados.

Relação Esforço-Desempenho

A primeira crença, a **expectativa** é a probabilidade percebida pelas pessoas de que seus esforços permitirão que elas atinjam suas metas de desempenho. Uma expectativa pode ser grande (até 100%), tal como quando um aluno está confiante de que, se estudar bastante, poderá conseguir uma boa nota na avaliação final. Uma expectativa também pode ser baixa (chegando à probabilidade de 0%), como quando um pretendente está convencido de que a pessoa com quem sonha jamais aceitará seu convite para sair.

Estando tudo o mais por igual, grandes expectativas geram maior motivação que baixas expectativas. Nos exemplos precedentes, o aluno tem maior probabilidade de estudar para o exame do que o pretendente tem em procurar sair com a pessoa com quem sonha, embora ambos queiram seus respectivos resultados.

As expectativas podem variar entre os diversos indivíduos, até mesmo em situações idênticas. Por exemplo, um gerente de vendas poderá iniciar uma competição na qual o vendedor mais eficiente ganhará uma viagem grátis ao Havaí. Em tais casos, algumas poucas pessoas de destaque, que atuaram bem no passado, ficarão mais motivadas pelo concurso que aquelas historicamente na média ou abaixo da média. As pessoas mais destacadas terão expectativas maiores — crenças mais fortes de que seus esforços possam ajudá-las a atingir o desempenho máximo.

resultado

Uma conseqüência que uma pessoa recebe por seu desempenho.

Relação Desempenho-Resultado

O exemplo sobre a competição de vendas ilustra como o desempenho gera algum tipo de **resultado**, ou conseqüência, para a pessoa. De fato, freqüentemente produzem vários resultados. Por exemplo, apresentar os melhores desempenhos de vendas poderia conduzir: 1) a uma vitória na competição, 2) à viagem gratuita para o Havaí, 3) a sentimentos de realização, 4) ao reconhecimento do superior, 5) ao prestígio na companhia como um todo e 6) ao ressentimento de outros vendedores.

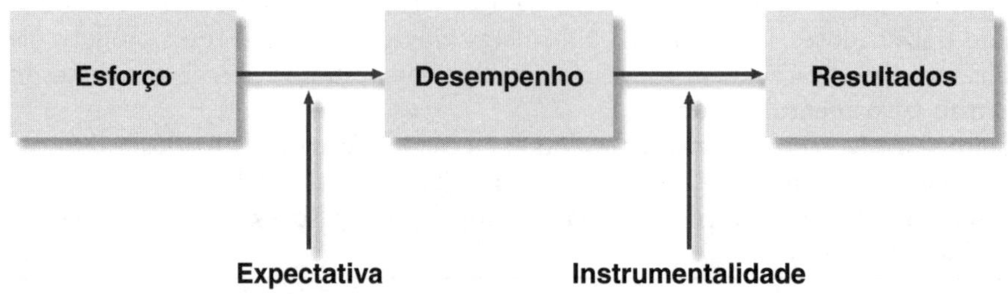

FIGURA 13.2
Conceitos Básicos da Teoria da Expectativa

Contudo, que certeza temos de que a atuação produzirá todos aqueles resultados? Ganhar a competição realmente levará ao ressentimento? Ou realmente conduzirá a um maior prestígio?

Essas perguntas se aplicam à segunda crença-chave descrita pela teoria da expectativa: a instrumentalidade.[50] **Instrumentalidade** é a probabilidade percebida de que o desempenho será seguido por um resultado em particular. Como as expectativas e as instrumentalidades podem ser grandes (até 100%) ou baixas (aproximando-se de 0%). Por exemplo, alguém pode estar plenamente confiante de que, se fizer um bom trabalho, obterá uma promoção, ou sentir que, não importa quão bom seja seu desempenho, a promoção vai para outra pessoa.

instrumentalidade

A probabilidade percebida de que o desempenho será seguido de um resultado específico.

valência

O valor que um resultado tem para a pessoa que o pretende.

Além disso, cada resultado tem uma valência associada. **Valência** é o valor que as pessoas atribuem para um resultado. As valências podem ser positivas, como as férias havaianas, ou negativas, como o ressentimento dos outros vendedores.

Ganhar um concurso para uma viagem grátis para o Havaí seria uma grande idéia, mas o que seria de todos os perdedores?

Impacto sobre a Motivação

Para que a motivação continue alta, a expectativa, a instrumentalidade e a valência total de todos os resultados devem ser altas. A pessoa não ficará muito motivada se qualquer uma das seguintes condições existir:

1. Ela acredite que não tem um desempenho suficientemente bom para alcançar os resultados positivos que sabe que a companhia atribui aos que atingem um bom desempenho (alta valência e alta instrumentalidade, mas baixa expectativa).
2. Ela sabe que consegue realizar o trabalho e tem bastante certeza de quais serão os resultados finais (digamos, uma promoção e uma transferência). Contudo, não quer aqueles resultados ou acredita que outros resultados negativos superam os positivos (alta expectativa e alta instrumentalidade, porém baixa valência).
3. Ela sabe que pode realizar o trabalho e deseja vários resultados importantes (uma avaliação de desempenho favorável, um aumento e uma promoção). No entanto, acredita que não importa quão bem seja seu desempenho, os resultados não acontecerão (expectativa alta e valências positivas, mas baixa instrumentalidade).

Implicações Gerenciais da Teoria da Expectativa

A teoria da expectativa ajuda o gerente a se concentrar em pontos de alavancagem essenciais que influenciam a motivação. Três implicações são cruciais:

1. *Aumentar as expectativas.* Proporcione um ambiente de trabalho que facilite um bom desempenho, e estabeleça metas de desempenho que possam ser realmente atingidas. Forneça treinamento, apoio e encorajamento de modo que as pessoas se sintam confiantes de que podem ter um desempenho nos níveis que se espera delas. Lembre, do Capítulo 12, de que os líderes carismáticos são excelentes em aumentar a confiança de seus seguidores.
2. *Identifique resultados com valências positivas.* Entenda o que as pessoas querem obter do trabalho. Pense a respeito do que suas funções oferecem e do que não, mas poderia ser oferecido. Leve em consideração como as pessoas podem se diferenciar quanto às valências que elas atribuem aos resultados. Conheça as teorias de necessidade da motivação, descritas na próxima seção, e suas implicações para identificar resultados importantes.
3. *Torne o desempenho um instrumento para a obtenção de resultados positivos.* Tenha certeza de que o bom desempenho é seguido de reconhecimento pessoal e elogio, avaliações de desempenho favoráveis, aumentos de salário e outros resultados positivos. Tenha certeza também de que trabalhar intensivamente e fazer as coisas bem-feitas terão tão poucos resultados negativos quanto possível. É útil perceber, ainda, que os chefes geralmente fornecem (ou restringem) recompensas, mas outros também o fazem, inclusive os colegas, pessoas a quem você se reporta, clientes etc.[51] Uma

divisão da Wells Fargo distribuiu dinheiro do jogo Banco Imobiliário para funcionários e disse a eles para concedê-lo a colegas colaboradores. Aqueles que o receberam puderem então converter o dinheiro de brincadeira em dinheiro real. De modo similar, a Northwest Airlines distribuiu certificados conversíveis em dinheiro para clientes assíduos e os convidou a entregar os certificados para os funcionários da Northwest que os mereciam.

Compreendendo as Necessidades das Pessoas

Até agora nos concentramos nos *processos* que fundamentam a motivação. O gerente que aplica apropriadamente o estabelecimento de metas, o reforço e as teorias da expectativa está criando elementos de motivação essenciais no ambiente de trabalho. Contudo, as características das pessoas também afetam a motivação. O segundo tipo de teoria da motivação, *teorias de conteúdo*, indica os tipos de necessidade que as pessoas desejam satisfazer. As pessoas têm necessidades diferentes que as energizam e motivam em direção a diferentes metas e incentivos. A amplitude e os meios em que as necessidades de uma pessoa são supridas ou não no trabalho afetam seu comportamento no trabalho.

As teorias mais importantes que descrevem o conteúdo das necessidades das pessoas são a hierarquia de necessidades de Maslow, a teoria ERG de Alderfer e as necessidades de McClelland.

Hierarquia das Necessidades de Maslow

hierarquia das necessidades de Maslow
Uma concepção das necessidades humanas em que se organizam as necessidades em uma hierarquia de cinco tipos principais.

Abraham Maslow organizou cinco tipos principais de necessidades humanas em uma hierarquia, mostrada na Figura 13.3.[52] A **hierarquia das necessidades** ilustra a concepção de Maslow segundo a qual as pessoas satisfazem suas necessidades em uma ordem específica, de baixo para cima. As necessidades, em ordem ascendente, são:

1. *Fisiológica* (comida, água, sexo e moradia).
2. *Segurança* (proteção contra ameaça e privação).
3. *Social* (amizade, afeição, aconchego e amor).
4. *Ego* (independência, realização, liberdade, *status*, reconhecimento e auto-estima).
5. *Auto-realização* (conscientização do próprio potencial pleno; tornar-se tudo de que se é capaz).

De acordo com Maslow, as pessoas são motivadas a satisfazer as necessidades mais básicas antes de tentarem satisfazer as necessidades mais elevadas. No local de trabalho moderno, as necessidades de segurança geralmente são bem satisfeitas, tornando proeminentes as necessidades sociais, de ego e de auto-realização. Contudo, as questões relacionadas à segurança são ainda muito importantes para ambientes

FIGURA 13.3
Hierarquia de Necessidades de Maslow

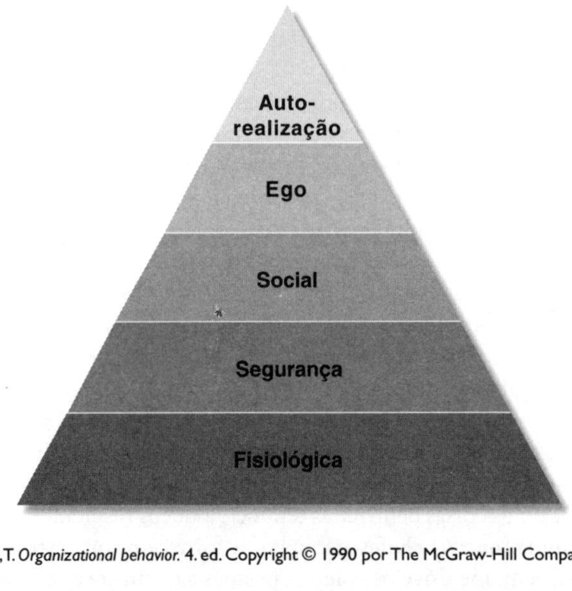

FONTE: ORGAN, D.; BATEMAN, T. *Organizational behavior*. 4. ed. Copyright © 1990 por The McGraw-Hill Companies. Reproduzido com permissão da The McGraw-Hill Companies.

fabris e de outros tipos de trabalhos. Além do mais, os eventos de 11 de setembro de 2001 nos Estados Unidos afetaram as pessoas em toda parte, inclusive no local de trabalho e não somente onde os ataques ocorreram. Pesquisas mostram que, desde a crise, os gerentes têm respondido às preocupações com a segurança física dos funcionários, embora não necessariamente às suas preocupações emocionais.[53] Meses depois do evento, os funcionários ainda sentiam medo, rejeição e raiva — especialmente entre as pessoas com crianças, mulheres e aqueles próximos aos eventos. No nível emocional, os gerentes podem demonstrar visível liderança, agindo como modelo de calma e confiança restabelecida. Para lidar mais diretamente com questões de segurança, os gerentes podem mostrar o que a empresa fará para melhorar a segurança e administrar os riscos dos funcionários, inclusive os planos de gestão de crises, conforme discutido no Capítulo 3.

Uma vez que uma necessidade tenha sido satisfeita, ela não é mais um motivador poderoso. Por exemplo, os sindicatos negociam maiores salários, benefícios, padrões de segurança do trabalho e segurança no emprego. Essas questões de negociação estão diretamente relacionadas com a satisfação das necessidades de nível mais básico da hierarquia de Maslow. Somente depois de essas necessidades serem razoavelmente satisfeitas é que as necessidades de nível mais alto — sociais, de ego e de auto-realização tornam-se interesses dominantes.

A hierarquia de Maslow, contudo, é uma teoria simplista e não totalmente precisa da motivação humana.[54] Por exemplo, não é todo mundo que progride através das cinco necessidades em ordem hierárquica, mas Maslow fez três contribuições importantes. Primeiro, ele identificou categorias de necessidades essenciais, o que pode ajudar os gerentes a criar reforços positivos eficazes. Em segundo lugar, ajuda a pensar em dois níveis gerais de necessidades, em que as necessidades de nível mais baixo devem ser satisfeitas antes que as necessidades de nível mais alto tornem-se importantes. Em terceiro, Maslow sensibilizou os gerentes para a importância do crescimento pessoal e da auto-realização.

A auto-realização é o conceito mais conhecido que surge dessa teoria. Segundo Maslow, uma pessoa comum está só 10% auto-realizada. Em outras palavras, a maioria de nós está vivendo suas vidas e trabalhando em seus empregos com uma grande reserva de potencial que não foi tocada. A implicação disso é clara: criar um ambiente de trabalho que proporcione treinamento, recursos, autonomia, responsabilidades e atribuições desafiadoras. Esse tipo de ambiente dá às pessoas uma chance de usar seus talentos e habilidades de modo criativo e lhes permite alcançar mais do seu pleno potencial.

A Federal Express trata os funcionários não como um custo a ser controlado, mas como um recurso a ser desenvolvido.

Portanto, as pessoas não devem ser tratadas como um mero custo a ser controlado, mas como um recurso a ser desenvolvido. Muitas companhias, entre as quais AT&T, Procter & Gamble, DuPont, General Electric e a Coast Gas de Watsonville, Califórnia, estão desenvolvendo programas que proporcionam experiências de crescimento pessoal para seus funcionários.[55] Um trabalhador da Federal Express disse, "O melhor que posso ser é o que posso ser aqui. A Federal Express (...) me deu confiança e auto-estima para tornar-me a pessoa que eu tinha o potencial para ser." (p. 63).[56]

As organizações ganham ao fazerem pleno uso de seus recursos humanos. Os funcionários também ganham ao capitalizarem as oportunidades que vão ao encontro de suas necessidades de ordem mais elevada no trabalho. Na DuPont, os gerentes estabelecem metas de crescimento pessoal juntamente com as metas de desempenho. "No passado", diz um executivo, "[as pessoas perguntavam] qual seria o próximo trabalho que conseguiriam? Agora, perguntam mais como posso me desenvolver como pessoa?"[57]

Teoria ERG de Alderfer

Uma teoria das necessidades humanas que é mais avançada que a de Maslow é a teoria ERG de Alderfer.[58] Enquanto a de Maslow tem aplicação geral, Alderfer direciona sua teoria expressamente para o entendimento das necessidades das pessoas no trabalho.

teoria ERG de Alderfer
Uma teoria sobre as necessidades humanas, desenvolvida por Alderfer, postulando que as pessoas têm três conjuntos básicos de necessidades que podem operar simultaneamente.

A **teoria ERG** postula três conjuntos de necessidades: existenciais, de relacionamento e de crescimento. As necessidades *existenciais* são todos os desejos materiais e fisiológicos. As necessidades de *relacionamento* envolvem os relacionamentos com outras pessoas e são satisfeitas por meio do processo de compartilhamento mútuo de pensamentos e sentimentos. As necessidades de *crescimento* motivam as pessoas a transformarem seus ambientes de trabalho ou a si mesmas de forma produtiva ou criativa.

A satisfação das necessidades de crescimento vem da utilização plena das capacidades pessoais e do desenvolvimento de novas capacidades.

Que semelhanças pode-se ver entre as necessidades de Alderfer e as de Maslow? Genericamente falando, as necessidades existenciais incluem as necessidades de segurança e fisiológicas, as necessidades de relacionamento são semelhantes às necessidades sociais e de auto-estima, e as necessidades de crescimento correspondem à auto-realização.

A teoria ERG propõe que várias necessidades diferentes podem operar ao mesmo tempo. Portanto, enquanto Maslow diria que a auto-realização é importante para as pessoas só depois que outro conjunto de necessidades é satisfeito, Alderfer afirma que as pessoas — particularmente as pessoas que trabalham em nossa sociedade pós-industrial — podem ser motivadas para satisfazer tanto as necessidades existenciais quanto as de crescimento ao mesmo tempo.

A teoria de Maslow é mais bem conhecida por gerentes norte-americanos que a de Alderfer, mas a teoria ERG tem maior sustentação científica.[59] Ambas têm valor prático já que lembram os gerentes dos tipos de reforços ou recompensas que podem ser usados para motivar as pessoas. Independentemente de os gerentes preferirem a teoria de necessidades de Maslow ou a de Alderfer, eles podem motivar as pessoas ao ajudá-las a satisfazerem suas necessidades e particularmente ao oferecerem oportunidades para auto-realização e crescimento.

Necessidades de McClelland

David McClelland também identificou uma série de necessidades básicas que orientam as pessoas. As necessidades mais importantes para os gerentes, de acordo com McClelland, são as necessidades de realização, de afiliação e de poder.[60] Necessidades diferentes predominam para pessoas diferentes. À medida que for lendo sobre essas necessidades, pense sobre você mesmo — quais são as mais e as menos importantes para você?

A necessidade de *realização* é caracterizada por uma forte orientação em busca da realização e uma obsessão pelo sucesso e por atingir as metas. A maioria dos gerentes e empresários nos Estados Unidos tem altos níveis dessa necessidade e gosta de vê-la em seus funcionários.

A necessidade de *afiliação* reflete um forte desejo de ser estimado por outras pessoas. Indivíduos que têm altos níveis dessa necessidade são orientados a se dar bem com os outros e podem estar menos interessados em alcançar altos níveis de desempenho.

A necessidade de *poder* é um desejo de influenciar ou controlar as outras pessoas, e pode ser uma força negativa — denominada *poder personalista* — se for expressa mediante manipulação agressiva e a exploração dos outros. As pessoas que têm uma necessidade muito grande de poder personalista querem o poder puramente para atingir suas próprias metas. Porém, a necessidade de poder também pode ser um motivo positivo — chamado *poder socializado* — quando canalizada para o aperfeiçoamento positivo de organizações e sociedades.

Baixa necessidade por afiliação e necessidade moderada a alta por poder estão associadas com sucesso gerencial por gerentes tanto de nível mais alto quanto de nível mais baixo.[61] Uma razão pela qual a necessidade de afiliação não é necessária para o sucesso da liderança é que as pessoas que possuem muita necessidade desse tipo têm dificuldade em tomar decisões difíceis, mas necessárias, que farão algumas pessoas infelizes.

Os japoneses são mais orientados a operar em grupos, enquanto os norte-americanos têm uma orientação mais individual quando se trata de motivação. Como você acha que isso afeta a maneira como os dois países fazem negócios entre si?

Teorias das Necessidades: Perspectivas Internacionais

Como se aplicam as teorias das necessidades fora dos Estados Unidos?[62] Enquanto os gerentes nos Estados Unidos dão muita atenção à realização, à auto-estima e à auto-realização, os gerentes na Grécia e no Japão são mais motivados por segurança. As necessidades sociais são mais importantes na Suécia, na Noruega e na Dinamarca. "Fazer suas próprias coisas" — a frase dos anos 60 que descreve uma cultura norte-americana orientada à auto-realização — não é nem possível de ser traduzida para o chinês. "Realização" também é difícil de ser traduzida para a maioria das outras línguas. Pesquisadores na França, no Japão e na Suécia provavelmente nem conceberiam o motivo de realização de McClelland, porque as populações desses países são mais orientadas a operar em grupo do que individualmente.

Obviamente, a realização, o crescimento e a auto-realização são extremamente importantes nos Estados Unidos, no Canadá e na Grã-Bretanha. Contudo, essas necessidades não são universalmente importantes. Todo gerente deve lembrar que a importância da necessidade varia de país a país e que as pessoas podem não ser motivadas pelas mesmas necessidades. Geralmente, não existe uma maneira única que seja melhor, e os gerentes podem personalizar suas abordagens considerando as diferenças entre os indivíduos.[63]

Concepção de Funções Motivadoras

recompensas extrínsecas

Recompensas dadas a uma pessoa pelo chefe, pela companhia ou por outra pessoa.

recompensa intrínseca

A recompensa de um funcionário originada diretamente da realização do trabalho em si.

Eis um exemplo de uma empresa que deu uma "recompensa" que não motivou. Um dos ex-empregadores de Mary Kay Ash deu a ela um prêmio pelas vendas realizadas: uma lanterna para pescaria noturna. Infelizmente, ela não pesca. Felizmente, depois ela foi capaz de conceber sua própria organização com relação a motivadores tanto *intrínsecos* quanto *extrínsecos* que *importavam* para seu pessoal.[64] **Recompensas extrínsecas** são dadas aos funcionários pelo chefe, pela empresa ou por outra pessoa qualquer. Uma **recompensa intrínseca** é uma recompensa que a pessoa obtém diretamente da realização do trabalho em si. Um projeto interessante, um assunto intrigante cujo estudo seja divertido, uma venda realizada ou a descoberta da solução perfeita para um problema difícil, todos podem dar às pessoas o sentimento de que fizeram alguma coisa bem-feita. Essa é a essência da motivação que advém das recompensas intrínsecas.

As recompensas intrínsecas são essenciais para a motivação fundamental para a criatividade.[65] Um problema que apresenta um desafio, uma chance de criar algo novo e trabalho que é por si só gratificante podem proporcionar motivação intrínseca que inspira as pessoas a dedicar tempo e energia à tarefa. O mesmo fazem os gerentes que dão liberdade às pessoas de buscarem as tarefas pelas quais se interessam mais. As situações contrárias resultam em rotina, comportamento habitual que interfere na criatividade.[66] Um estudo em instalações industriais constatou que os funcionários geraram mais patentes, deram mais sugestões inovadoras e úteis e foram avaliados por seus gerentes como mais criativos quando suas tarefas eram desafiadoras e seus gerentes não controlavam tão de perto as suas atividades.[67] Por outro lado, algumas funções e organizações criam ambientes que anulam a criatividade e a motivação.[68]

Recompensas intrínsecas e a liberdade de ser criativo são o segredo para a inovação.

O exemplo clássico de uma função desmotivadora é aquele da linha de produção altamente especializada; cada operário realiza uma operação enfadonha antes de passar o trabalho para o próximo operário. Tal especialização, ou a abordagem "mecanicista" à concepção de uma função, foi a prática predominante durante a maior parte do século XX.[69]

No entanto, trabalhos que são muito simples e rotineiros resultam em insatisfação, absenteísmo e rotatividade de funcionários. Além disso, pessoas em muitas empresas de sucesso se tornaram milionárias, em razão dos problemas de rotatividade. O único modo de manter tais funcionários é deixá-los conceber suas próprias funções de modo que seu trabalho seja mais interessante do que seria em outro lugar qualquer.[70] Cada vez mais, as funções estão sendo concebidas, visando o aumento das recompensas intrínsecas e, portanto, também da motivação.

Rodízio, Expansão e Enriquecimento das Funções

rodízio de funções

A mudança de uma tarefa rotineira para outra para diminuir o tédio.

Com o **rodízio de funções**, os trabalhadores que passam todo seu tempo em uma tarefa rotineira poderiam, em vez disso, mudar de uma função para outra. Em vez de servir a massa em uma fila de uma lanchonete o dia inteiro, uma pessoa poderia preparar a massa, depois as saladas e os legumes e, finalmente, as sobremesas. O rodízio de funções destina-se a aliviar o tédio ao dar às pessoas tarefas diferentes para cumprir em momentos diferentes.

Entretanto, como se pode imaginar, a pessoa poderia simplesmente continuar mudando de uma função entediante para outra também. Porém, o rodízio de funções pode beneficiar a todos quando feito apropriadamente, tendo em mente a contribuição e os interesses profissionais das pessoas. Na G.S.I. Transcomm Data Systems de Pittsburgh, as pessoas freqüentemente dizem quais são suas preferências e fazem um rodízio lateral para novas atribuições. Exemplos disso incluem um gerente de operações que se transformou em um gerente de vendas, um programador que passou a atender clientes antigos e uma recepcionista que passou a vendedora.[71] O resultado da política de rodízio freqüentemente é um funcionário reenergizado que permanece na companhia.

expansão de funções

Dar tarefas adicionais às pessoas ao mesmo tempo para diminuir o tédio.

enriquecimento de funções

Modificar uma tarefa para torná-la inerentemente mais recompensadora, motivadora e gratificante.

teoria dos dois fatores

A teoria de Herzberg que descreve dois fatores que afetam a motivação e a satisfação das pessoas no trabalho.

fatores higiênicos

Características do local de trabalho, como as políticas das companhias, as condições de trabalho, pagamento e supervisão que podem tornar as pessoas insatisfeitas.

motivadores

Os fatores que tornam um trabalho mais motivador, como responsabilidades adicionais, oportunidades para crescimento pessoal, além de reconhecimento e sentimentos de realização.

A **expansão de funções** é semelhante ao rodízio de funções no que diz respeito às diferentes tarefas que são dadas para as pessoas fazerem. Contudo, enquanto o rodízio de funções envolve fazer uma tarefa de cada vez e mudar para uma tarefa diferente em outro momento, a expansão de funções significa que o funcionário tem múltiplas tarefas ao mesmo tempo. Portanto, uma função em uma linha de montagem é expandida se ao funcionário forem dadas duas tarefas em vez de uma para realizar. Em um estudo de expansão de funções em uma organização de serviços financeiros, as funções expandidas levaram a maior satisfação com o trabalho, melhor detecção de erros pelos atendentes e melhores serviços aos clientes.[72]

Com a expansão de funções, as tarefas adicionais das pessoas são do mesmo nível de responsabilidade. Mudanças mais profundas ocorrem quando os funções são enriquecidas. O **enriquecimento de funções** significa que as funções são reestruturadas ou redesenhadas pela adição de níveis mais altos de responsabilidade. Isso inclui dar às pessoas não somente mais tarefas, porém tarefas de níveis mais elevados, como quando as decisões são delegadas aos subordinados e a autoridade é descentralizada. Os esforços para redesenhar funções enriquecendo-as são comuns agora na indústria norte-americana. A teoria dos dois fatores de Herzberg foi a primeira abordagem ao enriquecimento de funções, seguida pelo modelo de Hackman e Oldham.

A Teoria dos Dois Fatores de Herzberg

A **teoria dos dois fatores** de Frederick Herzberg distinguiu duas amplas categorias de fatores que afetam as pessoas no desempenho de seus funções.[73] A primeira categoria, **fatores higiênicos**, são *características do local de trabalho*: políticas da companhia, condições de trabalho, pagamento, colegas, supervisão e assim por diante. Esses fatores podem tornar as pessoas infelizes se forem mal administrados. Se forem bem administrados e vistos como positivos pelos funcionários, estes não ficarão mais insatisfeitos. Contudo, não importa quão bons sejam tais fatores, eles não farão as pessoas verdadeiramente satisfeitas ou motivadas a desempenhar bem uma função.

De acordo com Herzberg, a chave para a verdadeira satisfação e motivação no trabalho reside na segunda categoria: os motivadores. Os fatores **motivadores** descrevem o *trabalho em si*, isto é, o que os indivíduos *fazem* no trabalho. Os motivadores são a natureza do trabalho em si, as verdadeiras responsabilidades de trabalho, a oportunidade para crescimento pessoal, bem como o reconhecimento e o sentimento de realização proporcionados pelo trabalho. Quando esses fatores estão presentes, presume-se que as funções satisfaçam e motivem, ao mesmo tempo, a maioria das pessoas.

A teoria de Herzberg tem sido criticada por muitos acadêmicos e, por essa razão, não adentraremos em mais detalhes sobre sua teoria original. Porém, Herzberg foi um pioneiro na área de concepção de funções e ainda é um nome respeitado entre os gerentes norte-americanos. Além do mais, mesmo que as especificidades de sua teoria não resistam a um minucioso exame científico, ele fez várias contribuições muito importantes. Primeiro, a teoria de Herzberg enfatiza a importante distinção entre as recompensas extrínsecas (de fatores higiênicos) e recompensas intrínsecas (de fatores motivadores). Em segundo, ela lembra aos gerentes de que não devem contar somente com as recompensas extrínsecas para motivar os trabalhadores, mas também focalizar em recompensas intrínsecas. Em terceiro, ela estabeleceu a base para teorias posteriores, como os modelos de Hackman e Oldham, que explicam mais precisamente como os gerentes podem enriquecer as funções das pessoas.

Motivadores, Higiênicos ou de Distração?

No começo do século XX, os fabricantes de charuto pagavam pessoas para ficar lendo histórias para funcionários que trabalhavam em tarefas entediantes. Na indústria têxtil durante o mesmo período, os gerentes permitiam que gatinhos brincassem no chão, também para ajudar os trabalhadores a vencer o tédio.

Agora, os funcionários entediados usam iPods. Alguns empregadores os proíbem, alegando que eles interferem na concentração e na comunicação, mas outros vêem benefícios. Um executivo da Banc One vê as pessoas desenvolvendo padrões de trabalho rítmicos e acredita que a música melhora a concentração e a qualidade. Um estudo entre operários de uma linha de montagem revelou que os fones de ouvido não tinham nenhum impacto sobre o desempenho do trabalho e que quem os usava alegaram maior satisfação com o trabalho.

Utilizar um iPod enquanto estiver no período de trabalho — como isso afeta a motivação?

Outras pessoas entediadas no trabalho gastam tempo em "salas de bate-papo", envolvem-se em outras atividades na Internet não relacionadas ao trabalho e se ocupam com jogos de computador. Em uma usina nuclear, os funcionários ficaram viciados no jogo em rede Doom. O gerente de tecnologia de informação alegou que a segurança não estava comprometida diretamente, mas os arquivos do Doom são enormes e podem tornar lenta a rede de PCs.

Uma empresa acreditava que talvez 60% a 70% das visitas a *sites* da Internet de seus funcionários não estavam relacionadas ao trabalho. Muitas empresas estão indo à falência. A Kraft Foods instalou um sistema que impede os funcionários de visitar os *sites* da Internet não relacionados a seu trabalho, em que o diretor de tecnologia de informação dizia: "Estamos aqui por razões relacionadas ao trabalho, não para entretenimento individual". Enquanto isso, os funcionários buscam meios de resistir às tentativas de monitoramento e controle por parte da empresa. A página Don's Boss noticiava na Internet: "Surfando furtivamente: dicas secretas e truques dos profissionais para parecer ocupado no trabalho enquanto estiver navegando na Internet".

Alguns gerentes alegam que essas atividades roubam a produtividade da companhia, outros alegam que não causam efeito algum e outros ainda alegam que as pessoas precisam de um intervalo de descanso de vez em quando. Muitos executivos se envolvem nas mesmas atividades, enquanto outros insistem em demitir qualquer um pego fazendo essas coisas quando deveria estar trabalhando. Infelizmente, para o secretário de Educação de Hong Kong, professor Arthur Li, ele foi pego entretido em um joguinho em seu PDA durante um debate do Conselho Legislativo. O Conselho estava cortando as verbas dos orçamentos para as universidades e declarava que os educadores precisam aumentar sua eficiência.

O que você acha? O que tais atividades têm a ver com a concepção de funções, a motivação e a satisfação com o trabalho? Se fosse um gerente, como você lidaria com a política sobre essa questão e o que faria com as pessoas que se envolvessem nessas atividades?

FONTES: POWELL, C. When workers wear walkmans on the job. *The Wall Street Journal*, 11 jul. 1994, p. B1-B8; STULLER, J. Games workers play, *Across the board*, jul./ago. 1997, p. 16-22; HARMON, C. Goofing off at work: first you log on. *International Herald Tribune*, 23 set. 1997, p. 1, 10; Game theory. *Financial Times* (edição japonesa), 1º mar. 2004, p. 12.

O Modelo de Concepção de Funções de Hackman e Oldham

Seguindo o trabalho de Herzberg, Hackman e Oldham propuseram um modelo mais completo para a concepção de funções.[74] A Figura 13.4 ilustra seu modelo. Como pode ser visto, as funções concebidas de maneira adequada conduzem a: alta motivação, um desempenho de alta qualidade, grande satisfação e baixos índices de ausência e rotatividade de funcionários. Esses resultados ocorrem quando as pessoas experimentam três estados psicológicos críticos (observados na coluna central da figura): 1) Acreditam que estão fazendo algo significativo, pois seu trabalho é importante para outras pessoas; 2) sentem-se pessoalmente responsáveis pelo resultado do trabalho; e 3) percebem como desempenharam bem suas tarefas.

Esses estados psicológicos ocorrem quando as pessoas estão trabalhando em funções enriquecedoras, isto é, funções que oferecem as cinco dimensões essenciais apresentadas a seguir:

1. *Variedade de habilidades* — atividades de trabalho diferentes envolvendo vários talentos e habilidades. Por exemplo, na Ashton Photo em Salem, Oregon, os funcionários decidem de que

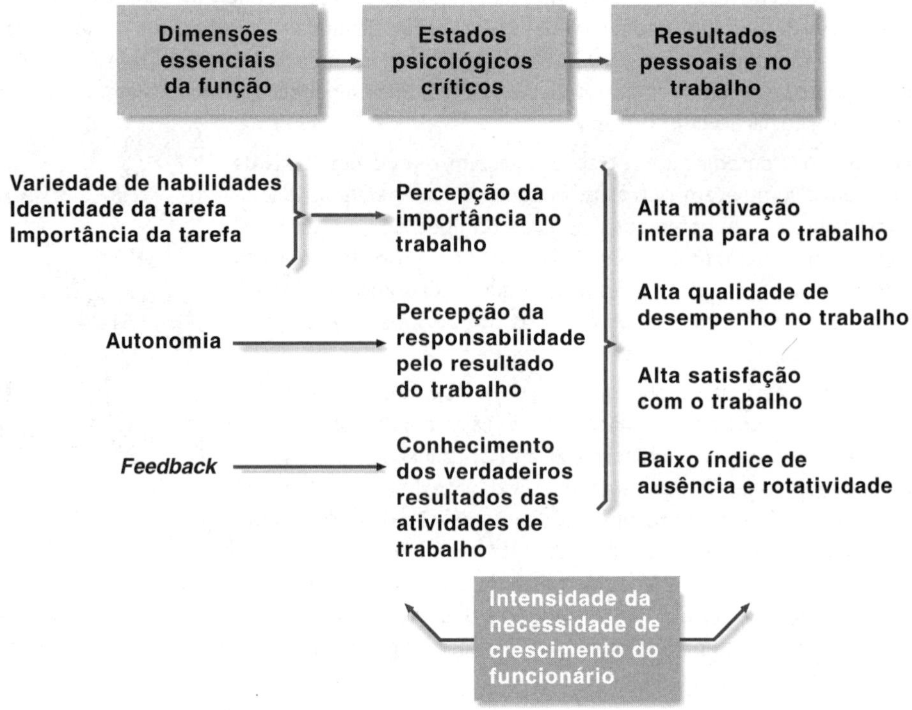

FIGURA 13.4
O Modelo de Enriquecimento de Funções de Hackman e Oldham

FONTE: HACKMAN, J. Richard et al. A new strategy for job enrichment. *California Management Review*. Copyright © 1975 pertencentes aos Regents of the University of California. Reimpresso a partir do *California Management Review*, v. 17, n. 4, com permissão de The Regents.

habilidades eles precisam e dão notas a si mesmos quanto ao seu desempenho. As recompensas também são baseadas na habilidade de ensinar aos outros novas habilidades.[75]

2. *Identidade da tarefa* — a complementação de um trabalho como um todo e de forma identificável. As pessoas na Prospect Associates de Rockville, Maryland, vendem suas idéias e criam novos negócios.[76] Na State Farm Insurance, os corretores são fornecedores independentes que vendem e fornecem com exclusividade os produtos da companhia. Eles construíram seus próprios negócios e investiram neles. A retenção e a produtividade dos corretores são muito melhores que os padrões do setor.[77]
3. *Importância da tarefa* — um impacto importante e positivo na vida dos outros. Na Medtronic, os funcionários sabem que seus produtos salvam vidas.[78] A Odwall fabrica sucos de frutas e de legumes; seus funcionários sentem-se orgulhosos do valor nutricional de seus produtos. Na Schwab, os funcionários consideram-se não como meros corretores de valores que cobram baixas comissões, mas como guardiões dos sonhos financeiros de seus clientes.[79] Na Harley, os salários são bons mas é o produto que segura as pessoas na companhia. Segundo um funcionário, "Quando se trabalha aqui, você se sente como se fizesse parte do que torna grande os Estados Unidos."[80] Até em companhias de produtos mais simples os indivíduos podem acreditar na importância de seu trabalho se os clientes gostarem do produto, se a companhia tiver boa reputação ou se seu trabalho for apreciado por outros dentro da empresa.[81]
4. *Autonomia* — independência e discernimento na tomada de decisão. Na Action Instruments de San Diego, os funcionários são conclamados a "fazer as coisas acontecerem": descubra os problemas e resolva-os.[82] Na Childress Buick em Phoenix, os vendedores de campo podem fechar negócios; não precisam da aprovação do gerente de vendas.[83] Em um hospital de pesquisa, um gerente de departamento disse a seu pessoal para fazer os tipos de pesquisas que eles quisessem, contanto que estivesse dentro do orçamento (e de acordo com a legislação!). Sem nenhuma outra diretriz — isto é, com autonomia completa —, a produtividade aumentou seis vezes em um ano.[84]
5. *Feedback* — informação sobre o desempenho no trabalho. Muitas companhias afixam tabelas ou fornecem dados informatizados indicando a produtividade, o número de itens rejeitados e outros dados. Na Aspect Communications em San Jose, os funcionários estão permanentemente atentos ao *feedback* do cliente sobre seu desempenho.[85] Na Great Plains Software espera-se que

os programadores gastem tempo com os clientes.[86] Desse modo, eles aprendem o que os clientes pensam de seus produtos e que tipo de impacto estão tendo.

O enriquecimento de função mais eficaz aumenta todas as cinco dimensões essenciais. A intensidade da necessidade de crescimento de uma pessoa ajudará a determinar de forma exata a eficácia de um programa de enriquecimento de função. A **intensidade da necessidade de crescimento** é o grau que os indivíduos desejam atingir em termos de desenvolvimento pessoal e psicológico. O enriquecimento de funções seria mais bem-sucedido para pessoas com grande intensidade de necessidade de crescimento, porém pouquíssimas pessoas responderiam de forma negativa ao enriquecimento de função.[87]

intensidade da necessidade de crescimento
O grau que os indivíduos querem atingir para seu desenvolvimento pessoal e psicológico.

Empowerment

Hoje em dia, ouvimos freqüentemente os gerentes falarem de *empowerment* de seu pessoal. Os indivíduos podem (ou não) se sentir com mais poder e grupos podem ter uma "cultura" de *empowerment* que torna previsível o desempenho de uma unidade de trabalho.[88] ***Empowerment*** é o processo de compartilhar poder com os funcionários, aumentando, desse modo, sua confiança na própria capacidade de desempenhar suas funções e a crença de que são colaboradores influentes para a organização. Infelizmente, o *empowerment* nem sempre corresponde às expectativas do que é anunciado. Um dos problemas é que os próprios gerentes o enfraquecem ao enviarem mensagens dúbias como "Faça suas próprias coisas — do jeito que dissermos para você fazer".[89] Entretanto, o *empowerment* pode ser profundamente motivador quando feito de modo apropriado.[90]

empowerment
O processo de compartilhar o poder com os funcionários, aumentando, desse modo, sua confiança na própria capacidade de desempenhar suas funções e a crença de que eles são colaboradores influentes para a organização.

O *empowerment* resulta em mudanças nas crenças dos funcionários — desde se sentir sem poder nenhum até a acreditar fortemente em sua própria eficácia.[91] O resultado é que as pessoas tomam mais iniciativas e perseveram em atingir suas metas e a visão de seus líderes mesmo diante de obstáculos.[92] Especificamente, o *empowerment* estimula as seguintes crenças entre os funcionários.[93] Em primeiro lugar, eles percebem o *significado* em seu trabalho: sua função se coaduna com seus valores. Em segundo, eles se sentem *competentes* ou capazes de desempenhar suas funções com habilidade. E em terceiro, eles passam a ter um senso de *autodeterminação*, de ter alguma escolha em relação a tarefas, métodos e ritmo de suas funções. Em quarto, eles têm *impacto* — isto é, têm alguma influência sobre importantes decisões operacionais, administrativas ou estratégicas ou sobre os resultados no trabalho.

Ao falar sobre o número de vezes em que se sentiram sem poder, as pessoas mencionaram:[94]

- Não tive nenhuma contribuição sobre a decisão de contratação de alguém que teria de se reportar diretamente a mim. Nem mesmo tive a oportunidade de falar com o candidato.
- Trataram-nos como cogumelos. Alimentaram-nos e nos deixaram no escuro.
- Trabalhei arduamente — muitas horas e até tarde da noite — em um projeto urgente e, no final das contas, quem recebeu todos os méritos foi meu gerente.
- Minhas sugestões, quer fossem boas ou más, não eram nem solicitadas ou, pior até, eram ignoradas.
- O projeto foi redefinido sem meu conhecimento ou contribuição.

De modo contrário, as pessoas se sentiram com poder nos seguintes exemplos:

- Fui capaz de tomar uma decisão financeira importante por conta própria. Pude preencher um cheque de valor alto sem ser questionado.
- Após ter recebido um memorando que dizia "Corte as viagens", pude argumentar por que era necessário viajar em razão dos negócios e me disseram para prosseguir com as viagens.
- Tinha 5 anos e meu pai me disse: "Você será um grande mecânico um dia". Ele plantou a semente. Hoje, sou um engenheiro.
- O presidente da empresa apoiou minha idéia sem me questionar.
- Todos os dados financeiros foram compartilhados comigo.

Para promover o *empowerment*, a administração deve criar um ambiente no qual todos os funcionários sintam que têm verdadeira influência sobre padrões de desempenho e eficácia nos negócios em suas áreas de responsabilidade.[95]

Um ambiente de trabalho que dá poder fornece às pessoas as *informações* necessárias para que elas tenham o melhor desempenho possível, *conhecimento* sobre como usar as informações e como realizar suas tarefas, *poder* para tomar decisões que lhes dê controle sobre suas tarefas, e as *recompensas* que merecem pelas contribuições feitas.[96] Tal ambiente reduz os custos, pois será necessário um número menor de pessoas para supervisão, monitoramento e coordenação. Aperfeiçoa a qualidade e o serviço, porque alto desempenho é inspirado na origem, ou seja, as próprias pessoas que fazem o trabalho. Também permite ação rápida, pois as pessoas diretamente envolvidas detectam problemas, soluções e oportunidades para inovação sobre os quais têm poder para agir.

O enriquecimento de funções e o *empowerment* não operam milagres do dia para a noite; as pessoas podem resistir às novas abordagens e cometer erros ao longo do caminho. Porém, se forem feitos corretamente, seu potencial para alcançar resultados reais será inegável.

É essencial dar às pessoas orientação estratégica clara, mas deixar alguma margem para flexibilidade e para correr riscos calculados. Por exemplo, o princípio estratégico da Southwest Airlines de "conhecer as necessidades dos clientes em relação a viagens de curta distância a preços competitivos equivalentes àqueles de uma viagem de carro" ajuda os funcionários a manter os objetivos estratégicos em mente e usar seu discernimento ao tomar decisões complicadas sobre ofertas de serviço, seleção de rotas, concepção de cabina, procedimentos para emissão de passagens e determinação de preços.[97] Ações mais específicas incluem autoridade crescente para assinatura em todos os níveis; a redução do número de regras e passos necessários para aprovação; a atribuição de tarefas não-rotineiras; a permissão para julgamento independente, flexibilidade e criatividade; a definição mais ampla dos trabalhos em termos de projeto em vez de tarefas e o fornecimento de maior acesso a recursos e pessoas de toda a organização.[98]

Empowerment não significa permitir que as pessoas tomem decisões sobre coisas triviais como de que cor pintar o refeitório. Para que o *empowerment* faça alguma diferença, os indivíduos devem ter um impacto sobre coisas com as quais se importam, tais como qualidade e produtividade.[99] Empresas, como a Lord Corporation (que produz suporte para motores de aeronaves), a Herman Miller (fabricante de móveis com sede em Michigan) sediada em Dayton, Ohio, a Johnsonville Foods e a Goodyear foram muito bem-sucedidas e receberam muito reconhecimento por seus programas de *empowerment*.[100]

Não deve haver surpresa quando o *empowerment* causar alguns problemas, pelo menos em curto prazo. Isso ocorre praticamente com qualquer mudança, inclusive com mudanças para melhor. É importante lembrar que com o *empowerment* vem a responsabilidade e os funcionários não necessariamente gostam de alto grau de responsabilidade, a princípio.[101] As pessoas podem errar inicialmente, especialmente até terem tido treinamento adequado. Além do mais, em razão de ser necessário mais treinamento, os custos serão mais altos. Outro dado adicional é que, pelo fato de as pessoas adquirirem novas habilidades e darem contribuições maiores, poderão exigir maiores salários. Contudo, se estiverem bem treinadas e verdadeiramente "com poder", merecerão o aumento — e tanto elas quanto a companhia se beneficiarão.

O Alcance da Eqüidade

Definitivamente, uma das questões mais importantes no que se refere à motivação gira em torno de como as pessoas vêem suas contribuições para a organização e do que recebem dela. De modo ideal, elas verão seu relacionamento com seu empregador como uma troca bem equilibrada e mutuamente benéfica. À medida que as pessoas trabalham e percebem os resultados ou conseqüências de suas ações, avaliam quão justamente a organização as trata.

teoria da eqüidade

Uma teoria que afirma que as pessoas avaliam quão justamente elas têm sido tratadas de acordo com dois fatores-chave: resultados e contribuições.

O ponto de partida para se compreender como as pessoas interpretam suas contribuições e resultados é a teoria da eqüidade.[102] A **teoria da eqüidade** propõe que, ao avaliarem quão justamente são tratados, os indivíduos consideram dois fatores-chave: resultados e contribuições. Os *resultados*, como na teoria da expectativa, referem-se às várias coisas que alguém recebe no trabalho: reconhecimento, pagamento, benefícios, satisfação, segurança, atribuição de tarefas, punições e assim por diante. As *contribuições* se referem ao que a pessoa oferece para a organização: o esforço, o tempo, o talento, o desempenho, o comprometimento extra, a boa cidadania e assim por diante. As pessoas têm expectativa geral de que os resultados que obtêm refletirão os — ou serão proporcionais aos — insumos (contribuições) que fornecerem — um pagamento diário justo (e outros resultados) por um dia de trabalho justo (amplamente definido pela forma como as pessoas vêem todas as suas contribuições).

Mas essa comparação entre resultados e contribuições não é tudo. Os indivíduos também prestam atenção aos resultados e contribuições que os outros recebem. Quando da ocasião da revisão de salários, por exemplo, a maioria das pessoas — dos executivos até a base da hierarquia — tenta obter pistas que lhe permitirão saber quem obteve os maiores aumentos de salário. Como será descrito na seção seguinte, as pessoas comparam proporções, recuperam o senso de eqüidade se necessário, e ficam mais ou menos satisfeitas com base em quão justamente creditam terem sido tratadas.

Avaliação da Eqüidade

A teoria da eqüidade sugere que os indivíduos comparam o quociente de seus próprios resultados em relação às contribuições com o quociente da relação resultado/contribuição de alguém comparável. A pessoa que é tomada como base de comparação pode ser um colega de classe, de trabalho, um chefe ou estar em uma escala de salários médios do setor. Dito de forma mais sucinta, as pessoas comparam:

$$\text{Seus próprios } \frac{\text{Resultados}}{\text{Contribuições}} \quad \textit{versus} \text{ os dos outros } \frac{\text{Resultados}}{\text{Contribuições}}$$

Se as proporções forem equivalentes, elas acreditam que a relação é eqüitativa ou justa. A eqüidade faz que as pessoas se sintam satisfeitas com o tratamento que recebem. Porém, aquele que acredita que a sua relação é mais baixa que de outra pessoa se sentirá tratado injustamente. A iniqüidade causa insatisfação e conduz a uma tentativa de restaurar o equilíbrio da relação.

A iniqüidade e os sentimentos negativos que ela cria podem surgir em qualquer lugar. Por exemplo, alguns CEOs recebem pagamentos astronômicos embora tenham um fraco desempenho na companhia. De acordo com a *Fortune*, "O público norte-americano não se enfurece com pagamentos altos. Ele se enfurece por injustiça percebida" (p. 70).[103] Como aluno, talvez você tenha passado pela seguinte situação: você fica acordado a noite inteira e recebe um C no exame. Enquanto isso, outro aluno estuda algumas horas, sai pelo resto do tempo, dorme bem e recebe um B no exame. Você percebe suas contribuições (tempo gasto estudando) como muito maiores do que as do outro aluno, mas seus resultados são inferiores. Você se sente insatisfeito na aparente injustiça.

No trabalho, o mesmo acontece com o aumento dos salários. Uma gerente contribui com 60 horas por semana, é formada por uma universidade de prestígio e acredita que está destinada a chegar ao topo. Quando sua arqui-rival — que ela percebe ser menos merecedora ("ela nunca vai ao escritório nos fins de semana, e tudo o que ela faz quando está aqui é bajular o chefe" — obtém o aumento maior ou a promoção, a gerente experimenta uma sensação de grande iniqüidade. Desigualdades de pagamento que são percebidas podem ser a razão pela qual os principais times de beisebol com grandes diferenças salariais entre seus jogadores tendem a vencer menos jogos.[104]

A teoria da eqüidade sugere que as pessoas comparam a relação entre seus resultados e suas contribuições com a relação dos resultados/contribuição de alguma pessoa comparável. Como você lidaria com alguém que você percebe ser um folgado e é promovido em seu lugar?

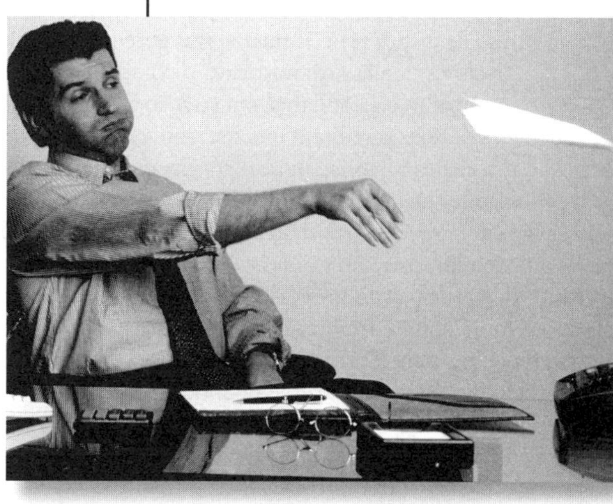

As avaliações de eqüidade não são feitas objetivamente. Elas são percepções ou crenças subjetivas. Nos exemplos precedentes, a pessoa que obteve o maior aumento provavelmente teve um sentimento de merecimento. Mesmo que admita que não contribui com muitas horas por semana, ela poderá convencer-se de que não precisa fazê-lo, pois tem maior talento. O aluno que recebeu a nota mais alta poderá acreditar que o resultado foi justo e eqüitativo porque 1) ficou acordado até tarde o semestre inteiro, enquanto o outro aluno não o fez, e 2) ele é inteligente (habilidade e experiência, não só tempo e esforço, podem ser vistos como contribuições).

Restabelecendo a Eqüidade

Pessoas que se sentem tratadas desigualmente e se encontram insatisfeitas ficam motivadas a agir para restabelecer a eqüidade. Elas têm algumas opções que podem ser realizadas ao realmente fazerem alguma coisa para mudar as proporções existentes, ou ao reavaliarem a situação e decidir que, afinal de contas, a situação é eqüitativa.

A equação de eqüidade apresentada anteriormente indica as opções para se restabelecer a eqüidade. As pessoas que se sentem tratadas desigualmente podem *reduzir suas contribuições* esforçando-se menos, tendo desempenhos mais baixos ou desistir ("Bom, se é assim que as coisas funcionam por aqui, não vou trabalhar mais com tanto afinco [ou permanecer mais neste emprego.]"). Ou então podem tentar *aumentar sua renda* ("Meu chefe [ou professor] vai ficar sabendo sobre isso. Mereço ganhar mais, deve haver algum jeito de conseguir isso.").

Outros modos de restabelecer a eqüidade se concentram na mudança do quociente da outra pessoa. Uma pessoa pode *diminuir as contribuições das demais*. Por exemplo, um funcionário poderá sabotar o trabalho para criar problemas para seu chefe ou para sua empresa.[105] Uma pessoa também pode mudar sua percepção de contribuições ou resultados ("Essa promoção não é tão importante quanto ele poderá pensar. O pagamento adicional não é tão melhor assim e as dores de cabeça certamente serão inacreditáveis"). Também é possível *aumentar as contribuições dos outros*, particularmente ao mudar percepções ("Quanto mais eu penso a esse respeito, mais acredito que a outra pessoa fez por merecer. Ela trabalhou arduamente o ano todo, é competente e é chegada a hora de ela ter uma folga.").

Assim, uma pessoa poderá restabelecer a eqüidade de várias maneiras ao mudar as contribuições e os resultados no que se refere ao comportamento e à percepção.

Justiça Procedimental

Inevitavelmente, os gerentes tomam decisões que têm resultados mais favoráveis para uns que para outros. Aqueles com resultados favoráveis ficarão satisfeitos; aqueles com resultados piores se sentirão mais insatisfeitos. Porém, os gerentes que quiserem pôr "curativos na feridas" — digamos, para as pessoas de quem eles gostam ou que respeitam ou então querem manter e motivar — ainda podem agir para reduzir a insatisfação. O segredo está nas pessoas acreditarem que os gerentes agem com **justiça procedimental** — usando processos justos em tomadas de decisão e ajudando outros a saber que o processo foi o mais justo possível. Quando as pessoas percebem justiça procedimental, há maior probabilidade de apoiarem as decisões e aqueles que as tomam.[106] Por exemplo, um ano após a dispensa temporária de empregados, o uso da justiça procedimental dos gerentes (na forma de participação dos funcionários nas decisões) ainda prognosticava o comprometimento com a organização, a satisfação com o trabalho e a confiança em relação à administração daqueles que se salvaram.[107]

justiça procedimental

A utilização de um processo justo ao tomar decisões e a certeza de que os outros sabem que o processo foi o mais justo possível.

Mesmo que as pessoas acreditem que seus *resultados* foram desiguais e injustos, elas estarão mais propensas a ver que a justiça foi satisfeita se o *processo* tiver sido justo. Pode-se aumentar a crença das pessoas de que o processo foi justo tornando o processo aberto e visível; declarando os critérios de decisão de antemão em vez de somente após ela ter sido tomada; certificando-se de que as pessoas mais apropriadas — aquelas que têm informações válidas e são vistas como confiáveis — tomam as decisões; dando às pessoas a chance de participar no processo; e fornecendo um procedimento para reclamações que permita às pessoas questionarem as decisões com segurança e receberem respostas completas.[108]

Por exemplo, em uma fábrica de elevadores nos Estados Unidos, um exército de consultores chegou em um belo dia, sem explicação e de modo perturbador.[109] Instalou-se a boataria; os funcionários acreditavam que a fábrica ia ser fechada ou que alguns deles seriam dispensados. Depois de três meses, a direção revelou seu novo plano, envolvendo um novo método de fabricação baseado em equipes.

À medida que as mudanças eram implementadas, a gerência não respondeu adequadamente às perguntas sobre a razão das mudanças, os funcionários resistiram, os conflitos surgiram e o outrora popular gerente de fábrica perdeu a confiança de seu pessoal. Os custos dispararam e a qualidade despencou.

Vantagens da Colaboração

Pessoas que sentem que seus resultados são justos (eqüitativos) e que os processos usados foram justos (justiça procedimental) podem representar o máximo em termos da verdadeira colaboração.

Preocupada, a direção realizou uma pesquisa entre os funcionários, que ficaram céticos quanto aos resultados da pesquisa conduzir a quaisquer mudanças positivas e preocupados com a direção se enraivecer por eles expressarem suas opiniões de forma sincera. Contudo, a direção reagiu dizendo "Nós estávamos errados, nós mesmos estragamos tudo por não usar o processo correto". Dando continuidade a esse procedimento, ela compartilhou com os trabalhadores informações fundamentais sobre a empresa, as limitadas alternativas disponíveis e as conseqüências terríveis se a companhia não mudasse. Os funcionários viram o dilema e entenderam que o problema da empresa era tanto deles como da administração, mas sentiram medo de que alguns pudessem perder seus empregos. A direção manteve-se no direito de demitir caso as condições da companhia piorassem, mas também fez diversas promessas: não seria realizada nenhuma dispensa como resultado das mudanças; programas de treinamento alternados em diferentes áreas para os funcionários; nenhuma reposição do pessoal demitido até que as condições melhorassem; uma chance para os funcionários atuarem em novos papéis, como consultores em questões relacionadas à qualidade; e compartilhamento de dados de vendas e de custos de forma regular.

As notícias eram ruins, porém as pessoas entenderam a situação e começaram a compartilhar as responsabilidades com a gerência. Esse foi o começo do restabelecimento da confiança e do comprometimento, e de melhorias duradouras no desempenho.[110]

Necessidade de Motivação e outras Questões, na Toys "R" Us

TEXTO EXTRAÍDO DA REVISTA BusinessWeek

Em 1998, a Toys "R" Us era a loja de brinquedos que mais vendia nos Estados Unidos. Em 2000, o Wal-Mart tornou-se a número 1. A Toys "R" Us estava em meio a uma série de contratempos em termos de vendas e ganhos, lutando contra problemas administrativos, e era descrita como "problemática há muito tempo" e como a loja dos "atendentes desatenciosos, corredores enormes como se fossem armazéns pintados em desbotados tons cinza e azul e a frustração da véspera de Natal". O CEO, John H. Eyler Jr., queria mudar tudo isso.

A análise de Eyler demonstrou problemas ligados a estoques e entrega, que a empresa se empenhou em remediar. Contudo, outro enorme desafio era a opinião dos clientes dos Estados Unidos. Muitos citavam o pessoal de vendas como não atendendo adequadamente. Uma mulher, tentando comprar uma banheira para bebê, não conseguiu encontrar nenhuma e, finalmente, dirigiu-se ao guichê de atendimento ao cliente para obter ajuda. Foi dito a ela que, se a loja tivesse uma banheira, ela estaria em exposição, e que, caso não tivesse o item em questão, a cliente estava sem sorte. Após a mulher convencer um funcionário a verificar no computador, foram encontradas cinco banheiras no depósito. Esse funcionário disse que levaria muitas horas até alguém descer a banheira para a loja, e a cliente, então, desistiu e saiu sem comprar nada. Esse não foi nenhum incidente isolado. Um estudo com 15 grandes varejistas classificou a Toys "R" Us em 14º lugar no atendimento ao cliente.

Em 2005, a Toys "R" Us ainda estava arrastando-se e seus executivos concordaram em ser comprados por duas empresas de participação privada e pela Vornado Realty Trust, uma das maiores proprietárias de estabelecimentos comerciais e de varejo do país. Alguns ficaram preocupados por entenderem que a parceria iria liquidar as lojas para que pagassem a Vornado, mas as primeiras indicações foram de que eles realmente estavam comprometidos com o negócio de brinquedos e queriam reverter a situação da companhia. Eyler disse, "A Toys "R" Us vai permanecer no mercado por muitos e muitos anos".

Lutando para conseguir que os clientes retornem, a Toys "R" Us precisa ter um desempenho tão bom quanto o da sua concorrência ou superior a ele.

Em curto prazo, esperava-se que 20% das lojas fechassem e as lojas restantes (pelo menos 500 nos Estados Unidos) teriam de fornecer uma alternativa favorável em relação ao Wal-Mart e a outras lojas de descontos.

Uma vantagem da Toys "R" Us é sua grande variedade de produtos. Porém, os clientes também possuem uma grande variedade em sites on-line e em algumas outras lojas e a Toys "R" Us não tem a mesma vantagem de custo que costumava desfrutar. Além do mais, todos aqueles produtos na loja significam que é preciso muito espaço, os clientes podem ter dúvidas ou não saber sobre todas as opções oferecidas, e os funcionários precisam conhecer os produtos e ter a vontade de compartilhar esse conhecimento com os clientes.

Portanto, como tantas outras empresas no mercado, a Toys "R" Us deve fazer muitas coisas tão bem quanto seus concorrentes e encontrar sua vantagem competitiva que a diferencie das demais. Estrategicamente, a companhia não quer mais brigar com lojas que oferecem grandes descontos, como o Wal-Mart, preferindo reduzir sua variedade de produtos e adicionar itens mais exclusivos. Talvez possa também criar um ambiente de compras exclusivo. E, quem sabe, também possa de alguma forma motivar seu pessoal a dar um atendimento de excelente qualidade.

FONTES: BYRNES, N. Toy 'R' Us: can CEO John Eyler fix the chain? *BusinessWeek*, 4 dez. 2000, p. 128-40; BRAHAM, L.; BERNER, R. The wrong time for REITs? *BusinessWeek Online*, p. 88, 11 mar. 2002; BERNER, R.; KHERMOUCH, G. Retail reckoning. *BusinessWeek Online*, 10 dez. 2001, p. 72-77; Managers to watch 2002, *BusinessWeek Online*, 14 jan. 2002, p. 52-72; VERDON, J. The record Bergen County, NJ, 18 mar. 2005, p. A01.

Satisfação no Trabalho

Se as pessoas se sentirem tratadas de modo justo com base nos resultados que recebem, ou nos processos utilizados, elas se ficarão satisfeitas. Um trabalhador satisfeito não é necessariamente mais produtivo que um insatisfeito; às vezes as pessoas estão felizes com seus trabalhos porque não têm de fazer muito esforço! Mas a insatisfação com o trabalho, compartilhada por muitos indivíduos, cria uma força de trabalho com grandes chances de apresentar 1) maior rotatividade; 2) maior absenteísmo; 3) menor grau de boa cidadania entre os funcionários;[111] 4) mais queixas e ações judiciais; 5) greves; 6) furtos, sabotagem e vandalismo; 7) saúde mental e física pior (o que poderá significar maior estresse no trabalho, maiores custos com o seguro-saúde e mais ações judiciais);[112] 8) mais acidentes;[113] 9) atendimento ao cliente insatisfatório;[114] e 10) produtividade e lucros menores.[115] Todas essas conseqüências de insatisfação, quer direta ou indiretamente, são onerosas para as organizações.

A satisfação no trabalho é especialmente importante para os funcionários prestadores de serviços orientados ao relacionamento, como corretores de imóveis, cabeleireiros e corretores de valores. Os clientes desenvolvem (ou não) um compromisso com um prestador de serviço específico. Prestadores de serviço satisfeitos têm menor probabilidade de deixar a companhia e maior probabilidade de proporcionar uma agradável experiência ao cliente.[116]

Qualidade da Vida no Trabalho

programas de qualidade de vida no trabalho (QVT)

Programas concebidos para criar um local de trabalho que aumente o bem-estar do funcionário.

Os **programas de qualidade de vida no trabalho (QVT)** criam um local de trabalho que aumenta o bem-estar e a satisfação dos funcionários. A meta geral dos programas QVT é satisfazer toda uma gama de necessidades dos funcionários. As necessidades das pessoas são aparentemente bem atendidas na Wegman's Food Markets, que foi a número 1 das 100 melhores companhias para se trabalhar em 2005 segundo a *Fortune*. A Wegman's cria um ambiente de trabalho no qual as pessoas podem atingir seu potencial pleno e se sentir parte da sociedade e não apenas trabalhadores em uma hierarquia burocrática.[117] Na SAS, que tem sido incluída na lista da *Fortune* todo ano desde que começou (1998), os funcionários recebem uma série de ótimos benefícios: uma semana de trabalho de 35 horas, creche, licença ilimitada por doença, títulos de clube de campo com grande desconto, acessórios para o carro, um academia com mais de 7.000 metros quadrados, campos de futebol e de *softball* (um tipo de beisebol), refeitório com um pianista, uma clínica médica no local, um serviço de cuidados ao idoso e um massagista que faz visitas à empresa várias vezes por semana.[118]

"Se mantivermos nossos funcionários felizes, eles cumprirão a meta de manter nossos clientes satisfeitos."[119]

James Goodnight da SAS

A QVT tem oito categorias:[120]

1. Remuneração adequada e justa.
2. Um ambiente seguro e saudável.
3. Funções que desenvolvem as capacidades humanas.
4. Oportunidade para crescimento pessoal e segurança.
5. Um ambiente social que promove a individualidade, ausência de preconceitos, um senso comunitário e possibilidade de ascensão.
6. Constitucionalismo, ou os direitos de privacidade pessoal, dissidência e tratamento adequado.
7. Uma função de trabalho que minimize a interferência no lazer pessoal e nas necessidades da família.
8. Ações organizacionais socialmente responsáveis.

Uma pessoa satisfeita isolada não apresenta, necessariamente, um bom desempenho em cada uma de suas dimensões. Porém, uma organização cheia de pessoas altamente satisfeitas com o trabalho provavelmente terá um bom desempenho de inúmeras maneiras.

As organizações diferem drasticamente quanto ao atendimento à QVT. Os críticos alegam que os programas da QVT não inspiram necessariamente os funcionários a trabalhar de modo mais empenhado se a companhia não associar as recompensas diretamente ao desempenho individual. Os que advogam a QVT alegam que ela aperfeiçoa a eficácia e a produtividade organizacionais. O termo *produtividade*, conforme aplicado pelos programas da QVT, significa muito mais do que a quantidade no resultado do trabalho de cada pessoa.[121] Também inclui rotatividade, absenteísmo, acidentes, furtos, sabotagem, criatividade, inovação e, especialmente, a qualidade de trabalho.

Contratos Psicológicos

contrato psicológico

Um conjunto de percepções que os empregados têm em relação a seus empregadores e que seus empregadores têm em relação a eles.

O relacionamento entre os indivíduos e as organizações empregadoras é tipicamente formalizado por contrato escrito. Contudo, nas mentes dos funcionários também existe um **contrato psicológico** — um conjunto de percepções que eles têm em relação a seus empregadores e que seus empregadores têm em relação a eles.[122] Esse contrato, quer seja visto como mantido ou violado — e quer as partes confiem uma na outra ou não —, tem implicações importantes para a satisfação e a motivação do funcionário e a eficácia da organização.

O Wal-Mart, sob o comando do legendário Sam Walton, ofereceu um contrato psicológico para seu pessoal: "Pagaremos abaixo dos salários máximos, entretanto cuidaremos dos funcionários sendo justos com eles e, em troca, o funcionário se esforçará ao máximo." A justiça incluía pequenas coisas, porém importantes: uma política de "portas abertas" na qual os trabalhadores pudessem compartilhar suas preocupações com os gerentes em qualquer nível, uma oportunidade real para os trabalhadores horistas de ganhar promoções para posições gerenciais assalariadas, programação dos períodos de trabalho, tendo em mente as necessidades da família e outras regras de consideração pessoal. Infelizmente, alguns dizem que esse "contrato" agora está desgastado, em grande parte por causa do incrível crescimento gigantesco do Wal-Mart, horários de funcionamento das lojas ininterrupto (24 horas / 7 dias por semana) e uma ênfase maior e mais concentrada no resultado final.

Deve-se esperar que a Allstate:

1. Ofereça um trabalho que seja significativo e desafiador.
2. Promova um ambiente que encoraje o diálogo aberto e construtivo.
3. Reconheça o funcionário pelas suas realizações.
4. Proporcione pagamento competitivo e recompensas baseadas no desempenho do funcionário.
5. Aconselhe o funcionário quanto ao seu desempenho por meio de *feedbacks* regulares.
6. Crie oportunidades de aprendizagem por meio de treinamento e de atribuições de trabalho.
7. Apóie o funcionário na definição de suas metas de carreira.
8. Forneça aos funcionários informações e recursos para atingir um bom desempenho
9. Promova um ambiente que seja inclusivo e livre de preconceitos.
10. Incentive a dignidade e o respeito em todas as interações.
11. Estabeleça um ambiente que promova um equilíbrio entre trabalho e vida pessoal.

A Allstate espera que seu funcionário:

1. Apresente um desempenho em níveis que aumentem significativamente a capacidade da empresa em superar a concorrência.
2. Assuma atribuições críticas para se atingir os objetivos empresariais.
3. Desenvolva as habilidades necessárias de forma contínua.
4. Esteja disposto a ouvir e a agir de acordo com o *feedback* recebido.
5. Demonstre alto nível de comprometimento para atingir as metas da companhia.
6. Não demonstre preconceitos nas interações com colegas e clientes.
7. Comporte-se de modo consistente com os padrões éticos da Allstate.
8. Assuma responsabilidade pessoal para cada transação com os clientes e incentive sua confiança.
9. Aperfeiçoe continuamente os processos de ir ao encontro das necessidades dos clientes.

QUADRO 13.2 Contrato de Empregabilidade da Allstate

FONTE: Cortesia da Allstate Insurance Company. Citado em LAWLER III, E. E. *Treat people right!* São Francisco: Jossey-Bass, 2003.

O contrato psicológico que gerou funcionários comprometidos e uma cultura que proporcionou uma vantagem competitiva real está, alguns dizem, correndo perigo de se tornar uma lenda em extinção.[123]

Historicamente, em muitas companhias o relacionamento de trabalho era estável e previsível. Hoje em dia, fusões e demissões, bem como outras rupturas, quebraram o "antigo modelo de contrato".[124] Conforme dito por um executivo da McGraw-Hill, "Os 'costumava ser assim' devem dar lugar às realidades do 'O que é e o que será'."[125] O "costumava ser assim" fundamental em organizações gerenciadas de forma tradicional referia-se ao fato de que era esperado que os funcionários fossem leais e, em troca, os empregadores garantiriam seus empregos. Hoje em dia, o contrato implícito funciona como se fosse assim:[126] se as pessoas ficam, fazem o seu próprio trabalho e mais o de outra pessoa (que tiver sido dispensada por um *downsizing*), e fazem coisas adicionais como participar em forças-tarefa, então a empresa tentará proporcionar um emprego (se puder), dar a idéia de que se importa com o funcionário e continuar proporcionando mais ou menos o mesmo pagamento (com pequenos aumentos periódicos). O resultado provável desse arranjo não muito satisfatório será: pessoas sem inspiração e uma empresa tentando sobreviver.

Porém, é possível obter-se um acordo melhor, tanto para os empregadores como para os funcionários.[127] O contrato de empregabilidade geral da Allstate (Quadro 13.2) é um exemplo.[128] De modo ideal, o empregador proporcionará atualização contínua de habilidades e um ambiente revigorado de trabalho em que o funcionário poderá usar suas habilidades e estar motivado a permanecer na empresa mesmo que haja outra opção de trabalho.[129] Pode-se trabalhar para uma empresa que oferece o seguinte acordo: se o funcionário desenvolver as habilidades de que precisamos, aplicando-as de maneira que ajude a empresa a ser bem-sucedida e comportando-se de forma consistente de acordo com os valores da companhia, proporcionaremos a ele um ambiente de trabalho desafiador, apoio para o seu desenvolvimento e recompensas integrais e justas pelas suas contribuições. Os resultados de tal "contrato" terão muito mais possibilidades de ser um relacionamento mutuamente benéfico e gratificante, e uma organização bem-sucedida e de alto desempenho.

EPÍLOGO

ROCKY FLATS

Em comentários negativos, algumas pessoas na Rocky Flats sustentavam que a motivação para terminar a limpeza é tão intensa que a gestão da segurança saiu prejudicada. A direção então fez melhorias e passou a usar registros sobre a segurança para decidir sobre os bônus.

Comentando a respeito da situação como um todo, Denny Ferrara disse: "Acho isso fantástico. Não é bom no sentido de eu mesmo trabalhar para o fim de meu próprio emprego, porém é bom poder dizer que participei dos momentos de produção e que estive aqui para ver o 'fechamento dos portões'". Ele espera receber uma nova tarefa da empresa já que ela concorre para conseguir outros contratos de limpeza nuclear.

Até 2006, aproximadamente 3 mil trabalhadores perderão seus empregos em conseqüência de sua própria produtividade. A Kaiser-Hill tem um programa elaborado para facilitar a transição e ajudar as pessoas a acharem novos trabalhos divulgando, inclusive, as habilidades de seus funcionários, subsidiando iniciativas de empreendedorismo e patrocinando um banco de empregos *on-line*. Além do mais, o local hoje ocupado pela The Rocky Flats será administrado pela Fish and Wildlife Service como um refúgio para a vida selvagem.

TERMOS-CHAVE

Contrato psicológico, 449
Empowerment, p. 443
Enriquecimento de funções, 440
Expansão de funções, 440
Expectativa, 434
Extinção, 431
Fatores higiênicos, 440
Hierarquia de necessidades de Maslow, 436
Instrumentalidade, 435
Intensidade da necessidade de crescimento, 443
Justiça procedimental, 446
Lei do efeito, 430
Metas maximizadas, 428
Modificação do comportamento organizacional, 430
Motivação, 427
Motivadores, 440
Programas de qualidade de vida de trabalho (QVT), 449
Punição, 431
Recompensa intrínseca, p. 439
Recompensas extrínsecas, 439
Reforçadores, 430
Reforço negativo, 431
Reforço positivo, 431
Resultado, 434
Rodízio de funções, 439
Teoria da expectativa, 434
Teoria de eqüidade, 444
Teoria de estabelecimento de metas, 428
Teoria dos dois fatores, 440
Teoria ERG, 437
Valência, 435

RESUMO DOS OBJETIVOS DE APRENDIZAGEM

Depois de completado o estudo deste Capítulo, você deverá ser capaz de identificar:

Os tipos de comportamentos que os gerentes precisam motivar nas pessoas.

Todos os tipos de comportamentos importantes no trabalho são motivados. Os gerentes precisam motivar seus funcionários a participarem e a permanecerem na organização, apresentarem níveis de assiduidade, desempenho nas funções e cidadania elevados.

Como estabelecer metas desafiadoras e motivadoras.

O estabelecimento de metas é um motivador poderoso. Metas específicas, quantificáveis, desafiadoras, mas atingíveis, motivam esforços e desempenhos elevados. O estabelecimento de metas pode ser usado tanto para equipes como para indivíduos. Deve-se tomar cuidado para que não sejam estabelecidas metas isoladas que excluam outras importantes dimensões do desempenho. Os gerentes também não devem perder de vista os outros potenciais aspectos negativos das metas.

Como recompensar o bom desempenho apropriadamente.

Programas de modificação do comportamento organizacional influenciam o comportamento no emprego ao estabelecer as conseqüências para as ações das pessoas. A maioria dos programas utiliza o reforço positivo como conseqüência, mas outras conseqüências importantes são o reforço negativo, a punição e a extinção. Deve-se tomar cuidado para reforçar o comportamento apropriado, não o impróprio. Gerentes inovadores utilizam ampla gama de recompensas para o bom desempenho. Eles também sabem como "administrar os erros" e fornecer um *feedback* útil.

As crenças-chave que afetam a motivação das pessoas.

A teoria da expectativa descreve três crenças importantes relacionadas ao trabalho. Isto é, a motivação é função das: 1) expectativas, ou relações esforço-desempenho; 2) instrumentalidades, ou relações resultado-desempenho, e 3) as valências atribuídas aos resultados de desempenho das pessoas. Além disso, a teoria da eqüidade aborda crenças importantes a respeito de justiça.

Como as necessidades individuais das pessoas afetam seu comportamento.

As cinco necessidades mais importantes de Maslow são: psicológicas, de segurança, social, de ego e de auto-realização. A teoria ERG de Alderfer descreve três séries de necessidades: existenciais, de relacionamento e de crescimento. McCleland enfatiza três diferentes necessidades: de realização, de afiliação e de poder. Em razão de as pessoas estarem dispostas a satisfazer suas várias necessidades, essas teorias ajudam a sugerir aos gerentes os tipos de recompensas que motivam as pessoas.

Como criar uma função motivadora e que tenha *empowerment*.

Uma abordagem para satisfazer necessidades e motivar as pessoas é criar motivação intrínseca por meio da melhoria no desenho de funções. As funções podem ser enriquecidas ao se criar maior variedade de habilidades, identidade e importância para as tarefas, autonomia e *feedback*. *Empowerment* é o desenvolvimento mais recente na criação de funções motivadoras. O *empowerment* inclui as percepções de importância, competência, autodeterminação e impacto e advém de um ambiente em que as pessoas têm informações, conhecimento, poder e recompensa necessários.

Como as pessoas avaliam a eqüidade e como alcançá-la.

A teoria da eqüidade afirma que as pessoas comparam suas *contribuições* e seus resultados às contribuições e aos resultados de outras pessoas. Percepções de eqüidade (justiça) são satisfatórias; sentimentos de iniqüidade (injustiça) são insatisfatórios e motivam as pessoas a mudarem seus comportamentos ou suas percepções para restabelecer a eqüidade. Além da justiça dos resultados, como descrito na teoria da eqüidade, a justiça também é avaliada e gerenciada pela justiça procedimental.

Causas e conseqüências de uma força de trabalho satisfeita.

Uma força de trabalho satisfeita traz grandes vantagens para a empresa, inclusive menores índices de absenteísmo e rotatividade; menos queixas, ações judiciais e greves; custos mais baixos ligados a questões de saúde, e qualidade de trabalho mais alta. Uma abordagem geral para gerar maior satisfação para as pessoas é implementar um programa de qualidade de vida de trabalho. O programa QVT busca proporcionar um ambiente seguro e saudável, oportunidade para crescimento pessoal, um ambiente social positivo, tratamento justo e outras melhorias de vida no trabalho das pessoas. Esses e outros benefícios da organização, trocados por contribuições dos funcionários, criam um contrato psicológico. Com o passar do tempo, na medida em que o contrato psicológico seja mantido ou violado e modificado de forma justa ou injusta, esses fatores influenciarão a satisfação e a motivação das pessoas.

QUESTÕES PARA DISCUSSÃO

1. Pense em um erro significativo cometido por alguém no trabalho. Como o chefe lidou com a questão e qual foi seu efeito?
2. Por que você acha que é tão difícil para os gerentes proporcionar mais *empowerment* ao seu pessoal?
3. Pense em um trabalho que você esteja fazendo atualmente ou que fez no passado. Como você descreveria o contrato psicológico? Como isso afeta (afetou) suas atitudes e comportamentos nesse trabalho?
4. Se um executivo ou esportista famoso fosse fazer um discurso motivador e apaixonado, tentando persuadir as pessoas a trabalhar mais intensamente, que impacto você acha que teria? Por quê?
5. Dê alguns exemplos de situações nas quais você pretendia fazer um ótimo trabalho, mas foi impedido. Qual foi o impacto em você e o que isso afetaria em seus esforços para motivar outras pessoas a ter um bom desempenho?
6. Discuta as semelhanças e diferenças entre estabelecer metas para outras pessoas e estabelecer metas para você mesmo. Quando o estabelecimento de metas falha e quando é bem-sucedido?
7. Identifique quatro exemplos de pessoas que, inadvertidamente, reforçam os comportamentos errados ou punem ou extinguem os bons comportamentos.
8. Faça uma auto-avaliação com base nas três necessidades de McClelland. Qual é sua maior necessidade e qual sua menor? Quais são as implicações para você na qualidade de gerente?
9. Identifique uma função que você tenha desempenhado e a avalie segundo as cinco dimensões essenciais de trabalho de Hackman e Oldham. Descreva também o grau em que essa função o fez se sentir com *empowerment*. Em grupo, escolha uma função e discuta com os demais como ela poderia ser mudada para ser mais motivadora e com mais *empowerment*?
10. Utilizando a teoria da expectativa, analise como você tem feito e fará escolhas pessoais, como uma área de especialização de estudos, uma carreira a seguir ou a busca de entrevistas de emprego.
11. Descreva uma época em que você se sentia tratado injustamente e explique as razões para esse sentimento. Como você respondeu à iniqüidade? Que outras opções você poderia ter tido?
12. Forneça exemplos de como resultados percebidos como injustos podem diminuir a motivação. Depois discuta como a justiça procedimental, ou processo justo, pode ajudar a vencer os efeitos negativos.
13. Quais são as implicações para sua carreira dos, e como você se preparará para os, contratos psicológicos descritos no final do capítulo?
14. Estabeleça algumas metas para si mesmo, considerando a discussão a respeito do estabelecimento de metas apresentada neste capítulo.

CASO DE CONCLUSÃO

Cadeiras Personalizadas do Big Ray

VISÃO GERAL E HISTÓRICO DO NEGÓCIO

Após uma carreira de sucesso em vendas em uma grande cadeia nacional de lojas de departamento, Ray Malone, conhecido como "Big Ray", começou um pequeno negócio para fabricação e distribuição de uma linha de cadeiras de lazer para ambientes externos. A companhia emprega 11 pessoas — 9 trabalham na fabricação (ver análise detalhada das tarefas de trabalho na Figura 1), uma tem a seu encargo o trabalho de vendas externas, e a última trabalha no escritório e na administração geral. Big Ray trabalha como gerente geral.

O negócio existe há sete anos. As vendas e os lucros cresceram constantemente (em média aproximadamente 10% ao ano) até que Big Ray teve seu primeiro revés. Durante o ano de 2003, a companhia teve um volume de vendas de US$ 2.300 milhões com um lucro líquido de US$ 253 mil. O ano de 2004 gerou um pequeno aumento nas vendas para US$ 2.415 milhões, mas o lucro foi menor, US$ 217.350.

A demanda pelas cadeiras de Ray permanece forte; de fato, o pessoal não tem sido capaz de produzir a quantidade necessária para suprir os pedidos e entregas.

O maior problema parece estar na área de produção, com uma crônica falta de pessoal e uma rotatividade freqüente no apoio à produção, juntamente com a diminuição dos níveis de habilidades e capacidades desses trabalhadores. Os custos de produção aumentaram percentualmente em relação às vendas tanto em termos de mão-de-obra como de matérias-primas.

A região onde Big Ray está sediada cresceu tremendamente durante a década passada, o que resultou no estabelecimento de muitos novos negócios que são capazes de oferecer pagamentos mais altos e condições de trabalho melhores. A maior parte do pessoal tem famílias para sustentar, portanto, oportunidades para se obter pagamentos mais altos e melhores benefícios são difíceis de serem rejeitadas.

Big Ray geralmente não tem problemas em garantir a quantidade de matéria-prima necessária para seus produtos, especialmente durante períodos econômicos de moderados a fracos. Quando os mercados e a economia em geral estão fortes, as matérias-primas disponíveis e os custos são um problema. Big Ray tem muitos contatos e relacionamentos excelentes no que diz respeito a vendas. Ele vende para as lojas da Costa Leste de seu ex-empregador e para uma grande variedade de estabelecimentos do meio-oeste. Junto com seu colega de vendas externas, Big Ray é capaz de manter seu volume de pedidos existente e desenvolver novos mercados de forma consistente. Sua fábrica tem capacidade para produzir um volume suficiente para gerar aumentos de US$ 3.500 milhões em vendas, que é sua meta de longo prazo.

Big Ray se encontra em um dilema. O pessoal da produção está lentamente ficando para trás, ao passo que os pedidos continuam chegando. Os prazos não estão sendo cumpridos e, pela primeira vez, Big Ray se vê recebendo telefonemas de clientes insatisfeitos.

PROCESSO DE PRODUÇÃO

Placas de madeira e tecido são as duas matérias-primas básicas. As placas de madeira são entregues em pacotes de 1.000 unidades a um custo de US$ 1.000. As tábuas vêm em diversos tamanhos, variando de 3 a 12 polegadas de largura e de 4 a 12 pés de comprimento. Todas as tábuas têm a mesma espessura. O tecido vem em rolos que variam de 30 a 36 pés de largura e de 50 a 100 jardas de comprimento, custando US$ 2,50 por pé quadrado. Todo o material tem a mesma espessura.

Big Ray nunca ligou muito para essas especificações dos materiais, mesmo que elas pareçam afetar muito os custos de produção do produto acabado. Por exemplo, um fardo de tecido com 36 polegadas por 50 pés (150 pés quadrados) pode render apenas 120 pés quadrados em termos de produto acabado. Esses 20% de fator de desperdício resultam em um custo real de material para o produto acabado de US$ 3,13 por pé quadrado (US$ 2,50/0,8). O restante com 30 pés quadrados de tecido é muito estreito e/ou muito curto para ser usado em qualquer uma das linhas de produto e, no momento, é descartado.

O mesmo é verdadeiro para as placas de madeira. Em média, 1.000 pés quadrados de placas de madeira rendem apenas 700 pés quadrados de tábua para o produto acabado no estoque. Isso aumenta o custo real do material para o produto acabado para US$ 1.428,57 para cada 1.000 pés (US$ 1.000/0,7). Os 300 pés quadrados restantes de tábuas são desperdiçados, já que também são muito curtas e/ou muito estreitas para serem usadas em qualquer das linhas de produto.

FIGURA 1 Diagrama do Processo de Produção (nove funcionários)

Durante o processo de produção de milhares de cadeiras, isso impacta imensamente os custos de produção no que se refere às matérias-primas. Também, os números referentes à produção e ao desperdício parecem sempre variar de 10% a 40%, dependendo da remessa específica de materiais e do pessoal que está cortando o material em peças do tamanho exigido para o produto acabado. Certas pessoas parecem ter tendência a apresentar rendimentos maiores, outras não. Algumas remessas também geram rendimentos maiores que outras.

A Figura 1 apresenta um diagrama do processo de produção: o operador de empilhadeira, que também atua como chefe de produção, administra o fluxo do estoque, o que inclui o suprimento das máquinas de processamento primário, expedição de produtos acabados e carregamento de caminhões e armazenamento. Dois trabalhadores serram as placas de madeira longitudinalmente em ripas e depois as cortam no sentido transversal, enquanto um terceiro verifica o formato final e a perfuração dos orifícios. Dois trabalhadores cortam e montam o tecido, enquanto um terceiro verifica o processo de prender com presilhas, bem como da costura. Dois trabalhadores inspecionam e embalam o produto final, que depois é despachado ou então armazenado no depósito.

A remuneração da equipe de produção varia de US$ 7 a US$ 15 por hora. As posições correspondentes às atividades 2, 3, 5 e 6 do diagrama encontram-se na extremidade inferior da faixa de rendimentos. O restante da equipe, que está na companhia há vários anos, encontra-se na extremidade mais alta da escala de rendimentos, de acordo com o tempo de casa.

O maior índice de rotatividade de empregados ocorreu na área de produção primária (manuseio do material, corte e processamento). Essa é a frente de trabalho mais intensa e mais exigente em termos físicos do processo de produção e também é a área mais perigosa e ruidosa da empresa. Dos 11 trabalhadores, sete estão na companhia desde seu princípio e parecem estar muito felizes e satisfeitos em seus cargos. Os quatro cargos restantes parecem passar por uma rotatividade de funcionários quase contínua.

QUESTÕES

1. Dada a situação de trabalho de Big Ray e a natureza do trabalho, que técnicas motivacionais específicas você recomendaria para resolver o problema em questão?
2. Como você incorporaria os conceitos do texto para ajudar Big Ray a alcançar sua produção e metas de vendas de longo prazo?

EXERCÍCIOS PRÁTICOS

13.1 Auto-Avaliação

Faça um círculo na resposta que se correlaciona o mais próximo possível com cada item a seguir.

	Concordo		Nenhum		Discordo
1. Elaborei uma lista por escrito das metas de curto e longo prazos que gostaria de realizar.	1	2	3	4	5
2. Quando estabeleço metas próprias, levo em consideração minhas capacidades e limitações.	1	2	3	4	5
3. Estabeleço metas que são realistas e atingíveis.	1	2	3	4	5
4. Minhas metas se baseiam nas minhas esperanças e crenças, não naquelas de meus pais, amigos ou parceiros.	1	2	3	4	5
5. Quando não atinjo uma meta, volto para seguir no caminho certo.	1	2	3	4	5
6. Minhas metas se baseiam nos meus valores pessoais.	1	2	3	4	5
7. Tenho uma proposta de missão no momento e envolvi aqueles mais próximos para cumpri-la.	1	2	3	4	5
8. Verifico regularmente meu progresso em direção ao alcance das metas que estabeleci.	1	2	3	4	5
9. Quando estabeleço metas, luto pelo desempenho, não pelos resultados.	1	2	3	4	5
10. Tenho um sistema de apoio estabelecido — amigos, membros da família e/ou colegas que acreditam em mim e apóiam minhas metas.	1	2	3	4	5
11. Aplico as características SMART às minhas metas.	1	2	3	4	5
12. Priorizo minhas metas, focando somente nas mais importantes ou valiosas naquele determinado momento.	1	2	3	4	5
13. Eu me recompenso quando alcanço uma meta, ou até quando alcanço um marco importante.	1	2	3	4	5
14. Retomo minhas metas periodicamente e acrescento e modifico metas conforme for mais apropriado.	1	2	3	4	5

Some suas respostas. Se seu total for 42 ou mais alto, você poderá querer explorar modos de melhorar sua habilidade na área de determinação de metas.

FONTE: JANASZ, Suzanne C. de et al. *Interpersonal skills in organizations*. Nova York: McGraw-Hill/Irwin, 2002, p. 56-61.

13.2 Estabelecimento de Metas Pessoais

1. No espaço em aberto, faça um *brainstorm* para as suas metas nas seguintes categorias. Escreva tantas quantas desejar, inclusive as metas a curto, médio e longo prazos.

   Acadêmicas, intelectuais

   Saúde, condicionamento físico

   Social: família, amigos, parceiro(a), comunidade

   Carreira, emprego

   Financeiro

   Outros

2. Das metas que você relacionou, selecione de cada uma das seis categorias as duas metas mais importantes que você gostaria de buscar em curto prazo (nos próximos 6 a 12 meses), e as relacione aqui:

   a. ______
   b. ______
   c. ______
   d. ______
   e. ______
   f. ______
   g. ______
   h. ______
   i. ______
   j. ______
   k. ______
   l. ______

3. Das 12 metas relacionadas, escolha as três que são as mais importantes para você agora: as três pelas quais você se compromete a trabalhar nos próximos meses. Escreva uma declaração de meta para cada uma, usando as seguintes diretrizes:
   Comece cada uma delas com a palavra "Para..."
   Seja específico.
   Se possível, quantifique a meta.
   Cada afirmação de meta deve ser realista, atingível e dentro de seu controle.
   Cada declaração de meta deve refletir suas aspirações não aquelas de outros, como os pais, colegas de quarto, parceiros e semelhantes.

   a. ______
   ______
   b. ______
   ______
   c. ______
   ______

4. Em folha de papel à parte, desenvolva um plano de ação para cada declaração de meta. Para cada plano de ação:
   Faça uma lista das etapas que você percorrerá para alcançar a meta.
   Inclua datas (quando) e iniciais (quem é responsável) por cada etapa.
   Visualize-se alcançando a meta e faça o processo inverso, especifique cada passo necessário entre agora e até lá para alcançar a meta.
   Identifique quaisquer barreiras em potencial que você poderá encontrar no processo para alcançar a meta. Tente resolver os problemas que cercam esses obstáculos e converta-os em etapas de seu plano de ação.
   Identifique os recursos de que você precisará para alcançar essas metas e construa etapas para adquirir as informações necessárias para seu plano de ação.
5. Transfira as datas de cada etapa para cada meta em seu plano de ação para um calendário diário.
6. Mantenha um registro contínuo diário ou semanal dos passos positivos que você tomar para alcançar cada meta.

FONTE: JANASZ, Suzanne C. de et al. *Interpersonal skills in organizations*. Nova York: McGraw-Hill/Irwin, 2002, p. 56-61.

13.3 Satisfação e Desempenho no Trabalho: Um Exercício de Debate

OBJETIVO

O objetivo desse exercício é explorar a relação entre satisfação e desempenho no trabalho.

INSTRUÇÕES

Esse exercício em classe toma a forma de um debate não-convencional em quatro vertentes. Os alunos serão divididos pelo professor em quatro equipes de debate, cada uma delas formada por quatro a cinco componentes. Os demais alunos serão então divididos em equipes de julgamento formadas por três ou seis alunos cada. O debate em si se concentrará na relação entre satisfação e desempenho no trabalho.

POSIÇÕES EM DEBATE

A cada equipe de debate será atribuída uma das quatro posições seguintes:

1. Existe um relacionamento positivo direto entre satisfação e desempenho no trabalho. Quanto mais alta a satisfação de um funcionário no trabalho, maior será seu desempenho no trabalho e vice-versa.
2. A satisfação no trabalho está relacionada ao desempenho apenas da seguinte forma: uma leve insatisfação no trabalho é um pré-requisito para o alto desempenho no trabalho. Portanto, os funcionários que estiverem de alguma forma insatisfeitos com seus trabalhos terão produtividade mais alta que aqueles que estiverem muito insatisfeitos ou aqueles que estiverem completamente satisfeitos com seus trabalhos.
3. O desempenho no trabalho, no final das contas, causa a (alta ou baixa) satisfação do funcionário no trabalho. Se os funcionários alcançarem alto desempenho no trabalho, receberão altas recompensas e isso, por sua vez, resultará em alta satisfação no trabalho. Se os funcionários tiverem um desempenho insatisfatório em seus trabalhos, as recompensas resultantes serão baixas, assim como a satisfação do funcionário no trabalho.
4. Esta posição será fornecida pelo professor.

O debate consistirá em duas rodadas. Na primeira rodada, cada equipe primeiro declara sua posição e depois tenta convencer os juízes, por meio do uso de exemplos e outras evidências, de que sua posição é inteiramente legítima. Durante a segunda rodada do debate, cada equipe que estiver debatendo age contra a posição das demais equipes, isto é, a equipe 1 critica a equipe 2, 3 e 4; a equipe 2 critica as equipes 1, 3 e 4 e assim por diante. O grupo que estiver sendo contestado não poderá replicar as criticas feitas pelas demais equipes durante o debate, a menos que seja dito especificamente pelo professor que isso poderá ser feito. Os membros do grupo simplesmente ouvem.

A segunda rodada, a última rodada do debate, termina quando a equipe 4 tiver acabado de criticar as posições das outras três equipes. A todos os debatedores será dado um recesso de 10 minutos entre a rodada 1 e a 2 a fim de concluírem suas criticas às outras equipes.

O papel das equipes de julgamento durante o debate é "buscar a verdade", não selecionar um "vencedor". Elas têm de ouvir todos os diferentes argumentos apresentados durante o debate e, depois que a discussão tiver acabado, discutir as posições diferentes entre si, até que um consenso seja atingido com relação à "verdadeira" relação entre a satisfação e o desempenho no emprego. Não há restrições em relação aos juízes; eles têm a liberdade de não concordar com todas as posições apresentadas, concordar com partes de duas ou mais delas e assim por diante. Depois que suas deliberações estiverem completas (geralmente em cerca de 10 minutos), cada equipe de julgamento apresenta suas conclusões para a classe. Os juízes devem conduzir discussões preliminares a respeito das quatro posições durante os intervalos entre as rodadas 1 e 2.

FONTE: McAFEE, R. Bruce; CHAMPAGNE J. P., *Organizational behavior: a* manager's view. Copyright © 1987. Reimpresso sob permissão da South-Western College Publishing, uma divisão da Thomson Learning.

13.4 O que os Alunos Querem de seus Trabalhos?

OBJETIVOS

1. Demonstrar diferenças individuais em termos de expectativas do trabalho.
2. Ilustrar diferenças individuais em relação às necessidades e às estruturas motivacionais.
3. Examinar e comparar recompensas extrínsecas e intrínsecas.

INSTRUÇÕES

1. Trabalhando sozinho, complete a pesquisa "O que Quero de Meu Trabalho?"
2. Em pequenos grupos, compare e analise as diferenças nos resultados das pesquisas e prepare respostas de grupo para as questões propostas.
3. Quando a classe se reunir novamente, porta-vozes dos grupos apresentarão as conclusões a que cada grupo chegou.

QUESTÕES PARA DISCUSSÃO

1. Que itens receberam maior ou menor pontuação de sua parte? Por quê?
2. Em que itens houve maior ou menor concordância entre os alunos? Quais são as implicações?
3. Quais recompensas no trabalho são extrínsecas e quais são intrínsecas?
4. Uma diferença maior nas respostas foi encontrada em recompensas intrínsecas ou extrínsecas?
5. De que modo você acha que as respostas de operários se diferenciariam daquelas de estudantes universitários?

Pesquisa: "O que Quero de meu Trabalho?"

Complete o que você quer de seu trabalho, assinalando o nível de importância de cada uma das seguintes recompensas no trabalho.

	Muito Importante	Razoável Importância	Indiferente	Pouco Importante	Nada Importante
1. Oportunidades de progresso	5	4	3	2	1
2. Políticas empresariais adequadas	5	4	3	2	1
3. Autoridade	5	4	3	2	1
4. Autonomia e liberdade no trabalho	5	4	3	2	1
5. Trabalho desafiador	5	4	3	2	1
6. Reputação da companhia	5	4	3	2	1
7. Benefícios extras	5	4	3	2	1
8. Localização geográfica	5	4	3	2	1
9. Bons colegas de trabalho	5	4	3	2	1
10. Boa supervisão	5	4	3	2	1
11. Segurança no trabalho	5	4	3	2	1
12. Dinheiro	5	4	3	2	1
13. Oportunidade para autodesenvolvimento	5	4	3	2	1
14. Escritório e condições de trabalho agradáveis	5	4	3	2	1
15. *Feedback* de desempenho	5	4	3	2	1
16. Título de cargo prestigioso	5	4	3	2	1
17. Reconhecimento por ter feito um bom trabalho	5	4	3	2	1
18. Responsabilidade	5	4	3	2	1
19. Senso de realização	5	4	3	2	1
20. Programas de treinamento	5	4	3	2	1
21. Tipo de trabalho	5	4	3	2	1
22. Trabalhar com pessoas	5	4	3	2	1

Capítulo 14

Trabalho em Equipe

"Ninguém consegue assobiar uma sinfonia. É necessária uma orquestra para tocá-la."

— Halford E. Luccock

RESUMO DO CAPÍTULO

Contribuição das Equipes

Novo Ambiente de Equipes
- Tipos de Equipe
- Equipes Autogerenciáveis

Como os Grupos se tornam Verdadeiras Equipes
- Atividades em Grupo
- A passagem do Tempo
- Uma seqüência de Desenvolvimento: do Grupo à Equipe
- Por que os Grupos às vezes Fracassam

Construindo Equipes Eficazes
- Foco no Desempenho
- Motivação do Trabalho em Equipe
- Contribuição dos Membros da Equipe
- Normas
- Papéis
- Coesão
- Coesão e Elaboração de Normas de Alto Desempenho

Gestão das Relacionamentos Laterais
- Gestão Voltada para Fora
- Relacionamentos entre Papéis Laterais
- Gestão de Conflitos
- Estilos de Conflitos
- Mediador
- Conflito Eletrônico e Virtual

OBJETIVOS DE APRENDIZAGEM

Após estudar este Capítulo, você deverá saber:

1. Como as equipes contribuem para a eficácia da organização.
2. O que torna o novo ambiente de equipe diferente do antigo.
3. Como os grupos se transformam em equipes.
4. Por que os grupos algumas vezes fracassam.
5. Como formar uma equipe eficaz.
6. Como administrar as relações entre sua equipe e as demais.
7. Como administrar o conflito.

JOHN MACKEY E A WHOLE FOODS

A Whole Foods é a maior rede de lojas de alimentos orgânicos e naturais do mundo. A principal unidade operacional não são os escritórios regionais, ou as lojas, mas as equipes.

Cada loja é dividida em cerca de oito equipes funcionais. Quando um funcionário é contratado, ele é colocado na equipe de frutos do mar ou na equipe de atendimento ou caixa, ou na equipe da padaria. Cada equipe de cada loja reúne-se mensalmente para tomar decisões, a maioria das quais baseada no consenso entre os seus membros. A Equipe de Liderança Nacional toma as decisões mediante voto da maioria, e elas raramente são rejeitadas pelo CEO da empresa, John Mackey.

Na Whole Foods, a filosofia essencial sobre a tomada de decisões estabelece que elas devem ser tomadas bem próximas da ação, envolvendo somente as pessoas por elas afetadas e as que, depois, precisam implementá-las. As decisões preferidas de John Mackey, e as que ele afirma serem as mais comuns, são "as decisões que não foram tomadas por mim". Desse modo, cada gerente local tem poder para tomar as decisões com base no conhecimento próprio dos produtos e dos gostos locais. Cada líder de equipe decide, juntamente com os líderes de equipes das lojas, os itens que deve estocar. Essas decisões não são tomadas nem pelos escritórios corporativos nem pelos regionais.

John Mackey descreve a Whole Foods como um sistema social e não como uma hierarquia. Ele não impõe muitas regras da sede da empresa. A auto-avaliação e a pressão dos colegas substituem a burocracia. Isso aumenta a fidelidade, ele acredita firmemente.

Fontes do Prólogo, das Conexões e do Epílogo: HAMMONDS, K. Is your company up to speed? *Fast Company*, jun. 2003, p. 81-86; FISHMAN, C. The anarchist's cookbook. *Fast Company*, jul. 2004, p. 70-78.

Algumas vezes, as equipes "funcionam", outras vezes não. Este capítulo tem como objetivo ajudar a tornar certo o sucesso do trabalho em equipe, em vez do seu fracasso.

As equipes estão transformando o modo como as empresas realizam negócios.[1] Hoje, praticamente todas as empresas usam equipes para produzir mercadorias e serviços, para gerenciar projetos, e tomar decisões e dirigir a companhia.[2] O CEO da Texas Instruments afirma, "Não importa qual seja o setor de atividades da empresa, as equipes são a onda do futuro".[3]

Para o gerente, essa tendência envolve duas conseqüências vitais. Primeiro, o gerente *vai trabalhar* em equipe e, talvez, gerenciar equipes. Segundo, a *habilidade* para trabalhar em equipe e liderar equipes é valiosa para o empregador e importante para a carreira profissional. Felizmente, os trabalhos do curso focados no treinamento de equipes aperfeiçoam o conhecimento e a capacitação dos estudantes para o trabalho em equipes.[4]

Contribuição das Equipes

Não é de surpreender que as abordagens do trabalho baseado em equipes causem tanto entusiasmo. Quando empregadas adequadamente, as equipes podem ser extremamente eficazes, verdadeiros *elementos construtivos da estrutura organizacional.* Organizações como Semco, Whole Foods e Kollmorgen, fabricante de circuitos impressos e dispositivos eletroóticos, são totalmente estruturadas em torno de equipes. Quando a Kyocera Corporation foi eleita a companhia de melhor gestão no Japão, uma estrutura baseada em equipes também estava presente. Os produtos inovadores da 3M são criados por intermédio de equipes que são pequenas unidades empreendedoras de negócios dentro da grande corporação.[5]

Equipes bem gerenciadas são forças poderosas capazes de produzir todos os resultados desejados.

As equipes também ajudam a aumentar a *produtividade*, melhorar a *qualidade* e reduzir os *custos*. A Shenandoah Life Insurance Company atribui à nova organização em equipes o aumento de 50% no processamento de requerimentos e solicitações de atendimento dos clientes, com a utilização de menos pessoal.[6] A qualidade melhorou 50% em uma das unidades da Nortel, e a Federal Express reduziu 13% dos erros de faturamento e de perda de pacotes. As equipes da Honeywell economizaram mais de US$ 11 milhões depois de reduzir o tempo de produção e entregando mais de 99% dos produtos dentro do prazo.[7] As equipes de engenharia da Boeing construíram a nova aeronave de passageiros 777 com bem menos erros de projeto em comparação com os programas anteriores,[8] e a empresa recebeu a mais rápida certificação de vôo para uma nova aeronave comercial.[9] A direção da Boeing afirma que não teria conseguido desenvolver o 777 sem as equipes interfuncionais; os custos seriam proibitivos.[10]

As equipes também aumentam a *velocidade* e são forças poderosas de *inovação* e *mudanças*. 3M, DaimlerChrysler e muitas outras companhias estão usando equipes para criar novos produtos com maior rapidez. As financiadoras reduziram o tempo de aprovação do crédito imobiliário de semanas para horas, e as seguradoras diminuíram o tempo de emissão de apólices de seis semanas para apenas um dia.[11] Algumas companhias tornaram-se mais empreendedoras, em parte, por causa da criação de grupos de atendimento a clientes.[12] Na KPMG da Holanda, uma equipe de integração estratégica composta de 12 parceiros, com outros cem profissionais divididos em 14 forças-tarefa, conduziram mudanças culturais e estratégicas estudando as tendências e os cenários futuros, definindo competências essenciais e enfrentando os desafios organizacionais.[13] A indústria automobilística conta com as equipes de projeto para o desenvolvimento de novos veículos, incluindo o grande sucesso da Ford com o seu projeto do veículo Taurus.[14] Na 3M, as equipes de trabalho deram uma reviravolta em uma divisão, triplicando a quantidade de novos produtos.[15] Durante quase uma década, a Amgen não havia lançado nenhum novo medicamento, mas a empresa criou equipes mais bem integradas entre as ciências clínicas e o marketing, e o desenvolvimento de novos produtos hoje vem evoluindo muito bem.[16]

As equipes também proporcionam *muitos benefícios aos seus membros.*[17] A equipe é um mecanismo de aprendizado muito útil. Os membros aprendem sobre a companhia e sobre si mesmos, e adquirem novas habilidades e estratégias de desempenho. A equipe consegue satisfazer importantes necessidades pessoais, como auto-estima e aceitação. Outras necessidades também são supridas quando os membros recebem recompensas organizacionais tangíveis que não receberiam se trabalhassem sozinhos.

Os membros da equipe podem fornecer *feedback* uns aos outros; identificar oportunidades de crescimento e desenvolvimento; treinamento, *coaching* e *mentoring*.[18] Em uma equipe de desenvolvimento de novos produtos, um representante do marketing pode aprender modelagem financeira com um colega; e o especialista em finanças pode aprender sobre o marketing de produtos de consumo. A experiência de trabalhar em equipe e o desenvolvimento de sólida capacidade em solucionar problemas são complementos vitais para a capacitação profissional específica ou para a especialização funcional. Além disso, essas qualificações podem ser aproveitadas em outras posições.

Novo Ambiente de Equipes

As palavras *grupo* e *equipe* muitas vezes são usadas alternadamente.[19] Algumas vezes, os gerentes atuais usam com tanta freqüência a palavra *equipe* que ela acaba tornando-se um clichê; eles falam sobre equipes, porém os mais céticos percebem a inexistência do verdadeiro trabalho em equipe. Assim, é importante estabelecer uma distinção entre grupo e equipe. *Grupo de trabalho* consiste em um conjunto de pessoas que trabalham na mesma área ou que foram colocadas juntas para realizar uma tarefa, mas não necessariamente formam uma unidade nem atingem melhorias significativas de desempenho. A verdadeira **equipe** é formada de pessoas (normalmente em número pequeno) com habilidades complementares, que confiam umas nas outras e estão comprometidas para um propósito comum, com metas de desempenho e com uma abordagem em comum pelos quais se mantêm juntas e são mutuamente responsáveis.[20] A verdadeira equipe está comprometida com o sucesso do trabalho conjunto para atingir alto desempenho.

As equipes de revezamento são formadas por pessoas com vários níveis de habilidade que trabalham juntas visando uma meta comum – vencer. Dentro das empresas, as equipes, muitas vezes, são formadas com essa mesma mentalidade.

As organizações vêm utilizando grupos há muito tempo, no entanto, atualmente a situação é diferente.[21] Em comparação com o passado, as equipes são usadas de várias formas diferentes, e com muito mais eficácia. O Quadro 14.1 destaca algumas diferenças entre o ambiente de trabalho tradicional e o modo como as verdadeiras equipes trabalham hoje. Felizmente, as pessoas estão mais envolvidas, mais bem treinadas, a cooperação é maior e a cultura está voltada ao aprendizado tanto quanto à produção.

QUADRO 14.1
Novo Ambiente de Equipes

Ambiente Tradicional	Ambiente de Equipes
Os gerentes definem e planejam o trabalho.	Os gerentes e os membros da equipe definem e planejam juntos o trabalho.
As funções têm escopo limitado.	As funções exigem qualificação e conhecimento amplos.
O treinamento interfuncional é visto como ineficiente.	O treinamento interfuncional é a regra.
A maior parte das informações é "propriedade do gerente".	A maior parte das informações é livremente compartilhada em todos os níveis.
O treinamento do trabalhador operacional é focado na capacitação técnica.	O aprendizado contínuo requer treinamento técnico, administrativo e interpessoal para todos os funcionários.
A exposição ao risco é desencorajada e punida.	A exposição ao risco calculado é incentivada e apoiada.
As pessoas trabalham sozinhas.	As pessoas trabalham juntas.
A recompensa é baseada no desempenho individual.	A recompensa é baseada no desempenho individual e na contribuição para o desempenho da equipe.
São os gerentes que determinam os "melhores métodos".	Todos trabalham para a melhoria contínua dos métodos e dos processos.

FONTE: ZENGER, J. et al. *Leading teams.* Reimpresso com permissão.

equipe
Pequeno número de pessoas, com habilidades complementares, que estão comprometidas com propósito comum, metas de desempenho definidas e abordagem pelos quais se mantêm juntas e são mutuamente responsáveis.

equipes de trabalho

Equipes que produzem ou executam tarefas de produção, montagem, venda ou prestação de serviços.

equipes de desenvolvimento e projeto

Equipes que trabalham em projetos de longo prazo, mas que são dissolvidas quando o trabalho é concluído.

equipes paralelas

Equipes que funcionam separadamente da estrutura regular de trabalho e cuja existência é temporária.

equipes de gestão

Equipes que coordenam e orientam as subunidades sob sua jurisdição e integram o trabalho entre as subunidades.

equipes transnacionais

Grupos de trabalho compostos por membros de várias nacionalidades cujas atividades envolvem vários países.

equipes virtuais

Equipes que estão fisicamente dispersas, que se comunicam mais por meio eletrônico do que pessoalmente.

Tipos de Equipe

As organizações trabalham com centenas de grupos e equipes, mas existem apenas alguns tipos básicos.[22] As **equipes de trabalho** produzem ou executam tarefas de produção, montagem, venda ou prestação de serviços. Essas equipes normalmente são bem definidas, uma parte evidente da estrutura organizacional formal, compostas de membros estáveis em tempo integral. Quando se pensa em equipes dentro das organizações, a maioria das pessoas tem em mente esse tipo de equipe.[23]

As **equipes de desenvolvimento e projeto** trabalham em projetos de longo prazo, muitas vezes, durante anos. Elas têm atribuições específicas, por exemplo, pesquisa ou desenvolvimento de novos produtos, e os membros normalmente contribuem com conhecimento e análises especializados. Essas equipes trabalham juntas visando um único produto, sendo dissolvidas depois de concluído o trabalho. Novas equipes são formadas para desenvolver novos projetos.

As **equipes paralelas** funcionam separadamente da estrutura regular de trabalho da empresa e de forma temporária. Os membros, muitas vezes, são de diferentes unidades ou funções e a eles são atribuídas tarefas que normalmente não são executadas pela estrutura normal. Sua responsabilidade é recomendar soluções para problemas específicos. No entanto, essas equipes normalmente não têm autoridade para executar as ações. São equipes desse tipo, por exemplo, forças-tarefa e equipes de qualidade ou segurança, formadas para estudar um problema específico.

As **equipes de gestão** coordenam e orientam as subunidades sob sua jurisdição e integram o trabalho entre subunidades.[24] A equipe de gestão é baseada na autoridade inerente ao nível hierárquico e é responsável pelo desempenho geral da unidade de negócios. Os gerentes responsáveis pelas diferentes subunidades formam juntos uma equipe e, no topo da organização, a equipe de gestão executiva estabelece a direção estratégica e gerencia o desempenho integral da empresa.

As **equipes transnacionais** são equipes de trabalho compostas por membros de várias nacionalidades cujas atividades envolvem diversos países.[25] Essas equipes se diferenciam das demais não apenas por serem multiculturais, mas também por estarem geograficamente dispersas, psicologicamente distantes e por trabalharem em projetos altamente complexos que causam impacto considerável nos objetivos da companhia.

As equipes transnacionais tendem a ser **equipes virtuais**, comunicando-se eletronicamente mais do que pessoalmente, embora outros tipos de equipes possam também trabalhar virtualmente. As equipes virtuais geram desafios complexos: o estabelecimento de confiança, coesão e identidade de equipe e a superação do isolamento dos seus membros.[26]

Equipes Lendárias

Para garantir a segurança deles próprios e uns dos outros, os bombeiros da Boots & Coots precisam manter a confiança e a comunicação em algumas das situações mais adversas.

Parece que os Navy Seals, soldados de elite da Marinha norte-americana, conseguem superar qualquer desafio; eles têm um empenho extraordinário para se sobressaírem e ter êxito. O Quarteto de Cordas de Tóquio é um dos mais virtuosos do mundo, os músicos conseguem deixar de lado seus egos para se tornarem "uno com a música". O time de futebol feminino da University of Carolina do North venceu nove vezes seguidas o campeonato da liga universitária de esportes — há quem afirme ser este o melhor time jamais visto, em qualquer esporte e em qualquer nível. A equipe de pronto-socorro do Massachusetts General Hospital consegue lidar com qualquer situação: todos os seus membros conhecem as suas funções, há sempre um responsável, os funcionários se revezam no papel de liderança, conforme o ritmo dos atendimentos. E, quando ocorre uma explosão em algum poço de petróleo, do Texas à região centro-oeste dos Estados Unidos, os bombeiros da Boots & Coots, empresa norte-americana de combate a incêndios, consegue combater o fogo com base no profundo conhecimento especializado, na confiança e na lealdade mútuas.

Entre algumas das mais extraordinárias equipes de trabalho de todos os tempos estão a do estúdio Disney, da década de 1930; a equipe da Apple Macintosh, o Manhattan Project, as equipes de engenharia do lendário Centro de Pesquisas de Palo Alto (Parc) da Xerox, e a equipe de elite dos fabricantes e engenheiros aeronáuticos da Lockheed, que construíram aviões radicalmente inovadores na ultra-secreta Skunk Works (Unidade de Desenvolvimento de Projetos Avançados). Hoje, há uma equipe trabalhando na Lockheed Martin que poderá alcançar nível lendário semelhante.

A equipe Joint Strike Fighter (JSF) de Tom Burbage foi encarregada de vencer uma batalha de cinco anos contra a Boeing na concorrência mais lucrativa da história do Pentágono. A companhia que vencesse a concorrência — potencialmente avaliada em US$ 200 bilhões — teria de desenvolver uma aeronave capaz de superar a velocidade do som e ser à prova de radares, que serviria, no futuro, como avião de combate do Exército, da Marinha e da Aeronáutica norte-americanos e do Exército e da Marinha Britânicos.

Para atender às expectativas das Forças Armadas norte-americanas, a equipe de Burbage teria de solucionar problemas técnicos aparentemente impossíveis de serem resolvidos. A aeronave teria de decolar de espaços limitados e aterrissar verticalmente em porta-aviões e navios de pequeno porte. Esta era a situação: entre tantos outros desafios, os engenheiros precisavam enfrentar a gravidade, gerando propulsão suficiente para levantar verticalmente uma aeronave de 13,5 toneladas. O resultado? Acabaram conseguindo. Depois de 10 anos de trabalho, a versão da aeronave para a Marinha realizou sua primeira decolagem vertical no alto deserto da Califórnia. A Lockheed venceu a concorrência.

Em agosto de 2004, na cerimônia de lançamento, um porta-voz anunciou: "Tiramos o projeto do papel e o transformamos no primeiro equipamento bélico de vôo com um sistema eletrônico de combate". Os testes começaram em 2005.

FONTE: BENNIS, W.; BIEDERMAN, P. Ward. *Organizing genius:* the secrets of creative collaboration. Reading, MA: Addison-Wesley, 1997; BREEN, B. High stakes, high bets. *Fast company*, abr. 2002, p. 66-78; BREEN, B. From postmortems to premortems. *Fast company*, abr. 2002, p. 76; LABICH, K. Elite teams get the job done. *Fortune*, 19 fev. 1996, p. 90-99; F-35 joint strike fighter electronic warfare suite "ready to fly". *Business Wire*, 27 ago. 2004.

Equipes Autogerenciáveis

Hoje, existem muitos tipos diferentes de grupos de trabalho com muitas denominações distintas. Os termos podem ser confusos, e algumas vezes são usados indistintamente por desconhecimento das reais diferenças. A Figura 14.1 mostra diferentes tipos de grupos de trabalho divididos de acordo com o nível de autonomia de cada um.[27] À esquerda, as equipes são mais tradicionais, com pouca autoridade para tomar decisões, e sob supervisão direta. À direita, as equipes têm mais autonomia, poder para tomar decisões e autodireção.

A tendência atual está voltada às **equipes autogerenciáveis**, em que os trabalhadores são treinados para executar todas ou a maioria das funções de uma unidade, sem supervisão imediata, e para tomar decisões antes tomadas pelos supervisores de primeira linha.[28] As equipes autogerenciáveis são mais freqüentemente encontradas na produção. As pessoas, muitas vezes, resistem às equipes autogerenciáveis,[29] em parte por não quererem assumir tanta responsabilidade e porque a mudança é difícil. Além disso, com freqüência os trabalhadores não querem avaliar o desempenho dos colegas, ou demitir funcionários. No entanto, em comparação com as equipes gerenciadas tradicionalmente, as autogerenciáveis parecem ser mais produtivas, ter custos mais baixos, proporcionar melhor serviço de atendimento aos clientes, oferecer mais qualidade, apresentar melhores índices de segurança e proporcionar mais satisfação aos seus membros.

Com referência à Figura 14.1, os **grupos de trabalho tradicionais** não possuem responsabilidade gerencial. Os gerentes de primeira linha planejam, organizam, contratam, dirigem e controlam, e outros grupos oferecem suporte para as atividades, incluindo manutenção e controle de qualidade. **Círculos de qualidade** são grupos de voluntários oriundos das várias equipes de produção, que apresentam sugestões sobre a qualidade, mas não têm autoridade para tomar decisões ou executar o trabalho. Os **grupos de trabalho semi-autônomos** tomam decisões gerenciais e realizam a maior parte das atividades de produção, porém ainda recebem suporte externo para a manutenção e o controle de qualidade. Os **grupos de trabalho autônomos**, ou *equipes autogerenciáveis*, controlam as decisões sobre ampla gama de tarefas e a sua execução — aquisição de matéria-prima

equipes autogerenciáveis
Grupos de trabalho autônomos em que os trabalhadores são treinados para executar todas as ou a maioria das funções de uma unidade, sem supervisão imediata, e tomar decisões antes tomadas por supervisores de primeira linha.

grupos de trabalho tradicionais
Grupos que não possuem responsabilidades gerenciais.

círculos de qualidade
Grupos de voluntários formados por pessoas das várias equipes de produção que apresentam sugestões sobre a qualidade.

grupos de trabalho semi-autônomos
Grupos que tomam as decisões gerenciais e realizam a maior parte das atividades de produção, porém ainda recebem apoio externo para a manutenção e o controle de qualidade.

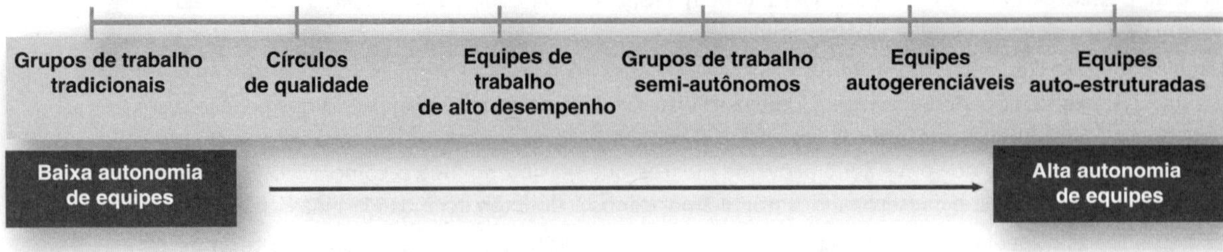

FONTE: BANKER, R. et al. Impact of work teams on manufacturing performance: a longitudinal field study. *Academy of Management Journal*. Copyright © 1996 Academy of Management. Reproduzido com permissão da Academy of Management por meio do Centro de Liberação de Direitos Autorais.

FIGURA 14.1
Continuum de Autonomia de Equipes

grupos de trabalho autônomos
Grupos que controlam as decisões e a execução de ampla gama de tarefas.

equipes auto-estruturadas
Equipes com as responsabilidades dos grupos de trabalho autônomos, além do controle sobre a contratação e demissão de pessoal, e as tarefas a serem executadas pelos membros da equipe.

e atividades operacionais, controle de qualidade, manutenção e remessa. Esses grupos são totalmente responsáveis por um produto inteiro ou por uma parte inteira do processo produtivo. As **equipes auto-estruturadas** realizam todas as atividades já mencionadas e vão um estágio além — também controlam a estruturação da equipe. Elas próprias decidem quem contratar, quem demitir e que tarefas a equipe vai desenvolver.

O movimento da esquerda para a direita do *continuum* corresponde à participação cada vez maior do trabalhador. Quanto mais à direita, a participação é mais complexa e não meramente consultiva. Ela tem real importância, incluindo não apenas sugestões, mas também ações e impacto. Quando as companhias introduzem equipes que alcançam o estágio de serem verdadeiramente autogerenciáveis, os resultados incluem custos mais baixos e maiores níveis de produtividade da equipe, qualidade e satisfação do cliente.[30] No geral, as equipes autônomas e semi-autônomas são conhecidas por melhorarem o desempenho geral e financeiro das organizações, pelo menos na América do Norte.[31]

Esses resultados estão inspirando as empresas multinacionais sediadas nos Estados Unidos a adotarem equipes autogerenciáveis em suas instalações estrangeiras. Por exemplo, a Goodyear Tire & Rubber começou a implementar equipes de trabalho autogerenciáveis na Europa, América Latina e Ásia; a Sara Lee, no Porto Rico e no México; a Texas Instruments, na Malásia. Essas companhias estão aprendendo — e outras devem se prevenir para isso — as diversas maneiras como diferentes culturas podem responder às equipes autogerenciáveis, e a adaptar a implementação de acordo com os valores culturais.[32]

Como os Grupos se tornam Verdadeiras Equipes

Como gerente, o profissional desejará que seu grupo se torne uma equipe eficaz. Para alcançar isso, ele precisa entender como os grupos podem se tornar verdadeiras equipes, e por que os grupos algumas vezes fracassam em se tornar equipes. Os grupos se tornam verdadeiras equipes por meio de atividades básicas em grupo, com o passar do tempo e com atividades de desenvolvimento de equipes.

Atividades em Grupo

Um profissional é o líder de um grupo recém-formado — na verdade, um "amontoado" de pessoas. Que desafios ele enfrentará na tentativa de transformar seu grupo em uma equipe de alto desempenho? Para o sucesso dos grupos, seus membros devem envolver-se em diversas atividades, incluindo:[33]

- *Formação* — os membros do grupo tentam estabelecer as regras básicas daquilo que consideram os tipos de comportamento aceitáveis.
- *Discussão* — surgem conflitos e hostilidades, e as pessoas disputam posições de poder e *status*.
- *Normatização* — os membros do grupo entram em consenso sobre metas compartilhadas, e sobre normas e relações mais próximas que se desenvolveram.
- *Desempenho* — o grupo canaliza suas energias para o desempenho das tarefas.

As equipes autogerenciáveis podem ter efeito positivo na produtividade. No entanto, as pessoas muitas vezes resistem às equipes autogerenciáveis, em parte porque não querem assumir tanta responsabilidade, e porque a mudança é difícil.

Os grupos que se deterioram rumam para o estágio de *declínio*, e os grupos temporários acrescentam um estágio de suspensão ou de *adiamento*. Os grupos acabam quando completam a tarefa ou se desfazem por causa do fracasso ou da perda de interesse, e novos grupos se formam, e assim o ciclo continua.

As equipes virtuais passam por esses estágios de desenvolvimento do grupo.[34] O estágio de formação é caracterizado pelo otimismo exacerbado: "Tenho certeza que temos uma ótima equipe e que trabalharemos bem juntos. Nós todos entendemos a importância do projeto e pretendemos conduzi-lo com seriedade". O otimismo transforma-se em realidade chocante no estágio de discussão: "Ninguém assumiu o papel de líder. Não demos ao projeto a prioridade que ele merecia". O estágio de normatização ocorre mais ou menos no meio do ciclo de vida do projeto, quando as pessoas ajustam o foco e renovam o compromisso: "É preciso um compromisso firme com uma programação específica". O estágio do desempenho é a arremetida para o final, quando os colegas demonstram a disciplina necessária para cumprir o prazo.

A Passagem do Tempo

Um aspecto fundamental no desenvolvimento do grupo é a passagem do tempo. Os grupos passam por períodos críticos, ou momentos em que estão particularmente abertos para as experiências formadoras.[35] O primeiro desses períodos críticos ocorre no estágio de formação, na primeira reunião, quando as regras e os papéis são estabelecidos, definindo precedentes duradouros. Um segundo período crítico ocorre em um ponto intermediário entre a reunião inicial e um prazo final (por exemplo, a conclusão de um projeto ou a realização de uma apresentação). Nesse ponto, o grupo tem experiência suficiente para entender seu trabalho; ele começa a perceber que o tempo é um recurso escasso e o grupo "precisa ir adiante", e há tempo suficiente para mudar a abordagem, se necessário.

Na reunião inicial, o grupo precisa estabelecer as regras, os papéis e outros determinantes de eficácia desejados, conforme discutidos ao longo deste capítulo. No segundo período crítico (o ponto intermediário), os grupos devem renovar ou abrir canais de comunicação com participantes externos. O grupo pode utilizar informações novas vindas do ambiente externo para reavaliar sua abordagem para desempenhar suas tarefas e garantir o pleno atendimento das necessidades dos consumidores e clientes. Sem essas atividades, os grupos podem começar de modo errado, e seus membros podem não reavaliar seu comportamento na direção adequada.[36]

Uma Seqüência de Desenvolvimento: do Grupo à Equipe

Como gerente ou membro de um grupo, deve-se esperar que o grupo se envolva em todas as atividades já discutidas aqui. Contudo, os grupos nem sempre têm êxito. Eles nem sempre se envolvem em atividades de desenvolvimento que os tornem equipes eficazes e de alto desempenho.

A Figura 14.2 mostra uma seqüência de desenvolvimento conveniente. Ela explicita as várias atividades por meio das quais a liderança do grupo passa da supervisão tradicional a uma abordagem mais participativa, chegando à verdadeira liderança de equipe.[37]

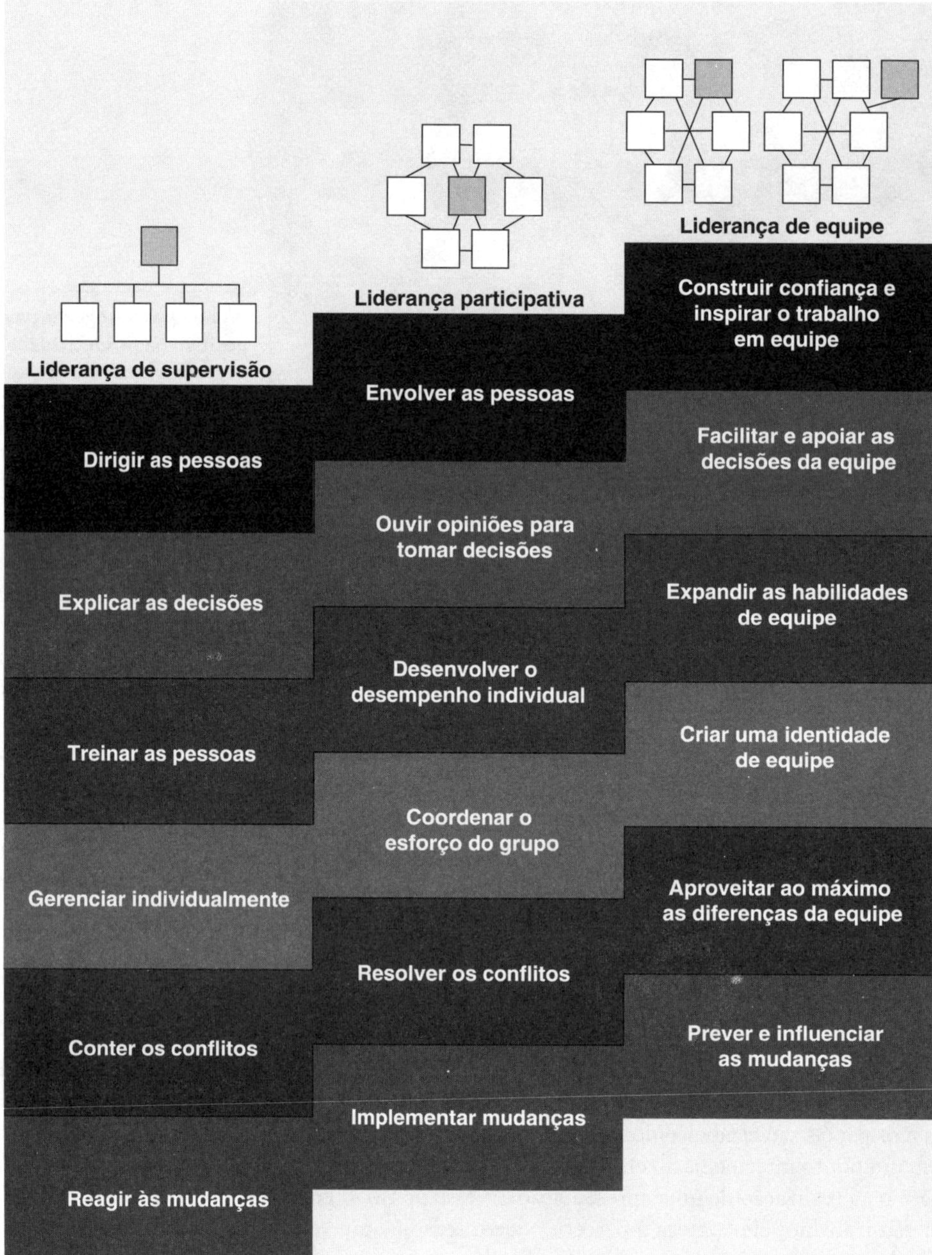

FIGURA 14.2 Subindo os Degraus até a Liderança de Equipe

FONTE: ZENGER, J. et al. *Leading teams*. Reimpresso com permissão.

É importante compreender alguns aspectos desse modelo. Os grupos não necessariamente se mantêm evoluindo de um "estágio" a outro; eles podem permanecer no estágio de supervisão permanentemente, ou se tornar mais participativos, mas jamais chegar à verdadeira liderança de equipe. Portanto, a evolução nessas dimensões deve ser uma meta consciente do líder e dos membros, e todos devem esforçar-se para atingir essas metas. Qualquer grupo pode atingir essas metas e se transformar em verdadeira equipe ao se envolver nas atividades mostradas na figura.

Por que os Grupos às vezes Fracassam

A construção de equipes nem sempre transcorre de forma tranqüila na seqüência mencionada, culminando em equipes bem harmoniosas e com desempenho extraordinário.[38] Alguns grupos jamais chegam a funcionar. Nesses grupos, gerentes e componentes podem ficar frustrados, sentindo que estão perdendo tempo e que as dificuldades suplantam os benefícios.

"As equipes são as Ferraris da estrutura de trabalho. Elas apresentam alto desempenho, mas exigem muita manutenção cara."[39]

Não é fácil construir equipes de alto desempenho. *Equipe* é, com freqüência, apenas uma palavra usada pela administração para descrever o ato de agrupar pessoas. As "equipes", algumas vezes, são colocadas em ação com pouco ou quase nenhum treinamento ou sistemas de apoio. Por exemplo, tanto o gerente como os membros do grupo precisam de novas habilidades para fazer o grupo funcionar. Essas habilidades incluem aprender a arte da diplomacia, tratar das "questões pessoais" surgidas, e caminhar sobre a tênue linha entre incentivar a autonomia e recompensar as inovações apresentadas pela equipe sem deixá-la tornar-se excessivamente independente e fora de controle.[40] Para os gerentes de sistemas tradicionais, é difícil abrir mão de certo controle; eles precisam perceber que acabarão adquirindo mais controle no longo prazo, criando unidades mais fortes e de melhor desempenho.

Às equipes deve ser delegado real poder, como foi discutido no Capítulo 13. Os benefícios das equipes ficam reduzidos quando não lhes é permitido tomar decisões importantes — em outras palavras, quando a administração não lhes confia responsabilidades importantes. Se as equipes tiverem de obter autorização para qualquer idéia inovadora, acabarão retrocedendo para tomar decisões mais seguras e tradicionais.[41]

O *empowerment* melhora o desempenho até mesmo de equipes virtuais. O *empowerment* das equipes virtuais inclui treinamento completo para a utilização de tecnologias e forte apoio técnico por parte da administração. Algumas equipes virtuais mantêm periodicamente interações pessoais, que ajudam a melhorar o desempenho; o *empowerment* é especialmente útil para equipes virtuais que não se reúnem pessoalmente com freqüência.[42]

O fracasso deve-se ao desconhecimento e à não implementação daquilo que leva as equipes ao sucesso. Para se ter sucesso, é necessário recorrer a idéias claras e práticas apropriadas.[43] Esse será o tema do restante do capítulo.

Construindo Equipes Eficazes

Todas as considerações descritas até aqui formam os elementos construtivos de uma equipe de trabalho eficaz. No entanto, o que significa realmente uma equipe ser eficaz? O que, precisamente, o gerente precisa fazer para estruturar uma equipe realmente eficaz? A eficácia da equipe é definida por três critérios.[44]

Primeiro, o *resultado produtivo* da equipe atinge ou supera os padrões de quantidade e qualidade; o resultado da equipe é aceitável para os clientes, internos ou externos à organização, que recebem seus produtos ou serviços. Por exemplo, as equipes de negócios da Procter & Gamble são eficazes em redução de custos e desenvolvimento de novos produtos.[45] O grupo de Clarence L. "Kelly" Johnson projetou, construiu e colocou no ar o primeiro avião de combate tático, XP80 da Lockheed, em 143 dias.[46] O legendário grupo Eclipse de Tom West da Data General trabalhou dia e noite durante um ano e meio para criar o superminicomputador de 32 bits que foi o precursor da próxima geração de minicomputadores.[47]

Equipes orientadas para os clientes internos e externos devem identificar a natureza dos resultados que elas desejam conseguir.

Segundo, os membros da equipe devem perceber a *satisfação* de suas necessidades pessoais. Os membros da equipe da P&G gostam da oportunidade de participar com criatividade. Tanto Johnson como West deram às suas equipes liberdade para inovar e ampliar sua capacidade. Os membros da equipe ficaram entusiasmados e sentiram grande orgulho e satisfação pelo trabalho realizado.

Terceiro, os membros da equipe permanecem *comprometidos* em trabalharem juntos novamente; ou seja, o grupo não se desgasta e se desintegra depois de um projeto exaustivo. Olhando para trás, os membros ficam contentes de terem participado do projeto. Em outras palavras, as equipes eficazes continuam a ser viáveis e têm boas perspectivas de repetir o sucesso no futuro.[48]

Foco no Desempenho

O elemento fundamental para o trabalho em equipe eficaz é o comprometimento com um propósito em comum.[49] As melhores equipes são aquelas que receberam da administração um importante desafio em termos de desempenho e, depois, chegam a uma análise e a um entendimento comum de seu propósito. Sem esse entendimento e comprometimento, o grupo será apenas uma reunião de indivíduos.

As melhores equipes também trabalham arduamente para chegar a um entendimento comum sobre como vão agir em conjunto para atingir seu propósito.[50] Os membros discutem e chegam a um consenso em relação a aspectos, como divisão de tarefas e papéis, e sobre como vão tomar as decisões. A equipe deve elaborar normas para avaliar as estratégias de desempenho e ter disposição para efetuar mudanças quando necessário. Com um propósito nítido, forte e motivador, e estratégias eficazes de desempenho, as pessoas formarão juntas uma força poderosa com uma oportunidade de realizar feitos extraordinários.

O propósito geral da equipe deve ser traduzido em metas de desempenho específicas e mensuráveis.[51] O Capítulo 13 tratou das metas que motivam o desempenho individual. O desempenho pode ser definido pelo resultado final coletivo e não por uma reunião de vários resultados individuais.[52] As metas de desempenho baseadas em equipes ajudam a definir e distinguir os resultados da equipe, incentivar a comunicação interna, estimular e motivar os membros, proporcionar um *feedback* sobre o progresso da equipe, sinalizar as vitórias (derrotas) e garantir que o foco da equipe esteja claramente nos resultados. As equipes que estabelecem metas difíceis e que recebem incentivos para atingi-las alcançam os mais altos níveis de desempenho.[53]

Os melhores sistemas de avaliação baseados em equipes informam à alta administração acerca do desempenho da equipe e ajudam a equipe a entender seus próprios processos e a medir seu próprio progresso. De maneira ideal, a equipe vai exercer o papel de líder na elaboração do seu próprio sistema de avaliação. Desse modo, ela terá um ótimo indicador do seu real poder.[54]

As equipes, assim como os indivíduos, precisam de *feedback* sobre o seu desempenho. O *feedback* dos clientes é crucial. Alguns clientes dos produtos da equipe estão dentro da organização. As equipes devem ser responsáveis por satisfazê-los, e precisam receber ou buscar o *feedback* sobre o seu desempenho. Melhor ainda, sempre que possível, as equipes devem interagir diretamente com os clientes externos que tomam as decisões finais em relação aos seus produtos ou serviços. Esse será o mais honesto, crucial e útil de todos os *feedbacks* de desempenho da equipe.[55]

Motivação do Trabalho em Equipe

ociosidade social

Trabalhar com menos empenho e ser menos produtivo quando em um grupo.

efeito de facilitação social

Trabalhar com mais empenho quando em um grupo do que quando sozinho.

Às vezes, alguns indivíduos trabalham com menos empenho e são menos produtivos quando são membros de um grupo. Essa **ociosidade social** ocorre quando o indivíduo acha que sua contribuição não é importante, outros farão o trabalho para ele, a falta de empenho passará despercebida, ou ele será o único "trouxa" caso trabalhe duro e os demais não. Por outro lado, alguns indivíduos se esforçam mais quando são membros de um grupo do que quando trabalham sozinhos. Esse **efeito de facilitação social** ocorre porque as pessoas sentem-se normalmente mais motivadas na presença de outras, elas se preocupam com o que os outros pensam delas, e desejam manter uma imagem positiva.

O efeito de facilitação social é mantido, e a ociosidade social pode ser evitada, quando os membros do grupo se conhecem, e conseguem observar e manter uma comunicação

Até que ponto o trabalho em equipe é motivado em programas como O *Sobrevivente* e O *Aprendiz*?

recíproca, existem metas claras de desempenho, os indivíduos acreditam que o trabalho que estão realizando é importante, o esforço empenhado será valorizado e os demais membros não se aproveitarão desse empenho, e quando a cultura incentiva o trabalho em equipe.[56] Portanto, de maneira ideal, ficará claro que todos trabalham com empenho, que todos contribuem de forma concreta para o trabalho da equipe e que todos os membros são responsáveis uns pelos outros. A responsabilidade de uns perante os outros, e não apenas diante do "chefe", é aspecto fundamental de um bom trabalho em equipe. A responsabilidade inspira o comprometimento e a confiança mútuos.[57] A confiança nos colegas de equipe – e a confiança de todos em um membro da equipe – pode ser fator fundamental para a eficácia da equipe.

O esforço de equipe também é gerado mediante a designação de uma tarefa motivadora para ela. No Capítulo 13, no tópico sobre enriquecimento do trabalho, foram discutidas técnicas para a criação de tarefas motivadoras. As tarefas são motivadoras quando envolvem diversas habilidades do membro da equipe e proporcionam muita variedade, identidade, importância, autonomia e *feedback* do desempenho.

Por fim, o trabalho em equipe pode ser mais motivado ao vincular recompensas ao seu desempenho.[58] Se o desempenho da equipe puder ser avaliado de forma válida, uma recompensa baseada na equipe pode ser dada de forma adequada. Não é fácil passar de um sistema de recompensas baseado no desempenho individual para um baseado no desempenho de equipe. Esse procedimento talvez não seja adequado, a menos que as pessoas sejam realmente interdependentes e tenham de colaborar para atingir metas verdadeiramente de equipe.[59] Às vezes, a recompensa baseada na equipe pode ser acrescentada à recompensa já existente baseada no desempenho individual. Por exemplo, no caso de uma prestadora de serviços financeiros, um novo sistema por equipe oferecia, no primeiro ano, aumentos salariais com base em 15% do desempenho da equipe, e aumentando para 50% no terceiro ano.[60]

Se for difícil avaliar de maneira válida o desempenho da equipe, então é possível recompensar o comportamento desejado, as atividades e os processos que indicam um bom trabalho em equipe. Os indivíduos em uma equipe podem receber recompensas distintas baseadas nos indicativos de trabalho em equipe pela participação ativa, cooperação, liderança e outras contribuições à equipe.

Se os membros da equipe forem recompensados de forma distinta, essa decisão *não* deve ficar a cargo apenas do chefe.[61] A decisão deve ser tomada pela própria equipe, por meio de sistemas de múltiplas avaliações ou de avaliação entre os colegas. Os próprios membros da equipe estão em melhor posição para observar, conhecer e alocar as recompensas de maneira válida. Finalmente, quanto mais equipes a organização tiver, e quanto maiores forem as orientações para equipes, mais válida e eficaz será a distribuição de recompensas por meio da participação nos resultados e outros incentivos organizacionais.

Conexões: JOHN MACKEY E A WHOLE FOODS

Como mencionado no Prólogo, quando o profissional é contratado pela Whole Foods, ele se junta a uma equipe — da padaria, de frutos do mar etc. No entanto, ele ainda não está totalmente contratado: depois de quatro semanas, os membros da equipe decidem se devem mantê-lo. Para ficar definitivamente contratado, ele precisa ser aprovado por dois terços da equipe. Como membro de uma equipe, as recompensas são tanto sociais como financeiras. Por exemplo, antes de interromper cada reunião de negócios, os participantes realizam uma rodada de "considerações", recomendando sugestões apresentadas ou relatando atividades realizadas pelos demais presentes. As recompensas financeiras são baseadas no desempenho. Como parte da remuneração é baseada no desempenho da equipe (além do salário-base), as equipes preocupam-se com quem deve manter; elas querem pessoas produtivas. A cada quatro semanas, a produtividade do trabalho da equipe é avaliada, e a divisão de lucros é concedida a cada vez em separado do pagamento.

Contribuição dos Membros da Equipe

Os membros de equipe devem ser selecionados e treinados para trazerem contribuições eficazes para a equipe. Muitas vezes, são as equipes que contratam seus novos membros.[62] As equipes da Miller Brewing Company e da Eastman Chemical selecionam seus membros com base em testes elaborados para prever se eles serão capazes de contribuir para o sucesso da equipe em um ambiente de *empowerment*. Na Texas Instruments, o RH faz a triagem dos candidatos; depois, os membros da equipe os entrevistam e tomam as decisões de seleção.

Algumas companhias utilizam sistemas informatizados que combinam redes de computadores com bancos de dados e videoconferência para ajudar as equipes a identificarem e encontrarem a pessoa certa.

Muitas equipes passam por exercícios de treinamento para aprender técnicas de construção de equipes. Esse grupo está realizando o clássico exercício de desenvolvimento da confiança. A pessoa vendada cai para trás, confiando em que seus colegas vão segurá-la e não a deixarão cair. A confiança deve ser adquirida, não exigida.

Geralmente, as qualificações exigidas pela equipe incluem especialização funcional e técnica, capacidade para a solução de problemas e tomada decisões, e habilidades interpessoais. Alguns gerentes e algumas equipes equivocadamente valorizam demais certas qualificações, principalmente o conhecimento técnico e funcional, e subestimam as outras. É de vital importância que todos os três tipos de qualificação estejam representados e sejam desenvolvidos entre os membros da equipe.

A Development Dimensions International oferece aos funcionários 300 horas de treinamento, sendo grande parte em como trabalhar em equipes, mas também em treinamento técnico interdisciplinar. A K Shoes, Ltd. oferece aos membros de equipes treinamento em trabalho em equipe, conhecimento geral de negócios, desenvolvimento de parceria com fornecedores e gestão de varejo. A Kodak oferece, no primeiro ano, 150 horas de treinamento em eficácia da equipe, incluindo o aprendizado para o treinamento cruzado de outros membros da equipe, e, posteriormente, mais 120 horas nos mesmos aspectos acrescidos de capacitação financeira e comercial.[63]

normas

Crenças compartilhadas sobre como as pessoas devem pensar e se comportar.

Normas

Normas são crenças compartilhadas sobre como as pessoas devem pensar e se comportar. Do ponto de vista da organização, as normas podem ser positivas ou negativas. Em algumas equipes, todos trabalham com empenho; em outros grupos, os funcionários são contrários à administração e fazem o mínimo esforço possível. Alguns grupos desenvolvem normas que propiciam a exposição ao risco, outros, o conservadorismo.[64] Uma norma pode obrigar os funcionários a falarem tanto favoravelmente como de maneira crítica sobre a companhia. Os membros da equipe podem demonstrar preocupação com as más condições de segurança, o abuso do álcool e das drogas, e o furto praticado por funcionários, ou podem nem se importar com essas questões (ou, talvez, até mesmo "fechar os olhos" para essas práticas). A conscientização em termos de saúde é a norma entre os executivos de algumas companhias, no entanto, o hábito do tabagismo é a norma nas fábricas de cigarro. Alguns grupos têm normas que propiciam a desconfiança e a falta de abertura entre as pessoas, mas, como é possível supor, normas que proporcionam a confiança e a discussão aberta sobre os conflitos podem melhorar o desempenho do grupo.[65]

Esta é a descrição apresentada por um professor a respeito de suas experiências de consultoria em duas companhias com equipes de gestão que adotavam normas distintas.[66] Na Federal Express Corporation, um jovem executivo interrompeu a fala do professor afirmando que uma recente decisão da alta administração da companhia contrariava o ponto de vista do professor sobre planejamento corporativo. Ele estava desafiando a alta administração a defender sua decisão. Surgiu um debate acalorado, e depois de uma hora todos saíram para almoçar sem demonstrar qualquer indício de ressentimento. Porém, em outra corporação, o professor abriu a reunião pedindo ao grupo de altos executivos que descrevessem a cultura da companhia. Houve silêncio. Ele pediu mais uma vez. Mais silêncio. Então, alguém lhe passou um bilhete anônimo dizendo: "Seu 'estúpido', você não vê que não podemos falar o que pensamos? Peça as informações anonimamente, por escrito". Como se pode perceber, as normas são importantes e podem variar muito de um grupo a outro.

Papéis

papéis
Diferentes conjuntos de expectativas em relação ao comportamento de cada indivíduo.

especialista em tarefas
Indivíduo com mais capacidade e habilidades relacionadas ao trabalho do que os demais membros do grupo.

especialista em manutenção de equipes
Indivíduo que desenvolve e mantém a harmonia da equipe.

Papéis são diferentes conjuntos de expectativas em relação ao comportamento de cada indivíduo. Enquanto as normas se aplicam geralmente a todos os membros da equipe, existem diferentes papéis entre os variados membros dentro da estrutura de normas.

Dois conjuntos importantes de papéis devem ser desempenhados.[67] Os papéis de **especialistas em tarefas** são preenchidos por pessoas com capacidade e habilidades específicas relacionadas ao trabalho. Esses funcionários mantêm a equipe funcionando visando o cumprimento da tarefa. O **especialista em manutenção de equipes** desenvolve e mantém a harmonia dentro da equipe. Ele levanta o moral da equipe, oferece apoio, promove o bom humor, ameniza os sentimentos ruins, e geralmente demonstra preocupação com o bem-estar dos membros.

É possível observar a semelhança entre esses papéis e os importantes comportamentos de lideranças voltados ao desempenho de tarefas e à manutenção do grupo abordados no Capítulo 12. Naquele capítulo, discutiu-se que alguns desses papéis seriam mais importantes do que outros em diferentes momentos e circunstâncias. No entanto, tais comportamentos não precisam ser exercidos apenas por um ou dois líderes; qualquer membro da equipe pode desempenhá-los a qualquer momento. Com o passar do tempo, os dois tipos de papéis podem ser desempenhados por indivíduos diferentes para manter o funcionamento eficaz da equipe.

Que papéis devem ser desempenhados pelo líder? Ótimos líderes de equipe são melhores no relacionamento, na observação, na persuasão e na delegação de poder que os líderes medianos.[68] O *relacionamento* envolve a demonstração de maior consciência política e social, atenção com os membros da equipe e o desenvolvimento da confiança. A *observação* envolve a busca de informações junto aos gerentes, pares e especialistas, e a investigação sistemática dos problemas. *Persuasão* significa não apenas influenciar a equipe, mas também obter apoio externo. *Empowerment* inclui a delegação de autoridade, ser flexível em relação às decisões da equipe e *coaching*. Além disso, os líderes devem arregaçar as mangas e efetivamente trabalhar, não apenas supervisionar.[69]

As equipes autogerenciáveis reportam-se a um representante da administração que algumas vezes é chamado *coach* (instrutor). Nas verdadeiras equipes autogerenciáveis, o *coach* não é realmente um membro da equipe.[70] Isso porque o grupo deve tomar suas próprias decisões, e porque o poder do representante da administração pode produzir um efeito inibidor da sinceridade e da autonomia da equipe.

O papel do *coach*, assim, é ajudar a equipe a entender seu próprio papel dentro da organização, e atuar como recurso para a equipe. O *coach* pode fornecer informações, recursos e opiniões que os membros da equipe não têm ou não conseguem obter por conta própria. Além disso, ele deve ser o defensor da equipe diante do restante da organização.

Coesão

coesão
Grau de atratividade de um grupo para os seus membros, de motivação de seus membros para permanecerem no grupo e de influência que os membros têm entre si.

Uma das mais importantes propriedades de uma equipe é a coesão.[71] A **coesão** refere-se a quanto é atrativa a equipe para os seus membros, a quanto seus membros estão motivados a permanecerem na equipe e a que grau de influência os membros têm entre si. Em geral, coesão refere-se ao grau de união da equipe.

Importância da coesão A coesão é importante por duas razões principais. Primeiro, ela contribui para a *satisfação do membro da equipe*. Em uma equipe coesa, os membros se comunicam e se relacionam bem entre si. Eles se sentem bem em fazer parte da equipe. Mesmo que o trabalho não seja realizador ou que a organização seja opressora, as pessoas sentem alguma satisfação ao se relacionarem com os seus colegas.

Segundo, a coesão exerce um profundo impacto sobre o *desempenho*. Em um recente estudo com equipes de produção, observou-se melhoria no desempenho em termos tanto de qualidade como de produtividade nas unidades mais coesas, enquanto conflitos dentro de outra equipe impediam qualquer melhoria de qualidade e produtividade.[72] Torcedores de equipes esportivas ouvem falar disso a toda hora. Quando o time está vencendo, os jogadores citam a união da equipe, o bom relacionamento e o conhecimento das jogadas entre eles. Por outro lado, uma derrota é atribuída a brigas e divisões internas. No geral, a coesão claramente pode exercer e exerce efeito positivo no desempenho.[73]

Grupos coesos são melhores do que os não-coesos em alcançar as metas que desejam; o gerente precisa assegurar que as metas da equipe representem bons resultados para o negócio.

Contudo, essa interpretação é muito simplista; exceções para esse relacionamento intuitivo ocorrem. Grupos de trabalho muito unidos podem desunir a organização, por exemplo, quando sabotam a linha de montagem, fazem o chefe ser demitido ou impõem normas de baixo desempenho.

Em que circunstâncias essa forte coesão resulta em bom desempenho, ou leva a um mau desempenho? Depende da 1) tarefa e de 2) se o grupo tem normas de alto ou baixo desempenho.

A Tarefa Se a tarefa for tomar uma decisão ou solucionar um problema, a coesão pode resultar em fraco desempenho. O *groupthink* (discutido no Capítulo 3) ocorre quando a cooperação entre os membros de um grupo muito coeso é tão forte que a concordância com as opiniões e a abstenção de críticas às idéias uns dos outros se tornam normas. Para um grupo coeso tomar boas decisões, é preciso estabelecer uma norma de discordância construtiva. Esse aspecto é importante até para grupos no patamar da diretoria;[74] em equipes da alta administração, demonstrou-se que ele promoveu melhorias no desempenho financeiro das companhias.[75]

Reuniões de Grupo: Relação de Amor e Ódio

Muitas pessoas odeiam reuniões. Muitas companhias realizam quantidade excessiva de reuniões improdutivas e desanimadoras. Entretanto, algumas reuniões são tão boas que não devem ser perdidas. Certas pessoas que adoram reuniões dão estas descrições de algumas reuniões que não devem ser perdidas:

Como companhia que oferece às crianças ferramentas inovadoras de aprendizado baseado na Internet, a MaMaMedia.com sabe da necessidade de manter reuniões que promovam o pensamento criativo.

- A MaMaMedia.com promove semanalmente reuniões denominadas Sessões de Provocação de Idéias que proporcionam refúgio criativo do trabalho diário. Rebecca Randall jamais perde uma, porque "é uma ótima maneira de sair da rotina diária e pensar e sugerir novas abordagens para a execução do meu trabalho". A companhia oferece um "aprendizado divertido" baseado na Internet, para crianças com menos de 12 anos, e as reuniões "aproximam o modo de aprender das crianças por meio de exploração, diversão, surpresa e imaginação". A cada semana, uma equipe de trabalho diferente planeja e comanda a reunião.
- Na Kaufman and Broad Home Corp., uma das principais construtoras residenciais nos Estados Unidos, a reunião mensal do pessoal de marketing e comunicações, chamada Depois das 5, normalmente ocorre na Sala de Guerra do Marketing, embora uma tenha sido realizada em um ônibus em movimento. As reuniões são sessões de *brainstorm* visando levar a imagem da marca da companhia para um novo território divertido. Uma das reuniões resultou grande campanha promocional, utilizando a réplica em tamanho natural da casa de Homer e Marge Simpson. A norma nas reuniões é que tudo é válido: "Pense apenas em melhorar o The McLaughlin Group. As melhores idéias inicialmente parecem absolutamente insanas, assim, não queremos que as pessoas editem seus pensamentos. A regra implícita: se você pensou, diga".
- A divisão do Caribe e da América Latina da Nortel transmite ao vivo sua Academia Virtual de Liderança, uma vez por mês. Usando a tecnologia da teleconferência, a Academia de Liderança ensina a funcionários, geograficamente distantes, importantes questões estratégicas. Emma Carrasco jamais perde uma, porque as reuniões pela rede "permitem-nos aproveitar a capacidade de liderança e conhecimento especializado de toda a companhia (...) Alavancamos e exibimos tanto a tecnologia como a cultura da Nortel (...) e reforçamos o princípio essencial da cultura: a tecnologia inovadora deve elevar e não substituir a interação humana".

- Terry Pope, gerente operacional da Motorola, nunca perde a reunião diária matutina de produção com mais 30 gerentes, engenheiros e técnicos. O objetivo é divulgar os problemas surgidos nas últimas 24 horas que precisam ser tratados nas 24 horas seguintes. Se o problema é identificado, a pessoa responsável apresenta, "O erro está aqui, e estamos fazendo isso para garantir que o problema não se repita". Ele jamais perde a reunião porque ela "dita o ritmo de toda a fábrica e define sua cultura. É uma demonstração diária da nossa capacidade de desempenho".
- Peter Kirwan mantém regularmente "Conversas ao Pé da Lareira" com seus engenheiros, programadores e técnicos. As normas da reunião são sinceridade e crítica construtiva. "Essa é a chance de discutir assuntos pesados em um ambiente informal e amistoso (...) Os problemas empresariais estão sempre mudando, assim como as questões organizacionais e pessoais". Ele começa a reunião abrindo uma "lareira" feita de papelão e puxando as cadeiras. A reunião é tola de propósito. Ela descontrai as pessoas, e elas começam a falar. Ele aprende, e ajuda as pessoas a aprenderem.
- O empreendedor Craig Forman jamais perde as noites de domingo com a família. "Essa 'reunião' junta todos e nos dá motivação para enfrentar a semana. É uma âncora para nós três". Ele quer ter certeza de não perder de vista as prioridades da família no meio da loucura da cultura empreendedora do Vale do Silício.

Você consegue identificar temas comuns e diferenças entre essas reuniões de grupo? Quando você for um gerente, que reuniões regulares promoverá e como (a) evitará que as pessoas as odeiem e (b) fará que as pessoas "não queiram perdê-las"?

FONTES: OLOFSON, C. Play hard, think big. *Fast Company Online*, jan. 2001, p. 64; OLOFSON, C. Can we talk? put another log on the fire. *Fast Company Online*, out. 1999, p. 86; WILSON, A. All in the family. *Fast Company Online*, mar. 2000, p. 72; GOLDBERG, M. At Motorola, the meeting is the network. *Fast Company Online*, out. 1997, p. 70; OLOFSON, C. Global reach, virtual leadership. *Fast Company Online*, set. 1999, p. 80; OLOFSON, C. Open minds after closing time. *Fast Company Online*, jun. 1999, p. 72.

A coesão pode melhorar o desempenho, principalmente se a tarefa destina-se a produzir algum resultado tangível. Nos grupos de trabalho do dia-a-dia em que a tomada de decisão não é a tarefa principal, o efeito da coesão no desempenho pode ser positivo. No entanto, depende das normas de desempenho do grupo.[76]

Normas de Desempenho Alguns grupos são melhores do que outros em assegurar que seus membros se comportem do modo como o grupo deseja. Os grupos coesos são mais eficazes que os não-coesos para impor normas. Contudo, a questão seguinte é: eles impõem normas de alto ou baixo desempenho?

Como mostra a Figura 14.3, o melhor desempenho ocorre quando uma equipe coesa adota normas de alto desempenho. No entanto, se um grupo extremamente coeso utilizar normas de baixo desempenho, ele terá o pior desempenho. Aos olhos dos seus membros, porém, ele terá atingido a meta estabelecida de baixo desempenho. Os grupos não-coesos com normas de alto desempenho podem ser considerados eficazes do ponto de vista da companhia. Todavia, eles não serão tão produtivos quanto seriam se fossem mais coesos. Os grupos não-coesos com normas de baixo desempenho não desempenham bem, entretanto, do ponto de vista da administração, não arruínam tanto as atividades quanto os grupos coesos com normas de baixo desempenho.

Coesão e Elaboração de Normas de Alto Desempenho

Como indica a Figura 14.3, o gerente deve formar equipes coesas e com normas de alto desempenho. As seguintes ações ajudam a formar equipes assim:[77]

1. *Recrutar membros com atitudes, valores e formação semelhantes.* Indivíduos semelhantes tendem a se relacionar melhor uns com os outros. Contudo, isso não deve ser feito se a tarefa da equipe exigir capacitação e especialidades heterogêneas. Por exemplo, uma diretoria ou um comitê homogêneo pode tomar decisões insatisfatórias, pela falta da diversidade de informações e pontos de vista, e acabar sucumbindo ao *groupthink*.

FIGURA 14.3
Coesão, Normas de Desempenho e Desempenho do Grupo

2. *Manter padrões elevados de admissão e socialização.* Equipes e organizações nas quais é mais difícil ser admitido têm mais prestígio. Pessoas que sobrevivem à entrevista, seleção ou a um processo de treinamento difíceis orgulham-se de sua conquista e sentem-se mais ligadas à equipe.
3. *Manter a equipe pequena* (mas grande o suficiente para realizar o trabalho). Quanto maior for o grupo, menos importantes podem se sentir os seus membros. Equipes pequenas fazem que os indivíduos sintam-se como grandes contribuidores.
4. *Ajudar a equipe a ter sucesso e divulgar esse sucesso.* No último capítulo, foi discutido sobre o *empowerment*; como vimos, é possível delegar poder às equipes da mesma forma como aos indivíduos.[78] É importante ser um líder orientado às metas que facilitem o sucesso; a experiência de vencer une mais a equipe. Assim, se o líder informa aos superiores o sucesso da equipe, os membros se sentirão parte de uma unidade importante e de prestígio. Equipes com uma seqüência de bons desempenhos continuam a desempenhar bem com o passar do tempo; grupos que não desempenham bem, muitas vezes, entram em uma espiral descendente em que os problemas vão se tornando complexos com o tempo.[79]
5. *Ser um líder participativo.* A participação em decisões faz que os membros da equipe fiquem mais envolvidos uns com os outros e se esforcem mais para atingir as metas. Muitas decisões autocráticas vindas dos superiores podem distanciar o grupo da administração.
6. *Apresentar um desafio de fora da equipe.* A competição com outros grupos une os membros da equipe para derrotar o inimigo (um exemplo é o que ocorre com o espírito da escola antes de um jogo com um grande rival). Algumas das maiores equipes empresariais ou científicas destacaram-se por estarem totalmente focadas em vencer uma competição.[80] Contudo, não seja *você* a ameaça externa. Se os membros da equipe não gostarem de você como chefe, ficarão mais coesos — mas as normas de desempenho serão contra você e não a seu favor.
7. *Vincular as recompensas ao desempenho da equipe.* Em grande proporção, as equipes são motivadas assim como o são os indivíduos — elas realizam atividades que sejam recompensadas. É preciso garantir que as equipes de alto desempenho recebam as recompensas que elas merecem e as de baixo desempenho recebam menos recompensas. Esse tema já foi abordado anteriormente. É importante ter em mente que não apenas as recompensas financeiras, mas também o reconhecimento pelo bom trabalho realizado, são fortes motivadores. É fundamental reconhecer e comemorar as realizações da equipe. A equipe ficará mais coesa e desempenhará melhor para receber mais recompensas. As metas de desempenho serão altas, a organização se beneficiará da alta motivação e produtividade da equipe, e os membros da equipe terão suas necessidades individuais mais bem satisfeitas. O ideal é fazer parte de uma equipe de alto desempenho, assim reconhecida em toda a organização; isso seria um sinal de distinção.[81]

No entanto, é preciso ter em mente que uma forte coesão incentivadora de um "excesso de concordância" pode ser disfuncional. No caso de solução de problemas ou de tomada de decisões, a equipe precisa estabelecer normas que promovam uma atmosfera aberta e construtiva, incluindo discordância sincera sobre as questões, sem conflitos ou animosidades pessoais.[82]

Gestão dos Relacionamentos Laterais

As equipes não funcionam isoladamente; elas são interdependentes com outras equipes. Por exemplo, na cervejaria Miller Brewing Company, as principais responsabilidades de equipe incluem a coordenação com outras equipes e as políticas de grupo. Na Texas Instruments, as equipes são responsáveis por estabelecer ligações com outras equipes para eliminar gargalos de produção e implementar novos processos, e também por trabalhar com os fornecedores em questões de qualidade.[83] Portanto, algumas atividades cruciais para a equipe envolvem o relacionamento com pessoas *de fora* do grupo.

Vantagens da Colaboração

As equipes não produzem resultados isoladamente; elas desempenham melhor colaborando com outras equipes.

Gestão Voltada para Fora

Muitos papéis vitais ligam as equipes ao ambiente externo, ou seja, a outras pessoas e grupos tanto de dentro como de fora da organização. Um tipo específico de papel que ultrapassa as fronteiras da equipe é o de ***gatekeeper***, um membro da equipe que está sempre a par das informações atualizadas nos campos científicos, entre outros, e informa o grupo sobre os importantes desenvolvimentos. Algumas informações úteis para o grupo também estão ligadas a recursos, tendências e apoio político em toda a corporação ou em todo o setor.[84]

A estratégia da equipe impõe uma combinação entre papéis focados no ambiente interno *versus* no ambiente externo e em como essa combinação muda com o passar do tempo. Entre as estratégias gerais de equipe estão a informação, a exibição e a sondagem.[85] A estratégia de **informação** requer a tomada de decisão pela equipe para, depois, informar aos participantes externos acerca das intenções da equipe. A **exibição** é uma estratégia de equipe que enfatiza, simultaneamente, a formação interna da equipe e a conquista da visibilidade externa. A **sondagem** envolve o foco nas relações externas. Essa estratégia requer que os membros da equipe interajam freqüentemente com pessoas de fora, diagnostiquem as necessidades dos clientes, dos consumidores e das pessoas importantes na organização e experimentem as soluções antes de implementar as ações.

O equilíbrio adequado entre focos estratégicos externo e interno e entre papéis internos e externos depende de quanta informação, apoio e recursos externos a equipe necessita. Quando a equipe possui elevado grau de dependência de pessoas externas, a melhor estratégia é a sondagem. Com um grau médio de dependência, a equipe adota a exibição, e a estratégia da informação em equipes tende a não funcionar. Nesse caso, a equipe fica muito isolada dos demais grupos externos dos quais ela depende.

As estratégias de informação ou exibição podem ser mais efetivas em equipes menos dependentes de grupos externos, por exemplo, equipes estabelecidas trabalhando em tarefas rotineiras e em ambientes externos estáveis. Contudo, para as equipes de trabalho mais importantes no futuro — forças-tarefa, equipes de criação de novos produtos e equipes de tomada de decisões estratégicas, que lidam com problemas não estruturados em um ambiente externo de constantes mudanças —, o desempenho eficaz em papéis que envolvam a ligação com o ambiente externo será vital.

gatekeeper
Membro da equipe que se mantém a par dos desenvolvimentos atuais e fornece informações relevantes à equipe.

informação
Estratégia de equipe que requer a tomada de decisão pela equipe para, depois, informar aos participantes externos sobre suas intenções.

exibição
Estratégia de equipe que requer, simultaneamente, a ênfase na formação interna da equipe e a conquista da visibilidade externa da equipe.

sondagem
Estratégia de equipe que requer que os membros da equipe interajam freqüentemente com as pessoas de fora, diagnostiquem suas necessidades e experimentem algumas soluções.

Relacionamentos entre Papéis Laterais

A gestão dos relacionamentos com outros grupos e outras equipes significa engajar-se em uma troca dinâmica que garanta a coordenação adequada de todo o sistema gerencial. Para muitos gerentes, esse processo muitas vezes parece um caótico vale-tudo. É proveitoso identificar os diferentes tipos de relacionamentos entre os papéis laterais e adotar uma abordagem estratégica que permita estabelecer ligações construtivas.

Diferentes equipes, assim como os diferentes indivíduos, têm papéis a desempenhar. À medida que as equipes vão exercendo seus papéis, vão-se desenvolvendo diversos padrões distintos de relações de trabalho.[86]

1. *Relacionamentos do fluxo de trabalho* surgem conforme os materiais são transferidos de um grupo a outro. Um grupo normalmente recebe um trabalho de outra unidade, processa-o e o envia para a unidade seguinte do processo. Assim, no processo, um grupo vem antes de outros e depois de outros.
2. *Relacionamentos de serviço* ocorrem quando a administração centraliza uma atividade à qual inúmeras outras unidades devem ter acesso. São exemplos comuns os serviços de tecnologia, as bibliotecas e o pessoal administrativo. Essas unidades atendem às solicitações de serviço das outras pessoas.
3. *Relacionamentos de consultoria* são criados quando as equipes com problemas recorrem a fontes centralizadas de conhecimento especializado. Por exemplo, pessoal de recursos humanos ou do departamento jurídico aconselha as equipes de trabalho.
4. *Relacionamentos de auditoria* se desenvolvem quando as pessoas não diretamente ligadas à cadeia de comando avaliam os métodos e desempenhos de outras equipes. Os auditores financeiros verificam os registros contábeis, os auditores técnicos avaliam os métodos e a qualidade técnica do trabalho.

O pessoal de relações públicas desempenha o papel de conexão, visto que mantém a comunicação entre a organização e o mundo externo.

5. *Relacionamentos de estabilização* envolvem a auditoria antes da ocorrência do fato. Em outras palavras, algumas vezes, as equipes precisam obter liberação das outras — por exemplo, para realizar uma grande compra — antes de executar a ação.
6. *Relacionamentos de conexão* envolvem intermediários entre as equipes. Os gerentes, muitas vezes, são convocados para mediar um conflito entre duas unidades organizacionais. O pessoal de relações públicas, os gerentes de vendas, os compradores e outras pessoas que trabalham fora dos limites da organização desempenham papel de conexão ao manterem a comunicação entre a organização e o mundo externo.

Avaliando cada relacionamento de trabalho com outras unidades ("De quem recebemos, e para quem passamos o trabalho? Que permissões controlamos e a quem devemos solicitar autorizações?"), as equipes conseguem entender melhor quem devem contatar e quando, onde, por que e como fazê-lo. A coordenação de todo o sistema de trabalho aumenta, os problemas são evitados ou eliminados rapidamente antes de se agravarem, e o desempenho melhora.[87]

Gestão de Conflitos

O complexo emaranhado de interdependências existente em toda a organização proporciona oportunidades infinitas para o surgimento de conflitos entre grupos e equipes. Alguns conflitos são construtivos para a organização, como já foi discutido no Capítulo 3. Michael Eisner, ex-CEO e presidente da Disney, disse que a chave para as idéias e a inovação é a criação de um ambiente que incentive os conflitos, ou o que ele chama "atrito adequado".[88] Contudo, muitos fatos criam grande potencial para a formação de conflitos destrutivos: a simples quantidade e variedade de contatos; as ambigüidades em termos de autoridade e responsabilidade; as diferenças de metas; a competição entre os grupos por recursos escassos; as diferentes perspectivas entre os membros de diferentes unidades; os diferentes horizontes de tempo em que algumas unidades se concentram nas considerações de longo prazo e outras focam nas necessidades de curto prazo; e outros fatores.

As tensões e ansiedades tendem a surgir em equipes demograficamente diversificadas, ou equipes de diferentes partes da organização, ou equipes compostas por pessoas de personalidades contrastantes. A heterogeneidade tanto demográfica[89] quanto interfuncional [90] provoca inicialmente problemas como estresse, pouca cooperação e pouca coesão. Entretanto, com o passar do tempo e com a comunicação, os grupos diversificados tendem a se tornar mais cooperativos e a desempenhar melhor que grupos homogêneos. As normas de cooperação podem melhorar o desempenho,[91] assim como o fato de as equipes interfuncionais se engajarem em mais comunicação com mais áreas da organização.[92]

Estilos de Conflitos

As equipes inevitavelmente enfrentam conflitos e precisam decidir como administrá-los. O objetivo deve ser tornar o conflito produtivo, ou seja, fazer as pessoas envolvidas acreditarem que elas foram beneficiadas e não prejudicadas pelo conflito.[93] As pessoas acreditam que se beneficiaram do conflito quando 1) uma nova solução é implementada, o problema é resolvido e é improvável que ocorra novamente, e 2) as relações de trabalho ficam fortalecidas e elas acreditam que poderão trabalhar juntas de forma produtiva no futuro.

As pessoas lidam com os conflitos de diferentes maneiras. Cada uma tem seu próprio estilo; o estilo dos outros pode ser semelhante ou diferente. Os estilos dependem em parte das normas culturais de cada país. Por exemplo, os chineses são mais preocupados com o interesse coletivo do que com o individual e, mais do que os gerentes norte-americanos, tendem a recorrer aos superiores para tomar decisões em vez de resolver eles mesmos os conflitos.[94] Contudo, deixando de lado o aspecto cultural, qualquer equipe ou indivíduo tem diversas opções para lidar com os conflitos.[95] Esses estilos pessoais de tratar o conflito, mostrados na Figura 14.4, são diferenciados com base em quanto a pessoa se esforça para satisfazer seus próprios interesses (a dimensão da assertividade) e para satisfazer os interesses das outras partes (a dimensão da cooperação).

Conflitos podem surgir em qualquer equipe — o segredo é torná-los produtivos. Esse anúncio promove a missão da Associação Norte-americana de Arbitragem de treinar profissionais em como gerenciar e minimizar efetivamente os conflitos — "antes que comece a espirrar lama para todo lado".

Por exemplo, uma reação comum diante de um conflito é a **fuga**. Nessa situação, a pessoa não faz nada para satisfazer nem a si própria nem aos outros. Ela ou ignora o problema não fazendo nada ou o trata simplesmente amenizando ou desenfatizando a discordância. Essa atitude, evidentemente, não resolve o problema nem melhora o ambiente.

Acomodação significa cooperar em benefício dos interesses dos outros, mas não ser assertivo em nome dos próprios interesses. O **acordo** envolve atenção moderada com os interesses de ambas as partes, não sendo nem extremamente cooperativo nem extremamente assertivo. Esse estilo resulta em *satisficing*, mas não em soluções otimizadas. A **competição** é uma resposta extremamente competitiva em que as pessoas focam exclusivamente seus próprios desejos e não se dispõem a reconhecer os interesses dos outros. Por fim, a **colaboração** enfatiza tanto a cooperação como a assertividade. A meta é maximizar a satisfação de ambas as partes.

Por exemplo, dois amigos querem ir juntos ao cinema, e cada um tem em mente um filme diferente. O primeiro tenta insistentemente convencer o outro a ver o filme de sua preferência, assim, ele está demonstrando estilo competitivo. Se o segundo concordar, mesmo preferindo outro filme, ele está acomodando-se. Se um dos dois sugere um terceiro filme que ambos não fazem questão de ver, mas estariam dispostos a assistir, os dois estão firmando um acordo. Se um dos dois perceber que não conhece todas as opções, pesquisar e encontrar outro filme que os dois gostariam de ver, ele está colaborando.

Diferentes abordagens são necessárias em diferentes momentos.[96] Por exemplo, a competição é necessária quando é preciso cortar os custos ou lidar com outros recursos escassos. O acordo pode ser útil quando há uma limitação de tempo, quando há necessidade de alcançar uma solução temporária ou quando a colaboração fracassa. As pessoas devem buscar a acomodação quando percebem que estão erradas ou para minimizar os prejuízos quando estão em minoria. Mesmo a fuga pode ser adequada se o problema for comum ou a solução do conflito for de responsabilidade de outra pessoa.

Contudo, quando o conflito envolve questões importantes, quando os interesses de ambas as partes são válidos e importantes, quando é necessária uma solução criativa, e quando o compromisso com a solução é fundamental para a implementação, a abordagem ideal é a colaboração. A colaboração pode ser obtida expressando os sentimentos e as opiniões, tratando de todos os interesses e evitando o desvio da meta, ao não deixar que os ataques pessoais atrapalhem a solução do problema. Uma técnica importante é a adoção de **metas de ordem superior** — metas organizacionais do mais alto nível que todos devem se esforçar em atingir e que, em última instância, têm precedência sobre as preferências

fuga

Reação ao conflito em que a pessoa ignora o problema ao não fazer nada ou retirando a ênfase da discordância.

acomodação

Estilo de lidar com conflitos que envolve a cooperação em benefício dos interesses dos outros, mas sem ser assertivo sobre os seus próprios interesses.

acordo

Estilo de lidar com conflitos que envolve atenção moderada para com os interesses de ambas as partes.

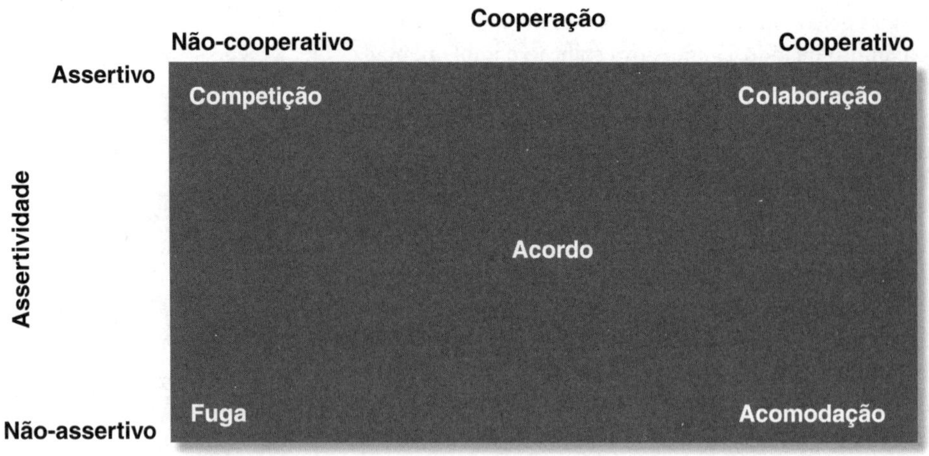

FIGURA 14.4 Estratégias de Gestão de Conflitos

FONTE: THOMAS, K. Conflict and conflict management. In: DUNNETTE, M. D. (Ed.) *Handbook of industrial and organizational Psychology*. Copyright © 1976. Reimpresso com permissão do editor.

competição

Estilo de lidar com conflitos envolvendo foco intenso nas suas próprias metas e pouco ou nenhum interesse nas metas dos outros.

colaboração

Estilo de lidar com conflitos que enfatiza tanto a cooperação como a assertividade para maximizar a satisfação de ambas as partes.

metas de ordem superior

Metas do mais alto nível que têm precedência sobre metas específicas individuais ou de grupo.

mediador

Uma "terceira pessoa" que intervém para ajudar outras pessoas a gerenciar o conflito.

pessoais ou de qualquer unidade.[97] A colaboração oferece as melhores oportunidades para se chegar a soluções reciprocamente satisfatórias com base nas idéias e nos interesses de todas as partes, e para manter e fortalecer as relações de trabalho.

Mediador

O gerente passa a maior parte do tempo tentando solucionar conflitos entre *outras* pessoas. Qualquer um já deve ter servido como **mediador**: uma "terceira pessoa" que intervém para ajudar a resolver o conflito entre outras pessoas. A intervenção de terceiros, quando bem-feita, pode melhorar as relações de trabalho e ajudar as partes a melhorarem seu próprio estilo de gestão de conflitos, a comunicação e a habilidade de solucionar problemas.[98]

Um estudo realizado com gerentes de recursos humanos (RH) e os conflitos com os quais eles lidam proporciona alguns *insights*.[99] O gerente de RH lida com todo tipo de conflito imaginável: dificuldades interpessoais que vão de mínimas irritações até brigas, ciúmes; problemas operacionais, inclusive questões sindicais, atribuição de tarefas, horas extras e licenças por doença; punição por infrações que vão desde usar drogas e furtar até dormir no trabalho; assédio sexual e discriminação racial; problemas de salários e promoções; e disputas e conflitos estratégicos entre divisões e pessoas dos mais altos níveis organizacionais.

Nesse estudo, os gerentes de RH conseguiram resolver a maioria das disputas. Esses gerentes normalmente adotam uma estratégia em quatro etapas. Eles *investigam*, entrevistando os discordantes e outras pessoas para coletar mais informações. Ao conversar com os discordantes, eles procuram conhecer as perspectivas de ambas as partes, adotando uma postura a mais neutra possível. A discussão deve permanecer focada na questão, não devendo ser pessoal. Eles *decidem* como resolver a disputa, muitas vezes, em conjunto com os superiores dos discordantes. Na preparação para decidir o que fazer, não se deve atribuir responsabilidade precipitadamente; nessa fase, eles devem explorar as soluções. Eles *partem para a ação*, explicando suas decisões e o raciocínio por trás delas, e aconselham ou treinam os discordantes para evitarem futuros incidentes. E, por fim, eles fazem o *follow-up*, certificando-se de que todos entenderam a solução, documentando o conflito e a resolução, e monitorando os resultados, verificando mais uma vez com os discordantes e seus superiores. Em todo o processo, os objetivos do pessoal de RH são ficar totalmente informado de modo a entender o conflito; ser ativo e assertivo na tentativa de resolvê-lo; ser o mais preciso, neutro e imparcial quanto humanamente possível; e ser flexível, modificando suas abordagens conforme a situação.[100]

Estas são algumas outras recomendações para a gestão de conflitos com mais eficácia.[101] Não permitir que o conflito se torne disfuncional, ou esperar ou presumir que ele desapareça. Atacá-lo antes que se agrave. Tentar resolvê-lo e, se os esforços iniciais não funcionarem, buscar outras opções. E ter em mente a discussão anterior (Capítulo 13) sobre justiça procedimental. Mesmo que os discordantes não fiquem totalmente satisfeitos com as decisões, há vantagens em oferecer tratamento justo, empenhar esforços sinceros, permitir-lhes falar durante o processo e assim por diante. É importante lembrar também que sempre é possível pedir a ajuda dos especialistas em RH para resolver conflitos difíceis.

Vantagens da Colaboração

A abordagem da colaboração para a gestão de conflitos envolve a preocupação com as metas tanto dos outros como as próprias. Como mediador, deve-se ter isso em mente para assegurar o processo de colaboração entre os outros.

Conflito Eletrônico e Virtual

A gestão de conflitos influencia o sucesso das equipes virtuais.[102] Em um estudo recente, foi observado que a fuga prejudica o desempenho. A acomodação — fazer concessões aos outros para manter a harmonia em vez de tentar negociar de forma assertiva uma solução integrante — não tem efeitos sobre o desempenho. A colaboração tem efeito positivo no desempenho. As pesquisas também constataram dois dados surpreendentes: o acordo prejudica o desempenho, e a competição o favorece. O acordo prejudica porque, muitas vezes, as soluções são pouco favoráveis, comuns e abaixo do ideal. O comportamento competitivo é útil porque as equipes virtuais são temporárias e trabalham com restrição de tempo, assim, contar com pessoas de comportamento dominante, que impõem as decisões para trabalhar com eficácia, acaba sendo útil e não prejudicial.

Quando as pessoas enfrentam problemas no comércio eletrônico entre empresas (por exemplo, atrasos que acarretam prejuízos), elas tendem a se comportar de forma competitiva e defensiva e não-colaborativa.[103] Os problemas técnicos e recorrentes testam a paciência das pessoas. O conflito pode agravar-se a menos que as pessoas cooperem e colaborem mais. É importante tentar evitar os conflitos antes de surgirem; por exemplo, certificar-se de que o sistema de informações está funcionando adequadamente antes de conectar com outros. Monitorar e reduzir ou eliminar os problemas o mais rapidamente possível. Quando o problema surge, demonstrar disposição em cooperar e, então, *efetivamente ser cooperativo*. Mesmo os problemas técnicos exigem habilidades sociais de um bom gerente.

EPÍLOGO

JOHN MACKEY E A WHOLE FOODS

Em um período recente de dois anos, a Whole Foods registrou lucros de US$ 188 milhões. Comparativamente, a Safeway registrou um prejuízo de US$ 1 bilhão, e a Food Lion, lucros de US$ 150 milhões — contudo, a Food Lion possui sete vezes mais lojas e cinco vezes a receita. Enquanto a venda de alimentos e bebidas nos Estados Unidos cresceu 13% em cinco anos até 2004, a Whole Foods cresceu mais do que isso em *cada* um desses cinco anos — no total, e tendo como base cada loja. O crescimento das vendas por loja é comparável praticamente ao dobro do do Wal-Mart, a maior cadeia de varejo do país.

Todo esse sucesso pode ser atribuído ao trabalho em equipe — estratégia, liderança, gestão de recursos humanos e incontáveis outros fatores que contribuem para o sucesso e o fracasso de qualquer companhia. No entanto, sem dúvida, as equipes formam a base da Whole Foods, e elas trabalham bem.

PALAVRAS-CHAVE

Acomodação, p. 477
Acordo, p. 477
Círculos da qualidade, p. 463
Coesão, p. 471
Colaboração, p. 478
Competição, p. 478
Efeito de facilitação social, p. 468
Equipe, p. 461
Equipes auto-estruturadas, p. 464
Equipes autogerenciáveis, p. 463
Equipes de desenvolvimento e projeto, p. 462
Equipes de trabalho, p. 462
Equipes gestão p. 462
Equipes paralelas, p. 462
Equipes transnacionais, p. 462
Equipes virtuais, p. 462
Especialista em manutenção de equipes, p. 471
Especialista em tarefas, p. 471
Exibição, p. 475
Fuga, p. 477
Gatekeeper, p. 475
Grupos de trabalho autônomos, p. 464

Grupos de trabalho semi-autônomos, p. 463
Grupos de trabalho tradicionais, p. 463
Informação, p. 475
Mediador, p. 478
Metas de ordem superior, p. 478
Normas, p. 470
Ociosidade social, p. 468
Papéis, p. 471
Sondagem, p. 475

RESUMO DOS OBJETIVOS DE APRENDIZAGEM

Depois de completado o estudo deste Capítulo, você deverá ser capaz de identificar:

Como as equipes contribuem para a eficácia da organização.

As equipes são os elementos construtivos da estrutura organizacional e as forças que contribuem para a produtividade, qualidade, economia de custos, agilidade, mudança e inovação. Elas têm potencial para produzir muitos benefícios tanto para a organização como para os membros individuais.

O que diferencia o antigo do novo ambiente de equipes.

Comparadas com os grupos de trabalho tradicionais que eram supervisionados de perto, as equipes atuais têm mais autoridade e, muitas vezes, são autogerenciáveis. Hoje as equipes são usadas de muito mais formas e para muito mais finalidades diferentes do que no passado. No geral, entre os diversos tipos de equipe estão as equipes de trabalho, de desenvolvimento e projeto, paralelas, equipes gerenciais, transnacionais e virtuais. As equipes de trabalho variam dos grupos tradicionais com pouca autonomia até as equipes auto-estruturadas com elevada autonomia.

Como os grupos se tornam equipes.

Os grupos têm várias atividades de desenvolvimento importantes, entre as quais a formação, discussão, normatização e o desempenho. Para o grupo se tornar uma equipe, deve ir além da liderança supervisora tradicional, tornar-se mais participativo, e atingir a verdadeira liderança de equipe. A verdadeira equipe conta com membros que se complementam entre si; estão comprometidos com um propósito, metas de desempenho e abordagens em comum, e se responsabilizam uns pelos outros.

Por que algumas vezes os grupos fracassam.

As equipes nem sempre funcionam bem. Algumas companhias subestimam as dificuldades da mudança para uma abordagem baseada em equipes. Para funcionar bem, as equipes precisam de treinamento, *empowerment* e uma bem administrada transição. Às vezes os grupos não conseguem se tornar equipes eficazes por falta de compromisso dos gerentes e membros da equipe com a idéia, falta de compreensão do funcionamento da equipe e inadequação das práticas implementadas.

Como formar uma equipe eficaz.

É possível criar uma equipe focada no alto desempenho estabelecendo um propósito comum; traduzindo esse propósito em metas de equipe mensuráveis; estruturando a tarefa da equipe de forma a ser intrinsecamente motivadora; criando um sistema de avaliação de desempenho baseada em equipe; e proporcionando recompensas para a equipe.

É necessário, ainda, criar um entendimento comum de como a equipe executará a tarefa. Deixar claro que todos precisam trabalhar com afinco e contribuir de forma concreta. Estabelecer responsabilidade mútua e construir a confiança entre os membros. Avaliar periodicamente as estratégias da equipe e estar disposto a adaptá-las.

Além disso, selecionar os membros corretos de modo que eles possam contribuir plenamente, treiná-los e certificar-se de que todos os papéis importantes sejam desempenhados. Adotar várias etapas para estabelecer a coesão da equipe e normas de alto desempenho.

E, por fim, não gerenciar apenas internamente. Também gerenciar os relacionamentos da equipe com o ambiente externo.

Como gerenciar os relacionamentos entre equipes.

Mediante o desempenho de papéis importantes como o de *gatekeeper* e das estratégias de informação, de exibição e de sondagem. Identificar os tipos de relacionamentos de papéis laterais com as pessoas de fora. Esse procedimento ajuda a coordenar os esforços em todo o sistema de trabalho.

Com gerenciar conflitos.

Uma boa gestão dos relacionamentos laterais pode evitar alguns conflitos. No entanto, os conflitos surgem por causa da quantidade de contatos, da ambigüidade, das diferentes metas, da competição por recursos escassos e dos diferentes horizontes de tempo e perspectivas. Dependendo da situação, existem cinco abordagens básicas interpessoais para gerenciar o conflito: fuga, acomodação, acordo, competição e colaboração. As metas de ordem superior focam metas organizacionais nos mais altos níveis que ajudam a gerar uma relação de colaboração. Entre as técnicas de gestão de conflitos, entre outras partes, estão o mediador e a gestão do conflito virtual.

QUESTÕES PARA DISCUSSÃO

1. Em sua opinião, por que algumas pessoas resistem à idéia de trabalhar em equipe? Como você lidaria com essa resistência?
2. Pense em algum emprego anterior e analise a Tabela 14.1 sobre ambiente de equipes novo e tradicional. Em qual ambiente se enquadra esse emprego? Avalie o emprego em cada uma das dimensões descritas na tabela.
3. Avalie o emprego mencionado na questão 2 usando a Figura 14.2, "Subindo os Degraus até a Liderança de Equipe". Que "degrau" de liderança caracterizava o ambiente desse emprego?
4. Identifique algumas atividades de um emprego anterior que poderiam ter sido executadas de forma diferente para levar o grupo de trabalho mais próximo de uma "liderança de equipe" retratada na Figura 14.2.
5. Os especialistas afirmam que as equipes são um meio e não um fim. O que eles querem dizer com isso? Em sua opinião, o que ocorre em uma companhia que cria equipes apenas porque é moda ou apenas porque fica bem? Como evitar essa cilada?
6. Escolha algum time esportivo que conheça bem. Avalie a eficácia do time e discuta os fatores que contribuem para esse nível de eficácia.

7. Avalie a eficácia, como foi feito na questão 6, de um grupo de estudantes do qual você fez parte. O que poderia ser feito para torná-lo mais eficaz?
8. Analise os vários papéis que os membros de equipe devem desempenhar para torná-la eficaz. Quais papéis você desempenharia bem, quais desempenharia mal? Como você pode tornar-se um membro de equipe melhor?
9. Discuta exemplos pessoais de conflitos virtuais e se eles foram bem ou mal gerenciados.
10. Qual abordagem você usa mais comumente para lidar com conflitos? E quais as menos comuns? O que você pode fazer para expandir seu repertório e gerenciar melhor os conflitos?
11. Dê exemplos reais de metas de ordem superior que ajudaram a resolver um conflito. Identifique alguns conflitos atuais e forneça algumas idéias específicas de como as metas de ordem superior podem ajudar a resolvê-los.
12. Você já fez parte de algum grupo "autogerenciável"? O que havia de bom e o que não era tão bom? Por que muitos gerentes resistem a essa idéia? Por que algumas pessoas adoram a idéia de fazer parte de uma equipe autogerenciável e outras não?
13. As equipes autogerenciáveis funcionam de forma diferente em culturas diferentes? Quais são as vantagens, desvantagens e implicações das equipes autogerenciáveis altamente diversificadas em comparação com as homogêneas?

CASO DE CONCLUSÃO

Rocky Gagnon, Empreiteiro Geral

Rocky Gagnon tem 50 anos e é carpinteiro assalariado e trabalhador operacional. Nos últimos 30 anos, tem atuado praticamente em todas as funções e fases do processo de construção residencial. Rocky está envelhecendo e vem sofrendo de dores. Ele adora o ramo da construção e sente que está na hora de começar a trabalhar de modo mais intelectual do que fisicamente. Rocky quer atuar como empreiteiro geral.

Alguns empreiteiros possuem suas próprias instalações, seus equipamentos e funcionários. Outros simplesmente trabalham em casa e subcontratam todo o trabalho necessário para executar determinado projeto.

Rocky tem uma idéia e uma visão de algo um pouco diferente. Ele quer reunir uma equipe de profissionais qualificados que concordem em trabalhar juntos para construir com sucesso cerca de oito a 15 residências por ano. Ao mesmo tempo, cada um poderá continuar a trabalhar como empreiteiro independente nas horas livres.

Um dos frutos do trabalho de 30 anos no ramo de construção local é a ampla e variada rede de amigos e conhecidos que ele formou. Rocky já tomou vários drinques com empreiteiros de sistemas hidráulicos e de calefação, pessoal especializado em isolação e coberturas, agrimensores e outros profissionais. Ele quer aproveitar esses relacionamentos. O perfil geral do empreiteiro local, na sua visão, é de um grupo muito independente e altamente qualificado de pessoas com fraca capacidade de comunicação. A mão-de-obra geralmente é muito boa – o que fica evidente no projeto terminado.

Muitas tarefas e fases do processo de construção de casas obedecem a uma seqüência lógica. Por exemplo, o serviço de isolação não pode ser feito até que a parte da calefação, hidráulica e elétrica esteja "mais ou menos" terminada. Se qualquer desses empreiteiros atrasa o cronograma ou não termina sua tarefa, o processo é interrompido. Outros fatores como clima, disponibilidade de materiais e sobreposição de prazos e cronogramas com outros trabalhos complica ainda mais o desafio de cumprimento do prazo final. Rocky deseja coordenar todas essas variáveis e tornar a construção de casas mais eficiente.

Na sua visão também está faltando espírito de cooperação. Parece que os empreiteiros não se importam nem um pouco com a equipe que dará seqüência ao trabalho no processo de construção. Por exemplo, a equipe de estruturas deveria conhecer os planos exatos de instalação da lareira, soleira e chaminé de cada projeto, e deixar o local adequadamente preparado para esse pessoal. De acordo com Rocky, a resposta típica dessas pessoas (e também de outras) é que "isso não é o meu trabalho, por isso nem quero saber". O empreiteiro independente também é conhecido por deixar a "bagunça" para alguém limpar, como o empreiteiro geral ou a equipe do trabalho seguinte.

Rocky deseja mudar essa visão, reunindo um grupo de trabalhadores qualificados que concordem em trabalhar juntos como uma equipe em busca do bem comum. Se der certo, ele acredita que terá uma situação em que todos sairão ganhando.

Ele sabe da nítida existência de uma oportunidade para o sucesso. Na sua área, a construção de novas casas é uma forte tendência, e a expectativa é de permanecer assim por muito tempo. Rocky também sabe que o segredo do seu sucesso será a forte capacidade organizacional e de comunicação. E sente que todas as peças do quebra-cabeça estão ali para serem encaixadas, e que tudo de que precisa é alguma ajuda para formar a equipe certa e criar uma estrutura organizacional e um processo de trabalho para atingir os resultados desejados.

Nos últimos meses, Rocky vem preparando uma lista e se encontrou reservadamente com pessoas que ele considera serem os melhores trabalhadores da área e, acima de tudo, que têm potencial e disposição para formar a equipe e as relações de trabalho que ele imagina. O primeiro dos diversos encontros foi marcado para todo o grupo se conhecer e discutir os detalhes. Rocky contratou um professor de gestão de negócios muito respeitado e conhecido na comunidade local para servir de consultor e mediador do grupo.

QUESTÕES

1. Nesse tipo de situação, que tipo de equipe é o mais adequado? Justifique a resposta usando conceitos do texto aplicáveis ao empreendimento proposto.
2. Em sua opinião, que tipos de problemas esse grupo deve esperar encontrar? Qual a melhor maneira de resolvê-los?
3. Quais os prováveis fatores-chave de sucesso para motivar essas pessoas a cooperarem e a se comunicarem como equipe?

EXERCÍCIOS PRÁTICOS

14.1 Dilema dos Prisioneiros: Competição Intergrupal

INSTRUÇÕES

1. O instrutor dividirá os participantes em grupos e explicará o que acontecerá neste exercício. Serão formadas duas equipes: a equipe Vermelha e a equipe Azul (com no máximo oito participantes), e elas não poderão manter nenhum tipo de comunicação, nem verbal nem por qualquer outro meio, exceto quando orientadas pelo instrutor para tal. Os grupos terão um tempo para estudar a Folha de Registros do Dilema dos Prisioneiros.
2. (3 min) 1ª Rodada. Cada equipe terá três minutos para tomar uma decisão. Quando o instrutor avisar que o tempo está esgotado, anote as decisões.
3. (2 min) Serão lidas as decisões tomadas pelas equipes na 1ª Rodada. Os pontos serão anotados na Folha de Registros.
4. (4-5 min) A 2ª Rodada é conduzida da mesma maneira que a 1ª.
5. (6 min) A 3ª Rodada é uma rodada especial, na qual os pontos de recompensa valem o dobro. Cada equipe deve indicar um representante para ocupar as cadeiras no centro da sala. Depois de discutirem por três minutos, os representantes se juntam novamente às respectivas equipes. Em seguida, as equipes têm três minutos, como anteriormente, para tomar suas decisões. Quando registrarem seus pontos, as equipes devem ser lembradas de que somente nessa rodada os pontos indicados no cronograma de recompensas valerão o dobro.
6. (8-10 min) A 4ª, 5ª e 6ª Rodadas serão conduzidas da mesma maneira que as três primeiras.
7. (6 min) A 7ª Rodada é uma rodada especial, na qual os pontos de recompensa devem ser elevados ao quadrado (multiplicados por eles próprios: por exemplo, 4 pontos valerão $4^2 = 16$). Se houver sinal negativo, ele deve ser mantido: por exemplo, $-(3)^2 = -9$. Os representantes das equipes se reúnem por três minutos; em seguida, as equipes se reúnem por três minutos. Ao sinal do instrutor, as equipes anotam suas opções; em seguida, são divulgadas as escolhas das duas equipes.
8. (6 min) A 8ª Rodada é exatamente igual à 7ª Os pontos de recompensa são elevados ao quadrado.
9. (10-20 min) Será anunciado o total de pontos de cada equipe, e será calculada a soma dos totais das duas equipes e comparada com os resultados máximos positivo ou negativo (+108 ou −108 pontos).

Folha de Registros "Dilema dos Prisioneiros"

Instruções: Por 10 rodadas sucessivas, a equipe Vermelha escolherá A ou B e a Azul, X ou Y. A pontuação de cada equipe em uma rodada é determinada pelo padrão das escolhas de ambas as equipes, de acordo com a lista a seguir.

Lista de Recompensas:

AX – As duas equipes recebem 3 pontos.
AY – A equipe Vermelha perde 6 pontos; a Azul ganha 6 pontos.
BX – A equipe Vermelha ganha 6 pontos; a Azul perde 6 pontos.
BY – As duas equipes perdem 3 pontos.

Cartão de Pontuação

		Opção		Pontos Cumulativos	
Rodada	**Minutos**	**Equipe Vermelha**	**Equipe Azul**	**Equipe Vermelha**	**Equipe Azul**
1ª	3				
2ª	3				
3ª	3 (reps.) 3 (equipes)				
4ª	3				
5ª	3				
6ª*	3 (reps.) 3 (equipes)				
7ª**	3 (reps.) 3 (equipes)				
8ª**	3 (reps.) 3 (equipes)				

*Os pontos de recompensas valem o dobro nessa rodada. **Os pontos de compensação são elevados ao quadrado nessa rodada. (Manter o sinal negativo.)

FONTE: DOROTHY, Hai. Prisioner's dilemma. *Organizational behavior:* experiences and cases.

14.2 Exercício em Grupo do Golpe do Cheque de Viagem

INSTRUÇÕES

1. (3 min) O grupo escolhe um observador. O observador permanece em silêncio durante o processo de solução do problema pelo grupo, registrando as atividades do grupo no Formulário de Registro do Observador.
2. (15 min) Os componentes do grupo lêem o problema a seguir e começam a solucioná-lo.
3. (2 min) Quando o grupo chegar a uma solução para o problema com a qual todos os componentes concordam, a resposta será anotada em um papel e entregue ao instrutor.
4. (5 min) O observador relata resumidamente ao grupo suas observações sobre o processo de solução do problema anotadas durante o exercício.
5. (25 min) O pequeno grupo discute os seguintes tópicos:
   a. O grupo decidiu qual seria o processo de solução do problema a ser adotado antes de tentar solucionar o problema? Se sim, qual foi?
   b. A solução do problema foi prejudicada de alguma forma pela falta de um processo de solução apropriado e de consenso do grupo? Explique.
   c. Quais foram os líderes do grupo durante o exercício? O que eles fizeram? Faça uma análise crítica das atividades de liderança deles.
   d. Durante o exercício, quais foram os padrões de comunicação utilizados pelo grupo? Quem participou mais? Quem participou menos? Descreva os comportamentos individuais.
   e. O grupo solucionou o problema? Quantos membros do grupo descobriram a resposta certa por conta própria?
   f. A utilização do grupo para solucionar esse problema foi melhor do que atribuí-lo a apenas uma pessoa? Explique o raciocínio da sua resposta.

O CASO DE MICKEY, O GOLPISTA

Mickey, o Golpista, famoso batedor de carteiras e falsificador, gostava de trabalhar no Aeroporto Internacional de Los Angeles em dias bem movimentados. Sua técnica era escolher as vítimas de aparência abastada e bater suas carteiras um pouco antes de elas embarcarem nos aviões com destino à costa leste dos Estados Unidos. Assim, ele tinha cinco horas para usar os cartões de crédito roubados antes que os donos pudessem registrar o roubo.

Uma manhã, Mickey roubou uma carteira recheada de um viajante e saiu do aeroporto para examinar o fruto do roubo. Para sua surpresa, ele não encontrou nenhum cartão de crédito, mas US$ 500 em cheques de viagem. Depois de 20 minutos treinando, Mickey conseguiu falsificar perfeitamente a assinatura da vítima. Em seguida, foi para uma grande loja de departamentos onde todos os ternos estavam sendo vendidos por 75% do preço normal. Mickey comprou um por US$ 225 e pagou com US$ 300 em cheques de viagem roubados. Depois que o vendedor que o atendeu saiu para almoçar, ele comprou outro terno por US$ 150 e pagou com os restantes US$ 200 de cheques de viagem. Mais tarde, Mickey trocou as etiquetas dos dois ternos e, usando o recibo do terno de US$ 225, devolveu o de US$ 150 no guichê central de devoluções e solicitou reembolso. O funcionário do setor de devoluções pegou o terno e deu a Mickey 11 notas de US$ 20, que ele enfiou no bolso e saiu.

Quando a loja de departamentos depositou os cheques roubados, eles foram devolvidos sob a alegação de serem falsificados. Supondo que a loja normalmente venda os ternos pelo dobro do preço de atacado e use 10% das vendas como valor de custo fixo, qual foi o valor nominal do prejuízo da loja por causa do golpe de Mickey? Nos cálculos, não compute os impostos.

RELATÓRIO DO OBSERVADOR DO EXERCÍCIO DO GOLPE DO CHEQUE DE VIAGEM

1. O que aconteceu nos primeiros minutos quando o grupo se reuniu depois que os componentes terminaram de ler o problema? (Liste os comportamentos de componentes específicos do grupo.)
2. Identifique o papel desempenhado no grupo por componente durante o exercício. Exemplifique o comportamento de cada um.
3. Houve algum conflito dentro ou entre os membros do grupo durante o exercício? Explique a natureza do conflito e o comportamento das pessoas envolvidas.
4. Como as decisões foram tomadas no grupo? Dê exemplos específicos.
5. De que forma o grupo poderia melhorar sua habilidade de solucionar problemas?

Capítulo 15

Comunicação

"O maior problema individual com a comunicação é a ilusão de que ela tenha ocorrido."

— G. B. Shaw

RESUMO DO CAPÍTULO

Comunicação Interpessoal
- Comunicação de Via Única *versus* Comunicação de Mão Dupla
- Armadilhas da Comunicação
- Sinais Ambíguos e Percepção Equivocada
- Canais Verbais e Escritos
- Mídia Eletrônica
- Riqueza da Mídia

Como Melhorar as Habilidades de Comunicação
- Melhorando suas Habilidades Como Emissor
- Habilidades Não-verbais
- Melhorando Suas Habilidades Como Receptor

Comunicação Organizacional
- Comunicação Descendente
- Comunicação Ascendente
- Comunicação Horizontal
- Comunicação Informal
- Inexistência de Barreiras

OBJETIVOS DE APRENDIZAGEM

Após estudar este Capítulo, você deverá saber:

1. As importantes vantagens da comunicação de mão dupla.
2. Problemas de comunicação que devem ser evitados.
3. Quando e como utilizar os vários canais de comunicação.
4. Formas para se tornar melhor "emissor" e "receptor" de informação.
5. Como melhorar os fluxos de comunicação ascendente, descendente e horizontal.
6. Como trabalhar com a rede de comunicação informal (*grapevine* ou rádio-peão) da companhia.
7. As vantagens e características de uma organização sem barreiras.

Prólogo

DAVID NEELEMAN DA JETBLUE

Quando o CEO da JetBlue, David Neeleman, caminha ao longo do terminal, os agentes emissores de passagens o saúdam com um "Olá, David!". Neeleman conversa constantemente com seus funcionários, muitos dos quais (há milhares deles) conhece pelo nome. Ele pergunta sobre seus trabalhos e famílias.

Neeleman costumava receber avisos caso qualquer avião estivesse um minuto sequer atrasado, até o presidente e COO, Dave Barger, adverti-lo, salientando que isso se tratava de excesso de informações, e fazê-lo parar. Mas ele ainda verifica o site da JetBlue na Internet para certificar-se de que as coisas certas são comunicadas aos consumidores potenciais. Realiza chamadas telefônicas para verificar o que está sendo feito para os passageiros cujos vôos estão atrasados, ele telefona a uma comissária de bordo que se sentiu indisposta em um vôo para assegurar-se de que ela já esteja sentindo-se melhor.

Quando em um avião, anda pelos corredores conversando com as pessoas a bordo. Ele coleciona seus cartões de negócio. E pergunta às pessoas do que elas gostam e não gostam e anota todas as sugestões.

Neeleman e Dave Barger dedicam o maior tempo possível às linhas de frente do negócio, em vez de ficarem no escritório. Ambos comparecem a quase todas as palestras de boas-vindas para funcionários recém-contratados. Eles mantêm encontros mensais, do tipo Perguntas e Respostas, com os empregados. E também se certificam de visitar todas as cidades, trimestralmente, e trabalhar em conjunto com os membros das equipes. David Neeleman acredita que os melhores líderes praticam liderança servidora — auxiliando outros a executar melhor suas atividades.

FONTES para o Prólogo, Conexões e Epílogo: SALTER, C. And now the hard part. *Fast company*, p. 66-75, maio 2004; ZELLNER, W. Is JetBlue's flight plan flawed? *BusinessWeek*, p. 72-75, 16 fev. 2004.

A comunicação efetiva é um aspecto fundamental do desempenho profissional e da eficácia gerencial.[1] Neste capítulo, serão apresentados importantes conceitos de comunicação e algumas dicas práticas para você melhorar sua eficácia. Discutiremos tanto a comunicação interpessoal quanto a organizacional.

Comunicação Interpessoal

comunicação

A transmissão de informação e de seu significado de uma parte para outra com o uso de símbolos compartilhados.

Comunicação é a transmissão de informação e de seu significado de uma parte para outra com o uso de símbolos compartilhados. A Figura 15.1 mostra um modelo geral de como uma pessoa comunica-se com outra.

O *emissor* inicia o processo ao transmitir a informação ao *receptor* — para quem se destina a mensagem. O emissor possui um *significado* que ele ou ela deseja comunicar e o *codifica* na forma de símbolos (por exemplo, as palavras escolhidas para a mensagem). Então, o emissor *transmite*, ou envia, a mensagem através de algum *canal*, como um meio verbal ou escrito.

O receptor *decodifica* a mensagem (por exemplo, a lê) e tenta *interpretar* o significado pretendido pelo emissor. O receptor pode fornecer *feedback* ao emissor por meio da codificação de uma mensagem como resposta à do emissor.

O processo de comunicação normalmente é dificultado pelo *ruído* — ou interferência — no sistema, o que impede a perfeita compreensão da mensagem. O ruído pode ser caracterizado como qualquer coisa que interfira com a comunicação precisa: toques de telefone, pensamentos sobre outras coisas ou simples fadiga e estresse.

comunicação de mão única (unidirecional)

Processo no qual a informação flui em uma única direção — do emissor para o receptor, sem *feedback*.

comunicação de mão dupla (bidirecional)

Processo no qual a informação flui nos dois sentidos — o receptor proporciona o *feedback* e o emissor é receptivo a esse *feedback*.

O modelo da Figura 15.1 é mais do que um simples tratamento teórico do processo de comunicação. Ele aponta as formas principais pelas quais esse processo pode ser interrompido. Falhas podem ocorrer em qualquer estágio do modelo. Um gerente que esteja alerta aos problemas potenciais poderá realizar cuidadosamente cada etapa para assegurar uma comunicação mais efetiva. O modelo também ajuda a explicar os próximos tópicos a serem discutidos: as diferenças entre os modelos de comunicação de via única e de mão dupla, as armadilhas da comunicação, a percepção equivocada e os vários canais de comunicação.

Comunicação de Mão Única *versus* Comunicação de Mão Dupla

Na **comunicação de mão única (unidirecional)**, a informação flui em uma única direção — do emissor para o receptor, sem *feedback*. Um gerente envia uma mensagem para um subordinado sem ele solicitar uma resposta. Um chefe transmite uma ordem por telefone. Um pai censura seu filho e, então, deixa furiosamente o recinto.

Quando os receptores respondem aos emissores — a pessoa A torna-se o emissor e a pessoa B, a receptora —, ocorre a **comunicação de mão dupla (bidirecional)**. A comunicação de via única das situações anteriormente descritas pode transformar-se em uma comunicação de mão dupla caso o gerente faça o acompanhamento de seu memorando com uma chamada telefônica para questionar seu interlocutor sobre eventuais dúvidas; o chefe, ao telefone, escute sugestões alternativas para a execução de suas ordens; e o pai acalme-se para ouvir a versão do seu filho da história.

Não espere alcançar resultados sem se comunicar de forma eficaz em todas as direções possíveis.

A verdadeira comunicação de mão dupla é aquela na qual o receptor não somente proporciona alguma forma de retorno, mas também o emissor é receptivo a esse retorno. Nesse intercâmbio construtivo, a informação é compartilhada entre as partes, em vez de apenas ser entregue de uma pessoa para outra.

FIGURA 15.1
Um Modelo de Comunicação de Via Única

A comunicação de via única é muito mais comum do que deveria ser, por causa da sua rapidez e facilidade para o emissor. O executivo ocupado acredita ser mais fácil apenas distribuir um memorando do que discuti-lo com seu subordinado. Além disso, ele não tem de enfrentar questionamentos ou ser desafiado por alguém que discorde da sua posição.

A comunicação de mão dupla é mais difícil e demanda mais tempo do que a comunicação de via única. No entanto, ela é mais precisa, pois ocorrem menos erros e surgem menos problemas. Os receptores têm uma chance para formular questões, compartilhar suas preocupações e fazer sugestões ou modificações e, conseqüentemente, compreendem de forma mais precisa o que é comunicado e o que deve ser feito com a informação.[2]

Um exemplo de comunicação de via única é o recebimento de um "bilhete azul" (aviso de demissão) por um empregado, dado pelo gerente sem advertência prévia. Por que você acredita que essa não é melhor forma de comunicação?

Armadilhas da Comunicação

A mensagem pretendida pelo emissor nem sempre "chega" corretamente ao receptor. Alguém que acredite haver uma correlação perfeita entre o que é dito e o que as pessoas ouvem está, com certeza, bastante iludido.[3]

Erros podem ocorrer em todas as etapas do processo de comunicação. No processo de codificação, palavras podem ser utilizadas equivocadamente, pontuação decimal pode ser colocada nos lugares errados, fatos podem ser ignorados, ou frases ambíguas podem ser inseridas. Na etapa de transmissão, um memorando pode perder-se sobre uma mesa congestionada, palavras no monitor podem ser muito pequenas para serem lidas do fundo da sala, ou as palavras podem ser ditas com inflexões ambíguas.

Os problemas de decodificação surgem quando o receptor não ouve cuidadosamente, ou lê de forma muito rápida, e perde um ponto essencial. Os receptores, certamente, também podem interpretar de maneira equivocada a mensagem, na medida em que um leitor chega a conclusões erradas a partir de um memorando impreciso, um ouvinte interpreta uma declaração geral do seu chefe de maneira muito pessoal, ou um olhar atravessado é interpretado de maneira inadequada.

De forma mais geral, os processos de percepção e filtragem das pessoas produzem interpretações equivocadas. O termo **percepção** descreve o processo relativo ao recebimento e à interpretação da informação. Como você deve saber, tais processos não são perfeitamente objetivos. Eles são subjetivos, uma vez que as motivações inerentes aos indivíduos e suas atitudes em relação ao emissor criam interpretações tendenciosas. As pessoas normalmente assumem que os outros compartilham suas visões, e, naturalmente, prestam mais atenção às suas próprias visões do que às alheias.[5] Mas diferenças de percepção colocam-se no caminho do consenso. Pode ser muito útil enxergar as opiniões das outras pessoas como legítimas e incorporar as perspectivas dos outros à própria interpretação de problemas.[6] Geralmente, a adoção dos pontos de vista de outras pessoas é fundamental para o trabalho colaborativo. Além disso, a capacidade em empregar as perspectivas de outras pessoas — ou seja, compreender verdadeiramente os pontos de vista de consumidores ou fornecedores — poderá resultar em melhores avaliações de desempenho.[7]

percepção

O processo de receber e interpretar informações.

filtragem

O processo de reter, ignorar ou distorcer informações.

A **filtragem** é o nome dado ao processo de reter, ignorar ou distorcer informações. Os emissores fazem isso quando, por exemplo, dizem aos chefes exatamente aquilo que acreditam que seus chefes desejam ouvir, ou apresentam saudações protocolares no lugar de críticas honestas. Os receptores também filtram informação; eles podem falhar em reconhecer uma mensagem importante, ou podem prestar atenção em alguns aspectos da mensagem em detrimento de outros.

Durante uma entrevista para trabalhar em uma importante churrascaria, um *chef* respondeu perfeitamente a todas as perguntas até o proprietário da casa perguntar: "O que você sabe sobre mim (*me* em inglês, que se pronuncia "mi")"? Sem conhecer o proprietário, ele respondeu "Quase nada". Fim da entrevista. O *chef* já havia saído do restaurante e seguiu andando quando lhe ocorreu que a pergunta que ele havia feito era "O que você sabe sobre carnes (meat em inglês, que se pronuncia "mit" com o som do "t" praticamente mudo)"?

A filtragem e a percepção subjetiva permeiam um aspecto interessante da dinâmica da comunicação: a maneira como os homens e as mulheres distinguem-se nos seus estilos de comunicação. Uma gerente de uma revista que tencionava transformar em questões as descrições das tarefas que havia distribuído entre seus repórteres — "O que você acharia de executar o projeto X juntamente com o indivíduo Y?" e "Estou pensando em colocá-lo no projeto X, tudo bem para você?" — foi criticada por seu chefe, um homem, que ressaltou que ela não assumira a atitude correta diante de seus funcionários.[8] Em outro caso, a proprietária de um negócio de varejo solicitou a um de seus gerentes de loja que executasse determinada atividade da seguinte forma: "A contadora necessita de ajuda com o faturamento. Como você se sentiria em relação a ajudá-la?". Ele respondeu que se sentiria bem, mas não a ajudou. A chefe pensou que ele

Vantagens da Colaboração

Ser capaz de enxergar os pontos de vista de outra pessoa é um dos pontos mais importantes da colaboração efetiva.

Perguntas e Respostas com o Presidente

O presidente dos Estados Unidos, George W. Bush, tem participado de menos entrevistas coletivas do que seus antecessores. Com oportunidades tão raras, os repórteres tentam obter os melhores resultados possíveis quando têm uma chance de comunicar-se diretamente com ele.

O objetivo dos repórteres é a formulação de boas questões que sejam respondidas especificamente, que possam ser caracterizadas como informativas ou controversas e que possam "virar notícia" (colocá-las na TV ou nas primeiras páginas de jornais e revistas). Os jornalistas querem que o presidente Bush comente sobre as escolhas que tenha feito, explore alternativas que poderiam ter sido escolhidas, ou dê alguma luz sobre como ele toma suas decisões.

O objetivo do presidente Bush é ser disciplinado: ser breve e manter-se em torno de uma mesma "mensagem", freqüentemente repetindo afirmações que já haviam sido feitas anteriormente.

Os repórteres desenvolveram opiniões sobre os tipos de questões que conseguirão as melhores e as piores respostas. Muitos já sabem que um discurso hostil tem pouca chance de auxiliar no esclarecimento das notícias porque o presidente permanecerá calado e seguirá em frente. Vários repórteres compartilham suas idéias acerca de como dirigir-se ao presidente.

John King, da CNN, afirma tratar-se de um erro de iniciante formular questões sobrepostas, as quais o presidente pode escolher apenas partes para responder. King certifica-se de que suas questões tenham apenas um elemento, no máximo dois.

O objetivo de John Dickerson, da revista *Time*, é fazer que o presidente pense em voz alta. Ele considera "como Bush poderá reagir, o que poderá calá-lo, o que poderá aborrecê-lo e o que poderá parecer uma armadilha para ele". Dickerson afirma: "Há muitas dificuldades de se lidar com um presidente que, particularmente, não gosta da imprensa e acredita que estamos ali apenas para 'desfilar como um pavão', conforme declara ele".

John Roberts, da CBS Notícias, ressalta que o presidente utiliza olhares de reprovação para censurar quaisquer questões que não deseja responder. "Tudo faz parte de um regime de controle de mensagens da Casa Branca, mas não se trata de um assunto sobre o qual a Assessoria de Imprensa da Casa Branca deva ignorar ou 'fingir-se de morta'."

Terry Moran, da ABC Notícias, alerta: "Não se deixe intimidar. Não se deixe seduzir. Bush gosta de tentar fazer as duas coisas. Apenas lembre-se de que ele é um servidor público e faz parte do trabalho dele responder às suas questões (...) Questões focadas, fortes e diretas funcionam melhor com Bush — quanto mais curta, melhor (...) Ele responde de forma severa a desafios severos. Ele oferece melhores respostas a questões baseadas em fatos do que a convites para comentar ou refletir sobre eventos ou políticas".

O presidente Bush divertiu-se com David Gregory, da NBC, durante uma entrevista coletiva com o presidente Jacques Chirac, da França, quando Gregory formulou para Bush uma questão em francês. Ann Compton, da ABC Notícias, ressalva: "As questões feitas ao presidente Bush obtêm as melhores respostas quando são duras, mas respeitosas. E nunca em francês".

FONTE: ALLEN, M. Next question. *The Washington Post,* 1º dez. 2004, p. C1-C8.

Qualquer situação interpessoal tem o potencial para produzir erros de percepção, de filtragem e outras falhas de comunicação.

havia dito que realizaria a tarefa, porém, ele explicou que se havia manifestado somente sobre como se sentiria em ajudar. Ele decidiu que tinha coisas mais importantes para fazer.[9]

Em virtude da filtragem e das diferenças de percepção, não há como assumir que a outra pessoa entenda exatamente aquilo que você pensa que ela entende, ou que compreenda os significados que se pretendem transmitir. Os gerentes necessitam superar-se na leitura de interações e no ajuste de seus estilos de comunicação e percepções às pessoas com as quais têm de interagir.[10] A tendência dos seres humanos de filtrar e perceber subjetivamente representa a base da maior parte das deficiências de comunicação e da necessidade de práticas comunicativas mais eficazes, temas sobre os quais se lerá no restante deste capítulo.

Sinais Ambíguos e Percepção Equivocada

Um ponto comum sobre o qual se baseia a discussão até o momento é que a percepção das pessoas pode dificultar as tentativas de comunicação. As pessoas não prestam atenção a tudo o que se passa no seu entorno. Elas enviam, inadvertidamente, sinais ambíguos que podem impedir a compreensão desejada das mensagens. Indivíduos diferentes prestam atenção a coisas distintas, e todos interpretam a mesma coisa de formas diferentes. Tudo isso cria problemas na comunicação.

Se a comunicação tiver lugar entre membros de diferentes culturas, a dimensão desses problemas será aumentada.[11] As "falhas" de comunicação podem freqüentemente ocorrer quando transações comerciais acontecem entre pessoas de diferentes países. O Capítulo 6 introduziu a importância dessas questões culturais. O Quadro 15.1 oferece sugestões para a comunicação efetiva com alguém que fale outra língua.

O próximo exemplo esclarece mais detalhadamente a operação de sinais ambíguos e percepção equivocada. O CEO de um banco tinha conhecimento de que, para ser competitivo, teria de reduzir o tamanho de sua organização; e os empregados que permanecessem teriam de comprometer-se com o atendimento aos clientes, deveriam tornar-se mais independentes e necessitariam *conquistar*, de verdade, a confiança dos clientes.[12] Ciente de que seus empregados teriam dúvidas e preocupações sobre essa nova organização, ele decidiu prometer-lhes que faria o melhor possível para garantir os empregos dos funcionários remanescentes.

Quais foram os sinais que o CEO comunicou ao seu pessoal por meio dessas promessas? Um sinal positivo foi o de que ele se importava com seu pessoal. Mas o CEO também ressalvou que *ele* tomaria conta *deles*, enfraquecendo, assim, seu objetivo de dotá-los de mais responsabilidade e de torná-los independentes. Os empregados desejavam uma administração que assumisse responsabilidade pelas mudanças comerciais que *eles* precisassem enfrentar — lidar com as coisas para eles, quando *eles* precisassem aprender novas formas de fazer negócios. Inadvertidamente, o CEO falou sobre a antiga necessidade

Comportamento Verbal
• *Discurso claro, cadenciado.* Enuncie cada palavra. Não use expressões coloquiais.
• *Repetição.* Repita todas as idéias relevantes, utilizando diferentes palavras para explicar o mesmo conceito.
• *Sentenças simples.* Evite sentenças longas e compostas.
• *Verbos na voz ativa.* Evite verbos na voz passiva.
Comportamento Não-verbal
• *Reafirmações visuais.* Utilize o maior número possível de reafirmações visuais, como fotos, gráficos, tabelas e *slides*.
• *Gestos.* Use mais expressões faciais e gestos para enfatizar o significado das palavras.
• *Demonstrações.* Faça encenações sobre os temas sempre que for possível.
• *Pausas.* Realize pausas com mais freqüência.
• *Resumos.* Distribua resumos escritos de sua apresentação verbal.
Interpretação Precisa
• *Silêncio.* Quando há silêncio, espere. Não se apresse para preencher o silêncio. A outra pessoa provavelmente está apenas pensando em língua não-nativa ou traduzindo.
• *Inteligência.* Não associe gramática deficiente ou pronúncia inadequada à falta de inteligência; normalmente trata-se de uso não-nativo da língua.
• *Diferenças.* Se estiver em dúvida, opte pela diferença, não pela similaridade.
Compreensão
• *Entendimento.* Não assuma, apenas, que eles estão compreendendo; assuma que eles não compreendem.
• *Verificação de compreensão.* Faça que seus colegas repitam seu entendimento sobre o material para você. Não pergunte simplesmente se eles compreenderam ou não. Deixe-os explicar para você o que conseguiram entender.
Estrutura
• *Intervalos.* Faça intervalos regulares. A compreensão em uma segunda língua é exaustiva.
• *Módulos pequenos.* Divida o material a ser apresentado em módulos pequenos.
• *Maiores espaços de tempo.* Destine mais tempo para cada módulo em relação ao tempo que você utilizaria para apresentar o mesmo material para indivíduos que falam sua língua nativa.
Motivação
• *Encorajamento.* Encoraje de forma verbal e não-verbal e estimule a participação verbal de participantes não-nativos.
• *Indução.* Induza, explicitamente, os participantes passivos e marginais a tomarem parte na apresentação.
• *Reforço.* Não constranja participantes que tenham aprendido sua língua apenas recentemente.

QUADRO 15.1

O que Fazer se Eles não Falam a Minha Língua?

FONTE: ADLER, N. *International dimensions of organizational behavior*. Copyright © 1986. Reimpresso com a permissão de South-Western College Publications, uma divisão da Thomson Learning.

deles de segurança, quando o que desejava era fazê-los enxergar que o futuro do banco dependia dos esforços *dos empregados*.

Considere quantos problemas poderiam ser evitados — e quão mais eficaz a comunicação poderia ser — caso as pessoas reservassem algum tempo para 1) certificar-se de que os receptores estão atentos à mensagem que está sendo transmitida; 2) considerar o quadro de referência da outra parte e tentar transmitir a mensagem com esse ponto de vista em mente; 3) empreender ações concretas para minimizar erros e sinais impróprios, tanto durante o envio quanto no recebimento; e 4) enviar mensagens *consistentes*. Você deveria esforçar-se para prever a interpretação que as demais pessoas dariam às suas mensagens e pensar acerca das formas pelas quais elas poderiam *interpretar equivocadamente* sua mensagem. O que poderia auxiliar nesse sentido seria dizer não somente aquilo que se deseja, mas também aquilo que *não* se deseja. Todas as vezes em que alguém diz: "Eu não estou dizendo *X*, estou dizendo *Y*", elimina uma possível interpretação equivocada.[13]

Canais Verbais e Escritos

Uma comunicação pode ser enviada por uma variedade de canais (etapa 3 do modelo da Figura 15.1), incluindo as formas verbal, escrita e eletrônica. Cada um dos canais possui vantagens e desvantagens.

A *comunicação verbal* inclui discussões "cara a cara", conversações telefônicas, apresentações formais e discursos. Entre suas vantagens podemos citar: a possibilidade de questões poderem ser perguntadas e respondidas, o *feedback* ser imediato e direto; o receptor poder perceber a sinceridade do emissor (ou sua ausência); e o fato de a comunicação verbal ser mais persuasiva e, algumas vezes, menos dispendiosa do que a comunicação escrita. A comunicação verbal, no entanto, também possui desvantagens. Ela pode levar-nos a declarações espontâneas e negligentes (e também ao arrependimento), ao mesmo tempo em que não deixa registros permanentes de sua ocorrência (salvo haja algum esforço para registrá-la).

A *comunicação escrita* inclui memorandos, cartas, relatórios, arquivos de computador e outros documentos escritos. As vantagens da utilização de mensagens escritas compreendem: a possibilidade de uma mensagem ser revisada diversas vezes; a oportunidade de arquivá-la como um registro permanente; a manutenção de sua forma original, mesmo após ter sido distribuída entre diversas pessoas; e o fato de o receptor possuir mais tempo para analisá-las. Entre as desvantagens estão: a impossibilidade de o emissor ter controle sobre quando, onde ou se a mensagem é lida; a ausência de um *feedback* imediato para o emissor; a possibilidade de o receptor não compreender partes da mensagem; e o fato de a mensagem ter de ser mais longa para conter informações suficientes para responder a questões que possam ser antecipadas.[14]

Deve-se ponderar essas considerações ao se decidir pela comunicação verbal ou escrita. Adicionalmente, utilizar ambos os canais em algumas oportunidades, como o acompanhamento de uma reunião mediante um memorando de confirmação ou o envio de uma carta para preparar alguém para o recebimento de uma futura chamada telefônica.

Mídia Eletrônica

Uma categoria essencial dos canais de comunicação é a da mídia eletrônica. Os gestores utilizam computadores não somente para reunir e distribuir dados quantitativos, mas também para "conversar" eletronicamente com outras pessoas. Em salas de reunião virtuais, um *software* proporciona acesso simultâneo a arquivos compartilhados e permite que as pessoas dividam suas opiniões e trabalhem coletivamente.[15] Outras formas de comunicação eletrônica incluem a *teleconferência*, na qual grupos de pessoas, em diferentes locais, interagem em chamadas telefônicas e talvez até possam se ver, através de monitores de televisão, enquanto participam dos grupos de discussão (*videoconferência*). Além disso, já há grande familiaridade com e-mails, serviços de mensagens instantâneas e *blogs*.

Muitas companhias utilizam serviços de mensagem instantânea, embora várias pessoas o façam sem o consentimento de seus chefes e, às vezes, para uso pessoal. Algumas empresas têm a esperança de que seus empregados não os utilizem e, muitas vezes, fazem "vista grossa" (elas estão erradas, é claro), enquanto outras os banem completamente.[16] Apesar disso, o uso de mensagens instantâneas logo superará o de e-mails.[17]

O emprego de *blogs* — a colocação de textos em sites na Internet — também chegou ao mundo dos negócios. Jonathan Schwartz, presidente e CEO da Sun Microsystems, pode ter sido o primeiro alto executivo a adotar o uso de *blogs* e estimulá-lo entre seus empregados. Ele acredita que os gerentes necessitam tanto de e-mails quanto de *blogs* para serem eficientes.

Vantagens As *vantagens* da comunicação eletrônica são numerosas e cruciais. Dentro das companhias, as vantagens incluem o compartilhamento de informações, a velocidade e a eficiência na distribuição, em larga escala, de mensagens de rotina a vários grupos de pessoas ao longo de vastas áreas geográficas. Isso pode reduzir o tempo gasto com viagens, conversas e fotocópias. Adicionalmente, é mais barato. A Alcoa reduziu seus custos fixos em mais de US$ 1 bilhão após instalar um sistema que permite o gerenciamento em tempo real — ou seja, a tomada imediata de decisões, baseada na precisão de informações comunicadas "ao vivo", no momento em que elas ocorrem.[18]

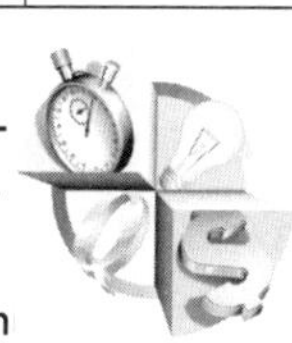

Imagine o tempo que se gastaria se não existisse comunicação eletrônica: imagine quanto poderia ser economzado se a companhia e as pessoas que nela trabalham procurassem e usassem as alternativas mais econômicas de comunicação.

Algumas companhias, incluindo a Boeing, usam um software para *brainstorming*, que permite contribuições anônimas, presumindo-se que isso acrescente mais honestidade às discussões internas. Algumas pesquisas indicam um aumento de compartilhamento de

O e-mail é uma das formas mais convenientes de comunicação, mas quais são algumas de suas armadilhas? Com que freqüência, você já enviou um e-mail, profissional ou pessoal, e descobriu que alguém interpretou de forma equivocada sua mensagem?

dados e de argumentação crítica, e, conseqüentemente, de decisões qualitativamente mais elevadas, com o sistema de suporte à decisão em grupo, em relação ao encontrado nos contatos "cara a cara".[19] O anonimato, no entanto, também oferece grande potencial para mentiras, boatos, insultos, ameaças, assédio e a divulgação de informações confidenciais.[20]

Desvantagens As *desvantagens* da comunicação eletrônica incluem a dificuldade para a solução de problemas complexos que exijam uma interação "cara a cara" mais ampla e extensa, e a incapacidade de captar indicações sutis, não-verbais, ou inflexões verbais sobre o que o comunicador esteja pensando ou transmitindo. No processo de barganha on-line — mesmo antes de seu início —, os negociadores têm mais desconfiança em relação aos seus opositores do que nas negociações presenciais. Após as negociações (em comparação às negociações "cara a cara"), as pessoas normalmente estão mais insatisfeitas com seus resultados, mesmo quando os resultados são economicamente equivalentes.[21]

Embora as organizações dependam significativamente da comunicação auxiliada por computadores para a tomada de decisões em grupo, grupos presenciais geralmente levam menos tempo, tomam decisões qualitativamente melhores e geram mais satisfação para seus membros.[22] O e-mail (correio-eletrônico) é a forma mais apropriada para o envio de mensagens de rotina que não demandem o intercâmbio de grandes quantidades de informação complexa. Ele é menos indicado para troca de informações confidenciais, solução de conflitos ou negociações.[23]

As mensagens instantâneas, da mesma forma, podem auxiliar as pessoas a trabalhar, conjuntamente, de maneira mais produtiva. Mas elas também proporcionam a possibilidade do vazamento de informações sensíveis. As companhias preocupam-se com vazamentos e propaganda negativa, de forma que podem solicitar aos seus empregados que concordem com diretrizes específicas antes de eles iniciarem seus *blogs*. Eis o resumo da história para a maior parte dos gerentes: ler o conteúdo dos *blogs* é mais importante do que escrevê-los.[24]

Uma conseqüência inevitável da comunicação eletrônica é a "queimação": lançar insultos, enviar mensagens ofensivas (*nastygrams*), externar frustrações, delatar colegas de trabalho para os superiores e quaisquer outras formas de violação de regras.[25] Os e-mails oferecem uma oportunidade às pessoas para que digam o que normalmente não diriam pessoalmente. A ausência de indicadores não-verbais pode fazer que declarações "despretensiosas" sejam tomadas como seriamente ofensivas, produzindo ressentimento e arrependimento. Não se trata de algo inédito o fato de que mensagens confidenciais, incluindo detalhes sobre a vida privada das pessoas e comentários embaraçosos, tenham sido tornadas públicas por meio de vazamentos eletrônicos.

Há outros aspectos negativos da comunicação eletrônica que devem ser conhecidos, por causa da sua importância.[26] Diferentes pessoas e, algumas vezes, diferentes unidades de trabalho ligam-se a variados canais de comunicação como seu meio escolhido. Uma unidade de engenharia, por exemplo, pode utilizar essencialmente e-mails, mas um grupo de *design* poderá empregar basicamente *voice mail* e faxes e negligenciar os e-mails.[27] Outra desvantagem é que as mensagens de e-mail são monitoradas ou vistas inadvertidamente por outras pessoas que não aquelas originalmente indicadas como destinatárias. O ato de deletar mensagens não as destrói; elas são armazenadas em outro lugar. Os receptores podem encaminhá-las a outras pessoas, à revelia do emissor original. Elas também podem ser utilizadas em processos judiciais para acusar indivíduos ou empresas. As mensagens de e-mail são de propriedade particular — porém, elas são propriedades particulares do proprietário do sistema, não do emissor.[28]

Gerenciamento do Universo Eletrônico A mídia para comunicação eletrônica parece ser tão essencial nos dias de hoje que as pessoas perguntam-se como pudemos trabalhar sem elas. Mas o grande volume de comunicação pode ser impressionante.[29]

Felizmente, algumas poucas regras básicas podem ajudar nas comunicações eletrônicas.[30] Para o problema de excesso de informações eletrônicas, o desafio é separar o que é verdadeiramente importante daquilo que pertence à rotina. Gerentes eficazes encontram tempo para pensar acerca das questões mais importantes do negócio e não se detêm excessivamente na resposta de mensagens aparentemente urgentes, mas que se tratam, de fato, de mensagens triviais. O essencial, nesse caso, é pensar estrategicamente sobre os objetivos, identificar as coisas que são mais importantes e priorizar o tempo em torno desses objetivos. Obviamente, isso é algo sobre o qual é mais fácil falar do que fazer, mas é essencial e pode ajudar. Dessa forma, a pessoa poderá adotar soluções técnicas: softwares que, baseados nas necessidades de informações mais importantes que se consiga identificar, auxiliem a proteger contra a desordem produzida pelas informações eletrônicas.[31]

É preciso ser cuidadoso com as mensagens instantâneas e certificar-se de que elas não sejam acidentalmente enviadas para a pessoa errada e que não apareçam repentinamente durante uma apresentação de Power Point.[32] Eis mais algumas sugestões específicas:[33] ao trabalhar com um e-mail, nunca selecionar a opção "responder a todos" quando se deveria apenas selecionar "responder". Não pensar que um e-mail é seguro e privado: ele não é. Não se referir a um cliente como idiota em um e-mail interno: ele pode ser enviado para o cliente, acidentalmente ou não. Organizar-se por meio da criação de diversas pastas, divididas por assunto, prioridade ou remetente, e indicar com marcas as mensagens que necessitem de acompanhamento. Caso alguém receba uma cópia de alguma mensagem mandada para outra pessoa, não é necessário responder: trata-se apenas de material para informação. E nunca se esquecer de manter conversas pessoais em algumas oportunidades.

> Quando a Monster Cable Products teve as suas caixas de entrada de e-mails abarrotadas, o culpado foi o excesso de e-mails com "lixo" dos funcionários ("Será que alguém pode tomar conta do meu cachorro neste fim de semana?").[34]

Uma regra de ouro dos e-mails (da mesma forma que a regra de transparência descrita no capítulo sobre ética) é a seguinte: nunca selecionar "envie" a menos que se esteja confortável com a exposição do conteúdo dessa mensagem na primeira página de um jornal, o qual será lido pela mãe e pelo maior competidor do emissor.[35] Também não é uma má idéia fazer que um colega leia as mensagens não-rotineiras antes de enviá-las.

Algumas companhias reconhecem os aspectos negativos do emprego desmedido da mídia eletrônica. A GlaxoSmithKline, uma companhia de produtos farmacêuticos baseada na Filadélfia, Estados Unidos, efetua a cobrança de gastos das suas unidades de negócios com base no volume e na extensão dos e-mails. A companhia Computer Associates interrompe seu sistema de e-mail todos os dias por duas horas. Muitas firmas, indivíduos e equipes de trabalho destinam certa quantidade diária de tempo, livres de e-mails e telefones, para trabalharem na execução de tarefas básicas. Eles freqüentemente se referem a esse período como o mais produtivo do dia.[36]

> **escritório virtual**
> Um escritório móvel no qual as pessoas podem trabalhar a partir de qualquer lugar, contanto que possuam as ferramentas para comunicar-se com seus clientes e colegas.

O Escritório Virtual Muitos empreendedores conduzem seus negócios por intermédio de "escritórios" abertos na Internet, utilizando seus computadores para trabalhar de onde quer que estejam. Da mesma forma, grandes companhias como IBM, GE e Chiat/Day estão reduzindo a área de seus escritórios e dotando as pessoas de *laptops* ou poderosos computadores portáteis, softwares de telecomunicações, correio de voz e outras tecnologias de comunicação para que elas possam trabalhar virtualmente, em qualquer lugar, a qualquer hora.[37] Com base na filosofia de que o foco da gestão deve estar naquilo que as pessoas fazem e não onde elas estão, o **escritório virtual** é um escritório móvel no qual se pode trabalhar a partir de qualquer lugar — casa, carro, aeroporto, escritório de clientes — contanto que se possua as ferramentas para comunicar-se com clientes e colegas.[38] Um observador definiu o escritório virtual como "a mais radical redefinição do ambiente de trabalho desde a Revolução Industrial".[39]

No curto prazo, pelo menos, os benefícios parecem substanciais. A Compaq Computer reduziu os custos de vendas e as despesas administrativas de 22% para 12% do seu faturamento. A Perkin-Elmer, que produz equipamento científico, conseguiu fechar 35 escritórios de filiais. Os escritórios móveis permitem ao pessoal de vendas gastar entre 15% e 20% mais tempo com clientes.[40] Além disso, muitas pessoas apreciam a flexibilidade que esse modelo lhes oferece.

Mas qual poderia ser o impacto, no longo prazo, sobre a produtividade e a moral? Nós nos arriscamos a perder muitos "momentos humanos", aqueles encontros autênticos que ocorrem somente quando duas pessoas estão fisicamente juntas.[41] Alguns indivíduos odeiam ser forçados a trabalhar em suas casas. Membros valiosos já se demitiram.

O escritório virtual de hoje em dia pode estar tão próximo quanto o terraço do quintal de sua casa de praia. Essa propaganda da Siemens destaca a capacidade da empresa para ajudá-lo com soluções para o intercâmbio de informações, de telefones celulares a redes de fibra óptica. Quais problemas você acredita que possam ocorrer nos escritórios virtuais, além da ausência de interação associada ao ambiente de escritório?

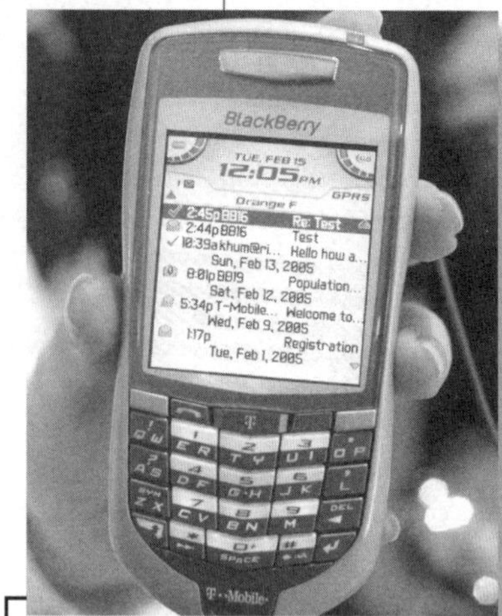

A tecnologia afetou profundamente a comunicação tanto dentro quanto fora do escritório. A companhia Blackberry criou um aparelho portátil que oferece um telefone com três bandas, e-mail, acesso à Internet e mensagens de texto, o qual torna possível a comunicação 24 horas por dia. Que tipo de problemas você acredita que poderão surgir com tais capacidades?

Alguns enviam faxes, e-mails e correios de voz no meio da noite — e outros os recebem. Há pessoas que trabalham freneticamente e, ainda assim, sentem-se como se não estivessem fazendo o bastante. O número excessivo de horas passadas próximas às ferramentas de trabalho pode causar estafa. Além disso, algumas companhias estão descobrindo que a supervisão direta no escritório é necessária para a manutenção da qualidade do serviço, especialmente quando os empregados são inexperientes e necessitam de orientação. O presidente de uma companhia afirma: "Na medida em que eu separo meus supervisores das pessoas as quais eles deveriam formar, torno mais difícil a possibilidade de que ocorra um *coaching* eficaz".[42]

O "escritório virtual" mostrou seu valor em 2001, nos Estados Unidos, em virtude da capacidade de manter os negócios funcionando apesar dos ataques terroristas. Mas o escritório virtual exige mudanças nos seres humanos, ao mesmo tempo em que apresenta desafios técnicos.[43] Ele é muito celebrado e útil, mas não substituirá os escritórios reais e o trabalho presencial.

Por mais impressionantes que as comunicações eletrônicas possam ser, deve-se adotar medidas para simplificá-las. Uma equipe global de gerenciamento de contas de clientes, por exemplo, estabeleceu duas regras básicas: 1) todas as vezes em que um membro comunicar-se com um cliente, deverá enviar um resumo a todos os demais membros; e 2) eles designaram um contato primário na equipe para cada cliente, de forma que mais ninguém estivesse autorizado a discutir ou decidir estratégias com ele. Caso fossem consultados pelo cliente, os membros da equipe o direcionariam ao elemento de ligação. Essas medidas simplificaram os canais de comunicação e reduziram significativamente o número de mensagens contraditórias e confusas.[44]

Riqueza da Mídia

Alguns canais de comunicação transmitem mais informações do que outros. A quantidade de informação que um meio transmite é denominada **riqueza da mídia.**[45] Quanto mais informação ou sinais um meio envia para o receptor, mais "rica" é a mídia.[46] As mídias mais ricas são mais pessoais do que tecnológicas, fornecem retorno imediato, permitem diversas formas de linguagem descritiva e transmitem vários tipos de sinais. Dessa forma, a comunicação presencial é o meio mais rico, uma vez que oferece uma variedade de sinais além das palavras: tom de voz, expressão facial, linguagem corporal e outros sinais não-verbais. Ela também permite mais linguagem descritiva do que, digamos, um memorando. Além disso, oferece maior oportunidade para que o recipiente forneça *feedback* e formule questões ao emissor, transformando uma comunicação de mão única em uma de mão dupla.

riqueza da mídia

O grau em que um canal de comunicação transmite informação.

O telefone é menos rico do que a comunicação presencial; a correspondência eletrônica é menos rica ainda, e os memorandos são o meio menos rico de todos. Em geral, deve-se enviar mensagens difíceis e extraordinárias por um tipo de mídia mais rica, transmitir mensagens simples e rotineiras por mídias menos ricas, como memorandos, e utilizar a mídia múltipla para o envio de importantes mensagens, em relação às quais é preciso estar seguro de que as pessoas prestem atenção e compreendam.[47] Também devem ser considerados fatores como: quais são os meios preferidos pelo receptor, o estilo de comunicação eleito por sua organização e o custo.[48] O Quadro 15.2 oferece exemplos de situações para a escolha de canais com base na mensagem e na audiência.

QUADRO 15.2

Qual é o Canal de Comunicação que Você Deve Utilizar? (Compare suas respostas com as do Quadro 15.3)

Situação 1: Uma empresa de construção de médio porte deseja anunciar um novo programa de benefícios para seus funcionários.
Situação 2: Um gerente deseja confirmar o horário de uma reunião com 10 funcionários.
Situação 3: Em uma companhia seguradora de médio porte, aumentar o entusiasmo por um programa que pede aos empregados de diferentes departamentos para trabalhar na mesma equipe de projetos.
Situação 4: Engenheiros que formam um grupo e estão geograficamente dispersos desejam trocar idéias sobre projetos entre si.
Situação 5: Descrever uma versão simples, porém detalhada e recente, de um sistema de correio de voz para mil empregados que estão geograficamente dispersos.

FONTE: Extraído de: *Communicating for managerial effectiveness*, por Clampitt, P. G., Copyright © 1991, por Sage Publications, Inc. Reimpresso com permissão de Sage Publications, Inc.

Situação	Pior Escolha	Melhor Escolha
1	Memorando	Reuniões em grupos menores
Raciocínio: O memorando não oferece o *feedback* potencial necessário para explicar o que pode ser visto como informação obscura. Além disso, com esses empregados, há a possibilidade de problemas de formação educacional. Um encontro de grupo permitirá uma explicação verbal, após a qual os participantes terão oportunidades para formular perguntas sobre qualquer parte do complexo material.		
2	Telefone	Correio de voz ou e-mail
Raciocínio: Para uma mensagem simples como essa, não há necessidade de se utilizar um meio rico quando outro mais modesto pode executar a mesma tarefa.		
3	E-mail, correio de voz	Pessoalmente, telefone
Raciocínio: Em situações que requeiram persuasão, o emissor deve ser capaz de adaptar rapidamente suas mensagens ao receptor para refutar as objeções. Essa não é uma característica de e-mails ou correio de voz. A comunicação presencial oferece ao emissor a maior flexibilidade possível. O telefone seria a segunda melhor alternativa.		
4	Teleconferência	Fax, conferência por computador
Raciocínio: A teleconferência poderia acentuar excessivamente as diferenças de personalidade e o *status* entre os engenheiros. O fax ou as conferências por computador permitiriam que a qualidade das idéias fosse o foco das interações. Adicionalmente, um *feedback* mais rápido ainda é possível nesse tipo de mídia.		
5	Boletim eletrônico	Vídeo
Raciocínio: Caso os empregados já estejam persuadidos acerca dos méritos do novo sistema, provavelmente poderá ser usado o boletim eletrônico. Uma gravação de vídeo, porém, transmite graficamente informações que requeiram demonstração e educa as pessoas sobre os procedimentos.		

QUADRO 15.3
Opções de Mídia Sugeridas para os Cenários do Quadro 15.2

Como Melhorar as Habilidades de Comunicação

Nos últimos anos, os empregadores têm ficado alarmados com a baixa qualidade das habilidades de comunicação de indivíduos com formação universitária. Uma capacidade demonstrada de comunicação eficaz torna mais atraente o candidato a um emprego e o distingue dos demais candidatos. Há muitas coisas que se pode fazer para melhorar as habilidades de comunicação tanto como emissor quanto como receptor.

Melhorando suas Habilidades como Emissor

Para começar, é preciso estar ciente de que diálogos honestos, diretos e francos são importantes, embora sejam muito raros. Os CEOs, normalmente, recebem treinamento sobre como transmitir mensagens para públicos variados — a comunidade de investimento, os empregados ou o conselho administrativo. Isso provavelmente não se tratará de um diálogo franco. O enfoque das mensagens pode variar, mas elas não podem ser inconsistentes. As pessoas devem ser capazes de identificar suas perspectivas, seu raciocínio e as intenções do emissor.[49]

Além desse ponto básico, os emissores devem melhorar suas habilidades referentes a elaboração de apresentações mais persuasivas, redação de textos escritos, uso de linguagem e envio de mensagens não-verbais. O Quadro 15.4 oferece algumas dicas úteis sobre apresentações formais; a discussão subseqüente centra-se mais em torno de pontos relevantes associados à persuasão.

Habilidades para Apresentação e Persuasão

Você em algum momento será chamado para "advogar sua causa" acerca de uma variedade de questões. Você terá de apresentar informações, e talvez uma opinião ou proposta, para outras pessoas. Tipicamente, seu objetivo será o de "vender" sua idéia. Em outras palavras, seu desafio será persuadir os outros a acompanhar suas recomendações pessoais. Como líder, alguns de seus desafios mais difíceis surgirão quando as pessoas não desejarem

O presidente de uma pequena companhia começou a cobrar US$ 1 para todas as vezes que seus empregados cometessem algum erro de gramática ou utilizassem linguagem não-profissional. Não se deve utilizar (excessivamente): "né", "tipo assim"; "ele irá dizer" em vez de "ele dirá", expressões que indiquem hesitação como "eu apenas gostaria de dizer que..."; e "*uptalk*", uma forma de alteração brusca no fim das sentenças empregada na língua inglesa para transmitir a idéia de questionamento.

Um editor freqüentemente rejeita candidatos para as áreas de vendas e edição em virtude de incorreções gramaticais nos seus discursos. "É como se fosse uma situação na qual alguém saca um boné de beisebol e o coloca voltado para trás; isso simplesmente demonstra um baixo grau de profissionalismo", afirma ele.[50]

QUADRO 15.4

Dez Formas para Adicionar Poder a suas Apresentações.

"Todos os grandes oradores foram péssimos oradores no início." Ralph Waldo Emerson

1. *Destine o tempo necessário ao* ***conteúdo*** *de sua apresentação.* É tão fácil distrair-se com os *slides* do Power Point ou com preocupações sobre as habilidades de apresentação que o conteúdo real da apresentação acaba sendo negligenciado. Conheça perfeitamente o conteúdo da sua apresentação; você será capaz de discuti-lo em conversas e não se sentirá tentado a decorá-lo. Se você acreditar naquilo que diz e *for o dono* do material, será capaz de transmitir entusiasmo e ficará mais relaxado.

2. *Compreenda claramente o* ***objetivo*** *de sua apresentação.* Responda a essa questão com uma sentença: "O que eu quero que meu público acredite com esta apresentação?". Registrar o objetivo por escrito o ajudará a focar o resultado desejado. Todos os demais elementos — a estrutura, as palavras, o aspecto visual — deverão dar suporte ao seu objetivo.

3. ***Diga*** *à audiência o* ***propósito*** *da apresentação.* Conforme afirma o ditado, "Diga a eles o que vai dizer, então lhes diga o que tem de ser dito, então diga a eles o que acabou de lhes dizer". Use uma introdução clara no início da apresentação para auxiliar o público a identificar aonde você deseja conduzi-lo.

4. *Ofereça um* ***significado****, não apenas dados.* Hoje em dia, a informação está amplamente disponível; você não impressionará as pessoas ao sobrecarregá-las com dados. As pessoas possuem um espectro de atenção limitado e desejam que os oradores as ajudem a *esclarecer o significado* dos dados.

5. ***Pratique, pratique e pratique.*** Parecer seguro e relaxado durante uma apresentação demanda tempo de ensaio. Pratique, apresentando os pontos a serem expostos de maneiras diferentes. Acima de tudo, não decore o conteúdo de sua apresentação.

6. *Lembre-se de que uma apresentação assemelha-se mais a uma* ***conversa*** *do que a um discurso.* Mantenha um tom coloquial, ainda que profissional. Os membros de sua audiência ficarão mais engajados se sentirem que você fala *com eles* em vez de *para eles.*

7. *Lembre-se do incrível poder do* ***contato visual.*** Olhe individualmente para cada pessoa do público. Tente estabelecer uma série de conversas individuais com as pessoas na sala. Isso o acalmará e o auxiliará a conectar-se com seu público.

8. ***Dê espaço para a imperfeição.*** Caso você esqueça o que estava dizendo, simplesmente faça uma pausa, olhe em suas anotações e siga em frente. Não "perca a postura", nem se desculpe efusivamente, nem sorria nervosamente ou pareça assustado. Lembre-se de que o público não conhece seu material tanto quanto você e não perceberá os erros.

9. *Prepare-se para* ***responder questões difíceis.*** Tente antecipar as questões mais difíceis que você poderá receber. Planeje suas respostas antecipadamente. Caso não tenha uma resposta, reconheça o fato e ofereça-se para fornecer a informação mais tarde.

10. *Faça um* ***encerramento firme*** *para a sessão de perguntas e respostas.* Sempre que for possível, dê seqüência ao período de perguntas e respostas com uma breve declaração de encerramento. Inicie a sessão de perguntas e respostas com a seguinte declaração: "Nós responderemos as perguntas por 10 minutos e então faremos algumas declarações finais". Isso evita a possibilidade de a apresentação perder-se em direção a um fim mais fraco. Também permite que, caso receba questões hostis ou difíceis, você tenha a chance de ter a última palavra.

FONTE: HAMILTON Lynn, material de sala de aula (reproduzido com permissão).

executar o que deve ser feito. Os líderes têm de ser persuasivos para fazer que as pessoas "embarquem" nos projetos.[51]

A sua atitude é muito importante nesse ponto. A persuasão não é o que a maior parte das pessoas pensa que é: o mero ato de "vender" ou convencer os outros a ver as coisas do seu jeito. Não assuma que é suficiente apenas fazer uma abordagem do tipo "tudo deve ser do meu jeito", com um esforço único para fazer uma venda difícil e depois resistir a comprometer-se.[52] Normalmente é mais construtivo considerar a persuasão como um processo de aprendizagem mútua com o objetivo de alcançar uma solução comum. Isso exige credibilidade, que é conseqüência de *expertise* e de relacionamentos em que as pessoas o considerem confiável. A persuasão eficaz é uma tentativa de uma pessoa de encontrar conexão emocional com outra e um espaço comum sobre o qual haja uma convergência de interesses mútuos.[53]

As mensagens mais poderosas e persuasivas são simples e informativas, são comunicadas por meio de histórias e anedotas e transmitem excitação.[54] Jack Welch, da GE, obteve um tremendo sucesso com suas mensagens simples aos seus funcionários sobre velocidade, simplicidade e autoconfiança. Lawrence Bossidy, da AlliedSignal usava uma abordagem similar ao falar constantemente dos três "Ps": performance (alcançar as metas), portfólio (obter a combinação adequada de produtos) e pessoas (atrair e motivar os empregados).[55] E um comunicador convincente fornece apoio à sua mensagem com ações consistentes com suas palavras.

Habilidades para Redação de Textos Escrever de forma eficaz não é somente o usar corretamente ortografia, pontuação e gramática (embora elas ajudem!). Uma boa redação requer, acima de tudo, um pensamento lógico e claro.[56] O ato de escrever pode ser um aliado poderoso para o raciocínio, porque é preciso pensar sobre aquilo que realmente se deseja dizer e sobre qual é a lógica por trás da mensagem.[57]

Quando se quer que as pessoas achem os memorandos e relatórios acessíveis e interessantes, deve-se tê-los à mão. Tenha sempre como objetivo obter clareza, organização, facilidade de leitura e brevidade.[58] A brevidade é muito estimada por leitores sobrecarregados com documentos, entre eles memorandos prolixos. Também, usar um dicionário convencional e um dicionário de sinônimos e evitar termos complicados. Charles Krauthammer, um colunista de jornal, elogia a brevidade nos textos em uma coluna chamada "Torne-o Dinâmico".[59] Ele observa que Ian Wilmut, o cientista que clonou a ovelha Dolly, anunciou suas descobertas à comunidade científica em um artigo de jornal de três páginas. Dois dos maiores discursos da história norte-americana cabem em um espaço da parede do Lincoln Memorial, em Washington. A Doutrina Truman, que estabeleceu o curso de ação da política externa norte-americana por meio século, levou apenas 18 minutos para ser apresentada. O artigo de Watson e Crick anunciando a descoberta do DNA ocupou um espaço um pouco superior a uma página.

> "Quando [pessoas cultas] olham, elas vêem claramente. Quando escutam, pensam sobre como ouvir de forma astuta (...) No seu comportamento, pensam em uma forma de serem respeitosas. No seu discurso, pensam sobre como serem verdadeiras. Quando estão em dúvida, pensam sobre como formular questões."
>
> Confúcio

O primeiro rascunho de alguém raramente é tão bom quanto deveria ser. Caso haja tempo, deve-se revisá-lo. Levar em consideração o leitor. Revisar cartas, memorandos ou relatório inteiros e retirar palavras, sentenças e parágrafos desnecessários. Utilizar palavras específicas e concretas é melhor que frases abstratas. Em vez de dizer "ocorreu um período climático adverso", melhor dizer "choveu todos os dias, durante uma semana".

É preciso ser crítico em relação ao próprio texto. Caso deseje melhorar, o início pode ser a leitura de *The elements of style*, de William Strunk e E. B. White, e a mais recente edição do *The little, brown handbook*.[60]

Linguagem A escolha de palavras pode melhorar ou prejudicar a eficiência da comunicação. O jargão, por exemplo, é uma forma concisa e pode tornar a comunicação muito mais eficaz quando tanto o emissor quanto o receptor conhecem os termos-chave. Mas, quando o receptor não está familiarizado com o jargão, equívocos podem ocorrer. Quando pessoas de diferentes áreas ou disciplinas funcionais comunicam-se entre si, normalmente surgem erros em virtude das barreiras de "linguagem". De maneira análoga à redação de textos, a simplicidade geralmente é útil.

Equipes globais falham quando seus membros têm dificuldade para comunicar-se em virtude de barreiras de linguagem, culturais e geográficas. O que você poderia fazer para reduzi-las?

Dessa forma, tanto no discurso quanto na redação, deve-se considerar o histórico do receptor e ajustar a linguagem de acordo com ele. Ao receber uma mensagem, ninguém deve assumir que a sua compreensão seja idêntica às intenções do emissor. Os japoneses usam a simples palavra *hai* (sim) para transmitir a idéia de que eles entenderam o que está sendo dito; isso não significa, necessariamente, que concordam com o que foi falado. Negociantes asiáticos raramente utilizam "não" diretamente, empregando formas mais sutis ou tangenciais para discordar.[61]

Equipes globais falham quando seus membros têm dificuldade para comunicar-se em virtude de barreiras de linguagem, culturais e geográficas. A heterogeneidade, inicialmente, prejudica o funcionamento das equipes. Porém, quando se estabelecem formas para interagir e comunicar-se, as equipes desenvolvem uma identidade comum e executam plenamente suas atividades.[62]

Ao conduzir negócios no exterior, tente aprender alguma coisa sobre a língua e os costumes do país em que estiver. Os norte-americanos estão menos inclinados a fazer isso do que os povos de outras culturas; muitos norte-americanos não consideram uma segunda língua como necessária para a condução de negócios no exterior, e uma significativa maioria das empresas dos Estados Unidos não exige de seus funcionários enviados ao exterior que eles conheçam as línguas locais.[63] Entretanto, aquelas que o exigem têm uma grande vantagem sobre seus competidores que não o fazem.[64] Os esforços envidados para o aprendizado da língua local constroem entendimento, estabelecem um tom adequado para a realização dos negócios, auxiliam no ajuste ao choque cultural e, especialmente, o ajudam a "ficar por dentro" da outra cultura.[65] Assim, aprende-se mais sobre como as pessoas pensam, sentem e se comportam, tanto em suas vidas privadas quanto em suas práticas comerciais.

Diferenças de Língua

Na Coréia, poucos controladores de vôo falam inglês, de forma que os pilotos norte-americanos são obrigados, por lei, a trabalhar em pares com primeiros oficiais coreanos. Mas o que acontecerá se surgir uma crise e os membros norte-americano e coreano da tripulação tiverem dificuldades para se entender? O problema vai além da língua, no sentido de normas culturais. A rígida, hierárquica e autoritária cultura coreana espera que as pessoas de baixa posição ou mais jovem hesitem em prestar informações, formular questões ou fazer sugestões.

Lewis e Clark, dois exploradores norte-americanos, necessitavam de Charbonneau e Sacagawea para auxiliá-los a comunicar-se com as tribos indígenas que encontrassem durante sua expedição. Lewis falava em inglês com Sacagawea, que traduzia a conversa para o francês, que Charbonneau então traduzia para o hidatsu, a língua falada no alto meio-oeste. Mas, quando eles atingiram o Pacífico, os índios falavam apenas walla walla, uma língua não conhecida por nenhum deles. Felizmente, eles haviam capturado um guerreiro shoshone que falava tanto hidatsu quanto walla walla. Sem essa cadeia de tradutores, Lewis e Clark não teriam sido capazes de reescrever a história dos Estados Unidos.

Atualmente, a prontidão de uma unidade do Exército para a guerra não é avaliada somente por padrões tradicionais, mas também pelo número de falantes de línguas estrangeiras, sua compreensão da cultura local do lugar onde lutarão e sua capacidade em treinar forças locais de segurança. Durante um exercício de treinamento, um tenente do Exército norte-americano perguntou a um soldado, que fingia ser o prefeito de uma cidade no Iraque, onde os insurgentes se escondiam. O prefeito farsante apenas o ignorou e exigiu água e comida para os habitantes de sua cidade. Um coronel sugeriu ao tenente: "Seja um pouco mais pessoal. Pergunte primeiro sobre a família do prefeito. Estabeleça um relacionamento antes de perguntar onde os 'caras maus' estão escondidos". O mesmo coronel declarou que o programa de modernização do Exército norte-americano estaria ignorando as dimensões humanas e psicológicas da guerra. Agora, a Escola de Comando e de Estado-Maior do Exército dos Estados Unidos oferece um curso ministrado por antropólogos culturais e especialistas em marketing para públicos estrangeiros. Eles querem aprender como companhias, como a Pepsi, vendem nas ruas de Bagdá.

O inglês parece ser aceito em todos os lugares e falado por quase todas as pessoas, porém é a língua-mãe de apenas 5% da população mundial, e as pessoas preferem, muito mais, falar suas línguas nativas. Muitos homens de negócio de outros países estão cansados de falantes nativos de inglês decretarem que é responsabilidade deles fazer um esforço extra e falar inglês. Eles responderão melhor àqueles que não insistirem no uso do inglês. Conforme demonstram claramente os exemplos mencionados anteriormente, conhecer, em algumas oportunidades, outras línguas e possuir intérpretes qualificados é algo essencial.

FONTES: GLAIN, S. Language Barrier prove dangerous in Korea's skies. *The Wall Street Journal*, 4 out. 1994, p. B1-B16; POSNER, M. Beating the language Barrier. *Credit Management*, out. 2001, p. 16; JAFFE, G. As chaos mounts in Iraq, U.S. The Wall Army Rethinks its future. *The Wall Street Journal*, 8 dez. 2004.

Habilidades Não-verbais

As pessoas enviam e interpretam outros sinais além daqueles falados ou escritos. Mensagens não-verbais podem sustentar ou enfraquecer uma mensagem divulgada. Freqüentemente, os sinais não-verbais têm impacto maior do que o de outros sinais. Aos olhos de um empregado, as ações dos gerentes normalmente dizem mais que as palavras por eles escolhidas.

Nas conversas, exceto se quando pretende transmitir uma mensagem negativa, deve-se enviar sinais não-verbais que expressem afeto, respeito, preocupação, sentimento de igualdade e vontade de escutar. Sinais não-verbais negativos mostram frieza, desrespeito, falta de interesse e sentimento de superioridade.[66] As sugestões citadas a seguir auxiliam no envio de sinais não-verbais positivos.

Primeiro, utilize o *tempo* de forma apropriada. Evite manter seus empregados esperando para vê-lo. Dedique tempo suficiente para os encontros com os funcionários, e comunique-se freqüentemente para sinalizar seu interesse pelas preocupações deles. Segundo, faça que a *arrumação do seu escritório* seja propícia a uma comunicação aberta. Uma disposição de assentos que evite a separação entre pessoas produz uma atmosfera calma e cooperativa (contrariamente, uma disposição na qual você se senta atrás da mesa e seu subordinado se senta diante de você pode criar um ambiente mais intimidador e autoritário).[67] Terceiro, lembre-se da sua *linguagem corporal*. Pesquisas indicam que a expressão facial e o tom de voz podem corresponder a 90% do fluxo de comunicação entre duas pessoas.[68] Diversos sinais corporais não-verbais transmitem uma atitude positiva em relação à outra pessoa: assumir uma posição próxima ao interlocutor; gesticular freqüentemente; manter contato visual; sorrir; ter uma orientação corporal aberta, como encarar diretamente a outra pessoa; descruzar os braços; e inclinar-se para a frente — todos esses elementos transmitem interesse sobre o que o outro está falando.

O silêncio é uma situação não-verbal interessante. Acredita-se que, diariamente, um norte-americano médio gaste duas vezes mais horas com conversações do que um japonês médio.[69] Os norte-americanos tendem a falar durante os períodos de silêncio para os preencherem. Os japoneses, no entanto, consentem que longos períodos de silêncio sejam estabelecidos, acreditando que eles permitem que se conheça melhor uma pessoa. Os japoneses crêem que duas pessoas com boa identificação conhecerão os pensamentos umas das outras. A necessidade da utilização de palavras implica a ausência de entendimento.

Sinais Não-Verbais em Diferentes Países Aqui estão apresentados alguns equívocos referentes ao uso de sinais não-verbais que os norte-americanos podem cometer em outros países.[70] Acenar com a cabeça para cima e para baixo significa não na Bulgária. O ato de unir de forma circular o dedão com o dedo indicador, o gesto de "OK", é vulgar no Brasil, em Cingapura, na Rússia e no Paraguai. A cabeça é sagrada para as culturas budistas, de forma que nunca se deve tocar a cabeça de alguém. Nos países de cultura muçulmana, nunca se deve tocar ou comer alimentos com a mão esquerda, considerada impura.

Você ficou chocado com o gesto de Jenna Bush? Os noruegueses, sim. Jenna estava inocentemente fazendo o gesto de amor pelos "Longhorns", da Texas University. Na Noruega, no entanto, o gesto possui um sentido diferente. Para os noruegueses, este é o sinal que representa Satanás.

Colocar o tornozelo, de forma cruzada, sobre o joelho é rude na Indonésia, Tailândia e Síria. Não aponte o dedo em sua própria direção na Alemanha ou na Suíça — isso insulta a outra pessoa.

É preciso interpretar corretamente os sinais não-verbais dos outros. Os chineses coçam suas orelhas e o queixo em sinal de alegria. Os gregos expiram ar após receberem um elogio. Os hondurenhos tocam com seus dedos a região abaixo dos olhos para indicar descrença ou cautela. Os japoneses demonstram embaraço ou negação ao sorverem o ar e assobiar utilizando os dentes. Os vietnamitas olham para o chão para demonstrar respeito. Comparados com os norte-americanos, os russos usam menos expressões faciais, e os escandinavos, menos gestos manuais, enquanto os povos do Mediterrâneo e das culturas latinas podem gesticular e tocar mais as pessoas. Os brasileiros estão mais propensos do que os norte-americanos a interromperem seus interlocutores, os árabes, a falarem mais alto, e os asiáticos, a respeitarem o silêncio.

Não utilize esses exemplos para reforçar estereótipos, mas para lembrar-se de que as pessoas possuem diferentes estilos, e para auxiliá-lo na obtenção de precisão na comunicação.

Melhorando suas Habilidades como Receptor

Uma vez que alguém se torne mais eficaz na emissão verbal, escrita e não-verbal de mensagens, já está a meio caminho de tornar-se um comunicador completo. Mas também deve desenvolver habilidades adequadas de recebimento. Os receptores necessitam de boa audição, habilidades de leitura e observacionais.

Ouvir No exigente ambiente de trabalho dos dias de hoje, os gerentes necessitam melhorar suas habilidades como ouvintes.[71] Embora seja fácil assumir que a boa capacidade em ouvir é simples e natural, ela é, de fato, difícil e tampouco é tão comum como seria desejado.

reflexão

Reflexão é um processo pelo qual uma pessoa declara aquilo que acredita que a outra está dizendo.

Uma técnica básica, chamada *reflexão*, auxiliará o gerente a tornar-se um ouvinte eficaz.[72] **Reflexão** é um processo pelo qual uma pessoa declara aquilo que acredita que a outra está dizendo. A técnica atribui uma ênfase maior à compreensão do que à expressão. Quando as duas partes engajam-se ativamente no processo de reflexão, ingressam no quadro de referência alheio, em vez de ouvir ou responder por conta própria. O resultado é uma comunicação de mão dupla mais precisa.

O mais conhecido esforço corporativo para fortalecer as habilidades como ouvinte por parte da gerência foi baseado em um tema de propaganda — "Nós entendemos quão importante é ouvir" — que refletia uma filosofia e uma forma básicas de fazer negócios.[73] Os especialistas de desenvolvimento da gerência sênior da companhia criaram seminários para o treinamento de habilidades de audição voltados para os funcionários da companhia, elaborados a partir de um estudo com os 100 melhores e os 100 piores ouvintes das turmas de primeiro ano da University of Minnesota. O Quadro 15.5 resume essas técnicas para audição eficaz.

A ação de ouvir inicia-se com o contato pessoal. Permanecer no escritório, manter a porta fechada e almoçar na mesa de trabalho são artifícios algumas vezes necessários para finalização de um trabalho urgente, mas não são, de forma alguma, a melhor maneira de tomar conhecimento do que se passa no entorno. Os melhores meios para tanto são: andar pelos corredores, iniciar conversas e almoçar com pessoas de áreas diferentes, tomar café em um ponto de encontro popular e, talvez, até mover a escrivaninha para o "chão da fábrica".[74]

Quando um gerente destina algum tempo para ouvir verdadeiramente e conhecer as pessoas, elas pensam: "Ela está demonstrando interesse por mim", ou "Ele valoriza minhas idéias e contribuições". Isso produz confiança. Ouvir os outros e aprender o que eles pensam são ações ainda mais importantes para a inovação do que para o trabalho de rotina. As mudanças e as inovações bem-sucedidas surgem por meio de intenso contato humano.

Vantagens da Colaboração

É possível realmente tornar-se um colaborador efetivo caso não saiba, verdadeiramente, como ouvir?

Ler. O analfabetismo funcional é um problema significativo nos Estados Unidos. Mesmo que o analfabetismo funcional não seja um problema na sua organização, erros de leitura são comuns e onerosos. Como receptor, para seu próprio benefício, leia os memorandos tão logo seja possível, antes que seja

QUADRO 15.5
Os Dez Pontos-chave para Tornar-se um Ouvinte Eficaz

1. *Encontre uma área de interesse.* Mesmo que você acredite que o tópico abordado é desinteressante, pergunte-se: "O que eu posso utilizar do que o orador está dizendo?".
2. *Avalie o conteúdo, não a apresentação.* Não se deixe influenciar pela personalidade, por maneirismos, voz ou vestimentas do orador. Tente aprender o que ele sabe.
3. *Não fique ansioso.* Em vez de ficar imediatamente excitado por algo que o orador parece estar dizendo, não elabore nenhuma avaliação até que você compreenda a mensagem do orador.
4. *Preste atenção nas idéias.* Não se perca no emaranhado de fatos e detalhes, concentre-se nas idéias centrais.
5. *Seja flexível.* Tenha vários sistemas para fazer anotações e use-os de acordo com o estilo do orador. Não faça muitas anotações nem tente colocar tudo que for dito por um orador desorganizado em um esquema formal.
6. *Resista a distrações.* Feche a porta, desligue o rádio, aproxime-se do interlocutor ou peça-lhe que fale mais alto. Não olhe para a paisagem do lado de fora da janela ou para os papéis sobre a mesa.
7. *Exercite sua mente.* Algumas pessoas "desligam-se" quando a matéria torna-se difícil. Desenvolva um apetite por bons desafios intelectuais.
8. *Mantenha a mente aberta.* Muitas pessoas tornam-se extremamente emocionais quando ouvem palavras que se referem às suas convicções mais profundas, por exemplo, *sindicato, subsídio, importações, republicanos ou democratas e grandes negócios.* Tente fazer que as suas emoções não interfiram na compreensão.
9. *Tire proveito da velocidade de raciocínio.* Aproveite-se do fato de que muitas pessoas falam a uma velocidade de aproximadamente 125 palavras por minuto e nós pensamos a uma velocidade quatro vezes maior. Utilize as 400 palavras por minuto extras para pensar sobre o que o orador está dizendo em vez de voltar seus pensamentos para outra coisa qualquer.
10. *Exercite a habilidade de ouvir.* Gaste alguma energia. Não apenas finja que está prestando atenção. Demonstre interesse. Um bom ouvinte é resultado de trabalho duro, mas os benefícios superam os custos.

FONTE: NICHOLS, Ralph G. Listening is a10-part skill. *Nation's Business* 45 jul. 1957, p. 56-60. Citado nas edições de Huseman R. C., et al. *Readings in interpersonal e organizational communication.* Boston: Allyn & Bacon, 1977.

muito tarde para respondê-los. Você pode "passar os olhos" na maior parte do seu material de leitura, mas leia lenta e cuidadosamente os memorandos, documentos e passagens importantes. Assinale os pontos importantes para referência futura. Considere a possibilidade de realizar cursos para aumentar sua velocidade de leitura e compreensão de texto. Finalmente, não limite sua leitura a determinada atividade profissional ou especialização técnica que você possua; leia materiais que se encontrem fora do seu grupo mais próximo de interesse. Você nunca sabe quando uma idéia criativa, que poderá ajudá-lo no trabalho, será inspirada por uma novela, biografia, história sobre esportes ou, por um artigo sobre um problema em outro ramo de atividade ou indústria.

Observar Os comunicadores eficazes também são capazes de observar e interpretar comunicações não-verbais (conforme disse Yogi Berra: "Você pode observar muito somente por olhar."). Ao ler os sinais não-verbais, por exemplo, um orador pode determinar como está se saindo em seu discurso e ajustar sua abordagem, caso necessário. Algumas companhias treinam seus profissionais de venda para interpretar os sinais não-verbais de consumidores potenciais. As pessoas também podem decodificar sinais não-verbais para determinar se um emissor está sendo verdadeiro ou enganador. Os comunicadores enganadores mantêm um nível menor de contato visual, fazem mais ou menos movimentos corporais que o usual e sorriem muito ou muito pouco. Verbalmente, eles fornecem menos detalhes do que os comunicadores verdadeiros.[75]

Uma fonte essencial para observações úteis vem da visita pessoal a outras pessoas, instalações de produção e outros locais para se obter uma primeira impressão.[76] Muitos executivos corporativos confiam excessivamente nos relatórios de campo e não viajam a locais remotos para observar, em primeira mão, o que está acontecendo. Os relatórios não fornecem um substituto à altura para a observação concreta das coisas na prática. Visitas freqüentes ao local de trabalho e observações cuidadosas podem ajudar um gerente a desenvolver uma compreensão profunda sobre operações atuais, perspectivas para o futuro e idéias sobre como explorar ao máximo as competências.[77]

O ex-CEO da Disney, Michael Eisner, afirma: "Algumas vezes vocês tem apenas de estar lá com o seu pessoal. Você tem de estar na mesma sala que eles, olhar nos seus olhos, ouvir suas vozes. Eu vou lhe dizer uma coisa. Muitas das minhas más decisões eu as tomei durante teleconferências. Em companhias criativas você deve ser capaz de ler a linguagem corporal — ver a expressão no olhar das pessoas quando uma idéia é apresentada, ver se elas caem no sono" (p. 122).[78]

Você, obviamente, deverá *interpretar de forma precisa* aquilo que observa. Um canadense conduzindo negócios com alto oficial do Kuwait ficou surpreso com o fato de o encontro ter sido realizado em um espaço aberto e interropido constantemente.[79] Ele interpretou a ausência de um escritório grande, privado e de uma secretária como um indício de que o kuwaitiano teria uma posição hierárquica inferior e que estaria desinteressado no negócio; e perdeu, dessa forma, o interesse pela sua celebração. O canadense observou de forma precisa os fatos; porém sua percepção preconceituosa e a ausência de consciência acerca da maneira como as normas se diferenciam em culturas distintas fizeram que ele interpretasse equivocadamente o que havia visto.

Os japoneses são particularmente habilidosos na interpretação das diferentes tonalidades de voz e gestos, o que coloca muitos ocidentais em desvantagem.[80] Quando alguém está conduzindo negócios na Ásia ou em outros países, guias locais podem ser inestimáveis não somente para interpretar a língua, mas também para "decodificar" comportamentos durante os encontros, dicas sutis e sinais não-verbais, quem são as pessoas-chave e como funciona o processo decisório.

Conexões: DAVID NEELEMAN NA JETBLUE

Na JetBlue, David Neeleman ensina a todos os novos empregados como a companhia ganha dinheiro e o que cada um pode fazer para contribuir para o resultado final. Ele trabalha, literalmente, com as equipes de vôo. Neeleman diz que quer que eles saibam que ele valoriza suas contribuições — valoriza tanto que acredita que ele mesmo não é tão importante assim que não possa colaborar.

Dessa forma, ele ajuda os comissários de bordo a servir os clientes. Ele limpa os aviões, da mesmo modo que os pilotos. As mensagens que ele transmite são: todos são colaboradores completos e o trabalho de todos transcende os títulos dos cargos que ocupam. Neeleman sabe que as ações falam mais alto do que as palavras: falar de trabalho de equipe não tem sentido se ele não demonstrá-lo.

Comunicação Organizacional

Ser um comunicador habilidoso é essencial para tornar-se um bom gerente e líder de equipe. Mas a comunicação também deve ser administrada em toda a organização. A cada minuto, todos os dias, incontáveis fragmentos de comunicação são transmitidos através da organização. Discutiremos, a seguir, as formas de comunicação ascendente, descendente, horizontal e informal nas organizações.

Comunicação Descendente

comunicação descendente
Informação que flui de níveis mais altos para níveis mais baixos da hierarquia de uma organização.

A **comunicação descendente** refere-se ao fluxo de informação dos níveis mais altos para os níveis mais baixos da hierarquia de uma organização. Alguns exemplos incluem: um gerente que delega uma tarefa a uma secretária, um supervisor que faz um anúncio aos seus subordinados e a presidente de uma companhia que fala à sua equipe de gestão. Uma comunicação descendente, que forneça informações relevantes, melhora a identificação do funcionário com a companhia, com as atitudes de suporte e com as decisões relacionadas aos objetivos da organização.[81]

As pessoas devem receber as informações necessárias para a execução de suas atividades e para se tornarem (e permanecerem) leais à organização. Entretanto, elas normalmente carecem de informação adequada.[82] Um problema é a *sobrecarga de informação*: os trabalhadores são bombardeados com tanta informação que falham em absorver tudo. Grande parte das informações não é muito importante, mas seu volume faz que muita informação relevante seja perdida.

Um segundo problema é a *falta de abertura* entre gerentes e empregados. Os gerentes podem acreditar que "nenhuma notícia é uma boa notícia", que "eu não tenho tempo para mantê-los informados de tudo o que eles desejariam saber", ou que "não é da conta deles, de qualquer forma". Alguns gerentes retêm informações mesmo quando compartilhá-las poderia ser útil.

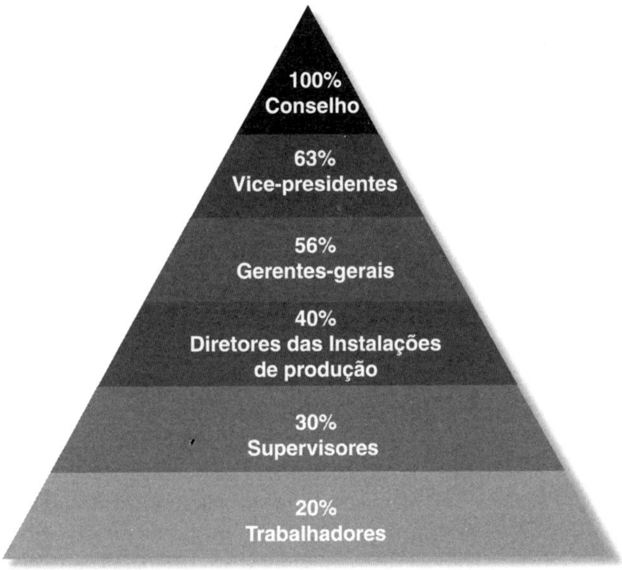

FIGURA 15.2
Perda de Informações na Comunicação Descendente

Um terceiro problema é a *filtragem*, apresentada anteriormente no início deste capítulo. Quando as mensagens são passadas de uma pessoa para outra, alguma informação é deixada de fora. Quando uma mensagem passa por muitas pessoas, cada retransmissão pode causar perdas maiores de informação. A mensagem também poderá ser distorcida à medida que as pessoas adicionem suas próprias palavras ou interpretações.

A filtragem representa um sério problema nas organizações. À medida que as mensagens são comunicadas de forma descendente, através de vários níveis hierárquicos, muita informação é perdida. Os dados da Figura 15.2 sugerem que, no momento que as mensagens chegam às pessoas para as quais elas foram destinadas, os receptores conseguem obter pouca informação útil.

Quanto menor for o número de níveis de autoridade, através dos quais a informação deva passar, menos informação será perdida ou distorcida. Organizações mais achatadas oferecem a vantagem de menos problemas causados pela filtragem de informação, conforme as informações passam por muitas camadas.

> **coaching**
>
> *Coaching* é uma forma de diálogo com o objetivo de auxiliar alguém a tornar-se mais eficaz e a alcançar o potencial pleno no exercício de suas atividades.

Coaching Algumas das comunicações descendentes mais importantes ocorrem quando os gerentes fornecem um *feedback* sobre as avaliações de desempenho a seus subordinados diretos. Já discutimos a importância de dar *feedback* e reforço positivo quando isso for merecido. Também é importante discutir explicitamente o mau desempenho e áreas que possam ser melhoradas.

Coaching é uma forma de diálogo com o objetivo de auxiliar alguém a tornar-se mais eficaz e a alcançar o potencial pleno no exercício de suas atividades.[83] Quando executado adequadamente, o *coaching* desenvolve executivos e melhora o desempenho.[84] Quando as pessoas têm problemas de desempenho, ou exibem comportamentos que necessitam ser alterados, o *coaching* é normalmente o melhor caminho para ajudá-las a mudar e a ter sucesso. E o *coaching* não deve ser utilizado apenas nos casos de desempenho insatisfatório; como os grandes atletas já sabem, ele pode aplicar-se a qualquer pessoa que tenha uma boa *performance*, mas busque a excelência. Embora os *coaches* para executivos sejam, algumas vezes, contratados externamente, os *coaches* externos à sua organização podem não compreender totalmente o contexto no qual você está trabalhando.[85] Dessa forma, não aceite conselhos imediatamente. A melhor utilização dos *coaches* é similar ao de um conselho administrativo bem-estruturado, o qual poderá auxiliá-lo a ponderar o impacto potencial das suas idéias, produzir novas idéias e aprender a partir de experiências.

Empresas como a Coca-Cola usam o *coaching* como parte essencial do processo de desenvolvimento de seus executivos. Quando bem executado, o *coaching* é um diálogo verdadeiro entre duas pessoas comprometidas, engajadas na solução conjunta de problemas. Desse modo, trata-se de muito mais do que uma simples ocasião para identificar um desempenho insatisfatório, distribuir advertências e oferecer aconselhamento. Um bom *coaching* exige a obtenção da compreensão real do problema, da pessoa e da situação, a geração conjunta de idéias sobre o que fazer e o encorajamento para que o indivíduo melhore. Bons *coaches* formulam diversas questões, são bons ouvintes, fornecem informações e também encorajam os outros a pensar por si mesmos. Um *coaching* eficaz demanda honestidade, calma e suporte — todos auxiliados por um desejo sincero de ajudar. A melhor e mais permanente forma de auxílio é a que envolve ajudar as pessoas a pensar e resolver seus próprios problemas.

Mesmo os grandes atletas sabem que o *coaching* não é recomendado somente para pessoas com mau desempenho; ele é indicado para qualquer indivíduo que seja bom e deseje alcançar a excelência. O *coaching* eficaz pode levar a essa conquista; mas o que faz que um *coach* seja ineficaz?

Comunicação Descendente em Tempos Difíceis. A comunicação descendente adequada pode ser particularmente valiosa em tempos difíceis. Durante fusões e incorporações corporativas, os empregados ficam ansiosos na medida em que pensam acerca da forma como as mudanças vão afetá-los. Idealmente — e eticamente —, a alta gerência deve comunicar-se com os empregados sobre as mudanças o mais cedo possível.

No entanto, alguns argumentam contra essa abordagem, sustentando a tese de que informar os empregados sobre a reorganização pode fazer que eles se demitam mais cedo. Ao mesmo tempo, a alta gerência freqüentemente se fecha, gerando boatos e ansiedade. Os CEOs e outros executivos ficam rodeados por advogados, banqueiros de investimento e outros profissionais semelhantes — pessoas que são pagas para fazer que o acordo seja formalizado, não para fazer que funcione. Ainda assim, é preciso aumentar, e não diminuir, a comunicação com as pessoas diretamente afetadas pelo acordo.[86]

Durante o processo de fusão entre duas companhias da lista da *Fortune 500*, duas unidades receberam informações muito diferentes.[87] Todos os empregados receberam a carta inicial do CEO anunciando a fusão. Depois disso, uma unidade permaneceu sem informações adicionais, enquanto a outra era alimentada constantemente com informações sobre demissões, transferências, promoções e rebaixamentos, e mudanças nos salários, cargos e benefícios.

Qual das duas unidades você acha que se saiu melhor à medida que transcorriam os difíceis meses de transição? Em ambas, a fusão reduziu a satisfação e o compromisso dos empregados com a organização, ao mesmo tempo que aumentou a crença de que a companhia era desleal, desonesta e negligente. Na unidade cujos funcionários receberam pouca informação, esses problemas persistiram por muito tempo. Mas, na unidade cujos empregados receberam informações completas, a situação estabilizou-se e as atitudes melhoram na direção dos níveis normais. A comunicação total não somente auxiliou os empregados a sobreviver a um período de ansiedade; ela também teve valor simbólico, ao indicar o cuidado e a atenção com os funcionários. Sem essas comunicações, a reação dos empregados à fusão ou aquisição pode ser tão negativa a ponto de enfraquecer a estratégia da companhia.

gerenciamento transparente

Gerenciamento transparente refere-se à prática de compartilhar, com empregados de todos os níveis da organização, informações vitais que anteriormente eram apenas destinadas ao conhecimento dos gerentes.

Gerenciamento Transparente Os executivos freqüentemente orgulham-se de seus boletins informativos, reuniões de equipe (*staff*), vídeos e outros modelos de comunicação descendente. Em geral, o tipo de informação transmitida refere-se à equipe de esportes da companhia, aniversários e à chegada de novas fotocopiadoras. Atualmente, porém, uma nova filosofia não-convencional vem ganhando força. O **gerenciamento transparente** é a prática de compartilhar, com os empregados de todos os níveis da organização, informações vitais que anteriormente eram destinadas apenas ao conhecimento dos gerentes — o que inclui metas financeiras, demonstrativos de receita, orçamentos, vendas, previsões e outros dados relevantes sobre o desempenho e as perspectivas da companhia. Isso é dramaticamente diferente da abordagem tradicional e sigilosa, na qual o indivíduo poderia ou não ter ciência da situação da companhia, poderia ou não acreditar nas informações prestadas pela gerência, e poderia ou não acreditar que seu desempenho profissional faria alguma diferença. O gerenciamento transparente é controverso, uma vez que muitos gerentes preferem manter essas informações para si mesmos. O compartilhamento do plano estratégico e de informações financeiras com os empregados poderia levar a vazamentos para os competidores ou à insatisfação dos empregados com a remuneração. Mas as companhias que compartilham essas informações alegam registrar um impacto favorável na motivação e na produtividade. Cecil Ursprung, presidente e CEO da Reflexite Corporation, localizada na Nova Bretanha, Connecticut, Estados Unidos, afirma: "Por que manter apenas 5% do time informado sobre o placar e não os 95% restantes?"[88]

O pai do gerenciamento científico, Frederick Taylor, teria considerado a abertura dos livros a todos os funcionários como algo "idiota".[89] Contudo, Jack Stack experimentou esse modelo na Springfield ReManufacturing Corporation, que se aproximava de um colapso.[90] Os resultados?[91] Um repórter apontou a SRC de Jack Stack como: "a força de trabalho mais motivada e consciente de seus negócios que já encontrei". Ele também acrescenta: "Encontrei retificadores de bombas de injeção de combustível que sabiam exatamente as margens brutas de cada bico e bomba que produziam. Conheci frisadores de eixos de metal e montadores de motores que podiam discutir a taxa de retorno de seus equipamentos de maquinaria". As recompensas que eles merecem também fazem parte desse quadro: "Conheci um sujeito que trabalhava com turbinas e dirigia sua área como se estivesse gerenciando seu próprio pequeno negócio. Mas, na verdade, por que ele não deveria? Como os outros empregados, ele era um dos donos da SRC".

Quanto mais a gerência comunicar custos, qualidade e demais dados, mais as pessoas passarão a preocupar-se, prestar atenção ao desempenho e encontrar novos meios para melhorar.

Outras pequenas empresas também se juntaram a esse movimento. Agora, grandes companhias como Amoco Canada, R. R. Donnelley, Wabash National e Baxter Healthcare utilizam o gerenciamento transparente.

O gerenciamento transparente, quando feito corretamente, é um sistema de comunicações completo, que faz tanto sentido para os operários na linha de produção quanto para os altos executivos da administração. Os passos básicos em direção a um gerenciamento transparente incluem:[92] 1) fornecimento de informações; 2) ensino de elementos básicos de finanças e administração de negócios; 3) fazer *empowerment* de pessoas para que elas tomem decisões baseadas naquilo que sabem; e 4) assegurar que

Você Realmente Faria Isto?

Imagine que possua e gerencie uma companhia pequena ou de porte médio. Você pode escolher o setor e a localização. Imagine, também, que a empresa lhe pertença totalmente.

Você lê em publicações como *Inc.*, *Fast Company* ou *Harvard Business Review* sobre a inovação mais recente em matéria gerencial: o gerenciamento transparente. Lê sobre um número de companhias que obtiveram grandes resultados com a adoção dessa filosofia e compreende as razões pelas quais essa linha de gerenciamento deve ser adotada. Mas também há aspectos negativos, o que você percebe quando chega na sua casa e lê outro artigo. Sua companhia está estabelecida há algum tempo, e as normas de operação já estão bem-definidas. Como as pessoas responderiam a essa idéia de gerenciamento transparente? Elas entenderão? O que elas pensarão sobre os números divulgados? Elas demandarão maiores salários? Exigirão papel mais ativo nos negócios da companhia?

Acima de tudo, você deverá treiná-las. E precisará alocar grandes períodos para um aprendizado longo e demorado. Alguns de seus gerentes e contadores, que anteriormente haviam se mostrado zelosos quanto à divulgação de informações, poderão não gostar da idéia. Eles poderão sentir-se como se estivessem perdendo poder e *status*, ou que não poderão confiar nos empregados no tocante a essas informações. Algumas informações poderão vazar para a concorrência.

Uma questão intrigante, nesse caso, é a remuneração. A remuneração é essencialmente a única informação que é mantida em segredo na AES, cujos dados financeiros e mercadológicos, mesmo os detalhes sobre potenciais decisões de aquisição, são amplamente divulgados, ainda que algumas pessoas preocupem-se com o fato de que tais informações possam ser vazadas para os competidores. No entanto, até o tópico do sigilo das remunerações pode estar aberto para debate. O CEO Dennis Bakke afirma: "As questões sobre compensação pessoal são confidenciais, mas não estamos certos das razões pelas quais isso deva ocorrer."

Você não desconhece os possíveis aspectos negativos do gerenciamento transparente ou os desafios de sua implementação. Os seus gerentes financeiros podem verdadeiramente compartilhar informações? Eles podem realmente delegar as decisões que costumavam tomar? O que poderá acontecer se os concorrentes tomarem conhecimento de nossos custos e dados? (Consumidores e fornecedores poderiam renegociar preços; competidores poderiam obter vantagens.) Quanta informação é suficiente e quanto é excessiva? O gerenciamento transparente é adequado para todos ou somente para certos tipos de negócio?

Você possui autoridade para tomar essa decisão pela sua companhia. Você implementaria um sistema de gerenciamento transparente? E o que faria quanto à questão do sigilo dos dados de remuneração? Se você fosse presidente, o que faria quanto a isso?

FONTES: CASE, J. Opening the books. *Harvard Business Review*, mar./abr. 1997, p. 118-27; DAVIS, R. T. V. Open-book management: its promise and pitfalls. *Organizational Dynamics*, inverno de 1997, p. 7-20; WETLAUFER, S. Organizing for empowerment: an interview with AES's Roger Sant and Dennis Bakke. *Harvard Business Review*, jan./fev. 1999, p. 110-23; AGGARWAL R.; SIMKINS, B. Open book management: optimizing human capital. *Business Horizons*, v. 44, 2001, p. 5-13.

Os engenheiros da Boeing realizaram uma greve com conseqüências desastrosas para a companhia. A realização de greves é a melhor forma de comunicar problemas? Como as greves podem ser evitadas?

comunicação ascendente

Informação que flui dos níveis hierárquicos mais baixos para os níveis hierárquicos mais altos da organização.

todos sejam diretamente responsáveis pelo sucesso da companhia (bem como dos riscos), por exemplo, através de participação acionária e bônus.

Comunicação Ascendente

Comunicação ascendente é aquela transmitida dos níveis mais baixos para os níveis mais altos da hierarquia. Uma comunicação ascendente adequada é importante por diversas razões.[93] Primeiro, os gerentes tomam conhecimento do que está acontecendo. Eles adquirem um quadro mais preciso sobre trabalho, realizações, problemas, planos, atitudes e idéias dos subordinados. Segundo, os empregados ganham uma oportunidade para comunicar-se de forma ascendente. As pessoas aliviam algumas de suas frustrações, obtêm um sentido mais forte da sua participação no empreendimento e melhoram o moral. Por último, a comunicação ascendente eficaz facilita a comunicação descendente, pois bons hábitos de ouvir criam uma mão dupla de comunicação.

Os engenheiros da Boeing realizaram uma greve em 2000 com conseqüências potencialmente desastrosas para a companhia. Na Boeing, a ênfase tem sido dada à comunicação descendente, sem muita comunicação ascendente.[94] Mas mesmo as comunicações descendentes eram inadequadas, falhando em incluir explicações sobre grandes mudanças ou planos para o futuro. A alta gerência falhou em ouvir ou oferecer uma resposta às percepções, às necessidades e às sugestões dos engenheiros. A falta de atenção dada à comunicação ascendente traduziu-se no desconhecimento, por parte da alta administração, do baixo moral dos engenheiros, e, por conseguinte, cegou-a quanto à possibilidade de greve. As greves normalmente têm múltiplas causas, mas, nesse caso, uma comunicação insatisfatória foi o fator determinante. Após a greve, o novo presidente da Boeing, Phil Condit, declarou: "Todos nós temos uma grande compreensão sobre o significado da questão do 'respeito'. Um dia, espero que possamos olhar para trás, em relação a essa questão, como um ponto de mudança, um momento que reconhecemos mais claramente a importância de ouvir e buscar compreender uns aos outros".[96]

> Durante uma reunião em uma empresa da cidade, onde estavam presentes 400 empregados, alguém sugeriu a instalação de um semáforo para diminuir os congestionamentos no estacionamento no fim do dia.[95] O CEO disse: "Nunca tenho problemas com o estacionamento, mas só saio às 20 horas. Talvez, se você não saísse às 18 horas, não teria também o mesmo problema". Posteriormente, o CEO disse estar brincando — mas somente após ter visto o empregado ficar vermelho, deixar a sala e nunca mais retornar.

Os problemas comuns da comunicação ascendente são similares aos da comunicação descendente. Os gerentes, como seus subordinados, são bombardeados com informações e podem negligenciar ou perder informações provenientes dos níveis inferiores. Além disso, alguns empregados nem sempre são verdadeiros com seus chefes; em outras palavras, a filtragem ocorre tanto para cima quanto para baixo. As pessoas tendem a compartilhar apenas as boas notícias com seus chefes e suprimir as más. Isso ocorre porque elas: 1) desejam parecer competentes; 2) desconfiam de seus chefes e temem que, caso eles descubram algo que tenham feito, sejam punidas; 3) temem que chefe puna o mensageiro, mesmo que o problema relatado não seja dele; e 4) acreditam que estarão ajudando seus chefes se mantiverem os problemas distantes deles.

Por essas e outras razões, os gerentes podem não estar cientes de importantes problemas. Segundo afirmava um especialista em liderança, "Se as mensagens vindas dos níveis inferiores afirmam que você está fazendo um ótimo trabalho, envie-as de volta para uma avaliação mais honesta."[97]

Gerenciando a Comunicação Ascendente A geração de informações úteis oriundas dos escalões inferiores exige que os gerentes *facilitem* e *motivem* a comunicação ascendente. Eles poderiam, por exemplo, implementar uma política de transparência e encorajar as pessoas a utilizá-la, realizar almoços ou cafés com os empregados, usar pesquisas, instituir um programa para sugestões sobre produtividade ou realizar encontros coletivos. Eles também podem solicitar conselhos dos empregados, fazer visitas informais às unidades, pensar de verdade sobre as questões dos funcionários e dar respostas a elas e distribuir sumários das novas idéias e práticas inspiradas nas sugestões e ações dos empregados.[98]

Alguns executivos praticam MBWA (*management by wandering around*, na sua sigla em inglês), ou gerenciamento através de circulação, no seu equivalente para o português. Essa expressão, cunhada por Ed Carlson da United Airlines, refere-se simplesmente a sair do escritório, circular pela empresa e conversar freqüente e informalmente com os empregados.[99] Da mesma forma, o CEO da Nissan, Carlos Ghosn, realiza visitas constantes e sem aviso prévio a todas as partes da companhia, variando das unidades fabris e dos fornecedores de peças até as concessionárias e as pistas de teste.[100] Donald Trump não utiliza e-mail — seu escritório possui apenas um computador, desconectado. Ele constantemente chama seus empregados e caminha pelos salões de seus cassinos, perguntando a porteiros, operadores das mesas de jogos e a mais todo mundo o que está acontecendo.[101]

Quando Kevin Sharer tornou-se o CEO da Amgen, ele entrevistou os seus cem mais altos executivos — ainda que tivesse sido o presidente da Amgen por oito anos.[102] Ele buscava uma nova perspectiva, incluindo o que se passava nas mentes deles. Ele perguntou: "O que você gostaria de manter? O que você gostaria de mudar? O que você desejaria que eu fizesse? O que você tem medo que eu faça? O que mais você gostaria de me perguntar?." Seguramente, você não desejaria estar tão desinformado assim (algo que ele não estava), mas gostaria de saber o que se passa nas mentes deles e informá-los de que você se importa. Uma coisa que Sharer aprendeu foi que os executivos almejavam conseguir mais do que apenas altos lucros; eles queriam tentar transformar a Amgen na melhor companhia de produtos terapêuticos.

A comunicação ascendente útil deve ser estimulada e não punida. A pessoa que tenta conversar com o gerente sobre um problema não deve ser constantemente alijada. Uma política anunciada como transparente deve ser verdadeiramente transparente. Além disso, as pessoas devem confiar em seus supervisores e estarem certas de que um gerente não ficará ressentido caso receba informações negativas.

Durante um recente encontro coletivo que recebeu atenção da mídia mundial, um soldado perguntou ao ex-secretário de Defesa dos Estados Unidos, Donald Rumsfeld, por que os soldados no Iraque não possuíam a blindagem e outros equipamentos de proteção. A resposta de Rumsfeld não foi muito satisfatória, e ele foi publicamente criticado. A boa notícia foi que, diferentemente de outros exércitos, o soldado pôde perguntar diretamente uma questão como essa. A notícia ruim é que, como em muitas empresas, os empregados têm medo de serem honestos com seus chefes. Uma orientadora de carreira, Dory Hollander, afirma: "A droga da vez na maioria dos locais de trabalho é evitar, evitar e evitar".[103] Para conseguirem honestidade, os gerentes devem ouvir verdadeiramente, não punir os mensageiros por serem honestos e tomarem providências em função de comentários válidos.

Comunicação Horizontal

comunicação horizontal
Informações compartilhadas entre pessoas de mesmo nível hierárquico.

Muitas informações necessitam ser compartilhadas entre pessoas de mesmo nível hierárquico. Essa **comunicação horizontal** pode ocorrer entre pessoas da mesma equipe de trabalho ou de diferentes departamentos. Por exemplo, podemos citar um agente de compras que discute um problema com o engenheiro de produção ou uma força-tarefa composta por chefes de departamento que se encontram para discutir uma preocupação específica. A comunicação com outras pessoas exteriores à companhia, incluindo Wall Street,[104] é outro tipo vital de comunicação horizontal.

A comunicação horizontal possui muitas funções importantes.[105] Em primeiro lugar, ela permite o compartilhamento de informações, a coordenação e a solução de problemas entre unidades. Em segundo, ela auxilia a resolução de conflitos. Em terceiro, ao permitir a interação entre os pares, ela oferece suporte social e emocional para as pessoas. Todos esses fatores contribuem para incrementar o moral e a eficácia.

Gerenciando a Comunicação Horizontal A necessidade de comunicação horizontal é similar à necessidade de integração, discutida no Capítulo 8. Especificamente em ambientes complexos, nos quais as decisões de uma unidade afetam outras, a informação deve ser compartilhada horizontalmente. Como exemplo de boa comunicação horizontal, a Motorola realiza uma conferência anual para dividir as melhores lições aprendidas entre grupos funcionais e de negócio em toda a companhia. A Nasa agrupa cientistas de diferentes disciplinas. A empresa Hewlett-Packard utiliza bases de dados comuns para diferentes grupos de produtos, com o objetivo de compartilhar informações e idéias.[106]

A GE oferece um grande exemplo de como utilizar comunicação horizontal como arma competitiva.[107] Os negócios da GE poderiam operar independentemente, mas espera-se que cada unidade apóie a outra. Eles transferem recursos técnicos, pessoal, informações, idéias e dinheiro entre si. A GE consegue obter esse alto nível de comunicação e cooperação através do fácil acesso existente entre as divisões e ao CEO; uma cultura da abertura, honestidade, confiança e obrigação mútua; e encontros trimestrais nos quais os altos executivos encontram-se para trocar informações e idéias. Os mesmos tipos de ações também são desenvolvidos nos níveis inferiores.

Comunicação Informal

As comunicações organizacionais também diferem quanto à forma. As *comunicações formais* representam episódios de transmissão de informações oficiais e chanceladas pela organização. Elas podem ocorrer de forma ascendente, descendente ou horizontal, e freqüentemente são organizadas e necessárias para a execução de determinada atividade.

A *comunicação informal* é menos oficial.[108] Pessoas fazem fofocas; empregados reclamam de seus chefes; falam sobre suas equipes esportivas favoritas; equipes de trabalho informam aos recém-chegados sobre como proceder.

Rádio-peão (*grapevine*)
Rede informal de comunicações.

A rádio-peão (***grapevine***) é a rede social ou informal de comunicações. Redes informais de comunicação proporcionam informações às pessoas, ajudam-nas a resolver problemas e ensinam como executar suas atividades com sucesso. Você deve desenvolver uma boa rede de pessoas que tenham a vontade e a capacidade de ajudar.[109] No entanto, a rádio-peão pode ser destrutiva quando rumores equivocados ou irrelevantes e fofocas proliferam e prejudicam as operações.[110]

O que isso significa, pessoalmente, para você? Não se envolva com boataria digital. Coisas embaraçosas podem tornar-se públicas, e ações de reparação por difamação de caráter e invasão de privacidade utilizam e-mails como evidência. Mas também não evite a rede informal de comunicações.[111] Ouça, mas avalie bem, antes de acreditar naquilo que ouve. Quem é a fonte? Quão confiável ele(a) é? O boato faz mesmo sentido? Ele é consistente ou inconsistente com outras coisas que você tenha ouvido antes? Busque mais informações. Não crie problemas desnecessariamente.

Ninguém sabe ao certo como os boatos se iniciam, mas todos sabem que eles ocorrem. A rede informal de comunicação ou rádio-peão pode ser gerenciada, caso converse com as pessoas-chave envolvidas, sugira formas para prevenir os boatos e os neutralize uma vez que tenham começado.

Gerenciando a Comunicação Informal Os boatos podem surgir sobre qualquer tópico, incluindo quem está saindo da empresa, quem está conseguindo uma promoção, salários, segurança no trabalho e erros custosos. Os boatos podem destruir a fé e a confiança de uma pessoa na companhia — e vice-versa. Mas a rede informal de comunicação (rádio-peão) não pode ser eliminada. Dessa forma, os gerentes *devem trabalhar* em conjunto com a rede informal.

A rádio-peão pode ser gerenciada de várias formas.[112] Primeiro, caso um gerente ouça uma história que tenha saído do controle, deve *conversar com as pessoas-chave* envolvidas para obter os fatos e suas perspectivas. E não permitir comentários maldosos.

Segundo, sugestões para *evitar* o início de boatos incluem: a explicação de coisas importantes que não tenham sido elucidadas anteriormente; a desmistificação das incertezas pela apresentação de fatos; e um trabalho para estabelecer comunicações abertas e confiança ao longo do tempo.[113] Seja um modelo; não censure a companhia ou as pessoas na frente dos outros. Participe de uma forma positiva, divulgando boas notícias sobre as pessoas e a empresa.[114]

Terceiro, *neutralize* os boatos, tão logo eles tenham começado: ignore o boato, caso ele seja ridículo; confirme abertamente quaisquer partes que forem verdadeiras, faça comentários públicos (nenhum comentário é visto como a confirmação do boato); negue o boato, se a negação for baseada em informações verídicas (não faça falsas negações); certifique-se de que as comunicações sobre a questão envolvida são consistentes; selecione um porta-voz com estatura e conhecimento adequados; e realize encontros coletivos, caso seja necessário.[115]

Inexistência de Barreiras

Vários executivos e estudiosos em administração consideram, hoje em dia, que o acesso livre à informação em todas as direções é um imperativo organizacional. Jack Welch, da GE, cunhou o termo "sem barreiras". Uma **organização sem barreiras** é aquela na qual não há obstáculos ao fluxo de informações. No lugar de barreiras separando pessoas, cargos, processos e idéias, as informações, as decisões e as ações movem-se para onde são mais necessárias.[116] Isso não implica uma sobrecarga ilimitada de comunicações e informações aleatoriamente distribuída a todos, mas movimentar, *conforme necessário*, a informação disponível de forma rápida e fácil o bastante de modo que a organização funcione muito melhor como um todo do que como partes separadas.[117]

organização sem barreiras

Organização na qual não há obstáculos para o fluxo de informação.

Segundo afirmava o executivo-chefe de aprendizagem da GE para seus gerentes, "Aposto que cada um de vocês vai para casa à noite com muitas coisas na mente que poderiam ajudar a companhia (...) e vocês não falam para seus chefes" porque "(...) é estranho ou arriscado. Imagine se você apenas pudesse liberar o poder do conhecimento coletivo aqui, nesta sala; imagine o bem que isso poderia fazer".[118] O executivo-chefe de aprendizagem utiliza a metáfora da organização como uma casa que possui três tipos de barreiras: os pisos e os tetos, as paredes que separam os cômodos e as paredes externas. Essas barreiras[119] correspondem às barreiras nas organizações entre diferentes níveis organizacionais, diferentes unidades e departamentos, e a organização e seus colaboradores externos — por exemplo, fornecedores e consumidores. A GE acrescenta uma quarta barreira: barreiras globais que separam as operações domésticas das operações globais.

Vantagens da Colaboração

O que poderia ser mais colaborativo do que organizações nas quais as pessoas e as informações não estivessem confinadas por barreiras verticais e horizontais?

O famoso programa *Workout* da GE consiste em uma série de encontros para parceiros de negócios de múltipos níveis hierárquicos, caracterizados por discussões francas e duras, que quebram as barreiras verticais. O programa *Workout* já envolveu mais de 222 mil pessoas da GE; milhares de pessoas podem estar participando do programa em determinada semana.[120] Esse programa também é realizado com clientes e fornecedores, quebrando, assim, as barreiras exteriores.

A GE ainda emprega várias outras técnicas para a eliminação de barreiras. Ela monitora incessantemente os competidores e companhias em outros setores para aprender as melhores práticas do mundo todo. A GE reúne diferentes áreas fisicamente no mesmo lugar, como engenharia e produção, por exemplo. Ela compartilha serviços em unidades distintas. Em algumas ocasiões, também divide espaços físicos com alguns clientes.

As organizações sem barreiras criam intencionalmente diálogo através das barreiras, transformando-as em membranas permeáveis. De acordo com o modelo descrito pela GE, as pessoas de diferentes partes da organização precisam aprender "como conversar".[121] Elas também devem aprender "como agir", ou seja, o diálogo é fundamental, mas deve ser seguido por ações concretas.

EPÍLOGO

DAVID NEELEMAN DA JETBLUE

A JetBlue tem tido um sucesso estrondoso. Em 2005, ela ainda crescia absurdamente, contudo, alguns observadores perguntavam-se se ela sobreviveria. Na década de 1980, a companhia aérea iniciante PeopleExpress foi tão bem-sucedida e pelo menos tão famosa quanto a JetBlue é hoje em dia. Porém, da mesma forma que muitas companhias que crescem rapidamente, ela não se ajustou bem. Faliu.

Para a JetBlue, os baixos custos, que haviam fornecido tamanha vantagem competitiva, estão aumentando à medida que a companhia cresce e envelhece — os empregados começarão a incrementar suas demandas e os novos aviões necessitarão de reparos. Além disso, o sucesso e a visibilidade da JetBlue têm atraído atenção — os competidores estão aprendendo com a JetBlue e têm-se aprimorado cada vez mais.

Um piloto vê Neeleman no corredor do avião e diz, em tom de brincadeira: "Então você existe de verdade". O piloto trabalha na JetBlue há dois anos e meio e só agora teve um encontro com o CEO da empresa. Neeleman diverte-se com a brincadeira, mas isso o preocupa — com esse crescimento fenomenal, poderá a JetBlue manter sua cultura e seu toque pessoal com empregados e consumidores?

TERMOS-CHAVE

Caoching, 503
Comunicação, 486
Comunicação ascendente, 506
Comunicação de mão dupla (bidirecional), 486
Comunicação de mão única (unidirecional), 486
Comunicação descendente, 502
Comunicação horizontal, 507
Escritório virtual, 493
Filtragem, 487
Gerenciamento transparente, 504
Organizações sem barreiras, 509
Percepção, 487
Rádio-peão (*Grapevine*), 508
Reflexão, 500
Riqueza da mídia, 494

RESUMO DOS OBJETIVOS DE APRENDIZAGEM

Depois de completado o estudo deste Capítulo, você deverá ser capaz de identificar:

As importantes vantagens da comunicação de mão dupla.

A comunicação de via única flui do emissor para o receptor, sem nenhum sistema de *feedback*. Na comunicação de mão dupla, cada pessoa é, ao mesmo tempo, emissora e receptora, na medida em que provê informações e reage a elas. A comunicação de via única é mais rápida e fácil, porém menos precisa que a de mão dupla; a comunicação de mão dupla é mais lenta e difícil, contudo é mais precisa e resulta melhor desempenho.

Problemas de comunicações que devem ser evitados.

O processo da comunicação envolve um emissor que transmite informações para um receptor. Os problemas na comunicação podem ocorrer em todos os estágios do processo: codificação, transmissão, decodificação e interpretação. O ruído no sistema complica ainda mais a comunicação, produzindo mais distorção. Além disso, o *feedback* pode estar indisponível ou conduzir a equívocos. Percepções subjetivas e filtragem contribuem para o aumento da possibilidade de erro.

Quando e como utilizar os vários canais de comunicação.

As comunicações são enviadas por canais verbais, escritos e eletrônicos. Todos possuem vantagens e desvantagens importantes que devem ser consideradas antes de se tomar a decisão acerca do canal a ser utilizado. A mídia eletrônica tem grande impacto nas comunicações interpessoais e organizacionais, além de tornar possível a existência do escritório virtual. As principais vantagens da mídia eletrônica são: a velocidade, o custo e a eficiência. Mas os aspectos negativos também são significativos, incluindo a sobrecarga de informações. A riqueza da mídia, ou a quantidade e a variedade de informações que podem ser transmitidas por um canal, é um fator a ser considerado ao se decidir quais canais utilizar e como usá-los de forma eficiente e efetiva.

Formas para se tornar um melhor "emissor" e "receptor" de informação.

Pratique a escrita, seja crítico acerca de seu trabalho e revise. Treine sua capacidade como orador. Utilize a linguagem de forma cuidadosa e apropriada e trabalhe para superar diferenças de linguagem com outras culturas. Esteja alerta para os sinais não-verbais que você envia, incluindo a forma como sua utilização do tempo é percebida pelas outras pessoas. Conheça os hábitos piores e mais comuns relacionados à capacidade de ouvir e trabalhe para superá-los. Leia de forma ampla e engaje-se em um processo de observação e interpretação cuidadoso e sem intermediários.

Como melhorar os fluxos de comunicação descendente, ascendente e horizontal.

Gerencie ativamente as comunicações em todas as direções. Empregue a comunicação de mão dupla mais freqüentemente do que a comunicação de via única. Torne a informação disponível para os outros. Abordagens úteis para comunicação descendente incluem *coaching*, comunicação especial durante períodos difíceis e gerenciamento transparente. Você também deve, ao mesmo tempo, facilitar e motivar as pessoas para que elas se comuniquem de forma ascendente. Existem vários mecanismos para incrementar as comunicações horizontais.

Como lidar com a rede de comunicação informal (rádio-peão ou grapevine) da companhia.

O fluxo informal de informações pode contribuir tanto quanto a comunicação formal para a eficácia e o bem-estar organizacional. Os gerentes devem compreender que a comunicação informal não pode ser eliminada, e, dessa forma, deverá ser gerenciada ativamente. Muitas das sugestões para o gerenciamento de comunicações formais também se aplicam ao gerenciamento do *grapevine*. Além disso, os gerentes podem tomar medidas para prevenir ou neutralizar os boatos que surgirem.

As vantagens e características de uma organização sem barreiras.

As barreiras — psicológicas, se não físicas — existem entre diferentes níveis e unidades organizacionais, organizações e colaboradores externos. A organização idealmente sem barreiras é aquela na qual não há barreiras para o fluxo de informações. Idéias, decisões e ações movem-se para onde são mais necessárias. A informação torna-se disponível de acordo com a demanda e permanece amplamente disponível, de forma que a organização como um todo funciona muito melhor do que se separada em partes.

QUESTÕES PARA DISCUSSÃO

1. Pense sobre uma ocasião na qual você enfrentou um problema de comunicação equivocada. O que você acredita que possa ter causado o problema? Como você acha que ele poderia ter sido resolvido de maneira mais satisfatória?
2. Você alguma vez já se negou a fornecer informações ou opiniões que talvez devesse ter dado? Por quê? Isso teria sido a coisa certa a ser feita? Por quê? O que poderia fazer que você ficasse satisfeito ao transmitir (ou reter) informações difíceis ou negativas? O que faria que você lamentasse tê-las transmitido/retido?
3. Relembre algumas discussões das quais você tenha participado. Considere as diferenças entre comunicações de via única e mão dupla. De que maneira duas "vias únicas" podem tornar-se uma "dupla"?
4. Compartilhe com o restante da classe suas experiências — tanto boas quanto ruins — associadas à mídia eletrônica.
5. Relate exemplos de sinais ambíguos que você tenha recebido (ou enviado). Como você pode reduzir o potencial para equívocos e percepções errôneas quando você se comunica com outras pessoas?
6. O que faz que você tenha vontade de falar com alguém da seguinte forma: "Você não está escutando!"?
7. O que você pensa sobre as práticas do gerenciamento transparente? O que pensaria a respeito disso caso estivesse gerenciando sua própria companhia?
8. Discuta os boatos organizacionais que você tenha ouvido: de que se tratavam, como eles começaram, quão verídico eram e como as pessoas reagiram a eles. Quais lições você pôde retirar desses episódios?
9. Consulte a subseção sobre "O Escritório Virtual". Qual será, em sua opinião, o impacto de longo prazo do escritório móvel na satisfação e no desempenho no trabalho? Se você fosse um gerente, como maximizaria os benefícios e minimizaria as dificuldades? Caso trabalhasse nesse ambiente, como você conseguiria gerenciar a si mesmo para maximizar seu desempenho e evitar fadiga?
10. Você já cometeu ou testemunhou erros ocorridos em virtude de duas pessoas não falarem bem uma mesma língua? Como você lida ou lidaria com pessoas que não falam a mesma língua que a sua?
11. Você já tentou fazer *coaching* com alguém? O que você fez bem? Quais erros cometeu? Como você poderia tornar-se melhor *coach*?
12. Você já recebeu *coaching* de alguém? O que ele ou ela fez satisfatoriamente? Que erros foram cometidos? Como foi para você a experiência de estar na extremidade receptora durante o processo de *coaching*, e como respondeu? O que é necessário para ser bem-sucedido como "receptor" nas tentativas de *coaching* de outra pessoa?
13. Pense na forma como as companhias comunicam-se com Wall Street e a mídia, e como os analistas na TV comunicam-se com o público. Quais conceitos do capítulo podem ser aplicados e como você pode tornar-se um "consumidor" mais astuto desse tipo de informação?

CASO DE CONCLUSÃO

Grupo "Rock On"

Uma pequena cidade costeira da Nova Inglaterra, Estados Unidos, é o lar de um grupo de músicos dedicados que ensaia assiduamente e toca regularmente para públicos entusiasmados. O grupo "Rock On", que está junto há mais de dez anos, completou três turnês bem-sucedidas nos Estados Unidos e produziu e distribuiu três CDs.

O grupo deseja tornar-se famoso. Quer aparecer na MTV e em outros shows de maior visibilidade. Os músicos desejam assinar um contrato lucrativo com alguma grande gravadora. Eles gostariam de ser ouvidos regularmente em shows nas rádios do país inteiro. Também querem realizar uma nova turnê, mas dessa vez com o objetivo de se apresentarem para públicos expressivos e com outros grupos famosos.

Os membros da banda aproximam-se dos 30 anos e sentem-se como se não tivessem mais tempo a perder. Eles ficam desencorajados ao verem bandas obviamente muito menos talentosas alcançando os resultados que eles almejam.

O grupo é formado por Dave, nos vocais e guitarra rítmica, Big Nate, na guitarra principal, Nomar, no baixo, e The Animal, na bateria. A maior parte das músicas que eles executam é de autoria própria. Diferentemente de outras bandas, eles oferecem grande variedade de músicas, o que aumenta significativamente a atração exercida sobre o público. Com exceção de Big Nate, músico em tempo integral que se apresenta solo e juntamente com outras pequenas bandas, todos os demais membros possuem empregos de período integral paralelamente.

Historicamente, a banda tem reinvestido quase a totalidade daquilo que recebe em despesas de gravação, produção de CDs, atualização de equipamentos, apresentações em estações de rádio e shows beneficentes e viagens.

O grupo recentemente utilizou estagiários universitários como agentes de marketing e consultoria. Esses estudantes faziam contatos telefônicos com pessoas ligadas a estações de rádio de todo o país e, seguindo-se aos telefonemas, enviavam *kits* de divulgação do grupo, que incluíam um CD promocional, pôsteres, informações biográficas e uma amostra de uma coletânea de artigos sobre a banda na imprensa. A equipe de estudantes também pesquisou diferentes aspectos da indústria da música em busca de alternativas para auxiliar a banda a alcançar os seus objetivos.

A banda toca em diversos lugares nas áreas compreendidas entre Portland, Maine e a cidade de Nova York, tanto em pequenas como em grandes cidades, como Boston, Hartford e New Haven. Ela é bem conhecida em toda a região. Participa freqüentemente de um show que inclui outras duas ou três bandas. Usa uma combinação de agentes artísticos e venda direta para donos de bares para conseguir trabalho.

Muitos concordam que esses músicos formam uma boa banda, com pessoas excepcionais, que tocam boa música. Todos os comentários e críticas na imprensa são excelentes.

Eles parecem fazer as coisas certas, mas ainda não alcançaram seus objetivos.

QUESTÕES

1. Que técnicas específicas de comunicação citadas no texto deste capítulo esse grupo deveria incorporar às suas atividades, tanto no palco quanto fora dele?
2. Uma comunicação efetiva com as pessoas certas poderia levar o grupo a alcançar seus objetivos. Uma vez que esses encontros e oportunidades sejam estabelecidos, como você recomendaria que o grupo procedesse?
3. Quais formas de comunicação não-verbal o grupo deveria incorporar aos seus esforços para alcançar o sucesso?

EXERCÍCIOS PRÁTICOS

15.1 Comunicação Não-verbal

OBJETIVO

Tornar-se mais consciente das mensagens não-verbais.

INSTRUÇÕES

A seguir encontra-se uma lista de "métodos" de comunicação não-verbal. Escolha um dia no qual você deseja manter registros desses métodos. No fim do dia, lembre-se de três pessoas com as quais você tenha se comunicado de alguma forma. Registre como você respondeu a essas pessoas em termos dos métodos de comunicação não-verbal. Identifique aqueles que tiveram o maior e o menor efeito sobre seu comportamento.

Folha de Trabalho de "Comunicação Não-verbal"

Mídia	Qual foi a mensagem?	Como você respondeu?	Qual afetou mais e menos seu comportamento?
Como elas apertam as mãos			
A postura delas			
A expressão facial delas			
A aparência delas			
Os tons de voz delas			
Os sorrisos delas			
As expressões nos seus olhos			
A confiança delas			
O jeito como elas se moviam			
A forma como elas ficavam paradas			
Quão próximo de você elas permaneceram			
Como elas cheiravam			
Os símbolos ou gestos que elas usavam			
Quão alto elas falavam			

15.2 Pesquisa sobre Habilidades como Ouvinte

OBJETIVOS

1. Mensurar suas aptidões como ouvinte.
2. Adquirir entendimento sobre os fatores que determinam bons hábitos como ouvinte.
3. Demonstrar como você pode tornar-se melhor ouvinte.

INSTRUÇÕES

1. Trabalhando sozinho, complete a Pesquisa sobre Habilidades como Ouvinte.
2. Em pequenos grupos, compare os resultados, discuta os itens do teste e prepare respostas para as questões para discussão.
3. Quando a classe reunir-se, um representante de cada grupo apresentará seus resultados.

QUESTÕES PARA DISCUSSÃO

1. De quais formas as respostas dos estudantes são convergentes ou divergentes?
2. Como você explicaria as diferenças?
3. Como os resultados dessa pesquisa podem ser empregados de forma prática?

Pesquisa sobre Habilidades como Ouvinte

Para mensurar suas habilidades como ouvinte, complete a seguinte pesquisa assinalando com um círculo seu grau de concordância com cada afirmação.

	Concordo Totalmente	Concordo	Não Concordo nem Discordo	Discordo	Discordo Totalmente
1. Costumo ser paciente com quem fala, certificando-me que ele ou ela já encerrou sua fala antes que eu responda de alguma forma.	5	4	3	2	1
2. Quando ouço, não rabisco ou manuseio papéis e coisas que possam desviar minha atenção da pessoa que está falando.	5	4	3	2	1
3. Procuro compreender o ponto de vista do meu interlocutor.	5	4	3	2	1
4. Busco não colocar meu interlocutor na defensiva por meio de argumentação ou crítica.	5	4	3	2	1
5. Quando ouço, concentro-me nos sentimentos do meu interlocutor.	5	4	3	2	1
6. Deixo que os maneirismos irritantes de um orador me distraiam.	5	4	3	2	1
7. Enquanto o orador está falando, observo cuidadosamente as expressões faciais e outros tipos de linguagem corporal.	5	4	3	2	1
8. Nunca falo quando a outra pessoa está tentando dizer algo.	5	4	3	2	1
9. Durante uma conversa, um período de silêncio parece estranho para mim.	5	4	3	2	1
10. Quero que as pessoas apenas me passem os fatos e deixem que eu tire minhas próprias conclusões.	5	4	3	2	1
11. Quando o orador termina, respondo aos seus sentimentos.	5	4	3	2	1
12. Não avalio as palavras de um orador até que ele tenha acabado.	5	4	3	2	1
13. Formulo minha resposta enquanto o orador ainda está falando.	5	4	3	2	1
14. Nunca finjo estar ouvindo quando não estou.	5	4	3	2	1
15. Consigo focar no conteúdo da mensagem, mesmo quando a apresentação é ruim.	5	4	3	2	1
16. Encorajo o orador com freqüentes acenos, sorrisos e outras formas de linguagem corporal.	5	4	3	2	1

(continua)

	Concordo Totalmente	Concordo	Não Concordo nem Discordo	Discordo	Discordo Totalmente
17. Algumas vezes consigo prever o que alguém vai dizer antes que ele(a) o diga.	5	4	3	2	1
18. Mesmo quando um orador me irrita, mantenho meu controle.	5	4	3	2	1
19. Mantenho um bom contato visual com o orador.	5	4	3	2	1
20. Tento centrar-me no conteúdo da mensagem, e não na forma como ela é apresentada.	5	4	3	2	1
21. Caso me sinta confuso(a) em razão de uma declaração feita por alguém, nunca reajo até que tenha questionado sobre minha dúvida e recebido o devido esclarecimento.	5	4	3	2	1

15.3 Ouvindo Ativamente

Este exercício envolve trios. Cada trio deverá ser dividido em números: 1, 2, 3, 1, 2, 3 e assim por diante. Durante a primeira rodada, todos os números "1" deverão, nos seus respectivos trios, atuar no papel de defensores de uma proposição (posição favorável), os números "2" atuarão como críticos (posição contrária) e os números "3" como observadores. Após um tópico ser apresentado, dois indivíduos, representando pontos de vista opostos, terão um minuto para reunir suas idéias e, então, entre cinco e sete minutos para alcançarem uma posição *mutuamente aceitável* neste mesmo tópico.

O observador deverá utilizar o formulário a seguir para registrar *exemplos reais* daquilo que os indivíduos disseram ou fizeram que indique que a ação de ouvir ocorreu de forma ativa ou menos do que ativa. Quando o tempo tiver acabado, os indivíduos com posições favoráveis ('1') deverão compartilhar suas opiniões sobre quais comportamentos como ouvintes eles executaram corretamente e quais eles gostariam de aprimorar. Em seguida, os indivíduos com posições contrárias ('2') farão o mesmo. Finalmente, os observadores dividirão suas observações e sugestões, utilizando exemplos para reforçar suas respostas.

Caso rodadas adicionais forem utilizadas, alterne os papéis de forma que cada pessoa atue em um papel de orador e, se possível, em um papel de observador.

Rodada 1:
Tópico selecionado: ______________________
Observações:

Rodada 2:
Tópico selecionado: ______________________
Observações:

Formulário de *Feedback* para Ouvinte

Indicadores de que a Ação de Ouvir Ocorreu de Forma Ativa	Favorável	Contrário
1. Formulou questões para esclarecimento		
2. Parafraseou a visão oposta		
3. Respondeu a manifestações não-verbais (por exemplo, postura corporal, tom de voz)		
4. Pareceu mover-se em direção a uma solução mutuamente satisfatória		
Indicadores de que a Ação de Ouvir Ocorreu de Forma Não Satisfatoriamente Ativa	**Favorável**	**Contrário**
5. Interrompeu antes de permitir que a outra pessoa finalizasse		
6. Foi defensivo quanto à sua posição		
7. Pareceu dominar a conversa		
8. Ignorou as manifestações não-verbais		

Tópicos potenciais a serem utilizados:

1. Controle de armas
2. Pena de morte
3. Raça como critério para admissão em universidades
4. Reforma do sistema prisional
5. Intervenção dos Estados Unidos em guerras fora dos Estados Unidos
6. Legalização da maconha

7. Serviço militar obrigatório
8. Adoção inter-racial
9. Sexo pré-marital e extraconjugal
10. Oração nas escolas
11. Diversidade no local de trabalho
12. Pornografia na Internet

QUESTÕES

1. Você chegou a uma solução mutuamente satisfatória? O que o auxiliou a alcançá-la?
2. Quais foram alguns fatores que dificultaram o processo?
3. Quão confortável você se sentiu ao defender a posição que lhe foi destinada? Como isso influenciou sua capacidade de ouvir ativamente?
4. Se a posição que lhe foi oferecida era diametralmente oposta aos seus valores e crenças, você enxerga esse tópico de forma diferente agora em comparação à forma como enxergava antes do exercício?
5. Quais medidas você pode tomar para melhorar sua capacidade de ouvir ativamente seus amigos e colegas, especialmente quando eles não concordam com seus pontos de vista?

PARTE 4 CASO DE APOIO

Liderança na AIG: O Estilo Importa?

"O rei está morto, longa vida ao rei!" Essas podem, de fato, ter sido as palavras repetidas pelos empregados da American International Group (AIG), o maior grupo segurador do mundo. Seu legendário CEO, Maurice "Hank" Greenberg, de 79 anos, foi deposto pelo conselho de diretores da AIG após o promotor geral do Estado de Nova York, Elliot Spitzer, impor multas à companhia devido a uma possível manipulação de ganhos.

Sediada em Nova York, a AIG está em atividade há aproximadamente 90 anos, tem algo como US$ 170 bilhões no mercado de capitalização e possui cerca de 80 mil empregados no mundo inteiro. Greenberg, advogado e figura estimada na indústria de seguros, trabalhou na AIG por mais de quatro décadas. Em 1967, ele se tornou presidente, substituindo o fundador da companhia, Cornelius Vander Starr. Greenberg transformou a empresa de uma companhia seguradora de nível médio em uma das principais participantes do mercado internacional. Com uma reputação de líder autocrático, era conhecido por gritar com seus funcionários. Uma fonte comparou a gestão de Greenberg a um "reino de terror". Outra fonte ofereceu dicas sobre a liderança e o estilo gerencial de Greenberg: ele "dirige-se aos empregados com questões detalhadas sobre contratos e outras minutas". Durante um encontro no fim da década de 1990, ele declarou a um alto gerente: "Esta é a pior apresentação que eu já vi em anos(...) Saia, pegue as suas coisas e não volte até que possa dizer-me algo que eu ainda não saiba".

Greenberg também teve problemas com seus filhos, Jeffrey e Evan, quando trabalhou com eles na AIG. Jeffrey, o mais velho dos dois, trabalhou na empresa por 17 anos, antes de demitir-se em 1995; Evan, que havia sido designado pelo pai como seu sucessor na AIG, demitiu-se alguns anos depois, em 2000. Em alguns círculos, as pessoas acreditavam que o pai exercia muita pressão sobre os filhos acima do exigido dos demais executivos da companhia. Jeffrey e Evan — este em particular — estavam preocupados com o plano de sucessão do pai. Aparentemente, Greenberg havia apenas apresentado o plano desinteressadamente, sem nenhuma intenção real de aposentar-se em breve.

No início de março de 2005, o conselho de diretores da AIG substituiu Greenberg por Martin Sullivan, vice-presidente e chefe-adjunto de operações (COO), de 50 anos, que havia trabalhado na empresa, e para Greenberg, em várias atividades nos últimos 30 anos. Seus anos de trabalho na companhia o tornaram a liderança consumada entre as fileiras da empresa para conduzi-la. No entanto, da mesma forma que Greenberg, ele é considerado um microgerente, conhecido por envolver-se com os mínimos detalhes do processo de negociações em vez de capacitar seus subordinados para executar tais tarefas. Se ele continuar microgerenciando no lugar de delegar, poderá criar sérios problemas para si mesmo e para a companhia. Ainda assim, apesar das semelhanças com seu último chefe, os funcionários o enxergam como mais agradável e amigável. Uma fonte declarou que "sua grande força é o respeito que obtém das pessoas que trabalham para ele (...) Ele não grita nem berra como o Sr. Greenberg". A liderança de Sullivan pode ser exatamente o alívio de que a atormentada companhia necessita.

QUESTÕES

1. O presidente do conselho e CEO da AIG, Maurice "Hank" Greenberg, foi considerado líder autocrático e microgerente por muitos empregados, ainda que a companhia tivesse crescido dramaticamente durante sua gestão como CEO. O estilo de liderança realmente importa se a companhia tiver um bom desempenho e os acionistas estiverem satisfeitos com o retorno sobre o investimento?
2. Ao novo CEO da AIG, Sullivan, foi associado o rótulo de microgerente, porém com uma personalidade mais agradável. Ele poderia, como microgerente, desenvolver um estilo de liderança mais participativo? Como?
3. Greenberg nomeou seu filho, Evan, como seu herdeiro aparente. Ainda assim, nunca estabeleceu uma data para sua saída. Um bom líder deveria estabelecer uma data para sua saída? Quando ele deveria nomear um sucessor?

FONTES: BRADY, D. AIG needs new policies. *BusinessWeek* on-line, 1º mar. 2005; KELLEHER E.; FELSTED, A. New AIG chief Has a softer touch. *Financial Times*, 21 mar. 2005, p. 18; MACDONALD, I. Insurance industry's first family fades. *The Wall Street Journal*, 15 mar. 2005, p. C13; SCHEIBER, N. Sins of the son. *New York Magazine*, 2004; WEIL, J. "AIG's Greenberg plans to depart as woes mount. *The Wall Street Journal*, 14 mar. 2005, p. 1, 14.

Este caso foi preparado por Joseph C. Santora, professor de administração de empresas do Essex County College, Newark, New Jersey.

PARTE 5

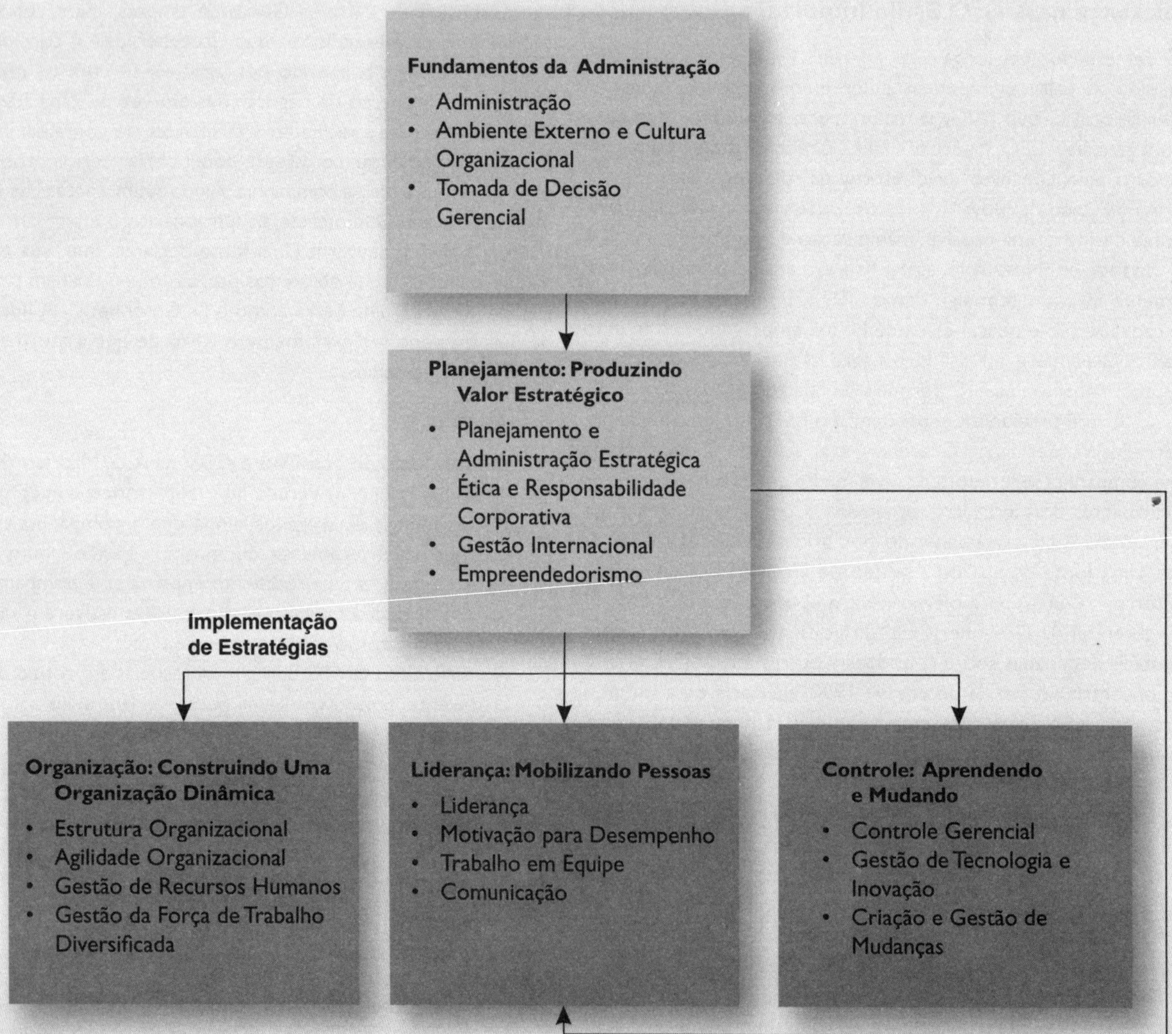

Fundamentos da Administração
• Administração
• Ambiente Externo e Cultura Organizacional
• Tomada de Decisão Gerencial
Planejamento: Produzindo Valor Estratégico
• Planejamento e Administração Estratégica
• Ética e Responsabilidade Corporativa
• Gestão Internacional
• Empreendedorismo
Implementação de Estratégias
Organização: Construindo Uma Organização Dinâmica
• Estrutura Organizacional
• Agilidade Organizacional
• Gestão de Recursos Humanos
• Gestão da Força de Trabalho Diversificada
Liderança: Mobilizando Pessoas
• Liderança
• Motivação para Desempenho
• Trabalho em Equipe
• Comunicação
Controle: Aprendendo e Mudando
• Controle Gerencial
• Gestão de Tecnologia e Inovação
• Criação e Gestão de Mudanças

Controle: Aprendendo e Mudando

Nas Partes 1 a 4, você aprendeu sobre os fundamentos da administração, do planejamento e da estratégia; bem como a implementar planos, organizando, contratando funcionários e liderando. A Parte 5 encerra com três capítulos sobre como controlar e realizar mudanças naquilo que a organização e seu pessoal estão fazendo. O Capítulo 16 descreve o controle gerencial, incluindo questões relacionadas à cultura e às técnicas para certificar-se de que as atividades pretendidas são conduzidas adequadamente e as metas, alcançadas.

Os últimos dois capítulos têm como foco a mudança e a renovação. O Capítulo 17 discutirá tecnologia e inovação, incluindo uma abordagem estratégica para novas tecnologias e a criação de uma cultura orientada à inovação. O Capítulo 18 examina um desafio atual para o executivo moderno: tornar-se um empreendedor de classe internacional por meio da gestão da mudança. Neste capítulo, descrevemos a natureza desse desafio e como os gerentes podem lidar com ele. Alguns dos tópicos que você aprendeu nos capítulos anteriores têm papel central no processo de mudança: o Capítulo 18 deverá lembrá-lo como a sua compreensão desses tópicos beneficiará sua carreira gerencial.

Capítulo 16

Controle Gerencial

"Mais do que em qualquer outro momento do passado, as companhias não serão capazes de se sustentar com os métodos tradicionais de controle: hierarquia, sistemas, orçamentos e afins (...) O elemento de aglutinação será, cada vez mais, ideológico."

— **Collins e Porras**[1]

"Utilize seu bom senso em todas as situações. Não haverá regras adicionais."

— **Manual do empregado, da Nordstrom**

RESUMO DO CAPÍTULO

Sistemas de Controle Burocrático
- O Ciclo de Controle
- Abordagens para o Controle Burocrático
- Auditorias de Gestão
- Controles Orçamentários
- Controles Financeiros
- Os Aspectos Negativos do Controle Burocrático
- Elaborando Sistemas de Controle Eficazes

Os Outros Controles: Mercados e Clãs
- Controles de Mercado
- Controle de Clã: o Papel do *Empowerment* e da Cultura

OBJETIVOS DE APRENDIZAGEM

Após estudar este Capítulo, você deverá saber:

1. Por que as companhias desenvolvem sistemas de controle para os empregados.
2. Como criar um sistema de controle burocrático básico.
3. Os propósitos da utilização de orçamentos como instrumento de controle.
4. Como interpretar quocientes financeiros e outros controles financeiros.
5. Os procedimentos para implementação de sistemas de controle eficazes.
6. As diferentes formas por meio das quais os mecanismos de controle são utilizados pelas organizações.
7. Como o controle de clã pode ser introduzido em uma organização dotada de *empowerment*.

Prólogo

"O AMBIENTE ERA PROPÍCIO AO ABUSO"

A incessante pressão para o crescimento e a ausência de controles ajudaram a impelir os executivos em direção a um comportamento antiético.

Durante a maior parte dos anos 90, os CEOs das companhias da velha economia lutaram para tornar empresas letárgicas em organizações mais ágeis, mais flexíveis. O fracasso custou o emprego de líderes de empresas como General Motors, Eastman Kodak, Westinghouse e de vários outros gigantes do mercado. Na realidade, transformações reais podem ser consideradas mais como exceções que como regras. A mudança de valores essenciais, atitudes e relacionamentos fundamentais de uma grande organização é tremendamente difícil. Essa é a razão pela qual um exército de acadêmicos e consultores referia-se à Enron, durante a década 1990, como um modelo de virtude na gestão empresarial. A Enron parecia ter-se transformado, a partir de uma pesada empresa de serviços públicos, em um empreendimento ágil, para o qual a excelência no desempenho era fundamental.

Como se isso fosse, de fato, verdadeiro. Quando a Enron entrou em colapso no fim de 2001, após ter escondido a deterioração de seu desempenho financeiro por meio de práticas ilegais, produziu o maior processo de falência da história norte-americana. Aproximadamente 4 mil funcionários perderam seus sustentos, muitos investidores perderam as economias de uma vida inteira e um grande número de altos executivos foi indiciado. A derrocada da empresa responsável pela auditoria da Enron, a Arthur Andersen, aconteceu seis meses depois, após ter sido acusada de ajudar a Enron a forjar sua contabilidade financeira. Muitos dos mesmos acadêmicos apressam-se, agora, para extrair desse desastre lições sobre a cultura e a liderança empresariais. A sua conclusão até o momento pode ser resumida da seguinte forma: a Enron não ruiu somente como conseqüência de práticas contábeis ilícitas ou suspeitas de corrupção nos níveis executivos superiores. Ela também entrou em colapso em virtude de sua cultura empresarial. Uma incessante ênfase no crescimento dos ganhos e na iniciativa individual e uma chocante ausência do usual controle corporativo mútuo entre as diversas áreas desviaram a cultura da empresa, a partir de uma estratégia agressiva, em direção a uma estratégica cada vez mais fundamentada em ações antiéticas. No fim, muita liberdade de ação havia sido concedida a jovens e inexperientes gerentes sem os controles necessários para minimizar eventuais falhas.

Antes de 1990, a Enron era uma companhia de gás natural regulada e letárgica, dominada por engenheiros e por ativos fixos. Mas, naquele ano, o presidente do conselho da Enron, Kenneth L. Lay, contratou Jeffrey K. Skilling, sócio da empresa McKinsey & Co., posteriormente promovido à presidência, em 1997, e a CEO, no começo de 2001. A receita de Skilling para transformar a companhia foi retirada do manual de administração da Nova Economia. Níveis gerenciais foram eliminados. Centenas de pessoas de fora foram recrutadas e encorajadas a trazer novas formas de pensar um negócio tradicional. A companhia aboliu salários baseados no critério de tempo de serviço em favor de um modelo de remuneração mais eficiente, que oferecia valores expressivos na forma de bônus e de opções de ações para empregados que apresentassem os melhores desempenhos. Pessoas jovens, muitas das quais haviam apenas recentemente concluído cursos de graduação ou de MBA, receberam autoridade extraordinária, a qual lhes permitia tomar decisões de US$ 5 milhões sem aprovação superior.

Nessa nova cultura, sucesso ou fracasso vinham de forma excepcionalmente rápida. Não era incomum que os executivos mudassem de cargo duas ou três vezes em dois ou três anos. De fato, o índice de rotatividade

Em maio de 2002, os membros do conselho diretivo da Enron foram questionados pelo Senado dos Estados Unidos. Seu CEO na ocasião, Kenneth Lay, preferiu invocar a quinta emenda da Constituição norte-americana (direito constitucional de permanecer em silêncio).

somente associado às promoções era de quase 20%. "Em companhias maiores, como a IBM ou a GE, ainda que haja um movimento em direção aos jovens, sempre há pessoas mais velhas próximas a eles, em número suficiente, para aconselhá-los", afirma James O'Toole, professor do Centro de Estudos para Organizações Eficientes da Universidade do Sul da Califórnia. "Na Enron, você tinha um bando de garotos correndo soltos, sem a supervisão de adultos."

Em teoria, é claro, esses garotos eram intensivamente supervisionados. Skilling freqüentemente descrevia a nova cultura como "relaxada e firme", um dos oito atributos de uma companhia bem-sucedida descritos pelos consultores Thomas J. Peters e Robert H. Waterman Jr., da McKinsey, em seu livro, *best-seller, In search of excellence* (Em busca da excelência). A idéia é combinar controles rígidos com a máxima autoridade individual para permitir o aparecimento do empreendedorismo sem a degeneração da cultura da empresa na forma de caos.

Na Enron, no entanto, a pressão para obtenção de resultados normalmente sobrepujava os imperativos dos controles "rígidos". "O ambiente estava propício para o abuso", afirma o ex-gerente de uma unidade de serviços de energia da empresa. "Ninguém no nível corporativo estava formulando as questões certas. Era um tipo de gestão sem interferências. Uma situação como aquela exige controles rígidos. Em vez disso, era um trem fora de controle."

FONTE para o Prólogo e para o texto final de Conexões: BYRNE, John A. At Enron, "the environment was ripe for abuse". *BusinessWeek*, 25 fev. 2002, on-line; fonte para o primeiro texto de Conexões: EICHNWALD, Kurt. *Conspiracy of fools*. Nova York: Boadway Books, 2005; fonte para o Epílogo: WEE, Heesun. Enron in perfect hindsight. *BusinessWeek*, 19 dez. 2001, on-line.

Como companhias anteriormente respeitadas e amplamente estimadas, que valiam bilhões de dólares, como a Enron, ficaram fora de controle? Já fornecemos algumas respostas nos capítulos anteriores, como no Capítulo 5, quando discutimos ética e responsabilidade corporativa, e nos Capítulos 2 e 10, quando abordamos o impacto adverso que uma preocupação excessiva com mercado de ações e opções de ações pode ter sobre os gerentes de uma organização. No entanto, conforme sugere nosso Prólogo, outra parte extremamente importante da resposta à essa questão freqüentemente é a falta de controle — um meio ou mecanismo para regular o comportamento dos membros de uma organização. Quando deixadas à sua própria vontade, as pessoas podem agir de maneiras que elas percebem como individualmente benéficas para si, mas que podem funcionar em detrimento da organização como um todo. Sem os meios adequados para regular o que as pessoas fazem, um organização pode literalmente desfazer-se, de forma idêntica à ocorrida com a Enron. Nesse sentido, o controle é uma das forças fundamentais que mantêm a coesão de uma empresa.[2]

controle

Qualquer processo que conduza as atividades de indivíduos em direção à obtenção das metas da organização.

Controle é definido como qualquer processo que conduza as atividades de indivíduos em direção ao alcance das metas da organização. É dessa forma que os gerentes eficazes asseguram-se de que as coisas estão indo como planejado. Alguns gerentes não querem admitir isso (ver Quadro 16.1), porém, problemas de controle — a falta de controles ou os tipos errados de controle — geralmente causam danos irreparáveis a uma organização. Sistemas de controle ineficientes resultam problemas que podem variar de furto por empregados a problemas de descolamento de bandas de pneumáticos ou à elevação dos preços de combustível na Califórnia. Empregados que apenas desperdiçam tempo custam milhares de dólares aos empregadores nos Estados Unidos a cada ano.[3]

Controle é essencial para alcançar qualquer objetivo gerencial.

QUADRO 16.1
Sintomas de uma Companhia Fora de Controle

- **Administração superior negligente** — os gerentes mais antigos não enfatizam nem valorizam a necessidade de controles, ou, ainda, oferecem maus exemplos.
- **Ausência de políticas empresariais** — as expectativas da empresa não estão registradas por escrito.
- **Falta de padrões mutuamente acordados** — os membros da organização não estão seguros sobre o que deve ser alcançado.
- **Gestão "liqüidem os mensageiros"** — os empregados receiam arriscar suas carreiras se relatarem más notícias.
- **Falta de avaliações periódicas** — os gerentes não avaliam o desempenho de forma regular e adequada.
- **Sistemas de informação ruins** — Informações essenciais não são mensuradas e relatadas de forma oportuna e facilmente acessível.
- **Falta de ética na cultura** — os membros da organização não internalizaram seu comprometimento com a integridade.

Sistema de Controle	Características e Exigências
Controle burocrático	Utiliza regras formais, padrões, hierarquia e autoridade legítima. Funciona melhor quando as tarefas são determinadas e os trabalhadores são independentes.
Controle de mercado	Utiliza preços, concorrência, centros de lucro e relações de troca. Funciona melhor quando um resultado tangível pode ser identificado e um mercado pode ser estabelecido entre as partes.
Controle de clã	Envolve cultura, compartilhamento de valores, crenças, expectativas e confiança. Funciona melhor quando não existe "uma única forma ideal" para executar uma tarefa e os empregados são dotados de *empowerment* para tomar decisões.

FONTES: OUCHI, W. G. A conceptual framework for the design of organizational control mechanisms. *Management Science*, v. 25, p. 833-849, 1979; OUCHI, W. G. Markets, bureaucracies and clans. *Administrative Science Quaterly*, v. 25, p. 129-141, 1980; e ROBEY, Richard D.; SALES, C. A. *Designing organizations*. Burr Ridge, IL: Richard D. Irwin, 1994.

QUADRO 16.2
Característica dos Controles

O controle já foi definido como um dos gêmeos siameses da administração. O outro gêmeo siamês é o planejamento. Alguns meios de controle são necessários, pois, uma vez que os gerentes elaboram planos e estratégias, eles devem certificar-se de que os planos serão executados. Isso significa garantir que as outras pessoas estarão fazendo o que precisa ser feito, e não coisas inadequadas. Caso os planos não sejam executados adequadamente, a gerência deve tomar as medidas necessárias para corrigir o problema. Esta é a função primordial de controle a ser realizada pela gerência. Assegurar a criatividade, aumentar a qualidade e reduzir os custos — os gerentes devem encontrar maneiras para controlar o que ocorre em suas organizações.

Não causa surpresa, portanto, que um planejamento eficaz facilite o controle e vice-versa. O planejamento estabelece uma estrutura de referência para o futuro e, nesse sentido, oferece um esquema para a aplicação de controles. Os sistemas de controle, por sua vez, regulam a alocação e a utilização de recursos e, ao fazê-lo, facilitam o processo de planejamento. Diante do complexo ambiente organizacional dos dias atuais, tem-se tornado mais difícil implementar ambas as funções, ao mesmo tempo em que elas se tornaram cada vez mais importantes em todos os departamentos de uma organização. Os gerentes de hoje devem controlar seu pessoal, estoques, qualidade e custo, apenas para mencionar algumas de suas responsabilidades.

De acordo com William Ouchi, da Universidade da Califórnia, em Los Angeles, os gerentes podem empregar três estratégias gerais para alcançar o controle organizacional: controle burocrático, controle de mercado e controle de clã.[4] O **controle burocrático** é o uso de regras, regulamentos e autoridade formal para direcionar o desempenho. Ele inclui elementos como orçamento, relatórios estatísticos e avaliações de desempenho para regular comportamento e resultados. O **controle de mercado** envolve o uso de mecanismos de preços para regular as atividades da organização como se elas fossem transações econômicas. As unidades de negócio podem ser tratadas como centros de lucro, e negociar, entre si, recursos (serviços ou produtos) por intermédio de tais mecanismos. Os gerentes que administram essas unidades podem ser avaliados com base nos lucros ou nos prejuízos. O **controle de clã**, diferentemente dos dois primeiros tipos, não se fundamenta no princípio de que os interesses da organização e dos indivíduos naturalmente divirjam. Em vez disso, o controle de clã é baseado na idéia de que os empregados podem partilhar valores, expectativas e objetivos da organização, e agirem segundo esses elementos. Quando os membros de uma organização compartilham valores e objetivos comuns — e confiam uns nos outros —, os controles formais podem ser menos necessários. O controle de clã é baseado em muitos dos processos interpessoais descritos nas seções sobre cultura organizacional, no Capítulo 2, liderança, no Capítulo 12, e grupos e equipes (normas de grupo e coesão), no Capítulo 14.

controle burocrático
O uso de regras, regulamentos e autoridade formal para direcionar o desempenho.

controle de mercado
Controles baseado no uso de mecanismos de preços e informações econômicas para regular as atividades dentro da organização.

controle de clã
Controle baseado em normas, valores, objetivos compartilhados e confiança entre os membros do grupo.

O Quadro 16.2 resume as características principais dos sistemas de controle burocrático, de mercado e de clã. Utilizamos essa estrutura como base para nossas discussões ao longo do capítulo.

Sistema de Controle Burocrático

Os sistemas de controle burocrático (ou formais) são desenhados para medir os avanços na direção de um desempenho planejado e, se necessário, aplicar medidas corretivas para assegurar-se de que o desempenho esteja alinhado com os objetivos do gerente. Os sistemas de controle detectam e corrigem variações significativas, ou discrepâncias, nos resultados obtidos a partir das atividades planejadas.

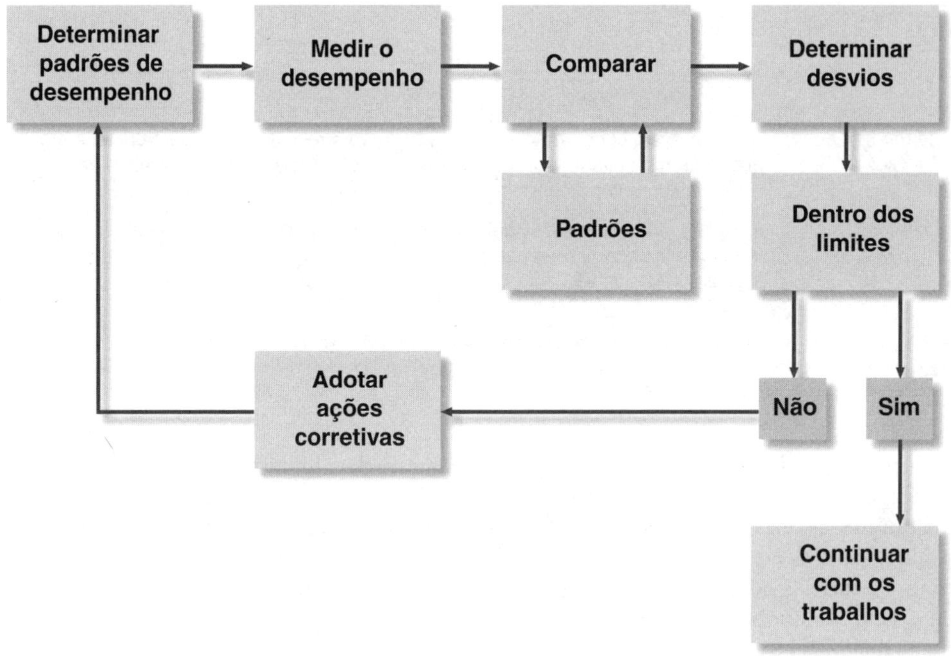

FIGURA 16.1
O Processo de Controle

O Ciclo de Controle

A Figura 16.1 descreve um sistema de controle típico com quatro passos principais: 1) determinação de padrões de desempenho, 2) mensuração de desempenho, 3) comparação do desempenho com os padrões e identificação de desvios, e 4) adoção de medidas corretivas.

padrão
Desempenho esperado para um objetivo determinado; uma meta que estabelece um nível de desempenho desejado, motiva o desempenho e serve como referência para avaliar o desempenho real.

Padrões devem ser determinados para todas as práticas que envolvem resultados.

1º Passo: Determinação de Padrões de Desempenho Toda organização tem objetivos: rentabilidade, inovação, satisfação dos clientes e assim por diante. Um **padrão** é o nível de desempenho esperado para determinado objetivo. Os padrões são metas de desempenho que estabelecem níveis de desempenho desejados, motivam o desempenho e servem como referências para avaliar o desempenho real. Padrões podem ser estabelecidos para cada atividade — atividades financeiras e operacionais, obediência às normas legais vigentes, contribuições assistenciais etc.[5]

Já discutimos a determinação de padrões de desempenho em outras partes do livro. A determinação de metas de desempenho para os empregados, por exemplo, é construída em torno do conceito de padrões de desempenho específicos e mensuráveis. Tais padrões devem ser desafiadores e deverão ter como objetivo a melhoria dos desempenhos anteriores. Geralmente, padrões de desempenho são derivados das exigências do trabalho. Como exemplos, podemos mencionar: aumento da participação de mercado em 10%, redução de 20% nos custos e atendimento para as reclamações dos clientes em 24 horas. Mas padrões de desempenho não são apenas aplicáveis a indivíduos isoladamente — eles freqüentemente refletem a integração dos desempenhos de homens e sistemas. A empresa BAE Systems produz sistemas de controle para motores de avião (os controles são, essencialmente, computadores montados sobre os motores para monitorar o desempenho, controlar a velocidade e otimizar a eficiência de combustível). Esses controles devem suportar condições extremas de temperatura e vibração. E, em virtude de serem utilizados em ampla variedade de aviões comerciais e militares, devem ser altamente confiáveis. “A cada quatro segundos, um de nossos controles de motor levanta vôo”, observou o diretor de operações da BAE. “Neste momento, há 250 mil pessoas voando em algum lugar, confiando em nosso sistema de controle de motores.” Na produção de tais controles, os trabalhadores da fábrica da BAE determinam padrões de desempenho muito severos. O índice de falhas (denominado “índice de pane”) dos sistemas de controle é de apenas 0,7 incidente por milhão de horas. Isso significa que você terá de voar 24 horas por dia, durante todos os dias de um século, para experimentar uma pane de motor em vôo. Esse é um padrão extraordinariamente incrível.[6]

Padrões de desempenho podem ser determinados com relação a: 1) quantidade, 2) qualidade, 3) tempo utilizado, e 4) custo. As atividades de produção, por exemplo, incluem o volume de produção (quantidade), defeitos (qualidade), disponibilidade imediata de produtos acabados (tempo utilizado) e gastos na aquisição de matérias-primas ou trabalho direto (custos). Muitos aspectos importantes de desempenho, como serviços aos clientes, podem ser medidos pelos mesmos padrões — suprimento adequado e disponibilidade de produtos, qualidade de serviço, rapidez na entrega etc.

Cabe aqui um alerta: o aspecto negativo do estabelecimento de metas e padrões de desempenho é que eles podem não ser sustentados pelos demais elementos do sistema de controle. Cada parte do sistema é, ao mesmo tempo, importante e dependente das demais. Caso contrário, o sistema pode ficar terrivelmente desequilibrado. Vamos analisar algumas dessas outras partes.

2º Passo: Mensuração de Desempenho O segundo passo do processo de controle é a mensuração dos níveis de desempenho. Os gerentes podem, por exemplo, contar as unidades produzidas, os dias de ausência, os relatórios preenchidos, as amostras distribuídas e o dinheiro ganho. Os dados de desempenho comumente são obtidos a partir de três fontes: relatórios escritos, relatórios verbais e observações pessoais.

Os *relatórios escritos* incluem os impressos por computadores. Graças à crescente capacidade e aos custos cada vez menores dos computadores, tanto companhias grandes como pequenas podem reunir quantidades enormes de dados de desempenho.

> "Quando confronta um problema, você começa a resolvê-lo."
> Rudy Giuliani (Ex-prefeito de Nova York)

Conexões: "O AMBIENTE ERA PROPÍCIO AO ABUSO"

Na Enron, esses controles básicos não estavam no lugar certo. Os gerentes financeiros da Enron, por exemplo, não tinham sistemas que lhes dissessem a quantidade de dinheiro que entrava e saía diariamente na companhia, ou mesmo quanto dinheiro a companhia tinha em mãos. Para descobrir esses dados, a Enron tinha de enviar questionários para várias divisões e esperar pelo retorno, normalmente atrasados dessas respostas. Uma conseqüência disso era que, freqüentemente, a companhia tinha de tomar empréstimos para honrar suas obrigações, uma vez que os gerentes não podiam acessar imediatamente as reservas em dinheiro que eles tinham. Isso aumentava desnecessariamente as despesas financeiras da Enron. Adicionalmente, diversas transações, bem como os termos associados a essas mesmas negociações, não eram registradas. Como resultado, a companhia não monitorava, e em alguns casos efetivamente não podia monitorar, as alterações dos riscos decorrentes de alguns dos contratos entre os que ela estava legalmente obrigada a cumprir. Mesmo durante o auge da crise, quando a alta direção da Enron necessitava desesperadamente determinar sua posição financeira, ela foi incapaz de obtê-la a tempo.

Um exemplo comum de *relatório verbal* ocorre quando um vendedor ou vendedora contata seu supervisor imediato, no fim de cada dia de trabalho, para relatar suas vendas, problemas ou reações de clientes ao longo do dia. O gerente pode formular questões para obter informações adicionais ou esclarecer eventuais equívocos. Quando for necessário, possíveis medidas corretivas podem ser adotadas durante as discussões.

A *observação pessoal* envolve uma ida à área de atividades e o acompanhamento do que está ocorrendo. O gerente pode observar os métodos de trabalho, os sinais não-verbais dos empregados e a operação geral. A observação pessoal proporciona uma imagem particular daquilo que está acontecendo, mas também possui desvantagens. Ela não oferece dados quantitativos acurados; a informação normalmente é geral e subjetiva. Da mesma forma, os empregados podem interpretar equivocadamente a observação pessoal como suspeita ou falta de confiança. Apesar disso, muitos gerentes acreditam que não há um bom substituto para uma observação em primeira mão. Como já foi estudado nos capítulos anteriores, o contato pessoal pode aumentar a visibilidade da liderança e incrementar a comunicação de baixo para cima. Ele também proporciona informações valiosas sobre desempenho para complementar os relatórios escritos e verbais.

Independentemente da mensuração de desempenho utilizada, a informação deve ser fornecida aos gerentes no seu tempo. Companhias produtoras de bens de consumo, como a General Foods, primeiro acompanham cuidadosamente as vendas de novos produtos em mercados locais selecionados, de forma que possam fazer os ajustes necessários muito antes do lançamento nacional. Informações que não possam ser questionadas são de pouca ou de nenhuma utilidade para os gerentes.

3º Passo: Comparação do Desempenho com o Padrão O terceiro passo do processo de controle é a comparação do desempenho com o padrão. Nesse processo, o gerente avalia o desempenho. Para algumas atividades, pequenos desvios em relação ao padrão são aceitáveis, enquanto, em outras, um pequeno desvio pode ser grave. Os gerentes responsáveis pela atividade de controle devem, dessa forma, analisar e avaliar os resultados cuidadosamente.

> **princípio da exceção**
>
> Princípio gerencial que afirma que o controle é otimizado quando é concentrado sobre as exceções ou sobre os desvios significativos em relação aos resultados esperados ou padrões.

O *princípio da exceção* na gestão afirma que o controle é otimizado quando é concentrado sobre as exceções ou sobre os desvios significativos em relação aos resultados esperados ou aos padrões. Ao compararem o desempenho com o padrão, os gerentes necessitam voltar sua atenção para as exceções. Por exemplo, controlamos a qualidade dos componentes produzidos em uma linha de montagem e verificamos que somente cinco de cada 1.000 unidades apresentam algum tipo de defeito. Esses cinco componentes são as exceções e deverão ser investigados mais detalhadamente.[7]

Com o princípio da exceção, somente casos excepcionais exigem ações corretivas. O gerente não deverá preocupar-se com o desempenho que iguala os resultados esperados ou se aproxima deles. Esse princípio é importante no controle. Os gerentes podem economizar muito tempo e esforços, caso apliquem o princípio da exceção.

4º Passo: Adoção de Medidas Corretivas O último passo do processo de controle corresponde à adoção de medidas para corrigir desvios significativos. Esse passo assegura que as operações serão ajustadas onde for necessário para se alcançar os resultados inicialmente planejados. Onde variações significativas forem descobertas, os gerentes deverão adotar medidas imediatas e vigorosas.

Uma abordagem alternativa diz respeito à adoção de medidas corretivas não por níveis hierárquicos mais elevados, mas pelo operador, no momento do problema. Na tecnologia de produção controlada por computador, dois tipos básicos de controle são factíveis: o controle pelo especialista e o controle pelo operador. No sistema de *controle pelo especialista*, os operadores de máquinas com controle numérico computacional (CNC, sigla em inglês) devem notificar os engenheiros especialistas em caso de mau funcionamento. Nessa divisão tradicional de trabalho, o especialista toma as ações corretivas. No modelo de *controle pelo operador*, operadores com competências variadas podem retificar seus próprios problemas à medida que eles surjam. Em companhias como Harley-Davidson, isso não é apenas uma estratégia mais eficiente (pois os desvios são controlados mais próximos das fontes), os operadores também se beneficiam pelo mérito de desempenharem uma função enriquecida.[8]

A medida corretiva apropriada a ser adotada depende da natureza do problema. Uma ação corretiva pode envolver uma alteração na estratégia de marketing (caso o problema seja, por exemplo, vendas abaixo do esperado), uma ação disciplinar, uma nova forma de verificar a qualidade de peças fabricadas, ou uma grande mudança organizacional. Ou ser, simplesmente, um investimento relativamente baixo no treinamento de funcionários. Na companhia Corning, a maior fonte de problemas de qualidade e produção foi localizada em pequenos erros nos projetos elaborados pelo grupo de engenharia. Uma das soluções foi muito simples: um engenheiro foi enviado para treinamento em revisão de projetos.[9]

Vantagens da Colaboração

Quando medidas corretivas são necessárias para resolver um problema sistêmico, como grandes atrasos nos fluxos de trabalho, freqüentemente uma abordagem de equipe é mais eficiente. Uma medida corretiva qualquer tem mais chances de ser aceita pela organização caso seja baseada em esforço comum e leve em conta múltiplos pontos de vista. Conforme discutido no Capítulo 14, as equipes normalmente oferecem maior diversidade de recursos, idéias e perspectivas para a solução de problemas. Os membros da equipe que possuem conhecimentos específicos conseguem, quase sempre, evitar que os gerentes tomem decisões simplistas que não contemplem as verdadeiras causas do problema. Esses indivíduos têm uma possibilidade maior de levar em conta os efeitos de qualquer solução sobre as outras partes da organização, evitando que novos problemas surjam posteriormente. Além disso, eles também podem desenvolver soluções que os gerentes não haviam pensado por conta própria. Como resultado, qualquer medida corretiva que venha, finalmente, a ser adotada, provavelmente será mais eficaz. Um importante benefício adicional de trazer os empregados juntos no desenvolvimento das medidas corretivas é que isso auxilia os gerentes a construir e reforçar uma cultura de altos padrões em toda a organização.

Abordagens para o Controle Burocrático

As três abordagens para o controle de burocracia são: preliminar, simultâneo e por *feedback*. O **controle preliminar** ocorre antes do início das operações e inclui políticas, procedimentos e regras estabelecidos para assegurar a adequada execução das atividades. Alguns exemplos incluem a inspeção de matérias-primas e a seleção e o treinamento adequados dos empregados. O **controle simultâneo** tem lugar enquanto os planos são executados. Ele inclui direcionamento, monitoramento e o ajuste preciso das atividades no momento em que elas ocorrem. O **controle por *feedback*** centra-se no uso de informações sobre os resultados para corrigir desvios em relação a padrões aceitáveis à medida que eles surgem.

controle preliminar
O processo de controle utilizado antes do início das operações e que inclui políticas, procedimentos e regras estabelecidas para assegurar a adequada execução das atividades planejadas.

controle simultâneo
O processo de controle usado enquanto os planos são executados, incluindo direcionamento, monitoramento e o ajuste preciso das atividades no momento em que elas ocorrem.

controle por *feedback*
O processo de controle que focaliza na utilização de informações sobre os resultados anteriores para corrigir desvios em relação a padrões aceitáveis.

Controle Preliminar O *controle preliminar* está orientado em direção ao futuro; seu objetivo é prevenir os problemas antes que eles surjam. Em vez de esperar por resultados e compará-los com as metas, um gerente pode exercer controle ao limitar as atividades antecipadamente. As companhias, por exemplo, têm políticas que definem os limites dentro dos quais as decisões podem ser tomadas. Uma companhia pode determinar aos gerentes que empreguem diretrizes éticas e legais claras ao tomarem decisões. Regras e procedimentos formais também determinam expressamente as ações das pessoas antes que elas ocorram. A determinação para que um funcionário do departamento de finanças tenha de aprovar gastos cujos valores excedam US$ 1.000 ou que somente componentes que tenham passado em todos os testes de segurança possam ser usados em um produto, especifica antecipadamente quais medidas podem ou não podem ser tomadas. Para prevenir inadimplência nos empréstimos, os bancos podem exigir uma variedade de documentos de crédito, análises e aprovações por seus funcionários antes de autorizar um empréstimo.[10]

Controle Simultâneo O controle simultâneo, que tem lugar durante a execução dos planos, é o coração de qualquer sistema de controle. No chão de fábrica, todos os esforços são direcionados no sentido de produzir as corretas quantidade e qualidade dos produtos certos em um espaço de tempo determinado. No terminal de passageiros de um aeroporto, a bagagem deve chegar aos aviões corretos antes da partida dos vôos. Nas fábricas, os materiais devem estar disponíveis quando e onde forem necessários, e interrupções no processo de produção têm ser corrigidas imediatamente. O controle simultâneo também está em operação quando os supervisores observam os empregados para se certificarem de que eles trabalham de forma eficaz e evitam erros. Avanços na área da tecnologia da informação têm criado poderosos controles simultâneos. Sistemas computadorizados dão aos gerentes acesso imediato a dados de lugares remotos de suas companhias. Os gerentes podem, por exemplo, atualizar seus orçamentos constantemente baseados no fluxo contínuo de dados de desempenho. Nas unidades de produção, os sistemas de monitoramento podem rastrear a taxa de erros por hora, a velocidade das máquinas e outras medidas que auxiliam os gerentes a corrigir, continuamente, pequenos problemas na produção antes que se tornem desastres.

No fim da primavera de 2005, a montadora de veículos GM lutava contra um passivo acumulado, uma base de consumidores decrescente e um fluxo de caixa negativo, sem mencionar a competição estrangeira representada por companhias como Honda e Toyota. Quais medidas de controle podem estar ausentes na GM? Considerando o que você leu sobre as abordagens para controle, qual método pode ser benéfico para a GM?

Controle por *Feedback* O controle por *feedback* implica que os dados relativos ao desempenho sejam primeiro reunidos e analisados e que os resultados obtidos sejam apresentados a alguém (ou algo), durante o processo, para que sejam feitas as devidas correções. Quando supervisores monitoram comportamento, eles estão executando um modelo de controle simultâneo. Quando indicam e corrigem desempenhos inadequados, utilizam o *feedback* como forma de controle.

O tempo é um aspecto importante do controle por *feedback*. Em alguns casos, longos períodos normalmente transcorrem entre o desempenho de uma atividade e o *feedback*, como quando o gasto real é comparado com o orçamento trimestral e não com o orçamento semanal ou mensal, ou quando algum aspecto do desempenho é comparado com a projeção feita um ano antes. Caso o *feedback* fornecido sobre o desempenho não seja a tempo, os gerentes não poderão identificar e eliminar rapidamente o problema e, dessa maneira, evitar danos mais graves.[11]

Alguns processos de *feedback* situam-se no âmbito de controle em tempo real (simultâneo), como um robô controlado por computador em uma linha de montagem. Tais unidades possuem sensores que continuamente determinam se elas estão na posição correta para

TEXTO EXTRAÍDO DA REVISTA BusinessWeek

Como a Xerox Renasceu para a Velocidade

A Xerox Corp. imaginava estar fazendo algo inteligente quando consolidou seus 36 centros administrativos em três, em 1999. Porém esse movimento ocorreu no mesmo momento que a Xerox também reorganizava suas divisões de vendas. A reestruturação simultânea de duas unidades essenciais produziu um caos em todo o sistema de faturamento da companhia. Os clientes recebiam faturas registrando valores com os quais nunca haviam concordado — ou indicando equipamentos que nunca haviam solicitado. Pior, os erros somente foram descobertos após vários meses, fazendo que antigos clientes abandonassem a companhia.

Após lutar para resolver o problema, a Xerox contratou a General Electric Capital para administrar seu faturamento. A GE trouxe mais do que ordem para o processo: ela mostrou à Xerox uma forma inteiramente nova de diagnosticar e resolver problemas. Se a companhia pudesse suprimir etapas dos processos de desenvolvimento, fabricação e atendimento, bem como realizar ajustes precisos nas etapas remanescentes, ela seria capaz de oferecer melhores impressoras e copiadoras para os clientes, de forma muito mais rápida e a um custo bem mais baixo.

O que a GE fez que a Xerox não houvesse feito? Primeiro, ela utilizou seus anos de experiência na aplicação do sistema Seis Sigma, uma técnica voltada para indicadores, desenvolvida para eliminação de defeitos em qualquer atividade de negócios. No entanto, a GE ainda foi além do Seis Sigma ao aplicar as chamadas ferramentas para produção enxuta (*lean manufacturing*), que ficaram famosos pela Toyota Motor Corp. durante os anos 80. Essa combinação, conhecida como Lean Seis Sigma, criou raízes na América corporativa. As companhias estão utilizando essas técnicas para analisar e melhorar atividades que variam de processos simples, como verificações de crédito de clientes, até desafios complexos, decorrentes da criação de novos produtos.

A Xerox iniciou o processo a todo vapor, com o treinamento de altos executivos, incluindo a CEO Anne M. Mulcahy, que liderou o esforço. Os resultados já começam a aparecer: a Xerox registrou um retorno de US$ 6 milhões, em um ano, para um investimento de US$ 14 milhões feitos no Lean Seis Sigma. Ela espera resultados ainda melhores para o próximo ano.

Um dos pontos fortes do Lean Seis Sigma é que ele abrange toda a companhia. Iniciativas de qualidade anteriores podem ter-se centrado na operação específica de uma fábrica ou de apenas uma parte dela. Não se trata somente de automatizar processos complicados, mas de "tornar mais enxutos" os processos existentes, mediante a remoção de etapas desnecessárias e a correção daquelas remanescentes. Isso parece fácil, porém, aprender as dezenas de métodos analíticos incluídos no Lean Seis Sigma envolve semanas de treinamento. A descoberta dos passos necessários para supressão ou substituição de etapas também demanda tempo. Mas a tarefa mais difícil é fazer os empregados aceitarem o fato de que a forma como eles sempre realizaram suas atividades pode não ser a melhor. Os consultores, contudo, afirmam que a Xerox está obtendo avanços porque sua CEO fez desse programa uma prioridade.

Um dos desafios mais "simples" é derrubar as barreiras para fazer que as divisões trabalhem juntas — o que nunca é fácil em uma organização grande e complexa. Apesar disso, na Xerox, equipes das áreas de suprimentos, produção, e pesquisa e desenvolvimento reuniram-se para resolver um problema com um equipamento de impressão de US$ 500 mil, introduzido no ano passado. Os clientes imediatamente perceberam que o rolo de fusão (o qual utiliza calor e pressão para fazer que o *toner* se fixe ao papel) estava desgastando-se mais rapidamente do que o esperado. A equipe da Xerox usou as ferramentas do Lean Seis Sigma para encontrar a causa em apenas um mês. O óleo do rolo de fusão sujava as impressões. A equipe trabalhou com o fabricante do óleo, que alterou a composição química do produto, trazendo economias de US$ 2 milhões para a Xerox e deixando seus clientes felizes.

Recentemente, os esforços da Xerox estão centrados na obtenção de novos produtos para os clientes de forma mais rápida, o que significa a supressão de etapas do processo de concepção. Para os novos equipamentos de impressão sob demanda DocuTech, por exemplo, a Xerox utilizou um software para simular um estágio inicial de concepção, economizando o tempo e a despesa necessários para construção de um protótipo. A Xerox tornou-se tão boa na aplicação do Lean Seis Sigma que, da mesma forma que a GE anteriormente, agora está auxiliando seus clientes. Um de seus executivos declarou: "Partimos de uma mentalidade conscientemente incompetente para uma conscientemente competente". Agora, Mulcahy tenta mover a Xerox para tornar-se inconscientemente competente — o ponto a partir do qual as ferramentas estão de tal forma integradas que ninguém mais pensa sobre elas.

Fonte: ARNER, Faith. How Xerox got up to speed. *BusinessWeek*, 3 maio 2004, on-line.

executarem suas atividades. Caso não estejam, um dispositivo de controle integrado realiza as correções imediatamente.

O Seis Sigma tem como objetivo uma operação livre de defeitos.

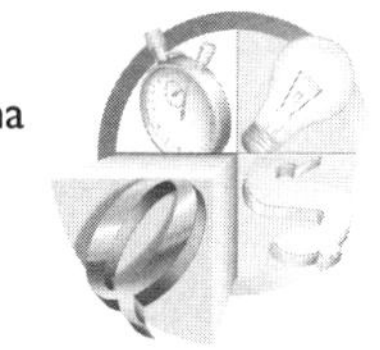

O Papel do Seis Sigma Uma das mais importantes ferramentas de controle da qualidade já surgidas é o Seis Sigma, inicialmente discutido no Capítulo 9. Trata-se de uma aplicação particularmente poderosa e robusta do controle por *feedback*. O Seis Sigma foi concebido para reduzir os defeitos em todos os processos da organização — não somente os defeitos dos produtos, mas quaisquer ocorrências que possam produzir insatisfação nos consumidores, como serviços inadequados, atrasos nas entregas e preços excessivamente altos por causa de custos elevados ou ineficiência. O sistema foi desenvolvido pela Motorola no final dos anos 80, quando a companhia percebeu que estava sendo continuamente derrotada no mercado por firmas estrangeiras que se mostravam capazes de produzir com alta tecnologia a um custo baixo. A partir desse momento, a técnica tem sido amplamente adotada, e até mesmo melhorada, por diversas companhias, como GE, Allied Signal, Ford, e, conforme analisado anteriormente no texto complementar extraído do noticiário, pela Xerox.

Sigma é a letra grega utilizada em estatística para designar o padrão estimado de desvio ou variação em um processo. Ela indica a freqüência com que defeitos podem ocorrer em um processo. Quanto menor for o número sigma, maior é o nível de variações ou defeitos; quanto maior for o número sigma, menor será o nível de variações ou defeitos. Como você pode ver no Quadro 16.3, por exemplo, um processo nível dois sigma tem mais de 300 mil defeitos por milhão de oportunidades (DPMOs) — um processo não tão bem controlado. Um processo nível três sigma tem 66.807 DPMO, o qual equivale a um nível de acuidade próximo a 93%. Muitas organizações operam nesse patamar, que, por sua vez, não soa tão mal, isso até considerarmos suas implicações — sete itens de bagagens perdidos por uma companhia de aviação, por exemplo, para cada cem itens processados. Os custos adicionais para a organização decorrentes de tal ineficiência são enormes. Como se pode visualizar na tabela, mesmo diante de um índice de 99% de ausência de defeitos, ou 6.210 DPMOs, o nível de acuidade é freqüentemente inaceitável — o equivalente estatístico a deixar 50 recém-nascidos caírem no chão diariamente.[12]

Em um nível seis sigma, o processo produz menos de 3,4 DPMOs, o que significa estar operando em nível de acuidade de 99,99966%. As companhias Seis Sigma não somente têm um número de produtos ou serviços defeituosos próximo de zero, mas também custos de produção e tempo de duração de ciclos substancialmente menores e níveis de satisfação de seus clientes muito mais elevados. A metodologia não se aplica somente ao chão de fábrica. Hospitais que utilizam Seis Sigma registraram redução no número de pacientes para os quais foi fornecida medicação incorreta.[13]

A abordagem Seis Sigma é baseada em uma intensa análise estatística dos processos do negócio que contribuem para a satisfação dos clientes. Um dos processos que a GE mensurou quando introduziu o sistema, por exemplo, foi o tempo de entrega dos produtos. Uma vez que defeitos e variações são medidos, suas causas são analisadas. Equipes de empregados, então, trabalham em conceber e testar novos processos que reduzirão as causas das variações. Caso uma equipe, por exemplo, descubra que o atraso nas entregas é causado por gargalos na produção, ela deverá trabalhar para eliminá-los. Quando um processo de melhoria é iniciado, ele é analisado, novamente, pela comparação com os defeitos remanescentes; os empregados trabalham, então, para reduzi-los. O ciclo continua até que o nível de qualidade desejado seja alcançado. Nesse sentido, o processo Seis Sigma leva a constantes melhorias nas operações da organização.

QUADRO 16.3
Relação entre o Nível Seis Sigma e os Defeitos por Milhão de Oportunidades.

Nível Sigma	DPMO	O Nível Quatro Sigma é Bom o Bastante?
2σ	308.537	Considere exemplos diários da qualidade nível quatro sigma:
3σ	66.807	• 20 mil artigos de correspondência perdidos por hora
4σ	**6.210**	• Água imprópria para consumo disponível durante 15 minutos por dia
5σ	233	• 5 mil intervenções cirúrgicas incorretas por semana
6σ	3,4	• 200 mil receitas médicas incorretas por mês
		• Sem eletricidade por 7 horas a cada mês

FONTE: RANCOUR, Tom; McCRACKEN, Mike. Applying 6 sigma methods for breakthrough safety performance. *Professional safety*, v. 45, n. 10, p. 29-32, out. 2000. Reproduzido com permissão.

auditorias de gestão

Uma avaliação da eficácia e da eficiência de vários sistemas dentro de uma organização.

auditoria externa

Uma avaliação conduzida por uma organização, como uma empresa de auditoria independente, acerca de outra.

Auditorias de Gestão

Ao longo dos anos, as **auditorias de gestão** têm-se desenvolvido com o meio para se avaliar a eficácia e a eficiência de vários sistemas dentro de uma organização, de responsabilidade social até controles contábeis. As auditorias de gestão podem ser internas ou externas. Os administradores conduzem auditorias externas em outras empresas e auditorias internas em suas próprias companhias. Algumas das mesmas ferramentas e abordagens são utilizadas em ambos os tipos de auditoria.[14]

Auditorias Externas Uma **auditoria externa** ocorre quando uma organização avalia outra. Normalmente, uma corporação externa, como uma empresa de auditoria independente, realiza a auditoria financeira de uma organização (as auditorias contábeis serão discutidas posteriormente). Mas qualquer companhia pode conduzir auditorias externas de concorrentes ou de outras companhias para os propósitos de tomada de decisões. Esse tipo de análise 1) investiga outras organizações para uma possível fusão ou aquisição, 2) determina a solidez de uma companhia que será utilizada como principal fornecedora, ou 3) descobre as forças e fraquezas de um concorrente para manter ou explorar melhor as vantagens competitivas da organização investigada. Dados publicamente disponíveis geralmente são utilizados para essas avaliações.[15]

As auditorias externas foram usadas no controle por *feedback* para a investigação de escândalos relacionados a poupanças e empréstimos. Elas também são úteis no controle preliminar, uma vez que podem prevenir a ocorrência de problemas. Se uma companhia reúne informações adequadas e acuradas sobre candidatos para aquisição, ela tem maiores chances de adquirir as empresas mais adequadas e evitar aquisições danosas.

auditoria interna

Uma avaliação periódica de planejamento, organização, liderança e processos de controle da própria companhia.

Auditoria Interna As **auditorias internas** avaliam: 1) o que a companhia tem feito para ela própria e 2) o que a companhia tem feito por clientes e demais destinatários de seus bens e serviços. A companhia pode ser avaliada em relação a uma variedade de fatores, incluindo estabilidade financeira, eficiência produtiva, eficácia nas vendas, desenvolvimento de recursos humanos, crescimento dos rendimentos, relações públicas, responsabilidade civil, e outros critérios de aferição de eficiência organizacional. A auditoria analisa o passado, o presente e o futuro da companhia.[16]

Para se realizar uma auditoria de gestão, uma lista de qualificações desejáveis é determinada e pesos são atribuídos a cada uma das qualificações. Entre as práticas condenadas mais comuns descobertas pelas auditorias de gestão estão: realização de trabalho desnecessário, duplicidade de trabalho, controles deficientes dos estoques, uso antieconômico de equipamentos e máquinas, procedimentos mais dispendiosos do que os necessários e desperdício de recursos. Na Square D (agora parte da Schneider Electric), os gerentes descobriram que poderiam substituir as 760 regras e normas por apenas 11 simples declarações de políticas da empresa. Na Heinz, estima-se que um programa de qualidade com o objetivo principal de reduzir desperdício e retrabalho deverá obter uma economia de US$ 250 milhões durante três anos.[17] Um estudo recente descobriu que os preços das ações daquelas com comitês de auditores bem-avaliados tendem a se elevar de forma mais rápida do que as ações de companhias com comitês de auditores internos mal-avaliados. É provável que comitês mais bem-avaliados realizem um trabalho melhor na descoberta e eliminação de práticas indesejadas.[18]

orçamento

Processo de identificação do que vem sendo feito e a comparação dos resultados com os dados orçamentários correspondentes, visando verificar as realizações e corrigir as diferenças.

Controles Orçamentários

O controle orçamentário é um dos métodos mais amplamente reconhecidos e comumente utilizados do controle gerencial. Ele reúne os controles preliminar, simultâneo e por *feedback*, dependendo do ponto sobre o qual é aplicado. O *controle orçamentário* refere-se ao processo de identificação do que vem sendo feito e à comparação dos resultados com os dados orçamentários correspondentes, visando verificar as realizações e corrigir as diferenças. O controle orçamentário é comumente denominado de **orçamento**.

Considerações Orçamentárias Essenciais No setor privado, o controle orçamentário inicia-se com a estimativa de vendas e das receitas esperadas. O Quadro 16.4 mostra um orçamento com estimativas para vendas e despesas para os primeiros três meses do ano. Há um espaço para incluir o que foi

	Janeiro		Fevereiro		Março	
	Estimado	Realizado	Estimado	Realizado	Estimado	Realizado
Vendas	US$ 1.200.000		US$ 1.350.000		US$ 1.400.000	
Despesas						
Despesas fixas	310.000		310.000		310.000	
Vendas	242.000		275.000		288.000	
Produção	327.000		430.500		456.800	
Pesquisa	118.400		118.400		115.000	
Administração	90.000		91.200		91.500	
Publicidade	32.500		27.000		25.800	
Lucro bruto estimado	80.100		97.900		112.900	

QUADRO 16.4
Um Orçamento de Vendas e Despesas

efetivamente realizado, de forma a facilitar uma comparação entre resultados reais e esperados. Note que o lucro esperado é baseado na estimativa total de vendas, subtraindo-se a estimativa de gastos.

As informações orçamentárias são fornecidas a toda a empresa ou a algumas de suas unidades; elas não se restringem às questões financeiras. Outras unidades simples, em lugar de unidades monetárias, podem ser normalmente utilizadas. Uma indústria, por exemplo, freqüentemente estimará a produção em unidades físicas, e o trabalho, em níveis de competências ou número de horas trabalhadas exigidas.

Uma consideração inicial da elaboração orçamentária é a abrangência do período do orçamento. Todos os orçamentos são preparados para um período definido. Muitos orçamentos são elaborados para um, três ou seis meses ou um ano. O intervalo de tempo selecionado depende do objetivo principal do orçamento. O período escolhido deverá incluir um ciclo completo de atividade normal da empresa. Variações sazonais, por exemplo, deverão ser incluídas tanto para produção quanto para vendas. O período do orçamento normalmente coincide com outros instrumentos de controle, como relatórios gerenciais, planilhas de balanço e demonstrações de lucros e perdas. Adicionalmente, a extensão segundo a qual projeções razoáveis podem ser feitas deverá ser considerada no momento em que é selecionada a abrangência do período do orçamento.

O controle orçamentário prossegue ao longo de vários estágios. O *estabelecimento de expectativas* começa com o plano geral para a companhia e com a estimativa de vendas e encerra-se com a aprovação e publicação do orçamento. O estágio de *operações orçamentárias*, desse modo, diz respeito à investigação daquilo que é realizado e à comparação dos resultados com as expectativas. O último estágio, como em qualquer processo de controle, envolve a adoção de medidas corretivas, quando necessárias.

Embora as práticas possam variar amplamente, um membro da alta administração freqüentemente serve como coordenador-chefe para formulação e utilização do orçamento. Normalmente, o chefe do departamento financeiro (CFO) detém essas atribuições. Ele ou ela devem estar menos preocupados com os detalhes do que com a resolução de conflitos de interesse, recomendando ajustes, quando for preciso, e fornecendo a aprovação oficial para os procedimentos orçamentários.

Tipos de Orçamentos Existem muitos tipos de orçamentos. Alguns dos mais comuns são os seguintes:

- *Orçamento de vendas* Os dados referentes ao orçamento de vendas são, tipicamente, preparados por mês, área de vendas e produtos.
- *Orçamento de produção* O orçamento de produção é comumente expresso em unidades físicas. As informações requeridas para a preparação desse orçamento incluem tipos e capacidades das máquinas, quantidades econômicas para a produção e disponibilidade de materiais.
- *Orçamento de custos* O orçamento de custos é usado em áreas da organização nas quais há incidência de custos sem geração de receitas, como a área de recursos humanos e outras unidades de apoio. Os orçamentos de custos também podem ser incluídos no orçamento de produção. Os custos podem ser *fixos*, ou seja, independentes do nível de atividade imediato, como aluguel, ou *variáveis*, aumentando ou diminuindo com o nível de atividade, como o custo de matérias-primas.

- *Orçamento de fluxo de caixa* O orçamento de fluxo de caixa é essencial para todos os tipos de negócio. Ele deve ser elaborado após todas as estimativas dos demais orçamentos estarem prontas. O orçamento do fluxo de caixa apresenta as receitas e as despesas antecipadas, a quantidade de capital de giro disponível, a extensão segundo a qual o financiamento externo pode ser necessário, e os períodos e quantidades de recursos disponíveis em caixa.
- *Orçamento de capital* O orçamento de capital é utilizado com referência ao custo de ativos fixos, como fábricas e equipamentos. Tais custos normalmente são tratados não como despesas regulares, mas como investimentos, por causa da sua natureza de longo prazo e importância para a produtividade da organização.
- *Orçamento principal* O orçamento principal inclui todas as principais atividades do negócio. Reúne e coordena todas as atividades dos outros orçamentos e pode ser compreendido como "o orçamento dos orçamentos".

Tradicionalmente, os orçamentos eram impostos *de cima para baixo*, com o estabelecimento, por parte da alta gerência, de metas específicas para toda a organização no início do processo de elaboração de orçamento. Nas organizações mais complexas dos dias de hoje, no entanto, há uma possibilidade muito maior de que o processo de elaboração dos orçamentos seja conduzido *de baixo para cima*, ou seja, um procedimento no qual a alta administração estabelece as diretrizes gerais, porém, há a participação efetiva das gerências dos níveis intermediário e inferior na elaboração dos orçamentos, os quais posteriormente serão submetidos à aprovação dessa mesma alta gerência. Quando os orçamentos estão consolidados, a alta gerência pode, então, determinar se os objetivos da organização estão sendo alcançados. O orçamento, dessa forma, ou será aprovado, ou será devolvido à organização para ajustes adicionais.

auditorias contábeis

Procedimentos utilizados para verificar os registros e demonstrações contábeis.

Os registros de contabilidade devem ser inspecionados periodicamente para a certificação de que são devidamente realizados e de que estão corretos. As **auditorias contábeis**, indicadas para verificar os relatórios e declarações contábeis, são essenciais para o processo de controle. Essa auditoria é realizada por membros de uma firma de auditoria externa de contadores certificados. A ciência de que os registros contábeis são acurados, verdadeiros e executados segundo os princípios de contabilidade geralmente aceitos (Gaap, sigla em inglês para *generally accepted accounting practices*), produz confiança sobre a existência de base de dados confiável para fins de um perfeito controle geral.[19]

Conexões: "O AMBIENTE ERA PROPÍCIO AO ABUSO"

Evidentemente, para ser eficiente, a auditoria contábil tem de seguir, de fato, as práticas aceitas há muito tempo. As auditorias da Enron não seguiam. A empresa Arthur Andersen, auditora da Enron, violou as regras quando permitiu, reiteradamente, que a Enron excluísse de suas demonstrações financeiras as perdas financeiras decorrentes de parcerias. O efeito foi fazer que a Enron parecesse muito mais lucrativa do que realmente era. Uma parte do problema relacionava-se ao fato de que a Andersen não apenas recebia expressivos pagamentos por serviços de auditoria, mas, também, que embolsava milhões em honorários de consultoria não-relacionados aos serviços de auditoria. Muitos observadores acreditam que esses significativos honorários fatalmente minaram a independência da Andersen e a fizeram comprometer sua ética e seus padrões profissionais. Em 2002, um júri considerou a empresa culpada por obstrução da Justiça e destruição de milhares de documentos e relatórios de computadores relacionados às auditagens na Enron. Embora a Suprema Corte de Justiça dos Estados Unidos tenha revertido a condenação da Enron em 2005, a companhia já havia perdido todos os clientes, como resultado de problemas legais e práticas contábeis fraudulentas. A Andersen, uma das cinco grandes entre as firmas de auditoria, com receitas anuais de US$ 9 bilhões e 28 mil empregados nos Estados Unidos, saiu do ramo. Mesmo para grandes empresas, a falha em manter altos padrões de integridade pode ter grandes custos reais.

A determinação de custeio baseado em atividades pode destacar o excesso de gastos.

Custeio Baseado em Atividades Os métodos tradicionais de contabilização de custos podem revelar-se inadequados para o ambiente de negócios atual, uma vez que são baseados em métodos ultrapassados de rígidas organizações hierárquicas. Em vez de assumirem que as organizações são máquinas "burocráticas", que podem ser separadas em funções, como recursos humanos, compras e manutenção, companhias como Chrysler, Hewlett-Packard e GE começaram a utilizar o sistema de **custeio baseado em atividades (ABC — *activity-based costing*)** para alocar custos ao longo dos processos dos negócios.

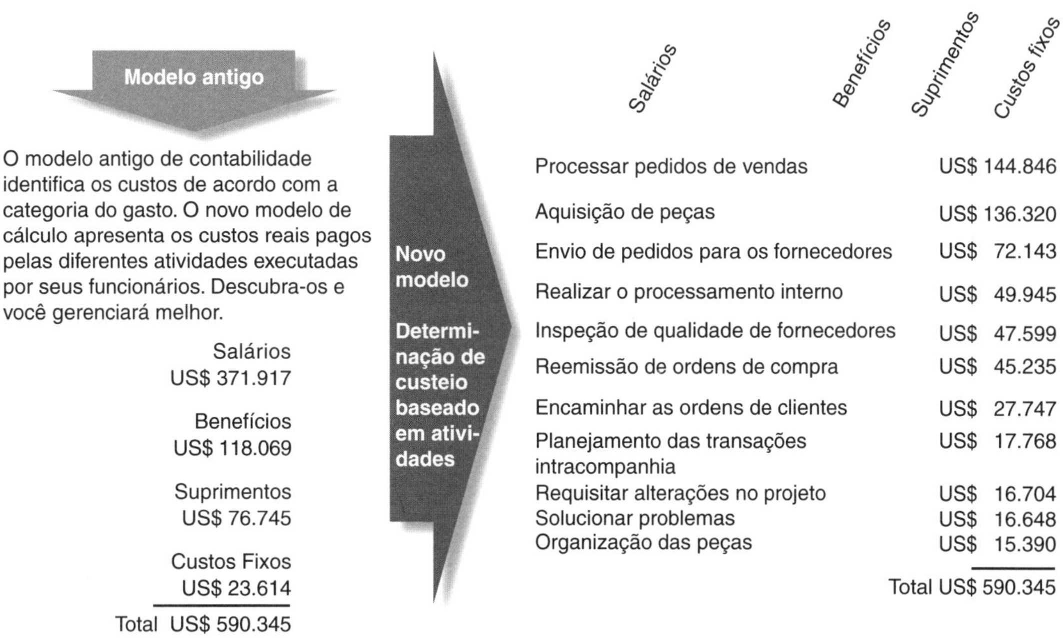

FONTE: Cortesia da Dana Corporation.

FIGURA 16.2 Como a Dana Descobre Quais são seus Verdadeiros Custos

O método ABC parte do pressuposto de que as organizações são conjuntos de pessoas executando atividades muito diferentes, porém relacionadas, com o objetivo de satisfazer as necessidades dos consumidores. O sistema ABC foi desenhado para identificar esses fluxos de atividades e, então, alocar custos ao longo de processos específicos do negócio. O procedimento básico funciona da seguinte forma (ver Figura 16.2): primeiro, solicita-se aos empregados que detalhem as atividades executadas diariamente para sejam definidas suas *atividades básicas*. Os empregados do departamento de controle de materiais da Dana Corporation, por exemplo, realizam diversas atividades, as quais variam do processamento dos pedidos de venda e aquisição de peças até a solicitação de alterações nos projetos e resolução de problemas. Essas atividades formam a base para o ABC. Depois, os gerentes analisam as despesas totais registradas pelo modelo de contabilidade tradicional — custos fixos, suprimentos, salários, benefícios adicionais etc. — e dividem os valores totais de acordo com a quantidade de tempo gasto com cada atividade. Na Dana, os funcionários do setor de atendimento ao consumidor gastam aproximadamente 25% do tempo com o processamento de pedidos de vendas e somente 3% com organização das peças. Assim, 25% dos custos totais (US$ 144.846) são destinados ao processamento de pedidos e 3% (US$ 15.390) para organização das peças. Como podemos ver na Figura 16.2, tanto o sistema tradicional quanto o ABC obtêm o mesmo resultado final. No entanto, uma vez que o método ABC distribui os custos ao longo dos processos do negócio, ele proporciona um quadro mais acurado acerca da forma como os custos devem ser atribuídos a produtos e serviços.[20]

Essa acuidade elevada pode oferecer aos gerentes uma imagem mais realista de como a organização está, de fato, alocando seus recursos. Ela pode destacar onde ocorrem atividades desnecessárias, ou se os custos relacionados a certas atividades são relativamente superiores aos benefícios proporcionados. Os gerentes podem, então, adotar medidas para corrigir os problemas. A atividade mais onerosa da Dana, por exemplo, é o processamento de pedidos de vendas. Seus gerentes podem tentar encontrar formas para reduzir esses custos, liberando recursos para outras tarefas. Ao oferecer esse tipo de informação, o sistema ABC tornou-se um método valioso para otimização de processos dos negócios.

custeio baseado em atividades (ABC — *activity-based costing*)
Um método de contabilização de custos desenhado para identificar os fluxos das atividades e, então, realizar a alocação de custos ao longo dos processos específicos dos negócios de acordo com a quantidade de tempo que os empregados dedicam a uma atividade particular.

balanço patrimonial
Um relatório que mostra a situação financeira de uma companhia em dado momento e compreende três itens: ativos, passivos e patrimônio líquido dos acionistas.

ativos
O valor do conjunto dos vários itens que uma corporação possui.

passivos
A soma das obrigações de uma corporação junto a seus diversos credores.

Controles Financeiros

Além dos orçamentos, as empresas também utilizam outros demonstrativos para controle financeiro. Dois demonstrativos financeiros que auxiliam no controle do desempenho total da organização são: o balanço patrimonial e o demonstrativo de resultados (lucros e perdas).

patrimônio líquido dos acionistas

O patrimônio líquido dos acionistas é o valor incorrido aos proprietários da corporação.

O Balanço Patrimonial O **balanço patrimonial** mostra o quadro financeiro de uma companhia em dado momento. Esse demonstrativo compreende três itens: 1) ativos; 2) passivos; e 3) patrimônio líquido dos acionistas. Os **ativos** correspondem ao valor do conjunto dos vários itens que uma corporação possui. Os **passivos**, por sua vez, são o somatório das obrigações de uma organização junto a seus diversos credores. O **patri-**

QUADRO 16.5

Um Balanço Patrimonial Comparativo

Balanço Patrimonial Comparativo para os Exercícios Encerrados em 31 de Dezembro	Ano atual	Ano Anterior
Ativo		
Ativo circulante:		
Caixa	US$ 161.870	US$ 119.200
Bônus do Tesouro dos Estados Unidos	250.400	30.760
Contas a receber	825.595	458.762
Estoques:		
Bens em produção e acabados	429.250	770.800
Matérias-primas e suprimentos	251.340	231.010
Ativo circulante total	1.918.455	1.610.532
Demais ativos:		
Terrenos	157.570	155.250
Edificações	740.135	91.784
Máquinas e equipamentos	172.688	63.673
Mobiliário e ferramentas	132.494	57.110
Total de demais ativos antes da depreciação	1.202.887	367.817
Menos: depreciação acumulada e amortização	67.975	63.786
Total demais ativos	1.134.912	304.031
Ativo total	US$ 3.053.367	US$ 1.914.563
Passivo e patrimônio líquido		
Passivo circulante		
Contas a pagar	US$ 287.564	US$ 441.685
Remunerações e encargos trabalhistas	44.055	49.580
Comissões e despesas incorridas	83.260	41.362
Imposto de renda	176.340	50.770
Provisões para débitos de longo prazo	85.985	38.624
Total do passivo circulante	667.204	622.021
Exigível no longo prazo:		
Empréstimo de 15 anos, 9% a.a., pagável entre os anos de 2002-2015	210.000	225.000
Hipoteca, 5% a.a.	408.600	
Notas promissórias, 9% a.a.		275.000
Total exigível no longo prazo	618.600	500.000
Patrimônio líquido dos acionistas		
Ações ordinárias: lançamento de 1.000.000 de ações autorizadas, 492.000 pendentes do ano anterior, 700.000 pendentes deste ano, com valor de face de US$ 1	700.000	492.000
Reservas de capital	981.943	248.836
Reservas de lucros	75.620	51.706
Total de patrimônio líquido dos acionistas	1.757.563	792.542
Total de passivo + patrimônio líquido	US$ 3.053.367	U$S 1.914.563

mônio líquido dos acionistas é o valor incorrido aos proprietários da corporação. A relação entre esses três elementos ocorre da seguinte forma:

Ativos = Passivos + Patrimônio Líquido dos Acionistas

O Quadro 16.5 mostra o exemplo de um balanço patrimonial. Durante anos, a companhia cresceu porque ampliou os edifícios e adquiriu mais maquinário e equipamentos por meio de empréstimos de longo prazo, tendo contraído, para tanto, uma hipoteca. Uma venda adicional de ações foi efetuada para auxiliar no financiamento da expansão. Ao mesmo tempo, o saldo do item contas a receber cresceu e o da conta de bens em produção e acabados foi reduzido. Observe que o Total de ativos (US$ 3.053.367) = Total passivos (US$ 677.204 + US$ 618.600) + Patrimônio líquido dos acionistas (US$ 700.000 + US$ 981.943 + US$ 75.620).

Um resumo dos itens do balanço patrimonial ao longo do tempo revela importantes tendências e fornece aos gerentes uma perspectiva adicional nítida sobre o funcionamento geral da organização e as áreas nas quais ajustes devem ser efetuados. Uma companhia pode, por exemplo, decidir, que seria prudente reduzir os seus planos de expansão em algum ponto.

O Demonstrativo de Resultados O **demonstrativo de resultados** (lucros e perdas) é um demonstrativo financeiro detalhado das receitas e despesas decorrentes das operações de uma companhia. O Quadro 16.6 apresenta um demonstrativo de resultados (lucros e perdas) referente a dois anos consecutivos. Nessa ilustração, as receitas operacionais do empreendimento registraram crescimento. As despesas também aumentaram, mas a uma taxa menor, resultando uma receita líquida maior. Alguns gerentes elaboram demonstrativos de resultados preliminares e os utilizam como metas. O desempenho é, assim, comparado com essas metas ou padrões. A partir desses demonstrativos preliminares, um gerente pode identificar as áreas problemáticas e corrigi-las.

demonstrativo de resultados (lucros e perdas)
Demonstrativo financeiro detalhado das receitas e despesas decorrentes das operações de uma companhia.

O controle realizado por lucros e perdas é mais comumente utilizado para todo o empreendimento e, no caso de corporações diversificadas, suas divisões. Contudo, caso o controle seja executado por departamentos, como ocorre em uma organização descentralizada em que os gerentes de departamentos possuem controle tanto sobre receitas como sobre despesas, um demonstrativo de resultados (lucros e perdas) é utilizado para cada departamento. Os resultados de cada departamento são medidos, e o custo, incluindo o *overhead*, é atribuído de acordo com as operações de cada departamento. A receita líquida esperada é o padrão utilizado para medir o desempenho de um departamento.

Índices Financeiros Uma abordagem eficaz para a verificação do desempenho geral de um empreendimento compreende a utilização dos índices financeiros fundamentais. O índices auxiliam na identificação de possíveis forças e fraquezas nas operações de uma companhia. Os índices fundamentais são calculados a partir de itens selecionados do demonstrativo de resultados e do balanço patrimonial. Discutiremos, brevemente, três categorias de índices de desempenho financeiro: liquidez, alavancagem e lucratividade.

QUADRO 16.6
Um Demonstrativo de Resultados Comparativo

Demonstrativo de Resultados Comparativo para Exercícios Encerrados em 30 de Junho			
	Ano Atual	Ano Anterior	Aumento ou Redução
Receitas:			
Vendas líquidas	US$ 253.218	US$ 257.636	US$ 4.418*
Dividendos de investimentos	480	430	50
Outros	1.741	1.773	32
Total	255.439	259.839	4.400*
Deduções:			
Custos dos bens vendidos	180.481	178.866	1.615
Despesas de vendas e administrativas	39.218	34.019	5.199
Despesas com juros	2.483	2.064	121*
Outros	1.941	1.139	802
Total	224.123	216.628	7.495
Receita antes de impostos	31.316	43.211	11.895*
Provisão para impostos	3.300	9.500	6.200*
Receita Líquida	US$ 28.016	US$ 33.711	US$ 5.695*

* Redução

índice de liquidez corrente

O índice de liquidez corrente indica a extensão segundo a qual o ativo circulante de curto prazo pode declinar de forma que ainda seja suficiente para quitar os compromissos do passivo circulante.

grau de alavancagem financeira

Uma relação que indica a capacidade de uma companhia para cumprir com suas obrigações financeiras de longo prazo.

retorno sobre investimento (ROI)

O retorno sobre investimento refere-se à relação entre o lucro e o capital utilizado ou à taxa de retorno sobre o capital investido.

miopia gerencial

Os gerentes passam a enfocar as receitas e os lucros de curto prazo em detrimento das obrigações estratégicas de longo prazo.

- **Índices de liquidez.** Os *índices de liquidez* indicam a capacidade de uma companhia para efetuar pagamentos de curto prazo. O indicador mais comum de liquidez é a relação entre *ativo circulante* e *passivo circulante*, denominado **índice de liquidez corrente** ou *índice de capital de giro líquido*. Essa razão indica a extensão segundo a qual o ativo circulante pode declinar de forma que ainda seja suficiente para quitar os compromissos do passivo circulante. Alguns analistas estabelecem um índice de 2/1, ou 2,00, como o mínimo desejável. Por exemplo, na Tabela 16.5, o índice de liquidez é de aproximadamente 2,86 (US$ 1.918.455/ US$ 667.204). O ativo circulante da companhia é mais do que suficiente para garantir os compromissos do passivo circulante.
- **Índices de alavancagem.** Os *índices de alavancagem* mostram a quantidade relativa de recursos do negócio proporcionados por credores e acionistas. Um exemplo importante desse indicador é o **grau de alavancagem financeira**, o qual indica a capacidade de uma companhia para cumprir com suas obrigações financeiras de longo prazo. Caso essa razão seja inferior a 1,5, a quantidade de dívida não é considerada excessiva. No Quadro 16.5, o grau de alavancagem financeira é de apenas 0,35 (US$ 618.600/ US$ 1.757.563). A companhia financiou praticamente toda sua expansão por meio da emissão de ações, em vez de incorrer em um significativo endividamento de longo prazo.
- **Índices de lucratividade.** Os *índices de lucratividade* assinalam a capacidade de geração de retorno financeiro sobre vendas ou investimentos. O **retorno sobre investimento (ROI)**, por exemplo, refere-se à relação entre o lucro e o capital utilizado, ou à taxa de retorno sobre o capital investido (patrimônio líquido mais dívida de longo prazo). Essa relação permite aos gerentes e aos acionistas avaliarem os resultados de uma companhia em comparação com outros investimentos. Caso o rendimento líquido da companhia do Quadro 16.5 fosse de US$ 300 mil ano atual, por exemplo, o retorno sobre capital seria de 12,6% (US$ 300.000/[US$ 1.757.563 + US$ 618.600]), normalmente uma taxa de retorno muito razoável.

Utilização dos Índices Financeiros Embora os índices ofereçam tanto padrões como indicadores referentes aos eventos ocorridos, a confiança excessiva em índices financeiros pode ter conseqüências negativas. Uma vez que os índices são expressos em breves horizontes de tempo (mensal, trimestral e anual), freqüentemente causam **miopia gerencial** — os gerentes passam a enfocar as receitas e os lucros de curto prazo em detrimento das obrigações estratégicas de longo prazo.[21] Os sistemas de controle que utilizam desempenho de longo prazo (por exemplo, três ou seis anos) podem reduzir a miopia gerencial e centrar maior atenção em um futuro mais distante.

Um segundo resultado negativo decorrente da utilização de indicadores de desempenho é que eles relegam outras considerações importantes a uma posição secundária. As práticas relacionadas às áreas de pesquisa e desenvolvimento, desenvolvimento gerencial e de recursos humanos podem receber atenção insuficiente. Dessa forma, o uso de índices deve ser complementado por outras medidas de controle. As organizações poderão, assim, responsabilizar os gerentes por participação de mercado, número de patentes obtidas, vendas de novos produtos, desenvolvimento de recursos humanos e outros indicadores de desempenho.

Aspectos Negativos do Controle Burocrático

Até agora, você aprendeu sobre sistemas de controle a partir de uma perspectiva mecanicista. Entretanto, as organizações não são estritamente mecânicas; elas são compostas por pessoas. Os sistemas de controle são usados para restringir o comportamento humano e torná-lo previsível no futuro, porém as pessoas não são máquinas que se ajustam automaticamente como pretendido pelos projetistas dos sistemas de controle. De fato, os sistemas de controle podem levar a um comportamento disfuncional. Um sistema de controle não pode ser eficiente sem considerar como os indivíduos reagirão a ele. Para um efetivo controle do comportamento de empregados, os gerentes deverão considerar três tipos de possíveis respostas ao controle: comportamento burocrático rígido, comportamento tático e resistência.[22]

Comportamento Burocrático Rígido Muitas vezes, as pessoas agem de maneira que as ajudem a parecer boas perante as medidas dos sistemas de controle. Essa tendência pode ser útil porque faz que as pessoas se concentrem nos comportamentos exigidos pela gerência. Mas isso também pode resultar em comportamento rígido e inflexível orientado na direção de executar *apenas* aquilo que o sistema exige.

O comportamento burocrático rígido ocorre quando os sistemas de controle fazem que os empregados permaneçam longe de problemas ao obedecer às regras. Infelizmente, tais sistemas freqüentemente levam a um serviço de atendimento aos clientes ruim e fazem a organização toda agir morosamente (lembre-se da discussão sobre burocracia no Capítulo 10).

Todos nós fomos, em determinado momento, vítimas de comportamento burocrático rígido. Reflita por alguns instantes sobre esta clássica história de um "pesadelo" em um hospital:

> À meia-noite, um paciente com dores nos olhos entra no pronto-socorro de um hospital. Na área da recepção, ele é classificado como um caso não-emergencial e encaminhado para a clínica oftalmológica do hospital. O problema é que a clínica oftalmológica não funcionará até a manhã seguinte. Quando ele chega à clínica, a enfermeira solicita seu formulário de encaminhamento, mas o médico do pronto-socorro havia esquecido de fornecer-lhe esse documento. O paciente tem de retornar ao pronto-socorro e esperar que outro médico faça um novo exame. O médico o encaminha de volta para a clínica oftalmológica e a uma assistente social para providenciar o pagamento. Finalmente, um terceiro médico examina seus olhos, percebe um pequeno pedaço de metal e o remove — um procedimento de 30 segundos.[23]

Histórias como esta conferem, acertadamente, má fama à burocracia. Alguns gerentes sequer empregam o termo *controle burocrático* em virtude da sua conotação potencialmente negativa. Trata-se de algo lamentável, visto que o sistema em si não é a causa do problema. Os problemas surgem quando os sistemas de controle não são mais vistos como ferramentas para a gestão dos negócios, mas como regras para ditar um comportamento rígido.

Comportamento Tático Os sistemas de controle serão ineficientes se os empregados adotarem táticas com o objetivo de "enganar o sistema". O tipo mais comum de comportamento tático é a manipulação de informação ou o relato de informações de desempenho falsas. As pessoas podem produzir dois tipos de dados inválidos: dados sobre o que *foi* realizado e dados sobre o que *pode* ser realizado. Falsos relatos sobre o passado são menos comuns, porque é muito mais fácil identificar quem transmitiu informações incorretas sobre o passado que apontar quem realizou previsões ou estimativas erradas acerca do que poderá acontecer. Mesmo assim, os gerentes algumas vezes alteram seus sistemas contábeis para "maquiar" os números. Isso foi o que ocorreu na MCI WorldCom. Ao caracterizar impropriamente as despesas, os gerentes foram capazes de distorcer o resultado final em US$ 4 bilhões. Além disso, as pessoas podem intencionalmente alimentar os sistemas de informação gerencial com falsas informações para encobrir erros ou desempenhos insatisfatórios.[24]

Na maior parte dos casos, as pessoas falsificam suas previsões ou exigências para o futuro. Quando instados a fornecer estimativas orçamentárias, os empregados normalmente solicitam quantias maiores do que as necessárias. Por outro lado, em algumas oportunidades, eles submetem à apreciação de seus superiores previsões absurdamente *baixas* quando acreditam que uma estimativa baixa poderá ajudá-los a conseguir a aprovação de um orçamento ou de um projeto. As reuniões para definição dos orçamentos podem tornar-se cabos-de-guerra entre subordinados tentando obter folgas no orçamento e superiores buscando reduzir essas mesmas folgas. Táticas similares são exibidas quando os gerentes negociam padrões de desempenho extremamente baixos, de forma que os empregados não terão problemas para cumpri-los; quando os vendedores projetam metas muito baixas, para que possam parecer bons ao superá-las facilmente; e quando os empregados reduzem o ritmo de trabalho no momento que analistas de estudo de tempo estão estabelecendo os padrões de ritmo de trabalho. Nesses e em outros casos, as pessoas somente estão preocupadas com seus próprios indicadores de desempenho, e não com o desempenho geral das companhias ou dos departamentos.[25]

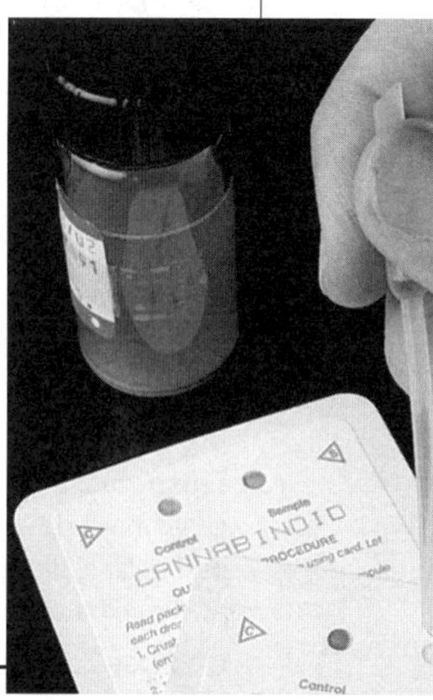

A análise toxicológica para verificação do consumo de drogas é uma das várias formas pelas quais as organizações monitoram seus empregados. Algumas pessoas geralmente defendem as medidas de controle, mas mudam de opinião quando são solicitadas, pessoalmente, a colher uma amostra de urina.

Resistência ao Controle Freqüentemente, as pessoas resistem fortemente aos sistemas de controle e isso ocorre por várias razões. Primeiro, os sistemas de controle abrangentes aumentam a acuidade dos indicadores de desempenho e tornam os empregados mais responsáveis por suas ações. Os sistemas de controle revelam erros, ameaçam a segurança no emprego e o *status* dos indivíduos e diminuem a sua autonomia.

Segundo, os sistemas de controle podem alterar as estruturas de especialização e poder. Um sistema de informações gerenciais pode, por exemplo, tomar as decisões sobre custos, compras e produção anteriormente realizadas por gerentes. Dessa forma, os indivíduos temem a perda de especialização, poder e autoridade para a tomada de decisões.

Terceiro, os sistemas de controle podem alterar a estrutura social de uma organização. Eles podem criar competição e separar grupos sociais e amizades. As pessoas podem acabar competindo com quem mantinham, anteriormente, relacionamentos estáveis e de cooperação. Uma vez que as necessidades sociais dos indivíduos são tão importantes, eles resistirão a sistemas de controle que reduzirão a satisfação de suas necessidades sociais.

Quarto, os sistemas de controle podem ser vistos como invasão de privacidade, levar a processos judiciais e diminuir o moral.

TEXTO EXTRAÍDO DA REVISTA

Gerenciamento por Meio de Números

BusinessWeek

"Se você pudesse monitorar cinco indicadores para gerir/dirigir seu negócio, quais seriam e por quê?"

Formulamos essa questão a John W. Thompson, presidente do conselho e CEO da Symantec, uma empresa de segurança para Internet em Cupertino, Califórnia, Estados Unidos, que desenvolve tecnologia de antivírus e *firewall* (sistemas de proteção). A seguir estão trechos resumidos de suas respostas, selecionados de nossa conversa.

P: Quais seriam seus indicadores críticos e por quê?

R: Aqui estão os cinco indicadores que utilizo para gerenciar a Symantec:

Satisfação do cliente: Utilizamos uma empresa externa para pesquisar continuamente nossos clientes e determinar a satisfação deles com os produtos e os serviços que oferecemos. A pesquisa é realizada por área de produto: *firewall*, antivírus, serviços e demais linhas de produto.

Participação de mercado: Enxergamos essa questão de duas formas. Temos nossos próprios pontos de vista com base nos mercados relevantes. Então, utilizamos analistas do setor como *benchmarks* para os resultados anuais sobre participação de mercado. Trimestralmente, analisamos nossos índices de desempenho da receita e crescimento, e os de nossos concorrentes. Nós os confrontamos com taxas de crescimento atuais e realizadas, em comparação com as taxas de crescimento de concorrentes relevantes em segmentos similares. O objetivo é obter dados sobre tendências. Isso nos oferece uma idéia das mudanças e do crescimento do mercado.

Aumento de receita: Você tem de considerar se a sua receita está crescendo a uma taxa igual ou superior à do mercado. Se você abordar o mercado de antivírus, por exemplo, analistas do setor projetavam um crescimento próximo de 20%, enquanto o setor de antivírus de nossa empresa cresceu à taxa de 32%. Isso indica que estamos ganhando participação no mercado de forma mais rápida do que a taxa de crescimento do setor. Podemos, então, avaliar como havíamos planejado crescer. Tínhamos planejado crescer 32% ou menos — ou mais? Você deve medir seu crescimento com relação ao mercado para seu produto ou serviço e com suas próprias expectativas internas de desempenho.

Despesas: É importante sempre planejar a quantidade de dinheiro que deverá ser gasta para se obter certo nível de receitas. Isso o torna capaz de monitorar o fluxo do capital de giro na companhia. Eu havia planejado gastar US$ 10 ou US$ 12; o que obtive em troca dessa despesa? O objetivo é manter as despesas em equilíbrio com a geração de receitas.

Lucros: Dois pontos essenciais a serem observados aqui: margem operacional e lucro por ação (LPA). Um negócio é gerido de maneira eficaz quando melhora as margens operacionais. Se você for eficiente com relação às suas margens operacionais, isso produzirá um consistente LPA, forte indicador observado por Wall Street o tempo todo.

P: Quais problemas o acompanhamento de indicadores pode resolver em uma corporação?

R: Sou um pouco antiquado — não acredito que se possa gerenciar o que não se mede. A importância dos indicadores torna-se mais relevante à medida que a empresa cresce em tamanho e escala. Os indicadores também servem como uma referência para a equipe sobre as coisas às quais você está prestando atenção. Se os empregados sabem que se está medindo o crescimento do mercado e a satisfação dos clientes, eles prestarão mais atenção a esses aspectos e se comportarão baseados nas indicações que você, como um líder, proporciona à organização. Os indicadores ajudam a equipe a manter o foco sobre aquilo que é importante para a organização.

P: O que outros CEOs e gerentes precisam ter em mente à medida que avaliam/reconsideram o emprego de indicadores para suas companhias?

R: Viva segundo o ditado que afirma que você não pode gerenciar o que não pode medir. Os melhores indicadores são simples de entender, simples para comunicar e relativamente fáceis para que todos tenham acesso aos dados que representam os resultados. Isso torna seus indicadores uma ferramenta gerencial eficaz. Se você faz que seus indicadores sejam difíceis de obter, gerenciar e comunicar, eles não serão eficazes.

FONTE: LISS, David. Management by the numbers. *BusinessWeek*, 21 jul. 2003, on-line.

Elaborando Sistemas de Controle Eficazes

Sistemas de controle eficazes maximizam os potenciais benefícios e minimizam os comportamentos disfuncionais. Para alcançar isso, a administração precisa elaborar sistemas de controle que 1) são baseados em padrões de desempenho válidos; 2) comunicam informações adequadas aos empregados; 3) são aceitáveis pelos empregados; 4) utilizam abordagens múltiplas; e 5) reconheçam o relacionamento existente entre *empowerment* e controle.

Estabelecendo Padrões de Desempenho Válidos Um sistema de controle eficaz deve ser baseado em padrões de desempenho válidos e acurados. Os padrões mais eficazes, conforme discutido anteriormente, tendem a ser expressos em termos quantitativos; eles são objetivos, em vez de subjetivos. Ao mesmo tempo, os indicadores não devem ser passíveis de sabotagem ou falsificação. Além disso, o sistema deve incorporar todos os importantes aspectos do desempenho. Por exemplo, uma companhia que apenas se concentra no volume de vendas sem atentar também para a lucratividade, poderá encerrar suas atividades muito brevemente. Conforme aprendemos anteriormente, comportamentos não-mensurados são negligenciados. Mas a administração também deve defender-se contra outro tipo de problema: indicadores demais criam controle excessivo e resistência por parte dos empregados. Para tornar o uso de muitos controles tolerável, os gerentes devem estar atentos a alguns pontos essenciais de certas áreas, ao mesmo tempo em que estabelecem padrões de desempenho "satisfatórios" para outras. Ou, então, eles também podem estabelecer prioridades simples. Um comprador pode ter de alcançar metas na seguinte seqüência: qualidade, disponibilidade, custo, nível de estoques. Finalmente, os gerentes podem criar faixas de tolerância. Na elaboração de orçamentos financeiros, por exemplo, níveis considerados otimista, esperado e mínimo são, algumas vezes, especificados.

Chris Liddell, chefe do departamento financeiro da Microsoft, acredita em "disciplina decorrente de processos estruturados", o que ele define como "a habilidade de conduzir processos internos — quer sejam eles processos de controle, administração de questões legais relacionadas à Sarbanes-Oxley, condução de processo de planejamento estratégico e elaboração de orçamentos — para todos eles, a clareza que decorre de uma boa estrutura é fundamental para administrar bem uma grande companhia". (*BusinessWeek Online*, 26 abr. 2005.)

Os orçamentos de muitas companhias apenas estabelecem metas de custos. Isso faz que os gerentes controlem as despesas, mas negligenciem os ganhos. Na Emerson Electric, lucro e crescimento são indicadores essenciais. Caso surja uma oportunidade inicialmente ignorada para aumentar a participação de mercado, os gerentes podem gastar o que for necessário para conquistá-la. A frase "isto não está no orçamento" possui uma probabilidade menor de restringir as pessoas na Emerson do que teria na maior parte das demais companhias.

Esse princípio também se aplica a aspectos não-financeiros de desempenho. Na Motorola, o departamento de recrutamento costumava ser avaliado de acordo com a quantidade de dinheiro gasto para cada contratação. Agora, ele é avaliado em virtude do desempenho subseqüente dos contratados.[26]

Fornecendo Informação Adequada A administração deve comunicar aos empregados a importância e a natureza dos sistemas de controle. As pessoas devem, então, receber *feedback* sobre seu desempenho.

O *feedback* motiva as pessoas e fornece informações que as capacitam a corrigir seus próprios desvios em relação aos padrões de desempenho. Permitir que as pessoas iniciem a adoção de suas próprias ações corretivas estimula o autocontrole e reduz a necessidade de supervisão externa.

A informação deve ser tão acessível quanto possível, particularmente quando as pessoas devem tomar decisões rápida e freqüentemente. Por exemplo, uma companhia nacional de alimentos que possui uma frota própria de caminhões tem um problema de difícil solução. A companhia desejava que seus motoristas analisassem seus registros de vendas aos consumidores todas as noites, inserissem os novos preços provenientes da matriz todas as manhãs, e ainda cumprissem suas rotas — um conjunto de demandas impossível. Para solucionar esse problema, a empresa instalou computadores pessoais (PCs) em mais de mil caminhões de entrega. Agora, os motoristas utilizam os PCs para manter comunicação constante com as matrizes. Todas as noites, eles enviam as informações sobre as lojas e, a cada manhã, as matrizes enviam preços e recomendações para a composição dos estoques de produtos para venda.

Em geral, um gerente que está projetando um sistema de controle deve avaliar o sistema de informação em termos das seguintes questões:

1. Fornece às pessoas os dados relevantes para as decisões que precisam tomar?
2. Fornece a quantidade correta de informações para os tomadores de decisões ao longo da organização?
3. Fornece informação suficiente para todas as partes da organização sobre como as demais partes da organização relacionadas a elas estão funcionando?[27]

Certificando-se da Aceitação dos Empregados Os empregados têm probabilidade menor de resistir aos sistemas de controle e de exibir comportamentos disfuncionais se aceitarem o sistema. Eles estão mais inclinados a aceitar sistemas de controle que possuem padrões de desempenho úteis, mas que não são excessivamente controladores. O gerente de uma loja da cadeia de supermercados norte-americana One Food Lion declarou a um repórter da revista *Fortune* sobre os padrões de desempenho que ele considerava absurdos: "Eu trabalho mais, e mais, e mais tempo, umas cem horas por semana. Mas isso não importa (...) Eu nunca conseguiria satisfazer meus supervisores (...) Eles querem 100%, sete dias por semana, 24 horas por dia. E não há como fazê-lo". Os empregados acharão os sistemas mais aceitáveis caso acreditem que os padrões são possíveis de serem alcançados.

Os sistemas de controle deveriam enfatizar o comportamento positivo, em vez de se centrarem somente no controle sobre os comportamentos negativos. Conforme ressaltado anteriormente, companhias como a Emerson visualizam os lucros, antes de olharem os custos. Como o último chefe da CMP Packaging, empresa líder no segmento de embalagens na Europa, Jean-Marie Descarpentries claramente preferia ressaltar aspectos positivos: ele fez que os chefes de 94 centros de lucro projetassem seus melhores desempenhos na eventualidade de tudo sair de acordo com o esperado — "sonhar o sonho impossível" — e evitou penalizar as pessoas somente por não terem alcançado suas maiores metas ao avaliá-las em virtude de seus desempenhos anteriores e em comparação com os desempenhos dos melhores profissionais do setor.[29] Em outras palavras, a abordagem de Descarpentries exibia a qualidade motivacional que havíamos descrito no Capítulo 13 — "justiça procedimental". Isso transmite aos empregados o sentimento de que estão sendo avaliados de acordo com um processo justo e que, dessa forma, possui uma probabilidade maior de ser aceito por eles.

Vantagens da Colaboração

Uma das melhores formas para estabelecer padrões razoáveis e obter, assim, a aceitação dos sistemas de controles pelos empregados é por meio da elaboração participativa desses mesmos padrões. Como discutimos no Capítulo 4, a participação no processo decisório assegura a compreensão e a cooperação das pessoas e se traduz em melhores resultados. Permitir que empregados colaborem na tomada de decisões sobre o sistema de controle que afeta diretamente suas atividades poderia auxiliar a superar as resistências e estimular a aceitação do sistema. Além disso, os empregados da "linha de frente" têm uma probabilidade maior de conhecer quais padrões são mais importantes e práticos, e podem oferecer informações relevantes para as decisões dos gerentes nessas questões. Finalmente, caso os padrões sejam estabelecidos em colaboração com os empregados, os gerentes poderão mais facilmente obter cooperação para a solução de problemas quando ocorrem desvios em relação aos padrões.

> "Aprendi que o erro freqüentemente pode ser um professor tão bom quanto o sucesso."
>
> Jack Welch

Mantendo uma Comunicação Aberta Quando ocorrem desvios dos padrões, é muito importante que os empregados sintam-se capazes de relatar os desvios para que os problemas possam ser enfrentados. Caso os empregados percebam que seus gerentes apenas desejam ouvir boas notícias, ou pior, caso eles temam represálias por haverem relatado as más notícias, mesmo que não seja sua culpa, quaisquer sistemas de controle existentes passam a ter uma possibilidade muito menor de serem eficazes. Os problemas podem não ser relatados, ou ainda pior, podem atingir um ponto no qual sua solução seja mais difícil ou onerosa. Mas, quando os gerentes criam um ambiente de abertura e honestidade, e são elogiados por realizá-lo de uma forma ágil, o sistema de controle provavelmente funcionará de maneira mais eficaz.

Apesar disso, os gerentes podem, em algumas oportunidades, ter de disciplinar os empregados que estejam falhando no cumprimento de importantes padrões. Nesses casos, uma abordagem denominada *disciplina progressiva* é normalmente mais eficaz. Nessa abordagem, padrões claros são estabelecidos, mas as falhas no seu cumprimento são corrigidas de acordo com um processo gradual ou progressivo. A primeira vez que o desempenho de vendas de um empregado ficar abaixo do esperado, por exemplo, seu supervisor poderá oferecer-lhe aconselhamento ou orientação. Caso os problemas persistam, o próximo passo deverá ser uma advertência escrita. Esse tipo de abordagem, respeitosa e justa, sinaliza para os empregados que o gerente está interessado na melhoria de seus desempenhos, e não na sua punição.

Utilizando Abordagens Múltiplas Controles múltiplos são necessários. Os cassinos, por exemplo, exercem diversos tipos de controles sobre seus crupiês quando 1) exigem deles que tenham uma licença de crupiê antes de serem contratados; 2) utilizam diversas formas de observação direta, incluindo até três níveis de supervisão direta, circuitos fechados de câmeras e observação através de vidros espelhados; e 3) quando exigem formulários detalhados para fiscalizar as transferências de dinheiro e similares.[30] Conforme você aprendeu neste capítulo, sistemas de controle geralmente deveriam incluir metas de desempenho tanto financeiras como não-financeiras, além de incorporar aspectos dos controles preliminar, simultâneo e por *feedback*. Um controle eficaz também exigirá que gerentes e organizações utilizem várias outras técnicas e práticas de boa gestão. Os sistemas de remuneração, por exemplo, poderão distribuir recompensas, caso os padrões sejam obedecidos, e impor conseqüências, caso não sejam. E para obter a aceitação dos empregados, os gerentes também poderão contar com várias das outras ferramentas de comunicação e motivação discutidas nos capítulos anteriores, como a persuasão e o reforço positivo.

Os Outros Controles: Mercados e Clãs

Embora o conceito de controle sempre tenha sido uma característica central das organizações, os princípios e as filosofias sobre os quais sua utilização está fundamentada estão mudando. No passado, o controle estava quase exclusivamente centrado em torno de mecanismos burocráticos (e de mercado). Gerações de gerentes aprenderam que poderiam maximizar a produtividade ao regular o que os empregados fazem no trabalho — por meio de procedimentos operacionais-padrão, regras, normas e supervisão direta. Para aumentar o resultado de uma linha de produção, por exemplo, os gerentes no passado tentavam identificar "melhor uma forma" para executar o trabalho e, então, monitorar as atividades do empregados para se assegurar de que eles seguiram os procedimentos operacionais-padrão. Em resumo, eles controlavam o trabalho ao dividir e simplificar as tarefas, um processo ao qual nos referimos no Capítulo 1 como *administração científica*.

Embora os sistemas de controle burocráticos formais talvez sejam os mais preponderantes nas organizações (e os mais discutidos nos livros sobre administração), eles não são os mais eficazes. Tanto os controles de mercado como os controles de clã podem representar alternativas mais flexíveis, embora não menos potentes, para regular o desempenho.

Controles de Mercado

Ao contrário dos controles burocráticos, os controles de mercado envolvem o uso de forças econômicas — e os mecanismos de preços que acompanham — para regular o desempenho.

Os controles de mercado ajudam a manter os preços baixos.

O sistema funciona da seguinte forma: nos casos em que o resultado de um indivíduo, departamento ou unidade de negócio tenha valor para outras pessoas, um preço pode ser negociado por sua troca. À medida que um mercado para essas transações é criado, ocorrem dois efeitos:

- O preço torna-se um indicador do valor do produto ou serviço.
- A competição por preços tem o efeito de controlar a produtividade e o desempenho.

Os princípios básicos que fundamentam os controles de mercado podem operar em nível corporativo, de unidade de negócios (ou departamento) e individual. A Figura 16.3 mostra algumas formas diferentes nas quais os controles de mercado são utilizados.

preço de transferência

Preço cobrado por uma unidade, por um produto ou serviço fornecido a outra unidade dentro da organização.

Controles de Mercado no Nível Corporativo Em companhias grandes e diversificadas, os controles de mercado normalmente são utilizados para regular as unidades de negócio independentes. No caso particular de grandes conglomerados, em que as companhias atuam como *holdings*, as unidades de negócios geralmente são tratadas como centros de lucro que competem entre si. Os altos executivos podem colocar alguns poucos controles burocráticos aos gerentes das unidades de negócios, mas utilizar dados sobre lucros e perdas para avaliar o desempenho. Ao mesmo tempo que o processo decisório e o poder são descentralizados para as unidades de negócio, os controles de mercado asseguram que o desempenho da unidade de negócios esteja alinhado aos objetivos corporativos.

A utilização dos mecanismos dos controles de mercado dessa forma tem sido criticada por aqueles que insistem em que os indicadores econômicos não refletem corretamente o valor de uma organização. Os empregados freqüentemente sofrem, na medida em que companhias diversificadas são repetidamente compradas e vendidas com base nos controles de mercado.

Controles de Mercado no Nível da Unidade de Negócios Os controles de mercado também podem ser usados dentro das unidades de negócio para regular as trocas entre departamentos e funções. O preço de transferência é um método que as organizações utilizam para tentar refletir as forças do mercado para as transações internas. O **preço de transferência** é a cobrança de determinado valor, por uma unidade da organização, por um produto ou serviço fornecido a outra unidade dessa mesma organização. Em uma montadora de automóveis, por exemplo, o preço de transferência pode ser atribuído

FIGURA 16.3
Exemplos de Controle de Mercado

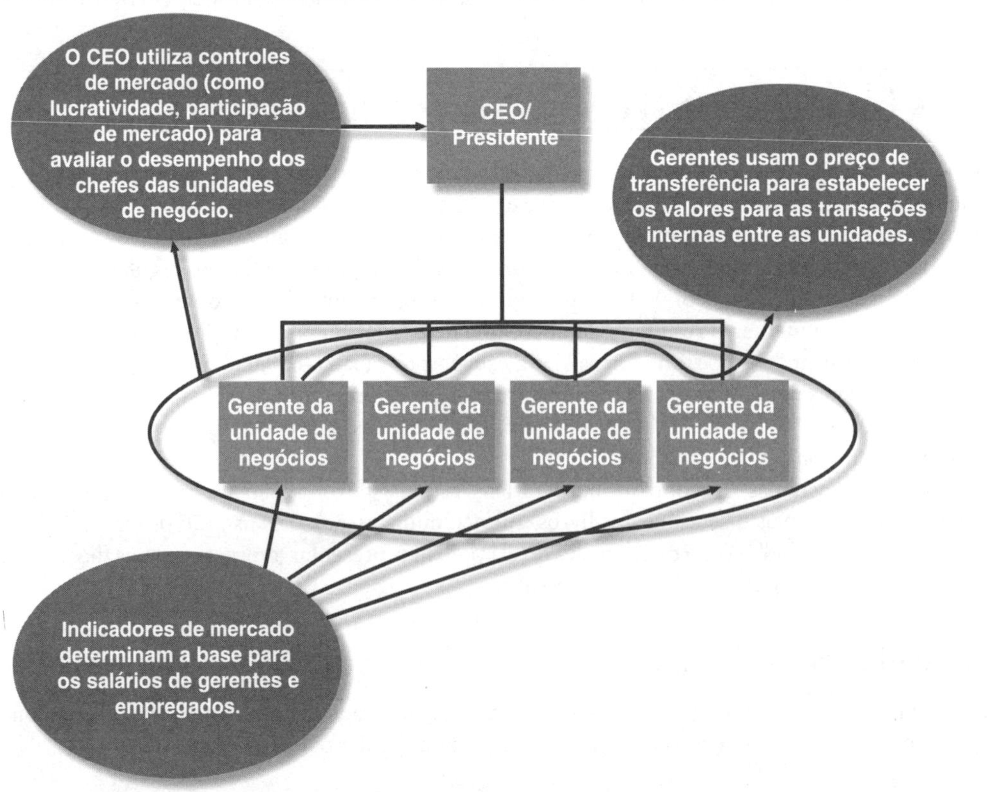

aos componentes e subconjuntos antes de eles serem enviados para as unidades de negócio subseqüentes para a montagem final. Idealmente, o preço de transferência reflete o preço que as unidades de negócio teriam de pagar por um produto ou serviço no mercado.

Conforme as organizações disponham de mais opções para terceirizar o fornecimento de produtos e serviços por parceiros externos, os controles de mercado, como os preços de transferência, oferecem incentivos naturais para que os custos sejam mantidos baixos e a qualidade permaneça elevada. Os gerentes desses departamentos monitoram constantemente os preços de mercado para se certificar de que seus próprios custos estão alinhados com os demais, e até mesmo tentam melhorar os serviços que oferecem para aumentar o valor de seu departamento para a organização. Considere a situação na qual as atividades de treinamento e desenvolvimento podem ser executadas internamente, pelo departamento de recursos humanos, ou de forma terceirizada, por uma empresa de consultoria. Caso o departamento de recursos humanos não consiga oferecer um treinamento de qualidade por um preço razoável, não haverá razão para que esse departamento exista na companhia. Organizações como Continental Airlines, IBM e Corning implementaram controles de mercado rígidos nas suas funções de recursos humanos para gerir os custos e o desempenho.[31]

Controles de Mercado no Nível Individual Os controles de mercado também são utilizados no nível individual. Nas situações nas quais as organizações estão tentando contratar empregados, a oferta e a demanda por certas competências influenciam os salários que os empregados esperam receber e os valores que as organizações estão dispostas a pagar. Empregados ou candidatos a emprego que possuem habilidades mais valiosas tendem a receber maiores salários. Os salários, é claro, nem sempre refletem os valores de mercado — algumas vezes, são baseados (talvez arbitrariamente) em considerações associadas aos recursos internos —, mas o valor de mercado normalmente é o melhor indicador do valor potencial de um empregado para a empresa.

Controles de mercado como estes são importantes porque oferecerem aos empregados um incentivo natural para que eles aumentem suas habilidades e as ofereçam a potenciais empresas com as quais se relacionarão. Mesmo após os indivíduos obterem um emprego, os salários baseados no mercado são importantes para que as pessoas de maior valor econômico possam ser promovidas de modo mais rápido para posições mais elevadas na organização.

Da mesma forma que os controles de mercado aparentemente possuem papel fundamental na determinação do salário de um jogador de beisebol ou de um atleta de outra modalidade, seriam os salários ridiculamente altos algumas vezes pagos a jogadores nos dias de hoje indicadores reais das suas habilidades? Ou se trata de algo mais? Caso o jogador não corresponda às expectativas sobre o nível de habilidade anteriormente percebido, ou, em outras palavras, caso tenha um "ano ruim", a organização teria direito a reduzir seu pagamento?

Os controles baseados em mercado freqüentemente são utilizados por conselhos de administração para gerenciar os CEOs de grandes corporações. Ironicamente, os CEOs normalmente são vistos como aqueles que controlam todos os demais em uma companhia, mas o fato é que o CEO deve prestar contas ao conselho de administração, e o conselho deve buscar maneiras para se assegurar de que os CEOs agirão de acordo com os interesses dele. Na ausência de controles por parte do conselho, o CEO pode agir de forma que ele seja pessoalmente valorizado (por exemplo, tornar a companhia maior ou mais diversificada), embora isso não necessariamente se traduza em maiores lucros para a empresa. Como demonstram os mais recentes escândalos corporativos nos Estados Unidos, sem o controle do conselho, os CEOs também podem artificialmente inflar os rendimentos da empresa ou não declarar totalmente as despesas, fazendo que a companhia aparente ser muito mais bem-sucedida do que realmente é.

Tradicionalmente, os conselhos têm buscado controlar o desempenho dos CEOs essencialmente mediante a utilização de planos de incentivo, em complementação ao salário-base. Isso inclui alguns tipos de bônus vinculados a metas de lucro de curto prazo. Em grandes companhias dos Estados Unidos, a remuneração de CEOs agora corre risco, o que significa que ela dependerá principalmente do desempenho da empresa. Além dos incentivos de curto prazo, os conselhos utilizam alguma forma de incentivo associado ao valor das ações da companhia, algo que normalmente é realizado por meio de opções de ações, as quais já estudamos no Capítulo 10. No entanto, o grande número de fraudes e escândalos financeiros em companhias como Enron, WorldCom, Adelphia Communications e HealthSouth o indiciamento de seus CEOs têm feito com que os conselhos e as agências reguladoras adotem controles maiores. Os CEOs não podem mais alegar ignorância acerca de erros relacionados a demonstrativos financeiros — eles devem confirmar, por escrito, a veracidade das informações financeiras da companhia prestadas. Também, exige-se dos CEOs que estabeleçam mecanismos e procedimentos adicionais em suas companhias para garantir que as violações dos relatórios sejam detectadas.[32]

> O controle de clã concede poder aos empregados para que atinjam os padrões de desempenho.

Controle de Clã: o Papel do *Empowerment* e da Cultura

Cada vez mais, os gerentes estão descobrindo que sistemas de controle baseados simplesmente em mecanismos burocráticos e de mercado são insuficientes para dirigir a força de trabalho atual. Há diversas razões para isso:

- *As atividades dos empregados mudaram.* A natureza do trabalho está evoluindo. Os empregados que operam computadores, por exemplo, possuem maior variabilidade em suas atividades, e a maior parte de seus trabalhos é intelectual e, dessa forma, invisível. Em virtude disso, não há somente uma única forma indicada para a execução dos trabalhos e as atividades de programar e padronizar os trabalhos tornam-se extremamente difíceis. Uma supervisão mais direta também é irrealista, uma vez que é praticamente impossível supervisionar atividades como raciocinar e solucionar problemas.
- *A natureza do gerenciamento mudou.* O papel dos gerentes também está evoluindo. Antigamente, os gerentes costumavam ter mais conhecimento sobre a execução de trabalhos do que os empregados. Hoje em dia, é muito comum que os empregados conheçam mais sobre suas atividades do que qualquer outra pessoa. Nós nos referimos a isso como a mudança de trabalho físico para trabalho intelectual. Quando a especialização real encontra-se nos níveis hierárquicos mais inferiores de uma organização, o controle hierárquico torna-se impraticável.[33]
- *As relações de emprego mudaram.* O contrato social no trabalho está sendo renegociado. No passado, os empregados estavam mais preocupados com questões como remuneração, segurança no trabalho e jornada de trabalho. Atualmente, contudo, mais e mais empregados desejam engajar-se totalmente em seus trabalhos, tomando parte no processo decisório, desenvolvendo soluções para problemas singulares e recebendo tarefas desafiantes e envolventes. Eles querem utilizar seus cérebros.

> "Como gerente, o importante não é aquilo que ocorre quando você está presente, mas o que acontece quando você não está."
>
> Ken Blanchand

Por essas três razões, o conceito de *empowerment* não somente se tornou mais popular nas organizações; ele se tornou um aspecto necessário do repertório de controles do gerente. Sem "uma única forma" de se abordar uma atividade e sem uma maneira de verificar o que os empregados fazem todos os dias, os gerentes precisam proporcionar a seus empregados o *empowerment* para a tomada de decisão e confiar que eles vão agir no melhor interesse da empresa. Mas isso não significa desistir do controle. Significa criar uma forte cultura de padrões e integridade elevados para que os empregados exerçam o efetivo controle de si próprios.

Conexões: "O AMBIENTE ERA PROPÍCIO AO ABUSO"

Na Enron, um grupo de gerenciamento de risco deveria ter monitorado as propostas e revisado os acordos. Mas muitos dos empregados da unidade tinham todas as razões para aprovar os acordos: suas próprias avaliações de desempenho eram parcialmente realizadas pelas mesmas pessoas cujos acordos estavam aprovando. O processo fez que a realização de avaliações honestas fosse praticamente impossível. "Se o seu chefe estivesse fraudando [rendimentos] e você nunca houvesse trabalhado em nenhum outro lugar, você simplesmente assumiria que todos fraudam os rendimentos", declarou um jovem da controladoria da Enron. "Uma vez que você estivesse lá e percebesse como as coisas eram feitas, você se insurgiria e se arriscaria a perder seu emprego? Era muito fácil entrar no esquema do tipo 'Bem, se todos os outros estão fazendo, talvez não seja tão mau assim'." O sistema criou uma cultura na qual as pessoas tinham receio de entrar em conflito com alguém que poderia arruinar suas avaliações. Qualquer um que questionasse acordos suspeitos aprendia rapidamente a aceitar as garantias oferecidas por advogados e contadores externos. Havia pouca verificação sobre a eventualidade de os ganhos serem reais ou acerca da forma como eram registrados. "Aquele tipo de cultura era um encorajamento sutil para a tomada de atalhos e a enganação", declarou um observador. "Você vê todos seguindo em frente e tem de acompanhar o passo." Em outras companhias, ao contrário, a ênfase no desempenho individual é contrabalanceada por um intenso foco nos processos e por um conjunto de valores de conduta.

Lembre-se de nossa extensa discussão sobre a cultura de uma organização no Capítulo 2. Se a cultura da organização encoraja comportamentos impróprios, um esforço para impor controles eficazes fica severamente prejudicado. Entretanto, se os gerentes criam e reforçam uma cultura forte, que encoraja

1. ***Estabeleça controles onde está a operação.*** Níveis de hierarquia, supervisão direta e controles mútuos entre áreas estão rapidamente desaparecendo e sendo substituídos por equipes auto-orientadas. Durante séculos, mesmo o Império Britânico — por maior que fosse — nunca teve mais que seis níveis de administração, incluindo a própria rainha.
2. ***Utilize controles em tempo real em vez de controles posteriores aos fatos.*** As questões e os problemas devem ser resolvidos imediatamente pelas pessoas que estiverem efetivamente realizando as atividades. Os gerentes tornaram-se um recurso para auxiliar a equipe.
3. ***Reconstrua as concepções subjacentes ao controle gerencial sobre confiança, em vez da desconfiança.*** As organizações "altamente flexíveis" dos dias de hoje são baseadas no *empowerment*, não em obediência. As informações devem facilitar a tomada de decisões, e não policiá-las.
4. ***Mova-se em direção a um modelo de controle baseado em normas entre colegas.*** O controle de clã é algo poderoso. Os trabalhadores no Japão, por exemplo, são conhecidos por cometerem suicídio, em vez de desapontarem ou envergonharem suas equipes. Embora isso seja um extremo, o fato ressalta o poder da influência dos colegas. Os japoneses têm uma cultura e um conjunto de valores muito mais homogêneo do que o nosso. Na América do Norte, por exemplo, devem-se construir normas entre colegas sistematicamente e colocar muito menos ênfase na gestão por números.
5. **Reconstrua o sistema de incentivos para reforçar a responsividade e o trabalho em equipe.** Os objetivos gêmeos de adicionar valor para o consumidor e melhorar o desempenho da equipe devem ser a principal razão dos sistemas de mensuração.

QUADRO 16.3
Controle Gerencial no Contexto do *Empowerment*

FONTE: ROSS, Gerald H. B. Revolution in management control. *Management accounting*, nov. 1990, p. 23-27. Reproduzido com permissão.

um comportamento correto, na qual todos compreendem os valores e expectativas da administração e agem de acordo com eles, então o controle de clã pode ser uma ferramenta de controle muito eficiente.[34] Conforme ressaltamos no início deste capítulo, o *controle de clã* envolve a criação de relacionamentos construídos sobre uma base de respeito mútuo e o encorajamento para que cada indivíduo assuma as responsabilidades por suas ações. Os empregados trabalham dentro de uma estrutura de valores de conduta, e espera-se que utilizem o bom senso. Na Nordstrom, uma empresa do mercado varejista de moda, no lugar de um grosso manual que descreve as políticas da empresa, os empregados simplesmente recebem um cartão de 12,5 por 20 cm no qual se lê: "Utilize o bom senso em todas as situações. Não haverá regras adicionais" (p. 67). A ênfase de uma organização dotada de *empowerment* é a satisfação de seus clientes, não de seu chefe. Os erros são tolerados como a conseqüência inevitável de lidar com mudanças e incertezas e também são vistos como oportunidades para o aprendizado. E os membros de uma equipe aprendem conjuntamente. O Quadro 16.7 acima oferece um conjunto de diretrizes para a gestão no mundo do *empowerment*.

A resiliência (poder de recuperação) e o investimento de tempo associados ao controle de clã são uma "faca de dois gumes". O controle de clã demanda uma grande quantidade de tempo para ser desenvolvido e ainda mais tempo para ser alterado. Isso confere à organização estabilidade e direcionamento em momentos de turbulência no ambiente ou na empresa (por exemplo, durante mudanças na alta direção). Mesmo assim, se os gerentes desejarem estabelecer uma nova cultura — uma nova forma de controle de clã —, deverão auxiliar os empregados a desaprender velhos valores e adotar novos. Ainda falaremos sobre o processo de transição no capítulo final desse livro (Capítulo 18, "Criação e Gestão de Mudanças").

EPÍLOGO

"O AMBIENTE ERA PROPÍCIO AO ABUSO"

Retrospectivamente, a administração da Enron ou esteve letárgica ou teve pouca supervisão, uma vez que os gerentes estabeleceram parcerias privadas de negócio que permitiram à companhia eliminar milhões de dólares em dívidas do balanço contábil. Mas essa triste história tem muitos culpados: contadores, o conselho da companhia, analistas de ações e, até mesmo, os acionistas. Todos têm alguma responsabilidade por não perceberem, desde o início, que algo adverso estava ocorrendo na Enron.

- **Onde estava a administração?** Quantas vezes isso deve ser dito: o presidente do conselho de administração de uma companhia deve estar em contato com o negócio da sua empresa. O conselho deve compreender como uma companhia realmente funciona — e formular questões caso não tenha compreendido. E os gerentes têm de gerenciar. Havia muitos níveis de checagem nos quais os envolvidos com a gestão e o monitoramento da companhia poderiam ter denunciado o que ocorria. O controle não funciona se ninguém o exercer, ou se a cultura da empresa recompensa a tomada de atalhos.
- **Onde estavam os auditores?** Uma espécie de alquimia financeira esteve por trás da transformação da Enron de uma modesta operadora de gasodutos em uma gigante negociadora de *commodities*. A Andersen admitiu que não havia feito

os ajustes necessários nos procedimentos contábeis para refletir essa mudança. De fato, a estrutura financeira da Enron era um labirinto. Mas não importa o grau de complexidade de uma companhia, faz parte do trabalho dos auditores estarem vigilantes, especialmente quando os números não batem ou não fazem sentido.

- **Onde estavam os analistas e os acionistas?** Os investidores também têm uma parcela de culpa pela derrocada da Enron. Eles estavam tão impressionados com o desempenho de suas ações que muitos sequer se importavam com a forma como esse resultado acontecia. Em vez disso, analistas de ações e agências de análise de risco de crédito permaneceram otimistas até o amargo fim. Um dia antes do colapso da Enron, 28 de novembro, seis analistas de risco de crédito de Wall Street mantinham uma forte indicação de compra para as ações da companhia. A lição a ser retirada desse caso é que, em todas as oportunidades nas quais as ações de uma empresa pareçam boas demais para serem verdadeiras, elas provavelmente apenas parecem.

TERMOS-CHAVE

Auditoria contábil, p. 530
Custeio baseado em atividades (ABC – *activity-based costing*), p. 531
Ativos, p. 531
Balanço patrimonial, p. 531
Orçamento, p. 528
Controle burocrático, p. 521
Controle de clã, p. 521
Controle simultâneo, p. 525
Controle, p. 520
Índice de liquidez corrente, p. 534
Grau de alavancagem financeira, p. 534
Auditoria externa, p. 528
Controle preliminar, p. 525
Controle por *feedback*, p. 525
Auditoria interna, p. 528
Passivos, p. 531
Auditorias de gestão, p. 528
Miopia gerencial, p. 534
Controle de mercado, p. 521
Princípio da exceção, p. 524
Demonstrativo de resultados (lucros e perdas p. 533
Retorno sobre investimento (ROI), p. 534
Padrão, p. 522
Patrimônio líquido dos acionistas, p. 532
Preço de transferência, p. 540

RESUMO DOS OBJETIVOS DE APRENDIZAGEM

Depois de completado o estudo deste Capítulo, você deverá ser capaz de identificar:

Por que as companhias desenvolvem sistemas de controle para seus empregados.

Quando deixados por conta própria, os empregados podem agir de maneiras que não beneficiam a organização. Os sistemas de controle são concebidos para eliminar o comportamento idiossincrático e manter os empregados voltados à obtenção dos objetivos da empresa. Os sistemas de controle são mecanismos para o direcionamento dos recursos, para auxiliar cada indivíduo a agir no interesse da organização.

Como elaborar um sistema de controle burocrático básico.

A elaboração de um sistema de controle básico envolve quatro etapas: 1) estabelecimento de padrões de desempenho; 2) mensuração de desempenho; 3) comparação do desempenho com os padrões; e 4) eliminação de desvios indesejados por meio da adoção de medidas corretivas. Os padrões de desempenho devem ser válidos e abranger questões como quantidade, qualidade, tempo e custo. Uma vez que o desempenho é comparado aos padrões, o princípio da exceção sugere que o gerente deva voltar sua atenção para os casos excepcionais que possuam desvios significativos. Então, o gerente deverá tomar medidas com maior probabilidade de resolver o problema.

Os propósitos da utilização de orçamentos como instrumento de controle.

Os orçamentos combinam os benefícios dos controles preliminar, simultâneo e por *feedback*. Eles são utilizados como guia inicial para a alocação de recursos, ponto de referência para a utilização de fundos, e mecanismo de *feedback* para a comparação entre os níveis de vendas e as despesas atuais e os níveis esperados. Recentemente, as companhias modificaram seus processos de orçamento de forma a alocar os custos de acordo com os processos básicos (como atendimento ao consumidor), em vez de distribuí-los por funções ou departamentos. Ao alterar a forma pela qual os orçamentos são preparados, muitas companhias têm descoberto maneiras de eliminar desperdício e melhorar os processos de negócio.

Como interpretar os índices financeiros e outros controles financeiros.

As demonstrações financeiras básicas são: o balanço patrimonial e o demonstrativo de resultados (lucros e perdas). O balanço patrimonial compara o valor dos ativos de uma companhia com as obrigações que ela possui junto a proprietários e credores. O demonstrativo de resultados apresenta as receitas de uma companhia em relação às despesas incorridas. Além dessas demonstrações, as companhias observam os índices de liquidez (se uma companhia tem capacidade para honrar dívidas de curto prazo), alavancagem (a extensão segundo a qual uma companhia financia suas operações mediante a constituição de dívidas) e lucratividade (lucros em relação a investimentos). Esses índices proporcionam metas para os gerentes, bem como padrões para a avaliação de desempenho.

Os procedimentos para a implementação de sistemas de controle eficazes.

Para maximizar a eficiência dos controles, os gerentes devem: 1) elaborar sistemas de controle baseados em padrões de desempenho válidos; 2) certificar-se de que os empregados possuem as informações adequadas sobre seu desempenho; 3) encorajar os empregados a participar da elaboração do sistema de controle; 4) verificar que abordagens múltiplas são utilizadas (como os controles burocráticos, de mercado e de clã); e 5) reconhecer a relação existente entre *empowerment* e controle.

As diferentes maneiras pelas quais os mecanismos de controle de mercado são utilizados nas organizações.

Os controles de mercados podem ser utilizados nos níveis da corporação, da unidade de negócios ou dos departamentos, ou individualmente. No nível corporativo, as unidades de negócio são avaliadas ao se compararem umas com as outras com relação à sua lucratividade. Nessas ocasiões, os negócios menos lucrativos são vendidos e os mais lucrativos recebem mais recursos. Dentro das unidades de negócio, o preço de transferência pode ser utilizado para aproximar os mecanismos de mercado do controle das transações entre departamentos. No nível individual, os mecanismos de mercado controlam os salários dos empregados e podem ser utilizados para avaliar o desempenho individual dos gerentes.

Como o controle de clã pode ser abordado em uma organização com *empowerment*.

A abordagem da questão dos controles a partir de uma perspectiva centralizada e mecanicista está se tornando cada vez mais impraticável. Nas organizações atuais, é difícil considerarmos apenas "uma única forma ideal" para executar um trabalho, e tornou-se ainda mais difícil monitorarmos desempenho. Para serem responsivas aos consumidores, as companhias devem aproveitar o nível de especialização dos empregados e conceder-lhes a liberdade para agir de acordo com sua própria iniciativa. Para manter o controle enquanto usam o *empowerment* dos empregados, as companhias deverão: 1) utilizar equipes auto-orientadas; 2) permitir que o processo de tomada de decisões esteja próximo à fonte dos problemas; 3) desenvolver a confiança e o respeito mútuo; 4) basear o controle em um código de normas de conduta, e 5) utilizar sistemas de incentivo que estimulam o trabalho em equipe.

QUESTÕES PARA DISCUSSÃO

1. Você poderia lembrar de um caso no qual uma organização não utilizou alguma forma de controle? O que aconteceu?
2. Quais são as diferenças entre liderança e controle? Quais são as diferenças entre planejamento e controle? Quais são as diferenças entre estrutura e controle?
3. Entre as quatro etapas no processo de controle, qual delas é a mais importante?
4. Quais são os prós e os contras dos controles burocráticos, como normas, procedimentos e supervisão?
5. Qual é o grau de eficiência do controle de clã como mecanismo de controle? Quais são suas forças? E suas limitações? Em quais circunstâncias um gerente pode confiar mais no controle de clã?
6. O *empowerment* implica perda de controle? Por quê?

CASO DE CONCLUSÃO

Parker Mountain Products, Inc.

HISTÓRICO DA COMPANHIA

A região da Nova Inglaterra, nos Estados Unidos, inclui um belíssimo trecho costeiro que se estende do estado do Maine até Rhode Island, passando pelos estados de New Hampshire, Massachusetts e Connecticut. A área é famosa por seu turismo de verão, que inclui praias, vilarejos e cidades exóticos, lojas, locais e marcos históricos, e lagostas.

Logo após o término da Segunda Guerra Mundial, Ernest Parker retornou à sua cidade natal de Rochester, New Hampshire, e construiu uma pequena fábrica que produzia *souvenirs* regionais em vidro e cerâmica rústicos. Esses produtos incluíam taças de vinho, artefatos de vidro em geral, copos e recipientes cerâmicos e pequenos pratos. Cada um desses artigos é decorado com uma variedade de imagens e palavras pintadas relacionadas a cidades e pontos turísticos costeiros específicos — desenhos de lagostas, gaivotas, ondas do mar, cidades e pontos turísticos famosos.

A fábrica não havia mudado muito e ainda possui grande parte do equipamento de produção original, de difícil manuseio. Praticamente todo o trabalho administrativo e burocrático é feito à mão. Ernest tem empregado continuamente 35 funcionários nas áreas de produção e apoio, e seu negócio teve um crescimento médio de 5% por ano (em vendas). O demonstrativo de resultados mais recente é mostrado a seguir:

Parker Mountain Products, Inc. Demonstrativo de Resultados — 2004	
Vendas	US$ 2.000.000
Custos Diretos*	990.000
Lucro Bruto	US$ 1.010.000
Despesas	930.000
Receita Líquida	80.000

* Inclui somente materiais diretamente utilizados.

Toda a produção é comercializada por meio de um pequeno número de representantes do fabricante, atacadistas e intermediários. Embora sempre existisse a possibilidade de venda direta, Ernest preferiu concentrar todos os seus esforços para a atividade de produção do negócio, permitindo a outros que buscassem mercados, vendessem e distribuíssem os produtos a lojas, hotéis e outros pontos-de-venda. O padrão médio ou norma da indústria para lucros situa-se entre 5% e 7% (receita líquida em comparação com as vendas).

SITUAÇÃO ATUAL

Tendo agora atingido a idade de 75 anos, Ernest decidiu aposentar-se e transferir o comando dos negócios para seus netos, Chris e Ben, dois empreendedores jovens e ambiciosos que se graduaram recentemente em administração de empresas e ciências da computação.

Chris e Ben estão ansiosos para modernizar a fábrica e incorporar muitas das novas tecnologias sobre as quais eles aprenderam na escola. Eles planejam aumentar a eficiência do ponto de vista da produção e desenvolver uma variedade de nichos de mercado para complementar a distribuição atacadista do ponto de vista do marketing e das vendas. Há oportunidades para adicionar, retirar ou alterar itens do *mix* de produtos e aumentar a produção e vendas atuais. Com o objetivo de analisar e agir adequadamente com relação a essa questão, eles solicitaram ao contador que providenciasse dados mais específicos sobre produção e custos.

Essas informações são apresentadas na tabela da p. 546.

Os custos variáveis totais de US$ 800 mil foram distribuídos ou atribuídos a cada linha de produto com base no número de unidades produzidas. O total dos custos fixos para a fábrica é de US$ 80 mil; os custos totais de venda e administração da companhia foram de US$ 50 mil. A fábrica está atualmente operando com 85% da capacidade de produção. Ao mesmo tempo que Chris e Ben sabem que a capacidade de produção pode ser aumentada sem incorrer em despesas extraordinárias, além dos custos diretos com materiais, eles estão ansiosos para analisar a possibilidade de investirem em sistemas de informática, para auxiliar nos projetos (CAD) e no processo de manufatura, e em equipamentos.

Chris e Ben também sabem que o preço de venda pode ser aumentado 15% como resultado de um programa de vendas diretas. Sua única incerteza ou receio está em interromper o antigo relacionamento existente com os representantes comerciais da fábrica, atacadistas e intermediários que foram capazes de vender a produção da companhia durante muitos anos. Eles têm medo de "morder a mão que os alimenta", ao vender diretamente para um usuário final que atualmente adquire esses produtos de um de seus distribuidores. Eles também estão ansiosos para analisar, e possivelmente adquirir, sistemas de informática para os setores de administração e vendas.

Linha de Produtos	Unidades Produzidas	Preço de Venda por Unidade	Custo dos Bens Vendidos por Unidade	Total de Custos Variáveis por Ano
Pratos	300.000	US$ 2,00	US$ 0,60	US$ 240.000
Canecas	200.000	2,50	1,50	160.000
Tigelas	100.000	2,00	0,20	80.000
Artefatos de vidro em geral	100.000	1,00	0,70	80.000
Copos de vinho	300.000	2,00	1,40	240.000

QUESTÕES

1. Como um primeiro passo, conduza uma análise financeira das operações atuais. (*Dica*: refaça a demonstração de receitas para incluir as linhas de produtos individuais, bem como o total da companhia.)
2. A partir das informações fornecidas, liste e descreva, brevemente, algumas das novas tecnologias de produção, administração e vendas que os novos sócios deveriam considerar.
3. Forneça conselhos aos novos sócios sobre quais processos específicos de análise e tomada de decisões eles deveriam utilizar com relação aos investimentos em novas tecnologias. Considere o histórico da companhia e o fato de que a maioria da força de trabalho atual tem pouco ou nenhum conhecimento ou experiência com tecnologia de computadores.

EXERCÍCIOS PRÁTICOS

16.1 Programa de Segurança

OBJETIVO

Compreender uma das atividades mais específicas que fazem parte das funções gerenciais de *planejar, organizar, controlar e contratar,* e *direção*.

INSTRUÇÕES

Depois da leitura do caso a seguir, descreva brevemente os tipos de medidas que você tomaria como um gerente de produção na tentativa de resolver seu problema de segurança. Certifique-se de que sua resposta relaciona-se especificamente com as atividades de *planejamento, organização, controle* e *contratação*, e *direção*.

GERENCIANDO O PROGRAMA DE SEGURANÇA DA VAMP CO.

Se existem atividades específicas que um gerente realiza, como elas são conduzidas? Qual é a "aparência" de uma circunstância na qual alguém gerencia? O trecho a seguir descreve uma situação típica na qual um gerente realiza atividades gerenciais:

Como gerente de produção da Vamp Stamping Company, você está muito preocupado com o histórico de acidentes de trabalho da oficina de estamparia de metais. O número de acidentes que resultaram perda de horas de trabalho aumentou muito rapidamente no último ano. Esses acidentes mais sérios saltaram de 3% de todos os acidentes registrados para o nível atual de 10%.

Como você está preocupado com a segurança de seus trabalhadores, e também com a capacidade da companhia de cumprir com os pedidos dos clientes, você deseja reduzir essa taxa de acidentes com perda de tempo para seu nível anterior ou, se possível, para um nível ainda menor, dentro dos próximos seis meses.

Você chama a atenção dos supervisores de produção para essa tendência de crescimento das ocorrências de acidente, ressaltando a seriedade da situação e a contínua responsabilidade deles em relação à observância das regras de uso de luvas e óculos de proteção. Com eficácia imediata, cada supervisor deverá revisar seus registros de acidentes do ano anterior, redigir um relatório com um resumo desses acidentes e indicar as ações planejadas para corrigir as causas recorrentes desses acidentes. Eles deverão elaborar relatórios semanais de segurança, assim como realizar encontros semanais com você, todas às sextas-feiras, para discutir o que está sendo feito e quaisquer outros problemas que eles estiverem enfrentando.

Você solicita ao representante do sindicato cooperação para auxiliar o supervisor de segurança a estabelecer um programa de curto prazo sobre práticas seguras nas oficinas de produção.

Visto que são os operadores de máquinas que sofrem os acidentes, você encoraja seus supervisores a conversar com os trabalhadores e descobrir o que eles acreditam que possa ser feito para reduzir a taxa de acidentes com perda de tempo para seu nível anterior.

Enquanto o programa está em funcionamento, você analisa os relatórios semanais em busca de padrões que lhe possam indicar o grau de efetividade do programa e a localização dos pontos problemáticos. Caso algum supervisor de operações não esteja diminuindo seu índice de acidentes, você discute a questão detalhadamente com esse supervisor e seus principais subordinados.

FONTE: HERBERT, T. *The new management: study guide*. 4. ed. p. 41. Copyright © 1983 Pearson Education. Reproduzido com permissão da Pearson Education Inc., Upper Saddle River, NJ, Estados Unidos.

16.2 Controles Preliminar, Simultâneo e por *Feedback*

OBJETIVOS

1. Demonstrar a necessidade de procedimentos de controle.
2. Adquirir experiência na determinação de quando utilizar os controles preliminar, simultâneo e por *feedback*.

INSTRUÇÕES

1. Leia os textos sobre os controles preliminar, simultâneo e por *feedback*.
2. Leia o texto "Caso de Problema de Controle" e prepare-se para resolver esses problemas de controle em grupos.
3. Seu instrutor dividirá a sala em dois grupos menores. Cada grupo completará o "Quadro de Atividades sobre os Controles Preliminar, Simultâneo e por *Feedback*" por meio da obtenção de consenso sobre os tipos de controle que deverão ser aplicados para cada situação. O grupo também deverá formular respostas às questões para discussão.
4. Quando a sala reunir-se novamente, um representante de cada grupo deverá apresentar as suas descobertas.

QUESTÕES PARA DISCUSSÃO

1. Para que tipo de controle foi mais fácil determinar sua aplicação? Qual foi o mais difícil?
2. Esse exercício tem melhores resultados quando é designado a grupos ou quando é designado a indivíduos?

CASO DE PROBLEMA DE CONTROLE

Sua equipe de consultoria empresarial foi contratada recentemente pela Technocron International, uma empresa produtora de equipamentos de vigilância eletrônica em franca expansão cujos produtos são vendidos para usuários finais no comércio e no governo. Algumas vendas são feitas por venda direta, e algumas por meio de revendedores industriais. Os lucros oriundos da venda direta estão prejudicados em razão do que parecem ser as exorbitantes despesas pagas a alguns poucos vendedores, especialmente entre aqueles que viajam o mundo todo em padrões que sugerem pouco controle ou planejamento. Há problemas entre os revendedores, uma vez que os contratos padronizados não foram estabelecidos e cada revendedor possui relacionamentos contratuais inteiramente diferentes. As formas de pagamento variam muito de consumidor para consumidor. Além disso, os lucros são reduzidos em razão da necessidade de customizar muitos pedidos, tornando a massificação da produção praticamente impossível. No entanto, nenhum esforço foi feito até o momento para se criar componentes intercambiáveis. Além disso, existem grandes problemas com os estoques. Alguns pedidos de matérias-primas e partes são realizados em quantidades tão pequenas que têm de ser feitos quase diariamente. Outros pedidos são tão grandes que, em certas ocasiões, chega a faltar espaço para armazená-las. Posteriormente, verifica-se que muitos desses itens estão defeituosos ou impróprios para uso, causando atrasos na produção. As mudanças de projeto são feitas de forma que grandes quantidades de peças ainda em estoque tornam-se obsoletas. Alguns atrasos resultam de projetos cuja montagem é muito complexa, e os trabalhadores da linha de montagem queixam-se de que suas sugestões são ignoradas pelos engenheiros. Para economizar dinheiro, alguns trabalhadores sem experiência são contratados e reunidos em pares com "colegas de trabalho" mais experientes, os quais deverão treiná-los durante a execução dos trabalhos. Porém, muitos desses trabalhadores possuem educação insuficiente para compreendem suas tarefas, fazendo que seus colegas de trabalho acabem executando a maior parte dos trabalhos. Isso, somado aos baixos salários e à falta de consideração por parte dos engenheiros, está causando uma grande inquietação entre os trabalhadores e produzindo discussões sobre a formação de um sindicato. Somente na última semana, houve o registro de nove queixas pelos trabalhadores, e a Comissão sobre Oportunidades Eqüitativas de Trabalho do governo dos Estados Unidos acabou de anunciar a intenção de investigar duas queixas de discriminação por parte da companhia. Também existe um sério problema de fluxo de caixa, com o vencimento de diversas dívidas de longo prazo no mesmo período. Esse problema de fluxo de caixa poderia ser parcialmente aliviado, caso algumas das duplicatas pudessem ser cobradas.

O CEO administra os assuntos corporativos por meio de cinco divisões funcionais: operações, engenharia, marketing, finanças e administração geral e de recursos humanos.

Quadro de Atividades sobre os Controles Preliminar, Simultâneo e por *Feedback*

A Technocron International necessita de uma variedade de controles. Complete o seguinte quadro por meio da indicação do tipo de controle, preliminar, simultâneo ou por *feedback*, necessário para cada uma das cinco divisões funcionais.

Divisões	Controle preliminar	Controle simultâneo	Controle por *feedback*
ARH e Administração Geral	______		
Operações	______	______	______
Engenharia	______	______	______
Marketing	______	______	______
Finanças	______	______	______

Capítulo 17

Gestão da Tecnologia e Inovação

"São os imperativos tecnológicos e organizacionais, e não as imagens ideológicas, que determinam o formato da sociedade econômica."

— **John Kenneth Galbraith**

RESUMO DO CAPÍTULO

Tecnologia e Inovação
- Ciclo de Vida Tecnológico
- Disseminação das Inovações Tecnológicas

Inovação Tecnológica em um Ambiente Competitivo
- Liderança Tecnológica
- Seguidores Tecnológicos

Avaliação das Necessidades Tecnológicas
- Avaliação das Tecnologias Atuais
- Avaliação das Tendências Tecnológicas Externas

Fatores Fundamentais nas Decisões em Tecnologia
- Previsão da Receptividade do Mercado
- Viabilidade Tecnológica
- Viabilidade Econômica
- Desenvolvimento Antecipado de Competência
- Adequação Organizacional

Busca e Aquisição de Novas Tecnologias
- Desenvolvimento Interno
- Compra
- Desenvolvimento Contratado
- Licenciamento
- Intercâmbio Tecnológico
- Parceria em Pesquisa e *Joint Ventures*
- Aquisição da Propriedade Tecnológica

Tecnologia e Funções Gerenciais

Organização Voltada à Inovação
- Incentivo à Criatividade
- Eliminação da Burocracia
- Implementação de Projetos de Desenvolvimento
- Tecnologia, Definição de Funções e Recursos Humanos

OBJETIVOS DE APRENDIZAGEM

Após estudar este Capítulo, você deverá saber:

1. Os processos envolvidos no desenvolvimento de novas tecnologias.
2. Como as tecnologias evoluem durante o ciclo de vida.
3. Como administrar a tecnologia para a obtenção de vantagem competitiva.
4. Como avaliar as necessidades de tecnologia.
5. Os principais fatores a serem analisados na tomada de decisões sobre inovação tecnológica.
6. As diferentes funções desempenhadas pelas pessoas na gestão da tecnologia.
7. Como desenvolver uma organização inovadora.
8. As principais características dos projetos de desenvolvimento bem-sucedidos.

MIRANDO O iPOD

Sometimes wanna be your lover/
Sometimes wanna be your friend

Jason Smikle não conseguia tirar a música da cabeça. Calouro da Temple University, o estudante de 19 anos cantarolava a melodia do empresário *hip-hop*, Ludacris, debaixo do chuveiro, tomando café da manhã e caminhando para a sala de aula. Em um típico dia quente da Filadélfia, ele começou a cantar a música enquanto relaxava com um amigo no pátio do campus. O colega pegou rapidamente o seu celular da LG, apertou algumas teclas e, imediatamente, a melodia começou a pairar pelo ar. "Foi demais!", lembra Smikle. A única coisa que ele queria naquele momento era poder descarregar a música no seu próprio celular.

Não se preocupe, Jason, seu desejo logo se tornará realidade. Estão chegando ao mercado celulares que balançam, chacoalham, agitam ao som de música pop, *rock* e *jazz*. As operadoras de telefonia celular de todo o mundo estão trabalhando em parceria com gravadoras, fabricantes de aparelhos celulares e artistas como Sean "P. Diddy" Combs em um grande esforço conjunto para transformar o celular em uma espécie de aparelho de som portátil que pode ser carregado para todos os cantos. Operadoras estrangeiras como Vodafone e SK Telecom saíram na frente nessa iniciativa, e as norte-americanas estão rapidamente seguindo o mesmo caminho. Verizon Wireless, Sprint e Cingular Wireless esperam oferecer serviços para descarregar músicas diretamente no telefone celular.

Com serviços inovadores e aparelhos mais atraentes, os empresários das telecomunicações calculam poder abocanhar uma boa fatia do mercado musical digital que a Apple Computer escancarou com seu ícone, o iPod. Esse é o cenário formado para uma batalha entre duas indústrias. De um lado, a Apple e outras empresas de tecnologia concentradas no Vale do Silício e que enxergam o computador como fundamental para o futuro da música; de outro, as companhias de telecomunicações, da Finlândia à Coréia do Sul e aos Estados Unidos, que acham que o telefone celular pode transformar-se no centro desse universo emergente.

A abordagem do setor de telecomunicações apresenta diversos pontos fortes com os quais a Apple não consegue competir. Para começar, um quarto da população mundial já possui um aparelho celular — ou seja, 1,4 bilhão de usuários, em comparação com 10 milhões de iPods vendidos até hoje. A maioria dos donos desses aparelhos telefônicos paga uma conta mensal, o que torna muito fácil acrescentar uma cobrança pelas músicas. A principal vantagem da tecnologia do celular talvez seja a disponibilidade de acesso a milhões de músicas, a qualquer hora e de qualquer local. "Não é preciso ser um gênio para perceber que o celular será um aparelho de som portátil que acompanha você por toda a parte", afirma Jordan Schur, co-presidente da Geffen Records, gravadora de artistas como Snoop Dogg e Garbage.

Para a Apple, essa ameaça pode parecer um pouco exagerada. Afinal, o elegante iPod e o fácil de usar iTunes da companhia foram produtos tão inovadores que despertaram uma revolução musical. A combinação cuidadosamente elaborada oferece ao consumidor uma maneira simples de

comprar e carregar consigo qualquer música adquirida na Internet. Além disso, a Apple aprendeu com a experiência do passado. Há cerca de 20 anos, a empresa perdeu a liderança da indústria de computadores pessoais (PCs) por insistir em manter o controle total de sua tecnologia. Contudo, aprendeu com seus erros e está mostrando-se mais flexível hoje em dia. Ela abriu sua loja de iTunes para usuários de computadores com sistema operacional da Microsoft, e permitiu à sua parceira, Hewlett-Packard, distribuir versão própria do iPod. A empresa está desenvolvendo, em parceria com a Motorola, um celular iPod que começou a comercializar para operadoras de telefonia celular. Se tudo der certo, a operadora não precisará criar sua própria loja de músicas, ela encaminhará seus clientes para a iTunes.

Tudo isso não diz respeito apenas a uma concorrência feroz, trata-se de uma nova etapa de inovação da musical digital. A Apple e outras fabricantes de aparelhos de MP3 podem acrescentar a tecnologia da telefonia celular em seus equipamentos ou ajudar a desenvolver uma geração de celulares musicais. Quando centenas de milhares de aparelhos celulares do mundo todo estiverem equipados com dispositivos musicais, haverá uma explosão de possibilidades para a comercialização, distribuição e execução de músicas. "Muitas pessoas estão atentas a essa nova fronteira e ao potencial dela", afirma o CEO da Virgin Mobile, Daniel H. Schulman.

FONTE do Prólogo, das Conexões e do Epílogo: CROCKETT, Roger O. iPod killers? *BusinessWeek*, 25 abr. 2005, on-line.

A inovação tecnológica assusta por causa da complexidade e do ritmo das mudanças que provoca. E, certamente, como qualquer profissional já percebeu, por isso ela é fundamental para a vantagem competitiva de uma empresa. Até bem pouco tempo, os novos produtos levavam anos para serem planejados e desenvolvidos, eram padronizados e produzidos em massa, e lançados no mercado por meio de amplas campanhas promocionais e de vendas. Com o tempo de vida do produto medido em décadas, o processo produtivo contava com equipamentos dedicados exclusivamente à produção desses produtos padronizados e com a economia de escala para proporcionar reduções de custos. No entanto, os clientes de hoje em dia, muitas vezes, exigem produtos que ainda não foram sequer projetados. O desenvolvimento de produtos atualmente é uma corrida para ser o primeiro a introduzir produtos inovadores — cujas vidas, com freqüência, são medidas em meses, já que são rapidamente substituídos por outros, ainda mais sofisticados tecnologicamente.

Hoje, tanto os gerentes como as organizações provavelmente dependem mais da gestão eficaz da tecnologia não apenas para realizar tarefas básicas, mas, principalmente, para assegurar a competitividade permanente de seus produtos ou serviços. Em um mercado em que a tecnologia e a inovação rápida são vitais para o sucesso, o gerente deve entender como a tecnologia surge, evolui e afeta o modo como as organizações competem e as pessoas trabalham. Neste capítulo, será discutida como a tecnologia pode afetar a competitividade da organização e como a integrar a tecnologia na estratégia competitiva organizacional. Além disso, serão abordados as necessidades tecnológicas da organização e os meios para suprir tais necessidades.

Tecnologia e Inovação

tecnologia

Aplicação sistemática do conhecimento científico em um novo produto, processo ou serviço.

inovação

Mudança no método ou na tecnologia; afastamento útil e positivo das formas anteriores de se fazer as coisas.

No Capítulo 9 (Agilidade Organizacional), **tecnologia** foi definida como métodos, processos, sistemas e habilidades usados para transformar recursos em produtos. Em sentido mais amplo, é possível pensar em tecnologia como a comercialização da ciência: a aplicação sistemática do conhecimento científico em um novo produto, processo ou serviço. Nesse sentido, a tecnologia está incorporada em todo produto, serviço e procedimento usado ou produzido.[1]

Quando se encontra um produto, processo ou procedimento melhor para realizar uma tarefa, temos uma inovação. **Inovação** é a mudança de método ou tecnologia — um afastamento útil e positivo das formas anteriores de se fazer as coisas. Existem dois tipos fundamentais de inovação: a inovação do processo e a do produto. *Inovações do processo* são mudanças que afetam as formas de produção. No Capítulo 9, foram discutidas práticas de produção flexíveis como o *just-in-time*, a customização em massa e a engenharia simultânea. Cada uma dessas inovações modificou o método de fabricação e distribuição dos produtos. Diferentemente, *inovações do produto* são mudanças feitas no próprio produto (mercadorias e serviços).[2]

Há padrões definíveis e previsíveis na forma de surgimento, desenvolvimento e substituição da tecnologia. Forças críticas convergem para criar novas tecnologias, que, por conseguinte, seguem padrões bem-definidos de ciclo de vida. O entendimento das forças propulsoras do desenvolvimento tecnológico e dos padrões que elas seguem ajuda o gerente a antecipar, monitorar e administrar a tecnologia com mais eficácia.

Inovação é a chave para a competitividade.

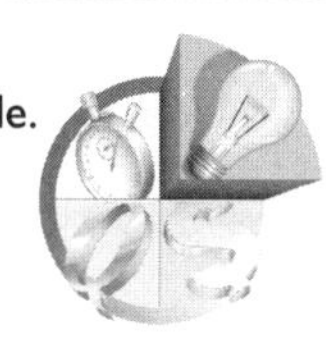

- Primeiro, é preciso haver *necessidade*, ou *demanda*, da tecnologia. Sem essa necessidade impulsionando o processo, não há razão para que a inovação tecnológica ocorra.
- Segundo, a satisfação dessa necessidade deve ser teoricamente possível, e o *conhecimento* para tal deve estar disponível na ciência básica.
- Terceiro, é preciso capacidade para *converter* o conhecimento científico na prática, tanto em termos de engenharia como de finanças. Se algo for teoricamente exeqüível, mas financeiramente inviável, a tecnologia não vai surgir.
- Quarto, para desenvolver a tecnologia, os *recursos financeiros*, *mão-de-obra qualificada*, *tempo*, *espaço* e *outros recursos* devem estar disponíveis.
- Finalmente, é preciso *iniciativa empreendedora* para identificar e reunir todos os elementos necessários.

Ciclo de Vida Tecnológico

As inovações tecnológicas geralmente seguem um padrão relativamente previsível denominado **ciclo de vida tecnológico**. A Figura 17.1 ilustra esse padrão. O ciclo começa com o reconhecimento de uma necessidade e a percepção de um meio para satisfazê-la aplicando-se a ciência ou o conhecimento. O conhecimento e as idéias são reunidos e desenvolvidos, culminando em uma outra inovação tecnológica. O progresso inicial pode ser lento nesses anos de formação, visto que os concorrentes experimentam inúmeras opções de projetos de produtos e características operacionais para atender às necessidades do consumidor. É nesse momento que o índice de inovação do produto tende a ser o mais alto. Por exemplo, durante os anos iniciais da indústria automobilística, as companhias experimentaram uma grande variedade de máquinas, incluindo automóveis movidos a eletricidade e a vapor, para identificar o produto que seria mais eficaz. Por fim, o motor de combustão interna surgiu como projeto dominante, e a quantidade de inovações do produto diminuiu.

ciclo de vida tecnológico
Padrão previsível seguido por uma inovação tecnológica, da concepção e do desenvolvimento até a saturação de mercado e a substituição.

Com os problemas iniciais resolvidos e com o surgimento do projeto dominante, os aperfeiçoamentos decorrem das inovações do processo para refinar a tecnologia. Nesse momento, o gerente consegue obter vantagem, buscando a eficiência do processo e a competitividade em custos. No exemplo da indústria automobilística, quando as companhias estabeleceram um padrão para o produto, elas começaram a alavancar os benefícios da produção em massa e da integração vertical para aumentar a produtividade. Essas inovações

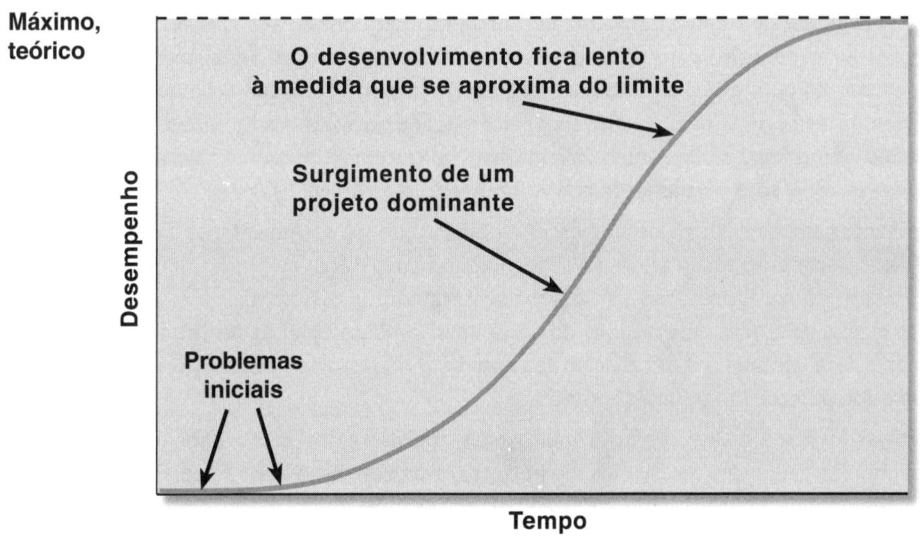

FIGURA 17.1
Ciclo de Vida Tecnológico

> "Acho que existe um mercado mundial para talvez cinco computadores."
>
> Thomas Watson, presidente da IBM, em 1943

do processo ajudaram a reduzir os custos de produção e a alinhar o preço dos automóveis com os orçamentos do consumidor.[3]

Por fim, a nova tecnologia começa a atingir o limite máximo tanto em termos de capacidade de desempenho como de expansão do uso. O desenvolvimento começa a ficar lento e cada vez mais caro, e o mercado fica saturado (isto é, há poucos novos clientes). A tecnologia pode permanecer nesse estágio de maturidade por muito tempo — como no caso dos automóveis —, ou ser substituída rapidamente por outra que ofereça desempenho superior ou vantagem econômica. A evolução do ciclo de vida pode levar décadas ou mesmo séculos, assim como no caso da tecnologia da indústria siderúrgica. Um exemplo drástico de evolução tecnológica pode ser observado na indústria fonográfica das gravadoras, que evoluiu do equipamento relativamente primitivo inventado por Thomas Edison, passando pela gravação de discos em vinil, chegando à fita cassete e ao CD digital e, depois, ao miniaparelho de som, mas com grande memória, como o iPod. Discutimos na abertura do capítulo que o iPod está sendo desafiado, por sua vez, pelos fabricantes de aparelhos celulares, que estão lançando novos telefones com recurso para descarregar muitas músicas diretamente, mesmo sem a necessidade de usar o computador.

Esse exemplo mostra que o ciclo de vida tecnológico pode ser composto por muitos ciclos de vida de algum *produto* individual. Cada um desses produtos executa uma tarefa semelhante — oferecer ao ouvinte uma música gravada —, no entanto, cada produto é um aperfeiçoamento do anterior. Desse modo, o desenvolvimento tecnológico envolve inovações importantes, muitas vezes representando tecnologias totalmente novas, seguidas por inúmeras inovações pequenas e incrementais. O desenvolvimento permanente de uma tecnologia aumenta os benefícios ganhos com seu uso, torna a tecnologia mais fácil de ser usada, e permite mais aplicações, como sugere o texto a seguir sobre comércio eletrônico. Nesse processo, há uma expansão do uso da tecnologia entre novos adeptos.

TEXTO EXTRAÍDO DA REVISTA

Estágio Seguinte do Comércio Eletrônico

BusinessWeek

No último verão, Chester Yeum assistia ao filme futurista de ação e suspense estrelado por Tom Cruise, *Minority Report*, que se passa no ano 2054, quando percebeu que estava ajudando a transformar um elemento do filme em realidade hoje. A revelação divina se manifestou quando Tom Cruise caminhava pelo corredor de um *shopping center* e, inesperadamente, inúmeros anúncios personalizados surgiam de todos os lados — exatamente o tipo de marketing baseado em localização que Yeum está tentando introduzir no mercado.

O primeiro passo de Yeum para criar um universo semelhante ao do filme é o SpotMeeting.com, um serviço de encontros on-line com base na localização física. As pessoas que estão procurando alguma companhia ou romance são conectadas a outras próximas a elas por meio de um software que identifica a sua localização. Hoje, o site identifica o endereço da Internet de cada pessoa cadastrada, mas a próxima versão utilizará a tecnologia de posicionamento global para localizar os membros ativos. O objetivo principal de Yeum é cadastrar comerciantes para enviar aos clientes anúncios pelo celular ou computadores de bolso para atraí-los a uma loja da qual estejam se aproximando. "Não acredito que o mercado comum esteja pronto para isso agora", afirma Yeum, que acha que as pessoas primeiro precisam sentir-se seguras para revelar suas informações pessoais e a localização. Como seu site está estabelecido como local de encontros, afirma ele, "utilizaremos inúmeras aplicações complementares para conectar as pessoas diretamente com o comércio eletrônico."

Com tantos sites lucrativos de comércio eletrônico de varejo, finalmente eles estão prontos para dar um passo adiante, acrescentando novas tecnologias que farão a compra on-line avançar ao próximo estágio. Para os compradores, isso significa mais interatividade, visuais mais atraentes e resultados melhores de buscas com mais informações dos produtos. Também significa ser monitorado mais de perto pelos sites e receber anúncios personalizados com base no histórico de comportamento de navegação — o que pode parecer um pouco assustador.

Sistemas de busca e de navegação muito mais aperfeiçoados provavelmente consistem hoje no principal impulsionador das vendas dos melhores sites de comércio eletrônico. Entretanto, atualmente, os melhores sites da Internet também estão acompanhando muito mais de perto o comportamento dos compradores. As análises do mercado virtual permitem aos varejistas prever qual poderá ser a compra seguinte do cliente, estudando o histórico de compras, bem como os dados obtidos com base nos demais compradores. Com tantos dados disponíveis na ponta dos dedos, cada vez mais os varejistas usarão as análises do comércio pela Internet para personalizar seu correio eletrônico. Por exemplo, o cliente poderá receber uma mensagem informando que o suéter que ele andou pesquisando, mas não comprou, está com 10% de desconto. Outro aspecto também importante, mas não tão ressaltado, é o bom nível de interatividade tão prometido que os sites de comércio eletrônico estão atingindo. A HomeDepot.com recentemente acrescentou uma nova aplicação que permite ao cliente visualizar a seleção de cores de ampla variedade de amostras de paredes.

O comércio eletrônico de varejo Red Envelope é focado no fornecimento de itens que o cliente não consegue encontrar em nenhum outro lugar. Como essa estratégia beneficia a companhia? Na era do comércio eletrônico, o que pode atrapalhar essa estratégia?

A criação de experiências mais ricas e mais realistas de compras on-line é apenas uma forma usada pelos varejistas para fazer os clientes comprarem mais. Eles também estão utilizando a chamada tecnologia de "preços inteligentes" para otimizar os valores cobrados pelos itens oferecidos nos sites. Além disso, estão descobrindo que conseguem gerar mais vendas acrescentando mais informações, por exemplo, avaliações e críticas dos clientes.

Porém, a personalização computadorizada excessiva pode voltar-se contra o criador, como o personagem de Tom Cruise descobriu no mundo estilo *Big Brother* do filme *Minority Report*. "Os varejistas precisam ter cuidado e certificar-se de que o comprador não esteja se sentindo excessivamente monitorado", afirma um analista. Essa é a razão por que Yeum está satisfeito em dar passos lentos e firmes para levar sua marca de comércio eletrônico ao estágio seguinte. O vendedor de sua loja favorita de roupas não mandará uma mensagem personalizada quando você estiver se aproximando da loja, ainda. No entanto, por sua vez, Yeum está confiante de que isso acontecerá mais cedo do que se pode imaginar.

FONTE: STONE, Amey. Taking e-commerce to the next level. *BusinessWeek*, 31 ago. 2004, on-line.

Disseminação das Inovações Tecnológicas

Do modo similar ao ciclo de vida tecnológico já discutido aqui, a adoção de uma nova tecnologia, com o passar do tempo, segue um padrão de curva no formato da letra S (ver a linha superior da Figura 17.2). A porcentagem de pessoas que usam a tecnologia é pequena no início, mas aumenta substancialmente à medida que ela vai tendo sucesso e sendo expandida entre a população. O número de usuários atinge o pico e começa a cair quando o mercado fica saturado. Esse padrão, observado pela primeira vez em 1903, tem-se repetido com muitas novas tecnologias e idéias em grande variedade de setores e ambientes.[4]

Os adeptos de uma nova tecnologia podem ser divididos em cinco grupos (ver linha inferior da Figura 17.2). Cada grupo apresenta diferentes desafios e oportunidades para gerentes que desejam comercializar uma nova tecnologia ou um produto inovador.

O primeiro grupo, representando aproximadamente 2,5% dos adeptos, é o dos *inovadores*. Geralmente, os inovadores têm espírito aventureiro e gostam de arriscar. Eles se dispõem a pagar mais pelo lançamento de tecnologia ou produto mais novos ou mais recentes, e comemoram quando a aquisição é satisfatória e aprovada. O entusiasmo do adepto inovador não significa garantia de sucesso — por exemplo, o produto ainda pode ser muito caro para o mercado em geral. Entretanto, a falta de entusiasmo desse grupo é, muitas vezes, sinal de que a nova tecnologia tem problemas graves e precisa ser mais bem desenvolvida.

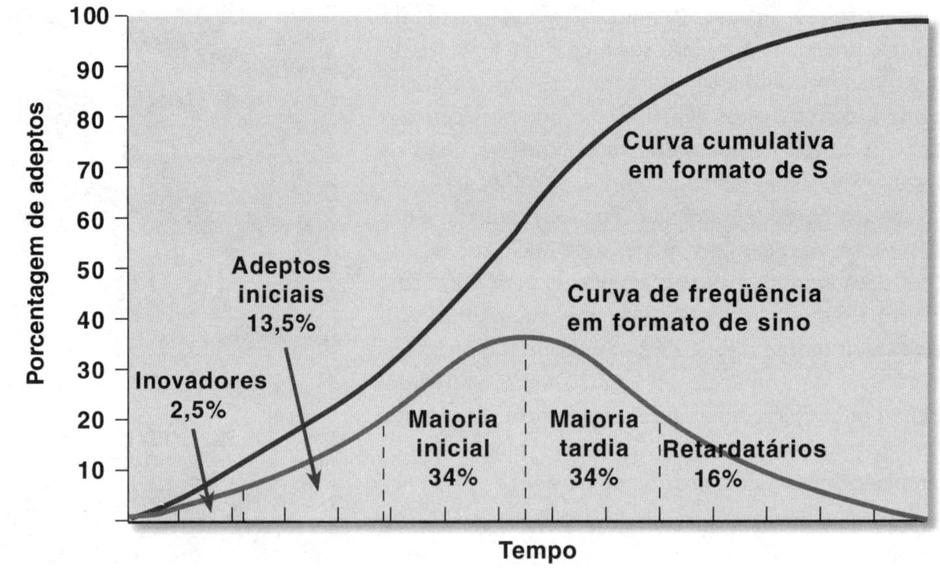

FIGURA 17.2 Padrão de Disseminação da Tecnologia e Categorias de Adeptos

Os 13,5% de adeptos seguintes são os *adeptos iniciais*. Esse grupo é vital para o sucesso da nova tecnologia, porque seus membros abrangem líderes com opiniões muito respeitadas. Os adeptos iniciais, freqüentemente, são pessoas ou organizações nas quais os outros se espelham em termos de liderança, idéias e informação tecnológica atualizada. Os inovadores e os adeptos iniciais são extremamente importantes para o lançamento de novos produtos, e os gerentes de marketing freqüentemente investem pesado na promoção entre esses grupos para gerar grande onda de entusiasmo.

O grupo seguinte, representando 34% dos adeptos, é constituído pela *maioria inicial*. Esses adeptos são mais independentes e levam mais tempo para decidir usar ou não algo novo. Muitas vezes, são membros importantes de uma comunidade ou setor, mas em geral não são líderes. Pode levar algum tempo para a tecnologia ou o novo produto ser difundido nesse grupo, porém, quando isso ocorre, começa a se proliferar no mercado geral.

Representando os 34% seguintes estão a *maioria tardia*. Os membros desse grupo são mais céticos em relação à mudança tecnológica e abordam a inovação com muita cautela, muitas vezes adotando-a somente por necessidade econômica ou por causa da crescente pressão social.

Os últimos 16% são os *retardatários*. Geralmente isolados e com visão extremamente conservadora, os retardatários são muito desconfiados em relação à inovação e à mudança.

Conexões: MIRANDO O iPOD

Por que os empresários das telecomunicações estão tentando ganhar um pouco do sucesso da Apple agora? Os avanços tecnológicos em termos de armazenagem, compactação, duração da bateria e redes sem fio estão facilitando o recebimento e armazenamento de música de alta qualidade nos telefones. A Samsung Electronics, empresa coreana, acaba de introduzir um aparelho com disco rígido de 3 gigabytes, suficiente para armazenar mil músicas. Um telefone com capacidade de armazenagem de 10 gigabytes pode chegar ao mercado em dois anos. E o futuro parece ainda mais promissor. A empresa de pesquisas Strategy Analytics calcula que, em 2008, metade dos 860 milhões de celulares vendidos poderá armazenar e tocar músicas — hoje, apenas 8% têm esse recurso. As operadoras de telefonia celular também já enxergaram o que pode ser a mina de ouro da música. Os toques de telefone (*ringtones*), os trechos de música que podem ser colocados no celular para personalizar o toque, transformaram-se em um enorme sucesso. A receita com esses *ringtones* chegou a US$ 5,8 bilhões, e a expectativa é de chegar a US$ 9,4 bilhões em 2008. Esse sucesso deu confiança às operadoras para impulsionar ainda mais a música digital. Além disso, como as companhias de telefonia celular já cobram mensalmente dos clientes, elas já têm um sistema pronto para realizar a cobrança das músicas — um sistema que não requer a divisão de tarifas com a Visa ou o MasterCard.

A velocidade com que a inovação se espalha depende muito de cinco atributos. Uma inovação será disseminada rapidamente se:

1. Apresentar uma grande vantagem em relação à anterior.
2. For compatível com sistemas, procedimentos, infra-estruturas e modos de pensar existentes.
3. For bem menos e não mais complexa.
4. Puder ser experimentada ou testada facilmente sem custos ou compromissos significativos.
5. Puder ser observada ou copiada facilmente.

O projeto de um produto tendo em mente essas considerações tecnológicas pode fazer uma grande diferença no seu êxito.

Inovação Tecnológica em um Ambiente Competitivo

As discussões sobre ciclo de vida tecnológico e padrões de difusão podem dar a entender que a mudança tecnológica ocorre natural ou automaticamente. É justamente o contrário, a mudança da organização não é nem fácil nem natural (esse tema será discutido no próximo capítulo). As decisões sobre tecnologia e inovação são muito estratégicas, e os gerentes precisam abordá-las de forma sistemática.

No Capítulo 4, foram discutidas duas estratégias genéricas que a companhia pode adotar para se posicionar no mercado: baixo custo e diferenciação. Com a estratégia de liderança de *baixo custo*, a companhia mantém a vantagem porque seu custo é mais baixo do que o dos seus concorrentes. Com a estratégia de *diferenciação*, a vantagem está em ter um produto ou serviço exclusivo pelo qual o cliente se dispõe a pagar um preço superior.[5] As inovações tecnológicas podem sustentar qualquer uma dessas estratégias: elas podem ser usadas para obter vantagem em custo por meio de projetos de produtos pioneiros de baixo custo e criando métodos operacionais de baixo custo, ou sustentar a diferenciação, criando produtos ou serviços pioneiros exclusivos mais valorizados pelo cliente e, assim, impor seus preços superiores.

A inovação pode melhorar qualquer prática voltada aos resultados finais da empresa.

Em alguns casos, a nova tecnologia muda completamente as regras de concorrência dentro de um setor.[6] As empresas líderes que não reagem efetivamente diante das oportunidades tecnológicas podem vacilar, enquanto novas companhias surgem como concorrentes dominantes. Por exemplo, a decisão contundente de Bill Gates de disponibilizar abertamente os detalhes do sistema operacional da Microsoft permitiu que os programadores de softwares desenvolvessem facilmente produtos compatíveis, ajudando a Microsoft a atingir a posição de liderança ocupada hoje.

Contudo, as indústrias raramente se transformam do dia para a noite. Geralmente, os sinais do impacto de uma nova tecnologia podem ser observados com muita antecedência, dando tempo para as companhias e as pessoas reagirem. Por exemplo, praticamente qualquer concorrente do setor de telecomunicações conhece bem o valor potencial da tecnologia do celular. Muitas vezes, a questão principal não é *adotar ou não* a nova tecnologia, mas *quando* adotá-la, e como integrar a mudança com as práticas e estratégias em operação na organização.

Liderança Tecnológica

O adágio "tempo é tudo" é aplicado a muitas coisas, de investimentos financeiros a até contar piadas. Ele também se aplica ao desenvolvimento e à exploração de novas tecnologias. Os líderes da indústria, como Xerox, 3M, Hewlett-Packard e Merck, construíram e hoje mantêm a posição competitiva desenvolvendo e aplicando antecipadamente novas tecnologias. Contudo, a liderança tecnológica impõe custos e riscos, e não é a melhor alternativa para qualquer organização (ver Quadro 17.1).[7]

Vantagens da Liderança Tecnológica O que torna atraente a liderança tecnológica e inovadora são o potencial de alta lucratividade e as vantagens do pioneirismo. Ser o primeiro a comercializar novas tecnologias pode proporcionar significativa vantagem competitiva. Se a liderança tecnológica aumentar a eficiência da organização em relação à concorrência, ela obtém vantagem em custos. A empresa pode usar essa vantagem para colher lucros maiores que o concorrente ou atrair mais clientes, cobrando preços inferiores. De modo semelhante, se uma companhia for a primeira a comercializar uma nova tecnologia,

QUADRO 17.1
Vantagens e Desvantagens da Liderança Tecnológica

Vantagens	Desvantagens
Vantagem do pioneirismo	Riscos maiores
Pouca ou nenhuma concorrência	Custos do desenvolvimento da tecnologia
Mais eficiência	Custos do desenvolvimento de mercado e de educação do cliente
Maior margem de lucro	Custos de infra-estrutura
Vantagem sustentável	Custos de aprendizado e eliminação das falhas
Reputação de inovador	Possível canibalização dos produtos existentes
Estabelecimento de barreiras à entrada	
Ocupação dos melhores nichos do mercado	
Oportunidades de aprendizado	

ela poderá cobrar um preço superior por causa da falta de concorrência. Preços e lucros maiores cobrem os custos do desenvolvimento de novas tecnologias.

Essa vantagem inicial de ser líder tecnológico pode ser transformada em vantagem sustentável. A sustentabilidade de uma liderança depende da habilidade dos concorrentes de copiar a tecnologia e da habilidade da organização para continuar construindo essa liderança sempre à frente da concorrência. Essa sustentabilidade pode ser obtida de diversas maneiras. A reputação de ser um inovador cria uma vantagem permanente e ainda se reflete nos demais produtos da companhia. Por exemplo, a reputação da 3M em termos de inovação e qualidade diferencia alguns de seus produtos-padrão, como a fita adesiva, e possibilita a fixação de um preço superior para os produtos. O concorrente pode conseguir copiar o produto, mas não a reputação. As patentes e outras barreiras institucionais também são usadas para bloquear a concorrência e manter a liderança. A Polaroid conseguiu manter durante anos a gigante do setor, Kodak, fora do mercado de fotografia instantânea por meio de uma série de patentes e novos produtos, como a JoyCam e o i-Zone, até a fotografia digital mudar completamente o mercado.[8]

A T-Mobile foi a primeira empresa a comercializar um celular com o poder do correio eletrônico Blackberry, que oferece ao usuário acesso às mensagens e à Internet de qualquer local. Quais são as vantagens em ser líder tecnológico? Quais são as desvantagens?

O pioneiro também consegue se antecipar aos concorrentes ocupando os melhores nichos de mercado. Se ele conseguir estabelecer altos custos de mudança (ver Capítulo 2) para clientes com padrão de compra repetitivos, essas posições são difíceis de serem capturadas pelos concorrentes. Como dito no comentário anterior, a Microsoft hoje domina o mercado de software com o sistema operacional Windows por causa da grande quantidade de programas incorporada ao produto. Embora outras companhias possam oferecer softwares mais avançados, eles não são atrativos porque não são integrados como os programas baseados no Windows. (Ironicamente, essa vantagem era tão resistente que foi vista pela Justiça como monopolista.)[9]

A liderança tecnológica é capaz de proporcionar importante vantagem de aprendizado. Enquanto os concorrentes podem ser capazes de copiar ou adotar uma nova tecnologia, o aprendizado permanente do líder tecnológico permite manter a companhia à frente, criando pequenos aperfeiçoamentos difíceis de serem imitados. Muitos fabricantes japoneses usam diversos aperfeiçoamentos pequenos e incrementais com seus programas *kaizen* (ver Capítulo 9) para melhorar continuamente a qualidade dos produtos e processos.

Todos esses pequenos aperfeiçoamentos não podem ser copiados facilmente pela concorrência, e, no todo, proporcionam uma significativa vantagem.[10]

Desvantagens da Liderança Tecnológica Entretanto, ser o primeiro a desenvolver ou adotar uma nova tecnologia nem sempre conduz a uma vantagem imediata e altamente lucrativa. Esse potencial existe, mas a liderança tecnológica impõe altos custos e riscos com os quais seus seguidores não são obrigados a arcar. Portanto, ser um líder pode ser mais custoso que ser um seguidor. Esses custos abrangem gastos com a educação dos compradores não familiarizados com a nova tecnologia, criação de uma infraestrutura para sustentar a tecnologia, e desenvolvimento de produtos complementares para alcançar o potencial tecnológico pleno. Por exemplo, quando o computador pessoal foi inicialmente desenvolvido na década de 1970, dezenas de empresas de computação entraram no mercado. Praticamente todas elas fracassaram, em geral por causa da falta de habilidade financeira, de marketing e vendas necessárias para atrair e atender clientes. Além disso, muitos novos produtos exigem regulamentação para sua aprovação. Por exemplo, estima-se que o custo da produção de um novo medicamento, incluindo os testes e as despesas de obtenção de aprovação da FDA (Food and Drugs Administration — órgão governamental norte-americano), fique em torno de US$ 200 milhões. Se, de um lado, os seguidores não aproveitam os benefícios de serem os pioneiros do mercado, do outro, podem copiar o medicamento por uma fração desses custos depois do vencimento da patente original.[11]

O pioneirismo envolve outros riscos. Se a matéria-prima e os equipamentos são novos ou possuem especificações únicas, talvez não esteja disponível o pronto fornecimento a um custo razoável. Ou, talvez, a tecnologia não tenha sido totalmente desenvolvida e pode apresentar problemas ainda a serem solucionados. Além do mais, um mercado inédito para a tecnologia cria a incerteza de demanda. Por fim, a nova tecnologia às vezes provoca impacto adverso nas estruturas ou nos negócios existentes. Ela pode canibalizar os produtos atuais ou tornar obsoletos os investimentos existentes.

Seguidores Tecnológicos

Nem todas as organizações estão igualmente preparadas para serem líderes tecnológicos nem essa liderança beneficia igualmente a todas as organizações. No momento da decisão de ser líder ou seguidor da tecnologia, os gerentes consideram a estratégia competitiva da companhia, as vantagens obtidas com o uso da tecnologia e as características de suas organizações.

É interessante observar que a posição de seguidor tecnológico também pode ser adotada para sustentar tanto a estratégia de baixo custo como a de diferenciação. Se o seguidor aprender com a experiência do líder, ele pode evitar os custos e os riscos envolvidos na liderança tecnológica, estabelecendo, assim, uma posição estratégica de baixo custo. Os fabricantes de computadores pessoais (PCs) têm tido sucesso com esse tipo de estratégia de seguidor. A participação de mercado dos computadores pessoais da IBM dentro dos Estados Unidos jamais se equiparou à de seus computadores de grande porte (*mainframes*) por causa da estratégia de baixo custo dos seguidores tecnológicos como a Dell e a Gateway. A posição de seguidor também pode sustentar a diferenciação. Aprendendo com o líder, o seguidor adapta os produtos ou os sistemas de entrega mais específicos para atender às necessidades dos compradores.

É possível economizar os custos de desenvolvimento, seguindo o líder tecnológico.

A decisão do gerente a respeito de quando adotar a nova tecnologia também depende das suas vantagens potenciais, além da capacidade tecnológica da organização. Como já mencionado, a tecnologia não surge em seu estado final; ao contrário, ela apresenta um *desenvolvimento contínuo* (ver Figura 17.3). Esse desenvolvimento acaba facilitando seu uso e sua adaptação às várias estratégias. Por exemplo, o desenvolvimento de redes de comunicação de banda larga permitiu que muito mais companhias trabalhassem com fornecedores localizados fora dos Estados Unidos. Ao mesmo tempo, *tecnologias e produtos complementares* podem ser desenvolvidos e introduzidos para tornar a tecnologia mais útil: a combinação de computador pessoal com unidades de disco, impressoras, correio eletrônico e outros programas o transformou em uma ferramenta de trabalho essencial.

Essas tecnologias e esses produtos complementares, combinados com a *difusão gradual* da tecnologia, formam um impacto competitivo de mudança advindo da tecnologia. O momento apropriado para uma organização adotar inovações tecnológicas é aquele em que os benefícios da mudança para a tecnologia suplantam os custos e os riscos envolvidos. Esse momento é diferente para cada organização; algumas delas se beneficiam da liderança, do papel de adepto inicial, e outras do papel de seguidor, dependendo das estratégias e das características de cada uma.[12]

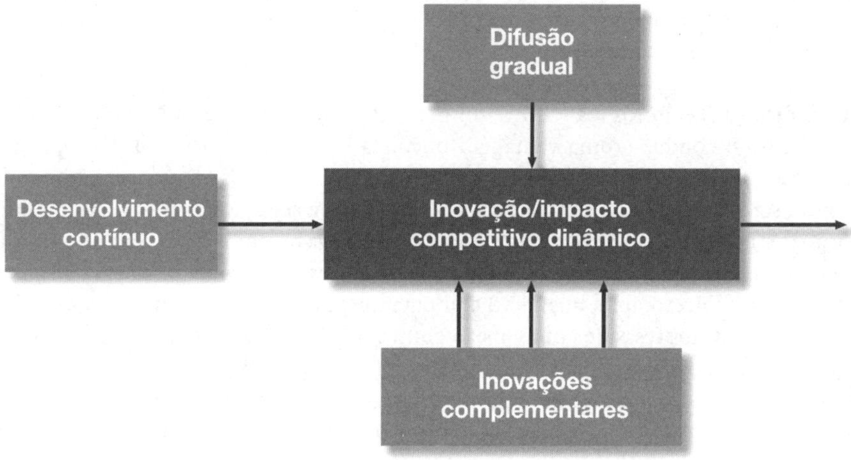

FIGURA 17.3
Forças Dinâmicas do Impacto Competitivo de uma Tecnologia

FONTE: SCHROEDER, D. M. A dynamic perspective on the impact of process innovation upon competitive strategies. *Strategic Management Journal*, v. 11, p. 25-49, jan. 1990.

Conexões: MIRANDO O iPOD

As operadoras de telefonia celular dos Estados Unidos não vão causar, do dia para a noite, sensação na indústria musical. Suas ofertas iniciais são caras demais e desvantajosas para despertar uma forte demanda. No entanto, em um ou dois anos, as operadoras têm chances reais de oferecer à multidão de usuários de MP3 uma boa alternativa de compra. As companhias telefônicas historicamente costumam melhorar suas ofertas até atrair o mercado em massa. A Verizon e suas coligadas tradicionalmente cobravam mais pelos seus serviços, como de banda larga, chamada de longa distância e até mesmo de telefonia celular, para, depois, reduzir os preços. Esse deve ser o padrão seguido também em relação à música. As companhias de serviços de transmissão sem fio também vêm há muito tempo criando lojas próprias de música. A Apple levou anos para aperfeiçoar o site iTunes e já vendeu mais de 300 milhões de músicas. Entretanto, dentro da Sprint, os executivos falam do telefone móvel como uma espécie de aparelho de som dos tempos modernos. A companhia está oferecendo aos clientes de comunicação sem fio o *Music Choice* (Escolha Musical), o mesmo serviço oferecido 24 horas por dia pelas operadoras de TV por satélite e a cabo. Os clientes ainda não podem adquirir músicas individualmente. Contudo, a Sprint está trabalhando para oferecer aos usuários centenas de milhares de músicas. Ela até estuda a possibilidade de desenvolver uma base para o telefone móvel, acoplada com alto-falantes potentes, para uso doméstico. "O modelo de negócios mudará completamente", afirma Richard S. Siber, CEO da consultoria em serviços de comunicação sem fio SiberConsulting.

Avaliação das Necessidades Tecnológicas

Há pouco mais de uma década, as principais companhias siderúrgicas norte-americanas ficaram em desvantagem significativa nos custos em comparação com os produtores estrangeiros. Esses altos custos eram em razão da baixa produtividade decorrente do envelhecimento das fábricas e da obsolescência dos equipamentos. As companhias norte-americanas, em comparação com as européias e as japonesas, demoraram em adotar novas tecnologias de processos para melhorar a produtividade, por exemplo, fornos básicos de oxigênio e processo de fundição contínua. Se as companhias dos Estados Unidos houvessem avaliado corretamente e adotado essas tecnologias no momento apropriado, teriam evitado as demissões em massa (cerca de 60%) da força de trabalho do setor. No ambiente cada vez mais competitivo de hoje, a avaliação inadequada das necessidades tecnológicas da organização pode prejudicar substancialmente a eficácia da empresa.

A avaliação das necessidades tecnológicas da organização envolve uma ponderação das tecnologias atuais e das tendências externas que influenciam o setor.

Avaliação das Tecnologias Atuais

auditoria tecnológica
Processo de elucidar as tecnologias fundamentais das quais uma organização depende.

Antes de a organização elaborar estratégias de desenvolvimento e exploração de inovações tecnológicas, ela precisa ter claro entendimento da sua base tecnológica atual. Uma **auditoria tecnológica** ajuda a elucidar as tecnologias fundamentais das quais a organização depende. A dimensão mais importante a ser analisada de uma nova tecnologia é o seu valor competitivo. Uma das técnicas de mensuração do valor competitivo categoriza a tecnologia em emergente, em evolução, fundamental e básica.[13]

- A *tecnologia emergente* ainda está sendo desenvolvida e, portanto, não está comprovada. Ela pode, no entanto, alterar significativamente as regras da concorrência em um futuro mais distante. O gerente deve monitorar o desenvolvimento das tecnologias emergentes, mas ainda não precisa investir nelas até que sejam totalmente desenvolvidas.
- A *tecnologia em evolução* ainda precisa demonstrar seu pleno valor, no entanto tem potencial para alterar as regras da concorrência, proporcionando vantagem significativa. Por exemplo, quando foi instalado pela primeira vez, o sistema de produção assistido por computador (ver Capítulo 9) era uma tecnologia em evolução. Seu potencial pleno ainda não havia sido totalmente compreendido, porém as companhias que o adotaram desenvolveram consideravelmente a velocidade e as vantagens em custos. O gestor deve atentar para o desenvolvimento e o investimento nas tecnologias em evolução em decorrência das vantagens competitivas que elas podem proporcionar.
- A *tecnologia fundamental* já se mostrou eficaz, mas também oferece vantagem estratégica porque nem todos a utilizam. O conhecimento e a disseminação dessas tecnologias são limitados, e elas continuam a proporcionar algumas vantagens de pioneirismo. Por exemplo, um microprocessador proprietário mais poderoso da Intel é uma tecnologia fundamental para essa organização. Conseqüentemente, podem surgir outras alternativas para a tecnologia fundamental. No entanto, até então, as tecnologias fundamentais podem dar ao gerente da organização significativa margem competitiva e dificultar a entrada de novos concorrentes no mercado que ameacem a empresa.
- A *tecnologia básica* é o lugar comum da indústria; todos devem ter essa tecnologia para conseguir operar. Portanto, ela oferece pouca vantagem competitiva. O gerente precisa investir nela apenas para assegurar a competência tecnológica continuada da organização.

Embora ainda esteja anos distantes de ser efetivamente utilizada, a rede *Airborne Networks* — tecnologia que a Nasa e a Força Aérea norte-americana estão desenvolvendo — criará uma "Internet no céu" que possibilitará o vôo seguro dos aviões sem a ajuda de controlares em solo.

As tecnologias podem evoluir rapidamente passando por essas categorias. Por exemplo, a tecnologia de processamento eletrônico de texto era considerada emergente no final da década de 1970. No início dos anos 80, era considerada tecnologia em evolução. Ao mesmo tempo em que prometia vantagens, os seus custos e recursos limitavam seu uso a um número restrito de aplicações. Com os contínuos aperfeiçoamentos e microprocessadores mais potentes, o processamento eletrônico de texto rapidamente se transformou em tecnologia fundamental. Os custos caíram, o uso foi expandido, e essa tecnologia demonstrou capacidade de aumentar a produtividade. No final da década de 1980, ela era considerada tecnologia básica de maioria das aplicações. A tecnologia do processamento de texto hoje é tão usada que é vista como atividade rotineira em praticamente qualquer escritório.

Avaliação das Tendências Tecnológicas Externas

Assim como em qualquer processo de planejamento, as decisões ligadas à tecnologia devem mesclar capacidade interna (pontos fortes e fracos) com as ameaças e oportunidades externas. Existem várias técnicas usadas pelo gestor para entender melhor as mudanças tecnológicas dentro do setor.

Benchmarking Como mencionado no Capítulo 4, *benchmarking* é o processo de comparação das práticas e tecnologias da organização com as de outras companhias. A capacidade de realizar um *benchmarking* das tecnologias em relação aos concorrentes varia entre os setores de atividades. Se, de um lado, os

As empresas japonesas, como a Nissan, muitas vezes se dispõem a mostrar aos concorrentes norte-americanos suas operações porque acreditam que as companhias norte-americanas não têm disposição ou não conseguem usar aquilo que aprenderam.

O *benchmarking* pode reduzir os custos e aumentar a velocidade e a qualidade.

concorrentes justificadamente relutam em compartilhar segredos, do outro, a comercialização de informações para o *benchmarking* não é incomum e pode ser extremamente valiosa. Por exemplo, a recuperação da reputação da qualidade de fabricação das motocicletas Harley-Davidson começou somente depois que os executivos da companhia visitaram a fábrica da Honda e testemunharam pessoalmente os pontos fracos das tecnologias de produção da Harley e o enorme potencial de aperfeiçoamento. De fato, as companhias japonesas, muitas vezes, se predispõem a mostrar aos concorrentes norte-americanos suas operações porque acreditam que eles não usarão as informações!

O *benchmarking* em relação aos potenciais concorrentes de outros países é importante. As companhias podem detectar tecnologias fundamentais ou em evolução que podem ser importadas facilmente e oferecer vantagem significativa. Além disso, as empresas estrangeiras podem mostrar-se mais dispostas a compartilhar seu conhecimento se não forem concorrentes diretos e se estiverem interessadas em trocar informações visando beneficiar ambas as companhias.

Exploração (*Scanning*) Enquanto o *benchmarking* concentra-se na comparação com o que está sendo feito atualmente, a exploração ou *scanning* concentra-se no que pode ser feito e no que está sendo desenvolvido. Em outras palavras, o *benchmarking* examina tecnologias fundamentais e talvez algumas em evolução, enquanto o *scanning* busca identificar tecnologias em evolução e emergentes — as que estão sendo introduzidas e as que ainda estão sendo desenvolvidas.

O *scanning*, em geral, envolve inúmeras táticas, muitas das quais são as mesmas usadas no *benchmarking*. No entanto, o *scanning* coloca mais ênfase na identificação e no monitoramento de fontes de novas tecnologias de determinado setor. Ele também exige dos executivos mais leitura de publicações especializadas em pesquisas de tecnologia de ponta e mais participação de congressos e seminários de pesquisa. A abrangência na realização do *scanning* depende muito de quão próxima está da tecnologia de ponta aquela de que a organização precisa para operar.

Fatores Fundamentais nas Decisões em Tecnologia

Depois de realizar um trabalho completo de análise da posição tecnológica atual da organização, os gerentes podem começar a tomar decisões sobre como proceder no futuro, tanto para desenvolver inovações tecnológicas como para explorar as emergentes. As decisões relacionadas às inovações tecnológicas devem equilibrar inúmeros fatores relacionados entre si. A maneira mais eficaz de abordar a tecnologia depende não apenas do potencial tecnológico para sustentação das necessidades estratégicas organizacionais, mas também dos recursos e da capacidade organizacional para explorar a tecnologia com sucesso. A estratégia competitiva da organização, a habilidade técnica dos funcionários para trabalhar com a nova tecnologia, a adequação da tecnologia às operações da companhia e a capacidade da empresa de lidar com os riscos e as ambigüidades da adoção de uma nova tecnologia devem ser planejadas para coincidir com a dinâmica de uma tecnologia em desenvolvimento. Isso nem sempre significa que se deva aguardar o desenvolvimento da tecnologia. Muitas vezes, é necessário mudar as competências e as estratégias da organização para uma adequação às necessidades de tecnologia. Isso pode incluir a contratação de novo pessoal, o treinamento dos funcionários atuais, a alteração de políticas e procedimentos internos e a mudança de estratégias. Essas considerações serão analisadas a seguir.

Previsão da Receptividade do Mercado

A primeira consideração a ser abordada no desenvolvimento de uma estratégia em torno de uma inovação tecnológica é o potencial de mercado. Em muitos casos, a inovação é estimulada pela demanda externa por novos produtos ou serviços. Por exemplo, o trabalho atual de desenvolvimento dos satélites de órbita terrestre baixa (LEO) para acesso sem fio à Internet é motivado pelo claro entendimento de seu potencial de mercado mundial. As companhias de telecomunicações, como AT&T, Motorola, TRW e Loral, estão trabalhando com empenho para desenvolver tecnologias inovadoras nessa área.[14]

Ao avaliar a receptividade do mercado, os executivos precisam determinar dois aspectos. No curto prazo, é necessário haver aplicação imediata que demonstre o valor da nova tecnologia. No longo prazo, é necessário haver um conjunto de aplicações que mostre comprovadamente que a tecnologia é um meio capaz de satisfazer a necessidade de mercado. Por exemplo, apesar do recente uso dominante dos CDs de áudio, a mudança para tecnologias, como do MP3, pode tornar o CD menos atraente. LP, fita cassete e fita de rolo (quem se lembra?) praticamente não existem mais.

O Sucesso das Motos Movidas a Hidrogênio

TEXTO EXTRAÍDO DA REVISTA BusinessWeek

O novo protótipo do veículo de emissões neutras (ENV) movido a hidrogênio não parece uma motocicleta normal nem uma *scooter*. Mais elegante e mais alta que a *scooter*, com rodas mais finas e nítida ausência dos canos de escapamento, o ENV parece mais uma bicicleta comum construída com uma robusta e futurista estrutura. Ainda mais inovadora que a aparência é sua capacidade. A ENV da Intelligent Energy não emite substâncias poluentes, é silenciosa, atinge velocidade de 80 km/h e tem capacidade para percorrer até 160 km entre os reabastecimentos.

Do mesmo modo como ocorre na grande indústria automobilística, os fabricantes de motocicletas e *scooters* vêm trabalhando no desenvolvimento de um veículo movido a hidrogênio que ande sem produzir a emissão de poluentes de carbono. A Honda e a Aprilia estão entre algumas das companhias que desenvolveram protótipos desse veículo. Até aqui, nenhum outro modelo experimental está perto de ser produzido em escala comercial. Contudo, a Intelligent Energy, sediada em Londres, afirma que sua moto ENV poderá chegar às estradas em 2006.

As motos são totalmente alimentadas por células de combustível, em que a combinação de hidrogênio e oxigênio produz eletricidade, sendo a água a única substância derivada. Entretanto, os representantes da Intelligent Energy afirmam que sua moto ENV está um passo adiante, já que foi projetada desde o início em torno da tecnologia das células de combustível. Acima de tudo, a célula de combustível da Intelligent Energy é mais simples e mais compacta do que a dos concorrentes, sendo, assim, de produção mais barata. Enquanto a fabricação artesanal da moto custaria em torno de US$ 28.285, a produção em massa de 10 mil unidades reduziria o preço de varejo para cerca de US$ 5.660. Esse valor ainda é consideravelmente superior ao de uma *scooter* comum de baixa velocidade projetada para transporte urbano. Contudo, fica na faixa dos modelos mais potentes, que chegam a US$ 5 mil.

Os especialistas da indústria de células de combustível afirmam que a introdução no mercado de motocicletas movidas a hidrogênio será mais fácil do que a de automóveis e caminhões com a mesma tecnologia. De um lado, as motos precisam de menos potência — enquanto um automóvel precisa de 50 a 100 kW, uma motocicleta leve, como a ENV, pode depender de apenas 1 kW. Como as células de combustível ficam mais caras quanto maior a potência, a versão de 1 kW torna-se relativamente barata. Além disso, em razão do tamanho pequeno da célula de combustível de uma moto, o sistema de resfriamento pode ser a ar e não a água, o que elimina uma das dificuldades da produção de veículos grandes.

A Intelligent Energy vislumbra o mercado imediato para a moto ENV nos motociclistas com consciência ambientalista que usam o veículo no transporte para o trabalho ou nos que o usam a passeio e que são atraídos pelo visual diferenciado.

A expectativa do consumidor também é menor. As motocicletas fabricadas para percorrer áreas urbanas são, muitas vezes, projetadas para serem reabastecidas a cada 100 km ou mais, enquanto os automóveis devem ter capacidade para percorrer 400 km sem reabastecer. Além disso, há um grande mercado potencial para motos não poluentes e relativamente baratas. A Intelligent Energy enxerga o mercado imediato para a moto ENV nos motociclistas com consciência ambientalista que usam o veículo no transporte para o trabalho ou nos que o usam a passeio e que são atraídos pelo visual diferenciado. O mercado de longo prazo para a moto estaria nas cidades asiáticas, como Hong Kong, Bangcoc e Pequim, onde a população depende muito mais das motos e a poluição é um grave problema.

Evidentemente, a maior desvantagem é a falta de infra-estrutura para o abastecimento de hidrogênio. Embora estejam surgindo postos de abastecimento em algumas áreas, os Estados Unidos não possuem um sistema nacional de abastecimento de hidrogênio, o que pode deixar os fabricantes receosos em arriscar na produção dessas motos. Mas, embora a Intelligent Energy não tenha anunciando estar produzindo o veículo, a empresa busca uma parceria para sua fabricação.

A comercialização por nichos é outra possibilidade. A moto ENV pode ser lançada em uma das áreas já comprometidas com a construção de estradas para veículos movidos a hidrogênio, como a Califórnia, onde foram erguidos 16 postos de abastecimento de hidrogênio. Outra opção seria tentar uma "microvenda de varejo" da moto em cidades ou regiões específicas onde o hidrogênio já é produzido como subproduto industrial. Qualquer que seja o desenrolar dos fatos, a Intelligent Energy não planeja produzir a ENV em grande escala, já que o principal apelo é "a exclusividade de ter um veículo silencioso e ambientalmente correto", afirma o CEO da companhia.

FONTE: CARNEY, Beth. Motorcycles ride high on hydrogen. *BusinessWeek*, 14 abr. 2005, on-line.

Viabilidade Tecnológica

Além da receptividade do mercado, os gerentes devem considerar a viabilidade da inovação tecnológica. As idéias podem permanecer inexeqüíveis por muito tempo. Os obstáculos técnicos podem representar barreiras ao progresso. Por exemplo, as limitações em relação à miniaturização e ao armazenamento da bateria ainda dificultam o desenvolvimento de veículos movidos a bateria. As limitações da capacidade de transmissão de dados dos fios telefônicos impedem o desenvolvimento pleno dos videofones, embora a tecnologia básica seja conhecida há décadas. Além disso, companhias como a Intel enfrentam obstáculos permanentes no desenvolvimento de microprocessadores mais modernos e mais velozes.

> "Não que eu tenha fracassado. Apenas descobri 10 mil métodos que não funcionam."
>
> Thomas Edison

Desde que a Intel lançou o primeiro microprocessador em 1971, o mercado tem produzido substanciais avanços na computação. O número de transistores de um microprocessador e seu resultado em termos de desempenho têm dobrado a cada 18 a 24 meses, confirmando a tese que ficou conhecida como lei de Moore (Gordon Moore é co-fundador da Intel).

Contudo, a fronteira da tecnologia do microprocessamento tem sido limitada pela combinação de forças da física e econômicas. Hoje, os fios que ligam os transistores são 400 vezes mais finos que um fio de cabelo. Será que ficarão mais finos ainda? Sim. No entanto, a tarefa de dobrar continuamente a velocidade de passagem dos elétrons pelos fios para chegar a uma largura próxima de zero será complicada — e, talvez, impossível — em algum momento. Mesmo sendo tecnicamente exeqüível, será que as companhias têm capacidade financeira para investir maciçamente para fazer isso?[15]

Outras indústrias enfrentam obstáculos tecnológicos semelhantes. Na indústria petrolífera, as barreiras tecnológicas impedem a perfuração e exploração de poços nas regiões oceânicas mais profundas.

Na medicina, os cientistas e os médicos trabalham permanentemente para identificar as causas e curas de doenças como câncer e Aids. Na aeronáutica e na aviação, os pesquisadores trabalham para aperfeiçoar a tecnologia que permita ao piloto "enxergar" através das nuvens. Cada uma dessas inovações potencialmente valiosas é retardada pelos limites técnicos das tecnologias disponíveis atualmente.[16]

Viabilidade Econômica

A inovação requer viabilidade financeira.

Muito intimamente relacionada com a viabilidade tecnológica está a viabilidade econômica. Independentemente de uma empresa conseguir criar um "grande feito" em inovação tecnológica, os executivos precisam considerar a existência de um bom incentivo financeiro para fazê-lo. Por exemplo, o uso da fusão solar para gerar eletricidade é tecnicamente possível há anos. No entanto, seu custo permanece proibitivamente alto em comparação com o uso dos combustíveis fósseis. Do mesmo modo, o uso da tecnologia de células de combustível alimentadas por hidrogênio para automóveis é quase tecnicamente exeqüível, mas seus custos ainda são elevados demais. E, mesmo que esses custos sejam trazidos a níveis mais aceitáveis, a falta de infra-estrutura de apoio na sociedade como um todo — a falta de postos de abastecimento de hidrogênio, como mencionado no texto anterior — representaria outra barreira contra a viabilidade econômica.

As inovações menos futuristas também exigem uma avaliação criteriosa dos custos e da viabilidade econômica. As novas tecnologias, muitas vezes, representam um compromisso caro e de longo prazo dos recursos. E a sua integração efetiva dentro da organização pode exigir tempo substancial da administração. Quando a organização se compromete com uma inovação tecnológica, uma mudança na direção fica extremamente difícil e cara. Por essas razões, é fundamental uma análise comparativa objetiva e cuidadosa dos custos e dos benefícios da tecnologia.

Os computadores de mão continuam a evoluir, tornando-se mais potentes e propiciando o surgimento de inúmeros periféricos.

A questão da viabilidade econômica remete-nos à discussão anterior sobre o momento ideal para adoção da tecnologia. Os adeptos iniciais conseguem aproveitar as vantagens do pioneirismo, no entanto, incorrem em custos associados com essa abordagem estratégica. Os custos de desenvolvimento de determinada inovação tecnológica podem ser bem altos, por exemplo, os produtos farmacêuticos, químicos e de informática. As patentes e os direitos autorais ajudam as organizações a recuperarem os custos de seus investimentos nas inovações tecnológicas. Sem essa proteção, os investimentos em pesquisa e desenvolvimento seriam injustificáveis.

Infelizmente, a explosão crescente de piratarias ou mesmo de falsificações de medicamentos, de softwares e outros itens patenteados tem aumentado as barreiras contra a viabilidade econômica. A globalização criou um mercado mundial para mercadorias baratas produzidas por falsificadores e piratas estrangeiros, que se aproveitam da vantagem de não incorrerem em gastos com pesquisas e desenvolvimento. Além disso, a tecnologia facilitou a cópia gratuita de programas de computador. O medicamento da Pfizer para reduzir o colesterol, Lipitor; os cartuchos de jato de tinta da Hewlett-Packard; os microprocessadores da Intel; os projetos dos automóveis da GM, o Viagra, os clubes de golfe da Callaway, os jogos da Sony Playstation — todos esses produtos e muitos outros têm sido falsificados ou ilegalmente copiados e vendidos. Calcula-se que o prejuízo mundial em vendas resultante dessa atividade ilegal — o roubo de *propriedade intelectual* — atinja mais de US$ 500 bilhões por ano. O maior contribuinte para esse problema é a China, responsável, de acordo com algumas estimativas, por quase dois terços da produção mundial de mercadorias falsificadas ou pirateadas. Entretanto, as próprias companhias chinesas têm sido vítimas das falsificações. Esse fato, aliado a um número crescente de reclamações de outros países, inclusive dos Estados Unidos, pode fazer que a nação feche o cerco contra os transgressores. Algumas empresas também têm tomado providências por conta própria: a GM conta, no quadro funcional, com sete investigadores em tempo integral para procurar infratores de direitos autorais. Outras companhias, como o fabricante de baterias Nokia, estão incorporando em seus produtos imagens holográficas ou adotando outras medidas técnicas para dificultar a cópia. Todas essas medidas destinam-se a ajudar as organizações — e os países — a manter a viabilidade econômica de suas inovações.[17]

Desenvolvimento Antecipado de Competência

Ao longo do texto, repetidas vezes se afirmou que as organizações devem construir (e efetivamente constroem) suas estratégias baseadas nas competências essenciais. Esse conselho também se aplica às estratégias de inovação e tecnologia. Com freqüência, é possível enxergar as inovações tecnológicas que são os produtos tangíveis do conhecimento e das capacidades intangíveis — ou tácitas — que compõem a competência essencial de uma empresa. A Merck e a Intel são exemplos de companhias cuja competência essencial em pesquisa e desenvolvimento conduziu a outras inovações tecnológicas.

Em contrapartida, as empresas que não são orientadas para a tecnologia precisam desenvolver novas competências para conseguir sobreviver. Por exemplo, quando a Amazon.com mudou a face do comércio varejista eletrônico na década de 1990, as tradicionais livrarias com lojas tiveram de se adaptar rapidamente. Para recuperar a competitividade, incrementaram a competência em termos de tecnologia da informação, o que nem sempre é uma tarefa fácil.

O resultado disso é que, enquanto algumas tecnologias têm enorme aplicabilidade no mercado, os gerentes precisam possuir (ou criar) as competências internas necessárias para colocar em prática suas estratégias tecnológicas. Sem as habilidades necessárias para implementar a inovação, mesmo os avanços tecnológicos mais promissores podem resultar em desastre.

Adequação Organizacional

As últimas questões que tendem a ser abordadas nas decisões envolvendo inovações tecnológicas são as ligadas à cultura organizacional, aos interesses dos gerentes e às expectativas dos *stakeholders*. Empresas como 3M e Sony, que são vistas como inovadoras proativas "no esforço tecnológico", tendem a ter cultura com a visão mais voltada ao ambiente externo e com mais senso de oportunidade. Os executivos dessas empresas de espírito *explorador* dão prioridade considerável ao desenvolvimento e à exploração da especialização tecnológica, e os responsáveis pelas decisões tendem a ter visão intuitiva corajosa a respeito do futuro. Geralmente, existem líderes em tecnologia que articulam estratégias tecnológicas pioneiras competitivas e agressivas. Em muitos casos, esses executivos preocupam-se mais com os custos da oportunidade perdida por falta de ação do que com o potencial do fracasso.

> "Saia da minha sala, saia daqui, você não vale nada, e não vamos comprar seu produto." Essa foi a resposta do presidente da Atari em 1976 ao receber de Steve Jobs uma oferta de compra dos direitos do novo computador pessoal que ele e Steve Wozniak haviam desenvolvido.

Em compensação, empresas com postura *defensiva*, como a unidade de automóveis da Rolls-Royce, tendem a adotar uma posição mais cautelosa em relação à inovação. Essas empresas costumam operar em ambientes bem estáveis. Conseqüentemente, suas estratégias estão mais voltadas ao aprofundamento da base de recursos, utilizando tecnologias complementares que ampliem em lugar de substituírem as existentes. As decisões estratégicas tendem a ser baseadas em análises minuciosas e na experiência no ambiente industrial. Uma empresa *analisadora* híbrida como a Matsushita, com suas marcas eletrônicas Panasonic e outras, precisa manter-se tecnologicamente competitiva, mas tende a deixar a concorrência comprovar uma demanda sólida em novas áreas antes de responder. Como observado anteriormente, esse tipo de empresa tende a adotar uma estratégia de seguidora inicial para assumir uma posição dominante contando mais com suas forças na comercialização e produção do que com a inovação tecnológica.[18]

Cada companhia possui capacidades diferentes para lidar com a nova tecnologia. Já foi mencionado que os adeptos iniciais têm características diferentes dos adeptos tardios. As primeiras empresas a aderirem às novas tecnologias geralmente são maiores, mais lucrativas e mais especializadas; portanto, têm posição econômica para absorver os riscos associados à adesão inicial, enquanto lucram com suas vantagens. Além disso, as pessoas envolvidas com a adoção inicial têm nível de escolaridade superior, mais capacidade para lidar com a abstração, podem enfrentar mais efetivamente a incerteza e possuem grande capacidade para solucionar problemas. Desse modo, os adeptos iniciais conseguem gerir com mais eficácia as dificuldades e incertezas de uma tecnologia não tão plenamente desenvolvida.[19]

Outro aspecto que o gerente deve levar em conta quando da introdução de uma nova tecnologia é o impacto que ela terá sobre os funcionários. Muitas vezes, a nova tecnologia introduz um *workflow* (fluxo de trabalho) e outras mudanças que afetam diretamente o ambiente de trabalho da organização. Se a empresa não estiver acostumada com inovações, essas mudanças podem causar ansiedade e até mesmo resistência entre os funcionários, dificultando a integração da tecnologia na organização. Quando os

Considerações	Exemplos
Receptividade do Mercado — Avaliar a demanda externa da tecnologia (curto/longo prazo).	Telefone celular, MP3, assistente digital pessoal (PDA), HDTV.
Viabilidade Tecnológica — Avaliar as barreiras técnicas para o avanço.	Exploração de petróleo em águas profundas, tamanho físico dos microprocessadores para computadores pessoais.
Viabilidade Econômica — Examinar quaisquer considerações relacionadas a custos e prever a lucratividade.	Fusão solar, células de combustível para automóveis, sistema de defesa por mísseis.
Desenvolvimento de Competência — Determinar se as competências atuais são suficientes.	Tecnologia da informação em hospitais, tecnologia digital em câmeras fotográficas.
Adequação Organizacional — Avaliar a adequação da cultura e dos sistemas gerenciais.	Indústrias siderúrgicas focadas na criatividade e na inovação.

QUADRO 17.2
Decisões Estruturais sobre Inovação Tecnológica

gerentes informam com bastante antecedência sobre a nova tecnologia, explicam sua finalidade e proporcionam o treinamento necessário, eles facilitam o processo de integração da nova tecnologia aos processos existentes na organização. A colaboração dos funcionários é um fator determinante do nível de dificuldade e dos custos que a introdução da nova tecnologia terá. A gestão das mudanças será tema do próximo capítulo.

O Quadro 17.2 resume os cinco principais fatores discutidos aqui: receptividade do mercado, viabilidade tecnológica, viabilidade econômica, desenvolvimento antecipado de competências e adequação organizacional. Todos esses aspectos considerados juntos influenciam as decisões que serão tomadas pelos gerentes sobre inovações tecnológicas. A falha em algum desses aspectos pode atrapalhar um projeto que, de outro modo, seria promissor.

Busca e Aquisição de Novas Tecnologias

O desenvolvimento de uma nova tecnologia pode criar na mente a imagem de cientistas e desenvolvedores de produtos trabalhando em laboratórios de pesquisa e desenvolvimento como os da Bell. Contudo, uma nova tecnologia também pode vir de muitas outras fontes, inclusive de fornecedores, fabricantes, usuários, outras indústrias, universidades, governo e empresas estrangeiras. Ao mesmo tempo que é preciso explorar cada fonte de inovação, cada indústria geralmente possui fontes específicas para a maior parte das novas tecnologias por ela utilizada. Por exemplo, por causa do tamanho limitado da maioria das operações agrícolas, as inovações nesse setor, muitas vezes, vêm dos fabricantes, fornecedores e serviços de desenvolvimento do governo. Os produtores de sementes desenvolvem e comercializam novos híbridos mais modernos; os fabricantes de produtos químicos aperfeiçoam os pesticidas e herbicidas; e os fabricantes de equipamentos melhoram os projetos do maquinário agrícola. As universidades que recebem concessões de terra desenvolvem novas técnicas agrícolas, e os agentes de desenvolvimento rural difundem a sua aplicação.

Porém, em muitas indústrias, as fontes básicas de inovação tecnológica são as próprias organizações que usam a tecnologia. Por exemplo, mais de três quartos das inovações científicas são desenvolvidas pelos usuários dos instrumentos científicos que estão sendo aperfeiçoados e que, posteriormente, podem ser licenciados ou vendidos a fabricantes ou fornecedores.[20]

decisão de fazer ou comprar
Questionamento que a organização deve fazer a si própria sobre se deve adquirir a nova tecnologia de uma fonte externa ou desenvolvê-la.

Essencialmente, a questão de como obter uma nova tecnologia é uma **decisão de fazer ou comprar**. Em outras palavras, será que a organização deve desenvolver ela própria a tecnologia ou adquiri-la de alguma fonte externa? No entanto, a decisão não é tão simples. Existem muitas alternativas, e cada uma com vantagens e desvantagens. Algumas das opções mais comuns serão discutidas nas próximas seções.

Desenvolvimento Interno

O desenvolvimento de uma nova tecnologia dentro da companhia apresenta como vantagem potencial manter a tecnologia proprietária (exclusiva para a organização). Essa exclusividade proporciona vantagem importante sobre os concorrentes. A desvantagem do desenvolvimento interno é que, geralmente, exige mais pessoal e mais investimento por um longo período. Mesmo que o desenvolvimento tenha êxito, leva-se tempo considerável antes de aproveitar os benefícios práticos. Os gerentes precisam ponderar cuidadosamente os benefícios potenciais da tecnologia proprietária em relação ao custo de seu desenvolvimento.

A compra pode ser mais barata e rápida do que o desenvolvimento interno.

Compra

Grande parte da tecnologia já está disponível em produtos ou processos que podem ser comprados livremente. Por exemplo, um banco que necessite de equipamentos sofisticados de processamento de informação não precisa desenvolver ele mesmo a tecnologia. A instituição pode simplesmente comprar a tecnologia de fabricantes ou fornecedores. Na maioria das situações, essa é a maneira mais simples, fácil e barata de adquirir uma nova tecnologia. Contudo, nesse caso, a tecnologia em si não proporciona vantagem competitiva.

Desenvolvimento Contratado

Se a tecnologia não estiver disponível e a companhia não tiver recursos ou tempo para desenvolvê-la internamente, pode escolher contratar o desenvolvimento junto a fontes externas. Possíveis contratados incluem outras companhias, laboratórios de pesquisa independentes e universidades e instituições governamentais. Geralmente, a contratação externa envolve uma série acordada de objetivos e cronogramas para o projeto, sendo os pagamentos efetuados a cada fase testada e cumprida do projeto.

O Exército norte-americano uniu-se à Arizona State University para pesquisar, desenvolver e fabricar a tecnologia de tela flexível. Ambas as partes se beneficiarão dessa aliança. A universidade recebeu novas instalações de ponta e o Exército assegurará as tecnologias emergentes.

Licenciamento

Algumas tecnologias que não são fáceis de serem adquiridas como parte de um produto podem ser licenciadas mediante o pagamento de uma taxa. Os pioneiros do formato VHS para gravadores de videocassete mantiveram as patentes principais, mas licenciaram livremente a tecnologia e o direito de uso para fabricantes concorrentes de equipamentos de vídeo. Essa prática transformou o VHS no formato dominante (com relação ao sistema Beta), oferecendo aos demais fabricantes fácil acesso à tecnologia, estabelecendo, assim, um padrão no setor.

Intercâmbio Tecnológico

O intercâmbio tecnológico é outra saída para se obter acesso a novas tecnologias. Ironicamente, essa tática, algumas vezes, é usada entre empresas rivais. Por exemplo, os produtores norte-americanos de aço que utilizam o conceito de minissiderúrgicas trocam livremente entre si grande parte do conhecimento. Em alguns casos, essa prática abrange até o treinamento (sem custos) de funcionários de um concorrente na melhoria dos novos processos. Se, de um lado, nem todas as indústrias aceitam bem o compartilhamento de tecnologias, do outro, o intercâmbio tecnológico está tornando-se cada vez mais comum por causa dos altos custos do desenvolvimento independente de tecnologias avançadas.[21]

Parcerias em Pesquisa e *Joint Ventures*

As parcerias em pesquisa são arranjos destinados a desenvolver conjuntamente alguma nova tecnologia específica. Em geral, cada parte entra na parceria com capacidades ou recursos diferentes, necessários para o êxito do desenvolvimento. Uma combinação eficaz envolve uma companhia já estabelecida e uma empresa recém-criada. Em muitos aspectos, as *joint ventures* são semelhantes às parcerias em pesquisa, no entanto, elas tendem a perdurar por mais tempo e a resultar empresas totalmente novas.[22] Contudo, como já discutido no Capítulo 9 sobre alianças estratégicas, algumas vezes, mesmo fortes concorrentes trabalham em conjunto em projetos — por exemplo, quando a General Motors e a DaimlerChrysler anunciaram que trabalhariam juntas no desenvolvimento da nova geração de veículos híbridos.

Vantagens da Colaboração

Hoje em dia, inúmeros fatores contribuem para o aumento da colaboração relacionada à tecnologia. A concorrência mundial e os fabricantes que trabalham com baixo custo estão pressionando as empresas a desenvolver, mais rapidamente, produtos mais potentes e mais baratos, e a um custo inferior. Ao mesmo tempo, a tecnologia está ficando mais complexa, e poucas companhias possuem recursos humanos e financeiros para desenvolver inteiramente novos produtos por conta própria. Cada vez mais, as companhias estão trabalhando em conjunto com outras empresas, outros clientes e consumidores para acelerar o desenvolvimento de novas tecnologias. Por exemplo, a IBM recentemente anunciou que disponibilizaria 500 das suas patentes ligadas à comunicação e prometeu que disponibilizaria também outras patentes. Embora não esteja compartilhando suas tecnologias essenciais, a companhia tomou a decisão estratégica de que o compartilhamento de alguns de seus softwares proprietários aceleraria o crescimento de todo o setor e também faria que outras companhias e programadores criassem aplicações baseadas nos produtos IBM. A empresa facilitou deliberadamente a colaboração para incentivar mais inovação — e, no longo prazo, mais vendas para a IBM.[23]

Aquisição da Propriedade Tecnológica

Se a companhia não possuir a tecnologia necessária, mas desejar adquirir o direito do proprietário, uma alternativa seria adquirir a companhia que possui a tecnologia. Essa transação pode tomar inúmeras formas, da aquisição direta de toda a companhia até a participação minoritária suficiente para obter acesso à tecnologia. Por exemplo, a AOL adquiriu a Moviefone e a Mapquest, ambas com uma base de clientes, em lugar de incorrer em gastos e envidar esforços para recriar essas aplicações por conta própria. O CEO da Sun Microsystems, Scott McNealy, anunciou que parte da estratégia da empresa é adquirir companhias com tecnologias emergentes. No mundo em ritmo acelerado da computação via Internet, não há como uma empresa sozinha realizar tudo isso.[24]

As seguintes perguntas básicas ajudam a simplificar a escolha entre essas diversas alternativas:

1. É importante (e possível), em termos de vantagem competitiva, que a tecnologia permaneça proprietária?
2. Há tempo, capacidade e recursos disponíveis para o desenvolvimento interno?
3. Há tecnologia prontamente disponível fora da companhia?

Como mostra a Figura 17.4, as respostas a essas perguntam orientam o gerente na escolha da opção mais apropriada em termos de aquisição de tecnologia.

Se a decisão preferencial for adquirir uma companhia, os gerentes devem tomar providências adicionais para assegurar que a transação realizada tenha sentido no longo prazo. Eles devem, por exemplo, tentar garantir a permanência de funcionários essenciais na empresa, em vez de permitir que eles saiam

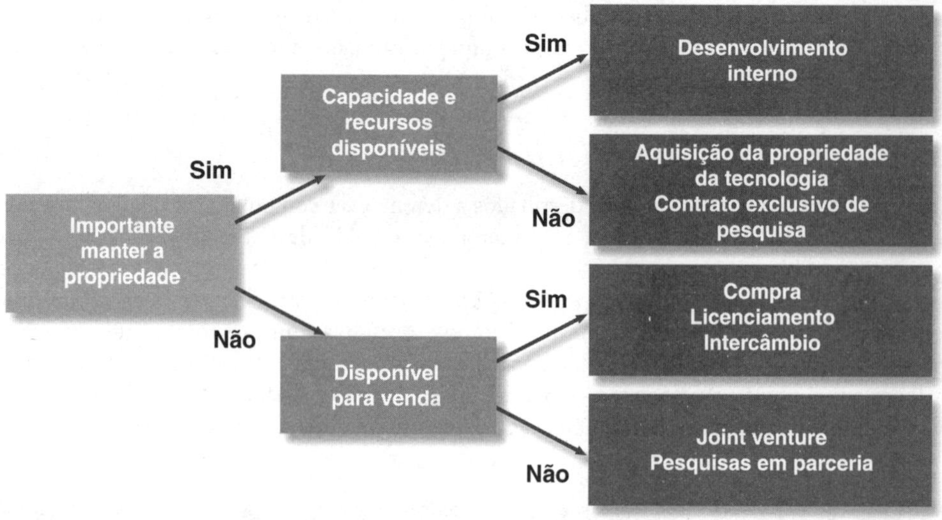

FIGURA 17.4
Opções para Aquisição de Tecnologia

e, talvez, levem consigo o conhecimento técnico essencial. Do mesmo modo, assim como em qualquer grande investimento, os gerentes precisam avaliar de maneira cuidadosa se as vantagens financeiras da aquisição justificam o preço de compra.

Tecnologia e Funções Gerenciais

diretor de tecnologia (CTO)
Executivo responsável pela estratégia e pelo desenvolvimento tecnológicos.

Nas organizações, tradicionalmente a tecnologia é de responsabilidade do vice-presidente de pesquisa e desenvolvimento (P&D). Esses executivos são responsáveis diretos pelos laboratórios divisionais e corporativos de P&D. Normalmente, suas atividades têm orientação funcional. No entanto, cada vez mais, as companhias estão criando a posição de **diretor de tecnologia** (CTO — *chief technology officer*), muitas vezes também chamado *diretor de informática* (*CIO — chief information officer*). O diretor de tecnologia ocupa uma posição superior na hierarquia corporativa e tem responsabilidades amplas e de integração. Esse executivo coordena as iniciativas tecnológicas das várias unidades de negócios, atua como porta-voz da tecnologia na equipe da alta administração, supervisiona o desenvolvimento de novas tecnologias e avalia as implicações tecnológicas das principais iniciativas estratégicas, por exemplo, aquisições, novos empreendimentos e alianças estratégicas.[25] Ele também pode dirigir o grupo de *tecnologia da informação* (TI) da organização.

> "A tecnologia é dominada por dois tipos de pessoa, a que conhece a tecnologia com a qual não lida, e a que lida com a tecnologia que não conhece."
>
> Autoria desconhecida

Sem a função de integração do diretor de tecnologia, os diferentes departamentos de uma organização poderiam facilmente adotar ferramentas e padrões de tecnologia distintos, incorrendo em gastos muito maiores de manutenção e equipamentos e dificuldades na conexão entre as diferentes partes da empresa. Além disso, como os tecnólogos da organização, muitas vezes, possuem conhecimento muito especializado, o gerente sem esse conhecimento pode ter dificuldades para supervisioná-los eficazmente. Esse executivo de tecnologia pode ajudar os gerentes a assegurar o alinhamento do trabalho dos tecnólogos com os objetivos estratégicos da organização.

O diretor de tecnologia também desempenha um importante papel de interface: ele trabalha diretamente com as organizações externas. Por exemplo, ele trabalha com as universidades investindo em pesquisas para acompanhar o desenvolvimento técnico, e com as agências reguladoras para garantir o cumprimento das normas, identificando tendências e influenciando o processo regulador.

Outras pessoas desempenham diversas funções críticas no desenvolvimento de novas tecnologias. No Capítulo 7, essa era a figura do *empreendedor* que, no esforço para explorar tecnologias não testadas, cria novos produtos ou descobre outras formas de produzir os produtos antigos. O empreendedor descobre novas possibilidades que mudam a estrutura competitiva de todo um setor.[26] Por exemplo, Steven Jobs iniciou a Apple Computer na garagem de sua casa e começou a multibilionária indústria do computador pessoal.

São funções fundamentais, na aquisição e no desenvolvimento de novas tecnologias, as do inovador técnico, defensor do produto e executivo patrocinador.[27] O **inovador técnico** desenvolve a nova tecnologia ou possui as qualificações necessárias para instalar e operar a tecnologia. Esse profissional tem os requisitos técnicos necessários, mas talvez não possua a capacidade gerencial necessária para levar adiante a idéia e garantir sua aceitação dentro da organização. É nesse momento que entra o defensor do produto. A introdução de uma nova tecnologia em uma organização requer um profissional que promova a idéia. O **defensor do produto** — muitas vezes, arriscando o próprio prestígio e a posição — promove a idéia por toda a companhia, buscando apoio e aceitação. O defensor pode ser um gerente de nível hierárquico superior, mas, muitas vezes, não é esse o caso. Se o defensor não tiver poder e recursos financeiros para realizar, de forma independente, as mudanças necessárias, ele precisa convencer as pessoas que possuem tal autoridade para apoiar a inovação. Em outras palavras, o defensor do produto deve buscar patrocínio.

O patrocínio vem do **executivo patrocinador**, que possui *status*, autoridade e recursos financeiros para apoiar o projeto e proteger o defensor do produto. Sem esse apoio e essa proteção, o defensor do produto e, conseqüentemente, a nova tecnologia podem fracassar. Os recursos necessários para desenvolver a inovação podem não ser disponibilizados, e sem a proteção do patrocinador não é possível continuar a promover as mudanças.

inovador técnico
Pessoa que desenvolve uma nova tecnologia ou possui as qualificações necessárias para instalar e operar a tecnologia.

defensor do produto
Pessoa que promove a nova tecnologia por toda a organização, envidando esforços para obter aceitação e apoio.

executivo patrocinador
Executivo que apóia a nova tecnologia e protege o defensor do produto inovador.

Organização Voltada à Inovação

No Capítulo 6, foi introduzido o conceito de "organização de aprendizagem". São companhias que se superam em resolver problemas, buscar e encontrar novas abordagens e compartilhar o novo conhecimento com todos os membros da organização. Tais organizações de aprendizagem ocupam posição bastante privilegiada que permite desenvolver inovações úteis. As inovações envolvem a *exploração* da capacidade existente — para melhorar a velocidade de produção ou qualidade do produto, por exemplo; ou a inovação pode envolver a exploração de novos conhecimentos — procurando desenvolver novos produtos ou serviços.[28] Ambos os processos de inovação são necessários. As organizações de aprendizagem inovadoras usam seus pontos fortes para melhorar as operações e, desse modo, os resultados finais. Contudo, também aprendem a liberar a capacidade e a energia criativas das pessoas para desenvolver novos produtos e processos que garantirão a competitividade duradoura da empresa. Nesta seção, serão discutidas algumas abordagens adotadas pelo gerente para estruturar a organização visando a inovação.

Incentivo à Criatividade

Como mencionado no Capítulo 7 ("Empreendedorismo"), a 3M adota uma forte orientação voltada ao *empreendedorismo interno*, e cerca de um terço da receita da empresa provém dos novos produtos. A 3M e companhias como Merck, Hewlett-Packard e Rubbermaid têm um histórico bem-sucedido na produção de muitos novos produtos e novas tecnologias. O que distingue esses e outros inovadores permanentes dos demais? Um fator em comum entre essas companhias é a cultura organizacional que encoraja a inovação.[29]

O inventor Francis G. Okie é personagem lendária da 3M do início da década de 1920. Okie concebeu a idéia de usar lixa em lugar de lâmina para barbear. O objetivo era reduzir o risco de cortes e evitar instrumentos cortantes. A idéia fracassou — no entanto, em vez de ser punido pelo fracasso, Okie foi encorajado a defender outras idéias, inclusive o primeiro estrondoso sucesso da 3M: a lixa à prova d'água. Uma cultura que permite o fracasso é crucial para impulsionar o pensamento criativo e a exposição ao risco necessária para a inovação.

Por mais estranho que possa parecer, *comemorar* o fracasso pode ser vital para o processo de inovação.[30] O fracasso é a essência do aprendizado, do crescimento e do sucesso.

Uma cultura que permite o fracasso é crucial para impulsionar o pensamento criativo e a exposição ao risco necessária para a inovação. Se a 3M não tivesse mantido Francis G. Okie no quadro depois de algumas invenções fracassadas, ele jamais teria criado o primeiro sucesso da 3M — a lixa à prova d'água.

- **Definir metas para a inovação.** Por determinação corporativa, de 25% a 30% das vendas anuais devem ser de novos produtos com cinco anos ou menos.
- **Compromisso com a pesquisa e o desenvolvimento.** A 3M investe em P&D quase o dobro em comparação com a média de investimento das companhias norte-americanas. Uma das metas de P&D é reduzir pela metade o tempo que a empresa leva para lançar novos produtos.
- **Inspirar o empreendedorismo interno.** Líderes inovadores são encorajados a trabalhar em novas idéias, e têm a oportunidade de gerenciar seus produtos como se estivessem dirigindo seu próprio negócio. Aos funcionários da 3M é permitido dedicar 15% do seu tempo em pesquisas de interesse pessoal não relacionadas com os projetos atuais da companhia.
- **Facilitar, não obstruir.** As divisões são pequenas e é permitido operarem com muita independência, além de possuírem constante acesso a informações e recursos técnicos. Os pesquisadores com boas idéias são premiados com US$ 50 mil em subvenção para desenvolver seus *brainstorms* em novos produtos.
- **Foco no cliente.** A definição de qualidade da 3M é demonstrar que o produto pode fazer aquilo que o cliente — e não algum padrão arbitrário — exige.
- **Tolerar o fracasso.** O pessoal da 3M sabe que, se suas idéias fracassarem, ainda será encorajado a buscar outras idéias inovadoras. A administração sabe que erros serão cometidos e que a crítica destrutiva acaba com a iniciativa.

QUADRO 17.3

Regras da 3M para uma Cultura Inovadora

FONTES: Relatórios da companhia; MITCHELL, R. Masters of innovation: how 3M keeps its new products coming. *BusinessWeek*, 10 abr. 1989; p. 58-63; KATAUSKAS, T. Follow-through: 3M's formula for success. *R&D*, nov. 1990; MARTIN, Thomas J. Ten commandments for managing creative people. *Fortune*, 16 jan. 1995, p. 135-136.

As companhias inovadoras sempre contam com muitos "balões de ensaio" ao mesmo tempo, com muitas pessoas experimentando diversas idéias novas. A maioria das idéias fracassa, mas é somente por meio desse processo que os poucos grandes acertos surgem e transformam a empresa em grande estrela da inovação.

A 3M adota um simples conjunto de regras para incentivar a inovação, relacionadas no Quadro 17.3. Essas regras podem ser — e são — copiadas por outras companhias. No entanto, a 3M tem a vantagem de havê-las adotado desde o início da companhia e as incorporado na sua cultura. Essa cultura é compartilhada e divulgada, em parte, por meio de relatos. Uma dessas lendas conta que um engenheiro da 3M foi demitido porque se recusava a parar de trabalhar em um projeto que seu chefe considerava um desperdício de recursos. Apesar de demitido, o engenheiro foi trabalhar como de costume, terminou o projeto e demonstrou o valor da sua inovação. E acabou sendo promovido a diretor de uma nova divisão criada para produzir e comercializar essa inovação.

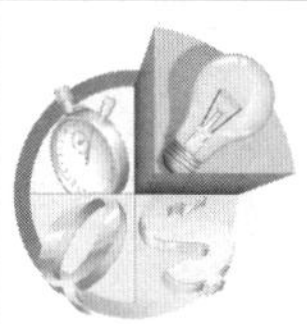

A eliminação da burocracia encoraja a inovação.

Eliminação da Burocracia

A burocracia é inimiga da inovação. Ao mesmo tempo que a burocracia é útil para manter a ordem e aumentar a eficiência, ela também pode trabalhar diretamente contra a inovação. O desenvolvimento de tecnologias radicalmente diferentes exige uma estrutura mais fluida e flexível (orgânica) que não restrinja o pensamento e as ações. Porém, esse tipo de estrutura pode ser caótica e disruptiva para as operações normais. Conseqüentemente, as companhias, muitas vezes, estabelecem estruturas temporárias e especiais de projeto isoladas do restante da organização e com permissão para operar sob normas diferentes. Essas unidades recebem muitas denominações, entre as quais *skunkworks* (equipes de projetos inovadores — ver Capítulo 7), "estufas" e "reservas".

No Japão, *angura* é uma política de "pesquisa secreta" que permite ao cientista dedicar até 20% do seu tempo trabalhando em projetos sobre os quais somente o superior imediato tem conhecimento.[31] Quando a Apple desenvolveu o Macintosh, Steve Jobs formou um pequeno grupo de jovens engenheiros e programadores e estabeleceu operações separadas do restante da fábrica. Eles iniciaram do nada, tentando repensar totalmente o conceito de computador pessoal. Uma bandeira de pirata ficava hasteada no centro de operações para demonstrar que o grupo não fazia parte da estrutura operacional burocrática normal e desafiava as normas convencionais. O resultado foi um novo produto de grande sucesso.

Vantagens da Colaboração

Os sistemas de gestão que eliminam a burocracia e encorajam a colaboração facilitam a inovação. Em companhias siderúrgicas como Chaparral e Nucor, por exemplo, os funcionários trabalham em equipes interfuncionais para resolver problemas e criar soluções inovadoras. Essas estruturas horizontais ajudam a criar um ambiente que encoraja a criatividade e a cooperação. As equipes concentram-se nas questões e nos problemas atuais, bem como nas preocupações e nas oportunidades futuras. Além disso, colaboram com parceiros externos para trazer o conhecimento para dentro da organização de modo a integrá-lo com as idéias e as informações existentes para criar inovações. Todo o tempo, as equipes são apoiadas em valores da igualdade de condições, compartilhamento de informações, receptividade a idéias externas e risco positivo. O objetivo é destruir os limites tradicionais entre funções e departamentos para criar "laboratórios de aprendizagem" colaborativos e menos burocráticos.[32]

Implementação de Projetos de Desenvolvimento

projeto de desenvolvimento
Esforço organizacional focado na criação de um novo produto ou processo por meio de avanços tecnológicos.

Uma ferramenta poderosa para a gestão da tecnologia e das inovações é o **projeto de desenvolvimento**.[33] O projeto de desenvolvimento consiste em um esforço organizacional focado na criação de um novo produto ou processo por meio de avanços tecnológicos. Por exemplo, há alguns anos, a Eastman Kodak lançou um projeto de desenvolvimento para criar a câmera FunSaver. O conceito era simples: acondicionar o filme em uma câmera de plástico barata de modo que, depois de tiradas as fotos, o consumidor simplesmente deixava a máquina inteira na loja de revelação. Na criação da FunSaver, foi utilizado o conhecimento de projeto existente, mas a máquina foi desenvolvida em um exclusivo sistema de projeto e manufatura auxiliado por computador (CAD/CAM). Dois anos antes, a Hewlett-Packard iniciou um projeto de desenvolvimento próprio para criar uma nova categoria de impressoras de baixo custo com base na tecnologia do jato de tinta. A impressora a jato de tinta Deskjet da HP foi uma das primeiras tentativas da empresa de integrar produção, comercialização e P&D. O projeto de desenvolvimento permitiu à HP alcançar uma vantagem sem precedentes em custo e velocidade.

Projetos de desenvolvimento como esses normalmente contam com uma equipe especial multifuncional que trabalha conjuntamente em um conceito ou uma idéia geral. Assim como ocorre com a maioria das equipes multifuncionais, o sucesso depende de quão bem os componentes trabalham juntos na busca de uma visão comum. E, no caso dos projetos de desenvolvimento, as equipes precisam interagir freqüentemente com fornecedores e clientes, aumentando ainda mais a complexidade de suas tarefas. Por causa da urgência e da importância estratégica, a maioria dos projetos de desenvolvimento é conduzida sob intensa pressão de tempo e orçamento, constituindo-se, assim, em verdadeiro teste em tempo real da habilidade da companhia em inovar.

Os gerentes devem reconhecer que os projetos de desenvolvimento apresentam múltiplos benefícios. Eles não apenas são úteis para criar novos produtos e processos, mas também cultivam freqüentemente habilidades e conhecimento que podem ser usados em tarefas futuras. Em outras palavras, as capacitações que a companhia extrai de um projeto de desenvolvimento podem ser transformadas em fonte de vantagem competitiva. Por exemplo, quando a Ford criou um projeto de desenvolvimento para um compressor de ar condicionado para superar seu rival japonês, os executivos também acabaram descobrindo que haviam estabelecido as bases para novos processos que a Ford poderia usar em projetos futuros. Essa nova capacitação de fabricação e projeto integrados ajudou a empresa a reduzir os custos e a dedicar tempo de produção para o desenvolvimento de outros produtos. Portanto, a *aprendizagem organizacional* tornou-se critério igualmente importante na avaliação do sucesso do projeto.

O sucesso de um projeto depende de quão bem uma equipe multifuncional consegue trabalhar em conjunto. Que feições têm os componentes de uma boa equipe?

Para o projeto de desenvolvimento alcançar sua vantagem máxima, ele deve ser formado com base nas competências essenciais (ver os Capítulos 4 e 9); ter uma visão direcionada aos objetivos a serem atingidos e suas razões (Capítulo 12); ter uma equipe comprometida (Capítulos 12 e 14); instigar uma filosofia de melhoria contínua (Capítulo 9), e gerar esforços coordenados e integrados entre todas as unidades (Capítulos 8 e 9).

Tecnologia, Definição de Funções e Recursos Humanos

A adoção de uma nova tecnologia normalmente exige mudanças na definição das funções. Freqüentemente, o modo como a tarefa é redefinida ajusta as pessoas às demandas tecnológicas para maximizar a operação da tecnologia. Entretanto, esse procedimento, muitas vezes, não consegue maximizar a produtividade total, porque ignora a parte humana da equação. Os relacionamentos sociais e os aspectos humanos da tarefa podem ficar prejudicados, reduzindo a produtividade geral.

sistema sociotécnico

Uma abordagem de estruturação da função que tenta redefinir a tarefa para otimizar a operação de uma nova tecnologia, preservando os relacionamentos interpessoais entre funcionários e outros aspectos humanos do trabalho.

A abordagem do **sistema sociotécnico** de reestruturação do trabalho trata especificamente desse problema. Essa abordagem redefine a tarefa de modo a otimizar, ao mesmo tempo, as eficiências técnica e social do trabalho. A abordagem do sistema sociotécnico de estruturação do trabalho teve início em 1949, com os estudos para a introdução de nova tecnologia em mineração de carvão, focada em grupos de trabalho pequenos e auto-regulados.[34] Mais tarde, constatou-se que essa forma de trabalho funcionava bem somente em ambiente com limitada burocracia. Na tendência atual voltada a organizações horizontais, enxutas e avessas à burocracia, equipes de trabalho e mão-de-obra dotada de *empowerment* são extensões lógicas da filosofia sociotécnica de estruturação do trabalho. Ao mesmo tempo, as tecnologias da era da informação — em que as pessoas de todos os níveis organizacionais têm acesso a vasta quantidade de informações — viabilizam essas organizações menos burocráticas e mais enxutas.

Os gerentes enfrentam diversas opções de escolha em termos de aplicação de uma nova tecnologia. A tecnologia pode ser usada para limitar as tarefas e as responsabilidades do trabalhador e "desqualificar" a mão-de-obra, transformando, assim, os trabalhadores em seus serviçais. Alternativamente, os gerentes podem selecionar e treinar trabalhadores para dominar a tecnologia, usando-a para alcançar grandes realizações e melhorar a sua qualidade de vida. A tecnologia, quando gerenciada efetivamente, pode dotar o trabalhador de *empowerment*, aumentando a competitividade da organização.

Contudo, os gerentes que decidem como estruturar as funções e gerir os funcionários também precisam considerar outros sistemas de recursos humanos que complementam a introdução da nova tecnologia. O Quadro 17.4, por exemplo, mostra como mudar o sistema de remuneração para facilitar a implementação de tecnologia avançada de produção. No ambiente contemporâneo, a adoção de incentivos coletivos, salários e sistemas de remuneração baseados na qualificação ajuda a reforçar o esforço coletivo (ver o uso de equipes multifuncionais), o profissionalismo, o *empowerment* e a flexibilidade necessários para o trabalho baseado no conhecimento. Se o sistema de remuneração da companhia não

QUADRO 17.4

Práticas de Remuneração em Empresas Industriais Tradicionais e Avançadas

Tipo de Prática de Remuneração	Fábrica Tradicional	Produção Integrada
Relacionada ao desempenho	O foco no incentivo individual reflete a divisão do trabalho e a separação dos estágios e das funções.	Utilização ampla de incentivos coletivos para encorajar o trabalho em equipe, a cooperação e a solução conjunta dos problemas.
Relacionada à função	O uso de salário por hora implica que as diferenças entre as contribuições de cada funcionário sejam consideradas na classificação das funções e que o desempenho seja determinado em grande parte pelo sistema de produção.	A remuneração por salários implica que as contribuições de cada funcionário transcendem a função propriamente dita e afetam substancialmente o resultado. As distinções entre as categorias de emprego são menores.
Relacionada à pessoa	O pagamento por tempo de serviço recompensa a experiência como substituto do conhecimento e capacidade em um ambiente estável e premia a lealdade para reduzir a incerteza dentro do sistema.	O pagamento baseado na qualificação recompensa o aprendizado contínuo e o valor agregado do aumento da flexibilidade em um ambiente dinâmico.

FONTE: SNELL, Scott A.; DEAN Jr., James W. Strategic compensation for integrated manufacturing: the moderating effects of jobs and organizational inertia. *Academy of Management Journal*, v. 37, 1994, p. 1109-1140.

estiver alinhado com as novas tecnologias, talvez o comportamento necessário para fazer as mudanças funcionarem não seja recompensado. Pior ainda, o sistema de remuneração existente pode efetivamente reforçar comportamentos antigos que vão contra as necessidades da nova tecnologia.

Consideradas no todo, essas idéias proporcionam um conjunto de diretrizes para a gestão das questões organizacionais e estratégicas associadas com a tecnologia e a inovação. No Capítulo 18, essa discussão será ampliada para focar como as organizações podem reestruturar-se para se adaptar a um mercado dinâmico. A gestão de mudanças e da aprendizagem organizacional são elementos essenciais para transformar a organização em uma empresa de nível mundial.

EPÍLOGO

MIRANDO O iPOD

Seguindo adiante, o pensamento criativo dentro das companhias de telefonia celular e das gravadoras visará uma maneira de, também, aproveitar o apelo social da música. Hoje, um garoto deitado no jardim da faculdade pode usar o telefone celular e deixar o amigo ouvir o mais recente lançamento do Green Day. Com a próxima geração da tecnologia da música sem fio, denominada superdistribuição, essa música pode ser transferida para o celular de um amigo, que pode ouvi-la uma ou duas vezes ou comprá-la imediatamente direto de uma operadora de comunicação sem fio. Enquanto isso, os fabricantes de aparelhos celulares estão se dedicando a criar produtos com mais recursos para músicas. Os céticos em relação à música no celular argumentam que somente os aficionados em tecnologia terão paciência suficiente para navegar por uma lista de músicas em teclados confusos e telas minúsculas da maioria dos telefones celulares. Contudo, os fabricantes, incluindo da Motorola até o fabricante sob encomenda HTC de Hong Kong, estão empenhados em fabricar telefones mais fáceis de usar. O SDA da HTC tem algumas teclas embutidas no telefone que permitem executar, pausar, avançar e retroceder ao ouvir as músicas. O novo telefone *walkman* da Sony Ericsson e o novo esportivo E680i da Motorola têm embutido rádio FM e cabos para transferência instantânea de música de um computador para o aparelho celular.

Com tudo isso, a Apple está diante do que parece a mais grave ameaça até aqui contra o seu domínio da música digital. Entre seus três equipamentos, o iPod pode ser o menos afetado. Seu HD de até 60 GB, ou 15 mil músicas, é o sonho de consumo do aficionado em música, e nenhum aparelho celular conseguirá equiparar-se a ele. O iPod míni e o Shuffle são mais vulneráveis, já que sua capacidade de armazenamento é bem viável para um telefone celular. Alguns especialistas estão convencidos de que os celulares serão os principais equipamentos para se levar músicas. "Não é uma questão de vir a ser ou não, e sim de quando", afirma Scott Horn, diretor executivo da Microsoft Corp., que vende programas para celulares e *players* de música.

Quem poderia imaginar que o telefone celular chegaria a evoluir de um equipamento do tamanho de um tijolo a um pequeno aparelho de som de bolso? No início de abril de 1973, com ampla divulgação, um pesquisador da Motorola realizou a primeira chamada registrada usando um telefone sem fio portátil. Hoje, Jason Smikle e seus companheiros não apenas conseguem conversar, mas também dançar ao som de músicas com qualidade estereofônica que sai desses equipamentos. Estamos entrando na era da música por telefone. Fique de olhos abertos, Apple.

TERMOS-CHAVE

Auditoria tecnológica, p. 559
Ciclo de vida tecnológico, p. 551
Decisão de fazer ou comprar, p. 565
Defensor do produto, p. 569
Diretor de tecnologia (CTO), p. 568
Executivo patrocinador, p. 569
Inovação, p. 550
Inovador técnico, p. 569
Projeto de desenvolvimento, p. 571
Sistema sociotécnico, p. 572
Tecnologia, p. 550

RESUMO DOS OBJETIVOS DE APRENDIZAGEM

Depois de completado o estudo deste Capítulo, você deverá ser capaz de identificar:

Os processos envolvidos no desenvolvimento de novas tecnologias.

São fatores que impulsionam o surgimento de uma nova tecnologia: 1) a necessidade da tecnologia, 2) o conhecimento científico necessário, 3) a possibilidade de conversão técnica desse conhecimento, 4) os recursos financeiros para investir no desenvolvimento, e 5) a visão e iniciativa empreendedora para reunir os componentes.

O ciclo de vida da tecnologia.

As novas tecnologias seguem um ciclo de vida previsível. No início, uma idéia plausível visando atender a uma necessidade de mercado é transformada em inovação de produto. O progresso inicial pode ser lento conforme a concorrência testa os projetos do produto. Finalmente, surge um projeto dominante quando o mercado aceita a tecnologia, e esta vai sendo refinada mediante inovações do processo. À medida que a tecnologia começa a se aproximar tanto dos limites teóricos em seu potencial de desempenho como da saturação de mercado, o crescimento fica mais lento e a tecnologia amadurece. Nesse momento, a tecnologia pode permanecer estável ou ser substituída por uma nova.

Como administrar a tecnologia para obter vantagem competitiva.

Os adeptos da nova tecnologia são classificados de acordo com o momento da adesão: os inovadores, os adeptos iniciais, a maioria inicial, a maioria tardia e os retardatários. A liderança tecnológica proporciona muitas vantagens para os pioneiros, no entanto, também impõe desvantagens significativas. O mesmo se pode afirmar para os seguidores. Depois disso, a tecnologia que ajuda a aumentar a eficácia sustentará uma estratégia de baixo custo, enquanto as tecnologias que ajudam a tornar os produtos mais diferenciados ou exclusivos sustentarão uma estratégia de diferenciação. A determinação de uma estratégia tecnológica adequada depende do grau em que essa tecnologia sustenta as necessidades competitivas da organização e, se a empresa optar pela estratégia de liderança tecnológica, da capacidade da companhia — em termos de qualificação, recursos e compromisso — para lidar com os riscos e as incertezas da liderança.

Como avaliar as necessidades de tecnologia.

A avaliação das necessidades de tecnologia de uma companhia começa com uma comparação, ou *benchmarking*, entre as tecnologias adotadas pela empresa e aquelas adotadas tanto pela concorrência como por empresas não concorrentes. O *benchmarking* deve ser feito em base global para se conhecer as práticas usadas no mundo todo. O *scanning* ou exploração tecnológica ajuda a identificar as tecnologias emergentes e as que estão sendo desenvolvidas com a finalidade de projetar o eventual impacto competitivo.

Os fatores fundamentais a serem considerados quando da tomada de decisão sobre inovação tecnológica.

As novas tecnologias podem ser adquiridas ou desenvolvidas. Entre as alternativas estão: o desenvolvimento interno, a compra, o desenvolvimento contratado, o licenciamento, o intercâmbio, a parceria em pesquisa e as *joint ventures*, e a aquisição. A abordagem adotada depende da disponibilidade da tecnologia; da capacidade, dos recursos e do tempo disponível, e da importância de manter a tecnologia proprietária.

As diferentes funções exercidas pelas pessoas na gestão da tecnologia.

As pessoas exercem diferentes funções na gestão da tecnologia. Por exemplo, o diretor de tecnologia é a pessoa com responsabilidade ampla e de integração pela inovação tecnológica. Além disso, o empreendedor é a pessoa que reconhece o potencial competitivo da tecnologia e encontra novas maneiras de explorar as oportunidades. O inovador técnico possui as qualificações necessárias para desenvolver ou instalar e operar a tecnologia. O defensor do produto é quem promove a nova idéia para obter apoio de toda a organização. O executivo patrocinador é a pessoa com *status* e recursos para apoiar o projeto.

Como desenvolver uma organização inovadora.

A organização para a inovação envolve liberar a energia criativa dos funcionários e, ao mesmo tempo, orientar seus esforços no sentido de atender às necessidades do mercado no momento oportuno. Cultura, estrutura, projetos de desenvolvimento e estruturação das funções são fundamentais para a criação de uma organização inovadora.

As principais características de um projeto de desenvolvimento bem-sucedido.

Para o projeto de desenvolvimento alcançar o máximo benefício, ele deve 1) ser baseado na competência essencial, 2) contar com uma visão direcionadora dos objetivos e das razões para se atingir tais objetivos, 3) contar com uma equipe comprometida, 4) instigar uma filosofia de melhorias contínuas, e 5) gerar esforços coordenados e integrados entre todas as equipes e unidades.

QUESTÕES PARA DISCUSSÃO

1. De acordo com Francis Bacon, "Um homem sábio criará mais oportunidades do que encontra". Qual é a relação entre essa afirmação e a tecnologia e inovação? E com a vantagem competitiva?
2. Cite exemplos de inovação tecnológica. Que fatores levaram à comercialização da ciência por trás dessas tecnologias? A capacitação existia antes da demanda de mercado, ou a demanda existia antes de a tecnologia estar disponível?
3. Certa vez, Thomas Edison afirmou que a maioria das inovações consistia em 10% de inspiração e 90% de transpiração. Qual é a relação entre essa afirmação e o ciclo de vida tecnológico?
4. Por que algumas companhias preferem seguir a liderar a inovação tecnológica? A vantagem potencial da liderança tecnológica é maior quando as inovações ocorrem rapidamente, ou, nesse caso, é melhor apenas ser um seguidor?
5. Se você atuasse no comércio de bebidas e alimentos, com quais empresas faria um *benchmarking* da inovação tecnológica? Seria com empresas de fora ou do mesmo setor? Por quê?
6. Em sua visão, como atuariam juntos o executivo patrocinador, o diretor de tecnologia e o defensor do produto? Todas essas funções podem ser desempenhadas pelo mesmo executivo? Por quê?

CASO DE CONCLUSÃO

S & Z East Coast Importers

VISÃO GERAL

Herbie Shapiro trabalha como vendedor de calçados na região da cidade de Nova York há quase 20 anos. Nascido em Nova York, ele sempre trabalhou como empregado, mas conhece muito bem o comércio de calçados e os clientes. Herbie sempre considerou o setor de suprimento do comércio de calçados muito mal organizado, e que bem poucos ou nenhum distribuidor oferecem serviços de boa qualidade a centenas de lojas de calçados da região metropolitana.

Mei Zhao, nascido na China, é conhecido de longa data de Herbie e representante de diversos fabricantes de calçados do Oriente Médio. Mei atua basicamente como agente estrangeiro e de cobrança de fretes para fabricantes asiáticos, supervisionando a descarga dos contêineres e o carregamento das mercadorias em caminhões no porto.

Mei compartilha muitas das visões de Herbie em relação ao setor de distribuição e suprimento do comércio calçadista. Ambos estão no meio da carreira, estabeleceram sólidos relacionamentos pessoais e profissionais entre si, e, depois de diversas reuniões, decidiram formar uma parceria. A S & Z East Coast Importers tem a oportunidade de arrendar um armazém de 5.500 m² com opção de compra, na região norte de New Jersey, para estabelecer um centro de distribuição para o comércio de calçados da região metropolitana.

Mei já mantém muitos bons relacionamentos e conexões com os principais fornecedores e fretadores de calçados para o varejo. Os parceiros planejam importar ampla variedade de produtos, inclusive calçados esportivos, tênis, botas sociais e esportivas, chinelos, meias, cadarços, palmilhas e acessórios. Mei tem acesso a todas as principais grifes nacionais e às linhas mais populares sem marca.

Além do longo tempo de participação e associação em organizações nacionais da indústria calçadista, Herbie conhece muitos donos de lojas e funcionários da região metropolitana de Nova York-New Jersey. Herbie é uma pessoa benquista e respeitada. Os parceiros acreditam que essa forte combinação entre conhecimento da área de suprimento e experiência de varejo proporcionará o acesso a muitos bons mercados.

Assim como ocorre em muitos setores, o comércio de calçados conta com pequena quantidade de grandes fornecedores de produtos manufaturados e grande quantidade de lojas pequenas de varejo. Uma das principais chaves para o sucesso, portanto, é a criação de um sistema de distribuição eficiente e bem organizado. Herbie e Mei estão concentrando esforços para realizar um trabalho melhor do que a concorrência e preencher esse nicho do mercado de calçados.

QUESTÕES LOGÍSTICAS E DESAFIOS

A maioria dos produtos já mencionados chega à costa oeste em enormes navios porta-contêineres. Depois da liberação na alfândega, os contêineres são descarregados e as mercadorias são carregadas em caminhões-tratores para entrega local (na costa oeste) e em vagões de trem para distribuição na costa leste e região central dos Estados Unidos. Herbie e Mei planejam estabelecer suas instalações como centro de distribuição e depósito.

Praticamente todos os produtos adquiridos pelos centros de distribuição e depósito são em grandes quantidades. Herbie e Mei normalmente lidarão com a compra de carregamentos com 500 mil pares de sapatos, um milhão de pares de meias, 600 mil pares de tênis e assim por diante. Os lojistas, por sua vez, normalmente compram quantidades bem pequenas de diversos itens de produtos, principalmente por causa da falta de espaço de estocagem e da loja. Nesse sentido, Herbie e Mei normalmente lidarão com pedidos de 50 a 150 pares de sapatos, 50 a 100 pares de meias, 100 a 300 pares de tênis e assim por diante.

Os centros de distribuição e depósito devem, então, ser instalados para receber, descarregar e armazenar grandes remessas de produtos (vagões de trem/caminhões-tratores), para "dividir as enormes cargas" (desempacotar, contar, estocar e reempacotar), e para carregar pequenas cargas de diversos itens e entregá-las nos estabelecimentos. Muitos comerciantes da região metropolitana estão instalados em ruas bem pequenas, movimentadas e de difícil acesso.

O aspecto financeiro do negócio de Herbie e Mei parece muito promissor. Graças às conexões de Mei com fornecedores e às de Herbie com o mercado da região metropolitana de Nova York-New Jersey, os parceiros prevêem uma média de 30% de margem sobre o preço dos produtos. Esse montante representa quase o dobro do que Mei ganha como representante dos fabricantes.

Para que o negócio tenha êxito, diversas variáveis e a logística devem ser bem coordenadas e corretamente administradas. O processo de distribuição e depósito, a qualidade do serviço e a gestão financeira devem operar com máxima eficiência. Além da eficiência interna e do controle de custos, a companhia deve também comprar e vender volumes suficientes de produto para cobrir todos os custos e gerar lucros.

Os lojistas desejam entregas freqüentes e pontuais de pequenas quantidades de produtos específicos. Alguns desses lojistas talvez precisem de ajuda também na área de vendas. Se os produtos não forem vendidos, os centros de distribuição e os fabricantes rapidamente ficarão com produtos excedentes. As vendas no varejo são a chave para evitar o gargalo no processo e no fluxo de produção e distribuição.

O aspecto financeiro do negócio exige gestão cuidadosa e atenta das contas a pagar e a receber. Os fabricantes normalmente prevêem e recebem o pagamento dos produtos em cerca de 10 dias. Esse prazo é fundamental para sustentar o fluxo de caixa das operações (principalmente para os gastos com folha de pagamento e matéria-prima). Os lojistas, por outro lado, prevêem e recebem as contas para pagamentos em prazos que variam de 30 a 60 dias. Esse prazo é essencial para sustentar o fluxo de caixa dessas operações, já que a venda ao consumidor é a principal fonte de recursos financeiros. Assim, a projeção de 30% de margem sobre o preço é extremamente atraente, mas é necessário controlar a situação do fluxo de caixa e vencer o desafio.

Herbie e Mei não têm certeza quanto à melhor maneira de facilitar e gerenciar o transporte e o seguro. Eles têm como opção comprar ou arrendar sua própria frota de caminhões tanto para suprimento como para entrega, e também usar transportadoras independentes. Eles podem optar também por uma combinação dessas duas alternativas. Além disso, a mercadoria precisa ser segurada – contudo, quem exatamente seria responsável por essa cobertura e quando essa "responsabilidade" passaria a ser do outro?

Os parceiros projetam gastos operacionais mensais de US$ 55 mil com o depósito (prédio, folha de pagamento, administração e salários). Esse valor não inclui as mercadorias, o transporte ou o seguro. Com os 30% de margem sobre os preços do produto, as vendas mensais deverão chegar a aproximadamente US$ 180 mil para atingir o equilíbrio. Os parceiros fizeram uma projeção conservadora para as vendas, no primeiro ano, de US$ 3 milhões.

O depósito para estoque tem capacidade excedente de US$ 30 milhões. Herbie e Mei sabem que levarão algum tempo para se aproximar desse nível, tanto do ponto de vista das vendas como do fluxo de caixa. Suas instalações e a base de mercado claramente apresentam o potencial para atingir vendas de US$ 40 milhões ou mais. O fluxo de caixa é o obstáculo atual. Eles têm apenas um pouco mais de US$ 1 milhão de capital de giro para iniciar as atividades e acreditam que esse montante acomodará as vendas de US$ 3 milhões no primeiro ano, contando com a logística para aquisição de estoque, vendas e fluxo de caixa.

Analisando a distância, a perspectiva de sucesso é promissora. Os parceiros têm a oportunidade de comprar por pouco e vender por muito em grande volume. Existe um nicho de mercado aguardando para ser preenchido. Herbie e Mei possuem a experiência e as conexões tanto do lado do suprimento como do comércio do setor calçadista.

QUESTÕES

1. Como os parceiros podem usar a tecnologia para alcançar o sucesso no novo empreendimento? Aborde cada uma das principais categorias mencionadas — compra, transporte, operações, distribuição e gestão financeira.
2. Escolha uma indústria ou um setor específico do qual você possa vir a fazer parte; como incorporaria os aspectos tecnológicos do texto nas suas operações do dia-a-dia?

EXERCÍCIOS PRÁTICOS

17.1 Planejamento Voltado à Inovação

OBJETIVOS

1. Realizar um *brainstorm* sobre idéias inovadoras para uma companhia que se tornou estagnada.
2. Explorar os elementos de um bom plano de inovação.

INSTRUÇÕES

1. Leia o cenário da Mason, Inc.
2. Individualmente ou em pequenos grupos, apresente um plano para incentivar a inovação na Mason, Inc. Discuta os aspectos envolvendo pessoal, recompensa, estrutura organizacional, estrutura do trabalho e qualquer outro aspecto do comportamento organizacional aplicável.
3. Em grupos pequenos, ou com toda a classe, compartilhe os planos desenvolvidos.

CENÁRIO NA MASON, INC.

A Mason cria, desenvolve e fabrica produtos de higiene e beleza pessoal. De 1950 a 1980, foi líder na introdução de produtos novos e lucrativos no mercado. Sua divisão de pesquisa e desenvolvimento aumentou de 20 para 150 profissionais durante esse período. Desde 1980, no entanto, a companhia depende dos sucessos do passado e fracassou em lançar qualquer produto inovador significativo no mercado. A alta administração deseja recuperar a reputação da Mason como a número 1 em inovação no setor.

QUESTÕES PARA DISCUSSÃO

1. Quais são os elementos em comum desses planos?
2. Até que ponto os planos seguem o processo de inovação?
3. Os planos incorporam provisões para preencher as várias funções necessárias para a inovação?
4. Quais os pontos fortes e fracos de cada plano?
5. Quais devem ser os componentes de um plano eficaz?

FONTE: GORDON, J. *A diagnostic approach to organizational behavior*. Englewood Cliffs, NJ: Prentice-Hall, p. 654, 1983. Reimpresso com permissão da Prentice-Hall, Inc., Englewood Cliffs, NJ.

17.2 Inovação para o Futuro

OBJETIVO

Olhar para o futuro.

INSTRUÇÕES

Escolha um parceiro. Juntos, criem um produto ou serviço inovador que será popular no ano 2025. À medida que forem desenvolvendo o produto ou serviço, reflitam sobre estas perguntas:

1. Quais as tendências que os levaram a acreditar que esse produto ou serviço terá sucesso?
2. Quais tecnologias, serviços ou produtos atuais serão substituídos pela idéia de vocês?

Apresente a idéia para discussão com a classe.

APÊNDICE F

Gestão das Operações na Nova Economia

O negócio de uma companhia — de qualquer companhia – consiste em transformar insumos em bens, por meio de um processo. A produção e a oferta desses bens (produtos) ao mercado com eficácia de custos garantem a continuada existência e o bem-estar da companhia. Os métodos, os sistemas e o modelo mental por meio dos quais a companhia transforma os insumos em bens caracterizam suas *operações*. Uma companhia mantém a saúde do seu processo de transformação por meio da *gestão* dessas operações. *Gestão das operações* é a análise e implementação desse processo.

Inúmeros e variados fatores afetam, de algum modo, as operações e os gerentes de uma companhia. Conforme a companhia vai crescendo, o número de variáveis também vai aumentando. A gestão eficaz da operação e de suas variáveis contribui plenamente para o sucesso da companhia, seja ela pequena ou grande, diversificada ou voltada a negócios essenciais, uma organização em rede ou uma unidade centralizada altamente estruturada. Essa é uma premissa verdadeira e aplicável à companhia que comercializa produtos tanto tangíveis (mercadorias) como intangíveis (serviços), em que o cliente está adquirindo um objeto de desejo ou a satisfação de uma necessidade.

EFEITOS DA MUDANÇA

Hoje em dia, ouve-se falar muito na transição por que passa a gestão das operações. Na realidade, ela sempre esteve em transição, porque o mundo está sempre mudando. As mudanças podem ter a forma de novos produtos (por exemplo, na Idade Média, as especiarias levadas pelos primeiros mercadores para a Europa), novos canais de distribuição (a total remodelagem nas expectativas do consumidor de serviços de entrega de encomendas causada pela Federal Express), alterações na força de trabalho (as mulheres assumindo grande parte do trabalho nas fábricas durante a Segunda Guerra Mundial, quando os homens estavam nos campos de batalha), ou novas tecnologias (a mudança nas regras da guerra na Europa do século XIV provocada pela introdução da pólvora).

A característica da era atual é a aceleração do *ritmo* das mudanças, pressionando as pessoas a se adaptarem rapidamente e recompensando aquelas que conseguem mudar facilmente sua mentalidade, seus hábitos pessoais e suas prioridades. Na verdade, a máxima da sobrevivência do mais adaptável aplica-se não apenas aos atributos físicos, mas também à agilidade intelectual. Os gerentes de operações devem estar entre os mais "adaptáveis" para atuar efetivamente no mundo atual.

CONTEXTO DA GESTÃO DAS OPERAÇÕES

O que significa ser um gestor de operações eficaz? Significa responder às necessidades das diversas partes *dentro* da companhia, assegurando um movimento tranqüilo por todos os estágios do processo de transformação. É possível até mesmo adotar o ponto de vista de que, dentro do processo, o "cliente" é o departamento que recebe o resultado do estágio anterior. Por exemplo, em uma gráfica, o operador de impressão é o cliente do departamento de diagramação. Um gerente eficaz trabalha com essa consciência, garantindo que cada área supra o que a área seguinte espera.

Gestão das operações também significa a satisfação das partes na esfera *mais ampla*. Por exemplo, o investidor pode querer saber sobre o desempenho da nova linha de produtos no mercado ou se um novo processo de fabricação está tendo desempenho como prometido. A comunidade pode exigir garantias de que os resíduos do processo de produção não prejudicarão a qualidade de vida. O governo pode exigir os registros contábeis de qualquer atividade sob regulamentação. Portanto, o gerente de operações não existe isoladamente, mas é parte de uma interação permanente entre várias partes.

No passado, o mundo era constituído por muitas sociedades ou culturas diferentes, uma mais diferente da outra, mas cada uma mais homogênea do que é hoje. Consumidores de determinada comunidade precisavam dos mesmos produtos. Todos sabiam quais eram os produtos, e prevalecia o consenso sobre a qualidade. Também prevalecia o entendimento comum sobre os direitos dos vários níveis sociais (quais mercadorias de que qualidade eram prerrogativa dos abastados, por exemplo). Como os itens eram produzidos individualmente, a personalização era norma, já que não havia outra forma de realizar negócios.

Com o evento da era industrial no século XIX, a situação mudou. De repente, os "clientes" não eram mais alguns poucos indivíduos identificáveis, e sim uma crescente massa de pessoas bem menos definidas, e qualquer uma com dinheiro podia adquirir aquilo que antes era prerrogativa de poucos. Com a industrialização veio a produção em massa, e a norma passou a ser um tipo de produto para todos os consumidores, já que não havia outra maneira economicamente viável de fazer negócios.

A corporação moderna tomou forma com base nesse panorama, e nasce o marketing. Hoje, na era digital, estamos testemunhando um fenômeno que outrora teria soado como um paradoxo: a personalização em massa. Quais são as implicações para os gerentes atuais?

Quando o produto é estático ou apresenta poucas variações, a gestão das operações justificadamente foca o produto (e os seus custos). Essa visão serviu de orientação para a gestão das operações tradicional. Com a capacidade de fabricar muitas variações do mesmo produto, com o acesso a uma quantidade cada vez maior de informações, o foco hoje mudou para a *experiência* do cliente com o produto: como ele se percebe com o atendimento recebido do fornecedor. O cliente avalia se o produto possui as características e as qualidades desejadas, pelo melhor preço. A gestão das operações com essa consciência, provavelmente, ditará o sucesso ou o fracasso da companhia no ambiente atual.

Mas será que o cliente de hoje é verdadeiramente diferente? Sim e não, porque, apesar de as coisas mudarem, elas também permanecem as mesmas. Os seres humanos ainda exercem as mesmas atividades: criam comunidades; formam a geração seguinte; negociam; se sustentam — e, nesse processo, aprendem, lutam e se divertem. E os gerentes de hoje ainda manipulam insumos, produzindo, por meio do processo de transformação, resultados bem-sucedidos. Grande parte dos conceitos tradicionais sobre a atividade humana ainda é aplicável.

Para explicar qualquer atividade, no entanto, as pessoas usam pontos de vista diferentes (o ponto de vista de Galileu era diferente do de Ptolomeu e, por isso, ele apresentou uma explicação diferente do Universo). Um gerente pode enxergar o processo a partir das especificações do produto, das limitações de custos, da satisfação do cliente ou de qualquer outro ponto de vista. A perspectiva escolhida reflete uma visão particular do mundo e suas prioridades, bem como as prioridades da companhia.

Algumas vezes, não existe escolha certa ou errada, apenas conseqüências. A visão que serviu de explicação adequada para determinado fenômeno em dado momento pode não servir hoje. Entretanto, o reflexo dessa visão vai formar as diretrizes para as decisões e, portanto, a repercussão da escolha é muito mais ampla.

NOVAS PERSPECTIVAS

De tempos em tempos, surgem orientações ou pontos de vista específicos que alteram as percepções e deixam mudanças das prioridades no seu rastro. Esse é o caso da *gestão de qualidade total* de W. Edward Deming, hoje considerada verdade absoluta por muitos gerentes. Os japoneses aceitaram prontamente os princípios de Deming, adotando uma abordagem hoje invejável

Modernização da Fabricação de Aeronaves

A Airbus e a Boeing Co., rivais históricos, não concordam em muitos aspectos, no entanto, ultimamente os gurus do setor produtivo das duas empresas estão entoando o mesmo mantra: vamos imitar a Toyota, a companhia que reinventou a fabricação de automóveis. As gigantescas fabricantes de aviões a jato e seus fornecedores estão voltando à escola para aprender a produção eficiente com as montadoras que produzem rapidamente grandes quantidades de automóveis e que representam apenas uma fração em tamanho e complexidade em comparação com as aeronaves.

Cortar os custos de produção e agilizar a montagem são etapas vitais no duelo entre Airbus e Boeing para permanecerem competitivas. Desse modo, hoje o pessoal da aviação está projetando as peças de olho na rapidez de sua montagem. Tanto a Boeing como a Airbus reduziram substancialmente os estoques de peças, copiaram a forma como as montadoras organizam suas fábricas, e enxugaram o tempo de produção. A Boeing também conseguiu aplicar às gigantescas aeronaves uma técnica adotada há muito tempo por Henry Ford: as linhas de montagem.

Não faz muito tempo, a idéia de imitar uma montadora de automóveis voltada ao mercado de massa parecia absurda. Essas indústrias produziram com muita rapidez milhões de veículos leves no ano passado, cada unidade a um preço de dezenas de milhares de dólares. A produção anual da Boeing e da Airbus, juntas, chegou a apenas 605 aeronaves, algumas a preços de quase US$ 200 milhões. Os modelos dos automóveis mudam em poucos anos, enquanto os de jatos comerciais, em décadas. "Sempre achamos que os aviões fossem diferentes porque são compostos de quatro milhões de peças", afirma Alan Mulally, diretor da divisão de aeronaves comerciais da Boeing. "Bem, os aviões não são diferentes. É uma questão de fabricação."

A Airbus tenta criar uma aeronave em uma única linha desde o projeto inicial em apenas seis meses, metade do tempo que levava em 2003. Se trabalhar mais rapidamente, a Airbus conseguirá produzir mais aviões nas fábricas existentes e poderá liberar mais de US$ 1,3 bilhão em dinheiro, com a redução do tempo de manutenção das peças no estoque — outra economia adotada pioneiramente pelas montadoras de automóveis.

A Boeing prepara-se para fabricar a aeronave 787, Dreamliner, que consumirá menos combustível, e o gerente de projetos, Mike Bair, espera fabricá-la de forma tão modular que o último estágio de montagem leve apenas três dias. Seu predecessor, o 767, levava até um mês para ser montado. Como a originalidade eleva substancialmente os custos, ele também está imitando as montadoras, oferecendo um conjunto-padrão de características no 787. O cliente não pode mais impor desenhos de cabines e tem alternativas limitadas em itens como equipamentos eletrônicos e decoração interior. A Airbus e a Boeing também começaram a terceirizar a fabricação de componentes inteiros, assim como as montadoras terceirizam a manufatura de sistemas, por exemplo, de transmissão.

No "chão de fábrica", os fabricantes de aeronaves também aprenderam com as montadoras de automóveis. Na fábrica da Airbus no País de Gales, as equipes de produção tinham de se deslocar até o estoque para buscar sacos de parafusos e rebites, e, muitas vezes, largavam as peças espalhadas por causa da falta de um depósito próximo. Usando métodos de análise do trabalho criados pela indústria automobilística, as equipes de projeto estudaram onde e quando seriam instalados, por exemplo, determinados tipos de cinto de segurança e, com base nesse estudo, organizaram prateleiras no "chão de fábrica". Hoje, recipientes cuidadosamente etiquetados contêm conjuntos exatos de peças necessárias para as tarefas específicas. A mudança agilizou o trabalho e economizou mais de US$ 100 mil em rebites e parafusos somente na fábrica de Welsh, declara a empresa.

Contudo, a troca de um método de produção por outro pode exigir enormes investimentos em novos equipamentos e treinamento de pessoal. Essa é uma boa razão para a lentidão das mudanças dos fabricantes de aviões. A Airbus, por exemplo, transfere as aeronaves por várias estações durante o processo de montagem, mas ainda mantém grande parte da antiga abordagem de trabalho com as peças. O gerente de produção afirma que esse procedimento proporciona flexibilidade porque um pequeno problema que possa atrasar a montagem de um avião não prejudicará a linha de montagem inteira. A Boeing, no entanto, realizou uma das mais drásticas mudanças na produção quando começou a montar os aviões em uma gigantesca linha móvel de montagem. Os principais executivos da companhia visitaram várias vezes a Toyota quando eles estavam começando a estudar como converter o processo de produção em uma linha móvel de montagem. Quando muitos trabalhadores começaram a reclamar sobre a linha de produção e os sindicatos apresentaram reivindicações, a Boeing teve muita dor de cabeça para convencê-los. A mudança compensou: a empresa reduziu pela metade o tempo que levava para montar um 737 em uma única linha, e começou a montar outras de suas aeronaves — inclusive seu produto mais antigo e mais robusto, o 747 — nas linhas móveis de montagem.

FONTE: MICHAELS, Daniel; LUNSFORD, J. Lynn. Streamlined plane making. *The Wall Street Journal*, p. B1, 1º abr. 2005.

Agilização da Fabricação de Aeronaves

A Boeing e a Airbus se Inspiram nos Métodos das Montadoras de Automóveis para Agilizar a Produção de Jatos

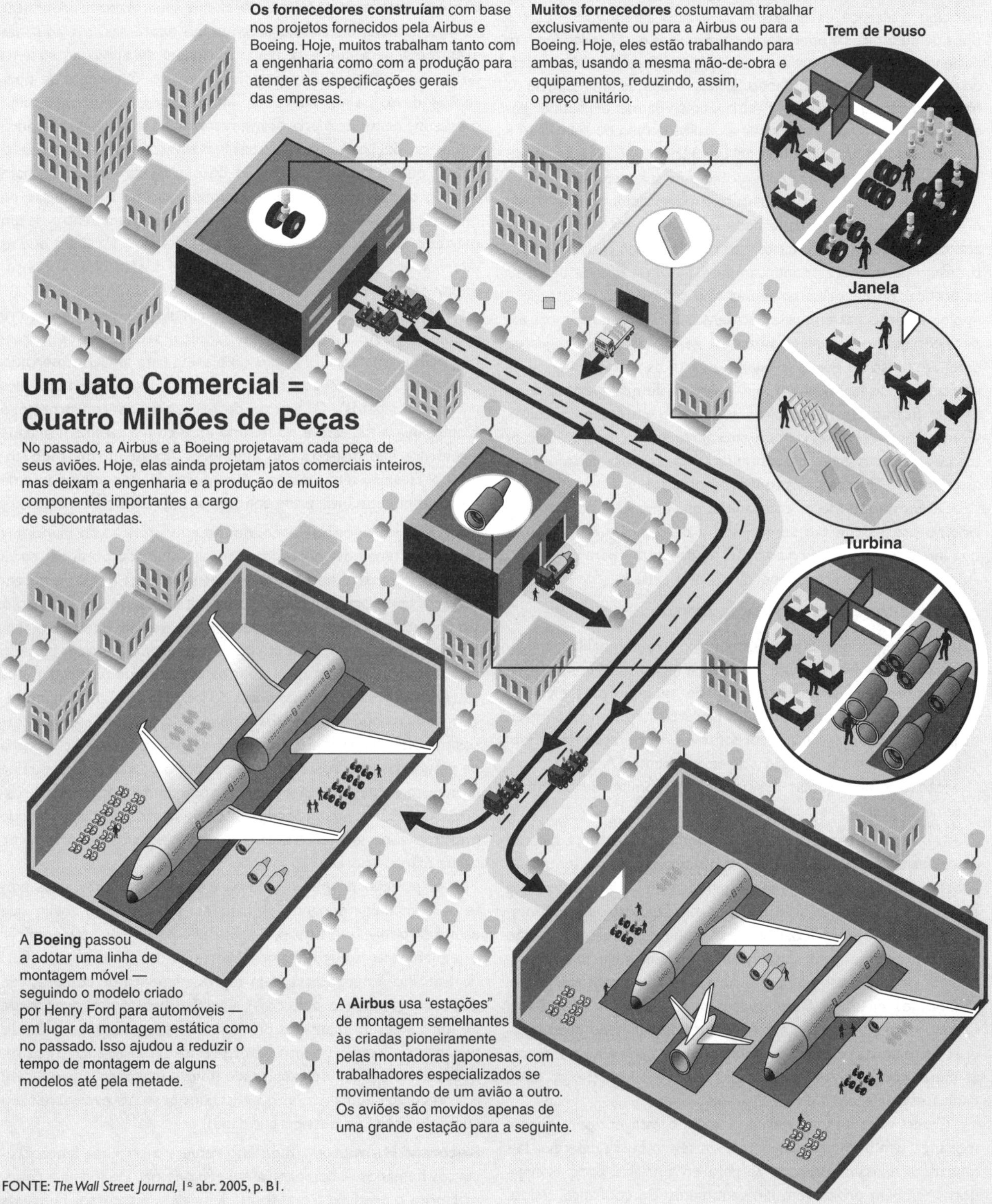

FONTE: *The Wall Street Journal*, 1º abr. 2005, p. B1.

e copiada por muitos em termos de satisfação do cliente (ver o texto do Capítulo 9 sobre os 14 pontos de Deming). As nações ocidentais não deram muita atenção até verem os resultados de oferecer qualidade em uma operação orientada ao cliente.

Para a maioria das pessoas, qualidade é o que se vê no resultado final (será que o produto atende às especificações de fabricação?). Em seu extenso ensaio *Zen and the art of motorcycle maintenance* (Zen e a arte da manutenção de motocicletas), Robert Pirsig associou o alcance da qualidade ao estado de espírito: "certos tipos de mecânicos e operadores de máquinas qualificados (...) têm paciência, cuidado e atenção com o que está fazendo, uma espécie de paz interior que não é planejada, mas resulta de uma espécie de harmonia com o trabalho (...)".[1] Mais típico da mentalidade oriental, essa afirmação quer dizer que a qualidade (boa ou ruim) não é atributo do produto final, mas, ao contrário, é inerente ao modo como o indivíduo interage com o objeto de sua atenção.

Para alcançar uma boa qualidade, é exigido saber o que é bom e, então, adotar uma mentalidade adequada para atingi-la. Essa atenção refere-se ao conceito japonês de *kaizen*, a disposição e o desejo de melhorar continuamente. Desde a década de 1980, as práticas de negócios japonesas têm sido objeto de estudo e implementação nas empresas ocidentais, dos procedimentos específicos (como o *kanban*, a base da gestão de estoques *just-in-time*) até filosofias gerais (o *kaizen* é parte da estratégia geral de operações dos japoneses). Hoje, gerentes de qualquer parte do mundo ficarão em má situação se ignorar em esses conceitos. Como é possível observar no texto apresentado, até os fabricantes de aeronaves estão descobrindo as novas aplicabilidades para as técnicas e filosofias de produção japonesas.

Do mesmo modo, as companhias que envolvem os funcionários no processo estão começando a perceber que as pessoas que interagem com o produto são fundamentais para o sucesso. Adiante, será discutida a importância dessa visão.

ORGANIZAÇÃO CORPORATIVA

Existem diversas maneiras de estruturar uma companhia, e algumas das companhias de hoje tomaram a forma atual como resultado das tendências da economia: fusões ou aquisições, diversificação, alianças. Com tudo isso, ainda há certas funções identificáveis na maioria das organizações corporativas. A operação dessa função é que domina a atenção dos seus gerentes. A seguir, serão abordadas como algumas dessas funções comuns sustentam o sistema de gestão das operações.

Planejamento Estratégico No nível mais elevado, a direção da corporação do ponto de vista mais amplo consiste em planejamento estratégico ou de longo prazo. A alta administração da empresa estabelece as diretrizes a serem seguidas pela corporação, definindo e aperfeiçoando sua missão no processo. A gestão dessa função abrange questões como: em qual negócio a empresa está? Em que setor a empresa deverá estar ou vai atuar? Quem são nossos clientes? Com podemos ou devemos atendê-los? O foco deve ser voltado aos negócios essenciais ou diversificados? As respostas a esses questionamentos ajudam a estabelecer as metas corporativas, que, filtradas pela administração da companhia, estabelecem a direção para sua operação.

Como visto anteriormente, o mundo está em permanente mudança. Um bom planejamento estratégico busca *antecipar* tais mudanças e, assim, preparar-se para enfrentá-las. Bons planejadores também promovem um sentimento de confiança quanto ao que tende a produzir sucesso. Na década de 1990, quando a gestão corporativa da maioria das empresas estava voltada aos negócios essenciais, o diretor-presidente da GE, Jack Welch, criou um conglomerado de sucesso com negócios amplamente diversificados, encontrando profissionais com mentalidade para operar bem dentro dessa estrutura e alcançando coordenação eficaz de todas as funções de suas diversas divisões.

Marketing De todas as funções da companhia, marketing é o que está mais próximo do cliente. Sua tarefa é identificar as necessidades do cliente (latentes ou expressas) e traduzi-las à empresa para que esta reaja. Seu papel de apoio ao sistema de gestão das operações é, portanto, crítico. O gerente de operações deve, assim, reiterar as informações comunicadas pelo marketing de modo a provocar a resposta necessária do mecanismo de produção. Para apoiar suas iniciativas, o marketing trabalha com a publicidade na divulgação de ofertas da companhia para atrair o consumidor. As vendas também são parte da função de marketing, sendo os vendedores aqueles que atuam dentro de um mercado identificado. Essa é a linha de frente, o local em que as informações a respeito das necessidades e dos desejos do consumidor penetram a companhia e ganham a sua atenção.

Esta é uma história contada nos círculos de venda e envolve a Companhia ABC (fabricante de calçados): seu diretor de marketing visitou uma área longínqua do planeta para avaliar o mercado. Ele voltou relatando aos superiores: "Não existe mercado; eles não usam sapatos". O diretor de marketing do concorrente, a Companhia XYZ, esteve no mesmo local com a mesma finalidade e retornou informando a *seus* superiores: "Existe um mercado fantástico! Eles não têm sapatos!". A resposta do marketing diante de qualquer circunstância pode conduzir a empresa a novas áreas.

Pesquisa e Engenharia Supondo que a função de marketing identifique uma nova necessidade ou um mercado potencial, entra em ação o pessoal de projeto e engenharia cuja função é desenvolver e aprimorar o produto e os processos de sua fabricação. Os profissionais dessa área projetam, desenvolvem e testam o produto em todos os estágios até que esteja pronto para ser lançado no mercado. Eles interagem com os clientes que participam dos testes de um novo produto antes do lançamento. Também interagem com as operações — os atributos do produto e os processos necessários para produzi-lo são responsabilidade do sistema de gestão das operações. Mesmo quando o produto ainda está na prancheta do desenhista, o projeto pode mudar com base na resposta do cliente, nos procedimentos de fabricação (isto é, o que é exeqüível no ambiente atual), ou nos preços da matéria-prima ou da mão-de-obra.

Na posição de pesquisadores e desenvolvedores, essa parte da companhia encontra-se mais em contato com aquilo que estará disponível no futuro, e uma das suas funções é identificar e implementar soluções ainda não utilizadas. O resultado final do trabalho do projetista afeta o procedimento de compras (de peças, equipamentos, materiais), a gestão de estoque (quantidade de itens a serem mantidos disponíveis), as operações no "chão de fábrica" (o equipamento talvez precise ser rearranjado), os requisitos em termos de capacidade (índice máximo de produção) e os recursos humanos (as qualificações pessoais necessárias e o custo de aquisição dessa capacidade).

Recursos Humanos Tudo isso remete à próxima função: recursos humanos. A companhia é o seu pessoal. Ele forma a cultura, fabrica o produto e o entrega. A função de recursos humanos deve buscar, atrair e manter indivíduos com habilidades, qualidades humanas e experiência necessárias para o sistema de gestão das operações. A gestão eficaz dos recursos humanos, portanto, afeta diretamente todo o processo produtivo. Qualquer companhia que queira instalar uma fábrica em uma região geograficamente interessante seria ingênua se não levasse em conta o componente humano: o nível de instrução, a ética profissional, os hábitos e as expectativas da massa trabalhadora.

Algumas pessoas acreditam que não existem funcionários ruins, apenas funcionários colocados em posições erradas. O aproveitamento eficaz dos funcionários proporciona ao gerente de operações uma fonte importante de inovação e ganho de produtividade, já que eles estão efetivamente em contato com o produto (e com o cliente, no caso de prestação de serviços). Eles são as interfaces nas quais nasce a qualidade. Isso não pode ser objeto de uma pressão muito forte, pois uma das principais qualidades de qualquer funcionário, que merece certo destaque, é a capacidade de comunicação: de articular o que está certo na experiência de trabalho, o que está errado e como melhorar. A insatisfação não expressa é problema potencial; as idéias não apresentadas são perdas potenciais.

Compras Tão importantes quanto os recursos humanos são os recursos materiais. A seleção de insumos que sustentam a orientação e visão da companhia é papel crucial exercido pela função de compras. Em um cenário ideal, essa função serve como fonte de conhecimento especializado para o sistema de gestão das operações, fornecendo informações sobre diversos materiais e sistemas disponíveis usados no processo produtivo. O desempenho de qualquer divisão operacional depende muito das mercadorias e dos serviços fornecidos por compras. Será que os materiais produzirão o resultado previsto no projeto do produto? Será que o material poderá ser moldado adequadamente como previsto no processo produtivo? O material proporcionará o nível de qualidade esperado?

O fornecimento dos materiais corretos com eficácia de custos representa potencialmente enorme economia para a empresa. Certa vez, um gerente de compras ouviu essa afirmação: "A divisão de vendas teria de fechar US$ 500 mil em negócios para produzir o dinheiro que acabei de economizar trocando os fornecedores."

Logística A logística de movimentação de insumos por meio de transformação pode ou não se beneficiar da visão de todo o processo, já que o fluxo pode assumir nomes diferentes, dependendo da sua posição no processo. Ele pode ser chamado *gestão de estoque* quando recebe o insumo, *programação* ao longo do processo de transformação, e *distribuição* quando o produto está a caminho do cliente. Uma coordenação harmoniosa ou desastrosa do fluxo do fornecedor de materiais até a remessa para o cliente repercute em todo o canal. Se os materiais não estiverem disponíveis para uma seção específica do aparato de produção no momento correto, o equipamento e o maquinário ficam ociosos (um ralo para a lucratividade). Atrasos na entrega ao cliente significam atrasos no recebimento de pagamentos, e isso representa um impacto no fluxo de caixa da companhia.

Finanças Tudo isso remete à área financeira. Essa função serve como interface entre os gerentes da empresa e a comunidade financeira: bancos, firmas de investimento e acionistas. Essas entidades têm interesse no sucesso ou fracasso da companhia, e estão permanentemente de prontidão para assistir, aconselhar, oferecer apoio ou afastar-se da empresa. A área financeira deve expor adequadamente o desempenho da companhia para obter o montante máximo de suporte das instituições financeiras. Nesse processo, o setor financeiro faz uso do departamento de contabilidade. Esse departamento não serve apenas como um mecanismo de acompanhamento dos custos, mas também como fonte de informações importantes para os gerentes entenderem as implicações nos custos de suas decisões. Esse tipo de informação de monitoramento dos custos ajuda os gerentes a comparar, por exemplo, os custos da empresa com os custos-padrão. A contabilidade também ajuda a calcular os custos da implantação de novos equipamentos ou novas tecnologias.

Em mais uma de suas funções, a área financeira deve estar sempre ciente da qualidade do crédito da empresa. Qualquer declínio na capacidade da empresa de honrar seus compromissos enfraquecerá sua posição diante dos concorrentes. O setor de finanças também deve monitorar a qualidade de crédito dos fornecedores. Se o fornecedor não tiver capacidade financeira para cumprir o prometido, o sistema de gestão das operações sente o impacto imediatamente. A comunidade financeira enxerga o impacto de todas essas decisões, baseando suas classificações (e, portanto, o apoio financeiro) na sabedoria dos seus tomadores de decisões.

Operação em Equipe A sutileza com que se dividem as funções mencionadas pode variar, mas deve ficar claro, nesse momento, que o sistema de gestão das operações é o único que opera dentro do contexto corporativo. Em um mundo ideal, a gestão das operações trabalha intimamente ligada com as demais funções, atenta a qualquer fragmentação prejudicial ou à falta de comunicação. A comunicação é, evidentemente, uma via de mão dupla, e, assim como o pessoal de operações deve conhecer o funcionamento das demais funções, estas devem estar cientes das percepções, das necessidades e das expectativas do sistema de gestão das operações.

Satisfazer às expectativas do cliente é atividade corporativa, o trabalho de um corpo (do latim, *corpus*), com o todo dependente do bom funcionamento individual das partes e de como cada parte trabalha em conjunto. Negligenciar qualquer órgão afeta a capacidade do corpo de desempenhar no nível ideal.

PREPARANDO-SE PARA O FUTURO NA NOVA ECONOMIA

Além de conhecer como a empresa está operando no presente, todo bom gerente pensará sobre o que *pode* acontecer, o que provavelmente deve acontecer e o que é possível acontecer, tanto na companhia como um todo como na sua própria esfera de influência. Em outras palavras, um gerente eficaz tem um senso de visão. Isso significa estar consciente das mudanças ou das potenciais mudanças nas demandas do cliente e mudanças nos recursos da companhia (tecnologia, mão-de-obra, apoio financeiro). Um bom gerente deve ouvir, estar atento a todos os fatos e, dessa forma, selecionar aqueles mais importantes entre os vários existentes. O gerente deve sempre se questionar, "O que aconteceria se (...)?".

Dotado de uma boa visão e uma curiosidade saudável, um gerente conseguirá lidar adequadamente com os fatores que afetam o sistema de gestão das operações. O objetivo é desenvolver um senso de visão adequado para antecipar as conseqüências concebíveis. A seguir, será feita uma análise daqueles que são considerados alguns desafios atuais freqüentemente mencionados como a **"nova economia"**.

Globalização A esfera de atividade de uma companhia sempre foi aquilo que pudesse facilmente ser alcançado pelos meios atuais de comunicação e de transporte. Tudo o que está ao alcance tem-se expandido constantemente. Hoje, o mundo inteiro é uma arena das operações, tanto para comprar insumos como para vendar produtos. Essa circunstância apresenta nova gama de possibilidades para o sistema de gestão das operações.

A possibilidade da *terceirização* sempre esteve presente. Ou seja, será que determinado componente do produto deve ser produzido dentro da empresa, ou enviado para fabricação fora, seguindo as suas especificações? Hoje, um gerente pode terceirizar o trabalho no âmbito local ou enviá-lo para qualquer instalação no mundo com capacidade para suprir a necessidade. É preciso ter muita informação, bem como avaliação sensata, para saber o que será vantajoso produzir fora parte do processo.

O sucesso da produção externa depende, em parte, das características desse local "externo". No século XX, as companhias norte-americanas baseadas nos estados da região norte algumas vezes transferiam certas operações da fábrica para o sul do país, a fim de aproveitar os custos da mão-de-obra mais barata. Enquanto essa mudança exigia alguns ajustes nas expectativas, a adaptação era mínima comparada com a fabricação nos países do Oriente Médio ou na América Latina, por exemplo. A razão é simples: cada cultura lida com as coisas de maneira particular. Um gerente inteligente não assumirá que uma cultura diferente vai responder às expectativas do mesmo modo como o trabalhador norte-americano iria, e essa circunstância pode trabalhar tanto a favor como contra um ou outro. O gerente que consegue antecipar potenciais áreas problemáticas sai na frente do jogo em decidir produzir fora do país.

Além disso, existe o globo como *mercado*. A venda no mercado global exige produtos projetados que levem em conta os diferentes gostos entre as culturas existentes no mundo. Um pequeno fabricante de produtos para cuidados da pele baseados em fórmulas vindas da Índia começou a vender sua linha de cosméticos há alguns anos nos Estados Unidos. A empresa relata que teve de realizar algumas alterações porque as norte-americanas não usariam produtos com um aroma não muito agradável, não importa quão benéfico fosse para a pele.[2] A Nescafé vende seus produtos no mundo todo, mas o café solúvel vendido no Brasil não tem o mesmo sabor que o vendido nos Estados Unidos — em cada um desses exemplos, o produto deve satisfazer o gosto de uma cultura diferente.[3]

A facilidade com que cada sistema de gestão das operações consegue realizar tais modificações tem aumentado significativamente nas últimas décadas. A tecnologia digital facilitou a flexibilização da produção, oferecendo enorme potencial para a variação dos produtos.

Ambiente Outro desafio enfrentado pelo gerente atual é o ambiente, tanto no âmbito global como na esfera em que a companhia opera. Antigamente, os efeitos negativos de um processo produtivo eram absorvidos despercebidamente pelos arredores. Com o aumento da densidade populacional e a explosão do consumo, principalmente nas nações ocidentais, isso deixou de ser verdade. O que ocorre em um local do planeta tem impacto no restante dele. O desafio do gerente é importar-se suficientemente com o futuro sem colocar em perigo as operações hoje, e as decisões não são simples.

Infelizmente, a questão da responsabilidade ambiental tradicionalmente é tratada em termos de ética. Se, de um lado, essa postura é válida e, efetivamente, é *a* razão para o ser humano ser um bom administrador do planeta, do outro, não ajuda o gerente a lidar com todas as informações necessárias para tomar uma boa decisão ou quantificar o que é necessário para a tomada de decisão. Além disso, o consumidor, muitas vezes, é incoerente, exigindo papel reciclado, por exemplo, e ao mesmo tempo optando por comprar papel branco não reciclado.

Certamente, as últimas décadas vêm testemunhando progresso significativo no tratamento dos efeitos negativos mais evidentes do processo produtivo (eliminação de resíduos, controle de emissões). Entretanto, não existe um caminho nítido para a decisão certa. Tomando como exemplo simples o dos caixas em um supermercado: "Você prefere saco plástico ou de papel para empacotar suas compras?" — pergunta o funcionário. O comprador responsável ecologicamente deve escolher a menos prejudicial entre as duas alternativas. O papel (mesmo quando reciclado) utiliza árvores; o plástico utiliza hidrocarbonetos e não é tão fácil de ser reciclado. As decisões enfrentadas pelos gerentes de operação são infinitamente mais complexas.

Além disso, se o gerente ignorar sua responsabilidade social, outros exigirão sua submissão. Uma corporação não é sua própria ilha nas águas da comunidade, porque as outras pessoas são afetadas pelas suas decisões: proprietários de imóveis, investidores, o público em geral e os adultos de amanhã. Certamente, as pessoas já aprenderam que grupos que não policiam seu próprio pessoal efetivamente são alvos certos do policiamento pelos outros, sejam por agências governamentais, sejam por organizações da comunidade.

As alternativas para o gerente de operações são, portanto, reagir ou adotar papel de liderança, tomando total conhecimento dos potenciais efeitos negativos do processo sob sua gestão e propondo métodos para tratar deles. No longo prazo, se as atividades econômicas devem ser gerenciadas visando o amanhã e não o hoje, a responsabilidade ambiental não é uma escolha.

Conhecimento e Informação Uma das características da nova economia é que, no processo de transformação, o principal insumo é a propriedade intelectual: o conhecimento, a pesquisa, a informação e o projeto. Esses insumos suplantaram (em valor) os insumos materiais necessários para construir unidades físicas. Quando o conhecimento é a principal matéria-prima, o lançamento da primeira unidade de um produto representa milhões de dólares; o custo da segunda — e assim por diante – é minúsculo.

Os produtos em si são de naturezas diferentes, e, muitas vezes, a utilização de um produto da nova economia envolve grande sofisticação — por exemplo, há relutância das pessoas em trocar o PC por um Macintosh ou vice-versa. Conseqüentemente, o cliente não costuma ser seduzido pela publicidade, mas pelo seu conhecimento cada vez maior do produto e de sua tecnologia. As companhias de sucesso serão as que aumentarem a base de conhecimento em geral de um cliente e, em particular, a habilidade dele de trabalhar com os próprios produtos.

Com a contínua explosão de informações que alimenta o consumidor e o trabalhador atuais, o conhecimento adquirido aumenta as expectativas. Como será discutido mais à frente, o consumidor de hoje está longe de ficar restrito a algumas poucas fontes de informação. Ao contrário, ele navega em um oceano de fatos, estatísticas, perspectivas e oportunidades.

Do mesmo modo, o funcionário de hoje não é igual ao de ontem. Contudo, nesse caso, dependendo das suas necessidades ou aspirações pessoais, o trabalhador é atraído para (e permanecerá em) um emprego específico em determinada companhia por duas razões: 1) a possibilidade de experimentar satisfação ou crescimento pessoal; e 2) a satisfação na interação humana predominante nessa empresa. O equilíbrio entre esses fatores varia conforme o indivíduo, mas todos bebem dessas duas fontes. O gerente de hoje, portanto, deve proporcionar mais que um simples meio para o funcionário obter seu sustento. A companhia deve oferecer desenvolvimento profissional contínuo, oportunidade para assumir mais responsabilidade na empresa e ambiente satisfatório para trabalhar. O trabalhador de hoje não espera ser *supervisionado*, mas *orientado* ao longo do cominho para o sucesso. Evidentemente, o gerente também precisa ter muito conhecimento e continuar a crescer, aumentando sua importância como mentor.

Tecnologia O desafio da tecnologia ocupará o restante dessas páginas. A tecnologia sempre existiu e sempre foi neutra. Ou seja, do mesmo modo como a faca serve para alimentar uma família ou para matar um inimigo, as novas tecnologias podem ser usadas para ajudar ou prejudicar. Como em relação a qualquer desafio, os gerentes podem enxergar a inovação tecnológica como algo contra o qual devem reagir, algo a ser antecipado, algo a ser planejado, ou algo do qual devem extrair potencial de melhoria e crescimento.

As tecnologias existem em vários estágios de desenvolvimento: algumas estão prontas e disponíveis para serem usadas no sistema de gestão das operações, algumas se tornarão viáveis economicamente em 5 ou 10 anos, e algumas estão no estágio embrionário. Qualquer gerente de visão tem consciência desses três estágios. As empresas de tecnologia (aquelas que comercializam a mais recente versão de determinada tecnologia, por exemplo, telefone celular) devem monitorar a tecnologia em duas frentes. Devem conhecer os produtos similares existentes no mercado, avaliando permanentemente os limites de seus próprios produtos. E também precisam conhecer as tecnologias potencialmente utilizáveis em suas próprias operações, como faz qualquer companhia de outro setor.

Em seu desenvolvimento, a tecnologia tende a passar para as mãos do usuário. Tome, como exemplo, o relógio. Em um momento da história, o único relógio existente na comunidade era aquele instalado na praça da cidade. As pessoas mais ricas conseguiam comprar enormes dispositivos de marcação de tempo conhecidos como "relógios do vovô" (ou do tipo carrilhão). Em meados do século XX, a maioria dos adultos possuía um relógio de pulso, muitas vezes recebido como presente especial de formatura. Hoje, as crianças e os adultos têm acesso a diversos dispositivos de tempo: do seu próprio relógio de pulso aos demais instalados no escritório, em casa e no automóvel.

Seria possível traçar uma progressão semelhante para outras tecnologias, por exemplo, dos motores e, evidentemente, do computador (cuja transição do computador de grande porte ao PC portátil ocorreu em algumas poucas décadas no último século).

A mudança de uma tecnologia para o usuário nem sempre é tranqüila. Um dos potenciais obstáculos quando uma companhia adota uma tecnologia é não levar em conta o fator humano envolvido no seu uso. Observa-se esse fato constantemente em pequenas empresas. A copiadora local implementa os mais modernos equipamentos para cópias e acabamento, oferecendo todo tipo de serviço, de cópias frente e verso, encadernação de relatórios ornados com fotos até convites para festas personalizados. O produto resultante, no entanto, depende em parte da habilidade e da experiência do operador e da disponibilidade de pessoal suficiente para atender aos clientes.

Equipamentos industriais de grande porte também propiciam cenário semelhante. No passado, o operador, por exemplo, de uma impressora múltipla tinha 30 anos para se familiarizar com a operação desse equipamento antes de surgir uma nova geração. Nos escritórios atuais, o funcionário mal consegue aprender a usar um software comum e surge uma versão nova ou diferente. Esses "aperfeiçoamentos" criam um solo fértil para a ineficiência, porque, em última análise, a tecnologia pode avançar somente no ritmo em que o ser humano consegue usá-la efetivamente.

A Amazon.com demorou para conseguir obter lucros por causa dos custos iniciais de estabelecimento da empresa — por exemplo, com produtos e depósito. Contudo, outros varejistas eletrônicos que oferecem pacotes de viagens, softwares e serviços financeiros têm poucos custos fixos e começam a lucrar muito mais rapidamente.

Com esse conhecimento, qualquer gerente de operações eficaz deve lançar mão de algum tipo de gestão tecnológica formal — alguns meios de antecipar o futuro, preparando-se para enfrentar os efeitos da nova tecnologia. Quando se visualiza o potencial da nova tecnologia (ou da tecnologia em estado embrionário), as melhores características humanas a serem usadas são:

1. Consciência (informação aliada à perspectiva); e
2. Imaginação (capacidade de criar novos cenários a partir dos existentes).

A consciência é mais fácil de ser adquirida. Na realidade, ela pode ser comprada de muitos consultores disponíveis para ajudar as corporações a se preparar para o futuro. Cada um deve cultivar o poder da imaginação dentro de si próprio.

INTERNET

Isso nos remete ao desafio atual para o poder da imaginação de cada um: a Internet. Oportunidades e armadilhas existem em abundância na Web. O que será apresentado a seguir são algumas experiências de sucesso e fracasso no uso da Internet que merecem ser destacadas. Quando este livro for publicado, muita coisa já terá mudado.

Diversas metodologias surgiram como opção para explorar uma operação na Internet. Um negócio tradicional com instalação física (empresa do tipo ***brick and mortar*** **— tijolo e cimento**) pode criar internamente seu próprio grupo para operar na Internet, ou formar uma parceria com uma empresa pontocom (.com) que opere a parte on-line dos negócios. Por exemplo, quando os três maiores varejistas norte-americanos decidiram embarcar no vagão do comércio eletrônico (*e-commerce*) para atender a necessidades específicas do cliente (empresa do tipo ***e-tailing***) no final da década de 1990, cada um adotou estratégias diferentes: a JC Penney e a Sears criaram sua própria divisão interna responsável pelo site da Internet; a Kmart, em contrapartida, contratou uma subsidiária — a bluelight.com —, para criar e operar seu site. Além disso, uma empresa pode decidir vender seus produtos exclusivamente pela Internet (empresa com operação do tipo ***pure-play***). A Amazon.com é uma empresa desse tipo.

Os gerentes também precisam descobrir como integrar com harmonia as atividades da Internet com as suas operações. Sistemas mal-integrados podem provocar destruição na organização. Por exemplo, no primeiro Natal em que realizou negócios pela Internet, a Toys 'R' Us teve de recusar clientes porque não conseguia atender os pedidos gerados no seu site. Para resolver o problema, a empresa firmou uma aliança com a Amazon.com. A Amazon operava o site e o processamento de pedidos on-line, e a Toys 'R' Us gerenciava o estoque e as entregas. Cada empresa possuía a especialidade de que a outra necessitava para vender brinquedos on-line.

Juntamente com as vendas pela Internet, os varejistas estão em vários estágios de aproveitamento das novas tecnologias para oferecer os benefícios da compra on-line no site de comércio eletrônico. Por exemplo, um quiosque no corredor de um *shopping center* pode disponibilizar eletronicamente informações, oferecendo aos compradores os dados necessários para tomar a decisão de compra. A Lamps Plus oferece ao cliente acesso a imagens de alta resolução, de texturas e amostras de tecidos de diferentes cores e produtos, que podem ser ampliadas, manipuladas e visualizadas em 360°. A Pacific Sunwear permite ao cliente pesquisar e visualizar roupas para garotos ou garotas, por item, cor e preço. Outros sites, como da Circuit City, eBags e Amazon, oferecem orientações on-line ou opiniões de clientes para ajudar o comprador a tomar a decisão.

Esses varejistas, e outros como Nordstrom, Eddie Bauer e Radio Shack, estão se estabelecendo com a visibilidade da marca e a familiaridade já criada com a presença física no comércio, e por meio de vendas por catálogos e revendas — vantagem não apreciada por companhias que trabalham exclusivamente na Internet.

Até há pouco tempo, o site de leilões eBay e algumas companhias que criavam lojas virtuais para outras empresas eram os únicos a não operarem no vermelho. Mesmo assim, as empresas *pure-play* podem ser lucrativas. Aproximadamente um quarto das 200 sociedades anônimas na Internet que sobreviveram às turbulências das empresas *ponto.com* hoje são lucrativas de acordo com as normas contábeis-padrão. As mais lucrativas são as agências de viagens, empresas de software e consultorias financeiras. Por quê? Porque essas empresas comercializam exclusivamente produtos de informação — não trabalham com produtos que precisam ser fisicamente armazenados ou entregues. Mesmo a Amazon.com, que operou muito tempo no vermelho, está finalmente apresentando lucros apesar do fato de, cada vez que um comprador adquire um livro na Amazon, ela precisar providenciar a compra de um exemplar na editora. Além disso, quando esse tipo de empresa recupera os custos iniciais de implementação, não precisa gastar muito mais à medida que as vendas vão aumentando. Ela não precisa, por exemplo, abrir novas lojas para alcançar o consumidor.[4]

Mesmo assim, os truques da tecnologia e as novas idéias de negócios não são suficientes. O cliente ainda exigirá agilidade, conveniência, qualidade e bom atendimento. Nesse aspecto, a compra pela Internet não é diferente da compra por catálogos ou em lojas convencionais. O cliente acabará dando seus votos para as empresas que ofereçam a melhor experiência de compra, seja vendo o produto pela Internet, seja tocando-o na loja.

REPERCUSSÃO POR TODA A EMPRESA

A Internet revolucionou a coleta de dados relacionados a vendas e marketing, já que as companhias registram informações sobre o hábito do usuário durante a visita a um site. Por exemplo, se um consumidor adquirir um produto na Amazon.com, em uma visita futura ao site ele receberá sugestões de produtos similares que talvez possam interessá-lo. Muitos varejistas são de opinião de que esse tipo de *data mining* (mineração de dados) será fundamental ou superará a operação no futuro. Ou seja, a capacidade de coletar e usar as informações obtidas do cliente on-line será crucial para o sucesso das decisões de marketing.

As companhias conseguem acompanhar facilmente suas encomendas obtendo a informação diretamente no site da Federal Express.

Além disso, a página de uma empresa na Internet pode facilitar ou dificultar, para o cliente, a obtenção de informações que conduzam à compra. Como muitas empresas aprenderam do jeito mais difícil, não basta simplesmente exibir imagens visualmente atraentes no site, já que cada mídia possui características próprias.

O projeto do site de uma companhia na Internet impacta as operações de toda a empresa. Por exemplo, se um cliente na Internet conseguir verificar se um item está disponível, as chances de fechar a venda aumentam. Se o cliente conseguir verificar a forma e a data prevista para a entrega do produto, as chances aumentam ainda mais. Nesse cenário, as operações inicial e final da venda (*front and back-end*) se tocam e a entrega das mercadorias ainda é a chave para o sucesso.

Enorme Quantidade de Dados A área de vendas se beneficia da Internet pela simples disponibilidade das informações e pela facilidade de responder aos questionamentos. Hoje, o gerente de compras não precisa aguardar a visita de um representante de vendas. Na realidade, sob o impacto da Internet, as empresas estão observando um realinhamento dos relacionamentos tradicionais entre produtores, atacadistas, distribuidores e varejistas. No universo do comércio entre empresas, antigamente, os compradores enfrentavam inúmeros obstáculos para conseguir um bom acordo: os fornecedores ficavam distantes, o tempo de pesquisa era escasso e os intermediários controlavam a maior parte das informações. Entra em cena a Ariba, um mercado baseado na Internet (*marketplace*) dedicado a produtos industriais. Basta ao setor de compras apresentar um contrato no site para receber como resposta uma enxurrada de ofertas dos fornecedores. Em certo sentido, as empresas baseadas na Internet estão se transformando no novo intermediário, o condutor entre produtores e compradores.

Os gerentes de compras podem acessar on-line a Ariba para comprar produtos industriais, a National Transportation Exchange para transportes rodoviários, a Chemdex para produtos bioquímicos e a IMX Exchange para buscar empréstimos por meio de corretores hipotecários, e isso tudo é apenas o começo.

A Internet também se tornou o intermediário entre empregadores e empregados. O departamento de recursos humanos pode contar com inúmeras ferramentas baseadas na Internet para encontrar candidatos. Além dos sites gigantescos de oferta de empregos como o Monster.com, existem as Intranets para recrutamento interno da companhia. Tanto o candidato a uma vaga como o empregador potencial podem acessar as informações um do outro baseados na preferência por localização geográfica, faixa salarial ou qualificação.

Tarefas de logística, de programação de entrega e distribuição estão cada vez mais conectadas nas redes baseadas na Internet, aproveitando a facilidade de obtenção de informações de previsão do tempo, padrões do trânsito e notícias atualizadas. A Federal Express disponibiliza no site as informações de acompanhamento das entregas. O correio oferece uma lista de códigos postais. Esses fatores influenciam a capacidade da companhia de entregar os produtos no prazo e a disponibilidade dos materiais dos fornecedores, efeitos totalmente sentidos pelo sistema de gestão das operações.

Mudança dos Padrões de Informação Para reduzir os custos com impressão e disponibilizar ainda mais documentos, as companhias estão digitalizando as informações. Em alguns casos, as empresas estão divulgando esses documentos na Internet. Desse modo, pessoas diferentes localizadas geograficamente distantes podem ter acesso à mesma informação. Mesmo assim, a digitalização de informações enfrenta alguns obstáculos. Nem todas as pessoas possuem o mesmo equipamento e software usados para visualizar e imprimir essas informações. Além disso, podem ocorrer equívocos na comunicação que não ocorreriam se todos os funcionários trabalhassem sob o mesmo teto.

As corporações precisam levar em conta essas circunstâncias quando decidem como usar a Internet, já que as decisões afetam o funcionamento de cada uma das unidades da companhia. A divulgação de certos tipos de informação normalmente não causa problemas. Por exemplo, fornecer endereço, telefone, horário de funcionamento e outras informações da empresa pela Internet é mais barato do que colocar um empregado atendendo pelo telefone. Muitas indagações que, na era da impressão, eram tratadas pelo correio, por exemplo, com o envio do relatório anual da empresa, agora são mais eficazes em custos se tratadas na Internet.

Fornecer outros tipos de informação, no entanto, pode não ser tão livre de repercussão, como nos exemplos anteriores. Dependendo do tipo de operação da companhia, se de comercialização entre empresas (*business-to-business*) ou ao consumidor (*business-to-consumer*), os compradores desejam informações do produto, de formas e condições de pagamento, das ofertas especiais, da política de devolução, das taxas de remessa e circulação, da possibilidade de alteração do pedido atual, de acompanhamento da compra ou de posição de um pedido.

O fornecimento e a manutenção de apenas algumas dessas informações — por exemplo, de alteração de um pedido — afetam, no mínimo, três departamentos: contabilidade, distribuição e marketing. Cada departamento fornecedor das informações deve estar ciente das conseqüências de tornar disponíveis as informações e deve ter um mecanismo para lidar com as mudanças. A coordenação também é um aspecto a ser considerado. Por exemplo, a cobrança em uma conta de cartão de crédito não pode ocorrer antes da remessa da mercadoria. Seja na venda para outras empresas, seja na venda para o consumidor, a operação on-line requer novas redes. Mais do que nunca, as companhias prosseguem utilizando essa tecnologia de evolução tão rápida, percebendo que potenciais vantagens compensam totalmente as dificuldades temporárias.

PROPRIEDADE INTELECTUAL

Uma das características da nova economia mencionadas neste texto é a natureza do produto: conhecimento, projeto e engenharia, em lugar da difícil fabricação. Citando como exemplo uma firma de engenharia ambiental, é possível observar como a Internet afeta sua operação. O negócio de uma empresa desse tipo inclui a criação de soluções para melhorar a operação, por exemplo, de uma usina de energia elétrica. As atividades da empresa envolvidas no planejamento de uma instalação industrial desse tipo estão sujeitas ao cumprimento das regulamentações governamentais. No projeto de engenharia de uma nova usina, é necessário apresentar uma quantidade enorme de informações para demonstrar que a empresa está cumprindo as normas e previu todos os impactos sobre a comunidade. Uma das exigências seria a notificação de todos os donos de propriedades dentro de determinado raio de distância da usina. A obtenção dessas informações das companhias envolvidas para, então, monitorar o processo de notificação seria somente uma das várias tarefas possíveis de serem potencialmente gerenciáveis pela Internet.

A empresa deve fornecer informações, de algum modo, às várias partes, criando, assim, novas necessidades de informações. Por exemplo, uma maneira de verificar se o documento impresso ou em cópias de CD foi enviado é acompanhando as informações no site da Federal Express. Também é possível disponibilizar essa documentação no formato somente para leitura na Internet, permitindo que as pessoas imprimam as seções que desejarem.

Na preparação para a construção de uma usina, as regulamentações federal, estadual e municipal devem ser obedecidas. A empresa deve fornecer informações de como a usina afetará o trânsito, os recursos culturais, as escolas, o fornecimento de água, a flora e a fauna e a qualidade do ar. Ela também deve divulgar planos para tratamento do material perigoso produzido durante a construção e operação da usina.

Gerenciar esse enorme conjunto de informações para responder adequadamente à demanda seria quase impossível antes do surgimento da gestão informatizada de dados.

ARMADILHAS

Quais têm sido as experiências daqueles que tiveram sucesso no comércio eletrônico e daqueles que fracassaram, e o que é possível aprender com eles? Relembrando o caso da Toys 'R' Us, e a sua incapacidade em atender aos pedidos pela Internet: além de perder negócios, ela, juntamente com outros varejistas como Macys.com e CDNow, foi investigada e multada pela Comissão Federal de Comércio pelo não-cumprimento das regras relativas a pedidos de compra. A regulamentação da comissão estabelece que, se o varejista não tem condições de cumprir o prazo, ele precisa notificar o cliente, dando-lhe opção de cancelar o pedido. Será que a direção dessas companhias poderia ter previsto a incapacidade de atender aos pedidos, e, se pudesse, como o fariam?

A confidencialidade da informação é outro problema. Uma recente pesquisa da Gallup revelou que 66% dos norte-americanos apóiam a criação de novas leis para proteger a privacidade em meio à revolução da alta tecnologia.[5] A Amazon.com enfrentou sérios problemas quando começou a cobrar preços diferentes de consumidores diferentes com base nas informações colhidas de cada cliente. A Toys 'R' Us foi alvo de um processo enorme sob a alegação de que a empresa permitia aos pesquisadores de mercado acessar informações do consumidor do seu site. A empresa alegou ter contratado a companhia para analisar os dados do consumidor para melhorar a experiência de compra. Embora a violação da confidencialidade seja uma questão existente muito antes do evento da Internet, a gravidade de qualquer quebra é aumentada pelas enormes quantidades de dados digitais disponíveis. A Comissão Federal de Comércio e o Congresso norte-americano estão tentando aprovar leis e instituir regulamentações para proteger o consumidor.

Outro problema é a familiaridade do cliente com a Internet. Apesar da aparente onda de compras on-line, relatos da mídia indicam que muitos consumidores ainda não compram pela Internet, ou compram raramente, ou compram apenas determinados produtos. Assim como ocorreu com as vendas por catálogo, a indústria digital amadurecerá à medida que os consumidores forem familiarizando-se com as ofertas e que os varejistas melhorarem a apresentação e o atendimento dos pedidos.

Alguns clientes preocupam-se com a transmissão on-line de dados do cartão de crédito e, portanto, hesitam em comprar. O uso indevido das informações do cartão de crédito, no entanto, pode ocorrer sempre que o atendente de uma loja registrar os dados durante a compra. Embora esse problema seja mais uma questão de percepção do que um problema real, essa percepção motiva as ações das pessoas, impedindo que algumas entrem na era da compra cibernética.

Circunstâncias como estas estão forçando a formação de novos modelos de negócios à medida que as companhias se esforçam para enfrentar todas as variáveis, incentivadas pelos potenciais benefícios.

NOVAS NECESSIDADES E DESEJOS

Os próprios clientes estão mudando conforme se torna possível satisfazer necessidades ou desejos latentes. Já foi mencionada aqui a personalização em massa. Serão apresentados a seguir alguns exemplos específicos de diversificação das características dos produtos.

A configuração de uma linha de montagem ou a instalação de um equipamento de produção são parte do custo de fabricação. Falando de escolha de cores de automóveis, Henry Ford disse uma vez: "Eles podem ter qualquer cor que desejarem, desde que seja preto." A alteração de um processo de fabricação para variar a característica de um produto era muito cara. Com a flexibilização da produção disponível na era digital, os fabricantes têm opção de produzir diversos sabores de água mineral, calças *jeans* com medidas específicas para diferentes formatos de corpo, e uma verdadeira paleta de cores de um artista para as cores do automóvel. A Levi Strauss e a Brooks hoje oferecem roupas industrialmente personalizadas, ajustando uma vasta combinação de medidas do corpo. As fãs da Barbie têm disponíveis cor de pele e cabelo, roupas e até a personalidade escolhidas pelas jovens donas da boneca. A tecnologia digital alimenta a capacidade de fabricação; e a Internet impulsiona a demanda.

O resultado é que o desejo do cliente em termos de customização e personalização avançou para um novo estágio. O comprador antigamente contentava-se com um produto em grande parte, ou aproximadamente, dentro do desejado. Hoje ele está começando a perceber que, algumas vezes, pode ter um produto dotado *exatamente* com as características desejadas. A experiência da aquisição de um produto está, portanto, mudando.

VALOR DOS ATRIBUTOS HUMANOS

Quais são as implicações de todas essas mudanças na tradicional gestão das operações? As mudanças são lembradas como negativas ou positivas, dependendo de como a empresa conseguiu sobreviver a elas. Não há razões para acreditar que a mudança tecnológica seja de alguma forma mais ameaçadora que outros tipos de mudança. As qualidades humanas tradicionais ainda são úteis: visão, consciência, alerta, imaginação, coragem, firmeza, persistência, flexibilidade, atenção e boa vontade.

Os gerentes atuais devem estar atentos, observando as mudanças das tendências, dos hábitos e dos costumes, das possibilidades e das regras básicas. Ele precisa ter ou adquirir uma visão que permita prever inúmeras possibilidades e, em seguida, imaginação para criar soluções. Ele precisa ter coragem para tomar o rumo em novas direções e estar alerta para os ajustes necessários nessa nova direção. Um gerente eficaz deve ter flexibilidade suficiente para ajustar-se e ser firme diante de mal-entendidos e erros. O gerente terá de persistir para seguir o caminho escolhido, com atenção voltada a todas as facetas do ambiente ao redor. As chances de sucesso de qualquer desafio aumentam quando há boa vontade.

Por fim, o gerente precisa de sorte. Algumas pessoas afirmam que "a sorte vem até você", e outras dizem "que você faz sua própria sorte". A maioria acha que ambas as afirmações são verdadeiras.

TERMOS-CHAVE

comércio eletrônico para atender às necessidades específicas do cliente (*e-tailing*), p. 583
nova economia, p. 581
data mining (mineração de dados), p. 584
negócio exclusivamente pela internet (*pure-play*), p. 583
negócio tradicional (com instalações físicas — *brick and mortar*), p. 583

QUESTÕES PARA DISCUSSÃO

1. O que é "personalização em massa"? Como o produto pode ser produzido em massa e ainda ser diferenciado para atrair setores específicos de mercado? A personalização em massa mudou o foco da gestão do produto?
2. Por que a "gestão da qualidade total" criada por Deming foi adotada pelos japoneses muito antes de essa filosofia tornar-se fundamental para a gestão das operações nas empresas norte-americanas? Qual é a relação entre gestão pela qualidade total e gestão das operações?
3. Como a nova economia mudou a gestão das operações? Em conseqüência da nova economia, qual o principal insumo no processo operacional?
4. Que aspectos a empresa deve levar em conta quando decide aproveitar as vantagens de uma nova tecnologia? Uma nova tecnologia influencia as decisões de gestão das operações?
5. Por que tantas empresas ponto.com duraram tão pouco tempo no final do século XX? Por que a Amazon e a Toys 'R' Us formaram uma aliança? Qual das duas empresas tende a se beneficiar mais? Explique.
6. A Internet ajuda a melhorar a gestão das operações de uma empresa?
7. Quais as implicações, para a gestão das operações, de os clientes serem capazes de satisfazer imediatamente as necessidades de compra usando a Internet? As funções do comércio eletrônico mudaram fundamentalmente o modo como as empresas realizam negócios? Explique.

Capítulo 18

Criação e Gestão de Mudanças

"O mundo odeia mudanças, mas, ainda assim, essa é a única coisa que tem propiciado o progresso."

— **Charles Kettering**

"Meu interesse é no futuro porque é lá que passarei o resto da minha vida".

— **Charles Kettering**

RESUMO DO CAPÍTULO

Tornando-se uma Empresa de Classe Mundial
- Futuro Grandioso e Sustentável
- Tirania do "Ou"
- Genialidade do "E"
- Desenvolvimento Organizacional
- Chegando ao Topo

Gerenciando a Mudança
- Motivando as Pessoas a Mudar
- Um Modelo Geral para Gerenciar a Resistência
- Abordagens Específicas para Obter Colaboração
- Harmonizando Mudanças Múltiplas
- Liderando a Mudança

Modelando o Futuro
- Pensando sobre o Futuro
- Criando o Futuro
- Modelando o seu Próprio Futuro
- Aprendendo e Liderando

OBJETIVOS DE APRENDIZAGEM

Após estudar este Capítulo, você deverá saber:

1. O que é necessário para se tornar uma empresa de classe mundial.
2. Como gerenciar efetivamente a mudança.
3. Como criar um futuro de sucesso.

Prólogo

JEFFREY IMMELT E A GE

A GE é freqüentemente mencionada nas pesquisas de opinião da revista *Fortune* pelos executivos corporativos norte-americanos como a "Empresa Mais Admirada" do país e aparece na *Financial Times* de Londres como a "Companhia Mais Respeitada do Mundo". No Capítulo 10, foram abordadas as práticas de RH da companhia. Outra chave para o sucesso extraordinário da GE é sua capacidade de efetuar mudanças orquestradas pelos seus principais líderes com a participação dos funcionários de toda a organização.

As atividades iniciais da GE foram baseadas em novas descobertas e invenções — Thomas Edison fundou a empresa em 1898. No século XX, a GE serviu como modelo de novas práticas de gestão. Na década de 1930, ela era uma corporação clássica extremamente centralizada e estritamente controlada. Nos anos 50, a GE delegou responsabilidade aos gestores departamentais e liderou a tendência à descentralização. Nas décadas de 1960 e 1970, promoveu uma reorganização em torno de 43 unidades estratégicas de negócios, supervisionando grupos, divisões e departamentos, e ficou conhecida pela sofisticação do seu processo de planejamento estratégico.

Quando Jack Welch assumiu a presidência da empresa em 1981, vislumbrou uma companhia empreendedora, altamente diversificada e líder de classe mundial em cada linha de produto por ela fabricado. Ele estabeleceu metas elásticas, promoveu enxugamentos, vendeu empresas não lucrativas e, então, passou a promover mudanças na cultura corporativa. Apesar de contar com centenas de milhares de funcionários, ele desejava criar uma cultura ágil, aberta e desburocratizada, como a de uma empresa pequena. Obteve sucesso nessa empreitada, e criou mais riqueza do que qualquer outro executivo na história empresarial, sendo considerado, pela *Fortune*, "Gestor do Século". (Para obter mais informações sobre as realizações de Welch, ver o caso de apoio no final deste capítulo, "A Transformação da General Electric".)

Welch se aposentou em 2001, escolhendo Jeffrey Immelt como sucessor. Um observador comentou sobre a dificuldade enfrentada pelo novo executivo: "Quem gostaria de substituir o lendário jogador de beisebol Babe Ruth?". Immelt estava assumindo a posição de uma lenda.

Apesar do longo histórico de sucessos incríveis da GE, Immelt não podia simplesmente seguir a onda. Seu primeiro dia como presidente da empresa foi em 10 de setembro de 2001 — um dia antes da trágica mudança no cenário mundial. A GE também teve de mudar. Em 2002, o crescimento nos lucros ficou abaixo de dois dígitos pela primeira vez em uma década. O preço das ações caiu um terço durante o primeiro ano da gestão de Immelt. Ele precisava transformar a empresa, que muitos consideravam a maior de todos os tempos, em uma companhia mais ágil, voltada ao cliente.

FONTES do Prólogo, das Conexões e do Epílogo: MADDEN, N. Beijing, '08: GE jump-starts olympic push. *Advertising age*, 3 jan. 2005; p. 6; USEEM, J. Another boss revolution. *Fortune*, 5 abr. 2004, p. 112-24; JONES, D. et al. Deal helps Immelt put his stamp on GE. *USA Today*, 9 out. 2003, p. 1B; Managers who hit their marks. *BusinessWeek*, *The America's Intelligence Wire*, 10 jan. 2005; BARTLETT, C.; WOZNY, M. *GE's two-decade transformation:* Jack Welch's leadership. Boston, MA: Harvard Business School Press, 2002. GAPPER J.; ROBERTS, D. Man of the year Jeffrey Immelt. *Financial Times*, 27 dez. 2003, p. 11; HERERA S.; GRIFFETH, Bill. *CNBC Interview*, *The America's Intelligence Wire*, 21 jan. 2005.

"Quer uma tarefa difícil? Tente implementar grandes mudanças em uma organização (...) Quase sem exceção, os executivos afirmam ser essa a tarefa mais difícil que já realizaram."

— T. A. Stewart, *Fortune*

"Se alguém disser que é impossível fazer, está errado. Se alguém disser que é fácil fazer, também está errado."

— Charles Lee, Verizon

"Nossa jornada não acaba nunca. Se um dia acharmos que realizamos tudo, é melhor começarmos a ficar preocupados para não ficar fora do mercado."

— Rich Teerlink, Harley-Davidson

"Em um mundo de permanentes mudanças, talvez a competência mais importante de todas — para uma empresa, para uma equipe, para um indivíduo — seja a capacidade de conduzir mudanças."

— Fast Company

Esses executivos — e Chris Rock no quadro adiante — estão falando do mesmo assunto: as dificuldades e os desafios de se criar mudanças, e a necessidade de melhoria constante para se atingir excelência de classe mundial e vantagem competitiva para o futuro.

As mudanças acontecem — de forma constante e imprevisível. Qualquer que seja a vantagem competitiva da empresa, ela depende das circunstâncias específicas em determinado momento, mas as circunstâncias mudam.[1] O ambiente econômico oscila; surgem competidores de todas as partes; mercados aparecem e desaparecem. O desafio das organizações não consiste apenas em produzir itens novos e inovadores — o desafio é equilibrar uma cultura que seja inovadora e que permita criar um negócio sustentável.[2] E, para o indivíduo, a capacidade de lidar com a mudança está relacionada ao seu desempenho no trabalho e às recompensas que ele recebe.[3]

"Você sabe como é o mundo da música. Volúvel! De manhã você está nas paradas, de tarde está fora!"

Chris Rock

Tornando-se uma Empresa de Classe Mundial

Atualmente, o gestor deseja, ou *deveria* desejar, que sua empresa se torne uma empresa de classe mundial.[4] Para algumas pessoas, o esforço para se atingir a excelência de classe mundial parece ser uma meta grandiosa demais, impossível e desnecessária. No entanto, é uma meta essencial para a sobrevivência e o sucesso no mundo empresarial profundamente competitivo de hoje em dia.

Para a empresa se tornar de classe mundial, é preciso aplicar as melhores e mais recentes idéias e conhecimentos, e ter capacidade para operar nos mais altos padrões em qualquer parte do mundo.[5] Portanto, tornar-se uma empresa de classe mundial não significa apenas melhorar. Significa tornar-se uma das melhores do mundo em sua área de atuação. Há alguns anos, especialistas calcularam que, para a maioria das companhias, tornar-se de classe mundial implicava melhorar a qualidade de cem a mil vezes, reduzir os custos de 30% a 50%, aumentar a produtividade de duas a quatro vezes, diminuir o tempo de entrega do pedido em um fator de 5 a 10, e reduzir o tempo de desenvolvimento de um novo produto de 30% a 60%. E, mesmo que a empresa atingisse essas substanciais melhorias, ainda teria de continuar melhorando![6]

As companhias de classe mundial criam produtos de grande valor e obtêm lucros elevados por muito tempo. Elas demolem culturas, sistemas e métodos obsoletos do passado que impediam o avanço competitivo e aplicam processos, estruturas, estratégias organizacionais e gestão de recursos humanos mais eficazes e competitivos. O resultado é uma organização capaz de competir com sucesso no âmbito global.[7]

É uma aspiração que vale a pena: tornar-se uma empresa de classe mundial em cada uma das suas metas competitivas.

Futuro Grandioso e Sustentável

Dois professores de Stanford, James Collins e Jerry Porras, estudaram 18 corporações que atingiram e mantiveram a excelência por meio século ou mais.[8] Entre as companhias estão Sony, American Express, Motorola, Marriott, Johnson & Johnson, Disney, 3M, Hewlett-Packard, Citicorp e Wal-Mart. Ao longo

QUADRO 18.1
Ideologias Centrais de Empresas Criadas para Durar

Empresa	Ideologia
3M	Inovação; "Não matarás a idéia de um novo produto" Integridade Absoluta Respeito pela iniciativa individual e pelo crescimento pessoal Tolerância com os erros honestos Confiabilidade e qualidade do produto "Nosso verdadeiro negócio é resolver problemas"
American Express	Atendimento heróico ao cliente Serviços de confiabilidade mundial Incentivo à iniciativa individual
Boeing	Estar na liderança da aeronáutica; ser pioneiro Enfrentar grandes desafios e riscos Segurança e qualidade do produto Integridade e ética nos negócios "Comer, respirar o universo da aeronáutica e com ele dormir"
Sony	Experimentar a simples alegria proporcionada pelo avanço, pela aplicação e pela inovação da tecnologia que beneficia o público em geral Elevar a cultura japonesa e o *status* da nação Ser pioneiros — não seguindo os outros, mas realizando o impossível Respeitar e incentivar a capacidade e a criatividade de cada indivíduo
Wal-Mart	"Existimos para oferecer valor ao nosso cliente" — para melhorar a vida do consumidor oferecendo mais opções de mercadorias e por preços menores; o resto é secundário Nadar contra a corrente, resistir à sabedoria convencional Manter a parceria com os funcionários Trabalhar com paixão, compromisso e entusiasmo Permanecer enxuto Buscar metas cada vez mais altas
Walt Disney	Não há lugar para o cinismo Atenção redobrada com a coerência e os detalhes Progresso permanente por meio de criatividade, sonhos e imaginação Preservação e controle extremo da imagem de "magia" da Disney "Proporcionar felicidade a milhões" e comemorar, cultuar e divulgar os "valores norte-americanos de integridade"

FONTE: De COLLINS James C.; PORRAS Jerry I. Built to last. Copyright © 1997, James C. Collins e Jerry I. Porras. Reimpresso com permissão de HarperCollins Publishers, Inc e Random House Group Limited.

dos anos, essas companhias têm sido muito admiradas, consideradas as principais instituições na área em que atuam e exercido real *impacto no mundo*. Embora toda empresa passe por períodos de crise — e essas companhias não são exceções ao longo de suas longas histórias —, elas têm permanecido consistentes por décadas. Apresentam desempenho extraordinário *por longo prazo*, e não uma excelência passageira. Esse estudo está relatado no livro intitulado *Built to last* (Criadas para durar) — o que efetivamente é verdade para essas grandes organizações.

Os pesquisadores buscaram identificar as características essenciais das grandes empresas duradouras. Essas empresas têm valores centrais sólidos, nos quais acreditam profundamente e, de forma coerente, elas os expressam e vivem de acordo com eles. São impulsionadas por metas — não apenas por aperfeiçoamentos incrementais ou por metas comuns, mas por metas amplas (ver Capítulo 13). Elas mudam constantemente, buscando o progresso por meio de adaptabilidade, experimentação, tentativa e erro, pensamento empreendedor e ações rápidas. E não se dedicam a derrotar a concorrência; buscam basicamente superar a si mesmas. Elas se questionam o tempo todo: "Como podemos melhorar para fazermos amanhã melhor do que fizemos hoje?."

No entanto, por trás das ações e das mudanças, os valores centrais e a visão permanecem firmes e intactos. A Quadro 18.1 apresenta os valores centrais de diversas empresas que foram "criadas para durar". Observe que nem todos os valores são iguais. Na realidade, não existe um conjunto de valores comuns que permita prever de forma consistente o sucesso. Ao contrário, o fator crítico é que as grandes companhias *têm* valores centrais, *conhecem* esses valores e seu significado e *vivem* de acordo com eles — ano após ano.

Tirania do "Ou"

Muitas companhias, e pessoas, são atingidas pela epidemia que os autores do livro *Built to last* chamam **"tirania do ou"**. Essa tirania está relacionada à crença da possibilidade de se escolher apenas uma alternativa, A ou B, e não ambas. Os autores citam diversos exemplos:[9] a crença de que é necessário escolher a mudança ou a estabilidade; ser conservador ou ousado; ter controle e consistência ou liberdade criativa; trabalhar bem no curto prazo ou investir no futuro; planejar de forma metódica ou ser oportunista; produzir riqueza para o acionista ou realizar o bem para a humanidade; ser pragmático ou idealista. Essas crenças, de que apenas uma e nenhuma outra meta pode ser atingida, muitas vezes são inválidas e certamente são restritivas — desnecessariamente.

> **tirania do "ou"**
> A crença na possibilidade de se escolher a alternativa A ou a B, e não ambas; de que apenas uma e nenhuma outra meta pode ser atingida.

Genialidade do "E"

Ao contrário da "tirania do ou", a **"genialidade do e"** — colocada de forma mais acadêmica, **ambidestreza organizacional** — refere-se à capacidade de atingir vários objetivos ao mesmo tempo.[10] Ela é desenvolvida por meio das ações de vários indivíduos de toda a organização. Já foi discutida anteriormente no livro a importância de oferecer vários valores competitivos ao cliente; de executar todas as funções de gestão; de conciliar a lógica empresarial racional com a ética e a liderança com o *empowerment*, e de outras metas. Os autores Collins e Porras elaboraram uma lista própria,[11] que inclui:

> **genialidade do "e"; ambidestreza organizacional**
> Capacidade de atingir vários objetivos ao mesmo tempo.

- Propósito além do lucro *e* busca pragmática do lucro.
- Valores centrais relativamente fixos *e* mudanças e movimentos vigorosos.
- Conservadorismo em relação aos valores centrais *e* ações empresariais ousadas.
- Visão e orientação claras *e* experimentação.
- Metas amplas *e* avanço incremental.
- Controle baseado nos valores *e* liberdade operacional.
- Investimento e pensamento de longo prazo *e* demanda por resultados de curto prazo.
- Perspectiva futurista e visionária *e* execução prática e detalhada da rotina.

Ao longo deste livro, todos esses aspectos foram abordados, e o profissional não deve perder nenhum deles de vista — nem na mente nem nas ações. A realização desses objetivos exige uma gestão efetiva e contínua da mudança.

Desenvolvimento Organizacional

Como a organização pode ser mais ambidestra e mover-se em outras direções mais positivas como as descritas neste livro? Neste capítulo, serão discutidas diversas abordagens gerais para criar mudanças positivas. Começaremos com um conceito "guarda-chuva" denominado desenvolvimento organizacional.

Desenvolvimento organizacional é uma aplicação sistêmica do conhecimento da ciência comportamental para desenvolver, aprimorar e reforçar estratégias, estruturas e processos que levem à eficácia organizacional.[12] Ao longo de todo o livro, foram apresentados conceitos da ciência comportamental e de estratégias, estruturas e processos que ajudam a aumentar a eficácia da organização. O fator "sistêmico" da definição significa que o desenvolvimento organizacional não se restringe ao aperfeiçoamento da tecnologia ou das operações, mas se trata de uma abordagem mais ampla da mudança da organização, das unidades ou das pessoas. O componente da "ciência comportamental" significa que o desenvolvimento organizacional não se refere diretamente aos aspectos

> **desenvolvimento organizacional**
> Aplicação sistêmica do conhecimento da ciência comportamental para desenvolver, aprimorar e reforçar estratégias, estruturas e processos que levem à eficácia organizacional.

Para atingir de forma mais eficaz e eficiente seus clientes, a Entenmann's uniu-se à AT&T e implantou uma rede para "receber informações detalhadas das vendas de milhares de lojas, utilizar esses dados para identificar os produtos necessários, transmiti-los para as unidades regionais e despachar caminhões para encher as prateleiras com doces, biscoitos, tortas frescas, ainda quentinhas". Essas melhorias não acontecem por acaso; elas exigem um conjunto intensivo e orquestrado de mudanças.

econômicos, financeiros ou técnicos da organização — embora esses aspectos possam se beneficiar das mudanças no comportamento das pessoas presentes na companhia. A outra parte importante da definição — desenvolver, aprimorar e reforçar — refere-se ao efetivo processo de mudança, para melhorar e perdurar.

Dois aspectos do desenvolvimento organizacional devem ser ressaltados.[13] Primeiro, ele se destina a aumentar a eficácia organizacional — melhora a capacidade da organização de responder aos grupos externos, por exemplo, clientes, acionistas, governo, funcionários e outros *stakeholders*, produzindo itens de melhor qualidade, retornos financeiros mais elevados e vida profissional com mais qualidade. Segundo, o desenvolvimento organizacional baseia-se em um valor fundamental: ele dá suporte à participação, ao desenvolvimento e ao potencial humano, além de sustentar o desempenho e a vantagem competitiva.

Muitas técnicas específicas de desenvolvimento organizacional se enquadram nesse "guarda-chuva" filosófico.[14] Os tipos básicos são *intervenções estratégicas*, inclusive ajudando as organizações a realizar fusões e aquisições, mudar suas estratégias e formar alianças; *intervenções tecnoestruturais*, relacionadas ao formato e à estrutura organizacional, ao envolvimento dos funcionários e à estruturação do trabalho; *intervenções de gestão de recursos humanos*, incluindo a atração de profissionais qualificados, definição de metas, e avaliação e recompensa para o desempenho; e *intervenções de processo humano*, incluindo a solução de conflitos, a formação de equipes, a comunicação e a liderança. Como é possível observar, todos esses tópicos já foram abordados em nosso curso de administração. No restante do presente capítulo, serão abordados mais detalhes do processo de criação de mudanças.

Chegando ao Topo

Um estudo recente abrangendo 200 técnicas de gestão adotadas por 160 companhias ao longo de uma década identificou as práticas de gestão específicas que resultam desempenho superior e sustentado.[15] Os autores resumiram suas descobertas em quatro fatores principais: 1) *estratégia* — voltada ao cliente, em permanente sintonia com as mudanças do mercado e claramente divulgada aos funcionários; 2) *execução* — profissionais de gabarito, com autoridade para tomar decisões na linha de frente, realizando trabalho de qualidade e reduzindo custos; 3) *cultura* — que seja motivadora, dê poder às pessoas para inovarem, recompense adequadamente os funcionários (tanto em termos psicológicos quanto em termos financeiros), envolva valores sólidos, desafie as pessoas e ofereça um ambiente de trabalho satisfatório; e 4) *estrutura* — que torne a organização uma empresa em que e com a qual seja fácil trabalhar, caracterizada por cooperação e troca de informações e conhecimento por toda sua extensão. Todos esses tópicos têm sido abordados ao longo deste curso.

Tornar-se uma organização de classe mundial não é uma oportunidade restrita ao setor privado. Os cidadãos se preocupam com os efeitos negativos da globalização sobre as comunidades locais, com o fechamento de fábricas e demissões de funcionários em outros países. No entanto, essas comunidades têm opções — não simples, mas exeqüíveis. Uma região pode empenhar-se para se tornar um centro de classe mundial de *pensadores*, *executores* ou *negociadores*.[16] Assim, Boston cria novas idéias e tecnologias que, muitas vezes, dominam o mercado mundial; a região de Spartanville-Greenville, na Carolina do Sul, é uma área manufatureira de classe mundial que tem atraído investimentos estrangeiros diretamente de mais de 200 companhias localizadas em 18 países; e, Miami, na Flórida, conecta as culturas latina e inglesa da mesma forma que Hong Kong e Cingapura historicamente conectaram as culturas chinesa e britânica. O segredo para a criação de comunidades locais de classe mundial abrange: liderança visionária, clima amigável para os negócios, compromisso com o treinamento dos trabalhadores e colaboração entre as empresas e entre empresas e governo local.[17]

Vantagens da Colaboração

Imagine o poder e o impacto nas comunidades locais quando empresas trabalham juntos com outras empresas e com os governos locais.

As pessoas são a chave do sucesso da mudança.[18] Para a organização tornar-se grande, ou mesmo apenas para sobreviver, as pessoas precisam se preocupar com o destino dela e com a forma como podem contribuir. No entanto, normalmente a liderança fica restrita somente a alguns profissionais do alto escalão. Bem poucos assumem o peso da mudança; a quantidade de profissionais que realmente se preocupa, e que contribui com inovações, é muito pequena. Todos os funcionários da organização precisam se interessar mais e assumir um papel mais ativo para ajudar a empresa como um todo. Eles precisam se identificar com toda a organização, não apenas com sua unidade e com os colegas mais próximos.

Gerenciando a Mudança

A *liderança compartilhada* é fundamental para o sucesso da maioria das iniciativas de mudanças — as pessoas não devem ser apenas *apoiadoras* da mudança, mas também *implementadoras*.[19]

Essa postura é comum em empresas novas e em organizações bem pequenas, mas muito freqüentemente é perdida com o crescimento e com o tempo. Nas corporações tradicionais e de grande porte, ela é efetivamente muito rara. É necessário haver uma reativação permanente da criatividade e da responsabilidade individual, uma verdadeira mudança no comportamento das pessoas de toda a organização. A principal tarefa é motivar totalmente as pessoas a continuar mudando, em resposta aos novos desafios empresariais.

Agente de mudança: Ken Kutaragi

Agentes de mudança são, como dá a entender a expressão, pessoas que criam mudanças. Em todo este capítulo, serão mostrados perfis dos agentes de mudança — em alguns casos, destacando as mudanças que essas pessoas criaram, enquanto, em outros, aquilo que elas aprenderam.

Ken Kutaragi, da Sony, sabia que a empresa estava em desvantagem em três novos mercados digitais importantes: jogos eletrônicos, computadores pessoais e telefones celulares. Os pontos fortes históricos da Sony estavam na tecnologia analógica presente em televisores, videocassetes e aparelhos de som. Ele definiu para si a missão de convencer a alta administração sobre a importância do mercado de informática de entretenimento e persuadi-la de que a Sony teria de passar para a era digital. Depois de ameaçar abandonar a empresa se ela não financiasse suas iniciativas de pesquisa e desenvolvimento em um projeto de jogo eletrônico, ele prometeu que conseguiria criar uma plataforma para o crescimento futuro da Sony. Dois anos depois, nasceu a PlayStation. Em 2005, diversas inovações de sucesso foram creditadas a Kutaragi.

FONTES: KUNII, I. M. et al. Can Sony regain the magic? *BusinessWeek*, 11 mar. 2002, p. 72-80; LASHINSKY, A. Sony: getting back its music mojo. *Fortune*, 21 fev. 2005, p. 79-86.

Motivando as Pessoas a Mudar

As pessoas precisam ser *motivadas* a mudar. Contudo, muitas vezes elas resistem às mudanças. Algumas resistem mais que outras,[20] mas os gestores têm uma tendência de subestimar o nível de resistência que encontrará pela frente.

Todos os indivíduos — clientes, executivos, funcionários — resistem a mudanças. A Microsoft teve uma dificuldade imensa para convencer as pessoas a trocar o Google e o Yahoo! pelo seu mecanismo de busca.[21] A Schwinn conhecia tudo de *mountain bikes*, mas persistiu tempo demais com os produtos tradicionais.[22] Não faz muito tempo, os *experts* diziam que a transmissão de rádio via satélite seria inviável — ninguém pagaria por esse produto. Hoje, há uma concorrência acirrada entre a XM e a Sirius, com grandes oportunidades de crescimento em jogo, e as emissoras de rádio estabelecidas terão de mudar, ou morrerão.[23]

Muitas pessoas permanecem na mediocridade em vez de aspirar o *status* de classe mundial. Elas resistem à idéia de se esforçarem vigorosamente em busca da excelência. Quando ouvem o gestor dizer, "Temos de ser uma empresa de classe mundial", falam coisas como:

- "Essas estatísticas de desempenho de classe mundial são ridículas! Não acredito nesses números, são impossíveis! Talvez em alguns setores, algumas companhias (...) mas o nosso setor é diferente (...)."
- "Com certeza, talvez algumas empresas atinjam esses números, mas não há pressa (...) Estamos agindo corretamente. As vendas cresceram 5% este ano, os custos diminuíram 2%. E vamos continuar aparando as arestas (...)."
- "Não conseguiremos ser uma empresa de classe mundial como as grandes companhias globais; não temos dinheiro nem pessoal (...)."
- "Não acreditamos nessa coisa de mercado e concorrência global. Não precisamos expandir internacionalmente. Um dos nossos concorrentes locais tentou isso há alguns anos e acabou se dando mal."
- "Não é uma briga justa (...) os outros têm muito mais vantagens (...)."

Para lidar com esse tipo de reação e implementar com sucesso mudanças positivas, o gestor precisa entender os motivos da resistência das pessoas. A Figura 18.1 mostra as razões mais freqüentes para a resistência. Algumas razões são gerais e surgem na maioria das iniciativas de mudanças. Outras são de natureza específica de determinada mudança.

Razões Gerais para Resistência às Mudanças Independentemente do conteúdo real das mudanças, surgem diversas razões para resistir a elas.[24]

- *Inércia*. As pessoas geralmente não gostam de mudar o *status quo*. As formas tradicionais de se fazer coisas são confortáveis e fáceis; portanto, ninguém quer perturbar o ambiente e experimentar algo novo. Por exemplo, é mais fácil continuar morando no mesmo apartamento ou na mesma casa em vez de se mudar para outro lugar.
- *Timing* (momento oportuno). As pessoas, muitas vezes, resistem às mudanças por considerarem o momento inadequado. Talvez a pessoa queira mudar para outro lugar, mas será que precisa ser esta semana? Mesmo já tendo outro local para onde ir, talvez não haja tanta pressa para mudar.

FIGURA 18.1
Razões para a Resistência às Mudanças

O medo do desconhecido e a desconfiança podem gerar resistência às mudanças.

Se o gestor ou os funcionários estiverem extremamente ocupados ou sob intenso estresse, ou se o relacionamento entre a administração e os trabalhadores for tenso, o momento não é adequado para a introdução de novas propostas. Sempre que possível, o gestor deve introduzir mudanças quando as pessoas estiverem receptivas.

- *Surpresa*. Um aspecto fundamental de *timing* e receptividade é a surpresa. Se a mudança for repentina, inesperada ou extrema, a resistência pode representar a reação inicial — praticamente um reflexo. Por exemplo, a universidade anuncia o aumento nas mensalidades a partir do início do próximo semestre. A resistência será bem alta. No mínimo, os estudantes desejarão saber mais sobre essa mudança com muito mais antecedência para terem tempo de se preparar.
- *Pressão dos pares*. Algumas vezes, as equipes de trabalho resistem às novas idéias. Mesmo que os membros não se oponham firmemente a uma mudança sugerida pela direção, a equipe pode se unir para fazer oposição. Se um grupo for muito coeso e tiver posições contrárias à administração (ver Capítulo 14), a pressão dos pares fará que os membros resistam até mesmo a mudanças razoáveis.

Razões Específicas para Resistência às Mudanças Há outras causas de natureza específica que provocam a resistência a uma mudança proposta. Entre essas razões estão:[25]

- *Interesse próprio*. A maioria das pessoas preocupa-se mais com o próprio interesse do que com o bem da organização. Os funcionários resistem à mudança se acharem que ela provocará a perda de algo importante para si.

O que as pessoas temem perder? Na pior hipótese, o próprio emprego, se a administração estiver estudando o fechamento de uma fábrica. Uma fusão ou reorganização, ou alguma mudança tecnológica, pode criar o mesmo temor. Mesmo com as garantias de que não haverá demissão, as pessoas pode temer cortes no salário ou perda de poder e *status* com a nova estrutura.

- *Mau entendimento*. Mesmo quando a administração propõe uma mudança que beneficiará a todos, os funcionários resistem por não entenderem totalmente a proposta. O funcionário pode não entender como a mudança se ajusta à estratégia da firma, ou simplesmente pode não ver vantagem na mudança, quando comparada com as práticas atuais.[26] Em uma empresa, houve resistência à idéia de introduzir horário flexível de trabalho, um sistema em que os trabalhadores têm certa liberdade na escolha das horas de trabalho. Esse sistema pode ser vantajoso para o funcionário, mas falsos rumores circularam entre os trabalhadores da fábrica afirmando que eles teriam de trabalhar à noite, nos fins de semana, ou a critério do supervisor. O sindicato dos trabalhadores exigiu que a administração desistisse da idéia. O presidente foi pego completamente de surpresa por essa inesperada resistência, e concordou com a exigência do sindicato.

- *Avaliações diferentes*. Os funcionários recebem informações diferentes — e normalmente em menor quantidade — das que a administração recebe. Mesmo no mais alto escalão da empresa, alguns executivos sabem mais que outros. Essas discrepâncias fazem que as pessoas desenvolvam avaliações diferentes das mudanças propostas. Alguns funcionários ficam cientes de que os benefícios compensam os custos, enquanto outros enxergam apenas os custos e não as vantagens. Esse é um problema comum quando a administração anuncia uma mudança, por exemplo, nos procedimentos de trabalho, e não explica aos funcionários as razões. A direção da empresa espera se beneficiar, em termos de aumento da eficiência, mas os trabalhadores podem enxergar a mudança como outra imposição arbitrária e mal-explicada, que pode provocar contratempos àqueles que terão de implementá-la.
- *Táticas da administração*. Algumas vezes, uma mudança bem-sucedida em um setor pode ser problemática ao ser transferida para outra área.[27] A administração talvez não consiga o comprometimento dos funcionários por tentar impor a mudança. Ou ela pode não conseguir fornecer os recursos, o conhecimento ou a liderança necessários para o êxito da mudança. Também acontece de a mudança receber tanta atenção e divulgação que os funcionários se ressentem e resistem a ela.

É importante reconhecer que a avaliação realizada pelos funcionários pode ser mais precisa do que a feita pela administração; eles podem saber que a mudança não funcionará, mesmo que a direção não perceba isso. Nesse caso, a resistência à mudança é benéfica para a organização. Portanto, embora a administração normalmente considere a resistência um desafio a ser superado, na verdade ela pode representar um importante sinal de que a mudança proposta necessita de um estudo mais amplo e mais profundo.[28]

Agente de mudança: Nick Moon e Martin Fisher

Na Appro TEC, Nick Moon e Martin Fisher desenvolveram uma bomba de irrigação manual vendida por US$ 80. A bomba permite que fazendeiros de culturas de subsistência da região africana abaixo do deserto do Saara plantem durante a temporada de secas, aumentando a sua receita em até dez vezes. A bomba, chamada de MoneyMaker (*máquina de fazer dinheiro*), hoje é produzida e distribuída por companhias independentes, que visam ao lucro. A Appro TEC está expandindo seus negócios para outros mercados da região, desenvolvendo outros produtos, ampliando as vendas a atacadistas do mundo todo, e ajudando a reduzir a pobreza mundial.

FONTE: DAHLE, C. The change masters. *Fast company*, jan. 2005, p. 47-58.

Um Modelo Geral para Gerenciar a Resistência

A Figura 18.2 mostra que o processo de motivar as pessoas a mudar costuma envolver três estágios básicos: descongelamento, movimentação para instituir a mudança e recongelamento.[29]

descongelamento

Percepção de que as práticas correntes são inadequadas e que novos comportamentos precisam entrar em ação

Descongelamento No estágio de **descongelamento**, a direção da empresa percebe que suas práticas não são mais adequadas e que a companhia deve desfazer (descongelar) o molde atual, adotando métodos diferentes para execução do trabalho. As pessoas precisam reconhecer que algumas das formas antigas de pensamento, sentimento e execução do trabalho estão obsoletas.[30] Talvez a melhor maneira de se fazer isso seja mostrando aos funcionários as conseqüências negativas dessas práticas, pela comparação do desempenho da organização com o da concorrência. Como já discutido no Capítulo 15, a administração pode compartilhar com os funcionários dados referentes a custos, qualidade e lucros.[31] No entanto, é preciso tomar cuidado para não colocar os funcionários em posição defensiva, por se atribuir direta e totalmente a culpa a eles.[32]

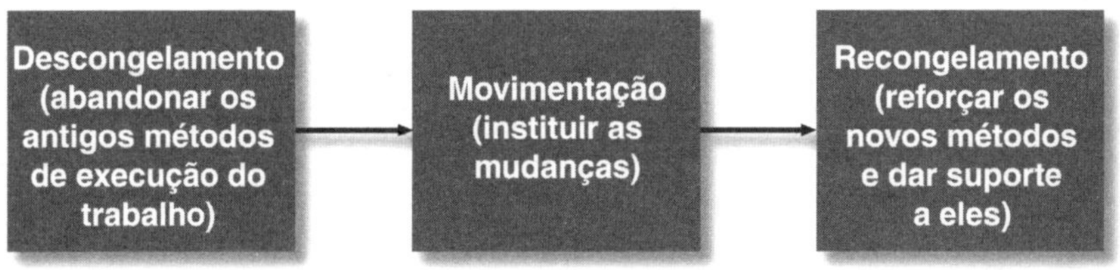

FIGURA 18.2
Motivando as Pessoas para Mudar

Um fator importante que contribui para o descongelamento é o reconhecimento da existência de um *gap* de desempenho, o que pode se tornar o "gatilho" para grandes mudanças. ***Gap* de desempenho** é a diferença entre o desempenho real e aquele que deveria ou poderia existir.[33] O *gap* normalmente caracteriza um desempenho ruim; por exemplo, vendas, lucros, preço das ações ou outros indicadores financeiros estão ruins. Uma situação como essa chama a atenção da direção e faz que ela introduza mudanças para tentar corrigi-la.

gap de desempenho
Diferença entre o desempenho real e o desejado.

Outra forma importante de *gap* de desempenho é aquele que ocorre quando o desempenho é bom, mas alguém percebe que poderia ser melhor. Portanto, o *gap* está entre o que efetivamente ocorre e o que *poderia* ocorrer. É nesse momento que o empreendedor agarra oportunidades e as companhias que realizam manobras estratégicas obtêm vantagem competitiva. Se, de um lado, muitas mudanças são ocasionadas por aspectos negativos, do outro, muitas vezes é mais importante identificar os pontos fortes e potenciais e, assim, criar novos métodos de operação com base nessa perspectiva positiva.[34]

Uma tática útil para inovar visando a um futuro positivo é imaginar a diferença entre como *está* a situação e como ela *poderia estar.*

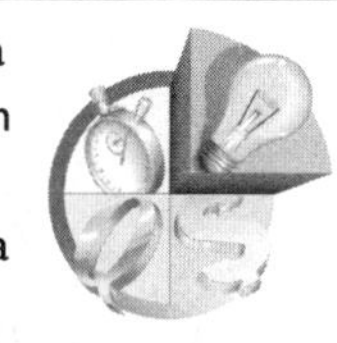

Como ímpeto para mudanças, o *gap* de desempenho aplica-se à organização como um todo; ele também pode ser aplicado a departamentos, grupos e indivíduos. Se um departamento ou um grupo de trabalho não está desempenhando tão bem quanto os demais da empresa, ou se for identificada uma oportunidade que possa ser explorada, essa unidade será motivada a mudar. Do mesmo modo, um funcionário pode receber um *feedback* negativo de desempenho ou enxergar uma oportunidade pessoal na qual queira investir. O descongelamento começa sob essas circunstâncias, e os funcionários podem se sentir mais motivados a mudar do que se não identificassem nenhum *gap*.

Movimentação A etapa seguinte, **movimentação** para instituir a mudança, começa com a definição do rumo a ser seguido pela companhia. No capítulo a respeito de liderança, foi discutida a visão de uma empresa. A visão pode ser percebida mediante mudanças estratégicas, estruturais, culturais e individuais. As idéias estratégicas são discutidas ao longo de todo o livro. As mudanças estruturais envolvem movimentos para uma forma divisional, matricial ou alguma outra forma apropriada (discutidas nos Capítulos 8 e 9). As mudanças culturais (Capítulo 2) são institucionalizadas por meio da liderança efetiva (Capítulos 12 a 15). Os indivíduos mudam à medida que novas pessoas vão se juntando à companhia (Capítulos 10 e 11) e todos os funcionários da organização passam a adotar a nova visão de futuro do líder.

movimentação
Instituir a mudança na organização.

A **análise do campo de força**, uma técnica que ajuda a gerenciar o processo de mudança, envolve a identificação de forças específicas que impedem as pessoas de mudar e forças específicas que as impulsionam a mudar.[35] A eliminação das forças restritivas ajuda as pessoas a descongelar, e o aumento das forças propulsoras as ajuda e motiva a seguir adiante. No final do capítulo, há um exercício que serve de exemplo desse processo.

análise do campo de força
Abordagem de implementação do modelo de Lewin de descongelamento/movimentação/recongelamento, envolvendo a identificação das forças que impedem as pessoas de mudar e aquelas que impulsionam a mudar.

Recongelamento O último estágio, o **recongelamento**, consiste na consolidação de novos comportamentos que sustentam as mudanças. As mudanças devem ser difundidas e estabilizadas em toda a companhia. O recongelamento envolve a implementação de sistemas de controle que dêem suporte às mudanças (Capítulo 16), a aplicação de ações corretivas sempre que necessário, e o reforço de comportamentos e desempenhos (Capítulo 13) que apóiem as propostas. A administração deve apoiar e recompensar de forma consistente todas as evidências de movimentação na direção correta.[36]

recongelamento
Consolidação de novos comportamentos que sustentam as mudanças.

Nas organizações atuais, o recongelamento nem sempre é a melhor opção para a terceira etapa, se ele criar novos comportamentos tão rígidos quanto aos antigos. A nova cultura ideal é aquela que cultiva a mudança contínua.

Em resposta ao grande sucesso do iPod da Apple, os fabricantes de telefone celular, como a Motorola, e seu aparelho E1060 com recurso para baixar toques pela Internet, estão transformando os aparelhos celulares em uma mistura de telefone e aparelho de som. Qualquer sucesso de um concorrente cria um *gap* de desempenho que pode descongelar uma empresa e seus funcionários, propiciando um movimento na direção do desenvolvimento de um novo produto.

O recongelamento é adequado quando instaura permanentemente comportamentos que mantêm os valores básicos essenciais, por exemplo, o enfoque em resultados empresariais importantes e nos valores mantidos pelas companhias que são "criadas para durar". Entretanto, o recongelamento não deve criar rigidez que se torne disfuncional à medida que o ambiente empresarial vai mudando.[37] Os comportamentos que devem ser recongelados são aqueles que promovem a permanente adaptabilidade, flexibilidade, experimentação, avaliação de resultados, e melhoria contínua. Em outras palavras, recongelar valores essenciais, competências e missão estratégica, mas não necessariamente práticas e procedimentos específicos de gestão.

Abordagens Específicas para Obter Colaboração

O gestor pode tentar impor as mudanças, porém o segredo do sucesso duradouro está em adotar outras abordagens.[38] Desenvolver um apoio verdadeiro é melhor que "impor" um programa de mudanças.[39] Mais especificamente, como o gestor pode motivar as pessoas a mudar?

A maioria dos gestores subestima a variedade de métodos que podem ser adotados para influenciar os funcionários durante um período de mudanças.[40] A Quadro 18.2 apresenta diversas abordagens eficazes que se encontram disponíveis para enfrentar a resistência e obter a colaboração das pessoas:

1. **Educação e comunicação**. A direção da empresa deve educar os funcionários a respeito das mudanças antes que elas ocorram. Deve comunicar não apenas a *natureza* das mudanças, mas também a sua *lógica*. Esse processo de educação pode envolver conversas individuais, apresentações coletivas ou relatórios e memorandos. Para Amy Radin do Citibank, "Obter a adesão de toda a organização envolve muita educação. Se a empresa criar um grupo básico de pessoas dedicado somente ao *e-commerce*, é necessário fazer que o restante da empresa fique informado a respeito de tudo que está acontecendo nessa área"[41] (p. 363).
2. **Participação e envolvimento**. Qualquer mudança exige reflexão e diálogo,[42] como já abordado no Capítulo 15. É importante ouvir as pessoas afetadas pela mudança. Elas devem ser envolvidas na preparação e implementação da mudança. Se a mudança for grande e abranger toda a organização, a participação nesse processo pode estender-se do mais alto ao mais baixo escalão da empresa.[43] Quando viável, a administração deve contar com a opinião de todas as pessoas da organização. Assim como foi discutido no Capítulo 3, os funcionários envolvidos nas decisões entendem melhor as mudanças e ficam mais comprometidos com elas. A compreensão e o compromisso das pessoas são ingredientes fundamentais para o sucesso na implementação de uma mudança. A participação também proporciona uma excelente oportunidade para educação e comunicação.
3. **Facilitação e suporte**. A direção da empresa deve facilitar ao máximo a mudança para os funcionários e dar suporte a seus esforços. Facilitar envolve oferecer treinamento e outros recursos necessários para os funcionários realizarem a mudança e desempenharem suas funções no novo cenário. Esse passo, muitas vezes, requer a descentralização de autoridade e o *empowerment* de funcionários, ou seja, conceder-lhes poder para tomar as decisões e realizar as mudanças necessárias para melhorar o próprio desempenho.
   Dar suporte envolve ouvir com paciência os problemas, ser compreensivo se o desempenho cair temporariamente ou se a mudança não ficar perfeita de imediato, e em geral ficar do lado do funcionário e demonstrar consideração durante um período de dificuldade.
4. **Negociação e recompensa**. Sempre que necessário, a direção pode oferecer incentivos concretos para que as pessoas cooperem com a mudança. Talvez o enriquecimento do cargo seja aceitável somente com aumento salarial, ou pode haver resistência à mudança de uma regra de trabalho até que a direção concorde com uma concessão ou com alguma outra regra (por exem-

Abordagem	Comumente usada nas situações	Vantagem	Desvantagem
Educação e comunicação	Em que há falta de informação, ou análise e informações imprecisas.	Uma vez convencidas, as pessoas normalmente ajudam na implementação da mudança.	Se houver muita gente envolvida, a mudança pode tomar muito tempo.
Participação e envolvimento	Em que o responsável pela iniciativa da mudança não tem todas as informações necessárias para criá-la, e quando as demais pessoas têm poder considerável para resistir.	As pessoas que participam se comprometem com a implementação da mudança, e qualquer informação relevante que elas possuam é integrada no plano de mudanças.	Se os participantes criarem uma mudança inadequada, isso pode tomar muito tempo.
Facilitação e suporte	Em que as pessoas são resistentes em virtude de problemas de ajuste.	Nenhum outro método funciona com problemas de ajuste.	Pode tomar muito tempo, ser muito onerosa, e ainda assim fracassar.
Negociação e recompensa	Em que alguém ou algum grupo claramente sairá perdendo na mudança, e quando esse grupo tem poder considerável para resistir.	Algumas vezes, é uma forma relativamente fácil de evitar fortes resistências.	Pode ser muito onerosa em muitos casos se chamar a atenção dos outros para negociarem aceitação da mudança.
Manipulação e cooptação	Em que outras táticas não funcionam, ou são caras demais.	Pode ser uma solução relativamente rápida e barata para os problemas de resistência.	Pode causar problemas no futuro se as pessoas sentirem-se manipuladas.
Coação explícita e implícita	Em que a agilidade é essencial, e o responsável pela iniciativa da mudança tem poder considerável.	É mais ágil e pode superar qualquer tipo de resistência.	Pode ser arriscada se as pessoas ficarem contrariadas com o responsável pela iniciativa da mudança.

QUADRO 18.2
Métodos para Administrar a Resistência às Mudanças

FONTE: Reimpresso com permissão da *Harvard Business Review*. Anexo de Choosing Strategies for Change de John P. Kotter e Leonard A. Schlesinger (mar./abr. 1979). Copyright © President and Fellows of Harvard College; todos os direitos reservados.

plo, a implementação de intervalos). Até mesmo entre executivos do alto escalão, um gestor pode concordar com a idéia de mudança em uma política apresentada por outro gestor somente em troca de apoio em alguma outra questão de importância mais pessoal. Recompensas como gratificações, remuneração e salário, reconhecimento, indicações de cargo, e benefícios adicionais podem ser estudados e talvez reestruturados para reforçar a direção desejada para a mudança.[44]

Quando as pessoas confiam umas nas outras, a mudança fica mais fácil. Contudo, a mudança fica ainda mais fácil quando se demonstram suas vantagens às pessoas.[45] Janiece Webb, que desenvolve mudanças na Motorola, afirma que ninguém consegue ganhar a menos que todos ganhem, e que é necessário demonstrar aos outros como o seu trabalho os beneficia.[46] Amy Radin, do Citibank, diz: "Uma lição que aprendi foi criar incentivo financeiro para que as unidades de negócio apoiassem uma iniciativa voltada à Internet. Estamos planejando criar um sistema de apuração de lucros e perdas, semelhante ao adotado na empresa, para utilizar em nossa área de comércio eletrônico, com a finalidade de acompanhar como as coisas estão indo. No entanto, as vantagens, ou seja, todas as receitas obtidas, serão alocadas às unidades operacionais (...) Estamos, assim, ajudando as pessoas a atingir suas próprias metas".

5. **Manipulação e cooptação.** Algumas vezes, o gestor utiliza táticas mais sutis e veladas para implementar mudanças. Uma forma de manipulação é a cooptação, que consiste em oferecer ao indivíduo resistente uma função desejada no processo de mudanças. O líder de um grupo resistente, muitas vezes, é cooptado. Por exemplo, a direção da empresa pode convidar um líder sindical para compor um comitê executivo, ou convidar alguém importante de uma organização externa para fazer parte da diretoria da companhia. Conforme a pessoa vai se envolvendo com a mudança, vai ficando menos resistente às ações do grupo ou da empresa que exercem a cooptação.
6. **Coação explícita e implícita.** Alguns gestores aplicam punição ou ameaçam punir os funcionários resistentes às mudanças. Com essa abordagem, o gestor usa a força para fazer que o funcionário atenda a seus desejos. Por exemplo, um chefe pode forçar o subordinado a cooperar com as mudanças e ameaçá-lo de demissão, de negar-lhe alguma promoção ou de atribuir-lhe uma tarefa indesejável. Algumas vezes, é simplesmente necessário impor a lei: o jogo está mudando, e é preciso jogar conforme as novas regras ou procurar outro lugar para jogar.[47]

Cada abordagem de enfrentamento da resistência tem vantagens e desvantagens e, assim como muitos outros métodos situacionais de gestão descritos neste livro, cada uma é útil em diferentes situações. A Quadro 18.2 resume as vantagens, desvantagens e as circunstâncias adequadas para a adoção dessas abordagens de gerenciamento de resistência às mudanças. Como se pode deduzir com base na quadro, o gestor não deve usar apenas uma ou duas abordagens gerais, independentemente da situação. Um gestor eficaz de mudanças conhece as várias abordagens e sabe como aplicá-las de acordo com a situação.

Ao longo de todo o processo de mudança, o líder necessita criar estabilidade. É preciso ter em mente que toda companhia "criada para durar" tem características básicas essenciais das quais ela não desvia o seu foco. Em meio a mudança, turbulência e incerteza, as pessoas precisam ancorar em um porto seguro.[48] Isso significa manter alguns fatores constantes e visíveis, por exemplo, os valores e a missão da organização. Além disso, os princípios estratégicos podem ser importantes âncoras durante a mudança.[49] Eles podem ajudar ainda mais a manter a visibilidade das pessoas importantes, a continuar os projetos e as atribuições fundamentais, e a informar quais componentes organizacionais não sofrerão mudanças. Essas âncoras reduzem a ansiedade e ajudam a vencer a resistência.

Agente de mudança: Jordan Kassalow e Scott Berrie

A Fundação Scojo foi criada por Jordan Kassalow e Scott Berrie, a partir do investimento dos lucros que eles obtinham com sua empresa de comercialização de óculos. Kassalow, ainda estudante, visitou a Colômbia e viu os moradores dos vilarejos viajarem dias para consultar um oftalmologista. Ele também encontrou pessoas com a visão tão fraca que não conseguiam ler nem obter um bom emprego. Hoje, Kassalow e Berrie distribuem óculos a preços bem acessíveis por meio de uma rede de mulheres empreendedoras. As mulheres, eles afirmam, tendem a reinvestir mais suas receitas na família e na comunidade, criando uma plataforma para atacar outros problemas de saúde. Em 2005, pelo menos cem mulheres abriram empresas por meio da Scojo, e elas venderão 30 mil óculos dentro de suas comunidades.

FONTE: DAHLE, C. The change masters. *Fast company*, jan. 2005, p. 47-58.

Harmonizando Mudanças Múltiplas

Não existem soluções infalíveis ou métodos únicos para mudar com êxito uma organização. Um único tiro raramente atinge um alvo desafiador. Normalmente, vários problemas precisam ser tratados simultaneamente, e qualquer mudança simples acaba sendo absorvida pela cultura existente e desaparecendo. Uma **mudança organizacional total** envolve a introdução e a sustentação de várias políticas, práticas e procedimentos em diversas unidades e níveis.[50] Esse tipo de mudança afeta o pensamento e o comportamento de todos na organização, pode melhorar a cultura e o sucesso da empresa e pode ser sustentada ao longo do tempo.

mudança organizacional total
Introdução e sustentação de várias políticas, práticas e procedimentos em diversas unidades e níveis.

Uma pesquisa realizada em uma conferência da Harvard Business School constatou que, na média, as empresas participantes tinham cinco grandes mudanças sendo implementadas simultaneamente.[51] Os programas de mudança mais comuns foram estudados em nosso curso: aperfeiçoamento contínuo, programas de qualidade, concorrência baseada no tempo, e a criação de uma organização que aprende, de uma organização baseada em equipes, de uma organização em rede, de competências essenciais, e de alianças estratégicas. O problema é que esses esforços normalmente são simultâneos, mas não coordenados. A situação fica confusa; as pessoas perdem o foco.[52] Conseqüentemente, os envolvidos se confundem, sentem-se frustrados, com moral baixo e pouca motivação.

Como as companhias introduzem constantemente novas mudanças, muitos funcionários reclamam da abordagem "bola da vez" dada pela empresa à mudança. Ou seja, os funcionários, muitas vezes, vêem as iniciativas de mudanças apenas como um embarque da companhia no último vagão de trem ou no mais recente modismo. Quanto mais modismos surgem e desaparecem, mais céticos ficam os trabalhadores, e mais difícil se torna obter o compromisso deles para que a mudança tenha êxito.[53]

Assim, uma pergunta importante é: quais esforços de mudança efetivamente valem a pena? Estes são alguns questionamentos específicos que devem ser levantados antes de se embarcar em um projeto de mudanças.[54] Há evidências de que a abordagem pode realmente produzir resultados positivos? Essa abordagem é relevante para as prioridades e estratégias da empresa? É possível avaliar custos e benefícios potenciais? A mudança realmente ajuda o funcionário a agregar valor por meio do trabalho? Ajuda a empresa a focar melhor o cliente e aquilo que ele valoriza? Será que o gestor consegue executar o processo de tomada de decisão descrito no Capítulo 3, entender o que está enfrentando e perceber se está adotando a abordagem correta?

A direção da empresa também precisa "unir os pontos"— isto é, integrar os vários esforços formando uma imagem coerente que os funcionários possam enxergar, entender e seguir.[55] Para unir os pontos, é necessário entender cada programa de mudanças e quais são suas metas, identificando semelhanças e diferenças entre os programas, e eliminando aqueles que não atendam às metas prioritárias com uma clara orientação para resultados. Acima de tudo, é necessário comunicar a todos os envolvidos os pontos comuns entre os vários programas: raciocínios, objetivos e métodos comuns. É preciso mostrar de que forma as várias partes se encaixam na grande figura estratégica, e como as mudanças trarão melhorias para a companhia e seus funcionários. Deve-se informar tudo isso com honestidade e com freqüência.[56]

Agente de mudança: Terry Semel

Jerry Yang fundou a Yahoo! em 1995 e contratou Terry Semel para ser CEO da empresa em 2001. Semel melhorou a empresa e o estado de espírito geral, apesar de ter sido uma opção extremamente controversa. Por que controversa? Porque ele veio de Hollywood (Warner Bros.) e mal sabia usar um computador ou navegar pela Internet. Ele lia as mensagens eletrônicas somente depois que seu assistente as imprimia e escrevia a resposta em papéis que sua secretária depois tinha de digitar. Ele fazia perguntas como "O que é servidor?, O que é protocolo?" Mas ouvia e aprendia. Ele demonstrava enorme paciência e muito vigor. Um de seus maiores admiradores é Jeff Mallett, que cobiçava a posição de Semel. No entanto, Mallett permaneceu um ano na companhia, ajudando a ensinar Semel, e disse mais tarde: "Acho que ele assimilou três anos de informação em seis meses."

FONTE: VOGELSTEIN, F. Bringing up Yahoo! *Fortune*, 5 abr. 2004, p. 220-28.

Liderando a Mudança

O sucesso da mudança requer uma liderança ativa por parte do gestor. A Figura 18.3 resume as atividades essenciais para se liderar a mudança.

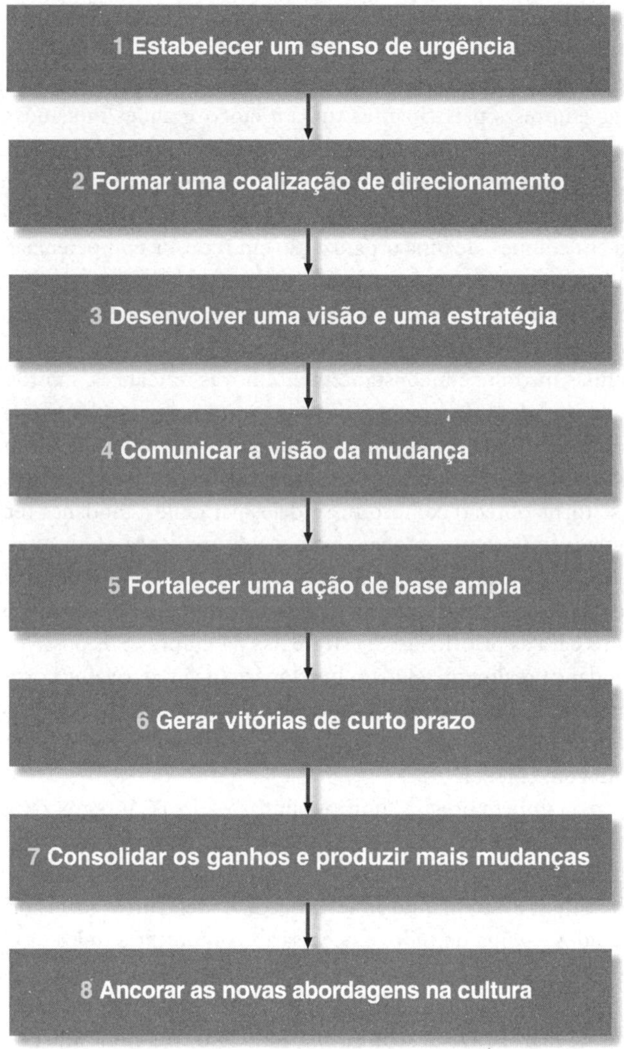

FIGURA 18.3
Liderando a Mudança

FONTE: Reimpresso com permissão da Harvard Business School Press. De *Leading change*, John P. Kotter. Boston, MA. Copyright © 1996 President and Fellows of Harvard College. Todos os direitos reservados.

Um bom início para o líder de uma mudança é *estabelecer um senso de urgência*.[57] Isso requer um exame da realidade atual e das pressões existentes no mercado e na esfera competitiva, identificando tanto as crises como as oportunidades, e falando sincera e honestamente sobre o assunto. Esse é um componente importante, em parte porque muitas grandes empresas acabam criando complacência.

A Figura 18.4 mostra algumas das razões para o surgimento de complacência. Para acabar com a complacência e criar a urgência, o gestor deve falar com sinceridade sobre os pontos fracos da empresa comparados com os da concorrência, comprovando claramente as afirmações com dados. Outras táticas consistem em definir metas que possam ser expandidas, colocar o funcionário em contato direto com clientes e acionistas insatisfeitos, divulgar as preocupações a todos os funcionários em vez de usar um mero discurso "excessivamente otimista", eliminar o excesso de benefícios especiais e chamar a atenção de todos para a existência de oportunidades para o futuro, mas que até então a organização não conseguiu aproveitar.

Por fim, a urgência é motivada por razões empresariais que forçam a mudança. Sobreviver, competir e ganhar o mercado são argumentos fortes e convincentes; eles proporcionam o senso de direção e o entusiasmo em torno da mudança. A mudança torna-se não um passatempo, um luxo ou algo interessante de se fazer, mas uma necessidade da empresa.[58]

A *formação de uma coalizão de direcionamento* significa reunir um grupo com poder suficiente para liderar a mudança. As iniciativas da mudança fracassam quando não se forma uma coalizão com poder suficiente.[59] Uma grande mudança na organização requer liderança por parte da alta administração,

FONTE: Reimpresso com permissão da Harvard Business School Press. De *Leading change*, John P. Kotter. Boston, MA. Copyright © 1996 President and Fellows of Harvard College. Todos os direitos reservados.

FIGURA 18.4
Fontes de Complacência

trabalhando em equipe. Entretanto, com o passar do tempo, o apoio deve se expandir gradualmente tanto para fora quanto para os níveis hierárquicos inferiores da organização. Os gestores de nível médio e supervisores são essenciais. Grupos formados com componentes de todos os níveis são a cola que mantém unidos os esforços pelas mudanças, os meios de divulgação das mudanças e os métodos de implementação dos novos comportamentos.[60]

Como já discutido em capítulos anteriores, o *desenvolvimento de uma visão e de uma estratégia* orienta a iniciativa de mudanças. Esse processo consiste em definir a situação esperada e idealizada, depois de implementada a mudança. Como é comum haver confusão durante uma grande mudança organizacional, é necessário criar e transmitir a todos a imagem mais clara possível do estado futuro desejado.[61] Essa imagem, ou visão, deve ser o alvo ou a diretriz para esclarecer as expectativas, dissipar rumores e mobilizar a energia das pessoas. O retrato do futuro também deve comunicar como ocorrerá a transição, por que a empresa está mudando e como as pessoas serão afetadas pela mudança. O poder de uma visão convincente é um dos aspectos mais importantes da mudança, e não deve ser subestimado ou subutilizado.

Agente de mudança: Tim Berners-Lee

O "pai da rede mundial de computadores", Tim Berners-Lee, hoje vislumbra a próxima geração que substituirá a Web atual. A Semantic Web ("rede semântica") estruturará todas as informações aleatórias das páginas da Web e de outros lugares e as tornará mais inteligíveis para as máquinas. Ela será uma rede inteligente, capaz de entender a linguagem humana, e tornará o trabalho com o computador semelhante ao trabalho com outros seres humanos. Obviamente, o computador já é melhor do que as pessoas em cálculos numéricos. O que dizer se ele também for melhor em idiomas e raciocínio? A Semantic Web "promoverá a cooperação global entre pessoas de perspectivas culturais diferentes, fazendo que tenhamos melhores chances de encontrar soluções corretas para os problemas realmente graves — como as questões ambientais e o aquecimento global". Muitos duvidam dessa visão, mas John Patrick, executivo aposentado da IBM e fundador do World Wide Web Consortium, afirma que "Tim possui o dom de enxergar o futuro e fazê-lo acontecer".

FONTES: PORT, O. Special report: the next web. *BusinessWeek*, 4 mar. 2002, p. 96-102; WATERS, R. In search of more: the 'friendly' engines that will manage data of daily life. *Financial Times*, 10 fev. 2005, p. 17.

A *comunicação da visão da mudança* requer o uso de todos os canais e oportunidades possíveis para divulgar e reforçar a visão e os novos comportamentos requeridos. Costuma-se dizer que os aspirantes a líderes responsáveis por mudanças comunicam a visão abaixo do necessário em um fator de 10, ou mesmo cem ou mil, minando seriamente as chances de sucesso.[62] Chris Crosby, vice-presidente sênior e diretor de Internet da Dain Rauscher Corp., dá os seguintes conselhos: "Crie imagens que conduzam as pessoas aonde elas desejam ir. Torne a idéia o mais tangível possível. Eu tive de afastar a equipe de gestão por 18 meses e dizer, 'Daqui a um ano e meio, este será o *site* da empresa'. Depois que as pessoas puderam vê-lo e tocá-lo, elas conseguiram entender".[63] (p. 358)

O *fortalecimento de uma ação de base ampla* envolve a eliminação de obstáculos contra o sucesso, inclusive de sistemas e estruturas que tenham poder de restringir em vez de facilitar. Incentive o risco e a experimentação, e dê autonomia (*empowerment*) às pessoas, fornecendo informações, conhecimento, autoridade e recompensa, como descrito no Capítulo 13.

Vantagens da Colaboração

Será que a Semantic Web se tornará uma realidade e promoverá a cooperação global para resolver os maiores problemas da nossa época?

Conexões: JEFFREY IMMELT E A GE

Jeff Immelt começou a implementar mudanças com o apoio e a participação ativa de todos da GE. Ele introduziu diversas mudanças, algumas vezes contrariando seu lendário antecessor. Welch levou a GE para a área de serviços financeiros; Immelt começou a sair dela. Immelt deu grande ênfase à tecnologia, prestação de serviços e globalização e levou a empresa a atuar em áreas como as de energia, segurança, fornecimento de água e medicina personalizada. Welch deixava Wall Street feliz, definindo e atingindo alvos específicos em termos de lucratividade; Immelt dá mais prioridade às demandas de longo prazo. Welch levou a GE ao crescimento por meio de aquisições; Immelt está adquirindo companhias, mas deseja mais crescimento por meio de inovação.

Immelt decidiu que o novo ambiente, marcado por baixo crescimento, baixa inflação, volatilidade política e crescimento da China e da Índia, exigia uma reformulação da companhia. Sua meta era (e é) criar uma companhia que consiga se superar em um cenário mundial de crescimento lento. Com isso em mente, a primeira iniciativa de Immelt foi voltada à área de pesquisa e desenvolvimento. Ele revitalizou o centro de pesquisas e criou novos centros no mundo todo. As pesquisas estão voltadas à nanotecnologia, à energia derivada do hidrogênio, à propulsão avançada e a muitas outras áreas. Quando Immelt efetivamente adquire companhias, não é porque necessariamente elas estejam crescendo — é porque elas têm potencial de crescimento, no longo prazo.

Durante os primeiros anos de Immelt como diretor-presidente da GE, o mundo e o cenário empresarial não eram os únicos aspectos que estavam mudando; a reputação de Jack Welch mudava de alguma forma. O divórcio público de Welch relevou aspectos da sua vida pessoal e do pacote de aposentadoria que teria recebido. Immelt renunciou aos pacotes de opções de ações que enriqueceram Welch e tantos outros executivos e condicionou sua remuneração ao seu desempenho. Extremamente sensibilizado com a destruição da imagem da corporação, Immelt chamou para si e para outros CEOs a responsabilidade de repará-la por meio não apenas de palavras, mas de ações enérgicas e duradouras. No capítulo sobre ética deste livro, foram mencionadas as mudanças implementadas por Immelt na cultura moral da GE e o seu empenho visando mais responsabilidade social corporativa.

Gere vitórias de curto prazo. Não espere até que a visão seja totalmente realizada. Você precisa de resultados. Conforme as pequenas vitórias vão-se acumulando, ocorre a transição de uma iniciativa isolada para uma parte integrante da empresa.[64] Planeje-se para criar pequenas vitórias que mostrem a todos que está havendo progresso. Reconheça e recompense quem tornou possíveis as vitórias, da forma bem visível, para que as pessoas percebam e a mensagem positiva contagie a organização.

Certifique-se de *consolidar os ganhos e produzir mais mudanças*. Com a credibilidade obtida a partir dos sucessos anteriores, continue fazendo mudanças de forma a sustentar a visão. Contrate, promova e desenvolva as pessoas que levarão a visão adiante. Revigore a organização e os seus esforços de mudança com novos projetos e agentes de mudança.

Por fim, *ancore as novas abordagens na cultura*.[65] Enfatize os resultados positivos, comunique as conexões entre os novos comportamentos e as melhorias nos resultados, e continue a desenvolver novos líderes e agentes de mudança. Aumente continuamente a quantidade de pessoas que se juntam a você para assumir a responsabilidade pelas mudanças.[66]

O surgimento do comércio virtual deixou muitos comerciantes temerosos em relação ao futuro. Em vez de simplesmente se preocuparem, alguns remodelaram o conceito da experiência de compra. Hoje, no lugar do *shopping center* tradicional, o consumidor pode dirigir-se a um "centro de estilo de vida" local — centros comerciais ao ar livre que relembram aqueles da geração anterior existentes nas pequenas cidades. Como as lojas são externas e possuem vagas de estacionamento bem em frente ou bem próximas às suas entradas, elas dão a sensação de poder entrar e sair rapidamente — sendo a rapidez uma das razões originais e ainda válidas para a compra virtual.

Modelando o Futuro

Um jornalista conversando com participantes de conferências de especialistas, em Washington, constatou a existência de variadas previsões sobre o futuro global, mas uma clara concordância em dois aspectos: "Primeiro, que um mundo totalmente diferente vem avançando sobre nós. Segundo, que a história da nossa época será um relato de como as pessoas se prepararam para enfrentar esse mundo diferente — história que, até aqui, é constituída, na sua maior parte, por relatos dos fracassos das pessoas que não estão conseguindo se preparar".[67] (p. 20) Embora ele estivesse escrevendo basicamente sobre geopolítica, as mesmas afirmações poderiam ser aplicadas às atividades empresariais.

A maior parte das mudanças é reativa. A melhor maneira de mudar é ser proativo. **Mudança reativa** significa reagir diante das pressões, depois que o problema surge. Ela também implica tornar-se um seguidor. **Mudança proativa** significa antecipar e preparar-se para enfrentar um futuro incerto. Ela implica tornar-se líder e *criar* o futuro desejado.

mudança reativa
Reação a uma pressão; mudança impulsionada por problemas.

mudança proativa
Reação iniciada antes da ocorrência de um *gap* de desempenho.

Na estrada para o futuro, transitam os condutores, os conduzidos e os atropelados. Colocado de outra forma, na direção do futuro, quem será o pára-brisas, e quem será o inseto?[68]

Evidentemente, é melhor ser o condutor.[69] Como tornar-se um condutor? Sendo proativo e não simplesmente reativo, pensando efetivamente sobre o futuro e *criando* futuros.

Pensando sobre o Futuro

Se o indivíduo pensa somente no presente, ou apenas se deixa levar pelas incertezas do futuro, seu futuro é só uma questão de sorte ou azar. É muito melhor realizar um exercício de antevisão, definir uma agenda para o futuro, e tentar cumpri-la com todos os recursos que estão disponíveis. Assim, ele deve contemplar e vislumbrar o futuro.

Até 75 anos atrás, não existiam antibióticos eficazes e seguros, não havia televisão, computador nem aviação comercial. Nos últimos anos, o homem chegou à Lua, criou a Internet e decodificou o genoma humano. A revista *BusinessWeek* levanta o seguinte questionamento: será que nos próximos 75 anos ocorrerão as mesmas grandes transformações? Ou o progresso será mais incremental, com o aprimoramento do conhecimento atual em lugar da criação de novas tecnologias e setores produtivos?[70]

A publicação responde ao seu próprio questionamento: "A economia global pode estar no limiar de uma era de inovação igual à dos 75 anos passados. Todos os fatores necessários estão presentes: a ciência vem evoluindo rapidamente, mais países estão dispostos a investir recursos em pesquisas e desenvolvimento e educação, e os gestores corporativos, também, estão convencidos da importância de incorporar mudanças".[71] (p. 93) A *BusinessWeek* cita a nanotecnologia, as novas tecnologias energéticas, e as ciências biológicas como exemplos. A inovação será a chave para o futuro mundial.

Shoshana Zuboff e Jim Maxim, autores do livro *The support economy* (A economia de suporte),[72] afirmam que a era do capitalismo industrial acabou, as empresas tradicionais estão desaparecendo, novos vastos mercados surgem, novos tipos de companhias estão prontas para serem criadas e o novo modelo de negócios ainda não surgiu.[73] No entanto, é interessante contemplar novos modelos de negócios, como mostra o texto a seguir intitulado Empresas do Futuro.

Empresas do Futuro?

A revista *Fortune* pediu ao futurologista Peter Schwarz que fizesse uma previsão e descrevesse como seriam as grandes companhias daqui a 50 anos. Entre as grandes companhias imaginárias (mas plausíveis) do futuro (e o universo em que elas atuariam) estão:

AmazonBay — A maior parte das compras será feita virtualmente; a utilização de preços baixos para atrair compradores às lojas será coisa do passado. O consumidor efetuará negócios instantaneamente, por transmissão sem fio, de qualquer tipo de item, da obtenção de empréstimo imobiliário a pequenos pagamentos pela aquisição de informações. Existirá um comprador digital — uma mistura de governanta e contador — que conhece tudo a respeito do consumidor e faz as compras para ele ou lhe oferece opções. A batalha pelos clientes envolverá várias gerações; todos os dados, desde o nascimento, estarão incorporados no sistema dos pais, portanto, será difícil haver troca.

Toyota — Schwarz prevê que a Toyota vencerá a concorrência pelo combustível de hidrogênio e se tornará a montadora líder e sem concorrentes. Os trabalhadores mais abastados da Ásia têm condições de adquirir automóveis. Veículos inteligentes, que, combinados com estradas inteligentes, evitam acidentes, são pré-requisitos para o seguro de vida.

Sinobiocorp — Líder mundial da ciência da vida (medicamentos, agricultura e processamento bioindustrial). Formada por empresas chinesas de biotecnia criadas com o apoio do estado. O prolongamento da vida é uma das atividades empresariais que mais cresce.

IBM — Seus computadores *quantum* resolvem problemas tremendamente complexos, por exemplo, os relacionados com mísseis de defesa, gerenciamento de tráfego e previsão do tempo. Quase toda a sua tecnologia funciona por identificação de voz. Escritórios, residências e automóveis não apenas respondem ao comando de voz, mas, muitas vezes, antecipam as necessidades do cliente e procuram atendê-las antes mesmo de ele pedir.

Nestlé — Produtos nutricêuticos servem de ligação entre produtos agrícolas e medicamentos, e a Nestlé domina o mercado. Os produtos são criados especificamente com base nas culturas locais. Chocolates contêm ativadores de memória extraídos de células do caule das plantas, alimentos congelados reduzem o colesterol, e batons fornecem a dose diária necessária de vitaminas.

Pattelco — Como os problemas de segurança e de saúde tornam a viagem aérea desagradável, as pessoas usam equipamentos de telepresença para viajar virtualmente. Algumas viagens são de lazer, inclusive viagens espaciais, mas grande parte é de viagens de negócios. O sistema operacional dos equipamentos de telepresença vem sendo continuamente aperfeiçoado, seguindo o antigo modelo de negócios da Microsoft.

FONTE: SCHWARZ, P. Future shock. *Fortune*, 5 abr. 2004, p. 260-66.

adaptadoras

Companhias que consideram a estrutura industrial atual e sua evolução como algo herdado e escolhem o mercado em que desejam competir.

modeladoras

Companhias que tentam mudar a estrutura dos setores em que atuam, criando um cenário futuro competitivo conforme seu próprio projeto.

Criando o Futuro

As companhias tentam adotar posturas estratégicas diferentes para se preparar para competir no futuro incerto. As **adaptadoras** consideram a estrutura industrial atual e sua evolução futura como algo herdado. Elas escolhem onde competir. Essa postura é adotada pela maioria das companhias, utilizando análises estratégicas padrões e escolhendo como competir dentro de determinado ambiente. Em contrapartida, as **modeladoras** tentam mudar a estrutura do setor em que atuam, criando um cenário futuro competitivo conforme seu próprio projeto.[74]

Em um período recente de uma década, mas antes da recessão, 17 companhias entre as 1.000 maiores da *Fortune* conseguiram aumentar o retorno total do acionista em 35% ou mais por ano.[75] Como elas conseguiram? Essas companhias reinventaram totalmente os seus setores. A Harley-Davidson deu uma reviravolta, vendendo

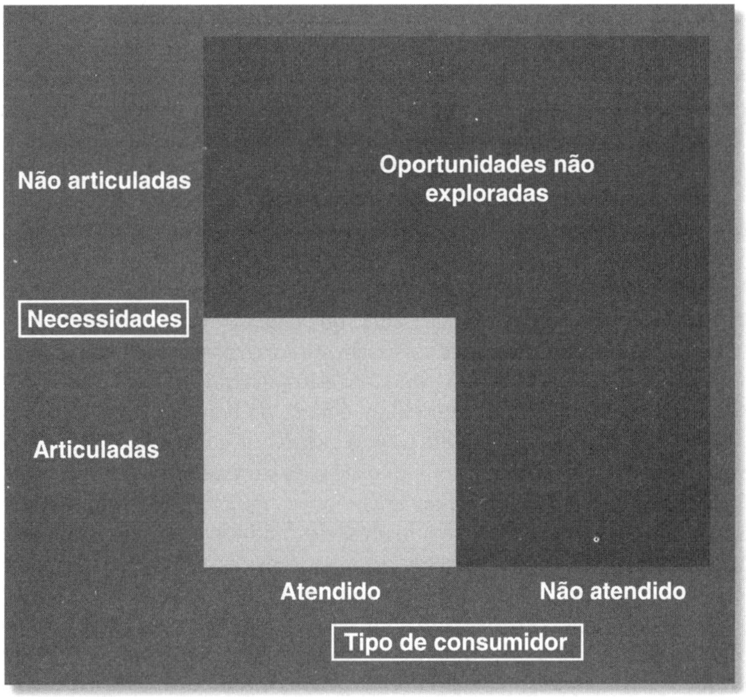

FIGURA 18.5
Vasta Oportunidade

FONTE: Reimpresso com permissão da Harvard Business School Press. Extraído de *Competing for the future*, Gary Hamel e C. K. Prahalad. Boston, MA. Copyright © 1994 The President and Fellows of Harvard College. Todos os direitos reservados.

não apenas motocicletas, mas nostalgia. A Amgen quebrou as regras industriais do setor de biotecnologia, focando não os desejos do cliente, mas a grande ciência. A Starbuck's escolheu uma *commodity* (café) e começou a vendê-la em lojas atraentes. A CarMax e outras companhias reinventaram o setor automotivo.[76]

O empresário precisa criar vantagens. O desafio não é manter a posição ocupada no mercado atual, mas criar novas arenas competitivas, transformar o setor de atuação e imaginar um futuro que os outros ainda não vislumbram. Criar vantagem é melhor que ter de alcançar o concorrente. Na melhor das hipóteses, a postura de atuar tentando alcançar o concorrente consome tempo; com essa visão dificilmente se consegue atingir o mesmo nível da concorrência e não há como adquirir excelência de classe mundial.[77] Criar novos mercados ou transformar o setor de atuação — essas são talvez as melhores formas de mudança proativa.[78]

A Figura 18.5 mostra a vasta oportunidade para a criação de novos mercados. Necessidades articuladas são aquelas que o consumidor percebe e tenta satisfazer. Necessidades não articuladas são aquelas que o consumidor ainda não experimentou. Consumidores atendidos são aqueles para os quais a empresa está no momento oferecendo seus produtos, e consumidores não atendidos são os mercados não alcançados.

A atividade empresarial comum concentra-se no quadrante inferior esquerdo. Os líderes que recriam o jogo dos negócios tentam constantemente criar novas oportunidades nos três outros quadrantes.[79]

Por exemplo, o executivo pode buscar atuar no quadrante superior esquerdo, imaginando como satisfazer uma proporção maior das necessidades totais do seu consumidor.[80] A Nike percebeu que seu consumidor não desejava apenas tênis e acessórios de corrida, mas também óculos escuros especiais, relógios e tocadores de MP3 portáteis. A unidade de negócios Power Systems da GE percebeu que as grandes concessionárias de energia elétrica pagariam não apenas por turbinas ou transformadores, mas também por ampla gama de serviços de manutenção e consultoria, que proporcionam margens muito maiores.

Jim Stengel, diretor de marketing da Procter & Gamble, acredita que a empresa e seus concorrentes já atendem às necessidades óbvias do consumidor.[81] Assim, a P&G voltou a adotar grupos de foco, método tradicional de pesquisa de mercado. A P&G precisa criar oportunidades com base em necessidades que hoje nem passam pela cabeça do consumidor. Agora, os especialistas em marketing da empresa estão visitando as casas dos consumidores, observando como trocam a fralda dos bebês, lavam roupas e limpam o chão, e perguntando-lhes sobre seus hábitos e suas frustrações.

Shawn Fanning e a nanotecnologia são mais dois exemplos atuais de criação de vantagens. Shawn Fanning, fundador do Napster, está tentando remodelar o cenário da música digital com o Snocap.[82] Sua meta é aumentar a quantidade de músicas legalmente disponibilizadas e criar uma câmara de compensação automatizada para arquivos de música on-line. Esse sistema garante que as gravadoras sejam pagas quando seus arquivos forem carregados ou compartilhados. Fanning afirma, "Há grande interesse na criação de um universo como esse descrito, mas ninguém consegue dar o primeiro passo". Ele planeja "arrombar a fechadura". A princípio, as grandes gravadoras lutam contra o compartilhamento de arquivos — mais resistência contra a mudança! —, porém elas terão de ser mais flexíveis à medida que a indústria da música continuar evoluindo. Os adeptos de uma nova postura estão em número cada vez maior. O diretor-presidente de uma pequena empresa recém-criada considera a Snocap "uma experiência gigantesca" em que "estamos experimentando muitas idéias diferentes".[83]

O nanômetro — um bilionésimo de metro, tamanho aproximado de dez átomos de hidrogênio contínuos — é a pedra fundamental de uma nova e futura indústria, a da nanotecnologia. Por que o nanômetro é tão importante?[84] Porque a matéria desse tamanho, muitas vezes, apresenta comportamento diferente — transmitindo luz ou eletricidade, ou tornando-se mais sólida que o diamante, ou transformando-se em poderoso catalisador químico. Grandes e pequenas empresas estão correndo para lançar no mercado produtos baseados na nanotecnologia. Os primeiros produtos serão modestos, mas divertidos: bolas de golfe que percorrem uma trajetória reta, raquetes de tênis que aumentam a força da batida. Contudo, muitas das aplicações de nanotecnologia parecem estar principalmente na área da saúde, e a Hewlett-Packard anunciou um grande lançamento que pode levar a era da informática muito além do silicone e dos transistores. Um antigo executivo da HP, Stan Williams, afirma: "Estamos reinventando o computador em escala molecular".[85]

Será que a nanotecnologia — assim como a maioria das "indústrias do futuro" — está sendo supervalorizada? A ciência ainda está em sua infância. Os pesquisadores da SMU constataram danos cerebrais em um peixe que permaneceu em um aquário com nanopartículas comuns conhecidas como *buckyballs*.[86] Será que a indústria conseguirá convencer o consumidor da sua segurança, ou haverá um retrocesso global, como o que aconteceu com os alimentos geneticamente modificados na Europa? Que normas de regulamentação vão surgir? Quais nanotecnologias criarão quais novas indústrias? Quais companhias passarão pelas mesmas dificuldades das ponto.com? Quem sairá vencedor? E o que será necessário para isso?

Como se pode observar, a mudança tecnológica é uma parte central do cenário de mudanças, e a concorrência normalmente surge entre companhias estabelecidas e novas empresas. Considere o exemplo mostrado a seguir.

Blogs e o Ambiente de Mudanças Competitivas

O mercado da mídia em geral está sofrendo uma agressão, enfrentando uma revolta pública e um desgaste em termos de competição. A mídia está sendo continuamente atingida na "blogosfera", e está perdendo credibilidade pública. Alguns prevêem o desaparecimento da mídia comum.

Milhões de pessoas possuem *blogs*, e muitas delas são empreendedores praticando uma nova forma de jornalismo. Algumas realizam um bom trabalho, outras não. Algumas são cuidadosas e justas, enquanto outras se preocupam mais com a agilidade para vender, e menos com a precisão.

Um jornalista tradicional descreveu os blogueiros como "um grupo de linchadores" constituído por "idiotas sedentos". Um blogueiro respondeu: "vocês não são seres superiores" e "ninguém na mídia impressa ou televisiva merece escapar [de críticas] simplesmente porque se intitula 'jornalista'". Segundo Duncan Riley, da Blog Herald, "As batalhas são (...) baseadas no ódio da blogosfera pela antiga mídia que continua a perder leitores e a receita obtida com um grande número de leitores." Outro blogueiro disse à antiga mídia para parar de ficar lamentando e "apreciar o fato de que, depois de gerações de estagnação, algo novo surgiu."

Os *blogs* também estão afetando a cultura corporativa. Algumas companhias — IBM, Dr. Pepper, Verizon, DaimlerChrysler e outras — disponibilizam um *software* para permitir aos funcionários emitir comentários, enviar comunicados aos níveis hierárquicos superiores, fornecer informações, discutir problemas e registrar soluções. O *blog*, algumas vezes, é visto como uma ferramenta de gestão do conhecimento, já que as pessoas têm acesso à base de conhecimento da empresa. Ele é também um bom recurso para aprender com os clientes.

No entanto, os *blogs* são tão francos e anárquicos que podem gerar instabilidade. Algumas vezes, a direção da empresa não gosta que os funcionários divulguem aquilo que costumam divulgar. Ela se preocupa com o que os funcionários dizem — não apenas com as queixas sobre os chefes, ou as críticas contra a empresa ou os produtos para os clientes, mas também com a revelação de segredos, o envio de informações fraudulentas e a criação de potenciais problemas legais. Um blogueiro-funcionário diz, "sei que estou brincando com pólvora".

Em compensação, Jonathan Carson, presidente e diretor-executivo da BuzzMetrics, diz que, "se as empresas voltarem o foco para o que está acontecendo no universo do *blog*, perceberão que ele é um importante indicativo do que acontecerá no mundo real."

Mais uma vez tratando da mídia em geral: por meio dos *blogs*, seus erros têm sido publicados e criticados mais amplamente que nunca. O que ela tem de fazer para restaurar ou criar novas vantagens competitivas?

FONTES: McGREGOR, J. It's a blog world after all. *Fast company*, abr. 2004, p.84-86; KURTZ, H. The forecast: overheated, gusty and increasingly bloggy. *The Washington Post*, 21 fev. 2005, p. C1, C2.

Levando em consideração todas as alternativas, quais seriam as suas escolhas e as da sua empresa?

- Manter as antigas vantagens ou criar novas?
- Fixar-se nos antigos ou criar novos mercados?
- Optar pelos caminhos com os quais você já tem familiaridade ou seguir por aqueles de maiores oportunidades?
- Manter-se apenas como parâmetro comparativo ou quebrar paradigmas?
- Priorizar o retorno financeiro de curto prazo ou um impacto real e de longo prazo?
- Realizar apenas o que parece exeqüível ou o que parece difícil e que vale a pena?
- Mudar o que existe ou criar o que não existe?
- Olhar para o passado ou viver voltado ao futuro?[87]

Modelando o seu Próprio Futuro

Se você for um líder organizacional, e sua organização atuar de forma tradicional, você deve ter como meta provocar uma revolução, adotando uma reengenharia genética na companhia antes que ela se torne um dinossauro da era moderna.[88] Quais devem ser as metas da revolução? Várias delas foram abordadas ao longo deste livro.

Entretanto, talvez você não venha a liderar uma revolução. Talvez você apenas queira uma carreira bem-sucedida e uma vida tranqüila. Mesmo assim, ainda precisa estar apto a lidar com um ambiente econômico que está cada vez mais competitivo e mudando cada vez mais rapidamente.[89] Para criar o futuro que você deseja, é preciso definir altas metas pessoais. Não se contente com a mediocridade; não aceite que "bom" é necessariamente o suficiente — para si ou para o empregador. Pense que não basta atender às expectativas, mas que é preciso superá-las; não simplesmente "conviva com" as aparentes limitações, mas se liberte das restrições sem importância, arbitrárias ou imaginárias; e agarre as oportunidades e não as deixe passar.[90]

Na Stanford, os estudantes freqüentam dois cursos obrigatórios antes mesmo do início das aulas: um sobre auto-avaliação, e outro sobre gestão da carreira profissional. O diretor de colocação profissional da universidade, Andy Chan, diz: "Chamamos isso autoconfiança profissional. O profissional deve ser

QUADRO 18.3
Agregar Valor, em Termos Pessoais

Vá além da sua descrição do cargo:
• Apresente-se como voluntário em projetos.
• Identifique problemas.
• Tome iniciativa na busca de soluções.
Procure as outras pessoas e compartilhe idéias e conselhos.
Emita opiniões e respeite as opiniões dos outros.
Faça um levantamento das suas próprias qualidades a cada período de alguns meses.
Aprenda algo novo toda semana.
Descubra novas maneiras de contribuir.
Desenvolva reflexões ativas e ações deliberadas.
Arrisque com base naquilo que você sabe e acredita.
Reconheça, pesquise e busque oportunidades.
Diferencie-se das demais pessoas.

FONTE: Compilado de HAKIM, C. *We are all self-employed.* São Francisco: Barrett-Koehler, 1994.

capaz de realizações próprias".[91] (p. 61) A Quadro 18.3 ajuda você a refletir sobre como agregar valor continuamente a seu empregador, e também a si próprio, à medida que for melhorando as suas qualificações, a capacidade de contribuir, a segurança junto ao empregador atual e a capacidade de encontrar outra colocação, se necessário. Os profissionais mais bem-sucedidos tomam para si a responsabilidade pelo próprio desenvolvimento, assim como o empreendedor assume a responsabilidade pela própria empresa.[92]

Agente de mudança: Heather White

Heather White da Verité fundou uma empresa de consultoria, promovendo condições justas de trabalho para operários de fábricas. A Verité oferece serviços de auditoria de alta qualidade, que identifica infrações, e trabalha em parceria com companhias para criar melhores condições de trabalho. A empresa melhorou de forma direta as condições de trabalho e a vida de centenas de milhares de trabalhadores. O que a inspirou a criar a Verité? Uma total decepção —, mas não com as condições das fábricas em si. O motivo foi que, quando um palestrante convidado para a sua aula de MBA descreveu as condições das fábricas na Ásia — testes obrigatórios de gravidez, trabalho infantil, assédio e agressão —, a reação dos alunos foi surpreendente e frustrante, eles simplesmente não se abalaram.

FONTE: DAHLE, C. The change masters. *Fast company*, jan. 2005, p. 47-58.

Mais conselhos dos principais autores sobre gestão de carreira:[93] gerencie a sua própria carreira de forma consciente e ativa. Desenvolva habilidades negociáveis, e continue se desenvolvendo sempre. Escolha carreiras com base nas oportunidades de crescimento pessoal, de desenvolvimento e de aprendizado. Procure posições que exijam bastante do profissional, e chefes que desenvolvam seus protegidos. Busque ambientes que ofereçam treinamento e oportunidade para experimentar e inovar. E conheça a si próprio: avalie os seus pontos fortes e fracos, seus interesses verdadeiros e padrões éticos. Se você ainda não estiver pensando nesses termos e tomando as atitudes necessárias, comece agora.

Além disso: torne-se indispensável para a organização em que você trabalha. Seja feliz e entusiasmado com o seu cargo, e comprometido em realizar um grande trabalho, mas não seja cegamente leal a apenas uma companhia. Esteja preparado para sair se necessário. Veja o trabalho como uma oportunidade para provar o que você é capaz de fazer e melhore essa capacidade, não o veja como um nicho confortável para permanecer bastante tempo.[94] Caminhe por conta própria se isso estiver de acordo com suas habilidades e seu temperamento.

Tudo isso ressalta a necessidade de manter alternativas. Cada vez mais, a carreira contemporânea tem mostrado profissionais deixando para trás grandes organizações e tornando-se empreendedores autônomos no "universo pós-corporativo".[95] Nessa alternativa, o profissional independente tem liberdade para fazer suas próprias escolhas. Ele pode responder de forma mais flexível e rápida às demandas e oportunidades. Criar novos empreendimentos, prestar serviços de consultoria, aceitar trabalho temporário, realizar um projeto para uma organização e, depois, outro, trabalhar em parceria profissional, ser um permanente negociador — esses são elementos de uma carreira de sucesso. Idealmente, esse modelo

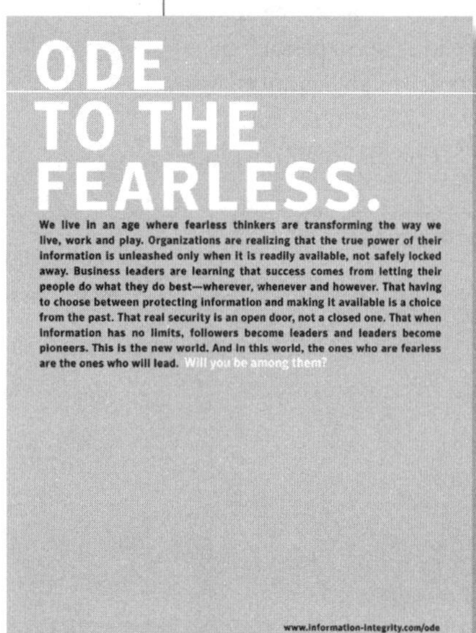

Não pense que arriscar e não ter medo é algo que serve apenas para as empresas; pense na sua própria busca por vantagem competitiva pessoal, com a mesma perspectiva. Ou seja, até onde você chega, o que faz e em quem se torna depende apenas de si mesmo. Portanto, não tenha medo.

de profissional independente pode ajudar a obter uma abordagem equilibrada entre o trabalho e a vida pessoal em casa com a família, porque esse profissional tem mais controle sobre as próprias atividades e horários.

Isso tudo pode soar como um mundo ideal. Ele também tem desvantagens. A independência pode ser assustadora, e o futuro, imprevisível. Ela pode isolar os "guerreiros da estrada" que estão sempre ocupados, trabalhando no carro e nos aeroportos, e interferir na vida social e familiar.[96] Uma autogestão eficaz é necessária para manter tudo em perspectiva e sob controle.

O aprendizado contínuo proporciona uma vantagem competitiva fundamental, ajudando você e a sua organização a atingir metas difíceis.

Aprendendo e Liderando

O aprendizado contínuo é o caminho vital para a vantagem competitiva renovável.[97] As pessoas que fazem parte da organização — e, pessoalmente, você — devem permanentemente explorar, descobrir e implementar ações, conforme ilustrado na Figura 18.6. Com essa abordagem, é possível aprender o que é eficaz e o que não é e, assim, fazer os ajustes e aperfeiçoamentos necessários. A filosofia do aprendizado contínuo ajuda a sua empresa a reduzir custos, a melhorar a qualidade, a inovação e a agilidade — e ajuda você a crescer e a se desenvolver no âmbito pessoal.

Assuma um compromisso com o aprendizado permanente. Isso inclui ter disposição para buscar novos desafios e refletir honestamente sobre os sucessos e os fracassos.[98] O aprendizado permanente exige que o executivo se arrisque de vez em quando; saia da "zona de conforto"; avalie honestamente as razões dos sucessos e fracassos; peça e ouça informações e opiniões dos outros, e esteja aberto a novas idéias.

A Figura 18.7 mostra os estágios de crescimento profissional de uma pessoa em ordem hierárquica. As descrições na hierarquia indicam não apenas que você realize tudo isso, mas que realize *bem*. O seu primeiro emprego às vezes não envolve responsabilidades de gestão, mas exige que você seja um colaborador individual e provavelmente faça parte de uma equipe. O nível 3 é aquele no qual as competências de gestão são requeridas, enquanto o nível 4 distingue a liderança verdadeira da gestão competente. O nível 5 representa um estilo de liderança descrito brevemente no Capítulo 12, que combina muita

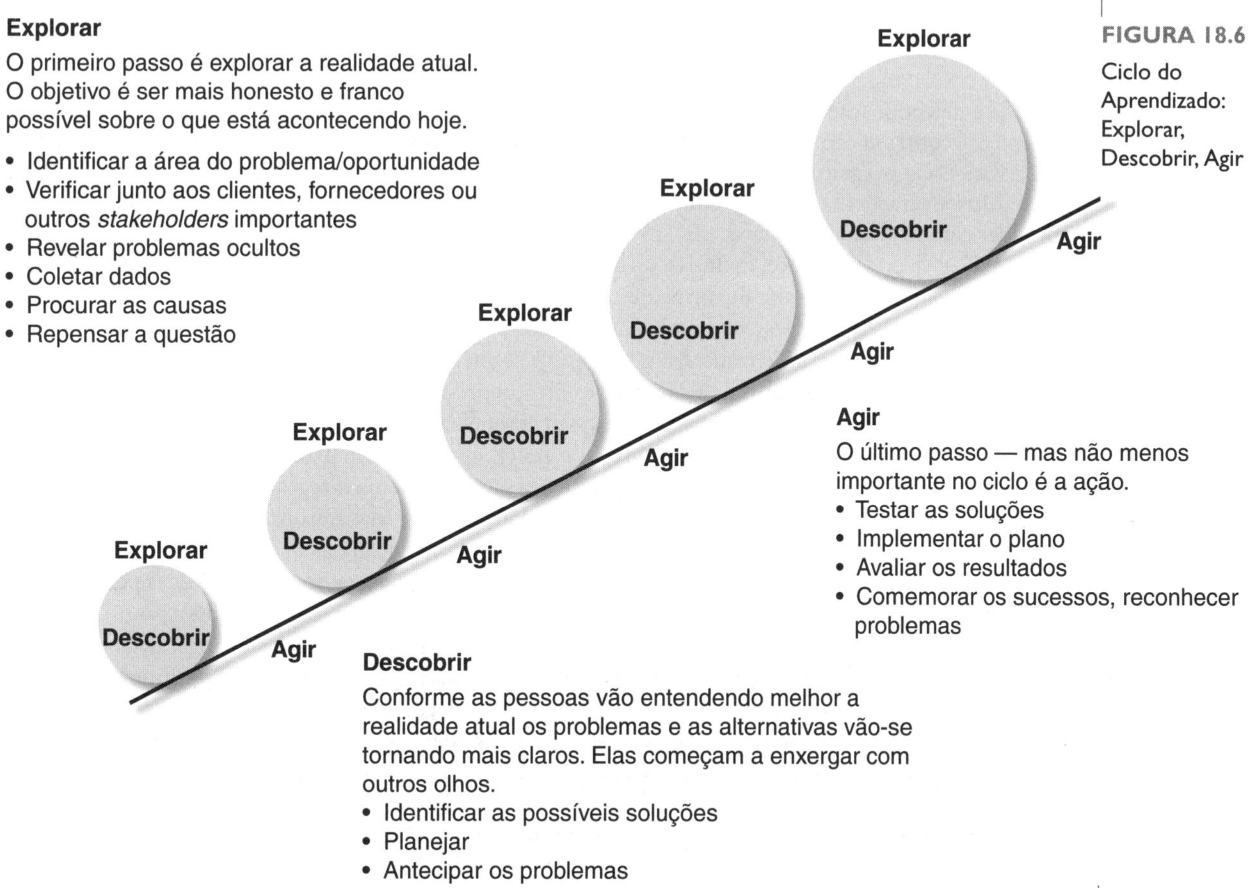

FIGURA 18.6
Ciclo do Aprendizado: Explorar, Descobrir, Agir

FONTE: De *Leaning into the future: changing the way people change organizations*, George Binney e Colin Williams; publicado por Nicholas Brealey Publishing Ltd., 1997. Tel. (0171) 430-0224, fax: (0171) 404-8311. Reimpresso com permissão.

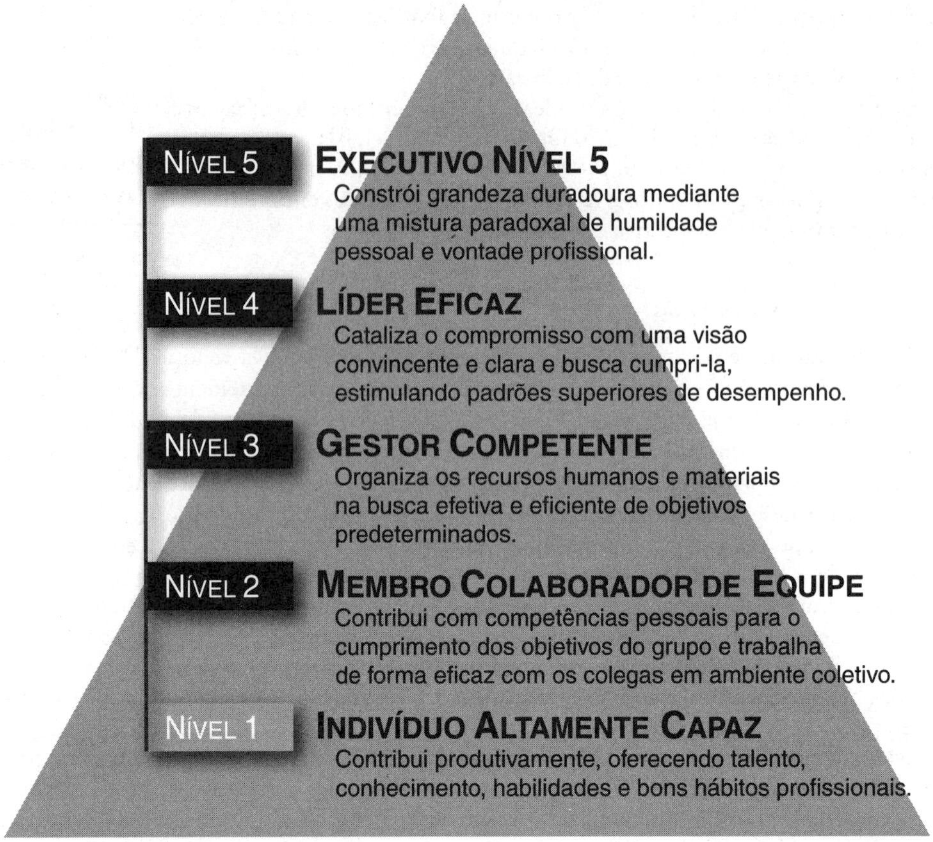

FIGURA 18.7
Hierarquia de Nível 5

FONTE: COLLINS, J. *Good to great*. Nova York: Harper Business, 2001.

vontade e determinação com humildade pessoal. A figura mostra que a liderança do nível 5 representa um ápice: a contribuição máxima de um líder que consegue transformar uma boa empresa em excepcional.[99] Você pode perguntar-se: em que nível estou atualmente (ou estarei depois de me formar)? Quais são minhas aspirações? O que aprendi até hoje que pode me ajudar a progredir, e o que ainda preciso aprender para evoluir ainda mais?

Um líder — pode ser você, inclusive — deve ser capaz de criar um ambiente em que "outras pessoas se dispõem a aprender e mudar de forma que a organização da qual fazem parte possa se adaptar e inovar [e] inspirar diversas outras pessoas a embarcar em uma jornada coletiva de liderança e aprendizado contínuo" (p. 125).[100] *Líderes de aprendizagem* [101] trocam conhecimento livremente; comprometem-se com o aprendizado contínuo próprio e dos outros; estão comprometidos em examinar o próprio comportamento e as atitudes defensivas que possam inibir seu aprendizado; dedicam tempo aos colegas, colocando de lado suas próprias crenças enquanto ouvem e refletem sobre a opinião deles, e desenvolvem uma perspectiva ampla, reconhecendo que as organizações são um sistema integrado de relacionamentos.

Considerado um dos melhores livros do ano sobre gestão na Europa, *Leaning into the future* (Tendendo para o futuro) recebeu esse título baseado na combinação das palavras *leading* (liderança) e *learning* (aprendizado).[102] As duas perspectivas, aparentemente, são bem diferentes. Contudo, são fortes e sinérgicas quando perseguidas de formas complementares. Um futuro de sucesso decorre da adaptação ao mundo *e* do ato de modelar o futuro; da resposta às perspectivas dos outros *e* de uma postura clara sobre o que você quer mudar; do incentivo aos outros a mudar *e* do reconhecimento daquilo que precisa ser mudado em si mesmo; da compreensão da realidade atual *e* da busca com paixão da sua visão; do aprendizado *e* da liderança.

> O diretor-presidente da GM, Rick Wagoner, empenhando-se ao máximo para superar as dificuldades da GM, diz: "Jamais pense que venceu, porque você provavelmente ainda não conseguiu vencer. Esse não é um jogo de apenas um nível. É um jogo de vários [anos], e é difícil, e você vai aprendendo à medida que vai avançando. O segredo é não esquecer o que aprendeu para não ter de reaprender".[103]

Esse é outro exemplo de conceito importante apresentado no início do capítulo. Para o próprio bem, e para o bem da organização, seja ambidestro: reconheça e viva a genialidade do *e*.

Agente de mudança: Helena Luczywo e Wanda Rapaczynski

Helena Luczywo e Wanda Rapazcynski transformaram um pequeno jornal alternativo da Polônia em um império da mídia local, *Agora SA*. Essa é uma das mais notáveis histórias de sucesso da Europa pós-comunista. Luczywo diz: "Creio que nosso jornal deve tratar de assuntos importantes e não deve nunca evitar temas complicados. Ele deve dizer a verdade, mesmo que a verdade vá contra a opinião pública, o governo ou os anunciantes. Rapaczynski diz: "Nem todo mundo gosta de nós (...) Levamos a sério nosso papel, nesse país, de instituição democrática". Ambas acreditam que, para garantir a independência como agente da democracia, o jornal deve ser altamente lucrativo, pois assim não ficará vulnerável às pressões externas. Afirma Luczywo: "Se você quer ser independente, então precisa ser financeiramente independente". A diretora-presidente Rapaczynski foi considerada recentemente uma das mulheres mais poderosas no cenário empresarial internacional.

FONTES: KRUGER, P. Helena Luczywo & Wanda Rapaczynski. *Fast company*, nov. 2000, p. 152-66; GUYON, J. Worldly women. *Fortune*, 18 out. 2004, p. 193.

EPÍLOGO

JEFFREY IMMELT E A GE

Jeff Immelt obviamente aprendeu muito com o "Gestor do Século" Jack Welch, mas também foi extremamente capaz de caminhar com as próprias pernas, rumo ao sucesso. Ele transformou a GE em uma empresa verdadeiramente global. Immelt disse que, em 1981, quase metade dos 600 principais executivos da GE não tinham passaporte. Hoje, ele passa metade do seu tempo viajando, na maioria das vezes para o exterior. Ele vê grandes perspectivas de crescimento na China, Rússia e Índia. No início de 2005, a GE começou sua primeira e inédita campanha global com a temática das Olimpíadas, antecipando os jogos de 2008 em Pequim.

Apesar de passar os primeiros 18 meses da gestão de Immelt em crise, a GE voltou a apresentar dois dígitos de crescimento, e Immelt foi nomeado "Homem do Ano" pelo *Financial Times*. Um gerente de carteira de negócios da Merrill Lynch afirmou, "Para conseguir isso foi necessária muita coragem, muita disciplina e muita reflexão. Houve custos de curto prazo (...) Contudo, se ele estava tentando fazer que as pessoas esquecessem Jack Welch, não podia ter feito melhor".

Immelt demonstra autoconfiança, sem ser autoritário ou imperialista. Um artigo elogioso da *Fortune* conclui: "Confiança alimenta a convicção. E convicção alimenta algo que, se não fôssemos tão céticos, pareceria suspeito como (...) coragem".

Immelt não quer que a GE fique à mercê da economia; ele quer que a GE seja dona do seu próprio destino.

TERMOS-CHAVE

Adaptadoras, p. 606
Análise do campo de força, p. 597
Genialidade do "e", p. 591
Movimentação, p. 597
Desenvolvimento organizacional, p. 591
Ambidestreza organizacional, p. 591
Gap de desempenho, p. 597
Mudança proativa, p. 605
Mudança reativa, p. 605
Recongelamento, p. 597
Modeladoras, p. 606
Mudança organizacional total, p. 601
Tirania do "ou", p. 591
Descongelamento, p. 596

RESUMO DOS OBJETIVOS DE APRENDIZAGEM

Depois de completado o estudo deste Capítulo, você deverá ser capaz de identificar:

O que é nessário para se tornar uma empresa de classe mundial.

Você deve lutar para obter excelência de classe mundial, o que significa usar os melhores e mais atualizados conhecimento e idéias para operar nos mais elevados padrões em qualquer setor e em qualquer região. A grandeza sustentável resulta, entre outras coisas, de se possuir sólidos valores básicos, viver constantemente com esses valores, empenhar-se para melhorar permanentemente, experimentar muitas alternativas e sempre tentar fazer amanhã melhor do que foi feito hoje. É fundamental não cair nas garras da tirania do *ou*; isto é, a crença de que só é possível atingir uma meta em detrimento de outra. Com a genialidade do e, é possível atingir várias metas importantes ao mesmo tempo e com sinergia.

Como gerenciar efetivamente a mudança.

Uma gestão eficaz das mudanças ocorre quando a organização sai do estado atual e passa para o estado futuro desejado sem que haja custos excessivos para ela ou para o seu pessoal. As pessoas resistem às mudanças por várias razões, inclusive por inércia, inadequação do momento, surpresa, pressão dos pares, interesse próprio, mal-entendidos, informações (e avaliação) divergentes da mudança e táticas da administração.

Motivar pessoas para a mudança envolve descongelamento, movimentação para instituir a mudança e recongelamento, tomando-se cuidado com o "recongelamento" de comportamentos adequados e inadequados. Outras técnicas específicas para motivar as pessoas a mudar envolvem educação e comunicação, participação e envolvimento, facilitação e suporte, negociação e recompensa, manipulação e cooptação, e coação. Cada abordagem possui pontos fortes e fracos, e múltiplas abordagens podem ser usadas. É importante criar uma harmonia entre as várias mudanças que ocorrem na organização.

Uma mudança eficaz requer liderança ativa, incluindo a criação de um senso de urgência, formação de uma coalizão de direcionamento, desenvolvimento de uma visão e uma estratégia, comunicação da visão da mudança, fortalecimento de ações de ampla base, vitórias de curto prazo, consolidação dos ganhos e produção de mais mudanças, e o ato de ancorar dos novos métodos na cultura.

Idéias sobre como criar um futuro de sucesso.

A preparação para um futuro incerto requer uma abordagem proativa. É possível interferir no futuro de forma proativa, sendo mais modelador que adaptador, criando novas vantagens competitivas, gerenciando de forma eficaz a própria carreira e o desenvolvimento pessoal, e tornando-se um líder ativo e um eterno aprendiz.

QUESTÕES PARA DISCUSSÃO

1. Reveja as citações apresentadas na página 586, que descrevem a "resistência para se tornar uma empresa de classe mundial". Por que algumas pessoas resistem à meta da empresa de se tornar de classe mundial? O que está por trás das citações? Como é possível superar essa resistência?
2. Dê exemplos específicos de empresas de classe mundial que você tenha observado como consumidor. Além disso, dê exemplos de práticas comerciais de má qualidade. Por que e como algumas empresas inspiram práticas de classe mundial, e outras não?
3. Como o *blog* pode afetar o processo de gestão da mudança? Para você, quais as implicações do *blog* na carreira e vida profissional?
4. Dê e discuta exemplos de problemas e oportunidades que tenham inspirado mudanças, tanto em empresas quanto na sua vida pessoal.
5. Reveja os métodos para lidar com a resistência a mudanças. Crie exemplos específicos de cada um que você já tenha observado, e analise as razões pelas quais eles funcionaram ou falharam.
6. Escolha alguns tipos específicos de mudanças que você gostaria de ver implementados em grupos ou organizações com os quais esteja familiarizado. Imagine que você esteja tentando realizar tais mudanças. Que fontes de resistência você deveria antecipar? Como gerenciaria a resistência?
7. Desenvolva um plano específico para se tornar um "eterno aprendiz".
8. Com suas próprias palavras, defina o significado de "criação do futuro". Como é possível fazer um bom uso desse conceito? Mais uma vez, crie algumas idéias que efetivamente possam ser usadas.
9. Analise as grandes companhias de hoje até um período de 50 anos, conforme descritas pelo futurologista Peter Schwartz na página 606. Elas parecem excessivamente fantasiosas ou realistas? Elas inspiram algumas idéias novas para os empreendedores? O que elas inspiram para a preparação do seu futuro pessoal?

CASO DE CONCLUSÃO

O Mundo das Janelas, dos Tecidos e Acessórios de Barbara (Barbara's World) — Divisão de Consultoria Doméstica

PERSPECTIVA E VISÃO GERAL DO NEGÓCIO

Logo após a Segunda Guerra Mundial, Barbara e Jerry Klein abriram uma pequena loja na área metropolitana do norte de New Jersey. A principal linha de produtos da loja incluía tecidos de algodão, lã e outros tipos, que Jerry conseguia comprar de alguns dos seus antigos colegas do tempo da guerra, que trabalhavam em tecelagens localizadas na região sul dos Estados Unidos. Os tecidos eram comprados por uma clientela quase exclusivamente feminina da região para fazer cortinas, colchas, capas, travesseiros e outros itens para casa. A loja também vendia varetas de cortina, ferragens, zíperes, artigos de armarinho e outros acessórios.

A loja fez grande sucesso nas décadas de 1950, 1960 e 1970. Durante esse período, as vendas anuais cresceram de US$ 150 mil para mais de US$ 2,5 milhões. A loja empregava 30 pessoas, a maioria donas de casa da região que antes trabalhavam como costureiras ou fabricantes de roupa para uso próprio. A atmosfera acolhedora, simpática e amistosa transformou a loja no local favorito dos moradores locais e dos arredores. Diversos concorrentes abriram e fecharam as portas ao longo dos anos — aqueles que sobreviveram eram pequenos e não representavam grande ameaça para Barbara e Jerry, que basicamente aproveitavam os frutos de um monopólio.

O mundo (confortável) de Barbara foi ruindo na década de 1980, com as vendas chegando a ficar abaixo de US$ 1,8 milhão no final da década. Com o passar do tempo, sua clientela original foi gradualmente deixando de comprar na loja, mudando para outros locais ou falecendo. A mulher moderna da região agora freqüentava a faculdade e cultivava uma carreira profissional em vez de ficar em casa costurando cortinas ou roupas. Ao mesmo tempo, inúmeros concorrentes novos e mais diversificados começaram a entrar no cenário, ganhando fatias cada vez maiores do mercado.

As novas lojas ofereciam uma gama muito mais ampla de produtos, incluindo vestidos de noiva, toalhas de mesa e guardanapos, diversos tipos de persianas, inclusive minipersianas, colchas, cobertores e alguns itens de mobiliário, abajures, velas e complementos para casa.

A filha de Barbara e Jerry, Sandy, recém-formada em uma escola de administração e que cresceu trabalhando meio período na loja, passou a atuar como gerente-assistente de operações da loja. Sandy estava sendo treinada e preparada para eventualmente assumir os negócios. Por causa dos vários anos de experiência direta no trabalho e sua recém-adquirida qualificação em gestão empresarial, Sandy recebeu certa liberdade e incentivo para efetuar mudanças e dar uma guinada nos negócios.

UMA NOVA ERA

Todo o estoque de mercadorias da loja foi contado, avaliado e reorganizado. Sandy se desfez do estoque parado e de baixa rotatividade. O estoque passou a ter mais mercadorias de altas rotatividade e lucratividade. Inúmeros novos produtos foram introduzidos para desafiar a concorrência e refletir melhor as tendências e as necessidades de compras do consumidor moderno.

A mudança mais significativa foi a criação de uma Divisão de Consultoria Doméstica. Reconhecendo as necessidades e as características da mulher consumidora e trabalhadora de hoje, Sandy passou a levar a loja à cliente no conforto de sua casa. Nos fins de semana ou à noite, representantes de vendas visitavam as casas das mulheres trabalhadoras. Com as diversas amostras de tecidos e os catálogos de cores, a cliente simplesmente selecionava a cortina, a persiana, o papel de parede, as capas e outros itens de sua escolha e dava um cheque de metade do valor da fatura como depósito. As representantes de vendas tiravam as medidas necessárias no local. Os produtos eram entregues e instalados em aproximadamente duas a quatro semanas. O saldo restante era pago na entrega e instalação.

A Divisão de Consultoria Doméstica foi uma grande inovação de sucesso. As vendas chegaram a US$ 1 milhão no primeiro ano de funcionamento e a US$ 1,5 milhão no segundo ano. À medida que a divisão ia crescendo, também cresciam os inúmeros problemas e as deficiências. A carência de instaladores qualificados provocou um aumento no intervalo entre o pedido e a instalação de seis para 12 semanas. Em relação à visita da representante da empresa, que a cliente aguardava de uma ou duas semanas depois da solicitação, a espera chegou a uma média aproximada de um mês. Além de tudo isso, Sandy sabia que havia muito mais oportunidades de negócios a serem aproveitadas.

As clientes começaram a ficar impacientes e insatisfeitas, e Sandy passou a enfrentar seu primeiro problema grave que precisava ser resolvido rapidamente. A complacência e a falta de conhecimento de marketing de seus pais sempre permitiram a entrada de inúmeros concorrentes capazes no mercado, dois dos quais estavam montando suas próprias divisões de compras domésticas.

Sandy pediu a Barbara Johnson, uma das representantes de vendas, para documentar com precisão todo o processo desde o momento que o pedido é recebido até a instalação do produto, na esperança de identificar falhas específicas e gargalos de produção. Este é o resumo do relatório apresentado por Barbara:

- O processo começa com uma ligação telefônica da cliente em resposta a um anúncio no jornal ou a uma visita à loja. Não existe nenhum plano em curso para abordar de forma proativa os clientes potenciais.
- A secretária, ou quem quer que atenda a ligação, registra as informações (nome, endereço, telefone, natureza do pedido) e deixa um recado na caixa de correspondência da representante de vendas.
- Uma representante de vendas (atualmente, duas de período integral e uma de meio período) liga para marcar um horário com a cliente, na ordem em que as chamadas são recebidas. A maioria das clientes mora em um raio de 40 quilômetros da loja.
- Em um dia típico, a representante tem uma visita às 16 horas em um bairro e, depois, às 19h30 em outra localidade. No sábado, a representante normalmente tem uma visita às 9 horas em uma região e outra às 12 horas em outro local.
- A representante vai à casa da cliente munida de catálogos e amostras, formulários de pedido e instrumentos de medição. A maioria das visitas resulta uma venda. As representantes tiram as medidas necessárias (tamanho da janela, dimensões do sofá e assim por diante), e sai com um cheque no valor aproximado de 50% do pedido como depósito.
- A representante gasta cerca de um dia por semana processando os pedidos (calculando a metragem e o melhor fornecedor dos materiais, procurando a vareta certa para cada tipo de cortina, calculando o total exato da fatura e assim por diante).
- Quando todo o material pronto de determinado pedido chega à loja, a representante é notificada e, em seguida, faz o contato e marca um horário com o instalador; esse procedimento também inclui a marcação de um horário com a cliente.
- O instalador completa a entrega e a instalação e recebe o pagamento final em nome da loja.

Barbara também detalhou a distribuição média do tempo gasto por representante em cada tarefa:

- 40% do tempo é gasto vendendo na casa da cliente.
- 30%, processando pedidos.
- 30%, deslocando-se de um local a outro.

O relatório de Barbara termina com um resumo da parte da divisão responsável pela instalação: "A maioria das entregas e instalações é feita por dois prestadores de serviço autônomos que estão com a companhia desde a criação da divisão. Eles têm reputação de oferecer um bom trabalho. Diversos outros prestadores já trabalharam e deixaram de trabalhar para a loja — por causa ou da má qualidade da mão-de-obra ou da falta de disponibilidade ou credibilidade.

Várias clientes já reclamaram da aparência e apresentação dos instaladores e dos equipamentos utilizados. Muitas clientes são moradoras de bairros sofisticados. Essas mulheres, muitas vezes, estão em casa sozinhas quando são feitas as entregas e instalações. Elas ficam apreensivas e temerosas quando vêem um jovem de barba malfeita e mal vestido chegando em uma caminhonete velha. Algumas clientes efetivamente se recusam a deixar o instalador entrar antes de primeiro falar com alguém da loja.

Os dois principais instaladores estão trabalhando muito e atrasando cada vez mais o atendimento dos pedidos".

Em vista dos vários mercados não atendidos e das oportunidades de novos negócios existentes, Sandy quer que seu pessoal seja mais proativo — procurar obter mais pedidos em vez de ficar esperando o telefone tocar ou uma cliente fazer um pedido na loja.

Sandy sente que a empresa está cometendo um grande erro ao ignorar completamente o mercado industrial e governamental local. Por exemplo, no setor industrial, hotéis, restaurantes, bancos, escritórios e muitos outros estabelecimentos compram e mudam constantemente os móveis, as cortinas e outros itens de decoração. O mesmo ocorre com potenciais clientes governamentais, como escolas, escritórios da Prefeitura e do governo e edifícios federais. Sandy também percebe que os clientes, tanto na loja como nas visitas às casas, continuam a ser quase exclusivamente mulheres.

QUESTÕES

1. Você herdou uma companhia que precisa de muitas mudanças internas para sobreviver e ter sucesso. Como você planejaria e administraria cada uma das mudanças a serem implementadas? Lembre-se de incluir tanto aspectos táticos quanto estratégicos no plano.
2. O livro menciona e descreve inúmeros aspectos e componentes operacionais; escolha cada item relevante desse caso e exemplifique especificamente uma técnica que você incorporaria na nova operação.
3. Em geral, quais as habilidades interpessoais e técnicas de gestão você usaria para efetuar com sucesso uma mudança?

EXERCÍCIOS PRÁTICOS

18.1 Uma Análise do Campo de Força

OBJETIVO

Apresentar o conceito de análise do campo de força para gerenciar a mudança organizacional.

INSTRUÇÕES

Leia a seguinte análise do campo de força e defina um problema organizacional próprio para ser analisado.

Análise do Campo de Força

Análise do campo de força é uma forma de avaliar a mudança organizacional. Esse conceito reflete as forças, propulsoras e restritivas, atuantes em determinado momento. Ela ajuda a avaliar os pontos fortes da organização e a selecionar forças que possam ser adicionadas ou removidas para provocar mudanças. A teoria da mudança sugerida por Kurt Lewin, criador da análise do campo de força, mostra que, se, de um lado, as forças propulsoras são facilmente afetadas, do outro, uma mudança nelas pode acentuar a oposição (tensão e/ou conflito) dentro da organização e criar mais forças restritivas. Portanto, para criar mudanças, às vezes é mais eficaz remover as forças restritivas.

A análise do campo de força demonstra a gama de forças pressionando uma organização em determinado momento de sua existência. Essa análise pode deixar as pessoas mais otimistas em relação à possibilidade de criar estratégias e planos de mudanças.

Exemplo — Tentar aumentar a participação dos alunos na governança estudantil.

Forças Propulsoras	Forças Restritivas
Alocação de mais recursos para atividades de governança estudantil. →	← Muita ênfase nas notas — necessidade de estudar mais.
Melhores programas de relações públicas e divulgação das atividades de governança estudantil. →	← Outras atividades — cultural, social, esportiva — desviam o foco dos interesses.
Representantes da governança estudantil visitam as classes e explicam os efeitos positivos das decisões dos estudantes. →	← Pouco trabalho de relações públicas no passado.
Programas especiais de carreira oferecidos aos participantes da governança estudantil. →	← Os estudantes não consideram a governança estudantil eficaz nem algo que os possa ajudar a obter um emprego.

Ponto de equilíbrio atual

Folha de Trabalho "Análise do Campo de Força"

1. (10 a 15 min) Escolha uma mudança organizacional em andamento, preencha a seção Análise do Problema e, em seguida, complete o modelo.
2. (20 min) Em grupos de três ou quatro componentes, discuta as forças propulsoras e restritivas do problema de cada um.
3. (10 min) Discussão em classe
   a. Por que é útil dividir a situação do problema em forças propulsoras e restritivas?
   b. O modelo pode ser usado de forma diferente se aplicado a algum problema individual ou organizacional?

ANÁLISE DO PROBLEMA

1. Descreva o problema em poucas palavras.

2. Uma lista de forças *propulsoras* de mudanças incluiria:
   a.
   b.
   c.
   d.
   e.
   f.
3. Uma lista de forças *restritivas* a mudanças incluiria:
   a.
   b.
   c.
   d.
   e.
   f.
4. Coloque as forças propulsoras e restritivas do problema nesta análise do campo de força, de acordo com o grau de seu impacto na mudança.

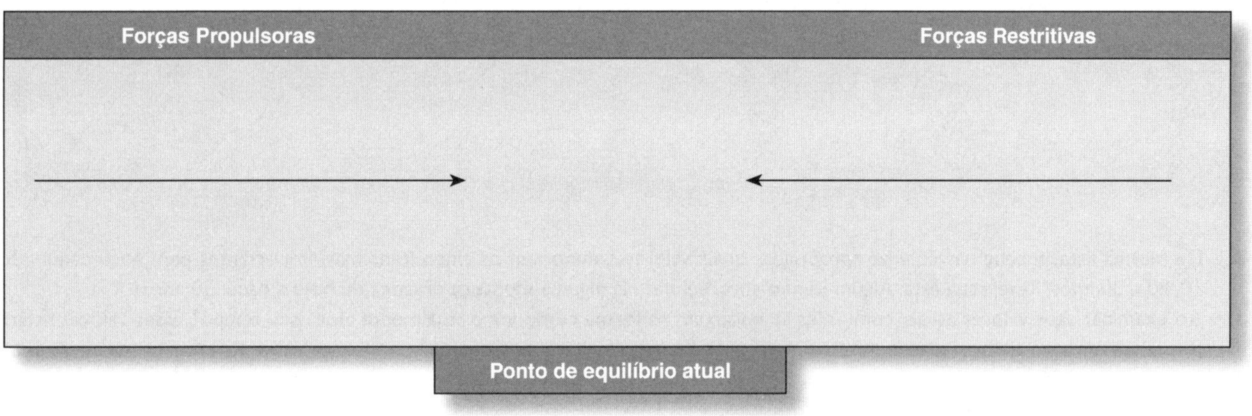

FONTE: HAI, Dorothy. Force-field analysis. *Organizational behavior:* experiences and cases. St. Paul, MN: West, 1986, p. 259-261. Copyright © 1986. Reimpresso com permissão da South-Western College Publishing, divisão da Thomson Learning.

18.2 Inventário de Valores

1. Da lista a seguir, escolha cinco itens que sejam os mais importantes para você. Classifique os itens escolhidos de acordo com seus valores atuais, na coluna "Hoje". Essa é apenas uma lista parcial; preencha os espaços em branco (designados como outros) com outros itens que você pessoalmente valoriza. Atribua 1 para o item mais importante, 2 para o item seguinte e assim por diante.

Valores	Hoje	5 anos	10 anos	20 anos	30 anos
Ter segurança					
Atingir independência financeira					
Ter filhos					
Ter uma casa					
Ter tempo livre					
Ser reconhecido ou ficar famoso					
Ter amigos					
Ajudar os menos afortunados					
Ter família					
Viajar					
Respeitar os outros					
Praticar esportes					
Seguir uma carreira ou emprego interessante					
Gozar de boa saúde					
Ser uma pessoa informada e culta					
Sentir-se realizado					
Sentir-se espiritualmente realizado					
Ser um bom aluno					
(outro)					
(outro)					

2. Da mesma lista, indique nas colunas apropriadas quais valores comporiam os cinco itens mais importantes para você daqui a 5, 10, 20 e 30 anos. Reveja sua lista. Algum item o surpreende? Há alguma mudança drástica de hoje a daqui 30 anos?
3. Ao examinar seus valores atuais, como eles se encaixam na forma como você atualmente aloca seu tempo? Esses valores estão presentes em seus sonhos, suas metas, suas ambições e seus princípios de vida?
4. Que fato imprevisto e importante faria você modificar suas prioridades (doença grave, fracasso nos negócios, casamento etc.)? Discuta como esse evento afetaria suas prioridades.

FONTE: JANASZ, Suzanne C. et al. *Interpersonal skills in organizations*. Nova York: McGraw-Hill/Irwin, 2002, p. 57.

18.3 Cenários de Formação de Rede

1. Trabalhando individualmente, elabore uma estratégia de formação de rede (*networking*) para os três cenários mostrados a seguir. (10 min)
2. Em parceria ou em grupos pequenos, trabalhe em conjunto para identificar a melhor estratégia para lidar com cada um dos três cenários. Cada grupo deve elaborar a melhor estratégia para cada cenário. (20 min)
3. Cada grupo faz um relato, mostrando suas melhores estratégias para cada um dos três cenários (ou pelo menos um cenário se não houver tempo suficiente). (2 a 3 min por grupo e por estratégia).
4. Um grupo grande ou a classe se engaja em uma discussão, usando as perguntas que se encontram no final do exercício. (10 min)

CENÁRIOS

I. Você é candidato à presidência do grupo de governança estudantil. Quais providências adotaria para o sucesso da sua candidatura?

1. ______________________ ______________________

2. ______________________ ______________________

3. ______________________ ______________________

4. ______________________ ______________________

5. ______________________ ______________________

6. ______________________ ______________________

II. Você está trabalhando como estagiário e deseja ser efetivado para trabalhar em período integral na organização. Com quais pessoas estabeleceria um contato e que providências tomaria para efetivamente ser convidado a permanecer na empresa?

1. ______________________ ______________________

2. ______________________ ______________________

3. ______________________ ______________________

4. ______________________ ______________________

5. ______________________ ______________________

6. ______________________ ______________________

III. Você acabou de se mudar para uma nova comunidade, e o crescimento dos negócios da empresa depende muito de indicações. Como estabelecer contatos em um lugar onde você não conhece ninguém? Como construir uma base de clientes?

1. ______________________ ______________________

2. ______________________ ______________________

3. ______________________ ______________________

4. ______________________ ______________________

5. ______________________ ______________________

6. ______________________ ______________________

QUESTÕES

1. Quais as dificuldades encontradas nesse exercício?
2. Que alternativas criativas foram formuladas para criar as redes de contatos nesses cenários?
3. Quais dessas idéias seriam de fácil implementação? Quais seriam difíceis? O que torna algumas estratégias mais fáceis que outras?
4. Quais as qualidades pessoais necessárias para usar efetivamente essas estratégias?
5. Como uma pessoa tímida, com dificuldades para conhecer novas pessoas, pode usar (algumas ou todas) as estratégias com sucesso?
6. O que você aprendeu a seu respeito e a respeito dos outros com esse exercício?

FONTE: JANASZ, S. C. de et al. *Interpersonal skills in organizations.* Nova York: McGraw-Hill/Irwin, 2002, p. 212.

PARTE 5 CASO DE APOIO

A Transformação da General Electric

Jack Welch Jr. foi nomeado presidente e diretor-executivo da General Electric em abril de 1981. Recentemente, ele se aposentou. Sua gestão foi caracterizada por constantes mudanças estratégicas e organizacionais na empresa. Entre as iniciativas associadas a Welch, estão as seguintes:

1. *Mudança no formato do portfólio de negócios.* Welch estabeleceu dois critérios para redefinir o portfólio de negócios da GE. O primeiro determinava que "Manteremos somente negócios que estejam na liderança ou vice-liderança do mercado global — ou, no caso de prestação de serviços, que tenham posição de destaque — e de uma escala e um potencial apropriado para uma empresa de US$ 50 bilhões". No segundo critério, Welch definiu três amplas áreas de negócios para a GE: produtos essenciais, alta tecnologia e prestação de serviços. Com base nesses critérios, durante a década de 1980, a GE vendeu ou fechou empresas contabilizando US$ 10 bilhões em ativos e adquiriu outras totalizando US$ 18 bilhões em ativos. Entre os desinvestimentos estavam a Utah International, utensílios e pequenos aparelhos domésticos, produtos eletrônicos e semicondutores. Entre os investimentos foram incluídas empresas como RCA; Employers Reinsurance Corp.; Kidder Peabody Group;

Navistar Financial; diversos empreendimentos novos no setor de plásticos; a empresa de equipamentos médicos eletrônicos da Thomson; e empreendimentos conjuntos com Fanuc (automação de fábricas), Robert Bosch (motores elétricos), GEC (equipamentos elétricos e grandes aparelhos), e Ericsson (comunicação móvel).

2. *Mudança no planejamento estratégico.* Welch desmontou a maior parte do sistema altamente complexo de planejamento estratégico criado na GE ao longo da década anterior. A documentação foi drasticamente reduzida, e o processo de revisão do planejamento ficou mais informal — o elemento central era uma reunião entre Welch e seus dois vice-presidentes e a alta administração de cada unidade estratégica de negócios, que tinha como foco a identificação e discussão de alguns poucos temas importantes. Em 1984, o sólido grupo de planejamento corporativo composto por 200 executivos já estava reduzido pela metade. O objetivo geral era "ter gerentes gerais falando com gerentes gerais sobre estratégia e não planejadores falando com planejadores".
3. *Eliminação de níveis hierárquicos.* As mudanças no sistema de planejamento representaram um dos aspectos de uma mudança geral mais ampla no papel do *staff* da sede, de uma figura de "controlador, inquisidor e autoritário para a de facilitador, colaborador e apoiador". Essa mudança envolveu uma redução substancial na geração de documentos e relatórios e um aumento da autoridade individual na tomada de decisão. Essas mudanças permitiram a ampliação substancial da esfera de controle e a remoção de diversos níveis hierárquicos. Na maior parte da GE, os níveis gerenciais foram reduzidos de nove para quatro.
4. *Redução de pessoal.* As pressões para desinvestimento, eliminação de níveis hierárquicos superiores, redução de pessoal corporativo e aumento de produtividade resultaram enormes melhorias. Entre 1980 e 1990, as vendas da GE mais que dobraram, enquanto o quadro funcional foi reduzido de 402 mil para 298 mil funcionários.
5. *Valores.* Um tema persistente na liderança de Welch era o compromisso com os valores. Welch enfatizava sempre a importância do "*software*" (valores, motivação e compromisso) da companhia sobre seu "*hardware*" (estrutura de gestão e negócios). A filosofia de Welch estava articulada em dez princípios e valores básicos:

   Ocupar sempre a liderança ou vice-liderança em qualquer atividade de negócios.

   Tornar-se e permanecer enxuto e ágil.

   "Sentimento de propriedade" — indivíduos assumindo a responsabilidade pelas decisões e ações.

   "Responsabilidade administrativa" — indivíduos garantindo o aproveitamento pleno dos recursos da GE.

   "Empreendedorismo."

   "Excelência" — os mais altos padrões pessoais.

   "Realidade."

   "Sinceridade."

   "Comunicações francas" — tanto interna quanto externamente.

   Apoio financeiro — obtenção do retorno necessário para sustentar o sucesso.

Essa ênfase nos valores era apoiada por um tipo de liderança que dedicava muita importância à comunicação e à disseminação desses valores por toda a empresa. Welch dedicava grande parte do seu tempo promovendo reuniões com funcionários e seminários de gestão no Crotonville Management Development Institute da GE.

NOVA CULTURA, NOVOS SISTEMAS

Durante os seus cinco primeiros anos de gestão, Welch priorizou a estratégia e a estrutura. O portfólio de negócios da GE foi totalmente transformado, e as estratégias em relação aos principais negócios da empresa davam mais ênfase à presença local e ao sucesso global, e ao desenvolvimento e à aplicação de nova tecnologia. Em termos de estrutura organizacional, a cruzada de Welch contra o excesso de custos, complacência e ineficiência administrativa resultou na redução da hierarquia corporativa e uma organização muito mais horizontal.

Na raiz da "nova cultura" que Welch procurou criar na GE estava a redefinição do contrato das relações entre a GE e seus funcionários:

> "Assim como muitas outras grandes empresas nos Estados Unidos, na Europa e no Japão, a GE sempre manteve um contrato psicológico implícito baseado na percepção de emprego eterno (...) Essa percepção produziu uma espécie de lealdade paternal, feudal e confusa. Você dedicava seu tempo, trabalhava duro, e a companhia tomava conta de você pelo resto da vida. Esse tipo de lealdade faz que o funcionário tenha um foco interno (...) O contrato psicológico tem de mudar. Os funcionários de todos os níveis têm de sentir a tensão entre risco e recompensa.
>
> Meu conceito de lealdade não é 'dedicar tempo' a alguma entidade corporativa e, em troca, ser protegido contra o ambiente externo. Lealdade é uma afinidade entre as pessoas que desejam brigar com o mundo externo e vencer (...) O novo contrato psicológico, se é que existe algo assim, estabelece que o emprego na GE é o melhor do mundo para o profissional disposto a competir. Temos o melhor treinamento e os melhores recursos para desenvolvimento e um ambiente comprometido com a oferta de oportunidades para crescimento pessoal e profissional."[1]

A criação de uma nova atitude requer mudança do foco interno para o foco externo

> "O que determina seu destino não é a atividade na qual você está envolvido, é como você lida com essa atividade. A melhor maneira de exercer sua atividade é enfrentando a realidade — vendo o mundo como ele efetivamente é e agindo adequadamente (...) Em minha visão, a idéia é: evitar o incremental e buscar o salto maior. A maioria das burocracias — e na nossa empresa não é exceção — infelizmente ainda pensa em termos incrementais em vez de em termos de uma mudança fundamental. E elas pensam assim porque têm o pensamento voltado às questões internas. A mudança da cultura — abri-la para uma mudança quântica — envolve um questionamento constante, não em termos de quão rápido, ou quão bem a empresa evoluiu, em comparação com um ou dois anos anteriores, mas em termos de quão rápido ou quão bem ela vem desempenhando em comparação com o ambiente externo."[2]

Para a criação de uma nova cultura e uma mudança nos "antigos métodos" da GE, foram críticos não apenas a burocracia em si, mas os hábitos e as atitudes engendrados pela burocracia:

> "As muralhas de uma companhia grande e secular não são derrubadas como as de Jericó quando a administração efetua algumas mudanças organizacionais ou com alguns discursos. Existem muitos hábitos persistentes que as sustentam. Mentalidade provinciana, batalhas campais, *status*, 'funcionalidades' e, acima de tudo, a maior sina de uma burocracia, o foco voltado para si e para seus mecanismos internos, estão sempre atuando nos bastidores."[3]

O *PROGRAMA* WORK-OUT — *VISÃO GENÉRICA*

O **Programa *Work-Out* da GE** foi uma resposta ao desejo de agilizar o processo de mudança organizacional na empresa. Welch concebeu a idéia do programa em setembro de 1988. Ele conduzia uma sessão para todos os grupos de gestores da GE que estavam freqüentando o Management Development Institute de Crotonville, em Nova York. Ele ficava impressionado com a energia, o entusiasmo e o fluxo de idéias que suas sessões de discussões abertas com os gestores eram capazes de gerar. Ao mesmo tempo, ficava frustrado com a resiliência de muitas práticas burocráticas da GE e a dificuldade de transformar as idéias individuais dos gestores em ações. Depois de uma sessão bem entusiasmada em Crotonville, Welch e o diretor de educação da GE, James Braughaman, reuniram-se para discutir como a interação existente nesses seminários poderia ser multiplicada e disseminada por toda a empresa em um processo que envolveria todos os funcionários e que poderia gerar mudanças muito mais abrangentes dentro da companhia. No trajeto de um vôo de helicóptero de Crotonville para a sede da GE em Fairfield, Welch e Braughman esboçaram o conceito e a estrutura do processo de *Work-Out.*

Um modelo para o programa da GE foi uma tradicional reunião na prefeitura de uma pequena cidade de New England (região nordeste dos Estados Unidos), onde os cidadãos se encontravam para discutir problemas, frustrações e idéias, e as pessoas acabavam concordando com algumas ações civis. Welch estabeleceu as seguintes metas para o programa Work-Out:

> "O Programa *Work-Out* possui uma meta prática e intelectual. O objetivo prático é acabar com milhares de maus hábitos acumulados desde a criação da General Electric (...) O segundo objetivo que desejamos atingir, a parte intelectual, começa colocando os líderes de cada empresa diante de cem ou mais pessoas de sua equipe, de oito a dez vezes por ano, e fazendo-os ouvir o que seu pessoal tem a dizer. O Programa *Work-Out* vai expor os líderes às vibrações das opiniões, dos sentimentos, das emoções, dos ressentimentos do pessoal de suas unidades e não a teorias abstratas sobre organização e gestão."[4]

Um resumo genérico do Programa *Work-Out* revela três propósitos inter-relacionados: alimentar um processo contínuo de melhoria e mudança; incentivar a transformação cultural caracterizada por confiança, *empowerment*, eliminação do trabalho desnecessário e uma organização sem barreiras; e melhorar o desempenho empresarial.

ESTRUTURA DO PROCESSO DE *WORK-OUT*

A idéia central do processo de *Work-Out* era a de se criar um fórum no qual um *mix* de vários funcionários de cada empresa pudesse expressar, sem medo de retaliações, a forma como era gerenciada a sua unidade de negócios. Como os funcionários envolvidos diretamente na execução das tarefas são as melhores pessoas para recomendar melhorias na forma de gestão do seu trabalho, esse tipo de interação era considerado a primeira etapa das ações para eliminar o trabalho desnecessário e melhorar os processos empresariais. Em janeiro de 1989, Welch anunciou o programa na reunião anual com os 500 principais executivos da GE. Foi estabelecida ampla estrutura, mas uma flexibilidade razoável foi dada a cada uma das 14 unidades de negócios básicos da GE para se decidir à melhor forma de cada uma implementar o programa. Os elementos principais do programa consistiam em:

- *Reuniões externas.* O Programa *Work-Out* era realizado como um fórum e com o objetivo de afastar os participantes do ambiente da companhia. Eventos de dois a três dias eram realizados fora da empresa.
- *Foco nos problemas e nos processos principais.* Havia forte tendência voltada a sessões orientadas a ações. Os eventos iniciais do programa concentravam-se na eliminação do trabalho desnecessário. Braughman referia-se a essa abordagem como "fruto mais acessível". Conforme o programa seguia evoluindo, o *Work-Out* concentrava-se cada vez mais nos processos empresariais mais complexos. Por exemplo, na GE Lighting, sessões coletivas eram realizadas para agilizar o desenvolvimento de novos produtos, melhorar os índices de realizações e aumentar a integração entre produção e montagem de componentes. Na unidade de plásticos, as prioridades consistiam em melhoria da qualidade, redução do tempo de ciclo e aumento da coordenação interfuncional.
- *Participação de seções diversificadas.* As sessões do Programa *Work-Out* normalmente envolviam entre 50 e cem funcionários de todos os níveis e de todas as funções de uma empresa. A presença da alta administração de uma empresa era fundamental para o processo.
- *Grupos pequenos e reuniões comunitárias.* Os eventos do programa normalmente envolviam uma série de pequenas reuniões que começavam com uma sessão de *brainstorming* seguida por uma sessão plenária (ou "reunião comunitária") nas quais as sugestões desenvolvidas pelos pequenos grupos eram apresentadas à alta administração e, assim, discutidas abertamente. Ao final de cada discussão, o líder tinha de tomar alguma decisão: adotar, rejeitar ou adiar a sugestão para avaliar melhor.
- *Acompanhamento.* Um componente crítico do Programa *Work-Out* era o processo de acompanhamento para assegurar que algo que tivesse sido decidido fosse implementado.

RESULTADOS DO PROGRAMA

Os resultados do programa foram notórios. Nos seus primeiros quatro anos, foram realizadas mais de três mil sessões de *Work-Out*, resultando em milhares de pequenas mudanças que eliminaram "trabalhos inúteis" e em mudanças muito mais complexas e mais abrangentes na estrutura organizacional e nos processos administrativos. Foram introduzidos os termos *rattlers* (*cascavéis*) e *pythons* (*pítons*) para descrever dois tipos de problemas. Cascavéis eram os problemas simples que podiam ser "eliminados" imediatamente. Pítons eram os problemas mais complexos que precisavam ser desemaranhados.

Além de mudanças estruturais e ganhos de desempenho tangíveis, alguns dos efeitos mais importantes foram as mudanças na cultura organizacional. Na GE Capital, uma das empresas mais centralizadas e burocratizadas da GE, um funcionário descreveu as mudanças desta forma: "durante muito tempo, fomos sendo comprimidos dentro da empresa. Agora que a administração está finalmente nos ouvindo, parece a queda do Muro de Berlim".[5]

Em cinco anos, mais de 300 mil funcionários, clientes e fornecedores participaram das sessões do Programa *Work-Out*. Inúmeras melhorias impressionantes e significativas de desempenho e eficácia estão relatadas nos documentos internos da GE, após a introdução dos processos do Programa de *Work-Out*. Por exemplo, a unidade de turbinas para motor a gás de Albany, Nova York, reduziu em 80% o tempo de produção das turbinas; a unidade de turbinas de aeronaves de Lynn, Massachusetts, reduziu o tempo de produção de 30 para quatro semanas. A Financial Services Operation da GE reduziu os custos operacionais de US$ 5,10 para US$ 4,55 por fatura, as faturas pagas por funcionário subiram para 34%, os custos por funcionário pago caíram 19%, e os funcionários pagos por folha de pagamento aumentaram em 32%. A fábrica aeroespacial de

Syracuse, Nova York, relatou que, como resultado do Programa de *Work-Out*, além de chegar a 100% de adequação às leis de combate à poluição, a produção de materiais perigosos foi reduzida de 759 toneladas, em 1990 para 275, em 1992.

GESTÃO DO PROGRAMA *WORK-OUT*

O Programa *Work-Out* foi criado para ser um processo de reviravolta em que 1) os funcionários de cada empresa tivessem liberdade para desafiar seus líderes; e 2) o papel da alta administração fosse basicamente o de perpetuar o programa e garantir que as decisões, uma vez tomadas, fossem implementadas. Contudo, o programa não podia ser apenas um movimento populista dentro da corporação. Ele precisava ser direcionado para a criação do tipo de corporação que a GE precisava ser para sobreviver e prosperar. Foi assim que Jack Welch enxergou seu papel na comunicação e disseminação dos princípios, dos valores e dos temas que permitiriam o sucesso continuado da GE.

Em 1989, Welch cristalizou suas idéias sobre a gestão da GE em torno de três temas: agilidade, simplicidade e autoconfiança:

> "Na década de 1980, descobrimos que, para se tornar mais ágil, é necessário tornar-se mais simples. Nossas empresas, com dezenas de milhares de funcionários, não conseguirão reagir a visões contendo subparágrafos e notas de rodapé. Se não conseguirmos ser simples, não conseguiremos ser ágeis (...) e se não formos ágeis, não conseguiremos vencer.

Simplicidade, para um engenheiro, significa um projeto vencedor, funcional, claro, sem alardes e sem chamar a atenção. Em marketing, a simplicidade se manifesta em propostas claras e descomplicadas. Para o pessoal da produção, a simplicidade cria um processo lógico que faça sentido para cada trabalhador da linha de montagem. E, no nível individual e interpessoal, a simplicidade vem na forma de sinceridade, honestidade e clareza de opiniões.

Entretanto, tão certo quanto a agilidade flui da simplicidade, a simplicidade está embasada na autoconfiança. Um funcionário que é apenas um prolongamento da burocracia, cuja autoridade está atrelada a um simples título, não consegue ter autoconfiança. O funcionário com liberdade para atuar além dos limites impostos pelo organograma da empresa cujo *status* encontra-se nas realizações do mundo real — é o que desenvolve autoconfiança para ser simples, compartilhar cada informação obtida, ouvir aqueles que estão acima, abaixo e em torno dele e, assim, atuar com coragem.

Mas a empresa não pode distribuir autoconfiança. O que ela pode fazer — o que devemos fazer — é oferecer aos funcionários a oportunidade de vencer, contribuir e, assim, adquirir, por si mesmos, a autoconfiança. Eles não conseguem adquirir a oportunidade, não conseguem sentir o gosto da vitória se desperdiçarem seus dias perdidos na confusão de uma burocracia auto-absorvida.

Agilidade (...) simplicidade (...) autoconfiança. Temos isso em grande medida. Sabemos de onde elas vêm (...) e planejamos aumentá-las na década de 1990".[6]

MELHORES PRÁTICAS

Um dos resultados mais impressionantes do Programa *Work-Out* é que ele funciona como catalisador de novos programas de aperfeiçoamento. Um desses programas, o Programa de Melhores Práticas (*Best Practices*), destina-se a aumentar a produtividade. O pessoal de desenvolvimento de negócios da GE concentrou-se em 24 companhias de credibilidade de um conjunto inicial de 200 que haviam atingido crescimento mais rápido da produtividade do que a GE e sustentado esse aumento por pelo menos 10 anos. Dessa lista, uma dezena delas concordou em participar da proposta da GE de enviar funcionários a essas companhias para aprender os segredos do sucesso. Em troca, a GE concordava em compartilhar os resultados do estudo, além dos relatos de sucesso com as companhias participantes. Esse processo de aprendizado do Programa de Melhores Práticas envolveu companhias como Ford, Hewlett-Packard, Xerox e Chaparral Steel, além de três empresas japonesas.

A GE estava mais preocupada com as práticas de gestão e atitudes dos funcionários do que efetivamente com o trabalho realizado nas companhias. A diferença entre o Programa de Melhores Práticas e a análise comparativa tradicional é que o primeiro não requer manutenção de registros de desempenho. O enfoque no aprendizado de práticas alternativas de gestão bem-sucedida e processos de gestão foi identificado como o componente mais crítico das melhorias de produtividade de longo prazo. O pressuposto básico estabelecendo que, mediante a exposição múltipla a práticas alternativas de gestão, os gestores e funcionários seriam estimulados a aprimorar continuamente suas próprias práticas, ainda serve de diretriz do programa. O Programa de Melhores Práticas evoluiu e transformou-se em um curso formal ministrado a pelo menos uma dúzia de funcionários e gestores por mês em cada unidade de negócios.

QUESTÕES

1. Com base nas informações apresentadas, descreva a abordagem geral de mudança planejada e as suas fases conduzidas por Jack Welch.
2. Identifique e descreva, resumidamente, as principais características do *Programa Work-Out*.
3. Discuta a mudança observada na cultura organizacional. O que provocou tal mudança? Quais foram os efeitos da mudança cultural no comportamento humano e no desempenho e na eficácia organizacional?
4. Avalie o caso usando os modelos e conceitos apresentados no último capítulo e em outras partes do livro.

FONTE: O presente caso foi elaborado por R. Grant e A. B. (Rami) Shani para uso em salas de aula. O caso foi baseado, em grande parte, nas seguintes fontes: TICHY, N. M.; SHERMAN, S. *Control your destiny or someone else will*. Nova York: Doubleday, 1992; SLATER, R. *The new GE:* how Jack Welch revived an american institution. Burr Ridge, IL: Irwin, 1993; ASHKENAS, R. N.; JICK, T. D. From dialogue to action in GE *work-out*. In PASMORE; W. A.; WOODMAN R. (Ed.). *Research in organization change and development*. Greenwich, CT: JAI Press, 1993, v. 6, p. 267-287; Jack Welch's lessons for success. *Fortune*, 25 fev. 1993, p. 86-90.

INERENTES AO CASO

Repercussão dos Robôs

Victor Principal, vice-presidente de relações industriais da General Manufacturing, Inc., sentado em seu escritório, analisava a lista de benefícios que a companhia esperava obter com a adoção de mais robôs industriais. Dali a alguns minutos, ele desceria para a sala de reuniões da administração e dos trabalhadores para reunir-se com Ralph McIntosh, presidente do sindicato dos trabalhadores locais e representante da maioria dos funcionários industriais da companhia. O objetivo dessa reunião seria, informalmente, trocar opiniões e pontos de vista preliminares para a abertura das negociações para o contrato formal a ser firmado no final do mês, enfocando o uso de sistemas robóticos integrados por computador e o impacto resultante no emprego, nos trabalhadores e nas funções.

Tanto Principal quanto McIntosh tiveram acesso a informações semelhantes a respeito dos robôs industriais, inclusive as informações citadas a seguir. Ao contrário das máquinas que realizam uma única função, instaladas nos estágios iniciais da automação, os robôs podem ser programados para uma tarefa e, depois, reprogramados para outra. A primeira geração de robôs era programada basicamente para carregar máquinas, moldar, forjar, pintar, manipular materiais e inspecionar carrocerias dos automóveis. A mais recente geração de robôs engloba máquinas controladas por visão, que as aproxima da capacidade humana de reconhecer e dimensionar objetos, usando padrões de feixe de *laser* registrados por câmeras de televisão e transmitidos para computadores "inteligentes". O *software* do computador interpreta e manipula as imagens retransmitidas pela câmera de um modo "esperto" ou artificialmente inteligente.

Os especialistas concluíram que o impacto da instalação do robô no emprego seria profundo, embora a dimensão da substituição do trabalhador não fosse precisa. A conclusão inevitável era de que o uso do robô teria capacidade de aumentar o desempenho da produção e reduzir o emprego no setor produtivo.

Principal dirigiu-se à sala de reuniões. Encontrando McIntosh já ali, ele informou a posição da companhia em relação à instalação de robôs industriais: "A companhia precisa da cooperação do sindicato e dos trabalhadores. Não queremos ser vistos como insensíveis, trocando trabalhadores humanos por robôs". Depois, Principal mencionou as principais vantagens associadas ao uso de robôs: 1) melhoria na qualidade do produto em conseqüência da precisão dos robôs; 2) redução nos custos operacionais, já que o custo por hora do robô era cerca de um terço do custo por hora dos salários e benefícios pagos ao trabalhador médio; 3) melhoria na confiabilidade, já que o robô trabalha incansavelmente e não requer apoio comportamental; e 4) aumento na flexibilidade de produção, porque os robôs são prontamente reprogramáveis para executar tarefas diferentes. Principal concluiu que essas vantagens tornariam a empresa mais competitiva, o que propiciaria um crescimento e aumento da força de trabalho.

A resposta de McIntosh foi direta e firme: "Não somos retrógrados lutando contra as máquinas. Sabemos que elas são necessárias para aumentar a produtividade e que a tecnologia da robótica chegou para ficar. Mas não podemos passar um cheque em branco para a companhia. Precisamos de salvaguardas e proteção". McIntosh continuou, "pretendemos negociar as seguintes cláusulas do contrato:

1. Estabelecimento de comitês de representantes da administração e dos trabalhadores para negociar *antecipadamente* o impacto sobre o trabalho da tecnologia da robótica e, igualmente importante, ter poder para decidir como e quando ela deve ser adotada.
2. Direitos de ser previamente notificado a respeito da instalação da nova tecnologia.
3. Direitos de treinamento ao trabalhador transferido, incluindo outros treinamentos para ocupar outras posições na fábrica, na comunidade ou em outras unidades da companhia.
4. Dividir o trabalho entre os trabalhadores, adotando semana de quatro dias úteis ou outro plano aceitável como alternativa para reduzir a força de trabalho."

A última frase de McIntosh resumia a posição do sindicato: "Nós do sindicato acreditamos que a empresa está atribuindo nosso trabalho aos robôs para reduzir a força de trabalho".

A reunião terminou amistosamente, mas Principal e McIntosh sabiam que muita negociação difícil ainda estava por vir. Quando Principal retornou ao seu escritório, as duas posições opostas estavam claras. No seu bloco amarelo, Principal listou as exigências como ele as via: 1) havia a necessidade de uma política geral clara para orientar as decisões e as ações da negociação; 2) era crítico decidir a respeito da posição da companhia em relação a cada uma das exigências e das preocupações anunciadas pelo sindicato; e 3) era necessário elaborar um plano.

Enquanto Principal analisava esses desafios, descontraído, começou a contemplar um robô com inteligência artificial e capacidade visual que poderia ajudá-lo em seu trabalho. Imediatamente um alarme de perigo soou em sua mente. Um robô com essas características seria mais que útil e realizaria esses e outros aspectos importantes do seu trabalho. Sentindo-se um pouco humilhado, retomou sua tarefa. Ele precisava de ajuda — mas não de um robô "esperto".

FONTE: CHAMPION, J.; JAMES, J. *Critical incidents in management:* decision and policy issues. 6. ed. The McGraw-Hill Companies, 1989.

Implementando uma Mudança Estratégica

James Fulmer, diretor-presidente da Allied Industries, analisou três memorandos que trocou com Frank Curtis, diretor de assuntos fiscais, hoje presidente de uma subsidiária da Allied. Os dois executivos iam se encontrar dali a alguns minutos para discutir problemas surgidos recentemente. Durante a última década, a Allied perseguiu agressivamente o objetivo de crescimento baseado em uma estratégia conglomerada de aquisição de companhias em dificuldades financeiras. A política do diretor-presidente, Fulmer, era nomear um novo diretor operacional para cada aquisição, com orientações de promover uma reviravolta. Fulmer reviu dois memorandos que escreveu para Curtis.

Data: 15 de janeiro de 2003
Memorando
Para: Frank Curtis, Diretor de Assuntos Fiscais, Allied Industries
De: James Fulmer, Presidente, Allied Industries
Assunto: Sua Nomeação para a Presidência da Lee Medical Supplies

É de seu conhecimento que a Allied Industries adquiriu recentemente a Lee Medical Supplies. O Sr. John Lee, fundador e presidente da companhia, concordou em se aposentar, e eu estou nomeando você para substituí-lo. Nosso grupo especializado em aquisições poderá dar-lhe um apanhado geral da companhia, mas quero adverti-lo de que a Lee Medical Supplies tem um histórico de má administração. Como distribuidor de itens médicos, as vendas da companhia totalizaram no ano passado aproximadamente US$ 300 milhões, com lucro líquido de apenas US$ 12 milhões. Sua tarefa é levar as vendas e os lucros da companhia a níveis compatíveis com os da Allied. Devo lembrá-lo de que é minha política contar com uma avaliação independente do progresso da companhia e do seu desempenho como presidente após 18 meses.

Data: 10 de setembro de 2004.

Memorando

Para: Frank Curtis, Presidente, Lee Medical Supplies

De: James Fulmer, Presidente, Allied Industries

Assunto: Problemas Graves na Lee Medical Supplies

Seguindo a nossa política corporativa, recentemente consultores avaliaram a Lee Medical Supplies. Em um período relativamente curto, você aumentou as vendas e os lucros, levando-os aos padrões da Allied, mas estou assustado com outros aspectos do seu desempenho. Soube que, durante os últimos 18 meses, três de seus nove vice-presidentes pediram demissão e que você demitiu outros quatro. Uma pesquisa de opinião realizada pelos consultores detectou que os funcionários estão com o moral baixo e que os gestores nomeados por você são considerados arrogantes e perfeccionistas obcecados por cotas e lucros. Os funcionários relataram a existência de concorrência acirrada entre divisões, regiões e distritos. Eles também relataram que a atmosfera amistosa e familiar cultivada pelo Sr. Lee foi substituída por uma situação de concorrência desleal entre os próprios funcionários, caracterizada por atitudes negativas da administração em relação às necessidades e aos sentimentos dos empregados. Depois que você analisar o relatório anexo preparado pelos consultores, nos reuniremos para discutir suas conclusões. Estou muito preocupado com a conclusão final de que "uma forma de câncer corporativo parece estar se espalhando por toda a Lee Medical Supplies."

Quando Fulmer preparava-se para ler o terceiro bilhete, escrito por Frank Curtis, ele refletiu sobre a entrevista que manteve com os consultores. Enquanto Fulmer considerava Curtis um especialista em finanças e em reerguer empresas, seus subordinados o consideravam autoritário e mais bem talhado para ser o comandante de um centro de treinamento dos fuzileiros navais.

Data: 28 de setembro de 2004.

Memorando

Para: James Fulmer

De: Frank Curtis

Assunto: Os Chamados Problemas Graves na Lee Medical Supplies

Recebi seu memorando datado de 10 de setembro, e analisei o relatório dos consultores. Quando você me nomeou para essa posição, fui orientado a assumir uma empresa não lucrativa e torná-la lucrativa. Atingi essa meta em 18 meses, embora houvesse herdado uma empresa familiar que você mesmo admitiu que havia sido mal-administrada durante anos. Encontrei um grupo de gestores e vendedores com tempo médio de casa de 22 anos. O Sr. Lee centralizava todas as decisões em termos de pessoal, de modo que somente ele demitia qualquer funcionário. Ele tolerava um desempenho medíocre. Todos os funcionários eram pagos com base em salário direto, sendo o tempo de casa o único critério de evolução dentro da empresa. Todo ano, alguma ênfase era dada ao aumento de vendas, mas nenhuma à redução de custos e ao aumento de lucros. Os funcionários realmente consideravam a empresa um local divertido para se trabalhar, e o sentimento de fazer parte de uma família efetivamente permeava a companhia. Essas atitudes eram, no entanto, acompanhadas de mediocridade, incompetência e baixo desempenho.

Achei necessário implementar mudanças estratégicas imediatas em cinco áreas: estrutura da organização, recompensa e incentivos concedidos aos funcionários, sistemas de informações gerenciais, alocação de recursos e estilo de liderança gerencial. Conseqüentemente, as áreas de vendas foram reorganizadas em divisões, regiões e distritos. Os gerentes que percebi serem incompetentes e/ou sem compromisso com meus objetivos e métodos foram substituídos. Funcionários medíocres e improdutivos foram incentivados a procurar outro emprego. A autoridade para decidir questões envolvendo pessoal e compensação foi descentralizada das unidades para as divisões, regiões e distritos. Os gerentes dessas unidades foram informados de que, juntamente com essa autoridade, vinha a responsabilidade de reduzir custos e aumentar as vendas e os lucros. Cada unidade foi definida como um centro de lucros. Um novo departamento foi criado e encarregado de avaliar o desempenho dessas unidades. Foram implementados sistemas melhores de controle e contabilidade. Foi criado um programa de gestão por objetivos para estabelecer padrões e monitorar o desempenho. As avaliações de desempenho hoje são exigidas de todo funcionário. Para incentivar uma ação mais agressiva, são oferecidos bonificações e incentivos aos gerentes das unidades que apresentam aumento nos lucros. Um plano de comissões baseado nos desempenhos de lucros e vendas mensuráveis substituiu os salários diretos. Os recursos são alocados às unidades com base no desempenho de cada uma.

Meu próprio estilo de liderança provavelmente foi a mudança mais dramática sentida pelos funcionários. A competição interna é uma política formalmente imposta em toda a companhia. Ela foi responsável por grande parte do progresso obtido até aqui. Progresso, no entanto, nunca ocorre sem custos, e admito que os funcionários não estão se divertindo tanto quanto no passado. Fui contratado para atingir resultados e não para garantir a felicidade e a estabilidade do funcionário no trabalho. Não deixe que alguns chorões incapazes de se ajustar às mudanças convençam-no de que os problemas são mais importantes do que os lucros. Será que o fato de acreditar na coexistência do espírito de agressividade e competitividade com uma atmosfera de cooperação e orientação familiar significa que não sou orientado às pessoas? Você acha que temos obrigações com os funcionários por causa das práticas passadas? Sinceramente, pensei que tivesse seu apoio para fazer o que fosse necessário para reerguer essa companhia. Em nossa reunião, diga-me se você acha que minhas abordagens foram erradas e, se assim achar, diga-me o que devia ter feito de diferente.

Assim que Fulmer acabou de analisar esse terceiro memorando, sua secretária avisou-o de que Curtis acabara de chegar para a reunião. Ele percebeu que não sabia como expressar a Curtis suas opiniões e crenças de como implementar melhor mudanças em uma organização. De algo ele sabia: não havia gostado da forma como Curtis havia expressado suas opiniões no memorando, mas ele reconheceu que provavelmente devia deixar de lado as emoções e responder aos questionamentos levantados por Curtis.

FONTE: CHAMPION, J.; JAMES, J. *Critical incidents in management:* decision and policy issues. 6. ed. Burr Ridge, IL; Richard D. Irwin, 1989.

Glossário

A

ABC — custeio baseado em atividades (*activity-based costing*) Método de contabilização de custos destinado a identificar fluxos da atividade e, assim, alocar os custos entre os processos empresariais específicos, de acordo com o tempo dedicado pelos funcionários a atividades específicas.

abordagem comportamental Perspectiva de liderança que tenta identificar o que o bom líder efetivamente faz — ou seja, que comportamentos ele exibe.

abordagem dos traços Uma perspectiva da liderança que tenta determinar as características pessoais compartilhadas pelos grandes líderes.

abordagem situacional Perspectiva de liderança que propõe que traços e comportamentos universalmente importantes não existem e que o comportamento eficaz de liderança varia de acordo com a situação.

abrangência de controle O número de subordinados que se reportam diretamente a um executivo ou supervisor.

ação afirmativa Esforços especiais para recrutar e contratar membros qualificados pertencentes a grupos discriminados no passado.

acomodação Estilo de gerenciamento de conflitos que envolve a cooperação em benefício dos interesses dos outros, e sem ser assertivo em nome dos próprios interesses.

adaptadoras Companhias que consideram a estrutura setorial atual e a sua evolução como algo herdado e escolhem onde competir.

administração estratégica Processo que envolve administradores de todas as partes da organização na formulação e implementação de estratégias e metas estratégicas.

advogado do diabo Pessoa que tem como trabalho criticar idéias para assegurar a exploração completa de todos os seus pontos fracos.

afrouxamento social Trabalhar com menos empenho e ser menos produtivo quando em grupo.

agilidade Execução, resposta e apresentação dos resultados de forma ágil e no momento adequado.

aliança estratégica Uma relação formal criada entre organizações independentes com a finalidade de buscar conjuntamente metas mútuas.

ambidestreza organizacional Capacidade de atingir vários objetivos ao mesmo tempo; a genialidade do *e*.

ambiente competitivo Ambiente que envolve, de forma bem próxima, a empresa; inclui fornecedores, clientes, concorrentes e assim por diante.

ambiente externo Toda força relevante que seja externa aos limites de uma empresa, como concorrentes, clientes, governo e a economia.

ampliação do cargo Atribuição de tarefas adicionais a um funcionário com o intuito de, ao mesmo tempo, amenizar o tédio.

análise de cargo Uma ferramenta usada para determinar o que é feito e o que deve ser feito em determinada função.

análise de ciclo de vida Um processo de análise de todos os *inputs* e *outputs*, desde o "nascimento até a morte" de um produto, para determinar o impacto ambiental total.

análise de oportunidade Uma descrição do produto ou serviço, uma avaliação da oportunidade, uma avaliação do empreendedor, uma especificação das atividades e dos recursos necessários para transformar a idéia em algum negócio viável e as suas fontes de capital.

análise do campo de força Abordagem de implementação do modelo de Lewin de descongelamento/movimentação/recongelamento, envolvendo a identificação das forças que impedem as pessoas de mudar e as que impulsionam as pessoas a mudar.

análise orçamentária Processo de investigar o que está sendo realizado e comparar os resultados com os dados orçamentários correspondentes para verificar o cumprimento das metas ou sanar as diferenças. Também denominado controle orçamentário.

análise situacional Processo adotado pelos planejadores, dentro das limitações de tempo e recursos, para coletar, interpretar e resumir toda informação relevante para a questão de planejamento sob consideração.

análise SWOT Comparação entre pontos fortes e pontos fracos, oportunidades e ameaças que ajudam o executivo a elaborar a estratégia.

aplicação do modelo de liderança de Vroom da teoria de caminho-meta Teoria que se preocupa em como o líder influencia a percepção dos subordinados em relação a suas metas de trabalho e aos caminhos tomados para atingir tais metas.

aquisição Compra de uma empresa por outra.

arbitragem Uso de terceira parte neutra para resolver uma disputa trabalhista.

assédio sexual Conduta de natureza sexual com conseqüências negativas para o emprego.

ativos Valores dos vários itens de propriedade da corporação.

auditoria contábil Procedimentos adotados para verificar relatórios e demonstrativos contábeis.

auditoria de gestão Uma avaliação da eficácia e eficiência dos vários sistemas existentes em uma organização.

auditoria externa Avaliação conduzida por uma organização (por exemplo, uma empresa de auditoria independente) em outra.

auditoria interna Uma avaliação periódica do planejamento, da organização, da condução e dos processos de controle realizada pela própria companhia.

auditoria tecnológica Processo de deixar claras as tecnologias fundamentais das quais a organização depende.

autoridade Direito legítimo de tomar decisões e de dizer às outras pessoas o que fazer.

avaliação das necessidades Uma análise para identificar cargos, funcionários e departamentos necessitando de treinamento.

avaliação 360° Processo que envolve a utilização de várias fontes de avaliação para se obter uma perspectiva completa do desempenho de um funcionário.

avaliação de desempenho Avaliação do desempenho do trabalho de um funcionário.

B

balanço patrimonial Um relatório que mostra o retrato financeiro de uma empresa em determinado momento e que lista os ativos, passivos e patrimônio líquido dos acionistas.

barreiras à entrada (de novos concorrentes) Condições que previnem que novas companhias entrem em um setor.

benchmarking Processo de comparar as práticas e tecnologias de uma organização com as de outras empresas.
brainstorming Processo em que os componentes de um grupo geram o máximo possível de idéias a respeito de um problema; a crítica é contida até todas as propostas serem apresentadas.

C

cadeia de valores A seqüência de atividades que vai da matéria-prima até a entrega de um produto ou serviço, com valores adicionais acrescentados em cada etapa.
capital humano Conhecimentos, habilidades e capacidades dos funcionários, que têm valor econômico.
capital social Bem-estar decorrente dos relacionamentos sociais do indivíduo.
cenário Descrição de um conjunto particular de situações futuras.
centro de avaliação Teste de desempenho gerencial no qual os candidatos participam de uma variedade de exercícios e situações.
certeza Estado que existe quando o responsável pela decisão possui informações completas e precisas.
choque cultural Desorientação e estresse associados a estar em um ambiente estrangeiro.
ciclo de vida tecnológico Padrão previsível seguido por uma inovação tecnológica, desde a sua concepção e seu desenvolvimento até a saturação de mercado e a sua substituição.
círculos de qualidade Grupos de voluntários oriundos de várias equipes de produção e que apresentam sugestões para a melhoria da qualidade.
clima ético Na organização, refere-se aos processos de avaliação e tomada de decisão com base nas noções de certo e errado.
***coaching* (orientação)** Uma forma de diálogo com o objetivo de auxiliar alguém a tornar-se mais eficaz e a alcançar o potencial pleno no exercício de suas atividades.
coeficiente de liquidez Índice de liquidez que indica até que ponto os ativos de curto prazo podem diminuir e ainda serem suficientes para saldar os compromissos de curto prazo.
coesão Grau no qual um grupo é atraente para seus membros, membros são motivados a se manterem no grupo e membros influenciam uns aos outros.
colaboração Estilo de enfrentamento de conflitos que enfatiza tanto a cooperação quanto a assertividade de forma a maximizar a satisfação de ambas as partes.
competências essenciais As habilidades e/ou conhecimento exclusivos de uma organização, que proporcionam uma vantagem sobre os concorrentes.
competição baseada no tempo Estratégias voltadas à redução do tempo total gasto para a entrega de um produto ou serviço.
competitividade de custos Manutenção dos custos baixos para atingir lucros e oferecer preços que sejam atraentes aos consumidores.
comportamento voltado ao desempenho de tarefas Ações executadas para assegurar o cumprimento das metas do grupo de trabalho ou da organização.
comportamentos voltados à manutenção do grupo Ações executadas para garantir a satisfação dos componentes do grupo, para desenvolver e manter relações harmoniosas de trabalho e para preservar a estabilidade social do grupo.
compromisso (ou concessão) Estilo de enfrentamento de conflitos que envolve atenção moderada com os interesses de ambas as partes.
comunicação Transmissão de informação e de seu significado de uma parte para outra com o uso de símbolos compartilhados.
comunicação ascendente Informação que flui dos níveis hierárquicos mais baixos para os níveis hierárquicos mais altos da organização.
comunicação de mão dupla ou bidirecional Processo no qual a informação flui em duas direções — o receptor oferece *feedback*, e o emissor é receptivo a esse *feedback*.
comunicação descendente Informação que flui de níveis mais altos para níveis mais baixos da hierarquia de uma organização.
comunicação horizontal Informações compartilhadas entre pessoas de mesmo nível hierárquico.
comunicação unidirecional ou de via única Processo no qual a informação flui em uma única direção — do emissor para o receptor, sem *feedback*.
concentração Estratégia adotada por uma organização que opera um único negócio e concorre em um único setor de atividade.
concorrência Estilo de enfrentamento de conflitos que envolve um foco intenso nas metas próprias, e pouco ou nenhum interesse pelas metas dos outros.
confiabilidade A consistência nos resultados de testes ao longo do tempo e em diversas medições alternativas.
conflito Pressões contrárias originárias de diversas fontes. Existem dois níveis de conflito, o conflito psicológico e o conflito entre indivíduos ou grupos.
conflito afetivo Contrariedade emocional direcionada a outra pessoa.
conflito cognitivo Diferentes pontos de vista ou julgamentos relativos a um problema.
consultor Membro da equipe que se mantém a par dos desenvolvimentos atuais e fornece informações importantes à equipe.
consumidor final Aquele que compra o produto acabado.
consumidor intermediário Cliente que compra matéria-prima ou produtos do atacado antes de revendê-los ao consumidor final.
contratação discricionária (emprego à disposição) Conceito legal segundo o qual um empregado pode ser demitido por qualquer motivo.
contrato psicológico Um conjunto de percepções do empregador acerca dos deveres do empregado, e do empregado acerca dos deveres do empregador.
controladoria Função gerencial relativa ao monitoramento do desempenho e à adoção de mudanças necessárias.
controle Qualquer processo que direcione as atividades dos indivíduos para o cumprimento de metas organizacionais.
controle burocrático Uso de regras, normas e autoridade para orientar o desempenho.
controle de clã Controle baseado em normas, valores, metas compartilhadas e confiança entre membros do grupo.
controle de *feedback* Controle que enfoca o uso de informações sobre resultados passados para corrigir desvios do padrão aceitável.
controle do mercado Controle baseado na adoção de mecanismos de preço e informações econômicas para regular as atividades dentro das organizações.
controle simultâneo Processo de controle adotado durante a execução dos planos, incluindo orientação, monitoramento e ajuste das atividades à medida que elas vão sendo realizadas.
coordenação Procedimentos que conectam as várias partes de uma organização com o propósito de alcançar a sua missão global.
coordenação por ajuste mútuo Unidades que interagem entre si para efetuar ajustes com o objetivo de alcançar uma coordenação flexível.
coordenação por planejamento Exige-se de unidades interdependentes que atinjam prazos e objetivos que contribuam para um objetivo comum.
crescimento sustentável Crescimento e desenvolvimento econômicos que atendem às necessidades atuais sem prejudicar as necessidades das gerações futuras.
CRM (gestão do relacionamento com clientes) Processo multifacetado que foca a criação de trocas bidirecionais com clientes para incentivar o conhecimento profundo de suas necessidades, seus desejos e padrões de compra.
cultura organizacional Conjunto de pressupostos importantes, compartilhado pelos membros da empresa, sobre a organização e suas metas e práticas.
custos de troca de fornecedor Custos fixos arcados pelo comprador quando ele troca de fornecedor.

D

decisão de aquisição ou desenvolvimento Questionamento que a alta administração de uma organização deve se fazer sobre adquirir a nova tecnologia de uma fonte externa ou desenvolvê-la internamente.

decisões não-programadas Decisões novas, inusitadas, complexas que não tenham respostas comprovadas.
decisões programadas Decisões encontradas e tomadas anteriormente, tendo respostas objetivamente corretas, e solucionáveis por meio de regras, normas ou cálculos numéricos simples.
defensor do produto Pessoa que promove uma nova tecnologia por toda a organização, envidando esforços para obter aceitação e apoio para ela.
defensor executivo Executivo que apóia uma nova tecnologia e protege o defensor do produto inovador.
defensoras Companhias que adotam como manobra estratégica a permanência dentro de um domínio estável de produto.
delegação A designação de responsabilidades novas ou adicionais a um subordinado.
demografia Medições de várias características das pessoas que compõem os grupos ou outras unidades sociais.
demonstrativo de lucros e perdas Demonstrativo financeiro itemizado de receitas e despesas das operações de uma companhia.
departamentalização O ato de subdividir uma organização em unidades menores.
departamentos de apoio ou *staff* Unidades que dão suporte para departamentos de linha.
departamentos de linha Unidades que lidam diretamente com os produtos e os serviços primários da organização.
descongelamento Percepção de que as práticas correntes são inadequadas e que novos comportamentos precisam entrar em ação.
descontando o futuro Viés no qual se consideram mais os custos e os benefícios de curto prazo do que os de longo prazo.
desenvolvimento organizacional Aplicação sistêmica da ciência comportamental para desenvolver, aprimorar e reforçar estratégias, estruturas e processos que levem à eficácia organizacional.
desenvolvimento Treinamento de gestores e funcionários da empresa em habilidades amplas necessárias para o desempenho das funções presentes ou futuras.
desinvestimento A venda de um ou mais negócios de uma empresa.
deslocamento da meta Situação quando um grupo responsável pela tomada de decisão perde de vista a meta original e uma nova meta menos importante surge.
dialética Um debate estruturado que compara dois cursos conflitantes de ação.
diferenciação Um aspecto do ambiente interno de uma organização criado pela especialização do cargo e pela divisão do trabalho.
dimensionamento exato Um esforço bem-sucedido para se atingir o tamanho adequado no qual o desempenho da empresa é o mais eficaz possível.
direito ao trabalho Legislação que permite ao funcionário trabalhar sem ter de se filiar a algum sindicato.
diretor de desenvolvimento tecnológico interno Executivo responsável pela estratégia e pelo desenvolvimento tecnológicos.
diretor de tecnologia (CTO) Executivo responsável pela estratégia e pelo desenvolvimento tecnológicos.
diversificação concêntrica Estratégia adotada para acrescentar novos negócios que produzam produtos relacionados ou que envolvam atividades e mercados relacionados.
diversificação conglomerada Estratégia adotada para acrescentar novos negócios que produzam produtos não relacionados ou que envolvam atividades e mercados não relacionados.
diversificação Investimento de uma empresa em produtos, negócios ou regiões geográficas diferentes.
divisão do trabalho A atribuição de diferentes tarefas para diferentes pessoas ou grupos.
***downsizing* (enxugamento)** Eliminação planejada de posições ou cargos.

E

economia de escopo Economia na qual os materiais e processos utilizados em um produto são aproveitados para criar outros relacionados.
educação transcendente Educação com cinco metas superiores que buscam equilibrar o interesse próprio com responsabilidade com os outros.
efeito das vias alternativas Conforme o empreendedor vai seguindo certo caminho, oportunidades inesperadas começam a surgir.
efeito de facilitação social Trabalhar com mais empenho quando em grupo do que quando sozinho.
efeitos de enquadramento Viés psicológico influenciado pela forma como algum problema ou alguma alternativa de decisão são apresentados ou redigidos.
egoísmo Sistema ético que considera aceitável o comportamento que maximiza os resultados para o indivíduo.
empowerment Processo de compartilhamento de poder com funcionários, aumentando, assim, a sua autoconfiança na capacidade de desempenhar o trabalho e a sua crença de efetivamente ser um contribuinte influente na organização.
empreendedor Indivíduo que estabelece uma nova organização sem contar com o benefício do patrocínio corporativo.
empreendedorismo Busca de oportunidades rentáveis por indivíduos empreendedores.
empresa sindicalizada Organização com sindicato e cláusula de segurança sindical especificando que o trabalhador deve associar-se ao sindicato depois de determinado período.
engenharia simultânea Uma abordagem de projeto em que todas as funções relevantes cooperam em conjunto e continuamente, envidando o máximo esforço para produzir itens de alta qualidade que atendam às necessidades do cliente.
enriquecimento do cargo Mudança de uma tarefa para torná-la inerentemente mais recompensadora, motivante e satisfatória.
entrevista de desligamento ou demissional Conversa entre um gerente e um empregado a respeito da demissão desse último.
entrevista estruturada Técnica de seleção que envolve fazer as mesmas perguntas a todos os candidatos e comparar suas respostas com um conjunto padronizado de respostas.
equipe Pequeno número de pessoas com habilidades complementares que estão comprometidas com um objetivo em comum, com um conjunto de metas de desempenho, e com uma abordagem pela qual são mutuamente responsáveis.
equipe de projetos inovadores (*skunkworks*) Equipe de projetos destinada a produzir um produto novo e inovador.
equipes auto-estruturadas Equipes com responsabilidades de grupos de trabalho autônomos, além de controle sobre contratação e demissão de pessoal, e sobre as tarefas executadas pelos membros da equipe.
equipes autogerenciáveis Grupos de trabalho autônomos nos quais os empregados são treinados para executar todas ou a maioria das funções de uma unidade, sem supervisão imediata, e tomar decisões antes a cargo de supervisores de primeira linha.
equipes de gestão Equipes que coordenam e fornecem orientação às subunidades sob sua jurisdição e integram o trabalho entre subunidades.
equipes de projeto e desenvolvimento Equipes que trabalham em projetos de longo prazo, mas que são dissolvidas quando o trabalho é concluído.
equipes de trabalho Equipes que produzem ou executam tarefas de produção, montagem, venda ou prestação de serviços.
equipes paralelas Equipes que operam separadamente da estrutura regular de trabalho e existem temporariamente.
equipes transnacionais Grupos de trabalho compostos por membros de várias nacionalidades cujas atividades envolvem vários países.
equipes virtuais Equipes que se encontram fisicamente dispersas e que se comunicam mais por meios eletrônicos do que pessoalmente.
escritório virtual Um escritório móvel no qual as pessoas podem trabalhar a partir de qualquer lugar, contanto que possuam as ferramentas para comunicar-se com seus clientes e colegas.
especialista em manutenção da equipe Indivíduo que desenvolve e mantém a harmonia da equipe.

especialista na tarefa Indivíduo com mais capacidades e habilidades relacionadas ao trabalho que os demais membros do grupo.
especialização Um processo no qual diferentes indivíduos e unidades desempenham diferentes tarefas.
estratégia Padrão de ações e alocação de recursos destinados a atingir as metas da organização.
estratégia corporativa Conjunto de negócios, mercados ou setores em que uma organização compete e a distribuição de recursos entre essas entidades.
estratégia de baixo custo Uma estratégia utilizada pela organização para criar vantagem competitiva, por meio da eficiência e da oferta de produtos simples e padronizados.
estratégia de diferenciação Estratégia adotada por uma organização para conseguir vantagem competitiva sendo exclusiva em seu setor de atividade ou segmento de mercado em uma ou mais dimensões.
estratégia de negócios Principais ações por meio das quais uma empresa compete em determinado setor de atividade ou mercado.
estratégias cooperativas Estratégias usadas por duas ou mais organizações trabalhando juntas para gerenciar o ambiente externo.
estratégias funcionais Estratégias implementadas por área funcional da organização para apoiar a sua estratégia de negócios.
estratégias independentes Estratégias adotadas por uma organização, atuando por conta própria, para mudar algum aspecto do seu ambiente atual.
estrutura orgânica Uma forma organizacional que enfatiza a flexibilidade.
ética Sistema de normas que governa o ordenamento de valores.
ética da virtude Perspectiva de que a moral vem daquilo que é considerado certo por uma pessoa madura com "bom" caráter moral.
ética empresarial Princípios e padrões morais que orientam o comportamento no universo empresarial.
etnocentrismo Tendência em julgar os outros pelos padrões do próprio grupo ou da própria cultura, que são vistos como superiores.
exibição Uma estratégia de equipe que envolve simultaneamente a ênfase na formação interna da equipe e a obtenção de visibilidade externa.
expatriados Empregados do país de origem da matriz da companhia que são enviados para trabalhar em uma subsidiária estrangeira.
expectativa Percepção dos funcionários acerca da probabilidade de atingir suas metas de desempenho por meio dos esforços envidados.
exportação de tarefas (*offshoring*) Terceirização do trabalho a um fornecedor localizado no exterior.
extinção Desistência ou fracasso em produzir alguma conseqüência de reforço.

F

fábricas flexíveis Plantas industriais com produções curtas, organizadas em torno dos produtos e com programação descentralizada.
fatores de higiene Características do ambiente de trabalho, por exemplo, políticas da companhia, condições de trabalho, remuneração e supervisão, que podem causar insatisfação por parte dos funcionários.
filosofia moral Princípios, normas e valores que as pessoas usam para decidir o que é certo e o que é errado.
filtragem O processo de reter, ignorar ou distorcer informações.
força da necessidade de crescimento Grau do desejo de desenvolvimento pessoal e psicológico de um indivíduo.
formalização A presença de regras e regulamentos que governam a forma como as pessoas interagem no interior de uma organização.
franchising Uma aliança empreendedora entre franqueador (o inovador que criou, no mínimo, uma loja de sucesso e deseja expandir os negócios) e um franqueado (o parceiro que administra uma nova loja do mesmo tipo em outro local).
fuga Reação ao conflito em que a pessoa ignora o problema, não tomando nenhuma atitude, ou amenizando a ênfase da discórdia.
fusão Combinação de uma ou mais empresas.

G

***gap* de desempenho** Diferença entre o desempenho real e o desempenho desejado.
gerenciamento transparente Refere-se à prática de compartilhar, com empregados de todos os níveis da organização, informações vitais que anteriormente eram apenas destinadas ao conhecimento dos gerentes.
gestão O processo de trabalhar com as pessoas e com os recursos para atingir metas organizacionais.
gestão da cadeia de suprimento (*supply chain*) Gestão da rede de recursos e de pessoas que obtém materiais de outras organizações para transformá-los em produtos e distribuí-los aos consumidores.
gestão da diversidade Gestão da força de trabalho diversificada, reconhecendo as características comuns de grupos específicos de funcionários e, ao mesmo tempo, tratando-os como indivíduos e apoiando-os, promovendo e utilizando suas diferenças em prol da organização.
gestão da qualidade total (TQM) Uma abordagem integradora de gestão que dá suporte à obtenção de satisfação do cliente pela utilização de ampla variedade de ferramentas e técnicas para produzir mercadorias e serviços da mais alta qualidade.
gestão de recursos humanos Sistemas formais de gerenciamento das pessoas em uma organização.
gestão ecocêntrica Sua meta é promover o crescimento econômico sustentável e melhorar a qualidade de vida mundial para todos os *stakeholders* organizacionais.
gestão por objetivos Um processo no qual os objetivos estabelecidos por um subordinado e por um supervisor devem ser atingidos em um prazo determinado.
gestores da linha de frente Gestores de nível inferior que supervisionam as atividades operacionais da organização.
gestores de alto nível Executivos do alto escalão responsáveis pela eficácia e administração geral da organização.
gestores de nível médio Gestores localizados nas camadas médias da hierarquia organizacional e subordinados aos executivos do mais alto nível.
governança corporativa Papel do quadro de executivos e do conselho de diretores de uma corporação em assegurar que as atividades da empresa cumpram as metas dos seus *stakeholders*.
grande lote Tecnologia que produz bens e serviços em grande volume.
***grapevine* (rádio-peão)** Rede informal de comunicações.
***groupthink* (pensamento do grupo)** Fenômeno que ocorre na tomada de decisão quando os membros do grupo evitam a discórdia ao se empenhar para chegar ao consenso.
grupos de trabalho autônomos Grupos que controlam as decisões e a execução de ampla gama de tarefas.
grupos de trabalho semi-autônomos Grupos que tomam as decisões gerenciais e realizam a maior parte das atividades de produção, mas ainda recebem suporte externo para manutenção e controle de qualidade.
grupos de trabalho tradicionais Grupos que não têm responsabilidade gerencial.

H

habilidade técnica Capacidade de desempenhar uma tarefa especializada que envolva um método ou processo específico.
habilidades conceituais e de decisão Habilidades relacionadas à capacidade de identificar e resolver problemas para o benefício da organização e de seus membros.
habilidades interpessoais e de comunicação habilidades pessoais; capacidade de liderar, motivar e comunicar-se efetivamente com outras pessoas.
hierarquia Os níveis de autoridade da pirâmide organizacional.
hierarquia das necessidades de Maslow Uma conceitualização das necessidades humanas organizadas em uma hierarquia de cinco tipos principais.

I

ilusão de controle Crença da pessoa na sua capacidade de influenciar eventos, mesmo quando ela não tem controle sobre o que acontecerá.

impacto adverso Quando uma prática de emprego aparentemente neutra tem efeito negativo desproporcional sobre um grupo protegido.

impatriado Cidadão estrangeiro transferido para trabalhar na matriz da companhia.

importância comparável Princípio de igualdade de remuneração entre diferentes cargos de igual importância.

incerteza Estado existente quando os responsáveis pela tomada de decisão não possuem informações suficientes.

incerteza ambiental Falta de informação necessária para entender ou prever o futuro.

incubadoras de empresas Ambientes protegidos destinados às novas pequenas empresas.

índice de fracasso Número de administradores expatriados de uma operação no exterior que retornam precocemente ao país de origem.

índice dívida/patrimônio (coeficiente de endividamento) Índice de alavancagem que indica a capacidade da companhia de honrar as obrigações financeiras de longo prazo.

informação Uma estratégia de equipe que envolve a equipe na tomada de decisão para, depois, informar aos participantes externos sobre as suas intenções.

inovação 1. A introdução de novas mercadorias e novos serviços. 2. Uma mudança no método ou na tecnologia; afastamento útil e positivo da metodologia antes usada para realizar as tarefas.

inovador técnico Uma pessoa que desenvolve uma nova tecnologia ou possui as habilidades necessárias para instalar e operar a tecnologia.

inputs Mercadorias e serviços utilizados pelas organizações para criar produtos ou serviços.

instrumentalidade A probabilidade percebida de que o desempenho será seguido de resultado específico.

integração vertical Aquisição ou desenvolvimento de um novo negócio que produza partes ou componentes do produto da organização.

integração O grau segundo o qual unidades de trabalho diferenciadas trabalham juntas e coordenam seus esforços.

integrador (*broker*) Uma pessoa que reúne e coordena os participantes em uma rede.

inteligência competitiva Informações que ajudam o gestor a determinar a melhor forma de competir.

inteligência emocional Habilidades de autoconhecimento, autogestão e bom relacionamento com os outros.

intra-empreendedores Criadores de novos empreendimentos que trabalham dentro de grandes companhias.

ISO 9000 Uma série de padrões de qualidade desenvolvida por um comitê subordinado à International Organization for Standardization para melhorar a qualidade total em todos os negócios para o benefício de produtores e consumidores.

J

justiça procedimental Adoção de processo justo na tomada de decisão e garantia de que os outros saibam que o processo foi o mais justo possível.

just-in-time (JIT) Um sistema baseado na produção de lotes bens pequenos de subconjuntos e componentes, que são enviados para a etapa seguinte do processo de produção no exato momento que são necessários.

L

laissez-faire Filosofia de liderança caracterizada pela ausência de tomada de decisão gerencial.

legitimidade Julgamento por parte das pessoas em termos de aceitação, adequação e conveniência da companhia, geralmente baseada nas metas e nos métodos da empresa que sejam compatíveis com os valores da sociedade.

lei do efeito Lei formulada por Edward Thorndike, em 1911, que postula que o comportamento seguido de conseqüências positivas tende a se repetir.

líder carismático Indivíduo controlador, autoconfiante, convencido da retidão moral das suas crenças e capaz de instigar o entusiasmo e a ousadia nos seus seguidores.

líder de conexão Líder que faz a ligação entre sistemas de valores conflitantes ou culturas diferentes.

líder ético Indivíduo moral, tanto como pessoa quanto como administrador, que influencia outras pessoas a se comportarem de forma ética.

líder pseudotransformacional Líder que usa o discurso da mudança positiva, mas coloca o próprio interesse na frente das necessidades dos seguidores.

líder transacional Líder que gerencia por meio de transações, usando os poderes legítimo, de recompensa e de coerção para comandar e recompensar os seguidores pelos serviços prestados.

líder transformacional Líder que motiva as pessoas a transcenderem seus interesses pessoais pelo bem do grupo.

liderança autêntica Estilo em que o líder é verdadeiro consigo mesmo enquanto lidera.

liderança autoritária Forma de liderança na qual o líder toma as decisões por conta própria e apenas as anuncia ao grupo.

liderança compartilhada Liderança rotativa, na qual há troca entre as pessoas que desempenham o papel de liderança de acordo com as qualidades individuais mais importantes em determinado momento.

liderança de nível 5 Combinação de profunda vontade profissional (determinação) e humildade que cria uma grandeza duradoura.

liderança democrática Forma de liderança na qual o líder consulta os subordinados para a tomada de decisão.

liderança estratégica Comportamento que oferece propósito e significado à organização, vislumbrando e criando um futuro positivo.

liderança lateral Estilo de liderança no qual colegas do mesmo nível hierárquico são convidados a trabalhar em conjunto e a facilitar a solução coletiva do problema.

liderança supervisora Comportamento que oferece orientação, apoio e *feedback* corretivo em relação às atividades cotidianas.

liderar A função da administração que envolve os esforços do gestor para estimular o alto desempenho dos funcionários.

líder-servidor Líder que atende às necessidades dos outros, ao mesmo tempo que fortalece a empresa.

logística movimentação da mercadoria correta, na quantidade correta, para o local correto e no prazo correto.

M

macroambiente Ambiente mais geral; inclui governo, condições econômicas e outros fatores fundamentais que afetam, freqüentemente, todas as organizações.

manobra estratégica Esforços conscientes de uma organização para mudar os limites do seu próprio ambiente de tarefas.

mapeamento ambiental Busca e classificação de informações sobre o ambiente.

maximização Uma decisão que enfoca a obtenção do melhor resultado possível.

mediador Um terceiro que intervém para ajudar outras pessoas a gerenciar seus conflitos.

mentores Gestores de nível hierárquico superior que ajudam a garantir a entrada de funcionários com bom potencial na alta administração e a sua socialização com as normas e os valores da organização.

meta Alvo ou fim que a alta administração deseja atingir.

metas estendidas Alvos especialmente difíceis, algumas vezes considerados impossíveis.

metas estratégicas Principais alvos ou resultados finais relacionados com a sobrevivência, o valor e o crescimento de longo prazo da organização.

metas superordenadas Metas mais importantes que têm precedência sobre metas específicas individuais ou coletivas.

miopia gerencial Foco nos ganhos e lucros de curto prazo em detrimento das obrigações estratégicas de longo prazo.

missão O propósito básico e o escopo operacional de uma organização.
modeladoras Companhias que tentam mudar a estrutura dos setores em que atuam, criando um cenário futuro competitivo conforme seu próprio projeto.
modelo da "lata de lixo" Modelo de tomada de decisão organizacional que retrata um processo caótico e decisões aparentemente aleatórias.
modelo de afiliação Cobrança de taxas para encaminhar visitantes de um site para sites de outras empresas.
modelo de coalizão Modelo de tomada de decisão organizacional no qual grupos com diferentes preferências usam o poder e as negociações para influenciar nas decisões.
modelo de cobrança por transação Cobrança de taxas por bens e serviços.
modelo de intermediação Cobrança de taxas para reunir compradores e vendedores.
modelo de Kohlberg de desenvolvimento moral cognitivo Classifica as pessoas com base em seus níveis de julgamento moral.
modelo de subscrição Cobrança de taxas por visitas ao site.
modelo de suporte publicitário Cobrança de taxas para exibir publicidade em um site.
modelo de Vroom Modelo situacional que tem como foco a dimensão participativa da liderança.
modelo global Modelo de organização que consiste em subsidiárias de uma empresa distribuídas no exterior e caracterizado por tomada de decisão centralizada e controle rígido da matriz sobre a maioria dos aspectos das operações internacionais. Tipicamente adotado por organizações que apóiam suas estratégias competitivas globais em uma política de custos baixos.
modelo incremental Modelo de tomada de decisão organizacional no qual as soluções importantes são decorrentes de uma série de decisões menores.
modelo internacional Um modelo de organização que é composto por subsidiárias de uma companhia localizadas no exterior, e caracterizadas por um controle maior da matriz, na comparação com o modelo multinacional, sobre a função de pesquisa e as estratégias de marketing e produto local.
modelo multinacional Modelo de organização que consiste em subsidiárias em cada país em que a companhia realiza negócios, com controle final das operações exercido, de forma centralizada, pela matriz.
modelo transnacional Modelo de organização caracterizado pela centralização de certas funções em locais que melhor obtenham economias de custo; pelo deslocamento de outras funções para as subsidiárias nacionais da empresa para facilitar maior capacidade de resposta local; e pelo incentivo da comunicação entre elas para permitir a transferência de *expertise* tecnológica e habilidades.
modificação do comportamento organizacional A aplicação da teoria do reforço nos ambientes organizacionais.
motivação Forças que dão vigor, direcionam e sustentam os esforços de uma pessoa.
motivadores Fatores que tornam um trabalho mais motivante, por exemplo, responsabilidades adicionais, oportunidades de crescimento pessoal e reconhecimento e sentimento de realização.
movimentação Instituir a mudança na organização.
mudança organizacional total Introdução e sustentação de várias políticas, práticas e procedimentos em múltiplas unidades e níveis.
mudança proativa Reação iniciada antes da ocorrência de um *gap* de desempenho.
mudança reativa Reação a uma pressão; mudança impulsionada por problemas.

N

nativos de um país terceiro Nativos de um país diferente do país da matriz ou do país anfitrião de uma subsidiária estrangeira de uma empresa.
nativos do país anfitrião Nativos do país em que está localizada a subsidiária estrangeira de uma empresa.
normas Crenças compartilhadas sobre como as pessoas pensam e se comportam.
North American Free Trade Agreement (Tratado de Livre Comércio da América do Norte — Nafta) Pacto econômico que combina as economias dos Estados Unidos, do Canadá e do México no maior bloco comercial do mundo.
novo empreendimento Um novo negócio que tem como objetivos principais alta lucratividade e grande crescimento.

O

oferta pública inicial (IPO) Venda ao público em geral, pela primeira vez, de cotas de ações da empresa, subscritas e registradas nos órgãos federais.
organização centralizada Organização na qual os executivos do mais alto escalão tomam a maior parte das decisões e as repassam aos níveis hierárquicos inferiores para implementação.
organização com alto grau de envolvimento Tipo de organização na qual os principais executivos asseguram a existência de consenso sobre os rumos da empresa.
organização descentralizada Organização na qual os gerentes dos níveis hierarquicamente inferiores tomam decisões importantes.
organização divisional Uma forma de departamentalização que agrupa unidades em torno de produtos, consumidores ou regiões geográficas.
organização em rede Uma reunião de companhias essencialmente independentes, devotadas a um único negócio, que colaboram para a produção de determinado produto ou serviço.
organização funcional Departamentalização em torno de atividades especializadas, como produção, marketing e recursos humanos.
organização matricial Organização composta por relações duais de subordinação em que alguns gestores se reportam a dois superiores — um gerente funcional e um gerente divisional.
organização mecanicista Uma forma de organização que busca maximizar a eficiência interna.
organização monolítica Organização com baixo nível de integração estrutural — empregando poucas mulheres, minorias ou outros grupos que sejam distintos da maioria — e, assim, possuindo uma população de funcionários altamente homogênea.
organização multicultural Organização que valoriza a diversidade cultural e que busca utilizá-la e incentivá-la.
organização pluralista Organização que é constituída por uma população de empregados relativamente diversificada e que se empenha em integrar funcionários de diferentes gêneros, raças ou origens culturais.
organização que aprende Organização com capacidade de criar, adquirir e transferir conhecimento, e de modificar o comportamento para refletir o novo conhecimento e as novas perspectivas.
organização sem barreiras Organização na qual não há obstáculos para o fluxo de informação.
organizar A função da administração de estruturação e coordenação dos recursos humanos, financeiros, físicos, de informação e outros necessários para se atingir as metas.
organograma As relações de subordinação e divisão do trabalho de uma organização, mostradas em uma forma gráfica.
orientação empreendedora Tendência de uma organização em identificar e capitalizar com sucesso oportunidades para lançar novos empreendimentos, por meio da entrada em mercados novos ou já estabelecidos com produtos ou serviços novos ou já existentes.
otimizar Obter o máximo equilíbrio possível entre diversas metas.
outputs Produtos ou serviços criados pelas organizações.

P

padrão Desempenho esperado para determinada meta: um alvo que estabelece um nível desejado de desempenho, motiva o desempenho e serve como *benchmark* em relação ao qual o desempenho real é comparado.
padronização Estabelecimento de rotinas e procedimentos comuns que são aplicados uniformemente a todas as pessoas.
papéis Diferentes conjuntos de expectativas em relação a como diferentes indivíduos devem se comportar.

participação na tomada de decisão Comportamentos de liderança adotados pelo gestor envolvendo seus funcionários na tomada de decisões.
passivo Montante que uma corporação deve a credores variados. O custeio baseado em atividades (ABC — *activity-based costing*) pode ressaltar o gasto excessivo.
patrimônio líquido dos acionistas Montante apurado dos proprietários da corporação.
pequenas empresas Empresas com menos de cem funcionários, de propriedade privada e dirigidas de forma independente, não dominantes no setor de atividades em que atuam e não caracterizadas por muitas práticas inovadoras.
pequenos lotes Tecnologias que produzem mercadorias e serviços em pequena quantidade.
percepção Processo de receber e interpretar informações.
personalização em massa Produção de bens variados e personalizados individualmente com o baixo custo de bens produzidos em massa e padronizados.
planejamento estratégico Conjunto de procedimentos para a tomada de decisões sobre metas e estratégias de longo prazo da organização.
planejamento operacional O processo de identificação dos procedimentos e processos específicos necessários nos níveis inferiores da organização.
planejamento tático Conjunto de procedimentos para converter as metas e os planos estratégicos mais abrangentes em metas e planos específicos relevantes para uma porção específica da organização, por exemplo, alguma área funcional como a de marketing.
planejar A função da administração que é responsável pela tomada sistemática de decisões sobre metas e atividades que um indivíduo, um grupo, uma unidade de trabalho ou a organização em geral devem perseguir.
plano de negócios Etapa de planejamento formal que foca todo o empreendimento e descreve todos os elementos envolvidos em sua criação.
planos As ações ou os meios que o administrador pretende adotar para atingir as metas organizacionais.
planos de contingência Cursos alternativos de ação que podem ser implementados em função de desdobramentos futuros.
poder A capacidade de influenciar outras pessoas.
preço de transferência Preço cobrado por uma unidade pelo fornecimento de um produto ou serviço para outra unidade dentro da organização.
prestação de contas A expectativa de que os empregados desempenharão suas funções, empreenderão as ações corretivas, quando necessárias, e se reportarão aos superiores hierárquicos sobre o *status* e a qualidade de seu desempenho.
previsão Método para projeção de como as variáveis vão mudar o futuro.
princípio da exceção Um princípio gerencial que postula que o controle é melhorado mediante a concentração nas exceções ou nos desvios significativos do resultado ou do padrão esperado.
princípio da unidade de comando Uma estrutura em que todo empregado se reporta a um único chefe, o qual, por sua vez, se reporta também a um único chefe.
princípios de Caux Princípios éticos estabelecidos por executivos internacionais baseados em Caux, na Suíça, em colaboração com líderes do Japão, da Europa e dos Estados Unidos.
processo contínuo Processo que é altamente automatizado e que tem fluxo produtivo contínuo.
processos flexíveis Métodos de adaptação do núcleo técnico às mudanças ambientais.
produção enxuta Uma operação que envolve um grande esforço para atingir o nível mais alto possível de produtividade e qualidade total, e eficácia em termos de custos, por meio da eliminação de etapas desnecessárias do processo produtivo e da busca de um aperfeiçoamento contínuo.
produção integrada por computador Uso de projeto assistido por computador e manufatura assistida por computador para seqüenciar e otimizar inúmeros processos produtivos.
programa de benefícios personalizados Programa de benefícios oferecidos aos funcionários no qual eles escolhem, entre diversas opções um pacote de benefícios que vem ao encontro de suas necessidades.
programa de ética baseada na obediência Mecanismos empresariais utilizados tipicamente pelo conselho corporativo da empresa para evitar, detectar e punir violações legais.
programas de benefícios flexíveis Programas de benefícios nos quais o funcionário recebe créditos para gastar em benefícios que atendam a suas necessidades exclusivas.
programas de ética baseados na integridade Mecanismos utilizados pela companhia para provocar nas pessoas a responsabilidade pessoal pelo comportamento ético.
programas de qualidade de vida profissional Programas desenvolvidos para criar um ambiente de trabalho que melhore o bem-estar do funcionário.
projeto de desenvolvimento Esforço organizacional focado na criação de um novo produto ou processo por meio de avanços tecnológicos.
projetos informais (*bootlegging*) Trabalho informal em projetos, diferentes dos atribuídos oficialmente, de escolha e iniciativa próprias do funcionário.
prospectoras Companhias que mudam constantemente os limites do seu ambiente de tarefas buscando novos produtos e mercados, diversificando e realizando fusões ou adquirindo novas empresas.
punição Aplicação de uma conseqüência adversa.

Q

qualidade A excelência do seu produto (bens ou serviços).
questão ética Situação, problema ou oportunidade em que o indivíduo deve escolher, entre diversas ações, quais são moralmente certas ou erradas.

R

racionalidade restrita Forma não tão perfeita de racionalidade na qual os tomadores de decisão não podem ser totalmente racionais, porque a decisão é complexa e não existe informação suficiente.
recolocação (*outplacement*) O processo de ajudar o funcionário demitido da companhia a conquistar outro emprego em outro lugar.
recompensa extrínseca Recompensa concedida a um funcionário pelo chefe, pela companhia ou por alguma outra pessoa.
recompensa intrínseca Recompensa que o trabalhador extrai diretamente do desempenho do trabalho em si.
recongelamento Consolidação de novos comportamentos que dêem sustentação às mudanças.
recrutamento O desenvolvimento de um quadro de candidatos a uma vaga em uma organização.
recursos *Inputs* para um sistema que podem melhorar o desempenho.
rede dinâmica Arranjos temporários entre parceiros que podem ser montados ou remontados para responder a mudanças no ambiente.
reflexão Um processo pelo qual uma pessoa declara aquilo que acredita que a outra pessoa está dizendo.
reforço Conseqüências positivas que motivam comportamentos.
reforço negativo Eliminação ou retenção de uma conseqüência indesejável.
reforço positivo Aplicação de conseqüências que aumentam a probabilidade de uma pessoa repetir o comportamento que o produziu.
regularização (*smoothing*) Nivelamento das flutuações normais na interface com o ambiente.
relações trabalhistas O sistema de relações entre trabalhadores e a administração de uma empresa.
relativismo Baseia o comportamento ético nas opiniões e nos comportamentos de outras pessoas relevantes.
reserva de recursos Suprimento de recursos excedentes para alguma necessidade imprevista.
responsabilidade social corporativa Obrigação assumida pela empresa com a sociedade.

responsabilidade A atribuição de uma tarefa que um empregado deverá executar.
responsabilidades econômicas Produzir bens e serviços desejados pela sociedade a preços que sustentem a empresa e satisfaçam as obrigações para com os investidores.
responsabilidades éticas Atender a outras expectativas sociais que não estejam incluídas em leis.
responsabilidades filantrópicas Atividades e comportamentos adicionais considerados desejáveis pela sociedade e apoiados pelos valores da empresa.
responsabilidades legais Obedecer às legislações local, estadual, federal e internacional relevantes.
resultado Uma conseqüência do desempenho de um indivíduo.
retorno sobre investimento (ROI) Proporção entre lucro e capital utilizado, ou a taxa de retorno sobre o capital.
riqueza da mídia O grau no qual um canal de comunicação transmite informação.
risco Estado existente quando a probabilidade de sucesso é inferior a 100%, e quando há a possibilidade de perdas.
rodízio de cargos Mudança de uma tarefa rotineira a outra para amenizar o tédio.

S

Lei Sarbanes-Oxley Ato aprovado pelo Congresso norte-americano em 2002 para estabelecer normas rígidas de contabilidade e relatórios financeiros de forma a atribuir mais responsabilidade aos altos executivos e melhorar e manter a confiança do investidor.
satisfação Escolha de uma opção aceitável, embora não necessariamente a melhor ou a mais perfeita.
seleção de domínio Entrada em um novo mercado ou novo setor de atividades com uma *expertise* já existente.
seleção Processo de escolher, entre candidatos qualificados, quais os que serão contratados por uma organização.
serviço de atendimento ao cliente (SAC) A agilidade e confiabilidade com que uma organização consegue atender às necessidades dos clientes.
síndrome do sobrevivente Redução da produtividade e piora do estado de espírito de funcionários que permanecem na empresa depois do *downsizing*.
sistema de controle estratégico Um sistema destinado a dar suporte aos administradores para avaliar o progresso da organização no tocante à sua estratégia e, quando houver discrepâncias, a providenciar as medidas corretivas.
sistemas abertos Organizações que são influenciadas por seu próprio ambiente e que o influenciam.
sistemas sociotécnicos Uma abordagem de estruturação da função que tenta reestruturar tarefas para otimizar a operação de uma nova tecnologia, ao mesmo tempo que preserva o relacionamento interpessoal entre funcionários e outros aspectos humanos do trabalho.
soluções personalizadas Soluções novas e criativas criadas especificamente para determinado problema.
soluções prontas Idéias que já tenham sido vistas ou experimentadas antes.
sondagem Uma estratégia de equipe que requer que os seus membros interajam freqüentemente com pessoas externas, diagnostiquem suas necessidades e testem algumas soluções.
stakeholders Grupos ou indivíduos que afetam o cumprimento da missão, das metas e das estratégias da organização, ou são por ele afetados.
substitutos para a liderança Fatores no ambiente de trabalho com a mesma influência exercida pelo líder sobre os funcionários.
subunidades Subdivisões de uma organização.

T

tecnologia Aplicação sistemática de conhecimento científico em um novo produto, processo ou serviço.
teoria da definição de metas Teoria motivacional que postula que as pessoas têm metas conscientes que as energizam e direcionam seus comportamentos e pensamentos para determinado fim.
teoria da eqüidade Teoria que postula que as pessoas avaliam a justiça com que são tratadas com base em dois fatores fundamentais: *inputs* e resultados.
teoria da expectativa Teoria que propõe que as pessoas se comportam com base na probabilidade percebida de que seus esforços produzirão certo resultado e no valor que elas atribuem a esse resultado.
teoria da troca líder-membro (LMX) Ressalta a importância dos comportamentos do líder não apenas voltados ao grupo como um todo, mas também às pessoas em uma base individual.
teoria do caminho-meta Uma teoria que se preocupa com a forma como o líder influencia as percepções dos subordinados sobre suas metas de trabalho e os caminhos a serem seguidos para o cumprimento dessas metas.
teoria dos dois fatores Teoria elaborada por Herzberg que descreve dois fatores que afetam a satisfação e a motivação profissional do funcionário.
teoria ERG de Alderfer Teoria das necessidades humanas, elaborada por Alderfer, que postula que as pessoas possuem três conjuntos básicos de necessidades que podem atuar simultaneamente.
terceirização (*outsourcing*) Contratação de um fornecedor externo para produzir um ou mais bens ou serviços de uma organização.
teto de vidro Barreira invisível que dificulta para certos grupos, como as minorias e as mulheres, a ascensão além de determinado nível na hierarquia organizacional.
tirania do "*ou*" A crença na possibilidade de se escolher somente a alternativa A ou a B, e não ambas; de que apenas uma e nenhuma outra meta pode ser atingida.
treinamento Orientação dada aos funcionários de nível mais baixo sobre como executar as tarefas do cargo que estão ocupando.
treinamento de equipe Treinamento que fornece ao funcionário habilidades e perspectivas necessárias para trabalhar em conjunto com outros funcionários.
treinamento de orientação Treinamento destinado a introduzir novos funcionários na companhia e familiarizá-los com as políticas, os procedimentos, a cultura e assim por diante.
treinamento em diversidade Programa focado em identificar e reduzir vieses não declarados contra as pessoas diferentes e em desenvolver as habilidades necessárias para gerenciar a mão-de-obra diversificada.

U

universalismo Sistema ético que estabelece que todas as pessoas devem sustentar certos valores necessários para o funcionamento da sociedade.
utilitarismo Sistema ético que determina como principal preocupação dos responsáveis pelas decisões o bem para o maior número de pessoas possível.

V

valência O valor que tem um resultado para a pessoa que o contempla.
validade Grau de precisão com que um teste de seleção prevê — ou se relaciona com — o desempenho no trabalho.
vigilância Processo no qual o responsável pela decisão executa cuidadosamente todos os estágios da tomada de decisão.
visão Imagem mental de um estado futuro possível e desejável para a organização.
visão estratégica Orientação e intenção estratégica de longo prazo de uma companhia.

Notas

Capítulo 1

1. Special Report, The Fallen. *BusinessWeek*, p. 78–79, 14 jan. 2002.
2. FINKELSTEIN, S. The Myth of Managerial Superiority in Internet Startups: An Autopsy. Organizational Dynamics, p. 172–185, outono 2001.
3. COY, P. The Creative Economy, *BusinessWeek*, p. 76–82, 21–28 ago. 2000.
4. HOLSTEIN, W. J. The Stateless Corporation. *BusinessWeek*, p. 98–105, 14 maio. 1990.
5. EISENBERG, D. Judy McGrath: MTV Networks. *Time*, p. 141, 20 dez. 2004.
6. LIPPMAN, J. Hollywood Report: Bombs – Away. *The Wall Street Journal*, 19 nov. 2004, p. W12.
7. GREEN, S. et al. In: *Search of Global Leaders*. *Harvard Business Review*, p. 38–45, ago. 2003.
8. SELLERS, P. eBay's Secret. *Fortune*, p. 160–78, 18 out. 2004.
9. BARTLETT, C.; GHOSHAL, S. What Is a Global Manager? *Harvard Business Review*, p. 101–108, ago. 2003.
10. KING Jr., N. A Whole New World. *The Wall Street Journal*, p. R1, R3, 27 set. 2004.
11. BISOUX, T. Corporate Counter-Culture. *BizEd*, p. 16–20, nov./dez. 2004.
12. HUBER, G. The Necessary Nature of Future Firms. Thousand Oaks, CA: Sage, 2004.
13. Special Report: The Best & Worst Managers of the Year. *BusinessWeek*, p. 55–86, 10 jan. 2005.
14. CAIRNCROSS, F. *The Company of the Future*. Cambridge, MA: Harvard Business School Press, 2002.
15. MULANEY, T. J. Break Out the Black Ink. *BusinessWeek*, p. 74–76, 13 maio. 2002.
16. Ibid.
17. Ibid.
18. RYNECKI, D. Make Their Pain Your Gain. *Fortune*, p. 158–159, 9 jul. 2001.
19. HOF, R.; HAMM, S. How E-Biz Rose, Fell, and Will Rise Anew. *BusinessWeek*, p. 64–72, 13 maio. 2002.
20. Ibid.
21. USEEM, J. Dot-coms: What Have We Learned? *Fortune*, p. 82–104, 30 out. 2000.
22. COY. The Creative Economy.
23. EDWARDS, C. Keeping You Glued to the Couch. *BusinessWeek*, p. 58, 17 maio. 2004.
24. GROSS, N. Mining a Company's Mother Lode of Talent. *BusinessWeek*, p. 135–37, 28 ago. 2000.
25. CRANOR, S. The Management Century. São Francisco: Jossey-Bass, 2000.
26. HANSEN, M.; OETINGER, B. von. Introducing T-Shaped Managers: Knowledge Management's Next Generation. *Harvard Business Review*, p. 106–16, mar. 2001.
27. SELLERS, P. P&G: Teaching an Old Dog New Tricks. *Fortune*, p. 166–180, 31 maio. 2004.
28. SCHLENDER, B. The New Soul of a Wealth Machine. *Fortune*, p. 102–10, 5 abr. 2004.
29. STANDIFER, R.; WALL Jr., J. A. Managing Conflict in B2B Commerce, *Business Horizons*, p. 65–70, mar./abr. 2003.
30. WILLCOCKS, L.; Plant, R. Pathways to E-Business Leadership: Getting from Bricks to Clicks. *Sloan Management Review*, p. 50–59, primavera 2001.
31. LOOMIS C. (Ed.). Mr. Buffet on the Stock Market. *Fortune*, p. 212–20, 22 nov. 2000.
31. BISOUX. Corporate Counter Culture.
32. Ibid.
33. MAYNARD, M. Why the Big Airlines Can't Get Off the Ground. *New York Times*, sec. 4, p. 4, 19 set. 2004.
34. Ibid.
35. LOOMIS. Mr. Buffet on the Stock Market.
36. SELLERS, P. P&G: Teaching an Old Dog New Tricks. *Fortune*, p. 166–80, 31 maio. 2004.
37. BELLMAN, L. M. Bricks and Mortar: 21st Century Survival. *Business Horizons*, p. 21–28, maio./jun. 2001.
38. BOYLE, M. Kraft's Arrested Development. *Fortune*, p. 44, 15 nov. 2004.
39. HAMEL, G. Avoiding the Guillotine. *Fortune*, p. 139–44, 2 abr. 2001.
40. Ibid., p. 140.
41. SUTTON, R. I. The Weird Rules of Creativity. *Harvard Business Review*, p. 94–103, set. 2001.
42. HAMEL, Avoiding the Guillotine.
43. YANG, C.; GROVER, R. He's Not in Kansas Anymore. *BusinessWeek*, p. 78–79, 27 set. 2004.
44. Ibid.
45. EDWARDS. Keeping You Glued to the Couch.
46. PORT, O. The Kings of Quality. *BusinessWeek*, p. 20, 30 ago. 2004.
47. MERRICK, A. et al. Targeting Wal-Mart. *The Wall Street Journal*, p. B1–B2, 1 dez. 2004.
48. FEENY, D. Making Business Sense of the E-Opportunity. *Sloan Management Review*, p. 41–51, inverno 2001.
49. LEE, H. L.; WHANG, S. Winning the Last Mile of E-Commerce. *Sloan Management Review*, p. 54–62, verão 2001.
50. GARVIN, D. A. Manufacturing Strategic Planning. *California Management Review*, p. 85–106, verão 1993.
51. VOGELSTEIN, F. Goggle @ 165. *ortune*, p. 98–110, 13 dez. 2004.
52. GRAY, S. On the Menu: Speed and Variety. *The Wall Street Journal*, p. R4, 22 nov. 2004.
53. AGINS, T. Plain Is Out. Vibrant Is In. *The Wall Street Journal*, p. R7, 22 nov. 2004.
54. MERRICK, et al.Targeting Wal-Mart.
55. LU-LIEN TAN, C. U.S. Response: Speedier Delivery. *The Wall Street Journal*, p. D1, D3, 18 nov. 2004.
56. BYRNE, Management by Web.
57. Ibid., p. D3.
58. MERRICK, et al. Targeting Wal-Mart. p. B1.
59. MAYNARD. Why the Big Airlines Can't Get Off the Ground.
60. MOUNT, I. David Neeleman, JetBlue. Inc., p. 144, abr. 2004.
61. SIMONS, J. Internet Survivors. *Fortune*, p. 155–56, 9 jul. 2001.
62. BROWN, E. Heartbreak Hotel? *Fortune*, p. 161–65, 26 nov. 2001.
63. BRODSKY, N. Street Smarts. Inc., p. 57–58, dez. 2004.
64. BOYLE, M. What We Learned. *Fortune*, p. 179–80, 24 dez. 2001.
65. USEEM. Dot-Coms: What Have We Learned?
66. MERRICK, et al. Targeting Wal-Mart.

67. BREMMER, B. et al. Nissan's Boss. *BusinessWeek*, p. 50–58, 4 out. 2004.
68. BURT, T. Pumping Up the Volume. *The Financial Times*, p. 12–13, 7 dez. 2004.
69. HAMMONDS, K. Is Your Company Up to Speed? *Fast Company*, p. 81–86, jun. 2003.
70. EDWARDS. Keeping You Glued to the Couch.
71. KIRKPATRICK, D. Now Everyone in PCs Wants to Be Like Mike. *Fortune*, p. 47–48, 8 set. 1997.
72. Special Report: The Best & Worst Managers of the Year. *BusinessWeek*, p. 55–86, 10 jan. 2005.
73. CORTADA, J. W. *21st Century Business*. Londres: Financial Times/Prentice Hall, 2001.
74. COLLINS, J. Don't Rewrite the Rules of the Road. *BusinessWeek*, p. 206–8, 28 ago. 2000.
75. Ibid.
76. SHENON, P. U.S. Agencies Seen as Slow to Move on Terrorism Risk. *New York Times*, p. 1, 6, 12 maio. 2002.
77. KAHN, J.; O'KEEFE, B. Best & Worst 2001. *Fortune*, p. 139–44, 24 dez. 2001
78. WEBBER, R. General Management Past and Future. *Financial Times Mastering Management*, 1997.
79. CAPELLI, P.; HAMORI, M. The New Road to the Top. *Harvard Business* Review, jan. 2005.
80. HUY, Q. N. In Praise of Middle Managers. *Harvard Business Review*, p. 72–79, set. 2001.
81. HILL, L. A. New Manager Development for the 21st Century. Academy of Management Executive, p. 121–26, ago. 2004.
82. BARTLETT, C.; GOSHAL, S. The Myth of the Generic Manager: New Personal Competencies for New Personal Competencies for New Management Roles. *California Management Review*, p. 92–116, v. 40, n. 1, 1997.
83. SAYLES, L. R. Doing Things Right: A New Imperative for Middle Managers. *Organizational Dynamics*, p. 5–14, primavera 1993.
84. MINTZBERG, H. *The Nature of Managerial Work*. Nova York: Harper & Row, 1973.
85. KATZ, R. Skills of an Effective Administrator. *Harvard Business Review*, v. 52, p. 90–102, set./out.
86. HILL. New Manager Development for the 21st Century.
87. MINTZBERG, H. The Manager's Job: Folklore and Fact. *Harvard Business Review*, v. 53, p. 49–61, jul./ago. 1975.
88. GOLDSMITH, M. Nice Guys Can Finish First. Fast Company, p. 123, nov. 2004.
89. DEUTSCHMAN, A. The Trouble with MBAs. *Fortune*, p. 67–79, 29 jul. 1991.
90. LEHRMAN, S. Putting Management Potential to the Test. Bryan-College Station Eagle, p. 3F, 8 dez. 1985.
91. McCALL Jr., M. W. *High Flyers: Developing the Next Generation of Leaders*. Boston: Harvard Business School Press, 1997.
92. ANDERS, G. How Traits that Helped Executive Climb Ladder Came to Be Fatal Flaws. *The Wall Street Journal*, p. A1, A8, 10 fev. 2005.
93. HILL. New Manager Development for the 21st Century.
94. GOLEMAN, D. et al. *Primal Leadership: Realizing the Power of Emotional Intelligence*. Boston: Harvard Business School Press, 2002.
95. JUNG, A. Seek Frank Feedback. *Harvard Business Review*, p. 31, jan. 2004.
96. BOYATZIS, R. Get Motivated. *Harvard Business Review*, p. 30, jan. 2004.
97. GEORGE, W. Find Your Voice. *Harvard Business Review*, p. 35, jan. 2004.
98. KIECHEL III, W. A Manager's Career in the New Economy. *Fortune*, p. 68–72, 4 abr. 1994.
99. Ibid.
100. INKSON, K.; ARTHER, M. B. How to Be a Successful Career Capitalist. Organizational Dynamics, p. 48–60, verão 2001.
101. KIECHEL. A Manager's Career in the New Economy.
102. MORRISON, E. W. Newcomers' Relationships: The Role of Social Network Ties During Socialization. *Academy of Management Journal*, v. 45, p. 1149–60, 2002.
103. ADLER, P.; Kwon, S. Social Capital: Prospects for a New Concept. *Academy of Management Review*, v. 27, p. 17–40, 2002.
104. O'BRIAN, B.; STERN, G. Nonstop Networking Propels an Accountant into U.S. Big Leagues. *The Wall Street Journal*, p. 1, 2, 20 mar. 1997.
105. PETERS, T. *Liberation Management*. Nova York: Alfred A. Knopf, 1992.
106. BRADY, D. Wanted: Eclectic Visionary with a Sense of Humor. *BusinessWeek*, p. 143–44, 21-28 ago. 2000.
107. PETERS, T. The New Wired World of Work. *BusinessWeek*, p. 172–74, 21-28 ago. 2000.
108. DRUCKER, F. What Makes an Effective Executive? *Harvard Business Review*, p. 58–63, jun. 2004.
109. KOTTER, J. *The New Rules*: How to Succeed in Today's Post-Corporate World. Nova York: The Free Press, 1995.
110. Ibid.

Apêndice A

1. GEORGE, C. *The History of Management Thought*. Englewood Cliffs, NJ: Prentice-Hall, 1972.
2. Ibid.
3. CHANDLER, A. D. *Scale and Scope*: The Dynamic of Industrial Capitalism. Cambridge, MA: Belknap Press of Harvard University Press, 1990.
4. Ibid.
5. SCHLOSSER, J.; FLORIAN, E. *Fortune* 500 Amazing Facts! *Fortune*, p. 152–59, 5 abr. 2004.
6. BAUGHMAN, J. *The History of American Management*. Englewood Cliffs, NJ: Prentice-Hall, 1969. Cap. 1.
7. GEORGE. *The History of Management Thought*. Caps. 5–7; TAYLOR, F. *The Principles of Scientific Management*. Nova York: Harper & Row, 1911.
8. CASE, J. A Company of Business-people. *Inc.*, p. 70–93, abr. 1993.
9. SCHLOSSER; FLORIAN, *Fortune* 500 Amazing Facts!
10. KROOS, H.; GILBERT, C. *The Principles of Scientific Management*. Nova York: Harper & Row, 1911.
11. FAYOL, H. *General and Industrial Management*. Marshfield, MA: Pitman Publishing, 1949.
12. GEORGE. *The History of Management Thought*. Cap. 9; MASSIE, J. Management Theory. In: *Handbook of Organizations*. Chicago: Rand McNally, 1965. p. 387–422.
13. BARNARD, C. *The Functions of the Executive*. Cambridge, MA: Harvard University Press, 1938.
14. GEORGE. *The History of Management Thought;* MASSIE, Management Theory.
15. SCHLOSSER; FLORIAN. *Fortune* 500 Amazing Facts!
16. MAYO, E. *The Human Problems of Industrial Civilization*. Nova York: Macmillan, 1933; ROETHLISBERGER, F.; DICKSON, W. *Management and the Worker*. Cambridge, MA: Harvard University Press, 1939.
17. MASLOW, A. A Theory of Human Motivation. *Psychological Review*, v. 50, p. 370–96, jul. 1943.
18. CAREY, A. The Hawthorne Studies: A Radical Criticism. *American Sociological Review*, v. 32, n. 3, p. 403–16, 1967.
19. WEBER, M. *The Theory of Social and Economic Organizations*. Nova York: Free Press, 1947.
20. GEORGE. *The History of Management Thought*. Cap. 11.
21. MacGREGOR, D. *The Human Side of Enterprise*. Nova York: McGraw-Hill, 1960.
22. ARGYRIS, C. *Personality and Organization*. Nova York: Harper & Row, 1957.

23. LIKERT, R. *The Human Organization*. Nova York: McGraw-Hill, 1967.
24. BERTALANFFY, L. von. The History and Status of General Systems Theory. *Academy of Management Journal*, v. 15, p. 407–26, 1972; KATZ, D.; KAHN, R. *The Social Psychology of Organizations*. 2 ed. Nova York: John Wiley & Sons, 1978.
25. THOMPSON, J. *Organizations in Action*. Nova York: McGraw-Hill, 1967; GALBRAITH, J. *Organization Design*. Reading, MA: Addison-Wesley, 1977; MILLER, D.; FRIESEN, P. *Organizations: A Quantum View*. Englewood Cliffs, NJ: Prentice-Hall, 1984.
26. SCHLOSSER; FLORIAN. *Fortune* 500 Amazing Facts!

Capítulo 2

1. TSAO, Amy. This Time, Tech Will Follow, Not Lead. *BusinessWeek Online*, 12 nov. 2001. www.businessweek.com'KADLEC, D. The Nasdaq: Qhat a Drag! *Time*, v. 156, n. 17, p. 72-72, 23 out. 2000.
2. FULLER, Joseph; JENSEN, Michael C. Just Say No to Wall Street. *Journal of Applied Corporate Finance*. v. 14, n. 4, p. 41–46, inverno 2002.
3. Labor Force (Demographic) Data. Site do U.S. Department of Labor, Bureau of Labor Statistics, Disponível em: www.bls.gov/emp/emplabl.htm. Acesso em: 2 fev. 2005; FRIEDMAN, Judith J.; DITOMASO, Nancy. Myths about Diversity: What Managers Need to Know about Changes in the U.S. Labor Force. *California Management Review*, v. 38, n. 4, p. 54–77, verão 1996.
4. NRDC Report Finds Improved Fuel Efficiency Expands Consumer Choice. National Resources Defense Council press release, 30 jul. 2001. Disponível em: www.nrdc.org/ media/pressrel eases/0107300aso.
5. Wal-Mart Tired of Critics' Complaints. MSNBC.com. Acesso em: 1 fev. 2004.
6. LAING, Johnathan R. Just Spiffy. *Barron's*, v. 77, n. 12, p. 37–42, 24 mar. 1997; KIERNAN, Matthew J. Get Innovative or Get Dead. *Business Quarterly*, v. 61, n. 1, p. 51–58, outono 1996.
7. COLLIS, David J.; MONTGOMERY, Cynthis A. *Corporate Strategy: Resources and Scope of the Firm*. Nova York: McGraw-Hill/Irwin, 1997.
8. HALLOWELL, Roger. Southwest Airlines: A Case Study Linking Employee Needs, Satisfaction, and Organizational Capabilities to Competitive Advantage. *Human Resource Management*, v. 35, n. 4, p. 513–34, inverno 1996: ZELLER, Wendy. Greyhound Is Limping Badly. *BusinessWeek*, p. 32, 2 ago. 1994.
9. SCHIMMOLLER, Brian K. Magicians Wanted. *Power Engineering*, v. 104, n. 8, p. 3, ago. 2000.
10. Woods Is Fined By Actors' Union. *New York Times*, p. 7, 11 nov. 2000; SHERMAN, Arthur et al. *Managing Human Resources*. 11 ed. Cincinnati, OH: Southwestern Publishing, 1998.
11. SCHLENDER, Brent. The Adventures of Scott McNealy: Javamtan. *Fortune*, v. 136, n. 7, p. 70–78, 13 out. 1997.
12. Adaptado de LEE, Hau L.; BILLINGTON, Corey. The Evolution of Supply-Chain-Management Models and Practice at Hewlett-Packard. *Interfaces*, v. 25, n. 5, p. 42–63, set./out. 1995.
13. TEIGEN, Rune Supply Chain Management. Disponível em: eil.utoronto.ca/profiles/rune/node5.html. Acesso em: 27 maio. 1997; PALAGYI, Steve. Making the Supply Chain a Strategic Asset. Worldtrademag.com. Acesso em: 1 out. 2004; RAMESH, Arthi. Web Enabling Supply Chain Management. Disponível em: web-enable.com; Built-to-Order Model For Success (Part II). Disponível em: themanagementor.com/kuniverse/kmailers, 2003; RIVLIN, Gary. Who's Afraid of China?. *New York Times*, 19 dez. 2004.
14. KOTLER, P. *Marketing Management: Analysis, Planning, Implementation and Control*. 9 ed. Englewood Cliffs, NJ: Prentice Hall, 1990.
15. BUCHKO, Aaron A. Conceptualization and Measurement of Environmental Uncertainty: An Assessment of the Miles and Snow Perceived Environmental Uncertainty Scale. *Academy of Management Journal*, v. 37, n. 2, p. 410–25, abr. 1994.
16. HAGEN, Abdalla F. Corporate Executives and Environmental Scanning Activities: An Empirical Investigation. *SAM Advanced Management Journal*, v. 60, n. 2, p. 41–47, primavera 1995; DAFT, Richard L. Chief Executive Scanning, Environmental Characteristics, and Company Performance: An Empirical Study. *Strategic Management Journal*, v. 9, n. 2, p. 123–39, mar./abr. 1988; YASAI-ARDEKANI, Masoud. Designs for Environmental Scanning Systems: Tests of a Contingency Theory. *Management Science*, v. 42, n. 2, p. 187–204, fev. 1996.
17. GHOSHAL, Sumantra. Building Effective Intelligence Systems for Competitive Advantage. *Sloan Management Review*, v. 28, n. 1, p. 49–58, verão 1986; CORY, Kenneth D. Can Competitive Intelligence Lead to a Sustainable Competitive Advantage? *Competitive Intelligence Review*, v. 7, n. 3, p. 45–55, verão 1996.
18. SCHOEMAKER, Paul J. H. Multiple Scenario Development: Its Conceptual and Behavioral Foundation. *Strategic Management Journal*, v. 14, n. 3, p. 193–213, mar. 1993.
19. PETERSON, Robin R. An Analysis of Contemporary Forecasting in Small Business. *Journal of Business Forecasting Methods & Systems*, v. 15, n. 2, p. 10–12, verão 1996; MAKRIDAKIS, Spyros. Business Forecasting for Management: Strategic Business Forecasting. *International Journal of Forecasting*, v. 12, n. 3, p. 435–37, set. 1996.
20. DeTORO, Irving. The 10 Pitfalls of Benchmarking. *Quality Progress*, v. 28, n. 1, p. 61–63, jan. 1995.
21. MEZNAR, Martin B. Buffer or Bridge? Environmental and Organizational Determinants of Public Affairs Activities in American Firms. *Academy of Management Journal*, v. 38, n. 4, p. 975–96, ago. 1995.
22. LEI, David. Advanced Manufacturing Technology: Organizational Design and Strategic Flexibility. *Organization Studies*, v. 17, n. 3, p. 501–23, 1996; DEAN JR., James W.; SNELL, Scott A. The Strategic Use of Integrated Manufacturing: An Empirical Examination. *Strategic Management Journal*, v. 17, n. 6. p. 459–80, jun. 1996.
23. ZEITHAML, C.; ZEITHAML, V. Environmental Management: Revising the Marketing Perspective. *Journal of Marketing*, v. 48, p. 46–53, primavera 1984.
24. BURGERS, Willem P. Cooperative Strategy in High Technology Industries. *International Journal of Management*, v. 13, n. 2, p. 127–34, jun. 1996; McGEE, Jeffrey E. Cooperative Strategy and New Venture Performance: The Role of Business Strategy and Management Experience. *Strategic Management Journal*, v. 16, n. 7, p. 565–80, out. 1995.
25. D'AVENI, Richard A. *Hypercompetition— Managing the Dynamics of Strategic Maneuvering*. Nova York, Free Press 1994; CUSUMANO, Michael A. Strategic Maneuvering and Mass-Market Dynamics: The Triumph of VHS over Beta. *Business History Review*, v. 66, n. 1, p. 51–94, primavera 1992.
26. Modelo adaptado de ZEITHAMI, C.; ZEITHAMI, V. Environmental Management: Revising the Marketing Perspective. *Journal of Marketing*, primavera 1984. Publicado por American Marketing Association.
27. MILES, R.; SNOW, C. *Organizational Strategy, Structure, and Process*. Nova York: McGraw-Hill, 1978.
28. KILMANN, Ralph H. et al. *Gaining Control of the Corporate Culture*. São Francisco: Jossey-Bass, 1985; CAMERON, Kim S.; QUINN, Robert E. *Diagnosing and Changing Organizational Culture: Based on* Competing Values Framework. Englewood Cliffs, NJ: Addison-Wesley, 1998.
29. CAMERON e QUINN. *Diagnosing and Changing Organizational Culture*.
30. LEIFER, R.; MILLS, P. K. An Information Processing Approach for Deciding upon Control Strategies and

Reducing Control Loss in Emerging Organizations. *Journal of Management*, v. 22, n. 1, p. 113–37, 1996; DELLANA, Scott A.; HAUSER, Richard D. Toward Defining the Quality Culture. *Engineering Management Journal*, v. 11, n. 2, p. 11–15, jun. 1999; COHEN, Don; PRUSAK, Lawrence. *In Good Company: How Social Capital Makes Organizations Work*. Cambridge, MA: Harvard Business School Press, 2001.

Capítulo 3

1. PETERS, T. *Liberation Management*. Nova York: Alfred A. Knopf, 1992.
2. MAGASIN, M.; GEHLEN, F. L. Unwise Decisions and Unanticipated Consequences. *Sloan Management Review*, v. 41, p. 47–60, 1999.
3. MCCALL, M.; KAPLAN, R. *Whatever It Takes: Decision Makers at Work*. Englewood Cliffs, NJ: Prentice-Hall, 1985.
4. BASS, B. *Organizational Decision Making*. Homewood, IL: Richard D. Irwin, 1983.
5. MARCH, J. Bounded Rationality, Ambiguity, and the Engineering of Choice. *Bell Journal of Economics*, v. 9, p. 587–608, 1978.
6. MESSıCK, D.; BAZERMAN, M. Ethical Leadership and the Psychology of Decision Making. *Sloan Management Review*. p. 9–22, inverno 1996.
7. KAHN, J. Stop Me Before I Pollute Again. *Fortune*, p. 87–90, 21 jan. 2002.
8. JONES, D. Playing the Weather Game. *USA Today*, p. 1B–2B, 11 dez. 2001.
9. CARR, N. On the Edge: An Interview with Akamai's George Conrades. *Harvard Business Review*. p. 118–25, maio/jun. 2000.
10. GARVIN, G. A. Building a Learning Organization. *Harvard Business Review*, p. 78–91, jul./ago. 1993.
11. McCALL e KAPLAN. *Whatever It Takes*.
12. MacCRIMMON, K.; TAYLOR, R. Decision Making and Problem Solving. In: *Handbook of Industrial and Organizational Psychology*. Chicago: Rand McNally, 1976.
13. SPITZER, Q.; EVANS, R. *Heads, You Win! How the Best Companies Think*. Nova York: Simon & Schuster, 1997.
14. GETTYS, C.; FISHER, S. Hypothesis Plausibility and Hypotheses Generation. *Organizational Behavior and Human Performance*, v. 24, p. 93–110, 1979.
15. ALEXANDER, E. R. The Design of Alternatives in Organizational Contexts: A Pilot Study. *Administrative Science Quarterly*, v. 24, p. 382–404, 1979.
16. NAYAK, P.; KETTERINGHAM, J. *Breakthroughs*. Nova York: Rawson Associates, 1986.
17. RAO, A. R. et al. How to Fight a Price War. *Harvard Business Review*, p. 107–16, mar./abr. 2000.
18. Ibid.
19. O'TOOLE, J. *Vanguard Management: Redesigning the Corporate Future*. Garden City, NY: Doubleday, 1985.
20. McCALL e KAPLAN. *Whatever It Takes*.
21. SPITZER e EVANS. *Heads, You Win!*
22. LABICH, K. Four Possible Futures. *Fortune*, p. 40–48, 25 jan. 1993.
23. McCALL e KAPLAN. *Whatever It Takes*.
24. PFEFFER, J.; SUTTON, R. *The Knowing–Doing Gap*. Boston: Harvard Business School Press, 2000.
25. STEIN, M. B. Teaching Steelcase to Dance. *New York Times Magazine*, p. 22ff, 1 abr. 1990.
26. SIEBOLD, D. Making Meetings More Successful. *Journal of Business Communication*, v. 16, p. 3–20, verão 1979.
27. JANIS, I.; MANN, L. *Decision Making*. Nova York: Free Press, 1977; BASS. *Organizational Decision Making*.
28. DEAN JR., J. W.; SHARFMAN, M. Does Decision Process Matter? A Study of Strategic Decision-Making Effectiveness. *Academy of Management Journal*, v. 39, p. 368–96, 1996.
29. NISBETT, R.; ROSS, L. *Human Inference: Strategies and Shortcomings*. Englewood Cliffs, NJ: Prentice-Hall, 1980.
30. LOWENSTEIN, R. *When Genius Failed*. Nova York: Random House, 2000.
31. MESSICK e BAZERMAN. Ethical Leadership.
32. PEARLSTEIN, S.; BEHR, P. At Enron, the Fall Came Quickly. *The Washington Post*, p. A1–A11, 2 dez. 2001.
33. BATEMAN, T.; ZEITHAML, C. The Psychological Context of Strategic Decisions: A Model and Convergent Experimental Findings. *Strategic Management Journal*, v. 10, p. 59–74, 1989.
34. PFEFFER e SUTTON. *The Knowing–Doing Gap*.
35. BRADY, D. The Unsung CEO. *BusinessWeek*, p. 74–84, 25 out. 2004.
36. MESSICK e BAZERMAN. Ethical Leadership.
37. ADLER, N. *International Dimensions of Organizational Behavior*. Boston: Kent, 1990.
38. PERLOW, L. et al. The Speed Trap: Exploring the Relationship between Decision Making and Temporal Context. *Academy of Management Journal*, v. 45, p. 931–55, 2002.
39. ESENHARDT, K. M. Speed and Strategic Choice: How Managers Accelerate Decision Making. *California Management Review*, v. 32, p. 39–54, primavera 1990.
40. SPITZER, Q.; EVANS, R. New Problems in Problem Solving. *Across the Board*, p. 36–40, abr. 1997.
41. HILL, G. W. Group versus Individual Performance: Are n + 1 Heads Better than 1? *Psychological Bulletin*, v. 91, p. 517–39, 1982.
42. MAIER, N. R. F. Assets and Liabilities in Group Problem Solving: The Need for an Integrative Function. *Psychological Review*, v. 74, p. 239–49, 1967.
43. Ibid.
44. GARVIN, D. A.; ROBERTO, M. A. What You Don't Know about Making Decisions. *Harvard Business Review*, p. 108–16, set. 2001.
45. COSIER, R.; Schwenk, C. Agreement and Thinking Alike: Ingredients for Poor Decisions. *The Executive*, p. 69–74, fev. 1990.
46. AMASON, A. Distinguishing the Effects of Functional and Dysfunctional Conflict on Strategic Decision Making: Resolving a Paradox for Top Management Teams. *Academy of Management Journal*, v. 39, p. 123–48, 1996; DOOLEY, R.; FYXELL, G. Attaining Decision Quality and Commitment from Dissent: The Moderating Effects of Loyalty and Competence in Strategic Decision-Making Teams. *Academy of Management Journal*, p. 389–402, ago. 1999.
47. De DREU, C.; WEINGART, L. Task versus Relationship Conflict, Team Performance, and Team Member Satisfaction: A Meta-Analysis. *Journal of Applied Psychology*, v. 88, p. 741–49, 2003.
48. EISENHARDT, K. J. et al. Conflict and Strategic Choice: How Top Management Teams Disagree. *California Management Review*, p. 42–62, inverno 1997.
49. COSIER e SCHWENK. Agreement and Thinking Alike.
50. Ibid.
51. LaBERRE, P. The Creative Revolution. *Industry Week*, p. 12–19, 16 maio 1994.
52. ANDERSON, J. V. Weirder Than Fiction: The Reality and Myths of Creativity. *Academy of Management Executive*, p. 40–47, nov. 1992; KROHE JR., J. Managing Creativity. *Across the Board*, p. 17–21, set. 1996; SUTTON, R. I. The Weird Rules of Creativity. *Harvard Business Review*, p. 94–103, set. 2001.
53. PERRY-SMITH, J.; SHALLEY, C. The Social Side of Creativity: A Static and Dynamic Social Network Perspective. *Academy of Management Review*, v. 28, p. 89–106, 2003.
54. FARNHAM, A. How to Nurture Creative Sparks. *Fortune*, p. 94–100, 10 jan. 1994; AMABILE, T. M. A Model of Creativity and Innovation in Organizations. In: *Research in Organizational Behavior*, v. 10, Greenwich, CT: JAI press, p. 123–68, 1988.
55. AMABILE, T., et al. Creativity under the Gun. *Harvard Business Review*, p. 52–61, ago. 2002.

56. FARMER, S. et al. Employee Creativity in Taiwan: An Application of Role Identity Theory. *Academy of Management Journal*, v. 46, p. 618–30, 2003.
57. KNOWLTON, C. How Disney Keeps the Magic Going. *Fortune*, p. 115–32, 4 dez. 1989.
58. THOMPSON, L. Improving the Creativity of Organizational Work Groups. *Academy of Management Executive*, v. 17, p. 96–109, 2003.
59. LEVITT, T. Creativity Is Not Enough. *Harvard Business Review*, p. 137–44, ago. 2002.
60. DEAN e SHARFMAN. Does Decision Process Matter?
61. EISENHARDT, K. et al. How Management Teams Can Have a Good Fight. *Harvard Management Review*, p. 77–85, jul./ago. 1997.
62. PEARSON, C. M.; MITROFF, I. I. From Crisis Prone to Crisis Prepared: A Framework for Crisis Management. *Academy of Management Executive*, p. 48–59, fev. 1993.
63. MOORE, S. Disaster's Future: The Prospects for Corporate Crisis Management and Communication. *Business Horizons*, p. 29–36, jan./fev. 2004.
64. Ibid.
65. HICKMAN, J.; CRANDALL, W. Before Disaster Hits: A Multifaceted Approach to Crisis Management. *Business Horizons*, p. 75–79, mar./abr. 1997.
66. MEYERS, G.; HOLUSHA, J. *When It Hits the Fan: Managing the Nine Crises of Business*. Boston: Houghton Mifflin, 1986.
67. McCALL e KAPLAN. *Whatever It Takes*.
68. SELLERS, P. eBay's Secret. *Fortune*, p. 160–78, 18 out. 2004.
69. Ibid.
70. DUTTON, J. et al. Leading in Times of Trauma. *Harvard Business Review*, p. 54–61, jan. 2002.
71. USEEM, J. What It Takes. *Fortune*, p. 126–32, 12 nov. 2001.
72. SELLERS. eBay's Secret. p. 173–74.

Capítulo 4

1. BRACKER, J.; PEARSON, J. Planning and Financial Performance of Small Mature Firms. *Strategic Management Journal*, v. 7, p. 503–22, 1986; WAALEWIJN, Philip; SEGAAR, Peter. Strategic Management: The Key to Profitability in Small Companies. *Long Range Planning*, v. 26, n. 2, p. 24–30, abr. 1993.
2. Aramark relatório anual, 1997.
3. FERGUSON JR., Roger W. Implications of 9/11 for the Financial Services Sector. *BIS Review*, 2002, online; LEIBS, Scott. Lesson from 9/11. *CFO Magazine*, 1 set. 2002, online.
4. LUSTGARTEN, Abraham A Hot Steaming Cup of Customer Awareness. *Fortune*, p. 192, 15 nov. 2004; VISWANATH, V.; HARDING, D. The Starbuck Effect. *Harvard Business Review*, mar.-abr. 2000; HORNBLOWER, M. Wake Up and Smell the Protest. *Time*, 17 abr. 2000; GIMEIN, M. Right On: Starbucks Makes a Net Play. *Fortune*, 6 mar. 2000; LEE, L. Now, Starbucks Uses Its Bean, *BusinessWeek*, 14 fev. 2000; PAPIERNIK, R. Starbucks Starts Fiscal 2000 with 30% Profit Growth in 1st Q. *Nation's Restaurant News*, 7 fev. 2000; HOLLAND, K. Starbucks Thinks It Will Travel Well. *BusinessWeek*, 16 nov. 1998; WEISS, N. How Starbucks Impassions Workers to Drive Growth. *Workforce*, ago. 1998, STRAUSS, K. Howard Schultz: Starbucks' CEO Serves a Blend of Community, Employee Commitment *Nation's Restaurant News*, jan. 2000; Interview with Howard Schultz: Sharing Success. *Executive Excellence*, nov. 1999; SCHWARTZ, N. D. Still Perking after All These Years. *Fortune*, 24 maio 1999.
5. KAPLAN, Robert; NORTON, David. Plotting Success with Strategy Maps. *Optimize Magazine*, fev. 2004, online; KAPLAN, Robert S.; NORTON, David P. Having Trouble with Your Strategy? Then Map It. *Harvard Business Review*, set./out. 2000.
6. Business: Fading Fads. *The Economist*, v. 355, n. 8167, p. 60–61, 22 abr. 2000.
7. FLOYD, Steven W.; LANE, Peter J. Strategizing throughout the Organization: Management Role Conflict in Strategic Renewal. *Academy of Management Review*, v. 25, n. 1, p. 154–177, jan. 2000; MacRAE, Don. Seeing beyond Monday Morning. *BusinessWeek*, 22 nov. 2000, online.
8. Disponível em: www.microsoft.com e www.kodak.com. Acesso em: jan. 2005.
9. THOMPSON, Arthur A.; STRICKLAND III, A. J. *Strategic Management:* Concepts and Cases. 8 ed. Burr Ridge, IL: Richard D. Irwin, p. 23, 1995.
10. HALLOWELL, Roger. Southwest Airlines: A Case Study Linking Employee Needs Satisfaction and Organizational Capabilities to Competitive Advantage. *Human Resource Management*, v. 35, n. 4, p. 513–34, inverno 1996.
11. SYMONS, William C. Can Office Depot Clip Staples? *BusinessWeek Online*, jul. 2004; COLLIS, David J.; MONTGOMERY, Cynthia A. *Corporate Strategy:* A Resource-Based Approach. 2 ed. Nova York: McGraw-Hill/Irwin, 2005.
12. COLLIS; MONTGOMERY. *Corporate Strategy*.
13. CAMP, Robert C. A Bible for Benchmarking, by Xerox. *Financial Executive*, v. 9, n. 4, p. 23–27, jul./ago 1993. Ver também ANFUSO, Dawn. At L. L. Bean, Quality Starts with People. *Personnel Journal*, v. 73, n. 1, p. 60, jan. 1994; STORK, Ken. Benchmarking: Analyze as You Go about Planning. *Purchasing*, v. 129, n. 7, p. 33, 19 out. 2000, Finding Best Practices in Your Own B.A.C.K.Y.A.R.D. *Supply Chain Management*, p. 54–59, jan.-fev. 2005.
14. HASPESLAGH, P. Portfolio Planning: Uses and Limits. *Harvard Business Review*, v. 60, n.1, p. 58–67, 1982; HAMERMESH, R. *Making Strategy Work*. Nova York: John Wiley & Sons, 1986; PROCTOR, R. A. Toward a New Model for Product Portfolio Analysis. *Management Decision*, v. 28, n. 3, p. 14–17, 1990.
15. HOSKISSON, Robert E. Corporate Divestiture Intensity in Restructuring Firms: Effects of Governance, Strategy, and Performance. *Academy of Management Journal*, v. 37, n. 5, p. 1207–51, out. 1994; GANNES, S. Merck Has Made Biotech Work. *Fortune*, p. 58–64, 19 jan. 1987; MAREMONT, Mark. Why Kodak's Dazzling Spin-Off Didn't Bedazzle. *BusinessWeek*, p. 34, 28 jun. 1993; PLISHNER, Emily S. Eastman Chemical Spins Out of the Kodak Family Portrait. *Chemical Week*, v. 152, n. 24, p. 7, 23 jun. 1993.
16. SHERMAN, Stratford. Why Disney Had to Buy ABC. *Fortune*, v. 132, n. 5, p. 80, 4 set. 1995.
17. PORTER, M. *Competitive Advantage*. Nova York: Free Press, p. 11–14, 1985.
18. HUEY, John. Outlaw Flyboy CEOs. *Fortune*, v. 142, n. 11, p. 237–50, 13 nov. 2000); YOUNG, Kristin. Nordstom's Full-Service Formula. *Women's Wear Daily*, p. 12, 11 dez. 2003.
19. FAIRCLOTH, Anne. One-on-One Shopping. *Fortune*, p. 235–36, 7 jul. 1997; WELLS, Melanie. Are Dynasties Dying? *Forbes*, p. 126, 6 mar. 2000.
20. EISENSTAT, R. A. Implementing Strategy: Developing a Partnership for Change. *Planning Review*, p. 33–36, set./out 1993.

Capítulo 5

1. BERNSTEIN, A. Too Much Corporate Power? *BusinessWeek*, p. 145–58, 11 set. 2000.
2. TULLY, S. Mr. Cleanup. *Fortune*, p. 151–63, 15 nov. 2004.
3. ANAND, V. et al. Business as Usual: The Acceptance and Perpetuation of Corruption in Organizations. *Academy of Management Executive*, p. 39–53, maio 2004.
4. COLVIN, G. The Verdict on Business: Presumed Guilty. *Fortune*, p. 78, 15 nov. 2004.
5. MORGENSON, G. Who Loses the Most at Marsh? Its Workers. *New York Times*, sec. 3, p. 1, 9, 24 out. 2004.

6. BERNSTEIN, A. Too Much Corporate Power? *BusinessWeek*, p. 145–58, 11 set. 2000.
7. RYAN, O. By the Numbers. *Fortune*, p. 40, 15 nov. 2004.
8. BANAJI, M. et al. How (Un)Ethical Are You? *Harvard Business Review*, p. 56–64, dez. 2003.
9. HUDGINS, A. First Job. *Washington Post Magazine*, p. 19–31, 3 mar. 2002.
10. GUY, M. E. *Ethical Decision Making in Everyday Work Situations*. Nova York: Quorum Books, 1990.
11. FERRELL, O. C.; FRAEDRICH, J. *BUSINESS Ethics: Ethical Decision Making and Cases*. 3 ed. Boston: Houghton Mifflin, 1997.
12. Ibid.
13. GUY, *Ethical Decision Making*.
14. FERRELL e FRAEDRICH, *Business Ethics*.
15. SAUER, P. J. Lance Morgan, Ho-Chunk. *Inc.*, p. 116, abr. 2004.
16. SPICER, A. T. et al. Does National Context Matter in Ethical Decision Making? An Empirical Test of Integrative Social Contracts Theory. *Academy of Management Journal*, v. 47, p. 610–20, 2004.
17. KOHLBERG, L.; CANDEE, D. The Relationship of Moral Judgment to Moral Action. In: *Morality, Moral Behavior, and Moral Development*. Nova York: John Wiley & Sons, 1984.
18. TREVINO, L. K. Ethical Decision Making in Organizations: A Person-Situation Interactionist Model. *Academy of Management Review*, p. 601–17, 1992.
19. FERRELL e FRAEDRICH, *Business Ethics*.
20. KROHE JR., J. Ethics Are Nice, but Business Is Business. *Across the Board*, p. 16–22, abr. 1997.
21. Ibid.
22. BADAROCCO JR., J.; WEBB, A. Business Ethics: A View from the Trenches. *California Management Review*, p. 8–28, inverno 1995.
23. LACZNIAK, G. et al. The Business of Ethics: Improving or Deteriorating? *Business Horizons*, p. 39–47, jan./fev. 1995.
24. BRENNER, S.; MOLANDER, E. Is the Ethics of Business Changing? In: *Ethics in Practice: Managing the Moral Corporation*. Cambridge, MA: Harvard Business School Press, 1989.
25. GUNTHER, M. God & Business. *Fortune*, p. 58–80, 9 jul. 2001.
26. ANAND, et al. Business as Usual.
27. CALMES, J.; SOLOMON, D. Snow Says 'Balance' is Needed in Enforcing Sarbanes-Oxley Law. *The Wall Street Journal*, p. A1, A7, 17 dez. 2004.
28. BISOUX, T. Corporate CounterCulture. *BizEd*, p. 16–20, nov./dez. 2004.
29. De GEORGE, R. T. *Business Ethics*. 3 ed. Nova York: Macmillan, 1990.
30. VICKERS, M. The Secret World of Marsh Mac. *BusinessWeek*, p. 78–89, 1 nov. 2004.
31. CIULLA, J. B. Why Is Business Talking about Ethics? Reflections on Foreign Conversations. *California Management Review*, p. 67–80, verão 1991.
32. ALLINSON, R. E. A Call for Ethically Centered Management. *Academy of Management Executive*, p. 73–76, fev. 1995.
33. COOKE, R. A. Danger Signs of Unethical Behavior: How to Determine if Your Firm Is at Ethical Risk. *Journal of Business Ethics*, p. 249–53, abr. 1991.
34. TREVINO, L. K.; BROWN, M. Managing to Be Ethical: Debunking Five Business Ethics Myths. *Academy of Management Executive*, p. 69–81, maio 2004.
35. Ibid.
36. KROHE, Ethics Are Nice.
37. TREVINO e BROWN, Managing to Be Ethical.
38. Ibid.
39. GIBSON, K. Excuses, Excuses: Moral Slippage in the Workplace. *Business Horizons*, p. 65–72, nov./dez. 2000.
40. MESSICK, D.; BAZERMAN, M. Ethical Leadership and the Psychology of Decision Making. *Sloan Management Review*, p. 9–22, inverno 1996.
41. KROHE, Ethics Are Nice.
42. HANDY, C. *Beyond Uncertainty: The Changing Worlds of Organizations*. Boston: Harvard Business School Press, 1996.
43. TOFFLER, B. L. Five Ways to Jump-Start Your Company's Ethics. *Fast Company*, p. 36, out. 2003.
44. ANAND et al. Business as Usual.
45. CIULLA, Why Is Business Talking about Ethics?
46. FARNHAM, A. State Your Values, Hold the Hot Air. *Fortune*, p. 117–24, 19 abr. 1993.
47. Ibid.
48. WEAVER, G. R. et al. Corporate Ethics Programs as Control Systems: Influences of Executive Commitment and Environmental Factors. *Academy of Management Journal*, v. 42, p. 41–57, 1999.
49. PAINE, L. S. Managing for Organizational Integrity. *Harvard Business Review*, p. 106–17, mar./abr. 1994.
50. HALL, F.; HALL, E. The ADA: Going beyond the Law. *Academy of Management Executive*, p. 7–13, fev. 1994; FARNHAM, A. Brushing Up Your Vision Thing. *Fortune*, p. 129, 1 maio 1995.
51. WEAVER, G. R. et al. Integrated and Decoupled Corporate Social Performance: Management Commitments, External Pressures, and Corporate Ethics Practices. *Academy of Management Journal*, v. 42, p. 539–52, 1999.
52. PAINE, Managing for Organizational Integrity.
53. TREVINO e BROWN, Managing to Be Ethical, p. 70.
54. Ibid.
55. BANAJI, et al. How (Un)Ethical Are You?
56. THOMAS, T. et al. Strategic Leadership of Ethical Behavior in Business. *Academy of Management Executive*, p. 56–66, maio. 2004.
57. HOSMER, L. T. *The Ethics of Management*. 4 ed. Nova York: McGraw-Hill/Irwin, 2003.
58. TREVINO e BROWN, Managing to Be Ethical.
59. FREY, J. The Woman Who Saw Red. *The Washington Post*, p. C8, 25 jan. 2002.
60. MAYER, C. E.; JOYCE, A. Blowing the Whistle. *The Washington Post*, p. H1, H5, 10 fev. 2002.
61. GUNDLACH, M. S. et al. The Decision to Blow the Whistle: A Social Information Processing Framework. *Academy of Management Review*, v. 28 p. 107–23, 2003.
62. PRESTON, L.; POST, J. eds. *Private Management and Public Policy*. Englewood Cliffs, NJ: Prentice-Hall, 1975.
63. FERREL e FRAEDRICH, *Business Ethics*.
64. CARROLL, A. Managing Ethically with Global Stakeholders: A Present and Future Challenge. *Academy of Management Executive*, p. 114–20, maio 2004.
65. GIACALONE, R. A Transcendent Business Education for the 21st Century. *Academy of Management Learning & Education*, p. 415–20, 2004.
66. WITZEL, M. Not for Wealth Alone: The Rise of Business Ethics. *Financial Times Mastering Management Review*, p. 14–19, nov. 1999.
67. KORTEN, D. C. *When Corporations Ruled the World*. São Francisco: Berrett-Kochler, 1995.
68. HANDY, *Beyond Certainty*.
69. QUINN, D.; JONES, T. An Agent Morality View of Business Policy. *Academy of Management Review*, v. 20, p. 22–42, 1995.
70. GOSSAGE, B. Stella Ogiale. *Inc.* p. 121, abr. 2004.
71. GUNTHER, M. Money and Morals at GE. *Fortune*, p. 176–82, 15 nov. 2004.
72. TURBAN, D.; GREENING, D. Corporate Social Performance and Organizational Attractiveness to Prospective Employees. *Academy of Management Journal*, v. 40, p. 658–72, 1997.
73. McWilliams, A.; SIEGEL, D. Corporate Social Responsibility:

A Theory of the Firm Perspective. *Academy of Management Review*, v. 26, p. 117–27, 2001.

74. NAVOTH, Z. Verve! Newsletter, fev. 2004. Disponível em: http://www.verve.nu/articles/verve newsletter Fev.2004.html.
75. HART, S. L.; MILSTEIN, M. B. Global Sustainability and the Creative Destructions of Industries. *Sloan Management Review*, p. 23–33, verão 1999.
76. SENGE, P. M.; CARSTEDT, G. Innovating Our Way to the Next Industrial Revolution. *Sloan Management Review*, p. 24–38, inverno 2001.
77. HOLLIDAY, C. Sustainable Growth, the DuPont Way. *Harvard Business Review*, p. 129–34, set. 2001.
78. GUNTHER, M. Money and Morals at GE. *Fortune*, p. 176–82, 15 nov. 2004.
79. FISHER, A. The World's Most Admired Companies. *Fortune*, p. 40–58, 27 out. 1997.
80. BALL, J. China Talks Up 'Green' Agenda on Energy Policy. *The Wall Street Journal*, p. A14, A15, 16 dez. 2004.
81. SHRIVASTAVA, P. Ecocentric Management for a Risk Society. *Academy of Management Review*, v. 20, p. 118–37, 1995.
82. Ibid.
83. Ibid.
84. GRUNWALD, M. Monsanto Hid Decades of Pollution. *The Washington Post*, p. A1–A17, 1 jan. 2002.
85. KURLANTZICK, J. China's Blurred Horizon. *The Washington Post*, p. B1–B2, 19 set. 2004.
86. SHRIVASTAVA, Ecocentric Management.
87. RICE, F. Who Scores Best on the Environment. *Fortune*, p. 114–22, 26 jul. 1993.
88. O'TOOLE, J. Do Good, do Well: The Business Enterprise Trust Awards. *California Management Review*, p. 9–24, primavera 1991.
90. RUSSO, M.; FOUTS, P. A Resource-Based Perspective on Corporate Environmental Performance and Profitability. *Academy of Management Journal*, v. 40, p. 534–59, 1997; KLASSEN, R. D.; WHYBARK, D. Clay. The Impact of Environmental Technologies on Manufacturing Performance. *Academy of Management Journal* v. 42, p. 599–615, 1999.
91. PRYSTAY, C. Recycling 'E-Waste'. *The Wall Street Journal*, p. B1, B6, 23 set. 2004.
92. Site de P&G Perspectives. Disponível em: http://www/pgperspectives.com.
93. BRADBURY, H.; CLAIR, J. A. Promoting Sustainable Organizations with Sweden's Natural Step. *Academy of Management Executive*, p. 63–74, nov. 1999.
94. Ibid., p. 72.
95. PINCHOT, G.; PINCHOT, E. *The Intelligent Organization*. São Francisco: Berrett-Koehler, 1996.
96. HART, S. L. Beyond Greening: Strategies for a Sustainable World. *Harvard Business Review*, p. 66–76, jan./fev. 1997,.

Apêndice C

1. HAWKEN, P., A. et al. *Natural Capitalism*. Boston: Little Brown, 1999.
2. RICE, F. Who Scores Best on the Environment? *Fortune*, p. 114–122, 26 jul. 1993.
3. HAMMITT, J. K. Climate Change Won't Wait for Kyoto. *The Washington Post*, p. A39, 29 nov. 2000.
4. BROWN, A. Business Leaders Respond to Rio with Self-Regulation. *International Herald Tribune*, p. 17, 23 jun. 1997.
5. Ibid.
6. CHILTON, K. W. Reengineering U.S. Environmental Protection. *Business Horizons*, p. 7–16, mar./abr. 2000.
7. DECHANT, K.; ALTMAN, B. Environmental Leadership: From Compliance to Competitive Advantage. *Academy of Management Executive*, p. 7–20, ago. 1994.
8. STAVINS, R. Carta em The Challenge of Going Green. *Harvard Business Review*, p. 37–50, jul./ago. 1994.
9. WALLEY, N.; WHITEHEAD, B. It's Not Easy Being Green. *Harvard Business Review*, p. 46–51, maio/jun. 1994; CORBETT, C. J.; WASSENHOVE, L. N. Van. The Green Fee: Internationalizing and Operationalizing Environmental Issues. *California Management Review*, p. 116–33, verão 1993.
10. WALLEY e WHITEHEAD, It's Not Easy Being Green.
11. STAVINS, The Challenge of Going Green.
12. Ibid.
13. CROSS, F. B. The Weaning of the Green: Environmentalism Comes of Age in the 1990s. *Business Horizons*, p. 40–46, set./out. 1990.
14. STAVINS, The Challenge of Going Green.
15. SINGH, J. Making Business Sense of Environmental Compliance. *Sloan Management Review*, p. 91–100, primavera 2000.
16. ELLISON, H. Saving Nature While Earning Money. *International Herald Tribune*, p. 18, 23 jun. 1997.
17. SMITH, E.; Cahan, V. The Greening of Corporate America. *BusinessWeek*, p. 96–103, 23 abr. 1990.
18. PORTER, M. E. America's Green Strategy. *Science*, p. 168, abr. 1991.
19. KLEINER, A. What Does It Mean to Be Green? *Harvard Business Review*, p. 38–47, jul./ago. 1991.
20. KINLAW, D. C. *Competitive and Green: Sustainable Performance in the Environmental Age*. Amsterdã: Pfeiffer & Co., 1993.
21. RICE, Who Scores Best on the Environment?
22. RICE, Who Scores Best on the Environment?; O'TOOLE, J. Do Good, Do Well: The Business Enterprise Trust Awards. *California Management Review*, p. 9–24, primavera 1991.
23. O'TOOLE, Do Good, Do Well.
24. HARDIN, G. The Tragedy of the Commons. *Science*, v. 162, p. 1243–48, 1968.
25. KIRKPATRICK, D. Environmentalism: The New Crusade. *Fortune*, p. 44–55, 12 fev. 1990.
26. Ibid.
27. CARSON, R. *The Silent*. Boston: Houghton Mifflin, primavera 1962; PAEHLKE, R. *Environmentalism and the Future of Progressive Politics*. New Haven, CT: Yale University Press, p. 13–41, 76–143, 1989; NASH, R. ed. *The American Environment*. Reading, MA: Addison-Wesley, 1968; REVELLE, R.; LANDSBERG, H. eds. *America's Changing Environment*. Boston: Beacon Press, 1970; CALDWELL, L. *Environment: A Challenge to Modern Society*. Garden City, NY: Anchor Books, 1971; PETULLA, J. M. *Environmental Protection in the United States*. São Francisco: San Francisco Study Center, 1987.
28. COMMONER, B. *Science and Survival*. Nova York: Viking Press, 1963; e *The Closing Circle: Nature, Man and Technology*. Nova York: Bantam Books; 1971.
29. PAEHLKE, R. *Environmentalism and the Future of Progressive Politics*. New Haven: Yale University Press, 1989.
30. SHRIVASTAVA, P. Ecocentric Management for a Risk Society. *Academy of Management Review*. v. 20, p. 118–37, 1995.
31. COMMONER, *The Closing Circle*.
32. PAEHLKE, *Environmentalism*.
33. Ibid.
34. Ibid.
35. HAWKEN, P. J. et al. *Seven Tomorrows: Toward a Voluntary History*. Nova York: Bantam Books, 1982; PAEHLKE, *Environmentalism*.
36. PORTER, America's Green Strategy.
37. CHAN, R. Y. K. An Emerging Green Market in China: Myth or Reality? *Business Horizons*, p. 55–60, ma./abr. 2000.
38. WADDOCK, S.; SMITH, N. Corporate Responsibility Audits: Doing Well by Doing Good. *Sloan Management Review*, p. 75–83, inverno 2000.

39. MORRISON, C. *Managing Environmental Affairs: Corporate Practices in the U.S., Canada, and Europe*. Nova York: Conference Board, 1991.
40. Ibid.
41. KLEINER, What Does It Mean to Be Green?
42. FISCHER, K.; SCHOT, J. *Environmental Strategies for Industry*. Washington, DC: Island Press, 1993.
43. HOWARD, J. et al. Standard or Smokescreen? Implementation of a Voluntary Environmental Code. *California Management Review*, p. 63–82, inverno 2000.
44. RICE, Who Scores Best on the Environment?
45. POLONSKY, M. P.; ROSENBERGER III, P. J. Reevaluating Green Marketing: A Strategic Approach. *Business Horizons*, p. 21–30, set./out. 2001.
46. RICE, Who Scores Best on the Environment?
47. Ibid.
48. POLANSKY e ROSENBERGER, Reevaluating Green Marketing.
49. HART, S.; MILSTEIN, M. Global Sustainability and the Creative Destruction of Industries. *Sloan Management Review*, p. 23–32, verão 1999; ELLISON, Saving Nature While Earning Money.
50. DECHANT e ALTMAN, Environment Leadership.
51. SMITH e CAHAN, The Greening of Corporate America.
52. ELKINGTON, J.; BURKE, T. *The Green Capitalists*. Londres: Victor Gullanez, 1989; ZETLIN, M. The Greening of Corporate America. *Management Review*, p. 10–17, jun. 1990.
53. SMITH e CAHAN, The Greening of Corporate America.
54. CAREY, J. Global Warming. *BusinessWeek*, p. 60–69, 16 ago. 2004.
55. STEVENS, J. Assessing the Health Risks of Incinerating Garbage. *EURA Reporter*, p. 6–10, out. 1989.
56. CAREY, Global Warming.
57. LOVINS, A. et al. A Road Map for Natural Capitalism. *Harvard Business Review*, p. 145–58, maio/jun. 1999.
58. KOLK, A. Green Reporting. *Harvard Business Review*, p. 15–16, jan./fev. 2000.
59. BLUMBERG, L.; GOTTLIEB, R. The Resurrection of Incineration e The Economic Factors. In: *War on Waste*. Washington, DC: Island Press, 1989.
60. CAREY, Global Warming.
61. BLUMBERG, L.; GOTTLIEB, R. Recycling's Unrealized Promise. In: *War on Waste*, p. 191–226.
62. CAREY, Global Warming.
63. LOVINS, et al. A Road Map for Natural Capitalism.
64. ELKINGTON, J. Towards the Sustainable Corporation: Win-Win-Win Business Strategies for Sustainable Development. *California Management Review*, p. 90–100, inverno 1994.
65. LOVINS, et al. A Road Map for Natural Capitalism.
66. CAREY, Global Warming.
67. DECHANT e ALTMAN, Environmental Leadership.
68. BROWN, Business Leaders Respond to Rio with Self-Regulation.
69. ELLISON, H. Joint Implementation Promotes Cooperation on World Climate. *International Herald Tribune*, p. 21, 23 jun.1997.
70. CORBETT e VAN WASSENHOVE, The Green Fee.
71. POLANSKY e ROSENBERGER, Reevaluating Green Marketing.
72. CAREY, Global Warming.
73. CORBETT e VAN WASSENHOVE, The Green Fee.
74. KLASSEN, R. D.; WHYBARK, D. Clay. The Impact of Environmental Technologies on Manufacturing Performance. *Academy of Management Journal*, v. 42, p. 599–615, 1999.
75. MACHALABA, D. New Recyclables Market Emerges: Plastic Railroad Ties. *The Wall Street Journal*, p. B1, 19 out. 2004.
76. HART e MILSTEIN, Global Sustainability.
77. Ibid.
78. POLANSKY e ROSENBERGER, Reevaluating Green Marketing.
79. STEIN, N. Yes, We Have No Profits. *Fortune*, p. 183–96, 26 nov. 2001.
80. HART e MILSTEIN, Global Sustainability.
81. Ibid.
82. FONG, M. Soy Underwear? China Targets Eco-Friendly Clothes Market. *The Wall Street Journal*, p. B1, B4, 17 dez.2004.
83. Ibid.
84. POLANSKY e ROSENBERGER, Reevaluating Green Marketing.
85. Ibid.
86. ELKINGTON, Towards the Sustainable Corporation.
87. ROWLAND, F. S. Chlorofluorocarbons and the Depletion of Stratospheric Ozone. *American Scientist*, p. 36–45, jan./fev. 1989.
88. ELKINGTON, Towards the Sustainable Corporation.
89. CORBET e VAN WASSENHOVE, The Green Fee.
90. ELLISON, Joint Implementation Promotes Cooperation on World Climate.
91. ELKINGTON, Towards the Sustainable Corporation.
92. ELLISON, H. The Balance Sheet. *International Herald Tribune*, p. 21, 23 jun. 1997.
93. Ibid.
94. GRAY, P. B.; DEVLIN, D. Heroes of Small Business. *Fortune Small Business*, p. 50–64, nov. 2000.
95. TULLY, S. Water, Water Everywhere. *Fortune*, p. 343–54, 15 maio 2000.

Capítulo 6

1. Disponível em: europ.eu.int/index_en.htm. Acesso em: fev.2005.
2. EU: MNCs Face New Challenges as Frontiers Merge. *Crossborder Monitor*, v. 2, n. 10, p. 1, 16 mar. 1994; SASSEEN, Jane. EU Dateline. *International Management*, v. 49, n. 2, p. 5, mar. 1994; MARTIN, Andrew; ROSS, George. *The Brave New World of European Labor: European Trade Unions at the Millennium*. Nova York: Berghahn, 1999; FELDMAN, Robert A.; Watson, C. Maxwell. Central Europe: From Transition to EU Membership. *Finance & Development*, v. 37, n. 3, p. 24–27, set. 2000; PERNER, Lars International Marketing. Disponível em: www.consumerpsychologist.com/ international.htm; GARTEN, Jeffrey. Europe: Staring into the Abyss. *BusinessWeek*, 2 ago. 2004, online; The US and the EU. Disponível em: professorbainbridge.com/2004.
3. KRIM, Jonathan EU Orders Microsoft to Modify Windows. *Washington Post*, 23 dez. 2004, online.
4. BEDNARZIK, Robert W. The Role of Entrepenuership in U.S. and European Job Growth. *Monthly Labor Review*. v. 123, n. 7, p. 3–16, jul. 2000; SAUTER, Wolf. *Competition Law and Industrial Policy in the EU*. Oxford, UK: Oxford University Press, 1998.
5. BLUSTEIN, Paul. China Passes U.S. in Trade with Japan. *Washington Post*, 27 jan. 2005, online; BRADSHER, Keith The Two Faces of China. *The New York Times*, p. C1, 6 dez. 2004.
6. Commentary: Does It Matter If China Catches Up to the U.S.? *BusinessWeek*, 8 dez. 2004, online.
7. HAKIM, Danny. U.S. Automakers See China as the Land of Opportunity. *The New York Times*, p. C3, 6 dez. 2004; BARBOZA, David. China: A Big Supplier Becomes a Big Consumer, Too. *The New York Times*, p. C6, 6 dez. 2004; BRADSHER, The Two Faces of China, p. C1.
8. BARBOZA, David. In Roaring China, Sweaters Are West of Socks City. *The New York Times*, p. C1, 24 dez. 2004; BLUSTEIN, China Passes U.S.; BARBOZA, China: A Big Supplier, p. C3.
9. SHARI, Michael. Free Trade in Asia: Bogged Down Again. *BusinessWeek*, p. 62, 4 dez. 2000; Asia: Smaller Steps. *The Economist*, v. 357, n. 8197, p. 50, 18 nov. 2000.
10. PEACH, James T.; ADKISSON, Richard V. NAFTA and Economic

Activity along the U.S.-Mexico Border. *Journal of Economic Issues*, v. 34, n. 2, p. 481–89, jun. 2000; MALKIN, Elisabeth. Mexico: More Sales than Its Three Top Competitors Combined. *The New York Times*, p. C6, 6 dez. 2004.

11. ROHTER, Larry. South America Seeks to Fill the World's Table. *The New York Times*, p. 1, 12 dez. 2004.
12. SMITH, Geri. Chile: A Giant Step toward Free Trade across the Americas? *BusinessWeek*, 16 jun. 2003, online.
13. GERHART, Gail M. Can Africa Claim the 21st Century? *Foreign Affairs*, v. 79, n. 6, p. 191, nov./dez. 2000; WHITE, Michael D. Land of Promise. *World Trade*, v. 12, n. 9, p. 58–60, set. 1999; SIMOS, Evangelos O. International Economic Outlook: The World Economy in 2009. *Journal of Business Forecasting Methods & Systems*, v. 19, n. 3, p. 31–35, verão 2000.
14. AHRENS, Roger. Going Global. *International Business*. v. 9, p. 26–30. jul./ago. 1996; JAVETSKI, Bill. Old World, New Investment. *BusinessWeek*, p. 50–51, 7 out. 1996.
15. *World Investment Report, 2004*. Nova York: United Nations, p. 1–2, 2004.
16. Current International Trade Position of the U.S.: Imports Outpace Exports: Balance with Japan Improves. *Business America*. v. 117, n. 6, p. 35–37, jun. 1996.
17. BOHR, Peter. American Made? Disponível em: aaaworld.com, jan./fev. 2005, online.
18. BARRON, James. Flower Power. *CIO*, v. 13, n. 25, p. 108–12, 15 set. 2000.
19. DREZNER, Daniel W. The Outsourcing Bogeyman. *Foreign Affairs*, maio/jun. 2004, online.
20. PORTER, Eduardo. Factories Rev Up (At Last) in the U.S. *The New York Times*, sec. 10, p. 123, jan. 2005; SAMUELSON, Robert J. Competition's Anxious Victory. *Washington Post*, 2 fev. 2005, online.
21. DREZNER, The Outsourcing Bogeyman.
22. BARBOZA, David. Outsourcing to the U.S. *The New York Times*, p. C1, 25 dez. 2004.
23. SLAUGHTER, Matthew J. Insourcing Jobs. Disponível em: www.offii.org/insourcing/ insourcing_study.pdf. Acesso em: out. 2004.
24. YAMAMOTO, Mike. Will India Price Itself Out of Offshore Market? *CNET News.com*. Acesso em: 29 mar. 2004.
25. When Staying Put Trumps Offshoring. *McKinsey Quarterly*, 7 dez. 2004, online.
26. Ibid.; The Profits and Pains of Outsourcing. *The New York Times*, p. C9, 6 dez. 2004.
27. HARZING, Anne-Wil. An Empirical Analysis and Extension of the Bartlett and Ghoshal Typology of Multinational Companics. *Journal of International Business Studies*, v. 31, n. 1, p. 101–20, 2000; SCHULTZ, Don E.; KITCHEN, Philip J. Global Reach. *Adweek*, v. 41, n. 44, p. 51, 30 out. 2000.
28. PROKESCH, Steven E. Making Global Connections at Caterpillar. *Harvard Business Review*, v. 74, n. 2, p. 88–89, mar./abr. 1996; FREEMAN, Laurie. Caterpillar on a Roll. *B to B*, v. 85, n. 14, p. 3, 44, 11 set. 2000; BUCHANAN, Ian. The US Experience. *Asian Business*, v. 34, n. 5, p. 14–16, maio 1998.
29. Off-Highway Engineering: Technical Innovations. Disponível em: www.sae.org/ohmag/ techinnovations/02-2001/.
30. MOON, Chang H. The Choice of Entry Modes and Theories of Foreign Direct Investment. *Journal of Global Marketing*, v. 11, n. 2, p. 43–64, 1997; MAIGNAN, Isabelle; LUKAS, Bryan A. Entry Mode Decisions: The Role of Managers' Mental Models. *Journal of Global Marketing*, v. 10, n. 4, p. 7–22, 1997.
31. BEASLEY, Robert C. Reducing the Risk of Failure in the Formation of Commercial Partnerships. *Licensing Journal*, v. 24, n. 4, p. 71, abr. 2004.
32. DUFFY, Maureen Nevin. 3M Lauds China Government Help. *Chemical Marketer Reporter*, v. 251, n. 1, p. 19, 6 jan. 1997.
33. Cendant Mobility Survey Shows Continued Challenges Around Repatriation Management: Focus on Cost Control Also Driving New Approaches to Global Assignments, Say Global Mobility Practitioners. *PR Newswire*, 28 abr. 2004, online.
34. ADLER, Nancy J.; BARTHOLOMEW, Susan, Managing Globally Competent People. *Academy of Management Executive*, v. 6, n. 3, p. 52–65, 1992; HOWARD, Cecil G. Profile of the 21stCentury Expatriate Manager. *HRMagazine*, p. 93–100, jun. 1992.
35. PARK, Andrew. Dell's Hiring Binge—Abroad. *BusinessWeek*, 14 abr. 2004, online.
36. HAMBRICK, Donald C. et al. Reinventing the CEO. *21st Century Report*, Nova York: Korn/Ferry and Columbia Graduate School of Business, 1989.
37. ANDREASON, Aaron W. Expatriate Adjustment to Foreign Assignments. *International Journal of Commerce and Management*, v. 13 n. 1, p. 42–61, primavera 2003.
38. SWAAK, Reyer A. Expatriate Failures: Too Many, Too Much Cost, Too Little Planning. *Compensation & Benefits Review*, p. 50–52, nov./dez. 1995.
39. HOWARD, Profile of the 21st-Century Expatriate Manager.
40. LOCKWOOD, Nancy. The Glass Ceiling: Domestic and International Perspectives. *HRMagazine*, v. 49, n. 6, p. S1–11, jun. 2004.
41. SPRIETZER, Gretchen M. et al. Early Identification of International Executive Potential. *Journal of Applied Psychology*, v. 82, n. 1, p. 6–29, 1997; MORTENSEN, Ronald. Beyond the Fence Line. *HRMagazine*, p. 100–109, nov. 1997; Expatriate Games. *Journal of Business Strategy*, p. 4–5, jul./ago. 1997; Building a Global Workforce Starts with Recruitment. Personnel Journal (suplem. especial), p. 9–11, mar. 1996.
42. BEETH, Gunnar. Multicultural Managers Wanted. *Management Review*, p. 21, maio 1997.
43. STAMPS, David. Welcome to America. *Training*, p. 23–30, nov. 1996.
44. TREVINO, Linda K.; NELSON, Katherine A. *Managing Business Ethics: Straight Talk about How to Do It Right*. Nova York: John Wiley & Sons, 1995.
45. DIGH, Patricia. Shades of Gray in the Global Marketplace. *HRMagazine*, p. 91–98, abr. 1997.
46. KATZ, David M. The Bribery Gap: While Foreign Rivals May Make Payoffs Routinely, U.S. Firms Face New Pressure to Root Out Abuses. *CFO*, v. 21, n. 1, p. 59–62, jan. 2005.
47. LONGNECKER, J. G. et al. The Ethical Issues of International Bribery: A Study of Attititudes among U.S. Business Professionals. *Journal of Business Ethics*, v. 7, p. 341–346, 1988.
48. VERSCHOOR, Curtis C. Survey Shows Need for More Ethics Awareness. *Strategic Finance*, p. 15–17, dez. 2004; REISMAN, Andrew E. Spreading Roots: Corporate Culture beyond the Corporation: Today, Ethics Is a Basic Necessity. *Contract Management*, v. 44, n. 9, p. 26–31, set. 2004; SOLOMON, Charlene Marmer. Put Your Global Ethics to the Test. *Personnel Journal*, p. 66–74, jan. 1996.
49. DIGH, Shades of Gray; DESAI, Ashay B.; RITTENBURG, Terri. Global Ethics: An Integrative Framework for MNEs. *Journal of Business Ethics*, v. 16, p. 791–800, 1997; BULLER, Paul et al. A Model for Addressing Cross-Cultural Ethical Conflicts. *Business & Society*, v. 36, n. 2, p. 169–93, jun. 1997.

Capítulo 7

1. SHANE, S.; VENKATARAMAN, S. The Promise of Entrepreneurship as a Field of Research. *Academy of Management Review*, v. 25, p. 217–26, 2000.
2. TIMMONS, J. A. *New Venture Creation*. Burr Ridge, IL: Richard D. Irwin, 1994.
3. LUMPKIN, G. T.; DESS, G. G. Clarifying the Entrepreneurial Orientation Construct and Linking It to Performance. *Academy of Management Review*, v. 21, p. 135–72, 1996.
4. SMILOR, R. W. Entrepreneurship: Reflections on a Subversive Activity. *Journal of Business Venturing*, v. 12, p. 341–46, 1997.

5. MEGGINSON, W. et al. *Small Business Management: An Entrepreneur's Guide to Success.* 2 ed. Boston: Irwin McGraw-Hill, 1997.
6. TIMMONS, J.; SPINELLI, S. *New Venture Creation: Entrepreneurship for the 21st Century.* 6 ed. Nova York: McGraw-Hill/Irwin, p. 3, 2004.
7. TIMMONS, J. A. *The Entrepreneurial Mind.* Andover, MA: Brick House, 1989.
8. TIMMONS e SPINELLI, *New Venture Creation.*
9. Ibid.
10. Ibid.
11. TIMMONS, *New Venture Creation.*
12. PETERS, T. Thrashed by the Real World. *Forbes*, p. 100, 7 abr. 1997.
13. BRICKLIN, D. Natural-Born Entrepreneur. *Harvard Business Review*, p. 53–59, set. 2001.
14. PINCHOT, G. How Intrapreneurs Innovate. *Management Today*, p. 54–61, dez. 1985.
15. AKASIE, J. Imaging, No Inventory. *Forbes*, p. 144–46, 17 nov. 1997.
16. SAUER, P. J. Laima Tazmin, LAVT. *Inc.*, p. 133–34, abr. 2004.
17. MARSH, A. Promiscuous Breeding. *Forbes*, p. 74–77, 7 abr. 1997.
18. *Inc.*, p. 135, abr. 2004;
19. O'REILLY, B. The New Face of Small Business. *Fortune*, p. 82–88, 2 maio 1994.
20. The Top Entrepreneurs. *BusinessWeek*, p. 74-76, 14 jan. 2002.
21. ALDRICH, H. *Ethnic Entrepreneurs:* Immigrant Business in Industrial Societies. Newbury Park, CA: Sage, 1990.
22. KURTZ, R. Russell Simmons, Rush Communications, *Inc.*, p. 137, abr. 2004.
23. HEINTZ, N. Andra Rush, Rush Trucking. *Inc.*, p. 128, abr. 2004,.
24. *Inc.*, p. 146–47, abr. 2004.
25. TIMMONS e SPINELLI, *New Venture Creation.*
26. COLLINS, J.; PORRAS, J. *Built to Last.* Londres: Century, 1996.
27. NOCERA, J. A Tale of Two Companies. *Fortune*, p. 232–238, 5 abr. 2004.
28. COLLINS e PORRAS, *Built to Last.*
29. VESPER, K. H. *New Venture Mechanics.* Englewood Cliffs, NJ: Prentice-Hall, 1993.
30. SCHLENDER, B. et al. Cool Companies, Part 1. *Fortune*, p. 50–60, 7 jul. 1997.
31. Ibid.
32. VESPER, *New Venture Mechanics.*
33. NOCERA, A Tale of Two Companies.
34. CASE, J. Why 20 Million of You Can't Be Wrong. *Inc.*, p. 100–105, abr. 2004.
35. The Top Entrepreneurs. *BusinessWeek*, p. 74–76, 14 jan. 2002.
36. DAVENPORT, C. Terrorism Fight Prods NSA to Look Beyond Its Fortress. *The Washington Post*, p. A1, A7, 3 jan. 2005
37. TIMMONS e SPINELLI, *New Venture* Creation.
38. Ibid.
39. SINGER, T. What Business Would You Start? *Inc.*, p. 68–76, mar. 2002.
40. SCHONFELD, E. The Space Business Heats Up. *Fortune*, p. 52–60, 24 nov. 1997.
41. FREEDMAN, D. H. Burt Rutan, Entrepreneur of the Year. *Inc.*, p. 58–66, jan. 2005.
42. SCHONFELD, The Space Business.
43. SCHONFELD, E. Going Long. *Fortune*, p. 172–92, 20 mar. 2000.
44. STEIN, N. The Fruits of Safety. *Fortune*, p. 27–30, 28 jun. 2004.
45. HEINTZ, N. Shoba Purushothaman. *Inc.*, p. 68–69, jan. 2005.
46. LANGE, J. E. Entrepreneurs and the Continuing Internet: The Expanding Frontier. In: TIMMONS e SPINELLI, *New Venture Creation*, p. 183–220.
47. Ibid.
48. VESPER, *New Venture Mechanics.*
49. Do Universities Stifle Entrepreneurship? *Across the Board*, p. 32–38, jul./ago. 1997.
50. TIMMONS, *New Venture Creation.*
51. BRICKLIN, Natural-Born Entrepreneur, p. 54.
52. BAUM, J. R.; LOCKE, E. A. The Relationship of Entrepreneurial Traits, Skill, and Motivation to Subsequent Venture Growth. *Journal of Applied Psychology*, v. 89, p. 587–98, 2004.
53. EVANS, H. What Drives America's Great Innovators? *Fortune*, p. 84–86 18 out. 2004.
54. SONFIELD, M.; LUSSIER, R. The Entrepreneurial Strategy Matrix: A Model for New and Ongoing Ventures. *Business Horizons*, p. 73–77, maio/jun. 1997.
55. LANGE. Entrepreneurs and the Continuing Internet.
56. VENKATARAMAN, S.; LOW, M. On the Nature of Critical Relationships: A Test of the Liabilities and Size Hypothesis. In: *Frontiers of Entrepreneurship Research.* Babson Park, MA: Babson College, p. 97, 1991.
57. TIMMONS e SPINELLI, *New Venture Creation.*
58. GRECO, S. The INC.500 Almanac. *Inc.*, p. 80, out. 2001.
59. *Venture Xpert.* Thompson Financial Data Service, 2001.
60. BOYLE, M. Absolutely, Positively, Slow the Hell Down. *Fortune*, p. 196, 15 nov. 2004.
61. WALKER, R. Jeff Bezos, Amazon.com. *Inc.*, p. 148–50, abr. 2004.
62. MOUNT, I. David Neeleman, JetBlue. Inc., p. 144, abr. 2004.
63. HIRA, N. Customer Service. In New York. Who Knew? *Fortune*, p. 198, 15 nov. 2004.
64. EVANS, P.; WURSTER, T. S. Getting Real about Virtual Commerce. *Harvard Business Review*, p. 85–94, nov./dez. 1999.
65. ROSE, J. The New Risk-Takers. *Fortune Small Business*, 15 fev. 2002, fortune.com.
66. How It Really Works: Introduction. *BusinessWeek*, p. 48–49, 25 ago. 1997.
67. ELSTRON, P. It Must Be Something in the Water. *BusinessWeek*, p. 84–87, 25 ago. 1997.
68. O'REILLY, The New Face of Small Business.
69. BURCK, C. The Real World of the Entrepreneur. *Fortune*, p. 62–81, 5 abr. 1993.
70. CASE, Why 20 Million of You Can't Be Wrong.
71. SERWER, A. E. Lessons from America's Fastest-Growing Companies. *Fortune*, p. 42–60, 8 ago. 1994.
72. McGINN, D. Why Size Matters. *Inc.*, p. 32–36, verão 2004.
73. *Inc.*, p. 112, abr. 2004.
74. BURLINGHAM, B. How Big Is Big Enough? *Inc.*, p. 40–43, verão 2004.
75. Ibid.
76. Ibid.
77. Ibid.
78. FINKELSTEIN, S. The Myth of Managerial Superiority in Internet Startups: An Autopsy. *Organizational Dynamics*, p. 172-85, verão 2001.
79; BRODSKY, N. Street Smarts. *Inc.*, p. 47–48, jan. 2005.
80. Ibid.
81. Ibid.
82. BARRETT, W. The Perils of Success. *Forbes*, p. 137, 3 nov. 1997.
83. SINGER, What Business Would You Start? p. 71.
84. *Inc.*, p. 126, abr. 2004.
85. DRUCKER, P. F. How to Save the Family Business. *The Wall Street Journal*, p. A10, 19 ago. 1994.
86. GAMER,D. et al. *The Ernst & Young Guide to Raising Capital.* Nova York: John Wiley & Sons, 1991.
87. Ibid.
88. LUSTGARTEN, A. Warm, Fuzzy, and Highly Profitable. *Fortune*, p. 194, 15 nov. 2004.
89. FENN, D. James Goodnight, SAS. *Inc.*, p. 126, abr. 2004.
90. HISRICH, R. D.; PETERS, M. P. *Entrepreneurship:* Starting Developing, and Managing a New Enterprise BurrRidge, IL: Irwin, 1994.
91. Ibid.

92. SAHLMAN, W. A. How to Write a Great Business Plan. *Harvard Business Review*, p. 98–108, jul./ago. 1997.
93. Ibid.
94. Ibid.
95. SCHLENDER et al., Cool Companies.
96. SAHLMAN, How to Write a Great Business Plan.
97. Ibid.
98. FRASER, J. A. Do I Need to Plan Differently for a Dot-Com Business? *Inc.*, p. 142–43, jul. 2000.
99. ZIMMERMAN, M.; ZEITZ, G. Beyond Survival: Achieving New Venture Growth by Building Legitimacy. *Academy of Management Review*, v. 27, p. 414–21, 2002.
100. STINCHCOMBE, A. L. Social Structure and Organizations. In: March J. G. (Ed.). *Handbook of Organizations*. Chicago: Rand McNally, p. 142–93, 1965.
101. Ibid.
102. BARON, R. A.; MARKMAN, G. D. Beyond Social Capital: How Social Skills Can Enhance Entrepreneurs'Success. *Academy of Management Executive*, p. 106–16, fev. 2000.
103. FLORIN, J. et al. A Social Capital Model of High-Growth Ventures. *Academy of Management Journal*, v. 46, p. 374–84, 2003.
104. BALU, R. Starting Your Startup. *Fast Company*, p. 81–112, jan./fev. 2000.
105. Ibid.
106. McCARTNEY, S. Michael Dell — and His Company — Grow Up. *The Wall Street Journal*, p. B1, B4, 31 jan. 1995.
107. BRATTINA, A. F. The Diary of a Small-Company Owner. *Inc.*, p. 79–89, maio 1993, e p. 117–22, jun. 1993.
108. *Inc.*, p. 130, abr. 2004.
109. GULL, N. The Ceja Family. *Inc.*, p. 72, jan. 2005.
110. KANTER, R. M. *The Change Masters*. Nova York: Simon & Schuster, 1983.
111. CLARK, D. How a Woman's Passion and Persistence Made 'Bob'. *The Wall Street Journal*, p. B1, B8, 10 jan. 1995.
112. KURATKO, D. et al. Improving Firm Performance through Entrepreneurial Actions: Acordia's Corporate Entrepreneurship Strategy. *Academy of Management Executive*, v. 15, p. 60–71, 2001.
113. COLLINS e PORRAS, *Built to Last*.
114. BOYLE, M. Growing against the Grain. *Fortune*, p. 148–56, 3 maio 2004.
115. KANTER et al. Driving Corporate Entrepreneurship. *Management Review*, p. 14–16, abr 1987.
116. ARGENTI, J. *Corporate Collapse: The Causes and Symptoms*. Nova York: John Wiley & Sons, 1979.
117. KANTER et al., Driving Corporate Entrepreneurship.
118. LUMPKIN, G. T.; DESS, G. G. Clarifying the Entrepreneurial Orientation Construct and Linking It to Performance. *Academy of Management Review*, v. 21, p. 135–72, 1996.
119. BATEMAN, T.; CRANT, J. M. The Proactive Dimension of Organizational Behavior. *Journal of Organizational Behavior*, p. 103–18, 1993.
120. SERWER, A. E. Michael Dell Turns the PC World Inside Out. *Fortune*, p. 38–44, 8 set. 1997.
121. LUMPKIN e DESS, Clarifying the Entrepreneurial Orientation Construct.
122. PINCHOT, C.; PINCHOT, E. *The Intelligent Organization*. São Francisco: Barrett-Koehler, 1996.

Capítulo 8

1. ASHKENAS, Ronald N.; FRANCIS, Suzanne C. Integration Managers: Special Leaders for Special Times. *Harvard Business Review*, v. 78, n. 6, p. 108–16, nov./dez. 2000.
2. WEST, Andrew. The Flute Factory: An Empirical Measurement of the Effect of the Division of Labor on Productivity and Production Cost. *American Economist*, v. 43, n. 1, p. 82–87, primavera 1999.
3. LAWRENCE, P.; LORSCH, J. *Organization and Environment*. Homewood, IL: Richard D. Irwin, 1969.
4. Ibid.; THOMPSON, Brad Lee. *The New Manager's Handbook*. Nova York: McGraw-Hill, 1994; ver também SHARIFI, S.; PAWAR, K. S. Product Design as a Means of Integrating Differentiation. *Technovation*, v. 16, n. 5, p. 255–64, maio 1996; STEVENSON, W. B.; BARTUNEK, J. M. Power, Interaction, Position, and the Generation of Cultural Agreement in Organizations, *Human Relations*, v. 49, n. 1, p. 75–104, jan. 1996.
5. ALI, Abbas J. et al. The Ten Commandments Perspective on Power and Authority in Organizations. *Journal of Business Ethics*, v. 26, n. 4, p. 26, ago. 1997; PEARSE, Robert F. Understanding Organizational Power and Influence Systems. *Compensation & Benefits Management*, v. 16, n. 4, p. 28–38, outono 2000.
6. SHULTZ, Susan F. *Board Book: Making Your Corporate Board a Strategic Force in Your Company's Success*. Nova York: AMACOM, 2000; WARD, Ralph D. *Improving Corporate Boards: The Boardroom Insider Guidebook*. Nova York: John Wiley & Sons, 2000.
7. BYRNE, John A. The Best & the Worst Boards. *BusinessWeek*, p. 142–52, 24 jan. 2000.
8. MICHELS, A. J. Chief Executives as Idi Ahmin? *Fortune*, p. 13, 1 jul 1991; DAILY, C. M.; DALTON, D. R. CEO and Board Chair Roles Held Jointly or Separately: Much Ado about Nothing?. *Academy of Management Executive*, v. 11, n. 3, p. 11–20, ago. 1997.
9. SIMONS, Tony et al. Making Use of Difference: Diversity, Debate, and Decision Comprehensiveness in Top Management Teams. *Academy of Management Journal*, v. 42, n. 6, p. 662–73, dez. 1999; PEGELS, C. Carl et al. Management Heterogeneity, Competitive Interaction Groups, and Firm Performance. *Strategic Management Journal*, v. 21, n. 3, p. 911–21, set. 2000.
10. VICKERY, Shawnee et al. The Relationship between Product Customization and Organizational Structure. *Journal of Operations Management*, v. 17, n. 4, p. 377–91, jun. 1999.
11. FLEET, D. Van; BEDEIAN, A. A History of the Span of Management. *Academy of Management Review*, v. 2, p. 356–72, 1977.
12. JEHIEL, Philippe. Information Aggregation and Communication in Organizations. *Management Science*, v. 45, n. 5, p. 659–69, maio 1999; ALTAFFER, Ahnn. First-Line Managers: Measuring Their Span of Control. *Nursing Management*, v. 29, n. 7, p. 36–40. 21, jul. 1998.
13. Span of Control vs. Span of Support. *Journal for Quality and Participation*, v. 23, n. 4,), p. 15, verão 2000; GALLO, James; THOMPSON, Paul R. Goals, Measures, and Beyond: In Search of Accountability in Federal HRM. *Public Personnel Management*, v. 29, n. 2, p. 237–48, verão 2000; LONGENECKER, Clinton O.; STANSFIELD, C. Why Plant Managers Fail: Causes and Consequences. *Industrial Management*, v. 42, n. 1, p. 24–32, jan./fev. 2000.
14. BEAUBIEN, E. Legendary Leadership. *Executive Excellence*, v. 14, n. 9, p. 20, set. 1997; How Well Do You Delegate. *Supervision*, v. 58, n. 8, p. 26, ago. 1997; MAHONEY, J. Delegating Effectively. *Nursing Management*, v. 28, n. 6, p. 62, jun. 1997; LAGGES, J. The Role of Delegation in Improving Productivity. *Personnel Journal*, p. 776–79, nov. 1979.
15. MATTHEWS, G. Run Your Business or Build an Organization? *Harvard Management Review*, p. 34–44, mar./abr. 1984.
16. More Than a Bicycle: The Leadership Journey at Harley-Davidson. *Harvard Business School Working Knowledge*, 5 set. 2000, online; FESSLER, Clyde. Rotating Leadership and Harley-Davidson: From Hierarchy to Interdependence. *Strategy & Leadership*, v. 25, n. 4, p. 42–43, jul./ago. 1997; YOUNG, Jeffrey; MURRELL, Kenneth L. Harley-Davidson Motor

Company Organizational Design: The Road to High Performance. *Organizational Development Journal*, v. 16, n. 1, p. 65, primavera 1998.

17. FORRESTER, Russ. Empowerment: Rejuvenating a Potent Idea. *Academy of Management Executive*, v. 14, n. 3, p. 67–80, ago. 2000; PERRY, Monica L. et al. Empowered Selling Teams: How Shared Leadership Can Contribute to Selling Team Outcomes. *Journal of Personal Selling & Sales Management*, v. 19, n. 3, p. 35–51, verão 1999.
18. WETLAUFER, Suzy. Organizing for Empowerment: An Interview with AES's Roger Sant and Dennis Bakke. *Harvard Business Review*, v. 77, n. 1, p. 110–23, jan./fev. 1999.
19. LAWLER III, E. E. New Roles for the Staff Function: Strategic Support and Services. In: Galbraith, J. et al. *Organizing for the Future*. São Francisco: Jossey-Bass, 1993.
20. CROSS, Rob; BAIRD, Lloyd. Technology Is Not Enough: Improving Performance by Building Organizational Memory. *Sloan Management Review*, v. 41, n. 3, p. 69–78, primavera 2000; DUNCAN, R. What is the Right Organizational Structure? *Organizational Dynamics*, v. 7, p. 59–80, inverno 1979.
21. DAY, George S. Creating a Market-Driven Organization. *Sloan Management Review*, v. 41, n. 1, p. 11–22, verão 1999.
22. BOEHM, R.; PHIPPS, C. Flatness Forays. *McKinsey Quarterly*, v. 3, p. 128–43, 1996.
23. LAMONT, Bruce T. et l. The Influence of Organizational Structure on the Information Received by Corporate Strategists of Multinational Enterprises. *Management International Review*, v. 40, n. 3, p. 231–52, 2000.
24. NEAL, Jeff. Tech Companies Shift to Package Offerings. Optionics.com. Acesso em: 4 fev. 2005.
25. BERNASCO, Wilma et al. Balanced Matrix Structure and New Product Development Process at Texas Instruments Materials and Controls Division. *R&D Management*, v. 29, n. 2, p. 121–31, abr. 1999; McCOLLUM, J. K. The Matrix Structure: Bane or Benefit to High Tech Organizations? *Project Management Journal*, v. 24, n. 2, p. 23–26, jun. 1993; FORD, R. C. Cross-Functional Structures: A Review and Integration of Matrix. *Journal of Management*, v. 18, n. 2, p. 267–94, jun. 1992; KOLODNY, H. Managing in a Matrix. *Business Horizons*, p. 17–24, mar./abr. 1981.
26. CACKOWSKI, David et al. Object Analysis in Organizational Design: A Solution for Matrix Organizations. *Project Management Journal*, v. 31, n. 3, p. 44–51, set. 2000; BARKER, J. Conflict Approaches of Effective and Ineffective Project Managers: A Field Study in a Matrix Organization. *Journal of Management Studies*, v. 25, n. 2, p. 167–78, mar. 1988; CHAMBERS, G. J. The Individual in a Matrix Organization. *Project Management Journal*, v. 20, n. 4, p. 37–42, 50, dez. 1989; DAVIS, S.; LAWRENCE, P. Problems of Matrix Organizations. *Harvard Business Review*, p. 131–42, maio/jun. 1978.
27. FERNER, Anthony. Being Local Worldwide: ABB and the Challenge of Global Management Relations. *Industrielles*, v. 55, n. 3, p. 527–29, verão 2000; BARTLETT, C.; GHOSHAL, S. Matrix Management: Not a Structure, a Frame of Mind. *Harvard Business Review*, v. 68, p. 138–45, jul./ago. 1990.
28. TATA, Jasmine et al. The Influence of Organizational Structure on the Effectiveness of TQM Programs. *Journal of Managerial Issues*, v. 11, n. 4, p. 440–53, inverno 1999; DAVIS E Lawrence, Problems of Matrix Organizations.
29. MILES, R. E.; SNOW, C. C. *Fit, Failure, and the Hall of Fame*. Nova York: Free Press, 1994; SYMON, Gillian. Information and Communication Technologies and Network Organization: A Critical Analysis. *Journal of Occupational and Organizational Psychology*, v. 73, n. 4, p. 389–95, dez. 2000.
30. MARKUS, M. Lynne et al. What Makes a Virtual Organization Work? *Sloan Management Review*, v. 42, n. 1, p. 13–26, verão 2000; FITZPATRICK, William M.; BURKE, Donald R. Form, Functions, and Financial Performance Realities for the Virtual Organization. *S.A.M. Advanced Management Journal*, v. 65, n. 3, p. 13–20, verão 2000.
31. MILES e SNOW, *Fit, Failure, and the Hall of Fame*.
32. MAR., J. G.; SIMON, H. A. *Organizations*. Nova York: John Wiley & Sons, 1958; THOMPSON, J. D. *Organizations in Action*. Nova York: McGraw-Hill, 1967.
33. ADLER, Paul S. Building Better Bureaucracies. *Academy of Management Executive*, v. 13, n. 4, p. 36–49, nov. 1999.
34. GALBRAITH, J. Organization Design: An Information Processing View. *Interfaces*, v. 4, p. 28–36, verão 1974. Ver também MOHRMAN, S. A. Integrating Roles and Structure in the Lateral Organization. In: GALBRAITH, J. et al. *Organizing for the Future*. São Francisco: Jossey-Bass, 1993; FLYNN, Barbara B.; FLYNN, F. James. Information-Processing Alternatives for Coping with Manufacturing Environment Complexity. *Decision Sciences*, v. 30, n. 4, p. 1021–52, verão 1999.
35. Walden Paddlers, comunicação pessoal.
36. GALBRAITH, Organization Design; MOHRMAN, Integrating Roles and Structure.

Capítulo 9

1. DOVE, Rick. Agility = Knowledge Management + Response Ability. *Automotive Manufacturing & Production*, v. 111, n. 3, p. 16–17, mar. 1999; WRIGHT, Patrick M. et al. What's Next? Key Findings from the 1999 State-of-the-Art & Practice Study. *Human Resource Planning*, v. 22, n. 4, p. 12–20, 1999.
2. BURNS, T.; STALKER, G. *The Management of Innovation*. Londres: Tavistock, 1961.
3. KRACKHARDT, D.; HANSON, J. R. Information Networks: The Company behind the Chart. *Harvard Business Review*, p. 104–11, jul./ago. 1993.
4. HAMEL, G.; PRAHALAD, C. K. Competing for the Future. *Harvard Business Review*, p. 122–28, jul./ago. 1994.
5. ____. *Competing for the Future*. Boston: *Harvard Business School Press*, 1994.
6. SINGER, Sherri. Diesel Engines Burn Leaner and Cleaner. *Machine Design*, v. 71, n. 19, p. 64–69, 7 out. 1999; BALESTRINI, P. P. Globalization in the Automotive Industry: The Preferred External Growth Path. *Journal of International Marketing and Marketing Research*, v. 25, n. 3, p. 137–65, out. 2000; DOYLE, Eric. Liberty Specifications Released. *Computer Weekly*, p. 30, 25 jul. 2002; MENN, Joseph. Microsoft's Passport Fails to Travel Far as Web Strategy. *Seattle Times*, 31 dez. 2004, online.
7. HARPER, Pamela; VARALLO, D. Vincent. Global Strategic Alliances. *Executive Excellence*, v. 17, n. 10, p. 17–18, out. 2000.
8. KANTER, R. M. Collaborative Advantage: The Art of Alliances. *Harvard Business Review*, p. 96–108, jul./ago. 1999; CULLEN, John B. et al. Success through Commitment and Trust: The Soft Side of Strategic Alliance Management. *Journal of World Business*, v. 35, n. 3, p. 223–40, verão 2000; KALE, Prashant et al. Learning and Protection of Proprietary Assets in Strategic Alliances: Building Relational Capital. *Strategic Management Journal 21*, n. 3, p. 217–37, mar. 2000.
9. SENGE, P. *The Fifth Discipline*. Nova York: Doubleday Currency, 1990.
10. GARVIN, D. A. Building a Learning Organization. *Harvard Business Review*, p. 78–91, jul./ago. 1993; GARVIN, David A. *Learning in Action: A Guide to Putting the Learning Organization to Work*. Boston: Harvard Business School Press, 2000; MARSICK, Victoria J.; WATKINS, Karen E. *Facilitating Learning Organizations: Making Learning Count*. Aldershot, Hampshire, Gower Pub. Co, 1999.
11. Ibid.
12. VANDENBERG, Robert J. et al. The Impact of High Involvement

Work Process on Organizational Effectiveness: A Second-Order Latent Variable Approach. *Group & Organization Management*, v. 24, n. 3, p. 300–39, set. 1999; SPREITZER, Gretchen M.; MISHRA, Aneil K. Giving Up Control without Losing Control: Trust and Its Substitutes' Effects on Managers' Involving Employees in Decision Making. *Group & Organization Management*, v. 24, n. 2, p. 155–87, jun. 1999; MOHRMAN, Susan Albers et al. *Strategies for High Performance Organizations* — The CEO Report: Employee Involvement, TQM, and Reengineering Programs in Fortune 1000 Corporations. São Francisco: Jossey-Bass, 1998.

13. BUELL, B.; HOF, R. Hewlett-Packard Rethinks Itself. *BusinessWeek*, p. 76–79, 1 abr. 1991.
14. Why Big Might Remain Beautiful. *The Economist*, p. 79, 24 mar. 24, 1990; ZELLNER, W. Go-Go Goliaths. *BusinessWeek*, p. 64–70, 13 fev. 1995.
15. ROSENBUSH, Steve. One Small Step for R&D Spending. *BusinessWeek*, 1 nov. 2004, online.
16. HELLOFS, Linda L.; JACOBSON, Robert. Market Share and Customers' Perceptions of Quality: When Can Firms Grow Their Way to Higher versus Lower Quality? *Journal of Marketing*, v. 63, n. 1, p. 16–25, jan. 1999.
17. HAMMONDS, Keith H. Size Is Not a Strategy. *Fast Company*, p. 78–82, set. 2002.
18. SALTER, Chuck. And Now the Hard Part. Fast Company, maio 2004, online.
19. CASCIO, W. Downsizing: What Do We Know? What Have We Learned? *Academy of Management Executive*, p. 95–104, fev. 1993; FREEMAN, Sarah J. The Gestalt of Organizational Downsizing: Downsizing Strategies as Package of Change. *Human Relations*, v. 52, n. 12, p. 1505–154, dez. 1999.
20. STROSS, R. E. Microsoft's Big Advantage — Hiring Only the Supersmart. *Fortune*, p. 159–62, 25 nov. 1996; LIEBER, R. Wired for Hiring: Microsoft's Slick Recruiting Machine. *Fortune*, p. 123–24, 5 fev. 1996; Ibid.; HITT, M. et al. Rightsizing: Building and Maintaining Strategic Leadership and Long-Term Competitiveness. *Organizational Dynamics*, , p. 18–31, verão 1994.
21. CASCIO, Downsizing; CIANCIO, Jack Survivor's Syndrome. *Nursing Management*, v. 31, n. 5, p. 43–45, mai 2000.
22. OHMAE, K. *The Mind of the Strategist: Business Planning for Competitive Advantage*. Cap. 8. Nova York: Penguin Books, 1982; STERN, Harry. Succeeding in a 'Customer-Centric' Economy. *Foodservice Equipment & Supplies*, v. 53, n. 10, p. 27–28, set. 2000.
23. ISHIKAWA, K. *What Is Total Quality Control? The Japanese Way*. Englewood Cliffs, NJ: Prentice-Hall, 1985; LEWIS, Bob. Instead of Focusing Solely on Internal Customers, Look at Customers as Well. *InfoWorld*, v. 21, n. 4, p. 104, 25 out. 1999.
24. PORTER, Michael. *Competitive Advantage: Creating and Sustaining Superior Performance*. Nova York: Free Press, 1985; The Value Chain, NetMBA.com.
25. CREECH, Bill. *The 5 Pillars of TQM: How to Make Total Quality Management Work for You*. Nova York: Plume Publishing, 1995; EVANS, James R.; LINDSAY, William M. *Management and Control of Quality*. Cincinnati: Southwestern College Publishing, 1998.
26. THAWANI, Sunil. Six Sigma Quality— Strategy for Organizational Excellence. *Total Quality Management and Business Effectiveness*, v. 15, n. 5, 6, p. 655, jul./ago. 2004.
27. *Baldrige National Quality Program*. Disponível em: www.baldrige.nist.gov/index.html. Acesso em: fev. 2005.
28. Para mais informações sobre ISO 9000 (e novos programas como ISO 14000 para gestão ambiental), ver a página da Web de International Organization for Standardization, disponível em: http://www.iso.ch/welcome.html.
29. CHAMPY, J. *Reengineering Management* .Nova York: HarperBusiness, 1995. Ver também HAMMER, M.; CHAMPY, J. *Reengineering the Corporation*. Nova York: HarperCollins, 1992.
30. WOODWARD, Joan. *Industrial Organization: Theory and Practice*. Londres: Oxford University Press, 1965.
31. GILMORE, James H.; PINE, B. Joseph. (eds.) *Markets of One:* Creating Customer-Unique Value through Mass Customization. Cambridge, MA: Harvard Business Review Press, 2000; PINE, B. Joseph. *Mass Customization:* The New Frontier in Business Competition. Cambridge, MA: Harvard Business School Press, 1992.
32. SCHONFELD, Erick. The Customized, Digitized, Have-It-Your Way Economy. *Fortune*, v. 138, n. 6, p. 114–20, 28 set.
33. SAHIN, Funda. Manufacturing Competitiveness: Different Systems to Achieve the Same Results. *Production and Inventory Management Journal*, v. 41, n. 1, p. 56–65, primeiro trimestre 2000.
34. WADHWA, Subhash; RAO, K. Srinivasa. Flexibility: An Emerging Meta-Competence for Managing High Technology. *International Journal of Technology Management*, v. 19, n. 7–8, p. 820–45, 2000.
35. GREEN, Jeff. How Architects Are Giving Jeep New Traction. *BusinessWeek*, p. 152H, 2 out. 2000; GREEN, Jeff. Honda's Independent Streak. *BusinessWeek*, p. 152B–152H, 2 out. 2000; PETERS, Brett A.; McGINNIS, Leon F. Strategic Configuration of Flexible Assembly Systems: A Single Period Approximation. *IIE Transaction*, v. 31, n. 4, p. 379–90, abr. 1999.
36. TAYLOR III, A. How Toyota Defies Gravity. *Fortune*, p. 100–108, 8 dez. 1997; VASILASH, Gary S. How Toyota Does It — Every Day. *Automotive Manufacturing & Production*, v. 112, n. 8, p. 48–49, ago. 2000; MORREY, Stephen R. Learning to Think Lean: A Roadmap and Toolbox for the Lean Journey. *Automotive Manufacturing & Production*, v. 112, n. 8, p. 147, ago. 2000; SAHIN, Funda. Manufacturing Competitiveness: Different Systems to Achieve the Same Results. *Production and Inventory Management Journal*, v. 41, n. 1, p. 56–65, primeiro trimestre 2000; Chrysler's Retooling Pays Off with Increased Productivity. *Knight-Ridder/Tribune Business News*, p. ITEM20175006, 24 jun. 2002; Strategic Reconfiguration: Manufacturing's Key Role in Innovation. *Production and Inventory Management Journal*, p. 9–17, verão-outono 2001.
37. WHITEACRE, Jeff. Gorton's Keeps Moving: Lean Successes in the Plant, the Supply Chain, and the Office. Disponível em: www.advancedmanufacturing.com/lean manufacturing/casestudy.htm.
38. SAHIN, Manufacturing Competitiveness; VASILASH, Gary S. Flexible Thinking: How Need, Innovation, Teamwork & a Whole Bunch of Machining Centers Have Transformed TRW Tillsonburg into a Model of Lean Manufacturing. *Automotive Manufacturing & Production*, v. 111, n. 10, p. 64–65, out. 1999.
39. CHUNG, Chen H. Balancing the Two Dimensions of Time for Time-Based Competition. *Journal of Managerial Issues*, v. 11, n. 3,), p. 299–314, verão 1999; TOWILL, Denis R.; McCULLEN, Peter. The Impact of Agile Manufacturing on Supply Chain Dynamics. *International Journal of Logistics Management*, v. 10, n. 1, p. 83–96, 1999; ver também STALK, George; HOUT, Thomas M. *Competing against Time: How Time-Based Competition Is Reshaping Global Markets*. Nova York: Free Press, 1990.
40. HENKOFF, R. Delivering the Goods. *Fortune*, p. 64–78, 28 nov. 1994; SEIDEMAN, Tony. A&P Uses Transportation Software to Wring New Efficiency Out of Supply Chain. *Stores*, v. 82, n. 9, p. 172–74, set. 2000; Cactus Commerce Launches the Cactus GDS Accelerator for BizTalk Server 2004; Global Data Synchronization Reduces Costs for Manufacturers and Retailers and Provides the Foundation for Successful RFID and CPFR Deployments. *PR Newswire*, 17 maio 2004, online.

41. 2001 in Review; Logistics. *Traffic World*, v. 265, n. 1, p. 15, 1 jan. 2001; COHEN, Morris A. et al. Saturn's Supply-Chain Innovation: High Value in After-Sales Service. *Sloan Management Review*, v. 41, n. 4, p. 93–101, verão 2000; Penske Logistics. *Supply Chain Management Review*, v. 8, n. 5, p. 12, jul./ago. 2004.
42. STUNDZA, Tom. Buyers Ask Service Centers: 'What Happened to JIT?'... and a Few Other Things. *Purchasing*, v. 126, n. 7, p. 60–70, 6 maio 1999; POWER, Damien; SOHAL, Amrik S. Human Resource Management Strategies and Practices in Just-in-Time Environments: Australian Case Study Evidence. *Technovation*, v. 20, n. 7, p. 373–87, jul. 2000.
43. TUCKER, M.; DAVIS, D. Key Ingredients for Successful Implementation of Just-in-Time: A System for All Business Sizes. *Business Horizons*, p. 59–65, maio/jun. 1993; RICHARDSON, Helen L. Tame Supply Chain Bottlenecks. *Transportation & Distribution*, v. 41, n. 3, p. 23–28, mar. 2000.
44. ETTLIE, John E. Product Development — Beyond Simultaneous Engineering. *Automative Manufacturing & Production*, v. 112, n. 7, p. 18, jul. 2000; ROY, Utpal et al. (eds.) *Simultaneous Engineering: Methodologies and Applications*. Newark, NJ: Gordon and Breach, 1999; HELMS, Marilyn M.; ETTKIN, Lawrence P. Time-Based Competitiveness: A Strategic Perspective. *Competitiveness Review*, v. 10, n. 2, p. 1–14, 2000.
45. ASHKENAS, R. et al. *The Boundaryless Organization: Breaking the Chains of Organizational Structure*. São Francisco: Jossey-Bass, 1995; KEIDEL, R. W. Rethinking Organizational Design. *Academy of Management Executive*, p. 12–27, nov. 1994; ASHKENAS, Ron et al. *The Boundaryless Organization Field Guide: Practical Tools for Building the New Organization*. São Francisco: Jossey-Bass, 1999.

Capítulo 10

1. The Importance of HR. *HRFocus*, p. 14, mar. 1996; McMORROW, John. Future Trends in Human Resources. *HR Focus*, v. 76, n. 9, p. 7–9, set. 1999; VICERE, Albert A. New Economy, New HR. *Employment Relations Today*, v. 27, n. 3, p. 1–11, outono 2000.
2. DAVENPORT, Thomas O. Workers as Assets: A Good Start but... *Employment Relations Today*, v. 27, n. 1, p. 1–18, primavera 2000; GILLEY, Bruce. Filling the Gap. *Far Eastern Economic Review*, v. 163, n. 37, p. 44–46, 14 set. 2000; Filling the Skills Gap. *Business Europe*, v. 40, n. 10, p. 6, 17 maio 2000.
3. ELLWOOD, David. *Grow Together or Grow Slowly Apart*. The Aspen Institute, 2003, online; BAKER, Stephen; KRIPALANI, Manjeet. Software. *BusinessWeek*, 1 mar. 2004, online; disponível em: www.supersolutions.com/WorkerShortages.asp; SCHMID, John China Engineers Its Next Great Leap. *JSOnline*, 30 dez. 2003.
4. HARTLEY, Darin E. *Job Analysis at the Speed of Reality*. Amherst, MA: HRD Press, 1999; MORGESON, Frederick P.; CAMPION, Michael A. Accuracy in Job Analysis: Toward an Inference-Based Model. *Journal of Organizational Behavior*, v. 21, n. 7, p. 819–27, nov. 2000; SHIPPMANN, Jeffery S. et al. The Practice of Competency Modeling. *Personnel Psychology*, v. 53, n. 3, p. 703–40, outono 2000.
5. SCHIPPMANN, Jeffery S. *Strategic Job Modeling: Working at the Core of Integrated Human Resources*. Mahwah, NJ: Lawrence Erlbaum Associates, 1999.
6. TERPSTRA, David E. The Search for Effective Methods. *HRFocus*, p. 16–17, maio 1996; HENEMAN III, Herbert G.; BERKLEY, Robyn A. Applicant Attraction Practices and Outcomes Among Small Businesses. *Journal of Small Business Management*, v. 37, n. 1, p. 53–74, jan. 1999; HILTROP, Jean-Marie. The Quest for the Best: Human Resource Practices to Attract and Retain Talent. *European Management Journal*, v. 17, n. 4, p. 422–30, ago. 1999.
7. DANIELS, Alex. An Online Job War. *Newsbytes*, , p. NWSB0203700E, 6 fev. 2002; MOREHART, Kerri Koss. How to Create an Employee Referral Program that Really Works. *HR Focus*, v. 78, no 1, p. 3–5, jan. 2001; SWENSON, Keith. Maximizing Employee Referrals. *HR Focus*, v. 76, n. 1, p. 9–10, jan. 1999; Are Your Recruiting Methods Discriminatory? *Workforce*, v. 79, n. 5, p. 105–36, maio 2000.
8. Pop Quiz: How Do You Recruit the Best College Grads? *Personnel Journal*, p. 12–18, ago. 1995; TALBOTT, Shannon Peters. Boost Your Campus Image to Attract Top Grads. *Personnel Journal*, p. 6–8, mar. 1996; DANIELS, Cora. Wall Street Says Please. *Fortune*, v. 141, n. 5, p. 420, 6 mar. 2000; BUCHANAN, Jean. Finding and Keeping Talent in a Shrinking Labor Pool. *Office Systems*, v. 16, n. 11, p. 42–46, nov. 1999.
9. WHEATLEY, Malcolm. The Talent Spotters. *Management Today*, p. 62–64, jun. 1996; Mcdaniel, Michael et al. The Validity of Employment Interviews: A Comprehensive Review and Meta-Analysis. *Journal of Applied Psychology*, v. 79, n. 4, p. 599–616, ago. 1994; CAMPION, Michael A. et al. Structured Interviewing: A Note on Incremental Validity and Alternative Question Types. *Journal of Applied Psychology*, v. 79, n. 6, p. 998–1002, dez. 1994; FEAR, R. A. *The Evaluation Interview*. Nova York: McGraw-Hill, 1984; MENDELS, Pamela. Asking the Right Questions. *BusinessWeek Online*, 13 out. 2000; MIKLAVE, Matthew T.; TRAFIMOW, A. Jonathan. Ask Them If They Were Fired, but Not When They Graduated. *Workforce*, v. 79, n. 8, p. 90–93, ago. 2000; CROSBY, Olivia. Employment Interviewing: Seizing the Opportunity and the Job. *Occupational Outlook Quarterly*, v. 44, n. 2, p. 14–21, verão 2000.
10. U.S. MERIT SYSTEMS PROTECTION BOARD. The Federal Selection Interview: Unrealized Potential. Fev. 2003, disponível em: mspb.gov/studies/interview.htm.
11. STENBERG, Christopher E. The Role of Pre-Employment Background Investigations in Hiring. *Human Resource Professional*, v. 9, n. 1, p. 19–21, jan./fev. 1996; The Final Rung: References. *Across the Board*, p. 40, mar. 1996; TAYLOR, Paul. Providing Structure to Interviews and Reference Checks. *Workforce*, p. 7–10, maio 1999, suplemento; Avoiding 'Truth or Dare' in Reference Checks. *HRFocus*, v. 77, n. 5, p. 5–6, maio 2000; Fear of Lawsuits Complicates Reference Checks. *InfoWorld*, v. 21, n. 5, p. 73, 1 fev. 1999; HAWLEY, D. L. Background Checks on the Rise. *Legal Assistant Today*, v. 17, n. 5, p. 28, 40, maio/jun. 2000; TERPSTRA, David E. R. et al. The Nature of Litigation Surrounding Five Screening Devices. *Public Personnel Management*, v. 29, n. 1, p. 43–54, primavera 2000.
12. Ver também BARRICK, M. R.; MOUNT, M. K. The Big Five Personality Dimensions and Job Performance: A Meta-Analysis. *Personnel Psychology*, v. 44, p. 1–26, 1991; O'MEARA, Daniel P. Personality Tests Raise Questions of Legality and Effectiveness. *HRMagazine*, , p. 97–100, jan. 1994; McFARLAND, Lynn A.; RYAN, Ann Marie. Variance in Faking across Noncognitive Measures. *Journal of Applied Psychology*, v. 85, n. 5, p. 812–21, out. 2000.
13. Denny's Takes Drug-Free Policy Nationwide. *Employee Benefit Plan Review*, v. 55, n. 4, p. 34–36, out. 2000; Fewer Employers Are Currently Conducting Psych & Drug Tests. *HRFocus*, v. 77, n. 10, p. 8, out. 2000; COMER, Debra R. Employees' Attitudes toward Fitness-for-Duty Testing. *Journal of Managerial Issues*, v. 12, n. 1, p. 61–75, primavera 2000; ACLU Report Debunks Workplace Drug Testing. *HRFocus*, v. 76, n. 4, p. 4, nov. 1999.
14. WRIGHT, Patrick M. et al. P = f(M x A): Cognitive Ability as a Moderator of the Relationship between Personality and Job Performance. *Journal of Management*, v. 21, n. 6, p. 1129–2063, 1995; SACKETT, Paul R.; OSTGAARD, Daniel J. Job-Specific Applicant Pools and National Norms for Cognitive Ability Tests: Implications for Range Restriction Corrections in Validation Research. *Journal of Applied*

Psychology, v. 79, n. 5, p. 680–84, out. 1994; SCHMIDT, F. L.; HUNTER, J. E. Tacit Knowledge, Practical Intelligence, General Mental Ability, and Job Knowledge. *Current Directions in Psychological Science*, v. 2, n. 1, p. 3–13, 1993; ROZNOWSKI, Mary et al. The Validity of Measures of Cognitive Processes and Generability for Learning and Performance on Highly Complex Computerized Tutors: Is the G Factor of Intelligence Even More General? *Journal of Applied Psychology*, v. 85, n. 6, p. 940–55, dez. 2000; CORTINA, Jose M. et al. The Incremental Validity of Interview Scores over and above Cognitive Ability and Conscientiousness Scores. *Personnel Management*, v. 53, n. 2, p. 325-51, verão 2000.

15. ARTHUR Jr., Winfred et al. Convergent and Discriminant Validity of Assessment Center Dimensions: A Conceptual and Empirical Reexamination of the Assessment Center Construct-Related Validity Paradox. *Journal of Management*, v. 26, n. 4, p. 813–35, 2000; RANDALL, Raymond et al. Self-Assessment Accuracy and Assessment Center Decisions. *Journal of Occupational and Organizational Psychology*, v. 73, n. 4, p. 443, dez. 2000.
16. McFARLAND, Lynn A.; RYAN, Ann Marie. Variance in Faking across Noncognitive Measures. *Journal of Applied Psychology*, v. 85, n. 5, p. 812–21, out. 2000; TERPSTRA, et al. The Nature of Litigation Surrounding Five Screening Devices.
17. ONES, D. S. et al. Comprehensive Meta-Analysis of Integrity Test Validities: Findings and Implications for Personnel Selection and Theories of Job Performance. *Journal of Applied Psychology*, v. 78, p. 679–703, ago. 1993.
18. DeWITT, Rocki-Lee. The Structural Consequences of Downsizing. *Organization Science*, v. 4, n. 1, p. 30–40, fev. 1993; SHAH, Priti Pradhan. Network Destruction: The Structural Implications of Downsizing. *Academy of Management Journal*, v. 43, n. 1, p. 101–12, fev. 2000; LAABS, Jennifer. Has Downsizing Missed Its Mark? *Workforce*, v. 78, no. 4, p. 30–38, abr. 1999.
19. Ver *Adair v. United States*, n. 2078 U.S. 161, 1908; BALLAM, Deborah A. Employment-at-Will; The Impending Death of a Doctrine. *American Business Law Journal*, v. 37, n. 4, p. 653–87, verão 2000.
20. FISHER, Anne. Dumping Troublemakers, and Exiting Gracefully. *Fortune*, v. 139, n. 3, p. 174, 15 fev. 1999; FALCONE, Paul. Employee Separations: Layoffs vs. Terminations for Cause. *HRMagazine*, v. 45, n. 10, p. 189–96, out. 2000; FALCONE, Paul. A Blueprint for Progressive Discipline and Terminations. *HRFocus*, v. 77, n. 8, p. 3–5, ago. 2000.
21. Ver também LYNCHESKI, John E. Mishandling Terminations Causes Legal Nightmares. *HRMagazine*, v. 40, n. 5, p. 25–30, maio 1995; KARL, Katherine A.; Barry HANCOCK, W. Expert Advice on Employment Termination Practices: How Expert Is It? *Public Personnel Management*, v. 28, n. 1, p. 51-62, primavera 1999,
22. *Employer EEO Responsibilities*. Washington, DC: Equal Employment Opportunity Commission, U.S. Government Printing Office, 1996; EDMAN, Nancy J.; LEVIN-EPSTEIN, Michael D. *Primer of Equal Employment Opportunity*. 6 ed. Washington, DC: Bureau of National Affairs, 1994.
23. ARNSTEIN; LLP, Lehr. How to Get Sued in Business without Really Trying. *Employment Law E-Update*, abr. 2004, online; ZELLNER, Wendy. A Wal-Mart Settlement: What It Might Look Like. *BusinessWeek*, 5 jul. 2004, online.
24. GATEWOOD, Robert; FIELD, Hubert. *Human Resource Selection*. 3 ed. Chicago: Dryden Press, p. 36–49, 1994; BAYSINGER, R. A. Disparate Treatment and Disparate Impact Theories of Discrimination: The Continuing Evolution of Title VII of the 1964 Civil Rights Act. In: *Readings in Personnel and Human Resource Management*, St. Paul, MN: West Publishing, 1987.
25. LEE, Nicole. Learning How to Make the Best of Workplace Education. *The Financial Times*, p. 12, 19 ago. 2002; Career Building Gets Put on Hold. *Crain's New York Business*, p. 21, 5 ago. 2002; Industry Report 2000: The Money. *Training*, v. 37, n. 10, p. 51-55, out. 2000; CORSINI, Skip. The Great Training Robbery. *Training*, v. 37, n. 10, p. 160, out. 2000; Spending on Training Remains Steady in 2004 According to ASTD. *Lifetime Learning Market Report*, v. 10, n. 1, p. 3–4, 7 jan. 2005; What to Do Now that Training Is Becoming a Major HR Force. *HR Focus*, p. 5–6, fev. 2005.
26. CARNEVALE, A. P. *America and the New Economy:* How New Competitive Standards Are Radically Changing American Workplaces. São Francisco: Jossey-Bass, 1991; HEQUET, Marc. Doing More with Less. *Training*, v. 31, p. 77–82, out. 1995; FULMER, Robert M. et al. Developing Leaders: How Winning Companies Keep on Winning. *Sloan Management Review*, v. 42, n. 1, p. 49–59, outono 2000; Most Training Dollars Spent on Trainers, and Not Materials. *HR Focus*, v. 77, n. 12, p. 8, dez. 2000.
27. PHILLIPS, Sandra N. Team Training Puts Fizz in Coke Plant's Future. *Personnel Journal*, v. 75, n. 1, p. 39–42, jan. 1996. Ver também BOHLANDER, George; McCARTHY, Kathy. How to Get the Most from Team Training. *National Productivity Review*, p. 25–35, outono 1996.
28. Para mais informações ver WEXLEY, Kenneth; LATHAM, Gary. *Increasing Productivity through Performance Appraisal*. Reading, MA; Addison-Wesley, 1994.
29. TOEGEL, Ginka; CONGER, Jay. 360 Degree Assessment: Time for Reinvention. *Academy of Management Learning and Education*, v. 2, n. 3, p. 297, set. 2003; JOHNSON, Lauren Keller. Retooling 360s for Better Performance. *Harvard Business School Working Knowledge*, 23 fev. 2004, online.
30. EDWARDS, Mark; EWEN, Ann J. How to Manage Performance and Pay with 360-Degree Feedback. *Compensation and Benefits Review*, v. 28, n. 3, p. 41–46, acesso em maio/jun. 1996, online. Ver também VINSON, Mary N. The Pros and Cons of 360-Degree Feedback: Making It Work. *Training and Development*, v. 50, n. 4, p. 11–12, abr. 1996; MILLIMAN, John F. et al. Companies Evaluate Employees from All Perspectives. *Personnel Journal*, v. 73, n. 11, p. 99–103, nov. 1994; SCHULER, R. S. *Personnel and Human Resource Management*. St. Paul, MN: West Publishing, 1984.
31. BOHLANDER, G. W. et al. *Managing Human Resources*. 12 ed. Cincinnati, OH: Southwestern Publishing, 2001.
32. RITZKY, Garry M. Incentive Pay Programs That Help the Bottom Line. *HRMagazine*, v. 40, n. 4, p. 68–74, abr. 1995; GROSS, Steven; BACHER, Jeffrey. The New Variable Pay Programs: How Some Succeed, Why Some Don't. *Compensation and Benefits Review*, v. 25, n. 1, p. 51, jan./fev. 1993; MILKOVICH, G. T.; NEWMAN, J. M. *Compensation*. Nova York: McGraw-Hill/Irwin, 1999.
33. OPDYKE, Jeff D. Getting a Bonus Instead of a Raise. *The Wall Street Journal*, p. D1, 29 dez. 2004.
34. WELBOURNE, Theresa; GOMEZ-MEJIA, Luis. Gainsharing: A Critical Review and a Future Research Agenda. *Journal of Management*, v. 21, n. 3, p. 559–609, 1995; GOMEZ-MEJIA, Luis P. et al. The Role of Risk Sharing and Risk Taking under Gainsharing. *Academy of Management Review*, v. 25, n. 3, p. 492–507, jul. 2000; COLLINS, Denis. *Gainsharing and Power:* Lessons from Six Scanlon Plans. Ithaca, NY: ILR Press, 1998; ZINGHEIM, P. K.; SCHUSTER, J. R. *Pay People Right!* São Francisco: Jossey-Bass, 2000).
35. CHILTON, Kenneth W. Lincoln Electric's Incentive System: A Reservoir of Trust. *Compensation and Benefits Review*, v. 25, n. 6, p. 29–34, nov. 1994. Ver também MEYERS, D. W. *Human Management: Principles and Practice*. Chicago: Commerce Clearing House, 1986; GUTHRIE, James P. Alternative Pay Practices and Employee Turnover: An Organization Economics Perspective. *Group & Organization Management*, v. 25, n. 4, p. 419–39, dez. 2000.

36. Executives vs. Workers' Pay — the Gap Widens. *Growth & Success eNews*, n. 105, 6 dez. 2002, online; LAVELLE, Louis. Executive Pay. *BusinessWeek*, 21 abr. 2003, online.
37. LAVELLE, Louis. Executive Pay. *BusinessWeek*, 19 abr. 2004, online.
38. LAVELLE, Louis. Options Today, Restatement Tomorrow? *BusinessWeek*, 21 maio 2004, online.
39. LAVELLE, Louis. Time to Start Weighing the Options. *BusinessWeek*, 17 jan. 2005, online.
40. GARSTEN, Ed. GM: Repair Health Care. *The Detroit News*, 10 fev. 2005, online.
41. BYRNES, Nanette. The Benefits Trap. *BusinessWeek*, 19 jul. 2004, online.
42. KEARNS, Ellen C.; GALLAGHER, Monica. (eds.) *The Fair Labor Standards Act*. Washington, DC: BNA, 1999.
43. FAY, Charles; RISHER, Howard W. Contractors, Comparable Worth and the New OFCCP; Deja Vu and More. *Compensation and Benefits Review*, v. 32, n. 5, p. 23–33, set./out. 2000; FLYNN, Gillian. Protect Yourself from an Equal-Pay Audit. *Workforce*, v. 78, n. 6, p. 144–46, jun. 1999.
44. BOHLANDER, et al. *Managing Human Resources*.
45. HENRY, Eileen. Wage-Bias Bill: Study Panel Proposed. *Arizona Business Gazette*, p. 2–4, 28 fev. 2002; GARDNER, Susan E.; DANIEL, Christopher. Implementing Comparable Worth/Pay Equity: Experiences of Cutting-Edge States. *Public Personnel Management*, v. 27, n. 4, p. 475–89, inverno 1998.
46. LUBRANO, Alfred. Miners Live Life of Good Pay for High Danger. *Knight-Ridder/Tribune Business News*, p. ITEM02225012, 13 ago. 2002; GUP, T. The Curse of Coal. *Time*, p. 54–64, 4 nov. 1991.
47. KAHN, Linda. *Primer of Labor Relations*. 25 ed. Washington, DC: Bureau of National Affairs Books, 1994; SLOANE, A.; WITNEY, F. *Labor Relations*. Engle-wood Cliffs, NJ: Prentice-Hall, 1985.
48. PREMACK, S.; HUNTER, J. E. Individual Unionization Decisions. *Psychological Bulletin*, v. 103, p. 223–34, 1988; TROY, Leo. *Beyond Unions and Collective Bargaining*. Armonk, NY: M. E. Sharpe, 1999; McCLENDON, John A. Members and Nonmembers: Determinants of Dues-Paying Membership in a Bargaining Unit. *Relations Industrielles*, v. 55, n. 2, p. 332–47, primavera 2000.
49. SINCLAIR, Robert; TETRICK, Lois. Social Exchange and Union Commitment: A Comparison of Union Instrumentality and Union Support Perceptions. *Journal of Organizational Behavior*, v. 16, n. 6, p. 669–79, nov. 1995. Ver também PREMACK e HUNTER, Individual Unionization Decisions.
50. LEWIN, David; PETERSON, Richard B. *The Modern Grievance Procedure in the United States*. Westport CT: Quorum Books, 1998; ABRAHAM, Steven E.; VOOS, Paula B. Right-to-Work Laws: New Evidence from the Stock Market. *Southern Economic Journal*, v. 67, n. 2, p. 345–62, out. 2000.
51. BOHLANDER, George; BLANCERO, Donna. A Study of Reversal Determinants in Discipline and Discharge Arbitration Awards: The Impact of Just Cause Standards. *Labor Studies Journal*, v. 21, n. 3, p. 3–18, outono 1996.
52. The Pivotal Role of Labor-Management Committees. *Workforce Management*, jan. 2004, online.

Capítulo 11

1. EISENBERG, Bonnie; RUTHSDOTTER, Mary. Living the Legacy: The Women's Rights Movement 1848–1998. Disponível em: www.legacy98.org/movehist.html.
2. Ibid.
3. *2000–2010 Employment Projections*. Washington DC: Bureau of Labor Statistics, U.S. Department of Labor, 2002 Disponível em: http://www.bls.gov/news.release/ ecopro.nr0.htm.
4. Diversity Is about to Get More Elusive. *BusinessWeek*, 30 jun. 2003, online.
5. *Employment Projections*, Bureau of Labor Statistics; *Highlights of Women's Earnings in 2001*. Washington DC: Bureau of Labor Statistics, U.S. Department of Labor, maio 2002; press release Ask a Working Woman Survey, 2002, AFLCIO, copyright 2002; STEEN, Margaret. Male–Female Pay Gap Widened, Study Says. *Knight-Ridder/Tribune Business News*, pITEM02244014, 1 set. 2002; LAABS, Jennifer. Celebrating National Business Women's Week. *Workforce*, v. 79, n. 10, p. 32, out. 2000; Statistics—Women. *Break the Glass Ceiling*. Disponível em: www.breaktheglassceiling.com/ statistics-women.htm.
6. BELKIN, Lisa. Goodbye Doesn't Need to Mean Forever. *The New York Times*, p. 1, Seção 10, 13 mar. 2005.
7. GUTNER, Toddi. The Rose-Colored Glass Ceiling. *BusinessWeek*, 2 set. 2002; 2001 Census of Women Board Directors of the Fortune 1000. *Catalyst's*; LUBHY, Tamil. Women Execs Narrowing Salary Gap. Disponível em: Newsday.com, 24 jun. 2002; PERRY, Nacy. More Women Are Executive VPs. *Fortune*, p. 16, 12 jul. 1993; LAABS, Jennifer. Saturn Gets Female President, but Female Leaders Are Still a Corporate Oddity. *Workforce*, v. 78, n. 2, p. 22, fev. 1999.
8. LUBLIN, Joann S. Executive Aspirations Abound among Women Professionals. *CareerJournal.com*, 29 jun. 2004, online.
9. BONNE, Jon. A Gender Split in the Executive Suite. *MSNBC.com*, 11 ago. 2004, online; Progress Stalled for Newspaper Women. *Media Report to Women*, v. 30, inverno 2002, online.
10. How to Shrink the Pay Gap. *BusinessWeek*, p. 15, 24 jun. 2002; DUNKEL, Tom. The Front Runners. *Working Woman*, p. 30–35, 72, 75, abr. 1996; CAFASSO, Rosemary. The Diversity Gap. *Computerworld*, p. 35–37, jun. 1996; LAABS, Saturn Gets Female President, p. 22; SHARPE, Rochelle. As Leaders, Women Rule. *BusinessWeek*, p. 74–84, 20 nov. 2000.
11. BOHLANDER, George et al. *Managing Human Resources*. 12 ed. Cincinnati, OH: Southwestern Publishing, 2001; PETROCELLI, William; REPA, Barbar Kate. *Sexual Harassment on the Job: What It Is and How to Stop It*. Berkeley, CA: Nolo Press, 1998.
12. CHENG, Kipp. Beyond Just the Numbers, What Counts as an Emerging Market? *DiversityInc.com*, 1 jul. 2002; U.S. Department of Labor; LEE, Jennifer; BEAN, Frank D. America's Changing Color Lines. *Annual Review of Sociology*, p. 221–43, 2004.
13. MERRITT, Jennifer. Commentary: B-Schools: A Failing Grade on Minorities. *BusinessWeek*, 12 maio 2003, online.
14. CROCKETT, Roger O. For Blacks, Progress without Parity. *BusinessWeek*, 14 jul. 2003, online; 75 Most Powerful African Americans in Corporate America. *Black Enterprise*, fev. 2005, online.
15. MERRITT, Commentary.
16. BERTRAND, Marianne; MULLAINATHAN, Sendhill. Are Emily and Greg More Employable than Lakisha and Jamal? NBER Working Paper No. 9873, jul. 2003, online.
17. On the Job. *Paraplegia News*, p. 41–42, jun. 2002; For the Disabled. It's Always a Depression. *BusinessWeek Online*, 5 dez. 2001; An ADA Checklist for Implementation and Review. *HR Focus*, p. 19, jul. 1994; OVERALL, Stephen. Firms Hire Fewer Disabled People in Unskilled Jobs. *People Management*, p. 10, 16 nov. 1995; JORDAN, James. *ADA Americans with Disabilities Act Compliance Manual for California*. Bristol, UK: Jordan Publishing, 1999; Disabled Workers Have Proportionally Harder Time Finding Jobs in Down Economy. *Denver Post*, 1 mar. 2004, online (acesso em: *Knight-Ridder/Tribune Business News*).
18. New ADA Enforcement Guides from the EEOC. *HR Focus*, v. 77, n. 12, p. 2, dez. 2000.
19. DUTTON, Gail. The ADA at 10. *Workforce*, v. 79, n. 12, p. 40–46, dez. 2000.

20. *Employment Projections*, Bureau of Labor Statistics; GALE, Sarah Fister. Phased Retirement Keeps Employees — and Keeps Them Happy. *Workforce Management*, p. 92–96, jul. 2003.
21. *Employment Projections*; Older Workers Will Be Critical for Workforce Planning, Studies Show. *Human Resource Department Management Report*, p. 12, set. 2003.
22. LELAND, John. Retirees Return to the Grind, but This Time It's on Their Own Terms. *The New York Times*, 8 dez. 2004, online; FREUDENHEIM, Milt. More Help Wanted: Older Workers Please Apply. *The New York Times*, p. 1, 23 mar. 2005.
23. LABICH, Kenneth. No More Crude at Texaco. *Fortune*, v. 140, n. 5, p. 205–12, 6 set. 1999; *Good for Business:* Making Full Use of the Nation's Human Capital. Washington, DC: Federal Glass Ceiling Commission, 1995; WEISUL, Kimberly. The Bottom Line on Women at the Top. *BusinessWeek*, 26 jan. 2004, online.
24. ADLER, N. *International Dimensions of Organizational Behavior.* 3 ed. Boston: PWS-Kent, 1997; COX, T.; BLAKE, S. Managing Cultural Diversity: Implications for Organizational Competitiveness. *Academy of Management Executives*, v. 5, p. 45–56, ago. 1991.
25. America's 50 Best Companies for Minorities. *Fortune*, 28 jul. 2002; Successful Companies Realize That Diversity Is a Long-Term Process, Not a Program. *Personnel Journal*, p. 54, abr. 1993; CROCKETT, Joan. Diversity: Winning Competitive Advantage through a Diverse Workforce. *HR Focus*, v. 76, n. 5, p. 9–10, maio 1999.
26. Ver, por exemplo, Morgan Stanley Settles Sex Discrimination Lawsuit for $54 Million. U.S. Equal Opportunity Commission, 12 jul. 2004, online; A New Black Eye for Boeing. *BusinessWeek*, 26 abr. 2004, online; Wal-Mart Faces Lawsuit over Sex Discrimination. *The New York Times*, p. 22, 16 fev. 2003,; e GREENHOUSE, Steven. Abercrombie & Fitch Bias Case Is Settled. *The New York Times*, p. 16, 17 nov. 2004.
27. THOMAS Jr., R. Roosevelt. From Affirmative Action to Affirming Diversity. *Harvard Business Review*, mar./abr. 1990.
28. ADLER, *International Dimensions of Organizational Behavior*; COX e BLAKE, Managing Cultural Diversity.
29. ADLER, *International Dimensions of Organizational Behavior.*
30. JEHN, Karen A. Workplace Diversity, Conflict, and Productivity: Managing in the 21st Century. Disponível em: www-marketing.wharton.upenn.edu/SEI/diversity.html.
31. MURRELL, Audrey J. et al. *Mentoring Dilemmas: Developmental Relationships within Multicultural Organizations.* Mahwah, NJ: Lawrence Erlbaum Associates, 1999. Ver revisão deste livro de LENGNICK-HALL, Mark L. Mentoring Dilemmas: Developmental Relationships within Multicultural Organizations. *Personnel Psychology*, v. 53, n. 1, p. 224–27, primavera 2000.
32. LIVINGSTON, A. What Your Department Can Do. *Working Woman*, p. 59–60, jan. 1991; LEE, Mary Dean et al. Organizational Paradigms of Reduced-Load Work: Accommodation, Elaboration, and Transformation. *Academy of Management Journal*, v. 43, n. 6, p. 1211–34, dez. 2000.
33. DAY, Leslie E. Overmyer. The Pitfalls of Diversity Training. *Training and Development*, v. 49, n. 12, p. 24–29, dez. 1995; RYNES, Sara; ROSEN, Benson. A Field Survey of Factors Affecting the Adoption and Perceived Success of Diversity Training. *Personnel Psychology*, v. 48, n. 2, p. 247–70, verão 1995; FORD, Lynda. Diversity: From Cartoons to Confrontations. *Training & Development*, v. 54, n. 8, p. 70–71, ago. 2000; Diversity: A 'New' Tool for Retention. *HR Focus*, v. 77, n. 6, p. 1, 14, jun. 2000; GRENSING-POPHAL, Lin. Is Your HR Department Diverse Enough? *HR Magazine*, v. 45, n. 9, p. 46–52, set. 2000; IVANCEVICH, John M.; GILBERT, Jacqueline A. Diversity Management: Time for a New Approach. *Public Personnel Management*, v. 29, n. 1, p. 75–92, primavera 2000.
34. BURKART, Michael. The Role of Training in Advancing a Diversity Initiative. *Diversity Factor*, v. 8, n. 1, p. 2–5, outono 1999.
35. MUELLER, Nancy L. Wisconsin Power and Light's Model Diversity Program. *Training and Development*, p. 57–60, mar. 1996; GROSSMAN, Robert J. Is Diversity Working? *HR Magazine*, v. 45, n. 3, p. 46–50, mar. 2000.
36. SHURN-HANNAH, Phyllis. Solving the Minority Retention Mystery. *The Human Resource Professional*, v. 13, n. 3, p. 22–27, maio/jun. 2000; FLYNN, Gillian. Firm's Diversity Efforts Even the Playing Field. *Personnel Journal*, p. 56, jan. 1996.
37. DURR, Barbara. Clubbing Together to Get Ahead. *Financial Times*, p. 11, 17 jun. 2002; WHITE, Margaret Blackburn. Organization 2005: New Strategies at P&G. *Diversity Factor*, v. 8, n. 1, p. 16–20, outono 1999.
38. BOWEN, William G. et al. A Report Card on Diversity: Lessons for Business from Higher Education. *Harvard Business Review*, v. 7, n. 1, p. 38–45, jan./fev. 1999; GINGRICH, Bryan Individual and Organizational Accountabilities Reducing Stereotypes and Prejudice within the Workplace. *Diversity Factor*, v. 8, n. 2, p. 14–19, inverno 2000; CROCKETT, Joan. Diversity: Winning Competitive Advantage through a Diverse Workforce. *HR Focus*, v. 76, n. 5, p. 9–10, maio 1999.

Capítulo 12

1. RAELIN, J. A. Don't Bother Putting Leadership into People. *Academy of Management Executive*, p. 131–35, ago. 2004.
2. BENNIS, W.; NANUS, B. *Leaders.* Nova York: Harper & Row, p. 27, 1985.
3. PETRICK, J. et al. Global Leadership Skills and Reputational Capital: Intangible Resources for Sustainable Competitive Advantage. *Academy of Management Executive*, p. 58–69, fev. 1999.
4. BENNIS e NANUS, *Leaders.*
5. Ibid., p. 144.
6. LAWLER III, E. E. *Treat People Right! How Organizations and Individuals Can Propel Each Other into a Virtual Spiral of Success.* São Francisco: Jossey-Bass, 2003.
7. KOUZES, J.; POSNER, B. *The Leadership Challenge.* 2 ed. São Francisco: Jossey-Bass, 1995.
8. KOUZES, J.; POSNER, B. *The Leadership Challenge.* 1 ed. São Francisco: Jossey-Bass, 1987.
9. Ibid.
10. Ibid.
11. BAUM, J. et al. A Longitudinal Study of the Relation of Vision and Vision Communication to Venture Growth in Entrepreneurial Firms. *Journal of Applied Psychology*, v. 83, p. 43–54, 1998.
12. SHAPIRO, E. C. *Fad Surfing in the Boardroom.* Reading, MA: Addison-Wesley, 1995.
13. KOUZES e POSNER, *The Leadership Challenge*, 1995.
14. Ibid.
15. BENNIS, W.; TOWNSEND, R. *Reinventing Leadership.* Nova York: William Morrow, 1995.
16. Ibid.
17. KOUZES e POSNER, *The Leadership Challenge*, 1987.
18. CONGER, J. A. The Dark Side of Leadership. *Organizational Dynamics*, v. 19, p. 44–55, outono 1990.
19. CONGER, J. The Vision Thing: Explorations into Visionary Leadership. In: *Cutting Edge Leadership 2000.* College Park, MD: James MacGregor Burns Academy of Leadership, 2000.
20. KOTTER, J. P. What Leaders Really Do. *Harvard Business Review*, v. 68, p. 103–11, maio/jun. 1990.
21. ZALEZNIK, A. The Leadership Gap. *The Executive*, v. 4, p. 7–22, fev. 1990.
22. YUkl, G. *Leadership in Organizations.* 3 ed. Englewood Cliffs, NJ: Prentice-Hall, 1994.

23. HOUSE, R.; ADITYA, R. The Social Scientific Study of Leadership: Quo Vadis? *Journal of Management*, v. 23, p. 409–73, 1997.
24. IRELAND, R. D.; HITT, M. A. Achieving and Maintaining Strategic Competitiveness in the 21st Century. The Role of Strategic Leadership. *Academy of Management Executive*, p. 43–57, fev. 1999.
25. GARDNER, J. The Heart of the Matter: Leader–Constituent Interaction. p. 239–244. *Leading & Leadership*. Notre Dame, IN: University of Notre Dame Press, p. 38–45, 2000.
26. KELLY, R. E. In Praise of Followers. *Harvard Business Review*, v. 66, p. 142–48, nov./dez. 1988.
27. BENNIS e TOWNSEND, *Reinventing Leadership*.
28. GARDNER, The Heart of the Matter.
29. KELLY, In Praise of Followers.
30. FRENCH, J. R. P.; RAVEN, B. The Bases of Social Power. In: *Studies in Social Power*. Ann Arbor, MI: Institute for Social Research, 1959.
31. YUKL, G.; FALBE, C. Importance of Different Power Sources in Downward and Lateral Relations. *Journal of Applied Psychology*, v. 76, p. 416–23, 1991.
32. Ibid.
33. Ibid.
34. STOGDILL, R. M. Personal Factors Associated with Leadership: A Survey of the Literature. *Journal of Psychology*, v. 25, p. 35–71, 1948.
35. KIRKPATRICK, S.; LOCKE, E. Leadership: Do Traits Matter? *The Executive*, v. 5, p. 48–60, maio 1991.
36. YUKL, G. A. *Leadership in Organizations*. 2 ed. Englewood Cliffs, NJ: Prentice-Hall, 1989.
37. HEIFETZ, R.; LAURIE, D. The Work of Leadership. *Harvard Business Review*, p. 124–34, jan./fev. 1997.
38. JUDGE, T. et al. Personality and Leadership: A Qualitative and Quantitative Review. *Journal of Applied Psychology*, v. 87, p. 765–80, 2002.
39. FULLER, T. *Leading & Leadership, 2000*. Notre Dame, IN: University of Notre Dame Press, p. 243.
40. KOTTER, J. P. *The General Managers*. Nova York: Free Press, 1982.
41. ZACCARO, S. et al. -Self-Monitoring and Trait-Based Variance in Leadership: An Investigation of Leader Flexibility across Multiple Group Situations. *Journal of Applied Psychology*, v. 76, p. 308–15, 1991.
42. GOLEMAN, D. Leadership that Gets Results. *Harvard Business Review*, p. 78–90, mar./abr. 2000.
43. MISUMI, J.; PETERSON, M. The Performance-Maintenance (PM) Theory of Leadership: Review of a Japanese Research Program. *Administrative Science Quarterly*, v. 30, p. 198–223, jun. 1985.
44. JUDGE, T. et al. The Forgotten Ones? The Validity of Consideration and Initiating Structure in Leadership Research. *Journal of Applied Psychology*, v. 89, p. 36–51, 2004.
45. MISUMI e PETERSON, The Performance-Maintenance (PM) Theory.
46. JUDGE, et al. The Forgotten Ones?
47. GRAEN, G.; UHL-BIEN, M. Relationship-Based Approach to Leadership: Development of Leader-Member Exchange (LMX) Theory of Leadership over 25 Years: Applying a Multi-Level Multidomain Perspective. *Leadership Quarterly*, v. 6, n. 2, p. 219–47, 1995.
48. HOUSE e ADITYA, The Social Scientific Study of Leadership.
49. GERSTNER, C. R.; DAY, D. V. Meta-Analytic Review of Leader-Member Exchange-Theory: Correlates and Construct Issues. *Journal of Applied Psychology*, v. 82, p. 827–44 , 1997.
50. HOUSE e ADITYA, Social Scientific Study.
51. WAGNER III, J. Participation's Effect on Performance and Satisfaction: A Reconsideration of Research. *Academy of Management Review*, p. 312–30, abr. 1994.
52. WHITE, R.; LIPPITT, R. *Autocracy and Democracy: An Experimental Inquiry*. Nova York: Harper & Brothers, 1960.
53. MUCZYK, J.; STEEL, R. Leadership Style and the Turnaround Executive. *Business Horizons*, p. 39–46, mar./abr. 1999.
54. TANNENBAUM, A.; SCHMIDT, W. How to Choose a Leadership Pattern. *Harvard Business Review*, v. 36, p. 95–101, mar./abr. 1958.
55. FLEISHMAN, E.; HARRIS, E. Patterns of Leadership Behavior Related to Employee Grievances and Turnover. *Personnel Psychology*, v. 15, p. 43–56, 1962.
56. LIKERT, R. *The Human Organization: Its Management and Value*. Nova York: McGraw-Hill, 1967.
57. BLAKE, R.; MOUTON, J. *The Managerial Grid*. Houston: Gulf, 1964.
58. MISUMI e PETERSON, The Performance-Maintenance (PM) Theory.
59. WALL, J. *Bosses*. Lexington, MA: Lexington Books, 1986.
60. Ibid., p. 103.
61. TANNENBAUM e SCHMIDT, How to Choose a Leadership Pattern.
62. VROOM, V. H. Leadership and the Decision-Making Process. *Organizational Dynamics*, p. 82–93, primavera 2000.
63. HOUSE, R. J. A Path Goal Theory of Leader Effectiveness. *Administrative Science Quarterly*, v. 16, p. 321–39, 1971.
64. HOWELL, J. et al. Substitutes for Leadership: Effective Alternatives to Ineffective Leadership. *Organizational Dynamics*, v. 19, p. 21–38, verão 1990.
65. LORD, R. G.; SMITH, W. Gradwohl Leadership and the Changing Nature of Performance. In: *The Changing Nature of Performance*. São Francisco: Jossey-Bass, 1999.
66. DIONNE, S. et al. Neutralizing Substitutes for Leadership Theory: Leadership Effects and Common-Source Bias. *Journal of Applied Psychology*, v. 87, p. 454–64, 2002.
67. BIANCO, A.; LAVELL, L. The CEO Trap. *BusinessWeek*, p. 86–92, 11 dez., 2000, .
68. BASS, B. M. *Leadership and Performance Beyond Expectations*. Nova York: Free Press, 1985.
69. NUR, Y. A. Charisma and Managerial Leadership: The Gift That Never Was. *Business Horizons*, p. 19–26, jul./ago. 1998.
70. HOUSE, R. J. A 1976 Theory of Charismatic Leadership. In: *Leadership: The Cutting Edge*. Carbondale, IL: Southern Illinois University Press, 1977.
71. POTTS, M.; BEHR, P. *The Leading Edge*. Nova York: McGraw-Hill, 1987.
72. YORGES, S. et al. The Effect of Leader Outcomes on Influence, Attributions, and Perceptions of Charisma. *Journal of Applied Psychology*, v. 84, p. 428–36, 1999.
73. POTTS e BEHR, Leading Edge.
74. WALDMAN, D. A.: YAMMARINO, F. J. CEO Charismatic Leadership: Levels-of-Management and Levels-of-Analysis Effects. *Academy of Management Review*, v. 24, p. 266–85, 1999.
75. HOUSE e ADITYA, The Social Scientific Study of Leadership.
76. WALDMAN, D. A. et al. Does Leadership Matter? CEO Leadership Attributes and Profitability under Conditions of Perceived Environmental Uncertainty. *Academy of Management Journal*, v. 44, p. 134–43, 2001.
77. HOWELL, J. M.; HALL-MERENDA, K. E. The Ties that Bind: The Impact of Leader-Member Exchange, Transformational and Transactional Leadership, and Distance on Predicting Follower Performance. *Journal of Applied Psychology*, v. 84, p. 680–94, 1999.
78. BASS, B. M. Leadership: Good, Better, Best. *Organizational Dynamics*. p. 26–40, inverno 1985.
79. YAMMARINO, F. J. et al. A Multiple-Level Multidimensional Approach to Leadership: Viewing Leadership through an Elephant's Eye. *Organizational Dynamics*, p. 149–63, inverno 2001.

80. JUNG, D. I.; AVOLIO, B. J. Effects of Leadership Style and Followers' Cultural Orientation on Performance in Group and Individual Task Conditions. *Academy of Management*, v. 42, p. 208–18, 1999.
81. BASS, *Leadership*.
82. BENNIS e NANUS, *Leaders*.
83. BASS, B. et al. Biography and the Assessment of Transformational Leadership at the World-Class Level. *Journal of Management*, v. 13, p. 7–20, 1987.
84. ALBRECHT, K.; ZEMKE, R. *Service America*. Homewood, IL: Dow Jones Irwin, 1985.
85. JUDGE, T. A.; BONO, J. E. Five-Factor Model of Personality and Transformational Leadership. *Journal of Applied Psychology*, v. 85, p. 751–65, 2000.
86. BASS, B. Does the Transactional-Transformational Paradigm Transcend Organizational and National Boundaries? *American Psychologist*, v. 22, p. 130–42. 1997.
87. SHIN, S. J.; ZHOU, Transformational Leadership, Conservation, and Creativity: Evidence from Korea. *Academy of Management Journal*, v. 46, p. 703–14, 2003.
88. DVIR, T. et al. 107. Impact of Transformational Company Leadership on Follower Development and Performance: A Field Experiment. *Academy of Management Journal*, v. 45, p. 735–44, 2002.
89. BASS, B. M. *Transformational Leadership: Industry, Military, and Educational Impact*. Mahwah, NJ: Lawrence Erlbaum Associates, 1998.
90. SPREITZER, G.; QUINN, R. Empowering Middle Managers to Be Transformational Leaders. *Journal of Applied Behavioral Science*, v. 32, p. 237–61, 1996.
91. Ibid.
92. COLLINS, J. Level 5 Leadership. *Harvard Business Review*, v. 1, p. 66–76, 2001.
93. VERA, D.; CROSSAN, M. Strategic Leadership and Organizational Learning. *Academy of Management Review*, v. 29, p. 222–40, 2004.
94. LUTHANS, F. *Organizational Behavior*. 10 ed. Nova York: McGraw-Hill/Irwin, 2005.
95. BASS, B. M. Thoughts and Plans. In: *Cutting Edge Leadership 2000*. College Park, MD: James MacGregor Burns Academy of Leadership, p. 5–9, 2000.
96. TURNER, N. et al. Transformational Leadership and Moral Reasoning. *Journal of Applied Psychology*, v. 87, p. 304–11, 2002.
97. BASS, Thoughts and Plans.
98. HUEY, J. The New Post-Heroic Leadership. *Fortune*, p. 42–50, 21 fev. 1994.
99. BENNIS, W. The End of Leadership: Exemplary Leadership Is Impossible without Full Inclusion, Initiatives, and Cooperation of Followers. *Organizational Dynamics*, p. 71–79, verão 1999.
100. SPEARS, L. Emerging Characteristics of Servant Leadership. In: *Cutting Edge Leadership 2000*. College Park, MD: James MacGregor Burns Academy of Leadership, 2000.
101. CIULLA, J. Bridge Leaders. In: *Cutting Edge Leadership 2000*. College Park, MD: James MacGregor Burns Academy of Leadership, p. 25–28, 2000.
102. PEARCE, C. L. The Future of Leadership: Combining Vertical and Shared Leadership to Transform Knowledge Work. *Academy of Management Executive*, p. 47–57, fev. 2004.
103. FISHER, R.; SHARP, A. *Getting It Done*. Nova York: HarperCollins, 1998.
104. KIRSNER, S. One Tough Assignment. *Fast Company*, p. 76–77, set. 2004.
105. BLOCK, P. *The Empowered Manager*. São Francisco: Jossey-Bass, 1991.
106. Ibid.
107. LIDSKY, D. How Do You Rate? *Fast Company*, p. 107–9, set. 2004.
108. KOUZES e POSNER, *The Leadership Challenge*, 1995.
109. BEESON, J. Succession Planning: Building the Management Corps. *Business Horizons*, p. 61–66, set./out.
110. FULMER, R. et al. Developing Leaders: How Winning Companies Keep on Winning. *Sloan Management Review*, p. 49–59, outono 2000.
111. McCALL, M. *High Flyers*. Boston: Harvard Business School Press, 1998.
112. VELSOR, E. Van et al. Our View of Leadership Development. In: *Center for Creative Leadership Handbook of Leadership Development*. São Francisco: Jossey-Bass, p. 1–25, 1998.

Apêndice E

1. FIEDLER, F. E. *A Theory of Leadership Effectiveness*. Nova York: McGraw-Hill, 1967.
2. HERSEY, P.; BLANCHARD, K. *The Management of Organizational Behavior*. Englewood Cliffs, NJ: Prentice Hall, 1984.
3. YUKL, *Leadership in Organizations*. YUKL, G. *Leadership in Organizations*. 3 ed. Englewood Cliffs, N.J.: Prentice Hall, 1994.

Capítulo 13

1. KREITNER, R.; LUTHANS, F. A Social Learning Approach to Behavioral Management: Radical Behaviorists 'Mellowing Out'. *Organizational Dynamics*, p. 47–65, outono 1984.
2. KATZ, D.; KAHN, R. L. *The Social Psychology of Organizations*. Nova York: John Wiley & Sons, 1966.
3. BARTLETT, C. A.; GHOSHAL, S. Building Competitive Advantage through People. *Sloan Management Review*, p. 34–41, inverno 2002.
4. BREMMER, B. et al. Nissan's Boss. *BusinessWeek*, p. 50–58, 4 out. 2004.
5. LOCKE, E. Toward a Theory of Task Motivation and Incentives. *Organizational Behavior and Human Performance*, v. 3, p. 157–89, 1968.
6. CASCIO, W. F. Managing a Virtual Workplace. *Academy of Management Executive*, p. 81–90, ago. 2000.
7. LOCKE, E. A. Guest Editor's Introduction: Goal-Setting Theory and Its Applications to the World of Business. *Academy of Management Executive*, v. 4, p. 124–25, nov. 2004.
8. LATHAM, G. P. The Motivational Benefits of Goal-Setting. *Academy of Management Executive*, v. 4, p. 126–29, nov. 2004,.
9. LOCKE, E. A. Linking Goals to Monetary Incentives. *Academy of Management Executive*, v. 4, p. 130–33, nov. 2004.
10. LAWLER III, E. E. *Treat People Right!* São Francisco: Jossey-Bass, 2003.
11. BONO, J.; JUDGE, T. Self Concordance at Work: Toward Understanding the Motivational Effects of Transformational Leaders. *Academy of Management Journal*, v. 46, p. 554–71, 2003.
12. SCHAFFER, R. H. Demand Better Results—and Get Them. *Harvard Business Review*, v. 69, p. 142–49, mar./abr. 1991.
13. SHAW, K. N. Changing the Goal Setting Process at Microsoft. *Academy of Management Executive*, v. 4, p. 139–43, nov. 2004.
14. MOUNT, I. David Neeleman, JetBlue. *Inc.*, p. 144, abr. 2004.
15. LAWLER, *Treat People Right!*
16. KERR, S.; LAUNDAUER, S. Using Stretch Goals to Promote Organizational Effectiveness and Personal Growth: General Electric and Goldman Sachs. *Academy of Management Executive*, v. 4, p. 134–38, nov. 2004.
17. Ibid.
18. LATHAM, Motivational Benefits of Goal-Setting.
19. MITCHELL, T.; SILVER, W. Individual and Group Goals When Workers Are Interdependent: Effects on Task Strategies and Performance. *Journal of Applied Psychology*, v. 75, p. 185–93, 1990.
20. LATHAM, Motivational Benefits of Goal-Setting.
21. SCHWEITZER, M. et al. Goal Setting

as a Motivator of Unethical Behavior. *Academy of Management Journal*, v. 47, p. 422–32, 2004.

22. WILL, G. The Arrogance of Executives. *The Washington Post*, p. A23, 17 jan. 2002.
23. MORGENSON, G. Pennies that Aren't from Heaven. *The New York Times*, p. 1, 8, sec. 3, 7 nov. 2004.
24. EARLY, P. C. et al. Goals, Strategy Development, and Task Performance: Some Limits on the Efficacy of Goal Setting. *Journal of Applied Psychology*, v. 74, p. 24–33, 1989; SHALLEY, C. E. Effects of Productivity Goals, Creativity Goals, and Personal Discretion on Individual Creativity. *Journal of Applied Psychology*, v. 76, p. 179–85, 1991.
25. MAIN, J. Is the Baldridge Overblown? *Fortune*, p. 62–65, 1 jul. 1991.
26. FISHER, R.; SHARP, A. *Getting It Done*. Nova York: HarperCollins, 1998.
27. THORNDIKE, E. *Animal Intelligence*. Nova York: Macmillan, 1911.
28. STAJKOVIC, A. D.; LUTHANS, F. Differential Effects of Incentive Motivators on Work Performance. *Academy of Management Journal*, v. 44, p. 580–90, 2001.
29. LEVERING, R.; MOSKOWITZ, M. The 100 Best Companies to Work For. *Fortune*, p. 148–68, 8 jan. 2001.
30. CASCIO, Managing a Virtual Workplace.
31. KERR, S. Organizational Rewards: Practical, Cost-Neutral Alternatives That You May Know, But Don't Practice. *Organizational Dynamics*, p. 61–70, verão 1999.
32. FALUDI, S. C. At Nordstrom Stores, Service Comes First — but at a Big Price. *The Wall Street Journal*, p. A1, A16, 20 fev. 1990.
33. BUTTERFIELD, K. L. et al. Punishment from the Manager's Perspective: A Grounded Investigation and Inductive Model. *Academy of Management Review*, v. 39, p. 1479–512, 1996.
34. SELLERS, P. P&G: Teaching an Old Dog New Tricks. *Fortune*, p. 166–80, 31 maio 2004.
35. JUDGE, T.; PICCOLO, R. Transformational and Transactional Leadership: A Meta-Analytic Test of Their Relative Ability. *Journal of Applied Psychology*, v. 89, p. 755–68, 2004.
36. KERR, S. On the Folly of Rewarding A While Hoping for B. *Academy of Management Journal*, v. 18, p. 769–83, 1975.
37. PEARLSTEIN, S. Executive Privilege? *The Washington Post*, p. H1, H4, 24 mar. 2002.
38. LAwler III, E. E. *Rewarding Excellence*. São Francisco: Jossey-Bass, 2000.
39. WEBER, J. Farewell, Fast Track. *BusinessWeek*, p. 192–200, 10 dez. 1990.
40. BISOUX, T. Corporate CounterCulture. *BizEd*, p. 16–20, nov./dez. 2004.
41. SELLERS, P&G: Teaching an Old Dog New Tricks.
42. ROTH, D. The Trophy Life. *Fortune*, p. 70–83, 19 abr. 2004.
43. LAWLER, *Treat People Right!*
44. BENNETT, A. When Money Is Tight, Bosses Scramble for Other Ways to Motivate the Troops. *The Wall Street Journal*, p. B1, B5, 31 out. 1990.
45. PFEFFER, J.; SUTTON, R. *The Knowing–Doing Gap*. Boston: Harvard Business School Press, 2000.
46. MOSS, S.; SANCHEZ, J. Are Your Employees Avoiding You? Managerial Strategies for Closing the Feedback Gap. *Academy of Management Executive*, v. 18, n. 1, p. 32–44, fev. 2004.
47. LAWLER, *Treat People Right!*
48. JACKMAN, J.; STROBER, M. Fear of Feedback. *Harvard Business Review*, p. 101–107, abr. 2003.
49. VROOM, V. H. *Work and Motivation*. Nova York: John Wiley & Sons, 1964.
50. WOOD, R. E. et al. Bonuses, Goals, and Instrumentality Effects. *Journal of Applied Psychology*, v. 84, p. 703–20, 1999.
51. KERR, Organizational Rewards.
52. MASLOW, A. H. A Theory of Human Motivation. *Psychological Review*, p. 370–96, jul. 1943.
53. MAINICRO, L.; GIBSON, D. Managing Employee Trauma: Dealing with the Emotional Fallout from 9–11. *Academy of Management Executive*, p. 130–43, ago. 2003.
54. WAHBA, M.; BIRDWELL, L. Maslow Reconsidered: A Review of Research on the Need Hierarchy Theory. *Organizational Behavior and Human Performance*, v. 15, p. 212–40, 1976.
55. ROSE, F. A New Age for Business? *Fortune*, p. 156–64, 8 out. 1990.
56. DESSLER, G. How to Earn Your Employees' Commitment. *Academy of Management Executive*, p. 58–67, maio 1999.
57. WEBER, Farewell, Fast Track.
58. ALDERFER, C. *Existence, Relatedness, and Growth: Human Needs in Organizational Settings*. Glencoe, IL: Free Press, 1972.
59. PINDER, C. *Work Motivation*. Glenview, IL: Scott, Foresman, 1984.
60. McCLELLAND, D. *The Achieving Society*. Nova York: Van Nostrand Reinhold, 1961.
61. McCLELLAND, D.; BOYATZIS, R. Leadership Motive Pattern and Long-Term Success in Management. *Journal of Applied Psychology*, v. 67, p. 737–43, 1982.
62. ADLER, N. *International Dimensions of Organizational Behavior*. 2 ed. Boston: Kent, 1991; HOFSTEDE, G. *Cultures and Organizations*. Londres: McGraw-Hill, 1991.
63. LAWLER III, E. E.; FINEGOLD, D. Individualizing the Organization: Past, Present, and Future. *Organizational Dynamics*, p. 1–15, verão 2000.
64. Ibid.
65. AMABILE, T. M. A Model of Creativity and Innovation in Organizations. In: *Research in Organizational Behavior*. Greenwich, CT: JAJ Press, p. 10, 123–67, 1988.
66. FORD, C. M. A Theory of Individual Creative Action in Multiple Social Domains. *Academy of Management Review*, v. 21, p. 1112–42, 1996.
67. OLDHAM, G.; CUMMINGS, A. Employee Creativity: Personal and Comtextual Factors at Work. *Academy of Management Journal*, v. 39, p. 607–34, 1996.
68. AMABILE, T. et al. Assessing the Work Environment for Creativity. *Academy of Management Journal*, v. 39, p. 1154–84, 1996.
69. CAMPION, M.; SANBORN, G. Job Design. In: *Handbook of Industrial Engineering*. Nova York: John Wiley & Sons, 1991.
70. LAWLER e FINEGOLD, Individualizing the Organization.
71. PONSER, B. G. Role Changes. *Inc.*, p. 95–98, fev. 1990.
72. CAMPION, M.; McCLELLAND, D. Interdisciplinary Examination of the Costs and Benefits of Enlarged Jobs: A Job Design Quasi-Experiment. *Journal of Applied Psychology*, v. 76, p. 186–98, 1991.
73. HERZBERG, F. *Work and the Nature of Men*. Cleveland: World, 1966.
74. HACKMAN, J. R. et al. A New Strategy for Job Enrichment. *California Management Review*, v. 16, p. 57–71, outono 1975.
75. EHRENFELD, T. Cashing In. *Inc.*, p. 69–70, jul. 1993.
76. FENN, D. Bottoms Up. *Inc.*, p. 58–60, jul. 1993.
77. RECHHELD, R. Loyalty-Based Management *Harvard Business Review*, p. 64–73, mar./abr. 1993.
78. WHITFORD, D. A Human Place to Work. *Fortune*, p. 108–18, 458–59, 8 jan. 2001.
79. HAMEL, G. Reinvent Your Company. *Fortune*, p. 98–118, 12 jun. 2000.
80. LEVERING e MOSKOWITZ, The 100 Best Companies.
81. BIANCHI, A. True Believers. *Inc.*, p. 72–73, jul. 1993.
82. FINEGAN, J. People Power. *Inc.*, p. 62–63, jul. 1993.
83. Ibid.
84. PETERS, T.; AUSTIN, N. *A Passion for Excellence*. Nova York: Random House, 1985.
85. EHRENFELD, Cashing In.
86. FINEGAN, People Power.

87. CAMPION e SANBORN, Job Design.
88. SEIBERT, S. et al. Taking Empowerment to the Next Level: A Multiple-Level Model of Empowerment, Performance, and Satisfaction. *Academy of Management Journal*, v. 47, p. 332–49, 2004.
89. ARGYRIS, C. Empowerment: The Emperor's New Clothes. *Harvard Business Review*, p. 98–105, maio/jun. 1998.
90. FORRESTER, R. Empowerment: Rejuvenating a Potent Idea. *Academy of Management Executive*, p. 67–80, ago. 2000.
91. LIDEN, R. C. et al. An Examination of the Mediating Role of Psychological Empowerment on the Relations between the Job, Interpersonal Relationships, and Work Outcomes. *Journal of Applied Psychology*, v. 85, p. 407–16, 2000.
92. PETERS e AUSTIN, *A Passion for Excellence*.
93. THOMAS, K.; VELTHOUSE, B. Cognitive Elements of Empowerment: An 'Interpretive' Model of Intrinsic Task Motivation. *Academy of Management Review*, v. 15, p. 666–81, 1990.
94. KOUZES, J.; POSNER, B. *The Leadership Challenge*. 2 ed. Copyright © 1995 Jossey-Bass, Inc. Material usado com permissão de Jossey-Bass, Inc. uma subsidiária de John Wiley & Sons, Inc.
95. PRICE WATERHOUSE CHANGE INTEGRATION TEAM. *Better Change*. Burr Ridge, IL: Richard D. Irwin, 1995.
96. LAWLER III, E. E. *The Ultimate Advantage: Creating the High Involvement Organization*. São Francisco: Jossey-Bass, 1992.
97. GADIESH, O.; GILBERT, J. L. Transforming Corner-Office Strategy into Frontline Action. *Harvard Business Review*, p. 72–79, maio 2001.
98. KOUZES J.; POSNER, B. *The Leadership Challenge*. São Francisco: Jossey-Bass, 1995.
99. PRICE WATERHOUSE CHANGE INTEGRATION TEAM, *Better Change*.
100. JASINOWSKI, J.; HAMRIN, R. *Making It in America*. Nova York: Simon & Schuster, 1995.
101. RANDOLPH, W. A.; SASHKIN, M. Can Organizational Empowerment Work in Multinational Settings? *Academy of Management Executive*, v. 16, p. 102–15, 2002.
102. ADAMS, J. Inequality in Social Exchange. In: *Advances in Experimental Social Psychology*. Nova York: Academic Press, 1965.
103. COLVIN, G. The Great CEO Pay Heist. *Fortune*, p. 64–70, 25 jun. 2001.
104. BLOOM, M. The Performance Effects of Pay Dispersion of Individuals and Organizations. *Academy of Management Journal*, v. 42, p. 25–40, 1999.
105. SKARLICKI, D. et al. Personality as a Moderator in the Relationships between Fairness and Retaliation. *Academy of Management Journal*, v. 42, p. 100–108, 1999.
106. BROCKNER, J. Making Sense of Procedural Fairness: How High Procedural Fairness Can Reduce or Heighten the Influence of Outcome Favorability. *Academy of Management Review*, v. 27, p. 58–76, 2002; De CREMER, D.; van KNIPPENBERG, D. How Do Leaders Promote Cooperation? The Effects of Charisma and Procedural Fairness. *Journal of Applied Psychology*, v. 87, p. 858–66, 2002.
107. KERNAN, M.; HANGES, P. Survivor Reactions to Reorganization: Antecedents and Consequences of Procedural, Interpersonal, and Informational Justice. *Journal of Applied Psychology*, v. 87, p. 916–28, 2002.
108. LAWLER, *Treat People Right!*
109. KIM, W. C.; MAUBORGNE, R. Fair Process: Managing in the Knowledge Economy. *Harvard Business Review*, p. 65–75, jul./ago. 1997.
110. Ibid.
111. BATEMAN, T.; ORGAN, D. Job Satisfaction and the Good Sold: The Relationship between Affect. *Academy of Management Journal*, p. 587–595, 1983, e Employee 'Citizenship'.
112. HENNE, D.; LOCKE, E. Job Dissatisfaction: What Are the Consequences? *International Journal of Psychology*, v. 20, p. 221–40, 1985.
113. BARLING, J. et al. High-Quality Work, Job Satisfaction, and Occupational Injuries. *Journal of Applied Psychology*, v. 88, p. 276–83, 2003.
114. BOWEN, D. et al. HRM and Service Fairness: How Being Fair with Employees Spills Over to Customers. *Organizational Dynamics*, p. 7–23, inverno 1999.
115. HARTER, J. et al. Business-Unit-Level Relationship between Employee Satisfaction, Employee Engagement, and Business Outcomes: A Meta-Analysis. *Journal of Applied Psychology*, v. 87, p. 268–79, 2002.
116. BISOUX, Corporate CounterCulture.
117. BOYLE, M. The Wegman's Way. *Fortune*, p. 62–68, 24 jan. 2005.
118. FENN, D. James Goodnight, SAS. *Inc.*, p. 126, abr. 2004.
119. Ibid.
120. WALTON, R. E. Improving the Quality of Work Life. *Harvard Business Review*, p. 12, 16, 155, maio/jun. 1974.
121. LAWLER III, E. E. Strategies for Improving the Quality of Work Life. *American Psychologist*, v. 37, p. 486–93, 1982; SUTTLE, J. L. Improving Life at Work: Problems and Prospects. In: *Improving Life at Work*. Santa Monica, CA: Goodyear, 1977.
122. ROBINSON, S. L. Trust and Breach of the Psychological Contract. *Administrative Science Quarterly*, v. 41, p. 574–99, 1996.
123. GIMEIN, M. Sam Walton Made Us a Promise. *Fortune*, p. 120–30, 18 mar. 2002.
124. ROUSSEAU, D. Changing the Deal While Keeping the People. *Academy of Management Executive*, v. 10, p. 50–58, 1996.
125. RIDOLFI, E. Executive Commentary. *Academy of Management Executive*, v. 10, p. 59–60, 1996.
126. LAWLER III, E. E. *From the Ground Up*. São Francisco: Jossey-Bass 1996.
127. LAWLER, *From the Ground Up*.
128. LAWLER, *Treat People Right!*
129. GHOSHAL, S. et al. Value Creation: The New Management Manifesto. *Financial Times Mastering Management Review*, p. 34–37, nov. 1999.

Capítulo 14

1. WENGER E. C.; SNYDER, W. M. Communities of Practice: The Organizational Frontier. *Harvard Business Review*, p. 139–45, jan./fev. 2000.
2. COHEN, S.; BAILEY, D. What Makes Teams Work: Group Effectiveness Research from the Shop Floor to the Executive Suite. *Journal of Management*, v. 23, p. 239–90, 1997.
3. DUMAINE, B. Who Needs a Boss? *Fortune*, p. 52–60, 7 maio 1990.
4. CHEN, G. et al. Training Undergraduates to Work in Organizational Teams. *Academy of Management Learning and Education*, v. 3, p. 27–40, 2004.
5. DUMAINE. Who Needs a Boss?
6. WEXLEY, K.; SILVERMAN, S. *Working Scared*. São Francisco: Jossey-Bass, 1993.
7. WEXLEY; SILVERMAN, *Working Scared*.
8. DUMAINE, B. The Trouble with Teams. *Fortune*, p. 86–92, 5 set. 1994.
9. LAWLER III, E. E. *From the Ground Up*. São Francisco: Jossey-Bass, 1996.
10. LAWLER. *From the Ground Up*.
11. Ibid.
12. KANTER, R. M. Championing Change: An Interview with Bell Atlantic's CEO Raymond Smith. *Harvard Business Review*, p. 118–130, jan./fev. 1991.
13. HEIFETZ, R.; LAURIE, D. The Work of Leadership. *Harvard Business Review*, p. 124–34, jan./fev. 1996.

14. LAWLER. *From the Ground Up*.
15. DUMAINE. Who Needs a Boss?
16. BOYLE, M. Growing against the Grain. *Fortune*, p. 148–56, 3 maio 2004.
17. NADLER, D. et al. *Managing Organizational Behavior.* Boston: Little, Brown, 1979.
18. CIANNI, M.; WNUCK, D. Individual Growth and Team Enhancement: Moving toward a New Model of Career Development. *Academy of Management Executive*, v. 11, p. 105–15, 1997.
19. COHEN e BAILEY, What Makes Teams Work.
20. KATZENBACK, J.; SMITH, D. The Discipline of Teams. *Harvard Business Review*, p. 111–20, mar./abr. 1993.
21. J. ZENGER AND ASSOCIATES. *Leading Teams*. Burr Ridge, IL: Business One Irwin, 1994.
22. COHEN, S. New Approaches to Teams and Teamwork. In: GALBRAITH, J. et al. *Organizing for the Future*. São Francisco: Jossey-Bass, 1993.
23. COHEN e BAILEY, What Makes Teams Work.
24. Ibid.
25. SNOW, C. et al. Use Transnational Teams to Globalize Your Company. *Organizational Dynamics*, p. 50–67, primavera 1996.
26. KIRKMAN, B. et al. Five Challenges to Virtual Team Success: Lessons from Sabre Inc. *Academy of Management Executive*, v. 16, p. 67–80, 2002.
27. BANKER, R. et al. Impact of Work Teams on Manufacturing Performance: A Longitudinal Field Study. *Academy of Management Journal*, v. 39, p. 867–90, 1996.
28. YEATTS, D. M. Hipskind; BARNES D. Harvard Business Review, Teams.

Lessons Learned from Self-Managed, nov.–dez. 1985, p. 78–80.

29. KIRKMAN B.; SHAPIRO, D. The Impact of Cultural Values on Job Satisfaction and Organizational Commitment in Self-Managing Work Teams: The Mediating Role of Employee Resistance. *Academy of Management Journal*, n. 44, p. 557–69, 2001.
30. _____. The Impact of Cultural Values on Employee Resistance to Teams: Toward a Model of Globalized Self-Managing Work Team Effectiveness. *Academy of Management Review*, v. 22, p. 730–57, 1997.
31. MACY, B.; ISUMI, H. Organizational Change, Design, and Work Innovation: A Meta-Analysis of 131 North American Field Studies — 1961–1991, *Research in Organizational Change and Development*, v. 7, p. 235–313, 1993.
32. Ibid.
33. TUCKMAN, B. W. Developmental Sequence in Small Groups. *Psychological Bulletin*, v. 63, p. 384–99, 1965.
34. FURST, S. et al. Managing the Life Cycle of Virtual Teams, *Academy of Management Executive*, p. 6–20, maio 2004. (Quotes in this paragraph from p. 11 and 12)
35. GERSICK, C. J. G. Time and Transition in Work Teams: Toward a New Model of Group Development. *Academy of Management Journal*, v. 31, p. 9–41, 1988.
36. HACKMAN, J. R. *Groups That Work (and Those That Don't)*. São Francisco: Jossey-Bass, 1990.
37. ZENGER et al. *Leading Teams*.
38. CROSS, R. Looking before You Leap: Assessing the Jump to Teams in Knowledge-Based Work. *Business Horizons*, p. 29–36, set./out. 2000.
39. DUMAINE. The Trouble with Teams.
40. CASE, J. What the Experts Forgot to Mention, *Inc.*, p. 66–78, set. 1993.
41. NAHAVANDI, A.; ARANDA, E. Restructuring Teams for the Reengineered Organization. *Academy of Management Executive*, p. 58–68, nov. 1994.
42. KIRKMAN, B. et al. The Impact of Team Empowerment on Virtual Team Performance: The Moderating Role of Face-to-Face Interaction. *Academy of Management Journal*, n. 47, p. 175–92, 2004.
43. KATZENBACK, J.; SMITH, D. *The Wisdom of Teams*. Boston: Harvard Business School Press, 1993.
44. NADLER et al. *Managing Organizational Behavior*.
45. PETTY, P. Behind the Brands at P & G: An Interview with John Smale. *Harvard Business Review*, p. 78–80, nov./dez. 1985.
46. PETERS, T.; AUSTIN, N. *A Passion for Excellence*. Nova York: Random House, 1985.
47. KIDDER, T. *The Soul of a New Machine*. Boston: Little, Brown, 1981.
48. NADLER, et al. *Managing Organizational Behavior*.
49. KATZENBACK; SMITH, The Discipline of Teams.
50. Ibid.
51. MEYER, C. How the Right Measures Help Teams Excel. *Harvard Business Review*, maio/jun., p. 95–103, 1994.
52. KATZENBACH, J. R.; SANTAMARIA, J. A. Firing Up the Front Line. *Harvard Business Review*, p. 107–17, maio/jun. 1999.
53. KNIGHT,D. et al. The Relationship of Team Goals, Incentives, and Efficacy to Strategic Risk, Tactical Implementation, and Performance. *Academy of Management Journal*, n. 44, p. 326–38, 2001.
54. KIRKMAN, B. L.; ROSEN, B. Powering Up Teams. *Organizational Dynamics*, p. 48–66, inverno 2000.
55. LAWLER. *From the Ground Up*.
56. EREZ, M. Is Group Productivity Loss the Rule or the Exception? Effects of Culture and Group-Based Motivation. *Academy of Management Journal*, n. 39, p. 1513–37, 1996.
57. KATZENBACH; SMITH. The Discipline of Teams.
58. PASCARELLOA, P. Compensating Teams. *Across the Board*, p. 16–22, fev. 1997.
59. WAGEMAN, R. Interdependence and Group Effectiveness. *Administrative Science Quarterly*, v. 40, p. 145–80, 1995.
60. CIANNI; WNUCK. Individual Growth and Team Enhancement.
61. LAWLER. *From the Ground Up*.
62. WELLINS, R. et al. *Inside Teams*. São Francisco: Jossey-Bass, 1994.
63. Ibid.
64. LEVINE, J. M. et al. Development of Strategic Norms in Groups, *Organizational Behavior and Human Decision Processes*, v. 82, p. 88–101, 2000.
65. JEHN, K.; MANNIX, E. The Dynamic Nature of Conflict: A Longitudinal Study of Intragroup Conflict and Group Performance, *Academy of Management Journal*, n. 44, p. 238–51, 2001.
66. O'TOOLE, J. *Vanguard Management*: Redesigning the Corporate Future. Nova York: Doubleday, 1985.
67. BALES, R. F. *Interaction Process Analysis*: A Method for the Study of Small Groups. Reading, MA: Addison-Wesley, 1950.
68. V. U. DRUSKAT and J. WHEELER, Managing from the Boundary: The Effective Leadership of Self-Managing Work Teams, *Academy of Management Journal*, 46 v. 2003, p. 435–57.
69. KATZENBACK; SMITH. *The Wisdom of Teams*.
70. STONER, C.; HARTMAN, R. Team Building: Answering the Tough Questions, *Business Horizons*, p. 70–78 set./out. 1993.
71. SEASHORE, S. E. *Group Cohesiveness in the Industrial Work Group*. Ann Arbor, MI: University of Michigan Press, 1954.
72. BANKER et al. Impact of Work Teams on Manufacturing Performance.
73. MULLEN, B.; COOPER C. The Relation between Group Cohesiveness and Performance: An Integration. *Psychological Bulletin*, v. 115, p. 210–27, 1994.
74. FORBES, D. P.; MILLIKEN, F. J. Cognition and Corporate Governance: Understanding Boards of Directors as Strategic Decision-Making Groups. *Academy of Management Review*, n. 24, p. 489–505, 1999.
75. SIMONS, T. et al. Making Use of Difference: Diversity, Debate, and Decision Comprehensiveness in Top Management Teams. *Academy of Management Journal*, n. 42, p. 662–73, 1999.

76. SEASHORE. *Group Cohesiveness in the Industrial Work Group.*

77. LOTT, B.; LOTT, A. Group Cohesiveness as Interpersonal Attraction: A Review of Relationships with Antecedent and Consequent Variables, *Psychological Bulletin*, p. 259–309, out. 1965.

78. KIRKMAN, B. L.; ROSEN, B. Beyond Self-Management: Antecedents and Consequences of Team Empowerment, *Academy of Management Journal*, n. 42, p. 58–74, 1999.

79. HACKMAN. *Groups That Work.*

80. BENNIS, W. *Organizing Genius.* Reading, MA: Addison-Wesley, 1997.

81. CIANNI; WNUCK. Individual Growth and Team Enhancement.

82. JEHN, K. A Multimethod Examination of the Benefits and Detriments of Intragroup Conflict, *Administrative Science Quarterly*, v. 40, p. 245–82, 1995.

83. WELLINS et al. *Inside Teams.*

84. ANCONA, D. G. Outward Bound: Strategies for Team Survival in an Organization. *Academy of Management Journal*, n. 33, p. 334–65, 1990.

85. Ibid.

86. L. SAYLES, *Leadership*: What Effective Managers Really Do, and How They Do It. Nova York: McGraw-Hill, 1979.

87. Ibid.

88. WETLAUFER, S. Common Sense and Conflict: An Interview with Disney's Michael Eisner. *Harvard Business Review*, p. 114–24, jan.fev 2000.

89. CHATMAN, J.; FLYNN, F. The Influence of Demographic Heterogeneity on the Emergence and Consequences of Cooperative Norms in Work Teams. *Academy of Management Journal*, n. 44, p. 956–74, 2001.

90. KELLER, R. T. Cross-Functional Project Groups in Research and New Product Development: Diversity, Communications, Job Stress, and Outcomes. *Academy of Management Journal*, n. 44, p. 547–55, 2001.

91. CHATMAN; FLYNN. The Influence of Demographic Heterogeneity.

92. KELLER. Cross-Functional Project Groups.

93. TJOSVOLD, D. *Working Together to Get Things Done*. Lexington, MA: Lexington Books, 1986.

94. TINSLEY, C.; BRETT, J. Managing Workplace Conflict in the United States and Hong Kong. *Organizational Behavior and Human Decision Processes*, v. 85, p. 360–81, 2001.

95. THOMAS, K. W. Conflict and Conflict Management. In: *Handbook of Industrial and Organizational Psychology*. DUNNETTE, M. D. (Ed.). Chicago: Rand McNally, 1976.

96. THOMAS, K. W. Toward Multi-Dimensional Values in Teaching: The Example of Conflict Behaviors. *Academy of Management Review*, p. 484–89, 1977.

97. LONGENECKER, C. O.; NEUBERT, M. Barriers and Gateways to Management Cooperation and Teamwork. *Business Horizons*, p. 37–44, set./out 2000.

98. NUGENT, P. S. Managing Conflict: Third-Party Interventions for Managers. *Academy of Management Executive*, v. 16, p. 139–54, 2002.

99. BLUM, M.; WALL JR., J. A. HRM: Managing Conflicts in the Firm. *Business Horizons*, p. 84–87, maio/jun. 1997.

100. Ibid.

101. WALL JR., J. A.; CALLISTER, R. R. Conflict and Its Management. *Journal of Management*, n. 21, p. 515–58, 1995.

102. MONTOYA-WEISS, M. et al. Getting It Together: Temporal Coordination and Conflict Management in Global Virtual Teams. *Academy of Management Journal*, n. 44, p. 1251–62, 2001.

103. STANDIFER, R.; WALL JR., J. A. Managing Conflict in B2B Commerce. *Business Horizons*, p. 65–70, mar./abr. 2003.

Capítulo 15

1. PENLEY, L. et al. Communication Abilities of Managers: The Relationship to Performance. *Journal of Management*, n. 17, p. 57–76, 1991.

2. HANEY, W. V. A Comparative Study of Unilateral and Bilateral Communication. *Academy of Management Journal*, n. 7, p. 128–36, 1964.

3. MCCORMACK, M. The Illusion of Communication. *Financial Times Mastering Management Review*, p. 8–9, jul. 1999.

4. LUBLIN, J. S. Managing Your Career. *The Wall Street Journal*, p. B1, 30 nov. 2004.

5. CROSS, R.; BRODT, S. How Assumptions of Consensus Undermine Decision Making. *Sloan Management Review*, v. 42, p. 86–94, 2001.

6. MOHAMMED, S.; RINGSEIS, E. Cognitive Diversity and Consensus in Group Decision Making: The Role of Inputs, Processes, and Outcomes. *Organizational Behavior and Human Decision Processes*, v. 85, p. 310–35, 2001.

7. PARKER, S.; AXTELL, C. Seeing Another Viewpoint: Antecedents and Outcomes of Employee Perspective Taking., *Academy of Management Journal*, n. 44, p. 1085–100, 2001.

8. TANNEN, D. The Power of Talk: Who Gets Heard and Why. *Harvard Business Review*, p. 138–48set./out. 1995.

9. Ibid.

10. Ibid.

11. LARKEY, L. K. Toward a Theory of Communicative Interactions in Culturally Diverse Workgroups. *Academy of Management Review*, p. 463–91, abr. 1996.

12. ARGYRIS, C. Good Communication That Blocks Learning. *Harvard Business Review*, p. 77–85, jul./ago. 1994.

13. DEUTSCH, C. The Multimedia Benefits Kit. *The New York Times*, p. 25, 14 out. 1990, Sec. 3.

14. COMSTOCK, T. W. *Communicating in Business and Industry*. Albany, NY: Delmar, 1985.

15. TAYLOR, J.; WACKER, W. *The 500 Year Delta*: What Happens after What Comes Next. New York: HarperCollins, 1997.

16. TOTTY, M. Business Solutions: Firms Get the 'Instant' Message. *The Wall Street Journal*, p. R8, 13 dez. 2004.

17. JOYCE, A. Never Out of IM Reach. *The Washington Post*, p. F5, 26 dez. 2004.

18. STEWART, T. A. How Cisco and Alcoa Make Real Time Work. *Fortune*, p. 284–86, 29 maio 2000.

19. LAM, S. S. K.; SCHAUBROECK, J. Improving Group Decisions by Better Pooling Information: A Comparative Advantage of Group Decision Support Systems. *Journal of Applied Psychology*, n. 85, p. 565–73, 2000.

20. SCHRAGE, M. If You Can't Say Anything Nice, Say It Anonymously *Fortune*, p. 35, 26 dez. 1999.

21. NAQUIN, C.; PAULSON, G. Online Bargaining and Interpersonal Trust. *Journal of Applied Psychology*, n. 88, p. 113–20, 2003.

22. BALTES, B. et al. Computer-Mediated Communication and Group Decision Making: A Meta-Analysis. *Organizational Behavior and Human Decision Processes*, v. 87, p. 156–79, 2002.

23. RICE, R.; CASE, D. Electronic Message Systems in the University: A Description of Use and Utility. *Journal of Communication*, n. 33, p. 131–52, 1983; STEINFIELD, C. Dimensions of Electronic Mail Use in an Organizational Setting. *Proceedings of the Academy of Management*, San Diego, 1985.

24. KIRKPATRICK, D. It's Hard to Manage if You Don't Blog. *Fortune*, p. 46, 4 out. 2004.

25. SOLOMON, J. As Electronic Mail Loosens Inhibitions, Impetuous Senders Feel Anything Goes. *The Wall Street Journal*, p. B1, B8, 12 out. 1990.

26. GLASSBERG, B. et al. Electronic Communication: An Ounce of Policy Is Worth a Pound of Cure. *Business Horizons*, p. 74–80, jul./ago. 1996.

27. Ibid.

28. Ibid.

29. STULLER, J. Overload. *Across the Board*, p. 16–22, abr. 1996.

30. TAYLOR; WACKER. *The 500 year Delta*.
31. TETZELI, R. Surviving Information Overload, *Fortune*, p. 32–35, 11 jul. 1994.
32. JOYCE, A. Never Out of IM Reach. *The Washington Post*, p. F5, 26 dez. 2004.
33. LUBLIN. Managing Your Career.
34. VARA, V. Taming the Email Monster. *The Wall Street Journal*, p. R8, R11, 13 dez. 2004.
35. Ibid.
36. TETZELI, Surviving Information Overload.
37. KURLAND, N. B.; BAILEY, D. E. Telework: The Advantages and Challenges of Working Here. There, Anywhere, Anytime. *Organizational Dynamics*, p. 53–68, outono 1999.
38. EDELMAN, K. Open Office? Try Virtual Office. *Across the Board*, , p. 34, mar. 1997.
39. SHELLENBARGER, S. Overwork, Low Morale Vex Office Staff. *The Wall Street Journal*, p. B1, B4, 17 ago. 1994.
40. Ibid.
41. HALLOWELL, E. M. The Human Moment at Work. *Harvard Business Review*, p. 58–66, jan./fev. 1999.
42. HOME ALONE: The Job. *Collections & Credit Risk*, p. 23, maio 1997.
43. 'VIRTUAL OFFICE' Not Yet Common. *Financial Executive*, p. 10, mar./abr. 2002.
44. GOVINDARAJAN, V.; GUPTA, A. Building an Effective Global Team, *Organizational Dynamics*, v. 42, p. 63–71, 2001.
45. LENGEL, R.; DAFT, R. The Selection of Communication Media as an Executive Skill. *Academy of Management Executive*, v. 2, p. 225–32, 1988.
46. CARLSON, J. R.; ZMUD, R. W. Channel Expansion Theory and the Experiential Nature of Media Richness Perceptions. *Academy of Management Journal*, n. 42, p. 153–70, 1999.
47. TREVINO, L. et al. Understanding Managers' Media Choices: A Symbolic Interactionist Perspective. In: FULK, J.; STEINFIELD, C. (Ed.). *Organizations and Communication Technology*. Londres: Sage, 1990.
48. FULK, J.; BOYD, B. Emerging Theories of Communication in Organizations. *Journal of Management*, n. 17, p. 407–46, 1991.
49. BOSSIDY, L.; CHARAN, R. *Confronting Reality*: Doing What Matters to Get Things Right. Nova York: Crown Business, 2004.
50. LUBLIN, J. S. To Win Advancement, You Need to Clean Up Any Bad Speech Habits. *The Wall Street Journal*, p. B1, 5 out. 2004.
51. MCCALL, M. et al. *The Lessons of Experience*: How Successful Executives Develop on the Job. Lexington, MA: Lexington, 1988.
52. CONGER, J. A. The Necessary Art of Persuasion., *Harvard Business Review*, p. 84–95, maio/jun. 1998.
53. SULL, D. The Rhetoric of Transformation. *Financial Times Mastering Management Review*, p. 34–37, dez./jan. 1999/2000.
54. NOHRIA, N.; HARRINGTON, B. *Six Principles of Successful Persuasion*. Boston: Harvard Business School Publishing Division, 1993.
55. ASHKENAS, R. et al. *The Boundaryless Organization*. São Francisco: Jossey-Bass, 1995.
56. MINTZ, H. K. Business Writing Styles for the 70's. *Business Horizons*, ago. 1972. Citado em HUSEMAN, R. C. et al. (Ed.). *Readings in Interpersonal and Organizational Communication*. Boston: Allyn & Bacon, 1977.
57. DECKER, C. D. Writing to Teach Thinking. *Across the Board*, p. 19–20, mar. 1996.
58. FORBES, M. Exorcising Demons from Important Business Letters. *Marketing Times*, p. 36–38, mar./abr. 1981.
59. KRAUTHAMMER, C. Make It Snappy: In Praise of Short Papers, Short Speeches, and, Yes, the Sound Bite. *Time*, p. 84, 21 jul. 1997.
60. STRUNK JR., W.; WHITE, E. B. *The Elements of Style*. 3. ed. Nova York: Macmillan, 1979; FOWLER, H. R. *The Little Brown Handbook*. Boston: Little, Brown, 1986.
61. FERRARO, G. The Need for Linguistic Proficiency in Global Business. *Business Horizons*, p. 39–46, maio/jun. 1996.
62. EARLY, P. C.; MOSAKOWSKI, E. Creating Hybrid Team Cultures: An Empirical Test of Transnational Team Functioning. *Academy of Management Journal*, n. 43, p. 26–49, 2000.
63. FERRARO. The Need for Linguistic Proficiency.
64. CHU, C. *The Asian Mind Game*. Nova York: Rawson Associates, 1991.
65. FERRARO. The Need for Linguistic Proficiency.
66. COMSTOCK. *Communicating in Business and Industry*.
67. KORDA, M. *Power*: How to Get It. How to Use It. Nova York: Random House, 1975.
68. MEHRABIAN, A. Communication without Words. *Psychology Today*, p. 52, set. 1968. Citado em MCCASKEY, M. B. The Hidden Message Managers Send. *Harvard Business Review*, p. 135–48, nov./dez. 1979.
69. FERRARO. The Need for Linguistic Proficiency.
70. *BUSINESS HORIZONS*, maio/jun. 1993. Copyright 1993 da Foundation for the School of Business at Indiana University. (Utilizado com permissão)
71. TOO MANY in the New Workforce Are Lacking Basic Skills. *Research Alert*, p. 5, 15 nov. 1996.
72. ATHOS, A.; GABARRO, J. *Interpersonal Behavior*. Englewood Cliffs, NJ: Prentice-Hall, 1978.
73. HAVE YOU HEARD about Sperry? *Management Review*, v. 69, p. 40, abr. 1980.
74. KOUZES, J.; POSNER, B. *The Leadership Challenge*. São Francisco: Jossey-Bass, 1995.
75. GRAHAM, G. et al. The Impact of Nonverbal Communication in Organizations: A Survey of Perceptions,. *Journal of Business Communications*, n. 28, p. 45–62, 1991.
76. Ibid.
77. UPTON, D.; MACADAM, S. Why (and How) to Take a Plant Tour. *Harvard Business Review*, p. 97–106, maio/jun. 1997.
78. S. WETLAUFER, Common Sense and Conflict: An Interview with Disney's Michael Eisner. *Harvard Business Review*, p. 114–24, jan./fev. 2000.
79. ADLER, N. *International Dimensions of Organizational Behavior*. 2. ed. Boston: Kent, 1991.
80. CHU. *The Asian Mind Game*.
81. SMIDTS, A. et al. The Impact of Employee Communication and Perceived External Prestige on Organizational Identification.. *Academy of Management Journal*, n. 49, p. 1051–62, 2001.
82. KOEHLER, J. W. et al. *Organizational Communication*: Behavioral Perspectives. Orlando, FL: Holt, Rinehart & Winston, 1981.
83. WALDROOP, J.; BUTLER, T. The Executive as Coach. *Harvard Business Review*, p. 111–17, nov./dez. 1996.
84. HALL, D. T. et al. Behind Closed Doors: What Really Happens in Executive Coaching. *Organizational Dynamics*, p. 39–53, inverno 1999.
85. JUDGE, T.; COWELL, J. The Brave New World of Coaching. *Business Horizons*, p. 71–77, jul./ago. 1997; LAWLER III, E. E. *Treat People Right!* São Francisco: Jossey-Bass, 2003; HILL, L. A. New Manager Development for the 21st Century. *Academy of Management Executive*, p. 121–26, ago. 2004.
86. GUTKNECHT, J.; KEYS, J. B. Mergers, Acquisitions, and Takeovers: Maintaining Morale of Survivors and Protecting Employees. *Academy of Management Executive*, p. 26–36, ago. 1993.
87. CHWEIGER, D. S; DeNISI, A. Communication with Employees Following a Merger: A Longitudinal Field Experiment,. *Academy of Management Journal*, n. 34, p. 110–35, 1991.
88. CASE, J. The Open-Book Managers. *Inc.*, p. 104–13, set. 1990.
89. ______. Opening the Books. *Harvard Business Review*, p. 118–27, mar./abr. 1997.

90. DAVIS, T. R. V. Open-Book Management: Its Promise and Pitfalls. *Organization Dynamics*, p. 7–20, inverno de 1997 .
91. BURLINGHAM, B. Jack Stack, SRC Holdings, *Inc.*, p. 134–35, abr. 2004.
92. AGGARWAL, R.; SIMKINS, B. Open Book Management: Optimizing Human Capital, *Business Horizons*, v. 44, p. 5–13, 2001.
93. RUCH, W. V. *Corporate Communications*. Westport, CT: Quorum, 1984.
94. IMBERMAN, W. Why Engineers Strike: The Boeing Story. *Business Horizons*, v. 44, p. 35–44, 2001.
95. HYMOWITZ, C. In the Lead: Like Rumsfeld, CEOs Who Seek Questions May Not Like Them. *The Wall Street Journal*, , p. B1, 14 dez. 2004.
96. VERHOVEK, S. Tentative Pact Made to End Boeing Strike. *The New York Times*, p. C1, 18 mar. 2000. Citado em IMBERMAN. Why Engineers Strike.
97. GARDNER, J. The Heart of the Matter: Leader-Constituent Interaction. In: FULLER, T. (Ed.). *Leading & Leadership*. Notre Dame, IN: Notre Dame University Press, p. 239–44, 2000.
98. ASHKENAS et al. *The Boundaryless Organization*.
99. RUCH. *Corporate Communications*.
100. BREMMER, B. et al. Nissan's Boss, *BusinessWeek*, p. 50–58, 4 out. 2004.
101. ROTH, D. The Trophy Life., *Fortune*, p. 70–83, 19 abr. 2004.
102. HYMOWITZ, C. Some Tips from CEOs to Help You to Make a Fresh Start in 2005, *The Wall Street Journal*, p. B1, 28 dez. 2004.
103. _____. In the Lead: Like Rumsfeld, CEOs Who Seek Questions May Not Like Them. *The Wall Street Journal*, p. B1, 14 dez. 2004.
104. HUTTON, A. Four Rules for Taking Your Message to Wall Street. *Harvard Business Review*, p. 125–32, maio 2001.
105. KOEHLER et al. *Organizational Communication*.
106. ASHKENAS et al. *The Boundaryless Organization*.
107. DENTON, D. K. Open Communication. *Business Horizons*, p. 64–69, set./out. 1993.
108. KURLAND, N. B.; PELLED, L. H. Passing the Word: Toward a Model of Gossip and Power in the Workplace. *Academy of Management Review*, v. 25, p. 428–38, 2000.
109. ABRAMS, L. et al. Nurturing Interpersonal Trust in Knowledge-Sharing Networks, *Academy of Management Executive*, v. 17, p. 64–77, nov. 2003.
110. ROSNOW, R. L. Rumor as Communication: A Contextual Approach. *Journal of Communication*, n. 38, p. 12–28, 1988.
111. BURKE, L.; WISE, J. M. The Effective Care, Handling, and Pruning of the Office Grapevine. *Business Horizons*, p. 71–76, maio/jun. 2003.
112. DAVIS,K. The Care and Cultivation of the Corporate Grapevine. *Dun's Review*, p. 44–47, jul. 1973.
113. DIFONZO, N. et al. Reining in Rumors. *Organizational Dynamics*, p. 47–62, verão de 1994.
114. BURKE; WISE. The Effective Care, Handling, and Pruning of the Office Grapevine.
115. DIFONZO et al. Reining in Rumors.
116. ASHKENAS et al. *The Boundaryless Organization*.
117. Ibid.
118. HODGETTS, R. M. A Conversation with Steve Kerr. *Organizational Dynamics*, p. 68–79, primavera de 1996.
119. Ibid.
120. FULMER, R. M. The Evolving Paradigm of Leadership Development. *Organizational Dynamics*, p. 59–72, primavera de 1997.
121. ASHKENAS et al. *The Boundaryless Organization*.

Capítulo 16

1. COLLINS, James C.; PORRAS, Jerry I. *Built to Last*: Successful Habits of Visionary Companies. Nova York: HarperBusiness, 1994.
2. NAUGHTON, Keith Spinning Out of Control. *Newsweek*, v. 136, n. 11, p. 58, 11 set. 2000; PALMERI, Christopher. California's Utilities Doth Protest Too Much. *BusinessWeek*, p. 42–43, 15 jan. 2001.
3. OUCHI, W. G. Markets, Bureaucracies, and Clans. *Administrative Science Quarterly*, v. 25, p. 129–41, 1980.
4. SIMONS, Robert et al. *Performance Measurement & Control Systems for Implementing Strategy*. Englewood Cliffs, NJ: Prentice-Hall, 2000.
5. PULAKOS, Elaine D. et al. Adaptability in the Workplace: Development of a Taxonomy of Adaptive Performance. *Journal of Applied Psychology*, v. 85, n. 4, p. 12–24, ago. 2000; SHERIDAN, John H. Lean Sigma Synergy.*Industry Week*, v. 249, n. 17, p. 81–82, 16 out. 2000.
6. BURR, J. T. Keys to a Successful Internal Audit. *Quality Progress*, v. 30, n. 4, p. 75–77, abr. 1997; ETTLIE, John E. Surfacing Quality at GE. *Automotive Manufacturing & Production*, v. 112, n. 8, p. 44–46, ago. 2000; MAXION, Roy A.; OLSZEWSKI, Robert T. Eliminating Exception Handling Errors with Dependability Cases: A Comparative, Empirical Study. *IEEE Transactions on Software Engineering*, v. 26, n. 9, p. 888–906, set. 2000).
7. DELLA, Robert. Harley Rides High on SPC Changes. *Quality*, v. 39, n. 1, p. 40–43, jan. 2000.
8. HENKOFF, R. Make Your Office More Productive. *Fortune*, p. 40–49, 25 fev. 1990; BUCHELE, R. How to Evaluate a Firm, *California Management Review*, p. 5–17, outono de 1962.
9. ELLIS, George. Feedforward for Faster Control Response. *Control Engineering*, v. 47, n. 11, p. 104, out. 2000.
10. DRUSKAT, Vanessa Urch. Effects and Timing of Developmental Peer Appraisals in Self-Managing Work Groups. *Journal of Applied Psychology*, v. 84, n. 1, p. 58, fev. 1999.
11. WADDOCK, Sandra; SMITH, Neil. Corporate Responsibility Audits: Doing Well by Doing Good. *Sloan Management Review*, v. 41, n. 2, p. 75–83, inverno de 2000; BERGESON, Lynn L. OSHA Gives Incentives for Voluntary Self-Audits. *Pollution Engineering*, v. 32, n. 10, p. 33–34, out. 2000.
12. THAWANI, Sunil. Six Sigma Quality — Linking Customers, Processes and Financial Results. onesixsigma.com, 20 abr. 2002.
13. RANCOUR, Tom.; MCCRACKEN, Mike. Applying 6 Sigma Methods for Breakthrough Safety Performance. *Professional Safety*, v. 45, n. 10, p. 29–32, out. 2000; ARNDT, Michael. Where Precision Is Life or Death. *BusinessWeek*, 22 jul. 2002, on-line; Quality Isn't Just for Widgets. *BusinessWeek*, 22 jul. 2002, on-line; ECKES, George. Making Six Sigma Last. *Ivey Business Journal*, p. 77, jan./fev. 2002.
14. COLBERT, Janet, L. The Impact of the New External Auditing Standards. *The Internal Auditor*, v. 5, n. 6, p. 46–50, dez. 2000.
15. EWERT, G. A. How to Sell Internal Auditing. *Internal Auditor*, v. 54, n. 5, p. 54–57, out. 1997; BURR, J. T. Keys to a Successful Internal Audit. *Quality Progress*, v. 30, n. 4, p. 75–77, abr. 1997; WILLIAMS, Satina V.; WIER, Benson. Value-Added Auditing: Where Are the Efficiencies Realized? *Internal Auditing*, v. 15, n. 4, p. 37–42, jul./ago. 2000; CRAWFORD, David B. Levels of Control. *Internal Auditor*, v. 57, n. 5, p. 42–45, out. 2000.
16. HENKOFF, R. Cost Cutting: How to Do It Right. *Fortune*, p. 40–49, 9 abr. 1990.
17. LOOMIS, Carol J. I Pay More in Income Taxes Than Cisco — So Do You. *Fortune*, v. 42, n. 14, p. 44–46, 18 dez. 2000; DONLAN, Thomas G. Bridging the GAAP. *Barron's*, v. 80, n. 45, p. 74, 6 nov. 2000.
18. GLATER, Jonathan D. The Better the Audit Panel, the Higher the Stock Price. *The New York Times*, p. C4, 8 abr. 2005.

19. BREWER, P. C.; VULINEC, L. A. Harris Corporation's Experiences with Using Activity-Based Costing. *Information Strategy*: The Executive's Journal, v. 13, n. 2 , p. 6–16, inverno de 1997 ; PARE, Terence P. A New Tool for Managing Costs. *Fortune*, p. 124–29, 14 jun. 1993.
20. MERCHANT, K. *Control in Business Organizations*. Boston: Pitman, 1985; CHOW, C. W. et al. The Use of Organizational Controls and Their Effects on Data Manipulation and Management Myopia. *Accounting, Organizations, and Society*, v. 21, n. 2/3, p. 175–92, fev./abr. 1996.
21. LAWLER III, E. E.; RHODE, J. *Information and Control in Organizations*. Pacific Palisades, CA: Goodyear, 1976; FERNER, Anthony. The Underpinnings of 'Bureaucratic' Control Systems: HRM in European Multinationals. *Journal of Management Studies*, v. 37, n. 4, p. 521–39, jun. 2000; FENWICK, Marilyn S. Cultural and Bureaucratic Control in MNEs: The Role of Expatriate Performance Management. *Management International Review*, v. 39, p. 107–25, 1999.
22. VEIGA, J.; YANOUZAS, J. *The Dynamics of Organization Theory*. 2. ed. St. Paul, MN: West, 1984.
23. SCHIFF, L. Downsizing Workplace Stress. *Business & Health*, v. 15, n. 1, p. 45–46, nov. 1997; ALBRECHT, S. Are Your Employees the Enemy? *HRFocus*, v. 74, n. 4, p. 21, abr. 1997.
24. SCOTT, Michael. Seven Pitfalls for Managers When Handling Poor Performers and How to Overcome Them. *Manage*, v. 51, n. 3, p. 12–14, fev. 2000.
25. HENKOFF. Make Your Office More Productive; ver também ANDERSON, Peggy; PULICH, Marica Recruiting Good Employees in Tough Times. *Health Care Manager*, v. 18, n. 3, p. 32–40, mar. 2000.
26. LAWLER and RHODE, *Information and Control in Organizations;* J. A. Gowan Jr. and R. G. Mathieu, Critical Factors in Information System Development for a Flexible Manufacturing System, *Computers in Industry*, v. 28, n. 3, p. 173–83, jun. 1996.
27. STEWART, T. A. Do You Push Your People Too Hard? *Fortune*, p. 121–28, 22 out. 1990.
28. TULLY, S. The CEO Who Sees Beyond Budgets. *Fortune*, p. 121–28, 22 out. 1990.
29. RUDLOFF, Robert W. Casino Fraud. *The Internal Auditor*, v. 56, n. 3, p. 44–49, jun. 1999; MCNAMEE, Mike. Faster, Cheaper Trading — Can the Regulators Keep Up? *BusinessWeek*, p. 84, 9 ago. 1999; ZALUD, Bill. Conquering Digital Marks CCTV Innovations. *Security*, v. 37, n. 4, p. 43–44, abr. 2000.
30. FLYNN, Gillian. Out of the Red, into the Blue. *Workforce*, v. 79, n. 3, p. 50–52, mar. 2000; WELLNER, Alison Stein. Entrepreneurial HR. *HR Magazine*, v. 45, n. 3, p. 52–58, mar. 2000.
31. FARRELL, Christopher. Stock Options for All! *BusinessWeek Online*, 20 set. 2002; WAHLGREN, Eric. CEO Pay Tomorrow: Same as Today. *BusinessWeek Online*, 21 ago. 2002.
32. COMMENTARY: Corporate America's New Accountability. *BusinessWeek*, 26 jul. 2004, on-line.
33. MOORES, Ken; MULA, Joseph. The Salience of Market, Bureaucratic, and Clan Controls in the Management of Family Firm Transitions: Some Tentative Australian Evidence. *Family Business Review*, v. 13, n. 2, p. 91–106, jun. 2000; WALKER, Anthony; NEWCOMBE, Robert. The Positive use of Power on a Major — Construction Project. *Construction Management and Economics*, v. 18, n. 1, p. 37–44, jan./fev. 2000.
34. FUCHS, Peter H. et al. Strategic Integration: Competing in the Age of Capabilities. *California Management Review*, v. 42, n. 3, p. 118–47, primavera 2000; LANDO, Mary Ann Making. Compliance Part of Your Organization's Culture. *Healthcare Executive*, v. 15, n. 5, p. 18–22, set./out. 1999; FRANK, Kenneth A.; FAHRBACH, Kyle. Organization Culture as a Complex System: Balance and Information in Models of Influence and Selection. *Organization Science*, v. 10, n. 3, p. 253–77, maio/jun. 1999.

Capítulo 17

1. BURGELMAN Robert A., et al. *Strategic Management of Technology and Innovation*. New York: McGraw-Hill Higher Education, 2000.
2. PRESTWOOD, Donna C. L.; SCHUMANN JR., Paul A. Revitalize Your Organization. *Executive Excellence*, v. 15, n. 2, p. 16, fev. 1998; BALDWIN, Carliss Y.; CLARK, Kim B. Managing in an Age of Modularity. *Harvard Business Review*, v. 75, n. 5, p. 84–93, set./out. 1997; GOPALAKRISHNAN, Shanthi. A Reexamination of Product and Process Innovations Using a Knowledge-Based View. *Journal of High Technology Management Research*, v. 10, n. 1, p. 147–66, primavera de 1999; PULLIN, John. Bombardier Commands Top Marks. *Professional Engineering*, v. 13, n. 3, p. 40–46, 5 jul. 2000.
3. PISANO, Gary P. *The Development Factory*: Unlocking the Potential of Process Innovation. Boston: Harvard Business School Press, 1996; LEIFER, Richard. et al. *Radical Innovation*: How Mature Companies Can Outsmart Upstarts. Cambridge MA: Harvard Business School Press, 2000.
4. O'NEILL, Hugh M. et. al. Patterns in the Diffusion of Strategies across Organizations: Insights from the Innovation, Diffusion Literature. *Academy of Management Review*, v. 23, n. 1, p. 98–114, jan. 1998; ROGERS, Everett M. *Diffusion of Innovations*. Nova York: Free Press, 1995; GUILHON, Bernard. (Ed.). *Technology and Markets for Knowledge — Knowledge Creation, Diffusion and Exchange within a Growing Economy*. Economics of Science, Technology and Innovation, v. 22. Dordrecht, Netherlands: Kluwer Academic Publishing, 2000.
5. PORTER, M. E. *Competitive Strategy*. Nova York: Free Press, 1980; Ciba Specialty Chemicals Highlights Sustainable Growth through Innovation. *Chemical Market Reporter*, v. 257, n. 16, p. 5, 17 abr. 2000.
6. SCHUMPETER, J. A. *The Theory of Economic Development*. Boston: Harvard University Press, 1934; DESMARTEAU, Kathleen. Information Technology Trends Drive Dramatic Industry Change. *Bobbin*, v. 41, n. 12, p. 48–58, ago. 2000.
7. ZAHRA, Shaker A. et al. Transforming Technological Pioneering in Competitive Advantage. *Academy of Management Executive*, v. 9, n. 1, p. 17–31, 1995; SADOWSKI, Michael; ROTH, Aaron. Technology Leadership Can Pay Off. *Research Technology Management*, v 42, n. 6, p. 32–33, nov./dez. 1999.
8. WASSERMAN, Todd. Kodak, Polaroid to Duel in Malls over Gen Y Girls. *Brandweek*, v. 41, n. 5, p. 10, 31 jan. 2000; DREYFUSS, Joel. Pixel This: How to Choose a Digital Camera. *Fortune*, v. 141, n. 7, p. 263–64, 3 abr. 2000.
9. SANDBERG, Jared. Microsoft's Six Fatal Errors. *Newsweek*, p. 22–28, 19 jun. 2000; Leaders: Breaking Up Microsoft. *The Economist*, v. 355, n. 8174, p. 20, 10 jun. 2000.
10. IMAI, Masaaki; KAIZEN, Gemba. *A Commonsense, Low-Cost Approach to Management*, Nova York: McGraw-Hill, 1997 IMAI, Masaaki; KAIZEN, Gemba. *The Key to Japan's Competitive Success*. Nova York: McGraw-Hill, 1986.
11. BERTUCCO, Marc. FDA under Fire. *Psychology Today*, v. 34, n. 1, p. 10–11, jan./fev. 2001; WECHSLER, Jill. Carrying a Big Stick. *Pharmaceutic Executive*, v. 20, n. 9, p. 24–27, set. 2000; BLUMENTHAL, Robin Goldwyn. Next Thing You Know the FDA Will Be Profitable. *Barron's*, v. 79, n. 47, p. 12, 22 nov. 1999.
12. GEROSKI, P. A. Models of Technology Diffusion. *Research Policy*, v. 29, n. 4/5, p. 603–25, abr. 2000; Thomas, Louis A. Adoption Order of New Technologies in Evolving Markets. *Journal of Economic Behavior & Organization*, v. 38, n. 4, p. 453–82, abr. 1999.

13. OLIGNEY, Ronald E.; ECONOMIDES, Michael I. Technology as an Asset. *Hart's Petroleum Engineer International*, v. 71, n. 9, p. 27, set. 1998.

14. HARRIS, Scott Blake. Fixing Financial Standards. *Satellite Communications*, v. 23, n. 3, p. 22, mar. 1999; BURNS, Lauren E. Still Avoiding Flameout, Globalstar Learns Iridium's Lessons. *Aviation Week & Space Technology*, v. 153, n. 1, p. s23, 3 jul. 2000.

15. COMPUTING'S Outer Limits. *Popular Science*, v. 252, n. 3, p. 64, mar. 1998.

16. NEUMANN, Peter G. Missile Defense. *Communications of the ACM*, v. 43, n. 9, p. 128, set. 2000; GOHRING, Nancy. New Spectrum Up for Grabs. *Telephony*, v. 236, n. 21, p. 14, 24 maio 1999.

17. BALFOUR, Frederik. Fakes! *BusinessWeek*, 7 fev. 2005, on-line.

18. KUNII, Irene M. A Bold Mechanic for a Creaky Machine. *BusinessWeek*, p. 58H, 7 ago. 2000; ARIMURA, Sadanori. How Matsushita Electric and Sony Manage Global R&D. *Research Technology Management*, v. 42, n. 2, p. 41–52, mar./abr. 1999; NATHAN, Richard. Matsushita Hopes Silicon Valley Links Can Boost Its R&D. *Research Technology Management*, v. 42, n. 2, p. 4–5, mar./abr. 1999.

19. DEWAN, Rajiv et al. Adoption of Internet-Based Product Customization and Pricing Strategies. *Journal of Management Information Systems*, v. 17, n. 2, p. 9–28, outono de 2000; GEROSKI, P. A. Models of Technology Diffusion. *Research Policy*, v. 29, n. 4/5, p. 603–25, abr. 2000; ROGERS, Everett M. *Diffusion of Innovations*. Nova York: Free Press, 1995.

20. HIPPEL, Eric von. *The Sources of Innovation*. Oxford, UK: Oxford University Press, 1994; LEONARD, Dorothy. *Wellsprings of Knowledge*: Building and Sustaining the Sources of Innovation. Cambridge MA: Harvard Business School Press, 1998.

21. Ibid.

22. HAGEDOORN, John et al. Research Partnerships. *Research Policy*, v. 29, n. 4/5, p. 567–86, abr. 2000; YI, Sang-Seung. Entry, Licensing and Research Joint Ventures. *International Journal of Industrial Organization*, v. 17, n. 1, p. 1–24, jan. 1999.

23. LOHR, Steve. Sharing the Wealth at I.B.M. *The New York Times*, p. C1, 11 abr. 2005.

24. KOVAR, Joseph F. Readers' Choice: Scott McNealy, Sun. *Computer Reseller News*, v. 920, p. 129–30, 13 nov. 2000; BURROWS, Peter et al. Free Software from Anywhere? *BusinessWeek*, p. 37–38, 13 set. 1999; JONES, Gary K. et al. Determinants and Performance Impacts of External Technology Acquisition. *Journal of Business Venturing*, v. 16, n. 3, p. 255–83, maio 2000.

25. VIZARD, Michael. It's the CTOs Who Help to Drive the Changing Role of IT in the World of Business. *InfoWorld*, v. 21, n. 48, p. 91, 29 nov. 1999; ANTHES, Gary H. The CIO/CTO Balancing Act., *Computerworld*, v. 34, n. 25, p. 50–51, 19 jun. 2000.

26. WARNER, Melanie. The New Way to Start Up in Silicon Valley. *Fortune*, p. 168–74, 2 mar. 1998; RICHARDSON, Leon. The Successful Entrepreneur. *Asian Business*, p. 71, jul. 1994; BURCK, Charles. The Real World of the Entrepreneur. *Fortune*, p. 42–55, 5 abr. 1993.

27. DAY, D. L. Raising Radicals: Different Processes for Championing Innovative Corporate Ventures. *Organization Science*, v. 5, n. 2, p. 148–72, maio 1994; SIPORIN, Clifford. Want Speedy FDA Approval? Hire a 'Product Champion,' *Medical Marketing & Media*, p. 22–28, out. 1993; SIPORIN, Clifford. How You Can Capitalize on Phase 3B. *Medical Marketing & Media*, p. 72–72, out. 1994. KESSLER, Eric H. Tightening the Belt: Methods for Reducing Development Costs Associated with New Product Innovation. *Journal of Engineering and Technology Management*, v. 17, n. 1, p. 59–92, mar. 2000.

28. MARCH, J. G. Exploration and Exploitation in Organizational Learning. *Organization Science*, v. 2, n. 1, p. 71–87, 1991.

29. FIGUEROA, Edgar; CONCEICAO, Pedro. Rethinking the Innovation Process in Large Organizations: A Case Study of 3M. *Journal of Engineering and Technology Management*, v. 17, n. 1, p. 93–109, mar. 2000; HOWELL, David. No Such Thing as a Daft Idea. *Professional Engineering*, v. 13, n. 4, p. 28–29, 23 fev. 2000.

30. GUNDRY, Lisa K. et al. Building the Creative Organization. *Organizational Dynamics*, v. 22, n. 2, p. 22–36, primavera de 1994; KUCZMARSKI, Thomas. Inspiring and Implementing the Innovation Mind-Set. *Planning Review*, p. 37–48, set./out. 1994; RAMSEY, Robert D. How an Optimistic Outlook Can Give You an Edge. *Supervision*, v. 61 n. 9, p. 6–8, set. 2000.

31. NEFF, R. Toray May Have Found the Formula for Luck. *BusinessWeek*, p. 110, 15 jun. 1990.

32. LEONARD, Dorothy. *Wellsprings of Knowledge*: Building and Sustaining the Sources of Innovation. Cambridge MA: Harvard Business School Press, 1998; LEONARD-BARTON, Dorothy. The Factory as a Learning Laboratory. *Sloan Management Review*, p. 23–38, outono de 1992; GUPTA, Anil K.; GOVINDARAJAN, Vijay. Knowledge Management's Social Dimension: Lessons from Nucor Steel. *Sloan Management Review*, v. 42, n. 1, p. 71–80, outono de 2000.

33. BOWEN, H. Kent et al. Development Projects: The Engine of Renewal. *Harvard Business Review*, p. 110–20, set./out. 1994; EDEN, C. et al. Dismantling the Learning Curve: The Role of Disruptions on the Planning of Development Projects. *International Journal of Project Management*, v. 16, n. 3, p. 131–38, jun. 1998; TATIKONDA, Mohan V.; ROSENTHAL, Stephen R. Technology Novelty, Project Complexity, and Product Development Project Execution Success: A Deeper Look at Task Uncertainty in Product Innovation. *IEEE Transactions on Engineering Management*, v. 47, n. 1, p. 74–87, fev. 2000.

34. TRIST, E. The Evolution of Sociotechnical Systems as a Conceptual Framework and as an Action Research Program. In: VEN, A. Van de; JOYCE, W. F. (Eds.). *Perspectives on Organizational Design and Behavior*. Nova York: John Wiley & Sons, p. 19–75, 1981; MOLINA, Alfonso. Insights into the Nature of Technology Diffusion and Implementation: The Perspective of Sociotechnical Alignment. *Technovation*, v. 17, n. 11/12, p. 601–26, nov./dez. 1997.

Apêndice F

1. PIRSIG, Robert M. *Zen and the Art of Motorcycle Maintenance*. Nova York: William Morrow and Company, 1974.

2. RAICHUR, Pratima. *Absolute Beauty*. Nova York: HarperPerennial, 1986.

3. NESCAFE: Nestle (constatado por Terril Haywood via 1/16/01 e-mail que o sabor do Nescafé e Nesquik são modificados para o mercado no qual são vendidos.

4. MULLANEY, Timothy J.; Hof, Robert D. Information Technology Annual Report, *BusinessWeek Online*, 24 jun. 2002.

5. BLACK, Jane. The Fight for Privacy Has Just Begun. *BusinessWeek Online*, 10 jan. 2002.

Capítulo 18

1. CHRISTENSEN, C. M. The Past and Future of Competitive Advantage. *Sloan Management Review*, p. 105–09, inverno de 2001.

2. SCHRAGE, M. Getting Beyond the Innovation Fetish. *Fortune*, p. 225–32, 13 nov. 2000.

3. JUDGE, T. A. et al. Managerial Coping with Organizational Change: A Dispositional Perspective. *Journal of Applied Psychology*, v. 84, p. 107–22, 1999.

4. GIFFI, C. et al. *Competing in World-Class Manufacturing*: America's 21st Century Challenge. Homewood, IL: Business One Irwin, 1990.

5. KANTER, R. M. *World Class*: Thriving Locally in the Global Economy. Nova York: Touchstone, 1995.

6. GUNN, T. G. *21st Century Manufacturing*. Nova York: HarperBusiness, 1992.
7. GIFFI et al. *Competing in World-Class Manufacturing*.
8. COLLINS, J.; PORRAS, J. *Built to Last*. Londres: Century, 1996.
9. Ibid.
10. GIBSON, C.; BIRKINSHAW, J. The Antecedents, Consequences, and Mediating Role of Organizational Ambidexterity. *Academy of Management Journal*, v. 47, p. 209–26, 2004.
11. COLLINS; PORRAS. *Built to Last*.
12. CUMMINGS, T.; WORLEY, C. *Organization Development and Change*. 8. ed. Mason, OH: Thomson/ Southwestern, 2005.
13. Ibid.
14. Ibid.
15. NOHRIA, N. et al. What Really Works. *Harvard Business Review*, p. 42–52, jul. 2003.
16. KANTER, R. M. Thriving Locally in the Global Economy. *Harvard Business Review*, p. 119–27, ago. 2003.
17. Ibid.
18. TEERLINK, R. Harley's Leadership U-Turn. *Harvard Business Review*, p. 43–48, jul./ago. 2000.
19. LAWLER, III, E. E. *Treat People Right!* São Francisco: Jossey-Bass, 2003.
20. OREG, S. Resistance to Change: Developing an Individual Differences Measure. *Journal of Applied Psychology*, p. 680–93, 2003.
21. GREEN, J. Microsoft's Mission: Search and Destroy. *Business Week Online*, 2 fev. 2005.
22. FINKELSTEIN, S. *Why Smart Executives Fail*. Nova York: Portfolio, 2003. Revisto por BEAM, H. In; *Academy of Management Executive*, p. 157–58, maio 2004.
23. BREEN, B. Written in the Stars. *Fast Company*, p. 54–59, fev. 2005.
24. STANISLAO, J.; STANISLAO, B. C. Dealing with Resistance to Change. *Business Horizons*, p. 74–78, jul./ago. 1983.
25. KOTTER J. P.; SCHLESINGER, L. A. Choosing Strategies for Change. *Harvard Business Review*, p. 106–14, mar./abr. 1979.
26. ZELL, D. Overcoming Barriers to Work Innovations: Lessons Learned at Hewlett-Packard. *Organizational Dynamics*, p. 77–85, verão 2001.
27. Ibid.
28. DENT, E. B.; GOLDBERG, S. Galloway. Challenging Resistance to Change. *Journal of Applied Behavioral Science*, p. 25–41, mar. 1999.
29. JOHNSON, G. *Strategic Change and the Management Process*. Nova York: Basil Blackwell, 1987; LEWIN, K. Frontiers in Group Dynamics. *Human Relations*, v. 1, p. 5–41, 1947.
30. SCHEIN, E. H. Organizational Culture: What It Is and How to Change It. In: EVANS, P. et al. (Eds.). *Human Resource Management in International Firms*. New York: St. Martin's Press, 1990.
31. BEER, M. et al. *The Critical Path to Corporate Renewal*. Cambridge, MA: Harvard Business School Press, 1990.
32. LAWLER III, E. E. Transformation from Control to Involvement. In: KILMANN R.; COVIN, T. (Eds.). *Corporate Transformation*. São Francisco: Jossey-Bass, 1988.
33. HELLRIEGEL D.; SLOCUM JR., J. W. *Management*. 4. ed. Reading, MA: Addison-Wesley, 1986.
34. HARRIS, P. *New World, New Ways, New Management*.Nova York: American Management Association, 1983.
35. LEWIN. Frontiers in Group Dynamics.
36. SCHEIN. Organizational Culture.
37. LAWLER III, E. E. *From the Ground Up*. São Francisco: Jossey-Bass, 1995.
38. NGUYEN HUY, Q. Time, Temporal Capability, and Planned Change. *Academy of Management Review*, v. 26, p. 601–23, 2001.
39. SUGARMAN, B. A Learning-Based Approach to Organizational Change: Some Results and Guidelines. *Organizational Dynamics*, p. 62–75, verão de 2001.
40. KOTTER; SCHLESINGER. Choosing Strategies for Change.
41. JUDGE, P. C. It's Lonely on the Edge. *Fast Company*, p. 352–63, set. 2000.
42. Sugarman. A Learning-Based Approach to Organizational Change.
43. MILES, R. H. Beyond the Age of Dilbert: Accelerating Corporate Transformations by Rapidly Engaging all Employees. *Organizational Dynamics*, p. 313–21, primavera de 2001.
44. NADLER, D. A. Managing Organizational Change: An Integrative Approach, *Journal of Applied Behavioral Science*, n. 17, p. 191–211, 1981.
45. ROUSSEAU, D.; TIJORIWALA, S. A. What's a Good Reason to Change? Motivated Reasoning and Social Accounts in Promoting Organizational Change. *Journal of Applied Psychology*, n. 84, p. 514–28, 1999.
46. JUDGE, P. C. Janiece Webb. *Fast Company*, p. 218–26, nov. 2000.
47. REICH, R. B. Your Job Is Change. *Fast Company*, p. 140–60, out. 2000.
48. LEANA, C. F.; BARRY, B. Stability and Change as Simultaneous Experiences in Organizational Life. *Academy of Management Review*, v. 25, p. 753–59, 2000.
49. GADIESH, O.; GILBERT, J. Transforming Corner-Office Strategy into Frontline Action. *Harvard Business Review*, p. 72–79, maio 2001.
50. SCHNEIDER, B. et al. Creating a Climate and Culture for Sustainable Organizational Change. *Organizational Dynamics*, p. 7–19, primavera de 1996.
51. THE PRICE WATERHOUSE Change Integration Team. *Better Change*: Best Practices for Transforming Your Organization. Burr Ridge, IL: Irwin, 1995.
52. BEER, M.; NOHRIA, N. Cracking the Code of Change. *Harvard Business Review*, p. 133–41, maio/jun. 2000.
53. NOHRIA, N.; BERKLEY, J. Whatever Happened to the Take-Charge Manager? *Harvard Business Review*, p. 128–37, jan./ fev. 1994.
54. MILLER, D. et al. How to Detect a Management Fad — and Distinguish It from a Classic. *Business Horizons*, p. 7–16, jul./ago. 2004.
55. THE PRICE WATERHOUSE Change Integration Team. *Better Change*.
56. Ibid.
57. J. KOTTER. *Leading Change*. Boston: Harvard Business School Press, 1996.
58. LAWLER. *From the Ground Up*.
59. KOTTER. *Leading Change*.
60. SCHNEIDER et al. Creating a Climate and Culture.
61. BECKHARD, R.; HARRIS, R. *Organizational Transitions*. Reading, MA: Addison-Wesley, 1977.
62. KOTTER. *Leading Change*.
63. JUDGE. It's Lonely on the Edge.
64. G. HAMEL. Waking Up IBM. *Harvard Business Review*, p. 137–46, jul./ago. 2000.
65. KOTTER. *Leading Change*.
66. SMITH, D. *Taking Charge of Change*. Reading, MA: Addison-Wesley, 1996.
67. VON DREHLE, D. The Yikes Years. *The Washington Post Magazine*, p. 16–31, 21 nov. 2004.
68. HAMEL, G. Killer Strategies That Make Shareholders Rich. *Fortune*, p. 22–34, 23 jun. 1997.
69. HAMEL G.; PRAHALAD, C. K. *Competing for the Future*. Boston: Harvard Business School Press, 1994.
70. MANDEL, M. J. This Way to the Future. *Business Week*, p. 92–98, 11 out. 2004.
71. Ibid.
72. ZUBOFF; MAXIM. *The Support Economy*.
73. CASE, J. Why 20 Million of You Can't Be Wrong. *Inc.*, p. 100–105, abr. 2004.
74. COURTNEY, H. et al. Strategy under Uncertainty. *Harvard Business Review*, p. 66–79, nov./dez. 1997.
75. O'SHEA, J.; MADIGAN, C. *Dangerous Company*: The Consulting Powerhouses and the Business They Save and Ruin. Nova York: Times Books, 1997.
76. Ibid.
77. HAMEL; PRAHALAD. *Competing for the Future*.
78. Ibid.

79. HAMEL; PRAHALAD. *Competing for the Future*.

80. CHARAN, R.; COLVIN, G. Managing for the Slowdown. *Fortune*, p. 78–88, 5 fev. 2001.

81. SELLERS, P. P&G: Teaching an Old Dog New Tricks. *Fortune*, p. 166–80, 31 maio 2004.

82. GREEN, H. Shawn Fanning's New Tune: Snocap. *Business Week Online*, 6 dez. 2004.

83. Ibid.

84. BAKER, S.; ASTON, A. The Business of Nanotech. *Business Week Online*, p. 569–70, 14 fev. 2005.

85. Ibid.

86. Ibid.

87. HAMEL; PRAHALAD. *Competing for the Future*.

88. KOTTER, J. *The New Rules*: How to Succeed in Today's Post-Corporate World. New York: Free Press, 1995.

89. Ibid.

90. BATEMAN, T.; PORATH, C. Transcendent Behavior. In: CAMERON, K. et al. (Eds.). *Positive Organizational Scholarship*. São Francisco: Barrett-Koehler, 2003.

91. REINGOLD, J. What We Learned in the New Economy. *Fast Company*, p. 56–68, mar. 2004.

92. HILL, L. A. New Manager Development for the 21st Century. *Academy of Management Executive*, p. 121–26, ago. 2004.

93. LAWLER. *From the Ground Up*; KOTTER. *The New Rules*.

94. LAWLER. *Treat People Right!*

95. PEIPERL, M.; BARUCK, Y. Back to Square Zero: The Post-Corporate Career, *Organizational Dynamics*, p. 7–22, primavera de 1997.

96. Ibid.

97. SLOCUM JR. J. W. et. al The New Learning Strategy Anytime, Anything, Anywhere. *Organizational Dynamics*, p. 33–37, outono de 1994.

98. KOTTER. *The New Rules*.

99. COLLINS, J. *From Good to Great*. Nova York: HarperBusiness, 2001.

100. HILL. New Manager Development for the 21st Century.

101. RAELIN, J. A. Don't Bother Putting Leadership into People. *Academy of Management Executive*, p. 131–35, ago. 2004.

102. BINNEY, G.; WILLIAMS, C. *Leaning into the Future*. Londres: Nicholas Brealey, 1997.

103. TAYLOR III, A. GM Gets Its Act Together. Finally. *Fortune*, p. 136–46, 4 abr. 2004.

Créditos de Fotos

Capítulo 1

Foto 1.1, p. 5, © Walt Disney Pictures/Pixar Animation/Bureau L.A.Collections/Corbis.
Foto 1.2, p. 7, materiais reproduzidos com permissão de eBay Inc. Copyright © EBAY Inc. Todos os direitos reservados.
Foto 1.3, p. 8, San Francisco Chronicle.
Foto 1.4, p. 12, com permissão de Procter & Gamble Co.
Foto 1.5, p. 13, cortesia de Sony Electronics Inc.
Foto 1.6, p. 17, imagem fornecida por Columbia Sportswear.
Foto 1.7, p. 22, Justin Sullivan/Getty Images.
Foto 1.8, p. 24, reimpresso com permissão de Golf Digest/2002, edição da *BusinessWeek*. Copyright 2005 de The Mc-Graw-Hill Companies.

Apêndice A

Foto A.1.1, p. 36, Martin Rogers/Getty Images.
Foto A.1.2, p. 37, Stock Montage.
Foto A.1.3, p. 37, Stock Montage

Capítulo 2

Foto 2.1, p. 45, Scott T. Baxter/Getty Images.
Foto 2.2, p. 52, Honda/Getty Images.
Foto 2.3, p. 54, cortesia de Apple.
Foto 2.4, p. 62, © Royalty-Free/Corbis.
Foto 2.5, p. 65, cortesia de Nokia.
Foto 2.6, p. 67, Nordstrom Employee Handbook, cortesia de Nordstrom, Inc.

Capítulo 3

Foto 3.1, p. 77, AP/Wide World Photos.
Foto 3.2, p. 81, © Reuters/Corbis.
Foto 3.3, p. 83, cortesia de Standard & Poors.
Foto 3.4, p. 88, Kim Steele/Getty Images.
Foto 3.5, p. 93, Keith Brofsky/Getty Images.
Foto 3.6, p. 94, cortesia de IDEO.
Foto 3.7, p. 98, Brian Bahr/Getty Images.

Capítulo 4

Foto 4.1, p. 117, Photo Link/Getty Images.
Foto 4.2, p. 121, © Richard Cummins/ Corbis.
Foto 4.3, p.e 122, AP/Wide World Photos.
Photo 4.4, p. 126, © Rob Crandall/Stock Boston, LLC.
Foto 4.5, p. 139, © Mark Richards/ Photo Edit.

Capítulo 5

Foto 5.1, p. 149,Roslan Rahman/AFP/ Getty Images.
Foto 5.2, p. 150, AP/Wide World Photos.
Foto 5.3, p. 153, © Reuters/Corbis.
Foto 5.4, p. 156, © Michael Newman/Photo Edit.
Foto 5.5, p. 159, utilizado com permissão da National Organization on Disability; *www.nod.org*.
Foto 5.6, p. 160, © *ThinkStock*/SuperStock.
Foto 5.7, p. 165, © Jonathan Nourok/Photo Edit.
Foto 5.8, p. 168, foto cortesia de Conoco Phillips.
Foto 5.9, p. 181, © Royalty-Free/Corbis.
Foto 5.10, p. 184, Toyota Motor North America, Inc.

Capítulo 6

Foto 6.1, p. 187, AP/Wide World Photos.
Foto 6.2, p. 191, AP/Wide World Photos.
Foto 6.3, p. 197, Samuel Zuder/Bilderberg/ Aurora.
Foto 6.4, p. 198, Royalty-Free/Corbis.
Foto 6.5, p. 202, Toyota Motor North America, Inc.
Foto 6.6, p. 207, Peter Oxley/ Photo Japan.
Foto 6.7, p. 213, © Toshiyuki Aizawa/ Reuters/Corbis.

Capítulo 7

Foto 7.1, p. 223, Henny Ray Abrams/ AFP/ Getty Images.
Foto 7.2, p. 227, © Reuters/Corbis.
Foto 7.3, p. 229, 1154 LILL Studio.
Foto 7.4, p. 231, cortesia de Scaled Composites.
Foto 7.5, p. 233, The Kobal Collection/The Picture Desk, Inc.
Foto 7.6, p. 236, Lucky Mat/Getty Images.
Foto 7.7, p. 239, Royalty Free/Corbis.

Capítulo 8

Foto 8.1, p. 259, Peter Kramer/Getty Images.
Foto 8.2, p. 265, Spencer Grant/PhotoEdit.
Foto 8.3, p. 266, AP/Wide World Photos.
Foto 8.4, p. 269, © Steven Rubin/The Image Works.
Foto 8.5, p. 272, Photo Link/Getty Images.
Foto 8.6, p. 278, cortesia da NASA.
Foto 8.7, p. 280, Keith Brofsky/Getty Images.

Capítulo 9

Foto 9.1, p. 290, Toshifumi Kitamura/AFP/ Getty Images.
Foto 9.2, p. 296, Bill Aron/Photo Edit.
Foto 9.3, p. 297, © Ricki Rosen/Corbis Saba.
Foto 9.4, p. 298, Digital Vision/Getty Images.
Foto 9.5, p. 299, © Images.com/Corbis.
Foto 9.6, p. 303, cortesia de The Bama Companies, Inc.
Foto 9.7, p. 305, David Young - Wolff/Photo Edit.
Foto 9.8, p. 307, reimpresso com prermissão de Target, Minneapolis.
Foto 9.9, p. 311, © Rhoda Sidney/The Image Works.

Capítulo 10

Foto 10.1, p. 319, Stan Honda/AFP/Getty Images.
Foto 10.2, p. 321, William Thomas Cain/ Getty Images.
Foto 10.3, p. 323, Royalty Free/Corbis.
Foto 10.4, p. 326, © 2005 utilizado com permissão de Redmatch Ltd.
Foto 10.5, p. 327, Ryan McVay/Getty Images.
Foto 10.6, p. 331, © Greg Smith/Corbis.
Foto 10.7, p. 333, Keith Brofsky/Getty Images.
Foto 10.8, p. 341, Joe Raedle/Getty Images.
Foto 10.9, p. 344, AP/Wide World Photos.
Foto 10.10, p. 346, Gene J. Puskar - Pool/ Getty Images.
Foto 10.11, p. 347, AP/Wide World Photos.

Capítulo 11

Foto 11.1, p. 356, © age footstock.
Foto 11.2, p. 358, Library of Congress, Prints and Photo Graphs Division, LC-U9 10364-37.
Foto 11.3, p. 363, Keith Brofsky/Getty Images.
Foto 11.4, p. 367, cortesia da Xerox Corporation.
Foto 11.5, p. 368, utilizado com permissão da National Organization on Disability; www.nod.org.
Foto 11.6, p. 372, Roberto Schmidt/AFP/ Getty Images.
Foto 11.7, p. 376, Gamma Press.
Foto 11.8, p. 378, AP/Wide World Photos.
Foto 11.9, p. 380, Michael Newman/Pho toEdit.
Foto 11.10, p. 383, © Ann States.

Capítulo 12

Foto 12.1, p. 393, © Koester Axel/Corbis Sygma.
Foto 12.2, p. 395, Phil Martin/Photo Edit.
Foto 12.3, p. 396, Maxine Hicks/The New York Times.
Foto 12.4, p. 400, Coleção Especial e Divisão de Arquivos da Nimitz Library, U.S. Naval Academy.
Foto 12.5, p. 405, Ryan McVay/Getty Images.
Foto 12.6, p. 409, Fred DuFour/AFP/Getty Images.
Foto 12.7, p. 410, Benedict J. Fernandez.
Foto 12.8, p. 413, © Ohlinger Jerry/Corbis Sygma.
Foto 12.9, p. 414, Business Wire/Getty Images.

Capítulo 13

Foto 13.1, p. 426,
Foto Cortesia de United States Department of Energy.
Foto 13.2, p. 428, Cornelis Verwaal/Time Life Pictures/Getty Images.
Foto 13.3, p. 429, © Fujifotos/The Image Works.
Foto 13.4, p. 433, Digital Vision/Getty Images.
Foto 13.5, p. 435, J. Luke/Photo Link/Getty Images.
Foto 13.6, p. 437, AP/Wide World Photos.
Foto 13.7, p. 438, Kaz Chiba/The Image Bank/Getty Images.
Foto 13.8, p. 441, © John Henley/Corbis.
Foto 13.9a, p. 445, à esquerda, Royalty Free/Corbis.
Foto 13.9b, p. 445, à direita, © Tom & Dee Ann McCarthy/Corbis.
Foto 13.10, p. 448, AP/Wide World Photos.

Capítulo 14

Foto 14.1, p. 459, cortesia de Whole Foods Market.
Foto 14.2, p. 461, Duncan Smith/Getty Images.
Foto 14.3, p. 462, foto Cortesia de Boots & Coots.
Foto 14.4, p. 465, Mark Richards/Pho toEdit.
Foto 14.5, p. 468, à esquerda, CBS/Landov.
Foto 14.6, p. 468, à direita, © Bill Davila/Reuters/Corbis.
Foto 14.7, p. 470, Marc Pokempner/Getty Images.
Foto 14.8, p. 472, Copyright MaMaMedia Inc. (1995–2005), www.MaMaMedia. Com–THE Place for Kids on the Net!
Foto 14.9, p. 476, Royalty Free/Corbis
Foto 14.10, p. 477, American Arbitration Association.

Capítulo 15

Foto 15.1, p. 485, Landon Nordeman/Getty Images.
Foto 15.2, p. 487, Royalty Free/Corbis.
Foto 15.3, p. 489, © *Ray Laskowitz*/SuperStock.
Foto 15.4, p. 492, Steve Mason/Getty Images.
Foto 15.5, p. 493, AP/Wide World Photos.
Foto 15.7, p. 497, Chuan Khoo/Getty Images.
Foto 15.8, p. 499, AP/Wide World Photos.
Foto 15.9, p. 504, David Stluka/Getty Images.
Foto 15.10, p. 506, © Najlah Feanny/Corbis Saba.
Foto 15.11, p. 508, © Bill Varie/Corbis.

Capítulo 16

Foto 16.1, p. 519, AP/Wide World Photos.
Foto 16.2. p. 525, AP/Wide World Photos.
Foto 16.3, p. 535, Charles Gupton Pho tography/Corbis.
Foto 16.4, p. 537, Reimpresso com permissão da Microsoft Corporation.
Foto 16.5, p. 541, AP/Wide World Photo.

Capítulo 17

Foto 17.1, p. 549, SK Telecom.
Foto 17.2, p. 553, © Michael Bowles.
Foto 17.3, p. 556, Spencer Platt/Getty Images.
Foto 17.4, p. 559, J. Luke/Photo Link/Getty Images.
Foto 17.5, p. 560, © China Photos/Reuters/Corbis.
Foto 17.6, p. 562, © Intelligent Energy Holdings.
Foto 17.7, p. 563, © Mark Richards/Photo Edit.
Foto 17.8, p. 566, acima, foto cortesia de Arizona State University.
Foto 17.9, p. 566, abaixo, Tim Trumble/Arizona State University.
Foto 17.10, p. 569, cortesia de 3M Company.
Foto 17.11, p. 571, Ryan McVay/Getty Images.
Foto 17.12, p. 583, Macduff Everton/Corbis.
Foto 17.13, p. 584, AP/Wide World Photos.

Capítulo 18

Foto 18.1, p. 588, AP/Wide World Photos.
Foto 18.2, p. 592, cortesia AT&T.
Foto 18.3, p. 595, © Reuters.
Foto 18.4, p. 598, © Copyright 1994–2005 Motorola, Inc. All rights reserved.
Foto 18.5, p. 605, © Anne Ryan, zrImages.
Foto 18.6, p. 610, Copyright © 2005 Symantec Corporation. Reimpresso com permissão.

Índice Onomástico

A

Abraham, Steven E., N–16
Abrams, L., N–25
Ackermann, F., N–27
Adams, J., N–21
Aditya, R., N–18
Adkisson, Richard V., N–8
Adler, Nancy J., 155, 376, 490, N–4, N–9, N–17, N–20, N–24
Adler, Paul S., N–2, N–12
Aggarwal, R., 505, N–24
Agins, T., N–1
Agres, Carole E., N–12
Ahrens, Roger, N–8
Ainina, M. Fall, N–17
Akasie, J., N–9
Albrecht, K., N–19
Albrecht, S., N–25
Alderfer, Clayton P., 437–438, N–20
Aldrich, H., N–10
Alexander, E. R., N–4, N–23
Alexander, S., 332
Ali, Abbas J., N–11
Alimena, Sylvia, 357
Alix, Jay, 24
Allinson, R. E., N–6
Almog, Gal, 325
Altaffer, Ahnn, N–11
Altman, B., 182, N–7, N–8
Amabile, T. M., N–4, N–20
Amason, A., N–4
Anand, V., N–5, N–6
Anatol, K. W. E., N–24, N–25
Ancona, D. G., N–23
Anders, G., N–2
Anderson, J. V., N–4
Anderson, Kenneth, N–9
Anderson, Peggy, N–26
Anderson, Ray C., 166, 169
Andreason, Aaron W., N–9
Anfuso, Dawn, N–5
Anstee, Margaret, 400
Anthes, Gary H., N–27
Applebaum, R. L., N–24, N–25
Arad, Sharon, N–25
Aranda, E., N–22
Argenti, J., N–11
Argyris, Chris, 41, N–2, N–20, N–23
Arimura, Sandori, N–26
Arndt, Michael, N–25
Arner, Faith, 526
Arnold, Susan, 364
Arpey, Gerald, 56
Arther, M. B., N–2
Arthur, Winfred, Jr., N–15
Ash, Mary Kay, 439
Ash, Ronald A., N–14
Ashforth, B., N–5, N–6
Ashkenas, Ronald N., 622, N–11, N–14, N–24, N–25
Aston, A., N–28
Athos, A., N–24
Atkins, P. W. B., N–20
Atwater, L., N–18
Austin, N., N–20, N–21, N–22
Avolio, B. J., N–18, N–19
Axtell, C., N–23

B

Bacher, Jeffrey, N–15
Badarocco, J., Jr., N–6
Baggaley, Philip, 117
Bailey, D. E., N–21, N–22, N–23
Bair, Mike, 578
Baird, Lloyd, N–11
Baker, Stephen, N–14, N–28
Bakke, Dennis, 505
Baldwin, Carliss Y., N–26
Bales, R. F., N–22
Balestrini, P. P., N–12
Balfour, Frederick, N–26
Ball, G., N–20
Ball, J., N–7
Ballam, Deborah A., N–15
Baltes, B., N–23
Balu, R., N–10
Banaji, M., N–5, N–6
Banker, R., 464, N–22
Banset, Elizabeth, 387
Barboza, David, N–8, N–9
Barger, Dave, 485
Barker, J., N–12
Barling, J., N–19, N–21
Barnard, Chester, 38, 39, N–2
Barnes, D., N–22
Baron, R. A., N–10
Barrett, A., 77, 253
Barrett, W., N–10
Barrick, M. R., N–14
Barron, James, N–9
Barry, B., N–28
Bartholomew, Susan, N–9
Bartlett, Christopher A., 20, 200, 588, N–1, N–2, N–12, N–19, N–21
Bartosiewicz, P., 393
Bartunek, J. M., N–11
Baruck, Y., N–29
Bass, B. M., N–3, N–18, N–19
Bauer, C., N–23
Baughman, J., N–2
Baum, J. R., N–10, N–17
Baysinger, R. A., N–15
Bazerman, M., N–4, N–5, N–6
Bean, Frank D., N–16
Beasley, Robert C., N–9
Beaubien, E., N–11
Beckhard, R., N–28
Bedeian, Arthur G., 32, 512, N–11
Bednarzik, Robert W., N–8
Beer, M., 141, N–28
Beeson, J., N–19
Beeth, Gunnar, N–9
Behr, P., N–4, N–18
Belkin, Lisa, N–16
Bellman, L. M., N–1
Bennett, A., N–20
Bennett, Russell A., 371
Bennis, W., 463, N–17, N–18, N–19, N–22
Bergen, M. E., N–4
Bergeson, Lynn L., N–25
Berkley, J., N–28
Berkley, Robyn A., N–14
Berkowitz, M., N–6
Berman, Gail, 364
Bernasco, Wilma, N–12
Berner, R., 448
Berners-Lee, Tim, 603
Bernstein, A., 154, 164, N–5
Berra, Yogi, 501
Berrie, Scott, 600
Bertamini, Steve, 319–320, 335, 350
Bertrand, Marianne, N–16
Bertucco, Marc, N–26
Bethune, Gordon, 137
Bezos, Jeff, 223, 224, 233, 236, 247, 411
Bianchi, A., N–20
Bianco, A., N–18
Bickford, Deborah J., N–26
Biederman, P. Ward, 463
Bierly, Paul, N–26
Biley, W., N–6
Billington, Corey, N–3
Binney, George, 611, N–29
Birdwell, L., N–20
Birkinshaw, J., N–27
Bisoux, T., N–1, N–6, N–20, N–21
Black, Jane, N–27
Blackburn, R., N–22
Blake, Robert R., 404, N–18
Blake, S., N–17
Blancero, Donna, N–16
Blanchard, K., N–19
Blau, R., 87
Block, P., N–19
Bloom, M., N–21
Blum, M., N–23
Blumberg, L., N–8
Blumenthal, Robin Goldwyn, N–26
Blustein, Paul, N–8
Boehm, R., N–11
Boer, Harry, N–12
Bohlander, George W., 329, 343, 366, N–3, N–15, N–16
Bohr, Peter, N–9
Bok, Derek, N–17
Bonne, Jon, N–16
Bono, J. E., N–18, N–19
Boone, Garrett, 336
Bordia, P., N–25
Bossidy, Lawrence, 263, 497, N–24
Bourgeois, L. J., III, N–4
Bowen, D., N–18, N–21
Bowen, H. Kent, N–27
Bowen, William G., N–17
Boyatzis, R., N–2, N–20
Boyd, B., N–24
Boyle, Gert, 17
Boyle, M., 80, N–1, N–10, N–21
Boyle, Tim, 17
Bracker, J., N–5
Bradbury, H., N–7
Bradsher, Keith, N–8
Brady, Diane, 26, 134, 515, N–2, N–4
Braham, L., 448
Branson, Richard, 410, 411
Brattina, Anita F., 243, N–10
Breeden, Richard, 158
Breen, B., 463, N–28
Breen, Ed, 150, 161, 413
Bremner, Brian, 291, N–1, N–19, N–25
Brenner, S., N–6
Breton-Miller, I. Lee, N–28
Brett, J., N–23

Brewer, P. C., N–25
Bricklin, Dan, 226, 233, N–9, N–10
Brief, Arthur, 156, N–28
Bright, J. E. H., N–20
Brinkley, Amy Woods, 364
Brockner, J., N–21
Brodsky, N., N–1, N–10
Brodt, S., N–23
Brodzinski, J., N–17
Brooker, K., 393
Brookes, R., N–6
Brown, A., N–7, N–8
Brown, E., 164, N–1
Brown, M., N–6
Brown, William, 387
Browne, John, 166, 167
Buchanan, Ian, N–9
Buchanan, Jean, N–14
Buchele, R., N–25
Buchholtz, Ann K., N–26
Buchko, Aaron A., N–3
Buck, Michelle L., N–17
Buckmaster, Jim, 325
Buell, B., N–12
Buller, Paul, N–9
Burck, Charles, N–10, N–27
Burgelman, Robert A., N–26
Burgers, Willem P., N–3
Burkart, Michael, N–17
Burke, Donald R., N–12
Burke, L., N–25
Burke, Monte, 187
Burke, T., N–8
Burkhart, Glenda, N–17
Burlingham, B., N–10, N–24
Burns, Lauren E., N–26
Burns, Tom, 291, N–12
Burr, J. T., N–25
Burrows, Peter, 5, 139, N–27
Burt, T., N–1
Burton, Tom, 267
Busey, Andrew, 242
Bush, George W., 488
Bushnell, David, 159
Butcher, V., N–19
Butler, T., N–24
Butterfield, K., N–20
Byham, R., N–22, N–23
Byrd, M. J., N–9
Byrne, John A., 520, N–11
Byrnes, Jonathan, 45
Byrnes, Nanette, 164, 389, 393, 448, N–16
Byron, E., N–1

C

Cabot, John, 103
Cackowski, David, N–12
Cafasso, Rosemary, N–16
Cahan, V., N–7, N–8
Cairncross, F., N–1
Caldwell, L., N–7
Callister, R. R., N–23
Calmes, J., N–6
Cameron, Kim S., 31, 69, 105, N–3, N–28
Camp, Robert C., N–5, N–11
Campion, James E., N–14
Campion, Michael A., N–14, N–20
Candee, D., N–6
Capelli, P., N–2
Caplan, Arthur, 77
Carey, A., N–2
Carey, J., 164, N–8
Carlson, Ed., 507
Carlson, J. R., N–24
Carlzon, Jan, 411
Carnevale, A. P., N–15
Carney, Beth, 562
Carr, Linda, N–14
Carr, N., N–4
Carrasco, Emma, 472
Carroll, A., 162, N–6
Carson, Jonathan, 609
Carson, Rachel, 180, N–7
Carstedt, G., 178, N–6
Cascio, W. F., N–13, N–19, N–20
Case, D., N–23
Case, J., 505, N–2, N–10, N–22, N–24, N–28
Catmull, Ed, 5, 11, 27
Chambers, G. J., N–12
Chambers, John, 401
Champagne, Paul J., 456
Champion, J., 113, 623, 624
Champy, J., N–13
Chan, Andy, 609
Chan, R. Y. K., N–7
Chandler, Alfred D., 298, N–2
Chapman, Steven M., 193
Charan, R., N–24, N–28
Chatman, J., N–23
Chen, G., N–21
Chen, Pehong, 10
Chen, W., 80
Cheng, Kipp, N–16
Chilton, Kenneth W., N–7, N–15
Cho, Fujio, 290
Choi, H., N–22
Chouinard, Yvon, 240
Christensen, C. M., N–27
Chrysler, Walter P., 83
Chu, C., N–24
Chugh, D., N–5, N–6
Chung, Chen H., N–13
Chung, Q. B., N–12
Cianni, M., N–21, N–22
Cisneros, Henry, 370
Ciulla, J. B., N–6, N–19
Clair, J. A., 178, N–7
Clampitt, P. G., 494
Clark, D., N–11
Clark, Jim, 27
Clark, Kim B., N–26, N–27
Cochran, P. L., N–6
Cohen, Don, N–3
Cohen, Morris A., N–13
Cohen, S., N–21, N–22
Colbert, Janet L., N–25
Collins, Denis, N–15
Collins, James C., 429, 589, 590, 591, 612, N–2, N–10, N–11, N–19, N–25, N–27, N–29
Collis, David J., N–3, N–5
Coltrin, Sally A., 32, 512
Colvin, G., N–5, N–21, N–28
Comer, Debra R., N–14
Commoner, Barry, 180, N–7
Compton, Ann, 488
Comstock, T. W., N–23, N–24
Conceicao, Pedro, N–27
Condit, Phil, 506
Conger, Jay A., N–15, N–17, N–24
Conlin, M., 235
Connolly, T., N–20
Conrades, George, 81
Conti, R., N–20
Conway, R., N–10
Cook, Scott, 429
Cooke, R. A., N–6
Coon, H., N–20
Corbett, C. J., N–7, N–8
Corsini, Skip, N–15
Cortada, J. W., N–2
Cortina, Jose M., N–15
Cory, Kenneth D., N–3
Cosier, R., N–4
Cote, David, 263
Courtney, H., N–28
Cowell, J., N–24
Cox, Jane, 103
Cox, T., N–17
Coy, P., N–1
Crandall, W., N–5
Cranor, S., N–1
Crant, J. M., N–11
Crawford, David B., N–25
Credeur, Mary Jane, 117
Creech, Bill, N–13
Crockett, Joan, N–17
Crockett, Roger O., 70, 550, N–16
Crosby, Chris, 603
Crosby, Faye J., N–17
Crosby, Olivia, N–14
Cross, F. B., N–7
Cross, Rob, N–11, N–22, N–23, N–25
Crossan, M., N–19
Cruz, Zoe, 364
Cull, Carl, N–13
Cullen, John B., N–12
Cummings, A., N–20
Cummings, L. L., N–20
Cummings, T., N–27
Cusumano, Michael A., N–3
Czinkota, Michael R., 189

D

D'Aveni, Richard A., N–3
Daft, Richard L., N–3, N–24
Dahle, C., 596, 600, 610
Daily, C. M., N–11
Dalton, D. R., N–11
Daniel, Christopher, N–16
Daniels, Alex, N–14
Daniels, Cora, N–14
Dansereau, F., N–18
Darrah, John E., 56
Davenport, C., N–10
Davenport, Thomas O., N–14
David, George, 88
Davidson, S., N–22
Davies, Kert, 166
Davila, Antonio, N–25
Davis, Clive, 227
Davis, D., N–13
Davis, Erroll B., Jr., 367
Davis, Jim, 260
Davis, Keith, 316, N–25
Davis, Reginald E., 367
Davis, S., N–4, N–12
Davis, T. R. V., 505, N–24
Davison, H. Krisl, N–15
Dawson, Chester, 291, N–1, N–19, N–25
Dawson, Peter P., 483
Day, D. L., N–27
Day, D. V., N–18
Day, George S., N–11
Day, Leslie E. Overmyer, N–17
De Cremer, D., N–21
De Dreu, C., N–4
De George, R. T., N–6
de Janasz, Suzanne C., 32, 173, 174, 454, 455, 618, 619

de Weerd-Nederhof, Petra C., N–12
Dean, James W., Jr., 572, N–3, N–4
Dechant, K., 182, N–7, N–8
Decker, C. D., N–24
Deleeuw, Kevin, N–14
Dell, Michael, 239, 243, 247
Della, Robert, N–25
Dellana, Scott A., N–3
Deming, W. Edwards, 13, 302, 578
DeNisi, A., N–24
Denny, 426, 433, 451
Dent, D. J., 228
Dent, E. B., N–28
Denton, D. K., N–25
Deogun, N., 515
Der Hovanesian, M., 149
Desai, Ashay B., N–9
Descarpentries, Jean-Marie, 538
DesMarteau, Kathleen, N–26
Desmond-Hellmann, Susan, 364
Dess, G. G., N–9, N–11
Dessler, G., N–20 Ekegren,
DeToro, Irving, N–3
Deutsch, C., N–23
Deutschman, A., 223, N–2
Devlin, D., N–8
Dewan, Rajiv, N–27
DeWitt, Rocki-Lee, N–15
Dickerson, John, 488
Dickson, M., N–23
Dickter, David N., N–14
Dienhart, J., 161, N–6
Difonzo, N., N–25
Digh, Patricia, N–9
Dimnitrov, Krassen, 230
Dionne, S., N–18
Disney, Walt, 410
DiTomaso, Nancy, N–3
Dixon, G., N–22, N–23
Dolan, Charles F., 396
Dolan, James L., 396
Dolezalek, Holly, 336
Donahue, L., N–21
Donlan, Thomas G., N–25
Donnelly, J., Jr., 79 F
Donovan, Michelle A., N–25
Dooley, R., N–4
Dorfman, P., N–18
Douglas, S., N–6
Douma, B., N–19
Dove, Rick, N–12
Dowd, Karen O., 32, 173, 174, 455, 618, 619
Doyle, Eric, N–12
Doz, Y., N–28
Dreyfuss, Joel, N–26
Drezner, Daniel W., N–9
Droge, Cornelia, N–11
Drucker, Peter F., 26, 120, 239, N–2, N–10
Druskat, Vanessa Urch, N–22, N–25
Duffy, Maureen Nevin, N–9
Dumaine, B., N–21, N–22
Dunaway, Dwayne, 230
Duncan, R., N–11
Dunfee, T., N–6
Dunnette, M. D., N–23
Durhman, C., N–22
Durr, Barbara, N–17
Dutton, Gail, N–17
Dutton, J., N–5, N–28
Dvir, T., N–19
Dvorak, Phred, 260
Dwyer, P., 149
Dyer, Lee, N–12 Ferrara,

E

Eagly, A., 401
Early, P. C., N–20, N–24
Easter, W. H. "Bill," III, 367
Eastman, Lorrina J., N–12
Eckes, George, N–25
Economides, Michael I., N–26
Edelman, K., N–23
Eden, C., N–27
Eden, D., N–19
Edman, Nancy J., N–15
Edmondson, G., N–1, N–19, N–25
Edwards, C., 593, N–1, N–2
Edwards, Mark, N–15
Ehrenfeld, John, N–7
Ehrenfeld, Tom, N–20
Eichenwald, Kurt, 520
Eisenberg, Bonnie, N–16
Eisenberg, D., N–1
Eisenhardt, K., N–4
Eisenstat, R. A., 141, N–5, N–28
Eisner, Michael, 266, 476, 502
Elkington, J., N–8
Elliott, D., 389
Ellis, George, N–25
Ellis, Kimberly M., N–11
Ellison, H., N–7, N–8
Ellwood, David, N–14
Elstron, P., N–10
Ely, Robin J., N–17
Engardio, Pete, 194
Epitropaki, O., N–19
Erez, M., N–22
Ettkin, Lawrence P., N–14
Ettlie, John E., N–13, N–25
Evans, Harold, 233, N–10
Evans, James R., N–13
Evans, P., N–10 Foti, R., N–18
Evans, R., N–4
Ewen, Ann J., N–15
Ewert, G. A., N–25
Eyler, John H., Jr., 447–448

F

Fadiman, Clifton, 201
Fagenson-Eland, E., 401
Fahrbach, Kyle, N–26
Faircloth, Anne, N–5
Falbe, C., N–18
Falcone, Paul, N–15
Faludi, S. C., N–20 Frey, J., N–6
Fanning, Shawn, 607
Farmer, Richard T., 264
Farmer, S. M., N–4
Farmer, Scott D., 264
Farnham, A., N–4, N–6
Farrell, Christopher, N–26
Farrell, O. C., 152
Farrow, Vicky, 23
Fay, Charles, N–16
Fayol, Henri, 38, N–2
Fear, R. A., N–14
Feeny, D., N–1
Feldman, Robert A., N–8
Fell, Perry, 230
Felsted, A., 515
Fenn, D., N–10, N–20, N–21 G
Fenwick, Marilyn S., N–25
Ferguson, Eammon, N–15
Ferguson, J. G., 39
Ferguson, Roger W., Jr., N–5
Ferner, Anthony, N–12, N–25
Ferraro, G., N–24
Ferrell, O. C., N–5, N–6
Ferry, Richard M., N–9
Fessler, Clyde, N–11
Fiedler, F. F., N–19
Field, Hubert, N–15
Field, J., 464, N–22
Figueroa, Edgar, N–27
Finegan, J., N–20
Finegold, D., N–20
Finkelstein, S., 87, N–1, N–10, N–28
Finnigan, Dan, 326
Fiorina, Carly, 22
Fischer, K., N–7
Fisher, Anne, N–7, N–15
Fisher, Martin, 596
Fisher, R., N–19, N–20
Fisher, S., N–4
Fishman, C., 459
Fitzpatrick, William M., N–12
Fleener, Doug, 337
Fleishman, E., N–18
Florian, E., N–2
Florin, J., N–10
Floyd, Steven W., N–5
Flynn, Barbara B., N–12
Flynn, F. James, N–12, N–23
Flynn, Gillian, N–16, N–17, N–26
Foley, Richard E., N–14, N–15
Folger, R., N–21
Follet, Mary Parker, 38, 39
Fong, M., N–8
Forbes, D. P., N–22
Forbes, M., N–24
Ford, C. M., N–20
Ford, Henry, 37, 135, 411
Ford, Lynda, N–17
Ford, R. C., N–12
Forman, Craig, 473
Forrester, Russ, N–11, N–21
Fouts, P., N–7
Fowler, H. R., N–24
Fraedrich, J., 152, N–5, N–6
Francis, Suzanne C., N–11
Frank, Kenneth A., N–26
Fraser, J. A., N–10
Fredrickson, James W., N–9
Freedman, D. H., N–10
Freeman Laurie, N–9
Freeman, Sarah J., N–13
French, J. R. P., 397–398, N–18
Freshley, D. L., 501, N–24
Freudenheim, Milt, N–17
Friedman, J., N–3
Friedman, Milton, 163
Friesen, P., N–2
Fritz, Susan F., 387
Frost, P., N–5
Fuchs, Peter H., N–26
Fudge, Ann M., 367
Fulk, J., N–24
Fuller, Joseph, N–3
Fuller, T., N–18
Fulmer, Robert M., N–15, N–19, N–25
Furst, S., N–22
Fyxell, G., N–4

G

Gabarro, J., N–24

Gadiesh, O., N–21, N–28
Galbraith, J., N–2, N–11, N–12
Gale, Sarah Fister, N–17
Gallagher, Monica, N–16
Gallo, James, N–11
Gamer, D., N–10
Gannes, S., N–5
Gantt, Henry, 37
Gapper, J., 588
Gardner, James J., 264, N–18, N–24
Gardner, Susan E., N–16
Garfield, C., 178
Garsten, Ed, 291, N–16
Garten, Jeffrey, N–8
Garvin, David A., N–1, N–4, N–12
Gates, Bill, 38, 58, 555
Gatewood, Robert, N–15
Gehlen, F. L., N–3
George, C., N–2
George, William, 22, N–2
Gergen, David, 401
Gerhart, Gail M., N–8
Gerhart, M., N–18
Germain, Richard, N–11
Geroski, P. A., N–26, N–27
Gersick, C. J. G., N–22
Gerstner, C. R., N–18
Gerstner, Lou, 66
Gerwitz, J. L., N–6
Gettys, C., N–4
Ghoshal, Sumantra, 200, N–1, N–3, N–12, N–19, N–21
Ghosn, Carlos, 15, 427, 507
Giacalone, Robert, 163, N–6
Gibbs, Manton, N–11
Gibbs, Philip A., N–15, N–19
Gibson, C., N–22, N–27
Gibson, D., N–20
Gibson, J., 79
Gibson, K., N–6
Giffi, C., N–27
Gilbert, C., 37, N–2
Gilbert, J. L., N–21, N–28
Gilbert, Jacqueline A., N–17
Gilbreth, Frank, 37, 39
Gilbreth, Lillian, 37, 39
Gilley, Bruce, N–14
Gilliland, Stephen W., N–15, N–21
Gilmartin, Raymond C., 77, 99, 253
Gilmore, James H., N–13
Gimein, M., N–5, N–21
Gingrich, Bryan, N–17
Gladwell, Malcolm, 357
Glain, S., 498
Glassberg, B., N–23
Glater, Jonathan D., N–25
Glueck, William F., 32, 512
Gohring, Nancy, N–26
Goldberg, M., 473
Goldberg, S. Galloway, N–28
Goldin, Claudia, 357
Goldsmith, Marshall, N–2, N–15, N–19
Goldstein, Nancy B., N–15
Goleman, D., N–2, N–18
Gomez-Mejia, Luis, N–15
Gonzalez, Juan, 227
Goodheim, L., N–19
Goodnight, James, 7, 10, 155, 228, 240
Gopalakrishnan, Shanthi, N–26
Gordon, Judith R., 34, 43, 103, 576
Goshal, S., 20, N–2
Gossage, B., N–6
Gottlieb, R., N–8
Govindarajan, Vijay, N–24, N–27
Gowan, J. A., Jr., N–26
Gradwohl Smith, W., N–18
Graen, G., N–18
Graham, G., N–24
Graham, Katharine, 38
Grant, Michael, 103
Grant, R., 622
Graser, Marc, 260
Gray, P. B., N–8
Gray, S., N–1
Greco, S., N–10
Green, H., N–28
Green, J., N–28
Green, Jeff, N–13
Green, S., N–1
Greenberg, Jeffrey W., 150, 155
Greene, J., 593
Greenhouse, Steven, N–17
Greening, D., N–6
Greenleaf, Robert, 412
Gregory, David, 488
Griffeth, Bill, 588
Grinstein, Gerald, 117, 135, 142
Gross, Bill, 227
Gross, N., N–1
Gross, Steven, N–15
Grossman, Robert J., N–17
Grove, Andrew S., 13
Grover, R., N–1
Grow, Brian, 117, 371
Grunwald, M., N–7
Guilhon, Bernard, N–26
Gull, N., N–11
Gundlach, M., N–6
Gundry, Lisa K., N–27
Gunn, T. G., N–27
Gunter, Toddi, N–16
Gunther, M., N–6, N–7
Gup, T., N–16
Gupta, Anil K., N–24, N–27
Guthrie, James P., N–16
Gutknecht, J., N–24
Guy, M. E., N–5
Guzzo, R., N–28

H

Hache, Raymundo, 13
Hackman, J. Richard, 442, N–20, N–21, N–22
Hadley, C., N–4
Hagedoorn, John, N–27
Hagen, Abdalla R., N–3
Hai, Dorothy, 482, 617
Hakim, C., 609
Hakim, Danny, 291, N–8
Hale, J., N–6
Hall, D. T, N–24
Hall, E., N–6
Hall, F., N–6
Hall-Merenda, K. E., N–18
Hallowell, F. M., N–23
Hallowell, Roger, N–3, N–5
Hambrick, Donald C., N–9, N–22
Hamel, Gary, 9, 12, 429, 607, N–1, N–12, N–20, N–28
Hamermesh, R., N–5
Hamilton, Lynn, 496
Hamm, Steve, 50, N–1, N–27
Hammer, M., N–13
Hammitt, J. K., N–7
Hammonds, Keith H., 459, N–2, N–13
Hamori, M., N–2
Hamrin, R., N–21
Hancock, Barry W., N–15
Handy, C., N–6
Haney, W. V., N–23
Hanges, P., N–21
Hansen, M., N–1
Hanson, J. R., 293, N–12
Harback, H., N–13
Hardin, Garrett, 179, N–7
Harding, D., N–5
Hargadon, A., 95
Harmon, C., 441
Harmon, Larry, 235
Harper, Arthur "Art" H., 367
Harper, Pamela, N–12
Harrington, B., N–24
Harrintong, A., 393
Harris, E., N–18
Harris, P., N–28
Harris, R., N–28
Harris, Scott Blake, N–26
Hart, S. L., 178, N–6, N–7
Harter, J., N–21
Hartley, Darin E., N–14
Hartman, R., N–22
Hartwick, J., N–28
Harzing, Anne-Wil, N–9
Haspeslagh, P., N–5
Hassan, F., N–1
Hauser, Richard D., N–3
Hawken, P., 178, N–7, N–8
Hawley, D. L., N–14
Hayes, T., N–21
Heifetz, R., N–18, N–21
Heintz, N., N–10
Hellofs, Linda L., N–13
Hellriegel, D., N–28
Helms, Marilyn M., N–14
Helms, Susan J., 278
Hempel, J., 415
Heneman, Herbert G., III, N–14
Henkoff, R., N–13, N–25, N–26
Henne, D., N–21
Henry, Eileen, N–16
Henwood, C., N–23
Hequet, Marc, N–15
Herbert, Theodore T., 547
Herera, S., 588
Herron, M., N–20
Hersey, P., N–19
Hersi, Osman, 228
Herzberg, Frederick, 440, N–20
Hesketh, Beryl, N–14
Hewlett, Bill, 229
Hickman, J., N–5
Higgins, Andrew, 230
Higgins, E. T., N–22
Hill, G. W., N–4, N–29
Hill, L. A., N–2, N–24, N–29
Hiltrop, Jean-Marie, N–14
Hipskind, M., N–22
Hira, N., N–10
Hisrich, R. D., 240, N–10
Hitt, M. A., N–13, N–18
Hodgetts, R. M., N–25
Hoenig, Jonathan, 10
Hof, Robert D., N–1, N–12, N–27
Hofstede, Geert, 213, 214, N–20
Holbrooke, Richard, 163
Holland, K., N–5
Hollander, Dory, 507
Hollenbeck, G. P., N–24
Holliday, C., N–6
Holloway, Charles A., N–27
Holmes, Stanley, 187
Holstein, W. J., N–1

Holusha, J., N–5
Hong, Sehee, N–14
Honig, Barry, 379
Hoover, Gary, 231
Hornblower, M., N–5
Hornsby, J., N–11
Horton, Carl, 367
Hoskisson, Robert E., N–5
Hosmer, L. T., 160, N–6
House, Robert J., 407, N–18
Hout, Thomas M., N–13
Howard, Cecil G., N–9
Howard, J., N–7
Howell, David, N–27
Howell, J. M., N–18
Huber, G., N–1
Huber, V. L., N–15
Hudgins, A., N–5
Hudson, Peter J., Jr., N–14
Huey, John, N–5, N–19
Hunt, J. G., N–18
Hunter, J. E., N–14, N–16
Huseman, R. C., 501, N–24
Hutton, A., N–25
Huy, Q. Nguyen, N–2, N–28
Hymowitz, C., N–24, N–25

I

Iacocca, Lee, 411
Ibuka, Masaru, 229
Idei, Nobuyuki, 213
Ilies, R., N–18
Imai, Masaaki, N–26
Imberman, W., N–24
Immelt, Jeffrey R., 133, 165, 167, 319, 588, 604, 613, N–1
Inkson, K., N–2
Ireland, R. D., N–11, N–18
Ishikawa, K., N–13
Isumi, H., N–22
Ivancevich, John M., 79, N–17
Iverson, R., N–21

J

Jackman, J., N–20
Jacobson, Robert, N–13
Jaffe, G., 498
James, J., 113, 623, 624
James, L., N–18
Jameson, Daphne A., 221
Janis, I., N–4
Janson, R., N–20
Jasinowski, J., N–21
Jauch, Lawrence R., 32, 512
Javetski, Bill, N–8
Jeffrey, Jim, 235
Jehiel, Philippe, N–11
Jehn, Karen A., N–17, N–22
Jennings, P., N–24
Jensen, Michael C., N–3
Jernigan, I. E., N–23
Jick, Todd D., 622, N–14, N–24
Jing, Bing, N–27
Jobs, Steve, 5, 38, 138, 153, 237, 410, 568, 570
Johnson, Abigail, 364
Johnson, Clarence L. "Kelly," 467
Johnson, Gail, 360
Johnson, Gerry, N–28
Johnson, Jean L., N–12
Johnson, Lauren Keller, N–15
Jones, D., 588
Jones, Gary K., N–27
Jones, T., N–6
Jordan, James, N–16
Jordan, Miriam, 362
Joshi, M., N–5, N–6
Joyce, A., N–6, N–23
Joyce, J., N–23
Joyce, W. F., N–27
Jubak, Jim, 45
Judge, P. C., N–28
Judge, T. A., N–18, N–19, N–20, N–24, N–27
Jung, Andrea, 22, 364, 393, 397, 416, N–2
Jung, D. I., N–18
Jung, Helen, 187
Juran, J. M., 13

K

Kacmar, Michele K., N–14
Kagan, Jeff, 45
Kahn, J., N–2, N–4
Kahn, Linda, N–16
Kahn, R. L., N–2, N–19
Kahwajy, J., N–4
Kaizen, Gemba, N–26
Kale, Prashant, N–12
Kallman, Rhonda, 228
Kanov, J., N–5
Kanter, Rosabeth Moss, 296, 401, N–11, N–12, N–21, N–27
Kaplan, Robert S., 124, N–3, N–4, N–5, N–25
Kapuscinski, Karl, 361
Karatz, Bruce, 12
Karl, Katherine A., N–15
Karom, S., 401
Kassalow, Jordan, 600
Katauskas, T., 570
Katen, Karen, 364
Katz, David M., N–2, N–9, N–19
Katz, R., N–2
Katzenbeck, J., N–22
Kaufman, Curtis, 362
Kaufman, M., 77
Kay, Alan, 27
Kearns, Ellen C., N–16
Keats, B., N–13
Keidel, R. W., N–14
Kelleher, E., 515
Kelleher, Herb, 411
Keller, R. T., N–23
Kellerman, B., N–19
Kelloway, E. K., N–21
Kelly, R. E., N–18
Kennedy, C. J., N–18
Kenny, D., N–18
Kernan, M., N–21
Kerr, S., N–14, N–18, N–19, N–20, N–24
Kessler, Eric H., N–26, N–27
Kethley, R. Bryan, N–14, N–15
Ketteringham, J., N–4
Kettinger, W., N–23
Keys, J. B., N–24
Kharif, Olga, 326
Khermouch, G., 448
Kickul, Jill R., N–27
Kidder, P. J., 401
Kidder, T., N–22
Kiechel, W., III, 23, N–2
Kilmann, Ralph H., N–3
Kim, W. C., N–21
King, John, 488
King, N., Jr., N–1
Kinlaw, Dennis C., 178, N–7
Kirkland, J., N–28
Kirkman, B. L., N–22
Kirkpatrick, D., N–2, N–7, N–23
Kirkpatrick, S., N–17, N–18
Kirksey, N–15
Kirsner, S., N–19
Kirwan, Peter, 473
Kitchen, Philip J., N–9
Klassen, R. D., N–7, N–8
Klein, Karen E., 128
Kleiner, A., N–7
Klimoski, R., N–21
Knight, D., N–22
Knight, Philip, 8, 131
Knowlton, C., N–4
Koehler, J. W., N–24, N–25
Kohlberg, L., N–6
Kohls, John, N–9
Kolk, A., N–8
Kolodny, H., 276–277, N–12
Korda, M., N–24
Korn, Lester B., N–9
Korten, D. C., N–6
Kotler, P., N–3
Kotter, John P., 599, 602, 603, N–2, N–17, N–18, N–28, N–29
Kouzes, James, 394, N–17, N–19, N–21, N–24
Kovar, Joseph F., N–27
Krackhardt, D., 293, N–12
Kramer, S., N–4
Krauthammer, Charles, 497, N–24
Krawcheck, Sallie, 364
Kreitner, R., N–19
Krim, Jonathan, N–8
Kripalani, Manjeet, 194, N–14
Kroc, Ray, 38
Krohe, J., Jr., N–4, N–6
Kroos, H., 37, N–2
Kruger, P., 613
Kuchl, Rainer, 356
Kuczmarski, Thomas, N–27
Kung-McIntyre, K., N–4
Kunii, Irene M., 593, N–26
Kuratko, D., N–11
Kurland, N. B., N–23, N–25
Kurlantzick, J., N–7
Kurtines, W. M., N–6
Kurtz, H., 609
Kurtz, R., N–10
Kutaragi, Ken, 593
Kwon, S., N–2

L

Laabs, Jennifer, N–15, N–16
LaBerre, P., N–4
Labich, Kenneth, 463, N–4, N–17
Laczniak, G., N–6
Lafley, Arthur G., 12, 95, 432
Lagges, J., N–11
LaGranke, J., N–23
Laing, Johnathan R., N–3
Lam, S. S. K., N–23
Lamont, Bruce T., N–11
Lanctot, Aldor, Jr., N–27
Lando, Mary Ann, N–26
Landsberg, H., N–7
Landsman, Julie, 384
Lane, Peter J., N–5
Lange, J. E., N–10
Langley, M., 515
Larkey, L. K., N–23
Laroia, Rajiv, 298
Larson, L. L., N–18
Lashinsky, Adam, 260, 593

Lasseter, John, 5
Latham, Gary P., N–15, N–19
Lau, James B., 287, 317, 387
Laundauer, S., N–19
Laurent, A., N–28
Laurie, D., N–18, N–21
Lavelle, Louis, N–16, N–18
Lawler, Edward E., III, 450, N–11, N–12, N–17, N–19, N–20, N–21, N–22, N–24, N–25, N–26, N–28, N–29
Lawrence, P. R., 261–262, 282, N–11, N–12
Lay, Kenneth L., 161, 519
Lazarus, Shelly, 364
Lazenby, J., N–20
Leana, C. F., N–28
LeBoeuf, Michael, 432
Ledford, Gerald E., N–12
Lee, Hau L., N–1, N–3, N–13
Lee, Jennifer, N–16
Lee, L., N–5
Lee, Mary Dean, N–17
Lee, Nichole, N–15
Lehrman, A., N–2
Lei, David, N–3
Leibs, Scott, N–5
Leifer, Richard, N–3, N–26
Leland, John, N–17
Lengel, R., N–24
Lengnick-Hall, Mark L., N–17
Leonard, Dorothy, N–27
Leonsis, Ted, 270
Leopold, Aldo, 180
Leslie, Mark, 395
Lesser, E., N–25
Leung, Shirley, 187
Levering, R., N–20
Levin, D., N–25
Levin, M., 164
Levine, J. M., N–22
Levin-Epstein, Michael D., N–15
Levitt, T., N–4
Levy, Steven, 260
Lewicki, R., 102
Lewin, David, N–16, N–28
Lewis, Aylwin, 367
Lewis, Bob, N–13
Lewis, Kenneth, 344
Lewis, Peter, 260
Li, Arthur, 441
Liddell, Chris, 537
Liden, R. C., N–21
Lidsky, D., N–19
Lieber, R., N–13
Ligos, Melinda, 200
Likert, Rensis, 40, N–2, N–18
Lilius, J., N–5
Limpaphayom, Wanthanee, N–14, N–15
Lindsay, William M., N–13
Link, Albert N., N–27
Lippitt, R., N–18
Lippman, J., N–1
Liss, David, 537
Little, James C., 56
Livermore, Ann, 364
Livingston, A., N–17
Locke, E. A., N–10, N–17, N–18, N–19, N–21, N–22
Lockwood, Nancy, N–9
Logan, J., N–23
Logue, C. M., 501, N–24
Lohr, Steve, N–27
Lombardo, M., N–24
Longenecker, Clinton O., N–11, N–23
Longnecker, J. G., N–9
Loomis, Carol J., N–1, N–25
Lord, R. G., N–18
Lorsch, J. W., 261–262, 282, N–11
Lott, A., N–22
Lott, B., N–22
Lovins, A., 178, N–7, N–8
Lovins, L. Hunter, 178, N–7, N–8
Low, M., N–10
Lowenstein, R., N–4
Lu, David J., N–13
Lubatkin, M., N–10
Lubhy, Tamil, N–16
Lublin, Joann S., N–16, N–23, N–24
Lubrano, Alfred, N–16
Luczywo, Helena, 613
Lukas, Bryan A., N–9
Lumpkin, G. T., N–9, N–11
Lunde, Joyce, 387
Lunsford, Lynn, 578
Lussier, Robert N., 234, N–10
Lustgarten, Abraham, N–5, N–10
Luthans, F., 389, N–19, N–20
Lutz, Robert A., 294
Lynch, Tom, 103
Lyncheski, John E., N–15

M

Macadam, S., N–24
MacDermid, Shelley M., N–17
Machalaba, D., N–8
Mackey, John, 459, 469, 479
MacRae, Don, N–5
Macy, B., N–22
Madden, N., 588
Madigan, C., N–28
Magasin, M., N–3
Magner, Marjorie, 364
Mahoney, Janet, N–11
Maidique, Modesto A., N–26
Maier, N. R. F., N–4
Maignan, Isabelle, N–9
Main, J., N–20
Mainicro, L., N–20
Maitland, A., 401
Makhijani, M., 401
Makridakis, Spyros, N–3
Maldegen, Robyn, N–15
Malkin, Elisabeth, N–8
Mallaby, S., 164
Mandel, M. J., 77, N–28
Mann, L., N–4
Mannix, E., N–22
Mansfield, Anja, 378
Manville, Brook, N–12
March, J. G., N–4, N–12, N–27
Maremont, Mark, N–5
Markis, M. Lynne, N–12
Markman, G. D., N–10
Marks, M., N–1
Marmer, Charlene, N–9
Marr, Merissa, 260
Marriott, J. Willard, 229
Marriott, William, 135
Marsh, A., N–10
Marsh, George Perkins, 180
Marsick, Victoria J., N–12
Martens, Philip R., 291
Martin, Andrew, N–8
Martin, Thomas J., 570
Martinko, M., N–6
Maruca, R. F., 10
Maslow, Abraham H., 39, 436–437, N–2, N–20
Massey, A., N–23
Mathews, A. W., 253
Mathieu, R. G., N–26
Matthews, G., N–11
Matusak, L. R., N–17, N–19
Mauborgne, R., N–21
Maurer, Steven D., N–14
Maxim, Jim, 606, N–28
Maxion, Roy A., N–25
Mayer, C. E., N–6
Maynard, M., N–1
Mayo, Elton, 39, N–2
McAfee, R. Bruce, 456
McCain, John, 414
McCall, Morgan W., N–2, N–3, N–4, N–5, N–9, N–19, N–24
McCann, Renetta, 367
McCanse, Anne Adams, 404
McCarthy, Kathy, N–15
McCarthy, M., 588
McCartney, S., N–10
McCaskey, M. B., N–24
McCauley, C. D., N–19
McClelland, David, 438, N–20
McClendon, A., N–16
McCollum, J. K., N–12
McCormick, Cyrus, 233
McCormick, M., N–23
McCracken, Mike, 527, N–25
McCullen, Peter, N–13
McDaniel, Michael, N–14
McDermott, Christopher M., N–26
McDonald, I., 515
McFarland, Lynn A., N–14, N–15
McGee, Jeffrey E., N–3
McGill, M., N–29
McGinn, D., N–10
McGinnis, Leon F., N–13
McGrath, Judy, 6, 364
McGrath, R. R., Jr., 145, 288
McGregor, Douglas, 40, N–2
McGregor, J., 426, 609
McKee, A., N–2
McKelvey, Andrew, 326
McKenna, Regis, 243
McKibben, B., 166
McKinley, John A., 270
McKinney, Joseph A., N–9
McMahan, Gary C., N–14
McMillan, Bruce, 12–13
McMorrow, John, N–14
McNamee, Mike, N–26
McNealy, Scott, 567
McPherson, S., N–22
McShane, Steven L., 74
McWilliams, A., N–6
McWilliams, G., N–1
Megginson, L., N–9
Megginson, W., N–9
Mehrabian, A., N–24
Meiland, D., N–1
Menn, Joseph, N–12
Merchant, K., N–25
Merrick, A., N–1
Merritt, Jennifer, N–16
Messick, D., N–4, N–6
Meyer, C., N–22
Meyers, D. W., N–16
Meyers, G., N–5
Meznar, Martin B., N–3
Michaels, Daniel, 578
Michels, A. J., N–11
Mifflin, Kenneth E., N–26
Miklave, Matthew T., N–14

Miles, Raymond E., 279, N–3, N–13
Miles, Robert H., N–28
Milkovich, G. T., N–15
Miller, Danny, N–2, N–26, N–28
Miller, Jonathan F., 269–270
Miller, K., 80
Milliken, F. J., N–22
Milliman, John F., N–15
Mills, P. K., N–3
Milner, C., N–19
Milstein, M. B., 178, N–6, N–7
Mintz, H. K., N–24
Mintzberg, H., 21, N–2
Mishra, Aneil K., N–12
Misumi, J., 402, N–18
Mitchell, R., 570
Mitchell, T., N–19
Mitroff, I., 98, N–4
Moeller, Michael, N–27
Mohammed, S., N–23
Mohrman, Susan Albers, N–12
Molander, E., N–6
Molina, Alfonso, N–27
Montgomery, Cynthia A., N–3, N–5
Montoya-Weiss, M., N–23
Moon, Chang H., N–9
Moon, Nick, 596
Moore, Ann, 364
Moore, C. W., N–9
Moore, Gordon, 562
Moore, S., N–5
Moores, Ken, N–26
Moran, P., N–21
Moran, Terry, 488
Morehart, Kerri Koss, N–14
Moreno, Roberto, 361–362
Morgan, Lance, 153, 239
Morgenson, Frederick P., N–14
Morgenson, G., N–5, N–20
Morita, Akio, 429
Morrey, Stephen R., N–13
Morrison, A., N–24
Morrison, C., N–7
Morrison, E. W., N–2
Mortensen, Ronald, N–9
Moskakowski, E., N–24
Moskowitz, M., N–20
Moss, S., N–20
Mount, I., N–1, N–10, N–19
Mount, M. K., N–14
Mouton, J., N–18
Moxley, R., N–19
Muczyk, J., N–18
Mueller, Nancy L., N–17
Muir, John, 180
Mula, Joseph, N–26
Mulally, Alan, 578
Mulcahy, Anne M., 364, 367, 526
Mullainathan, Sendhill, N–16
Mullaney, Timothy J., N–1, N–27
Mullen, B., N–22
Muller, Jaye, 230
Muller, Joann, 206
Murphy, A., 235
Murphy, Wendell, 235
Murray, Paul, 182
Murrell, Audrey J., N–17
Murrell, Kenneth L., N–11
Myhrvold, Nathan, 10

N

Nadler, D. A., N–21, N–28
Nahavandi, A., N–22
Najdawi, Mohammad K., N–12
Nanus, B., N–17, N–19
Naquin, C., N–23
Nardelli, Robert, 7
Nash, J., N–7
Nash, R., N–7
Nash, Sarah, N–26
Nathan, Richard, N–26
Naughton, Keith, N–25
Navoth, Z., N–6
Nayak, P., N–4
Neal, Jeff, N–12
Neeleman, David, 236, 411, 485, 502, 510
Neff, R., N–27
Nelson, David, 50
Nelson, Katherine A., N–9
Neubert, M., N–23
Neumann, Peter G., N–26
Nevin, Joe, 395
Newberry, Robin, 229
Newcombe, Robert, N–26
Newman, A., 389
Newman, J. M., N–15
Newstrom, John W., 316
Nichols, Ralph G., 501
Nilekani, Nandam M., 193
Nisbett, R., N–4
Nixon, R., N–13
Nocera, J., N–10
Nohria, N., N–24, N–27, N–28
Nooyi, Indra, 364
Norman, Carol, N–15
Norton, David, 124, N–5
Nugent, P. S., N–23
Nur, Y. A., N–18
Nussbaum, B., 95

O

O'Brian, B., N–2
O'Brien, T. L., 149
O'Connor, Gina Colarelli, N–26
O'Keefe, B., N–2
O'Meara, Daniel P., N–14
O'Neal, E. Stanley, 367
O'Neill, Hugh M., N–26
O'Reilly, B., N–9
O'Shea, J., N–28
O'Toole, James, 519, N–4, N–7, N–22
Oetinger, B. von, N–1
Ogiale, Stella, 165, 239
Ogilvy, J., N–7
Ohmae, Kenichi, 300, N–13
Okhuysen, G., N–4
Okie, Francis G., 569
Oldham, G., N–20
Oligney, Ronald E., N–26
Olim, Jason, 226
Olofson, C., 473
Olsen, Patricia R., 199
Olszewski, Robert T., N–25
Ones, D. S., N–15
Ordonez, L., N–19
Oreg, S., N–28
Organ, D., 423, 436, N–21
Ostgaard, Daniel J., N–14
Otazo, K. L., N–24
Otis, Clarence, Jr., 367
Ouchi, William G., 521, N–25
Overall, Stephen, N–16
Owen, R., N–10

P

Pacelle, M., 149
Packard, David, 229
Packard, K. O'Neill, 166
Packer, Dan, 367
Paehlke, R., N–7
Paine, L. S., N–6
Palagyi, Steve, N–3
Papiernik, R., N–5
Pare, Terence P., N–25
Park, Andrew, N–9
Parker, S., N–23
Parloff, R., 253
Parsaei, Hamid R., N–14
Parsons, Richard D., 367
Pascal, Amy, 364
Pascarelloa, P., N–22
Pasmore, W. A., 622
Patterson, Fiona, N–15
Paul-Chowdhury, Catherine, N–14
Paulson, G., N–23
Pawar, K. S., N–11
Pawlaczyck, Bogumila, 228
Payne, Stephanie C., N–15
Peach, James T., N–8
Pearce, Craig L., N–11, N–19
Pearlstein, S., N–4, N–20
Pearse, Robert F., N–11
Pearson, C. M., 98, N–4
Pearson, J., N–5
Pegels, C. Carl, N–11
Peiperl, M., N–29
Pelled, Lisa Hope, N–11, N–22, N–25
Penley, L., N–23
Perez, Antonio M., 309–310
Perillo, Chris, 103
Perlmutter, Howard, N–12
Perlmutter, Roger, 246
Perlow, L., N–4
Perner, Lars, N–8
Perry, Monica L., N–11
Perry, Nancy, N–16
Perry-Smith, J., N–4
Peters, Brett A., N–13
Peters, Lois S., N–26
Peters, M. P., 240, N–10
Peters, Thomas J., 10, 224, 520, N–2, N–3, N–9, N–20, N–21, N–22
Peterson, M., 402, N–18
Peterson, Richard B., N–16
Peterson, Robin R., N–3
Petrick, J., N–17
Petrocelli, William, N–16
Petty, B., N–22
Petulla, J. M., N–7
Pfeffer, Jeffrey, 88, N–4, N–20
Phillips, Sandra N., N–15
Phipps, C., N–11
Piccolo, R., N–18, N–20
Piet, John, 177
Pinchot, C., N–11
Pinchot, E., N–7, N–11
Pinchot, G., 245, N–7, N–9
Pinder, C., N–20
Pine, B. Joseph, N–13
Pirsig, Robert M., 578, N–27
Pisano, Gary P., N–26
Plamondon, Kevin E., N–25
Plant, R., N–1
Plishner, Emily S., N–5
Podsakoff, P., N–18
Polonsky, M. P., N–7
Pomije, David, 237

Ponser, B. G., N–20
Poon, Christine, 364
Popdyke, Jeff D., N–15
Pope, Terry, 472
Popoff, Frank, 184
Porath, C., N–28
Porges, S., 415
Porras, Jerry I., 429, 589, 590, 591, N–10, N–11, N–25, N–27
Port, O., 603
Porter, Eduardo, N–9
Porter, Michael E., 52, 301, N–5, N–7, N–13, N–26
Posner, Barry G., 87, 394, N–17, N–19, N–21, N–24
Posner, M., 498
Post, J., N–6
Potter, Myrtle, 364
Potts, M., N–18
Pounder, Richard W., N–26
Powell, C., 441
Powell, Lynda, N–15
Power, Damien, N–13
Powers, Vicki, 337
Prahalad, C. K., 607, N–12, N–28
Prasad, Sameer, N–12
Prather, Charles W., N–27
Premack, S., N–16
Preston, L., N–6
Prestwood, Donna C. L., N–26
Prince, C., 149, 159, 169
Procter, William, 39
Proctor, R. A., N–5
Prokesch, Steven E., N–9
Prusak, Lawrence, N–3
Pruyn, A. T. H., N–24
Prystay, C., N–7
Pucik, V., N–27
Pulakos, Elaine D., N–25
Pulich, Marica, N–26
Pullin, John, N–26
Puranam, P., N–18
Purdy, K., N–20
Purushothaman, Shoba, 232

Q

Quinn, D., N–6
Quinn, J., N–17
Quinn, Robert E., 69, N–3, N–19, N–28

R

Radin, Amy, 598, 599
Raelin, J. A., N–17, N–29
Raichur, Pratima, N–27
Ramesh, Arthi, N–3
Ramirez, G. G., N–18
Ramsey, Robert D., N–27
Rancour, Tom, 527, N–25
Randall, Raymond, N–15
Randall, Rebecca, 472
Randolph, W. A., N–20, N–21
Rao, A. R., N–4
Rao, K. Srinivasa, N–13
Rapaczynski, Wanda, 613
Ratcliffe, Amber, 230
Rather, Dan, 150
Raven, B., 397–398, N–18
Rawls, John, 160
Raymond, Lee, 166
Reagan, Ronald, 410
Rechheld, R., N–20
Reed, S., 149
Reeves, M., N–22
Reich, R. B., N–28
Reingold, J., N–28
Reinhardt, F., 166
Reisman, Andrew E., N–9
Repa, Barbara Kate, N–16
Repenning, N., N–4
Revelle, R., N–7
Rhode, J., N–25, N–26
Rice, F., N–7
Rice, Mark, N–26
Rice, R., N–23
Richardson, Helen L., N–13
Richardson, Hettie A., N–12
Richardson, Leon, N–27
Ridolfi, F., N–21
Ringseis, E., N–23
Risher, Howard W., N–16
Rittenburg, Terri, N–9
Ritzky, Garry M., N–15
Rivlin, Gary, N–3
Roberson, B., N–27
Roberto, M. A., N–4
Roberts, D., 588
Roberts, John, 488
Robey, Richard D., 521
Robinson, S. L., N–21
Robitaille, Suzanne, 380
Rock, Arthur, 242
Rock, Chris, 589
Roethlisberger, Fritz, 39
Rogers, Everett, M., N–26, N–27
Rogers, Jim, 80
Rohter, Larry, N–8
Ronkainen, Ilkka A., 189
Rose, F., N–20
Rose, J., N–10
Rosen, Benson, N–17, N–22
Rosenberger, P. J., III, 178, N–7
Rosenbluth, Todd, 295
Rosenbush, Steve, 70, N–12
Rosener, Judy B., 400, 401
Rosenthal, Stephen R., N–27
Rosnow, R. L., N–25
Ross, George, N–8
Ross, Gerald H. B., 543
Ross, L., N–4
Roth, Aaron, N–26, N–27
Roth, D., N–20, N–25
Rouse, Cecilia, 357
Rousseau, D., N–21, N–28
Rowland, F. S., N–8
Rowley, Philip, 270
Roy, Utpal, N–14
Roznowski, Mary, N–14
Ruch, W. V., N–24
Rudloff, Robert W., N–26
Rumsfeld, Donald, 507
Rush, Andra, 228
Russo, M., N–7
Russo, Pat, 364
Rutan, Burt, 231
Ruthsdotter, Mary, N–16
Ryan, Ann Marie, N–14, N–15
Ryan, O., N–5
Rynecki, D., N–1
Rynes, Sara, N–17

S

Sackett, Paul R., N–14
Sadowski, Michael, N–26
Sahin, Funda, N–13
Sahlman, W. A., N–10
Sakano, Tomoaki, N–12
Sales, C. A., 521
Salter, Chuck, 485, N–13
Salvendy, G., N–20
Sambamurthy, V., N–11
Samuelson, Robert J., 80, N–9
Sanborn, G., N–20
Sanchez, J., 210, N–20
Sandberg, Jared, N–26
Santamaria, J. A., N–22
Santora, Joseph C., 253
Sashkin, M., N–21
Sasseen, Jane, N–8
Sauer, P. J., N–5, N–9
Sauter, Wolf, N–8
Sawin, Linda L., N–14
Saxton, Mary J., N–3
Sayles, Leonard R., 274, N–2, N–23
Schaffer, R. H., N–19
Schaubroeck, J., N–23
Scheele, Nicholas V., 314
Scheiber, N., 515
Schein, E. H., N–28
Schere, R., N–17
Schermerhorn, J., Jr., 161, N–6
Schiff, L., N–25
Schimmoller, Brian K., N–3
Schisgall, O., 39
Schlender, Brenton, 5, 260, N–1, N–3, N–10
Schlesinger, Leonard A., 599, N–28
Schlosser, J., N–2
Schmeiser, P., 164
Schmid, John, N–14
Schmidt, Frank L., N–14, N–21
Schmidt, W. H., 405, N–18
Schneider, Beth Z., 32, 173, 174, 455, 618, 619, N–28
Schoemaker, Paul J., N–3
Schonfeld, E., N–10, N–13
Schot, J., N–7
Schrage, M., N–23, N–27
Schroeder, D. M., 558
Schroeder, R., 464, N–22
Schuler, R. S., N–15
Schultz, Don E., N–9
Schultz, Howard, 98, 187, 237
Schultz, Susan F., N–11
Schulze, W., N–10
Schumann, Paul A., Jr., N–26
Schumpeter, J. A., N–26
Schuster, J. R., N–15
Schwartz, Jonathan, 491
Schwartz, N. D., N–5
Schwartz, Peter, 606, N–7
Schweiger, D., N–24
Schweitzer, M., N–19
Schwenk, C., N–4
Scott, Michael, N–26
Scott, S. R., Jr., N–9
Seal, G., N–27
Seashore, S. E., N–22
Segaar, Peter, N–5
Segars, A., 87
Seibert, S., N–20
Seideman, Tony, N–13
Seidmann, Abraham, N–27
Sellers, P., 401, 429, N–1, N–5, N–20, N–28
Semel, Terry, 601
Senge, P. M., 178, N–6, N–12
Serpa, Roy, N–3
Serwer, A. E., N–10, N–11
Setoodeh, R., 393
Seybold, Patricia, 10

Shah, Priti Pradhan, N–15
Shalley, C. E., N–4, N–20
Shamir, B., N–19
Shane, S., N–9
Shani, A. B. (Rami), 287, 317, 387, 622
Shapiro, D., N–22
Shapiro, E. C., N–17
Sharer, Kevin, 507
Sharfman, M., N–4
Shari, Michael, N–8
Sharifi, S., N–11
Sharp, A., N–19, N–20
Sharpe, M. E., N–16
Sharpe, Rochelle, 401, N–16
Shaw, K. N., N–19
Shellenbarger, S., N–23
Shenon, P., N–2
Sheppard, Sam, 319, 350
Sheridan, John H., N–25
Sherman, Arthur W., 329, 343, 366, N–3, N–15, N–16
Sherman, M., N–23
Sherman, Stratford, 622, N–5
Shin, S. J., N–19
Shippmann, Jeffery S., N–14
Shrivastava, P., N–7
Shurn-Hannah, Phyllis, N–17
Shute, Valerie J., N–14
Siber, Richard S., 558
Siebold, D., N–4
Siegel, D., N–6
Silver, S., N–20
Silver, W., N–19
Silverman, S., N–21
Simkins, B., 505, N–24
Simmonds, Paul G., N–11
Simmons, Russell, 228
Simon, Herbert, 95, N–12
Simons, R., N–25
Simons, Tony, N–11, N–22
Simos, Evangelos O., N–8
Sims, Henry P., Jr., N–11
Sinclair, Robert, N–16
Singer, Sherri, N–12
Singer, T., N–10
Singh, Harbir, N–12
Singh, J., N–7
Sinha, K., 464, N–22
Siporin, Clifford, N–27
Skarlicki, D., N–21
Skilling, Jeffrey K., 519
Slater, R., 622
Slaughter, Matthew J., N–9
Sloan, Alfred, 118, 410
Sloane, Arthur A., N–16
Slocum, J. W., Jr., N–28, N–29
Smidts, A., N–24
Smikle, Jason, 549
Smilor, R. W., N–9
Smit, Neil, 270
Smith, Adam, 35, 153, 163
Smith, D., N–22, N–28
Smith, E., N–7, N–8
Smith, Fred, 236
Smith, Geri, N–8
Smith, Ken A., N–11, N–22
Smith, Neil, N–7, N–25
Smith, Orin, 217
Smith, Roger, 87
Smith, Ron, 103
Snell, Scott A., 329, 343, 366, 572, N–3, N–15, N–16, N–22
Snow, C. C., 279, N–3, N–12, N–22
Snyder, W. M., N–21
Sohal, Amrik S., N–13
Solomon, D., N–6
Solomon, J., N–23
Sonfield, Matthew C., 234, N–10
Song, M., N–23
Song, Yong I., N–11
Sparrowe, R. T., N–21
Spears, L., N–19
Spector, B., N–28
Spicer, A., N–6
Spinelli, S., 225, 226, 228, 255, N–9, N–10
Spitzer, Q., N–4
Spreitzer, Gretchen M., 211, N–9, N–12, N–19
Stack, Jack, 504–505
Stajkovic, A. D., N–20
Stalk, George, N–13
Stalker, G. M., 291, N–12
Stamps, David, N–9
Standifer, R., N–1, N–23
Stanislao, B. C., N–28
Stanislao, J., N–28
Stanley, A., 401
Stansfield, Timothy C., N–11
Stavins, R., N–7
Staw, B. M., N–20
Steel, R., N–18
Steen, Margaret, N–16
Stein, M. B., N–4
Stein, N., N–8, N–10
Steinfield, C., N–23
Stemberg, Tom, 228, 229
Stenberg, Christopher E., N–14
Stengel, Jim, 607
Stern, G., N–2
Stern, Harry, N–13
Stevens, J., N–8
Stevenson, W. B., N–11
Stewart, Martha, 150
Stewart, Thomas A., 10, N–23, N–26
Stinchcombe, A. L., N–10
Stogdill, R. M., N–18
Stoller, G., 588
Stone, Amey, 553
Stoner, C., N–22
Stork, Ken, N–5
Strauss, George, 274
Strauss, K., N–5
Strickland, A. J., III, N–5
Strickland, O., N–18
Stringer, Howard, 213, 284
Stringer, K., N–1
Strober, M., N–20
Stross, R. E., N–13
Strunk, William, 497, N–24
Stuller, J., 441, N–23
Stundza, Tom, N–13
Subramanian, Krishna, 10
Sugarman, B., N–28
Sull, D., N–24
Sullivan, W., 36
Suttle, J. L., N–21
Sutton, R. I., 95, N–1, N–4, N–20
Swaak, Reyer A., N–9
Sweeney, Anne, 364
Sweet, Joan, 103
Swenson, Keith, N–14
Swiggett, Robert L., 394
Symon, Gillian, N–12
Symons, William C., N–5

T

Takla, Michael G., N–12
Talbott, Shannon Peters, N–14
Tan, C. Lu-Lein, N–1
Tancer, Bill, 325
Tannen, D., N–23
Tannenbaum, A., 405, N–18
Tata, Jasmine, N–12
Tatikonda, Mohan V., N–27
Tatum, Doug, 238
Taylor, A., III, N–13, N–29
Taylor, Frederick, 37, 40, 504
Taylor, J., N–23
Taylor, Paul, N–14
Tazmin, Laima, 226
Teegan, Hildy J., N–27
Teerlink, R., N–28
Teigen, Rune, N–3
Terpstra, David E., N–14, N–15
Tesluk, P., N–21, N–22
Tetrick, Lois, N–16
Tetzeli, R., N–23
Thawani, Sunil, N–13, N–25
Thomas, K. W., 478, N–21, N–23
Thomas, Louis A., N–26
Thomas, R. Roosevelt, Jr., N–17
Thomas, T., 161, N–6
Thomas-Graham, Pamela, 367
Thompson, Arthur A., N–5
Thompson, Brad Lee, N–11
Thompson, James D., N–2, N–12
Thompson, John W., 367, 536
Thompson, K., 429
Thompson, L., N–4
Thompson, Paul R., N–11
Thoresen, C. J., N–27
Thorn, Ron, N–12
Thorndike, Edward, 430, N–20
Tichy, N. M., 622
Tierney, P., N–4
Tijoriwala, S. A., N–28
Tillema, Harry, N–12
Timmons, Jeffry A., 174, 224, 225, 226, 228, 241, 251, 255, N–9, N–10
Tindell, Kip, 336
Tinsley, C., N–23
Tjosvold, D., N–23
Toben, Doreen, 364
Toegel, Ginka, N–15
Toffler, B. L., N–6
Totty, M., N–23
Touboul, Shlomo, 230
Towill, Denis R., N–13
Townsend, R., N–17, N–18
Trafimow, A. Jonathan, N–14
Trevino, Linda K., N–6, N–9, N–20, N–24
Trevis, Ed, 199
Trist, E., N–27
Trotter, Lloyd G., 367
Troy, Leo, N–16
Trump, Donald, 414, 432, 507
Tsao, Amy, 77, N–2
Tucker, M., N–13
Tuckman, B. W., N–22
Tully, S., 429, N–5, N–8, N–26
Tuor, Nancy, 433
Turban, D., N–6
Turner, N., N–19

U

Uhl-bien, M., N–18
Ulrich, D., N–14, N–24

Unruh, J., N–24
Upton, D., N–24
Ursprung, Cecil, 504
Usachev, Yury V., 278
Useem, J., 588, N–1, N–5
Usher, John M., N–14

V

Van de Ven, A., N–27
Van Fleet, D., N–11
van Knippenberg, D., N–21
van Riel, C. B. M., N–24
Van Velsor, E., N–19
Van Wassenhove, L. N., N–7, N–8
Vandenberg, Robert J., N–12
Vara, V., N–23
Varallo, D. Vincent, N–12
Vasilash, Gary S., N–13
Veiga, J., N–25
Velande, Jennifer, 229
Velthouse, B., N–21
Venkataraman, S., N–9, N–10
Vera, D., N–19
Verdon, J., 448
Verhovek, S., N–24
Verschoor, Curtis C., N–9
Veryzer, Robert W., N–26
Vesper, K. H., N–10
Vicere, Albert A., N–14
Vickers, M., N–6
Vickery, Shawnee, N–11
Viguerie, P., N–28
Vinson, Mary N., N–15
Vise, David A., 270
Viswanath, V., N–5
Viswesvaran, C., N–15
Vizard, Michael, N–27
Vogelstein, F., 601, N–1
von Bertalanffy, L., N–2
Von Drehle, D., N–28
Von Glinow, Mary Ann, 74
Von Hippel, Eric, N–27
Vonortas, Nicholas S., N–27
Voos, Paula B., N–16
Vroom, V. H., 401, 406, 407, 408, N–18, N–20
Vulinec, L. A., N–25

W

Waalewijn, Philip, N–5
Wacker, W., N–23
Waddock, Sandra, N–7, N–25
Wadhwa, Subhash, N–13
Wageman, R., N–22
Wagner, J., III, N–18
Wagoner, Rick, 612
Wahba, M., N–20
Wahlgren, Eric, 187, N–26
Waldman, D. A., N–18
Waldroop, J., N–24
Walker, Anthony, N–26
Walker, R., 223, N–10
Wall, J. A., Jr., N–1, N–18, N–23
Walley, N., N–7
Walton, R. E., N–21
Walton, Sam, 429, 449
Ward, Ralph D., N–11
Warner, Melanie, N–27
Warnock, John, 27
Wasserman, Todd, N–26
Waterman, Robert H., Jr., 520
Waters, R., 603
Watkins, Karen E., N–12
Watkins, Sherron, 161
Watson, C. Maxwell, N–8
Watson, Thomas, 320, 410
Wayne, S. J., N–21
Wear, Bill, 383
Weaver, G. R., N–6
Webb, A., N–6
Webb, Janiece, 599
Webb, Maynard, 98
Webber, R., N–2
Weber, J., N–20
Weber, Max, 39–40, 291, N–2
Wechsler, Jill, N–26
Wee, Heesun, 520
Weil, J., 515
Weill, Sanford, 263
Weingart, L., N–4
Weiss, H., N–18
Weiss, N., N–5
Weisul, Kimberly, N–17
Weksleblatt, Herb, 357
Welbourne, Theresa M., N–15, N–27
Welch, David, 291
Welch, Jack, 127, 282, 313, 497, 509, 580,
Welch, John F., 193
Wellins, R., N–22, N–23
Wells, Melanie, N–5
Wenger, E. C., N–21
West, Andrew, N–11
West, Tom, 467
Wetlaufer, Suzy, 505, N–11, N–23, N–24
Wexley, Kenneth, N–15, N–21
Whang, S., N–1
Wheatley, Malcolm, N–14
Wheeler, J., N–22
Wheelwright, Steven C., N–26, N–27
Whetten, David A., 31, 103
Whetzel, Deborah L., N–14
Whitacre, Jeff, N–13
White, E. B., 497, N–24
White, Heather, 610
White, Margaret Blackburn, N–17
White, Michael D., N–8
White, R., N–18
Whitehead, B., N–7
Whitford, D., N–20
Whitman, Meg, 7, 98–99, 364, 429
Whitney, John O., N–26
Whybark, D. Clay, N–7, N–8
Wicks, Judy, 227
Wier, Benson, N–25
Will, G., N–20
Willcocks, L., N–1
Willen, Don, N–13
Willett, Shawn, 50
Williams, Armstrong, 150
Williams, Colin, 611, N–29
Williams, Mona, 14
Williams, Satina V., N–25
Williams, Stan, 608
Williams, T., N–27
Wilmot, Louise, 400
Wilmut, Ian, 497
Wilson, A., 473
Winblad, Ann, 185
Winfrey, Oprah, 364
Wise, J. M., N–25
Wiseman, Robert M., N–15
Witney, F., N–16
Witzel, M., N–6
Wnuck, D., N–21, N–22
Woehr, David J., N–156
Woertz, Pat, 364
Wolverton, Troy, 187
Wood, R. E., N–20
Wood, R. L. "Bob," 367
Woodman, R., 622
Woods, Tiger, 372
Woodward, Joan, 306, N–13
Worley, C., N–27
Worline, M., N–5
Wozny, M., 588
Wright, Patrick M., N–12, N–14
Wright, Will, 8
Wurster, T. S., N–10

Y

Yamamoto, Mike, N–9
Yammarino, F. J., N–18
Yang, Baik, N–11
Yang, Catherine, 70, N–1
Yang, Jerry, 601
Yankelovich, Daniel, 150
Yanouzas, J., N–25
Yasai-Ardekani, Masoud, N–3
Yeatts, D., N–22
Yeum, Chester, 552
Yi, Sang-Seung, N–27
Yimou, Zhang, 191
Yorges, S., N–18
Young, Jeffrey, N–11
Young, Kristin, N–5
Youngblood, S. A., N–15
Yukl, G., N–18, N–19

Z

Zaccaro, S., N–18
Zahra, Shaker A., N–26
Zaleznik, A., N–18
Zalud, Bill, N–26
Zawacki, Robert F., N–15
Zeithaml, C., 63, 64, N–3, N–4
Zeithaml, V., 63, 64, N–3
Zeitz, G., N–10
Zell, D., N–28
Zellner, Wendy, 56, 485, N–3, N–12, N–15
Zemke, R., N–19
Zenger, J., 461, 466
Zetlin, M., N–8
Zhou, J., N–19
Zimmerman, M., N–10
Zingheim, P. K., N–15
Zmud, R. W., N–24
Zuboff, Shoshana, 606, N–28

Índice Remissivo

"14 pontos" de Deming, 302–303
3M, 209, 303, 460, 555, 556, 564, 569, 570, 589, 590

A

A Transformação da General Electric, 619–622
A Universidade da Discórdia, 352
A&P, 135
Abacaxis, 137
Abordagem "bola da vez" da mudança, 601
Abordagem clássica da gestão, 35–40
Abordagem comportamental de liderança, 401
Abordagem das relações humanas na administração, 38–39
Abordagem dos traços de liderança, 399–400
Abordagem situacional da liderança, 404–410, 423–424
Abrangência de controle, 266
Ação afirmativa, 371–375
Acomodação, 477
Acomodação das necessidades profissionais/familiares, 380–381
Acomodação dos sistemas, 384
Acordia, 245
Acordo, 477
Action Instruments, 442
ADA, 159, 332, 334, 368-369
Adaptadoras, 606
Adelphia Communications, 150, 541
Adequação organizacional, 564–565
Administração científica, 37–38, 539
Administração estratégica, 126–127
Administração para Segurança e Saúde nas Minas, 346
Administração por objetivos, 339
Administração quantitativa, 40
Administraçaõ sistemática, 35–36
Administração/Gestão
  abordagem burocrática da, 39–40, 62
  abordagem dos recursos humanos, 38–39
  abordagens clássicas da, 35–40
  abordagens contemporâneas da, 40–41
  além das fronteiras internacionais, 209–216
  bônus para gerentes, 343
  carreira. *Ver* Gestão da carreira
  científica, 37–38, 539
  coaching, 337, 471, 503
  crise, 96–99
  definição, 16
  desafios de, 237–239
  do conhecimento, 9, 282
  ecocêntrica, 167–168
  evolução da, 35–41
  funções da, 15–18
  habilidades necessárias para, 21–22
  níveis de, 18–22
  princípios da, 38
  programas de treinamento em, 337
  quantitativa, 40
  sistemática, 35–36
  teoria dos sistemas, 41
  transparente, 504–505
  versus empreendedorismo, 224
  versus liderança, 395–396
Adobe Systems, 27
Adocracia, 68
Advanced Training Source, 382
Advogado do diabo, 92
AES, 269, 299
Aetna Life & Casualty, 157, 365
Afiliação, necessidade de, 438
Age Discrimination in Employment Act (Lei sobre Discriminação por Idade no Trabalho), 333, 334
Agência de Proteção Ambiental (EPA), 47
Agressividade competitiva, 247
Airbus, 578, 579
Ajuste mútuo, 281
Akamai Technologies, 81
Alamo, 13
Alaska Air, 53, 56
Alcoa, 491
Alianças estratégicas, 64, 294–296
Alianças/parcerias, 64, 244, 294–296, 567
Alinhamento, 125
Allen Bradley, 209
AlliedSignal, 497, 527
Allstate Insurance, 137, 365, 450
Alvo, 13, 125
Amazon.com, 132, 223, 232, 233, 247, 299, 564, 583
Ambidestreza organizacional, 591
Ambientalismo, 180
Ambiente
  agenda para o futuro, 168–169
  análise de ciclo de vida, 168
  aquecimento global, 166
  ciência e, 180
  crescimento sustentável, 167–168
  economia e, 180
  ética, 166–169
  gestão ecocêntrica, 167–168
  implementação de programas, 182–185
  perspectiva internacional, 181
  políticas, 182
  preservação, 180
  processo de embalagem, 169
  questões legais, 178–179, 183
  responsabilidade pelo, 582
  vantagem competitiva, 179
  visões conflitantes sobre, 177–178
Ambiente competitivo
  ameaça dos novos concorrentes, 53–54

ameaça dos substitutos, 54–55
clientes, 58–59
concorrentes, 52–53
definição, 46
fornecedores, 55–58
Ambiente externo, 44–75
ambiente competitivo, 52–59
análise do, 59–61, 73–74
clientes, 58–59
concorrentes, 52–53
cultura do, 66–70, 74–75
definição, 46
demografia, 50–51
economia, 48–49
influência no, 63–64
macroambiente, 46–52
questões sociais, 51–52
resposta ao, 61–66
tecnologia, 49–50
Ambiente hostil, 363
Ameaça dos novos concorrentes, 53–54
Ameaça dos substitutos, 54–55
Ameaças, análise das, 129–131, 134–140, 145–147
América do Norte, 192
America Online, 242, 269–270
American Airlines, 11, 53, 56, 82
American Electric Power Co., 183
American Express, 139, 303, 365, 368, 589, 590
American Family Life Insurance, 229
American Training Resources, 382
American with Disabilities Act (ADA) (Lei sobre Norte-americanos Portadores de Deficiências), 159, 332, 334, 368–369
Amgen, 246, 460, 507, 606
Amoco, 212, 505
Ampliação do cargo, 439–440
AMR Corporation, 264
Análise
ambiental, 59-61, 129–131
da concorrência, 130
das forças e fraquezas internas, 131–134
das oportunidades e ameaças externas, 129–131
de ciclo de vida, 168
de custo-benefício, 181
de oportunidade, 240
de recursos humanos, 130, 131
do campo de força, 597, 616–617
dos recursos internos, 131
financeira, 131
macroeconômica, 130
mercadológica, 130
operacional, 131
política e reguladora, 130
quantitativa, 40
setorial, 130
situacional, 118
social, 130
SWOT, 134–140, 145–147
tecnológica, 130
Análise ambiental (*scanning*), 59–60, 560
Análise da concorrência, 130
Análise de cargos, 324
Análise de ciclo de vida, 168
Análise de custo-benefício, 181
Análise de oportunidade, 240
Análise de recursos humanos, 130, 131
Análise do campo de força, 597, 616–617
Análise dos recursos humanos, 131
Análise financeira, 131
Análise macroeconômica, 130
Análise mercadológica, 130
Análise operacional, 131
Análise política e reguladora, 130
Análise setorial, 130
Análise situacional, 118
Análise social, 130
Análise SWOT, 134–140, 145–147
Análise tecnológica, 130
Angura, 570
Anheuser-Busch, 134
AOL Time Warner, 41, 137, 567
Aperfeiçoamento contínuo, 13, 301, 302
Applause Awards, 431
Apple Computer, 5, 9–10, 64, 66, 138, 260, 383, 549–550, 568, 570
Appro TEC, 596
Aprendizado contínuo, 611–612
Aprendizado permanente, 611–612
Aquecimento global, 166
Aquisições
de nova tecnologia, 565–568
fusões e, 65, 137
"Assassinos silenciosos" de estratégias, 140–141
Aramark, 119
Arbitragem, 331, 349
Ariba, 584
Arthur Andersen, 150, 519, 530
Asea Brown Boveri, 6, 9, 166, 188
Ashton Photo, 441
Aspect Communications, 442
Aspectos fortes e fracos, oportunidades e ameaças, 134–140, 145–147
Assédio por chantagem (*quid pro quo*), 363
Assédio sexual, 363–364, 366

Assédio sexual, 363–364, 366

Associação Nacional da Construção Civil, 12
Association for the Advancement of Retired People (AARP) (Associação para o Desenvolvimento do Aposentado), 369
AT&T, 45, 47, 65, 70, 132, 208, 209, 299, 321, 330, 412, 437, 561, 592
Atividades coletivas, 464–465
Ativo, 132, 531–533
Ativo circulante, 534
Ativos intangíveis, 132
Atlantic Richfield Company, 120
Ato de ouvir, 500, 501, 513–515
Ato Wagner, 347
Auditoria contábil, 530

Auditoria de marketing, 131
Auditoria externa, 528
Auditoria tecnológica, 559
Auditorias de gestão, 528
Auditorias internas, 528
Auditorias
  contábeis, 530
  de gestão, 528
  de marketing, 131
  externas, 528
  internas, 528
  tecnológica, 559
Auto-avaliações, 340–341
Autonomia, 442
Auto-realização, 436–437
Autoridade informal, 264
Autoridade
  descentralizada, 61, 269–270
  informal, 264
  na organização, 264–267
Avaliação 360º, 341
Avaliação de comportamento, 338
Avaliação de desempenho
  auto-avaliações, 340–341
  avaliação 360 graus, 341
  avaliação de comportamento, 338
  avaliação dos resultados, 339
  avaliação feita pelos subordinados, 340
  avaliação por traço, 338
  benchmarking, 61, 134, 559–560
  de equipes, 469
  definição de padrões, 522–523, 537
  definição, 338
  escolha de uma método de, 340
  estabelecendo meta, 427–430, 468
  feedback da, 341–342
  feita pelos clientes, 340
  feita pelos pares, 340
  feita por membros da equipe, 340
  feita por observação pessoal, 523
  finalidade da, 338
  monitoramento da, 17
  recompensas e punições, 431–432
  reforço, 430–433
Avaliação de desempenho. *Ver* Avaliação de desempenho
Avaliação de necessidades, 335
Avaliação de resultados, 339
Avaliação feita pelos subordinados, 340
Avaliação por traço, 338
Avis, 54
Avon Products Inc., 22, 364, 365, 373, 393, 397, 416

B

BAE Systems, 522
Balanço patrimonial, 531–533
Bama Company, 303
Banc One, 441
Banco Mundial, 415
Bank of America, 344, 368
Bank One, 137
Barnes & Noble, 8, 233, 292
Barr Laboratories, 54
Barreiras à entrada de novos concorrentes, 53–54
Baxter Health Care, 384, 505
Bayer, 177
Bechtel, 211, 276
Bell Labs, 299, 565
Ben & Jerry's, 428, 432
Benchmarking, 61, 134, 559–560
Benefícios para empregados, 345–346
Bertelsmann, 6
Blog, 491–492, 608–609
Blue Ribbon Sports, 40
BMW, 197
Body Shop, 230
Boeing, 27, 276, 429, 460, 491, 506, 578, 579, 590
Bombay Company, 279
Bonificação, da alta administração, 343
Borders, 369
Boston Consulting Group, 136
Brainstorming, 94–95, 491
Bristol-Myers Squibb Company, 183, 330, 365
British Petroleum, 9, 212
Brooks Brothers, 279, 586
Browning-Ferris, 183
Burger King, 132, 307
Burocracia, 40, 62, 570–571

C

Cadeia de valores, 301
Cadeiras Personalizadas do Big Ray, 452–454
Caixas de Madeira: Um Mercado em Extinção, 72
Calvin Klein, 94
Campbell Soup, 265
Canais de distribuição, 201
Cannondale, 13
Canon, 132
Capacidade de sustentação, 179
Capital de risco, 236
Capital humano, 321
Capital intelectual, 9, 321
Capital social, 24, 243
CareerBuilder.com, 326
CarMax, 607
Carmike Cinema, 271
Carteira de negócios, 136
Caso *Brown* versus *Comitê de Educação*, 359
Caterpillar Tratores, 204, 216, 428
CDNow, 226
Central American Free Trade Agreement (Cafta) (Acordo de Livre Comércio da América Central), 192
Centro de avaliação, 329
CenturyTel, 294–295
CEOS externos, 265
Certeza, 79
Chances de defeitos por milhões, 527

Chaparral, 571
Charming Shoppes, 365
Checagem das referências, 327
Chesterfield Health Services, 164
Chevron Texaco, 212
Chiat/Day, 493
Childress Buick, 442
China, 190–191
Chipshot.com, 13
Chiquita Banana, 184
Choque cultural, 213–214
Chrysler Corporation, 48, 83, 132, 197, 205, 290, 307, 310, 314, 530
Ciclo de vida do produto, 552
Ciclo de vida, 551–552
Cinergy, 80
Cingular Wireless, 45, 70, 549
Cintas Corporation, 263–264
Circuit City, 584
Círculos de qualidade, 463–464
Cisco, 165, 401, 415
Citibank, 598, 599
Citicorp, 299, 589
Citigroup, 149, 159, 169, 263
Citiray Industries, 169
Civil Rights Act (Lei sobre Direitos Civis), 334, 358–359
ClassMates.com, 232
Clientes, 58–59
Clima ético, 155
CMP Packaging, 538
CNN, 488
Coação, 600
Coaching, 337, 471, 503
Coalizão, 64
Coast Gas, 437
Coca-Cola, 53, 127, 132, 163, 202, 212, 337, 384, 503
Cocheco Company, 36
Código de ética, 157–158, 175–176
Coesão, 374, 471–474
coesão, 471–474
Colaboração
  definida, 478
  sem fronteiras, 9–10
Colaborador menos preferido, 424
Coletivismo, 213–214
Colgate-Palmolive, 209, 365
Columbia House, 232
Columbia Sportswear, 17
Comércio eletrônico (*e-commerce*), 8, 552–553
Comércio eletrônico entre empresas, 50
Comércio eletrônico especializado, 583
Comissão Federal de Comércio, 585
Companhia virtual, 259, 278, 493
Compaq Computer, 22, 297, 493
Competências essenciais, 132–133, 292–293, 564
Competição, 477–478
Competição baseada no tempo, 311–313
Competição baseada no tempo, 311–313
Competitividade em custos, 14
Complacência, fontes de, 602–603
Complexidade ambiental, 59
Comportamento burocrático rígido, 534–535
Comportamento de liderança voltada ao desempenho, 403–404
Comportamento organizacional, 40
Comportamento tático, 535
Comportamento voltado à manutenção do grupo, 401–402
Comportamento voltado à manutenção do grupo, 403–404
Comportamento voltado ao desempenho de tarefas, 401, 402, 403, 409
Comportamento voltado ao relacionamento, 403
Comportamento voltado às tarefas, 403
Computer Associates, 493
Compuware Corporation, 365
Comunicação, 484–515
  armadilhas da, 487–489
  ascendente, 506–507
  colaboração sem fronteiras, 9–10
  como melhorar as habilidades, 495–502
  coordenação e, 281–282
  de mão única versus de mão dupla, 486–487
  definição, 486
  descendente, 502–505
  eletrônica, 491–494
  escolha de um canal de, 494–495
  escrita, 491, 497
  falantes estrangeiros, 489–490, 497–498
  formal, 508
  habilidade do emissor, 495–498
  habilidade do receptor, 500–502
  horizontal, 507–508
  inexistência de barreiras, 509
  informal, 508–509
  interpessoal, 486–495
  não-verbal, 499–500, 512
  organizacional, 502–509
  ouvir, 500, 501, 513–515
  problemas de, 374
  processo de, 486
  sinais ambíguos, 489–491
Comunicação ascendente, 506–507
Comunicação de mão dupla ou bidirecional, 486–487
Comunicação de mão única (unidirecional), 486–487
Comunicação descendente, 502–505
Comunicação escrita, 491, 497
Comunicação formal, 508
Comunicação horizontal, 507–508
Comunicação informal, 508–509
Comunicação interpessoal, 22, 486–495
Comunicação não-verbal, 499–500, 512
Comunicação verbal, 491
Concorrentes, 52–53
Confiabilidade, 330
Confidencialidade, da informação, 585
Conflito
  afetivo, 92, 96
  cognitivo, 92–93, 96
  construtivo, 91–93

definição, 81
estilos de, 476–479
gestão de, 476
virtual, 479
Conflito afetivo, 92, 96
Conflito cognitivo, 92–93, 96
Conflito construtivo, 91–93
Conflito eletrônico, 479
Conflito virtual, 479
Consciência moral, julgamento, caráter, 160
Conscientização, 381
Conselho consultivo, 243
Conselho consultivo, 243
Conselho familiar, 263
Consumidor final, 58
Consumidor intermediário, 58
Consumidores, 58
Container Store, 336–337
Continental Airlines, 137, 541
Contingências, 41
Contratação, 64
Contrato psicológico, 449–450
contribuição dos membros, 469–470
Controle
abrangência de, 266
como função da gestão, 17
ilusão do controle, 88
Controle de clãs, 521, 542–543
Controle de *feedback*, 525–526, 547
Controle gerencial, 518–547
abordagens dos, 525–527
aspectos negativos do, 534–537
auditorias de gestão, 528
causas dos problemas com, 520
ciclo de controle, 522–524
controle de clã, 521, 542–543
controle de mercado, 521, 539–541
controles financeiros, 531–534
controles orçamentários, 528–531
definição, 520
elaboração efetiva de, 537–539
estratégias, 141–142
feedback, 525–526, 547
preliminar, 525, 547
resistência ao, 535–536
Seis sigma, 303, 527
simultâneo, 525, 547
sistemas burocráticos
Controle numérico computacional, 524
Controle pelo especialista, 524
Controle pelo operador, 524
Controle preliminar, 525, 547
Controle simultâneo, 525, 547
Controles do mercado, 521, 539–541
Controles orçamentários, 528–531
Co-operador de rede, 279
Cooptação, 64, 600
Coordenação organizacional, 262
Coordenação por ajuste mútuo, 281, 282
Coordenação por padronização, 280
Coordenação por planejamento, 280–281
Coragem, 161–162, 413–414
Corning, 134, 296, 320, 364, 524, 541
Corporação modular, 279
Corporate Library, 263
Correio eletrônico (e-mail), 492
Corrupção, nas transações estrangeiras, 215
Costco, 14
Cox Communications, 295
Craigslist, 325
Crescimento sustentável, 167–168
Criatividade, 93, 233, 569–570
Cultura
de grupo, 67
detecção das diferenças na, 213–214
etnocentrismo, 212–213
gestão da, 68–70
hierárquica, 67–68
organizacional, 66–70, 74–75
racional, 68
Cultura de grupo, 67
Cultura hierárquica, 67
Cultura organizacional, 66–70, 74–75
Cultura organizacional, 66–70, 74–75
Cultura racional, 68
Cummins, 193
Currículos, 26, 326
Custeio baseado em atividades, 530–531
Custeio
baseado em atividades, 530–531
da falta de ética, 160–161
da mão-de-obra, 191
da troca de fornecedor, 57, 556
de transportes, 207
gestão dos, 14
Custos da mão-de-obra, 191
Custos da troca de fornecedor, 57
Custos de transporte, 207
CVS Corporation, 310

D

Daimler Benz, 205
DaimlerChrysler, 53, 188–189, 195, 197, 205, 212, 291, 295, 460, 567, 608
Dain Rauscher Corp., 604
Dana Corporation, 531
Data General, 467
de risco, 236
Decisão de fazer ou comprar, 565
Decisões não programadas, 79
Decisões programadas, 79
Defeito zero, 13, 527
Defeitos, 13, 527
Defensor do produto, 569
Defensor executivo, 569
Definição de funções, 439–444, 572–573

Definições da missão, 67, 68, 126–129
Delegação, 238, 266–269
Dell Computer, 9, 13, 15, 57, 193, 209, 243, 260, 265, 312, 325, 557
Deloitte & Touche, 321, 368, 383
Delphi Corp., 50
Delta Airlines, 11, 53, 117, 118, 121, 135, 142
Demissão, 331–332
Demissão discricionária, 331
Demissões, 330–331
Demografia, 50–51
Demonstrativo de lucros e perdas, 533
Departamentalização
  abordagem do produto, 274
  cliente/geografia, 275
  definição, 271
  divisional, 272–275
  funcional, 271–272, 274
  matricial, 275–278, 282
Departamentos de linha, 271
Departamentos funcionais, 271
Descongelamento, 596–597
Desconsiderando o futuro, 88
Descrição de cargos, 324
Desde o nascimento até a morte do produto, 168
Deseconomia de escala, 298
Desempenho, 464
Desenvolvimento, 335
Desenvolvimento antecipado de competência, 564, 565
Desenvolvimento contínuo, 557
Desenvolvimento de competência, 564, 565
Desenvolvimento de habilidades, 381–382
Desenvolvimento de produto, 12–14
Desenvolvimento do cenário, 60, 83–84, 121
Desenvolvimento moral cognitivo, 153
Desenvolvimento organizacional, 591–592
Desenvolvimento sob encomenda, 566
Desinvestimento, 65
Deslocamento da meta, 91
Development Dimensions International, 470
Dialética, 92
Diferenciação, 138, 261–262, 555
Difusão gradual, 557
Digital Equipment Corporation, 340, 377
Digitalização, 8
Dimensionamento exato, 299–300
Dinamismo ambiental, 59
Dinamismo ambiental, 59
Diretor de informática (CFO), 568
Diretor de tecnologia, 568
Diretores internos, 264
Diretor-executivo do conhecimento, 9
Diretor-executivo financeiro, 529
Diretor-executivo operacional, 19
Diretor-presidente, 19, 265, 367
Disciplina progressiva, 539
Discriminação, 367, 371
Discussão, 464
Disney, 63, 229, 264, 265, 320, 476, 502, 589
Distância de poder, 213–214
Diversidade, 355–389
  as melhores companhias em termos de, 368
  avaliação organizacional, 378
  como atrair funcionários, 378–379
  como cultivar a, 377–384
  compromisso da alta administração com a, 377
  definição 359–360
  desafios da, 374–375
  gestão da, 357–358
  histórico, 358–359
  idade da força de trabalho, 369–370
  minorias e imigrantes, 365–368
  mulheres, 362–365
  organizações multiculturais, 375–377
  portadores de deficiência física e mental, 368–369, 379–380
  pressupostos, 376
  questão ligadas ao gênero, 362–365
  responsabilidade pela, 384
  retenção de funcionários, 383–384
  tamanho da força de trabalho, 360–361
  treinamento sobre, 337, 381–382
  vantagem competitiva por meio da, 372–374
  vantagens da, 372–374
  versus ação positiva, 371–375
Diversificação
  concêntrica, 135
  conglomerada, 135–136
  definição, 65
Diversificação concêntrica, 135
Diversificação conglomerada, 136
DiversityInc.com, 368
Divisão do trabalho, 261
Divisão geográfica, 275
Divisões por atendimento aos clientes, 275
Domino Sugar, 307
Doutrina comparável, 346, 363
Dow Chemical, 132, 184, 211, 320
Dow Corning, 276
Down East Spud Busters, 285–286
Downsizing (enxugamento), 299–300, 330
Dunkin' Donuts, 230
Dunn and Bradstreet, 368
DuPont, 35, 132, 184, 216, 365, 437

E

Eastman Chemical, 137, 469
Eastman Kodak, 208, 209, 341, 368, 373, 519, 571
eBaby, 232
eBags, 583
eBay, 7, 14, 98–99, 233, 325, 429
e-business (negócio eletrônico), 8
Economia, 48–49, 180
Economia de escala, 298
Economia de escopo, 298
Economia global. *Ver também* Gestão internacional
  América do Norte, 192
  conseqüências da, 194–198

Índia, 193–194
investimentos diretos estrangeiros, 195
países da região do Pacífico, 190–191
União Européia, 188–190
Economias de escala, 35, 272
Eddie Bauer, 53
Educação transcendente, 163
Efeito das vias alternativas, 232
Efeito de facilitação social, 468–469
Efeito Hawthorne, 39
Efeitos da estruturação, 88
Egoísmo, 152–153
Electronic Arts (EA), 8–9, 12, 15
Eli Lilly & Co., 54, 324, 369
Emerson Electric, 264, 537, 538
Employee Retirement Income Security Act (Erisa) (Lei sobre Garantia de Recebimento de Rendas Oriundas de Aposentadoria), 346
Empowerment
controle de clã e, 542–543
de equipes, 467, 471
definição, 61, 443
resultados da, 443–444
Empreendedor, 226
Empreendedorismo, 222–255
abertura de capital, 239–240
definição, 224
desafios, 237–239
escolha das oportunidades, 229–230
fatores que influenciam o sucesso/fracasso, 235–240
financiamento, 236–237, 239
franchinsing, 206, 207–208, 230–231
futuro, 231
Internet, 232
intra-empreendedorismo, 226, 244–247, 569
mitos sobre o, 224–226
planejamento, 240–243
razões para o, 227
recursos não-financeiros, 243–244
segredos do sucesso, 228–229
sistemas de controle, 238–239
traços pessoais necessários para o, 232–235
versus gestão, 224
Empregados isentos, 345
Empregados não-isentos, 345
Emprego à disposição, 331
Empresa de classe mundial, tornando-se uma, 589–593
Empresa sindicalizada, 349
Empresas analisadoras, 564
Empresas defensoras, 65, 564
Engenharia simultânea, 313
Enriquecimento do cargo, 439–440
Enron, 41, 49, 88, 129, 150, 154, 155, 161, 215, 262, 331, 519–520, 523, 530, 541, 542, 543–544
Entenmann's, 592
Entrevista de descrição comportamental, 327
Entrevista de desligamento ou demissional, 331–332
Entrevista de emprego, 326–327, 352–353
Entrevista estruturada, 327
Entrevista não-estruturada, 327
Entrevista situacional, 327
Equal Pay Act (EPA) (Lei de Equivalência Salarial), 334, 346
Eqüidade
avaliação do, 445–446
dos acionistas, 532
restabelecendo a, 446
Equipe, 458–483
atividades, 464–465
benefícios, 460
formação efetiva de
Equipe de projetos inovadores (*skunkworks*), 245–246
Equipes auto-estruturadas, 463–464
Equipes autogerenciáveis, 463–464
Equipes da alta administração, 243, 265
Equipes de desenvolvimento e projeto, 245–246, 462
Equipes de gestão, 462
Equipes de trabalho, 462
Equipes paralelas, 462
Equipes transnacionais, 462
Equipes virtuais, 462, 464
Equitable Life Assurance Society, 377
Escala de classificação baseada no comportamento (Bars), 338–339
Escritório de Advocacia de Jeter, Jackson, Guidry e Boyer, 417–419
Especialista, 23
Especialista em manutenção da equipe, 471
Especialista em tarefas, 471
Especialização, 261
Especificação do cargo, 324
Estado de direito ao trabalho, 349
Estágio de adiamento, 464
Estágio de declínio, 464
Estágio terminal, 464
Estereótipos, 375, 387
Estilo *laissez-faire*, 403
Estilos de decisão, 403
Estímulo intelectual, 90
Estrangeiros expatriados, 213–214
Estrangeiros, na mão-de-obra, 51, 365–368
Estratégia corporativa, 135–137
Estratégia de baixo custo, 137–138, 555
Estratégia de concentração, 135
Estratégia de entrada, 206–209
Estratégia de informação, 475
Estratégia de negócios, 137–138
Estratégias
"assassinos silenciosos" de, 140–141
conjuntas, 64
corporativas, 135–137
de baixo custo, 137–138
de concentração, 135
de diferenciação, 138, 261–262, 555
de negócios, 137–138
definição, 122–123
funcionais, 139–140
implementação das, 140–141
independentes, 63

Estratégias cooperativas, 64
Estratégias funcionais, 139–140
Estratégias independentes, 63
Estrelas, 137
Estrutura de iniciação, 401, 403
Estrutura orgânica, 292, 316
Estrutura organizacional horizontal
divisional, 272–275
em rede, 278–279
funcional, 271–272, 274
matricial, 275–278, 282
Estrutura organizacional vertical, 262–270
abrangência de controle, 266
autoridade, 264–267
delegação, 266–269
descentralização, 269–270, 287–288
hierárquica, 265–266
Estrutura organizacional, 258–288
abrangência de controle, 266
agilidade no atendimento ao cliente, 300–306
alianças estratégicas e, 294–296
autoridade, 264–267
centralizada, 269
conceitos básicos da, 260–262
delegação, 266–269
departamentalização, 271
descentralização, 269–270, 287–288
diferenciação, 261–262
dimensão horizontal
dimensão vertical, 262–270
diretoria, 263–265
divisão por produto, 274
divisional, 272–275
do tamanho ideal, 297–300
downsizing (enxugamento), 299–300
em rede, 278–279
em torno das competências essenciais, 292–293
funcional, 271–272, 274
global, 203
hierárquica, 265–266
inexistência de barreiras, 509
integração, 280–282
internacional, 202
matricial, 275–278, 282
mecanicista, 292, 316
monolítica, 375–376
multinacional, 202–203
orgânica, 292, 316
organograma da, 261, 293
produção flexível, 307–311
tecnologia de grande lote, 306–307
tecnologia de pequeno lote, 306
transnacional, 204–205
veloz, 311–313
Estudos de Hawthorne, 39
Estudos de movimentos e tempos, 37
Ética. *Ver também* Responsabilidade social corporativa
ambiente de, 155–159
código de, 157–158, 175–176
compensações, 47
custos da falha, 160–161
definição, 151
escândalos corporativos, 150–151
filosofia moral, 152–153
internacional, 155, 215–216
meio ambiente, 166–169
nos negócios, 151, 154–155
padrões corporativos, 156–157, 175–176
programa de ética baseada na integridade, 159
programa de ética baseada no compliance, 158
programas de, 158–159
relato de práticas inadequadas, 161, 331
sinais de perigo, 156
sistemas, 152–154
suborno, 47, 154, 215–216
tomada de decisão e, 159–161
valores básicos, 216
Ética da virtude, 153–154
Ética nos negócios, 151, 154–155
Etnocentrismo, 212–213
Executivo-chefe de aprendizagem, 509
Exibição, 475
Expatriados, 209–210
Expectativa, 434
Expedia, 8
Exportação, 206–207
Extinção, 431
Exxon, 166, 299

F

Fábricas flexíveis, 310
Fair Labor Standards Act (Lei sobre Padrões Adequados de Trabalho), 332, 334
Family and Medical Leave Act (Lei sobre Ausências Médica e Familiar), 334
Fannie Mae, 264
Fase de negociações, 244
Fatores de higiene, 440
FBI, 330
Federal Aviation Administration — FAA (Agência Federal de Aviação), 47
Federal Communications Commission — FCC (Comissão Federal de Comunicações), 45, 47
Federal Express Corporation, 13, 132, 236, 294, 368, 437, 460, 470, 577, 584
Federated Department Stores, 365
Feedback negativo, 85
Feedback
como fornecer o, 341–342, 433
dos clientes, 442–443
negativo, 85
Filosofia moral, 152–153
Filtragem, 487–489, 503
First Boston, 63
Flaming, 492
Flarion Technologies, 298

foco no desempenho, 467–468
Food and Drug Administration (FDA — Agência Fiscalizadora de Alimentos e Medicamentos), 48
Força de trabalho
idade da, 369–370
imigrantes na, 365–368
minorias na, 365–368
portadores de deficiência física e mental, 368–369
redução da, 330–333
tamanho da, 360–361
Forças e fraquezas internas, análise das, 131–134
Força-tarefa, 282
Ford Motor Company, 53, 134, 166, 195, 208, 290, 291, 307, 314, 340, 341, 368, 411, 527, 571
Foreign Corruption Practices Act (Lei de Práticas contra a Corrupção Estrangeira), 215
Formação, 464
Formalização, 280
Formulário de emprego, 326
Fornecedores, 55–58
Fracasso nos negócios, 8, 11, 86–87, 150, 519
Franchinsing, 206, 207–208, 230–231
Fraude, 156
Free Trade Area of the Americas (FTAA) (Área de Livre Comércio das Américas), 192
Fuga, 477
Fuji Photo Film Company, 309
Fujitsu, 195
Função de compra, 581
Função de finanças, 581
Função de marketing, 580
Função de pesquisa e engenharia, 580
Funco, 237
Fundação Scojo, 600
Fusões e aquisições, 65, 137

G

G.S.I. Transcomm Data Systems, 439
Gannett Company Incorporated, 365
Gap de desempenho, 597
Gap Incorporated, 40, 126, 365
Gatekeeper, 475
Gateway, 557
Gemstar-TV, 264
General Dynamics, 216
General Electric, 6, 9, 119, 127, 132, 133–134, 136, 165, 167, 183, 189, 191, 193, 266, 296, 303, 313, 319–320, 322, 335, 350, 383, 415, 437, 493, 497, 508, 509, 520, 526, 527, 530, 580, 588, 604, 607, 613
General Foods, 340, 523
General Motors, 8, 50, 53, 63, 87, 118, 132, 166, 182, 183, 191, 195, 205, 208, 291, 294, 295, 298, 299, 307, 310, 312, 314, 335, 345, 519, 525, 563, 567, 612
Generalista, 23
Genialidade do "e", 591
Gerenciamento transparente, 504–505
Gerente de divisão, 277
Gerente de nível médio, 18–19, 20, 266
Gerente de nível superior (alto escalão), 18, 20
Gerente de produto, 277
Gerente de projeto, 282
Gerente funcional, 277
Gerente operacional, 19–20
Gerente tático, 19
Gerente
abrangência de controle do, 266
atividades do, 20–21
como integrador (*brocker*), 279
como líder de trabalho, 20
de divisão, 277
de dois superiores, 277
de linha de frente, 19–20
de linha, 271
de nível inferior, 266
de nível médio, 18–19, 20, 266
de nível superior, 18, 20
de produto, 277
de projeto, 282
delegação de responsabilidades, 238, 266–269
eficaz, 32
funcional, 277
habilidades do, 21–22, 210–212
operacional, 19–20
Personal Assessment of Management Skills (PAMS) (Avaliação Pessoal das Habilidades de Administração), 29–31
tático, 19
tipos de, 18–21
Gerentes da linha de frente, 19–20
Gerentes de linha, 271
Gestão administrativa, 38
Gestão da cadeia de suprimentos, 57
Gestão da carreira
aprendizado contínuo, 611–612
formação de redes, 31–32
Personal Assessment of Management Skills (PAMS) (Avaliação Pessoal das Habilidades de Administração), 29–31
planilha de planejamento de carreira, 33–34
promoções, 383–384
segredos do sucesso, 22–26
Gestão da crise, 96–99
Gestão da qualidade total (TQM), 12-13, 302–304
Gestão das operações, 577–586
Gestão de mudanças, 587–624
aprendizado contínuo, 611–612
criando o futuro, 606–609
empresa de classe mundial, 589–593
empresas do futuro, 606
gestão de várias mudanças, 600
liderança, 601–605
modelando o seu próprio futuro profissional, 609–611
motivação das pessoas. *Ver* Motivação
obtenção de colaboração, 598–600
organizacional total, 600–601
proativas, 605

reativas, 605
resistência às, 594–597, 599
tecnológicas, 7–8
Gestão de nível inferior, 266
Gestão de pessoas. *Ver* Gestão de recursos humanos
Gestão de recursos humanos, 318–354
ação afirmativa, 371–375
acomodação das necessidades profissionais/familiares, 380–381
análise de funções, 324
assédio sexual, 363–364, 366
avaliação de desempenho. *Ver* Avaliação de desempenho
benefícios para empregados, 345–346
checagem de referências, 327
como atrair funcionários, 378–379
definição de funções, 439–444, 572–573
definição, 320
demissão, 331–332
diversidade. *Ver* Diversidade
entrevista, 353
função de, 580-581
gestão da carreira. *Ver* Gestão da carreira
horários alternativos de trabalho, 381
impacto estratégico da, 320–321
mentor, 383
planejamento de sucessões, 322
processo de planejamento, 322–324
processo de seleção, 326–330
promoções, 383–384
questões de saúde e segurança, 346
questões legais, 332–333, 334, 345–346
recolocação, 331
recrutamento, 324–326, 378–379
redução da força de trabalho, 330–333
relações trabalhistas, 347–350
remuneração, 342–346, 572–573
retenção de funcionários, 383–384
sistemas de remuneração, 342–346, 431–432
teste pré-contratação, 328–330
treinamento e desenvolvimento. *Ver* Treinamento e desenvolvimento
verificação do histórico, 327–328
Gestão do conhecimento, 9, 282
Gestão do relacionamento com clientes, 300–302
Gestão ecocêntrica, 167–168
Gestão global. *Ver* Gestão internacional
Gestão internacional, 186–221
América do Norte, 192
China/Países da região do Pacífico, 190–191
comunicação, 489–490, 497–498
conseqüências de uma economia global, 194–198
desequilíbrio na balança comercial, 191
escolhendo uma estratégia, 202–205
estrangeiros expatriados, 213–214
estratégia de entrada, 206–209
estratégia global, 200–206
ética, 155, 215–216
exportação, 206–207
franchinsing, 206, 207–208
habilidades de um administrador global, 210–212
Índia, 193–194
integração global, 200–201
joint venture, 206, 208
licenciamento, 207
meio ambiente e, 181
modelo organizacional internacional, 202
modelo organizacional multinacional, 202–203
modelo transnacional, 204–205
modelos organizacionais, 200, 203
parceiros de comércio americanos, 190–191
prevenção do fracasso entre expatriados, 210–211
questões culturais, 212–215
resposta local, 201–202
subornos, 215–216
subsidiárias próprias, 206, 208–209
terceirização e, 197–199, 361, 582
terceirização para fornecedor de outro país (*offshoring*), 197–200
unificação européia, 188–190
uso de expatriados, 209–210
valor da comercialização em dólar, 194–196
Gestão MBWA, 507
Gestão transcultural, 213
Gestor de dois superiores, 277
Gillette, 137
GlaxoSmithKline, 9, 493
Global Crossing, 150, 263
Global Hyatt, 212
Globalização, 6–7, 205–206, 581–582. *Ver também* Gestão internacional
Goodyear Tire & Rubber, 299, 444, 464
Google, 13, 593
Gordy se torna Global, 218–219
Gorton's, 311
Governança corporativa, 262–263
Grade de Liderança de Blake e Mouton, 403–404
Grau de alavancagem financeira, 534
Greve econômica, 348
Greyhound, 54
Groupthink (pensamento coletivo), 91, 373, 472
Grupos
tomada de decisão em, 90–92
trabalho em, 461, 463-464
versus equipes, 461
Grupos de apoio, 383
Grupos de trabalho autônomos, 463
Grupos de trabalho semi-autônomos, 463–464
Grupos de trabalho tradicionais, 463–464
Grupos de trabalho, 461, 463–464. *Ver também* Equipes

H

H.B. Fuller, 216
Habilidade das pessoas, 22
Habilidade de apresentação, 495–497
Habilidade de leitura, 500–501
Habilidades conceituais, 21–22

Habilidades de persuasão, 471, 495–497
Habilidades do emissor, 495–498
Habilidades do receptor, 500–502
Habilidades não-verbais, 499–500
Habilidades técnicas, 21
Hard Rock Café, 121
Harley-Davidson, 269, 442, 524, 560, 606
HealthSouth, 150, 541
Heinz, 202, 528
Herman Miller, 181, 444
Hershey Foods Corporation, 263
Hewlett-Packard, 22, 134, 168-169, 229, 275, 294, 297, 309, 365, 378, 382, 415, 508, 530, 550, 555, 563, 569, 571, 589
Hierarquia, 265–266
Hierarquia das necessidades, 39, 436–437
Hierarquia das necessidades de Maslow, 39, 436–437
Hilton International, 202, 207
Hitwise, 325
Home Depot, 7, 369
Honda Motor, 132, 202, 205, 269, 296, 340, 525, 560
Honeywell, 166, 189, 209, 263, 265, 377, 383, 460
Horários flexíveis de trabalho, 381
humano, 321
Huntsman Chemical, 428

I

IBM Corporation, 12, 59, 65, 66, 132, 157, 182, 195, 198, 202, 229, 242, 276, 298, 299, 335, 340, 365, 368, 493, 520, 541, 557, 606, 608
Idade da força de trabalho, 369, 370
IDEO, 94–95
Igualdade nas oportunidades de emprego, 47, 332–333, 372
Ilusão de controle, 88
ImClone, 150, 263
Immunex, 431
Impacto adverso, 333
Imparcialidade, como atingir a, 444–448
Importância da tarefa, 442
Incerteza ambiental, 59
Incerteza
  adaptação à, 61–63
  ambiental, 59
  definição, 79
Incubadoras de empresas, 237
Índia, 193–194
Índice de alavancagem, 534
Índice de capital de giro líquido, 534
Índice de fracassos
  de novos negócios, 235–236
  entre expatriados, 210–211
Índice de lucratividade, 534
Índices de liquidez, 534
Índices financeiros, 533–534
Individualismo, 213–214
Individualismo austero, 213
Informação em tempo real, 89
Infosys Technologies Ltd., 193
Inovação. *Ver também* Tecnologia
  adoção, 396–397, 557
  criatividade, 233, 569–570
  definição, 12, 321, 550
  do processo, 550
  do produto, 551
  empreendedores e, 234
  liderança na, 555–557
  organização voltada à, 569–573
  projetos de desenvolvimento, 571–572
Inovação do processo, 550
Inovação do produto, 550
Inovador técnico, 569
Inputs, 46, 444
Instrumentalidade, 434
Integração
  definição, 261
  global, 200–201
  organizacional, 262, 280–282
  vertical, 135
Integração cultural, 375
Integração estratégica, 182
Integração vertical, 135
Integrador (*broker*), 279
Integridade, 400
Intel Corporation, 13, 40, 57, 193, 562, 564
intelectual, 9, 321
Inteligência competitiva, 60
Inteligência emocional, 22–23
Intensidade da necessidade de crescimento, 443
Interamericana Products International, 13
Intercâmbio tecnológico, 566–567
Intercontinental, 202
International Harvester, 403
International Organization for Standardization (ISO) (Organização para Padronização Internacional), 305
Internet
  blog, 491–492, 608–609
  busca de emprego via, 325–326
  comércio eletrônico (*e-commerce*), 8, 552–553
  correio eletrônico (e-mail), 492
  e-business (negócio eletrônico), 8
  fracasso nos empreendimentos, 8, 14
  importância para os negócios, 8
  mensagem instantânea, 491, 493
  modelos empresariais, 232, 583–584
  Protocolo de Voz pela Internet (VOIP), 45
  vendas via, 583–584
Interstate Commerce Commission (ICC — Comissão de Comércio Interestadual), 47
Intervenções de processo humano, 592
Intervenções estratégicas, 592
Intervenções na gestão de recursos humanos, 592
Intervenções tecnoestruturais, 592
Intra-empreendedorismo, 226, 244–247, 569
Investimento direto no exterior, 195
IPO, 239–240
ISO 9000, 305
Ispat International, 9

J

J & G Garden Center: Divisão de Serviços de Jardinagem, 171–172
J.C. Penney, 53, 583
J.P. Morgan Chase & Co., 137, 264
JetBlue, 14, 53, 236, 298, 428, 485, 502, 510
Jiffy Lube, 230
Johnson & Johnson, 96–97, 157, 158, 274, 415, 428, 589
Johnsonville Foods, 444
Joint venture, 64, 206, 208, 567
Justiça procedimental, 446–447
Just-in-time (JIT), 312–313
JVC, 195

K

K Shoes, 470
Kaiser-Hill, 426, 433, 451
Kaizen, 290, 301, 556
Kanban, 580
Kaufman and Broad Home Corp., 472
KB Home, 12
Kellogg Company, 63, 202
Kmart, 50, 53, 137, 583
Knight Ridder, 365
Kodak, 127, 129, 132, 137, 202, 299, 309–310, 384, 470, 556
Kollmorgen Corporation, 394, 460
Komatsu, 204
Korn/Ferry International, 360, 410
KPMG da Holanda, 460
Kraft Foods, 12, 441
Kroger, 135
Kyocera Corporation, 460
Kyosei, 152

L

L. L. Bean, 53, 134
Labor-Management Relations Act (*Lei sobre as Relações entre Trabalhadores e Administradores*), 347
Labor-Management Reporting and Disclosure Act (Lei de Divulgação e Relatórios entre Direção e Trabalhador), 347
Landrum-Griffin Act (Ato Landrum-Griffin), 347
Lands' End, 13
LAVT LLC, 226
Legislação trabalhista, 347
Legitimidade, 243
Lei de Controle de Substâncias Tóxicas, 178
Lei de Controle e Recuperação da Superfície de Mineração, 178
Lei de Fechamento de Fábricas, 333
Lei de Limpeza da Água, 178
Lei de Limpeza do Ar, 177, 178
Lei de Moore, 562
Lei de Preservação e Recuperação dos Recursos, 178
Lei de Transporte de Materiais Perigosos, 178
Lei do Direito de Saber e de Resposta Comunitária, 178
Lei do efeito, 430
Lei Federal de Controle de Substâncias Perigosas, 178
Lei para um Local de Trabalho Livre de Drogas, 328
Levi Strauss, 87, 211, 216, 586
Licenciamento, 206, 207, 566
Líder de conexão, 413
Líder ético, 157
Líder transacional, 411
Líder transformacional, 411–412
Líder, trabalho do, 20
Liderança, 392–424
  abordagem comportamental de, 401
  abordagem dos traços, 399–400
  abordagens situacionais, 404–410, 423–424
  apoiadora, 408
  autêntica, 412
  autocrática, 402
  avaliação do estilo de, 421–422
  carismática, 410–411
  como função da administração, 16–17
  compartilhada, 413
  comportamento de, 401–404
  comportamento voltado à manutenção do grupo, 401–402
  comportamento voltado ao desempenho de tarefas, 401, 402, 403, 409
  coragem e, 161–162, 413–414
  de conexão, 413
  democrática, 403
  desenvolvimento das habilidades de, 414–416
  determinação do estilo de, 91, 409
  diretiva, 401, 408–409
  empreendedores e, 233
  equipes, 465–466
  estratégica, 396
  gestão da mudança e, 601–605
  homem *versus* mulher, 400–401
  lateral, 413
  modelo de Vroom, 405–407
  modelos contingenciais de, 423–424
  motivada por relacionamento, 423–424
  motivada por tarefas, 423–424
  nível 5, 412
  oportunidades de, 412–413
  orientada à realização, 408
  participativa, 408–409
  poder, 397–399, 419–421
  pseudotransformacional, 412
  servidor, 412
  substitutos da, 409–410
  supervisora, 396
  tecnologia e, 555–557
  teoria do caminho-meta, 407–409
  tomada de decisão e, 402–403
  transacional, 411
  transformacional, 411–412
  versus gestão, 395–396
  versus seguidores, 396–397
  visão, 394–395, 603
Liderança apoiadora, 408
Liderança autêntica, 412

Liderança autocrática, 402
Liderança compartilhada, 413
Liderança democrática, 403
Liderança diretiva, 401, 408–409
Liderança estratégica, 396
Liderança lateral, 413
Liderança motivada por relacionamento, 423–424
Liderança motivada por tarefas, 423–424
Liderança na AIG: O Estilo Importa?, 515
Liderança nível 5, 412
Liderança orientada à realização, 408
Liderança participativa, 408–409
Liderança supervisora, 396
Líderes aprendizes, 612
Líderes carismáticos, 410–411
Líderes operacionais, 20
Líderes pseudotransformacionais, 412
Líder-servidor, 412
Ligação entre esforço e desempenho, 434
Lincoln Electric Company, 344
Língua, 497–498
Linguagem corporal, 499
Liz Claiborne, 13, 365
Lockheed Martin, 368
Locus de controle, 408
Loews Corporation, 264
Logística
  canais de distribuição, 201
  definição, 311–312
  reversa, 183
  visão geral de, 581
Logística reversa, 183
Loral, 561
Lord Corporation, 444
Lotus, 227
Louis Galoob Toys, 279
Lowe's, 50
Lucent Technologies, 14, 298, 365

M

Macroambiente
  definição, 46
  demografia, 50–51
  economia, 48–49
  normas e legislação que afetam o, 47–48
  questões sociais, 51–52
  tecnologia, 49–50
Macys.com, 585
Maioria inicial, 554
Maioria tardia, 554
MaMaMedia.com, 472
Manipulação, 600
Manobra estratégica, 64
Manpower Incorporated, 365
Mão-de-obra, 50–51
Mapa estratégico, 125
Mapquest, 567
Marriott, 14, 135, 589
Marsh & McLennan, 150, 155, 156
Matriz BCG, 136–137
Matriz BCG, 136–137
Matriz de estratégia empreendedora, 234–235
Matsushita, 195, 564
Mattel, 212
Maturidade de cargos, 424
Maturidade psicológica, 424
Maximização, 84
McDonald's, 58, 126, 132, 207, 230, 307
McGraw-Hill, 450
MCI WorldCom, 535
McKenna Group, 243
McKinsey & Co., 519
McLaughlin Group, 472
Mediacom Communications, 295
Mediador, 478–479
Medidas corretivas, 524
Medtronic, 22, 442
Meio ambiente. *Ver* Ambiente
Melhor aspecto, 61
Melhor cenário, 60
Melhores práticas, 134
Mensagem instantânea, 491, 493
Mentor, 383
Mercados
  ameaça dos substitutos, 54–55
  barreiras à entrada de novos concorrente nos, 53–54
  em alta e em baixa, 49
Merck & Company, 77, 86, 99, 132, 137, 246, 265, 323, 365, 384, 555, 564, 569
Merrill Lynch, 88
Mesa-redonda de Caux, 152, 175–176
Meta voltada ao cliente, 125
Metas
  alternativas, 119
  avaliação das, 120
  de aprendizagem, 125
  de crescimento, 125
  de desempenho, 468
  de equipe, 468
  definições, 119
  do cliente, 125
  estabelecendo, 126–129, 427–430, 455
  estratégicas, 122–123, 127, 129
  financeiras, 125
  hierarquia das, 123
  internas, 125
  superordenadas, 477–478
  táticas, 124
Metas de crescimento, 125
Metas estratégicas, 122–123, 127, 129
Metas financeiras, 125
Metas internas, 125
Metas maximizadas, 428–429
Metas superordenadas, 477–478
Metas táticas, 124
Metro-Goldwyn-Mayer, 364
Microgestão, 238

Microsoft, 127, 129, 189, 193, 242, 260, 265, 294, 298, 428, 537, 550, 555, 556
Microsystems, 297
Mídia eletrônica, 491–494

Mídia eletrônica, 491–494

Midvale Steel Company, 37
Miller Brewing Company, 469, 475
Mineração de dados, 584
Minorias, na força de trabalho, 365–368
Miopia gerencial, 534
Mirage Resorts, 320
Mobil Oil, 383
Modeladoras, 606
Modelo contingencial de Fiedler de eficácia da liderança, 423–424
Modelo de afiliação, 232
Modelo de cobrança por transação, 232
Modelo de conteúdo local, 202
Modelo de definição de funções de Hackman e Oldham, 441–443
Modelo de Kohlberg de desenvolvimento moral cognitivo, 153
Modelo de liderança de Vroom, 405–407
Modelo de suporte publicitário, 232
Modelo de tomada de decisão "lata de lixo", 96
Modelo de tomada de decisão incremental, 96
Modelo de tomada de decisão por coalizão, 96
Modelo global, 203
Modelo organizacional multinacional, 202–203
Modelo organizacional transnacional, 204–205
Modelos contingenciais clássicos de liderança, 423–424
Modificação do comportamento organizacional, 430
Moeda estrangeira, 188
Monsanto, 59, 167, 211
Monster Cable Products, 493
Monster.com, 325–326
Motivação, 425–457
  como atingir a imparcialidade, 444–448
  compreendendo as necessidades das pessoas, 436–439
  crenças relacionadas ao desempenho, 434–436
  das pessoas, 593–596
  de equipes, 468–469
  definição de cargo e, 439–444
  definição de metas, 427–430, 455
  definição, 427
  dos líderes, 399
  reforço ao desempenho, 430–433
  satisfação profissional, 448–450, 456
  motivação e recompensa, 468–469
Motivadores, 440
Motorola, 212, 301, 303, 368, 472, 508, 527, 561, 589, 599
Mountain High, 361–362
Moviefone, 567
Movimento ambientalista, 180
Movimento de implementação, 597
Movimento dos direitos da mulher, 358
MSN, 232
MTV, 6, 41
Mudança organizacional total, 601
Mudança proativa, 605
Mudança reativa, 605
Mulher
  atribuições internacionais, 211
  na força de trabalho, 362–365
  nos papéis de liderança, 400–401

N

Nafta, 53, 192
Napster, 150, 607
National Industries for the Blind (NIB), 369
National Labor Relations Act (Lei Nacional sobre as Relações Trabalhistas), 347
National Labor Relations Board (NLRB) (Comitê Nacional de Relações Trabalhistas), 47, 347
National Organization on Disability (Organização Nacional de Deficientes), 368
Nativos de países terceiros, 209
Nativos do país anfitrião, 209
NBC, 136
Necessidades de McClellend, 438
Necessidades universais, 200
Negociação coletiva, 348–349
Neiman Marcus, 138
Nestlé, 6, 606
Netscape, 27, 41
New Jersey Bell Telephone Company, 38
Nextel, 45, 70
Nike, 8, 95, 131, 237, 279, 302
Nissan, 15, 205, 507
Níveis hierárquicos, nas organizações, 265–266
Nível operacional, 266
Nivelamento, 62
Nokia, 65, 563
Noodles & Co., 235
Nordstrom, 67, 138, 139, 365, 584
Normas, 470–471, 473–474
Normas de desempenho, 473
Normas e legislação, impacto nos negócios, 47–48
Normatização, 464
Nortel, 460, 472
North American Free Trade Agreement (NAFTA) (Acordo de Livre Comércio da América do Norte), 53, 192
North American Tool & Die, 431
Northwest Airlines, 11, 82
Nova economia, 581
NovaCare, 159
Novartis, 188
Novations/J. Howard and Associates, 360
Novo empreendimento, 224
Nucor, 571

O

O Guru da Computação: O Faz-Tudo ou O Imperador?, 143–144
O Mundo das Janelas, dos Tecidos e Acessórios de Barbara (Barbara´s World), 614–616
O Novato — Você!, 28–29
Observação, 501–502

Occupational Safety and Health Act (Osha) (Lei sobre Segurança e Saúde no Trabalho), 346
Occupational Safety and Health Administration (Osha) (Agência de Saúde e Segurança Ocupacional), 47
Ociosidade social, 468
Odwall, 442
Oferta e demanda, 323–324
Oferta pública inicial (IPO), 239–240
Oferta pública inicial, 239–240
Office Depot, 132
Office Max, 132
Office of Federal Contract Compliance Programs (OFCCP) (Departamento de Programas Federais de Cumprimento de Contratos), 47
Oficina de trabalho, 306
One Food Lion, 538
Opções de ações, 344–345
Open Source Development Labs, 19
Operações exclusivamente pela Internet, 583
Oportunidades e ameaças externas, análise das, 129–131
Oportunidades e ameaças, análise das, 129–131, 134–140, 145–147
Orbitz, 232
Orçamento
  de caixa, 530
  de capital, 530
  de custo, 529
  de produção, 529
  definição, 528
  e custeio baseado em atividades, 530–531
  principal, 530
  sistemas de controle estratégico, 141–142
  tipos de, 529–530
Orçamento de caixa, 530
Orçamento de capital, 530
Orçamento de custos, 529
Orçamento de despesas de vendas, 528–529
Orçamento de produção, 529
Orçamento principal, 530
Ordens Executivas 11.246 e 11.375, 334
Organização ágil, 291–292
Organização centralizada, 269
Organização com alto grau de envolvimento, 297
Organização de aprendizagem, 296–297, 569
Organização divisional, 272–275
Organização em rede, 278–279
Organização funcional, 271–272, 274
Organização mecanicista, 291–292, 316
Organização monolítica, 375–376
Organização sem barreiras, 509
Organização, como função da administração, 16
Organizações
  avaliação das, 378
  com alto grau de envolvimento, 297
  comunicação dentro das, 502–509
  de aprendizagem, 296–297, 569
  multiculturais, 375–377
  pluralistas, 376
  tomada de decisão nas, 95–99
Organizações matriciais, 275–278, 282
Organizações multiculturais, 375–377
Organizações pluralistas, 376
Organization for Economic Cooperation and Development (Organização para a Cooperação e Desenvolvimento Econômico), 215
Organograma, 260–261, 293
Órgãos reguladores, 47
Orientação empreendedora, 246–247
Oscar Mayer, 94
Otimização, 84
Output, 46
Ouvir atentamente, 514–515

P

Pacific Bell, 333
PacifiCare Health Systems Incorporated, 371
Padrões
  desempenho, 522–523, 537
  éticos corporativos, 156–157, 175–176
  ISO 9000, 305
Padronização
  coordenação por, 280
  de ferramentas, 37
  definição, 280
Países do Extremo Oriente, 190–191
Papéis, 471
  atribuição de poder, 467
  auto-estruturação de, 463–464
  autogerenciáveis, 463–464
  avaliação de desempenho em, 340
  contribuição das, 460
  da alta administração, 243, 265
  de projetos, 245–246, 462
  de trabalho, 462
  definição, 461
  desempenho de, 469
  estabelecimento de metas, 468
  fracasso das, 466–467
  gestão de, 462
  gestão dos relacionamentos laterais, 475–476
  liderança de, 465–466
  mediadores e, 478–479
  papel do orientador, 471
  paralelas, 462
  processo de transformação em, 465–466
  tipos de, 462
  tomada de decisão em, 90–91
  transição de grupos para, 465–466
  transnacionais, 462
  treinamento de, 337, 469–470
  versus grupos, 461
  virtuais, 462, 464
Parceiros comerciais, 190–191
Parceria em pesquisas, 567
Parcerias estratégicas, 64, 294–296
Parcerias familiares, 244
Parker Mountain Products, Inc., 545–546

Passivo circulante, 534
Passivos, 531–533
Patrimônio líquido dos acionistas, 532
Pattelco, 606
Payless ShoeSource, 330
Penske Logistics, 312
People's Bank, 381
PeopleSoft, 193
PepsiCo Incorporated, 19, 53, 127, 296, 365
Pequena empresa, 224
Percepção, 487–489
Percepção de autoridade, 408
Percepção equivocada, 489–491
Perkin-Elmer, 493
Personal Assessment of Management Skills (PAMS) (Avaliação Pessoal das Habilidades de Administração), 29–31
Personalização em massa, 307–308
Perspectiva contingencial, 41
Pesquisa e compra, 580-581
Pfizer, 165, 202, 563
Phillips, 195, 203
Phillips Petroleum, 168, 276
Pior cenário, 60
Pixar, 5–6, 11, 27
Planejamento. *Ver também* Planejamento estratégico
  alinhamento de planos, 123–125
  análise de oportunidade, 240
  análise situacional, 118
  avaliação do, 120
  cenário, 60, 121
  como função de administração, 16
  como vender o plano, 242–243
  definição, 16, 118
  escolha do, 120–121
  implementação, 121
  metas. *Ver* Metas
  monitoramento do, 121–122
  níveis de, 122–125
  operacional, 123–125
  plano de negócios, 240–243
  planos de aplicação única, 119–120
  planos de contingência, 83, 120
  planos permanentes, 120
  principais elementos, 242
  processo de, 118–122
  recursos humanos, 322–324
  sistemas de controle e, 520–521
  sucessão, 322
  tático, 123–125, 126
Planejamento estratégico. *Ver também* Planejamento
  abordagens do, 125–126
  análise das forças e fraquezas internas, 131–134
  análise das oportunidades e ameaças externas, 129–131
  análise SWOT, 134–140, 145–147
  barreiras contra o, 140–141
  competências essenciais, 132–133, 292–293, 564
  controle estratégico, 141–142
  definição de missão da visão e das metas, 126–129
  definição, 122
  etapas
  implementação da estratégia, 140–141
  metas do, 122–123, 580
  planos de contingência, 83, 120
Planejamento operacional, 123–125
Planejamento tático, 123–125, 126
Plano de negócios, 240–243
Plano de participação nos lucros, 344
Plano de participação nos lucros, 344
Plano de remuneração de executivos, 344–345
Planos de aplicação única, 119–120
Planos de contingência, 83, 120
Planos de incentivos, 343–344
Planos de incentivo de grupo, 344
Planos de incentivos individuais, 343
Planos permanentes, 120
Poder, 397–399, 419–421
Poder de coerção, 398
Poder de *expertise*, 399
Poder de recompensar, 398
Poder de referência, 398-399
Poder legítimo, 398
Polaroid, 556
Polycast Technology, 378
Pontos de interrogação, 137
Pontos fracos, análise dos, 134–140, 145–147
Portadores de deficiência, 368–369, 379–380
Portadores de deficiência física, 368–369, 379–380
Portadores de deficiência física e mental, 368–369, 379–380
Posição competitiva, 136–137
Preço de transferência, 540–541
Preço, transferência de, 540–541
Predisposições psicológicas na tomada de decisão, 87–88
Predisposições, psicológicas, 88–89
Pregnancy Discrimination Act (Lei sobre Discriminação da Gestação), 346
Premiação, pela qualidade, 301, 303–304
Prêmio Baldrige, 301, 303–304
Prêmio Nacional de Qualidade Malcolm Baldrige, 301, 303–304
Preocupação com a produção, 401, 403
Preocupação com as pessoas, 403
Preservação, 180
Pressão do tempo, 89
Pressão dos pares, 595
Previsão
  de demanda, 323
  de oferta de mão-de-obra, 323
  definição, 60
  usos da, 61
Previsão da receptividade do mercado, 561, 565
Previsão para oferta de mão-de-obra, 323
Previsões de demanda, 323
Priceline, 8
PricewaterhouseCooper, 94, 414
Primeiros adeptos, da nova tecnologia, 553–554
Princípio da exceção, 524
Princípio da unidade de comando, 277

Princípios de Caux, 152, 175–176
Princípios de CERES, 180
Problema ético, 151
Processamento de informações, 282
Processo de embalagem, 168
Processos flexíveis, 62–63
Procter & Gamble, 9–10, 12, 137, 169, 182, 202, 203, 207, 209, 229, 234, 305–306, 364, 369, 371, 383, 431, 432, 437, 607
Produção
  administração científica, 37–38, 539
  auxiliada por computador, 571
  de grande lote, 306–307
  de pequeno lote, 306
  engenharia simultânea, 313
  enxuta, 310–311
  flexível, 62–63, 307–311
  integrada por computador, 308–309
  JIT, 312–313
  personalização em massa, 307–308
Produção auxiliada por computador, 559, 571
Produção controlada por computador, 524
Produção enxuta, 310–311
Produção flexível, 307–311
Produção integrada por computador, 308–309
Produtividade, 449
Produto interno bruto (PIB), 188
Professores Transformando-se em Empreendedores, 249
Programa Bean Stock, 124
Programa de benefícios "menu de opções", 345
Programa de benefícios flexível, 345
Programa de ética baseada na integridade, 159
Programa de ética baseada no *compliance*, 158
Programa de qualidade de vida no trabalho (QVT), 449
Projetos de desenvolvimento, 571–572
Projetos informais, 246
Promoções, 383–384
Propriedade intelectual, 563, 585
Prospect Associates, 442
Prospectores/Exploradores, 65, 564
Protocolo de Voz pela Internet, 45
Proximidade de supervisão, 401
Prudential Financial, 365, 373, 384
Pseudo.com, 6
Punição, 431
Purdue University, 333

Q

Qualidade
  aperfeiçoamento contínuo, 12-13, 301, 302
  defeitos, 13, 527
  definição, 12
  gestão da qualidade total, 13, 302–304
  ISO 9000, 305
  prêmio Baldrige, 301, 303–304
  Seis Sigma, 303, 527
  serviço, 12
Questões legais
  emprego, 332–333, 334
  legislação trabalhista, 347
  macroambiente, 46–48
  meio ambiente, 178–179, 183
  remuneração e benefícios, 345–346
Questões ligadas ao gênero, 362–365
Questões sociais, 51–52
Qwest Communications, 150, 294–295

R

R. R. Donnelley, 505
Racionalidade limitada, 95
Radio Shack, 584
RCA Corporation, 203, 207
Realidades sociais, 89-90
Realização, necessidade de, 438
Receptividade do mercado, avaliação da, 561, 565
Receptividade, previsão/avaliação de mercado, 561, 565
Recolocação (*outplacement*), 331
Recompensa extrínseca, 439
Recompensa intrínseca, 439
Recompensas e punições, pelo desempenho, 431–432
Reconciliação, 165
Recongelamento, 597–598
Recorrer a Pension Benefits Guaranty Corporation (PBGC): Será que não Está na Hora de uma Reforma Previdenciária?, 389
Recrutamento, 324–326, 378–379
Recrutamento externo, 325–326
Recrutamento interno, 324–325
Recursos, 132–133
Recursos internos, 198
Rede de comunicação informal (*Grapevine ou rádio-peão*), 508
Rede dinâmica, 278
Redes, 243
Redmatch, 325–326
Redução da força de trabalho, 330–333
Reebok, 279
Reengenharia, 305–306
Reflexão, 500
Reflexite Corporation, 504
Reflexões sobre os sistemas, 181
Reforço, 430
Reforço negativo, 431
Reforço positivo, 431
Relação entre esforço e desempenho, 434
Relacionamento de auditoria, 476
Relacionamentos de consultoria, 476
Relacionamentos de estabilização, 476
Relacionamentos de serviço, 476
Relacionamentos entre papéis laterais, 475–476
Relações de intermediação, 476
Relações ligadas ao fluxo de trabalho, 475
Relações trabalhistas, 347–350
Relativismo, 153
Relato de práticas ilegais, 161, 331
Remuneração, 342–346, 572–573
Remuneração variável, 343–344
Reserva de recursos, 62

Resistência ao controle, 535–536
Resistência às mudanças, 594–597, 599
Responsabilidade, 267, 384
Responsabilidade econômica, 162
Responsabilidade ética, 162
Responsabilidade filantrópica, 162
Responsabilidade legal, 162
Responsabilidade social corporativa. *Ver também* Ética
  categorização da, 162–163
  definição, 162
  meio ambiente, 166–169
  reconciliação, 165
  visões contrastantes da, 163–164
Responsabilidade social. *Ver também* Ética
  categorização da, 162–163
  definição, 162
  meio ambiente, 166–169
  reconciliação, 165
  visões contrastantes, 163–164
Resposta local, 201–202
Resultados, 434, 444
Retardatários, 554
Retenção de funcionários, 383–384
Retorno sobre investimento (ROI), 534
Riqueza da mídia, 494
Risco, 79–80, 167, 236
Riskon, 379
Rockwell International, 209
Rocky Gagnon, Empreiteiro Geral, 481
"Rock On", 511–512
Rodízio de cargos, 439
ROI, 534
Rolls-Royce, 564
Rowe Furniture, 13
Royal Dutch/Shell, 203
Rubbermaid, 15, 569
Rush Trucking, 228
Ryder System, 312

S

S & Z East Coast Importers, 574–575
Safeco, 368
Safeway, 135
Saks Fifth Avenue, 138
Salários, 342–346
Sam's Club, 14
Sara Lee, 464
Sarbanes-Oxley Act (Lei Sarbanes-Oxley), 155, 157, 215, 263, 537
SAS, 7, 10, 155, 240, 449
Satisfação do membro da equipe, 471
Satisfação profissional, 448–450, 456
Satisficing, 84, 91
Saturn, 311, 312, 320
Saúde e segurança, 346
SBC Communications Inc., 263, 294–295
Schneider Electric, 528
Scholastics Incorporated, 365
Schwab, 8, 442
Schwinn, 594
Scorecord, balanced, 125
Scott Paper, 184
Sears, Roebuck and Co., 53, 137, 156, 275, 298, 324, 330, 583
Securities and Exchange Commission (SEC) (*Comissão de Valores Mobiliários*), 48
Seguidores, *versus* líder, 396–397, 557
Seguro-desemprego, 345
Seis Sigma, 303, 527
Seleção de domínio, 64–65
Seleção de funcionários, 326–330
Semana de trabalho comprimida, 381
Semco, 460
ServiceMaster, 428
Serviço de atendimento ao cliente, 58–59, 138
Serviço, qualidade do, 13
Shell, 265, 276, 307, 368, 415
Shenandoah Life Insurance Company, 460
Sheraton, 202
SiberConsulting, 558
Siemens, 9, 188
Silicon Graphics, 27
Sindicalização, 55, 347–348
Sindicato trabalhista, 55
Sindicatos trabalhistas internacionais, 55
Sindicatos, 55
Síndrome do sobrevivente, 299–300
Sinobiocorp, 606
Sirius, 594
Sistema de avaliação por mérito, 344
Sistema de controle estratégico, 141–142
Sistema de divulgação interna de vagas, 325
Sistema de índice de peças por diferencial, 37
Sistema de índice de peças, 37
Sistema sociotécnico, 572
Sistemas abertos, 46
Sistemas burocráticos
  abordagens dos, 525–527
  aspectos negativos dos, 534–537
  auditorias de gestão, 528
  causas dos problemas com os, 520
  ciclo de controle, 522–524
  controle de clãs, 521, 542–543
  controle de mercado, 521, 539–541
  controle preliminar, 525, 547
  controles financeiros, 531–534
  controles orçamentários, 528–531
  definições, 520
  elaboração efetiva de, 537–539
  estratégico, 141–142
  feedback, 525–526, 547
  resistência ao, 535–536
  Seis Sigma, 303, 527
  simultâneos, 525, 547
Sistemas de controle, 518–547
Sistemas de controle burocrático
  abordagens, 525–527

auditorias de gestão, 528
ciclo de controle, 522–524
controles financeiros, 531–534
controles orçamentários, 528–531
pontos fracos dos, 534–537
Sistemas de informação gerencial, 49
Sistemas de remuneração/salário, 342–346, 572–573
Sobrecarga de informação, 502
Sobreviva e Vença, 25–26
Social Security Act (Lei de Seguridade Social), 345
Sociedade Norte-americana para Treinamento e Desenvolvimento, 335
Society of Human Resources Management (*Sociedade de Gestão de Recursos Humanos*), 369
Soluções prontas, 82
Soluções sob encomenda, 82
Sondagem, 475
Sony Corporation, 13, 132, 195, 203, 229, 259–260, 262, 275, 284, 294, 564, 589, 590, 593
Southwest Airlines, 14, 41, 47, 53, 54, 63, 131, 137, 320, 321, 444
SpotMeeting.com, 552
Springfield ReManufacturing Corporation, 504
SpringHill Greenhouses, 197
Sprint, 45, 70, 294–295, 549, 558
Spyglass, 321
Square D, 528
SSS Software — O Uso da "Caixa de Entrada", 103–112
Stakeholders, 129–130
Staples, 132, 229
Starbucks, 98, 124–125, 187–188, 201, 208, 216, 217, 237, 296, 299, 606
State Farm Insurance, 333, 441
Steelcase, 85
Subordinados, avaliação feita pelos, 340
Suborno, 47, 154, 215–216
Subsidiárias próprias, 206, 208–209
Substitutos
ameaça dos, 54–55
para a liderança, 409–410
Subunidades, 266
Sun Microsystems, 23, 92, 294, 368, 491, 567
Superfundo (Lei Abrangente de Responsabilidade, Compensação e Resposta Ambiental), 178
Surface Systems (SSI), 80
Suzuki, 269
Swiss Bank Corp., 185
Symantec, 536
Synygy, 199

T

Taco Bell, 333
Taft-Hartley Act (Ato Taft-Hartley), 347
Tecnologia básica, 559
Tecnologia da informação (TI), 96, 568
Tecnologia de grande lote, 306–307
Tecnologia de pequeno lote, 306
Tecnologia de processo contínuo, 307
Tecnologia em evolução, 559
Tecnologia emergente, 559
Tecnologia fundamental, 559
Tecnologia. *Ver também* Internet
adequação organizacional, 564–565
adoção, 557–558
adoção de uma nova, 553–554
avaliação das necessidades e tendências, 558–560
básica, 559
busca e aquisição de, 565–568
ciclos de vida da, 551–552
comércio eletrônico (*e-commerce*), 8, 552–553
conflito virtual, 479
de grande lote, 306–307
de pequeno lote, 306
definição, 306, 550
definição de funções e recursos humanos, 572–573
desenvolvimento de competência, 564, 565
diretor de tecnologia, 568
em evolução, 559
emergente, 559
fatores fundamentais nas decisões, 560–564
funções gerenciais, 568–569
fundamental, 559
intercâmbio de, 566–567
Internet. *Ver* Internet
liderança na, 555–557
mudanças na, 7–8, 49, 583
organização voltada à, 569–573
padrão de disseminação da, 553–554
previsão avaliação da receptividade do mercado, 561, 565
processo contínuo, 307
projetos de desenvolvimento, 571–572
viabilidade econômica, 563, 565
viabilidade tecnológica, 562–563, 565
Tecnologias e produtos complementares, 557
Teleconferência, 491
Teletrabalho, 381
Teoria da definição de metas, 428
Teoria da eqüidade, 444
Teoria da expectativa, 434–436
Teoria da troca líder-membro, 402
Teoria de liderança do caminho-meta, 407–409
Teoria do ciclo de vida da liderança, 424
Teoria dos dois fatores, 440
Teoria dos dois fatores de Herzberg, 440
Teoria dos sistemas, 41
Teoria ERG, 437–438
Teoria ERG de Alderfer, 437–438
Teoria situacional de Hersey e Blanchard, 424
Teoria situacional, 424
Teoria X e Teoria Y, 40
Teorias das necessidades, 436–439
Terceirização, 197–199, 361, 582
Terceirização para fornecedor de outro país (*offshoring*), 197–200
Teste de detecção de drogas, 328
Teste de integridade, 330

Teste do polígrafo, 330
Teste genético, 328
Teste pré-contratação, 328–330
Testes de desempenho, 329–330
Testes de habilidade cognitiva, 328–329
Testes de integridade, 330
Testes de personalidade, 328
Teto de vidro, 363
Texas Instruments, 141, 209, 276, 325, 460, 464, 469, 475
The New York Times Company, 365
The Phoenix Companies, 365
The Principal Financial Group, 365
Time Inc., 275
Time Warner, 137, 259, 295
Tirania do "ou", 591
Título VII dos Direitos Civis, 334
Tomada de decisão descentralizada, 61, 269–270, 287–288
Tomada de decisão
  avaliação da decisão, 85–86
  barreiras contra a efetiva, 87–90
  brainstorming, 94–95
  características da, 78–81
  centralizada, 269
  criatividade e, 93
  descentralizada, 61, 269–270, 287–288
  em grupos, 89–91
  estágios da, 81–86
  ética, 159–161
  fracasso na, 86–87
  gestão da crise, 96–99
  groupthink, 91, 373, 472
  implementação da decisão, 84–85
  melhor decisão, 86
  modelo "lata de lixo", 96
  modelo de coalizão, 96
  modelo de Vroom, 378–381
  modelo incremental, 96
  não-programada, 79
  organizacional, 95–99
  participação na, 402–403
  planos de contingência, 83, 120
  predisposições psicológicas, 87–88
  pressões de tempo, 89
  programada, 79
  realidades sociais, 89
  requisitos para a eficácia na, 91–95
  soluções prontas, 82
  soluções sob encomenda, 82
  tipos de, 79
Tommy Hilfiger, 13
Toshiba, 9
Toyota Motor Corporation, 9, 202, 205, 209, 290, 295, 314, 525, 526, 606
Toys "R" Us, 373, 447–448, 585
TQM, 13, 302–304
Trabalho, divisão do, 261
Tragédia dos *commons*, 179
Training ABC, 382
Transmatic Manufacturing, 7
Transparency International, 215
Tratado de Maastricht, 188
Treinamento de orientação, 336
Treinamento e desenvolvimento
  de equipes, 337, 469–470
  definição, 335
  métodos usados, 336
  orientação, 336
  processo de, 335
  programa gerencial, 337
  sobre diversidade, 337, 381–382
Triângulo estratégico, 300
TRW, 276, 299, 561
Tyco, 150, 262, 413

U

U.S. Airways, 53
U.S. Steel, 37
Under Armor, 237
União Européia (UE), 188–190
Unificação européia, 188–190
Unilever, 203
Union Carbide, 59, 96–97
Union Pacific Corporation, 184
United Airlines, 11, 41, 53, 507
United Parcel Service, 92
United Technologies, 88, 216
United Trainers, Inc., 315–316
Universalismo, 152
Utilitarismo, 152–153

V

Vacas leiteiras, 137
Valência, 435
Validade, 330
Validade baseada em critérios, 330
Validade do conteúdo, 330
Vantagem competitiva
  ambiente, 179
  competitividade em custos, 14–15
  importância da, 11
  inovação, 12
  qualidade, 12–13
Velocidade na comercialização, 13–14, 290–291, 311–313
Velocidade, 13–14, 290–291, 311–313
Verificação do histórico, 327–328
Verité, 610
Verizon Wireless, 45, 70, 549, 558, 608
Viabilidade econômica, 563, 565
Viabilidade tecnológica, 562–563, 565
Videoconferência, 491
Vigilância, 86
Virgin Group, 411
Visão estratégica, 127
Visão, 68, 126–127, 394–395, 603
VisiCalc, 233
Vocational Rehabilitation Act (Lei sobre Reabilitação Vocacional), 334

W

W. R. Grace, 183
Wabash National, 505
Wallingford Bowling Center, 101
Wal-Mart, 12, 13, 14, 15, 18, 40, 50, 52, 53, 125, 127, 137, 184, 191, 192, 193, 201, 229, 298, 302, 332, 429, 449, 589, 590
Walt Disney Company, 66, 94, 132, 137, 590
WebMD, 8
Wegman's Food Markets, 449
WellPoint, 365
Wendy's, 132
Western Airlines, 117
Western Electric Company, 39
Westinghouse, 341, 519
Wetherill Associates, 159
Weyerhaeuser Company, 59, 63
Whirlpool, 211
Whole Foods Market, 123–124, 459, 460, 469
Wisconsin Power and Light, 382
Worker Adjustment and Retraining Notification Act (Lei sobre Aumento do Trabalhador e Notificação de Requalificação), 333
World Trade Organization (Organização Mundial do Comércio (OMC), 188
WorldCom, 150, 155, 215, 262, 541

X

Xerox Corporation, 59, 132, 134, 202, 276, 299, 320, 340, 365, 368, 378, 526, 527, 555

Y

Yahoo, 65, 232, 593, 601
Yamaha, 269

Z

Zale Corporation, 327
Zenith, 203